执法卫士
中国警用执法装备行业领导者
华德安® 单警执法视音频记录仪
最稳定可靠的执法记录仪
• 超强IP68防护等级
• 超强续航能力
• 最稳定可靠
• 功能最强最方便
可信赖的移动执法工具！
热卖机型
NEW
NEW
NEW
扫描二维码
关注华德安微信公共平台
■ 参与起草和修订《单警执法视音频记录仪》（GA/T 947-2011）、《单警执法视音频记录仪管理系统通用技术要求》、《单警执法视音频记录仪数据接口规范》等公安部行业标准
■ 获得公安部科学技术二等奖
■ 入围“公安部警用装备采购目录”
■ 公安部社会公共安全应用基础标准化技术委员会 委员单位
■ 率先通过公安部《单警执法视音频记录仪》GA/T 947-2011行业标准检测
■ 全国公安系统警用装备十佳品牌 ■ 中国警用装备十大品牌
深圳市华德安科技有限公司
电话：0755-21618866
地址：深圳市光明新区田寮社区根玉路汉海达高新科技园3栋5楼
E-mail: security@huadean.com
Http:// www.huadean.com

汉邦高科
HANBANGGAOKE
安全科技 用心演绎
400客服热线：400-6865-116
如印
选汉邦高科
品质安防
良贾用印信，乃承诺、名誉、责任、誓言。
以诚信为本，操守为重，一诺千金。
安防产品选汉邦高科，
集优质，优价，售后保障一条龙。
汇前期咨询，营销顾问、量身定制，
心安而无忧。
中国工商银行、中国农业银行、中国银行等总行指定供应商
金融行业
电力行业
公安行业
交通行业
连锁行业
教育行业
民用行业
司法行业
智慧城市
总部地址：中国·北京海淀区长春桥路11号万柳亿城中心C座 总部电话：+86-10-57985798 邮编：100089 网址：www.hbgk.net

还在为选择而苦恼吗？

仅用2个镜头即可覆盖全部焦段。

腾龙手动变焦双剑客系列，满足3百万像素高画质要求，只需2只镜头便可覆盖从广角到长焦的监控解决方案，为您提供双焦段的简单选择。

DOUBLE VARI-FOCAL
The Simple Choice

腾龙全新的IR对应百万像素手动变焦镜头系列，使用两只镜头就可覆盖2.8至50mm焦段，获得1/2.7"摄像机上126.1° 至 6.8° 视角范围。新的光学设计使用玻璃铸造非球面镜片和特殊光学镀膜技术，在红外环境下同样能确保3百万像素高分辨率和高画质。

更简单的选择 + 更出色的画质 = 腾龙百万像素双焦段组合方案。

Model:M13VG288IR
1/2.7" 2.8-8mm F/1.2

Model:M13VG850IR
1/2.7" 8-50mm F/1.6

腾龙光学(上海)有限公司 上海市茂名南路205号瑞金大厦1707室 (200020)
电话: 021-5102 8880 传真: 021-5466 0229 E-mail: cctv-info@tamron.com.cn www.tamron.com.cn

TAMRON
New eyes for industry

NetPosa
东 方 网 力
智 慧 显 现 融 合
WISDOM LIGHTS HARMONY
率先通过公安部平安城市GB/T28181标准认证
标准·实战·云服务
解决平安城市视频建设面临的管理应用问题
提供智慧城市完整的视频解决方案
提高政府服务效率、降低运营成本
提升城市管理者的服务水平和城市居民满意度
2013年
智慧山阴平安城市项目
陕西灞桥应急联动指挥中心项目
内蒙古锡盟视频图像信息联网平台项目
山西省机动车缉查布控系统
2012年
西安市公安局联网项目
常州平安城市建设项目
晋中市公共安全视频监控工程
2011年
唐山平安城市监控建设项目
绵阳平安城市建设项目
新疆亚欧博览会视频监控项目
南通市公安局项目
2010年及以前
海口市城市报警与监控系统
石家庄平安城市监控建设项目
贵阳市数字监控建设项目
四川成都天网工程项目
上海市金盾工程
混合型NVR系列
从 N V R 到 云 服 务
存储型NVR系列
从 平 安 城 市 到 智 慧 城 市
从 行 业 应 用 到 移 动 互 联 网
部、省、市、区县四级联网架构，全面符合GB/T28181标准
基础联网平台
• 符合标准、高于标准
• 全面兼容50多家厂商、300多种异构设备
• 全面接入视频专网治安监控点、卡口监控点、社会单位自建监控点
• 向非公安单位推送视频资源
实战应用平台
• 功能模块不再固化，各警种业务流程整合
• 优化用户体验，以地图为主要展示方式
• 先进的开放式云服务框架
• 系统建设与系统运行维护管理并重
视频侦查平台
• 对涉案视频图像进行统一的存储管理
• 通过图像分析系统进行涉案视频图像分析
• 协同工作，具备任务分发、线索管理、线索审核等功能
VIDEOTREC®
动力盈科实业（深圳）有限公司
电话：86-755-2961 9900
传真：86-755-2759 8229
网址：www.cnpwt.com
OPP
Open Partnership Plan 战略合作伙伴
VT-A1008系列
• 110街面网络高清可视报警主机
• 双向语音，可与主机中心对讲，LED屏动态显示字符信息
• 可进行报警联动，中心可对前端作监听或监视用途
• 支持1280X720或1920X1080分辨率的实时监控
• 支持WebServer，方便用户使用标准的IE浏览器实现远程的实时监控、配置和升级
• 支持多种网络协议：TCP/IP，HTTP，FTP，Telnet，NTP，DDNS，DHCP，PPPOE，RTP，RTSP，RTCP，SMTP，SIP
VT-VNETCAM-H130D系列
• 130万像素CCD专业级网络高清枪形摄像机
• 支持1280×720分辨率的实时监控
• 采用标准H.264压缩算法，实现高清晰的图像传输
• 可选POE、WiFi，支持SD卡
VT-VNETCAM-H200D系列
• 200万像素CCD专业级网络枪形摄像机
• 车牌、人脸识别，智能分析
• 支持1600×1200分辨率的实时监控
• 采用标准H.264压缩算法，实现高清晰的图像传输
• 可选POE、WiFi，支持SD卡
VT-NET9006W-H210系列
• 1920×1080分辨率，25fps
• 采用标准H.264压缩算法，实现高清晰的图像传输
• 防雷等级6000V，可选光纤接口
• 支持双向语音对讲和语音广播
VT-VNETCAM/IR-H1330D系列
• 130万像素CCD专业级网络高清红外一体摄相机
• 支持1280×720分辨率的实时监控
• 采用标准H.264压缩算法，实现高清晰的图像传输
• 可选POE，WiFi，支持SD卡
VT-NET9006W-H130-IR系列
• 130万像素高清网络红外高速球型摄像机
• 1280×720分辨率，25fps
• 采用标准H.264压缩算法，实现高清晰的图像传输
• 支持双向语音对讲和语音广播
• 红外夜视距离100米
VT-PT880/SDI-200HD系列
• 200万CMOS数字高清SDI高速云台摄像机
• 20倍光学变倍，8倍数字变倍，总变倍达到160倍
• HD-SDI1080P全高清图像无延时、无损失，实时传输
• 采用图像防抖动功能，适应多种应用场合
同时还可选购：SDI球型、枪机、半球摄像机系列产品
北京（010）82325566 重庆（023）63118880 贵阳（0851）6597985 深圳（0755）26656966 山西（0351）8369007
陕西（029）88179000 云南（0871）63181755 四川（028）85537773 内蒙古（0471）5186210 山东（0531）83195088
江苏（025）51877719 安徽（0551）63712991 河北（0311）85206009 广东、江西、湖南、福建、甘肃...
NetPosa 东方网力
Building Video Internet
构筑视频互联网
股票代码:300367

企业荣誉

★ 中国安防百强企业
★ 中国智能家居领先品牌
★ 中国楼宇对讲最具影响力十大品牌
★ 中国智能家居最具影响力十大品牌
★ 中国智能建筑十大楼宇对讲品牌
★ 中国市场十大住宅智能化产品品牌
★ 中国安防十大新锐产品
★ 中国安防十大民族品牌
★ 质量调查市场占有率十佳品牌
★ 国家标准《居家安防智能管理设备技术要求》参编单位
★ 国家标准《楼宇对讲系统通用技术要求》参编单位
★ 中国安全防范产品行业协会副理事长单位
★ 中国智慧楼宇产业联盟常务理事单位
★ 中国建筑业协会智能建筑分会常务理事单位
★ 国家高新技术企业
★ 国家双软企业
★ 厦门市最具成长性企业
★ 福建省著名商标
★ 厦门市优质品牌
★ 守合同重信用企业
★ 平安城市建设推荐品牌
★ 保障房精品工程首选品牌
★ 中国绿色节能建材部品
★ 中国房地产工程采购联盟战略供应商
★ 中国房地产开发企业500强首先供应商
★ 中国房地产工程采购“金伙伴”奖 优秀战略供应商
★ 中国绿色节能建材部品
★ 中国安防行业诚信金樽奖

中威电子
OB Telecom

VAR3S

综合性智能化监控系统

集视频多样化、信息化、智能化于一体的监控系统方案

军队安全 / 监狱安全 / 金融安全 / 高速公路 / 智能交通 / 平安城市 / 平安校园 / 轨道交通

创新成就梦想 Innovationg to achieve dreams

杭州中威电子股份有限公司

地址：杭州市文三路20号浙江建工大厦17层
电话/Tel: +86-571-88390905 传真/Fax: +86-571-88394930
网址/ Website: www.obtelecom.com

股票代码：300270

免费技术服务热线 / 800-8571264

让客户多一份价值 让世界多一份平安

基于安卓平台的数字对讲云社区系统

云对讲功能介绍

狄耐克云对讲的特点在于客访呼叫的“云中心”转接功能，实现可视对讲无时间、无地点、无距离的限制。

云安防功能介绍

狄耐克云安防的特点在于家庭安全防范报警设备信号的传送具有及时性、精准性、可控性和可查性。

云控制功能介绍

狄耐克云控制的特点在于对家中设备的掌控具有随时随地的特性。

云健康功能介绍

狄耐克云健康功能是通过在狄耐克云中心建立健康标准数据库，其便利性在于业主日常健康检测无需上医院，只需在家即可轻松实现，该功能特别适用于老人的健康监护。

云物业功能介绍

狄耐克云物业的特点是在于物业管理的标准化和数据上传存储的公开化，同时便于上级管理部门监督。

云商城功能介绍

狄耐克云商城为业主带来轻触屏幕、送货上门、服务到家、价格折扣等便利和优惠，同时，免去繁琐的电子支付环节，老少皆宜；实现仓储→购物一站式服务，为周边商家提供新的销售模式；集成购物，维修、保洁、医疗等便捷服务，全面打造现代智慧成熟社区，提升地产项目配套档次，为开发商、物业、运营商带来运营创收。

更多详细功能，敬请致电咨询。

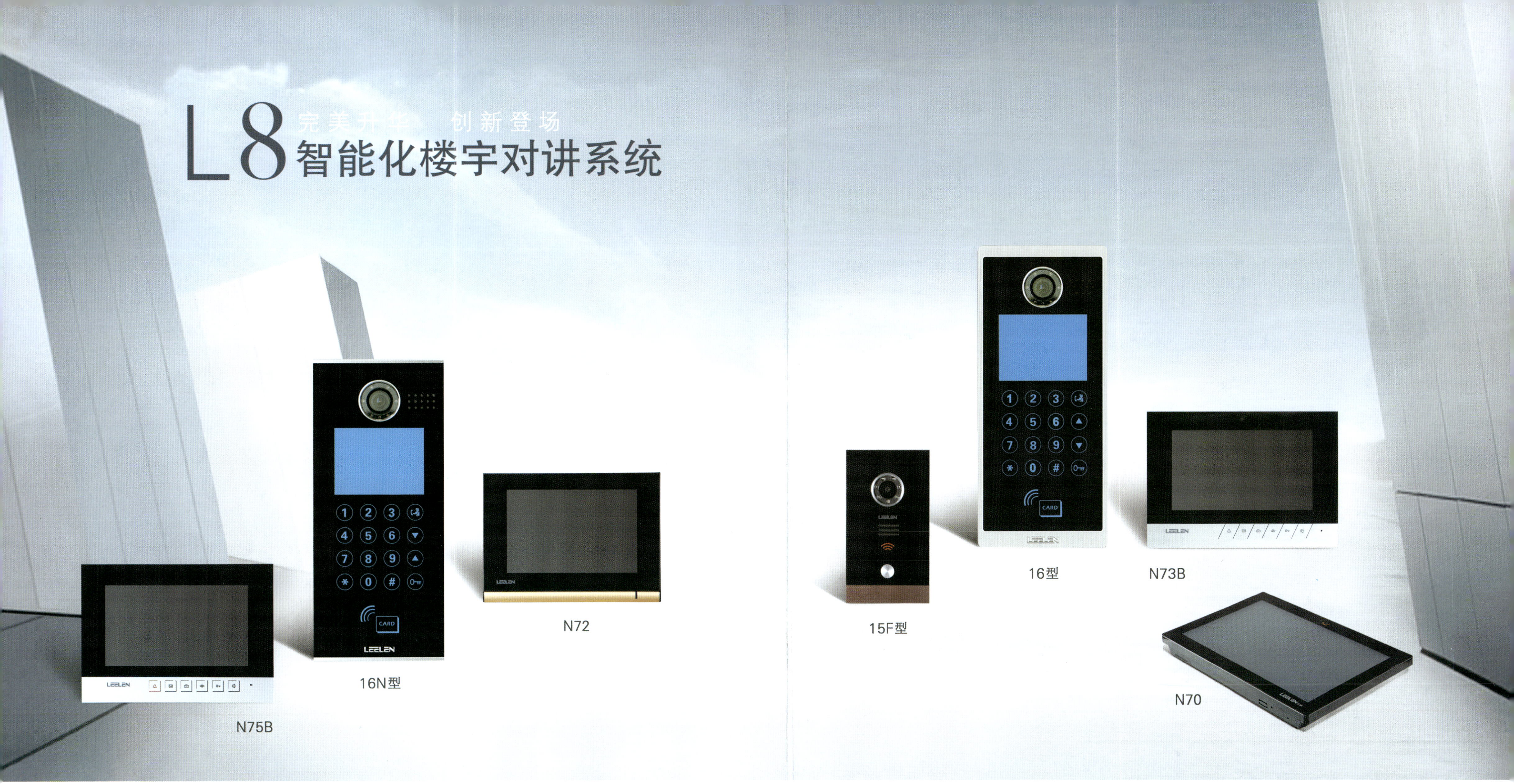
L8 完美升华 创新登场
智能化楼宇对讲系统
N75B
16N型
N72
15F型
16型
N73B
N70

ViSS 运营级智能视频监控平台

ViSS 运营级智能视频监控系统平台是中星电子股份有限公司推出的面向固网和移动监控融合的新一代运营级远程视频监控系统。与市场上现有的绝大多数视频监控平台不同，ViSS 智能视频监控系统采用了先进的视频流＼控制命令流＼网管信令流三流分离的架构，并且配备了强大的网络和系统管理功能。它具有大容量、高可靠性、易运营、易维护、多级架构、扩展性强以及监控功能丰富等特点，适于政府、公安、运营商、金融、电力、厂矿等各类企业大规模网络视频监控系统的部署和建设。该产品采用模块化的设计架构，部署规模灵活，适用领域广泛，既适合于电信运营商做商业部署和行业部署，也可满足电力、智能交通、银行等各个行业的专业安防监控需求。特别是在大规模、集成化部署的应用下，更显出 ViSS 智能视频监控系统的大容量、易管理和维护的系统优越性。

系统构架

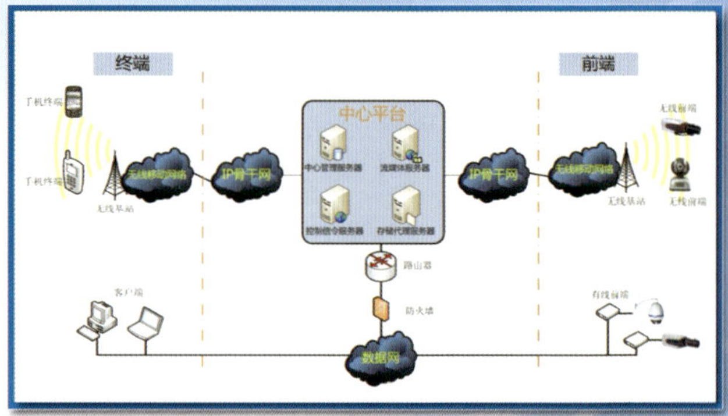

ViSS 智能视频监控系统逻辑架构图

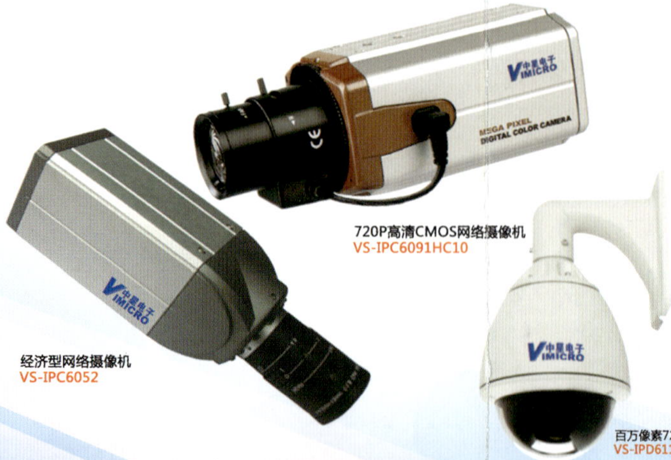

720P高清CMOS网络摄像机
VS-IPC6091HC10

经济型网络摄像机
VS-IPC6052

百万像素720P高清网络高速球
VS-IPD6118HD10-VSW / VS-IPD6118HD10-VSC

高清万能解码器/电视墙服务器
DCE1001/DCE 3008

SVR超级混合式硬盘录像机
SVR3100 / SVR3300

NVR网络硬盘多功能一体机
NVR2100 / NVR2200

扩展型8/16路D1数字硬盘录像机
VS-DVR6508EDE-2U / VS-DVR6516SDS-2U

产品特性

高可靠性
- 硬件高度可靠，系统配置采用冗余设计
- 强大的网管功能，实时监测系统运行状态，保证系统正常运行
- 软件延续性好，功能模块独立开发，松耦合架构，确保系统软件整体可靠

大容量和超强性能
- 可扩展性强
- 系统支持多级组网的架构
- 系统的设计满足超大容量需求，单模块业务性能强大

模块化设计，架构灵活
- 可根据系统规模量身配置功能模块
- 各个功能模块独立设计开发，模块之间松耦合
- 根据应用需要可分布式部署功能节点，功能节点可以实现灵活的负载均衡部署

互通和兼容能力强
- 支持多个厂家的前端设备接入
- 支持与 GIS 及智能分析系统融合
- 支持运营商各类业务系统的互通
- 支持与其他视频监控系统厂商平台的互通

主要功能

视频监控及告警联动
具备实时视频监控，抓拍，录像，存储管理，下载和在线回放的能力。丰富的告警触发能力和告警预案配置的能力，支持 PC 终端声光告警，Email、短信或者彩信手机告警。支持 GIS 地图、电视墙。

平台管理
支持对全网包括前端视频服务器、平台服务器、矩阵等所有网元的管理，提供了符合 ITU—T 规范的完备的配置管理、故障管理、性能管理、用户管理和计费管理等网管功能。

运营支撑
提供 SOAP 接口和详细的 CDR 话单与运营商的营帐系统对接。系统所具有的计费和运营维护能力可以帮助运营商向不同类型的客户同时提供托管式服务，有针对性地采取不同的计费策略和服务等级。

两级平台
ViSS 系统产品首创的功能，满足两级中心、多级运营的视频监控网络架构。实现了上级平台和多个下级平台互联，上级和下级平台分别独自管理，跨平台业务访问的功能需求。

智能分析
支持前端智能和平台智能分析。包括周界防范类的入侵、越界、移走、遗留、逆行、徘徊、遮挡；人脸抓拍、人流统计和视频质量诊断。

二次开发
提供基于 Windows 平台的二次开发包，实现视频播放、云镜控制、录像回放的嵌入式应用。

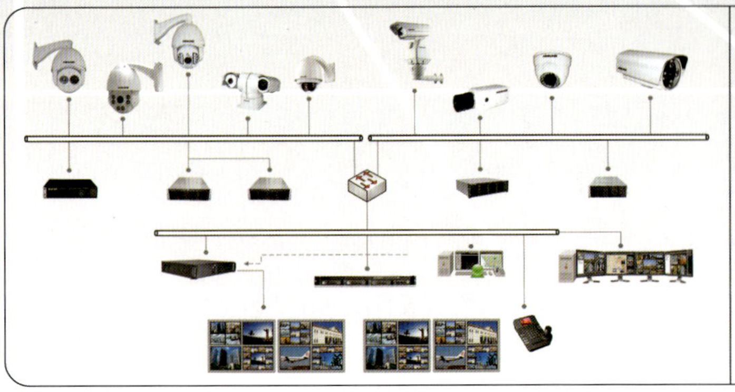

明景网络高清系统解决方案示意图

中国安全防范行业年鉴

2013版

中国安全防范产品行业协会　编

中国人民公安大学出版社

· 北京 ·

图书在版编目（CIP）数据

中国安全防范行业年鉴：2013版 / 中国安全防范产品行业协会编. -- 北京：中国人民公安大学出版社，2014.9

ISBN 978-7-5653-2016-3

Ⅰ.①中… Ⅱ.①中… Ⅲ.①安全装置－工业企业－中国－2013－年鉴 Ⅳ. ①F426.63-54②F426.4-54

中国版本图书馆CIP数据核字(2014)第208163号

中国安全防范行业年鉴（2013版）

中国安全防范产品行业协会　编

出版发行：中国人民公安大学出版社
地　　址：北京市西城区木樨地南里
邮政编码：100038
经　　销：新华书店
印　　刷：北京通天印刷有限责任公司

版　　次：2014年9月第1版
印　　次：2014年9月第1次印刷
印　　张：26.25
开　　本：889mm×1194mm　1/16
字　　数：1007千字

书　　号：ISBN　978-7-5653-2016-3
定　　价：80.00元

网　　址：www.cppsup.com.cn　www.porclub.com.cn
电子邮箱：zbs@cppsup.com　　zbs@cppsu.edu.cn

营销中心电话：010-83903254
读者服务部电话（门市）：010-83903257
警官读者俱乐部电话（网购、邮购）：010-83903253
电子音像与数字出版分社电话：010-83903457

广告经营许可证：京西工商广字第0305号
网络支持：中国安防行业网（www.21csp.com.cn）

《中国安全防范行业年鉴》编辑委员会

《中国安全防范行业年鉴》编辑组

《中国安全防范行业年鉴》
合作协办单位
（排名不分先后）

腾龙光学（上海)有限公司
恒业智能安防（深圳）有限公司
北京快鱼科技有限公司
深圳市视得安罗格朗电子股份有限公司
敏通企业股份有限公司
东方网力科技股份有限公司
深圳市朗驰欣创科技有限公司
成都亚光电子股份有限公司
金三立视频科技（深圳）有限公司
南宁奥特数码科技有限公司
深圳市秋田科技有限公司
天诚智能集团
苏州科达科技股份有限公司
英特韦特公司
福建省冠林科技有限公司
佳都新太科技股份有限公司
上海道肯奇科技有限公司
杭州天视智能系统有限公司
浙江红苹果电子有限公司
北京智鑫安盾数字技术有限公司
泰科（中国）投资有限公司
中星电子股份有限公司
北京蓝色星际软件技术发展有限公司
深圳市保千里电子有限公司
厦门立林科技有限公司
深圳市黄河数字技术有限公司
上海格瑞特科技实业有限公司
厦门狄耐克电子科技有限公司
天津天地伟业数码科技有限公司
TCL新技术（惠州）有限公司
索尼（中国）有限公司
富盛科技股份有限公司
常州明景智能科技有限公司
北京中盾安全技术开发公司
深圳英飞拓科技股份有限公司
深圳中兴力维技术有限公司
康联安防科技股份有限公司
杭州中威电子股份有限公司
深圳市豪恩安全科技有限公司
深圳市饶兴智能科技有限公司
深圳科松电子技术有限公司
泉州佳乐电器有限公司
东莞市小耳朵电子有限公司
高新兴科技集团股份有限公司
济南中维世纪科技有限公司
中安消技术有限公司
海尔智能家电科技有限公司
北京富尼泰克安防科技有限公司
上海全景数字技术有限公司
深圳市华德安科技有限公司
东莞市迈视电子科技有限公司
深圳市亚视威电子科技有限公司

安防行业·权威杂志
China 中国安防
Security & Protection
引领产业发展
传播先进理念
总部地址：北京市海淀区西三环北路87号国际财经中心商业306室
邮　编：100089
电　话：010-88820950
传　真：010-88820951

序言

Preface

自2002年以来，中国安全防范产品行业协会已连续十二年编辑出版了《中国安全防范行业年鉴》（以下简称《年鉴》）。作为我国安防行业发展蓝皮书，《年鉴》客观、真实地记录了我国安防行业走过的发展历程，逐渐为业内熟悉和认知，成为了解行业发展必不可少的工具书。

2013年，面对世界经济复苏艰难、国内经济下行压力加大、自然灾害频发、多重矛盾交织的复杂形势，我国坚持稳中求进工作总基调，统筹稳增长、调结构、促改革，创新宏观调控思路和方式，采取一系列既利当前、更惠长远的举措，实现了稳中有为，稳中提质，稳中有进。加快转变职能、简政放权更是极大地激发了市场活力、发展动力和社会创造力。

2013年，面对新的外部发展环境，广大安防企业克服自身不利因素，始终坚持科技创新，不断完善经营管理，取得了良好的社会效益和经济效益。我国安防行业整体持续稳步发展，对社会稳定和经济发展的贡献率显著增加，并呈现出以下特点：产业稳步增长，安防业在社会生活中愈益重要；科技创安提速，安防创新在平安建设中作用明显；安防专业领域门类更加齐全，技术不断完善；集成化、网络化、智能化趋向明显；安防应用的内涵逐步丰富，市场范围扩大，从服务于公安逐步向服务于公安与社会结合迈进；利用安防技术拓展民用、智慧城市等市场领域；安防发展方式和结构调整取得新的进步；安防企业集中度提高，安防领军企业发展壮大，企业对发展战略、经营方式进行了新的探索；各地行业协会、技术中介等机构专注服务工作，行业管理不断改善。

为了更加客观、全面地反映2013年我国安防行业发展整体面貌，《年鉴》(2013版)编辑工作继续坚持求真、务实、开拓、创新的工作原则，在内容上大篇幅增加了安防市场动态、安防企业经营等方面的文章，新增了“安防市场发展状况”、“安防企业发展状况”等章节，较为完整地、多层次地展现了我国安防市场发展的整体面貌，突出展现了安防企业在生产经营、内部管理、科技创新、文化建设等方面的成功经验，汇集2013年各项经营成绩。《年鉴》还增加了“安防公安部重点实验室”章节，这是首次全面刊登行业重点实验室的工作情况，是本版《年鉴》内容的又一个突出亮点。

本版《年鉴》编辑工作得到了业界的关心和支持，在资料采集、内容编排和文章质量等方面都有了持续改进和提高。但受人力、时间、素材的局限性，包括编辑水平和能力还有待提高，《年鉴》在把握行业重点、提高文字质量等方面，仍留有遗憾和不足，这将成为《年鉴》编辑工作长久的动力。另外，在本版《年鉴》出版之际，谨向关心支持《年鉴》编辑工作的各界人士再次表示衷心的感谢！

《中国安全防范行业年鉴》编辑委员会

二〇一四年七月四日

目录

Contents

第一章　2013 年中国安防行业发展综述 …… 1

第一节　安防行业发展环境 …… 1
第二节　安防行业发展状况和特点 …… 3

第二章　2013 年中国安防行业发展大事 …… 7

第一节　安防行业具有影响力大事件 …… 7
第二节　公安技防管理工作大事记 …… 8
第三节　行业组织、机构大事记 …… 15
第四节　中国安防协会部分会员企业大事记 …… 25

第三章　法律、行政法规、规章及规范性文件 …… 31

第一节　新颁布的法律、行政法规、部门规章及规范性文件 …… 31
第二节　新颁布的地方性法规、规章及规范性文件 …… 75
第三节　已颁布且现行有效的法律、行政法规、规章及规范性文件 …… 136

第四章　公安技防管理 …… 142

第一节　公安技防管理机构 …… 142
第二节　公安部技防管理工作 …… 143
第三节　各省、自治区、直辖市技防管理工作 …… 144

第五章　行业协会 …… 182

第一节　行业协会机构介绍 …… 182
第二节　中国安全防范产品行业协会工作 …… 201
第三节　部分省级安防协（学）会工作 …… 209

第六章　标准化 …… 241

第一节　标准化组织 …… 241
第二节　标准化组织工作 …… 244
第三节　标准体系表 …… 249
第四节　标准目录 …… 251

第七章　产品和工程检测 …… 259

第一节　公安部授权的安防产品和工程检测机构 …… 259
第二节　国家级安防检测机构工作 …… 262
第三节　国家级安防检测机构产品检测结果信息 …… 268

第八章　产品认证 …… 269

第一节　产品认证机构 …… 269
第二节　产品认证目录 …… 270
第三节　产品认证结果 …… 271

第九章　安防公安部重点实验室 …… 273

第一节　安防公安部重点实验室机构 …… 273
第二节　科学研究与学术交流 …… 274
第三节　队伍建设与人才培养 …… 278

第十章　中国安防市场发展状况 …… 280

第一节　安防市场发展概况 …… 280
第二节　安防行业景气指数分析 …… 285
第三节　我国安防报警业现状与发展趋势 …… 290
第四节　民用安防产品市场现状与发展趋势 …… 296

第十一章　中国安防企业发展状况 …… 300

第一节　安防企业发展概况 …… 300
第二节　安防上市企业经营状况分析 …… 304
第三节　获得生产登记批准书的安防产品生产企业及获得资质等级证书的安防工程和服务企业情况 …… 308
第四节　部分安防企业发展状况 …… 314

第十二章　安防产品和技术的应用情况 …… 348

第一节　安防产品和技术在智慧社区建设中的应用 …… 348
第二节　安防产品和技术在大型体育赛事安保工作中的应用 …… 351
第三节　安防产品和技术在机场安保工作中的应用 …… 355
第四节　安全检查系统的应用现状及趋势 …… 358
第五节　安防视频监控技术的应用现状及趋势 …… 360
第六节　大型视频综合管理平台的应用现状及趋势 …… 367

第十三章　海外安防行业概况 …… 372

第一节　海外安防组织 …… 372
第二节　海外安防媒体 …… 374
第三节　海外安防展会 …… 375

第四节 海外安防新产品 …… 376

附 录 …… 384

附录一 公安部科技信息化局第一批公安视频监控专业人才库名单 …… 384
附录二 通过新国标符合性检测的视频图像管理平台产品目录 …… 387
附录三 相关机构公开性文件列表 …… 395
附录四 安防行业出版物及网站名录 …… 396
附录五 安防职业培训教材名录及介绍 …… 398
附录六 2013 年中国安防行业展会信息 …… 410

后 记 …… 411

第一章　2013年中国安防行业发展综述

2013年是我国贯彻落实党的十八大精神并实现各项工作良好开局的一年。面对十分复杂的国际形势和艰巨繁重的国内改革发展稳定任务，党和政府带领全国各族人民，坚持稳中求进的工作总基调，着力稳增长、调结构、促改革，沉着应对各种风险挑战，全面推进社会主义经济、政治、文化、社会和生态文明建设。在新一届党中央的领导下，我国各项工作取得新进展，体现了贯彻落实党的十八大精神第一年的新气象和新面貌。

在主管部门的领导下，我国安防行业认真贯彻党的十八大确立的方针政策，积极参与创新社会治理，完善公共安全防范体系，为维护广大人民根本利益，最大限度增加和谐因素作了新的实践和探索。广大安防企业坚持改革创新，持续发展的理念，克服了经济发展中的不利因素，调整结构，服务公安，服务社会，服务用户，为社会提供更多更好的安全产品和技术，取得了良好的社会和经济效益。

第一节　安防行业发展环境

2013年是国际国内形势十分复杂的一年。国际安全形势依然严峻，安全事件严重威胁并不断影响和干扰不同国家民众的正常生产和生活；世界经济呈现缓慢复苏态势，国际金融危机后续效应继续发生作用。我国经济转变发展方式，更加注重稳增长和调结构，经济发展出现下行压力。与此同时，国内外安防企业在安全需求不断增长的情况下，适应市场需求，出现了新的亮点，在安防技术、安防应用、安防产业发展等方面，保持了较好的业绩。

一、国际安防行业发展状况

2013年，国际安防行业在全球新一轮信息化浪潮中，尽管受世界经济缓慢复苏态势及国际金融危机后续效应的影响，但国际安防行业在技术、应用、产业发展等方面仍然取得了一定进展，其标志为安防行业的刚性需求持续增长，产业增长速度高于其他传统行业，安防应用范围更加广泛，安防科技创新不断产生新的成果。

（一）安全需求持续增长，推动国际安防不断发展

随着经济发展与物质、精神需求的满足，公众对安全需求提出了更高的要求。

首先，体现在个人生命财产的安全需求方面。在人们满足吃穿住行、教育、医疗等方面需求的同时，安全是必不可少的最基本的需求，在“幸福指数”中具有十分重要的地位，因此也是消费的重要领域。个人生命财产安全需求的消费，与经济发展水平和消费能力成正比，是刚性的消费需求。正是这种特点，推动国际最基本安全需求的不断发展。

其次，体现在社会公共安全需求方面。2013年，世界各地的公共安全事件及恐怖事件不断出现，从美国波士顿爆炸事件、肯尼亚购物中心遇袭事件、也门国防部汽车爆炸事件，到伊拉克家常便饭式的暴力事件，国际恐怖主义依然泛滥。中东、北非地区尤其成为恐怖袭击的策源地和多发地，地区内部分国家政局动荡、教派和部族冲突、经济社会发展滞后等为恐怖主义滋生提供了温床。极端分子助推的恐怖主义事件在非洲出现上升势头。

最后，体现在生产生活的环境安全需求方面。公共场所的安全、环境安全、食品安全、网络安全、厂矿生产安全等领域，都存在巨大的安全防范需求。特别是在新兴国家和发展中国家，需要有巨大的投入。

这些安全需求，既是国际安防发展的目标，也是国际安防发展的动力。促使社会个体、机构及各国政府高度重视公共安全，增加投入，将遏制和防范重大安全事件列为优先保障的重要领域，带动了安全防范行业的持续发展。

（二）国际经济寻求复苏，安防增长区域差异明显

回望2013年，国际经济环境极其复杂、极其不确定。世界经济总体上呈现缓慢复苏态势，增速为2.9%，低于2012年的3.2%。

美国、欧盟等发达经济体平均增速为1.2%，同比下降0.3%。美国经济持续复苏，欧元区触底反弹，出现微弱增长；新兴市场和发展中国家保持较快增长，但增速集体放缓，进入调整期。一度拉动全球增长超过70%的新兴市场国家，2013年集体受挫，增速明显放慢。新兴市场和发展中国家经济平均增速为4.5%，同比下降0.4%。

与国际经济发展相适应，安防行业的地域性差异较为明显。美洲、欧洲地区受经济复苏和国内高失业率的影响，

由于政府预算、社会购买力等因素，安防行业总体增长较弱，但由于用户普遍，产品技术优势明显，仍然保持相当的市场份额。美国、德国等国际安防企业巨头仍然领跑行业，保持较强的发展势头。

新兴国家尽管经济进入调整期，但在科技进步、收入增长及城市化进程中，安防需求仍有很大的潜力，仍然保持了较高的增长。巴西筹备举办世界杯、俄罗斯举办冬奥会等体现了一些亮点。无论增长态势、市场格局，都出现了向好的发展势头。

国际安防展可以在一定程度上印证这些差异的存在。2013 年举办的美国、英国等安防展览会，参展企业数量、参展人数、订单等都有所减少，而中国、巴西、俄罗斯、中东、南非等国举办的安防展，参展企业、展位数量和订单仍有较大幅度增加。

（三）科技发展引领，国际安防技术及应用创新活跃

电子信息技术的发展，引发了安防理念的新变化。安全防范不仅仅是通过产品和技术对人的生命财产提供安全防护，而且是运用电子信息技术，实现对人和社会的安全管理。这种理念越来越成为安防行业的共识。安防数字化、网络化、智能化的发展势头更加明显。2013 年，安防专业领域的应用愈来愈多地运用了电子信息技术发展的成果，将互联网技术、移动通信技术、大数据、云计算技术等运用到安防各专业领域，促进了安防专业领域应用的网络化、智能化发展，推动了公共安全防范行业的技术进步。

安防的应用创新突出体现是，在新的理念指引下，更多地推动安防的系统创新和网络化应用，实现安防产品和技术的更加广泛的功能。例如，在社会安全防控系统的应用，以互联网为基础，将网络监控、报警等系统实行综合管理，提升城市的安全与精准化、智能化管理，提高了城市安全管理的效率和能力；在社会化生产管理应用方面，利用安防产品和技术，整合资讯传感设备与互联网，安全管理相关行业在生产、流通、消费的各个过程，并通过联网平台对生产设备、人员进行集中管理、控制；在智慧城市应用方面，通过互联网及信息化基础设施，整合监控资源，建立综合管理信息平台，实现城市智能楼宇、智能家居、路网监控、智能医院、食品药品管理、家庭护理、个人健康与数字生活等诸多领域的智能化管理，并通过整合应急指挥、突发事件预警信息发布、自然灾害和安防指挥、安全生产重点领域防控体系等，实现综合指挥调度，提高对各类事故、灾害、案件、突发事件防范和应急处理能力。

二、我国安防行业发展环境

2013 年，我国安防行业在新的发展环境中前行，既遇到了困难和影响，同时也出现了新的机遇和积极因素。2013 年是我国经济寻求转型的关键一年，在稳增长、调结构的发展方针指导下，经济发展速度放缓，增长出现较大的下行压力，基本建设投资、政府预算支出、社会投资均有所下降，这些对安防行业也带来一定程度的影响。新的发展环境促使安防行业认清形势，深化改革，不断创新，为安防行业调整结构，行业长期向好发展创造了条件。

回顾全年的情况，安防行业发展的主要促进因素有很多，党和政府的持续推动、支持仍然是主要的动力源泉。

（一）确保国泰民安，把平安建设列为发展全局统一谋划

党的十八大明确提出了必须从维护最广大人民根本利益的高度，加快健全基本公共服务体系，加强和创新社会管理，推动社会主义和谐社会建设的社会治理发展目标。5 月 31 日，习近平主席对深化平安中国建设工作会议就建设平安中国作出重要指示，要把平安中国建设置于中国特色社会主义事业发展全局中来谋划，着力建设平安中国，确保人民安居乐业、社会安定有序、国家长治久安。习近平主席的重要批示，是对过去多年来平安建设工作的充分肯定，同时也是对我国平安建设提出的新要求。将平安建设纳入国家经济社会发展的大局来谋划，将对推动和深化平安建设注入新的动力，具有深远的影响。

社会平安稳定，是国家之幸、人民所盼。没有平安稳定的环境，就没有社会主义现代化建设，就没有人民的幸福安康，实现中国梦需要平安这一大局，改革发展需要稳定这一前提，国家和人民需要政治稳定、社会有序、治安平稳、经济发展的良好环境。多年来的实践也证明，安全防范工作要融入社会主义建设事业的大局，在大局下思考、在大局下谋划、在大局下行动，就能牢牢把握发展方向，发挥最大效能。

（二）不断完善治理环境，推出多项安防法规政策

2013 年，国家持续推进依法治理，发布了一批法规政策，涉及医疗卫生、工矿、交通运输等行业的安全防范法律及政策，包括国务院办公厅《关于印发突发事件应急预案管理办法的通知》，国家卫生计生委办公厅、公安部办公厅《关于加强医院安全防范系统建设的指导意见》和《关于印发维护医疗秩序打击涉医违法犯罪专项行动方案的通知》，工业和信息化部办公厅《关于进一步加强民用爆炸物品生产线视频监控工作的通知》，交通运输部、公安部、国家安全监管总局《关于深入开展城市轨道交通运营安全隐患排查治理专项活动的通知》。

2013 年，河南省发布了公共安全技术防范条例；山西省、河南省、黑龙江省颁布了公共安全技术防范条例细则；安徽省、江西省、河北省、上海市发布了应急管理条例或办法；多个省市发布了安防专业领域的相关管理办法，涉及视频监控、图像信息管理等方面。这些法规、政策的贯彻执行，为规范社会管理提供了依据，进一步完善了安防行业发展的政策环境。

（三）稳定经济增长，提供了安防发展的市场基础

2013 年，面对世界经济复苏艰难、国内经济下行压力加大、自然灾害频发、多重矛盾交织的复杂形势，党和政

府带领全国人民坚持稳中求进工作总基调，统筹稳增长、调结构、促改革，坚持宏观政策要稳、微观政策要活，确保经济运行处于合理区间，注重调整经济结构，提高发展质量和效率，采取一系列既利当前、更惠长远的举措，实现了全年经济社会发展主要预期目标。国内生产总值达到56.9万亿元，比上年增长7.7%；居民消费价格涨幅控制在2.6%；进出口总额突破4万亿美元，再上新台阶。国民经济保持中高速发展，保证了政府预算收入、企业利润和居民收入等一定的增长，保证了安防有效需求的实现，为安防事业的持续发展提供了相应的物质基础。

（四）国家推进深化改革政策，惠及行业企业

2013年，国家推行全面改革的顶层设计当属发布《中共中央关于全面深化改革若干重大问题的决定》，让市场在资源配置中起决定性作用和更好发挥政府作用。

实施机构改革，分批取消和下放了400多项行政审批等事项，修订政府核准的投资项目目录，推动工商登记制度改革，扩大“营改增”试点，取消和免征行政事业性收费348项，全面放开贷款利率管制，在全国进行中小企业股份转让系统试点、简政放权等改革，设立中国上海自由贸易试验区，探索对外商投资施行准入前国民待遇加负面清单的管理模式。实施稳定外贸增长的政策，改善海关、检验检疫等监管服务，极大地激发了市场活力、发展动力和社会创造力。

出台了促进新兴产业及中小企业发展的多项政策措施，惠及安防中小企业。一是完善促进企业发展的宏观产业政策。在国务院出台《进一步支持小型微型企业的发展意见》的基础上，2013年全国各地认真贯彻落实。在完善金融服务，推进结构调整等方面，有关部门先后制定了60多个配套政策，32个省区、直辖市出台了实施意见。二是进一步加大财税支持力度。尽管2013年中央财政收支矛盾突出，增收压力加大，但继续增加了支持中小企业发展的专项资金规模达到150亿元，财税部门出台了惠及小微企业的税费减免政策。三是进一步采取缓解企业融资难的措施。确保小微企业贷款“两个不低于”的目标：实现增速不低于全部贷款增速，增量不低于上年同期水平。国家通过营业税减免、准备金税前提取、担保费用补贴等扶持政策，支持中小企业信用担保机构和再担保机构，为中小企业，特别是小微企业提供信用担保服务。四是进一步增强支持结构调整的力度。工信部印发了《关于促进中小企业发展的指导意见》，引导中小企业提高发展质量和水平，组织实施了技术创新推进计划等一批重点工程，认定了一批产业示范基地，促进中小企业创新发展。五是进一步完善公共服务体系。实施中小企业公共服务平台网络建设支撑，支持了20个省搭建互联互通中小企业公共服务平台网络。同时在全国范围内组织了小微企业的专项行动，提高中小企业和产业集群的发展水平。

（五）推动安防应用深化，提升和调整安防产业结构

安防行业主管部门继续推动平安建设工程。突出重点，全力推进公安机关视频系统联网建设及视频图像信息整合共享，检验、总结、提高联网建设的实战应用效果；立足实际，按照“完善立体化社会治安防控体系”目标，积极推动城乡技防一体化建设试点；适应形势，积极推进技防立法及行政审批制度改革工作。同时，重点指导有关省区公共安全视频图像信息系统建设，联合推动《安全防范监控数字视音频编解码技术标准》（简称SVAC）的推广应用，研究利用社会科研资源推进视频技术在公安机关的深度应用，积极探索在智慧城市框架下，开展视频及技防系统的建设与应用工作。

地方公安机关在上级主管部门统一领导下，积极落实，推进公安机关视频系统联网建设及视频图像信息整合共享工作，全面检查重点单位、安全卡口等安防情况，推进高清、平台互联互通等深化应用。

国家对“平安中国”的高度重视及主管部门的统一部署、积极推动，为安防的持续稳定发展提供了新的动力和能量，带动了安防的行业、社会应用的发展，促进了安防产业的发展，进而促使安防技术的创新与升级，促进安防市场的成熟。

第二节 安防行业发展状况和特点

我国安防行业的发展与国民经济的发展密切相连。2009年国家实行投资拉动政策，刺激了经济的增长，但是在保持GDP增长的同时，也带来了新的产能过剩及环保等问题，2012年前后地方债问题引起了国家的重视。党和政府新一届领导集体提出了不再出台新的刺激政策，注重稳增长、调结构的发展方式。目前我国经济发展处于中高速发展阶段。安防行业经过前期的高速发展，在增长速度上有了较大的回落，是行业实际情况的反映，但仍然保持了较高的增长速度。安防行业发展中的宏观指导思想明确，部署规划切合实际，业界的理念和思维与世界安防发展潮流与时俱进，安防产业布局相对完整，各大专业领域技术逐步完善，基本满足了维护公共安全的需求。

一、我国安防行业发展概况

2013 年，我国安防行业继续稳步发展，对社会稳定和经济发展的贡献率显著增加。总体来说，我国安防行业呈现出如下特点：产业稳步增长，安防行业在社会生活中愈益重要；科技创安提速，安防创新在平安建设中作用明显；安防专业领域门类齐全，技术不断完善；集成化、网络化、智能化趋向明显；安防应用的内涵逐步丰富，市场范围扩大，从服务于公安逐步向服务于公安与社会的结合；利用安防技术拓展民用、智慧城市等市场领域；安防发展方式和结构调整取得新的进步；安防企业集中度提高，安防领军企业逐步壮大，企业对发展战略、经营方式进行了新的探索；各地行业协会、技术中介等机构专注服务工作，行业管理不断改善。

中国安防协会依据会员企业 2013 年经营状况等调研数据，结合国家有关部门的统计资料，对我国安防行业的基本发展状况进行了研判，供业界人士参考借鉴。

截至 2013 年底，我国安防企业已达 3 万家左右，当年新增企业在 5% 左右。安防企业总数大致与 2012 年持平，但企业成员有所变化，视频监控、实体防护、报警等产品生产型小微企业有所减少。全行业从业人员约为 150 万人，大致与 2012 年持平。安防行业总产值达到 3650 亿元，其中安防产品产值约为 1650 亿元，安防工程和服务业约为 2000 亿元；全行业实现增加值约 1300 亿元。

二、我国安防行业的发展特点

（一）产业稳步增长，安防在社会生活中愈益重要

2013 年，我国安防行业适应国家的经济发展形势，注重市场变化，转变发展方式和结构调整，在适度调整后，继续保持稳步发展的势头，取得了良好的总体增长预期目标。全年总产值达到 3650 亿元，比 2012 年增长 14% 左右。（见表 1）

表 1　安防行业 2011 ~2013 年增长情况一览表

	2011 年	2012 年	2013 年
安防总产值（亿元）	2800	3200	3650
增长（%）	19.7	14.2	14.0
安防增加值（亿元）	1020	1150	1300
增长（%）	20.0	12.7	13.1

2013 年，我国国内生产总值（GDP）比上年增长 7.7%。另据国家统计局的统计公报，我国 2013 年全部工业增加值 21.07 万亿元，比上年增长 7.6%，规模以上工业增加值增长 9.7%。

2013 年，我国电子信息产业销售收入总规模达到 12.4 万亿元，同比增长 12.7%，其中，规模以上电子信息制造业实现主营业务收入同比增长 10.4%，软件和信息技术服务业实现软件业务收入同比增长 24.6%。

与全国工业企业、电子信息业的增长进行比较，我国安防行业的增长尽管增速有所下降，但相比之下还是保持了较高的增速。（见表 2）

表 2　2013 年安防行业增长与我国主要经济指标增长比较

	2011 年	2012 年	2013 年
国内生产总值（GDP）增长（%）	9.2	7.8	7.7
全部工业增加值增长（%）	13.9	10	7.6
全国规模以上电子信息制造业主营业务收入增长（%）	16.8	13	10.4
电子信息业工业增加值增长（%）	15.9	12.1	12.7
安防产值增加值增长（%）	20	12.7	13.1

（二）科技创安提速，安防创新在平安建设中作用凸显

安防创新是一个逐步积累的过程，且在不断提速。回顾安防初创阶段的“三铁一器”，到现如今的安防与电子信息技术紧密相连，安防人的思维方式，安防产品和技术，已经有了质的提升。

安防创新，首先是观念的创新、思维的创新。主管部门不断总结安防应用，在推动各地区域内的三级联网建设的基础上，重视深化互联网条件下的平台建设，推动安防图像信息的共享。安防企业过去的产品思维方式得到改变，更加重视系统、平台等综合解决方案。

其次是产品技术的创新。多年来，在工业化、信息化战略目标的指引下，安防行业不断推动信息技术和安防应用的融合，在提高行业整体技术水平方面又有了新的进步。视频监控的网络化监控、智能跟踪系统、高清存储、高清解码与显示、高清视频采集等产品，分别应用于新一代平安城市建设的感知层、网络层、数据层以及应用层，并结合云存储、云计算、大数据智能分析等技术，将平安建设方案推向新的高度。在其他专业领域，防盗报警与视频复核、移动终端的防盗报警应用；出入口控制系统中以门禁系统为基础系统集成、身份识读认证技术、联网运行、基于云技术的门禁控制等；防爆安检领域，安检设备向智能化方向发展，安检系统与视频监控系统、报警系统和应急系统联动。从核心技术的研发和使用看，2013 年，国产视频音频芯片、光学芯片 MCCD 的应用扩大，功能更丰富、功耗更低的消费类产品芯片，也不断在社会家庭安防市场推出新品。传感器技术也有新的研发成果。

科技创安提速的标志，一是电子类安防产品比例大幅提高。2013 年电子类安防产品在整个安防中的比例达到新的高点。二是核心技术的研发不断取得新成果，国产芯片在生产和应用、进口替代方面步伐加快，自主知识产权范

围逐步扩大。三是安防技术不断升级换代，表现为安防产品的集成度提高，不同专业领域的产品通过嵌入式、模块化实现多种功能，安防系统集成的互联互通性能不断扩大，智能化应用有了新的提高。实践科技创安的战略目标，有利于围绕公安系统的实战平台需求，搭建高效的社会面治安防控体系，全面提升平安城市在公安警务工作中的实战效率。

（三）安防应用的内涵逐步丰富，市场范围扩大

安防应用是一个从内容到形式不断发展的概念，公共安全防范是其源头和根本，不断发展的社会应用则丰富和扩大其内涵。2013 年，在公安主管部门的领导下，安防应用的一个重要内容是推进深化视频图像信息整合与共享，使城市报警及视频监控系统建设工程的应用效果得以提高和深化，继续提升社会重点安全卡口、重点单位、金融、文博、司法、教育等领域的安全管理，推动安防行业应用的产品、技术、管理系统的升级，带动了感知、显示、储存、传输等产品技术的升级和市场推广，使得安全防范在能源、电力、水利、医疗卫生、体育、环境、食品、国土资源、厂矿企业等应用解决方案更加成熟。2013 年，随着智慧城市建设提速，安防应用在各地智慧城市建设中又取得新的进展。一些企业运用平安城市建设中形成的技术优势，通过对城市感知层、网络层、数据层以及应用层做出及时的调整，推出智慧城市的整体解决方案。从城市安全功能看，系统从城市监控点的高清化、无线化覆盖，到整个系统的联网与整合，再到公安上层业务应用，通过搭建高效的社会面治安防控体系，全面提升平安城市在公安警务工作中的实战效能，为智慧城市的建设添砖加瓦。从城市管理方面看，系统将会利用先进的互联网技术、计算机技术、通信技术形成一个统一的监控网络，结合工作生活需求，整合资源供各个部门共享资源，同时在城市应急、智能交通、绿色建筑、政务督察、环境监测、应急指挥、灾害控制等领域发挥重要作用。实现公共安全不断与社会智能化管理的结合，进一步丰富了安防的内涵。

我国安防市场在经历了一个高速发展阶段后，进入了一个相对中高速的成长阶段，市场主体发展平稳，市场供应相对平衡，市场发育逐步成熟。在平安建设的推动下，我国安防市场形成了以实体防护产品市场为基础，以视频监控产品市场为主体，与防盗报警产品、出入口控制产品、防爆安检产品等专业市场共生共长的新兴市场。我国安防市场在快速发展中逐步走向成熟，是平安建设的重要成果，而安防市场的稳步发展，也为社会公共安全建设的深度发展创造了良好条件。

（四）转变安防发展方式，安防结构调整取得新的进步

2013 年国民经济增速趋缓，投资增长势头减缓。安防行业适应国家推进经济结构调整和国内生产总值合理增长的形势，改进发展方式，推动安防结构的调整和产业的升级。

产业结构方面，制造业保持稳定增长，工程、集成、服务业比例提高。电子类安防产品保持快速发展，在安防行业的比重继续增长；以高清应用引领的视频监控、平台集成市场有较快增长；以互联网为基础，防爆安检、防盗报警、出入口控制、生物识别等集成联动成为新的行业发展方向。

在企业结构方面，各专业领域的骨干企业的格局基本形成，一些有技术资金实力的企业进入安防行业，一些企业寻求和开拓新的业务领域或者退出安防市场，企业的结构得到优化和提升。

在市场结构方面，在安防专业市场稳定发展的同时，行业应用市场加快发展。随着国家鼓励信息消费带动内需发展，在社会家庭个人应用市场正在加速发展。

（五）企业集中度提高，安防领军企业逐步壮大

2013 年，安防企业集中度又有提高，主要表现在：一是安防专业领域的龙头企业继续保持良好的增长势头。无论是视频监控、实体防护、防盗报警、防爆安检，还是系统集成、运维服务都呈现出强者更强的局面，一批企业的年经营收入增长超过 30%。二是安防龙头企业海康威视年经营额首次突破 100 亿元，达到了 107 亿元的历史最高值，成为 2013 年安防行业的标志性事件。大华股份超过了 50 亿元的历史最高值。既反映了安防行业的发展潜力，也反映了优秀安防企业的经营管理能力。三是骨干企业的市场份额、品牌知名度、综合盈利能力提高。

在企业集中度提高过程中，资本和市场是推动企业发展的两个轮子。通过投资、兼并、收购等资本运营，更新技术和扩大规模；通过市场的扩展，使得经营能力得以实现。2013 年继续有多家安防企业进入上市辅导期；全国中小企业股份转让系统正式运营，包括安防制造、安防系统集成、智能交通、云计算在内的 30 余家企业登录新三板，部分安防企业从中受益；安居宝、海康威视在市场上的两次降价动作，既体现了龙头企业对产品质量、成本控制新的定位，又体现了扩大市场份额的迫切需求，有利于消费者及规范市场竞争。

（六）专注服务安防行业，行业管理不断完善

在主管部门的领导下，安防行业的社团组织、技术机构认真贯彻党的十八大精神，适应行业发展的新形势、新特点，转变观念，积极探索社会管理能力建设和管理方式创新，关注行业发展，把行业发展的需求作为工作重点，并不断提高服务质量。

把握行业发展现状是引导服务行业的基础。为掌握我国安防行业的发展状况，2013 年中国安防协会在做好日常工作的基础上，把行业调研作为一项重点工作进行安排，布置调研计划和调研工作。协会领导利用会议、展会、参访等机会开展调研活动，对协会会员单位、行业企业、若干专业领域的调研取得进展。协会还开展了安防系统集成单位资质管理制度调研，形成了《关于安全技术防范系统

集成服务单位资质管理制度的专项研究报告》，开展了对我国报警服务业的调研，完成了《我国安防报警业现状与发展趋势》的调研报告，完成了行业上市公司发展状况专题研究报告等课题。协会专家委注重服务行业，组织专家开展安防用线缆标准化预研工作，并完成了《制修订安全防范系统用线缆相关标准建议书》，以及《安全防范系统用线缆分级和技术要求》和《安全防范系统用线缆应用指南》两个标准草案。

各地安防协会结合当地实际，开展了各具特色的行业服务工作，其特点是：积极参与当地的平安建设，参与制定安防政策法规；积极为安防企业提供工程资质、培训、融资渠道联系等服务；加强自身建设，开展行业诚信建设和行业自律活动。北京协会建立沟通机制，做好主管部门参谋助手；上海协会按照"服务企业、规范行业、发展产业"精神，在推进平安上海建设以及上海社会治安的持续稳定中发挥积极作用；天津协会探索服务转型升级，指导企业开展技术更新，组织安防企业的新产品、新技术在技防网建设中优先试用和推广，提高平安天津建设的水平；重庆协会做好立法调研工作，注重建设政府和行业沟通渠道；广东协会积极探索和确立大安防建设战略目标，重视提升服务能力，获得省政府转变职能购买服务的资质。

全国安防标委会为满足公安业务应用和促进安防产业发展，加快标准的制修订工作，2013 年完成并经国家标准委和公安部批准发布的国家标准有 3 项，行业标准有 13 项，完成标准报批稿共 24 项，其中国家标准报批稿 7 项，行业标准报批稿 17 项，为满足公安业务需求和促进安防产业发展提供了强有力的技术支撑。积极开展标准化研究项目，为科技强警和社会治安防控体系建设提供标准化技术支撑，全面完成了《公安机关视频图像信息联网与应用标准体系》、《文物安全技术防范标准体系》等课题研究任务。国际标准制定工作取得新成果，我国牵头制定的 1 项视频监控国际标准已正式批准发布，我国牵头制定的 4 项楼寓对讲国际标准，正在按计划推进，为不断增强国际标准制定的话语权起到了积极作用。

北京、上海检测中心积极服务于行业，充分发挥行业优势、地域优势和技术优势，认真扎实做好各项常规的公安检测业务，除此之外不断寻求新的业务增长点和突破口，如北京检测中心以"物联网一体化安全检测专业化服务"项目为支撑，开展物联网的产品检测、系统安全检测、系统安全检查业务，开展检测方法、技术研究，为产品检测和标准制修订奠定技术基础。上海检测中心承担了国家信息安全专项测评工作，克服了种种困难，顺利完成了产品测试及测试组织工作，涉及云计算、工控、移动互联网等多个全新领域。检测中心继续加强实验室能力建设，立足实战为一线服务，树立行业权威形象。同时，抓好科研工作，促使科研与检测业务相互促进，不断提高竞争力。

安防认证中心积极服务于行业，充分发挥行业优势，认真扎实做好各项常规的认证业务，在国家简政放权的大背景下，积极探索扩大安防产品的强制性认证和自愿性认证的范围，探索新的认证管理模式，为公共安全行业的发展及和谐社会的搭建提供技术支持。

安防行业是一个与经济社会密切联系的发展中的行业。在全球经济愈益一体化的大环境下，当前安防行业面临全球信息技术日益发展与国际区域经济复苏相对迟缓且不平衡的矛盾，在新的一年仍将面临既有巨大发展潜力也有新的挑战的局面。需要安防行业同人适应新的发展形势，在主管部门的领导下，认清行业发展趋势，确立为建设平安城市、平安中国做贡献的责任和使命，以满足社会安全需求为目标，以科技为动力、市场为导向，克服发展中的问题和困难，为发展我国安防事业做出不懈的努力。

第二章 2013年中国安防行业发展大事

第一节 安防行业具有影响力大事件

一、深化平安中国建设工作会议在苏州召开

5月31日，深化平安中国建设工作会议在江苏苏州召开。中共中央政治局委员、中央政法委书记、中央综治委主任孟建柱出席会议并讲话。他指出，建设平安中国，要主动适应社会信息化发展的大趋势，按照科技引领、信息支撑的思路，加快推进平安建设信息化进程，着力实现平安建设信息资源的共享共用，着力推动信息化建设成果更好更快地转化为平安建设能力，着力运用信息化提升社会管理服务效能，着力推进平安建设与智慧城市建设的深度融合，不断提升平安建设现代化水平。

二、《战略性新兴产业重点产品和服务指导目录》出台

2月22日，国家发展和改革委员会发布公告，正式发布了《战略性新兴产业重点产品和服务指导目录》。《目录》涉及战略新兴产业7个行业、24个重点发展方向下的125个子方向，共3100项细分的产品和服务，涵盖了节能环保、新一代信息技术、生物、高端装备制造、新能源、新材料和新能源汽车等我国战略新兴产业。其中，第二部分“新一代信息技术产业”多处内容直接或涉及与安防行业相关，数字视频监控系统（包括网络摄像设备，视频监控存储、处理及智能控制设备，以及监控后端系统等）和安全防护系统集成被明确列入目录，云计算服务和物联网应用服务等安防应用技术也名列其中。

三、国家卫生计生委、公安部要求加强医院安全防范系统建设

10月12日，国家卫生计生委办公厅、公安部办公厅联合发布《关于加强医院安全防范系统建设的指导意见》。《意见》着重从人防系统建设、防系统建设、技防系统建设三方面的内容进行了阐述。在技防系统建设方面，要求完善入侵报警系统、视频监控系统、出入口控制系统和电子巡查系统，实现四个系统的互联互通。同时，要求医院设置安全监控中心，对本单位技防系统的安全信息进行集中统一管理，还应加强重点单位的监控工作，在重点要害部位要安装一键式报警装置。

四、文博和校园两项安防国家标准正式实施

由全国安全防范报警系统标准化技术委员会（SAC/TC100）归口的GB/T 16571－2012《博物馆和文物保护单位安全防范系统要求》和《中小学、幼儿园安全技术防范系统要求》先后于2月1日和6月1日正式实施。

五、国家智慧城市试点工作稳步推进

1月29日，住房和城乡建设部公布首批国家智慧城市试点名单，并与试点城市及其上级人民政府签订共同推进智慧城市创建协议。8月5日，公布第二批2013年度国家智慧城市试点名单，再度确定103个城市（区、县、镇）为2013年度国家智慧城市试点。目前，国家智慧城市试点已达193个。随着智慧城市建设工作的开展，安防行业将迎来更加广阔的市场发展空间。

六、公安部科信局公布首批视频监控专业人才库人员名单

3月22日，公安部科技信息化局正式对外公布第一批公安视频监控专业人才库成员名单，共有91人入选。公安视频监控专业人才库的建立是为进一步强化公安机关职能作用，充分发挥视频监控专业人才的优势，通过分批次遴选吸纳具有熟悉视频监控专业技术、工程建设、业务应用、相关信息技术等专业特长及丰富实践经验的综合性人才，辅助做好公安机关的顶层设计、统筹规划等工作。

七、视频图像信息数据库关键技术研究开题

7月12日，公安部科技信息化局在杭州召开了“视频图像信息数据库关键技术研究”课题开题会议。“视频图像信息数据库关键技术研究”课题重点研究视频图像信息数据描述技术、视频图像目标对象分类技术、视频图像目标特征索引技术、涉案视频图像信息分类标注技术、视频图像信息数据存储组织技术、视频图像信息数据搜索接口技术等。

八、《河南省公共安全技术防范管理条例》正式实施

10 月 1 日，《河南省公共安全技术防范管理条例》正式实施。该条例于 2013 年 8 月 1 日经河南省第十二届人大常委会第三次会议审议通过，从公共安全技术防范产品、系统、安装运营到监督管理、法律责任等方面，对河南省公共安全技术防范行业进行了规范。

九、安徽、河北、江西三省《突发事件应对条例》正式实施

安徽省第十一届人大常委会第三十七次会议通过《安徽省突发事件应对条例》，自 2013 年 3 月 1 日起施行。河北省第十二届人大常委会第二次会议通过《河北省突发事件应对条例》，自 2013 年 7 月 1 日起施行。江西省第十二届人大常委会第五次会议通过《江西省突发事件应对条例》，自 2013 年 9 月 1 日起施行。各地《突发事件应对条例》的颁布与实施，对于地方政府进一步强化社会管理职能、完善应急管理制度、规范突发事件应对行为、保障经济社会健康发展，具有十分重要的意义。

十、部分安防企业入选 2011 ~2012 年度国家规划布局内重点软件企业名单

2 月 25 日，国家发展和改革委员会、工业和信息化部、财政部、商务部、国家税务总局联合下发了《关于认定 2011 ~2012 年度国家规划布局内重点软件企业和集成电路设计企业的通知》，杭州海康威视数字技术股份有限公司、浙江银江电子股份有限公司、杭州恒生数字设备科技有限公司、上海华平信息技术股份有限公司等安防企业被认定为“2011 ~2012 年度国家规划布局内重点软件企业和集成电路设计企业”。

第二节　公安技防管理工作大事记

2013 年 1 月 5 日

黑龙江省公安厅科信处在哈尔滨组织举办了全省公安机关科技（技防）管理干部《黑龙江省公共安全技术防范条例》培训班。

2013 年 1 月 6 日

青海省公安厅技防办参与青海省发改委、省投资公司组织的格尔木市、玉树机场技防项目可研论证会议。

2013 年 1 月 7 日

黑龙江省公安厅、省科技厅与省工信会联合主办的 2013 年黑龙江公共安全防范产品与应用技术展览会召开。

2013 年 1 月 8 日

天津市公安局技防监管总队会同市安防协会组织召开安防企业座谈会。会议介绍了 2012 年全市技防网建设和技防管理工作情况，肯定了安防企业在深化社会治安防控体系建设中发挥的积极作用。

2013 年 1 月 8 日

青海省公安厅下发《关于进一步加强全省安全技术防范管理工作的意见》。

2013 年 1 月 9 日

天津市公安局技防监管总队主持召开了《金融网点报警关键技术的研究与应用》项目验收会，认为该项目成果目前在国内同专业领域中处于领先水平，同意该项目通过验收。

2013 年 1 月 17 日

内蒙古自治区公安厅制定并下发《关于印发内蒙古公安机关视频图像信息整合与共享工作方案和内蒙古公安机关视频图像信息整合与共享技术方案的通知》，明确全区视频监控系统联网建设及应用工作的总体目标、建设思路、技术路线、任务要求及进度安排。

2013 年 1 月 23 日

内蒙古自治区公安厅印发《内蒙古自治区公安厅关于成立视频图像信息整合与共享领导小组的通知》。

2013 年 1 月 24 日

公安部科信局谭晓准副局长参加国家发改委和工信部联合召开的《促进我国智慧城市健康有序发展的指导意见》研讨会。

2013 年 1 月 25 日

青海省公安厅技防办承担玉树灾后恢复重建结古镇平安城市治安监控系统建设工作。

2013 年 1 月 27 日

甘肃省公安厅技防办组织省产品质量监督检验中心，对 2012 年度全省 500 个乡镇街道社会治安视频监控系统工程进行检测。

2013 年 1 月 29 日

内蒙古自治区公安厅制定并下发《关于印发 2013 年度内蒙古自治区公安机关视频图像信息整合与共享工作任务书的通知》，明确各盟市工作任务。

2013 年 1 月 30 日

公安部科信局牵头召集部办公厅等相关业务局，研究对《关于促进我国智慧城市健康有序发展的指导意见》的意见反馈工作。

2013 年 1 月

甘肃省公安厅技防办按照省委省政府的部署，根据建设任务制定了《2013 年乡镇街道社会治安视频监控系统建设实施方案》。

2013 年 1 月

新疆维吾尔自治区公安厅技防办编写《关于加强全区视频监控系统建设的报告》，上报相关部门，申请在南疆重点地州及其余地州所在市开展监控系统建设工作。

2013 年 2 月 7 日

广东省公安厅下发《关于组建广东公安视频监控技术首批应急工作队的通知》。

2013 年 2 月 20 日

天津市公安局技防监管总队对现行 1700 余项公共安全领域相关标准进行了梳理汇总，编制完成《公共安全类标准检索手册》（2012 版），基本涵盖了各警种业务领域，并印发全局各有关单位，方便民警查询、学习和使用标准。

2013 年 2 月 20 日

山西省公安厅下发《关于进一步规范安全技术防范管理工作的通知》，要求全省各地尽快理顺安全技术防范管理工作职能，尽快完成机构移交，履行管理职责。

2013 年 2 月 26 日

公安部科信局技防处在北京召开公安机关视频监控图像信息联网与应用标准体系建设研讨会。

2013 年 2 月 26 日

吉林省公安厅科技处组织开展的《大力推进视频监控系统建设全力保稳定促发展》重点工作，被吉林省省直机关工委评为 2012 年下半年"建功十二五"突出业绩奖。

2013 年 2 月 28 日

上海市公安局技防办下发了《关于印发〈本市视频安防监控系统用摄像机镜头技术规范（试行）〉的通知》。

2013 年 2 月

浙江省公安厅技防办起草、省综治委下发了《关于加强安全技术防范体系建设的实施意见》。

2013 年 3 月 7 日

云南省公安视频监控系统建设和应用工作领导小组召开会议，明确了省公安厅科信处为全省公安视频监控系统建设工作的牵头部门。

2013 年 3 月 11 日

山西省公安厅印发了《山西省安全技术防范条例实施细则》，对贯彻落实《山西省安全技术防范条例》有关规定作了详细说明。

2013 年 3 月 11 日

湖北省公安厅技防办在武汉举办了全省视频监控系统建设暨技防管理业务培训班。

2013 年 3 月 12 日

公安部科信局召开工作务虚会，召集局技防处、公安部第一研究所、国家安防报警系统产品质检中心（北京）、全国安防标委会、中国安防协会、中国安防认证中心、公安部安防重点实验室等单位的负责人，就今后一个时期推进安全技术防范工作发展进行探讨交流。

2013 年 3 月 12 日

天津市公安局、市综治办联合召开天津市推进技术防范网络体系建设工作会议。

2013 年 3 月 12 日

黑龙江省公安厅科信处出台《黑龙江省安全技术防范行业专家库管理办法》。

2013 年 3 月 12 日

湖北省公安厅科信处举办 2013 中国（武汉）公共安全产品暨警用装备博览会。

2013 年 3 月 14 日

公安部科信局技防处召开了城乡技防一体化建设工作座谈会，围绕城乡一体化技防体系建设工作，尤其是农村地区技防建设工作进行了全面深入的讨论和交流。

2013 年 3 月 19 日

重庆市公安局技防办主办的"2013 重庆社会公共安全产品与技术设备展览会"召开。

2013 年 3 月 20 日

吉林省公安厅召开全省公安检查站视频监控与抓拍系统功能演示会。

2013 年 3 月 22 日

吉林省公安厅召开厅党委专题会议，研究全省视频监控系统建设工作，要求坚持高标准、采取有力措施，大力度加以推进。

2013 年 3 月 26 日

公安部科信局程胜军书记和谭晓准副局长出席在杭州举办的全国公安机关视频监控技术培训班。

2013 年 3 月 27 日

吉林省政府办公厅印发《2013 年全省视频监控系统建设工作方案》。

2013 年 3 月 27 日

天津市公安局技防监管总队组织相关单位人员赴大港体育馆，就技防系统联网建设工作进行指导。

2013 年 3 月 29 日

吉林省政府在四平市召开全省视频监控系统建设推进会，总结推广四平市视频监控系统建设工作经验，交流各地经验做法，部署 2013 年全省视频监控系统建设与应用重点工作任务。

2013 年 3 月 29 日

黑龙江省公安厅科信处组织召开全省技防执法工作研讨会。

2013 年 3 月

宁夏回族自治区公安厅对全区公共安全技术防范工作进行了专题调研

2013 年 3 月

甘肃省公安厅技防办制定《甘南武威两市州部分县市城区社会治安视频监控系统技术方案》。

2013 年 3 月

江苏省公安厅召开会议，研究部署全省技防监控系统建设应用工作。

2013 年 3 月

江苏省公安厅举办全省公安机关基层技术革新成果展暨 2013（第十二届）南京社会公共安全防范产品及技术展览会。

2013 年 4 月 8 日

湖北省公安厅向省委政法委专题汇报了全省社会治安视频监控系统建设应用情况。

2013 年 4 月 9 日

青海省公安厅工作组赴玉树开展结古镇平安城市治安监控系统项目建设衔接协调工作。

2013 年 4 月 10 日

河南省公安厅组织召开全省公安科技管理工作会议，回顾总结 2012 年全省公安科技管理工作，通报表扬工作成绩突出的先进单位，对 2013 年全省公安科技管理重点工作进行安排部署。

2013 年 4 月 11 日

天津市质监局组织召开由天津市技防监管总队组织编制的《公共图像系统技术规范》地方标准专家评审会。

2013 年 4 月 11 日

吉林省公安厅下发《关于调整和规范报送视频监控系统建设信息内容的通知》，对全省视频监控系统信息报送的内容予以调整、规范，并提出工作要求。

2013 年 4 月 16 日

辽宁省公安厅科技处召开全省科技（技防）管理干部培训会。

2013 年 4 月 16 日

海南省公安厅科通处召开评审方案论证会，对保亭公安局“海岛型立体化防控体系”设计方案进行论证。

2013 年 4 月 18 日

四川省公安厅技防办在成都召开了技防管理工作座谈会。

2013 年 4 月 18 日

湖南省公安厅技防办主办的第十三届湖南省公共安全产品与技术博览会召开。

2013 年 4 月 19 日

浙江省公安厅技防办组织召开全省安全技术防范体系建设工作部署会议，宣传贯彻浙综委〔2013〕1 号文件精神，对建设工作进行了讨论。

2013 年 4 月

经安徽省科技厅批准，安徽省安全技术防范工程技术研究中心正式成立。

2013 年 4 月

内蒙古自治区公安厅科技处联合有关警种、部门深入基层开展专项调研工作，并多次组织盟市公安局科技部门技术人员赴国内技防工作开展较好的地区进行实地调研考察。

2013 年 4 月

甘肃省公安厅技防办收集、整理十类公共安全国家标准和行业标准，建立了相应的数据库，建成了公安信息化标准汇编系统，并在省厅金盾办和科技处网页上设置了链接，甘肃公安机关各业务部门和各警种可通过数字证书进行查询。

2013 年 4 月

新疆维吾尔自治区公安厅技防办编制《新疆公共安全视频图像信息系统建设三年规划》和《新疆维吾尔自治区公共安全视频图像信息系统建设可行性研究报告》。

2013 年 4 月

江苏省公安厅下发《关于推荐新一批技防监控系统新技术新产品新应用的通知》、《关于 2012 年度全省技防监控系统建设应用情况的通报》和《关于开展部分地区视频监控系统建设管理应用工作调研的通知》。

2013 年 5 月 2 日

公安部科信局谭晓准副局长出席国家标准委召集的座谈会，与国家标准委、工信部以及有关企事业单位，就下一步做好《安全防范监控数字视音频编解码技术要求》的推广应用工作交换了意见。

2013 年 5 月 8 日

黑龙江省公安厅科信处组织召开全省技防从业单位《黑龙江省公共安全技术防范条例》宣贯培训电视电话会议。

2013 年 5 月 9 日

陕西省公安厅主办的 2013 中国（西安）国际社会公共安全产品暨警察反恐技术装备博览会召开。

2013 年 5 月 10 日

山东省委政法委、省公安厅在济南召开全省视频监控全覆盖工程推进现场会。

2013 年 5 月 13 日

山西省公安厅下发《关于对全省安全技术防范工作摸底调查的通知》，对全省的安全技术防范工作以及全省安全技术防范系统建设与应用情况进行摸底、普查。

2013 年 5 月 13 日

天津市公安局技防监管总队研发完成的“技防网”视频质量自动诊断系统并在武清分局试点应用，且通过市科委组织的专家验收。

2013 年 5 月 15 日

海南省公安厅技防办参加海医学院校区视频监控系统建设技术方案论证会。

2013 年 5 月 16 日

公安部科信局在北京召开新疆视频监控系统建设方案论证评审会。

2013年5月16日

山西省公安厅召开了全省安全技术防范培训会议，对《条例》和《实施细则》进行宣贯培训，并对下一步的贯彻落实工作进行了安排部署。

2013年5月17日

公安部科信局召开贯彻落实国务院机构职能转变动员电视电话会议精神座谈会，传达学习5月13日国务院机构职能转变动员电视电话会议精神，研究谋划今后一个时期安防工作的发展。

2013年5月18日

河北省公安厅技防办组织各级技防民警深入社区、街道、安防企业单位，把安防知识以及与群众切身利益息息相关的安防法规印制成宣传单，通过安防法律知识讲座、座谈会等形式开展法制宣传教育，向群众广泛宣传，切实增强群众法制意识和防范意识。

2013年5月18日

青海省公安厅技防办组织相关单位参加“青海省公安科技活动周”活动。

2013年5月19日

甘肃省公安厅技防办组织相关单位参加“全省科技宣传周活动”。

2013年5月20日

安徽省公安厅技防办牵头申报的《安徽省安防视频监控系统维护规范》编制项目获安徽省质量技术监督局批复立项。

2013年5月20日

天津市公安局技防监管总队组织编制的《天津市监控摄像机技术规范》发布并实施。

2013年5月20日

吉林省公安厅召开专题会议，部署开展全省视频监控系统大普查和更新维护百日行动，同时印发《全省视频监控系统大普查和更新维护百日行动工作方案》。

2013年5月20日

宁夏回族自治区公安厅举办“城市报警联网监控系统建设和应用”视频讲座。

2013年5月25日

青海省公安厅技防处组织人员，对省产品质量监督检验所进行了2012年度的年检工作。

2013年5月30日

天津市公安局主办的2013中国（天津）国际社会公共安全防范技术与产品博览会暨智慧城市建设与科技应用展览会召开。

2013年5月31日

由天津市公安局等相关单位共同主办的第五届中国智慧城市高峰会召开。

2013年5月

浙江省公安厅技防办组织对省内3家公安部授权的安防工程检验机构进行了实地考核和年审工作。

2013年5月

广西壮族自治区公安厅下发《关于规范全区视频监控系统技术方案上报审批工作的通知》。

2013年5月

新疆维吾尔自治区公安厅技防办下发《关于开展十五地州所在市和32个重点县（区、市）视频监控系统建设情况统计工作的通知》。

2013年6月7日

首都综治委科技创安专项组2013年全体扩大会议召开。

2013年6月7日

浙江省公安厅技防办举办了全省公安机关技防管理干部培训班。

2013年6月7日

北京市公安局组织在全市范围内开展历时2个月的安全技术防范系统普查工作。

2013年6月18日

福建省公安厅技防办举办《全省安全技术防范》及《数字高清视频监控系统技术规范》DB35/T1247－2012培训宣贯班。

2013年6月18日

福建省公安厅主办的“第六届6·18海峡社会公共安全项目产品博览会”召开。

2013年6月20日

吉林省公安厅科技处下发《关于全省视频监控系统建设与应用工作进展情况的通报（2013年第2期）》，对全省视频监控系统建设和“百日行动”的具体实施情况进行了通报，并对进一步贯彻落实好“百日行动”提出了下一步的工作要求。

2013年6月20日

青海省公安厅技防办对玉树藏族自治州灾后恢复重建结古镇平安城市治安监控系统工程项目进行方案评审、招标文件制定、招标等工作。

2013年6月21日

浙江省公安厅决定成立“视频云建设与应用”工作领导小组，全面开展全省跨区域、高度共享和智能化程度较高的“视频云建设与应用”工作。

2013年6月

公安部科信局研究制定并分别向部领导、部行政审批制度改革工作领导小组办公室报送了2013～2015年安全技术防范产品行政审批改革的工作建议及进度安排。

2013年6月

新疆维吾尔自治区公安厅成立立法起草小组，起草了《新疆维吾尔自治区公共安全视频图像信息系统管理办法（送审稿）》，并多次召开专题会议研究，反复修改完善，征求相关部门意见，提交自治区人民政府审批。

2013 年 6 月

安徽省公安厅技防办申报“信息化条件下全省城乡技防一体化建设模式研究”专项课题，得到省科技厅立项。

2013 年 6 月

江苏省公安厅下发《关于开展 2012 年度全省治安监控系统典型案例评分的通知》。

2013 年 6 月

甘肃省公安厅技防办组织完成了对 2012 年度甘肃省 500 个乡镇街道社会治安视频监控系统建设项目的验收工作。

2013 年 7 月 1 日

湖北省政府常务会议审议通过《湖北省公共安全视频图像信息系统管理办法》，自 2013 年 9 月 1 日起施行。

2013 年 7 月 2 日

吉林省公安厅科技处在长春举办了视频监控系统新技术交流会。

2013 年 7 月 3 日

天津市公安局技防监管总队以全市中小学和幼儿园、水电油气热、大型商场超市、金银珠宝店等治安保卫重点单位和人员密集场所为重点，对部分区县内保单位在用技防系统监督检查和技术标定工作情况开展了为期一个月的现场核查。

2013 年 7 月 5 日

四川省公安厅技防办召开了技防培训研讨会。

2013 年 7 月 8 日

甘肃省公安厅科技处开设“2013 年度 253 个乡镇街道社会治安视频监控系统建设”专栏。

2013 年 7 月 10 日

天津市公安局发布《公共图像系统技术规范》，自 8 月 1 日正式实施。

2013 年 7 月 10 日

公安部科信局在北京召开图像传感网建设和发展情况座谈会，科技信息化局局长厉剑，副局长谭晓准，中国科学院院士、国防科技大学教授于起峰，中国科学院院士、中国科技大学教授伍小平以及来自中国科学院、国防科技大学、中国科技大学、安徽大学、北京理工大学，部装备财务局、科技信息化局等单位的专家学者及负责同志共 20 余人参加了会议。会议围绕我国图像传感网现状及今后发展趋势，以及视频监控系统在公安机关的应用情况进行了深入讨论和交流。

2013 年 7 月 12 日

公安部科信局在杭州召开了“视频图像信息数据库关键技术研究”课题开题会议。

2013 年 7 月 12 日

吉林省公安厅科技处从省内各大科研院所、高等院校、安防企业和各级公安机关推荐的专家中筛选出 25 人作为吉林省视频监控技术专家库成员。

2013 年 7 月 15 日

公安部科信局下发了《关于下达 2013 年度公共安全行业标准制修订项目计划的通知》，其中，由全国安防标委会（SAC/TC100）技术归口的项目共 21 项。

2013 年 7 月 16 日

吉林省公安厅科技处制定《吉林省公安机关视频监控系统大普查和更新维护百日行动考评实施方案》，通过组织考评、总结经验、查找问题、进一步查漏补缺、提升效能，不断推动视频监控系统建设与应用向纵深发展。

2013 年 7 月 16 日

河南省公安厅技防办组织专人赴洛阳对视频监控中心实战应用工作进行专题调研，完成调研报告呈省委政法委。

2013 年 7 月 19 日

重庆市公安局技防办组织安防行业部分企业座谈会，宣传公安技防管理政策，听取企业意见。

2013 年 7 月 23 日

公安部科信局厉剑局长、谭晓准副局长出席北京安防视音频编解码技术产业联盟 2013 年年会。

2013 年 7 月

新疆维吾尔自治区公安厅下发《7 个重点地州所辖县（市、区）及 8 个地州所在市视频监控系统建设任务书》。

2013 年 7 月

江苏省公安厅下发《关于对 2012 年度全省治安监控系统候选案例进行整理的通知》、《关于征求省厅视频监控实战应用平台建设方案意见的通知》。

2013 年 8 月 1 日

吉林省公安厅科技处下发了《关于视频图像编号和命名的补充通知》。

2013 年 8 月 1 日

河南省十二届人大常委会第三次会议审议通过了《河南省公共安全技术防范管理条例》，自 10 月 1 日起实施。

2013 年 8 月 6 日

河北省公安厅召开安防企业“群众路线教育”座谈会。

2013 年 8 月 7 日

山东省公安厅科技处举办全省公安机关视频监控技术培训班。

2013 年 8 月 9 日

上海市公安局技防办印发了《关于〈数字视频安防监控系统基本技术要求〉的补充说明（一）》。

2013 年 8 月 13 日

海南省公安厅技防办组织专家参加临高县海岛型立体化治安防控体系三大管控系统建设技术方案进行论证，并对该方案进行了评审。

2013 年 8 月 14 日

新疆维吾尔自治区公安厅保安技防大队派员参加迎宾馆安防工程验收。

2013年8月26日

浙江省公安厅召开公安行政事权清理协调会，决定将“安全技术防范生产登记批准书”行政审批权限下放至各市公安机关技防管理部门。

2013年8月

江苏省公安厅下发《关于做好技防几项具体工作的通知》。

2013年9月3日

山西省公安厅下发《关于统计视频监控系统建设情况的紧急通知》，要求对全省11个市公安机关主导建设的视频监控系统和拟建设系统情况进行摸底统计。

2013年9月4日

公安部科信局在天津市组织召开加快技防立法工作座谈会。

2013年9月9日

北京市公安局印发《关于北京市公共安全图像信息系统管理办法实施意见（试行）的通知》。

2013年9月11日

宁夏回族自治区公安厅下发通知，对《宁夏回族自治区安防条例（征求意见稿）》在全区公安机关征求意见。

2013年9月12日

辽宁省公安厅圆满完成“十二运”视频监控保障任务。

2013年9月12日

浙江省公安厅召开电视电话会议，就贯彻执行浙综委办〔2013〕16号文件精神，在全省范围积极开展安全技术防范体系建设试点工作进行了专题部署，进一步明确了技防体系建设的技术架构和试点工作具体要求。

2013年9月12日

湖北省公安厅技防办召开全省视频监控系统“建、管、用”现场推进会，深入学习省委办公厅、省政府办公厅《关于继续深入推进全省社会治安视频监控系统建设的意见》和省政府令《湖北省公共安全视频图像信息系统管理办法》，总结了近年来全省视频监控系统建管用工作情况，交流经验，分析问题，研究部署下一步工作。

2013年9月13日

湖南省委办公厅、省政府办公厅联合下发《关于加强全省社会治安视频监控系统建设工作的意见》，明确了今后三年湖南省社会治安视频监控系统建设的目标任务，明确了政府各相关部门的职责分工，真正将系统建设提升为政府工程，积极督促和发动社会各方力量参与系统建设，全面推进湖南省系统建设。

2013年9月18日

吉林省政府召开农村视频监控系统建设现场会。

2013年9月23日

河南省公安厅技防办组织全省18个省辖市、10个省直管试点县（市）的公安科技管理部门主要负责人及技防办负责同志参加了《河南省公共安全技术防范管理条例》宣贯培训班。

2013年9月27日

浙江省公安厅组织全省安防产品生产企业负责人召开专题会议。

2013年9月

甘肃省公安厅技防办组织公安部授权的安防检验机构——甘肃省产品质量监督检验中心，对2013年度甘肃省253个乡镇街道社会治安视频监控系统工程进行检验。

2013年10月9日

北京市公安局科信部技防处组织召开技防管理标准宣传贯彻培训会。

2013年10月10日

黑龙江省公安厅启动为期三个月的2013年度《黑龙江省公共安全技术防范条例》执法宣传活动。

2013年10月17日

河北省公安厅技防办专程赴邢台市对省人大代表齐秀敏女士进行回访，征求她对河北省技防管理工作的意见建议。

2013年10月17日

黑龙江省综治委在齐齐哈尔市组织召开全省社会治安防控体系建设工作会议。

2013年10月20日

山西省综治办、省公安厅在太原市联合召开全省社会治安防控体系“六网覆盖”工程建设推进会。

2013年10月22日

天津市公安局召开2013年第二次技防领导小组成员单位联席会议。

2013年10月24日

山东省公安厅科技处在东营召开全省技防管理工作正规化建设座谈会。

2013年10月25日

贵州省公安厅技防办下发《关于对“贵州省安全技术防范管理信息系统”进行测试的通知》，实现了安全技术防范产品生产行政审批及安全技术防范系统工程资格备案网上受理及初审。

2013年10月27日

安徽省公安厅技防办在合肥举办全省公安机关安全技术防范专业培训班。

2013年10月

江苏省公安厅下发《关于开展全省技防监控报警系统运行状况专项检查的通知》。

2013年10月

安徽省公安厅技防办组织起草的《安徽省公共安全视频图像信息系统管理办法》被省政府列为2014年规章制定计划。

2013年11月4日

上海市公安局技防办下发了《关于对本市公共安全防

范工程设计施工单位开展 2013 年度核准工作的通知》，对全市已领取《上海市公共安全防范工程设计施工单位核准证书》的 573 家从业单位开展 2013 年度核准工作。

2013 年 11 月 8 日

天津市公安局技防监管总队与滨海国际机场共同签署了《关于天津滨海国际机场二期扩建工程视频监控系统联入天津市技防网的解决方案》文件，明确了各部门的职责范围和任务分工。

2013 年 11 月 15 日

吉林省公安厅下发《关于对全省公安机关做强视频监控专业队工作开展专题调研的通知》。

2013 年 11 月 19 日

天津市公安局技防监管总队组织部分防盗安全门生产企业召开座谈会。

2013 年 11 月 21 日

贵州省公安厅技防办下发《关于进一步规范安全技术防范有关行政管理工作的通知》。

2013 年 11 月 23 日

黑龙江省公安厅科信处组织编制《安全技术防范系统监督检查工作手册》。

2013 年 11 月 25 日

北京市公安局科信部技防处组织全局技防管理岗位民警开展专业培训。

2013 年 11 月

内蒙古公安厅科技处在呼伦贝尔市、乌兰察布市等地组织开展了安全技术防范执法专项行动。

2013 年 11 月

江苏省公安厅下发《关于推荐 2013 年度安防系统新技术、新产品、新应用工作的通知》。

2013 年 11 月

甘肃省公安厅对 10 个市州、40 个县区公安机关乡镇视频监控系统建设工作进行了绩效考核考评。

2013 年 12 月 2 日

吉林省公安厅召开专题会议，部署对重点单位和要害部位视频监控系统建设专项实地踏查调研工作。

2013 年 12 月 4 日

贵州省公安厅技防办举办贵州省公安机关安全技术防范专业技术暨视频骨干专网建设培训班。

2013 年 12 月 13 日

内蒙古自治区公安厅科技处下发了《关于进一步规范全区公安科技管理部门行政审批、备案等工作的通知》。

2013 年 12 月 13 日

贵州省公安厅技防办下发《关于规范开展我省视频监控系统联网标准符合性接入检测工作的通知》。

2013 年 12 月 16 日

甘肃省公安厅技防办组织完成了 2013 年度全省乡镇街道社会治安视频监控系统建设项目白银、天水等六个地区建设任务验收工作。

2013 年 12 月 16 日

贵州省公安厅技防办下发《关于进一步规范安全技术防范系统检测工作的通知》。

2013 年 12 月 17 日

浙江省公安视频建设与应用推进会在杭州召开。

2013 年 12 月 19 日

2013 年度公共安全视频监控技术国际学术交流会暨新增公安部重点实验室启动工作会在广州召开。

2013 年 12 月 24 日

云南省公安厅科信处与有关企业签订云南公安视频监控系统省厅联网平台建设合同。

2013 年 12 月 26 日

广东省正式成为 SVAC 国家标准先行示范省，将在全省范围的社会治安视频监控系统建设中推广应用 SVAC 国家标准。

2013 年 12 月 27 日

内蒙古自治区公安厅印发新修订的《内蒙古自治区公共安全技术防范管理条例实施细则》。

2013 年 12 月 31 日

宁夏回族自治区公安厅召开全区智能图控系统建设应用推进视频会议。

2013 年 12 月

公安部科信局召开安全技术防范产品管理制度专项研究报告修改会议。

2013 年 12 月

湖南省社会治安视频监控系统建设被列入 2014 年湖南省为民办实事项目。

2013 年 12 月

上海市公安局技防办完成上海技防专家换届选聘工作。

2013 年 12 月

江苏省公安厅下发《关于征求〈关于进一步完善优化技防监控网络打造升级版技防江苏的指导意见〉修改意见的通知》。

第三节 行业组织、机构大事记

2013年1月5日

天津安防协会组织召开安防企业座谈会，介绍2012年全市技防网建设和技防管理工作情况，研究确定2013年工作思路。

2013年1月7日

黑龙江安防协会协办的“2013年黑龙江公共安全防范产品与应用技术展览会”召开。本次展会共展出12大类数百种涉及安全防范和应用技术方面的安防产品，展位达到208个。

2013年1月9日

重庆安防协会举办重庆市视频监控系统联网标准培训班，宣贯国家标准GB/T 28181－2011《安全防范视频监控联网系统信息传输、交换、控制技术要求》，全市会员单位近300人参加了培训。

2013年1月10日

国家安全防范报警系统产品质量监督检验中心（上海）召开2012年度信息安全产品管理工作会议，介绍了2012年信息安全产品检测工作情况及2013年工作计划。

2013年1月12日

云南安防协会下发通知，对2012年未办理年检缴纳会费的会员单位情况公示和对两年未办理年检缴纳会费的会员单位除名吊销资信证。

2013年1月14日

重庆安防协会召开一届七次常务理事会议，审议通过协会2012年工作总结和2013年工作要点，决定开展行业统计工作。

2013年1月17日

全国安全防范报警系统标准化技术委员会召开《数字高清视频系统技术要求》和《模数混合硬盘录像设备》两项行业标准起草工作会议，对两项标准草案的名称和框架结构进行了研究，对标准草案内容逐条进行了讨论，形成了修改意见，明确了起草工作进度。

2013年1月18日

全国安全防范报警系统标准化技术委员会参加国际电工委员会/报警与电子安防系统技术委员会/视频监控系统工作组/视频监控系统通用技术要求项目组（IEC/TC79/WG12/PT1）全体专家国际电话会议，对该项目草案进行修改和完善。

2013年1月18日

重庆安防协会召开一届八次理事会议，审议通过协会2012年工作总结和2013年工作要点，并布置行业统计工作。

2013年1月18日

湖北安防协会召开三届二次常务理事会议，总结2012年工作及对2013年工作设想，与会代表对智慧城市建设进行了座谈交流。

2013年1月19日

新疆安防协会召开一届二次理事会议，通报2012年全年协会工作情况及2013年工作计划，介绍《新疆优秀安防工程企业评选办法》、《安防工程企业委托资质评定须知》和《新疆安防企业诚信公约》。

2013年1月21日

贵州安防协会召开一届五次理事会议。

2013年1月21日

全国安全防范报警系统标准化技术委员会召开《视频安防监控系统 矩阵切换设备》和《安防视频监控系统 变速球型摄像机》两项行业标准修订工作启动会议，讨论形成了两项标准框架草案，明确了起草任务分工和进度要求。

2013年1月22日

广西安防协会正式成立。

2013年1月23日

全国安全防范报警系统标准化技术委员会召开行业标准GA27－2002《文物系统博物馆风险等级和安全防护级别的规定》修订工作研讨会暨《文物安全防范技术标准体系研究》项目启动会，对行业标准GA27修订草案和“文物安全防范标准体系框架”分别进行了研究和讨论，形成了修改意见。

2013年1月23日

北京安防协会召开副理事长会议，回顾总结协会2012年工作，研讨2013年的工作要点，并对政府主管单位和协会工作提出意见和建议。

2013年1月24日

海南安防协会专家委员会组织专家参加《乐东黎族自治县莺歌海镇平安城市视频监控及卡口系统》评审会。

2013年1月25日

上海安防协会召开会员代表大会，对技防管理及协会重点工作进行了部署，要求全力规范安防服务市场，不断开创创新模式，深入开展平安实事项目建设，全面加强安防队伍职业化建设，积极推动安防业的健康发展。

2013年1月29日

全国安全防范报警系统标准化技术委员会组织召开IEC60839－11－2《报警系统—电子出入口控制系统—第11－2部分：应用指南》国际标准CD稿的讨论会，形成了对该草案的投票意见。

2013 年 1 月 30 日

全国安全防范报警系统标准化技术委员会召开国家标准 GB/T28181－2011《安全防范视频监控联网系统 信息传输、交换、控制技术要求》的翻译稿审稿会。

2013 年 1 月 30 日

安徽安防协会召开三届五次常务理事会议，听取协会 2012 年工作报告和 2013 年工作打算的报告，选举协会副理事长单位和常务理事单位，表决通过《安徽省安全技术防范行业资质等级管理办法》（2013 版）。

2013 年 1 月 31 日

青海省安防协会对会员单位企业中的困难党员和特困员工进行了慰问。

2013 年 1 月 31 日

由国家发改委指导、公安部主办、国家安全防范报警系统产品质量监督检验中心（上海）承办的 2012 年国家下一代互联网信息安全专项产品测试工作总结会暨 2012 年国家信息安全专项产品测试工作启动会在北京召开。

2013 年 1 月

浙江安防协会开展对全体会员单位的创新基金研究项目、发明专利、产品获奖等相关数据统计工作。

2013 年 2 月 1 日

全国安全防范报警系统标准化技术委员会将国家标准 GB/T28181－2011《安全防范视频监控联网系统 信息传输、交换、控制技术要求》翻译稿提交至 IEC/TC79，作为“报警系统/视频监控系统/视频传输通用技术要求（IEC/TC79/WG12/PT2）”国际标准的参考书目。该英文稿之前经过了 5 个月的翻译和审校工作，这也是我国在安防标准领域第一次将国家标准上升为国际标准参考书目。

2013 年 2 月 1 日

海南安防协会专家委员会召开第三次工作会议，总结 2012 年协会专家委员会的工作，介绍了 2012 年度专家委参与海南省安防工程项目的评审与验收情况。

2013 年 2 月 19 日

广东安防协会入选 2012 年度广东省“守合同重信用企业”公示活动深圳授权单位。

2013 年 2 月 26 日

青海安防协会印发《青海省公共安全技术防范协会企业诚信评价管理办法》。

2013 年 2 月 28 日

中国安防行业网和《中国安防》杂志共同主办的“2012 年中国安防行业影响力事件评选”网上投票活动结束。

2013 年 2 月

国家安全防范报警系统产品质量监督检验中心（上海）完成“网安综合应用平台”检测任务。

2013 年 2 月

全国安全防范报警系统标准化技术委员会完成 EN50398《报警系统－组合和集成报警系统》和 IEC62851－1《报警系统－社会报警系统－第 1 部分：系统要求》的翻译工作。

2013 年 3 月 1 日

全国安全防范报警系统标准化技术委员会召开了国际标准《楼寓对讲系统通用技术要求》中国专家电话会议，为即将召开的该标准国际专家电话会议做准备。

2013 年 3 月 4 日

全国安全防范报警系统标准化技术委员会召开国际标准《楼寓对讲系统通用技术要求》国际专家电话会议，来自中国、俄罗斯、德国、意大利的技术专家共 10 人参会。会议就该标准拆分为模拟楼寓对讲系统、数字楼寓对讲系统和高安全性楼寓对讲系统等三项分标准的必要性和可行性进行了讨论，对三项标准的范围和大纲分别进行了研究。

2013 年 3 月 6 日

全国安全防范报警系统标准化技术委员会召开《文物安全技术防范标准体系》研讨会，会议对《文物安全防范技术标准体系框架（V1.0）》进行了讨论和修改，形成了《文物安全防范技术标准体系框架（V2.0）》。

2013 年 3 月 8 日

全国安全防范报警系统标准化技术委员会召开《公安机关视频监控图像信息联网与应用标准体系》编制组会议，对《标准体系框架（V1.0）》进行了讨论和修改，形成了《标准体系框架（V2.0）》。

2013 年 3 月 8 日

陕西安防协会召开技防管理工作座谈会，听取行业代表对协会办证、培训收费以及协会财务管理等方面的意见和建议。

2013 年 3 月 9 日

深圳市安防协会举办国家标准 GB/T28181－2011《安全防范视频监控联网系统信息传输、交换、控制技术要求》宣贯与检测技术培训班。

2013 年 3 月 11 日

全国安全防范报警系统标准化技术委员会召开了《2013 年度全国安全防范报警系统标准化技术委员会公共安全行业制修订标准计划项目》评审会。

2013 年 3 月 11 日

由全国安全防范报警系统标准化技术委员会归口并组织起草的行业标准《枪支弹药专用保险柜》（GA1051－2013），经公安部技术监督委员会批准发布，并于 2013 年 5 月 1 日起实施。

2013 年 3 月 12 日

陕西安防协会举办安防技术人员上岗培训班，400 余人参加了培训。

2013 年 3 月 17 日

新疆安防协会举办第一期安防工程技术人员培训班。

2013 年 3 月 18 日

新疆安防协会举办的首期国家三级安全防范设计评估

师职业资格培训班结业。

2013年3月19日

山东安防协会召开一届三次理事会议，总结协会2012年工作情况，研究部署下步工作，并增选协会副会长、副秘书长单位。

2013年3月19日

重庆安防协会举办的“2013重庆社会公共安全产品与技术设备展览会”召开。本届展会展示了国内外安防行业主流产品及整体解决方案，交流国内外最新动态和信息，展出面积达8000多平方米。

2013年3月22日

中国安防协会专家委员会在成都召开报警组成立暨安防报警学术研讨会。

2013年3月25日

新疆安防协会举办第二期安防工程技术人员培训班。

2013年3月26日

全国安全防范报警系统标准化技术委员会完成79/410/FDIS国际标准文件《IEC60839－11－1报警与电子安防系统－第11－1部分：电子出入口控制系统－系统和部件要求》的投票工作，同意该文件作为最终国际标准草案发布。

2013年3月26日

全国安全防范报警系统标准化技术委员会人体生物特征识别应用分技术委员会换届大会召开。

2013年3月27日

浙江省安防协会举办“钱江安防论坛”，行业内多家大型安防企业围绕“智慧平安城市建设”、“视频监控联网与高清技术应用”等主题做了演讲。

2013年3月27日

浙江安防协会第四次会员代表大会暨协会成立十周年大会召开，审议通过第三届理事会工作报告、财务报告，表决通过协会章程，选举产生第四届理事会理事长、副理事长、常务理事、理事、秘书长、副秘书长，并向副理事长单位、常务理事单位、理事单位代表授牌，向专家委员会委员代表颁发了专家证书。

2013年3月27日

国家安全防范报警系统产品质量监督检验中心（上海）成功申报的国家重大科学仪器设备开发专项课题“光纤分布式振动测试仪在周界安防技术中的应用”启动大会召开。

2013年3月28日

全国安全防范报警系统标准化技术委员会召开行业标准《电力设施治安风险等级和安全防护要求》送审稿审查会，通过了标准草案送审稿。

2013年3月28日

海南安防协会举办第八期安防工程技术员培训班。

2013年3月31日

公安部安全与警用电子产品质量检测中心（北京）实验室申报的40大项校准项目全部通过中国合格评定国家认可委员会的现场评审。

2013年3月31日

IEC62820《楼寓对讲系统通用技术要求》国际标准中国专家组会议召开，对来自意大利、俄罗斯、德国、英国等国专家的技术意见进行了研究，形成了中国专家的反馈意见英文稿。

2013年3月

中国安全技术防范认证中心理事会第九次会议召开，审议通过了中心2012年度工作总结和2013年财务预算等事项。

2013年3月

公安部特种警用装备标准化技术委员会召开2013年技术标准项目计划申报评审会，会议对有关各方提交的22项申报标准项目进行了评审，同意上报18项。

2013年3月

国家安全防范报警系统产品质量监督检验中心（上海）主办的信息技术安全评估通用标准培训会在上海召开。

2013年3月

全国安全防范报警系统标准化技术委员会完成两项国际标准草案IEC62851－3《报警与电子安防系统－社会报警系统－第3部分：本地单元和控制器》和IEC62851－5《报警与电子安防系统－社会报警系统－第5部分：互联和通信》的英译中翻译工作。

2013年3月

中国安全技术防范认证中心举办工厂检查组长培训班，进一步强化工厂检查员队伍规范化建设。

2013年4月1日

青海安防协会下发通知，启动2011～2012年度“安防诚信企业”评选活动。

2013年4月1日

吉林安防协会主办的“2013吉林第十一届国际社会公共安全产品博览会”召开。本届博览会汇聚了众多厂商参展，展出的产品包括安全技术防范、消防、警用装备等类产品和技术。

2013年4月1日

全国安全防范报警系统标准化技术委员会召开行业标准《激光对射入侵探测器技术要求》送审稿审查会，通过该标准草案送审稿。

2013年4月2日

国家安全防范报警系统产品质量监督检验中心（上海）荣获国家密码管理局信息安全等级保护商用密码系统测评试点机构授权。

2013年4月7日

海南安防协会举办第五期全国建设工程电子造价员（海南地区）和第四期补考培训班，47家会员单位60名学员参加本次培训。

2013 年 4 月 8 日

全国安全防范报警系统标准化技术委员会召开行业标准《人行出入口电控通道闸技术要求》起草组第三次工作会议，对标准的名称、范围、设备的组成与分类、技术要求等达成一致修改意见，确定了下一步工作进度。

2013 年 4 月 9 日

中国安防业协会召开五届三次理事长工作会议。

2013 年 4 月 11 日

由全国安全防范报警系统标准化技术委员会归口并起草的行业标准《便携式放射性物质探测与核素识别设备通用技术要求 第 1 部分：γ 探测设备》（GA/T1060. 1 - 2013）和《便携式放射性物质探测与核素识别设备通用技术要求第 2 部分：识别设备》（GA/T1060. 2 - 2013），经公安部技术监督委员会批准发布，并于 2013 年 8 月 1 日起实施。

2013 年 4 月 15 日

全国安全防范报警系统标准化技术委员会召开行业标准《手持式视频检查仪通用技术要求》（送审稿）专家审查会，对标准送审稿逐章逐节逐条进行了审查，通过了标准草案送审稿。

2013 年 4 月 16 日

全国安全防范报警系统标准化技术委员会参加在伦敦召开的 IEC62820《楼寓对讲系统通用技术要求》国际标准项目组全体专家会议，取得全部 4 项楼寓对讲系列国际标准的 3 项制定权，并明确国际标准 EN50486 不适用于安防领域。

2013 年 4 月 17 日

辽宁安防协会主办的“第十五届东北国际公共安全防范产品博览会”召开，并举办“第七届东北安防工程商大会”、“东北安防行业十佳评选活动颁奖典礼”等活动。

2013 年 4 月 17 日

中国安防协会专家委员会召开实体防护组第三次会议。

2013 年 4 月 19 日

湖南安防协会举办的“2013 年第十三届湖南公共安全暨警用装备产品与技术博览会”召开，来自国内外 100 余家安防产品、警用装备厂商参展，涵盖安防、警用装备各类产品 300 余种。

2013 年 4 月 19 日

湖南安防协会举办湖南省安防行业 2012 年度“诚信企业”授牌大会，对评选出的 34 家全省安防行业诚信企业进行了授牌表彰。

2013 年 4 月 20 日

青海安防协会组织募捐活动，会员单位和协会党支部委员、入党积极分子积极向四川雅安地震灾区捐款，共募集善款近万元。

2013 年 4 月 22 日

中国安防协会领导率中国安防行业参访团首次赴台湾考察交流。

2013 年 4 月 23 日

全国安全防范报警系统标准化技术委员会召开国家标准《普通高等学校安全技术防范系统要求》送审稿审查会。经过审查，通过了标准草案送审稿。

2013 年 4 月 23 日

北京安防协会启动第二届“四海龙创杯”摄影大赛活动。

2013 年 4 月 26 日

黑龙江安防协会举办“全省安防行业协会会员单位《技防条例》宣贯班”，558 家会员单位参与了本次宣贯班。

2013 年 4 月 26 日

国家安全防范报警系统产品质量监督检验中心（上海）负责的《信息安全技术 高性能网络和终端隔离产品安全技术要求》等标准通过“下一代互联网关键信息安全产品相关标准项目”中期检查。

2013 年 4 月 27 日

中国安全技术防范认证中心召开安防产品管理制度研讨会。

2013 年 4 月

广东安防协会开通官方微信公众平台。

2013 年 4 月

中国安防协会启动“安全技术防范系统集成服务单位的资质管理制度”调研工作。

2013 年 4 月

安徽省安防协会申报组建的安全技术防范工程技术研究中心正式成立。

2013 年 5 月 5 日

海南安防协会与台湾中华保全协会考察团就海南省报警服务业与台湾未来合作进行座谈交流。

2013 年 5 月 6 日

安徽安防协会召开第四次副理事长单位联席会议。

2013 年 5 月 6 日

全国安全防范报警系统标准化技术委员会召开行业标准《视频监控摄像机镜头》起草工作会议。

2013 年 5 月 7 日

辽宁安防协会召开三届二次理事会议，审议通过 2012 年协会工作报告和 2013 年协会工作意见。

2013 年 5 月 7 日

全国安全防范报警系统标准化技术委员会召开标准起草工作会议，讨论了《入侵报警系统技术要求》、《出入口控制系统技术要求》、《医院安全技术防范系统要求》、《普通高等学校安全技术防范系统要求》4 项国家标准草案和《出入口控制器》1 项行业标准草案，并确定了各项标准下一步的工作进度。

2013 年 5 月 9 日

陕西安防协会举办的“2013 中国（西安）国际社会公共安全产品暨警察反恐技术装备博览会”召开，同期还举办了“2013 中国西安智慧城市建设与公共安全发展论坛”、“2013 西部地区安防工程商与系统集成商交流会”、“2013 中国安防商道论坛西安站”等多场技术交流活动。

2013 年 5 月 11 日

中国安防协会召开《中国安全防范行业年鉴》（2012 版）第一次编纂工作会议。

2013 年 5 月 13 日

新疆安防协会举办第三期安防工程技术人员培训班。

2013 年 5 月 14 日

新疆安防协会举办三期国家标准 GB/T28181－2011《安全防范视频监控联网系统信息传输、交换、控制技术要求》标准宣贯培训班，来自全疆各地 394 家安防企业的 817 人参加了培训。

2013 年 5 月 17 日

全国安全防范报警系统标准化技术委员会召开讨论会，讨论 X 射线类国家标准申报及 X 射线类标准体系研究。会议决定申报修订 GB15208 系列标准，并相应修改安防体系表中防爆安检产品部分相关内容。

2013 年 5 月 18 日

青海安防协会协助青海省公安厅技防办举办以“公安科技与技防普及创新、推动平安青海美好家园建设”为主题的“公安科技活动周”活动。

2013 年 5 月 21 日

广东安防协会申请的“广东省智慧安防职业培训学校”正式获得广东省民政厅核准。

2013 年 5 月 22 日

全国安全防范报警系统标准化技术委员会召开《博物馆和文物保护单位风险等级和防护级别的规定》、《文物安全防范技术标准体系研究》征求意见会。

2013 年 5 月 22 日

由公安部安全与警用电子产品质量检测中心主办的“公安装备新产品新技术交流中心”正式对外开放，率先在国内为各级公安机关技术、装备管理部门和基层公安民警搭建了一个直观了解公安装备新产品新技术的平台。

2013 年 5 月 22 日

全国安全防范报警系统标准化技术委员会召开两项行业标准《光纤振动入侵探测系统设计及施工规范》和《光纤振动入侵探测器技术要求》征求意见稿会。

2013 年 5 月 22 日

全国安全防范报警系统标准化技术委员会归口并组织起草的行业标准《基于拉曼光谱技术的液态物品安全检查设备通用技术要求》（GA/T1067－2013），经公安部技术监督委员会正式批准发布，并于 2013 年 10 月 1 日起实施。

2013 年 5 月 22 日

上海安防协会主办的“第十三届上海公共安全产品国际博览会”召开，同期还举办了第三届上海安防高峰论坛、首届保安理论研究论坛等专业技术论坛。

2013 年 5 月 22 日

海南安防协会配合海南省公安厅举办公安科技活动周系列活动。

2013 年 5 月 24 日

福建安防协会举办两期安防工程企业技术人员培训班。

2013 年 5 月 25 日

中国安防协会专家委员会召开防爆安检组会议。

2013 年 5 月 26 日

深圳安防协会主办的第五届中国国际安检排爆技术研讨会暨反恐防爆器材展示会召开。

2013 年 5 月 27 日

安全防范与风险评估公安部重点实验室举办首届视频图像侦查技术培训班。

2013 年 5 月 29 日

全国安全防范报警系统标准化技术委员会召开 IEC62820《楼寓对讲系统通用技术要求》国际标准中国专家组会议。

2013 年 5 月 31 日

天津安防协会协助天津市公安局和东丽区政府举办“第五届中国智慧城市（天津）高峰会”。会议阐述了智慧城市的建设内容、建设模式和推进策略，并就安防产业发展和智慧城市建设的热点、难点问题进行了探讨与交流。

2013 年 5 月

中国安防协会启动第二届“创安杯”摄影比赛活动。

2013 年 5 月

河北安防协会举办两期安防培训班。

2013 年 5 月

中国安全技术防范认证中心受公安部治安局委托，开展居民身份证阅读机具产品认证工作。

2013 年 5 月

国家安全防范报警系统产品质量监督检验中心（上海）对上海市城市轨道交通 X 射线安检设备系统泄漏射线剂量率进行了现场抽样检验并做调研。

2013 年 6 月 2 日

全国安全防范报警系统标准化技术委员会召开了两项行业标准《视频安防监控摄像机通用技术要求》和《通用型应用高清电视摄像机测量方法》送审稿专家审查会议，通过了标准送审稿。

2013 年 6 月 3 日

福建安防协会举办一期全国建设工程造价员（电子）资格认证培训班。

2013 年 6 月 6 日

新疆安防协会主办的“2013 第九届新疆警用技术装备与社会公共安全产品博览会”召开。本次展会展览面积达 8000 平方米，近 300 个展位，吸引了 184 家安防企业参加。

2013 年 6 月 14 日

安徽安防协会举办安徽省安全技术防范行业乒乓球比

赛，并在比赛中分别获得了男子团体和男子单打第一名的好成绩。

2013 年 6 月 18 日

福建安防协会协办的“2013 年第六届海峡社会公共安全项目产品博览会”召开，展会面积 1 万多平方米，200 多家两岸安防企业参加此次盛会。

2013 年 6 月 18 日

福建省安防协会举办《全省安全技术防范》和《数字高清视频监控系统技术规范 DB35/T1247 - 2012》培训宣贯班。

2013 年 6 月 21 日

新疆安防协会被新疆维吾尔自治区民政厅评选为全区性社会团体和基金会先进工作单位。

2013 年 6 月 21 日

广东安防协会召开三届九次理事长办公（扩大）会议，总结汇报 2013 年上半年协会工作，介绍下半年重点工作规划。

2013 年 6 月 27 日

天津安防协会举办 2013 年第一期安防系统设计人员培训班。

2013 年 6 月 28 日

青海省安防协会党支部召开协会全体党员大会，发展了 2 名新党员。

2013 年 6 月

公安部特种警用装备标准化技术委员会召开第三届委员会第三次全体会议。会议总结了三届二次委员会全体会议以来的工作，完成了警标委主任委员的交接工作，研究、部署了 2013 ~ 2014 年度警标委标准制修订的具体工作，各专业工作组分组讨论了本组已发布实施的技术标准复审和本专业前沿技术研讨等工作。

2013 年 6 月

中国安全技术防范认证中心接受了国家认监委检查组实施的年度强制性产品认证指定认证机构 CCC 专项监督检查。

2013 年 6 月

安徽省安防协会组织的《安徽省住宅小区安全防范系统设计规范》的修订获得省住房和城乡建设厅的立项。已完成《规范》（送审稿）的编制工作，并按照相关程序报至省住房和城乡建设厅审批。

2013 年 6 月

安徽安防协会在安徽省民政厅召开的“行业协会评估授牌暨自律诚信创建活动民办非企业单位塑造品牌服务社会活动动员大会”上被宣布获 4A 级协会。

2013 年 7 月 4 日

国家安全防范报警系统产品质量监督检验中心（上海）接受国家认监委组织的专项监督检查。

2013 年 7 月 4 日

内蒙古安防协会召开二届二次理事扩大会议，审议通过《内蒙古自治区公共安全技术防范行业评优办法》、《内蒙古自治区公共安全技术防范行业协会常驻副秘书长轮值办法》，并推选协会常驻副秘书长。

2013 年 7 月 5 日

全国安全防范报警系统标准化技术委员会组织召开了《楼寓对讲系统通用技术要求》国际标准中国专家电话会议，对 IEC62820 - 1 - 1 标准草案中的音频测试方法进行了讨论和确定。

2013 年 7 月 5 日

内蒙古安防协会主办的“2013 内蒙古第八届公共安全产品展博会暨警用装备展览会”召开。

2013 年 7 月 9 日

安全防范技术与风险评估公安部重点实验室召开项目研究情况报告会，对安全防范基本术语研究项目的执行进展情况作了汇报，并就下一步如何结合公安业务工作推进研究项目进行了座谈交流。

2013 年 7 月 13 日

广东安防协会举办“2013 广东省技防系统安防技术交流会”。

2013 年 7 月 18 日

全国安全防范报警系统标准化技术委员会归口的国家标准《楼寓对讲系统通用技术要求》列入国家标准化管理委员会 2013 年第一批国家标准制修订项目计划。

2013 年 7 月 18 日

全国安全防范报警系统标准化技术委员会召开国家标准《普通高等学校安全技术防范系统要求》报批稿定稿会，对标准报批稿进行了修改和完善。

2013 年 7 月 18 日

全国安全防范报警系统标准化技术委员会召开国家标准《医院安全技术防范系统要求》起草工作会议，会议形成了标准送审稿。

2013 年 7 月 19 日

重庆安防协会召开理事长工作会议，听取秘书处上半年工作汇报及下步工作安排，各副理事长单位对协会工作提出了积极中肯的建议。

2013 年 7 月 20 日

北京安防协会支持的“2013 年第十届北京国际社会公共安全产品展览会暨第四届社会公共安全产品交易会”召开。

2013 年 7 月 23 日

山东安防协会公布山东省安防行业 2011 ~ 2012 年度诚信企业名单，22 家企业入选，并获颁奖牌和证书。

2013 年 7 月 23 日

云南安防协会举办“云南省安防工程企业技术人员专业培训班”，共有全省安防行业的安防工程企业技术人员

412 人参训。

2013 年 7 月 24 日

甘肃安防协会被甘肃省省属社会组织评估委员会评为 4A 级协会。

2013 年 7 月 25 日

广东安防协会召开三届十次理事长办公会议。

2013 年 7 月 26 日

由全国安全防范报警系统标准化技术委员会归口并组织起草的《基层公安机关社会治安视频监控中心（室）工作规范》GA/T1072－2013，经公安部技术监督委员会批准发布，并于 2013 年 10 月 1 日起实施。这是安全防范视频监控系统应用的第一个工作标准。

2013 年 7 月 29 日

国家安全防范报警系统产品质量监督检验中心（上海）接受国家认监委检查组对 CCC 指定实验室专项监督检查。

2013 年 7 月 29 日

中国安防协会专家委员会召开视频监控组会议暨学术研讨会。

2013 年 7 月

湖北安防协会启动推荐、宣传湖北省安防行业“十强工程商”、“最具成长性工程商”、“最具影响力的安防产品制造商”和“安防专业人才培育基地”的活动。

2013 年 7 月

浙江安防协会顺利通过全省性社会组织评估工作的材料审查和评估小组现场考察。

2013 年 8 月 2 日

公安部安全与警用电子产品质量检测中心接受国家认监委检查组对 CCC 产品指定实验室专项检查，并顺利通过目击测试、盲样测试、现场书面考试等检查项目。

2013 年 8 月 3 日

新疆安防协会召开一届二次常务理事会，通报 2013 年上半年协会工作情况及技防立法工作的进展情况，并评选 2012 年度新疆优秀安防工程企业。

2013 年 8 月 5 日

湖北安防协会协助举办湖北省第十一期全国建设工程造价员（电子）资格证培训班。

2013 年 8 月 7 日

海南安防协会举办第十期全省安防工程技术人员培训班，共有 90 名专业技术人员参训。

2013 年 8 月 8 日

中国安防协会召开五届二次常务理事会。

2013 年 8 月 17 日

全国安全防范报警系统标准化技术委员会分别召开行业标准《数字高清视频监控系统技术要求》、《车载安全防范视频监控系统技术要求》起草工作会议。

2013 年 8 月 18 日

浙江省安防协会与浙江省保安协会组织进行了交流活动，就协会管理、日常工作、会员活动、协会间合作等方面进行了探讨。

2013 年 8 月 23 日

全国安全防范报警系统标准化技术委员会召开《公安视频监控图像信息联网与应用标准体系》第三次编制工作会议。会议对《公安视频监控图像信息联网与应用标准体系框图（V3.0 版）》结构和内容进行了认真讨论、研究和修改，形成了《标准体系框图（V4.0 版）》。

2013 年 8 月 26 日

由全国安全防范报警系统标准化技术委员会承担的《文物安全技术防范标准体系研究》课题结项专家评审会在国家文物局召开。会议由国家文物局组织，与会专家对全国安全防范报警系统标准化技术委员会提交的课题研究报告进行了认真的评审，认为课题组完成了规定的研究内容，同意该研究课题结项。

2013 年 8 月 28 日

在安徽安防协会的支持下合肥安防技术职业学校正式开班。

2013 年 8 月 29 日

新疆安防协会举办第四期、第五期安防工程技术人员培训班，共有 50 家从业单位的 355 名工程技术人员参加培训。

2013 年 8 月

中国安全技术防范认证管理委员会通过函审方式，审议通过了中国安全技术防范认证中心主任变更、年度认证工作、业务范围和认证活动的公正性等事项。

2013 年 8 月

中国安全技术防范认证中心接受国家认监委委托，牵头承担对国家安全防范产品质检中心（北京）和国家安全防范产品质检中心（上海）进行了 2013 年度安防产品指定实验室 CCC 专项监督检查。

2013 年 8 月

中国安全技术防范认证中心完成汽车行驶记录仪国家标准换版后的强制性产品认证证书转换工作。

2013 年 9 月 1 日

2013 年第一期《贵州安防》正式出刊。

2013 年 9 月 2 日

贵州安防协会召开一届五次常务理事会议，就如何规范贵州省安防行业发展环境展开讨论。

2013 年 9 月 4 日

公安部安全与警用电子产品质量检测中心顺利通过公安部科技信息化局组织的公安部特种警用装备公安部重点实验室的遴选现场评审工作，进一步提升了检测中心在警用装备行业评测和质量监督方面的权威性。

2013 年 9 月 4 日

新疆安防协会举办了主题为《视频监控标准化建设应关注的主要问题及新技术应用》的安防学术报告会。

2013 年 9 月 5 日

中国安防协会专家委员会召开出入口控制专业组成立会议暨学术研讨会。

2013 年 9 月 6 日

广西安防协会专家委员会正式成立。

2013 年 9 月 7 日

陕西安防协会召开陕西省安全技术防范产品销售企业座谈会。

2013 年 9 月 10 日

重庆安防协会一届八次常务理事会召开，总结了协会上半年工作。

2013 年 9 月 10 日

2013 中国报警服务业联盟理事会年会暨“创新、合作、共赢”中国报警服务业论坛在银川举行。

2013 年 9 月 12 日

福建安防协会举办安防设计评估师考核鉴定培训班。

2013 年 9 月 13 日

贵州安防协会组织召开一届五次理事会议。

2013 年 9 月 14 日

上海安防协会协助上海市公安局技防办开展了新一届技防专家选拔工作，130 位优秀技术人员聘为上海市公安局技防专家。

2013 年 9 月 23 日

青海安防协会举办西北四省区安防协会与中华保全协会座谈会，围绕报警服务、安全防范、信息网络、技术创新、运营机制、服务营销、人才培训、市场前景等问题进行讨论交流。

2013 年 9 月 23 日

新疆安防协会举办“安全防范设计评估师”第三期培训班。

2013 年 9 月 23 日

全国安全防范报警系统标准化技术委员会在北京召开《安全防范工程建设与维护保养费用预算编制办法》、《安全防范工程技术文件编制深度要求》和《安全防范工程监理规范》三项行业标准送审稿审查会，通过了三项标准送审稿。

2013 年 9 月 23 日

中国安防协会召开年鉴工作会议。

2013 年 9 月 24 日

中国安防协会防伪技术分会在北京举办第八届证卡票券安全技术高峰论坛。

2013 年 9 月 24 日

重庆安防协会主办的“九省市区安防行业协作交流会”召开，围绕“如何帮扶提升中小安防企业的市场竞争力”的主题进行了探讨。

2013 年 9 月 26 日

全国安全防范报警系统标准化技术委员会召开行业标准《石油天然气管道系统风险等级与防范级别规定》送审稿审查会，专家组审议通过了标准送审稿。

2013 年 9 月

湖北安防协会组织编写《十年磨砺 铸就辉煌——湖北省安全技术防范行业协会十周年专刊》，展示湖北省安防企业风采，总结回顾湖北省安防协会十年发展历程、主要工作及取得的主要成绩等。

2013 年 9 月

中国安全技术防范认证中心接受了国家认可委（CNAS）评审组实施的认证机构认可年度监督现场评审，并通过了监督审核。

2013 年 9 月

国家安全防范报警系统产品质量监督检验中心（上海）首次承担并顺利完成了上海生产、流通领域的入侵探测器产品的监督抽查工作。

2013 年 9 月

中国安防协会启动对我国安防报警业的调研工作。

2013 年 9 月

《中国安全防范行业年鉴》（2012 版）出版发行。

2013 年 10 月 9 日

北京安防协会举办宣传贯彻国家标准 GB/T 28181－2011《安全防范视频监控联网系统信息传输、交换、控制技术研究》暨安防工程建设新标准培训班，百余企业学员以及相关民警参加培训。

2013 年 10 月 11 日

公安部安全与警用电子产品质量检测中心接受中国合格评定国家认可委员会组织的实验室及检查机构的“三合一”复评审及扩项评审。评审专家一致认为其检测能力达到了国内一流的水平。

2013 年 10 月 11 日

视频图像智能分析与应用技术公安部重点实验室与有关企业签署关于 SVAC 国家标准和星光中国芯推广应用合作框架协议。

2013 年 10 月 14 日

全国安全防范报警系统标准化技术委员会组团赴意大利参加了国际电工委员会/报警与电子安防系统技术委员会（IEC/TC79）的 2013 年年会及各工作组会议。

2013 年 10 月 15 日

陕西安防协会举办安防技术人员培训班，共有 100 余人参加。

2013 年 10 月 18 日

天津安防协会启动安防工程企业技术人员继续教育工作。

2013 年 10 月 18 日

全国安全防范报警系统标准化技术委员会召开国家标准《医院安全技术防范系统要求》送审稿审查会。经过审查，专家组通过了该标准送审稿。

2013年10月21日

吉林安防协会举办安全技术防范标准宣传贯彻培训会议和国家标准GB50348－2004《安全防范工程技术规范》宣贯培训班，来自全省安防行业从业单位的技术管理人员共计250人参加培训。

2013年10月21日

安全防范与风险评估公安部重点实验室邀请英国视频侦查技术领域专家乔纳森·索普·劳斯（Jonathan Thorpe Laws）先生在重点实验室就视频监控系统设计需求分析、安防系统集成等方面进行学术交流。

2013年10月22日

中国安防协会召开《中国安防》杂志第四届编委会工作会议。

2013年10月23日

国家安全防范报警系统产品质量监督检验中心（上海）新扩涉及38个标准的28项技术能力，变更涉及8个标准的8项能力，通过国家认监委、中国合格评定委员会（CNAS）及上海市质监局等相关主管部门的评审。

2013年10月24日

山东安防协会召开一届三次常务理事会议，部署了协会下一步工作，为“山东省安防行业2011～2012年度诚信企业”颁发了奖牌，并举办了安防技术讲座。

2013年10月25日

广东安防协会联合安防企业组织校园宣讲联合招聘会，提供岗位多达60个，招聘人数超过200人。

2013年10月25日

海南安防协会举办第十一期全省安防工程技术人员培训班，本期培训共有90名专业技术人员参训。

2013年10月25日

新疆安防协会举办的第四期安全防范设计评估师培训班结业。

2013年10月28日

中国安防协会举办《中国安全防范行业年鉴》（2012版）赠书仪式。

2013年10月28日

全国安全防范报警系统标准化技术委员会召开行业标准《人行出入口电控通道闸技术要求》（送审稿）专家审查会，通过了该标准送审稿。

2013年10月29日

深圳安防协会主办的第十四届中国国际社会公共安全博览会召开。

2013年10月29日

安徽安防协会第五次副理事长单位联席会议召开，并组织参观第十四届中国国际社会公共安全博览会，考察当地安防企业。

2013年10月30日

由国家安全防范报警系统产品质量监督检验中心（上海）承担的标准化专项——“安全防范数字视频监控系统技术标准研究”课题通过了上海市科学技术委员会组织的专家验收。

2013年10月

中国安防协会启动《中国安全技术防范行业年鉴》（2013版）编纂工作。

2013年10月

安全防范与风险评估公安部重点实验室邀请美国南加州大学教授、Paul Tappan犯罪学领域杰出贡献奖获得者马库斯·菲尔森（Marcus Felson）先生在重点实验室进行学术交流。

2013年10月

辽宁安防协会先后在沈阳市、大连市举办了7期技术标准宣贯培训班，来自全省1000多家安防企业共1562余人参加了培训。

2013年10月

国家认监委强制性产品认证安防技术专家组召开换届后的第一次会议。同时，研究提出了修订安全技术防范产品和汽车行驶记录仪、车身反光标识强制性产品认证实施规则工作要求和安排。

2013年11月5日

新疆安防协会举办全国建设工程造价员（电子）2013第一期考核认证培训班，共有128人参加培训。

2013年11月6日

湖北安防协会召开会长办公会议，研究讨论协会成立十周年庆祝活动有关事宜，并汇报关于推荐宣传“湖北省安防行业十强工程商”、“最具成长性工程商”等准备工作的进展情况。

2013年11月15日

安全防范与风险评估公安部重点实验室邀请国际网络安全及治安学会（POLCYB）副总裁、甲骨文公司司法与公共安全行业高级总监（全球负责人）高宏荣先生就信息化社会发展的最新趋势下社交网络工具在社会公共安全、群体性事件、自然灾害和信息网络安全等方面的深度应用及综合警务解决思路进行学术交流。

2013年11月22日

由全国安全防范报警系统标准化技术委员会归口并组织起草的行业标准《楼寓对讲电控安全门通用技术条件》（GA/T72－2013），经公安部技术监督委员会批准发布，并于2014年1月1日起实施。

2013年11月22日

全国安全防范报警系统标准化技术委员会在北京召开行业标准项目《网络视频编、解码器》起草工作会议，会议对标准征求意见稿进行了讨论和修改，形成了标准送审稿。

2013年11月23日

福建省安防协会举办三期安防工程企业技术人员培

训班。

2013 年 11 月 26 日

国家标准化管理委员会正式批准全国安全防范报警系统标准化技术委员会换届及第六届委员会组成方案。

2013 年 11 月

中国安全技术防范认证中心接受公安部刑侦局委托，开展全国省级指纹自动识别系统现场评测工作。

2013 年 12 月 2 日

北京安防协会对外公示优质工程商评选结果。

2013 年 12 月 4 日

全国安全防范报警系统标准化技术委员会召开行业标准《安防视频监控变速球型摄像机技术要求》起草工作会议，会议讨论、形成了《安防视频监控变速球型摄像机技术要求》送审稿草案。

2013 年 12 月 6 日

湖北安防协会召开三届三次会员代表大会，同期召开省安防协会成立十周年庆典会。

2013 年 12 月 12 日

新疆安防协会举办两期安防技术知识培训班，共有 64 家从业单位的 441 名工程技术人员参加培训。

2013 年 12 月 12 日

中国安防协会召开五届三次理事会。

2013 年 12 月 12 日

中国安防协会专家委员会召开专家会议。

2013 年 12 月 16 日

由全国安全防范报警系统标准化技术委员会归口并组织起草的行业标准 GA/T1093 – 2013《出入口控制人脸识别系统技术要求》，经公安部技术监督委员会批准发布，并于 2014 年 1 月 1 日起实施。

2013 年 12 月 17 日

由全国安全防范报警系统标准化技术委员会归口并组织起草的行业标准 GA/T 1126 – 2013《近红外人脸识别设备技术要求》，经公安部技术监督委员会批准发布，并于 2014 年 1 月 1 日起实施。

2013 年 12 月 17 日

由全国安全防范报警系统标准化技术委员会归口并组织起草的国家标准 GB/T 30147 – 2013《安防监控视频实时智能分析设备技术要求》和 GB/T 30148 – 2013《安全防范报警设备 电磁兼容抗扰度要求和试验方法》，经国家标准化管理委员会批准发布，并于 2014 年 8 月 1 日起实施。这是我国第一个视频智能分析方面的国家标准。

2013 年 12 月 17 日

福建安防协会举办一期安防设计评估师考核鉴定培训班。

2013 年 12 月 20 日

重庆市安防协会一届九次理事会议召开，总结 2013 年协会的工作，对 2014 年工作进行了部署。

2013 年 12 月 20 日

由全国安全防范报警系统标准化技术委员会归口并组织起草的行业标准 GA/T1127 – 2013《安全防范视频监控摄像机通用技术要求》和 GA/T1128 – 2013《安全防范视频监控高清晰度摄像机测量方法》，经公安部技术监督委员会批准发布，并于 2014 年 1 月 1 日起实施。

2013 年 12 月 23 日

青海安防协会二届三次全体会员代表大会召开，总结 2013 年度协会工作，部署 2014 年协会重点工作，并组织学习党的十八大三中全会精神。

2013 年 12 月 24 日

陕西安防协会举办宣贯培训班，共有 450 余人参加培训。

2013 年 12 月 24 日

安全防范与风险评估公安部重点实验室召开 2013 年度学术委员会，总结 2013 年重点实验室建设成果和经验，对现阶段各项工作及三年规划进行评议。从研究方向、管理办法、运行机制等方面展开热烈讨论，对实验室工作给予充分肯定和科学指导，对实验室未来发展提出了大量建设性意见建议，为重点实验室下一步发展指明了方向。

2013 年 12 月 26 日

全国安全防范报警系统标准化技术委员会第六届委员会成立大会暨六届一次会议在京召开。会议对第五届委员会工作进行了总结，对第六届委员会工作进行了部署。

2013 年 12 月 27 日

广东安防协会召开三届三次理事会议，审议并听取了协会 2013 年工作报告和 2014 年工作计划。

2013 年 12 月 30 日

上海安防协会召开会员大会。

2013 年 12 月 31 日

《中国安防》杂志网站（www. cspmag. cn）正式启用。

2013 年 12 月 31 日

由全国安全防范报警系统标准化技术委员会报批的 GB/T 15211 – 2013《安全防范报警设备 环境适应性要求和试验方法》，经国家标准化管理委员会批准发布，并于 2015 年 3 月 1 日起实施。

2013 年 12 月

全国安全防范报警系统标准化技术委员会组织修改完成三项行业标准，即《基于荧光聚合物传感技术的痕量炸药探测仪通用技术要求》、《光纤振动入侵探测器通用技术要求》和《车底违禁物品安全检查系统通用技术要求》的送审稿。

2013 年 12 月

根据公安部科信局《关于开展 2013 年度公共安全行业标准复审工作的通知》（公科信〔2013〕87 号）文件，全国安全防范报警系统标准化技术委员会组织开展 TC100 行业标准复审工作。共复审行业标准 15 项，继续有效 15 项。

2013年12月

全国安全防范报警系统标准化技术委员会召开国家标准《出入口控制系统技术要求》和行业标准《门禁控制设备技术要求》起草组工作会议，讨论并修改标准草案。

2013年12月

中国安全技术防范认证中心组织完成并向公安部科信局报送了《安全技术防范产品管理制度研究报告》。

2013年12月

中国安全技术防范认证中心完成了《安防产品强制性认证指南－执法监督研究》编写工作，进一步提高了监督工作规范化和主动服务认证企业的能力。

2013年12月

中国安全技术防范认证中心按照国家认监委强制性产品认证风险预警分析工作要求，完成并提交了强制性产品认证风险信息预警机制建立与分析工作的总结报告。

2013年

四川安防协会举办二十期安全技术防范培训班，来自四川省从事安防工作人员共4130人参加培训。

第四节　中国安防协会部分会员企业大事记

2013年1月

同方威视技术股份有限公司与泰国海关签订了大型集装箱检查系统采购合同。

2013年1月

北京航天长峰股份有限公司中标沈阳市经济和信息化委员会《“数字沈阳”规划纲要》项目。

2013年1月

佳都新太科技股份有限公司中标广州市公安局花都区分局花都区第三期社会治安视频监控系统建设租赁项目（治安监控、道路监控、治安卡口建设）（GZIT2012－ZB0585）。

2013年1月

张家港固耐特围栏系统有限公司荣获江苏省知识产权局授予的“知识产权贯标先进单位”称号。

2013年1月

同方威视技术股份有限公司连续6次获得由中关村管委会认定的专业评级机构AAA级信用评定。

2013年1月

同方威视技术股份有限公司被国家科技部、国务院国资委、中华全国总工会联合认定为第五批国家级创新型企业试点单位。

2013年1月

北京航天长峰股份有限公司负责实施的诸暨市“智慧安居”工程（一期）建设方案顺利通过专家评审。

2013年1月

河北安防报警网络有限公司与河北工程大学签署校企战略合作协议，双方共同建立教学科研实习基地、大学生就业创业基地、研究生培养基地和智慧城市联合实验室。

2013年1月

北京航天长峰股份有限公司研发的“基于海量视频的事件轨迹快速检索平台”在上海市公安局普陀分局进行试用。

2013年2月

国电南京自动化股份有限公司中标国家电网公司2013年重点智能化改造项目——浙江500kV双龙智能化变电站的监控系统和保护设备。

2013年2月

亿阳信通股份有限公司被国家发改委、工业和信息化部、财政部、商务部、国家税务局联合认定为“2011～2012年度国家规划布局内重点软件企业”。

2013年2月

武汉高德红外股份有限公司研发的“一种非制冷式红外焦平面阵列探测器”获得国家知识产权局颁发的发明专利证书。

2013年2月

银江股份有限公司被国家发改委、工业和信息化部、财政部、商务部、国家税务局联合认定为“2011～2012年度国家规划布局内重点软件企业”。

2013年2月

亿阳信通股份有限公司被中国版权保护中心评选为“中国软件创新力20强”企业。

2013年2月

安徽四创电子股份有限公司荣获合肥市高新区管委会“2012年度合肥高新区工业增长10强企业”称号。

2013年3月

固力保安全系统（中国）有限公司研发的新型智能化分流安检解决方案应用于北京首都国际机场。

2013年3月

银江股份有限公司被浙江省人力资源和社会保障厅认定为浙江省级博士后工作试点单位。

2013年3月

天津市亚安科技股份有限公司研发的“夜视高清红外摄像机”被天津市实施名牌拳头产品战略领导小组认定为“天津市名牌产品”。

2013 年 3 月

深圳达实智能股份有限公司与长沙市轨道交通集团有限公司正式签订长沙市轨道交通 2 号线一期工程综合监控系统设备采购及集成项目合同。

2013 年 3 月

天津市亚安科技股份有限公司被科技部火炬中心认定为“国家火炬计划重点高新技术企业”。

2013 年 3 月

杭州巨峰科技有限公司研发的“家用数字视频录像机（DVR5204S－S）”获得国家知识产权局颁发的外观设计专利证书。

2013 年 4 月

高新兴科技集团股份有限公司与望谟县人民政府签订了《望谟县城市报警与监控系统服务项目合同》。

2013 年 4 月

天津市亚安科技股份有限公司研发的“京滨工业园区电子警察系统”顺利搭建完成。

2013 年 4 月

高新兴科技集团股份有限公司与中国电信揭阳分公司签订了“关于‘平安揭阳’社会治安高清视频监控系统（二期）建设项目业务合作协议”。

2013 年 4 月

同方威视技术股份有限公司“‘一种货物安全检查系统’美国专利抵触案”被国家知识产权局、国家工商总局、国家版权局联合评为“2012 年度全国十大知识产权保护重大案件”。

2013 年 4 月

北京双旗世纪科技有限公司研发的“基于 LVDS 信号延长技术的新一代液晶拼接”技术获得由北京市产品评价中心颁发的产品质量创新贡献奖（创新成果奖）。

2013 年 4 月

安徽四创电子股份有限公司研发的“北斗一号用户终端”系列产品荣获合肥市科学技术奖一等奖。

2013 年 5 月

国电南京自动化股份有限公司研发的“NVR－8016 高清网络智能视频存储设备”入围江苏公安厅推荐技防产品目录。

2013 年 5 月

安徽四创电子股份有限公司研发的“北斗一号用户终端系列产品”经安徽省经济和信息化委员会评定，获得 2012 年度安徽省信息化创新产品。

2013 年 5 月

张家港固耐特围栏系统有限公司入选江苏省知识产权战略推进计划项目。

2013 年 6 月

同方锐安科技有限公司研发的“个人支付读卡器”和“CPU 卡国密门禁系统”获得国务院金卡工程协调领导小组办公室颁发的 2013 年度“国家金卡工程金蚂蚁奖”创新产品奖和信息安全奖。

2013 年 6 月

国电南京自动化股份有限公司被江苏省发改委认定为首批“江苏省服务业创新示范企业”。

2013 年 6 月

广东威创视讯科技股份有限公司研发的“大屏幕显控系统”已被应用于智慧城市综合显示应用平台系统“智慧南京中心”。

2013 年 6 月

江苏亿通高科技股份有限公司研发的“测试仪外壳”、“电源线防水套”、“电源接头”获得国家知识产权局颁发的外观设计专利证书。

2013 年 6 月

浙江大立科技股份有限公司在国家电网公司 2013 年非电网专用物资第一批采购中中标。

2013 年 6 月

北京航天长峰股份有限公司的“智慧城市”和“i－city”两个系列共 5 件注册商标获得国家工商总局商标局授权。

2013 年 6 月

厦门万安智能股份有限公司与新城控股集团签署 2013 年度战略合作协议。

2013 年 7 月

北京中电兴发科技有限公司承包设计的采用超微光感知技术的基于高清网络视频监控的平安城市建设项目——贵州省六盘水市“天网工程”试运行正式启动。

2013 年 7 月

安徽四创电子股份有限公司申报的“企业技术中心创新能力建设”项目入选合肥市 2013 年度第一批“双千工程”项目库。

2013 年 7 月

河南汉威电子股份有限公司的“微型智能半导体气体传感器”项目获得 300 万元国家专项资金支持。

2013 年 7 月

同方威视技术股份有限公司承担的北京市科委重大科技研发项目“背散射人体安全检查系统”顺利通过专家验收。

2013 年 7 月

创斯达（南通）机电有限公司研发的“具有自锁功能的保险柜门门闩机构”获得国家知识产权局发明专利证书。

2013 年 7 月

江苏亿通高科技股份有限公司研发的一种适用于流媒体环境的盗版追踪水印方法获得国家知识产权局颁发的发明专利证书。

2013 年 7 月

国电南京自动化股份有限公司“SAC”商标，经国际局（世界知识产权组织）形式审查，取得了国际注册证。

2013年7月

同方数字城市产业部中标“神华集团陕西甲醇下游加工项目”、“神华集团榆神工业区清水煤化学工业园化工物料贮运项目”和“神华集团榆神工业区清水煤化学工业园动力供应与高纯洁净气体项目全厂电信系统安防系统”项目。

2013年7月

江苏亿通高科技股份有限公司研发的“直插式射频连接器”、“90度直角射频头”获得国家知识产权局颁发的外观设计专利证书。

2013年7月

同方威视技术股份有限公司获得北京市知识产权局和中关村管委会颁发的“2012年国内外专利保护专项促进资金”。

2013年7月

北京航天长峰股份有限公司中标“湖南省湘潭市监管中心智能监管系统设计与施工”政府采购项目。

2013年8月

同方威视技术股份有限公司与北京市监狱管理局签订示范工程项目合作协议。

2013年8月

北京航天长峰股份有限公司承建的沈阳全运会“沈阳智能交通指挥中心信息化项目”进入运行使用阶段。

2013年8月

安徽四创电子股份有限公司与合肥市公安局签署了合肥市视频监控系统建设运维合同。

2013年8月

浙江大华技术股份有限公司研发的“抗强干扰的系统电源开关控制信号发生电路”获得国家知识产权局颁发的发明专利证书。

2013年8月

佳都新太科技股份有限公司的“新太融合安防平台”获得广州市科学技术奖二等奖。

2013年8月

银江股份有限公司成为浙江省首批智慧医疗技术创新综合试点企业。

2013年8月

杭州巨峰科技有限公司研发的“巨峰高速网络智能球控制系统软件V1.0”、“巨峰家用USB DVR监控软件V1.0”、“巨峰家用NVR监控软件V1.0”、“巨峰SDI高清硬盘录像机软件V1.0”、“巨峰专业型200万像素低照度高清摄像机控制软件V1.0”获得国家版权局颁发的计算机软件著作权证书。

2013年9月

中海网络科技股份有限公司取得国家知识产权局颁发的5份专利证书，分别是“一种高性价比的燃煤热载体炉燃烧冗余控制系统”、“一种控制系统半实物仿真实验装置”、“一种无线遥控式LED可变信息情报板系统”、“一种龙门架立柱上悬臂式情报板支架装置”、“一种大型悬臂式LED情报板箱体结构”。

2013年9月

国电南京自动化股份有限公司的“DRL600DN故障录波及网络记录分析一体化系统”、“PSX800发电厂GVC(AGC/AVC)控制系统”、“智能变电站辅助综合监控平台系列装置”三项产品经由江苏省经济和信息委员会鉴定通过省部级验收。

2013年9月

南京莱斯信息技术股份有限公司研发的“江苏省防汛防旱移动式应急指挥所”项目获得江苏省水利优秀科技成果（一等奖）。

2013年9月

河北安防报警网络有限公司与中国人民财产保险股份有限公司邯郸分公司正式签订了战略合作协议。

2013年9月

佳都新太科技股份有限公司被广东省企业联合会评定为“2013年广东省企业500强”及“2013年度广东省服务业百强企业”。

2013年9月

上海天诚通信技术有限公司中标上海大学宝山校区二期建设项目。

2013年10月

由国内20余家安防线缆生产企业和安防系统集成单位共同发起的中国安防线缆联盟成立仪式在深圳举办。

2013年10月

湖北泰信科技信息发展有限责任公司研发的“全国监狱信息劳动改造管理项目”已完成全国九省份部署工作。

2013年10月

河南汉威电子股份有限公司研发的“电化学式气体探测智能终端关键技术研发及产业化”项目获得2013年战略新兴产业项目中央基建专项资金支持。

2013年10月

南京莱斯信息技术股份有限公司中标“民航沈阳区域管制中心、乌鲁木齐区域管制中心空管自动化主用系统及配套系统招标采购”项目。

2013年10月

同方泰德国际科技（北京）有限公司中标重庆南岸区首个智慧城市建设项目“下水道化粪池危险源监控系统”项目。

2013年10月

佳都新太科技股份有限公司研发的“基于SOA核心技术的市民卡平台研发与产业化”项目通过2011年国家发改委电子信息产业振兴和技术改造项目验收。

2013年10月

银江股份有限公司中标四川省乐山市夹江县公安局交

通警察大队“交通卡口及视频监控点”项目。

2013 年 10 月

北京航天长峰股份有限公司与诸暨市政府签订诸暨市“智慧安居”工程（一期）项目合同。

2013 年 10 月

浙江大华技术股份有限公司研发的“红外摄像机的红外灯功率自适应量化调整方法”获得国家知识产权局颁发的发明专利证书。

2013 年 10 月

北京航天长峰股份有限公司中标“海南省反恐应急现场指挥系统建设项目”。

2013 年 10 月

青岛文达通科技股份有限公司被山东省经信委认定为首批“山东省集成电路设计中心”。

2013 年 10 月

山西亿万达安全防范技术咨询有限公司与中国移动阳泉分公司、中国联通阳泉分公司分别签订联网报警专线长期合作协议。

2013 年 10 月

亿阳信通股份有限公司中标“中国移动广西公司安全管理平台”项目。

2013 年 10 月

北京航天长峰股份有限公司负责实施完成的“广州市司法局综合信息指挥平台项目”通过专家验收。

2013 年 10 月

厦门万安智能股份有限公司承建的“前埔三产配套用房（华林国际大酒店）智能化系统工程”获福建省住房和城乡建设厅评审的 2013 年度福建省优秀工程勘察设计奖三等奖。

2013 年 11 月

深圳市赛为智能股份有限公司被全国智能建筑及居住区数字化标准化技术委员会授予 2013 年度金标奖·标准贡献奖。

2013 年 11 月

高新兴科技集团股份有限公司研发的“一种对实时监控数据流的分布式解析系统”获得国家知识产权局颁发的发明专利证书。

2013 年 11 月

银江股份有限公司和其下属公司联合申请的“一种基于 DWT 域的数字水印方法及系统”获得国家知识产权局颁发的发明专利证书。

2013 年 11 月

银江股份有限公司与章丘市人民政府正式签订合作框架协议书，就章丘市创建“智慧章丘”项目达成合作。

2013 年 11 月

四川川大智胜软件股份有限公司研发的“高速高精度结构光三维测量仪器开发与应用”项目已被国家科学技术部批准立项。

2013 年 11 月

深圳市迪威视讯股份有限公司与中通安徽智慧城市投资有限公司签订蚌埠市大学科技园智慧城市实训基地合作协议。

2013 年 11 月

高新兴科技集团股份有限公司承建的“阳江市第三期社会治安视频监控系统及中小学校幼儿园主要出入口视频监控系统”通过项目验收。

2013 年 11 月

安徽四创电子股份有限公司申报的“多波段主被动毫米波云水探测仪开发和应用”项目经科技部批准成功立项并获专项资金。

2013 年 11 月

青岛文达通科技股份有限公司被青岛市科技局认定为“2013 年度青岛市第一批企业研发中心培育基地”。

2013 年 11 月

湖北泰信科技信息发展有限责任公司负责建设的“和田市视频监控系统建设工程”通过项目验收。

2013 年 11 月

湖北泰信科技信息发展有限责任公司研发的“泰信智能视频综合管理信息平台系统”获得国家版权局计算机软件著作权登记证书。

2013 年 11 月

杭州巨峰科技有限公司研发的“S1 云盒子（家用 NVR）”获浙江省经信委下发的“浙江省省级工业新产品开发项目备案确认通知书”。

2013 年 11 月

河北安防报警网络有限公司研发的“安防设备故障诊断系统”、“安防财务管理系统等信息管理系统”获得国家版权局计算机软件著作权登记证书。

2013 年 11 月

北京航天长峰股份有限公司与浙江省衢州市人民政府签署了“智慧安监”战略合作框架协议。

2013 年 11 月

杭州巨峰科技有限公司主承担的研发课题“智慧城市视频信息智能分析技术”获得“杭州市重大科技创新项目（创新链产业链工业类）”立项。

2013 年 12 月

北京航天长峰股份有限公司及控股子公司浙江航天长峰科技发展有限公司获得北京市科学技术委员会和浙江省科学技术厅的政府补助资金 720 万元。

2013 年 12 月

江苏亿通高科技股份有限公司研发的“无线 MOCA 终端”获得国家知识产权局颁发的实用新型专利证书。

2013 年 12 月

太极计算机股份有限公司中标海关总署“金关工程二

期建设总集成服务”和“金关工程二期建设应用集成服务”两个项目。

2013 年 12 月

创斯达（南通）机电有限公司被江苏省经信委批准认定为江苏省企业技术中心。

2013 年 12 月

福建新大陆电脑股份有限公司控股子公司福建新大陆电脑股份有限公司自动识别技术有限公司研发的“条码读写智能终端技术研发及产业化”项目获得由工业和信息化部、财政部拨发的 2013 年国家物联网发展专项资金 500 万元。

2013 年 12 月

高新兴科技集团股份有限公司的子公司重庆讯美电子有限公司入围中国农业银行安防设备供应商名单。

2013 年 12 月

佳都新太科技股份有限公司控股子公司深圳市天盈隆科技有限公司成为中国农业银行安防设备入围项目第二包（国产品牌摄像机）的入围供应商。

2013 年 12 月

银江股份有限公司与莱西市人民政府就莱西市创建“智慧莱西”城市建设项目达成合作并签订了《框架合作协议书》。

2013 年 12 月

福建新大陆电脑股份有限公司的子公司福建新大陆电脑股份有限公司软件工程有限公司被审核认定为“2013 ~ 2014 年度国家规划布局内重点软件企业”。

2013 年 12 月

银江股份有限公司申报的“交通状态感知与实时智能诱导平台”项目获得由工业和信息化部、财政部拨发的 2013 年国家物联网发展专项资金 300 万元。

2013 年 12 月

北京易华录信息技术股份有限公司与天津市津南区人民政府签署《“智慧津南”建设战略合作协议》。

2013 年 12 月

北京易华录信息技术股份有限公司与中国电信股份有限公司娄底分公司签署了《娄底市天网工程业务合作合同书》。

2013 年 12 月

佳都新太科技股份有限公司中标中国移动广州分公司“智慧广州视频监控系统集成合作项目”一标段。

2013 年 12 月

湖北泰信科技信息发展有限责任公司中标中国农业银行湖北省安防系统运维服务项目。

2013 年 12 月

深圳达实信息技术有限公司入围中国银行“金融 IC 卡项目专用设备及园区一卡通系统选型”供应商名单。

2013 年 12 月

TCL 新技术（惠州）有限公司通过高新技术企业认定复审。

2013 年 12 月

金鹏电子信息有限公司荣获由国家工业和信息化部信息化推进司颁发的“中国十大杰出智慧城市服务厂商”奖。

2013 年 12 月

宁波 GQY 视讯股份有限公司的“惠多利”商标被浙江省工商行政管理局认定为 2013 年度浙江省著名商标。

2013 年 12 月

上海天诚通信技术有限公司被上海市北高新园区评选为“2013 年上海市市北高新技术服务业园区优秀企业”。

2013 年

四川兴事发门窗有限责任公司研发的“门扇锁方带斜扣加厚体搭边的防盗门”、“门扇面板（珐琅）”、“门扇面板（丝印）”、“物联网技术”、“中式拼装门”获得国家知识产权局颁发的相应专利证书。

2013 年

张家港固耐特围栏系统有限公司研发的“710 型高强度多功能拼接式耐腐蚀隔离栅”、“轻质高强度悬臂无轨平移门”、“基于物联网的高强度智能化 D 型钢丝网的焊接系统”被认定为高新技术产品。

2013 年

张家港固耐特围栏系统有限公司被评定为江苏省工程技术研究中心及江苏省版权示范单位。

2013 年

浙江大华技术股份有限公司的一种高清摄像机自适应数字化外同步的方法获得国家知识产权局颁发的发明专利证书。

2013 年

杭州海康威视系统技术有限公司中标贵阳市公安交通管理局贵阳市“高清视频监控平台”二期项目。

2013 年

华平信息技术股份有限公司与同济大学等联合完成的“城市交通智能路网的关键技术及应用”项目获颁国家科技进步奖二等奖。

2013 年

高新兴科技集团股份有限公司中标中国移动通信集团广东有限公司广州分公司的智慧广州视频监控系统集成合作项目标段 3。

2013 年

杭州海康威视数字技术股份有限公司被认定为“2013 ~ 2014 年度国家规划布局内重点软件企业”。

2013 年

四川川大智胜软件股份有限公司被认定为“2013 ~ 2014 年度国家规划布局内重点软件企业”。

2013 年

广东威创视讯科技股份有限公司被认定为“2013～2014 年度国家规划布局内重点软件企业”。

2013 年

成都三泰电子实业股份有限公司被认定为“2013～2014 年度国家规划布局内重点软件企业”。

2013 年

银江股份有限公司被认定为“2013～2014 年度国家规划布局内重点软件企业”。

2013 年

北京易华录信息技术股份有限公司被认定为“2013～2014 年度国家规划布局内重点软件企业”。

2013 年

汉鼎信息科技股份有限公司被认定为“2013～2014 年度国家规划布局内重点软件企业”。

2013 年

佳都新太科技股份有限公司被认定为“2013～2014 年度国家规划布局内重点软件企业”。

第三章　法律、行政法规、规章及规范性文件

第一节　新颁布的法律、行政法规、部门规章及规范性文件

长江三峡水利枢纽安全保卫条例

中华人民共和国国务院令第640号

《长江三峡水利枢纽安全保卫条例》已经2013年7月12日国务院第16次常务会议通过，现予公布，自2013年10月1日起施行。

总　理　李克强
2013年9月9日

长江三峡水利枢纽安全保卫条例

第一章　总　则

第一条　为了加强长江三峡水利枢纽安全保卫工作，维护长江三峡水利枢纽的安全和秩序，制定本条例。

第二条　国家设立长江三峡水利枢纽（以下简称三峡枢纽）安全保卫区，依照本条例的规定对三峡枢纽实施保护。

第三条　三峡枢纽安全保卫区的范围包括三峡枢纽及其周边特定区域，分为陆域安全保卫区、水域安全保卫区、空域安全保卫区。

陆域安全保卫区、水域安全保卫区实行分区安全保卫制度，具体范围的划定和调整，由湖北省人民政府确定并公布。

空域安全保卫区为陆域安全保卫区、水域安全保卫区上空的低空空域。

第四条　三峡枢纽安全保卫工作坚持预防与应急处置相结合、专门机关管理与人民群众参与相结合、安全保卫与经济社会发展并重的原则。

第五条　国家统一领导三峡枢纽安全保卫工作。国务院公安、交通运输、水行政等部门和三峡枢纽运行管理单位依照法律、行政法规和国务院确定的职责分工负责三峡枢纽安全保卫有关工作。湖北省人民政府、宜昌市人民政府对三峡枢纽安全保卫工作实行属地管理。

第六条　任何组织或者个人都不得危害三峡枢纽的安全，发现危害三峡枢纽安全的行为和隐患应当立即报告。

对保护三峡枢纽安全作出突出贡献的组织和个人，按照国家有关规定给予表彰奖励。

第七条　三峡枢纽安全保卫工作所需经费，由有关人民政府和单位按照职责分工和规定的经费负担体制予以保障。

第二章　陆域安全保卫

第八条　陆域安全保卫区划分为限制区、控制区、核心区。各区的周边界线应当设置实物屏障或者警示标志，各区的出入口和重点部位应当配备警戒岗哨或者技术防范设施。

第九条　限制区是限制无关车辆接近三峡枢纽的区域。车辆凭限制区通行证方可进入限制区。

人员可以徒步进出限制区。但是，根据三峡枢纽安全保卫工作的需要，三峡枢纽运行管理单位可以临时限制人员通行。

第十条　控制区是限制无关车辆和人员接近三峡枢纽，并在紧急情况时提供有效缓冲和防护的区域。车辆和人员凭控制区通行证并按规定接受安全检查方可进入控制区。

第十一条　核心区是实行封闭式管理的区域。核心区实施下列安全保卫措施：

（一）出入口和重点部位由人民武装警察部队设置岗哨，车辆、人员凭核心区通行证、接受安全检查并确认资

格身份方可通行；

（二）物资凭有效的物资转场、外运、内运申请单通行，必要时在出入口对所有通行物资进行危险物品检测；

（三）配备覆盖全区的视频监控等技术防范设施，实施全天候安全巡查。

第十二条 进入陆域安全保卫区的车辆、人员的通行证件，由三峡枢纽运行管理单位核发和管理，并报公安机关备案。

第十三条 严禁非法携带枪支、弹药、国家规定的管制器具或者非法运输危险物品进入陆域安全保卫区。

因施工作业等需要运输危险物品进入陆域安全保卫区的，应当经三峡枢纽运行管理单位同意，并依法报公安机关批准。

第十四条 在陆域安全保卫区活动的人员不得有下列行为：

（一）超越通行证限定的范围活动；

（二）通过设有禁止通行标志的区域；

（三）攀爬、钻越、移动、损毁实物屏障或者警示标志；

（四）扰乱管理秩序和危害设施安全的其他行为。

第十五条 未持有效的通行证件或者拒绝接受安全检查的车辆、人员，禁止进入陆域安全保卫区。安全保卫人员对非法进入或者违反本条例第十三条、第十四条规定的车辆、人员，应当立即制止；对不服从管理的，应当立即依法予以控制并移送公安机关处理。

第三章　水域安全保卫

第十六条 水域安全保卫区划分为管制区、通航区、禁航区。各区的周边界线应当设置警示标志，配备警戒岗哨或者技术防范设施。

第十七条 管制区是对拟通过三峡枢纽通航建筑物（以下称过闸）的船舶进行安全检查、防止未经批准通过的船舶接近三峡枢纽的缓冲水域。进入管制区的船舶，应当遵守下列规定：

（一）过闸船舶应当按照国务院交通运输部门规定的程序和要求，提前向三峡通航管理机构报告；

（二）不得运输国务院交通运输部门规定禁止过闸的危险物品；运输其他危险物品过闸的，应当向三峡通航管理机构申报，不得伪报、瞒报；

（三）不得进行容易引发火灾、爆炸事故的检修作业；

（四）不得在集泊期间上下除本船船员以外的其他人员或者装卸物品；

（五）不得抢航、追越或者有其他扰乱水上交通秩序的行为。

第十八条 通航区是由三峡通航管理机构统一指挥调度过闸船舶进出引航道和通航建筑物的特定区域。

船舶应当按照调度指令有序进出引航道和通航建筑物，不得在通航区内擅自停泊，不得抢航、追越或者有其他扰乱水上交通秩序的行为。过闸期间船员、乘客不得擅自离开本船，不得攀爬通航建筑物。

第十九条 禁航区是禁止船舶和人员进入的水域。除公务执法船舶以及持有三峡枢纽运行管理单位签发的作业任务书和三峡通航管理机构签发的施工作业许可证的船舶外，任何船舶和人员不得进入禁航区。

禁航区应当设置人民武装警察部队岗哨。

第二十条 对因机械故障等原因失去控制有可能进入水域安全保卫区的船舶，三峡通航管理机构应当立即采取措施使其远离。

对违反规定进入管制区、通航区的船舶，公安机关、三峡通航管理机构应当立即制止并将其带离。

对违反规定进入禁航区的船舶，人民武装警察部队执勤人员应当立即进行拦截并责令驶离；对拒绝驶离的，应当立即依法予以控制并移送公安机关处理。

第二十一条 运输危险物品过闸的船舶，应当按照规定的方式、时间过闸，不得与客运船舶同一闸次通过，除核定船员和押运人员外，禁止其他人员随船。

第四章　空域安全保卫

第二十二条 在空域安全保卫区飞行的航空器，应当严格按照飞行管制部门批准的计划飞行。

第二十三条 禁止在空域安全保卫区进行风筝、孔明灯、热气球、飞艇、动力伞、滑翔伞、三角翼、无人机、轻型直升机、航模等升放或者飞行活动。

第二十四条 负有三峡枢纽安全保卫职责的部门和单位，应当加强对空域安全保卫区安全情况的动态监控，发现违反三峡枢纽空域安全保卫规定的升放或者飞行活动，应当立即协调有关部门查明情况，依法采取必要的处置措施。

第五章　安全保卫职责

第二十五条 国务院确定的机构负责沟通协调和研究解决三峡枢纽安全保卫工作中的重大事项。

湖北省人民政府负责组织建立由长江流域各省、直辖市人民政府以及国务院有关部门和单位参加的三峡枢纽安全保卫指挥系统，制定三峡枢纽安全保卫方案，并做好信息沟通和汇总研判工作。

宜昌市人民政府负责组织建立由三峡枢纽运行管理单位、三峡通航管理机构、公安机关、人民武装警察部队等组成的三峡枢纽安全保卫指挥平台，统一管理三峡枢纽安全保卫工作。

三峡枢纽运行管理单位应当加强与三峡安全保卫区内其他机构、单位的沟通协调，并依法提供必要的保障和业务指导。

第二十六条 宜昌市人民政府应当会同三峡枢纽运行管理单位加强三峡枢纽安全保卫区及其周边地区社会管理

综合治理，落实治安联防制度，维护社会秩序，防范针对三峡枢纽的破坏活动。

第二十七条　负有三峡枢纽安全保卫职责的地方人民政府应当组织开展经常性的安全宣传教育，提高社会公众安全防范意识和能力。

三峡枢纽周边地区的村民委员会、居民委员会、企业事业单位应当根据所在地人民政府的要求，结合各自的实际情况，开展三峡枢纽安全保卫和应急救援知识的宣传普及活动。

第二十八条　三峡枢纽运行管理单位是安全生产、治安保卫重点单位，应当依法落实安全生产、治安保卫重点单位职责，建立安全运行监测体系；对重要部位、特种设备进行重点排查梳理，加强对重要岗位工作人员的背景审查及其身份核对。

湖北省人民政府、宜昌市人民政府应当定期对三峡枢纽运行管理单位依法履行上述职责的情况进行监督检查，发现问题及时督促改正。

第二十九条　三峡枢纽运行管理单位应当加强计算机信息系统安全保护工作，依法落实信息安全等级保护制度和技术标准，建立安全管理制度、完善技术保护措施，做好通报预警、安全监测、应急处置等工作，发现危害计算机信息系统安全的情况应当立即向公安机关报告。

公安机关应当加强对三峡枢纽运行管理单位计算机信息系统安全保护工作的监督、检查、指导，发现影响计算机信息系统安全的情况应当及时通知三峡枢纽运行管理单位采取安全保护措施。

第三十条　三峡枢纽运行管理单位是消防安全重点单位，应当依法落实消防安全重点单位职责，配备消防设施和消防器材，建立消防安全制度和操作规程。

湖北省人民政府、宜昌市人民政府应当针对三峡枢纽安全保卫工作加强公安消防队、专职消防队建设，及时组织消除火灾隐患。

第三十一条　在三峡枢纽安全保卫区范围内设立或者调整游览项目，应当由三峡枢纽运行管理单位制定游览项目实施方案，报湖北省人民政府审批。湖北省人民政府应当组织有关部门和单位对设立或者调整的游览项目进行安全风险评估。三峡枢纽运行管理单位应当按照批准的游览项目实施方案组织游览活动，不得擅自扩大范围、增设游览项目。

根据三峡枢纽安全保卫、生产运行、防汛抗旱、水资源调度等需要，三峡枢纽运行管理单位可以会同有关部门控制进入游览区域的游客人数、暂停部分或者全部游览项目，并将相关信息及时予以公布。

第三十二条　长江流域各港口、码头应当建立由经营管理单位法定代表人负责的安全保卫制度，消除拟进入三峡枢纽安全保卫区的船舶的安全隐患。

拟进入三峡枢纽安全保卫区的船舶应当建立由船舶所有人、经营人负责的安全保卫制度，依法对船员、乘客和货物进行安全检查和登记。

第三十三条　三峡通航管理机构应当依照本条例和国务院交通运输部门制定的三峡枢纽通航安全管理规定，对拟过闸的船舶进行安全检查、航运调度指挥。

第三十四条　负有三峡枢纽安全保卫职责的地方人民政府、部门和单位，应当按照《中华人民共和国突发事件应对法》的规定，制定各类突发事件的应急预案，组织培训应急救援专业力量，定期开展联合演练；三峡枢纽运行管理单位应当对三峡枢纽安全保卫区内发生的突发事件进行先期处置。

第六章　法律责任

第三十五条　有下列行为之一的，由公安机关责令改正，予以警告，对单位可以处5万元以下罚款，对个人可以处1000元以下罚款：

（一）违反本条例第十三条的规定，非法运输危险物品进入陆域安全保卫区的；

（二）违反本条例第十四条的规定，扰乱陆域安全保卫区管理秩序或者危害设施安全的；

（三）违反本条例第十五条的规定，非法进入陆域安全保卫区的；

（四）违反本条例第十九条的规定，人员非法进入禁航区的；

（五）违反本条例第二十三条的规定，非法进行升放活动的。

第三十六条　有下列行为之一的，由交通运输部门责令改正，予以警告，对单位可以处10万元以下的罚款，对个人可以处2000元以下罚款：

（一）违反本条例第十七条、第十八条的规定，非法进入管制区、通航区，或者进入后不服从管理的；

（二）违反本条例第二十一条的规定，非法运输危险物品过闸的；

（三）违反本条例第三十二条的规定，导致进入三峡枢纽安全保卫区的船舶存在安全隐患的。

第三十七条　负有三峡枢纽安全保卫职责的地方人民政府、部门和单位及其工作人员违反本条例规定，不依法履行三峡枢纽安全保卫职责的，对直接负责的主管人员和其他直接责任人员依法给予处分。

第三十八条　违反本条例规定，同时违反其他法律、行政法规规定的，由有关行政管理部门依照其他法律、行政法规的规定从重处罚。

第七章　附　则

第三十九条　涉及三峡枢纽水库大坝安全、企业事业单位内部治安保卫、内河交通安全管理、电力设施保护等事项，本条例未作规定的，依照有关法律、行政法规的规定执行。

第四十条 葛洲坝水利枢纽的安全保卫规定，由湖北省人民政府参照本条例制定。

第四十一条 本条例自 2013 年 10 月 1 日起施行。

国务院关于印发“十二五”国家自主创新能力建设规划的通知

国发〔2013〕4 号

各省、自治区、直辖市人民政府，国务院各部委、各直属机构：

现将《“十二五”国家自主创新能力建设规划》印发给你们，请认真贯彻执行。

国务院

2013 年 1 月 15 日

（此件有删改）

“十二五”国家自主创新能力建设规划（节选）

二、指导思想、建设目标和总体部署

（一）指导思想。

以邓小平理论、“三个代表”重要思想、科学发展观为指导，着眼国家全局性和长远性发展需求，实施创新驱动发展战略，以体制机制改革为保障，统筹创新能力建设布局，加强自主创新的物质技术基础和人才队伍建设，促进创新资源合理配置，增强创新主体动力和全社会创新活力，更加注重协同创新，全面提升原始创新、集成创新和引进消化吸收再创新的能力和水平，加快创新型国家建设，为经济社会发展提供有力保障。

（二）建设目标。

到“十二五”末，我国自主创新能力建设的目标是：

——创新基础条件建设布局更加合理。投入运行和在建的重大科技基础设施总量接近 50 个，形成一批世界一流的科学中心。重点建设和完善 100 家国家工程中心，新建若干家国家工程（重点）实验室，认定一批国家级企业技术中心，产业技术创新、重大技术装备研制和重点工程设计的支撑条件更加完善。

——重点领域创新能力明显提升。农业、制造业、战略性新兴产业、能源和综合交通运输等产业创新能力大幅提升，教育、医疗卫生、文化和公共安全等社会领域创新能力建设取得重要进展。

——创新主体实力明显增强。企业技术创新主体地位进一步强化，大中型工业企业研发投入占主营业务收入比例达到 1.5%，一批创新型企业进入世界 500 强。建成若干一流科研机构，创新能力和研究成果进入世界同类科研机构前列；建设一批高水平研究型大学，一批优势学科达到世界一流水平，关键核心技术的有效供给能力明显提升。

——区域创新能力布局不断优化。初步形成东中西部分工协作、功能互补、多层次合作的区域创新体系。区域性创新服务平台建设得到加强。

——创新环境更加完善。创新人才队伍结构更加合理，涌现一批高端创新人才、工程技术人才和创新服务人才，每万名就业人员的研发人力投入达到 43 人年。知识产权保护得到切实加强。每万人发明专利拥有量提高到 3.3 件，专利质量和专利技术实施率明显提高。

（三）总体部署。

“十二五”时期，我国自主创新能力建设的总体部署是：加强政府统筹规划指导，更加发挥市场在资源配置中的基础性作用，引导社会创新主体积极参与，重点推进科学研究实验设施和各类创新基地建设，加强科技资源整合共享和高效利用，健全国家标准、计量、检测和认证技术体系，支撑科技跨越发展；加快推进重点产业关键核心技术研发和工程化能力建设，提升重点社会领域创新能力和公共服务水平，构建各具特色、协调发展的区域创新体系，支撑经济社会创新发展；加强创新主体能力、人才队伍和制度等创新环境建设，深化国际交流与合作，强化知识产权创造、运用、保护和管理能力，激发全社会创新活力，提高创新效率和效益。

四、增强重点产业持续创新能力

（一）农业创新能力。

1. 加强农业技术创新平台建设。围绕我国粮食安全、种业发展、主要农产品供给、农产品质量安全、生物安全、农林生态保护等，加强农业重点实验室、农业应用研究示

范基地、科学观测实验站、品种改良中心、种质库（圃）等创新基地和平台建设。依托公益性行业科研专项等国家科技计划，围绕动植物良种、生态林业、生态农业、海洋农业、农机装备、新型肥药、农产品精深加工、高效栽培、绿色种植、健康养殖、节本降耗、节水灌溉、植物病虫害统防统治、动物疫病防控、农业防灾减灾、农业农村信息化、水文水资源监测、水土流失防控、河口海岸滩涂开发治理和保护等方面重大技术需求，建设和完善一批关键共性技术创新平台。开展农业面源污染监测、防治科技攻关，提升农业可持续发展的能力。结合实施转基因生物新品种培育科技重大专项、粮食丰产科技工程和种业科技创新工程等，建设产学研结合、育繁推一体化的现代种业创新体系，增强良种良法开发和推广应用能力。

2. 推进农业创新资源集聚。推进现代农业产业技术体系建设，完善以产业需求为导向、以农产品为单元、以产业链为主线、以综合试验站为基点的新型农业科技资源组合模式。积极培育以企业为主导的农业产业技术创新战略联盟，推进国家农业高新技术产业示范区和国家农业科技园区建设，构建适应高产、优质、高效、生态、安全农业发展要求的技术体系。

3. 加快农业技术推广体系建设。健全乡镇或区域性农业技术推广、动植物疫病防控、农产品质量监管等公共服务机构，构建以国家农技推广机构为主导，农业科研单位、有关学校、农民专业合作社、涉农企业、群众性科技组织、农民技术人员广泛参与的多元化农技推广体系，促进农业科技信息传播和成果推广应用。加快重大关键农业技术推广应用和农机农艺融合。大力实施科技特派员农村科技创业行动，鼓励创办领办科技型企业和技术合作组织，继续完善农业科技专家大院、星火科技 12396 等科技服务模式。继续实施星火计划、科技富民强县专项行动计划、科普惠农兴村计划，全面提升现代农业专业化、社会化技术服务和推广应用能力。

（二）制造业创新能力。

1. 加强制造业共性技术创新平台建设。以制造业结构调整和优化升级必需的基础工艺、基础材料、基础元器件、关键零部件和软件系统为重点，集聚、整合产业链各环节的创新资源，创新组织模式，搭建一批关键共性技术研发和工程化平台，为提升制造业新技术和新产品开发能力提供有力支撑。

2. 提高重大成套技术装备开发能力。围绕重大成套技术装备设计验证以及节能减排、资源综合利用和循环经济等关键技术开发，完善和提升产业技术创新、检测检验和系统验证服务等平台，培育发展专业化的工业设计、研发机构。完善相应的研发和推广应用体系，提升重大成套技术装备的系统设计能力和集成创新能力、配套产业的新技术和新产品开发能力。

3. 推动工业化和信息化深度融合。加强生产过程智能化和生产装备数字化应用示范，提升集散控制、数字控制等自动化和信息化技术集成创新能力。推进国家新型工业化产业示范基地建设。实施制造业信息化科技工程。根据行业技术发展要求，培育和发展网络制造等现代制造模式，促进“生产型制造”向“服务型制造”转变。

专栏 1　制造业创新能力建设重点	
1	装备制造 机械基础零部件、基础工艺、高端仪器仪表、先进实用农机装备、煤机装备、海洋技术装备等设计、实验及检测，制造信息化、快速制造和再制造。
2	船舶 散货船、油船、集装箱船等传统船型升级换代，船用中低速柴油机、船用电站，高技术船舶、绿色船舶设计制造，数字化船型设计数据库。
3	汽车 高效内燃机、高效传动与驱动、材料与结构轻量化、整车优化、普通混合动力、汽车节能技术等研发试验平台。
4	钢铁 新一代钢铁可循环流程工艺技术，高性能、高质量及升级换代关键钢材品种。
5	有色金属 高效、低耗、低污染新型冶炼、共伴生矿高效利用、矿山尾矿综合利用、有色金属短流程低能耗加工等技术与装备。
6	石化 大型特大型石化技术装备。
7	建材 无机非金属材料、非金属矿精深加工及节能减排、资源综合利用。
8	轻工 新型电池、农用新型塑料、酶制剂、食品加工、节能环保电光源、绿色智能家电。
9	纺织 高新技术纤维和新一代功能性、差别化纤维，高效节能纺纱、织造和印染以及产业用纺织品。

（三）战略性新兴产业创新能力。

1. 加强战略性新兴产业创新平台和标准化建设。前瞻部署一批前沿技术研发平台，完善一批产业关键核心技术创新平台，重点建设一批工程化验证平台，为培育战略性新兴产业提供有力支撑。强化战略性新兴产业知识产权与技术标准前瞻布局，支持以企业为核心的专利战略联盟和技术标准联盟建设，掌握一批主导产业发展的知识产权和有国际影响力的技术标准，抢占战略性新兴产业技术发展制高点。

2. 推进战略性新兴产业创新成果应用示范。实施战略性新兴产业创新成果应用示范工程。依托产业创新资源聚集区，布局建设一批重大成果应用示范基地，支持商业模式创新，探索政府采购支持新方式，发展产业链完善、创新能力强、特色鲜明的创新集群，提升战略性新兴产业关键技术的工程化和产业化能力。

专栏2　战略性新兴产业创新能力建设重点	
1	节能环保 高效节能、低耗零排、环境安全、资源循环利用。
2	新一代信息技术 新一代无线通信、卫星移动通信、下一代广播电视网、下一代互联网、云计算、物联网、新型显示技术、半导体照明，信息技术服务。
3	生物 新药创制、高性能诊疗设备，合成生物与先进生物制造，医药、重要农作物及畜禽、微生物菌（毒）种等基因资源信息库。
4	高端装备制造 航空产品、卫星载荷研制，智能控制系统、高档数控机床、轨道交通装备、深海运载和探测技术装备、深部矿产资源探测装备。
5	新能源 新一代核电装备、大型风电机组系统集成及零部件设计试验平台，新型太阳能发电、智能电网、下一代生物燃料、大规模储能。
6	新材料 新型功能材料、先进结构材料、高性能复合材料、分离膜材料、有机硅材料、纳米材料、共性基础材料。
7	新能源汽车 插电式混合动力汽车、纯电动汽车、燃料电池汽车、车用动力电池、驱动电机、动力总成、管理控制系统。

（四）现代服务业创新能力。

1. 加强服务业公共技术创新平台和标准体系建设。在金融服务、现代物流、商贸服务、高技术服务等领域，加强公共技术创新平台建设，开发和推广应用新技术，发展服务新产品，推进服务业结构优化升级。围绕发展信息系统集成服务、互联网增值服务、信息安全服务和数字内容服务等，建立和完善新兴服务业标准体系，加快形成先进服务业标准创制能力，提升专业化服务水平。

2. 加快服务业创新基地建设。依托有比较优势区域，建设主体功能突出、创新基础较好的区域性服务业创新中心和产业化基地，利用信息化技术手段，大力发展新兴业态，促进服务业规模化、品牌化和网络化发展。引导推动国家高技术服务业发展试点省（市）和国家高技术服务产业基地加强技术创新平台建设，延伸和完善产业链，促进高技术服务业集群发展。推动有条件城市加快发展各类高技术服务组织和机构，支撑服务业创新发展。

（五）能源产业和综合交通运输创新能力。

1. 推进能源产业和综合交通运输绿色发展。加快形成和提升新型煤化工、油气勘探、农村水电开发等重大节能减排技术创新能力，研究推广动力煤配制新技术，加强电力需求侧管理技术、电网资源优化技术等开发与推广能力，提高资源综合开发利用水平。实施低碳技术创新及产业化示范工程，加强碳捕集、利用和封存等技术研发和应用能力。加快建设智能化数字交通管理、综合交通运输和绿色交通等领域中带动性强的关键技术研发平台；建设全国交通数据中心，构建综合交通信息服务平台。

2. 提高能源生产运行和交通运输安全的技术保障能力。在能源产业领域，重点围绕煤矿、电站、油气田生产安全和电网、油气管网运行安全等，完善一批研发和工程化设施，提升安全防控技术支撑能力；在综合交通运输领域，构建覆盖设计、建设、运行、管理等环节的安全技术创新体系，重点加强铁路、公路、水运和航空等重大基础设施耐久性评价与安全保障技术创新平台建设，提高安全事故主动防控能力。

3. 强化能源和交通重大工程建设的技术支撑。集聚整合行业优势创新资源，加强关键技术、装备和工艺创新能力建设，加速创新成果转化，保障国家煤炭基地、大型水（核）电站、智能电网、近海海域和深水油气田勘探开发、高速铁路、高速公路、大型公路桥梁、航道整治、沿海深水港口、干线机场、综合交通枢纽等重大工程顺利建设。

专栏3　能源产业和综合交通运输创新能力建设重点	
1	电力 特高压输电、高效清洁燃煤电站、核电站安全。
2	煤炭 褐煤综合利用、煤制芳烃、煤制天然气、煤制乙二醇、煤炭液化、煤制烯烃。
3	石油天然气 三次采油、海洋深水工程、石油地球物理、高含硫气藏开采、测井技术、非常规天然气开发。
4	铁路 高速铁路勘察设计、轨道交通通信信号、重载机车车辆，高速铁路基础设施耐久性评价、高速铁路产品质量检测检验。
5	公路 公路养护技术装备、新型道路材料、公路长大桥建设、桥梁结构安全、公路隧道建设、陆地交通灾害防治、交通安全应急。
6	水运 港口水工建筑、疏浚技术装备。
7	民航 新一代空管系统、技术及装备，适航审定、航空运输信息系统、低空飞行监视、指挥和信息系统。
8	综合交通枢纽 客运一体化服务系统、货运联程集疏运系统、运营管理信息共享系统、防灾救灾和应急疏散系统。

五、提高重点社会领域创新能力

（一）教育领域。

1. 加强教育信息化应用体系建设。推动“宽带网络校校通”、“优质资源班班通”、“网络学习空间人人通”建设，构建和完善网络教学体系。全面推进教育信息化应用，鼓励有条件的学校推进数字化学习中心、数字化校园、数字化图书馆和虚拟实验室建设，促进课堂互动教学、网络互动学习，提升教育教学技术水平。加快发展开放灵活的教育资源公共服务平台，促进优质教育资源普及共享。加大教育信息化培训力度，推广教师信息化教育技术能力标准，加强教师、技术人员和管理人员专业化培训，提高教师应用信息技术的水平。

2. 提高教育信息化的技术支撑能力。开发适应多终端共享要求的内容资源、学习工具和资源生成系统，提高教育信息化技术装备水平。加强数字化教学设施、特殊教育技术手段等技术创新。建设教育信息技术集成推广、教育技术装备与系统、教育支撑软件开发等创新平台，提升教学标准评测认证和教育资源质量审定评测能力。

3. 加强教育管理信息化建设。制定国家教育管理信息标准与编码规范，制定学校信息化管理业务标准与规范等教育信息化标准。搭建安全高效的国家教育管理公共服务平台，建设教育管理信息系统，完善教育基础信息数据库，提高教育管理效率和服务能力。建立健全数字化校园网络信息安全监管机制。

（二）医疗卫生领域。

1. 加强医疗卫生公共服务技术能力建设。推进医疗卫生信息化，完善国家、省和地市三级卫生信息平台。推进公共卫生、医疗服务、医疗保障、基本药物和综合管理等业务应用系统建设。加快临床信息资源库与数据库建设，促进相互关联与整合。建立城乡居民电子健康档案和电子病历资源库，提高临床路径实用性和电子化水平。推进医疗卫生服务先进适用技术、装备和系统的研发、产业化，并加快推广应用。

2. 推进医疗卫生技术基础能力建设。加强基础性卫生信息标准研发，统一卫生领域术语信息标准和代码标准，研究制订公共卫生和医院信息化功能规范及业务流程规范。研究制订适应业务需求的数据标准、交换标准和技术标准及临床决策智能知识库。推进中医药标准建设和中药质量认证。建立和完善重大公共卫生、传染病和高等级生物安全实验室监测预警体系。

3. 强化疾病防治技术能力建设。加强心脑血管病、肿瘤、糖尿病、慢性呼吸系统疾病等慢性病、地方病和职业病早期预警、预防干预与诊断治疗共性关键技术研发能力建设，加强病因、致病机理等相关基础研究，健全“预防—诊断—治疗”技术体系。围绕常见病、多发病、传染病和地方病，加快新型诊疗技术、装备、诊断试剂、疫苗和药物的开发与工程化能力建设，建立和完善相关标准，提高“发生—甄别—处置”系统诊疗能力。加强中医药研究体系建设，提高中医药防病治病能力。建立精神疾病与心理健康等临床诊疗标准，完善基础与临床医学研究体系。加强妇幼保健技术能力建设，预防和减少出生缺陷。加强中国人群特有的营养健康、慢性疾病以及生殖健康、老年健康等的预测、预防和干预研究，健全综合防治体系。

（三）文化领域。

1. 推进文化科技创新能力建设。着眼现代文化产业体系建设需要，在出版、印刷、传媒、影视、演艺、网络游戏、网络音乐、动漫等领域推动建设技术创新平台和产学研战略联盟，支持数字文化创意、数字出版、数字影视制作、数字投送等创新技术应用，形成一批文化资源数据库，增强文化科技创新基础能力。实施文化科技创新工程，突破一批核心、关键、共性技术，推进相关技术标准研制，充分利用信息技术等先进技术支撑文化装备、材料、工艺、软件、系统的研制和发展，提高科技对传统文化业态的升级改造和对新兴文化业态的培育能力。依托国家高新技术园区、国家可持续发展实验区、国家级文化产业（试验）示范园区、国家文化产业示范基地、国家动漫游戏产业振兴基地等建立国家级文化和科技融合示范基地，促进文化与科技创新资源和要素互动衔接，加快培育和发展文化创意、数字出版、数字印刷、数字媒体、动漫游戏等新兴文化产业。跟踪新媒体发展趋势，充分发挥基于互联网和移动通信技术的新媒体在催生文化新业态、优化文化产业结构、完善文化产业链等方面的重要作用。

2. 创新公共文化服务手段和服务内容。充分利用信息技术，大力开发新型文化产品，增强公共文化产品供给能力，满足人民群众多样化文化需求，使城乡居民平等享受公共文化服务。加快现代科技在图书馆、文化馆（站）等公共文化场馆中的普及和应用，充分发挥信息技术和直播卫星技术在农家书屋、全民阅读、文化信息资源共享、数字图书馆推广、公共电子阅览室、国家公共文化服务体系示范区（项目）创建等重点文化惠民工程建设中的作用，完善公共文化服务网络，构建技术先进、传输快捷、覆盖广泛的现代传播体系。加强国际传播能力建设，构建网络化国际文化交流服务平台，创新中国文化“走出去”方法和手段，提升中国文化的表现力和传播力。

（四）公共安全领域。

1. 增强突发事件监测预警技术能力。健全地质地震灾害、气象灾害、水旱灾害、生态环境灾害、海洋灾害、生物灾害和森林草原火灾等自然灾害监测体系和预警预报信息发布平台，完善食品安全、突发急性传染病、群体性不明原因疾病、动物疫情和职业危害等公共卫生事件信息平台和监测预警网络，建立社会安全基础数据库，形成统一指挥、功能齐全、反应灵敏、运转高效的监测预警体系。完善国家重大工程和公共基础设施监测监控平台，建立和完善水利水电工程、区域及跨区域电网、油气管线、高速铁路、机场、道桥、隧道、港口、发电厂、核设施、城市大型复杂建筑和国家基础信息网络等监测监控及信息安全保障技术体系。

2. 提高应急管理技术水平。进一步加强国家应急平台建设，完善公共安全网络和信息技术标准与应用规范，强化跨部门、跨区域协同处置突发事件的技术支撑能力。加快应急管理基础数据库建设，推进重要技术资料、历史资料收集管理和共享，为妥善应对各类突发公共事件提供可靠基础数据。在重大事故灾难与应急救援、职业危害预防控制、自然灾害防治、公共卫生保障、社会安全防范等领域，加强安全保障关键共性技术开发与转化，加大公共安全关键技术和装备的攻关力度，增强防范和处置突发事件的能力。

专栏4　公共安全保障能力建设重点	
1	自然灾害 水旱灾害等重大自然灾害防御和应对，应急物资调度、应急广播。
2	事故灾难 煤矿重大事故预防与应急技术，环境污染事故应急处置技术。
3	公共卫生 食品安全快速检测溯源，食品安全信息监测，食品安全科研基础数据共享，食品药品安全风险评估。
4	信息安全 信息安全测试评估、存储、监控、实时防护。
5	生物安全 转基因生物安全，药品安全及监控，高等级生物安全实验室。

六、强化区域创新发展能力

（一）加快建设各具特色的区域创新体系。

结合区域经济社会发展的特色和优势，加快区域创新能力布局建设，构建运行高效的区域创新网络，鼓励创新资源密集的区域率先实现创新驱动发展，支持具有特色创新资源的区域加快提高创新能力。东部地区要发挥开放和科教资源密集优势，集聚国际创新资源，重点提升长江三角洲、珠江三角洲、京津冀等区域的自主创新能力，支撑产业高端化、国际化发展。中部地区要发挥承东启西区位和产业技术基础齐全的优势，强化与东西部地区的人才、技术和设备等创新要素对接，加强产业配套创新能力建设。西部地区要发挥特色资源和产业优势，加快产业技术研发与产业化能力建设，形成若干有较强创新能力的特色优势资源综合利用加工基地、新能源基地和先进装备制造基地。东北地区等老工业基地要发挥产业和科技基础较强的优势，强化现代产业科技支撑体系，推动高端装备制造业发展和传统制造业转型升级，加快新型工业化进程。以交通、水利、农业、气象、质检、环保等为重点，推进跨区域公共技术创新和服务平台建设，探索建立有效的跨区运行机制和模式，着力解决水污染控制、大气污染防治、污染土壤修复、农业面源污染防治、公共安全等综合性问题。

（二）推进重点创新集聚区建设与发展。

加强北京中关村、武汉东湖、上海张江等国家自主创新示范区建设，推进体制机制创新和政策先行先试，加快创新支撑条件建设，探索创新驱动发展的新思路、新模式。推动国家高新技术产业开发区和国家经济技术开发区以提升自主创新能力为核心的“二次创业”，加快建立服务于知识技术密集型产业发展的共性技术创新平台和公共服务平台，优化创新创业环境，增强园区自主创新和持续发展能力。推进国家创新型试点城市建设，带动形成一批各具特色、充满活力的省级创新型城市，构建特色鲜明、优势互补的创新型城市群，培育若干有国际影响力的区域经济增长极。

七、推进创新主体能力建设

（一）加强企业技术创新基础能力建设。

1. 深入实施国家技术创新工程。鼓励产业技术创新战略联盟按产业发展需求构建创新链，推进创新型企业建设，加大对企业创新基础能力建设支持力度，促进创新资源向企业集聚。鼓励符合条件的企业承担或参与企业国家重点实验室、工程实验室、工程中心以及中试和技术转移平台建设，鼓励企业承担国家和地方科技计划项目。深化转制院所改革，增强行业关键共性技术开发服务能力和技术辐射能力。

2. 加强企业研发机构建设。采取有效政策措施，引导企业加大产业发展前沿技术研发力度。实施企业技术创新百强工程，重点建设一批国家认定企业技术中心，大力发展省市、行业认定企业技术中心，完善重大新产品研发与技术升级支撑体系。鼓励有条件的企业在海外建立研发中心，提升企业新产品、新工艺和新技术开发能力。

3. 推进中小企业创新服务体系建设。在中小企业集聚区布局建设一批技术创新服务平台，增强产品创新、工艺创新和服务创新支撑能力。实施中小企业信息化推进工程，完善第三方信息化应用服务平台，搭建行业应用平台，加快中小企业信息化建设步伐。

专栏5　企业技术创新基础能力建设重点	
1	国家技术创新工程 以提升企业自主创新能力和产业核心竞争力为主旨，促进政产学研用紧密结合，进一步创新管理，着力建立企业主导产业技术研发创新的体制机制，引导和支持创新要素向企业集聚。构建一批支撑经济结构战略性调整的产业技术创新战略联盟，建设完善一批面向企业的技术创新服务平台，培育形成一批具有较强国际竞争力的创新型企业，推动一批重大科技成果产业化应用，培育一批高端化、集约化、专业化的创新型园区。
2	企业技术创新百强工程 选择高技术产业、国民经济支柱产业和我国具有比较优势的重点产业的行业排头兵企业，培育百家在产业自主创新中具有领军作用的大企业集团和创新优势企业，培育一批组织健全、实力雄厚的企业研究开发机构。

（二）提升高等院校和科研院所创新能力。

深入实施“211 工程”、“985 工程”和“高等学校创新能力提升计划”，重点完善基础研究、应用基础研究平台，整合高等院校优势创新资源，建设一批高水平研究型大学，加强跨学科交叉研究机构、跨校研究中心建设，增强高等院校创新人才培养能力、基础研究和前沿技术创新能力。持续稳定支持基础研究类和社会公益类科研机构，实施中科院“创新 2020”，在重点领域形成国际一流的优势学科和研究基地，大幅提升科研院所原始创新能力和重大技术系统集成能力。依托具有较强研究开发和技术辐射能力的科研院所，利用现有基础条件和综合优势，合理布局一批国家重大公益性科技基础设施。大力推动协同创新，建立与产业、区域经济紧密结合的技术研发和成果转化机制，提升高校和科研院所服务国家重大需求、支撑产业结构调整和促进区域协调发展的能力。

专栏6　高等院校和科研院所创新能力建设重点	
1	高等学校创新能力提升计划 瞄准科学前沿和国家发展重大需求，加强重点学科建设，有效整合创新资源，构建协同创新的新模式与新机制，认定并支持一批“2011 计划协同创新中心”，集聚和培养一批拔尖创新人才，取得一批重大标志性成果，提高高等学校创新能力。
2	中科院“创新 2020” 建设基础前沿科学中心、战略高技术研发中心和重大公益性科技综合研究中心以及国家宏观决策科技支持系统，组织实施战略性先导科技专项，优化布局建设区域创新集群和开放共享的创新基础设施，着力解决关系国家全局和长远发展的基础性、战略性、前瞻性重大科技问题。

（三）增强科技中介机构创新服务能力。

1. 积极推进各类科技中介服务机构发展。引导科技中介服务机构向服务专业化、功能社会化、组织网络化、运行规范化方向发展。加强骨干中介机构技术服务能力建设，提升技术服务设备水平，培养高水平人才和从业人员。推动中介机构应用现代科学技术，创新服务方式与手段，推动业务向技术集成、产品设计、工艺配套以及管理咨询等领域拓展。发挥行业协会、学会和产业组织作用，加强对科技咨询、技术评估、信息服务和创业投资服务等中介服务机构的指导，增强中介机构专业化服务能力。

2. 提高科技中介机构服务创新的水平。以提高创业服务能力为重点，大力推进大学科技园、留学人员创业园、科技企业孵化器发展，为科技型初创企业提供优质、高效、全方位服务。以加速创新成果转移扩散为目标，增强国家技术转移中心、生产力促进中心和技术交易中心等组织专业化服务能力。大力发展创业投资服务机构，吸引社会资金支持创新活动。加强科技信息机构的信息采集与综合加工能力建设，提升政策咨询与评估机构的决策咨询与技术支撑能力，面向社会提供科技信息和决策咨询服务以及第三方技术评估服务。

（四）进一步深化企业主导的产学研合作。

加强协同创新，积极探索推进产学研相结合的有效模式。鼓励行业骨干企业与高等院校、科研院所、上下游企业、行业协会等共建研发组织，建设产业关键共性技术创新平台。支持企业牵头组织高等院校和科研院所共同承担国家科技计划项目，探索企业选题、共同研发的新模式。建立企业主导的产业技术创新战略联盟，强化其组织技术创新合作、创新平台建设、技术转移扩散、人才联合培养等功能。

八、加强创新人才队伍建设

（一）科技创新领军人才。

实施创新人才推进计划和青年人才开发计划，设立科学家工作室，依托高等院校、科研院所和大型骨干企业，加快建设一批创新人才培养示范基地和国家青年英才培养基地，培养造就一批世界水平的科学家、中青年科技创新领军人才、科技创新创业人才和青年拔尖人才等。统筹实施“千人计划”等引才引智计划，在前沿技术和新兴产业领域建设一批海外高层次人才创新创业基地，为引进的世界科技发展前沿战略科学家、学术带头人和优秀创新团队提供研发条件保障。推荐优秀科学家参与国际科技组织和重大国际科技合作计划并担任重要职务，增强我国科技创新领军人才运用国内外科技资源的能力。

（二）产业创新紧缺人才。

以国家科技计划和重大工程为平台，以产业技术创新战略联盟和产学研合作项目为纽带，建设一批工程创新实训基地，实施专业技术人才知识更新工程，加快培养经济社会发展重点领域紧缺专门人才。实施国家高技能人才振兴计划，依托大型骨干企业、职业院校和职业培训机构，加快国家级高技能人才培养和实训基地建设。深入实施“卓越工程师教育培养计划”，推行校企合作、工学结合和顶岗实习等高技能人才培养模式，造就一大批工程技术领军人才和具有创新意识的高技能人才。加快工程教育和工程师资格国际互认进程，培养专业化、国际化、复合型工程技术人才队伍。加强基层农业技术推广人才队伍建设。鼓励支持生产一线人员立足本职岗位开展技术创新，提升科学素质和劳动技能。

（三）创新创业服务人才。

加强服务于创新创业的各类人才培养。以服务科研开发为目标，培养一批具有较高专业技能的科研支撑人员。着眼产业技术发展需求，培养一批了解产业科技前沿和市场需求的信息分析专门人才。围绕提高创业服务水平，培养一批人事代理、人才测评、心理咨询、人才选拔、就业指导等方面专业人才。依托国家知识产权人才培训基地，加快国家（地方）知识产权人才库和专业人才信息网络建设，重点培养社会急需的企业知识产权管理和中介服务人才。实施科普人才队伍建设工程，加强科普人才培养与在职培训，壮大科普人才队伍。

（四）完善创新人才使用激励机制。

改进科技成果管理制度，鼓励探索知识、技术、管理、技能等要素参与分配的机制，探索有利于创新人才发挥作用的多种分配方式，支持企业创新人才以股权、期权等多种形式参与收益分配。鼓励非职务创新。逐步完善政府奖励、用人单位奖励和社会奖励互为补充的多层次创新奖励体系，按照国家有关规定规范和鼓励社会力量设立创新奖项，表彰在创新活动中作出突出贡献的公民或者组织。布局建设一批人才特区，探索创新人才培养、使用、流动、评价制度，为创新创业人才开发提供示范。建立创业基地，通过创业辅导、资助启动资金、税收减免等多种方式，支持创新创业人才开发。

九、完善创新能力建设环境

（一）整合共享创新资源。

积极推进体制机制改革，促进创新资源有效共享、高效利用，加强科技资源和科技产出调查，统筹创新资源配置，深化跨部门、跨区域和跨行业开放合作，完善公共科技资源共建共享机制。完善财政资金支持的科技基础设施运行管理和绩效评估机制，推进高等院校和科研院所构建多种模式的创新资源开放共享机制，鼓励和引导创新资源向社会开放。加强国家、行业、地方的重点实验室、工程中心、工程实验室和公共技术服务平台的统筹衔接，完善部省会商、院地合作、部门共建等协同机制，促进中央与地方创新资源优化配置及有效整合。

（二）加强知识产权创造、运用、保护和管理。

加快构建以国家知识产权数据中心为核心、区域（行业）知识产权信息服务中心为支撑、知识产权中介服务机构与维权援助机构为基础的知识产权信息服务体系，提升知识产权信息公共服务能力。强化国家科技重大专项、国家科技计划的知识产权前瞻布局，加强重大科技项目知识产权全过程管理。落实完善国家资助开发的科研成果授权和利益分享机制。建立重大经济活动知识产权审议机制，构建知识产权分析预警体系，提高知识产权创造和布局针对性。深入开展企事业单位知识产权试点示范工作，实施中小企业知识产权战略推进工程和知识产权优势企业培育工程，增强企事业单位的知识产权运用能力。加强知识产权专业服务机构、知识产权维权援助机构的技术支撑能力和知识产权价值评估能力建设，促进知识产权转移转化。大力推进使用正版软件。完善知识产权保护措施，依法惩治侵犯知识产权的违法犯罪行为，为科技创新营造良好环境。

（三）推进科学普及能力建设。

构建开放程度高、延伸范围广的信息化、网络化全国科普设施体系，合理规划科技馆、自然科学博物馆等科普设施建设。推进科研机构、高等院校向社会开放，开展科普活动。引导社会加大科普投入，繁荣科普创作。推进科技计划成果科普化，推动科普网站、虚拟博物馆和虚拟科技馆建设，利用手机、互联网和移动电视等新媒体技术和手段，创新科普传播方式方法，提升科学资源的普及效率和水平。完善全国科普信息资源共享和交流平台，完善国家科普统计制度，集成国内外科普信息资源，健全科普资源配送体系。

（四）大力培育创新文化。

营造“尊重知识、尊重人才、鼓励探索、宽容失败”的创新文化氛围，开展创新方法培训，强化科学精神、创造性思维和创新能力教育培训。拓宽创新文化传播渠道，支持产业组织、社会公益组织和有关国际组织联合搭建创新交流平台，打造若干具有国际影响的创新论坛，加强自主创新成果展示；引导和支持电视台、电台、网络、手机、报刊等传播创新理念，宣传创新案例，报道创新动态，普及创新知识。

（五）提升国际合作水平。

根据我国发展需要，制定科技发展国际化战略，积极开展全方位、多层次、高水平的科技国际合作。加大引进国际科技创新资源的力度。加强我国科研机构、高等院校、企业与国外科研机构的合作交流，合理规划、有序推进联合实验室、联合研究中心建设。在具备条件的地方和行业，建立与发展需求密切结合的国际技术转移中心，形成不同层次、不同形式的国际科技合作平台。积极参与气候变化、重大疾病、公共安全等全球性重大科技合作，大力推进政府间合作和科研项目合作，不断探索合作新模式。加强内地与港澳台地区科技交流，建立更加紧密的科技合作关系。

国务院关于推进物联网建设有序健康发展的指导意见

国发〔2013〕7 号

各省、自治区、直辖市人民政府，国务院各部委、各直属机构：

物联网是新一代信息技术的高度集成和综合运用，具有渗透性强、带动作用大、综合效益好的特点，推进物联网的应用和发展，有利于促进生产生活和社会管理方式向智能化、精细化、网络化方向转变，对于提高国民经济和社会生活信息化水平，提升社会管理和公共服务水平，带动相关学科发展和技术创新能力增强，推动产业结构调整和发展方式转变具有重要意义，我国已将物联网作为战略性新兴产业的一项重要组成内容。目前，在全球范围内物联网正处于起步发展阶段，物联网技术发展和产业应用具有广阔的前景和难得的机遇。经过多年发展，我国在物联网技术研发、标准研制、产业培育和行业应用等方面已初步具备一定基础，但也存在关键核心技术有待突破、产业基础薄弱、网络信息安全存在潜在隐患、一些地方出现盲目建设现象等问题，急需加强引导加快解决。为推进我国物联网有序健康发展，现提出以下指导意见：

一、指导思想、基本原则和发展目标

（一）指导思想。

以邓小平理论、“三个代表”重要思想、科学发展观为指导，加强统筹规划，围绕经济社会发展的实际需求，以市场为导向，以企业为主体，以突破关键技术为核心，以推动需求应用为抓手，以培育产业为重点，以保障安全为前提，营造发展环境，创新服务模式，强化标准规范，合理规划布局，加强资源共享，深化军民融合，打造具有国际竞争力的物联网产业体系，有序推进物联网持续健康发展，为促进经济社会可持续发展作出积极贡献。

（二）基本原则。

统筹协调。准确把握物联网发展的全局性和战略性问题，加强科学规划，统筹推进物联网应用、技术、产业、标准的协调发展。加强部门、行业、地方间的协作协同。统筹好经济发展与国防建设。

创新发展。强化创新基础，提高创新层次，加快推进关键技术研发及产业化，实现产业集聚发展，培育壮大骨干企业。拓宽发展思路，创新商业模式，发展新兴服务业。强化创新能力建设，完善公共服务平台，建立以企业为主体、产学研用相结合的技术创新体系。

需求牵引。从促进经济社会发展和维护国家安全的重大需求出发，统筹部署、循序渐进，以重大示范应用为先导，带动物联网关键技术突破和产业规模化发展。在竞争

性领域，坚持应用推广的市场化。在社会管理和公共服务领域，积极引入市场机制，增强物联网发展的内生性动力。

有序推进。根据实际需求、产业基础和信息化条件，突出区域特色，有重点、有步骤地推进物联网持续健康发展。加强资源整合协同，提高资源利用效率，避免重复建设。

安全可控。强化安全意识，注重信息系统安全管理和数据保护。加强物联网重大应用和系统的安全测评、风险评估和安全防护工作，保障物联网重大基础设施、重要业务系统和重点领域应用的安全可控。

（三）发展目标。

总体目标。实现物联网在经济社会各领域的广泛应用，掌握物联网关键核心技术，基本形成安全可控、具有国际竞争力的物联网产业体系，成为推动经济社会智能化和可持续发展的重要力量。

近期目标。到 2015 年，实现物联网在经济社会重要领域的规模示范应用，突破一批核心技术，初步形成物联网产业体系，安全保障能力明显提高。

——协同创新。物联网技术研发水平和创新能力显著提高，感知领域突破核心技术瓶颈，明显缩小与发达国家的差距，网络通信领域与国际先进水平保持同步，信息处理领域的关键技术初步达到国际先进水平。实现技术创新、管理创新和商业模式创新的协同发展。创新资源和要素得到有效汇聚和深度合作。

——示范应用。在工业、农业、节能环保、商贸流通、交通能源、公共安全、社会事业、城市管理、安全生产、国防建设等领域实现物联网试点示范应用，部分领域的规模化应用水平显著提升，培育一批物联网应用服务优势企业。

——产业体系。发展壮大一批骨干企业，培育一批“专、精、特、新”的创新型中小企业，形成一批各具特色的产业集群，打造较完善的物联网产业链，物联网产业体系初步形成。

——标准体系。制定一批物联网发展所急需的基础共性标准、关键技术标准和重点应用标准，初步形成满足物联网规模应用和产业化需求的标准体系。

——安全保障。完善安全等级保护制度，建立健全物联网安全测评、风险评估、安全防范、应急处置等机制，增强物联网基础设施、重大系统、重要信息等的安全保障能力，形成系统安全可用、数据安全可信的物联网应用系统。

二、主要任务

（一）加快技术研发，突破产业瓶颈。

以掌握原理实现突破性技术创新为目标，把握技术发展方向，围绕应用和产业急需，明确发展重点，加强低成本、低功耗、高精度、高可靠、智能化传感器的研发与产业化，着力突破物联网核心芯片、软件、仪器仪表等基础共性技术，加快传感器网络、智能终端、大数据处理、智能分析、服务集成等关键技术研发创新，推进物联网与新一代移动通信、云计算、下一代互联网、卫星通信等技术的融合发展。充分利用和整合现有创新资源，形成一批物联网技术研发实验室、工程中心、企业技术中心，促进应用单位与相关技术、产品和服务提供商的合作，加强协同攻关，突破产业发展瓶颈。

（二）推动应用示范，促进经济发展。

对工业、农业、商贸流通、节能环保、安全生产等重要领域和交通、能源、水利等重要基础设施，围绕生产制造、商贸流通、物流配送和经营管理流程，推动物联网技术的集成应用，抓好一批效果突出、带动性强、关联度高的典型应用示范工程。积极利用物联网技术改造传统产业，推进精细化管理和科学决策，提升生产和运行效率，推进节能减排，保障安全生产，创新发展模式，促进产业升级。

（三）改善社会管理，提升公共服务。

在公共安全、社会保障、医疗卫生、城市管理、民生服务等领域，围绕管理模式和服务模式创新，实施物联网典型应用示范工程，构建更加便捷高效和安全可靠的智能化社会管理和公共服务体系。发挥物联网技术优势，促进社会管理和公共服务信息化，扩展和延伸服务范围，提升管理和服务水平，提高人民生活质量。

（四）突出区域特色，科学有序发展。

引导和督促地方根据自身条件合理确定物联网发展定位，结合科研能力、应用基础、产业园区等特点和优势，科学谋划，因地制宜，有序推进物联网发展，信息化和信息产业基础较好的地区要强化物联网技术研发、产业化及示范应用，信息化和信息产业基础较弱的地区侧重推广成熟的物联网应用。加快推进无锡国家传感网创新示范区建设。应用物联网等新一代信息技术建设智慧城市，要加强统筹、注重效果、突出特色。

（五）加强总体设计，完善标准体系。

强化统筹协作，依托跨部门、跨行业的标准化协作机制，协调推进物联网标准体系建设。按照急用先立、共性先立原则，加快编码标识、接口、数据、信息安全等基础共性标准、关键技术标准和重点应用标准的研究制定。推动军民融合标准化工作，开展军民通用标准研制。鼓励和支持国内机构积极参与国际标准化工作，提升自主技术标准的国际话语权。

（六）壮大核心产业，提高支撑能力。

加快物联网关键核心产业发展，提升感知识别制造产业发展水平，构建完善的物联网通信网络制造及服务产业链，发展物联网应用及软件等相关产业。大力培育具有国际竞争力的物联网骨干企业，积极发展创新型中小企业，建设特色产业基地和产业园区，不断完善产业公共服务体系，形成具有较强竞争力的物联网产业集群。强化产业培育与应用示范的结合，鼓励和支持设备制造、软件开发、服务集成等企业及科研单位参与应用示范工程建设。

（七）创新商业模式，培育新兴业态。

积极探索物联网产业链上下游协作共赢的新型商业模式。大力支持企业发展有利于扩大市场需求的物联网专业服务和增值服务，推进应用服务的市场化，带动服务外包产业发展，培育新兴服务产业。鼓励和支持电信运营、信息服务、系统集成等企业参与物联网应用示范工程的运营和推广。

（八）加强防护管理，保障信息安全。

提高物联网信息安全管理与数据保护水平，加强信息安全技术的研发，推进信息安全保障体系建设，建立健全监督、检查和安全评估机制，有效保障物联网信息采集、传输、处理、应用等各环节的安全可控。涉及国家公共安全和基础设施的重要物联网应用，其系统解决方案、核心设备以及运营服务必须立足于安全可控。

（九）强化资源整合，促进协同共享。

充分利用现有公共通信和网络基础设施开展物联网应用。促进信息系统间的互联互通、资源共享和业务协同，避免形成新的信息孤岛。重视信息资源的智能分析和综合利用，避免重数据采集、轻数据处理和综合应用。加强对物联网建设项目的投资效益分析和风险评估，避免重复建设和不合理投资。

三、保障措施

（一）加强统筹协调形成发展合力。

建立健全部门、行业、区域、军地之间的物联网发展统筹协调机制，充分发挥物联网发展部际联席会议制度的作用，研究重大问题，协调制定政策措施和行动计划，加强应用推广、技术研发、标准制定、产业链构建、基础设施建设、信息安全保障、无线频谱资源分配利用等的统筹，形成资源共享、协同推进的工作格局和各环节相互支撑、相互促进的协同发展效应。加强物联网相关规划、科技重大专项、产业化专项等的衔接协调，合理布局物联网重大应用示范和产业化项目，强化产业链配套和区域分工合作。

（二）营造良好发展环境。

建立健全有利于物联网应用推广、创新激励、有序竞争的政策体系，抓紧推动制定完善信息安全与隐私保护等方面的法律法规。建立鼓励多元资本公平进入的市场准入机制。加快物联网相关标准、检测、认证等公共服务平台建设，完善支撑服务体系。加强知识产权保护，积极开展物联网相关技术的知识产权分析评议，加快推进物联网相关专利布局。

（三）加强财税政策扶持。

加大中央财政支持力度，充分发挥国家科技计划、科技重大专项的作用，统筹利用好战略性新兴产业发展专项资金、物联网发展专项资金等支持政策，集中力量推进物联网关键核心技术研发和产业化，大力支持标准体系、创新能力平台、重大应用示范工程等建设。支持符合现行软件和集成电路税收优惠政策条件的物联网企业按规定享受相关税收优惠政策，经认定为高新技术企业的物联网企业按规定享受相关所得税优惠政策。

（四）完善投融资政策。

鼓励金融资本、风险投资及民间资本投向物联网应用和产业发展。加快建立包括财政出资和社会资金投入在内的多层次担保体系，加大对物联网企业的融资担保支持力度。对技术先进、优势明显、带动和支撑作用强的重大物联网项目优先给予信贷支持。积极支持符合条件的物联网企业在海内外资本市场直接融资。鼓励设立物联网股权投资基金，通过国家新兴产业创投计划设立一批物联网创业投资基金。

（五）提升国际合作水平。

积极推进物联网技术交流与合作，充分利用国际创新资源。鼓励国外企业在我国设立物联网研发机构，引导外资投向物联网产业。立足于提升我国物联网应用水平和产业核心竞争力，引导国内企业与国际优势企业加强物联网关键技术和产品的研发合作。支持国内企业参与物联网全球市场竞争，推动我国自主技术和标准走出去，鼓励企业和科研单位参与国际标准制定。

（六）加强人才队伍建设。

建立多层次多类型的物联网人才培养和服务体系。支持相关高校和科研院所加强多学科交叉整合，加快培养物联网相关专业人才。依托国家重大专项、科技计划、示范工程和重点企业，培养物联网高层次人才和领军人才。加快引进物联网高层次人才，完善配套服务，鼓励海外专业人才回国或来华创业。

各地区、各部门要按照本意见的要求，进一步深化对发展物联网重要意义的认识，结合实际，扎实做好相关工作。各部门要按照职责分工，尽快制定具体实施方案、行动计划和配套政策措施，加强沟通协调，抓好任务措施落实，确保取得实效。

国务院

2013 年 2 月 5 日

国务院关于促进信息消费扩大内需的若干意见

国发〔2013〕32 号

各省、自治区、直辖市人民政府，国务院各部委、各直属机构：

近年来，全球范围内信息技术创新不断加快，信息领域新产品、新服务、新业态大量涌现，不断激发新的消费需求，成为日益活跃的消费热点。我国市场规模庞大，正处于居民消费升级和信息化、工业化、城镇化、农业现代化加快融合发展的阶段，信息消费具有良好发展基础和巨大发展潜力。与此同时，我国信息消费面临基础设施支撑能力有待提升、产品和服务创新能力弱、市场准入门槛高、配套政策不健全、行业壁垒严重、体制机制不适应等问题，亟需采取措施予以解决。加快促进信息消费，能够有效拉动需求，催生新的经济增长点，促进消费升级、产业转型和民生改善，是一项既利当前又利长远、既稳增长又调结构的重要举措。为加快推动信息消费持续增长，现提出以下意见：

一、总体要求

（一）指导思想。

以邓小平理论、“三个代表”重要思想、科学发展观为指导，以深化改革为动力，以科技创新为支撑，围绕挖掘消费潜力、增强供给能力、激发市场活力、改善消费环境，加强信息基础设施建设，加快信息产业优化升级，大力丰富信息消费内容，提高信息网络安全保障能力，建立促进信息消费持续稳定增长的长效机制，推动面向生产、生活和管理的信息消费快速健康增长，为经济平稳较快发展和民生改善发挥更大作用。

（二）基本原则。

市场导向、改革发展。加快政府职能转变和管理创新，充分发挥市场作用，打破行业进入壁垒，促进信息资源开放共享和企业公平竞争，在竞争性领域坚持市场化运行，在社会管理和公共服务领域积极引入市场机制，增强信息消费发展的内生动力。

需求牵引、创新发展。引导企业立足内需市场，强化创新基础，提高创新层次，鼓励多元发展，加快关键核心信息技术和产品研发，鼓励业务模式创新，培育发展新型业态，提升信息产品、服务、内容的有效供给水平，挖掘和释放消费潜力。

完善环境、有序发展。建立和完善有利于扩大信息消费的政策环境，综合利用有线无线等技术适度超前部署宽带基础设施，运用信息平台改进公共服务，完善市场监管，规范产业发展秩序，加强个人信息保护和信息安全保障，建设安全诚信有序的信息消费市场环境。

（三）主要目标。

信息消费规模快速增长。到 2015 年，信息消费规模超过 3.2 万亿元，年均增长 20% 以上，带动相关行业新增产出超过 1.2 万亿元，其中基于互联网的新型信息消费规模达到 2.4 万亿元，年均增长 30% 以上。基于电子商务、云计算等信息平台的消费快速增长，电子商务交易额超过 18 万亿元，网络零售交易额突破 3 万亿元。

信息基础设施显著改善。到 2015 年，适应经济社会发展需要的宽带、融合、安全、泛在的下一代信息基础设施初步建成，城市家庭宽带接入能力基本达到每秒 20 兆比特（Mbps），部分城市达到 100Mbps，农村家庭宽带接入能力达到 4Mbps，行政村通宽带比例达到 95%。智慧城市建设取得长足进展。

信息消费市场健康活跃。面向生产、生活和管理的信息产品和服务更加丰富，创新更加活跃，市场竞争秩序规范透明，消费环境安全可信，信息消费示范效应明显，居民信息消费的选择更加丰富，消费意愿进一步增强。企业信息化应用不断深化，公共服务信息需求有效拓展，各类信息消费的需求进一步释放。

二、加快信息基础设施演进升级

（四）完善宽带网络基础设施。

发布实施“宽带中国”战略，加快宽带网络升级改造，推进光纤入户，统筹提高城乡宽带网络普及水平和接入能力。开展下一代互联网示范城市建设，推进下一代互联网规模化商用。推进下一代广播电视网规模建设。完善电信普遍服务补偿机制，加大支持力度，促进提供更广泛的电信普遍服务。持续推进电信基础设施共建共享，统筹互联网数据中心（IDC）等云计算基础设施布局。各级人民政府要将信息基础设施纳入城乡建设和土地利用规划，给予必要的政策资金支持。

（五）统筹推进移动通信发展。

扩大第三代移动通信（3G）网络覆盖，优化网络结构，提升网络质量。根据企业申请情况和具备条件，推动于 2013 年内发放第四代移动通信（4G）牌照。加快推进我国主导的新一代移动通信技术时分双工模式移动通信长期演进技术（TD－LTE）网络建设和产业化发展。

（六）全面推进三网融合。

加快电信和广电业务双向进入，在试点基础上于 2013 年下半年逐步向全国推广。推动中国广播电视网络公司加快组建，推进电信网和广播电视网基础设施共建共享。加快推动地面数字电视覆盖网建设和高清交互式电视网络设施建设，加快广播电视模数转换进程。鼓励发展交互式网络电视（IPTV）、手机电视、有线电视网宽带服务等融合性业务，带动产业链上下游企业协同发展，完善三网融合技术创新体系。

三、增强信息产品供给能力

（七）鼓励智能终端产品创新发展。

面向移动互联网、云计算、大数据等热点，加快实施智能终端产业化工程，支持研发智能手机、智能电视等终端产品，促进终端与服务一体化发展。支持数字家庭智能终端研发及产业化，大力推进数字家庭示范应用和数字家庭产业基地建设。鼓励整机企业与芯片、器件、软件企业协作，研发各类新型信息消费电子产品。支持电信、广电运营单位和制造企业通过定制、集中采购等方式开展合作，带动智能终端产品竞争力提升，夯实信息消费的产业基础。

（八）增强电子基础产业创新能力。

实施平板显示工程，推动平板显示产业做大做强，加快推进新一代显示技术突破，完善产业配套能力。以重点整机和信息化应用为牵引，依托国家科技计划（基金、专项）和重大工程，大力提升集成电路设计、制造工艺技术水平。支持地方探索发展集成电路的融资改革模式，利用现有财政资金渠道，鼓励和支持有条件的地方政府设立集成电路产业投资基金，引导社会资金投资集成电路产业，有效解决集成电路制造企业融资瓶颈。支持智能传感器及系统核心技术的研发和产业化。

（九）提升软件业支撑服务水平。

加强智能终端、智能语音、信息安全等关键软件的开发应用，加快安全可信关键应用系统推广。面向企业信息化需求，突破核心业务信息系统、大型应用系统等的关键技术，开发基于开放标准的嵌入式软件和应用软件，加快产品生命周期管理（PLM）、制造执行管理系统（MES）等工业软件产业化。加强工业控制系统软件开发和安全应用。加快推进企业信息化，提升综合集成应用和业务协同创新水平，促进制造业服务化。大力支持软件应用商店、软件即服务（SaaS）等服务模式创新。

四、培育信息消费需求

（十）拓展新兴信息服务业态。

发展移动互联网产业，鼓励企业设立移动应用开发创新基金，推进网络信息技术与服务模式融合创新。积极推动云计算服务商业化运营，支持云计算服务创新和商业模式创新。面向重点行业和重点民生领域，开展物联网重大应用示范，提升物联网公共服务能力。加快推动北斗导航核心技术研发和产业化，推动北斗导航与移动通信、地理信息、卫星遥感、移动互联网等融合发展，支持位置信息服务（LBS）市场拓展。完善北斗导航基础设施，推进北斗导航服务模式和产品创新，在重点区域和交通、减灾、电信、能源、金融等重点领域开展示范应用，逐步推进北斗导航和授时的规模化应用。大力发展地理信息产业，拓宽地理信息服务市场。

（十一）丰富信息消费内容。

大力发展数字出版、互动新媒体、移动多媒体等新兴文化产业，促进动漫游戏、数字音乐、网络艺术品等数字文化内容的消费。加快建立技术先进、传输便捷、覆盖广泛的文化传播体系，提升文化产品多媒体、多终端制作传播能力。加强数字文化内容产品和服务开发，建立数字内容生产、转换、加工、投送平台，丰富信息消费内容产品供给。加强基于互联网的新兴媒体建设，实施网络文化信息内容建设工程，推动优秀文化产品网络传播，鼓励各类网络文化企业生产提供健康向上的信息内容。

（十二）拓宽电子商务发展空间。

完善智能物流基础设施，支持农村、社区、学校的物流快递配送点建设。各级人民政府要出台仓储建设用地、配送车辆管理等方面的鼓励政策。大力发展移动支付等跨行业业务，完善互联网支付体系。加快推进电子商务示范城市建设，实施可信交易、网络电子发票等电子商务政策试点。支持网络零售平台做大做强，鼓励引导金融机构为中小网商提供小额贷款服务，推动中小企业普及应用电子商务。拓展移动电子商务应用，积极培育城市社区、农产品电子商务。建设跨境电子商务通关服务平台和外贸交易平台，实施与跨境电子商务相适应的监管措施，鼓励电子商务“走出去”。

五、提升公共服务信息化水平

（十三）促进公共信息资源共享和开发利用。

制定公共信息资源开放共享管理办法，推动市政公用企事业单位、公共服务事业单位等机构开放信息资源。加快启动政务信息共享国家示范省市建设，鼓励引导公共信息资源的社会化开发利用，挖掘公共信息资源的经济社会效益。支持电信和广电运营企业、互联网企业、软件企业和广电播出机构发挥优势，参与公共服务云平台建设运营。加快推进国家政务信息化工程建设，建立完善国家基础信息资源和政府信息资源，建立政府公共服务信息平台，整合多部门资源，提高共享能力，促进互联互通，有效提高公共服务水平。

（十四）提升民生领域信息服务水平。

加快实施“信息惠民”工程，提升公共服务均等普惠水平。推进优质教育信息资源共享，实施教育信息化“三通工程”，加快建设教育信息基础设施和教育资源公共服务平台。推进优质医疗资源共享，完善医疗管理和服务信息系统，普及应用居民健康卡、电子健康档案和电子病历，推广远程医疗和健康管理、医疗咨询、预约诊疗服务。推进养老机构、社区、家政、医疗护理机构协同信息服务。建立公共就业信息服务平台，加快就业信息全国联网。加快社会保障公共服务体系建设，推进社会保障一卡通，建设医保费用中央和省级结算平台，推进医保费用跨省即时结算。规范互联网食品药品交易行为，推进食品药品网上阳光采购，强化质量安全。提高面向残疾人的信息无障碍服务能力。大力推进广播电视“户户通”工程，提升广播电视公共服务水平。推进地理信息公共服务平台建设。完善农村综合信息服务体系，加强涉农信息资源整合。大力推进金融集成电路卡（IC 卡）在公共服务领域的一卡多应用。

（十五）加快智慧城市建设。

在有条件的城市开展智慧城市试点示范建设。各试点城市要出台鼓励市场化投融资、信息系统服务外包、信息资源社会化开发利用等政策。支持公用设备设施的智能化改造升级，加快实施智能电网、智能交通、智能水务、智慧国土、智慧物流等工程。鼓励各类市场主体共同参与智慧城市建设。在国务院批准发行的地方政府债券额度内，由各省、自治区、直辖市人民政府统筹考虑安排部分资金用于智慧城市建设。鼓励符合条件的企业发行募集资金用于智慧城市建设的企业债。

六、加强信息消费环境建设

（十六）构建安全可信的信息消费环境基础。

大力推进身份认证、网站认证和电子签名等网络信任服务，推行电子营业执照。推动互联网金融创新，规范互联网金融服务，开展非金融机构支付业务设施认证，建设移动金融安全可信公共服务平台，推动多层次支付体系的发展。推进国家基础数据库、金融信用信息基础数据库等数据库的协同，支持社会信用体系建设。

（十七）提升信息安全保障能力。

依法加强信息产品和服务的检测和认证，鼓励企业开发技术先进、性能可靠的信息技术产品，支持建立第三方安全评估与监测机制。加强与终端产品相连接的集成平台的建设和管理，引导信息产品和服务发展。加强应用商店监管。加强政府和涉密信息系统安全管理，保障重要信息系统互联互通和部门间信息资源共享安全。落实信息安全等级保护制度，加强网络与信息安全监管，提升网络与信息安全监管能力和系统安全防护水平。

（十八）加强个人信息保护。

落实全国人大常委会关于加强网络信息保护的决定，积极推动出台网络信息安全、个人信息保护等方面的法律制度，明确互联网服务提供者保护用户个人信息的义务，制定用户个人信息保护标准，规范服务商对个人信息收集、储存及使用。

（十九）规范信息消费市场秩序。

依法加强对信息服务、网络交易行为、产品及服务质量等的监管，查处侵犯知识产权、网络欺诈等违法犯罪行为。加强从业规范宣传，引导企业诚信经营，切实履行社会责任，抵制排挤或诋毁竞争对手、侵害消费者合法权益等违法行为。强化行业自律机制，积极发挥行业协会作用，鼓励符合条件的第三方信用服务机构开展商务信用评估。完善企业争议调解机制，防止企业滥用市场支配地位等不正当竞争行为。进一步拓宽和健全消费维权渠道，强化社会监督。

七、完善支持政策

（二十）深化行政审批制度改革。

严格控制新增行政审批项目。对现有涉及信息消费的审批、核准、备案等行政审批事项评估清理，最大限度缩小范围，着重减少非行政许可审批和资质资格许可，着力消除阻碍信息消费的各种行业性、地区性、经营性壁垒。在已取消部分行政审批项目的基础上，年底前再取消或下放电信资费、计算机信息系统集成企业资质认定、信息系统工程监理单位资质认证和监理工程师资格认定等一批行政审批事项和行政管理事项。优化确需保留的行政审批程序，推行联合审批、一站式服务、限时办结和承诺式服务。按照“先照后证、宽进严管”思路，加快推进注册资本认缴登记制度，降低互联网企业设立门槛。

（二十一）加大财税政策支持力度。

完善高新技术企业认定管理办法，经认定为高新技术企业的互联网企业依法享受相应的所得税优惠税率。落实企业研发费用税前加计扣除政策，合理扩大加计扣除范围。积极推进邮电通信业营业税改增值税改革试点。进一步落实鼓励软件和集成电路产业发展的若干政策。加大现有支持小微企业税收政策落实力度，切实减轻互联网小微企业负担。研究完善无线电频率占用费政策，支持经济社会信息化建设。

（二十二）切实改善企业融资环境。

金融机构应当按照支持小微企业发展的各项金融政策，对互联网小微企业予以优先支持。鼓励创新型、成长型互联网企业在创业板等上市，稳步扩大企业债、公司债、中期票据和中小企业私募债券发行。探索发展并购投资基金，规范发展私募股权投资基金、风险投资基金创新产品，完善信息服务业创业投资扶持政策。鼓励金融机构针对互联网企业特点创新金融产品和服务方式，开展知识产权质押融资。鼓励融资性担保机构帮助互联网小微企业增信融资。

（二十三）改进和完善电信服务。

建立健全基础电信运营企业与互联网企业、广电企业、信息内容供应商等合作和公平竞争机制，规范企业经营行为，加强资费监管。基础电信运营企业要增强基础电信服务能力，实现电信资费合理下降和透明收费。鼓励民间资本参与宽带网络基础设施建设，扩大民间资本开展移动通信转售业务试点，支持民间资本在互联网领域投资，加快落实民间资本经营数据中心业务相关政策，简化数据中心牌照发放审批程序，鼓励民间资本以参股方式进入基础电信运营市场。完善电信、互联网监管制度和技术手段，保障企业实现平等接入，用户实现自主选择。

（二十四）加强法律法规和标准体系建设。

推动修订商标法、消费者权益保护法、标准化法、著作权法等法律，加快修订互联网信息服务管理办法、商用密码管理条例等行政法规。加快重点及新兴信息消费领域产品、服务标准体系建设，发挥标准对产业发展的支撑作用。加大知识产权保护力度，引导标准、专利等产业联盟健康有序发展。

（二十五）开展信息消费统计监测和试点示范。

科学制定信息消费的统计分类和标准，开展信息消费统计和监测。加强信息平台建设，保证统计数据的可用性、可信性和时效性。加强运行分析，实时向社会发布相关信息，合理引导消费预期。在有条件的地区开展信息消费试点示范市（县、区）建设，支持新型信息消费示范项目建设，鼓励地方各级人民政府因地制宜研究制定促进信息消费的优惠政策。

各地区、各部门要按照本意见的要求，进一步认识促进信息消费对扩大内需的积极作用，切实加强组织领导和协调配合，明确任务落实责任，尽快制定具体实施方案，完善和细化相关政策措施，扎实做好相关工作，确保取得实效。

国务院
2013 年 8 月 8 日
（此件有删减）

国务院办公厅关于印发突发事件应急预案管理办法的通知

国办发〔2013〕101 号

各省、自治区、直辖市人民政府，国务院各部委、各直属机构：

《突发事件应急预案管理办法》已经国务院同意，现印发给你们，请认真贯彻执行。

国务院办公厅
2013 年 10 月 25 日

突发事件应急预案管理办法

第一章　总　则

第一条　为规范突发事件应急预案（以下简称应急预案）管理，增强应急预案的针对性、实用性和可操作性，依据《中华人民共和国突发事件应对法》等法律、行政法规，制订本办法。

第二条　本办法所称应急预案，是指各级人民政府及其部门、基层组织、企事业单位、社会团体等为依法、迅速、科学、有序应对突发事件，最大程度减少突发事件及其造成的损害而预先制定的工作方案。

第三条　应急预案的规划、编制、审批、发布、备案、演练、修订、培训、宣传教育等工作，适用本办法。

第四条　应急预案管理遵循统一规划、分类指导、分级负责、动态管理的原则。

第五条　应急预案编制要依据有关法律、行政法规和制度，紧密结合实际，合理确定内容，切实提高针对性、实用性和可操作性。

第二章　分类和内容

第六条　应急预案按照制定主体划分，分为政府及其部门应急预案、单位和基层组织应急预案两大类。

第七条　政府及其部门应急预案由各级人民政府及其部门制定，包括总体应急预案、专项应急预案、部门应急预案等。

总体应急预案是应急预案体系的总纲，是政府组织应对突发事件的总体制度安排，由县级以上各级人民政府制定。

专项应急预案是政府为应对某一类型或某几种类型突发事件，或者针对重要目标物保护、重大活动保障、应急资源保障等重要专项工作而预先制定的涉及多个部门职责的工作方案，由有关部门牵头制订，报本级人民政府批准后印发实施。

部门应急预案是政府有关部门根据总体应急预案、专项应急预案和部门职责，为应对本部门（行业、领域）突发事件，或者针对重要目标物保护、重大活动保障、应急资源保障等涉及部门工作而预先制定的工作方案，由各级政府有关部门制定。

鼓励相邻、相近的地方人民政府及其有关部门联合制定应对区域性、流域性突发事件的联合应急预案。

第八条 总体应急预案主要规定突发事件应对的基本原则、组织体系、运行机制，以及应急保障的总体安排等，明确相关各方的职责和任务。

针对突发事件应对的专项和部门应急预案，不同层级的预案内容各有所侧重。国家层面专项和部门应急预案侧重明确突发事件的应对原则、组织指挥机制、预警分级和事件分级标准、信息报告要求、分级响应及响应行动、应急保障措施等，重点规范国家层面应对行动，同时体现政策性和指导性；省级专项和部门应急预案侧重明确突发事件的组织指挥机制、信息报告要求、分级响应及响应行动、队伍物资保障及调动程序、市县级政府职责等，重点规范省级层面应对行动，同时体现指导性；市县级专项和部门应急预案侧重明确突发事件的组织指挥机制、风险评估、监测预警、信息报告、应急处置措施、队伍物资保障及调动程序等内容，重点规范市（地）级和县级层面应对行动，体现应急处置的主体职能；乡镇街道专项和部门应急预案侧重明确突发事件的预警信息传播、组织先期处置和自救互救、信息收集报告、人员临时安置等内容，重点规范乡镇层面应对行动，体现先期处置特点。

针对重要基础设施、生命线工程等重要目标物保护的专项和部门应急预案，侧重明确风险隐患及防范措施、监测预警、信息报告、应急处置和紧急恢复等内容。

针对重大活动保障制定的专项和部门应急预案，侧重明确活动安全风险隐患及防范措施、监测预警、信息报告、应急处置、人员疏散撤离组织和路线等内容。

针对为突发事件应对工作提供队伍、物资、装备、资金等资源保障的专项和部门应急预案，侧重明确组织指挥机制、资源布局、不同种类和级别突发事件发生后的资源调用程序等内容。

联合应急预案侧重明确相邻、相近地方人民政府及其部门间信息通报、处置措施衔接、应急资源共享等应急联动机制。

第九条 单位和基层组织应急预案由机关、企业、事业单位、社会团体和居委会、村委会等法人和基层组织制定，侧重明确应急响应责任人、风险隐患监测、信息报告、预警响应、应急处置、人员疏散撤离组织和路线、可调用或可请求援助的应急资源情况及如何实施等，体现自救互救、信息报告和先期处置特点。

大型企业集团可根据相关标准规范和实际工作需要，参照国际惯例，建立本集团应急预案体系。

第十条 政府及其部门、有关单位和基层组织可根据应急预案，并针对突发事件现场处置工作灵活制定现场工作方案，侧重明确现场组织指挥机制、应急队伍分工、不同情况下的应对措施、应急装备保障和自我保障等内容。

第十一条 政府及其部门、有关单位和基层组织可结合本地区、本部门和本单位具体情况，编制应急预案操作手册，内容一般包括风险隐患分析、处置工作程序、响应措施、应急队伍和装备物资情况，以及相关单位联络人员和电话等。

第十二条 对预案应急响应是否分级、如何分级、如何界定分级响应措施等，由预案制定单位根据本地区、本部门和本单位的实际情况确定。

第三章 预案编制

第十三条 各级人民政府应当针对本行政区域多发易发突发事件、主要风险等，制定本级政府及其部门应急预案编制规划，并根据实际情况变化适时修订完善。

单位和基层组织可根据应对突发事件需要，制定本单位、本基层组织应急预案编制计划。

第十四条 应急预案编制部门和单位应组成预案编制工作小组，吸收预案涉及主要部门和单位业务相关人员、有关专家及有现场处置经验的人员参加。编制工作小组组长由应急预案编制部门或单位有关负责人担任。

第十五条 编制应急预案应当在开展风险评估和应急资源调查的基础上进行。

（一）风险评估。针对突发事件特点，识别事件的危害因素，分析事件可能产生的直接后果以及次生、衍生后果，评估各种后果的危害程度，提出控制风险、治理隐患的措施。

（二）应急资源调查。全面调查本地区、本单位第一时间可调用的应急队伍、装备、物资、场所等应急资源状况和合作区域内可请求援助的应急资源状况，必要时对本地居民应急资源情况进行调查，为制定应急响应措施提供依据。

第十六条 政府及其部门应急预案编制过程中应当广泛听取有关部门、单位和专家的意见，与相关的预案作好衔接。涉及其他单位职责的，应当书面征求相关单位意见。必要时，向社会公开征求意见。

单位和基层组织应急预案编制过程中，应根据法律、行政法规要求或实际需要，征求相关公民、法人或其他组织的意见。

第四章 审批、备案和公布

第十七条 预案编制工作小组或牵头单位应当将预案送审稿及各有关单位复函和意见采纳情况说明、编制工作说明等有关材料报送应急预案审批单位。因保密等原因需要发布应急预案简本的，应当将应急预案简本一起报送审批。

第十八条 应急预案审核内容主要包括预案是否符合

有关法律、行政法规，是否与有关应急预案进行了衔接，各方面意见是否一致，主体内容是否完备，责任分工是否合理明确，应急响应级别设计是否合理，应对措施是否具体简明、管用可行等。必要时，应急预案审批单位可组织有关专家对应急预案进行评审。

第十九条 国家总体应急预案报国务院审批，以国务院名义印发；专项应急预案报国务院审批，以国务院办公厅名义印发；部门应急预案由部门有关会议审议决定，以部门名义印发，必要时，可以由国务院办公厅转发。

地方各级人民政府总体应急预案应当经本级人民政府常务会议审议，以本级人民政府名义印发；专项应急预案应当经本级人民政府审批，必要时经本级人民政府常务会议或专题会议审议，以本级人民政府办公厅（室）名义印发；部门应急预案应当经部门有关会议审议，以部门名义印发，必要时，可以由本级人民政府办公厅（室）转发。

单位和基层组织应急预案须经本单位或基层组织主要负责人或分管负责人签发，审批方式根据实际情况确定。

第二十条 应急预案审批单位应当在应急预案印发后的20个工作日内依照下列规定向有关单位备案：

（一）地方人民政府总体应急预案报送上一级人民政府备案。

（二）地方人民政府专项应急预案抄送上一级人民政府有关主管部门备案。

（三）部门应急预案报送本级人民政府备案。

（四）涉及需要与所在地政府联合应急处置的中央单位应急预案，应当向所在地县级人民政府备案。

法律、行政法规另有规定的从其规定。

第二十一条 自然灾害、事故灾难、公共卫生类政府及其部门应急预案，应向社会公布。对确需保密的应急预案，按有关规定执行。

第五章 应急演练

第二十二条 应急预案编制单位应当建立应急演练制度，根据实际情况采取实战演练、桌面推演等方式，组织开展人员广泛参与、处置联动性强、形式多样、节约高效的应急演练。

专项应急预案、部门应急预案至少每3年进行一次应急演练。

地震、台风、洪涝、滑坡、山洪泥石流等自然灾害易发区域所在地政府，重要基础设施和城市供水、供电、供气、供热等生命线工程经营管理单位，矿山、建筑施工单位和易燃易爆物品、危险化学品、放射性物品等危险物品生产、经营、储运、使用单位，公共交通工具、公共场所和医院、学校等人员密集场所的经营单位或者管理单位等，应当有针对性地经常组织开展应急演练。

第二十三条 应急演练组织单位应当组织演练评估。评估的主要内容包括：演练的执行情况，预案的合理性与可操作性，指挥协调和应急联动情况，应急人员的处置情况，演练所用设备装备的适用性，对完善预案、应急准备、应急机制、应急措施等方面的意见和建议等。

鼓励委托第三方进行演练评估。

第六章 评估和修订

第二十四条 应急预案编制单位应当建立定期评估制度，分析评价预案内容的针对性、实用性和可操作性，实现应急预案的动态优化和科学规范管理。

第二十五条 有下列情形之一的，应当及时修订应急预案：

（一）有关法律、行政法规、规章、标准、上位预案中的有关规定发生变化的；

（二）应急指挥机构及其职责发生重大调整的；

（三）面临的风险发生重大变化的；

（四）重要应急资源发生重大变化的；

（五）预案中的其他重要信息发生变化的；

（六）在突发事件实际应对和应急演练中发现问题需要作出重大调整的；

（七）应急预案制定单位认为应当修订的其他情况。

第二十六条 应急预案修订涉及组织指挥体系与职责、应急处置程序、主要处置措施、突发事件分级标准等重要内容的，修订工作应参照本办法规定的预案编制、审批、备案、公布程序组织进行。仅涉及其他内容的，修订程序可根据情况适当简化。

第二十七条 各级政府及其部门、企事业单位、社会团体、公民等，可以向有关预案编制单位提出修订建议。

第七章 培训和宣传教育

第二十八条 应急预案编制单位应当通过编发培训材料、举办培训班、开展工作研讨等方式，对与应急预案实施密切相关的管理人员和专业救援人员等组织开展应急预案培训。

各级政府及其有关部门应将应急预案培训作为应急管理培训的重要内容，纳入领导干部培训、公务员培训、应急管理干部日常培训内容。

第二十九条 对需要公众广泛参与的非涉密的应急预案，编制单位应当充分利用互联网、广播、电视、报刊等多种媒体广泛宣传，制作通俗易懂、好记管用的宣传普及材料，向公众免费发放。

第八章 组织保障

第三十条 各级政府及其有关部门应对本行政区域、本行业（领域）应急预案管理工作加强指导和监督。国务院有关部门可根据需要编写应急预案编制指南，指导本行业（领域）应急预案编制工作。

第三十一条 各级政府及其有关部门、各有关单位要指定专门机构和人员负责相关具体工作，将应急预案规划、编制、审批、发布、演练、修订、培训、宣传教育等工作所需经费纳入预算统筹安排。

第九章　附　则

第三十二条　国务院有关部门、地方各级人民政府及其有关部门、大型企业集团等可根据实际情况，制定相关实施办法。

第三十三条　本办法由国务院办公厅负责解释。

第三十四条　本办法自印发之日起施行。

国家卫生计生委等十一部门《关于印发维护医疗秩序打击涉医违法犯罪专项行动方案的通知》

国卫医发〔2013〕43 号

各省、自治区、直辖市卫生计生委（卫生厅局）、综治办、党委宣传部、高级人民法院、人民检察院、公安厅局、民政厅局、司法厅局、工商局、保监局、中医药局，新疆生产建设兵团卫生局、综治办、党委宣传部、高级人民法院分院、人民检察院、公安局、民政局、司法局、工商局：

为贯彻习近平总书记关于建设平安中国的重要批示和国务院“维护正常医疗秩序建立和谐医患关系”会议精神，经研究，我们制定了《关于维护医疗秩序打击涉医违法犯罪专项行动方案》。现印发给你们，请遵照执行。

国家卫生计生委
中央综治办
中宣部
最高人民法院
最高人民检察院
公安部
民政部
司法部
工商总局
中国保监会
国家中医药局
2013 年 12 月 20 日

关于维护医疗秩序打击涉医违法犯罪专项行动方案

为维护医疗秩序，建立和谐医患关系，切实保障广大人民群众的利益，确保医务人员、就诊患者的安全，构建安全稳定的医疗环境，全面推进平安医院创建工作，决定自 2013 年 12 月起，在全国范围内开展为期 1 年的维护医疗秩序打击涉医违法犯罪专项行动，具体方案如下。

一、指导思想

贯彻落实党的十八大和十八届三中全会精神，紧密围绕建设平安中国、健康中国的要求，深入开展群众路线教育实践活动，以创建“平安医院”活动为载体，通过开展维护医疗秩序打击涉医违法犯罪专项行动，保障医患双方合法权益，为广大患者和医务人员营造良好的医疗环境，切实维护社会和谐稳定。

二、主要措施

（一）严厉惩治侵害医患人身安全、扰乱正常医疗秩序违法犯罪活动。

1. 依法惩治暴力伤害医务人员和患者的违法犯罪活动。公安机关要加强对医疗机构安全指导检查及周边的巡逻防控，对实施伤害医务人员和患者人身安全的违法犯罪分子，要采取一切有效措施果断制服，依法严惩。对在医疗机构内发生的各类涉嫌犯罪案件，公安机关要快侦、快破，检察院、法院要依法及时批捕起诉、审判。重大案件上级机关要挂牌督办，坚决打掉违法犯罪分子的嚣张气焰。

2. 依法处理扰乱正常医疗秩序等行为。对在医疗机构拉横幅、摆设花圈、设灵堂、违规停尸，驱赶其他就医人员等扰乱医疗机构秩序的，或者聚众打砸和围堵医疗机构，侮辱、威胁医务人员，非法限制医务人员和其他工作人员人身自由等，致使医疗机构诊疗活动无法进行、侵害人民群众合法就医权益的，公安机关接报警后应当立即采取果断措施，及时控制现场，维护正常医疗秩序；对不听劝导、不肯停止过激行为，构成违反治安管理行为的，要依据《治安管理处罚法》有关规定进行查处；构成犯罪的，要依法追究刑事责任。

3. 严厉打击职业"医闹"、"医托"及"号贩子"。对专门捏造、寻找、介入他人医患矛盾，故意扩大事态，寻衅滋事，向医务人员、医疗机构敲诈勒索的职业"医闹"分子，要严厉打击，坚决依法查处，构成犯罪的，要依法追究其刑事责任。要加强医疗机构周边秩序维护和乱点整治，重点打击、依法查处"医托"、"号贩子"，为患者创造良好的医疗环境。

（二）切实提高医疗机构安全防范能力。

1. 落实医疗机构内部治安保卫责任。医疗机构主要负责人对本单位治安保卫工作负责。医疗机构应当健全安全防范系统日常管理防范制度，对发生的各类案件要认真做好案件登记，并及时向所在地公安机关报案，积极协助公安机关开展调查取证工作。

2. 强化医疗机构安全防范系统建设。按照《关于加强医院安全防范系统建设的指导意见》（国卫办医发〔2013〕28号）的要求，各级卫生计生行政部门和公安机关应当加强协作配合，做好对医疗机构安全防范工作的指导、检查与考核，积极协调地方财政部门加大投入力度，加强医疗机构三防系统建设，确保重点区域、重点部门视频监控覆盖率达到100%。具备条件的二级以上医院安全监控中心应当建设应急报警装置并与当地公安机关联网。

3. 加强医疗机构内部巡查守护。各级卫生计生行政部门要会同公安机关督促医疗机构加强内部巡查守护，对重点区域、要害部位、夜间值班科室等关键部门要安排专人值守，及时发现可疑情况，先期处置。要加强医疗机构安全防范动态管理，组织保卫人员、保安员定时和随时巡查。发生案事件后，要立即报警，保卫人员和保安员要第一时间赶赴现场，制止违法犯罪行为，依法控制违法犯罪人员，做好现场保护措施，配合公安机关开展相关工作。

4. 完善警医联动机制。各级公安机关要对医疗机构的内部治安保卫工作加强指导。各级卫生计生行政部门要落实专门机构和人员与公安机关对接。有条件的地方可根据实际需要在二级以上医院设立警务室，及时受理涉医报警求助，加强动态管控，积极配合做好维护医院秩序的各项工作。各级卫生计生部门应当会同公安机关指导医疗机构建立医患突发事件应急处置预案，健全警医联动、联防联控机制，提高应急突发事件的现场处置能力。

（三）切实提高医疗服务质量。

1. 落实深化医药卫生体制改革要求。各地应当加快健全全民医保体系建设，完善城乡居民大病保险制度，做好生活困难人群的医疗救助，帮助群众解决看病负担。建立并完善医疗服务监管机制，健全医疗质量控制与持续改进体系，加大医疗服务信息公开力度，改善人民群众就医感受。

2. 完善医患沟通制度。各地应当加强医务人员人文教育、医患沟通培训，提高医患沟通效果；会同社会媒体组织开展多种形式的医疗卫生科普及法律知识宣传活动，提高人民群众对医疗风险和医疗服务特殊性的认识，增强人民群众的遵纪守法意识，引导患者合法维权；落实《医院投诉管理办法（试行）》，畅通投诉渠道，实行"首诉负责制"，规范接待流程，疏导理顺当事人情绪。

3. 改善服务，提高质量。地方各级卫生计生行政部门要以深入开展"三好一满意"活动为契机，加强医疗机构能力建设，提高医疗服务能力和医疗技术水平，改善服务态度，优化服务流程，增加便民惠民措施，开展优质服务，加强行风建设。各级卫生计生行政部门和医疗机构要热情关心医务人员，改善医务人员工作环境和生活条件，帮助解决实际困难，充分调动医务人员的积极性。

（四）做好医疗纠纷化解工作。

1. 加强医疗纠纷人民调解组织队伍建设。各级司法行政机关会同卫生计生等部门，积极拓展医疗纠纷人民调解组织覆盖面，完善人民调解组织网络，力争2014年底覆盖75%的县级行政区域。建立健全医疗纠纷人民调解与医疗机构投诉管理衔接机制，及时引导医疗纠纷通过人民调解化解，有效防止矛盾纠纷扩大升级。医疗纠纷人民调解委员会应当聘请3名以上专职人民调解员，加大培训力度，建立一支能够满足需求、高水平、相对稳定的医疗纠纷人民调解员队伍。

2. 完善医疗纠纷人民调解工作运行机制。地方政府应当保障医疗纠纷人民调解组织的工作场所、工作经费和人员经费，确保调解工作正常运行。各级司法行政机关依法指导、规范医疗纠纷人民调解工作，并协调律师、公证、法援等职能部门为有需求的群众提供法律服务和法律援助。

3. 健全医疗风险分担机制。鼓励各地探索建立符合当地实际的医疗风险分担机制。大力推进医疗责任保险，力争覆盖二级以上医疗机构。鼓励开展医疗意外险，提高风险分担的覆盖面。各地应当建立医疗责任保险考核评价机制，指导保险公司积极主动为投保对象提供优质保险服务。

（五）开展涉医矛盾隐患大排查。

1. 开展医患矛盾与医疗纠纷排查化解。要认真贯彻中综办〔2013〕16号文件精神，进一步落实矛盾纠纷排查调处工作协调会议纪要月报制度，各相关部门要将医疗纠纷风险隐患排查纳入矛盾大排查工作之中，深入医疗机构及周边社区、村镇开展广泛深入的调查摸排，及时发现矛盾纠纷，指定专人开展化解工作。针对排查出的医疗纠纷，适宜通过人民调解解决的，应当引导到当地医疗纠纷人民调解组织解决；对有暴力倾向的案例，或调解过程中可能激化矛盾，引起治安案件、刑事案件的纠纷，应当及时向当地公安机关和卫生计生行政部门通报，防止矛盾激化。要充分运用人民调解、行政调解、司法调解联动的工作机制，各司其职，协调配合，形成合力，共同做好医疗纠纷预防化解工作。

2. 严格控制重点人员。一是对不能及时化解的，要部署落实相关人员的管控措施。同时，对医疗机构周边其他各类重点人，特别是对社会不满、有可能铤而走险报复社会的，有关部门和单位、社区、家庭要落实稳控措施。二是加强严重精神障碍患者的管理。各地要重点发现肇事肇祸及有潜在暴力倾向的严重精神障碍患者，按照国家有关规定，做好严重精神障碍患者的管理。对精神障碍患者在医疗机构及其周边滋事、扰乱秩序的，属地公安机关要迅速出警处置，严防发生恶性案件。

三、实施步骤

（一）工作部署阶段（2014 年 1 月底前）。

各省（区、市）按照本方案的内容和要求，与群众路线教育实践活动相结合，制订专项行动实施方案，建立各类涉稳基础台账，部署具体工作。

（二）集中整治阶段（2014 年 2 月 ~9 月）。

1. 梳理摸排，确定工作目标。认真梳理摸排职业“医闹”等线索信息，组织专门力量，收集固定证据，组织开展破案打击；开展医疗机构安全防范系统、医疗纠纷预防化解以及医疗责任险等方面的检查，认真查找不足，明确工作要求。

2. 打建并举，维护医疗秩序。公安机关要会同卫生计生部门整治医疗机构突出治安问题和周边治安秩序，组织深度打击整治，严厉打击暴力伤医、伤患的违法犯罪活动，查办一批扰乱医疗秩序的案件。同时，进一步固化各项工作措施，建立健全医院安全防范，医患纠纷排查化解工作长效机制。

3. 督导检查，巩固工作成效。各省（区、市）要组织联合督导检查，开展明察暗访，巩固工作成果，创新工作思路，深入发掘先进典型，不断总结和推广先进经验、做法，完善法律法规和工作制度。

（三）总结评估阶段（2014 年 10 月 ~11 月）。

各省级卫生计生行政部门牵头，会同综治、公安、司法、保监等部门于 2014 年 10 月底前应当完成本省（区、市）专项行动的总结评估。国家卫生计生委将会同中央综治办、公安部、司法部等部门对重点地区进行集中整治回头看，深入持续打击涉医违法犯罪活动，维护医疗秩序，建立和谐医患关系。

四、工作要求

（一）切实做好组织领导。

各地要依托创建“平安医院”活动工作小组，统一负责、领导辖区内专项行动，主要负责人要亲自抓，分管领导要直接负责，坚决稳妥处置涉医突发事件，及时化解医患矛盾及医疗纠纷。对于因工作不到位引起的重大伤医案件以及群体性涉医事件的，要追究相关人员责任。

（二）确保工作措施落实到位。

各省（区、市）专项行动情况作为该省（区、市）综治工作（平安建设）考核评价内容中“平安医院创建工作”的主要内容，对于连续发生恶性伤医案件以及专项行动开展不力的，在平安医院创建工作考核中一票否决。

（三）明确部门职责分工。

地方各有关部门应当建立分工协作工作机制，确保专项行动取得显著效果。综治组织要发挥协调推动作用，卫生计生行政部门要着重抓好医疗服务质量和医疗机构内部安全防范工作，司法行政部门要推行医疗纠纷人民调解工作，公安、检察院、法院对重大伤医案件及涉医案事件要依法从快从重处理，保监部门积极推进医疗责任保险，民政部门对困难人群及时给予救助，工商部门要积极开展打击非法医疗广告专项行动。

（四）加强宣传教育和舆论引导。

各地要广泛利用电视、广播、报纸、互联网等新闻媒体，大力宣传专项行动取得的战果，及时报道涉医案件打击处理情况，对典型案例要通过媒体集中披露，以起到法制教育和打击震慑作用。大力宣传卫生行业先进典型，以及医患共同抵御疾病的生动故事，弘扬救死扶伤人道主义精神，营造尊医重卫的良好氛围。做好医学科普宣传和普法教育，提高人民群众健康素养，引导群众对医疗服务的合理预期。

（五）做好信息报送工作。

专项行动期间，各省（区、市）牵头部门要及时收集汇总本地区专项行动工作进展、先进典型及经验、主要成效、重大案件、问题困难等信息，及时报送国家卫生计生委。各省级有关部门应当将本部门进展情况及时报送给相应上级部门。

国家卫生计生委办公厅、公安部办公厅关于加强医院安全防范系统建设的指导意见

国卫办医发〔2013〕28 号

各省、自治区、直辖市卫生厅局（卫生计生委）、公安厅局，新疆生产建设兵团卫生局、公安局：

近年来，各级卫生（卫生计生）行政部门和公安机关在当地党委、政府的领导下，加强协作配合，指导医院逐步构建了人防、物防、技防相结合的三防系统，有效提升了医院安全管理水平，维护了医院秩序总体的持续稳定，取得了良好工作成效。但是，扰乱医院诊疗秩序、伤害医务人员的各类案事件仍时有发生，反映出当前涉医违法犯罪活动在一定范围内仍较为突出，暴露出医院安全防范工作存在不少问题和薄弱环节。为进一步提高医院安全防范能力，维护医院正常医疗秩序，保护医患双方合法权益，根据国务院《企业事业单位内部治安保卫条例》、《医疗机构管理条例》等有关规定，现就加强医院安全防范系统建设提出如下指导意见。

一、任务目标

全面贯彻落实党的十八大精神，坚持以科学发展观为指导，牢固树立“以人为本，以病人为中心”的服务理念，以创建“平安医院”活动为载体，按照“预防为主、安全第一”的原则，进一步加强医院安全防范系统建设，预防和减少发生在医院内部的案事件，及时消除医院安全隐患，有效维护正常诊疗秩序，创造良好的诊疗环境，促进卫生事业健康持续发展。

二、主要内容

（一）组织制度建设。

1. 健全组织领导机制。医院应当形成法人负总责，分管负责人具体抓，专职保卫机构组织实施，医疗投诉、新闻宣传等职能部门密切配合的良好工作格局。

2. 完善安全防范制度。医院应当结合实际情况，完善医院安全防范系统日常管理制度和医务人员安全防范制度，健全门卫值守、值班巡查和财务、药品、危险品存放等安全管理制度。

3. 建立应急处置机制。完善重大医疗安全突发事件应急处置机制和预案，实现警医联动，做好信息上报，加强舆情引导，规范舆情发布，密切监测舆情，防止恶性突发事件升级，确保恶性突发事件的及时、有效处置。

4. 建立教育培训和定期检查制度。医院应当结合实际情况，建立全员安全生产教育培训制度，对重点岗位和新进员工加大培训力度，确保培训效果。建立定期安全生产检查制度，及时发现隐患，并切实整改。

（二）人防系统建设。

1. 保卫队伍建设。医院要按照《企业事业单位内部治安保卫条例》的规定设立专职保卫机构（保卫处、科），根据医院工作量、人流量、地域面积、建筑布局以及所在地社会治安形势等实际情况，配备专职保卫人员和聘用足够的保安员，确保安全防范力量满足工作需要。保安员数量应当遵循“就高不就低”原则，按照不低于在岗医务人员总数的3%或20张病床1名保安或日均门诊量的3‰的标准配备。专职保卫机构的设置和保卫人员、保安员的配备情况要报当地公安机关备案。

2. 保卫、保安人员培训。医院要加强保卫人员和保安员的培训、管理，要向正规保安公司聘用保安员，每年至少开展2次专门培训和考核。培训内容应当包括必要的法律基础知识和一定的应急处置能力，并根据岗位实际需要，掌握安全防范系统操作和维护技能，切实提高保卫人员、保安员的业务素质和工作水平。

3. 守护巡查管理。医院要建立门卫制度，严格各出入口的管理，加强对进出人员、车辆的检查，及时发现可疑情况，医院内发生案事件后，要立即报警，在保证自身安全的前提下对实施违法犯罪的人员进行堵截，防止其逃跑。医院供水、供电、供气、供热、供氧、“毒、麻、精、放”药（物）品、易燃易爆物品存放库房等重点要害部位、夜间值班科室要实施24小时值班守护制度，安排专人值守。医院要加强安全防范动态管理，组织保卫人员、保安员定时和随时巡查，第一时间掌握安全总体情况。其中，医院出入口、停车场、门（急）诊、住院部、候诊区和缴费区等人员活动密集场所要有针对性的加强巡查，夜间巡查时应当至少2人同行，并做好巡查记录。巡查中发现可疑人员、可疑物品要进行先期处置，对违法犯罪行为要及时制止，并立即报警，做好现场保护措施，配合公安机关开展相关工作。

4. 安全宣传教育。医院要开展全方位、多形式的宣传教育工作，在医院出入口、门（急）诊、住院部、候诊区和缴费区等人员活动密集场所，张贴有关维护医院秩序的法律法规和文件，悬挂加强医院安全防范工作宣传标语。针对医务人员不同岗位，开展有针对性的安全防范教育，提高医务人员安全防范意识和技能。

（三）物防系统建设。

1. 防护器材装备。医院要为在岗保卫人员配备必要的通讯设备和防护器械。通讯设备包括固定电话、移动电话和对讲机等，对讲机为必配设备。医院规模较大、周边治

安情况复杂的，可视情在医院重点部位配备安检设备，加大对携带管制刀具等危险物品进入医疗机构的查缴力度。

2. 安全防护设施。医院的供水、供电、供气、供热、供氧中心，计算机数据中心，安全监控中心，财务室，档案室（含病案室），大中型医疗设备、血液、药品和易燃易爆物品存放点等区域，应当按照《防盗安全门通用技术条件》（GB17565－2007），安装防护门等安全防护设施。

3. 安全保险装备。医院要按照《麻醉药品和精神药品管理条例》等有关规定，严格落实“毒、麻、精、放”药（物）品、易燃易爆物品和财务安全管理制度，将“毒、麻、精、放”药（物）品、易燃易爆物品存放在符合安全防范标准的专用库房。无法及时送交银行的现金要存放在符合行业标准的保险柜。专用库房和保险柜实行双人双锁管理。

（四）技防系统建设。

1. 完善四个系统建设。医院要充分发挥技防在构建动态安全防范系统中的技术支撑作用，按照《安全防范工程技术规范》（GB50348—2004）、《入侵报警系统工程设计规范》（GB50394－2007）、《视频安防监控系统工程设计规范》（GB50395－2007）、《出入口控制系统工程设计规范》（GB50396－2007）及《电子巡查系统技术要求》（GA/T644－2006）等行业规范，建立完善入侵报警系统、视频监控系统、出入口控制系统和电子巡查系统，实现四个系统的互联互通。

2. 设置安全监控中心。医院要设置安全监控中心，对本单位技防系统的安全信息进行集中统一管理。安全监控中心要实行双人全天值班制，具备条件的，应当与当地公安机关联网。同时，应当设定视频监控图像监视查看权限，设置内部视屏和医患隐私图像遮挡功能。要配备通讯设备和后备电源，保证断电后入侵报警系统工作时间不少于8小时，视频监控系统工作时间不少于1小时。视频监控图像保存不少于30天，系统故障要在24小时内消除。

3. 加强重点部位监控。医院的供水、供电、供气、供氧中心，计算机数据中心，安全监控中心，财务室，档案室（含病案室），大中型医疗设备、血液、药品及易燃易爆物品存放点，各出入口和主要通道均要安装视频监控装置。可视情况在医务人员办公室等区域的出入口安装视频监控装置。门卫值班室和投诉调解室要安装视频监控装置，投诉调解室要安装声音复核装置。

4. 安装一键式报警装置。医院门卫室、各科室、重点要害部位要安装一键式报警装置，并与医院安全监控中心联网，确保发生突发案事件时能及时通知保卫、保安人员，迅速处置。

（五）医患纠纷调处机制建设。

1. 做好投诉管理工作。医院要认真落实《医院投诉管理办法（试行）》，设立医患关系办公室或指定部门统一承担医院投诉管理工作，通过开设接待窗口、席位等形式，建立畅通、便捷的投诉渠道，认真落实“首诉负责制”，在第一时间受理患者投诉，疏导理顺患者情绪，从源头上妥善化解医患矛盾。

2. 定期梳理医患纠纷。医院要明确牵头部门定期对医患纠纷进行摸排，拉出清单，及时研判，特别要认真梳理未解决的医疗纠纷，做到逐件回顾、逐件分析、逐件解决、逐件总结。对摸排梳理中发现的有可能引发涉医案事件的相关人员要主动接触，充分发挥医疗纠纷人民调解的作用，及时化解纠纷或矛盾。

3. 建立涉医案事件防范联动机制。医院的院长办公室、医务、保卫等部门要建立涉医案事件联动机制，对尚未化解的医患纠纷要及时会商研判，对可能发生个人极端行为、风险程度高的科室要布置保卫力量重点值守、巡控，严防发生案事件。医院在工作中发现的有可能造成现实危害的情况和可疑人员要及时报告属地卫生（卫生计生）行政部门和公安机关。公安机关要与医院建立联系机制，及时会同医院有关部门梳理排查可能影响医院安全的案事件苗头，指导医院落实预警防范措施。对发生的各类案事件，要迅速出警，依法予以查处。

三、工作要求

（一）各级卫生（卫生计生）行政部门、公安机关和各级各类医院要把进一步加强医院安全防范系统建设作为保障群众安全有序就诊、构建和谐医患关系、服务经济社会发展、维护国家长治久安的重要民生工程来抓，努力创造更加和谐稳定的社会治安环境。要按照《关于开展创建“平安医院”活动的意见》（卫办发〔2007〕118号）要求，紧密围绕深化医药卫生体制改革工作任务，发挥职能作用，加强协作配合，形成工作合力。

（二）地方各级卫生（卫生计生）行政部门要加强对医院安全防范工作的指导、检查与考核，积极协调地方财政，加大对医院安全防范能力建设的投入，及时装备、更新、完善安全生产设施设备，确保安全设施设备规范、正常运行。对工作中遇到的重大问题，要协调相关部门研究提出工作意见和建议，及时报告当地党委、政府，着力推动问题解决。

（三）公安机关要切实加强对医院安全保卫工作的指导、检查，指导、督促医院做好安全防范系统的建设。县级以上地方各级人民政府公安机关根据需要，可提请本级人民政府将医院纳入治安保卫重点单位，加强对医院及周边的治安防控，切实净化医疗机构及周边环境。

（四）各医院要按照本意见的要求，加强安全防范系统建设，提高安全防范能力。目前暂不能达到本意见有关要求的医院，应当增加保卫力量，配置必要防护装备，健全制度，严格管理，并制定工作计划，逐步建立运转高效的安全防范系统。

（五）二级以上医院安全防范工作按照本意见执行，其他各级各类医疗机构参照执行。消防、信息、后勤等工作的安全管理内容和要求按照现行的法律法规及标准执行。

国家卫生计生委办公厅
公安部办公厅
2013年10月12日

发改委公布《战略性新兴产业重点产品和服务指导目录》

中华人民共和国国家发展和改革委员会公告2013年第16号

为贯彻落实《国务院关于加快培育和发展战略性新兴产业的决定》，更好地指导各部门、各地区开展培育发展战略性新兴产业工作，我们会同相关部门，组织编制了《战略性新兴产业重点产品和服务指导目录》，现予公布。

本目录涉及战略新兴产业7个行业、24个重点发展方向下的125个子方向，共3100余项细分的产品和服务。

国家发展改革委
2013年2月22日

战略性新兴产业重点产品和服务指导目录（节选）

2　新一代信息技术产业

2.1　下一代信息网络产业

2.1.1　网络设备

新一代移动通信设备。主要包括基于3G和4G（包括WCDMA、CDMA2000、TD－SCDMA、LTE、IMT－Advanced等宽带无线移动通信技术及其后续演进技术）的接入网设备、核心网设备等。其中，新一代移动通信基站设备，主要指基于WCDMA、CDMA2000、TD－SCDMA、LTE、IMT－Advanced等3G和4G移动通信基站类设备，3G基站设备满足5MHz以上系统带宽，LTE和IMT－Advanced基站设备满足20MHz以上系统带宽和下行100Mbps/上行50Mbps以上的传输数据率。新一代移动通信网络控制和分组交换设备，主要指基于IMS和SAE的、用于3G和4G移动通信网络的核心网设备中的网络控制和分组交换子系统设备等。新一代移动通信基站天线，主要指支持3G和4G移动通信网的天馈线设备，包括单阵元/2阵元/4阵元/8阵元的天线阵列，包括智能天线、双极化天线，多频带天线、室内分布天线等各种形态。

下一代互联网设备。包括高端路由器，处理能力>=10Gbps，能适应多种接口线路，支持静态路由、OSPF、RIP、IS－SI、BG等路由协议；支持MPLS、MPLS－TE等协议；能够同时支持IPV4/IPV6，用于网络数据交换；同时包括面向互联网骨干节点、数据互联中心节点的大规模集群路由器。宽带网络接入服务器，支持IPv4和IPv6协议，可以提供>2000的MPLS VPN，>40000 L2VPN；支持静态路由、OSPF、RIP、IS－SI、BG等路由协议；提供10/100Mbps、1000Mbps等接口。以太网交换机，支持IPv6 snooping和DHCPv6 relay等功能；可提供10/100Mbps、1000Mbps及ATM或USB接口等。三层交换机，支持IPv4和IPv6协议，支持静态路由、OSPF、RIP、IS－SI、BG等路由协议；支持NAT44和NAT46/NAT64功能，提供10/100Mbps、1000Mbps等接口。

光通信设备。包括光纤，FTTx用G.657光纤、宽带长途高速大容量光纤传输用G.656光纤、光子晶体光纤、掺稀土光纤（包括掺镱光纤、掺铒光纤、掺铥光纤等）、激光能量传输光纤，以及具有一些特殊性能的新型光纤，包括塑料光纤、聚合物光纤等。光纤接入设备，无源光网络（PON）、光线路终端（OLT）、光网络单元（ONU）、波分复用器等。光传输设备，线路速率达到40Gbit/s、100Gbit/s的超大容量（1.6Tb/s及以上）密集波分复用（DWDM）设备，可重构光分差复用设备（ROADM）及波分复用系统用光交叉互连（OXC）设备，大容量高速率OTN光传送网设备以及分组化增强型OTN设备、PTN分组传送网设备、MSTP/MSAP多业务传输和接入设备，高速光器件（有源和无源）。

网络和终端测试计量设备。包括用于通信网络和通信终端测试，有线、无线通信测量仪器，网络通信测量仪器，基站测量仪器，手机测量仪器等计量使用的仪器仪表。

云计算设备。包括云存储设备，主要指基于云存储技术的对象存储系统或块存储设备等。服务器，主要指用于云计算系统的服务器，包括硬件和软件系统，满足低功耗、高密度等要求。负载均衡设备，主要指用于扩展网络设备和服务器带宽、加强网络数据处理能力的平和多个操作单元负载的设备。云平台系统，主要指用于支撑云服务的，由软硬件设施集成的平台、系统等，包括虚拟化、弹性计算、存储、云管理、业务发放、操作维护等功能。

物联网设备。包括传感器及节点设备，MEMS 传感器、智能传感器、多功能传感器、化学及生物量传感器等，低功耗、小型化、多功能、高性能、集成化传感节点设备，极端环境传感器节点设备等。RFID 读写机具/标签，高频、超高频、有源 RFID 标签和读写机具等。物联网终端设备，M2M 终端、RFID 与移动通信集成终端、物联网通信终端模组等。近距离无线通信节点设备，各类低功耗低成本近距离无线通信设备。物联网网关，包括 M2M 网关等各类物联网网关。定位系统设备，北斗全球定位系统（GPS）终端与设备，RTLS 定位系统等。下一代广播电视网设备。包括下一代广播电视网接入设备、传输设备和业务网设备；地面数字电视及移动多媒体广播发射、接收设备、直播卫星地面接收设备等。

2.1.2 信息网络设施

新一代移动通信网运营服务。包括新一代移动通信核心网建设、组网，指使用 3G 及其演进技术相关设备进行移动核心网的组网和建设。新一代移动通信接入网建设、组网，指使用 3G 及其演进技术相关设备进行移动接入网的组网和建设。新一代移动通信网的优化和维护，指对新一代移动通信网开展的网络优化和运行维护等服务。新一代移动通信基础语音服务，指依托新一代移动通信网，为手机终端用户提供的话音服务和可视电话等服务。新一代移动通信数据及信息服务，指依托新一代移动通信网，提供的数据及互联网信息服务，如：多媒体彩信彩铃、移动互联网、搜索服务、位置服务、手机阅读服务等。

下一代互联网运营服务，指基于 IPv6 以及 IPv4/IPv6 过渡的骨干网络、接入网络及业务平台的运营。包括网络运营服务，指基于 IPv4/IPv6 技术过渡的骨干网和接入网改造，基于 IPv6 技术的运营服务。业务应用服务，指基于下一代互联网提供的应用服务。

光纤宽带网运营服务。包括家庭用户光纤接入服务，指为家庭（个人）用户提供的，基于数字宽带技术的光纤到户服务。企业用户光纤接入服务，指利用光纤为企业提供互联网宽带接入的服务。其他相关接入服务，指其他与光纤接入有关的设备、组网服务，如用户驻地网的建设、服务等。光纤出租服务，指运营商为客户提供的管道和通信光纤、波长等光纤出租业务。出租数字电路服务，指出租数字电路，为用户提供高速数字信息传送的服务。

下一代广播电视网运营服务。包括下一代广播电视网建设、组网，指利用国家自主创新的下一代广播电视网核心技术及其衍生技术和相关设备进行广播电视核心网、接入网建设和组网；下一代广播电视网音视频服务，指依托下一代广播电视网，为电视终端提供的音视频服务，如高清电视服务、交互电视服务等；下一代广播电视网数据及信息服务，指依托下一代广播电视网，提供的数据及互联网信息服务；移动多媒体广播电视业务，指基于移动多媒体广播电视（CMMB）技术的电视业务等；卫星直播电视业务，指基于卫星广播传输技术的电视业务。

卫星通信运营服务，指基于移动、宽带等卫星通信系统的运营服务，基于北斗卫星导航系统的高精度网络同步和授时运营服务等。

2.1.3 新一代信息终端设备

新一代移动终端设备。包括智能手机，指配备操作系统、支持多核技术、支持多点触控、支持应用商店及 Web 应用等多种模式、支持多传感器和增强现实等功能的智能手机。手持平板电脑，便携、小巧、可手持使用，以触摸屏作为基本输入设备的个人电脑。其他移动智能终端，包括移动电子书终端、移动电视、手机电视、车载智能终端等。

卫星移动通信、导航终端。包括移动卫星通信终端，利用地球静止轨道卫星或中、低轨道卫星作为中继站，实现区域乃至全球范围的移动通信的终端。包括车载、舰载、机载终端和手持机。卫星导航定位接收机，接收北斗等卫星导航定位系统的广播导航信号，用于导航定位功能的接收机设备。

下一代广播电视网终端设备。包括机顶盒、智能电视终端、智能家庭多媒体网关等。

其他通信终端设备。包括智能家庭网关，支持可热插拔数据卡的智能终端，在泛在网/物联网中带有通信模块的智能节点终端，支持可热插拔其他通信卡（如具有 USB 口的 ZigBee 通信卡、C－SIM 卡等等）的智能终端。

2.1.4 下一代信息网络安全防护产品

支持面向下一代互联网、下一代广播电视网、云计算、物联网、移动互联网和新信息技术应用的信息安全硬件产品。包括高性能防火墙、高性能统一威胁管理系统（UTM）、入侵检测系统（IDS）、高性能入侵防御系统（IPS）、高性能安全隔离与信息交换系统、高性能防病毒网关、网络病毒监控系统（VDS）、高性能 VPN 设备、网络审计系统、网络漏洞扫描和补丁管理产品，以及 WEB 应用防火墙、统一安全管理平台，抗拒绝服务攻击产品、上网行为管理产品等。

2.2 电子核心基础产业

2.2.1 集成电路

集成电路芯片设计及服务，芯片设计平台（EDA 工具）及配套 IP 库。

集成电路芯片产品。主要包括中央处理器（CPU）、微控制器（MCU）、存储器、数字信号处理器（DSP）、嵌入式 CPU、通信芯片、数字电视芯片、多媒体芯片、信息安全和视频监控芯片、智能卡芯片、汽车电子芯片、工业控制芯片、智能电网芯片、MEMS 传感器芯片、功率控制电路及半导体电力电子器件、光电混合集成电路等。

集成电路芯片制造，线宽 0.25 微米及以下大规模数字集成电路制造，0.8微米及以下模拟、数模集成电路制造。

集成电路芯片封装，采用SiP、MCP、MCM、CSP、WLP、BGA、Flip Chip、TSV等技术的集成电路封装。

集成电路材料，主要包括6英寸/8英寸/12英寸集成电路硅片、绝缘体上硅（SOI）、化合物半导体材料，光刻胶、靶材、抛光液、研磨液、封装材料等。

集成电路设备。主要包括6英寸/8英寸/12英寸集成电路生产线所用的光刻机、刻蚀机、离子注入机、退火设备、单晶生长设备、薄膜生长设备、化学机械抛光设备、封装设备、测试设备等。

2.2.2 新型显示器件

高分辨率液晶显示器（TFT-LCD）面板（基板尺寸4.5代及以上）。以低温多晶硅、金属氧化物TFT为代表的高分辨率TFT-LCD面板制备关键材料，主要包括玻璃基板、液晶材料、靶材、彩色滤波片、偏光片等。高分辨率TFT-LCD制造装备，主要包括曝光机、激光退火设备、湿制成设备、成膜设备等。

高能效新型等离子显示器（PDP）面板。高能效新型PDP面板制备关键材料，主要包括玻璃基板、复合前介质材料、高光效功能材料等。高能效新型PDP面板制造装备，主要包括曝光机、屏老练装置等。

有机发光显示器（OLED）面板。有源有机发光显示器（AMOLED）面板制备关键材料，主要包括低温多晶硅/氧化物背板用关键材料、制盒关键材料、模组关键材料等；AMOLED面板制造设备，主要包括曝光机、激光退火设备、湿制成设备、成膜设备、蒸镀设备等。

激光显示器件。各类激光器，激光动态无掩模光刻设备。

三维立体（3D）显示产品。

2.2.3 新型元器件

新型片式元件、新型电声元件、新型连接元件、超导滤波器、高密度互连印制电路板、柔性多层印制板电路板、特种印制电路板、节能环保型电子变压器、低损耗微波及GHZ频段抗EMI/EMP元件等电子元件、为新一代通信配套的低成本光纤光缆、光纤预制棒及相关的光器件，通信基站用石英晶体振荡器，新型通信设备用连接器及线缆组件。新型锰酸锂、磷酸铁锂、三元材料等锂离子电池。微型化、集成化、智能化、网络化的敏感元件及传感器。半导体激光器件、高性能全固态激光器件、高性能敏感元器件、新型晶体器件、高精密电阻器件、高压绝缘栅双极晶体管（IGBT）、可控硅（SCR）、集成门极换流晶闸管（IGCT）、垂直双扩散金属-氧化物场效应晶体管（VDMOS）、快恢复二极管（FRD）芯片和模块、中小功率智能模块、高电压的金属氧化物半导体场效应管（MOSFET）、传感器、关键光电子器件、新型真空开关管、特种用途真空器件等半导体器件。纳米发电功能器件。光纤激光器件。

2.2.4 数字视听与数字家庭产品

数字电视广播前端设备，主要是指摄像、录制、编辑、存储、播放等数字电视前端设备。

数字电视终端设备。包括高清/超高清电视、3D电视、网络电视、智能电视、投影电视、激光电视、OLED电视、新型/便携信息接收显示终端（包括移动电视等）等。

数字家庭设备，指数字家庭智能终端、智能感知与控制设备、桥接设备、网关设备等。

数字视频监控系统。包括网络摄像设备，视频监控存储、处理及智能控制设备，以及监控后端系统等。

2.2.5 广播电视制播设备

高清拍摄、制作、存储、播出、传输、技审、监测、检测设备。包括高清摄像机、高清录像机、高清转播车、高清视频工作站、高清视频矩阵、高清切换台、虚拟演播室、字幕机、同步机、调音台、非编工作站、播出服务器、上下变换器、高清编码器、高清解码器、数字电视复用器、高清监视器、高清技审设备、视音频存储设备、码流分析仪、视频分析仪、音频分析仪、响度控制器、图像质量分析仪等；3D电视拍摄、制作、存储、播出、传输、技审、监测、检测设备；超高清电视拍摄、制作、存储、播出、传输、技审、监测、检测设备。

2.2.6 关键电子材料

半导体材料。包括硅材料（硅单晶、抛光片、外延片、绝缘硅、锗硅）及化合物半导体材料，蓝宝石和碳化硅等衬底材料，金属有机源和超高纯度气体等外延用原料，高端LED封装材料，高性能陶瓷基板等。

光电子材料。包括光纤材料、固体激光材料和光电显示材料等基础光电子材料，石英系光纤光缆材料、非氧化物光纤材料、激光晶体、半导体发光材料、透明导电薄膜材料、光学晶体材料、光电探测材料。

锂离子电池材料。包括锰酸锂、磷酸铁锂、三元材料等正极材料，钛酸锂、石墨、硬碳等负极材料，新一代富锰-富锂材料，高比容硅基负极材料，六氟磷酸锂等电解质及专用隔膜材料，胶体聚合物、固态电解质、新型结构隔膜等高端材料。

新型电子元器件材料。包括高端专用材料如磁性材料、陶瓷材料、压电晶体材料、通信系统用高频覆铜板及相关材料、电子无铅焊料、厚薄膜材料等。

2.2.7 电子专用设备仪器

半导体生产用镀膜、溅射、刻蚀等设备。锂离子电池生产专用设备。高精密自动印刷机、高速多功能自动贴片机、无铅再流焊机等电子元器件表面贴装及整机装联设备。高性能永磁元件生产设备、金属化超薄膜电力电容器生产设备、超小型片式元件生产设备、高密度印制电路板生产设备等新型电子元器件设备。高端电子专用测量仪器。包括TD-LTE等新一代通信和网络测试仪器，主要指数模混合信号集成电路测试系统、存储器测试器、分析测试仪器等半导体和集成电路测试仪器，数字电视信号源、数字音视频测试仪、图像质量分析仪、网络质量和安全测试仪等。

2.3 高端软件和新兴信息服务产业

2.3.1 软件及应用系统

基础软件。通用基础软件，包括桌面操作系统和服务器操作系统、数据库管理系统和中间件及办公套件等。嵌入式操作系统和数据库，包括智能终端操作系统、数字电视操作系统、面向重点领域应用的嵌入式操作系统及实时数据库等。新型网络化基础软件，包括网络化操作系统、搜索引擎、新一代浏览器，海量数据管理软件等。关键信息基础设施配套的基础软件和支撑工具，包括支撑新一代互联网、云计算、物联网等建设的国产新型高性能计算机、高端服务器所使用的操作系统、数据库、中间件等基础软件。

云计算软件。包括虚拟化管理软件，指将单一或多个物理计算资源建立与执行一个或多个虚拟化环境并进行资源管理、调度的软件系统。新一代海量信息智能搜索软件，指通过智能分词、动态存储、变帧压缩等技术实现异构海量数据索引的软件。智能挖掘软件，指通过知识挖掘、数据挖掘等技术实现从数据库、数据仓库或其他信息库中的海量数据中获取有效的、新颖的、潜在有用的、最终可理解的模式的软件。其他支撑云计算基础设施的软件产品，指度量计费、管理运营等支持云计算技术设施服务的其他软件产品。

移动计算软件平台。包括移动服务运营支撑与开发平台，指支撑移动计算服务的开发、运营工具及平台软件。智能移动终端软件系统，指智能手机、平板电脑等智能移动终端的操作系统和浏览器。

信息安全软件。包括对计算机信息系统的硬件和软件资源的有效控制，能够为所管理的资源提供相应的安全保护的可信计算安全软件、安全操作系统、安全数据库等基础类信息安全软件产品。部署在网络设备、通信终端或安全域边界上，用于支撑新一代信息网络应用，防御网络攻击的高性能防火墙软件、统一威胁管理平台软件、网络行为监控软件等网络与边界安全类软件产品。防范信息系统或终端数据非授权泄露、更改、破坏的数据加密、可靠电子签名应用安全软件等终端与数字内容安全类软件产品。保障信息系统正常运行，提供安全基础服务管理与支持以及降低运行过程中安全风险的安全管理类软件产品。支撑系统安全保障及业务应用安全的风险评估、安全测评等安全支撑类软件产品等。

广播电视网络维护及运营支撑软件。包括网络管理、用户管理、数字媒体内容管理、运营支撑系统、中间件、智能电视操作系统软件等。

工业软件。嵌入高端装备内部的软件，指被植入到工业产品之中，以达到自动化、智能化的控制、监测、管理各种装备、机器和系统运行目的嵌入式软件。产品研发设计软件，指计算机辅助设计（CAD）、计算机辅助分析（CAE）、计算机辅助工艺规划（CAPP）、计算机辅助制造（CAM）、产品全生命周期管理（PLM）等系统，产品研发类软件为企业提供覆盖产品生命周期的设计和制造技术。产品制造过程管理和控制软件，指覆盖生产全流程的制造执行系统（MES）、高级计划与排程系统（APS）、工业自动化控制系统（PA）、过程控制系统（PCS）、分布式控制系统（DCS）等。生产过程管理和控制软件用来实现对制造设备、底层数据采集设备、控制设备的管理以及车间级的生产计划与执行过程控制、质量管理等功能。经营管理和协作软件，指包括企业资源计划（ERP）、供应链管理（SCM）、客户关系管理（CRM）、企业资产管理（EAM）、项目管理（PM）以及商务智能（BI）等软件。经营管理类为企业内外供应链管理、计划控制、客户关系管理等业务运作的提供支持。节能减排控制和支撑软件，指支持企业节能减排的系统与软件。

高端信息技术服务支撑软件。包括 IT 咨询设计支撑工具软件，指行业信息知识库、行业知识库公共服务平台等支撑信息化战略规划及实施计划、信息技术服务管理、信息系统工程监理、测试评估、信息技术培训等服务等 IT 咨询设计服务的工具类软件。系统集成实施支撑工具软件，指支持主机系统集成、存储系统集成、网络系统集成、智能建筑系统集成、安全防护系统集成、界面集成、数据集成、应用集成等支撑 IT 咨询设计服务等系统集成实施服务的工具类软件。系统运维支撑工具软件，指支持基础环境运行维护、软件运行维护、硬件运行维护等系统运维服务的工具类软件。数据处理支撑工具软件，指支撑数据库活动、业务流程外包、网站内容更新、文件扫描存储、数据备份等数据处理服务的工具软件。

数字内容加工处理软件。包括数字内容加工处理技术和软件产品，指对图片、文字、视频、音频等信息内容运用数字化技术进行加工处理的软件。动漫游戏制作引擎软件和开发系统，指整合 2D、3D 图形的算法，提供便捷的 SDK 接口在这个基础上设计动漫、开发游戏的软件和系统。家庭娱乐产品的软件，指家庭娱乐设备的基础系统、开发平台和应用软件。

2.3.2 信息技术服务

信息技术咨询服务，指在信息资源开发利用、工程建设、人员培训、管理体系建设、技术支撑等方面向需方提供的管理或技术咨询评估服务。包括信息化规划服务，指信息化远景、目标、战略和总体框架等方面的信息化建设方案；行业信息化建设方案、区域信息化建设方案以及领域信息化建设方案；信息技术管理咨询服务，协助用户提升和优化信息化管理活动的咨询服务，包括信息技术治理咨询、信息技术服务管理咨询、质量管理咨询、过程能力成熟度咨询；信息系统工程监理服务，结合各项监理内容，为用户提供监理服务，以保证信息系统建设达到预期目标，包括通用布缆系统工程监理、电子设备机房系统工程监理、计算机网络系统工程监理、软件工程监理、信息技术服务工程监理；测试评估认证服务，提供的对软件、硬件、网络、质量管理、能力成熟度评估、信息技术服务管理及信息安全管理等是否满足规定要求而进行的测试、评估和认证服务，包括软件测试认证服务、硬件测试认证服务、网络测试认证服务、质量管理评估和认证服务、过程能力成熟度评估和认证服务、信息技术服务管理评估和认证服务；信息技术培训服务，为开发、应用信息技术提供的培训服务（不包括学历教育），包括信息技术标准培训、信息技术应用培训、信息技术职业技能培训。

信息系统集成服务，指通过结构化的综合布线系统和计算机网络技术，将各个分离的设备、功能和信息等集成到相互关联的、统一和协调的系统之中的服务。包括信息系统设计服务，基于用户实际业务需求提供的信息系统设计服务，主要指需求分析服务、体系结构设计服务、概要设计服务、详细设计服务、实施方案编制服务、测试方案编制服务。信息系统集成实施服务，提供信息系统集成实施服务，主要指主机系统集成、存储系统集成、网络系统集成、智能建筑系统集成、安全防护系统集成、数据集成、应用集成。信息系统运行维护服务，提供系统运行维护服务，包括基础环境运行维护、软件运行维护、硬件运行维护。

数据处理和存储服务，指向用户提供的信息和数据的分析、整理、计算、编辑、存储等加工处理服务，以及应用软件、业务运营平台、信息系统基础设施等的租用服务。数据加工处理服务，向用户提供数据分析、整理、计算、编辑等加工和处理服务，包括数据库活动、网站内容更新、文件扫描存储、数据挖掘。存储服务，根据用户需求提供的合理、安全、有效的数据保存服务，包括数据容灾恢复、数据在线备份、数据存储。交互运营服务根据用户的需求提供租用软件系统的部分或全部功能的软件运营服务、提供的业务支撑平台租用的平台运营服务以及信息系统基础设施租用基础设施运营服务，包括在线企业资源规划（ERP）、在线客户关系管理（CRM）、企业用户的域名注册与管理服务、电子邮件运营服务、网站建设和运营维护服务、统一通讯服务；在线杀毒、物流信息管理服务平台租用服务、电子商务管理平台租用服务、在线娱乐平台租用服务、在线教育平台租用服务、服务器和机柜租用服务、服务器托管租用服务、计算能力和虚拟主机租用服务。

集成电路设计服务，指集成电路功能设计服务。包括集成电路设计服务，消费电子类IC设计服务、网络通信类IC设计服务、智能卡类IC设计服务；计算机及周边设备类IC设计服务、工业控制IC设计服务、电子仪器IC设计服务。

云计算服务。软件即服务（SaaS），指云计算服务提供商通过互联网向最终用户提供各种在线应用软件服务，包括企业管理软件、办公软件等的服务形式。平台即服务（PaaS），指云计算服务提供商通过互联网向开发者提供基于云计算平台能力的开发、运行和应用部署环境的服务形式。设施即服务（IaaS），指云计算服务提供商通过互联网向企业或个人提供存储、计算等基础IT资源的服务形式。

物联网应用服务，基于物联网的信息感知、信息传输、信息处理的能力，面向行业和公众的服务。包括智能交通、电网、水务、医疗、环保、物流、安防、供热、供气、监控、公共安全等服务。

2.3.4 公共事业信息服务

教育信息服务。包括面向学前教育、义务教育、高中教育、职业教育、高等教育、继续教育、民族教育和特殊教育等领域提供的优质教学教育信息资源公共服务。远程教育信息服务，指利用数字化教育课件和远程教育网等设施，提供互动式课堂教学和个性化课外辅导的服务。

医疗信息服务。区域医疗卫生信息服务，指以区域性居民电子健康档案和电子药方为核心，以医疗、公共卫生、医药和医保（含新农合）机构信息共享的区域卫生信息平台为依托，提供按需转诊、分级医疗、妇幼保健、慢性病管理、计划免疫、健康教育等服务。远程医疗服务，主要指大中城市三级医院与边远地区基层医疗卫生机构开展基于信息网络的医疗合作。基于区域卫生信息平台的第三方检验检查、健康管理、药品配送、商业健康保险等健康增值服务。基于电子病历、居民健康卡和物联网技术、云计算服务的医院一体化服务。基于云计算技术的面向乡镇卫生院、村卫生室、社区卫生服务机构的基层医疗卫生机构信息系统。

就业信息服务，主要指在以人力资源供求信息数据库为核心的全国就业信息服务平台基础上，提供求职信息、工作职位信息、就业形势分析、就业指导与中介服务。基于求职、招聘、洽谈、面试、测评和录（聘）用于一体的网络化协同办公环境，提供网上就业指导与员工招聘服务。

社保信息服务。包括网上社保，指通过互联网为参保单位和参保人员提供社保参保登记、缴费申报、待遇查询、社会保障卡挂失等社保信息服务。移动社保，指通过短信、手机、平板电脑等无线接入方式，为参保人员提供社保权益查询和业务办理等信息服务。适应异地居住人员社保服务需要，开通到街道、社区、乡镇的远程社保待遇资格认证服务，到异地医疗服务机构和定点零售药店的远程异地就医联网结算服务。以社会保障卡为核心，面向参保人员跨地区、跨业务社保服务需求提供自主、快捷、流动的社会保障一卡通服务。

2.3.5 数字内容服务

数字内容的加工处理，指对图片、文字、视频、音频等信息内容运用数字化技术进行制作、加工处理并整合应用的服务。包括内容数字化加工整合、海量和专业化数字内容投送平台、数字内容多网络通道传输、语义分析及搜索。数字文化产业，主要指依托互联网、手机和移动智能终端等新兴媒体进行传播的数字音乐、动漫、游戏、演出、移动多媒体等。数字动漫设计制作服务，主要指数字动漫设计、数字

动漫制作。游戏设计制作服务，主要指游戏制作、游戏开发引擎。数字音乐制作发行服务，数字音乐制作处理工具软件和相关服务。数字文化技术创新服务，包括以数字文化产业创新实验室等为载体的数字文化相关行业领域技术创新和推广应用服务，以数字文化产业体验中心等为载体的数字文化产业展示、体验服务，传统文化产品和服务的数字化转化和开发服务，为各种新兴显示和传播终端提供文化内容的服务。地理信息加工处理服务，指对空间数据采集、存储、检索、操作和分析，生成各种具备特定功能的地理信息服务，包括电子政务地理信息服务、电子商务地理信息服务、面向公众的综合地理信息服务、辅助支持政府和企业决策的综合地理信息服务。基于数字内容的应用服务，指将数字内容领域中可视化、虚拟现实等技术利用到相关领域，实现可视化的交互操作，包括三维城市展示、辅助城市规划设计、可视化城市基础设施管理、城市监控、工业设计。

2.3.6　网络与信息安全服务

信息安全咨询服务、信息系统安全集成、网络安全维护服务、信息安全风险评估、信息系统等级保护咨询、攻击防护服务、加密保密服务、网络安全应急服务、安全测试服务，以及电子认证、信息安全认证、信息安全培训、电子取证、安全审计、数据备份及灾难恢复服务等。

国家发展改革委关于加强小微企业融资服务支持小微企业发展的指导意见

发改财金〔2013〕1410 号

各省、自治区、直辖市及计划单列市、副省级省会城市发展改革委，北京市金融工作局、福建省经贸委、深圳市金融办：

为贯彻《国务院办公厅关于金融支持经济结构调整和转型升级的指导意见》（国办发〔2013〕67 号），落实全国小微企业金融服务经验交流电视电话会议精神和工作部署，拓宽小微企业（系指《中小企业划型标准规定》（工信部联企业〔2011〕300 号）中的小型、微型企业）融资渠道，缓解小微企业融资困难，加大对小微企业的支持力度，现提出以下意见：

一、各省级、副省级创业投资企业备案管理部门（以下简称各省级备案管理部门）应依据《关于促进创业投资企业发展有关税收政策的通知》（财税〔2007〕31 号），与属地财税部门建立顺畅的工作机制，确保符合条件的创业投资企业及时足额享受税收优惠政策。

二、各省级备案管理部门应依据《国务院办公厅转发发展改革委等部门关于创业投资引导基金规范设立与运作指导意见的通知》（国办发〔2008〕116 号），加快设立小微企业创业投资引导基金，吸引社会资本设立创业投资企业，主要投资于小微企业。已设立的创业投资引导基金应加快研究出台鼓励所投资创业投资企业支持小微企业的激励制度，可采取对参股创投企业设置投资小微企业的最低股比要求、支持参股创业投资企业加大对孵化器类企业投资，对投资小微企业的项目进行跟进投资等措施，支持小微企业发展。

三、支持符合条件的创业投资企业、股权投资企业、产业投资基金发行企业债券，专项用于投资小微企业；支持符合条件的创业投资企业、股权投资企业、产业投资基金的股东或有限合伙人发行企业债券，扩大创业投资企业、股权投资企业、产业投资基金资本规模。

四、继续加大国家新兴产业创投计划实施力度。按照“政府引导、规范管理、市场运作、鼓励创新”的原则，鼓励新兴产业创投计划参股创业投资企业进一步加大对战略性新兴产业和高技术产业领域小微企业的投资力度，在科技创新、战略规划、资源整合、市场融资、营销管理等方面，全面提升对创新型小微企业的增值服务水平，促进创新型小微企业加快发展。各省级备案管理部门要做好新兴产业创投计划参股创业投资企业的备案管理工作。

五、各省级发展改革部门应会同有关部门抓紧制定鼓励财政出资的股权投资企业、产业投资基金支持小微企业的政策措施，完善国有股权投资企业、产业投资基金绩效考核制度。各省级备案管理部门应积极协调属地国资部门，完善国有创业投资企业绩效考核政策，鼓励其加大对小微企业的投资。

六、鼓励各省级备案管理部门积极开展创业投资企业、股权投资企业与小微企业的项目对接活动，促进创业投资、股权投资资本的投资需求与小微企业融资需求的有机结合。

七、进一步完善“统一组织，统一担保，捆绑发债，分别负债”的中小企业集合债券相关制度设计，简化审核程序，提高审核效率，逐步扩大中小企业集合债券发行规模。对于集合债券发行主体中募集资金规模小于 1 亿元的，可以全部用于补充公司营运资金。各地发展改革部门应根据本地实际，优先做好中小企业集合债券发行申请材料的转报工作，提高工作效率。

八、扩大小微企业增信集合债券试点规模。贯彻国务院国发〔2012〕14号文件关于“搭建方便快捷的融资平台，支持符合条件的小企业上市融资、发行债券”的精神，在完善风险防范机制的基础上，继续支持符合条件的国有企业和地方政府投融资平台试点发行“小微企业增信集合债券”，募集资金在有效监管下，通过商业银行转贷管理，扩大支持小微企业的覆盖面。鼓励地方政府出台财政配套措施，采取政府风险缓释基金、债券贴息等方式支持“小微企业增信集合债券”，稳步扩大试点规模。

九、鼓励发行企业债券募集资金投向有利于小微企业发展的领域。鼓励地方政府投融资平台公司发债用于经济技术开发区、高新技术开发区以及工业园区等各类园区内小企业创业基地、科技孵化器、标准厂房等的建设；用于完善产业集聚区技术、电子商务、物流、信息等服务平台建设；用于中小企业公共服务平台网络工程建设等，鼓励发债用于为小微企业提供设备融资租赁业务。支持中小型企业发行企业债券用于企业技术改造，包括开发和应用新技术、新工艺、新材料、新装备，提高自主创新能力、促进节能减排、提高产品和服务质量、改善安全生产与经营条件等。

十、贯彻《关于坚决遏制产能严重过剩行业盲目扩张的通知》（发改产业〔2013〕892号）精神，支持创业投资企业、产业投资基金、企业债券满足产能过剩行业的小微企业转型转产、产品结构调整的融资需求。严格限制创业投资引导基金和财政出资的股权投资企业、产业投资基金间接或直接投向产能严重过剩行业新增产能项目、违规在建项目。

十一、清理规范涉及企业的基本银行服务费用，完善银行收费定价机制。加强对商业银行收费的监管，把规范银行收费行为作为清理治乱减负的重要内容，重点查处商业银行审核发放贷款过程中强制收费、捆绑收费、只收费不服务少服务行为，以及明令取消的项目继续收费、自立项目收费等行为。彻查违规行为，整肃经营环境，切实降低小微企业实际融资成本。

国家发展改革委
2013年7月23日

工业和信息化部关于印发《信息化发展规划》的通知

工信部规〔2013〕362号

国务院有关部委、直属机构、办事机构，各省、自治区、直辖市及计划单列市、副省级省会城市、新疆生产建设兵团工业和信息化主管部门，各省、自治区、直辖市通信管理局，有关中央企业：

我国正处在加快转变经济发展方式和全面建设小康社会的关键时期。推动信息化深入发展，对加快推动经济结构调整和发展方式转变，拉动有效投资和消费需求，不断改善民生具有重要意义。为贯彻落实《国民经济和社会发展第十二个五年规划纲要》、《2006－2020年国家信息化发展战略》精神，坚持走中国特色新型工业化、信息化、城镇化、农业现代化道路，加快推进我国信息化事业发展，工业和信息化部会同国务院有关部门编制了《信息化发展规划》。经国务院同意，现印发你们，请认真贯彻落实。

工业和信息化部
2013年9月29日

《信息化发展规划》（节选）

一、指导思想、基本原则和发展目标

（一）指导思想。

以邓小平理论、“三个代表”重要思想和科学发展观为指导，把加快信息化建设作为促进发展方式转变的重要途径，把扩大信息技术应用作为构建现代产业体系的重大举措，把提高信息服务能力作为保障和改善民生的有力支撑。加强统筹规划，坚持科学发展，以企业为主体，以市场为导向，积极推进下一代信息基础设施建设，推动信息化与工业化深度融合，着力突破技术和产业瓶颈，切实增强信息安全保障能力，大幅提升信息化水平，为促进经济社会持续发展作出贡献。

（二）基本原则。

统筹发展，有序推进。推动信息技术在经济社会中的广泛覆盖和深度集成应用，支撑现代农业发展，带动工业转型升级，加快服务业现代化进程，提高社会事业信息化

水平，加快建设惠及全民的信息服务体系，推动社会管理和公共服务水平提高。加强统筹规划，根据实际需求以及技术和产业基础等，突出行业和区域特色，有重点有步骤地推进信息化发展。加强信息资源的整合协同，提高资源利用效率，避免重复建设。

需求牵引，市场导向。立足于促进经济发展方式转变、服务群众生活和维护国家安全，适应国际信息化发展趋势，发挥信息化对科学高效配置资源的支撑和服务功能，积极推动信息技术推广应用和信息产业发展。坚持企业主体地位和市场配置资源的基础性作用，在竞争性领域坚持信息技术推广应用的市场化，在社会管理和公共服务领域积极引入市场机制，增强信息化发展的内生动力。

完善机制，创新驱动。深化对信息化发展规律的认识，健全法规标准，完善配套政策，加强绩效评估，形成有效的激励约束机制，提高信息化发展的质量和效益。营造有利于创新的良好环境，引导创新要素向企业聚集，促进产学研用协同互动，鼓励技术创新、商业模式创新和管理创新，加快创新成果的产业化、商业化和推广应用。

加强管理，保障安全。坚持积极利用、科学发展、依法管理、确保安全，完善网络与信息安全管理制度，狠抓能力建设，强化信息资源和个人信息保护，健全安全防护体系。加强信息教育，强化安全意识，提高国民信息技能。推进军民融合，鼓励军民两用信息技术相互转化应用。着力突破核心和关键技术，全面提高信息化装备的安全可控水平。

（三）发展目标。

到 2015 年，信息化和工业化深度融合取得显著进展，经济社会各领域信息化水平显著提升，信息化发展水平指数达到 0.79。

1. 下一代国家信息基础设施初步建成。因地制宜，统筹城乡和区域宽带协调发展。到 2015 年，固定互联网宽带接入用户超过 2.7 亿户，其中光纤入户超过 7000 万户，城市和农村家庭宽带接入能力基本达到 20 兆比特每秒（Mbps）和 4Mbps，部分发达城市达到 100Mbps，有条件的地区实现光纤到村。互联网国际出口带宽达到 6500 吉比特每秒（Gbps）。3G 网络基本覆盖城乡，用户数超过 4.5 亿，LTE 实现规模商用。互联网网民超过 8.5 亿人。基于互联网协议第 6 版（IPv6）的下一代互联网实现规模商用。县级以上城市有线广播电视网络实现数字化，80% 实现双向化。应急通信保障能力显著增强。

2. 国民经济信息化水平再上新台阶。制造业主要行业大中型企业关键工序数（自）控化率达到 70% 以上，规模以上工业企业信息技术综合集成应用达到中等收入国家领先水平，中小企业信息化应用水平显著提升。信息化和工业化深度融合服务体系基本建立。初步建成适应现代农业发展的信息服务体系。电子商务交易总额超过 18 万亿元，网络零售额占社会消费品零售总额的比重超过 9%。在集成电路、新型显示器件、系统软件、关键元器件等领域取得一批重大创新成果，集成电路芯片规模生产工艺达到 32/28 纳米。

3. 电子政务促进政府职能转变和服务型政府建设的作用更加显著。以国家电子政务传输骨干网为基础的统一电子政务网络基本形成，中央部委和省级政务部门主要业务信息化覆盖率超过 85%，地市级和县区级政务部门分别平均达到 70%、50% 以上。电子政务服务不断向基层政府延伸，基于互联网的政民互动逐步普及。电子政务信息共享和业务协同框架基本形成，社会信用、综合治税、市场监管、社会保障等一批重大业务协同应用取得实效，电子政务技术体系和运行机制日臻完善。

4. 社会事业信息化水平明显提升。推进农村中小学远程互动教学和多媒体教学，初步形成支撑教育现代化和学习型社会建设的信息化公共服务体系。逐步建成规范可共享的电子健康档案与电子病历，电子健康档案覆盖 70% 以上的城乡居民，新型农村合作医疗基本实现全省范围内即时结报。社会保障卡持卡人数达到 8 亿，基本实现社会保障“一卡通”。

5. 信息安全保障能力显著增强。基础信息网络和重要信息系统安全防护和应急管理能力持续提高，网络信息内容管理体系、信息安全协调机制更加完善，网络与信息安全基础设施得到加强，基础性工作全面推进。网络信任体系建设取得重大进展。掌握一批事关国计民生的关键核心技术，初步建成安全可控的信息安全产业体系。安全可控关键软硬件应用比例大幅提升，基本形成技术、装备、系统和服务一体化支撑能力。

二、主要任务和发展重点

（一）促进工业领域信息化深度应用。

围绕促进工业转型升级的要求，全方位、多层次推动信息技术在工业领域的覆盖渗透、应用集成和融合创新。

1. 推进信息技术在工业领域全面普及。深化信息技术在企业生产经营管理各环节的应用，大力推广数字化研发设计工具，促进研发流程变革和模式转型，实现多专业、跨企业研发协同创新。加快生产装备数字化和生产过程智能化，推广原材料工业集约化、装备制造业智能化、消费品工业精准化生产方式。全面普及企业资源计划、供应链、客户关系等管理信息系统，加快推动经营管理现代化进程。

2. 推动综合集成应用和业务协同创新。促进研发、生产、经营管理各环节信息集成和业务协同，推动企业从单项业务应用向多业务综合集成转变。以集成应用支撑业务流程优化，促进组织结构合理化、运营一体化和决策科学化。推动信息化应用从单一企业向全产业链协同创新转变。

专栏1 智能工业推进工程

推动建立协同研发体系。深化数字化研发设计工具应用，加快工艺设计数字化和绿色化，推进工艺知识管理和智能专家系统建设，提升工艺仿真和优化能力。加强产学研资源整合，以多专业协同和跨企业协作为重点，建设协同共享的研发设计体系。推动高端装备研发设计多学科综合优化。

加强企业信息技术改造。加强嵌入式系统和先进过程控制系统的研发和应用。以企业关键工序自动化生产线升级为突破口，实施底层生产装备和制造网络的数字化、网络化和智能化改造升级，深化现场总线、无线传感技术应用，推广自动化仪表和数字化检测设施，加强过程信息采集、管理和分析优化系统建设，提高生产过程可控性和管理精细度，提升产品质量，降低能耗物耗和污染排放。

开展集成系统应用创新示范。开展企业综合集成应用示范，以主要行业大型企业为重点，推动企业加强研发设计、生产制造、经营管理、市场流通等业务环节的集成创新。建立产品全生命周期信息跟踪、反馈系统，构建决策智能化平台。开展产业链协同创新应用示范，完善行业骨干企业的供应链管理、客户关系管理和现代物流管理体系，推动跨企业资源整合，建立健全行业龙头牵引、产业链上下游企业协同共享的协作机制。

3. 加快制造业服务化进程。推动制造企业完善研发设计、生产制造、市场营销、售后服务、回收处理的产品全生命周期信息集成和跟踪服务，面向客户提供个性化产品设计和整体解决方案，加强备品备件管理、在线实时监测、远程故障诊断、工控系统安全监控、网上支付结算等增值服务。继续深化制造业信息化科技工程，为制造业转型升级提供支撑。

专栏2 制造业信息化科技工程

围绕制造业结构调整、转型升级和全球化、服务化、智能化、绿色化发展需求，着力突破一批引领性、创新性的制造业信息化关键技术，着力打造数字企业、服务型制造企业和产业服务平台。

攻克制造知识融合、产品创新研发、全生命周期管理与服务等关键技术，形成一批技术成果与软件产品。推广制造服务技术与系统，加速制造业企业向产业价值链高端迈进。在高端装备、生产过程、产品物联和物流中应用制造物联技术与系统，显著提高生产自动化程度和物流效率。打造全球协作和集团管控大型数字企业，提高产业集群协作能力和面向中小企业的服务能力。进一步完善制造业信息化技术培训体系、咨询服务体系、标准体系，形成制造业信息化发展的长效机制。

4. 推广节能减排信息技术。推动重点行业节能减排信息技术的普及和深入应用，提高绿色研发设计能力，加大主要耗能、耗材设备和工艺流程的数字化、网络化和智能化改造。建立健全资源能源综合利用效率监测和评价体系，改进资源能源需求侧管理，提升资源能源供需双向调节水平。大力发展环保装备专用测控一体化技术，建立健全符合行业发展和区域生产力布局特点的主要污染物排放监测和固体废弃物综合利用信息管理系统，完善污染治理监督管理体系。

5. 建立两化融合服务支撑体系。完善企业信息化和工业化融合水平评估认定体系，推广行业评估规范，指导中介机构开展重点行业和企业两化融合发展水平评估，健全企业信息化水平评价工作机制。建立国家级信息化和工业化融合促进中心，支持面向具体行业的信息化公共服务平台发展。加强国家新型工业化产业示范基地、国家级信息化和工业化融合试验区建设，支持地方开展两化融合评估和监测，完善区域信息化服务体系。

专栏3 信息化和工业化深度融合服务体系建设重点

建设两化融合促进中心。依托工业园区、重点企业、行业协会、高等院校和科研机构，建设实体性和虚拟性的国家级信息化和工业化融合促进中心，提供适合市场需求的行业解决方案，发展各类专业化服务。

建设两化融合公共服务平台。面向行业和产业集群，建设低成本、高效益、安全可靠的公共服务平台，提高研发设计、业务外包、市场营销、监理实施的支撑服务能力，推广信息技术产品和行业信息化解决方案。依托重点企业、重点院校和社会培训机构，建设信息化和工业化融合培训和实训基地。

（二）加快推进服务业信息化。

适应服务业发展和居民消费结构升级的需要，深化信息技术在服务业的应用，积极培育新型服务业态，推动现代服务业发展。

1. 引导电子商务健康发展。鼓励工业和商贸流通领域骨干企业开展网络采购和销售，加强供应链协同运作。推动中小微企业普及电子商务应用。鼓励电子商务服务平台向涵盖信息流、物流、资金流的全流程服务方向发展。丰富网络商品和服务，拓展网络购物渠道，满足不同层次消费需求。支持开展移动电子商务创新，支持境内企业开展跨境电子商务应用。完善安全、信用、金融、物流和标准等支撑体系，构建与电子商务发展相配套的服务体系。组织开展国家电子商务示范城市创建工作，积极营造有利于促进电子商务健康发展的政策环境，探索适应电子商务发展的监管模式，加快建立规范有序的电子商务市场秩序。

2. 提升物流信息化水平。促进信息技术应用与现代物流发展的融合创新，提高物流基础设施的信息化水平，鼓励发展新型物流业态和服务模式。加强跨行业的物流信息共享，建立完善行业性、区域性的公共物流信息服务体系。推动电子商务和物流信息化集成发展。

3. 提高服务业重点领域信息化水平。加快推动银行业、证券业和保险业信息共享，提高金融宏观调控和综合监管能力；运用信息技术推进金融产品和服务创新，促进消费金融发展；围绕增强普遍服务能力，提高面向中小微企业和农业农村的金融信息化服务水平。引导工业设计走专业化、高端化、网络化发展道路，建设一批实用、高效的工业设计公共服务平台。发展信息系统集成服务、互联网增值服务、信息安全服务和数字内容服务，发展地理信息产业。推动旅游、人力资源开发、餐饮、新闻出版、休闲娱乐和社区服务等服务行业采用信息技术创新服务品种和方式，完善服务体系，提升服务能力。

专栏4　电子商务示范工程

推进电子商务协同应用。通过加强电子商务协同应用，在原材料、装备制造、消费品、电子信息、国防科工等重点工业领域，提高龙头企业的供应链管理水平，推进企业间网上协同研发、设计和制造，增强产业链商务协同能力。

推动中小企业普及电子商务。鼓励中小企业应用第三方电子商务服务平台，开展网上购销等活动。引导中小企业积极融入龙头企业的电子商务购销体系。

移动电子商务试点示范。继续开展试点示范，推动移动电子商务应用从生活服务、公共服务领域向工农业生产和生产性服务业领域延伸，提高移动电子商务关键技术的创新能力，完善产业链。

（三）积极提高中小企业信息化应用水平。

完善中小企业信息化服务体系，为中小企业信息化建设提供支持与服务，推动中小企业在核心业务环节深化信息技术应用。

1. 深化中小企业信息技术应用。加强适应不同行业中小企业特点和需求的研发工具、智能装备、过程控制系统和管理信息系统的研究开发和推广应用。提高网络环境下中小企业的协作配套能力，支持中小企业参与以行业骨干企业为核心的产业链协作。

2. 继续实施中小企业信息化推进工程。发展和完善面向产业集群和中小企业集聚区的信息化服务平台，重点支持面向中小企业提供云计算服务的公共服务平台发展，提供研发设计、经营管理、质量检验检测等服务。加快发展面向中小企业信息化的方案设计、监理实施、运行维护等第三方服务，不断完善中小企业信息化服务体系。

专栏5　中小企业信息化发展重点

引导中小企业加强研发设计、生产经营、市场营销等系统数据的互联共享，促进信息资源的有效利用。建设面向区域、行业和企业的信息化服务平台，为中小企业技术创新、生产过程、经营管理、市场开拓、人才培养、筹集资金等提供支撑。

整合软件提供商、电信运营商、系统集成商、管理咨询和工程监理机构资源，加强产学研用协同合作，建立并完善中小企业信息化服务资源共享机制，引导建设中小企业信息化服务联盟。开展中小企业信息技术应用示范，培育典型企业，总结典型经验，加快行业推广。

（四）协力推进农业农村信息化。

把推进农业农村信息化放在社会主义新农村建设的突出位置，充分发挥信息化在加快转变农业发展方式、改善农民生活、统筹城乡发展中的重要作用，加快信息强农惠农。

1. 完善农村综合信息服务体系。建立全国农业综合信息服务平台。按照政府主导、社会参与、资源整合、多方共建的原则，加快农村基层信息服务站和信息员队伍建设，形成村为节点、县为基础、省为平台、全国统筹的农村综合信息服务体系。

2. 加强涉农信息资源整合。科学规划各级政府部门涉农信息资源建设，集约建设涉农信息系统、服务平台和农业综合基础数据库。发展专业性信息资源服务平台，丰富农村信息服务内容。大力推进信息技术在农业生产、经营、管理和服务各环节的应用，引导农业生产经营向精准化、集约化、智能化方向发展。推进农业信息化试点示范，促进形成具有地方特色的农业信息化应用模式。

专栏6　大力推动信息兴农

涉农信息资源整合集成计划。鼓励建设农业农村综合信息资源和服务平台，重点建立粮食、瓜果蔬菜、畜禽、水产品等专业性信息资源和服务平台，支撑重点农业产品产业链管理和科技服务信息化。

电子商务助农工程。发展农产品电子商务，减少农产品流通环节，推动产销对接，支持订单农业发展。鼓励发展跨区域、专业化的农产品特色网站和交易网络，形成以批发市场、商贸中心、物流调度中心和商品集散地为依托的农业电子商务服务体系。

现代农业信息科技计划。推进重点农产品种植养殖、生产加工、储运销售等各环节可追溯系统的建设和应用，提供农产品物流信息查询、智能配送、货物跟踪等物流信息服务。建立粮食主产区的气象监测预报、重大自然灾害预警防范、植被物候变化、生态环境保护、动植物疫情监测检验检测等信息系统，形成全面覆盖、及时响应的农业减灾防灾预警平台。完善农产品市场价格信息监测服务体系，健全农业专家信息咨询服务体系。

（五）全面深化电子政务应用。

加强顶层设计，继续深化电子政务应用，推进政府组织结构优化，提高公共服务能力。

1. 推进信息技术与政务工作深度融合。适应新时期保障和改善民生的新要求，优先支持教育、医疗卫生、就业和社会保障、住房等业务系统建设。深化财政、税收、工商、质检、海关、金融监管、价格、能源、工业经济运行等业务系统应用，寓管理于服务，提高市场监管和公共服务能力。继续加强审计监管、公共安全、国土资源、食品药品安全、安全生产、国防科技工业等信息系统建设，支撑提高政府依法履职能力。加快党委系统电子政务建设，为推行党内公开、提高各级党委工作效率提供技术保障。鼓励电子政务应用向云计算模式迁移，全面提升电子政务服务能力。

2. 提升基层电子政务服务能力。综合运用电信网、广播电视网和互联网，不断丰富电子政务公共服务手段。充分利用已有电子政务基础设施，支持开展电子政务集约建设和应用服务，更加注重推动电子政务服务向街道、社区和农村延伸。加强社区信息化建设，为公众培训、就业、社会保障、就医、计划生育、家政、出行等提供综合信息服务，为残疾人、老年人、低保家庭提供专项信息服务。鼓励基层电子政务应用模式创新，支持基层政府开展以企业和公众为中心的电子政务服务模式创新试点示范。

3. 提高社会管理信息化水平。建立人口信息共享机制，支撑实施实有人口动态管理。建立全面覆盖、动态跟踪、信息共享、功能齐全的社会管理综合信息系统，形成政府主导、社会参与、服务全局的社会管理信息化体系。加强和完善信息网络管理，提高对虚拟社会的管理水平。运用信息技术开展舆情分析，健全网上舆论动态引导机制，确保社会信息采集和处理快捷高效。运用信息化手段改进信访工作方式，建设公众诉求信息管理平台，健全社会稳定风险评估体系。

专栏7　电子政务工作重点

完善统一的国家电子政务网络。以互联互通为重点，基于国家电子政务网络传输骨干网，建设电子政务内网、外网，继续完善统一的国家电子政务网络。到2015年，基本形成覆盖中央和地方的统一国家电子政务网络，具备承载各级政务部门业务应用的能力。

推进信息共享和业务协同。建立和完善政务信息共享机制，继续推进政务信息资源目录体系和交换体系等信息共享基础设施建设。围绕社会信用、综合治税、社会保障、食品药品监管、环境保护、电子监察和应急管理等需求迫切、效益明显的业务需求，积极推进跨部门、跨地区、跨层级的信息共享和业务协同，鼓励开展试点示范。

（六）稳步提高社会事业信息化水平。

以促进基本公共服务均等化为目标，不断提高教育、医疗卫生、就业和社会保障等领域的信息化水平，为加快社会事业现代化提供坚实支撑。

1. 大力提高教育信息化水平。加快学校宽带网络建设，发展现代远程教育和网络教育，推进优质教育资源普及共享。加大中小学、各类职业院校和培训机构教师的信息素养和信息技术应用能力培训力度。加快开放公共数字化教学资源，构建面向全民的终身学习网络和服务平台。

2. 加快医疗卫生信息化建设。围绕健全医疗服务体系的需要，完善医疗服务与管理信息系统，加快建立居民电子健康档案和电子病历，为开展远程医疗、远程救治和推进优质医疗资源共享打下基础。完善疾病和公共卫生事件直报系统和疾控管理信息系统，促进建立覆盖疾控发源地、传染链、病源谱和预防救治的应急响应体系。在中西部尤其是边远地区，有计划、有步骤地开展网络化医疗辅导和诊断救治服务。逐步建立农村医疗急救信息网络。扩大新型农村合作医疗管理和信息服务系统的覆盖范围，为实现参合人口异地就医和即时结报提供技术保障。

专栏8　医疗卫生信息化发展重点

建立完善城乡居民电子健康档案和电子病历。适应医疗机构向群众提供连续的预防、保健、医疗、康复等服务的需要，完善城乡居民电子健康档案和电子病历，方便居民参与个人健康管理。

建立医疗机构管理信息系统。针对不同层级医疗机构的功能，建立完善医疗机构管理信息系统，支持实行规范化的临床诊疗路径管理，提高医疗机构和医疗人员精细化管理和绩效管理水平。

加强区域医药卫生信息共享。开展区域卫生信息化试点，实现公共卫生、医疗服务、医疗保障、基本药物制度信息等的互联互通和数据共享。

3. 构建覆盖城乡居民的就业和社会保障信息服务体系。开展公共就业服务信息发布、需求预测、跟踪监测和失业预警，推动就业信息全国联网，完善就业和社会保障信息服务体系，推动信息服务向街道、社区和乡镇延伸。促进跨区域就业和社会保障信息共享，为养老、医疗、失业等社会保险关系的转移接续，异地居住退休人员管理，参保人员异地就医和结算等提供支撑。全面发行和应用社会保障卡，扩大社会保障覆盖范围。推进就业和社会保障信息服务体系覆盖农村劳动力转移就业、农村养老保险、减灾救灾、社会救助、社会福利、最低生活保障、慈善事业等农村就业和社会保障领域。加快推进残疾人人口综合信息与就业和社会保障信息的共享，提高面向残疾人的信息无障碍服务能力。

专栏9　就业和社会保障信息化发展重点

推进社会保障“一卡通”建设。大力推广标准统一、功能兼容的社会保障卡，推动社保卡在社会保障领域应用，建立覆盖全国、联通城乡的人力资源社会保障信息网络，实现社会保障卡向农民延伸，做到“人手一卡”，面向全体参保群众逐步实现“服务一生、保障一生”。

促进跨地区就业和社保信息共享。以人口信息共享为基础，积极推动跨地区就业和社保信息共享，建立跨地区就业和社保信息交换平台与结算中心，支持实现就业和社保异地接续、异地实时结算。

（七）统筹城镇化与信息化互动发展。

发挥信息化在创新城市管理模式和提升城市服务能力方面的重要作用，为破解城市发展难题、实现精确高效管理提供有力支撑。

1. 提高城市运行管理的智能化水平。立足城市功能和空间生产力布局，依托信息网络基础设施，深化空间地理信息应用，推动各类城市管理信息的共享和协同。运用感知、传输、智能计算和处理技术，增强城市空间要素的可感知度，推广网格化管理模式，实现精细化管理，提高城市运行、管理和公共服务的信息化水平，引导智慧城市建设健康发展。

2. 推进社区信息化。推动社区网络和信息资源整合，鼓励建立覆盖区（县、市）或更大范围的社区综合信息管理和服务平台，实现数据一次采集、资源多方共享，优化区（县、市）、街道、社区等面向社会公众和企事业单位提供服务的流程，为逐步实现行政管理、社会事务、便民服务等社区管理服务一体化，健全新型社区管理和服务模式提供支撑。加快建设家庭服务业公益性信息服务平台，推动智能社区和智能家庭建设，推广普及智能建筑和智能家居。

3. 提高公共安全信息化管理水平。深入推进公共安全领域信息化建设，加强对公共场所、重大危险源、危险化学品的智能监管，建立健全安全生产监管信息化体系。开展重大自然灾害的预测预警，扩大监控监测覆盖面，加大对维稳、反恐、打击犯罪、治安防控等信息的综合应用，提高信息资源共享水平，完善社会治安防控信息体系。健全公共突发事件的信息报送、发布、应急响应和灾难救助机制。

专栏10　开展城市智能管理示范

公用事业智能化试点示范。支持有条件的城市运用物联网、云计算等新一代信息技术，以水、电、气、热及地下管线等市政公共基础设施的信息采集、信息网络和数据中心建设为重点，建设智能供水、供电、供暖、供气和城市地下管线综合管理体系，提高公用事业智能化运行水平。

城市智能交通试点示范。鼓励有条件的城市建设城市智能交通系统，实现对车辆、道路、泊位等交通信息的精确采集、及时发布与共享，提高调度管理智能化水平。

城市应急联动示范。鼓励大中型城市运用信息化手段，推进应急救助资源共享，增强应急指挥调度协同能力，形成统一指挥、反应灵敏、运转高效的应急联动体系，提高城市应急处置水平。

（八）加强信息资源开发利用。

继续推动政务信息资源共享，不断增强公益性信息服务能力，提高信息资源开发利用水平。

1. 提高政务信息资源共享能力。强化人口、法人、金融、税收和空间地理等基础性信息资源的开发利用，加快建设统计信息资源开发利用工程，完善国民经济预测预警监测体系，建立健全应对气候变化、发展战略性新兴产业的统计、监测信息发布体系，提升政务信息资源的决策支持能力和社会化服务水平。按照加快推进社会信用体系建设的要求，利用人口和法人基础信息库，依托各部门业务信息系统，完善公民和法人的信贷、纳税、履约、生产、交易、服务、工程建设、参保缴费、审判执行等信用记录，实现信用信息的跨部门共享。以公民身份证号码为唯一身份标识，完善以居民身份证信息为基础、相关职能部门业务信息为补充的人口信息资源库，建立信息共享和校核机制，为创新社会管理提供支撑。

专栏 11　统计信息资源开发利用
开展重大国情国力调查。充分运用信息技术，开展人口普查、农业普查、经济普查和1%人口抽样调查、投入产出调查、科学研究与实验发展资源（R&D）清查等重大国情国力调查，实现方案设计、调查布置、数据采集分析和信息发布全流程信息化。 加强统计信息资源联网直报。建成网络直报统计数据系统，实现工业、建筑业、房地产开发业、能源、住户、价格等全部统计专业数据的网上直接采集，满足各级统计机构、有关部门和社会各界各类统计信息服务需求。 推动统计信息资源共享。完善支持宏观调控、市场监管、社会管理和公共服务的国家统计基础数据库，推进政府综合统计、部门行业统计信息资源共享，满足各级政务部门对国民经济和社会发展基础数据的应用需求。

2. 加大公益性信息资源利用力度。建立公益性信息资源开发与利用的长效机制，加强农业、科技、教育、文化、卫生、人口和计划生育、就业和社会保障、法制、国土资源等重点领域信息资源的公益性开发利用。引导公益性信息服务机构发展，鼓励企业、公众和其他社会力量采取多种方式提供公益性信息服务。

3. 发展先进网络文化。实施先进网络文化发展工程，鼓励开发具有中国特色和自主知识产权的数字文化产品，推动网络知识的创造、整合与传播，增强信息化时代中华文化的国际影响力。加强重点新闻网站建设，规范管理综合性商业网站，构建积极健康的网络传播新秩序。积极推进数字图书馆、数字档案馆、数字博物馆、数字文化馆等公益性文化信息基础设施建设，完善公共文化信息服务体系。

4. 壮大数字内容产业。加快推进信息技术与文化内容的融合，引导数字内容资源制作、传播和利用，提高数字内容商品和服务的供给能力。建设数字内容公共服务平台，积极培育数字出版、数字视听、游戏动漫等新兴产业。促进数字内容与新型终端、互联网服务的结合，扩展数字内容产业链，创新经营模式和服务模式，提高数字内容产业附加值。培育壮大数字内容与网络文化产业骨干企业，鼓励创新商业模式。

（九）构建下一代国家综合信息基础设施。

把握信息网络演进升级的机遇，实施宽带中国战略，以宽带普及提速和网络融合为重点，加快构建宽带、融合、安全、泛在的下一代国家信息基础设施。

1. 加快宽带网络优化升级和区域协调发展。优化骨干网络架构，完善业务节点国际布局，提升国家骨干网传输能力。采用多种技术推进光纤向用户端延伸，扩大无线宽带网络覆盖，提升用户端接入能力。优化互联网数据中心空间布局，实现互联网信息源高速接入。支持东部地区积极利用光纤和新一代移动通信技术、下一代广播电视网技术，全面提升宽带网络速度与性能，基本实现城市光纤到楼入户，缩小与发达国家差距。支持中西部地区增加光缆路由，提升网络容量，扩大接入网络覆盖范围；引导大型云计算数据中心落户中西部条件适宜的地区。因地制宜采用光纤、铜线、同轴电缆、3G/LTE、微波、卫星等多种技术手段加快宽带网络从乡镇向行政村、自然村延伸，推进农村宽带进乡入村。

2. 促进下一代互联网规模商用和前沿布局。加快部署下一代互联网，抓紧开展IPv6商用试点，适时推动IPv6大规模部署和商用，加快推进IPv4向IPv6的网络过渡、业务迁移与商业运营，在设备制造、软件开发、运营服务等环节形成较完善的产业和协同创新链条。完善互联网国家顶层架构，升级骨干网络，实现高速度高质量互联互通，提升网络安全性、可靠性和效率。推动我国互联网国际互联架构优化，提升互联层次和流量转接水平。加快未来网络技术研发和战略布局，建设面向未来互联网创新发展的示范平台，开展新型架构及创新技术的试验和示范，突破关键核心技术，推动形成系列国际标准。

3. 建设安全可靠的信息应用基础设施。综合考虑业务需求、设施配套、信息安全保障等因素，引导形成布局合理、安全可靠的互联网数据中心基础设施，推进互联网数据中心的规模化、集约化、节能化、绿色化升级。加强统筹管理，逐步形成技术先进、安全可靠的内容分发网络（CDN）。

4. 加快推进三网融合。组织实施三网融合全面推广工作，在全国范围内推动广电、电信业务双向进入，加快网络基础设施建设和统筹规划，加快建立适应三网融合的标准体系，加大资源开发和业务创新力度，大力发展新兴融合型业务，培育壮大文化产业、信息内容产业和信息服务业。加强三网融合法制建设，强化网络信息和文化安全监管，建设可管可控的安全保障体系。

5. 优化国际通信网络布局。统筹规划海底光缆建设，完善跨境陆地光缆，与有条件的周边国家实现互联。丰富到亚太、北美、欧洲的国际路由，增加到非洲、南美的国际海底光缆。加快部署海外业务接入点和国际数据中心，提升为驻外机构和企业提供信息网络服务的能力

专栏 12　宽带中国工程

光纤入户工程。加快城镇光纤到楼入户配套建设，实现光纤宽带网络与各地国土利用、城乡建设和市政设施同步规划、同步建设。利用政府引导资金，在学校、医院等公共服务机构推广普及宽带网络。推广宽带业务应用，支持光纤器件、线缆和设备企业加快关键技术研发和产业化。

村村通宽带工程。推进宽带下乡和农村光纤改造，加快行政村宽带普遍服务进程，实现 100% 的乡镇、95% 以上的行政村通宽带。

宽带无线移动通信示范。依托新一代宽带无线移动通信网科技重大专项，推动 TD - SCDMA 增强型技术产业化，支持 LTE 及其增强型技术研发攻关，加快推动 TD - LTE 商用部署和产业化发展，支持基带芯片、射频器件、核心软件等关键技术产业化。

下一代互联网商用工程。实施 IPv4 向 IPv6 的网络改造和应用迁移；推进网络、网站同步改造，实现骨干网和主要商业网站、教育科研网站、政府网站全面支持 IPv6，全面部署 IPv6 安全防护系统。加快下一代互联网关键网络设备、应用软件、终端产品的产业化升级。

（十）促进重要领域基础设施智能化改造升级。

加快能源、交通运输、水利、环境资源等领域的数字化、网络化、智能化改造升级，促进重要基础设施的精准管理和高效运行。

1. 加快建设智能电网。提高发电、输电、变电、配电等环节的信息化和智能化水平，实现电力流、信息流、业务流高度一体化。根据发展风电、太阳能等可再生能源的需要，建设具有自动平衡和优化输配能力的智能电网调度体系，实现可再生能源发电并网接入标准化和运行控制智能化。

2. 提高综合交通运输体系智能化水平。提高交通运输信息化、智能化水平，建设综合交通运输公共信息平台，逐步建立各种运输方式之间的信息采集、交换和共享机制。积极推动客货运输票务、单证等的联程联网系统建设，逐步完善高速公路全国监控、公路联网和不停车收费系统。建设以旅客为中心的开放式民航运输信息系统，推进航空运输企业深化电子商务应用。提高铁路通信信号现代化水平，完善高速铁路、繁忙干线调度集中系统，加快推进铁路客运服务电子化、网络化。提高航运信息化管理和服务水平。

3. 提升基础性资源信息化管理水平。加快推进水资源管理信息化、智能化进程，构建布局合理、动态监测、信息共享和科学决策的水利智能应用体系，强化水资源信息资源共享。建立健全环境资源监测系统，建立土地、矿产资源、森林等基础性资源全程动态监测、污染源控制、生态保护信息系统，提高国土资源和环境保护领域的预警、决策和执法能力。

专栏 13　加快基础设施智能化

电网智能化试点工程。组织实施清洁能源发电储输和配电自动化、智能变电、双向互动用电、电网综合调度等试点，完善电网基础体系、技术支撑体系、智能应用体系和标准规范体系。

促进综合交通运输体系智能化升级。加快建设交通基础设施和运输装备运行监测网络，组织开展各种运输方式间信息交换、共享以及条码、射频等先进技术研发和应用试点，逐步完善高速公路不停车收费系统。

加强水利信息化建设。加强水文站网和水文巡测基地建设，加快水利卫星通信网、国家防汛抗旱指挥系统、国家水资源管理系统、国家水利数据中心建设，强化水利信息资源整合与共享，充分发挥水利管理信息系统的作用，深化水资源智能管理应用试点。

构建先进完备的数字环保体系。提升重点区域臭氧、细颗粒物（PM2.5）等特征污染物的日常监测能力，建立卫星遥感监测与地面监测相结合的国家生态环境监测网络，建立国家、省、市三级环境预警和应急体系，提高环境信息的基础统计和业务应用能力。

全面提升气象信息化支撑能力。加强气象监测与灾害预警。完善国土资源监测技术体系，加快以国土资源遥感监测“一张图”为基础的核心数据库建设。

（十一）着力提高国民信息能力。

1. 积极开展国民信息技术教育和培训。完善中小学信息化学习环境，加快普及信息知识和信息技术教育。加强高等院校与政府、企业的合作，加大信息教育培训力度，提升高素质人才的信息技术应用和创新能力。加快向信息基础薄弱的地区和人群提供信息化知识和技能服务。开展国民信息素质状况动态监测和定期评估，有针对性地促进国民信息教育水平和信息能力提高。

2. 培养信息化人才队伍。构建以学校教育为基础，基础教育、高等教育、职业教育与继续教育相结合，政府引导与市场培训互为补充的信息化人才培养体系。通过高等教育、继续教育等多种途径和方式，加快培养创新型、专

业技术型、技能型信息化人才。

（十二）加强网络与信息安全保障体系建设。

1. 确保基础信息网络和重要信息系统安全。强化顶层设计和工作协调机制建设，加快建立以防为主、软硬结合的网络与信息安全保障体系。基础信息网络和重要信息系统要同步规划、同步建设、同步运行安全防护设施，提升防攻击、防病毒、防篡改、防瘫痪、防窃密能力。加强无线电安全管理和重要信息系统的无线电频率保障。加强互联网网站、地址、域名和接入服务单位的管理。建立信息安全审查制度，加强重要领域工业控制系统安全防护和管理，建立安全测评和风险评估制度。推进政府部门互联网安全接入防护工作，加强政府网站安全管理。强化电子文件的安全管理。加快涉密信息系统安全保密防护设施建设，完善保密机制，加强保密审查。加强国家网络空间战略预警和积极防御建设，增强网络信息安全的态势感知、监测预警、应急处理和执法能力。

2. 强化信息安全基础。加强信息安全技术攻关，集中力量攻克一批关键技术，突破芯片、关键元器件、基础软件和关键网络设备等核心技术瓶颈，提高信息技术装备安全可控水平，支持信息安全产业发展。建立完善信息资源和个人信息保护制度。加强信息安全风险评估、等级保护、信息安全通报、信息安全产品认证认可、信息安全应急处置等工作。加快推进网络信任体系建设和密码保障工作，规范电子认证服务，大力推广电子签名应用。完善信息安全基础设施，提高信息安全监管和执法能力。支持信息安全专业骨干队伍和应急技术支撑队伍建设，加强重要产品和系统安全漏洞分析评估。

3. 加强信息内容安全管理。加强互联网基础数据管理、新技术新业务准入管理和新业务安全评估。建立与信息网络新技术、新业务发展相适应的信息内容安全监管手段。加强网络侦查技术手段建设，严厉打击各类网络犯罪。加强重点新闻网站建设，规范管理综合商业网站，构建健康的网络传播秩序。以维护信息安全为目标，大力推进驻外机构、企业等采用国内通信运营商提供的服务。

工业和信息化部办公厅关于进一步加强民用爆炸物品生产线视频监控工作的通知

工信厅安〔2013〕173 号

各省、自治区、直辖市民爆行业主管部门：

民用爆炸物品生产线视频监控（以下简称视频监控）系统建设工作开展以来，在工业炸药和工业雷管的安全生产管理中发挥了重要作用。进一步加强视频监控工作，是深入贯彻落实党的十八大提出的“信息化和工业化深度融合”精神，加快推动民爆行业两化融合进程的重要举措；是用信息化手段提高传统高危制造行业安全生产本质水平，提升民爆企业生产现场安全管理和民爆行业主管部门安全监管水平的重要手段；是有效防止员工违章作业、企业违法违规生产，遏制安全生产事故发生的重要保障。为更好地开展视频监控工作，现就有关问题通知如下：

一、不断完善民用爆炸物品生产线视频监控系统

随着民爆行业新技术新工艺新设备的应用和安全管理的新要求，民用爆炸物品生产线视频监控系统需进一步完善。民爆生产企业应按照《民用爆炸物品危险作业场所监控系统设置要求》（WJ9065－2010）及《民用爆炸物品生产线视频监控系统建设技术要求》（详见附件），于 2013 年底前完成系统的建设；各级民爆行业主管部门应督促企业完成系统的建设及维护工作，切实做到联网到位、监控到点、责任到人。

（一）视频监控场所应做到所有民爆产品品种生产线全覆盖。

（二）视频监控范围应监控到工房内全貌及重点高危工位。

（三）视频监控图像应实时传输到企业视频监控中心及行业视频联网监控平台。

二、强化企业安全生产主体责任，建立企业视频监控管理体系

（一）完善企业视频监控管理组织。民爆生产企业作为安全生产责任主体，应建立健全本企业视频监控管理体系，明确以主要负责人为第一责任人的视频监控管理职责，加强企业日常安全管理。

（二）建立健全企业视频监控管理制度。企业应制定完备的监控记录、信息报送、报警处置、系统维护、应急处理、人员培训等规章制度。

（三）制定生产现场视频监控操作规程。在生产时间，应配备专职人员负责查看生产现场实时图像，发现违规现象、设备运行异常情况，应立即报警与纠正，及时消除安全隐患。

三、落实行业属地安全监管职责，建立民爆行业分级视频监管体系

民爆行业分级视频监管体系由国家、省、市、县各级民爆行业主管部门构成。各级民爆行业主管部门应加快建

立健全视频监管制度，按权限登陆民爆行业视频联网监控平台，查看当天民爆生产现场视频监控信息，做好监控记录等有关监管工作。2014 年 6 月底前完成民爆行业视频联网监控平台的建设、培训并正式投入使用。

（一）县级民爆行业主管部门应检查属地民爆生产企业生产线视频监控系统建设及管理制度完善情况，检查企业使用视频监控系统进行生产现场安全监管情况；应根据系统异常报警信息，督导企业及时处理；应认真查看或调阅生产现场视频信息与门禁式定员监控系统的监控记录，与系统设置的定员模版信息比对，发现“超员”或“超时”现象后，核实相关情况，依法进行处理。

（二）市级民爆行业主管部门应检查县级民爆行业主管部门视频监管制度建设及执行情况；核查县级民爆行业主管部门在视频联网监控平台的监管记录及处理结果。

（三）省级民爆行业主管部门应指导市、县级民爆行业主管部门和企业建立视频监管制度，检查制度执行情况；组织民用爆炸物品生产线视频监控系统验收工作；抽查市、县级民爆行业主管部门在视频联网监控平台的监管记录和处理结果。

（四）工业和信息化部组织开展民爆行业视频联网监控平台的规划、建设和应用培训工作；指导各级民爆行业主管部门建立和完善视频监控管理制度；督查省级民爆行业主管部门视频监管情况；委托中介机构设专人巡查生产线视频监控信息；组织开展企业视频监控系统标准符合性、视频监控信息真实性、可靠性等方面测评，以保障视频监控信息的安全、真实、可靠。

工业和信息化部办公厅
2013 年 10 月 25 日

附件

民用爆炸物品生产线视频监控系统建设技术要求

1. 民用爆炸物品生产线视频监控范围应覆盖民爆生产工房内所有操作人员固定工位、固定与暂时存放民爆产品（含半成品、成品、不合格品）和爆炸性危险原材料位置，并能监视工房内全貌；企业应始终保持视频监控图像完整、清晰，不得删除、篡改监控信息，不得遮挡、污损摄像头；有操作定员的监控区域应配备水平解析度不低于 480TVL 的防爆、高清摄像头（视频格式应为 D1）和夜间照明系统。

2. 民用爆炸物品生产线视频监控系统内设置门禁式定员监控子系统。门禁式定员监控子系统应具备进出工房人员身份识别与数量统计、满员状态信息提示、超员状态报警等功能，对 1.1 级生产工房其探测范围应覆盖防护土堤每个进出口，现场报警与显示的响应时间不超过 2 秒。

3. 民用爆炸物品生产线视频监控系统的监控记录、超员报警及运行维护等信息应采用光纤宽带联网方式（接入带宽不低于 10M），接入民爆行业视频联网监控平台。企业应在系统中正确登记视频监控工房与具有门禁式定员监控系统的工房土堤出入口、该工房内视频监控区域以及工房总定员与监控区域定员信息。登记信息应符合生产工艺设计方案描述，变更摄像头位置及监控区域应相应调整登记信息，并报县级以上民爆行业主管部门备案。

4. 企业应做好民用爆炸物品生产线视频监控系统运行维护工作。生产线监控室内应备有不间断电源（UPS），保障生产线视频监控系统不间断正常运行。当出现摄像头损坏等设备故障、网络中断和视频信号丢失等系统异常报警情况时，应及时组织修复，核实处理报警信息，填报系统异常报警记录和维护记录。

5. 企业应建立民爆生产场点和企业总部两级视频监控中心（仅有一个生产场点的企业可建立一级视频监控中心）。所有生产线视频监控系统应接入所属生产场点视频监控中心；生产场点视频监控中心应建立视频录像灾备系统，同步储存视频录像信息（视频格式为 D1 的录像信息保存时间不得少于 3 个月，其他格式录像信息保存时间不得少于 1 个月）。生产场点与企业总部视频监控中心均应具备远程查看所属全部生产线实时视频及存储信息的功能。

交通运输部关于印发《港口危险货物重大危险源监督管理办法（试行）》的通知

交水发〔2013〕274 号

各省、自治区、直辖市交通运输厅（委）：

为帮助各地贯彻落实《港口危险货物安全管理规定》（交通运输部 2012 年第 9 号部令），做好港口危险货物重大危险源管理工作，我部研究制定了《港口危险货物重大危险源监督管理办法（试行）》，现予以印发，请遵照执行。请各地在执行中认真做好总结，并将相关情况及问题及时反馈我部。

交通运输部
2013 年 4 月 23 日

港口危险货物重大危险源监督管理办法（试行）

第一章 总 则

第一条 为加强港口危险货物重大危险源的安全监督管理，预防和减少港口危险货物事故的发生，保护人民群众生命财产安全，维护港口安全生产秩序，根据《中华人民共和国港口法》、《中华人民共和国安全生产法》、《危险化学品安全管理条例》和《港口危险货物安全管理规定》等有关法律法规规章，制定本办法。

第二条 港口危险货物重大危险源的辨识评估、登记建档、备案核销及其监督管理等，适用本办法。

本办法所称港口危险货物重大危险源（以下简称港口重大危险源），是指参照《危险化学品重大危险源辨识》（GB18218）标准辨识确定，港口区域内储存危险货物的数量等于或者超过临界量的单元（包括场所和设施）。

第三条 危险货物港口经营人（以下简称港口经营人）是本单位港口重大危险源安全管理的责任主体，其主要负责人对本单位港口重大危险源安全管理工作全面负责。

第二章 辨识评估

第四条 港口经营人应当对本单位的港口危险货物储存设施或场所进行港口重大危险源辨识，并记录辨识过程与结果。

第五条 港口经营人应当对本单位的港口重大危险源进行安全评估并确定重大危险源等级。港口重大危险源按照其危险程度，由高到低依次划分为一级、二级、三级。港口重大危险源分级方法见附件1。

第六条 港口经营人可以组织本单位的注册安全工程师、技术人员或者聘请有关专家对本单位港口重大危险源进行安全评估，也可以委托具有法律、法规、规章规定条件的安全评价机构对港口重大危险源进行安全评估。

依照有关法律、法规、规章等，港口经营人应当进行安全评价的，港口重大危险源安全评估可以与本单位的安全评价一起进行，也可以单独进行港口重大危险源安全评估。

第七条 构成一级港口重大危险源的储存设施或场所，港口经营人应当委托具有法律、法规、规章规定条件的安全评价机构，采用定量风险评价方法进行安全评估，确定个人和社会风险值。

确定的个人和社会风险值，不得超过本规定附件2列示的个人和社会可容许风险值标准。超过个人和社会可容许风险值标准的，港口经营人应当采取相应的降低风险措施。

第八条 港口重大危险源安全评估报告应当包括以下主要内容：

（一）评估的主要依据；

（二）港口重大危险源基本情况；

（三）辨识、分级的符合性分析；

（四）事故发生的可能性及危害程度；

（五）个人风险和社会风险值（采用定量风险评价方法时）；

（六）可能受事故影响的周边单位、人员状况；

（七）安全管理措施、安全技术措施和监控措施；

（八）事故应急措施；

（九）评估结论与建议。

第九条 有下列情形之一的，港口经营人应当对港口重大危险源重新进行辨识分级，开展安全评估和完善档案：

（一）港口重大危险源安全评估满3年的；

（二）构成港口重大危险源的储存设施、场所进行新建、改建或扩建的；

（三）港口危险货物种类、数量或者储存方式及其相关设备、设施等发生重大变更，可能影响港口重大危险源级别和风险程度的；

（四）发生危险货物事故造成人员死亡，或者10人以上受伤，或者影响到公共安全的；

（五）外界生产安全环境因素发生变化，影响港口重大危险源级别和风险程度的。

第三章 登记备案

第十条 港口经营人应当对辨识确认的港口重大危险源及时进行登记建档。档案的主要内容包括：

（一）辨识、分级记录；

（二）港口重大危险源基本特征表；

（三）危险货物安全技术说明书；

（四）区域位置图、平面布置图、工艺流程图和主要设备一览表；

（五）港口重大危险源安全管理制度及安全操作规程；

（六）安全监测监控系统、措施说明、检测、检验结果；

（七）港口重大危险源事故应急预案；

（八）安全评估报告；

（九）港口重大危险源场所安全警示标志的设置情况；

（十）其他文件、资料。

第十一条 港口经营人在对港口重大危险源进行辨识、分级，并完成港口重大危险源安全评估报告后，应将港口重大危险源备案申请表和第十条规定的档案材料（其中第五项规定的文件资料只需提供清单），向所在地港口行政管理部门备案。对涉及船舶航行、作业安全的港口重大危险源信息，港口行政管理部门应当及时通报海事管理机构。

港口重大危险源出现第九条所述情形的，港口经营人应当修改档案，并及时向所在地港口行政管理部门重新备案。

第十二条 对不再构成港口重大危险源的，港口经营人应及时向所在地港口行政管理部门提出核销的书面申请报告。港口行政管理部门自收到港口经营人的书面申请报告之日起20个工作日内进行审核，并组织现场核查，对符合条件的予以核销。

第十三条 各级港口行政管理部门应当定期将本辖区的港口重大危险源汇总信息逐级上报。

第四章 安全管理

第十四条 港口经营人应当建立健全港口重大危险源安全管理制度，落实港口重大危险源安全技术措施；应当明确港口重大危险源的责任人或责任机构，并对港口重大危险源的安全状况进行定期检查和日常巡查；对于检查发现的事故隐患，应及时采取措施予以消除。

第十五条 港口经营人应当根据危险货物种类、数量、储存工艺或相关设备、设施等实际情况，建立健全港口重大危险源安全监测监控体系，完善控制措施。

港口重大危险源安全监测监控系统应符合有关国家标准或者行业标准。

第十六条 港口经营人应当按照国家有关规定，定期对港口重大危险源的安全设施和监测监控系统进行检测、检验，并进行经常性维护、保养，记录维护、保养、检测、检验结果。

第十七条 港口经营人应当在重大危险源所在场所设置明显的安全警示标志，标明紧急情况下的应急处置办法。

第十八条 港口经营人应对港口重大危险源的管理和操作岗位人员进行安全操作技能培训，使其了解港口重大危险源的危险特性，熟悉港口重大危险源安全管理规章制度和安全操作规程，全面掌握本岗位的安全操作技能和在紧急情况下应当采取的应急措施。

第十九条 港口经营人应当将港口重大危险源的危险特性、可能的事故后果和应急措施等信息，以适当方式告知从业人员和其他相关单位、人员。

第二十条 港口经营人应制定完善有关港口重大危险源事故应急预案体系，配备必要的防护、救援物资和装备，并进行经常性维护、保养，保障其完好。

港口经营人应当对存在吸入性有毒、有害气体的港口重大危险源，配备便携式浓度监测设备、空气呼吸器、化学防护服、堵漏器材等应急器材和设施；涉及剧毒气体的港口重大危险源，应配备两套以上（含两套）气密型化学防护服。

第二十一条 港口经营人应建立专职或兼职应急救援队伍，应急救援队伍规模应与其危险货物储运规模相适应。

第二十二条 港口经营人应当制定港口重大危险源事故应急预案演练计划，并按照下列要求进行事故应急演练：

（一）对于一级、二级港口重大危险源，每季度至少进行一次；

（二）对于三级港口重大危险源，每半年至少进行一次。

港口经营人应当记录和评估港口重大危险源事故应急演练情况，并根据记录和评估结果，及时修订完善港口重大危险源事故应急预案。

第二十三条 所在地港口行政管理部门应建立健全港口重大危险源安全监管制度，完善本辖区港口重大危险源档案，建立港口重大危险源安全监管系统，掌握辖区内港口重大危险源和应急队伍、应急资源等基本信息。

第二十四条 所在地港口行政管理部门应当组织开展港口重大危险源集中区域风险分析与应急能力评估，制定完善事故应急预案；应当根据本辖区应急工作的实际需要，并在征求海事等部门意见后，统筹规划、组织建立应急物资和装备储备，建立完善应急储备管理制度，加强应急准备。

第二十五条 所在地港口行政管理部门应建立健全港口重大危险源事故应急救援体系，定期组织开展应急培训和应急救援演练，提高应急救援能力。

第五章 监督检查

第二十六条 所在地港口行政管理部门应当加强港口重大危险源监督检查，督促港口经营人做好本单位港口重大危险源的辨识评估、登记建档、备案核销和安全管理、应急准备等工作。

第二十七条 所在地港口行政管理部门应建立港口重大危险源安全检查制度，根据辖区内港口重大危险源的数量、等级和危险程度等，定期对存在港口重大危险源的港口经营人进行监督检查。

港口行政管理部门在监督检查中发现港口重大危险源存在事故隐患的，应当依据《安全生产法》第五十六条第三款、《危险化学品安全管理条例》第七条以及《港口危险货物安全管理规定》第四十八条相关规定进行处置。

第二十八条 所在地港口行政管理部门应建立港口重大危险源监督检查台账，内容包括港口重大危险源监督检查记录表、现场检查记录、整改意见、整改情况等资料。

第二十九条 所在地港口行政管理部门应当会同本级人民政府有关部门，加强对港口重大危险源集中区域的监督检查，确保港口重大危险源与周边单位、居民区、人员密集场所等重要目标和敏感场所之间距离符合国家相关规定。

附件：1. 港口重大危险源分级方法

2. 可容许风险值

（以上附件略，详情请登录交通运输部网站）

住房城乡建设部关于加强城市市政公用行业安全管理的通知

建城〔2013〕91号

各省、自治区住房城乡建设厅，直辖市建委（建交委），北京市市政市容委、园林绿化局、水务局，天津市市容园林委、水务局，上海市绿化和市容管理局、水务局，重庆市市政委、园林事业管理局，海南省水务厅，各计划单列市建委，新疆生产建设兵团建设局：

近期以来，城市市政公用行业发生多起重大安全事故，对人民群众生命财产安全和社会安定造成严重威胁。为切实加强城市市政公用行业安全生产管理，消除安全隐患，保障城市安全运行和人民群众生命财产安全，现通知如下：

一、切实加强组织领导

各地要充分认识安全工作的重要性，以高度的责任感，认真开展安全大检查，落实安全工作责任制和各项安全生产措施，始终做到安全常抓不懈，坚决遏制各类重特大安全事故的发生。各级城市建设管理部门要结合供水、排水与污水处理、供气、市容环卫、城市桥梁、风景园林等行业的实际情况，加强组织领导，深入一线了解实际情况，强化落实责任，加强协调配合，确保城市市政公用设施安全运行和社会和谐稳定。

二、确保城市供水安全

要督促指导各地全面排查城市供水系统，强化输水管线、水厂、加压泵站等重点设施的安全防护措施。落实应急预案，重点保证高峰用水时段的供水生产调度、应急水源调配、备用电力设施储备等工作。进一步强化机电设备的运行维护，确保汛期及高温条件下供水设施正常运行。加强城市供水水质监测，增加水源、出厂水和重点用水单位的水质监测项目和频率，并根据原水水质变化及时调整药剂投加量，严格防范急性传染性疾病发生。要强化汛期地下水井管理，采取有效措施，避免雨水污染地下水源。

三、加强城市燃气安全管理

各地燃气管理部门要以深入落实《国务院安委会关于深入开展餐饮场所燃气安全专项治理的通知》（安委〔2013〕1号）等相关要求为重点，督促指导燃气经营者对城镇燃气厂站、管网等设施以及燃气用户用气安全等进行全面检查，认真贯彻执行燃气法规制度、安全技术规范、操作规程等，发现安全隐患，及时采取措施予以消除。进一步落实燃气经营者指导燃气用户安全用气的责任，并与有关部门密切配合，充分发挥燃气经营者、社区管理（服务）组织、物业管理等单位的优势和作用，利用各种宣传媒体，向全社会积极普及燃气安全使用常识，提高公众燃气安全防范意识，不断增强自救、互救能力。

四、切实加强城市排水防涝工作

强化对城镇污水处理设施及排水管线的检修维护，及时清淤管渠、检查井、雨水进水口，检修维护泵站，确保设施完好和正常运行。对易发生短时径流量突增的地区、立交桥、地下构筑物、棚户区以及往年易涝点等重点区域，要落实城市防涝物资和强制排水设施，组织抢险队伍，加强暴雨期间的人员疏散、交通组织管理，确保能够快速有效处理内涝险情。加强排水防涝意识与自救知识的宣传，及时向社会发布城市汛情预警信息，共同做好应对准备。

五、加强城市市容环卫行业安全管理

各地要完善城市道路清扫作业人员安全防护措施，规范设置作业安全标志，提高环卫工人安全意识和防范能力。规范清扫作业操作，严禁将道路清扫垃圾倒入排水窨井行为，确保清扫垃圾及时清运。及时开展垃圾处理设施的检查和维护，认真检查填埋场填埋气导排、防爆、灭火设施的设置，禁止火种入场，防止火灾、爆炸等安全事故。认真检查焚烧厂各类管道、阀门、设备等设施，防止因管道破裂、阀门损坏等引起的安全事故。认真检查垃圾处理设施渗滤液导排及处理等配套设施，防止因渗滤液外溢、渗漏引起水体污染事故。严禁拾荒者进入垃圾处理设施捡拾垃圾，防止安全事故发生。

六、加强城市桥梁等市政设施安全管理

各地要督促有关单位认真落实城市桥梁管理的各项制度，认真开展城市桥梁（包括高架桥、人行天桥和地下通道）的安全隐患排查工作，特别要组织力量对使用年限长、荷载标准低、交通流量大、存在安全隐患的城市桥梁进行安全检测，及时排查险情。要完善城市桥梁档案信息和应急预案，将城市桥梁信息系统和应急管理系统纳入当地突发事件应急体系建设，提高应急处理能力。要认真落实《关于进一步加强城市窨井盖安全管理的通知》（建城〔2013〕68号）要求，加强井盖巡查，及时补齐或更换丢失、破损的井盖。对易发生冒溢地段的管道检查井，通过加装安全防护网等措施防止发生行人坠落伤亡事故。要充分发挥数字化城管系统在城市安全管理工作中的作用，提高市政设施运行安全管理效率。

七、加强城市轨道交通安防设施建设

要督促指导拟建或正在建设城市轨道交通的城市加强城市轨道交通安防设施建设，细化安全防范措施，全面落实住房城乡建设部《关于加强城市轨道交通安防设施建设的指导意见》（建城［2010］94 号）各项要求，从城市轨道交通规划、设计、施工等各个环节重视安防体系的构建，提升城市轨道交通安防水平，提高城市轨道交通应对突发事件的能力，确保城市轨道交通持续、稳定和健康发展。

八、加强城市公园安全管理

督促各城市认真落实《关于进一步加强公园建设管理的意见》（建城［2013］73 号），加强日常安全管理。公园内举办大型活动应当按照有关要求履行报批手续，合理确定游客容量，做好人员疏导、消防安全和交通组织等安全防范工作。加强对公园内电瓶车、游船等游客运载工具和各类游乐项目的维护和检查，防止因设备故障引发安全事故。加强公园内湖泊水系的安全管理，增设警示标志和安全救护设施，防止因野泳引起溺水事件。对各类城市绿地内树木的枯枝、残枝要及时清理，防止树枝坠落或树木倒伏引发伤人事件。加强城市动物园安全管理，保证安全运营。

九、加强风景名胜区管理

各地风景名胜区主管部门及景区管理机构要严格按照游览区、游乐设施、交通设施和有关规划核定的合理容量，有计划、有组织地安排游览活动，认真做好节假日、恶劣天气条件下游览活动的管理和游客的疏导、分流工作。对游人集中、情况复杂的地段，如险要路段、重要游览区、游人集中的景点等地区，要组织专门力量，加强执勤，严格防范，对游客、车、船及时予以组织和疏导。对景区内正在使用或施工的游览步道、栈道、护栏、码头、缆车、索道以及各种游船、车辆等设施，要进行认真排查，及时发现解决问题。对不符合要求或暂时不能消除安全隐患的设施和地区，应禁止使用或开放游览。

请各省级住房城乡建设主管部门及时部署各地抓紧做好安全生产各项管理工作。各地在工作中的有关情况和问题，请及时报告住房城乡建设部。

中华人民共和国住房和城乡建设部
2013 年 6 月 9 日

国家安全监管总局 国家煤矿安监局关于加强煤与瓦斯突出事故监测和报警工作的通知

安监总煤装〔2013〕28 号

各产煤省、自治区、直辖市及新疆生产建设兵团煤矿安全监管、煤炭行业管理部门，各省级煤矿安全监察局，司法部直属煤矿管理局，有关中央企业：

为大力实施“科技强安”战略，充分发挥科技先导作用，强化煤与瓦斯突出事故的监测和及时报警工作，减少事故损失，现就有关事项通知如下：

一、建立、完善安全监控和煤与瓦斯突出事故报警系统

1. 所有煤与瓦斯突出矿井应当在满足《防治煤与瓦斯突出规定》（国家安全监管总局令第 19 号）和《煤矿安全监控系统及检测仪器使用管理规范》（AQ1029—2007）的基础上，在突出煤层（包括按照突出管理的煤层）的所有采掘工作面回风巷增设高浓度甲烷传感器（或将 T1 或 T2 甲烷传感器设置为高低浓度甲烷传感器）和风速传感器，在工作面进风巷道增设高低浓度甲烷传感器（或将 T3 甲烷传感器设置为高低浓度甲烷传感器）和风速、风向传感器，在采区回风巷和总回风巷安设高低浓度甲烷传感器，实现对采掘工作面、工作面进回风巷道以及采区回风巷、总回风巷的瓦斯及通风参数的有效监测。所有煤与瓦斯突出矿井应当于 2013 年 12 月底之前完成安全监控系统的完善工作。

2. 大力推进大中型煤与瓦斯突出矿井在采掘工作面增设煤矿用摄像机，在各采掘工作面进风的分风口、采区进风、一翼进风、总进风巷道安装高低浓度甲烷和风向传感器，以监测煤与瓦斯突出事故导致的瓦斯逆流情况。

3. 完善安全监控系统相关软件，建立煤与瓦斯突出事故自动报警系统，实现对突出事故及其发生时间、地点的自动判识和及时报警，以及瓦斯涌出量和波及范围自动预测，及时发出断电指令、通知相关人员。大中型煤与瓦斯突出矿井应当于 2015 年 6 月底之前完成事故自动报警系统的建设完善工作。

二、建立、完善煤与瓦斯突出事故监测和报警工作机制

4. 煤矿企业应当高度重视煤与瓦斯突出事故报警和应急处置工作，值班领导要坚守岗位，地面监控中心要严格执行 24 小时值班制度，发现井下瓦斯超限、风向逆流等异常情况，要及时通知井下人员撤离，并根据应急预案采取断电措施，防止引发次生灾害。

5. 积极推广应用先进适用的煤与瓦斯突出预测预报技术，建立和完善煤与瓦斯突出监控预警系统，实现灾前突出危险性预警和灾时事故自动报警、应急管理等功能，逐步推广应用红外、激光等甲烷传感器。

6. 煤矿企业要加强煤与瓦斯突出事故监测和报警系统的维护和管理，严格做好关键岗位员工技术培训，并按照有关规定和产品使用说明书的要求，定期对传感器进行校准，及时维护升级监控系统，保证系统运行正常、监控有效。

三、加强对煤与瓦斯突出事故监测和报警系统相关工作的监管监察

7. 地方各级煤矿安全监管部门要加强对煤与瓦斯突出事故监测和报警系统建设、完善工作的组织领导，及时将本通知要求通知到辖区内所有有煤与瓦斯突出矿井的煤矿企业，并会同煤炭行业管理部门和煤矿安全监察机构，结合本地区实际，进一步细化相关工作要求，督促煤矿企业落实完善煤与瓦斯突出事故监控和报警系统工作责任、计划、资金，明确进度安排，开展相关工作进展情况检查。

8. 地方各级煤矿安全监管部门和煤矿安全监察机构应当将加强煤与瓦斯突出事故监测和报警工作纳入煤矿安全监管监察执法计划，对未按期完成相关建设任务和未建立煤与瓦斯突出事故监测和报警机制的煤矿，应当责令限期改正，逾期未改正的，应当依法暂扣其煤矿安全生产许可证，并责令停产整顿。

国家安全监管总局
国家煤矿安监局
2013 年 3 月 4 日

《国家重大科技基础设施建设中长期规划》、《关于强化企业技术创新主体地位全面提升企业创新能力的意见》、《国务院关于加快发展养老服务业的若干意见》等十四条新颁布的法律、行政法规、部门规章及规范性文件在书中没有列出，详情请查阅《年鉴》(2013 版) 电子版 (即光盘) 或网络版 (http: //news. 21csp. com. cn/C39/index. html)。

第二节 新颁布的地方性法规、规章及规范性文件

河南省公共安全技术防范管理条例

(2013 年 8 月 1 日 河南省第十二届人民代表大会常务委员会第三次会议通过)

第一章 总 则

第一条 为了维护公共安全，保护公民、法人和其他组织的合法权益，规范公共安全技术防范管理，根据有关法律、法规，结合本省实际，制定本条例。

第二条 本省行政区域内公共安全技术防范（以下简称技防）产品的生产、销售和技防系统的设计、安装、运营、信息使用等活动，适用本条例。

第三条 本条例所称技防，是指运用技防产品和系统，预防、发现、监控、制止违法犯罪行为，维护公共安全的活动。

本条例所称技防产品，是指用于防抢劫、防盗窃、防爆炸、防入侵、防破坏等防止国家、集体、个人财产以及人身安全受到侵害并列入国家安全技术防范产品目录的专用产品。

本条例所称技防系统，是指综合运用技防产品及其他相关产品组成的视频监控、入侵探测与报警、出入口目标识别与控制、防爆安全检查等系统，或者以上述系统为子系统组合、集成的电子系统或者网络。

第四条 县级以上人民政府应当加强对技防工作的领导，保障所需经费，将其纳入城乡建设和社会发展规划，列入社会管理综合治理和突发事件应急管理体系。

第五条 县级以上公安机关负责本行政区域内技防工作的规划、管理、指导和监督检查。

质量技术监督、工商行政管理、住房城乡建设、交通运输、旅游、安全生产监督管理等有关部门应当在各自职责范围内做好技防工作的管理和监督。

机关、团体、企事业单位以及其他组织应当在公安机关指导下，做好本单位的技防工作。

第六条 公共安全技术防范行业组织应当推动行业自律，规范行业从业行为，配合公安机关等有关部门开展公共安全技术防范管理工作。

第二章 技防产品

第七条 生产国家实行安全认证的技防产品，按照《中华人民共和国认证认可条例》的有关规定执行。

生产国家实行安全认证以外的技防产品，应当经省公安机关批准。

第八条 申请生产技防产品的企业，应当向省公安机关提交下列材料：

（一）生产申请书；

（二）营业执照；

（三）符合法定要求的产品标准；

（四）法定检验机构出具的产品检验报告或者鉴定证明。

省公安机关应当自受理技防产品生产申请之日起十五个工作日内完成审核工作。审核合格的，应当向申请人颁发公共安全技术防范产品生产登记批准书；审核不合格的，应当向申请人书面说明理由。

第九条 销售技防产品的单位或者个人，应当建立进货验证制度，不得销售无安全认证证书或者生产登记批准书、无产品质量检验合格证明的技防产品。

第三章 技防系统

第十条 下列场所和部位应当安装相应的技防系统：

（一）广播电台、电视台、报社等重要新闻单位；

（二）机场、港口、车站等重要交通枢纽；

（三）国防科技工业重要产品的研制、生产单位；

（四）电信、邮政、金融单位；

（五）大型能源动力设施、水利设施和城市水、电、燃气、燃油、热力供应设施的重要部位；

（六）大型物资储备单位和大型商贸中心；

（七）教育、科研、医疗单位和大型文化、体育场所；

（八）博物馆、档案馆和全国重点文物保护单位；

（九）研制、生产、销售、储存危险物品或者实验、保藏传染性菌种、毒种的单位；

（十）重点污染源；

（十一）公交车辆、网吧；

（十二）宾馆、大型地下停车场的出入口和主要通道等重要部位；

（十三）县级以上人民政府确定的其他治安保卫重点单位、场所和部位。

前款规定应当安装的技防系统由场所和部位的所属单位投资建设，并接受公安机关的指导和监督。

第十一条 城市的广场、公园、主要道路、治安复杂区域的路段和路口，地下人行通道、过街天桥、隧道、地铁、大型桥梁，以及乡镇的主要街道、治安复杂区域的路段和路口等，应当安装相应的技防系统。

前款规定应当安装的技防系统由省辖市、县（市）人民政府投资建设，由公安机关管理、使用和维护。

第十二条 鼓励居民住宅区根据实际情况安装相应的技防系统。

第十三条 在公共场所安装视频监控系统的，应当设置明显标识。

第十四条 除依照法定职权外，任何单位和个人不得在社会公共区域安装视频监控系统。

禁止在宾馆客房、公共宿舍、公共浴室、更衣室、卫生间等涉及公民隐私的场所安装视频监控系统。

第十五条 技防系统的设计、安装，应当符合技防系统防护风险等级和防护级别的要求，符合有关国家标准、行业标准或者地方标准，应当具备同公安机关联网的条件。

本条例第十条、第十一条规定安装的技防系统的设计方案，按照国家规定应当经县级以上公安机关审核的，县级以上公安机关应当自收到设计方案之日起十五个工作日内组织专家对设计方案进行论证，提出审核意见。

第十六条 技防系统竣工后，按照国家规定应当检测的，由建设单位委托具有检验资格的检测机构进行检测。检测合格，按照国家规定应当验收的，由县级以上公安机关组织验收。未经验收或者验收不合格的，不得投入使用。

公安机关应当在检测合格后的十五个工作日内完成验收。

第十七条 使用技防系统的单位应当建立系统日常运行状况、信息管理和使用、相关档案资料等事项的自检制度，加强对系统的维护和保养，保证系统正常发挥效能。

第十八条 县级以上公安机关为了公共安全的需要，经征得国家机关、企事业单位或者其他组织同意，可以对其投资建设的技防系统实行联网。

第四章 技防系统的安装运营

第十九条 从事技防系统的安装、运营业务应当经省公安机关批准，未经批准，任何单位不得从事技防系统的安装、运营业务。

第二十条 省公安机关对单位从事技防系统安装、运营业务的申请，应当从以下几个方面进行审核：

（一）具有法人资格；

（二）有与从事技防系统安装、运营业务相适应的注册资本、技术设备、经营场所、专业技术人员；

（三）有健全的安全管理制度和岗位责任制度；

（四）法律、法规规定的其他条件。

第二十一条 省公安机关应当自受理从事技防系统安装、运营业务的申请之日起十五个工作日内完成审查工作。经审查符合本条例规定条件的，颁发公共安全技术防范服务许可证；经审查不符合本条例规定条件的，应当向申请单位书面说明理由。

公共安全技术防范服务许可证实行年审制度。

第二十二条 涉及国家秘密、国家安全的技防系统的安装、运营，应当由符合国家规定的单位承担。

第二十三条 省外单位在本省行政区域内从事技防系统安装、运营业务的，应当持相关证明材料到省公安机关备案。

第二十四条 从事技防系统安装、运营业务的单位及其工作人员不得有下列行为：

（一）擅自拆除、损坏或者挪用系统设备、设施；

（二）无故中断或者妨碍系统的正常使用；

（三）擅自改变系统的用途和适用范围；

（四）擅自修改、删除、破坏系统运行程序和记录；

（五）不履行职责致使技防系统不能发挥正常作用；

（六）其他影响系统运行安全的行为。

第五章 监督管理

第二十五条 任何单位和个人不得利用技防产品或者技防系统侵犯公民、法人和其他组织的合法权益。

第二十六条 公安机关或者其他依法可以使用、调取技防信息的单位，调取、使用相关技防系统的信息资料应当依照法定程序进行，公民、法人和其他组织应当如实提供。

第二十七条 使用技防系统的单位及其工作人员，对涉及的国家秘密、商业秘密、公民隐私以及用户明确要求保密的资料、信息、技术等，应当保守秘密。

第二十八条 技防系统的使用单位应当建立值班监控、信息保存、信息使用、操作规范等管理制度，显示、储存、传输重要信息应当采取信息保全和加密等措施。

负责监控技防系统的工作人员，应当严格遵守操作规范和相关管理制度，保障系统信息的安全。

第二十九条 技防系统记录的图像信息资料以及其他相关资料，留存时间不得少于三十日。

第三十条 任何单位和个人不得有下列行为：

（一）买卖、传播或者未经公安机关或者有关单位同意查看、复制技防系统采集、保存的信息；

（二）故意隐匿、删改、毁弃技防系统采集、保存的信息；

（三）擅自改变技防系统的主要用途和范围；

（四）破坏技防系统的运行程序，泄露系统的秘密。

第三十一条 公安机关及其工作人员不得向安装技防产品或者建设技防系统的单位、个人指定技防产品或者技防系统的设计、安装、运营、维修单位，不得在履行本条例规定职责时收取任何费用。

第六章 法律责任

第三十二条 公安机关及其工作人员有下列行为之一的，对直接负责的主管人员和其他直接责任人员，依法给予处分：

（一）违反本条例规定颁发公共安全技术防范产品生产登记批准书或者公共安全技术防范服务许可证的；

（二）不认真履行管理、使用和维护职责，致使由政府投资建设的技防系统不能发挥正常作用的；

（三）技防系统经检测不合格仍然同意投入使用的；

（四）非因公共安全的需要或者未征得相关单位的同意，强行对其投资建设的技防系统实行联网的；

（五）向安装技防产品或者建设技防系统的单位、个人指定技防产品以及技防系统的设计、安装、运营、维修单位，或者在履行本条例规定职责时收取费用的；

（六）其他滥用职权、玩忽职守、徇私舞弊的行为。

第三十三条 违反本条例第八条规定，未取得安全技术防范产品生产登记批准书生产技防产品的，由县级以上公安机关责令限期改正，拒不改正的，根据情节轻重予以警告或者处以一万元以下罚款；有违法所得的，没收违法所得，处以三千元以上三万元以下罚款。

第三十四条 违反本条例第十条规定，应当安装技防系统而未安装的，由县级以上公安机关责令限期安装；逾期仍不安装的，处以五千元以上二万元以下罚款。

第三十五条 违反本条例第十四条规定，在社会公共区域，或者在宾馆客房、公共宿舍、公共浴室、更衣室、卫生间等涉及公民隐私的场所安装视频监控系统的，由县级以上公安机关责令拆除，对单位处以三千元以上三万元以下罚款；对个人处以一千元以上五千元以下罚款。

第三十六条 违反本条例第十九条规定，未经批准从事技防系统安装、运营业务的，由县级以上公安机关责令限期改正，拒不改正的，根据情节轻重予以警告或者处以一万元以下罚款；有违法所得的，没收违法所得，并处三千元以上三万元以下罚款。

第三十七条 违反本条例第二十四条规定的，由县级以上公安机关责令限期改正，可以处三千元以上三万元以下罚款，情节严重或者造成严重后果的，吊销安全技术防范服务许可证；有违反治安管理行为的，对单位直接负责的主管人员和其他直接责任人员依法给予治安管理处罚；构成犯罪的，依法追究刑事责任。

第三十八条 违反本条例第三十条规定的，由县级以上公安机关对单位处以五千元以上三万元以下罚款，对个人处以一千元以上五千元以下罚款；有违反治安管理行为的，对单位直接负责的主管人员及其直接责任人员或者个人依法给予治安管理处罚；构成犯罪的，依法追究刑事责任。

第七章 附 则

第三十九条 本条例自2013年10月1日起施行。

河南省公共安全技术防范管理条例实施细则

第一章 总 则

第一条 根据《河南省公共安全技术防范管理条例》（以下简称《条例》），制定本实施细则。

第二条 本省行政区域内安全技术防范产品（以下简称技防产品）的生产、销售，公共安全技术防范系统（以下简称技防系统）的设计、安装、监理、检测、验收、使用、维护、运营和信息管理等活动，以及对上述活动的中介服务和相应的行政监督管理，适用本细则。

第三条 公安机关是公共安全技术防范（以下简称技防）工作的主管部门，负责公共安全技术防范工作的规划、管理、指导和监督检查，组织实施本细则。

第四条 省公安厅安全技术防范管理办公室（以下简称省公安厅技防办，设在省公安厅科技处）是本省行政区域内技防工作的具体管理机构。省辖市公安局安全技术防范管理办公室（以下简称省辖市公安局技防办）是本省辖市行政区域（不包含省直管试点县（市））内技防工作的具体管理机构。县（市、区）级公安机关安全技术防范管理办公室（简称县级公安机关技防办）是本县行政区域内技防工作的具体管理机构。

第五条 省公安厅技防办的主要职责是：

（一）组织贯彻执行有关技防工作的政策、法规；制定全省技防工作的发展规划；组织宣贯国家标准、行业标准、地方标准。

（二）指导各地对技防产品生产企业、技防系统从业单位进行监督管理；指导各地对技防产品、技防工程质量实施监督审查；指导各地开展技防日常管理和监督检查。

（三）组织开展公共安全防范新技术、新产品的研发和推广应用，开展技防专业知识的培训和普及。

（四）负责全省安全技术防范产品生产登记批准，技防系统安装、运营许可的批准和管理。负责省外安全技术防范服务从业单位入豫备案。

（五）负责组织各省辖市公安局、各省直管试点县（市）公安局技防工作规划的审核工作、城市报警与监控等技防系统总体方案的论证工作，并指导竣工验收工作。

（六）指导、监督全省公共安全技术防范行业协会等中介组织，依法开展行业自律、技术保障、咨询和评价服务等活动。

第六条 省辖市公安局技防办的主要职责是：

（一）贯彻执行技防工作有关政策、法规；制定本市技防工作的发展规划；宣贯国家标准、行业标准、地方标准。指导本行政区域（不包含省直管试点县（市））技防日常管理和检查工作。

（二）组织开展公共安全防范新技术、新产品的研发和推广应用；普及技防知识。

（三）作为省公安厅技防办的受理窗口，负责本行政区域内（不包含省直管试点县（市））安全技术防范产品生产登记批准，技防系统安装、运营许可申报、年审的初审工作，并开展日常监督工作。

（四）负责组织本行政区域内（不包含省直管试点县（市））涉及本细则第十八条、第十九条规定、三级以上（含三级）风险等级的技防系统和投资额超过30万元的技防系统的方案论证和竣工验收；负责组织各县（市、区）城市报警与监控等技防系统总体方案论证，并指导开展竣工验收工作。

（五）负责指导、监督本细则第十八条、第十九条规定之外、投资额超过30万元且无任何风险等级的技防系统建设单位组织开展方案论证和竣工验收工作。

（六）治安、交警、监管、消防等警种按法律、法规、规章和公安部相关文件规定已经承担此项工作的，按规定执行。

（七）指导本省辖市安全技术防范行业中介组织，依法开展行业自律，技术保障，咨询和评价服务等活动。

第七条 县级公安机关技防办主要职责是：

（一）贯彻执行技防工作有关政策、法规；制定全县（市、区）技防工作的发展规划；宣贯国家标准、行业标准、地方标准；指导本行政区域内的技防工作。

（二）组织开展公共安全防范新技术、新产品的研发和推广应用；普及技防知识。

（三）负责组织实施各项技防管理具体工作，指导、组织和协调公安机关基层所队开展技防日常管理和监督检查。

（四）负责组织本行政区域内涉及本细则第十八条、第十九条规定、投资额30万元以下（含30万元）且无风险等级技防系统的方案论证和竣工验收。

（五）负责指导、监督本细则第十八条、第十九条规定之外、投资额30万元以下（含30万元）且无任何风险等级的技防系统建设单位组织开展方案审核和竣工验收工作。

（六）省直管试点县（市）公安局技防办作为省公安厅技防办的受理窗口，负责本行政区域内安全技术防范产品生产登记批准，技防系统安装、运营许可申报、年审的初审工作，并开展日常监督工作。负责组织本行政区域内涉及本细则第十八条、第十九条规定、三级以上（含三级）风险等级或投资额超过30万元的技防系统方案论证和竣工验收工作。负责指导、监督本细则第十八条、第十九条规定之外、无任何风险等级的技防系统建设单位组织开展方案审核和竣工验收工作。

（七）治安、交警、监管、消防等警种按法律、法规、规章和公安部相关文件规定已经承担此项工作的，按规定执行。

第二章 技防产品

第八条 《条例》第三条规定的技防产品，是指国家质量技术监督局、公安部令第12号《安全技术防范产品管理办法》中安全技术防范产品目录所列产品。

对实行安全认证制度的技防产品的管理，依照《认证认可条例》（国务院令第390号）、《强制性产品认证管理规定》（国家质量监督检验检疫总局令第117号）有关规定执行。生产国家实行安全认证制度之外的技防产品，须经省公安机关生产登记批准、发放《安全技术防范产品生产登记批准书》（以下简称《批准书》），方能生产和销售。

第九条 《批准书》采用全国可识别的编号方法，由本省简称、产品代号、地区编号、顺序号组成。取得《批准书》的企业，应在出售的产品或产品说明书中注明《批准书》编号。

第十条 申请《批准书》的企业，必须具备以下条件：

（一）有固定的办公及生产场所；

（二）有工商营业执照；

（三）有相应产品生产管理经验的管理人员和技术人员；

（四）有设计、生产、测试及维修设备；

（五）有完整的产品生产管理规章制度或产品质量保证体系；

（六）有完善的售后服务措施；

（七）无违法、违规经营行为；

（八）产品经法定检验机构检验合格。

第十一条 技防产品生产企业按以下程序办理技防产品型式检验：

（一）生产单位向所在地省辖市公安局、省直管试点县（市）公安局技防办提出申请，并填写《河南省安全技术防范产品型式检验（委托检验）申请表》；

（二）省辖市公安局、省直管试点县（市）公安局技防办在接到申请表之日起7个工作日内，对申请单位符合抽样母体数量要求的技防产品进行随机抽样和封样，省公安厅技防办于2个工作日内出具《产品检验抽样单》；

（三）生产企业将封样后的产品送到法定检验机构进行型式检验。

第十二条 申请办理《批准书》的生产企业，应当向工商注册所在地的省辖市公安局、省直管试点县（市）公安局技防办提交以下申办材料：

（一）填写《安全技术防范产品生产登记申请书》（加盖企业印章）；

（二）企业营业执照正、副本；

（三）符合法定要求的产品标准（国家标准、行业标准、地方标准以及在省质量技术监督局备案的企业标准）；

（四）法定检验机构出具的产品检验报告或者鉴定证明。

提交申办材料时，需提供复印件、原件及其电子文档，原件验证后退回。

第十三条 《批准书》的批准程序：

（一）受理：申办材料存在可以当场更正的错误的，应当允许申请人当场更正。申办材料不齐全或者不符合法定形式的，应当当场或者在5个工作日内一次书面告知申请人需要补正的全部内容，逾期不告知的，自收到申请材料之日起即为受理。申办材料齐全、符合法定形式，或者企业按照要求提交全部补正申办材料的，应当受理。受理时应当出具受理通知书。

（二）初审：初审包括材料审查和实地考核：材料审查是指审查提交的申请材料是否齐全、真实、符合要求。实地考核是指实地考查申请单位的质量保证体系。省辖市公安局、省直管试点县（市）公安局技防办自接到生产登记申请材料之日起10个工作日内完成初审。

（三）批准：省公安厅技防办在接到材料之日起5个工作日内应完成审核。审核合格的，做出批准登记决定，核发《批准书》。复审不合格的，退回申办材料，以书面形式说明理由告知企业。

第十四条 《批准书》有效期为4年，实行年审制度。每年1至4月份进行年审，持证时间不满半年的不需年审。

申请年审的企业，应填写《安全技术防范生产登记产品年检登记表》，向工商注册所在地的省辖市公安局、省直管试点县（市）公安局技防办提交工商营业执照、产品质量检验报告、产品标准、法人代表身份证明等相关材料复印件、原件及其电子文档。省辖市公安局、省直管试点县（市）公安局技防办自接到材料之日起10个工作日内完成初审。省公安厅技防办于接到材料之日起5个工作日内完成年审工作。

年审合格的，在生产登记批准书副本上加盖印章，在正本上加贴年审标志；年审不合格，其《批准书》无效。

持有《批准书》的技防产品生产企业有下列情况之一的，年审为不合格：

（一）生产的技防产品存在重大质量问题的；

（二）获准生产登记的技防产品已停止生产的；

（三）产品检验报告或者鉴定证明无效的；

（四）生产、销售技防产品存在违反《条例》的行为的。

第十五条 因特殊情况不能按期年审的，须书面向省公安厅技防办说明原因，经批准后，方可补办年审手续。

遗失《批准书》的企业，应当在省级以上公众媒体上声明作废后，办理证书补发手续。

《批准书》企业名称、法人发生变更的，企业应在30

日内向所在地省辖市公安局、省直管试点县（市）公安局提交变更申请、变更后营业执照正副本、工商局出具的变更证明（变更记录查询）、变更后法人身份证等证明材料复印件、原件和电子文档，原受理单位应于3个工作日内对材料进行核实，向省公安厅技防办上报审核意见。省公安厅技防办自收到变更申请材料后，2个工作日内进行审查。审查合格的，予以变更，审查不合格的，不予变更。

第十六条　生产技防产品的单位，应当严格执行质量技术监督法律、法规的有关规定，保证产品符合质量标准。

第十七条　销售技防产品的单位或个人，应当进行进货验证，验明生产企业的产品质量检验合格证明、安全认证证书、标志、生产登记批准书编号。严禁销售无证产品和伪劣产品。各级公安机关技防办应按照国家有关规定，加强对销售技防产品的单位和个人进行监督管理。

第三章　技防系统

第十八条　按照《条例》第十条规定，下列场所和部位应当安装相应的技防系统，系统所属单位应当接受公安机关的指导和监督：

（一）省、市、县（市）广播电台、电视台、报社等重要新闻单位，中央新闻单位的派驻机构；各类广播电视信号的发射台、传输站；乡（镇）广播电视站（台）；

（二）本省范围内的民用机场，铁路运输部门设立的火车站，各类港口，市、县（市）政府交通部门设立的长途客运汽车站；

（三）从事航天、飞机、船舶、导弹、雷达、指挥自动化等国防科技研究的研制或军工生产单位；从事武器、装备类军工产品的研制、生产单位；从事军需、供给等一般军工产品生产任务的军工企业；

（四）省、省辖市、县（市、区）电信、网通、移动、联通、铁通等电信运营公司，省、省辖市、县（市、区）邮政企业；人民银行郑州中心支行、河南省银监局及各省级、市级、县（市、区）级金融机构及其营业网点、自助银行、自助设备、业务库、运钞车；

（五）各类煤炭企业；发电企业；省、省辖市、县（市、区）供电公司包括其下属电网调度中心、信息中心；各类水库、排灌站等水利设施单位，水厂、自来水公司；承担省辖市、县（市、区）热力供应的企业；省辖市、县（市、区）范围内设立的石油公司、油库、加油站；中石油、中石化在豫油气田及输油气管理企业及所属二级单位，河南省煤气集团公司管道输气分公司及所属二级单位；

（六）中央直属重要战略物资储备库、粮库；市属粮库或粮食加工企业；物资供应系统下属的各类储备库；建设面积在3000平方米以上的各类商贸企业；

（七）高等院校、各类中小学校、职业技校、幼儿园；各类科研院所；卫生系统所属的各类医疗卫生单位；各类文化单位的文化、体育场馆；

（八）各类博物馆、档案馆和全国重点文物保护单位；

（九）重点的研制、生产、销售、储存危险物品的单位，实验、保藏传染性菌种、毒种的单位；

（十）国家、省、市确定的重点污染源；

（十一）公交车辆；

（十二）网吧；

（十三）星级宾馆（酒店）、大型地下停车场的出入口和主要通道等重要部位；

（十四）县级以上人民政府确定的其他治安保卫重点单位、场所和部位。

第十九条　各级公安机关相关业务部门应结合各自职能，按照职能分工相互配合，共同做好公共区域技防系统安装、维护，使用和管理工作。

第二十条　各级公安机关应积极引导、鼓励国家机关、居民住宅区以及其他企事业单位，根据实际情况在重要部位安装相关的技防系统。

第二十一条　技防系统的建设应符合《安全防范工程技术规范》（GB50348－2004）、《安全防范视频监控联网系统信息传输、交换、控制技术要求》（GB/T28181）、《安全防范监控数字视音频编解码技术要求》（GB/T25724）、《城市监控报警联网通用技术要求》（GA/T669）、《城市监控报警联网系统图像信息采集、接入、使用管理要求》（GA/T792）、《城市监控报警联网系统合格评定》（GA/T793）、《视频监控联网系统技术规范》（DB41/T759）等相关标准的要求，具备同公安机关联网的条件。

第二十二条　应当安装技防系统的新建、改建、扩建建设工程，建设单位应当将技防系统与建设工程综合设计、同步施工、独立验收。

第二十三条　各级公安机关技防办应根据《安全防范工程程序与要求》（GA/T 75－1994）、《安全防范系统验收规则》（GA308－2001）等相关标准的规定，开展技防工程方案论证、检测、验收工作。

技防系统按照风险等级或者工程投资额，划分为一级工程、二级工程和三级工程。一级工程是指一级风险或者投资额100万元以上（含100万）的技防系统；二级工程是指二级风险或者投资额超过30万元、不足100万元的技防系统；三级工程是指三级风险或者投资额30万元以下（含30万元）的技防系统。其中一、二级技防工程必须通过方案论证和检测、验收。三级技防工程可适当简化。

技防系统风险等级的确定，按照《军工产品储存库风险等级和安全防护级别的规定》（GA26－1992）、《文物系统博物馆风险等级和安全防护级别的规定》（GA27－2002）、《货币印制企业风险等级和安全防护级别的规定》（GA28－1992）、《银行营业场所风险等级和防护级别的规定》（GA38－2004）、《安全防范工程技术规范》（GB50348－2004）等相关标准的要求执行。

第二十四条　各级公安机关技防办应当具备一定的专

业技术人员，对系统设计方案审核和竣工验收进行管理。

省公安厅技防办组织建立河南省公共安全技术防范专家库，向全省开放，为技防系统设计方案的论证、竣工验收、日常咨询等技术工作提供支撑。

第二十五条　按照国务院412号令规定，邮政局（所）、军工产品储存库、金融机构营业场所、金库的技术防范工程方案设计审核及工程验收由县级以上公安机关实施，县级以上公安机关应当在接到设计方案之日起15个工作日内组织专家对设计方案进行论证。

除上述场所外，针对本细则第十八条、第十九条规定，技防系统的设计方案论证和竣工验收实行分级、属地管理。具体划分与第五、六、七条相关规定相同。县级以上公安机关技防办应当自收到设计单位提交的《河南省公共安全技术防范系统（工程）设计方案论证申请书》之日起，15个工作日内完成方案论证工作。

本细则第十八条、第十九条规定之外、无任何风险等级的技防系统，方案论证、检测、竣工验收后，投资额超过30万元的，系统建设单位应当将论证结论、竣工验收结论以书面形式报工程所在地省辖市公安局技防办、省直管试点县（市）公安局技防办备案。投资额30万元以下（含30万元）的，系统建设单位应当将论证结论、竣工验收结论以书面形式报工程所在地县级公安机关技防办备案。

第二十六条　技防系统设计方案论证程序及要求：

（一）设计方案完成后，建设单位应会同公安技防部门审查设计方案论证材料。对符合论证条件的，组织方案论证。

（二）设计方案论证由建设单位主持，论证委员会由建设单位、业务主管部门、公安业务主管部门、技防办的代表和不低于论证委员会总人数40%的技术专家组成。论证委员会主任由具有高级技术职称的专业人员担任，专家在河南省公共安全技术防范专家库中抽取。论证委员会对设计方案的各项内容进行审查，对其技术、质量、费用、工期、服务和预期效果做出评价。提出书面论证意见，并由参加论证的委员签字。

（三）建设单位与设计单位应按照论证意见中提出的整改意见，对原设计方案进行修改、补充、完善，并由设计单位编制技防系统施工图。

（四）技防系统设计方案论证通过的，建设单位与设计单位应当按照论证意见中提出的整改意见，对原设计方案进行修改、补充、完善；论证未通过的，不得施工。

（五）技防系统设计方案的论证，应提交下列资料：

1. 设计任务书或者相当于设计任务书的资料；
2. 设计方案及系统功能；
3. 器材平面布防图及防护范围；
4. 系统框图及设备配置表（含设备性能参数说明）；
5. 监控中心布局及使用操作说明；
6. 管线敷设方案及图纸；
7. 工程费用概算和建设工期。

第二十七条　建设单位可以委托具有技防系统监理资质的单位对技防系统施工过程进行监理，特别要加强对隐蔽工程的监理，确保工程质量不留隐患。

第二十八条　三级以上（含三级）风险的技防系统、投资额超过30万元的技防系统，在正式验收前，由建设单位通过工程所在地省辖市公安局技防办、省直管试点县（市）公安局技防办的网上办公系统，提交《河南省公共安全技术防范系统（工程）委托检测申请表》、技防系统的合同、系统试运行报告、竣工报告和初验报告等相关材料复印件、原件及其电子文档，委托公安部授权的检测机构对工程进行检测。检测机构应在接到申请材料5日内，将检测工程名称、专业部分金额、检测安排反馈给委托单位。

检测机构应认真履行质量手册和程序文件规定，严格执行公安部规定的检验程序和检验规则，做好检测工作。

检测结束后，检测机构应于出具检测报告后2日内向建设单位寄送检测报告，并将检测结果、检测报告报省公安厅技防办。建设单位应及时将检测结果通知设计、施工单位。

未经检测、检测不合格的系统不予验收。

省公安厅技防办按照《公安部授权的安防检验机构管理规定》，切实加强对检测机构的监督管理，确保第三方检验的公正性、科学性、权威性。

第二十九条　技防系统验收程序及要求：

（一）验收由建设单位会同分级管理相对应的公安机关技防办共同组织，验收委员会由建设单位上级业务主管部门，建设单位（含工程总包单位、使用单位、监理单位），设计、安装单位，公安机关技防办，公安业务主管部门和不低于验收委员会总数的50%的技术专家组成。验收委员会主任由具有高级技术职称的专业人员担任，技术专家在河南省公共安全技术防范专家库中抽取。

（二）验收委员会应对照设计任务书、合同或者设计方案，对系统技术、施工、文件资料等三个方面进行审查验收，对系统建设中存在的主要问题提出整改意见和建议，对系统做出验收结论。验收结论由参加验收的委员签字认定。

（三）验收通过或者基本通过的技防系统，设计、安装单位应当根据验收结论提出经建设单位认可的整改措施，由建设单位、业务主管部门和公安机关技防办督促落实。验收不通过的不得交付使用，由设计、安装单位整改后重新申请验收。

（四）技防系统建设单位收到技防系统（工程）检测报告后，应及时通知设计、施工单位提交以下资料：

1.《河南省公共安全技术防范系统（工程）验收申请书》；
2. 设计任务书；
3. 工程合同；

4. 设计方案论证意见（附论证委员会名单）及设计方案通过论证后，设计、安装单位和建设单位共同签署的整改落实意见；

5. 正式设计方案与相关图纸（包括系统框图、平面布防图及设备配置表、线槽管道布线图、监控中心布置图、设备清单等）；

6. 系统试运行报告；

7. 系统竣工报告；

8. 系统使用说明书（含操作和日常维护说明）；

9. 初验报告（包括隐蔽工程）；

10. 决算报告；

11. 监理报告；

12. 系统检测报告；

13. 其他相关文件。

（五）县级以上公安机关技防办应当自收到技防系统设计、施工单位提交的《河南省公共安全技术防范系统（工程）验收申请书》之日起，15 个工作日内完成验收工作。

第三十条 技防系统的使用单位，应当制定技防设施的使用、维护和更新制度，保证系统效能的发挥和正常运行，并建立健全值班备勤制度和紧急处置预案。

技防系统运营单位应当建立健全安全管理制度和岗位责任制度，定期对系统管理人员进行专业培训，规范系统操作规程，制定相关应急预案，保证系统安全有效，杜绝漏报，减少误报；接到报警信息应当立即予以复核，确认为警情的，立即报告公安机关。

第四章 技防系统的安装运营

第三十一条 技防系统安装、运营服务实行许可制度。

省公安厅技防办对从事技防系统安装、运营服务的单位，统一核发《河南省公共安全技术防范服务许可证》（以下简称《许可证》），加盖“河南省公安厅公共安全技术防范服务许可专用章”。根据单位的综合实力，《许可证》分为一级、二级、三级和初级。未取得《许可证》的，不得从事技防系统安装、运营等业务。

实体防护类安防产品安装、施工单位，不属于技防系统的安装、运营服务企业。

第三十二条 《许可证》申办条件：

（一）基本条件

1. 有固定的办公及营业地点；

2. 有法人资格证明；

3. 有相应的管理人员和技术人员；

4. 有设计、安装、调试及维修设备；

5. 有完善的管理规章制度和系统维护、维修服务措施。

（二）等级条件

1. 一级许可条件：

（1）注册资金人民币 500 万元以上（含 500 万元）；

（2）取得二级许可两年以上；

（3）电子、计算机、通信、机电安装、自动化等相关专业技术人员不少于 15 人，其中副高以上技术职称不少于 1 人、中级以上技术职称不少于 5 人；

（4）近 2 年内通过检测、竣工验收的技防工程总额不少于 600 万元，其中一级技防工程（指投资额）不少于 4 项；或者近 1 年内承担过 6 项以上的一级技防工程（指投资额）；

（5）近 2 年承建的工程无重大质量责任事故，具有完善的售后服务保障措施和保密制度。

2. 二级许可条件：

（1）注册资金人民币 300 万元以上（含 300 万元）；

（2）取得三级许可两年以上；

（3）电子、计算机、通信、机电安装、自动化等相关专业技术人员不少于 10 人，其中中级技术职称不少于 3 人；

（4）近 2 年内通过检测、竣工验收的技防工程总额不少于 300 万元，其中一级以上技防工程（指投资额）不少于 2 项；或者近 1 年承担过 3 项以上一级技防工程（指投资额）；

（5）近 2 年承建的工程无重大质量责任事故，具有完善的售后服务保障措施和保密制度。

3. 三级许可条件：

（1）注册资金人民币 100 万元以上（含 100 万元）；

（2）1 年以上从业经历；

（3）电子、计算机、通信、机电安装、自动化等相关专业技术人员不少于 5 人，其中中级技术职称不少于 2 人；

（4）近 2 年内通过竣工验收的工程总额不少于 100 万元，其中二级以上工程（指投资额）不少于 1 项；

（5）近 2 年承建的工程无重大质量责任事故，具有完善的售后服务保障措施和保密制度。

4. 初级许可条件：

（1）注册资金人民币 15 万元以上（含 15 万元）；

（2）电子、计算机、通信、机电安装、自动化等相关专业技术人员不少于 3 人，其中中级技术职称 1 人；

（3）初次申请《许可证》或未达到三级许可条件的。

第三十三条 申请《许可证》的单位，应当向工商注册所在地的省辖市公安局、省直管试点县（市）公安局技防办提交以下申办材料：

（一）《河南省公共安全技术防范服务许可申请书》；

（二）法人资格证明、组织机构代码证、法定代表人身份证明；

（三）公司简介；

（四）电子、计算机、通信、机电安装、自动化等相关专业技术人员的身份证、社保证明、职称证书、学历证明、岗位培训证书；

（五）营业场所房产证明（或租赁协议）；

（六）主要设备、检验仪器清单；

（七）技防系统安全、保密制度，质量管理体系认证证书或质量保证体系文件。

提交申请材料时，需提供复印件、原件及其电子文档，原件验证后退回。

第三十四条 省辖市公安局技防办、省直管试点县（市）公安局技防办作为省公安厅技防办的受理窗口，在接到申办材料之日起10个工作日内完成资料审核、实地考核等初审工作，省公安厅技防办自收到初审意见之日5个工作日内完成审查工作。经审查符合条件的，颁发《许可证》；经审查不符合条件的，由省公安厅技防办向申请单位书面说明理由。

申办材料存在可以当场更正的错误的，应当允许申请人当场更正。申办材料不齐全或者不符合法定形式的，应当当场或者在5个工作日内一次书面告知申请人需要补正的全部内容，逾期不告知的，自收到申请材料之日起即为受理。申办材料齐全、符合法定形式，或者企业按照要求提交全部补正申办材料的，应当受理。受理时应当出具加盖本行政机关专用印章和注明日期的受理通知书。

第三十五条 《许可证》实行年度审验制度。年审时间为每年3月至6月。年审主要检查取得《许可证》的单位基本情况是否有变化；是否符合规定的资格及其等级条件；技防系统的设计、施工、维修质量是否达到规定要求；是否存在其他违反规定的行为等情况。年审通过的，由省公安厅技防办在《许可证》副本上加盖"河南省公安厅公共安全技术防范服务许可年审专用章"。

第三十六条 取得《许可证》的单位，年审时应当向工商注册所在地的省辖市公安局、省直管试点县（市）公安局技防办提交以下申办材料：

（一）《河南省公共安全技术防范服务许可证年审表》；

（二）法人资格证明；

（三）当年度完成的技防系统设计方案论证结论表、技防系统合同书、技防系统《检测报告》、系统竣工验收结论；

（四）《许可证》；

（五）电子、计算机、通信、机电安装、自动化等相关专业技术人员的身份证、社保证明、职称证书、学历证明、岗位培训证书。

省辖市公安局、省直管试点县（市）公安局技防办受省公安厅技防办的委托，在接到年审材料之日起10个工作日内完成初审工作，省公安厅技防办自收到初审意见之日5个工作日内完成年审。

取得初级许可证满1年、通过竣工验收的工程额达到100万以上、专业技术人员达到三级许可条件的单位，年审时可申请升三级许可。取得许可证的单位，每2年年审1次。年审时取得三级、二级许可证的单位、达到上一级别许可条件的，可申请升至与条件相符的级别。近2年业绩未达到本级别年检条件的，降至下一级别。对发生严重工程质量事故和或本行业产生恶劣影响事件的从业单位，视情降至初级或作相应处理。

因特殊情况不能按期年审的，须书面向省公安厅技防办说明原因，经批准后，方可补办年检手续。

第三十七条 取得《许可证》单位遗失证书的，应当在省级以上公众媒体上声明作废后，办理证书补发手续。

《许可证》单位名称、法人发生变更的，单位应在30日内向所在地省辖市公安局、省直管试点县（市）公安局技防办提交变更申请、变更后营业执照正副本、工商局出具的变更证明（变更记录查询）、变更后法人身份证等证明材料原件、复印件和电子文档，原受理单位应于3个工作日内对材料进行核实，向省公安厅技防办上报审核意见。省公安厅技防办自收到变更申请材料后，2个工作日内进行审查。审查合格的，予以变更，审查不合格的，不予变更。

因企业改制或者分立、合并等有重大变更的，已取得《许可证》等级的单位，应按本办法重新评审备案等级；因破产、倒闭、撤销、歇业的，注销并收回其证书。

第三十八条 省外已取得相应资质证明的安全技术防范从业单位，进入本省投标、承接技防系统安装、运营等活动服务项目，向省公安厅技防办申请备案。省公安厅技防办自收到申请材料15个工作日内完成审查工作。符合备案条件的，省公安厅技防办出具《河南省安全技术防范服务备案证》（以下简称《备案证》）。《备案证》有效期1年，期满换发。未取得《河南省安全技术防范服务备案证》的，不得在我省从事技防系统安装、运营服务。

第三十九条 省外安全技术防范系统安装、运营服务单位向省公安厅技防办备案时，需提交以下材料：

（一）《省外公共安全技术防范从业单位备案登记表》；

（二）工商营业执照复印件；

（三）法定代表人的身份证明复印件；

（四）申请单位所在地省级公安技防管理部门出具的证明原件，以及资质证明复印件；

（五）质量管理制度原件；

（六）维护与维修保养服务措施；

（七）在本省设立的常驻机构证明文件，或委托本省具有相应资格的单位负责质保服务工作的证明文件原件。

第四十条 技防系统的建设单位和使用单位在安全技术防范系统建设和招标活动中，应查验《许可证》或《备案证》。

第五章 监督管理

第四十一条 执法机关在履行法定职责时，因工作需要可以查阅、复制或者调取有关信息资料。

发生社会安全、自然灾害、事故灾难、公共卫生等突发公共事件时，具有突发事件调查、处置权的行政主管部门可以查阅、复制或者调取有关技防系统的信息资料。

根据维护公共安全的需要，经县级公安机关负责人批准，公安机关可以接入相关单位的技防系统或者直接使用其信息资料。

第四十二条 单位查阅、复制或者调取技防系统信息资料时，除法律、法规另有规定外，应当遵守下列规定：

（一）复制、调取时不得少于 2 人；

（二）出示工作证件和单位证明文件；

（三）出示公安机关的批准文件；

（四）履行登记手续；

（五）遵守技防系统信息资料的使用、保密制度。

第四十三条 技防系统使用单位和运营单位应当建立信息保密、值班监看、运行维护、安全检查等制度，对信息资料的录制人员、调取人员、调取时间、调取用途以及去向等情况进行登记，无关人员不得进入监看场所。对技防系统及时更新、升级；对显示、储存、传输重要信息应采取信息保全和系统安全措施；对操作人员的技能和保密知识加强培训。

技防系统设计、施工、维护、检测、验收、使用等单位，应当加强对涉密人员的保密教育和管理；妥善保管技防系统设计图纸等相关资料；技防系统验收后，承建单位应及时向建设单位移交相关资料。

第四十四条 技防系统采集的音视频信息资料留存时限不得少于 30 日，案（事）件信息应存储到相应的信息库，长期保留。视音频信息的存储、播放应具有原始完整性。

第四十五条 公安机关相关主管部门应当采取下列措施，加强对技防系统及其信息资料的管理：

（一）对技防系统的日常运行、维护和信息资料的安全管理情况进行监督检查；

（二）规范技防系统及其信息资料的使用审批制度，加强技防系统及其信息资料的使用管理；

（三）加强对公安机关工作人员的保密教育和规范管理，防止失泄密事件发生。

第四十六条 各级公安机关技防办及相关管理部门应对从事技防系统安装、运营服务单位持证施工，技防系统安装、运营等情况进行日常监督，并定期检查。

对公共安全技术防范产品生产、销售进行监督检查的主要内容：检查生产企业所生产的技防产品是否具有《批准书》，及时了解生产企业情况；配合工商、质监部门，对技防产品的生产、销售进行监督检查。

第四十七条 检查工作一般情况下应事先通知被检查单位。检查工作应由 2 名以上公安民警共同进行。检查时应出示工作证件。

第四十八条 各级公安机关技防办应当建立健全信息公开制度，应当将《条例》及本实施细则设立的批准事项、条件、程序、期限以及需要提交的全部材料的目录和申请书示范文本在办公场所公示。

省公安厅技防办负责在政府网站上公告取得《批准书》、《许可证》、《备案证》的企业、单位名录，检举、举报途径，日常监督检查情况等应该公告的信息。各级公安机关不得对上述企业、单位重复审查、备案。

第四十九条 各级公安机关技防办及其工作人员不得在履行《条例》及本实施细则规定的职责时收取任何费用。各级公安机关技防管理部门及其工作人员应自觉接受社会和公民的监督。对指定或变相指定技防产品、技防系统的设计、安装、运营服务单位，有偿参与技防系统设计、安装、运营等行为的，任何单位和个人有权检举、控告。收到检举、控告的公安机关，应按照职责及时查处。

第五十条 有下列情形之一的，省公安厅技防办可以撤销《批准书》、《许可证》、《备案证》：

（一）工作人员滥用职权、玩忽职守作出的批准决定的；

（二）超越法定职权作出批准决定的；

（三）违反法定程序作出批准决定的；

（四）对不具备申请资格或者不符合法定条件的申请人作出批准决定的；

（五）申请企业、单位以欺骗、贿赂等不正当手段取得批准的。

第六章 法律责任

第五十一条 《条例》第三十五条规定中责令限期改正的限期为不超过 15 天；第三十三条、第三十六条、第三十七条规定中责令限期改正的限期为不超过 3 个月；第三十四条责令限期安装限期为不超过 6 个月。

第五十二条 申请企业、单位隐瞒有关情况或者提供虚假材料申请批准的，不予受理或者不予行政许可，并给予警告，申请人在 1 年内不得再次申请该行政许可。

第五十三条 申请企业、单位以欺骗、贿赂等不正当手段取得批准的，应当依法给予行政处罚；在 3 年内不得再次申请；构成犯罪的，依法追究刑事责任。

第五十四条 申请企业、单位涂改、倒卖、出租、出借《批准书》、《许可证》、《备案证》，或者以其他形式非法转让上述许可证书的，根据情节及后果，触犯《治安管理处罚法》，按照《治安管理处罚法》处罚；触犯刑律构成犯罪的，依法追究刑事责任。

第五十五条 各级公安机关技防办及其工作人员在履行《条例》规定的职责时收取费用的，由其上级行政机关或者监察机关责令退还非法收取的费用；对直接负责的主管人员和其他直接责任人员依法给予行政处分。

第五十六条 各级公安机关技防办及其工作人员有下列情形之一的，由其上级行政机关或者监察机关责令改正；情节严重的，对直接负责的主管人员和其他直接责任人员依法给予行政处分：

（一）对符合法定条件的行政许可申请不予受理的；

（二）不在办公场所公示依法应当公示的材料的；

（三）在受理、审查、决定行政许可过程中，未向申请人、利害关系人履行法定告知义务的；

（四）申请人提交的申请材料不齐全、不符合法定形式，不一次告知申请人必须补正的全部内容的；

（五）未依法说明不受理行政许可申请或者不予行政许可的理由的。

第七章　附　则

第五十七条　《河南省安全技术防范工程资格证》有效期截止为2014年6月30日。本实施细则施行前取得《河南省安全技术防范工程资格证》的单位，在2014年年审时统一换发《许可证》，从事实体防护类安防产品安装、施工的，不再换发《许可证》。

第五十八条　本实施细则中“县级以上公安机关”包含县级公安机关。

第五十九条　本实施细则由河南省公安厅负责解释。

第六十条　本实施细则自2013年10月1日起施行。

山西省安全技术防范条例实施细则

第一章　总　则

第一条　根据《山西省安全技术防范条例》，制定本实施细则。

第二条　本省行政区域内安全技术防范产品（以下简称技防产品）的生产、销售，安全技术防范系统（以下简称技防系统）的设计、安装、验收、监理、运营和信息使用等活动，以及对上述活动的中介服务和行政管理，适用本实施细则。

第三条　公安机关是安全技术防范工作的行政主管部门。山西省公安厅安全技术防范管理办公室（省厅技防办）负责全省安全技术防范（技防）工作的规划、管理、指导和监督。

县级以上公安机关安全技术防范管理办公室（县级以上公安机关技防办）、铁路、交通、民航、森林、海关等行业公安局、处安全技术防范管理办公室（行业公安局、处技防办）在省厅技防办的具体指导下，负责本辖区、本部门技防工作的规划、管理、指导和监督。

第四条　县级以上公安机关有关业务部门应结合各自职能，按职责分工做好相关工作。

第五条　安全技术防范行业协会、学会等组织在公安机关的指导下开展工作，公安机关负责引导其通过开展技术交流、提供技术支持、推广高新技术、开展专业培训和加强行业自律等方式推动省内安全技术防范行业的发展。

在本省内举办的专业安全技术防范产品展览会、博览会，主办单位应向公安机关行政主管部门报告。

第二章　技防产品管理

第六条　技防产品的生产管理，分别实行工业产品生产许可证制度、安全认证制度、生产登记批准制度，对同一类技防产品的管理，只适用上述制度的一种。

第七条　实行工业产品生产许可证制度、安全认证制度的技防产品的管理，按照国家有关工业产品生产许可证制度、安全认证制度的规定执行；未取得生产许可、安全认证的技防产品，禁止生产和销售。

第八条　实行生产登记批准制度的技防产品，应当经省厅技防办批准生产登记，并颁发《安全技术防范产品生产登记批准书》（以下简称《批准书》）。未经批准的，禁止生产和销售。

第九条　申请《批准书》的生产单位，必须具备以下条件：

（一）有固定的办公及生产场所；

（二）有工商营业执照；

（三）有相应产品生产管理经验的管理人员和技术人员；

（四）有设计、生产、测试及维修设备；

（五）有完整的产品生产管理规章制度或产品质量保证体系；

（六）有完善的售后服务措施；

（七）无违法、违规经营行为；

（八）产品经法定检验机构型式检验合格。

第十条　技防产品生产单位按以下程序办理技防产品型式检验：

（一）生产单位向所在地市级公安机关技防办提出申请，并填写《安全技术防范产品型式检验申请表》；

（二）市级公安机关技防办在接到申请表之日起十个工作日内，对申请单位符合抽样母体数量要求的技防产品进行随机抽样和封样；

（三）申请单位将封样后的产品送到法定检验机构进行型式检验。

第十一条　《批准书》的申请与办理：

申请技防产品生产登记的单位应通过公安机关设立的网上办公服务平台填报申请，并持下列资料向所在地市级公安机关技防办提出申请：

（一）《安全技术防范产品生产登记申请书》；

（二）工商营业执照、组织机构代码证复印件；

（三）法定代表人身份证明复印件，管理人员和技术人员的身份证、学历、职称证书复印件；

（四）主要生产设备、检验仪器明细表；

（五）产品设计与工艺文件；

（六）符合法定要求的产品标准（国家标准、行业标准、地方标准以及在质量技术监督部门备案的企业标准）；

（七）法定检验机构出具的产品型式检验报告；

（八）产品质量管理制度及产品售后服务措施。

提交申请材料时，需提供复印件的原件，验证后退回。

市级公安机关技防办应当自收到技防产品生产登记申请之日起十个工作日内进行初步审核。初审合格的，报省厅技防办批准；初审不合格的，不予批准并说明理由。

省厅技防办应当自收到初审意见之日起五个工作日内进行审查。审查合格的，核发《安全技术防范产品生产登记批准书》；审查不合格的，不予批准并说明理由。

《安全技术防范产品生产登记批准书》有效期四年，实行年检制。

第十二条 《批准书》的年检、变更及补办：

（一）年检

1. 年检内容：

（1）企业申请《批准书》时登记项目的执行和变更情况；

（2）产品接受公安机关技防办、质量技术监督部门质量监督检查情况；

（3）产品检验报告；

（4）产品售后服务情况。

2. 年检程序：

（1）年检时间为每年一月至四月，获证时间距年检开始时未满半年的不需年检。

（2）市级公安机关技防办负责对本辖区内生产企业进行年检初审。市级公安机关技防办应当自接到年检申请材料之日起十个工作日内完成初审。初审后，签署年检意见，报省厅技防办。

（3）省厅技防办自收到市级公安机关技防办初审合格的申请材料后，五个工作日内进行审查。审查合格的，在《批准书》正、副证上加贴年检标记；审查不合格的，限期一个月整改，并进行复检；复检不合格的，不予通过并说明理由。

（4）年检不合格或逾期不年检的，其《批准书》自行作废。

（二）变更

《批准书》登记项目发生变更的，持证单位应持变更项目的相关证明材料在三十日内到市级公安机关技防办办理《批准书》变更手续。

（三）补办

《批准书》丢失、损毁等需补办的，应登报公告后，到原申请单位申请补办。

第三章 技防系统管理

第十三条 凡由技防产品和其他相关产品所构成的探测与报警、视频探测与监控、出入口目标识别与控制、防爆安全检查等系统，或者由这些系统为子系统组合、集成的系统或者网络都属于技防系统。

第十四条 技防系统的建设应符合《安全防范工程技术规范》（GB50348－2004）等标准要求，且具备同公安机关联网的条件，系统平台应符合《安全防范视频监控联网系统信息传输、交换、控制技术要求》（GB/T28181）、《安全防范监控数字视音频编解码技术要求》（GB/T25724）等标准规范，并预留接口。

第十五条 省厅技防办对技防系统的设计、安装、监理、运营单位实行资质管理，并统一印制和发放《山西省安全技术防范从业单位资质证》（以下简称《资质证》）。设计、安装、运营单位资质证分为一级、二级、三级和暂定级四个等级。未取得《资质证》的，不得从事技防系统设计、安装、监理、运营等业务。

第十六条 《资质证》申办条件：

（一）有固定的办公及营业地点；

（二）有相应经营范围的工商营业执照；

（三）有经过专门机构培训的管理人员和技术人员；

（四）有设计、安装、调试及维修所需的设备；

（五）具备完善的技防系统管理规章制度和系统维护、维修服务措施；

（六）无违法、违规经营行为；

（七）主要管理人员、技术人员无故意犯罪被刑事处罚记录；

（八）申办监理资质的，应已取得住建部门核发的综合工程监理资质或通信专业类工程监理资质；相关专业注册工程师接受过专门机构培训。

第十七条 《资质证》申办程序：

申请《山西省安全技术防范从业单位资质证》单位应通过公安机关设立的网上办公服务平台填报申请，受理后持下列资料向所在地市级公安机关技防办提出申请：

（一）《山西省安全技术防范从业单位资质证》申请表；

（二）工商营业执照、组织机构代码证复印件；

（三）营业场所房产证明（或租赁协议）复印件；

（四）法定代表人身份证明，管理人员和技术人员的身份证、劳动合同、安全防范工程及相关专业（电子、计算机、通信、自动化控制、网络系统、系统集成、图像技术等）的学历证书、职称证书、专业培训证书复印件；

（五）主要系统设备、检验仪器明细表；

（六）ISO9000 质量管理体系认证证书或质量保证体系文件；

（七）系统维护与售后服务措施（监理资质可不提供）；

（八）技防系统业绩报告，其中含合同、系统决算清单、验收、检测报告复印件（初次申办可不提供）。

提交申请材料时，需提供复印件的原件，验证后退回。

市级公安机关技防办应当自接到资质证申请材料之日

起十个工作日内完成初审。初审合格的，报省厅技防办核准；初审不合格的，退回申请并说明理由。

省厅技防办应当自接到市级公安机关技防办报送的资质证申请材料之日起五个工作日内完成核准。符合条件的，核发相应等级资质证书；不符合条件的，不予核发并说明理由。

第十八条 《资质证》年检、变更和补办：

（一）年检

1. 年检内容：

（1）持证单位登记事项的执行和变更；

（2）当年完成技防系统业绩情况（方案、图纸、合同、检测报告、验收报告）；

（3）企业工程获奖情况；

（4）当年技防系统维修服务情况；

（5）有无违反技防管理的行为。

2. 年检程序：

（1）年检时间为每年一月至四月，获证时间距年检开始时未满半年的不需年检。

（2）市级公安机关技防办负责对本辖区内的持证单位进行年检初审。市级公安机关技防办应当自接到年检申请材料之日起十个工作日内完成初审。初审后，签署年检意见，报省厅技防办核准。

（3）省厅技防办应当自接到市级公安机关技防办报送的年检材料之日起五个工作日内完成核准。年检合格的，在《资质证》正、副证上加贴年检标记；初次年检不合格的，限期一个月整改，并进行复检；复检不合格的，收回证件并说明理由。

（4）无正当理由逾期不年检，《资质证》自行作废，两年内不得重新申办。

（二）变更

《资质证》登记项目发生变更的，持证单位应在三十日内到市级公安机关技防办办理《资质证》变更手续。

（三）补办

《资质证》丢失、损毁等需补办的，应登报公告后，到原申请单位申请补办。

第十九条 《资质证》等级升降：

（一）等级条件：

1. 一级资质条件：

（1）注册资金人民币500万元（含）以上；

（2）获得《资质证》满5年；

（3）相应专业的高级工程师4人、工程师8人、其他技术人员10人以上，其中经过培训的人员不得少于10人；

（4）企业经理有三年（含）以上技防企业管理经验；

（5）最近两年内竣工验收通过的技防系统总额2000万元（含）以上，其中至少有一项不少于500万元的工程。

2. 二级资质条件：

（1）注册资金人民币300万元（含）以上；

（2）获得《资质证》满3年；

（3）相应专业的高级工程师3人、工程师5人、其他技术人员8人以上，其中经过培训的人员不得少于8人；

（4）企业经理有两年（含）以上技防企业管理经验；

（5）最近两年内竣工验收通过的技防系统总额1200万元（含）以上，其中至少有一项不少于300万元的工程。

3. 三级资质条件：

（1）注册资金人民币100万元（含）以上；

（2）获得《资质证》满1年；

（3）相应专业的高级工程师2人、工程师3人、其他技术人员7人以上，其中经过培训的人员不得少于5人；

（4）企业经理有一年（含）以上技防企业管理经验；

（5）最近两年内竣工验收通过的技防系统总额500万元（含）以上，其中至少有一项不少于100万元的工程。

4. 暂定级资质条件：

（1）初次申请《资质证》；

（2）注册资金人民币50万元（含）以上；

（3）相应专业的高级工程师1人、工程师2人、其他技术人员5人以上，其中经过培训的人员不得少于3人。

（二）年检时持证单位达到晋级条件的，可申请升级。

（三）年检时持证单位未达到本级别资质条件的，降至相应级别。

（四）暂定级资质单位，领取《资质证》两年内无任何技防系统业绩的，取消其暂定级《资质证》，一年内不予重办。

第二十条 已取得其他省级公安机关核发的相应的安全技术防范从业单位资质的，在山西省进行投标、承接技防系统设计、安装、监理、运营等活动，应向省厅技防办申请备案。符合条件的，省厅技防办向申请单位出具备案证明，未经备案不得从事上述活动。

申请备案时，需提交以下材料：

（一）工商营业执照复印件；

（二）法定代表人的身份证明复印件；

（三）申请单位所在地省公安厅（局）技防办颁发的资质证书复印件；

（四）系统运行管理制度；

（五）系统维护与维修保养服务措施。

提交申请材料时，需提供复印件的原件，验证后退回。

省厅技防办在接到申请材料之日起十五个工作日内完成备案核准，出具备案证明。

第二十一条 按照规定应当对技防系统设计方案进行论证的，应向方案论证组提交下列资料：

（一）设计任务书或者相当于设计任务书的资料；

（二）设计方案；

（三）平面布防图及防护范围；

（四）系统框图及设备配置表；

（五）监控中心布局图；

（六）管线敷设方案；

（七）工程费用概算和建设工期。

第二十二条 技防系统设计方案论证程序及要求：

（一）设计方案论证由建设单位组织。评审委员会由建设单位、业务主管部门、公安业务主管部门、技防管理部门的代表和一定数量的技术专家组成。评审委员会主任由具有高级技术职称的专业人员担任，专家在公安机关设立的专家库抽取。

（二）评审委员会对设计方案的各项内容进行审查，对其技术、质量、费用、施工组织计划做出评价，提出书面论证意见，并由参加评审的委员签字。

（三）技防系统设计方案论证通过的，建设单位与设计单位应当按照论证意见中提出的整改意见，对原设计方案进行修改、补充、完善；论证未通过的，不得施工。

第二十三条 建设单位可以委托具有技防系统监理资质的单位对技防系统施工过程进行监理，特别要加强对隐蔽工程的监理，确保工程质量不留隐患。

第二十四条 技防系统应当检测的，建设、设计、安装单位持技防系统合同、设计方案、竣工报告等材料向主管公安机关提出检测申请，由公安机关技防管理部门委托公安部授权的检测机构进行检测。

第二十五条 技防系统应当验收的，设计、安装单位向验收委员会提交下列资料：

（一）设计任务书；

（二）工程合同；

（三）设计方案及设计方案通过论证后，设计、安装单位和建设单位共同签署的整改落实意见；

（四）正式设计方案与相关图纸（包括系统框图、平面布防图及设备配置表、线槽管道布线图、监控中心布置图、设备清单等）；

（五）系统试运行报告；

（六）系统竣工报告；

（七）系统使用说明书（含操作和日常维护说明）；

（八）初验报告；

（九）决算报告；

（十）监理报告；

（十一）系统检测报告；

（十二）其他相关文件。

第二十六条 技防系统验收程序及要求：

（一）验收委员会由建设单位会同公安机关相关部门组织，由建设单位上级业务主管部门，建设单位（含工程总包单位、使用单位、监理单位），设计、安装单位，公安机关技防管理部门，公安业务主管部门和不低于验收机构人员总数的50%的技术专家参加，并按规定组成验收委员会。验收委员会主任由具有高级技术职称的专业人员担任，专家在公安机关设立的专家库抽取。

（二）验收委员会应对照设计任务书、合同或者设计方案，对系统的安装规范、技术指标、图纸资料等进行审查验收，对系统建设中存在的主要问题提出整改意见和建议，对系统做出验收结论。验收结论由参加验收的委员签字认定。

（三）验收通过或者基本通过的技防系统，设计、安装单位应当根据验收结论提出经建设单位认可的整改措施，由建设单位、业务主管部门和分级管理相对应的公安机关技防管理部门督促落实。验收不通过的不得交付使用，由设计、安装单位整改后重新申请验收。

（四）金融机构营业场所和金库技防系统的验收应按《金融机构营业场所和金库安全防范设施建设许可实施办法》执行。

第二十七条 技防系统使用的产品和技防系统的功能、性能指标应符合全国安全防范报警系统标准化技术委员会（SAC/TC100）现行标准及其他标准或规范要求。

第二十八条 技防系统的使用单位，应当制定技防设施的使用、维护和更新制度，保证系统效能的发挥和正常运行，并建立健全值班备勤制度和警讯紧急处置预案。

技防系统运营单位应当建立健全安全管理制度和岗位责任制度，定期对系统管理人员进行专业培训，规范系统操作规程，制定相关应急预案，保证系统安全有效，杜绝漏报，减少误报；接到报警信息应当立即予以复核，确认为警情的，立即报告公安机关。

第二十九条 技防系统实行分级、分类管理。

（一）根据《安全防范工程技术规范》（GB50348－2004）国家标准规定的相关要求和我省实际情况，技防系统分为一级技防系统、二级技防系统、三级技防系统。一级技防系统是指一级风险或投资额500万元以上的技防系统；二级技防系统是指二级风险或投资额超过100万元不足500万元的技防系统；三级技防系统是指三级风险或投资额超过30万元不足100万元的技防系统。

（二）一级技防系统由省厅技防办监督管理，二级、三级技防系统由市级公安机关技防办监督管理，其他技防系统由县级公安机关技防管理部门监督管理。

实行等级管理的技防系统应当进行设计方案论证、系统检测、竣工验收。没有规定风险等级且投资额在30万元以下的技防系统可视具体情况简化。

（三）公安业务主管部门根据国家规定，督促业务管辖范围内特定场所（部位）的所属单位，按照国家（行业）标准建设技防系统，由公安业务主管部门会同建设单位按规定组织开展方案论证、系统检测、竣工验收等工作，并负责日常监督管理。

第四章 信息使用

第三十条 执法机关在履行法定职责时，因工作需要可以查阅技防系统的信息资料；需要复制或者调取有关信息资料的，应当经县级以上公安机关批准。

发生社会安全、自然灾害、事故灾难、公共卫生等突发公共事件时，具有突发事件调查、处置权的行政主管部门可以查阅、复制或者调取有关技防系统的信息资料。

根据维护公共安全和社会治安秩序的需要，经县级公安机关负责人批准，公安机关可以接入相关单位的技防系统或者直接使用其信息资料。

其他组织和公民个人需查阅技防系统信息资料时，应经技防系统使用、运营单位安保部门同意，在技防系统管理人员协助下查阅与其有关的信息，但不得私自复制。需要复制或者调取有关信息资料的，应经县级以上公安机关批准。

第三十一条　查阅、复制或者调取技防系统信息资料时，除法律、法规另有规定外，应当遵守下列规定：

（一）复制、调取时不得少于二人；

（二）出示工作证件和单位证明文件；

（三）出示公安机关的批准文件；

（四）履行登记手续；

（五）遵守技防系统信息资料的使用、保密制度。

第三十二条　技防系统使用单位和运营单位应当建立信息保密、值班监看、运行维护、安全检查等制度，对信息资料的录制人员、调取人员、调取时间、调取用途以及去向等情况进行登记，无关人员不得进入监看场所。

技防系统的信息资料存储时间不少于三十日，重点信息存储到相应的信息库。技防系统视音频系统的存储、播放应具有原始完整性。

第三十三条　公安机关相关主管部门应当采取下列措施，加强对技防系统及其信息资料的管理：

（一）对技防系统的日常运行、维护和信息资料的安全管理情况进行监督检查；

（二）规范技防系统及其信息资料的使用审批制度，加强技防系统及其信息资料的使用管理；

（三）加强对公安机关工作人员的保密教育和规范管理，防止失泄密事件发生。

第三十四条　公安机关对技防产品、技防系统的监督检查情况、技防产品生产和技防系统的设计、安装、监理、运营单位名录实行信息公开制度。

公安机关行政主管部门负责在主要媒体公告各自管辖、职责范围内已取得《安全技术防范产品生产登记批准书》、《山西省安全技术防范系统从业单位资质证》单位名录，日常监督检查情况以及其他按照规定应该公告的信息。

第五章　法律责任

第三十五条　违反《山西省安全技术防范条例》相关规定，需要承担法律责任的，由县级以上公安机关按照有关规定执行。

第三十六条　《山西省安全技术防范条例》第三十一条、第三十五条规定中责令限期改正的限期为三十日；第三十二条规定中责令限期改正的限期为十五日；第三十三条规定中责令限期改正的，原则上限期为六个月；第三十四条规定中责令限期改正的限期为三十日；第三十六条规定中责令限期改正的限期为七日。

第三十七条　违反《山西省安全技术防范条例》第三十六条规定，情节严重构成犯罪的，依法追究其刑事责任。

第三十八条　公安机关及其工作人员在技防管理工作中严重失职或者侵害企业合法权益的，由所在单位给予行政处分；情节严重构成犯罪的，依法追究其刑事责任。

第六章　附　则

第三十九条　在《山西省安全防范技术条例》施行前，已取得《山西省安全技术防范工程设计、施工备案证明》的企业，应按照本实施细则中申请技防系统设计、安装、监理、运营《资质证》的条件，在规定时间内换发相应级别的《山西省安全技术防范从业单位资质证》。

第四十条　本实施细则由山西省公安厅负责解释。

第四十一条　本实施细则自颁布之日起施行。

黑龙江省公安厅关于印发《黑龙江省公安机关实施〈黑龙江省公共安全技术防范条例〉细则》的通知

黑公通〔2012〕96 号

各市、行署、系统公安局，绥芬河市、抚远县公安局：

《黑龙江省公共安全技术防范条例》已于2012 年8 月24 日黑龙江省第十一届人大常委会第三十四次会审议通过，并自2012 年11 月1 日起施行。现将省厅制定的《黑龙江省公安机关实施〈黑龙江省公共安全技术防范条例〉细则》印发给你们，请认真贯彻执行。

2013 年3 月28 日

黑龙江省公安机关实施《黑龙江省公共安全技术防范条例》细则

第一章　总　则

第一条　为贯彻实施《黑龙江省公共安全技术防范条例》（以下简称《条例》），明确各级公安机关职责，规范公共安全技术防范管理、监督程序，制定本实施细则。

第二条　各级公安机关依据《条例》实施的安全技术防范产品生产、销售，公共安全技术防范系统设计、安装、监理、检测、验收、使用、维护、运营和信息管理等活动，以及对上述活动的中介服务和行政管理，适用本实施细则。

第三条　各级人民政府公安机关是公共安全技术防范工作的主管部门，负责公共安全技术防范的规划、指导、管理和监督，组织实施本细则。

省公安厅科技信息化部门是全省公共安全技术防范工作的行业主管部门，统一协调、指导全省公共安全技术防范工作。省公安厅情报、国保、治安、刑侦、网安、监所管理、反恐、交警、消防、边防等部门是全省公共安全技术防范工作的业务主管部门，按照业务分工和有关规定，负责本警种公共安全技术防范工作的实施。

省公安厅安全技术防范管理办公室（简称省公安厅技防办，设在厅科技信息化部门）是全省公共安全技术防范管理工作的具体管理机构。市（地）公安局和农垦、铁路、森工等系统公安局安全技术防范管理办公室（简称市公安局技防办，设在市公安局科技信息化部门）是本辖区、本系统公共安全技术防范管理工作的具体管理机构。县（市、区）级公安（分）局安全技术防范管理办公室（简称县公安局技防办，设在县公安局科技信息化部门）是本行政区域内公共安全技术防范工作的具体管理机构。

第四条　省公安厅技防办主要职责：

（一）负责组织贯彻执行国家有关政策、法规；制定全省公共安全技术防范工作的发展规划；指导监督全省开展公共安全技术防范工作。

（二）负责全省安全技术防范产品生产、销售和公共安全技术防范系统设计、施工、运营单位从业许可的审查、审批和管理。

（三）负责组织全省一级风险或投资总额超过人民币300万元以上的公共安全技术防范系统的方案论证和竣工验收。治安（经保）、交警、消防等警种按法律、法规、规章和公安部相关文件规定已经承担此项工作的，按规定执行。

（四）负责指导全省公共安全技术防范行业中介组织，依法开展行业自律、技术保障、咨询和评价服务等活动。

第五条　市公安局技防办主要职责：

（一）负责组织贯彻执行国家、省有关政策、法规；制定全市（地、系统）公共安全技术防范工作的发展规划；指导监督全市（地、系统）公安机关开展公共安全技术防范工作。

（二）负责本行政区域内安全技术防范产品生产、销售和公共安全技术防范系统设计、施工、运营单位从业许可的初审，组织申报、年检和日常监督工作。

（三）负责组织本行政区域内一级风险以下或投资总额人民币300万元以下的公共安全技术防范系统的方案论证和竣工验收。治安（经保）、交警、消防等警种按法律、法规、规章和公安部相关文件规定已经承担此项工作的，按规定执行。

（四）指导本市（地、系统）公共安全技术防范行业中介组织，依法开展行业自律，技术保障，咨询和评价服务等活动。

第六条　县公安局技防办负责具体组织实施本地公共安全技术防范工作，并指导、组织和协调公安机关基层所队开展公共安全技术防范的日常管理和监督检查。具体职责由县（市、区）公安局依据本细则和本地实际情况规定。

第七条　省、市公共安全技术防范行业协会等中介组织应在公安技防部门的指导下开展工作，通过开展技术交流、专业培训、高新技术推广和加强行业自律等活动，推动省内公共安全技术防范行业的发展。

第二章　安全技术防范产品

第八条　安全技术防范产品实行工业产品生产许可证制度、安全认证制度、生产登记制度。对同一类安全技术防范产品的管理，只适用上述制度的一种。

第九条　实行生产登记制度的安全技术防范产品，应经省厅技防办批准生产登记，并颁发《安全技术防范产品生产登记批准书》（简称《批准书》）。未经批准的，禁止生产。

第十条　申请安全技术防范产品生产登记的单位，应具备以下条件：

（一）有固定的办公及生产场所。

（二）有工商营业执照。

（三）有相应的管理人员和技术人员。

（四）有相应的设计、生产、测试及维修设备。

（五）有完整的产品生产管理规章制度或者产品质量保证体系。

（六）有完善的售后服务措施。

（七）产品按照法定标准生产，并经法定检验机构型式检验合格。

第十一条　申请安全技术防范产品生产登记的单位，应持下列材料向所在地市公安局技防办提出申请：

1. 《安全技术防范产品生产登记申请书》一式二份。

2. 法定代表人身份证明复印件。

3. 工商营业执照、组织机构代码证复印件。

4. 企业概况（管理人员和技术人员的身份证、职称证明；主要生产设备、检验仪器清单；产品质量管理制度；产品售后服务措施）。

5. 符合法定要求的产品标准。

6. 法定检验机构出具的产品型式检验报告。

提交申请材料时，需提供复印件和原件，原件验证后退回。

第十二条　市公安局技防办自收到安全技术防范产品生产登记申请之日起七个工作日内完成初审。初审不合格的，退回申请，并书面说明理由。初审合格的，报省公安厅技防办复审。省公安厅技防办自收到初审意见和申请资料之日起，委托专家评审，五个工作日内作出复审决定。复审合格的，核发《批准书》；复审不合格的，填写《安全技术防范产品生产登记审核意见通知书》，发给申请单位所在地市公安局技防办，由市公安局技防办三个工作日内通知申请单位。

第十三条　《批准书》有效期四年，实行年检制度。年检时间为每年一月至四月，获证时间未满半年的不需年检。

第十四条　《批准书》年检、换发及变更。

（一）年检

申请年检的单位，应填写《安全技术防范产品生产登记批准书年检登记表》，提交工商营业执照、产品质量检验报告、产品标准、法人身份证明，并按下列程序办理：

1. 市公安局技防办负责对本地（系统）生产单位进行年检初审，自接到年检申请材料之日起七个工作日内完成初审。初审合格的，签署年检意见，报省公安厅技防办复审。

2. 省公安厅技防办自收到初审合格的申请材料后，五个工作日内进行复审。复审合格的，在《批准书》正、副本上加贴年检标记。

3. 因特殊情况不能按期年检的，须书面向市公安局技防办说明原因，补办年检手续。

4. 年检不合格或逾期不年检的，其《批准书》自行作废。

（二）换发

1. 获证单位应在《批准书》期满前三十天提交换证申请。换证条件、程序与申办相同。逾期不换证的，自行作废。

2. 获证单位因特殊情况不能按期换证的，须书面向市公安局技防办说明原因，方可提前或延期换证，延期最长不超过三个月。

（三）变更

《批准书》登记项目发生变更的，获证单位应在三十天内到省公安厅技防办办理变更手续。省公安厅技防办自收到变更申请材料后，五个工作日内进行审查。审查合格的，给予变更，审查不合格的，不予变更。

第十五条　安全技术防范产品型式检验办理。

（一）生产单位向省公安厅技防办提出申请，并填写《安全技术防范产品型式检验申请表》一式三份。

（二）省公安厅技防办在接到申请之日起五个工作日内，完成对申请单位符合抽样母体数量要求的安全技术防范产品进行随机抽样和封样。

（三）申请单位将封样后的产品送法定检验机构进行型式检验。

第十六条　研制、生产安全技术防范产品的单位和个人，在新产品正式定型前应当向当地市公安局技防办提出鉴定申请，经技防办审查后，会同科技行政管理部门按有关规定组织鉴定定型。

对具有安全技术防范功能的新产品管理，参照安全技术防范产品生产登记制度执行。

第十七条　安全技术防范产品的销售实行备案制度。销售安全技术防范产品的单位和个人，应填写《安全技术防范产品销售备案申请表》，持下列材料向销售地市公安局技防办申请办理备案，由市公安局技防办核发《安全技术防范产品销售备案证明》。

（一）工商营业执照复印件。

（二）法定代表人身份证件复印件。

（三）销售的安全技术防范产品目录（包括产品名称、型号规格、制造商、执行标准等）。

（四）所销售安全技术防范产品获得的生产证明复印件（进口产品要求出具我国法定检验机构出具的产品检验报告或海关商检部门出具的进口手续）。

（五）产品使用说明书和产品质量检验合格证。

（六）健全的进货验收制度和售后服务措施。

外省安全技术防范产品销售单位在我省未设门市销售的，持上述材料到省公安厅技防办直接备案，省内不再重复备案。

第十八条　市公安局技防办应在每季度末将本地（系统）内备案销售安全技术防范产品情况整理汇总，填写《安全技术防范产品销售备案汇总表》，上报省公安厅技防办。

第三章　安全技术防范系统

第十九条　下列单位或场所的重要部位，交通工具应按照有关规定安装安全技术防范产品或系统，具体程序由县级以上公安机关按照《条例》第十三条第二款程序确定：

（一）研制、生产、销售、储存危险物品或者实验、保藏传染性菌种、毒种的单位和武器、弹药、民用爆炸物品的专用存放场所。

（二）国防科技工业重要产品的研制、生产单位和国家重点建设工程单位。

（三）火车站、长途汽车客运站、机场、港口等重要交通枢纽。

（四）重要能源、货币、枪支弹药、危险化学品等物品的专用运输工具，长途客运车、旅游包车、公交车、校车。

（五）高速公路、城市主要道路、城区主干路的重要路段、路口，城市轨道交通、地下通道、过街天桥，隧道、大型桥梁、公共停车场。

（六）金融机构的仓库、营业场所以及其他重要场所。

（七）石油、天然气的生产、储存、销售场所。

（八）大型能源动力、水利和城市供水、供电、燃气、热力等设施。

（九）广播电台、电视台、通讯社等重要新闻单位和电信、邮政企业。

（十）广场、公园、旅游景点。

（十一）星级酒店（宾馆）、歌舞娱乐场所、大型文化和体育场所。

（十二）大型物资储备场所、商贸中心、大中型集贸市场。

（十三）教育、科研和县级以上医疗卫生单位。

（十四）博物馆、档案馆、重点文物保护单位以及存放有重要物品的纪念馆和展览馆等场所。

（十五）城镇新建居民住宅区。

（十六）其他需要安装安全技术防范产品、系统的单位或者场所。

第二十条 单位或者个人确需在社会公共区域安装安全技术防范产品或者系统的，应向所在地县公安局技防办提交《安全技术防范产品、系统安装申请书》。技防办自接到申请书后，应在十五个工作日内做出是否批准安装的决定，并书面通知申请单位或者个人。

第二十一条 下列可能涉及个人隐私的场所和区域禁止安装音视频监控设备：

（一）宾馆客房和旅店客房。

（二）集体宿舍和个人宿舍。

（三）公共浴池、更衣室、卫生间和哺乳室。

（四）金融、保险、证券场所中可能泄露客户个人信息的操作区域。

（五）选举箱、投票点等可以观察到个人意愿表达情况的区域。

（六）其他涉及个人隐私的场所。

第二十二条 公共安全技术防范系统安装、运营服务实行许可制度。

省公安厅技防办对从事公共安全技术防范系统安装、运营服务的单位统一核发《公共安全技术防范系统安装、运营服务许可证》（简称《许可证》）。《许可证》分为一级、二级、三级和暂定级。未取得《许可证》的，不得从事公共安全技术防范系统设计、安装、维护、运营等业务。

第二十三条 《许可证》申办条件。

（一）基本条件

1. 有固定的办公及营业地点。

2. 有相应经营范围的工商营业执照。

3. 有相应的管理人员和技术人员。

4. 有设计、安装、调试及维修设备。

5. 有完善的管理规章制度和系统维护、维修服务措施

（二）等级条件

1. 一级许可条件：

（1）注册资金人民币500万元（含）以上。

（2）4年以上从业经历。

（3）相应专业的高级工程师4人、工程师8人、其他技术人员10人以上，持有岗位培训证的人员不得少于10人。

（4）近二年内工程业绩总额不少于2000万元，或一级风险工程不少于4个。

2. 二级许可条件：

（1）注册资金人民币200万元（含）以上。

（2）3年以上从业经历。

（3）相应专业的高级工程师3人、工程师5人、其他技术人员8人以上，持有岗位培训证的人员不得少于8人。

（4）近二年内工程业绩总额不少于1200万元，或二级风险以上工程不少于3个。

3. 三级许可条件

（1）注册资金人民币50万元（含）以上。

（2）2年以上从业经历。

（3）相应专业的高级工程师1人、工程师3人、其他技术人员5人以上，持有岗位培训证的人员不得少于5人。

（4）近二年内工程业绩总额不少于500万元，或三级风险以上工程不少于2个。

4. 暂定级许可条件：

初次申请《许可证》的单位，确定为暂定级。六个月时间内，省公安厅技防办根据上述等级条件，组织有关专家，对其进行许可等级审定。审定合格的，核发相应等级的《许可证》。

第二十四条 申办程序。

申请《许可证》的单位，应持下列材料向所在地市公安局技防办提出申请：

（一）《公共安全技术防范系统从业许可申请书》一式二份。

（二）工商营业执照、组织机构代码证、法定代表人身份证明复印件。

（三）管理人员和技术人员的身份证、社保证明、相应职称证书、岗位培训证书复印件。

（四）营业场所房产证明（或租赁协议）复印件。

（五）主要设备、检验仪器清单。

（六）质量管理体系认证证书或质量保证体系文件。

（七）公共安全技术防范系统业绩证明（合同、检测报告、验收报告）复印件。

提交申请材料时，需提供复印件和原件，原件验证后退回。

市公安局技防办应自接到许可申请材料之日起十个工作日内完成初审。初审合格的，报送省公安厅技防办核准。初审不合格的，退回申请并说明理由。

省公安厅技防办应自接到市公安局技防办报送的许可申请材料之日起七个工作日内完成核准。符合条件的，核发相应等级《许可证》；不符合条件的，不予核发并说明理由。

第二十五条 《许可证》年检、换发和等级变更

（一）年检

1. 年检时间为每年第四季度，获证时间未满半年的不需年检。

2. 市公安局技防办负责对本地（系统）获证单位进行年检初审。市公安局技防办自接到年检申请材料之日起十个工作日内完成初审，初审合格的，签署年检意见，报省公安厅技防办核准。初审不合格的，退回申请并说明理由。

3. 省公安厅技防办自接到市公安局技防办报送的年检材料之日起七个工作日内完成核准。年检合格的，在《许可证》正、副本上加贴年检标记。

4. 因特殊情况不能按期年检的，须书面向市公安局技防办说明原因，经批准后，方可补办年检手续。年检不合格或逾期不年检的，其《许可证》自行作废。

（二）换发

1.《许可证》有效期限为四年，获证单位应在期满前三十天提交换证申请材料。逾期不换证的，其《许可证》自行作废。

2. 持证单位因特殊情况不能按期换证的，须向市公安局技防办说明原因，经批准后，可申报提前或延期换证。

（三）等级变更

1. 获证单位达到高级别许可条件的，可申请升级，按申报程序进行。

2. 年检时获证单位在年检期内业绩未达到本级别年检条件的，降至相应级别。

3. 对发生严重工程质量事故和对本行业产生恶劣影响事件的从业单位，根据实际情况进行降级或取消其《许可证》。

第二十六条 省外已取得相应许可的公共安全技术防范从业单位，进入本省投标、承接公共安全技术防范系统安装、运营服务项目，须向省公安厅技防办申请备案，由省厅技防办向申请单位出具《公共安全技术防范系统备案证明》。

第二十七条 备案申请与办理。

省外公共安全技术防范系统安装、运营服务企业向省公安厅技防办备案时，需填写《公共安全技术防范系统单位备案登记表》，并提交以下材料：

（一）工商营业执照复印件。

（二）法定代表人的身份证明复印件。

（三）申请单位所在地技防部门颁发的许可复印件。

（四）质量管理制度。

（五）维护与维修保养服务措施。

提交申请材料时，需提供复印件和原件，原件验证后退回。

省公安厅技防办在接到申请材料之日起五个工作日内完成备案核准，出具备案证明。

第二十八条 未取得《许可证》和《公共安全技术防范系统备案证明》的单位，不得参与本省公共安全技术防范系统建设和招标活动。

公共安全技术防范系统的建设单位和使用单位在公共安全技术防范系统建设和招标活动中，应要求查验《许可证》或者《公共安全技术防范系统备案证明》。

第二十九条 需要安装公共安全技术防范系统的新建、改建、扩建项目，建设单位应会同公安技防部门将公共安全技术防范系统与建设项目综合设计、同步施工、同步验收。

第三十条 公共安全技术防范系统方案论证和竣工验收应成立论证、验收委员会（小组），委员会（小组）由建设单位及其上级主管部门，公安机关技防管理、业务主管部门的代表和技术专家组成。一级风险或投资总额超过人民币300万元以上系统的论证、验收，其委员会（小组）组成人数不得少于9人；二级风险或投资总额在人民币100万元以上不足300万元系统的论证、验收，其委员会（小组）组成人数不得少于7人；三级风险或投资总额在人民币在30万元以上不足100万元系统的论证、验收，其委员会（小组）组成人数不得少于5人；普通风险或投资总额在人民币30万元以下系统的论证、验收，可视具体情况简化。论证、验收委员会（小组）中的技术专家应在安全技术防范专家库中抽取，其中技术专家比例不得少于50%。

第三十一条 公共安全技术防范系统设计方案论证程序及要求：

（一）设计方案完成后，建设单位应会同公安技防部门审查设计方案论证材料。对符合论证条件的，组织方案论证。

（二）论证委员会（小组）对设计方案的各项内容进行审查，对其技术、质量、费用和施工组织计划做出评价，提出书面论证意见，并由参加评审的委员签字。

（三）建设单位与设计单位应按照论证意见中提出的整改意见，对原设计方案进行修改、补充、完善，并由设计单位编制安全技术防范系统施工图。

（四）公共安全技术防范系统设计方案论证，应提交下列材料：

1. 设计任务书或者相当于设计任务书的资料。

2. 设计方案。

3. 平面布防图及防护范围。

4. 系统框图及设备配置表。

5. 监控中心布局图。

6. 管线敷设方案。

7. 工程费用概算和建设工期。

第三十二条 公共安全技术防范系统设计方案论证通过的，由公安技防部门在《公共安全技术防范系统设计方案审批表》上签署批准意见；对提出整改要求的，由建设单位和设计单位按照整改意见补充完善。

第三十三条 公共安全技术防范系统竣工后，建设单位或责任单位应会同公安机关有关部门共同组织验收。验收前，应委托法定的检验机构对系统功能进行检验。

第三十四条 公共安全技术防范系统验收前，设计、施工单位应向建设单位提出验收申请，填写《公共安全技术防范系统验收申请表》，并提交下列材料：

（一）设计任务书。

（二）工程合同。

（三）工程初步设计论证意见及设计、施工单位和建设单位共同签署的设计整改落实意见。

（四）正式设计文件与相关图纸资料（包括系统原理图、平面布防图及器材配置表、线槽管道布线图、监控中心布局图、器材设备清单以及系统选用的主要设备、器材的检验报告或认证证书等）。

（五）系统试运行报告。

（六）系统竣工报告。

（七）系统使用说明书。

（八）系统竣工核算报告。

（九）系统初验报告。

（十）系统检验报告。

第三十五条 公共安全技术防范系统竣工后，系统应至少试运行一个月，建设单位如实记录试运行情况，并据此提出试运行报告。其内容包括：试运行起讫日期；试运行过程是否正常；故障（误报警、漏报警）发生的日期、次数、原因和排出状况；系统功能是否符合设计要求；培训、维修服务是否符合合同的规定以及综合评述等。

第三十六条 验收委员会（小组）应对照设计任务书、合同或设计方案，对系统的安装规范、技术指标、图纸资料进行审查验收，对系统建设中存在的主要问题提出整改意见，对系统做出验收结论。验收委员会（小组）委员应在验收结论上签字，按要求填写《公共安全技术防范系统验收表》。

第三十七条 验收通过或基本通过的，设计、施工单位应根据验收结论提出的整改意见进行整改。整改完成，经建设单位确认，由公安技防部门审核，审核通过的，核发《公共安全技术防范系统验收合格证》。验收不合格的，设计、施工单位整改后重新申请验收。

第三十八条 安全技术防范系统监控报警平台留有的与公安机关联网的接口应当符合国家或者行业标准。

第三十九条 运营单位义务：

（一）随时检查公共安全技术防范系统的运行状态，定期检查系统前端设备，信号传输和网络传输线路以及存储设备的运行情况。

（二）及时对系统前端设备进行维护、保养，保证信息采集质量。

（三）发现系统故障时，应立即维修。对系统设备故障发现的时间、现象、原因和修复单位、人员及恢复使用时间等情况做好记录，并将记录存档。

（四）明确处置紧急、突发事件的工作预案和流程。

（五）明确保证系统安全运行的责任。

第四十条 使用单位义务：

（一）建立系统的使用、保养、维护和应急处置制度。

（二）建立岗位值班制度。接到报警信息应予以复核，确认为警情的，应及时报告公安机关。

（三）建立信息使用制度。对信息资料的录制人员、调取人员、调取时间、调取用途以及去向等情况进行登记，无关人员不得进入监看场所。

第四十一条 使用和运营单位，应对公共安全技术防范系统及时更新、升级；对显示、储存、传输重要信息应采取信息保全和加密措施；对操作人员的技能和保密知识加强培训。

第四章 公共安全技术防范信息

第四十二条 公共安全技术防范系统采集的音视频信息资料留存时限不得少于三十日，案（事）件信息应存储到相应的信息库，长期保留。视音频信息的存储、播放应具有原始完整性。法律、法规另有规定的从其规定。

第四十三条 县级以上人民政府公安机关等有关部门在履行法定职责时，有权查看、复制、调取和控制使用公共安全技术防范系统的相关信息；查看、复制、调取和控制使用公共安全技术防范系统的相关信息时，应出示工作证件、履行相关登记手续，公共安全技术防范系统运营、使用单位应予以配合。

第四十四条 任何单位和个人不得有下列行为：

（一）擅自提供、复制、调取、传播、买卖涉及个人隐私、案件等公共安全技术防范系统信息资料。

（二）故意隐匿、删改、毁弃公共安全技术防范系统采集的涉及违法犯罪活动的信息资料。

（三）非法使用、传播影响公共安全或集体、个人形象的公共安全技术防范系统信息资料。

（四）泄露涉及国家秘密，商业秘密的信息资料。

第四十五条 省公安厅技防办负责定期公布全省获得《批准书》、《安全技术防范产品销售备案证明》和《许可证》、《公共安全技术防范系统备案证明》的单位名录；检测机构、评估机构等中介机构和行业协会相关信息；公共安全技术防范日常监督检查情况以及从业单位或个人的相关奖励和处罚情况等信息。

第五章 监督检查

第四十六条 公安技防部门应对从事安全技术防范产品生产、销售，公共安全技术防范系统安装、运营服务单位的有效证件、相关制度、运营情况等进行日常监督，并定期检查。

第四十七条 对安全技术防范产品监督检查的主要内容：检查生产企业、销售企业所生产或销售的产品是否具有《批准书》和《安全技术防范产品销售备案证明》，及时了解生产企业情况。

配合质量技术监督部门，对实行工业产品生产许可证制度和安全认证制度的安全技术防范产品进行市场监督检查。

第四十八条 对公共安全技术防范系统监督检查的主要内容：检查系统日常运行维护、使用和管理等制度落实情况，检查系统的方案论证及竣工验收情况，检查系统的运行情况（档案建立情况、应急预案及演练情况、值班情况、系统功能发挥情况）。

第四十九条 检查工作一般情况下应事先通知被检查单位。检查工作应由两名以上公安民警共同进行。检查时应出示工作证件。

第五十条 检查程序：

（一）向被检查单位发送《安全技术防范系统日常安全检查通知书》。

（二）听取被检查单位介绍安全技术防范系统的基本情况。

（三）按照《安全技术防范系统日常安全检查表》的内容逐项进行检查、填写。

（四）形成检查意见，填写《安全技术防范系统日常安全检查意见书》。

（五）检查中发现存在治安隐患或者重大问题的，依法向被检查单位发出《安全技术防范系统日常安全检查整改通知书》。

（六）将检查形成的相关材料归档。

第五十一条 公安技防部门及其工作人员履行职责时，应自觉接受社会和公民的监督。有指定或变相指定安全技术防范产品品牌、销售单位的或者公共安全技术防范系统的设计、安装、运营服务单位的和有偿参与安全技术防范系统设计、安装、运营等行为的，任何单位和个人有权检举、控告。收到检举、控告的公安机关，应按照职责及时查处。

第六章 法律责任

第五十二条 《条例》第四十一条规定中责令限期整改的限期为不超过三个月；第四十四条规定中责令限期改正的限期为不超过十五天；第四十五条、四十六条规定中责令限期改正的限期为不超过一个月。

第七章 附 则

第五十三条 公共安全技术防范系统的涉密部位和保密信息内容，任何单位未征得市级以上公安机关同意，不得向电台，电视台，报纸、网站等新闻媒介提供。

第五十四条 外商承接的公共安全技术防范系统，应当经省公安厅批准后方可施工，并报公安部备案。国家重点工程和涉及国家文物，国家秘密的安全技术防范系统，应当经公安部批准后方可施工。

第五十五条 本实施细则由黑龙江省公安厅负责解释。

第五十六条 本实施细则自颁布之日起三十日之后施行。

湖北省公共安全视频图像信息系统管理办法

湖北省人民政府令第361号

《湖北省公共安全视频图像信息系统管理办法》已经2013年7月1日省人民政府常务会议审议通过，现予公布，自2013年9月1日起施行。

省长 王国生

2013年7月8日

湖北省公共安全视频图像信息系统管理办法

第一条 为了规范公共安全视频图像信息系统建设和管理，提高公共服务和管理水平，保障公民、法人和其他组织的合法权益，根据有关法律、法规的规定，结合本省实际，制定本办法。

第二条 本省行政区域内公共安全视频图像信息系统的规划、建设、使用、维护和管理，适用本办法。

第三条 本办法所称公共安全视频图像信息系统（以下简称公共视频系统），是指以维护公共安全、提供公共服务和创新社会管理为目的，采用视频技术及设备，对涉及公共安全、公共服务和管理的场所或者区域进行视频图像信息采集、传输、显示、存储和管理的系统。

各级人民政府应当充分发挥公共视频系统在维护公共安全、处置突发事件、防灾减灾和服务社会管理等方面的作用，为社会公众提供合法、有效、便捷的公共服务。

第四条 公共视频系统应当遵循统一规划、分级建设、属地管理、资源共享的原则，与构建公共安全防控体系、基本公共服务和管理体系相适应。

第五条 县级以上人民政府公安机关负责本行政区域内公共视频系统的统一管理工作。

县级以上人民政府发展和改革、经济和信息化、财政、科技、住房和城乡建设、交通运输、质量技术监督等主管部门在各自职责范围内做好公共视频系统的相关工作。

电力、通信、金融等单位应当协助做好公共视频系统的相关工作。

第六条 县级以上人民政府应当根据本行政区域公共安全、公共服务和管理的需要，编制公共视频系统建设规划，并按照规划组织实施。

公共视频系统的规划、建设应当充分利用现有视频信息资源，避免重复建设。

第七条 下列涉及公共安全、公共服务和管理的场所或者区域，其重要出入口、主要通道或者要害部位应当建设、安装公共视频系统：

（一）国家机关和广播电台、电视台、报社等重要新闻单位，通信、邮政、金融单位和国家重点建设工程单位；

（二）机场、港口、车站等重要交通枢纽，高速公路、国省干道、城市街道、中心城镇等重要交通路段，大型桥梁、隧道、地下通道等重要交通路口，地铁、轻轨、客运车船等重要交通工具；

（三）大型能源动力设施、水利设施和城市水、电、燃油、燃气、热力供应设施；

（四）幼儿园、学校和科研、医疗机构，博物馆、档案馆和重点文物保护单位；

（五）大型商贸、物流、物资储备中心，大型广场、停车场、公园、旅游景区，文化娱乐、体育健身、餐饮、网吧等场所；

（六）研制、生产、销售、储存危险物品或者实验、保藏传染性菌种和毒种的单位；

（七）国防科技工业重要产品的研制、生产单位；

（八）居民住宅区的出入口、主要通道和主要公用设施区域；

（九）易发或者频发刑事、治安案件的区域；

（十）法律、法规规定的其他场所和区域。

第八条 下列涉及个人隐私的场所和区域禁止建设、安装公共视频系统：

（一）旅店业客房内；

（二）集体宿舍、公寓房间内；

（三）哺乳室，公共浴室、更衣室、化妆间、卫生间；

（四）金融、保险、证券机构内可能泄露客户个人信息的区域；

（五）选举箱、举报箱、投票点等附近可能观察到个人意愿表达或者行为的区域；

（六）其他涉及个人隐私或者涉及公民、法人和其他组织合法权益的场所和区域。

第九条 公共视频系统的建设、安装应当遵守国家和省有关规定，符合行业技术规范，确保其安全、适用、有效运行。

公共视频系统摄像设备的安装，应当做到设备位置固定、摄像范围相对固定，并设置明显标识。

第十条 属于公共视频系统建设、安装范围的新建、改建、扩建建设项目，其公共视频系统应当与建设项目主体工程同时设计、同时施工、同时竣工验收、同时投入使用。

公共视频系统工程项目的竣工验收应当依照国家和省有关规定执行。

第十一条 公共视频系统使用单位应当自该系统投入使用之日起30日内，向县级以上人民政府公安机关备案。

已建公共视频系统不再属于本办法第七条规定的建设、安装范围的，其建设单位可以拆除，但应当在拆除前30日内报县级以上人民政府公安机关备案。

第十二条 公共视频系统属政府投资建设的，其运行维护由管理和使用单位负责；属政府承租的，其运行维护由建设单位负责。非政府投资建设或者承租的公共视频系统，其运行维护由建设单位或者使用单位负责。

第十三条 公共视频系统建设单位、管理和使用单位应当遵守国家网络和信息安全管理规定，不得泄露国家秘密和商业秘密，不得侵犯公民隐私及其他合法权益。

第十四条 县级以上人民政府公安机关应当按照合法、安全和规范的要求，对政府投资建设或者承租的公共视频系统进行资源整合，并根据公共安全、公共服务和管理工作需要，实现跨部门视频图像信息有序共享。县级以上人民政府有关主管部门应当予以配合。

非政府投资建设或者承租的公共视频系统，其建设单位或者使用单位应当预留与县级以上人民政府公安机关或者应急指挥系统联通的接口。

第十五条 县级以上人民政府公安机关因维护公共安全的需要，可以依法调取公共视频系统信息资料，或者接入、直接使用公共视频系统。

县级以上人民政府有关主管部门因调查、处置突发事件或者其他公共服务和管理工作需要，可以依法查阅、复制、调取公共视频系统信息资料，或者接入公共视频系统。

第十六条　县级以上人民政府公安机关和其他主管部门依照本办法第十五条的规定查阅、复制或者调取公共视频系统信息资料时，应当遵守下列规定：

（一）不少于两名工作人员；

（二）出示省人民政府或者国务院行政主管部门颁发的行政执法证件；

（三）出示县级以上人民政府公安机关的批准文件。

第十七条　公共视频系统使用单位履行下列职责：

（一）建立信息保密、值班监看、维护保养、安全检查等制度；

（二）对公共视频系统的监看和管理人员进行业务培训，并将监看人员的基本信息报县级以上人民政府公安机关备案；

（三）对信息资料的录制人员、调取人员、调取时间、调取方式、调取用途以及去向等情况进行登记；

（四）维护保养公共视频系统，保持其正常运行，对因系统故障、维护保养等原因暂时停用或者因工作需要移动公共视频系统摄像设备的，应当及时向原备案的公安机关报告；

（五）发现涉及公共安全、突发事件和违法犯罪行为可疑信息以及公共服务和管理方面的其他重要信息的，应当及时向当地公安机关和有关主管部门报告；

（六）公共视频系统的信息资料有效存储期不少于15日，涉及公共安全、突发事件和违法犯罪行为的重要信息资料有效存储期不少于两年。国家有其他期限规定的，从其规定。

第十八条　公民、法人和其他组织不得有下列影响公共视频系统正常运行和管理的行为：

（一）擅自拆除公共视频系统或者改变公共视频系统的用途、摄像设备的指向方位和范围；

（二）改变公共视频系统信息资料的调取用途，将其用于商业用途或者其他非法用途；

（三）非法买卖、提供、传播或者非法复制、调取公共视频系统的信息资料；

（四）删改、破坏公共视频系统信息资料的原始记录；

（五）故意隐匿、毁弃公共视频系统采集的涉及违法犯罪活动的信息资料；

（六）拒绝公安机关依法调取、接入或者直接使用公共视频系统，或者拒绝具有突发事件及公共服务和管理事项调查、处置权的行政主管部门依法查阅、复制、调取公共视频系统信息资料；

（七）其他影响公共视频系统正常运行和管理的行为。

第十九条　公共视频系统使用单位在维护公共安全、提供公共服务、处置突发事件等方面作出突出贡献的，由县级以上人民政府公安机关或者有关主管部门给予表彰和奖励。

第二十条　违反本办法第十七条、第十八条规定，或者有下列情形之一的，由县级以上人民政府或者其所属公安机关通报批评，责令限期改正；逾期未改正的，对单位处500元以上3000元以下罚款，对个人处100元以上500元以下罚款；构成违反治安管理行为的，依法予以治安处罚；构成犯罪的，依法追究刑事责任：

（一）属于公共视频系统建设、安装范围而未建设、安装的；

（二）公共视频系统的建设单位或者使用单位未按照规定向县级以上人民政府公安机关备案的；

（三）属于公共视频系统禁止安装范围而擅自安装公共视频系统和其他视频设备的。

第二十一条　县级以上人民政府公安机关和其他主管部门的工作人员有下列情形之一的，由本部门或者同级监察机关责令改正，对主管人员和直接责任人员依法予以行政处分：

（一）在公共视频系统管理工作中不依法履行职责，致使公民人身受到侵害，公民财产和公共财产遭受损失的；

（二）未按照规定进行公共视频系统资源整合工作的；

（三）未按照规定维护保养公共视频系统，导致系统不能正常运行的；

（四）未经批准调取公共视频系统信息资料，或者接入、直接使用公共视频系统的；

（五）改变公共视频系统信息资料的调取用途，将其用于商业用途或者其他非法用途的；

（六）查阅、复制或者调取公共视频系统信息资料未遵守有关规定的。

第二十二条　本办法自2013年9月1日起施行。

河北省突发事件应对条例

（2013年5月30日河北省第十二届人民代表大会常务委员会第二次会议通过）

第一章　总　则

第一条　为预防和减少突发事件的发生，控制、减轻和消除突发事件引起的严重社会危害，规范突发事件应对活动，保护人民生命财产安全，维护国家安全、公共安全、环境安全和社会秩序，根据《中华人民共和国突发事件应对法》等有关法律、法规，结合本省实际，制定本条例。

第二条　本条例适用于本省行政区域内突发事件的预防与应急准备、监测与预警、应急处置与救援、事后恢复与重建等应对活动。

第三条　本条例所称突发事件，是指突然发生，造成或者可能造成严重社会危害，需要采取应急处置措施予以应对的自然灾害、事故灾难、公共卫生事件和社会安全事件。

按照社会危害程度、影响范围等因素，自然灾害、事故灾难、公共卫生事件分为特别重大、重大、较大和一般四级。法律、行政法规或者国务院另有规定的，从其规定。

第四条　县级以上人民政府是本行政区域突发事件应对工作的行政领导机关，对本行政区域的突发事件应对工作负责。

县级以上人民政府设立由本级人民政府主要负责人和主管负责人、相关部门负责人、当地同级军事机关、驻当地中国人民解放军和中国人民武装警察部队有关负责人组成的突发事件应急委员会，负责统一领导、协调所属有关部门和下级人民政府开展突发事件应对工作，并根据需要设立相关类别突发事件应急指挥机构，组织、协调、指挥突发事件应对工作。

第五条　县级以上人民政府应当确定应急管理办事机构和工作人员，负责本级突发事件应急委员会的日常工作。

省人民政府有关部门根据需要确定应急管理办事机构，配备专职工作人员，负责本部门突发事件应对的日常工作。

乡（镇）人民政府、街道办事处根据需要确定应急管理办事机构，依法做好本地的突发事件应对工作。

第六条　县级以上人民政府应当建立健全与当地同级军事机关、驻当地中国人民解放军和中国人民武装警察部队以及相邻地区同级人民政府的突发事件信息共享、应急联动机制。

第七条　县级以上人民政府应当建立健全突发事件信息公开制度和新闻发言人制度，按照有关规定统一、准确、及时发布突发事件信息。

新闻媒体报道突发事件信息应当客观、及时、准确。

第八条　本省对突发事件应对工作实行行政领导负责制和责任追究制，并将突发事件应对工作纳入县级以上人民政府对有关部门和下级人民政府的年度绩效考核范围。

第九条　县级以上人民政府应急管理办事机构应当会同有关部门，在每年一月底前，对上一年度的突发事件应对工作进行评估总结，对本年度突发事件的发生、发展趋势进行分析预测，制定本年度的突发事件应对工作方案，并将上一年度应对工作评估总结和本年度应对工作方案报本级人民政府审定后，向上一级人民政府应急管理办事机构备案。

第十条　县级以上人民政府应当加强突发事件应急知识的宣传工作，提高公众应对突发事件的能力。

新闻媒体应当开展突发事件预防与应急、自救与互救知识的公益宣传。

第二章　预防与应急准备

第十一条　县级以上人民政府应当制定突发事件总体应急预案，并组织有关部门和单位制定本级的专项应急预案；县级以上人民政府有关部门应当制定突发事件部门应急预案；乡（镇）人民政府、街道办事处应当根据本地实际情况制定突发事件应急预案；村民委员会、居民委员会在当地人民政府应急管理办事机构的指导下制定相关突发事件应急预案。

第十二条　下列单位应当制定突发事件具体应急预案：

（一）采（选）矿、冶炼和建筑施工企业；

（二）易燃易爆物品、危险化学品、放射性物品等危险物品的生产、经营、储运、使用单位；

（三）交通、通信、广播电视、供（排）水、发（供）电、供油、供气及供热等公共设施的经营管理单位；

（四）学校、幼儿园、图书馆、医院、养老院、金融证券交易场所、车站、机场、港口、体育场（馆）、商（市）场、影剧院、公园、旅游景区，以及住宿、餐饮、休闲娱乐场所等公共场所的经营管理单位；

（五）公共交通工具的经营管理单位；

（六）水库、林场的经营管理单位；

（七）大型社会活动的主办单位；

（八）大中型企业；

（九）集中办公区、劳动密集型场所、超限高层建筑的管理单位；

（十）法律、法规规定的其他单位。

第十三条　突发事件应急预案应当根据法律、法规等有关规定，结合本地区、本单位实际，具体规定突发事件应对工作的组织指挥体系与职责，以及突发事件的预防与预警机制、应急处置程序、应急保障措施和事后恢复与重建等内容。

第十四条 突发事件应急预案应当结合实际情况适时修订，保障其可操作性。

乡（镇）人民政府、街道办事处、村民委员会、居民委员会的应急预案每两年至少修订一次，其他应急预案每三年至少修订一次。

突发事件应急演练或者应急处置工作结束后，应急预案的制定单位应当对相关应急预案进行评估。经评估认为需要修改的，应当及时修订。

第十五条 设区的市和县级人民政府制定的突发事件总体应急预案和专项应急预案应当报上一级人民政府备案，县级以上人民政府有关部门制定的突发事件部门应急预案应当报本级人民政府备案。本条例第十二条规定的单位制定的突发事件具体应急预案应当报当地县级以上人民政府有关主管部门备案；没有主管部门的，报当地县级人民政府应急管理办事机构备案。

第十六条 县级以上人民政府应当按照突发事件应急预案定期开展综合性和专业性应急演练。

县级以上人民政府有关部门、乡（镇）人民政府、街道办事处应当根据突发事件应急预案的规定和本地区实际情况，组织开展应急演练。

突发事件易发、多发地区的村民委员会、居民委员会和企业、事业单位应当开展有针对性的应急演练。大型社会活动的主办单位应当在活动举办前至少开展一次应急演练，本条例第十二条规定的其他单位每年至少开展一次应急演练。

县级以上人民政府应急管理办事机构应当加强对应急演练的指导和督查工作。

第十七条 制定城乡规划时，应当根据当地城乡规模、人口状况、自然环境等因素和本地易发的突发事件类别，统筹安排突发事件应对工作所需的设备和基础设施建设。已有的设备和基础设施不符合突发事件应对工作需要的，当地县级以上人民政府、相关所有权人或者管理使用单位应当及时改造。

第十八条 设区的市和县（市）人民政府应当统筹规划、建设突发事件应急避难场所并及时向社会公布。应急避难场所应当设置统一、规范的标志，并根据突发事件应对工作的需要，在应急避难场所配套建设医疗卫生救护站点和应急供水、供电等设施。

应急避难场所的规划、建设可以利用现有的公园、广场、绿地、学校和人民防空工程等设施。

应急避难场所的所有权人或者管理使用单位应当加强对应急避难场所的日常维护管理，使之处于完好状态。

第十九条 县级以上人民政府应当组织有关部门和单位，对本行政区域容易引发自然灾害、事故灾难和公共卫生事件的危险源、危险区域进行调查、登记及风险评估，建立信息数据库，并及时更新。

危险源、危险区域的登记情况应当及时报上一级人民政府备案，并向社会公布。

有关部门对危险源、危险区域进行调查时，相关单位和个人应当予以协助，如实提供有关情况和资料。

第二十条 县级以上人民政府应当依托公安消防等机构建立综合性应急救援队伍，承担突发事件的综合性应急救援任务，并协助有关专业应急救援队伍做好应急救援工作。

县级以上人民政府有关部门可以根据需要建立专业应急救援队伍。

县级以上人民政府及其有关部门可以依托社会团体建立由成年志愿者组成的应急救援队伍。

乡（镇）人民政府、街道办事处应当建立由基干民兵和其他应急力量组成的应急救援队伍。

企业、事业单位应当建立由本单位职工组成的与本单位规模相当的专职或者兼职应急救援队伍。

建立兼职应急救援队伍的高危行业企业应当与邻近同类企业的专职应急救援队伍签订应急救援协议。专职应急救援队伍按照应急救援协议参加应急救援和提供技术服务的，可以收取相应费用。

县级以上人民政府及其有关部门和有关企业、事业单位应当为专业、专职应急救援人员购买人身意外伤害保险，为应急救援队伍配备必要的防护和救援装备。

第二十一条 县级以上人民政府及其有关部门应当加强应急培训、训练设施建设，并建立健全突发事件应急管理培训制度。

县级以上人民政府人力资源和社会保障等部门应当将应急管理知识培训纳入领导干部和公务员的培训计划。

县级以上人民政府及其有关部门和有关企业、事业单位应当定期组织应急救援人员开展应急救援的知识培训和专门训练。

第二十二条 县级以上人民政府应当设置突发事件应对工作专业人才库和专家组，并建立健全应急处置专家决策咨询制度。必要时，可以组织相关专家直接参加应急处置工作。

第二十三条 县级以上人民政府应当设置应对突发事件相关准备资金，保障应对工作所需经费，并将应急管理工作所需经费纳入财政预算。

第二十四条 县级以上人民政府应当建立健全突发事件应急物资储备保障制度，完善重要应急物资的监管、生产、储备、调拨和紧急配送体系，并根据本地区的实际情况，与有关企业签订协议，保障应急救援物资、生活必需品和应急处置装备的生产、供给。

县级以上人民政府有关部门应当根据本地区的实际情

况和规定的职责，组织储备应急救援物资、生活必需品和应急处置装备。

县级以上人民政府有关部门储备应急救援物资、生活必需品和应急处置装备，应当征求本级人民政府应急管理办事机构的意见，并将具体储备情况报本级人民政府应急管理办事机构备案。

设区的市和县级人民政府储备应急救援物资、生活必需品和应急处置装备的情况应当分别报上一级人民政府应急管理办事机构备案。

第二十五条 省人民政府应当建立全省的突发事件应急平台体系和相关数据库，承担本省行政区域内突发事件的监测监控、预测预警、信息报告、综合研判、辅助决策、指挥调度、异地会商和事后评估等功能。

设区的市和县级人民政府应当建立本行政区域的应急平台和相关数据库，并将其纳入全省的应急平台体系。

第二十六条 县级以上人民政府有关部门、乡（镇）人民政府、街道办事处、村民委员会、居民委员会和企业、事业单位应当结合各自实际情况，组织开展有关突发事件应急知识的宣传普及活动，提高公众的防灾减灾意识和突发事件的预防、避险、自救、互救能力。

各级各类学校和幼儿园应当将应急知识教育纳入教学内容，根据学生的年龄和认知能力，采取多种形式开展应急知识教育，培养学生的安全意识和自救与互救能力。

第三章 监测与预警

第二十七条 县级以上人民政府及其有关部门应当加强水文、气象、环境保护、农业、林业、地震、地质灾害、卫生等行业、系统的监测装备和设施建设，维护监测环境，完善监测技术和手段，对可能发生的突发事件进行监测。

第二十八条 县级以上人民政府应当建立统一的突发事件信息报送系统和信息报送快速反应机制。

各级人民政府应当按照国家有关规定向上级人民政府报送突发事件信息。重大级别以上的突发事件发生后，设区的市人民政府应当立即报告省人民政府，最迟不超过两小时，并向相关设区的市人民政府通报。

第二十九条 县级人民政府应当建立突发事件信息报告员制度。突发事件信息报告员可以由新闻媒体、公安派出所、村民委员会、居民委员会的工作人员和企业安全员、民兵信息员等人员担任。

第三十条 报送、报告突发事件信息，应当及时、客观、真实，不得迟报、谎报、瞒报、漏报。必要时，可以先口头简要报告并做好续报，直至应急处置工作结束。

突发事件信息报送、报告的内容一般包括：时间、地点、单位名称、信息来源、事件类别、伤亡或者经济损失的初步评估、影响范围、事件发展态势及处置情况。

第三十一条 县级以上人民政府及其有关部门应当加强突发事件预报、预警能力建设，建立健全突发事件预警信息发布系统。

可以预警的自然灾害、事故灾难和公共卫生事件的预警级别，按照突发事件发生的紧急程度、发展势态和可能造成的危害程度分为一级、二级、三级和四级，分别用红色、橙色、黄色和蓝色标示，一级为最高级别。

可以预警的突发事件即将发生或者发生的可能性增大时，县级以上人民政府应当按照国家和本省有关规定发布相应级别的警报，决定并宣布有关地区进入预警期，同时向上一级人民政府报告，必要时可以越级上报，并向上一级人民政府有关部门、驻当地中国人民解放军和中国人民武装警察部队以及可能受到危害的毗邻或者相关地区的人民政府通报。

二级以上、三级、四级突发事件预警信息分别由省、设区的市、县级人民政府或者人民政府授权的单位发布。

县级以上人民政府应当利用广播、电视、报刊、互联网、手机短信、电子显示屏、宣传车等形式发布突发事件预警信息。对老、幼、病、残等特殊人群和通信、广播、电视盲区及偏远地区的人群，应当采取足以使其知悉的有效方式发布预警信息。

第三十二条 县级以上人民政府及其有关部门接到突发事件预警信息后，应当按照规定采取措施，避免或者减轻突发事件造成或者可能造成的危害。

有关乡（镇）人民政府、街道办事处、村民委员会、居民委员会和企业、事业单位及相关人员接到预警信息后，应当配合县级以上人民政府及其有关部门做好突发事件应对工作。

第三十三条 县级以上人民政府或者其授权单位发布预警信息后，应当根据事态发展，按照规定适时调整预警级别并重新发布。

有事实证明不可能发生突发事件或者危险已经解除的，发布预警信息的人民政府或者其授权单位应当立即在原发布范围内宣布解除警报，终止预警期，并解除已经采取的有关措施。

第四章 应急处置与救援

第三十四条 突发事件发生后，履行统一领导职责或者组织处置突发事件的人民政府应当立即启动相关应急预案，依法采取应急处置措施。

突发事件由上级人民政府组织处置的，事发地人民政府应当做好先期处置工作。

履行统一领导职责或者组织处置突发事件的人民政府应当加强突发事件信息研判工作，根据事态发展情况，适时调整处置级别。如果有事实表明一般、较大级别的突发事件可能演化为重大、特别重大级别的突发事件或者下级人民政府认为本级难以控制应对的，应当及时报告上级人民政府，由上级人民政府负责组织处置或者实施救援、增援。

第三十五条 组织处置突发事件的人民政府应当在突发事件发生地设立现场指挥部，指定现场指挥长，统一组织、指挥现场应急处置工作。

现场指挥长有权决定现场处置方案，协调有关部门和单位的现场应急处置工作，调度现场应急处置队伍。有关部门、单位和公众应当服从、配合现场指挥长的指挥。

第三十六条 省人民政府应当建立和完善全省应急交通运输综合协调机制。铁路、公路、水运、航空部门应当确保救援人员、受到突发事件危害的人员及救援物资、设备、工具优先运输。

在突发事件处置期间，处置突发事件的交通工具优先通行，省人民政府批准的执行抢险救灾任务的车辆免交车辆通行费。

第三十七条 通信管理部门应当组织、监督通信运营企业，优先保障突发事件应急处置工作的通信畅通。

第三十八条 在必要时，履行统一领导职责或者组织处置突发事件的人民政府可以向有关单位和个人征用应急救援所需的设备、设施、场地、交通工具和其他物资。但应当及时向被征用人出具相关凭证并登记造册。

前款规定被征用的财产在使用完毕或者突发事件应急处置工作结束后，应当及时返还。财产被征用或者征用后毁损、灭失的，应当依法给予补偿。

第三十九条 履行统一领导职责或者组织处置突发事件的人民政府应当及时向应急救援人员和受到突发事件危害的人员提供食品、饮用水、医疗救护和住所等基本生活保障，在灾民临时安置场所设置基本生活保障和心理干预服务站点，并配备必要的公众信息传播设备。

第四十条 在突发事件应急处置中因抢险救助、财产征用、医疗救护、生活保障等事项支出的费用，由相关人民政府、事件责任方和事件处置受益方共同分担。

第五章 事后恢复与重建

第四十一条 突发事件的威胁和危害得到基本控制或者消除后，宣布启动应急预案的人民政府应当及时宣布应急处置工作结束，停止执行应急处置措施，同时根据需要采取或者继续实施疫病防治、疫情或者灾害监控、污染治理、宣传疏导以及心理干预等措施，防止发生自然灾害、事故灾难、公共卫生事件的次生、衍生事件或者重新引发社会安全事件。

第四十二条 受突发事件影响地区的人民政府应当尽快组织修复被损坏的交通、通信、供（排）水、发（供）电、供油、供气、供热和医疗卫生等公共设施，恢复当地的工作、生产、生活、学习和社会秩序。

第四十三条 突发事件应急处置工作结束后，履行统一领导职责和组织处置突发事件的人民政府应当及时组织有关部门和专家，调查、分析突发事件发生的原因、过程，对信息报送、应急决策与处置等应对工作进行全面客观评估，总结经验教训，制定改进措施，并向上一级人民政府提出报告。

第四十四条 县级以上人民政府及其有关部门对受突发事件影响较大的地区和行业，可以依法办理税收减免，依法给予行政事业性收费减免、贴息贷款、财政转移支付等政策扶持措施和物资、人力、技术支持，并动员社会力量开展慈善捐赠活动。

第四十五条 公民参加应急救援工作或者受指派协助维护社会秩序期间，其在本单位的工资和福利待遇不变。没有工作单位的，由突发事件发生地人民政府或者有关部门给予食宿安排或者适当补助。

第六章 法律责任

第四十六条 对违反本条例的行为，《中华人民共和国突发事件应对法》等有关法律、行政法规已经规定法律责任的，从其规定。

第四十七条 在突发事件应对工作中，县级以上人民政府及其有关部门、乡（镇）人民政府、街道办事处违反本条例规定，不履行法定职责的，由其上级行政机关或者监察机关责令限期改正；有下列情形之一的，根据情节对直接负责的主管人员和其他直接责任人员依法给予行政处分：

（一）未按照规定制定突发事件应急预案的；

（二）未按照规定组织开展应急演练的；

（三）未按照规定对容易引发自然灾害、事故灾难、公共卫生事件的危险源、危险区域进行调查、登记及风险评估的；

（四）未按照规定建立应急救援队伍的。

第四十八条 有关企业、事业单位有下列情形之一的，由县级以上人民政府予以通报批评，责令限期改正；逾期不改正的，依照有关法律法规予以处罚；并根据情节对直接负责的主管人员和其他直接责任人员依法给予处分：

（一）未按照规定制定突发事件具体应急预案的；

（二）未按照规定对应急避难场所进行维护管理的；

（三）未按照规定建立应急救援队伍的。

第七章 附 则

第四十九条 本条例自 2013 年 7 月 1 日起施行。

上海市实施《中华人民共和国突发事件应对法》办法

《上海市实施〈中华人民共和国突发事件应对法〉办法》已由上海市第十三届人民代表大会常务委员会第三十八次会议于2012年12月26日通过，现予公布，自2013年5月1日起施行。

上海市人民代表大会常务委员会
2012年12月26日

上海市实施《中华人民共和国突发事件应对法》办法

第一章　总　则

第一条　根据《中华人民共和国突发事件应对法》，结合本市实际情况，制定本办法。

第二条　本市行政区域内突发事件的应急准备、值守与预警、应急联动与处置、善后与恢复重建等活动，适用本办法。

气象、防汛、防震减灾、安全生产、消防、交通、环境保护、传染病防治、治安管理等法律、法规对突发事件应对活动另有规定的，适用其规定。

第三条　本办法所称突发事件，是指突然发生，造成或者可能造成严重社会危害，需要采取应急处置措施予以应对的自然灾害、事故灾难、公共卫生事件和社会安全事件。

突发事件分为特别重大、重大、较大和一般四级。具体分级标准按照国家有关规定执行。

第四条　市和区、县人民政府是突发事件应对工作的行政领导机关，履行下列职责：

（一）将突发事件应急体系建设规划纳入国民经济和社会发展规划，保障突发事件应对工作所需的经费；

（二）统一领导本行政区域内突发事件应对工作，发布应对突发事件的命令、决定；

（三）建立和完善突发事件应对工作责任制，加强监督检查和评估考核；

（四）其他依法应当履行的职责。

第五条　市和区、县设立的由本级人民政府主要负责人、相关部门负责人、驻地中国人民解放军和中国人民武装警察部队有关负责人组成的突发公共事件应急管理委员会，在同级人民政府领导下，负责本行政区域内突发事件应急体系的建设和管理，决定和部署突发事件的应对工作。市和区、县突发公共事件应急管理委员会办公室设在本级人民政府办公厅（室），负责委员会的日常工作，配备专职工作人员，履行值守应急、信息汇总、综合协调和督查指导等职责。

市和区、县人民政府有关部门应当按照各自职责，设立或者明确工作机构，做好突发事件应对工作。

乡、镇人民政府和街道办事处应当按照区、县人民政府的要求，明确工作机构，做好本辖区内突发事件应对工作。

第六条　市人民政府设立上海市应急联动中心（以下简称市应急联动中心），受理本市突发事件的报警，组织开展应急联动处置工作。

第七条　本市充分发挥公民、法人和其他组织在突发事件应对中的作用，增强公民的公共安全、防范风险和社会责任的意识，提高避险、自救、互救等能力。

法人和社会组织等应当在所在地人民政府的领导下开展突发事件应对工作，结合实际情况开展宣传教育、应急演练和救护救助等活动。

居民委员会、村民委员会应当按照所在地人民政府的决定和要求，结合实际情况开展应急知识宣传和应急演练；在突发事件发生时，组织、动员居（村）民，开展自救和互救，协助维护社会秩序，配合人民政府开展突发事件应对工作。

鼓励志愿者组织参与突发事件应对工作，组织志愿者根据其自身能力，参加科普宣传、应急演练、秩序维护、心理疏导、医疗救助等活动。

第八条　市和区、县人民政府及其部门应当建立健全突发事件信息公开制度，按照国家和本市有关规定，完善突发事件的预警信息发布机制、舆情的收集和回应机制、灾情损失的统计公布机制，统一、准确、及时地公布突发事件信息，并根据事态发展及时更新。

新闻媒体应当准确、客观地报道突发事件信息。

任何单位和个人不得编造、传播有关突发事件的虚假信息。

各级人民政府及有关部门发现影响或者可能影响社会稳定、扰乱社会管理秩序的虚假或者不完整的突发事件信息的，应当在其职责范围内发布准确的信息，并依法采取处置措施。

第九条 市和区、县人民政府应当加强与驻地中国人民解放军、中国人民武装警察部队在应对突发事件中的联系，建立健全突发事件信息共享、协同处置等机制。

第二章 应急准备

第十条 市人民政府组织制定本市突发事件总体应急预案和专项应急预案。市人民政府有关部门根据各自职责和相关应急预案，制定突发事件部门应急预案。

区、县人民政府及其部门，乡、镇人民政府应当结合实际，制定相应的突发事件应急预案。

应急预案的编制、批准、备案、公开、演练、评估、修订等，按照国家和本市有关规定执行。

第十一条 下列单位应当制定具体应急预案：

（一）轨道交通、铁路、航空、水陆客运等公共交通运营单位；

（二）学校、医院、商场、宾馆、大中型企业、大型超市、幼托机构、养老机构、旅游景区、文化体育场馆等场所的经营、管理单位；

（三）建筑施工单位以及易燃易爆物品、危险化学品、危险废物、放射性物品、病源微生物等危险物品的生产、经营、储运、使用单位；

（四）供（排）水、发（供）电、供油、供气、通信、广播电视、防汛等公共设施的经营、管理单位；

（五）其他人员密集的高层建筑、地下空间等场所的经营、管理单位；

（六）市人民政府规定的其他单位。

第十二条 各级国家机关、企事业单位和其他组织等应当建立健全安全管理制度，组织制定本单位安全管理规章制度和操作规程；组织开展风险隐患排查工作，并及时处理本单位存在的可能引发社会安全事件的问题；对本单位可能发生的突发事件和采取安全防范措施的情况，应当按照规定向所在地人民政府或者人民政府有关部门报告。

区、县人民政府及其有关部门，乡、镇人民政府和街道办事处，居民委员会和村民委员会应当及时调解处理可能引发社会安全事件的矛盾纠纷。

第十三条 市和区、县人民政府应当组织有关部门对本行政区域内容易引发自然灾害、事故灾难和公共卫生事件的危险源、危险区域进行调查、登记、风险评估，定期进行检查、监控，并责令有关单位采取安全防范措施，相关单位应当予以配合。按照本办法规定登记的危险源、危险区域，应当按照国家规定及时向社会公布。

区、县人民政府应当定期将本区域内的危险源、危险区域的风险隐患排查结果报市人民政府备案。

第十四条 市突发公共事件应急管理委员会办公室应当加强对本市单元化应急管理工作的指导，健全单元化应急管理相关制度。

前款所称的单元化应急管理，是指由市突发公共事件应急管理委员会在化工区、保税港区、大型交通枢纽等特定区域，指定牵头单位统筹协调该区域内突发事件应对工作的管理模式。

第十五条 实行单元化应急管理区域的牵头单位应当根据本区域突发事件应对工作的特点，组织开展下列工作：

（一）编制应急预案，定期进行应急演练；

（二）建立健全突发事件应对的协作机制；

（三）整合、储备本单元区域内的应急资源；

（四）开展风险隐患的排查、整治；

（五）完善与所在地区、县人民政府的合作机制。

实行单元化应急管理区域的相关单位应当配合做好本区域的突发事件应对工作。

第十六条 市和区、县人民政府应当建立健全突发事件应急管理培训制度，将突发事件应急管理知识纳入有关领导干部和公务员培训内容。

第十七条 市和区、县综合性应急救援队伍，应当根据国家和本市有关规定，承担以抢救人员生命为主的应急救援工作。

市和区、县人民政府相关部门和企事业单位，可以根据防汛防台、抗震救灾、工程抢险、安全生产、环境保护、海底管线保护、水上搜救、公共卫生、医疗急救、民防特救、公用事业保障等实际情况，建立相应的专职或者兼职专业性应急救援队伍。

乡、镇人民政府和街道办事处可以组织民兵预备役人员、基层警务人员、医务人员以及其他应急力量，建立基层应急救援队伍。

市和区、县人民政府及其相关部门、有关单位应当加强对应急救援队伍职业技能的培训，为应急救援队伍配备必要的防护装备和器材，为专业救援人员购买人身意外伤害保险，提高救援人员的抢险救援和安全防护能力。

第十八条 市人民政府应当建立健全专家咨询制度，建立突发事件应对专业人才库，根据需要聘请有关专家组成专家组，为突发事件应对工作提供决策建议。

第十九条 市和区、县人民政府应当按照预防、处置突发事件的需要，组织制定应急避难场所布局规划，合理确定应急避难场所。

市和区、县人民政府应当组织规划土地、建设交通、地震、民防、消防、绿化、教育、卫生等部门根据应急避难场所布局规划，利用广场、绿地、操场、公园、体育场（馆）、大型停车场等建设应急避难场所，完善相配套的交通、供水、供电、排污等基础设施，储备必要的物资，提供必要的医疗条件，设置应急疏散通道和统一的标志标识，并向社会公布。

市和区、县民防部门负责统筹协调应急避难场所的建设与管理。

应急避难场所的管理单位应当加强维护和管理，保障其正常使用。

第二十条　区、县人民政府及其有关部门，乡、镇人民政府和街道办事处，机关、企事业单位以及其他组织，应当组织社会公众或者本单位人员开展应急疏散、紧急避险和自救互救等应急知识的宣传教育和应急演练。公民应当参加人民政府和本单位组织的应急演练。

教育部门应当指导、督促各级各类学校将应急知识教育纳入学生素质教育教学内容，培养学生的安全意识和自救与互救能力。

本办法第十一条规定的单位，每年至少组织开展一次应急演练。

新闻媒体应当通过公益广告、专题栏目等形式，无偿开展预防与应急、自救与互救知识的公益宣传。

第二十一条　市和区、县人民政府应当建立应急救援物资、生活必需品和应急处置装备的储备制度，完善重要应急物资的监管、生产、储备、调拨和紧急配送体系。市人民政府有关部门和区、县人民政府的应急物资储备情况应当报市突发公共事件应急管理委员会办公室备案，并纳入统一的数据库管理。

第二十二条　鼓励保险企业根据本市实际，开展与突发事件应对相关的保险业务。

公民、法人或者其他组织可以根据需要，参加人身伤害、火灾、环境污染等商业保险，提高突发事件风险防范能力。

第三章　值守与预警

第二十三条　各级人民政府、街道办事处以及承担突发事件处置职能的政府部门和单位，应当建立二十四小时值守应急制度。

居民委员会、村民委员会以及物业服务企业应当加强值班工作。

第二十四条　获悉突发事件信息的行政机关，除国家另有规定的外，应当逐级进行突发事件信息的报告，并做好相关单位的信息通报；法定节假日及重要会议和重大活动等特殊时段，实行每日报告制度。

第二十五条　获悉突发事件信息的公民、法人或者其他组织，应当立即通过“110”或者其他紧急求助电话号码向市应急联动中心报告，或者通过其他途径向所在地人民政府、有关主管部门或者指定的专业机构报告。

第二十六条　市和区、县人民政府应当建立或者确定本行政区域内统一的突发事件信息系统，汇集、存储、分析、传输和发布突发事件信息。

第二十七条　市和区、县人民政府或者市人民政府授权的部门，应当加强突发事件预警信息发布制度建设，按照规定的权限、程序等及时发布预警信息，并根据事态发展适时进行调整、更新，有事实证明不可能发生突发事件或者危险已经解除的，应当宣布终止预警。

预警信息的发布应当根据实际情况，通过广播、电视、报刊、互联网、微博、手机短信、电子显示屏、宣传车、警报器、高音喇叭或者组织人员逐户通知等方式进行，对老、幼、病、残等特殊人群以及学校、医院、养老院、通信盲区等特殊场所应当采取针对性的公告方式。

广播、电视、报刊等新闻媒体和互联网新闻信息服务单位、电信运营企业、公共场所电子显示屏管理单位，应当配合做好预警信息的发布工作。

第二十八条　宣布进入预警期后，市和区、县人民政府及其有关部门，承担突发事件处置任务的单位，应当及时向公众发布有关建议、劝告，采取应对措施，避免或者减轻突发事件可能造成的危害；承担突发事件处置的领导和指挥责任人员不得擅离职守。

突发事件可能对公众生命财产安全和社会公共秩序造成严重影响时，根据国家和本市有关规定，市人民政府及其授权的部门和区、县人民政府可以采取临时停课、停产、停业等必要的防范性、保护性措施。

公民、法人或者其他组织根据市和区、县人民政府及其有关部门发布的建议、劝告，采取防灾避险措施。

第四章　应急联动与处置

第二十九条　本市建立突发事件应急处置工作联动机制。

市应急联动中心通过“110”以及其他紧急求助电话号码，统一受理公民、法人或者其他组织的突发事件报警，组织、指挥、调度、协调应急联动单位开展应急联动处置工作。

海上搜救及船舶污染事故的应急联动处置工作，由上海海上搜救中心负责组织、指挥、调度和协调，市应急联动中心负责组织相关应急联动单位予以配合。

第三十条　市应急联动中心接警后，应当立即予以核实。需要应急联动处置的，应当及时向应急联动单位下达处置指令，将有关情况按照规定予以上报，并做好相关单位的情况通报工作。

应急联动单位接到市应急联动中心指令后，应当按照职责分工和应急预案的要求，组织调度应急队伍、专家、物资、装备等开展应急处置，并及时向市应急联动中心反馈处置情况。

根据突发事件的事态发展和应急处置情况，市应急联动中心可以报请市突发公共事件应急管理委员会成立市应急处置指挥部，明确应急响应的等级和范围，统一组织开展应急处置工作。

第三十一条　承担突发事件处置职责的部门和单位，接到超出处置能力范围的突发事件的紧急求助，应当迅速记录、核实，及时将求助信息报送市应急联动中心或者直接转送有关部门处置，不得搁置、延误。

其他单位、成年人对他人在受到突发事件影响时的紧急求助，应当在力所能及的范围内予以必要的帮助。

第三十二条　市和区、县人民政府可以根据突发事件处置的需要，设立现场指挥机构，确定现场指挥长，统一开展现场应急指挥工作。现场指挥长有权决定现场处置方案，调度现场应急救援力量，协调有关单位开展现场应急处置工作。

重大灾害事故和其他以抢救人员生命为主的应急救援现场，由综合性应急救援队伍统一实施救援指挥。

第三十三条　突发事件应急处置应当坚持人员安全优先。

承担突发事件处置职责的部门和单位在制订现场处置方案时，应当优先考虑对受突发事件危害人员的救助，并注意保障参与应急救援人员的生命安全。

人员密集场所发生火灾等突发事件后，经营、管理单位应当立即组织人员疏散，不得延误。

第三十四条　突发事件应对过程中，需要疏散、撤离人员的，市和区、县人民政府应当组织开展人员的有序疏散、撤离；必要时引导其到应急避难场所避险。

市和区、县人民政府可以根据突发事件应急处置的需要，指定有关的设施、场地作为临时应急避难场所；有关单位应当按照要求，及时开放被指定的设施、场地。

第三十五条　市和区、县人民政府及其有关部门为应对突发事件依法征用单位或者个人财产的，应当向被征用财产的单位或者个人发出应急征用凭证。紧急情况下无法当场签发凭证的，应当在应急处置结束后补发凭证。

应急征用凭证应当载明应急征用的依据、事由、被征用财产的名称及数量、被征用财产者的单位名称或者姓名、实施征用单位的名称及联系方式等要素。

实施应急征用的单位在使用完毕或者突发事件处置工作结束后，应当及时返还被征用的财产；征用财产或者财产征用后毁损、灭失的，应当依法予以补偿。

第三十六条　重大和特别重大突发事件发生后，需要立即动用财政预备经费的，市和区、县财政部门应当按照规定安排落实；紧急情况下，可以简化相关资金的审批和划拨程序。

第三十七条　公安、交通港口、海事、道路等管理部门应当根据应急处置工作的需要，开辟专用通道，保障运输经营单位优先运送处置突发事件所需物资、设备、工具、应急救援人员和受到突发事件危害的人员。

高速公路经营管理单位应当根据突发事件避险、救援的需要，配合公安机关交通管理部门采取发布信息、限速通行、临时封闭等措施，对车辆进行引导、疏散。必要时，道路管理部门可以协调有关单位暂停公路道口的收费。

第三十八条　通信管理部门应当组织、协调电信运营企业保障应急处置通信畅通。

无线电管理部门应当保障突发事件应对的专用频率和电磁环境，提供必要的技术条件。

第五章　善后与恢复重建

第三十九条　市和区、县人民政府应当加强对受突发事件影响地区善后工作的领导，根据本地区遭受损失的情况，制定救助、补偿、抚慰、抚恤、安置等工作计划并组织实施，妥善解决因处置突发事件引发的矛盾和纠纷，提供信息咨询、帮助查找失踪人员和心理疏导等服务。

对在应急救援工作中伤亡的人员，市和区、县人民政府应当依法给予抚恤。

第四十条　市和区、县人民政府应当及时组织对突发事件造成的损失进行评估，组织受影响地区尽快恢复正常的生产、生活、工作和社会秩序，制定恢复重建计划，并向上一级人民政府报告。

市和区、县人民政府应当及时组织和协调有关部门恢复社会治安秩序，尽快修复被损坏的公共设施。

第四十一条　价格管理部门在突发事件发生后，应当加强价格监管，从严惩处囤积居奇、哄抬物价和捏造散布涨价信息等扰乱市场秩序的行为，稳定市场价格，维护市场秩序。

第四十二条　公民参与突发事件应急救援工作或者协助维护社会秩序期间，其在本单位的工资待遇和福利不变；表现突出、成绩显著的，市和区、县人民政府给予表彰或者奖励。

第六章　法律责任

第四十三条　违反本办法规定的行为，法律、法规已有处罚规定的，从其规定。

第四十四条　单位违反本办法，有下列行为之一的，由所在地区、县人民政府责令其限期改正，逾期不改正的，依法给予警告：

（一）违反本办法第十一条，未按照要求制定具体应急预案的；

（二）违反本办法第二十条第三款，未按照要求开展应急演练的；

（三）违反本办法第三十四条第二款，拒绝开放有关设施、场地作为临时应急避难场所的。

第四十五条　行政机关及其工作人员有下列情形之一的，由其上级机关或者监察机关责令改正，并根据情节对直接负责的主管人员和其他直接责任人员依法给予警告、记过等行政处分：

（一）未按照规定公布突发事件相关信息的；

（二）未按照规定履行应急联动处置职责的；

（三）不服从现场指挥长的指挥、调度的；

（四）未按照规定对超出其处置能力范围的突发事件紧急求助信息进行登记转送的；

（五）违反规定程序实施突发事件应急征用的。

第七章 附 则

第四十六条 本办法自 2013 年 5 月 1 日起施行。

安徽省突发事件应对条例

安徽省人民代表大会常务委员会公告（第五十号）

《安徽省突发事件应对条例》已经 2012 年 12 月 21 日安徽省第十一届人民代表大会常务委员会第三十七次会议通过，现予公布，自 2013 年 3 月 1 日起施行。

安徽省人民代表大会常务委员会
2012 年 12 月 24 日

安徽省突发事件应对条例

第一章 总 则

第一条 根据《中华人民共和国突发事件应对法》和有关法律、行政法规，结合本省实际，制定本条例。

第二条 本条例所称突发事件，是指突然发生，造成或者可能造成严重社会危害，需要采取应急处置措施予以应对的自然灾害、事故灾难、公共卫生事件和社会安全事件。

按照社会危害程度、影响范围等因素，自然灾害、事故灾难、公共卫生事件按照国家规定分为特别重大、重大、较大和一般四级。

第三条 县级以上人民政府负责本行政区域内突发事件应对工作，将应急管理工作纳入对本级人民政府有关部门、下一级人民政府的目标管理考核范围，建立应急管理工作指标体系，健全责任追究制度。

县级以上人民政府应当编制突发事件应急体系建设规划，并将其纳入国民经济和社会发展规划。

县级以上人民政府应当将突发事件应对工作经费列入财政预算，确保专款专用；年度预算安排的财政预备费应当优先保障突发事件应对需要。

第四条 县级以上人民政府应当设立由本级人民政府主要负责人和相关负责人、有关部门主要负责人、驻当地中国人民解放军和中国人民武装警察部队有关负责人组成的突发事件应急指挥机构，统一领导、协调突发事件应对工作；根据实际需要，设立相关类别突发事件专项应急指挥机构，具体组织、协调、指挥该类别的突发事件应对工作。

县级以上人民政府应急管理办公室负责本级人民政府应急管理的日常工作，履行值守应急、信息报告、情况汇总、综合协调、督查指导等职能。县级以上人民政府有关部门应当在突发事件应急指挥机构的领导下，依法开展各项应对处置工作。

县级以上人民政府突发事件专项应急指挥机构成员单位应当设立或者明确应急管理办事机构，配备应急管理工作人员。

乡（镇）人民政府、街道办事处应当明确相关机构和人员，承担应急管理工作。

第五条 县级以上人民政府应当建立社会应急动员机制，增强全民公共安全和防范风险的意识，提高全社会应急避险、自救互救、参与处置等应对突发事件的能力。

鼓励公民、法人和其他组织参与突发事件应对工作。

第二章 预防与应急准备

第六条 省人民政府应当建立健全科学规范的突发事件应急预案体系，完善应急预案管理办法。

设区的市和县级人民政府应当根据有关法律、法规和上级人民政府的应急预案以及本地区的实际情况，制定突发事件总体应急预案和专项应急预案。

县级以上人民政府有关部门应当根据各自职责，制定突发事件部门应急预案。

乡（镇）人民政府、街道办事处应当根据实际情况，制定相应的突发事件应急预案，并指导居民（社区）委员会、村民委员会制定相应的突发事件应急工作方案。

第七条 下列单位应当制定突发事件具体应急预案：

（一）矿山、冶金、建筑施工、商贸等大型企业；

（二）易燃易爆物品、危险化学品、放射性物品等危险物品的生产、经营、储运、使用、处置单位；

（三）供水、排水、发电、供电、供煤、供油、供气、供热、交通运输、通信、广播电视、堤坝等生产、经营、管理单位；

（四）学校、幼儿园、图书馆、博物馆、影剧院、医院、体育场（馆）、宾馆、饭店、车站、码头、机场、娱乐场所、宗教活动场所、金融证券交易场所、旅游景区等公共场所和人员密集场所的经营、管理单位；

（五）大型群众性活动的主办单位；

（六）法律、法规规定和国家总体应急预案要求制定具体应急预案的其他单位。

第八条 县级以上人民政府应当建立健全重大决策社会稳定风险评估机制，作出重大决策前，对可能引发的风险进行科学预测、综合研判，确定风险等级并制定相应的化解处置预案。

县级以上人民政府应当依法对容易引发自然灾害、事故灾难和公共卫生事件的危险源、危险区域进行调查、登记、风险评估，按照国家规定及时向社会公布，定期进行检查、监控，并责令有关单位建立安全巡检制度，落实安全防范措施，及时消除事故隐患。

第九条 各级人民政府应当建立健全维护群众权益机制，畅通和规范群众诉求表达、利益协调、权益保障渠道；健全矛盾纠纷排查调处制度，完善人民调解、行政调解、司法调解联动工作机制。居民（社区）委员会、村民委员会应当及时化解可能引发社会安全事件的矛盾纠纷。

第十条 县级以上人民政府应当组建以公安消防、医疗救治队伍为主体的综合性应急救援队伍；依托大型企业和其他社会力量建立区域专业应急救援队伍，并给予适当补助。区域专业应急救援队伍实施跨区域救援的，受援方应当给予适当补偿。

县级以上人民政府有关部门根据实际需要建立专业应急救援队伍。

单位应当建立由本单位职工组成的专兼职应急救援队伍。

县级以上人民政府及其有关部门应当建立突发事件应对工作专业人才库，成立应急专家组。

鼓励建立由成年志愿者组成的应急救援队伍。

第十一条 县级以上人民政府及其有关部门应当建立应急物资、装备储备保障系统，完善重要应急物资、装备的监管、生产、储备、更新、调拨和紧急配送体系，并根据不同区域突发事件应对的需要，合理布局应急物资、装备储备。

县级以上人民政府应当建立应急物资、装备储备运输工作联席会议制度，日常工作由经济信息化主管部门负责。

鼓励和引导企业事业单位、其他组织和家庭储备基本的应急自救物资和生活必需品。

第十二条 通信管理部门应当组织、协调电信运营企业，优先保障应对突发事件通信系统畅通；人防、公安、广播电视、地震、气象等部门和无线电管理机构应当发挥专项通信资源优势，为处置突发事件提供技术支撑。

第十三条 县级以上人民政府在制定城市、镇总体规划与城市综合防灾减灾专项规划时，应当统筹安排应对突发事件所必需的设备和基础设施建设，并利用广场、公园、绿地、体育场（馆）、学校运动场（馆）以及人防工程等公共场所，合理规划、建设、维护应急避难场所，设置统一、规范的标识，并向社会公布。

公共场所和人员密集场所的经营、管理单位应当设置应急疏散通道，配备必要的救生、避险设备，并设置明显标识。

第十四条 县级以上人民政府及其有关部门、乡（镇）人民政府、街道办事处应当组织开展突发事件应对法律、法规和应急知识的宣传普及活动和应急演练。

机关、团体、企业、事业单位和居民（社区）委员会、村民委员会，根据当地人民政府的要求，结合各自情况，开展有关突发事件应急知识的宣传普及活动和应急演练。

学校、幼儿园应当将应急知识纳入教育内容，采取多种形式开展应急知识教育和应急演练活动，培养学生、幼儿安全防范意识和能力。

应急演练活动应当每年至少开展一次。

新闻媒体应当采取多种形式无偿开展突发事件预防与应急、自救与互救知识的公益宣传。

第十五条 县级以上人民政府应当建立健全突发事件应急管理培训制度，对负有处置突发事件职责的主管人员和工作人员定期进行培训。

应急救援队伍的组建单位应当加强对应急救援人员的专业培训，提高其抢险救援和应急处置技能。

第三章 监测与预警

第十六条 县级以上人民政府及其有关部门应当合理划分监测区域，建立专业监测站点，并根据需要实行跨地区、跨部门联合监测，完善应急预警监测体系。

水文、气象、林业、环境、卫生、地震、地质灾害、交通运输、矿山安全等专业监测机构，应当按照应急需要加强技术保障建设，确保监测数据信息完整可靠，并随时向主管部门报告异常监测信息。有关主管部门应当及时向本级人民政府报告监测信息异常情况。

第十七条 县级以上人民政府应当建立以应急平台为主体的突发事件信息系统，并与上级和下级人民政府及其有关部门、专业机构和监测网点的突发事件信息系统实现互联互通、信息共享。

第十八条 各级人民政府和县级以上人民政府有关部门、专业监测机构和本条例第七条第一至三项所列单位，应当建立健全二十四小时值守制度，保证联系渠道畅通。

第十九条 县级以上人民政府应当建立突发事件信息报告员制度，聘请新闻媒体记者，居民（社区）委员会、村民委员会成员，派出所民警，社区或者乡（镇）卫生院医务人员，企业安全员，学校安全保卫人员等担任突发事件信息报告员。

公民、法人或者其他组织获悉突发事件信息，应当立即向当地人民政府、有关主管部门或者 110、119、120 等公共报警电话报告。有关人民政府和部门应当立即进行调查核实。

第二十条　县级以上人民政府有关部门接到突发事件信息报告后，应当按照应急预案等规定向本级人民政府和上一级主管部门报告；县级以上人民政府接到报告后，应当按照应急预案等规定向上一级人民政府报告，必要时可以越级上报。

特别重大、重大、较大级别的自然灾害、事故灾难和公共卫生事件，以及敏感性社会安全事件信息应当同时报告省人民政府。

有关人民政府或者部门报送、报告突发事件信息，应当做到及时、客观、真实，不得迟报、漏报、瞒报、谎报。

第二十一条　可以预警的自然灾害、事故灾难和公共卫生事件的预警级别，按照突发事件发生的紧急程度、发展势态和可能造成的危害程度分为一级、二级、三级和四级，分别用红色、橙色、黄色和蓝色标示，一级为最高级别。

可以预警的自然灾害、事故灾难或者公共卫生事件即将发生或者发生的可能性增大时，县级以上人民政府应当根据有关法律、法规和国务院规定的权限和程序，发布相应级别的警报，决定并宣布有关地区进入预警期。

县级以上人民政府应当利用广播、电视、报刊、互联网、短信、电子显示屏、人防警报器、宣传车等多种渠道发布预警信息。对老、幼、病、残等特殊人群和通信、广播、电视盲区以及偏远地区的人群，应当采取足以使其知悉的有效方式发布预警信息。

第二十二条　进入预警期，县级以上人民政府及其有关部门应当立即启动应急预案，采取有效措施做好防御工作。

第四章　应急处置与救援

第二十三条　突发事件发生后，事发地人民政府应当立即采取措施控制事态发展，主要负责人或者相关负责人应当立即赶赴现场，组织开展应急处置和救援工作，并立即向上一级人民政府报告。有关单位主要负责人应当立即赶赴现场，协助做好处置工作。

突发事件依法由上级人民政府统一领导和组织处置的，事发地人民政府应当做好先期处置和配合工作。

第二十四条　突发事件发生后，县级以上人民政府按照分级负责的规定，指挥应急处置工作：

（一）一般突发事件，由发生地县级人民政府负责应急处置，县级相关类别突发事件应急指挥机构具体负责；

（二）较大突发事件，由发生地设区的市人民政府负责应急处置，设区的市相关类别突发事件应急指挥机构具体负责；

（三）重大突发事件，由省人民政府负责应急处置，省相关类别突发事件应急指挥机构具体负责；

（四）特别重大突发事件，报请国务院应急处置。

本级人民政府难以有效控制突发事件事态或者难以消除其引发的严重社会危害时，应当及时报请上一级人民政府指导处置。

第二十五条　履行统一领导职责或者组织处置突发事件的人民政府应当根据应急处置工作的需要设立现场指挥部，派出或者指定现场指挥长，统一组织、指挥现场应急救援工作。

现场指挥长有权决定现场处置方案，协调有关单位和部门的现场应急处置工作，调度现场应急救援队伍。有关的公民、法人和其他组织应当服从现场指挥长的指挥。

第二十六条　自然灾害、事故灾难或者公共卫生事件发生后，履行统一领导职责的人民政府，除采取《中华人民共和国突发事件应对法》规定的应急处置措施外，还可以采取下列措施：

（一）优先运送受到突发事件危害的人员以及处置突发事件所需的救援人员和物资；

（二）请求支援救援力量和应急救援物资；

（三）指定救治单位和应急避难场所；

（四）为受到危害的人员实施心理干预服务；

（五）协调有关企业生产、供应生活必需品和应急救援物资。

第二十七条　社会安全事件发生后，组织处置工作的人民政府，除采取《中华人民共和国突发事件应对法》规定的应急处置措施外，还可以采取下列措施：

（一）开展劝解、疏导，引导当事人理性表达诉求，防止矛盾激化和事态扩大；

（二）根据事态发展，及时采取交通管制等必要措施；

（三）对扰乱社会秩序、妨碍社会管理或者公共安全、侵犯人身安全或者财产安全的行为，依法采取强制措施。

第二十八条　县级以上人民政府应当建立健全应急交通运输综合协调机制，提高应急运输保障能力。

处置突发事件期间，公路、铁路、水运、航空等经营单位以及公安交通管理、交通运输管理等部门应当采取应急措施，保证运输线路通畅，必要时开辟应急专用通道。应急救援车辆免缴车辆通行费，具体办法由省交通运输管理部门制定。

第二十九条　县级以上人民政府应当按照有关规定，由政府新闻办公室统一组织，及时、准确发布有关突发事件事态发展和应急处置工作的信息。

任何单位和个人不得编造、传播有关突发事件虚假信息。

第三十条　县级以上人民政府为应对突发事件需要依法征用公民、法人和其他组织财产的，应当向被征用的单位或者个人签发《应急处置征用通知书》，并做好登记造册工作。情况特别紧急时，可以先行征用，事后补办手续。被征用的财产在使用完毕后，应当及时返还。财产被征用或者征用后毁损、灭失的，应当参照征用时的价值给予补偿。

第三十一条　县级以上人民政府及其有关部门在突发事件发生后应当简化财政资金的审批和划拨程序，保障应急处置所需资金。

第五章　恢复与重建

第三十二条　突发事件应急处置工作结束后，县级以上人民政府应当立即组织相关部门和专业技术力量对突发事件造成的损失和应对工作进行统计、调查和评估，总结经验教训。数据资料和评估结论应当真实、准确、可靠。

第三十三条　突发事件发生地受灾人员需要过渡性安置的，履行统一领导职责或者组织处置突发事件的人民政府应当根据突发事件发生地的实际情况，做好安置工作。

第三十四条　突发事件应急处置工作结束后，受突发事件影响地区人民政府应当及时组织力量对倒塌、损坏房屋进行重建和修缮，对道路、通信、供电、供水、供气、供热等公共设施进行修复，保障过渡期间群众基本生产生活秩序。

第三十五条　突发事件发生地或者受影响地区的县级以上人民政府应当科学编制恢复与重建规划，制定救助、补偿、抚慰、抚恤、安置、基础设施恢复等工作计划并组织实施。

突发事件发生地人民政府对受影响较大的地区和行业，应当依法给予费用减免、贷款贴息、财政转移支付等政策扶持，以及物资、人力、技术方面的支持；开展恢复重建工作需要上一级人民政府支持的，上一级人民政府应当根据情况提供资金、物资支持和技术指导，组织其他地区提供必要的支援。

第三十六条　县级以上人民政府及其有关部门、乡（镇）人民政府、街道办事处应当向社会公开抢险救灾、救济、社会捐助等款物的管理、分配和使用等情况，并接受有关部门的审计和监督。

第六章　法律责任

第三十七条　各级人民政府和县级以上人民政府有关部门违反本条例规定，不履行法定职责的，由其上级行政机关或者监察机关责令改正；有下列情形之一的，根据情节轻重，对直接负责的主管人员和其他责任人员依法给予处分：

（一）未制定应急预案或者开展应急演练的；

（二）未执行二十四小时值守制度的；

（三）未规划、建设、维护应急避难场所和设置应急避难场所标识，并向社会公布应急避难场所的；

（四）未对本行政区域内危险源、危险区域进行排查，并采取防范措施的；

（五）未对公民、法人或者其他组织报告的突发事件信息立即进行调查核实的；

（六）未向社会公开抢险救灾、救济、社会捐助等款物的管理、分配和使用等情况的；

（七）不履行法定职责的其他行为。

第三十八条　有关单位违反本条例规定，有下列情形之一的，由县级以上人民政府及其有关部门责令改正，根据情节轻重，对直接负责的主管人员和其他责任人员依法给予处分：

（一）未制定应急预案或者开展应急演练的；

（二）未落实安全防范措施，及时消除隐患的；

（三）未及时、客观、真实报告本单位突发事件信息的。

第三十九条　突发事件发生后，有关人民政府及其部门主要负责人或者相关负责人未立即赶赴现场处置的，有关单位主要负责人未立即赶赴现场协助处置的，依法给予处分。

第七章　附　则

第四十条　本条例自2013年3月1日起施行。

江西省突发事件应对条例

江西省人民代表大会常务委员会公告第10号

《江西省突发事件应对条例》已由江西省第十二届人民代表大会常务委员会第五次会议于2013年7月27日通过，现予公布，自2013年9月1日起施行。

江西省人民代表大会常务委员会
2013年7月27日

江西省突发事件应对条例

第一章　总　则

第一条　为了预防和控制突发事件的发生，减轻和消除突发事件引起的严重社会危害，规范突发事件应对活动，保护人民生命财产安全，维护国家安全、公共安全、环境安全和社会秩序，根据《中华人民共和国突发事件应对法》及有关法律、行政法规的规定，结合本省实际，制定本条例。

第二条　本省行政区域内突发事件的预防与应急准备、监测与预警、应急处置与救援、事后恢复与重建等应对活动，适用本条例。

第三条　本条例所称突发事件，是指突然发生，造成或者可能造成严重社会危害，需要采取应急处置措施予以应对的自然灾害、事故灾难、公共卫生事件和社会安全事件。

按照社会危害程度、影响范围等因素，自然灾害、事故灾难、公共卫生事件分为特别重大、重大、较大和一般四级。法律、行政法规或者国务院另有规定的，适用其规定。

突发事件的分级，按照国务院或者国务院有关部门制定的标准执行。

第四条　突发事件应对工作坚持预防为主、预防与应急相结合的原则，实行统一领导、综合协调、分类管理、分级负责、属地管理为主的应急管理体制。

第五条　县级以上人民政府应当组织编制突发事件应急体系建设规划，并将其纳入国民经济和社会发展规划。

第六条　县级人民政府对本行政区域内突发事件的应对工作负责；涉及两个以上行政区域的，由有关行政区域共同的上一级人民政府负责，或者由各有关行政区域的上一级人民政府共同负责。

第七条　县级以上人民政府设立突发事件应急委员会，统一领导、协调本级人民政府各有关部门和下级人民政府开展突发事件应对工作。突发事件应急委员会由本级人民政府主要负责人、相关部门负责人、驻当地中国人民解放军和中国人民武装警察部队有关负责人组成，本级人民政府主要负责人任主任。

县级以上人民政府应急管理办事机构负责本级人民政府突发事件应急委员会的日常工作，履行值守应急、信息汇总、综合协调、督查指导等职责。

县级以上人民政府根据实际需要，设立相关类别突发事件专项应急指挥机构，组织、协调、指挥突发事件应对工作。

第八条　县级以上人民政府是本行政区域内突发事件应对工作的行政领导机关。县级以上人民政府有关部门应当按照各自职责，做好相关类别突发事件应对工作，明确相关内设机构具体负责本部门突发事件应急管理工作。

乡镇人民政府、街道办事处应当确定相关机构和工作人员，做好本辖区内的突发事件应对工作。村（居）民委员会应当协助人民政府做好突发事件应对工作。

第九条　县级以上人民政府应当将突发事件应对日常工作经费列入本级财政预算；各级财政预算的预备费应当优先保障突发事件应对的需要。

鼓励公民、法人和其他组织为人民政府应对突发事件工作提供物资、资金、技术支持和捐赠。捐赠物资、资金的使用情况应当依法予以公布，并接受人民政府有关部门、捐赠人和社会的监督。

第十条　县级以上人民政府应当建立与上级人民政府有关部门、驻当地中国人民解放军和中国人民武装警察部队、中（省）直驻当地有关单位的应急联动机制，并加强与毗邻地区之间的区域合作，协调突发事件应对工作中的有关问题，提高应急联动和快速反应能力。

第十一条　县级以上人民政府应当建立有效的社会动员机制，发挥公民、法人和其他组织在突发事件应对中的作用，增强全民的公共安全和防范风险意识，提高全社会避险、自救、互救等能力。

公民、法人和其他组织有义务参与突发事件应对工作。

第十二条　县级以上人民政府及其有关部门应当建立突发事件信息公开和新闻发言人制度。

县级以上人民政府应当按照国家和本省有关规定，统一、准确、及时发布有关突发事件事态发展和应急处置工作的信息，并对虚假信息及时予以澄清。

新闻媒体应当真实、客观、准确报道有关突发事件的信息。

任何单位和个人不得编造、传播有关突发事件的虚假信息。

第十三条　县级以上人民政府应当将突发事件应对工作纳入政府年度工作考核范围，对突发事件应对工作进行目标考核，实行责任追究制度。

第二章　预防与应急准备

第十四条　县级以上人民政府应当制定突发事件总体应急预案，组织制定突发事件专项应急预案；县级以上人民政府有关部门应当根据各自职责和本级人民政府相关应急预案，制定突发事件部门应急预案。

乡镇人民政府、街道办事处应当结合实际情况制定本辖区突发事件应急预案。

鼓励村（居）民委员会根据实际情况制定相应的突发事件应急预案。

第十五条　下列单位应当制定突发事件具体应急预案：

（一）矿山、建筑施工单位和易燃易爆物品、危险化学品、放射性物品、病原微生物等危险物品的生产、经营、储运、使用单位；

（二）供水、排水、发电、供电、供油、供气、通信、广播、电视、江河圩堤、水库大坝、桥梁、隧道等公共设施的经营、管理单位；

（三）学校、幼儿园、图书馆、博物馆、科技馆、青少年宫、医院、车站、机场、港口、码头、体育场馆、商（市）场、影剧院、宾馆、饭店、公园、养老机构、金融证券交易场所、休闲娱乐场所、宗教活动场所、旅游景区（点）等公共场所的经营、管理单位；

（四）交通运输经营、管理单位；

（五）大型群众性活动的主办单位；

（六）其他存在潜在突发事件风险的应当制定应急预案的单位。

第十六条　应急预案应当通俗、简便、管用，有关内容应当符合《中华人民共和国突发事件应对法》的规定，并根据实际需要和情势变化，适时予以修订。

各级人民政府制定的应急预案应当向上一级人民政府备案；县级以上人民政府有关部门制定的应急预案应当向本级人民政府和上一级主管部门备案，街道办事处制定的应急预案应当向县级人民政府备案。本条例第十五条规定的单位制定的应急预案应当向有关主管部门或者法律、法规、规章规定的有关部门备案。

第十七条　城乡规划应当符合预防、处置突发事件的需要，统筹安排应对突发事件所必需的基础设施建设。已有的城乡规划不符合预防、处置突发事件需要的，应当依法进行修改。

已有的建筑物、构筑物和其他设施不符合预防、处置突发事件需要的，当地人民政府、相关所有权人或者管理使用单位应当采取必要的安全防范措施。

第十八条　县级以上人民政府应当统筹规划应急避难场所的建设，可以将公园、绿地、广场、体育场馆、学校操场、地下商场、综合停车场、人民防空工程等适宜场所确定为应急避难场所。应急避难场所应当设置统一、规范的明显标志，并向社会公布。

县级以上人民政府应当根据处置突发公共卫生事件的需要，建设或者合理确定传染病人和疑似传染病人的隔离治疗场所。

应急避难场所、隔离治疗场所的所有权人或者管理使用单位应当加强维护管理，保证其正常使用。

第十九条　县级人民政府应当组织有关部门，对本行政区域内容易引发自然灾害、事故灾难和公共卫生事件的危险源、危险区域进行调查、登记、风险评估，定期进行检查、监控，并责令有关单位采取安全防范措施。

省和设区的市人民政府应当组织有关部门，对本行政区域内容易引发特别重大、重大突发事件的危险源、危险区域进行调查、登记、风险评估，组织进行检查、监控，并责令有关单位采取安全防范措施。

县级以上人民政府组织有关部门对危险源、危险区域进行调查时，有关单位和个人应当依法予以配合。

县级以上人民政府应当按照国家规定及时向社会公布已登记的危险源、危险区域。

第二十条　县级以上人民政府应当建立健全社会稳定风险评估机制，对涉及群众利益的企业改制、征地拆迁、教育医疗、环境保护、安全生产、食品药品安全等领域的重大决策以及重大项目，进行合法性、可行性和安全性评估，防止决策失误引发社会安全事件。

第二十一条　县级以上人民政府及其有关部门、乡镇人民政府、街道办事处、村（居）民委员会应当建立矛盾纠纷排查调处制度，对排查出的可能引发社会安全事件的矛盾纠纷及时予以调处化解。

第二十二条　所有单位应当建立健全安全管理制度，定期检查本单位各项安全防范措施的落实情况，及时消除事故隐患；掌握并及时处理本单位存在的可能引发社会安全事件的问题，防止矛盾激化和事态扩大；对本单位可能发生的突发事件和采取安全防范措施的情况，应当按照规定及时向所在地人民政府或者人民政府有关部门报告。

本条例第十五条规定的单位应当建立安全巡检制度，并配备必要的应急设施、设备和物资。

第二十三条　县级以上人民政府依托公安消防队伍，建立综合性应急救援队伍，承担综合性应急救援任务，并协助有关专业应急救援队伍做好各类突发事件的应急救援工作。乡镇人民政府、街道办事处根据实际需要，依托民兵、预备役人员以及其他应急力量建立综合性应急救援队伍。

县级以上人民政府有关部门根据实际需要建立专业应急救援队伍；依托社会力量建立专业应急救援队伍的，应当与其签订协议，明确双方的权利和义务。

机关、团体、企业事业单位应当建立由本单位职工组成的专职或者兼职应急救援队伍。高危行业企业没有建立专职应急救援队伍的，应当与邻近具备相应能力的专职应急救援队伍签订应急救援协议。

鼓励工会、共青团、妇联、红十字会、慈善机构等组织建立各类成年志愿者应急救援队伍。

应急救援队伍应当具备专业的应急救援知识和技能，配备必要的应急救援装备。

第二十四条　县级以上人民政府及其有关部门、有关单位应当为专业应急救援人员购买人身意外伤害保险。

鼓励保险服务机构为突发事件应对工作提供保险服务。鼓励社会公众参与商业保险和参加互助保险，提高抗御风险的能力。

第二十五条 县级以上人民政府应当建立健全突发事件应急管理培训制度，提高人民政府及其有关部门的应急管理、专业技术等人员应对突发事件的处置能力。

机关、团体、企业事业单位应当组织本单位人员进行突发事件应对相关法律、法规、规章以及应急知识等方面的教育培训，提高职工的安全防范意识和能力。

建立应急救援队伍的单位应当加强对应急救援队伍专业技能的培训，提高抢险救援能力。

第二十六条 县级以上人民政府及其有关部门、乡镇人民政府、街道办事处应当通过多种形式，开展突发事件应对相关法律、法规、规章以及应急知识的宣传普及活动。

村（居）民委员会、企业事业单位应当根据所在地人民政府的要求，结合各自实际情况，开展应急知识的宣传普及活动。

各级各类学校应当将地震、气象灾害、地质灾害、洪涝、火灾、交通事故、溺水、触电、中毒、传染性疾病等应急知识纳入教学内容，根据学生的年龄和认知能力开展应急知识教育。教育主管部门应当对各级各类学校开展应急知识教育进行指导和监督。

新闻媒体应当无偿开展突发事件预防与应急、自救与互救知识的公益宣传。

第二十七条 县级以上人民政府及其有关部门应当根据应急预案组织综合应急演练和专项应急演练，必要时可以组织跨地区、跨行业的应急演练，提高快速反应和整体协同处置能力。

其他制定应急预案和建立应急救援队伍的单位，应当结合各自实际，组织开展应急演练。

本条例第十五条规定的单位，每年至少组织开展一次应急演练；学校、幼儿园每学期至少组织开展一次应急演练。

第二十八条 本省按照统筹规划、分级负责、统一调配、资源共享的原则，建立省、设区的市、县（市、区）三级应急物资保障机制，完善重要应急物资的监管、生产、储备、调拨和紧急配送体系，并根据不同区域突发事件的特点，分部门、分区域布局省级应急物资储备。

县级以上人民政府有关部门应当按照各自职责，组织、协调应急物资储备工作，并将应急物资储备情况报本级人民政府办事机构和上一级主管部门备案。

省人民政府及其有关部门应当加强对边远贫困地区和突发事件易发、多发地区的应急物资储备，建立与其他省、自治区、直辖市的应急物资协调保障机制。

鼓励单位和家庭储备基本的应急自救物资和生活必需品。

第二十九条 省人民政府应当根据国家应急平台体系技术要求，建立连接全省各地区和各类突发事件专项应急指挥机构的统一高效的应急平台体系和数据库。

县级以上人民政府应当建立本行政区域综合应急平台，各类突发事件专项应急指挥机构应当建立专业应急平台，并纳入全省应急平台体系。

应急平台体系应当具备突发事件的值守应急、信息汇总、综合研判、指挥调度、视频会商和辅助决策等功能。

县级以上人民政府及其有关部门应当保障应急平台建设所需的场所、指挥车辆和通信设施等装备。

第三十条 县级以上人民政府及其有关部门应当建立突发事件应对工作专业人才库，根据实际需要聘请有关专家组成专家组，为突发事件应对工作提供分析评估、决策咨询和处置建议；必要时，可以吸收专家直接参加应急处置工作。

第三章 监测与预警

第三十一条 县级以上人民政府应当依托应急平台体系建立统一的突发事件信息系统，形成突发事件信息汇集、报送、储存和分析研判快速反应机制。

第三十二条 县级以上人民政府及其有关部门、专业机构，应当通过互联网、信息报告员、监测网点、向社会公布的报警电话等多种途径收集突发事件信息。

公民、法人和其他组织获悉突发事件信息的，应当立即通过110报警电话等向所在地人民政府、有关主管部门或者指定的专业机构报告。

第三十三条 各级人民政府、县级以上人民政府有关部门、专业机构应当对收集和接报的突发事件信息及时进行分析研判。

各级人民政府应当及时向上一级人民政府报送突发事件信息，县级以上人民政府有关部门、专业机构应当及时向本级人民政府和上一级主管部门报送突发事件信息，必要时可以越级上报。发生较大、重大和特别重大突发事件的，县级人民政府应当在事发后两小时内向设区的市人民政府报告，设区的市人民政府、省人民政府有关部门应当在事发后三小时内向省人民政府报告。

第三十四条 突发事件信息报告内容应当包括发生的时间、地点、信息来源、伤亡或者经济损失的初步评估、影响范围、事件发展势态及处置情况等。

有关单位和人员报送、报告突发事件信息，应当做到及时、客观、真实，不得迟报、谎报、瞒报、漏报。

第三十五条 县级以上人民政府应当建立健全突发事件预警制度。

可以预警的自然灾害、事故灾难和公共卫生事件的预警级别，按照突发事件发生的紧急程度、发展势态和可能造成的危害程度分为一级、二级、三级和四级，分别用红色、橙色、黄色和蓝色标示，一级为最高级别。

预警级别的划分，按照国务院或者国务院有关部门制定的标准执行。

第三十六条 可以预警的自然灾害、事故灾难或者公共卫生事件即将发生或者发生的可能性增大时，县级以上人民政府应当根据法定权限和程序向社会发布相应级别的警报，决定并宣布有关地区进入预警期，同时向上一级人民政府报告，必要时可以越级上报，并向当地驻军和可能受到危害的毗邻或者相关地区的人民政府通报。

第三十七条 县级以上人民政府依托气象部门建立突发事件预警信息发布平台，规范预警信息发布的权限和程序，形成统一的预警信息发布体系。预警信息的发布内容包括突发事件的类别、预警级别、可能影响范围、警示事项、应当采取的措施和发布机关等。

县级以上人民政府应当利用广播、电视、报刊、互联网、手机短信、防空警报、户外终端显示设备、警报器、宣传车、传单或者逐户通知等方式公开播发预警信息；对老、幼、病、残等特殊人群和通信、广播、电视盲区以及偏远地区的人群，应当采取有针对性的公告方式播发预警信息。

乡镇人民政府、街道办事处、村（居）民委员会和企业事业单位应当协助做好预警信息的播发。

广播、电视、报刊、互联网等媒体和通信运营企业，应当采取保障措施，确保突发事件预警信息的及时发布。

第三十八条 进入预警期后，县级以上人民政府及其有关主管部门应当根据预警级别，依照《中华人民共和国突发事件应对法》的规定，采取有效措施做好突发事件防范和应对工作，避免或者减轻突发事件造成或者可能造成的损失。

村（居）民委员会、有关单位和人员接到预警信息后，应当配合人民政府及有关部门做好突发事件防范和应对工作。

第三十九条 发布突发事件预警信息的人民政府应当根据事态的发展，按照国家和本省规定适时调整预警级别，并向社会重新发布。

有事实证明不可能发生突发事件或者危险已经解除的，发布预警信息的人民政府应当立即宣布终止预警，并解除已经采取的有关措施。

第四章 应急处置与救援

第四十条 突发事件处置实行分级负责制。

一般突发事件的应急处置工作由县级人民政府统一领导；较大突发事件的应急处置工作由设区的市人民政府统一领导；重大突发事件的应急处置工作由省人民政府统一领导；特别重大突发事件由省人民政府根据国务院部署予以处置。

省、设区的市人民政府可以根据事态发展情况，适时提升处置级别。有事实表明一般、较大的突发事件可能演化为重大、特别重大的突发事件的，或者下级人民政府认为难以控制和应对的，应当及时报告上级人民政府，由上级人民政府统一领导处置。

第四十一条 突发事件发生后，事发地人民政府应当依法组织先期处置，采取措施控制事态发展或者灾情蔓延。

履行统一领导职责或者组织处置突发事件的人民政府，应当立即启动应急响应，根据突发事件的性质和类别，组织有关部门，调动应急救援队伍和社会力量，依照《中华人民共和国突发事件应对法》的规定，采取人员救治、设施抢修、疫病防治、现场控制等相应的应急处置措施。

第四十二条 突发事件应急处置坚持人员救助优先，在实施应急处置过程中应当保障受突发事件危害人员的生命安全，并注意保障参与应急救援人员的生命安全。

参加应急救援工作的组织和个人应当服从履行统一领导职责或者组织处置突发事件的人民政府的统一指挥和安排，有序参加应急救援工作。

第四十三条 履行统一领导职责或者组织处置突发事件的人民政府可以根据应急处置工作的需要，在事发地设立现场指挥机构，指定现场指挥长。

现场指挥长具体组织、指挥现场应急处置和救援工作，决定现场处置方案，调度现场应急救援队伍和物资装备。

事发地设有多个现场指挥机构的，由级别最高的人民政府设立的现场指挥机构统一指挥处置。

第四十四条 县级以上人民政府应当建立健全应急通信和交通运输保障机制。

通信管理部门应当组织、协调通信运营企业做好应急通信保障工作，保障政府应急处置通信系统的畅通。无线电管理部门应当提供应急专用频率的电波监测和干扰排查等技术保障。

公安、交通运输等主管部门以及铁路、公路、水运、航空等经营单位应当保证运输线路畅通，保证救援人员和受突发事件危害人员、救援物资、救援设备优先运输和通行，必要时，可以采取开辟专用通道、实行交通管制等措施。处置突发事件期间，配有省人民政府制发的应急标志的车辆免缴车辆通行费。

第四十五条 突发事件发生地的村（居）民委员会和其他组织应当按照所在地人民政府的决定、命令，进行宣传动员，组织公民开展自救和互救，协助维护社会秩序。

突发事件发生地的公民应当服从人民政府、村（居）民委员会的指挥和安排，配合突发事件应对工作。

第四十六条 受到自然灾害危害或者发生事故灾难、公共卫生事件的单位，应当按照规定立即报告，并立即启动本单位的应急预案，组织人员开展自救和互救，撤离危险区域，控制危险源，封锁现场或者危险场所，并采取措施防止危害扩大。

第四十七条 社会安全事件发生后，组织处置工作的人民政府应当立即组织有关部门和事件发生有关单位，及时赶赴现场，开展劝解、疏导工作，引导当事人理性表达诉求，防止矛盾激化和事态扩大，做好现场处置工作。

发生前款规定的事件，公安机关应当根据事件的性质和特点，依法采取《中华人民共和国突发事件应对法》第五十条规定的应急处置措施。

第四十八条 有关人民政府及其部门为应对突发事件，可以征用单位和个人的财产。征用时应当向被征用的单位或者个人出具应急征用手续并登记造册，载明被征用财产的相关信息。紧急情况下，可以先征用再补充相应手续。

被征用的财产使用完毕或者突发事件应急处置工作结束后，应当及时返还。财产被征用或者征用后毁损、灭失的，应当按照国家有关规定给予补偿。

第五章 事后恢复与重建

第四十九条 突发事件的威胁和危害得到控制或者消除后，履行统一领导职责或者组织处置突发事件的人民政府应当及时宣布应急处置结束，停止执行应急处置措施，同时采取或者继续实施疫病防治、疫情或者灾害监控、污染治理、宣传疏导、心理危机干预等必要措施，防止发生自然灾害、事故灾难、公共卫生事件的次生、衍生事件，防止重新引发社会安全事件。

第五十条 突发事件应急处置工作结束后，受突发事件影响地区的人民政府应当及时组织交通、建设、通信等有关部门，尽快修复被损坏的供水、排水、发电、供电、供油、供气、交通、通信等公共设施，及时组织救援物资和生活必需品的调拨，保障居民基本生活，恢复受影响地区的生产、生活、工作和社会秩序。

公安机关应当根据实际情况加强治安管理工作，预防和制止各种违法犯罪活动，维护社会治安秩序稳定。

第五十一条 因突发事件需要过渡性安置的，履行统一领导职责或者组织处置突发事件的人民政府应当采取就地安置与异地安置、政府安置与自主安置相结合的方式，对受灾人员进行安置。对自主安置的人员，有关人民政府应当根据实际提供必要的帮助。

设置过渡性安置点的，有关人民政府应当在过渡性安置点采取相应的防灾、防疫措施，建设必要的配套基础设施和公共服务设施，保障受灾人员的安全和基本生活需要。

第五十二条 履行统一领导职责的人民政府应当及时组织有关部门和专家，按照有关规定对突发事件造成的损失进行统计、核实和评估。

受突发事件影响地区的人民政府应当根据本地区遭受损失的情况，制定救助、救治、康复、补偿、抚慰、抚恤、安置等善后工作计划并组织实施，妥善解决因处置突发事件引发的矛盾和纠纷。

第五十三条 履行统一领导职责的人民政府应当组织编制恢复重建计划，落实恢复重建所需的资金、物资、技术保障。

受突发事件影响地区的人民政府开展恢复重建工作需要上一级人民政府支持的，可以向上一级人民政府提出请求。上一级人民政府根据受影响地区遭受的损失和实际情况，提供资金、物资支持和技术指导，组织其他地区提供资金、物资和人力支援。

县级以上人民政府应当加强对恢复重建资金和物资的监督管理，保证其规范使用。

第五十四条 保险服务机构应当按照法律规定和保险合同的约定，做好突发事件保险理赔工作。

受突发事件影响地区的县级以上人民政府及其有关部门应当会同保险监督机构，督促保险服务机构做好理赔工作。

第五十五条 公民参加应急救援工作或者协助维护社会秩序期间，其在本单位的工资待遇和福利不变；表现突出、成绩显著的，由县级以上人民政府按照国家有关规定，给予表彰或者奖励。

县级以上人民政府对在应急救援工作中伤亡的人员依法给予抚恤；对符合烈士评定条件的，依照《烈士褒扬条例》等有关规定办理。

第五十六条 履行统一领导职责的人民政府应当及时组织有关部门和专家调查、分析突发事件发生的原因、过程，对信息报告、应急决策、处置与救援等应对工作进行全面客观的评估，总结经验教训，制定改进措施，并向上一级人民政府提出报告。

第五十七条 县级以上人民政府及其有关部门应当建立突发事件应对档案管理制度，对应对工作的原始记录等有关资料进行收集、整理、存档。

第六章 法律责任

第五十八条 在突发事件应对工作中，县级以上人民政府及其有关部门、乡镇人民政府、街道办事处违反本条例规定，有下列情形之一的，由其上级行政机关或者监察机关责令改正，并根据情节对直接负责的主管人员和其他直接责任人员依法给予处分：

（一）未按照规定制定应急预案的；

（二）未对不符合突发事件应对需要的建筑物、构筑物和其他设施采取必要的安全防范措施的；

（三）未确定应急避难场所或者未向社会公布的；

（四）未对危险源、危险区域进行调查登记、动态管理和检查、监控的；

（五）包庇对突发事件负有责任的单位或者个人的；

（六）违反本条例的其他情形。

第五十九条 有关单位违反本条例规定，有下列情形之一的，由具有管理权限的行政机关责令改正；属于行政、事业单位的，根据情节对直接负责的主管人员和其他直接责任人员依法给予处分：

（一）未按照规定制定具体应急预案的；

（二）未按照规定组建应急救援队伍的；

（三）未按照规定开展应急演练的。

第六十条 单位或者个人违反本条例规定，导致突发事件发生或者危害扩大，给他人人身、财产造成损害的，依法承担民事责任。

违反本条例规定，构成犯罪的，依法追究刑事责任。

第七章 附 则

第六十一条 其他省、自治区、直辖市发生突发事件时，本省根据国务院要求或者实际需要，由省人民政府统一部署，组织参与应急处置与救援、灾后恢复与重建工作。

省人民政府有关部门接到国务院有关部门指令参与突发事件应对工作的，应当及时报告省人民政府。

第六十二条 本条例自2013年9月1日起施行。

北京市政府关于《进一步加强轨道交通运营安全的工作方案》

京政办发〔2013〕59号

各区、县人民政府，市政府各委、办、局，各市属机构：

《进一步加强轨道交通运营安全的工作方案》已经市政府同意，现印发给你们，请结合实际，认真组织实施。

北京市人民政府办公厅
2013年11月21日

进一步加强轨道交通运营安全的工作方案

为保障本市轨道交通运营安全，制定以下工作方案。

一、加强建设阶段运营安全风险控制

（一）完善建设期运营安全管理规章制度。制定《轨道交通建设期运营安全专篇编写及审查办法》、《轨道交通试运营评审管理办法》、《轨道交通网络化运营设备设施配置规定》等管理办法，并于近期颁布实施。

（二）提高规划建设水平。要结合客流发展趋势，高标准设计车站规模和配置运力；新线路建设与既有线路改造要同步进行，开通运营时项目土建工程要全部完工，沿线交通接驳设施建设同步实施；在新线路建设中设置安检点并预留安检扩容空间；将大型设备设施维修机具和应急救援设备一并纳入新线路建设。

（三）落实重要运营设备设施选型制度。信号、车辆、电扶梯等重要运营设备设施，在新线路建设时由建设单位和运营单位共同负责技术条件和标书制定。涉及网络化统一管理的自动售检票系统（AFC）、乘客信息系统（PIS）、视频监控系统（CCTV），首先进行技术认证，之后再进行招标事宜。要按线路进行统一招标，有条件的进行组团招标；招标事宜确定后，建设单位、运营单位和运营设备设施供应商签订三方协议，加大对运营设备设施供应商的约束力度。

（四）强化新线路开通试运营标准。新开通线路按开通运行图试运行的时间不得少于30天；在新线路开通前解决工程缺陷、配套市政设施不全等问题，加强新线路工程验收管理，保障开通质量。

二、加强对运营设备设施的管理

（五）完善安全管控制度。完善运营设备设施重大升级改造风险评估和控制制度，明确可以实施升级改造的时间范围和必备条件，确保运营设备设施重大升级改造做到事前有准备、过程有监控、竣工有验证、运行有保障。

（六）提高运营设备设施的安全度。对全路网信号、车辆和电扶梯等设备设施进行排查分析，针对备份不足、系统功能缺陷、安全等级不高等问题，研究整改方案并组织实施；同时在运营中持续监测设备设施运行情况，确保设备设施的安全性、稳定性。启动电梯物联网实时监测试点。

（七）加强对重点运营设备设施的管理。制定涉及信号、车辆、电扶梯等重点设备设施的产品标准、技术认证、服务质量信用披露、归口管理等方面的制度；制定并实施轨道交通运营安全、设备维修管理、安全评价等方面的地方标准。

三、积极排查和解决安全隐患

（八）开展安全评估工作。对既有运营线路进行安全风险评估，进一步查找安全隐患和管理薄弱环节，对各类安全隐患进行识别和分类并制定应对措施。

（九）切实解决10号线故障高发问题。对已查出的10号线故障高发、影响运营安全的重点问题进行整改。

（十）解决新线路遗留问题。加强协调配合，重点解决高架线路桥梁支座病害、钢轨异常磨损等遗留问题。对路网乘客信息系统设备稳定性差、应急信息不能及时发送到列车等问题进行整改。

（十一）加大对设备设施供应商的约束力度。健全对既有线路设备设施供应商的责任追究机制和约束机制。

（十二）规范站前广场管理。在中心城区和远郊区各选择一条线路，进行站前广场规范管理试点，总结试点经验，逐步推广。

四、提高应急处置能力

（十三）加强应急机制建设。强化运营单位应急保障机制，相关行业主管部门、运营单位设立日常应急保障资金，轨道交通突发事件应急保障资金纳入全市应急资金统筹安排；加强对公众进行运营安全教育，组织公众参与大型综合演练。

（十四）完善应急预案。针对轨道交通运营故障应急处置暴露出的问题，修订市轨道交通突发事件应急预案；完善现场处置办法，修订信号、车辆、电扶梯等技术故障排查、处置操作手册；建立高峰时段和应急状态下的扁平化现场指挥体系：一是在市轨道交通指挥中心建立现场指挥组，明确市轨道交通指挥中心和运营单位的值班主任为现场处置负责人；二是建立换乘站现场指挥组，明确换乘站涉及线路值班站长为现场处置负责人；三是建立车站现场指挥组，明确车站值班站长、值班民警为现场处置负责人。切实提高路网应对突发事件能力。

（十五）完善应急指挥配套系统建设。增加各线路上传市轨道交通指挥中心的视频图像数据；完成各线路广播、乘客信息、闭路电视系统与市轨道交通指挥中心对接的升级改造工作；建立应急调度、诱导乘客和信息发布的服务平台。

（十六）提高突发事件信息发布能力。修订并发布《轨道交通路网运营异常情况乘客信息发布规则》。制定乘客信息发布实施细则。在突发事件发生时，及时向乘客发放换乘引导卡和延误证明。同时，建设八通线、13 号线乘客信息系统，在既有线路所有车站出入口增设显示屏。

（十七）加强应急演练。重点组织开展线路系统故障、客流较大换乘站临时封闭、高架线路列车迫停等专项应急演练，信号、通信、电扶梯等技术故障排除演练，大客流踩踏、火灾等疏散演练，提高应对突发事件的实战能力。

（十八）建设安全应急教育基地。在 1 号线 52 号车站建立乘客应急逃生演练基地；将土桥车辆段安全培训基地改扩建成面向市民开放的轨道交通安全教育基地。

五、提升大客流应对能力

（十九）实施运力挖潜。完成 4 号线、5 号线车辆增购和车辆段扩建以及 5 号线供电扩容改造工作；更新 1 号线信号系统，完成 10 号线车辆增购工作。加快建设 10 号线宋家庄停车场，使其具备车辆停放条件。

（二十）完善车站设施。推进宣武门、国贸、芍药居车站增建换乘通道工程；在天通苑南、通州北苑等 7 个常态限流车站增设客流疏导围栏，改善站外候车条件；完成车站导向标识优化完善工程。

（二十一）优化运营组织。实施早晚高峰加开临客等行车方案；按照“一站一案”的原则，制定换乘车站、限流车站、大客流车站的客流组织方案。

六、提升运营保障能力

（二十二）增加现场保障力量。核定轨道交通运营单位涉及运营安全的车站疏导员、列车驾驶员、设备维修员的配备标准，并在全行业推进实施。2013 年先期增加高峰时段文明引导员数量，2014 年在重点车站、换乘站高峰时段按新标准配备车站疏导员。

（二十三）加强员工能力建设。根据轨道交通发展规划，运营单位要提前两年储备新线路运营人员；同时制定员工在职培训计划，组织开展各类技术练兵、专项应急演练，提高员工整体素质。

（二十四）加快票制研究和轨道交通运营安全立法。制定高峰时段票价差别化方案并择机出台，通过价格杠杆分散高峰时段客流压力，降低大客流风险。推进轨道交通运营安全立法工作。

七、提升安全防范能力

（二十五）落实技防措施。完成 13 号线、八通线、1 号线、2 号线加装安全门工程。制定轨道交通安全防范视频监控系统建设标准。增设 1 号线、2 号线、4 号线、5 号线、8 号线二期、10 号线一期和机场线、大兴线共 3100 个探头，完成机场线存储设备扩容和 13 号线、八通线视频监控系统改造工程，进一步完善地铁车厢视频监控系统，提高视频监控覆盖面；做好视频监控系统维护工作。

（二十六）采取更严格的安检措施。切实增强地铁系统的全员防恐意识，增加地铁安检设施和安保力量，最大限度提升安检等级。完成既有线路 58 个安检点位增设工作。开发安检自动报警识别系统，在天通苑、西二旗、龙泽等有条件的车站站前广场设置安检点，实施地面安检。更新达到使用年限的安检设备，将安检设备更新纳入市财政固定资产更新范畴。在天安门地区及有条件的车站实施“人、物同检”，并尽快做到所有的车站都实施“人、物同检”。根据安检实际情况区分高峰时段、平峰时段和重点时期不同情况，采取相应的检查和抽查办法，提高安检防范作用。提高安检员工资标准，稳定安检人员队伍。

（二十七）加强巡查监控。在每个地铁车站设立责任站区长，加强警力配备，形成常态化、规范化巡控模式，最大限度查控高危人群和违法犯罪人员。对途经政治中心区的轨道交通线路，部署武警进行常态化巡逻执勤。

八、落实轨道交通控制保护区管理责任

（二十八）落实控制保护区责任制。相关区县政府要落实轨道交通安全监管属地责任，协调解决本行政区域控制保护区内影响轨道交通运营安全问题；将治理树木侵界安全隐患所需经费纳入全市行道树管养经费。

（二十九）加强控制保护区的巡查管控。设置控制保护区专职巡查人员，完善控制保护区巡查机制。建设“城市轨道交通控制保护区安全管理系统”，加强对控制保护区的管理和控制。

九、健全责任追究制度

（三十）健全责任追究制度。完善运营事故等级标准认定、事故分析和责任追究制度；根据事故等级，对运营单位采取约谈、绩效考核等方式督促其认真整改，切实履行运营管理责任。运营单位相关人员未依法履行安全生产监督管理职责，由安全生产监督行政管理部门依法处理；构成犯罪的，依法追究其刑事责任。

附件：进一步加强轨道交通运营安全工作方案任务分工（略）

北京市住房和城乡建设委员会关于在建设工程施工现场推广使用远程视频监控系统的通知

各区、县住房城乡建设委，东城、西城区住房城市建设委，经济技术开发区建设局，各建设单位、施工单位，各有关单位：

根据《北京市人民政府关于印发北京市 2013－2017 年清洁空气行动计划的通知》（京政发〔2013〕27 号）要求，进一步提升施工现场管理水平，通过远程视频监控系统，落实建设单位、施工单位的现场管理主体责任，加大政府监督执法力度，严格按照《绿色施工管理规程》实现绿色施工和渣土运输规范化管理，市住房城乡建设委决定在全市建设工程施工现场推广使用远程视频监控系统（简称“视频监控系统”）。现就实施工作通知如下：

一、责任主体

建设单位为安装视频监控系统的责任主体，承担安装视频监控系统费用及管理责任。摄像头提供单位按照合同约定负责摄像头的维修保养。总承包单位、专业承包单位要为摄像头的安装提供必要的场地及技术支持，积极配合视频监控系统的安装工作。施工单位应做好摄像头的保护工作，确保设备不被人为破坏。

施工现场视频监控系统的相关费用列入安全文明施工费，确保本单位施工现场安装使用视频监控系统。

二、安装范围和时间

从发文之日起，符合以下条件之一的施工现场应当安装视频监控系统。

（一）本市行政区域内所有在施的且建筑面积 5000 平方米以上的土石方工程以及地铁工程施工现场，2013 年年底前全部安装完毕。

（二）东城区、西城区、朝阳区、海淀区、石景山区、丰台区、经济技术开发区以及其他区（县）城区范围内和市、区（县）住房城乡建设委有其他规定的在施、新开的房屋建筑及市政基础设施工程的施工现场，2014 年年底前全部安装完毕。建筑面积在 5000 平方米以下或者投资额在 1000 万元以下、室内装修改造工程以及距竣工时间不足 2 个月的工程除外。

三、视频监控系统的建设

（一）视频监控系统的构成

视频监控系统由系统平台及前端（摄像头）组成，系统平台可分别设在市、区（县）住房城乡建设委及各集团总公司、各施工单位、各项目经理部。

（二）技术支持

市住房城乡建设委通过招标确定广东新视野信息科技有限公司负责建设全市统一的建筑工地视频监控系统平台，并开发相应的软件。为了降低成本并方便管理，同时通过招标确定广东新视野信息科技有限公司、深圳市科瑞电子有限公司、富盛科技股份有限公司三家单位负责提供系统前端（摄像头）设备。

（三）系统前端（摄像头）安装

施工现场摄像头的安装应符合以下要求：

1. 摄像头选用。为实现摄像头与视频监控系统平台的良好兼容，施工现场安装的摄像头必须满足视频监控系统平台的技术要求（附件 1）。建设单位向市住房城乡建设委招标确定的三家提供系统前端（摄像头）设备的单位租用或购买摄像头，并通过 3G 网络接入全市统一的视频监控系统平台，3G 信号弱的地区可选用光缆传输。

2. 安装数量。（1）土方施工阶段的建设工程：每个渣土运输车辆出入口应安装一个球形摄像头和一个车牌抓拍设备，并在场内其他位置高处至少安装一个球形摄像头。（2）有土方施工的地铁工程：每个渣土运输车辆出入口应安装一个球形摄像头和一个车牌抓拍设备。(3) 结构及装修施工阶段的房屋建筑工程：施工现场每个出入口应安装一个枪形摄像头，同时施工现场应在高处或者塔吊上安装球形摄像头。(4) 市政基础设施工程：应在主要作业区域至少安装一个球形摄像头。

施工现场摄像头安装的具体位置和数量由区（县）住房城乡建设委安全监督人员与建设单位或施工单位商定，确保能监控整个施工现场。

3. 信息报送。凡在安装范围内的房屋建筑和市政基础设施工程，建设单位或者施工单位应在摄像头安装前10天与摄像头提供单位联系视频监控系统安装事宜，完成安装调试后，建设单位或者施工单位应填写《北京市施工现场视频监控系统安装信息表》（附件2），报项目所在地区（县）住房城乡建设委安全监督机构。

四、视频监控系统的使用

目前，通过全市招标已经建立了视频监控系统平台，该平台具有对施工现场实时视频监控和对进出现场的渣土运输车辆进行拍照的功能，市、区（县）住房城乡建设委、集团总公司及施工单位使用统一分配的账号密码即可登录“视频监控系统平台”。各集团总公司、各施工单位应安排专人，通过视频监控系统平台对所属施工现场绿色施工（包括渣土运输）及安全生产可视情况进行查看，发现问题立即整改。

市、区（县）住房城乡建设委安全监督机构应安排人员，通过视频监控系统平台对辖区内施工现场绿色施工（包括渣土运输）及相关安全生产可视情况进行查看。对于发现的问题，应责令整改，必要时安排监督人员去现场检查。同时视频监控系统也可作为市、区（县）住房城乡建设委安全监督机构对工地实施差别化监管的依据。

五、监督管理

（一）各区（县）住房城乡建设委应制定工作方案，积极推进视频监控系统的安装工作。建设单位、施工单位应充分认识安装使用视频监控系统的重要性和必要性，积极主动推进视频监控系统的安装和接入工作，并与摄像头提供单位签订租赁（或购买）、维护合同，明确各方责任和义务。

（二）建设单位、施工单位如存在蓄意破坏设备或干扰视频监控系统正常使用行为的，区（县）住房城乡建设委责令停工整改，视频监控系统恢复运行后方可正常施工；情节严重的，市住房城乡建设委将进行全市通报批评，并对责任主体依法予以记分处理、暂停招投标资格。

（三）市、区（县）住房城乡建设委要结合日常监督检查对施工现场视频监控系统的安装和运行情况进行监督检查，发现未安装视频监控系统的，应责令整改。对拒不安装或使用视频监控系统的，市、区（县）住房城乡建设委按照有关规定对责任单位进行处理。建设单位办理施工许可证时，市、区（县）住房城乡建设委应告知施工现场应安装视频监控系统。

（四）目前已试点安装视频监控系统的海淀、怀柔、房山、经济技术开发区等区（县），仍按区（县）住房城乡建设委的具体要求继续实施，并做好与市住房城乡建设委视频监控系统平台对接工作。对于已经安装了摄像头并能满足对整个施工现场的监控要求，且能接入市、区（县）住房城乡建设委视频监控系统平台的施工现场，原则上不再安装新的摄像头。

特此通知。

附件：（略）

北京市住房和城乡建设委员会
2013 年 10 月 30 日

天津市公安局技防监管总队关于印发《天津市技防网电子卡口技术规范》的通知

本市各安全技术防范系统建设、施工、生产、及销售单位：

按照市政府办公厅下发的《关于加强我市技术防范网络体系建设实施意见的通知》（津政办发［2012］118号）要求，全市正在积极推进技防网建设工作。为进一步完善技防网技术功能，规范建设、管理和应用工作，提高我市整体社会治安防控能力，市公安局组织有关专家制定了《天津市技防网电子卡口技术规范》。要求自即日起，滨海新区公安局、各分局及市局相关单位在开展技防网电子卡口工程建设中，应严格按照《天津市技防网电子卡口技术规范》的要求开展建设，所用设备应取得法定检验机构依据本规范出具的合格检验报告。

各单位在工作中如遇问题，请及时与市公安局技防监管总队联系（联系人：侯伟；联系电话：27205111）。

特此通知

市公安局技术防范监管总队
2013 年 12 月 5 日

天津市技防网电子卡口技术规范

1. 范围

本规范对本市技防网电子卡口的外部构建、系统构架，卡口信息的采集、识别、比对、监测等提出了相应的技术要求，是电子卡口设计、实施、工程检测和验收的主要技术依据。

2. 引用文件

GB 50348－2004 安全防范工程技术规范

GA 36－2007 中华人民共和国机动车号牌

GA/T669.1－2008 城市监控报警联网系统 技术标准 第1部分：通用技术条件

GA/T669.9－2008 城市监控报警联网系统 技术标准 第9部分：卡口信息识别、比对、监测系统技术要求

3. 基本要求

3.1 本规范电子卡口是指利用光电、计算机、图像处理、远程数据通讯等技术对经过卡口的车辆图像和车辆信息进行全天候实时采集、识别、记录、比对、监测的系统，利用该系统完成对有关车辆的布/撤控、报警、查询、统计、分析等功能的监控实体。

3.2 电子卡口应在满足现行相关国家标准、行业标准的基础上符合本规范要求。

3.3 电子卡口各部件外表面应光洁、平整，不应有凹痕、划伤、裂缝、变形等缺陷。金属壳体应做防锈、防腐蚀处理，应有防锈、防腐蚀涂层，两年内金属零件不应有锈蚀。

3.4 电子卡口建设要求

3.4.1 电子卡口的杆体高度应为6m±0.5m，宜为6m。

3.4.2 电子卡口的抓拍识别设备的抓拍方向应为来车方向。

3.4.3 电子卡口横臂上应配置车道正反向至少各一台不低于200万像素的全断面实时监控高清全景摄像机。

3.4.4 电子卡口如需补光时，宜采用不可见光源。

3.4.5 电子卡口系统应装有防雷装置，防雷要求要符合GB 50348－2004 3.9中的规定

3.4.6 电子卡口应对所监控路面来车方向全断面无缝监控。

4. 技术要求

4.1 电气部件

4.1.1 电源额定电压：AC220V，50Hz

4.1.2 应采用独立电源并安装具备过载、漏电、短路保护功能的电源总开关，额定电流满足卡口设备实际使用电流的1.5倍。

4.1.3 电子卡口内部导线应有防护，以保证导线不会接触到可能会引起导线绝缘损伤的部件；当导线需穿越金属孔时，金属穿线孔应进行倒角，不得有锋利的边缘，应装有衬套。所有终端和设施接线要布置整齐，使用线夹、电缆套、电缆卷或管道固定好，线束内的线路要做好标识并编扎好，走线安排要做到任何接线总成的拆除不会影响到与该总成无关的线缆。

4.2 功能

4.2.1 图像和信息采集识别

4.2.1.1 车辆抓拍图像捕获时应不受雨、雪、雾、霾等天气、环境光和过往车辆灯光的影响而出现误记录。

4.2.1.2 应对通行卡口的机动车号牌、车标、车型、车身主体颜色、前排司乘人员面部、衣着基本特征、车辆通过卡口的时间、地点、行驶方向、通行车辆及周边环境等进行自动采集识别。

4.2.1.3 号牌识别是指识别的号牌颜色、汉字和6位字符与实际号牌完全相符。系统应识别在我国道路上行驶的机动车号牌，至少包括GA 36－2007 4中规定的号牌（摩托车号牌、低速车号牌、临时号牌、拖拉机号牌除外）、武警汽车号牌和军队汽车号牌等。

4.2.2 卡口前端车辆捕获识别

应对通过卡口的车辆信息进行自动采集和有效识别，速度在5km/h～140km/h行驶的车辆捕获率不低于99%；号牌识别率：不能低于95%；号牌识别准确率：不应低于90%。

4.2.3 视频录像功能

系统应支持抓拍高分辨率图片的同时，能同步提供全景全天候24h，不低于25帧/秒高清视频流。可以在白天、夜间（有辅助光源）实现清晰录像，录像中能清晰地反映车辆的主体颜色、车辆类型、运动轨迹等。

4.2.4 图像防篡改功能

采集的图片在摄像机里应进行防篡改处理，防止原始图片在传输、存贮和校对过程中被人为篡改，保证数据的有效性。

4.2.5 布控与撤控

应将布控内容添加到系统布控信息数据库表中实现布控；应能对已布控内容实现撤控；布控和撤控后应能提示操作结果；应能响应技防网监控中心的布/撤控指令。

4.2.6 车辆信息比对监测

应将采集到的车辆信息与布控信息数据库表中的布控内容进行比对，当比对结果符合条件时，应能及时发出相

关警示并发送技防网监控中心。

4.2.7 车辆标志识别功能

应具备车标识别功能，对不低于20种车标可进行识别，白天识别率应不低于70%。

4.2.8 车辆主体颜色识别功能

应具备车辆主体颜色识别功能，白天识别率应不低于70%。

4.2.9 无牌车辆识别功能

应具备无牌四轮机动车车辆抓拍识别功能，抓拍率、识别率、识别准确率应符合4.2.2。

4.2.10 机动车车型识别功能

应具备对二、三轮车、四轮机动车辆及大、中、小型车辆的识别及分类功能，识别率应不低于70%。

4.2.11 查询

应能按照时间、地点、有号牌机动车、无号牌机动车、号牌颜色、车辆主体颜色、车辆类型、车辆标识、布控原因、布控单位、报警时间段等进行查询。查询结果包括图片和全景视频监控点视频信息，支持单监控点查询结果同步回放功能，并可导出相应数据信息，系统支持精确、模糊、复合项查询和二次查询。此外，具有特定权限的用户还能查询系统操作日志、设备状态日志等相关信息。

4.2.12 流量统计

应对特定时段经过卡口的车流量进行数据统计。

4.2.13 报警联动功能

目标车辆经过卡口时，应进行自动报警，并显示出相应视频图像。

4.2.14 系统设备状态监测

应能监测系统设备运行的实时状态，并向技防网监控中心发送系统设备工作状态的信息。

4.2.15 远程维护

应能通过网络对系统设备进行远程维护。

4.3 图像

4.3.1 视频图像

电子卡口采集的视频图像不应低于200万像素，分辨力不应低于900线。

4.3.2 图片图像

电子卡口采集的图片为车辆全景和特征图像，图片采用JPEG编码格式，分辨率不低于1600×1200。

4.3.3 清晰度

清晰度应能满足人工对车辆号牌信息、车辆类型、颜色和轮廓及装载情况的认定要求，人脸面部像素不应低于100×100。

4.4 存储

4.4.1 存储方式

应采用分布式集中存储，将卡口前端的车辆信息集中存储到各级技防网监控中心。

4.4.2 数据库格式

系统数据库表格式应符合GA/T669.9－2008附录A的规定。

4.4.3 存储容量

车辆图像存储时间应不小于90d，录像存储时间不应小于30d，车辆信息的存储时间应不小于1y，布/撤控信息及报警信息的存储时间应不小于3y，前端设备应具备车辆图片和号牌信息8×24h的存储能力。

4.4.4 断点续传

在存储或传输系统出现故障时，前端设备应继续对实时数据进行存储，在故障恢复后，前端设备存储数据应及时回传到数据中心，并与故障前时间段的数据信息相衔接。

4.4.5 图像存储的命名规则

图像存储的命名应符合GA/T669.9－2008 5.3.3中的规定。

5. 时间要求

5.1 车辆信息布控响应时间

从发出布控指令到布控信息被实际加入比对监测并反馈布控成功信息的时间不应大于4s。

5.2 车辆信息监测响应时间

从布控的车辆经过卡口前端车辆检测点到卡口中心发出报警信息的时间不大于8s。

5.3 车辆信息查询响应时间

精确查询：查询数据库中某条件确定的数据，查询响应时间不应大于3s；

模糊查询：查询数据库中含有条件不确定的数据，查询响应时间不应大于6s；

5.4 时钟校正

系统中所有时钟应能被技防网监控中心基准时钟每小时校正一次。

6. 传输方式

6.1 卡口系统内部进行传输时，应符合TCP/IP协议。

6.2 卡口应使用H.264－ZY格式与技防网进行数据传输，带宽不能低于100M。

7. 电气安全

7.1 电源适应性

电源在AC220V±44V、50Hz±2Hz的电源条件下，系统应能正常工作。

7.2 耐压要求

系统在1500V、50Hz的耐压试验中不应出现击穿现象，试验后系统应无电气故障，功能应正常。

7.3 绝缘要求

施加500V直流试验电压，电源电极或与电源电极相连的其他导电电路和机柜、安装机箱等易触及部件（不包括防雷器件）的绝缘电阻应不小于10MΩ，经恒温试验后，绝缘电阻应不小于5 MΩ。

7.4 接触电阻

系统的接地端子或接地触点与可触及金属件之间的接触电阻不应超过0.5Ω。

8. 电子卡口技防网监控中心的配电及可靠性要求应符合GA/T669.1－2008中11、13的规定

9. 其他检测项目及方法参照国家及行业相关标准执行

天津市公安局技防办关于实施《天津市视频监控摄像机技术规范》的通知

本市各安全技术防范系统建设、施工及视频监控摄像机生产、销售单位：

为加快推进平安天津建设，提升我市整体社会治安防控能力和水平，市政府要求在大力加强“技防网”建设的同时，在银行、金银珠宝店门前、加油站、机场、码头、车站、大型比赛运动场馆等重点单位、要害部位的公共区域，住宅小区的出入口，及各类重点工程、民心工程视频监控系统建设中使用高清视频监控摄像机，并下发政府规范性文件，要求各有关单位遵照执行。

为确保各类高清视频监控产品在系统建设中发挥应有作用，特别是在信息深度应用过程中能用、好用，我市组织有关专家制定了《天津市视频监控摄像机技术规范》，并已于2013年5月20日发布，自发布之日起，凡在本市各类安全技术防范系统工程中选用的视频监控摄像机，应符合《应用电视设备安全要求及试验方法》（GB14861－1993）、《安全防范工程设计规范》（GB50348－2004）和《视频安防监控系统工程设计规范》（GB50395－2007）等国家标准对视频监控摄像机的相关要求，并同时达到《天津市视频监控摄像机技术规范》的要求。

特此通知

附件：天津市视频监控摄像机技术规范（略）

天津市公安局安全技术防范管理办公室
2013年5月22日

上海市技防办关于《本市视频安防监控系统用摄像机镜头技术规范（试行）》的通知

各公安分（县）局技防办，本市各视频安防监控系统摄像机镜头生产、销售企业，各技防从业单位：

镜头是视频安防监控系统用摄像机的重要部件。但是，目前市场上的视频安防监控系统摄像机镜头产品鱼龙混杂，有些单位甚至以次充好，严重影响了视频监控系统的性能、指标。

为了规范本市视频安防监控系统摄像机镜头产品市场，提高视频安防监控系统图像质量，充分发挥视频监控系统的应有作用，市局技防办结合本市视频安防监控系统技术应用实际，在组织专家进行考察、调研的基础上，广泛听取了公安部安全防范报警系统产品质量监督检验测试中心，以及本市、外省市、境外多家生产、销售、使用单位的意见，经多次讨论修改，制定了《本市视频安防监控系统用摄像机镜头技术规范（试行）》（以下简称《镜头技术规范》，详见附件）。

自2013年5月1日起，凡在本市生产、销售的视频安防监控系统用摄像机镜头产品，均应持有法定检测机构按照《镜头技术规范》检测合格的型式检验报告（有效期2年）。

特此通知。

上海市公安局技术防范办公室
2013年2月27日

附件：本市视频安防监控系统用摄像机镜头技术规范（试行）（略）

关于印发《关于〈数字视频安防监控系统基本技术要求〉的补充说明（一）》的通知

各公安分（县）局技防办，各技防从业单位：

为适应视频安防监控系统的发展趋势，规范本市数字安防监控系统技术要求，提高本市安全技术防范总体水平，自2013年1月1日起，本市全面执行《本市数字视频安防监控系统基本技术要求》（以下简称《数字监控技术要求》）。

《数字监控技术要求》执行以来，对规范本市数字安防监控系统工程设计和施工起到积极指导作用；同时，对加快本市视频安防监控系统从模拟全面向数字转变起到有力推动作用。

但是，由于《数字监控技术要求》在全国各省市安防行业属首次颁布执行，在实际执行中尚有不少问题有待进一步完善，为此，近半年来，市局技防办和上海安全防范报警协会在《数字监控技术要求》执行过程中，不断收集、分析、解决、总结相关问题，并组织技防专家进行讨论修改汇总，形成了《关于〈数字视频安防监控系统基本技术要求〉的补充说明（一）》（以下简称《补充说明（一）》）。

现将《补充说明（一）》印发给你们，请各单位在执行《数字监控技术要求》时，同时执行《补充说明（一）》相关要求。如遇到问题请与市局技防办或上海安全防范报警协会联系；联系人：顾忠平，朱音；联系电话：22023461，22025719。

特此通知。

上海市公安局技术防范办公室
2013年8月8日

附件：关于《数字视频安防监控系统基本技术要求》的补充说明（一）（略）

江苏省公安厅关于印发《江苏省收费营业场所安全防范工作规定（试行）》的通知

苏公规〔2013〕1号

各市、县公安局，城市公安分局：

为进一步加强和规范全省收费营业场所安全防范工作，切实保障国家、集体、个人财产安全和公民人身安全，省厅在广泛调研论证的基础上，研究制定了《江苏省收费营业场所安全防范工作规定（试行）》，现印发各地，请遵照执行。执行中遇到的问题请及时告省厅内保总队。

江苏省公安厅
2013年1月6日

江苏省收费营业场所安全防范工作规定（试行）

第一条 为了规范和加强全省收费营业场所安全防范工作，保护公民人身、财产安全和营业场所安全，依据国务院《企业事业单位内部治安保卫条例》等规定，制定本规定。

第二条 本规定所称收费营业场所，指在本省行政区域内，由供电、自来水、燃气、通信（含电信、移动、联通）、广电网络等企业设立、面向社会公众办理业务并收费的营业场所。

第三条 收费营业场所安全防范工作坚持预防为主、单位负责、突出重点、保障安全的方针，遵循“谁主管，谁负责”、“谁经营，谁负责”的原则，采取人防、物防和技防相结合的方式，建立健全并严格落实安全管理制度，预防盗窃、抢劫、火灾等案（事）件发生。

第四条 设立收费营业场所的企业及其营业场所的主要负责人是收费营业场所安全防范工作的责任人，负责组织实施收费营业场所的安全防范工作。

第五条 收费营业场所应当明确专人负责安全防范工作，有条件的应配备保安员等专职治安保卫人员。

第六条 设立收费营业场所的企业及其营业场所应当定期对员工开展安全知识教育、防范技能培训，督促落实安全防范措施。

第七条 设立收费营业场所的企业及其营业场所应当制定以防盗窃、防抢劫、防火灾为主要内容的应急处置预案，明确相应的处置措施和人员分工，并定期组织演练。

第八条 收费营业场所应当设置下列必要的实体防护设施：

（一）墙体应为砖混或钢混结构，墙体厚度不应小于二百四十毫米。在防护性能不低于同等强度时，可采用其他材料，墙体厚度也可降低；

（二）与外界相通的出入口应安装坚固的金属防护门；

（三）窗户应安装金属防护栏等防护设施，金属防护栏应整体焊接并牢固固定于墙体，内穿钢筋直径不小于十四毫米、间距不大于一百四十毫米，防护栏高度超过四百毫米的应采用钢质横梁加固；

（四）设立封闭收款区的，收款区出入口应安装防盗安全门。收款柜台上方应安装整体焊接、质地坚固的金属防护栏，防护钢管内穿钢筋直径不小于十四毫米、钢管间距不大于一百四十毫米。有条件的可安装单块面积不大于四平方米的防弹玻璃。不设立封闭收款区的，收款柜台应配备投币式保险箱（柜）；

（五）陈列商品的柜台应当坚实牢固；

（六）存放贵重物品的库房墙体采用实体砖墙时，墙体应为厚度不小于二百四十毫米的砖混、钢混结构，或钢板龙骨结构。库房出入口应安装防盗安全门；

（七）存放现金等重要物品的保险箱（柜）应符合国家标准并固定于地面或墙体。

第九条 收费营业场所应当设置下列必要的技术防范设施：

（一）与外界相通的出入口、场所内主要通道、收款区、保险箱（柜）存放处、贵重物品库房等部位应当安装视频监控装置。出入口视频监控范围应适当外延，可覆盖门外区域。视频监控系统应采用数字硬盘录像机作为图像记录设备，二十四小时进行图像记录，图像保存时间不少于三十天，图像回放应能清晰显示监控区域内人员体貌特征。有条件的视频监控图像应与主管企业安防监控室联网；

（二）收款区应当安装与公安机关联网的紧急报警装置，紧急报警装置应安装在便于操作的隐蔽位置；

（三）收费营业场所内应安装入侵探测器，覆盖营业场所出入口、窗户、贵重物品库房、保险箱（柜）存放处等部位，对非营业时间的非法入侵行为进行探测报警。入侵探测器应与公安机关、治安防范组织或主管企业安防值班室（监控室）联网；

（四）收费营业场所主管企业根据需要建立安全防范控制中心，通过安全管理系统实现对本企业所属营业场所安全防范系统的管理和控制。

第十条 收费营业场所应当建立健全下列安全管理制度：

（一）收费管理制度。营业期间收款处不得离人，所收款项应及时放入保险箱（柜）。保险箱（柜）必须锁定，钥匙由专人保管；

（二）现金管理制度。每日收取的现金应由两人以上或专车送交银行，也可由银行、保安押运公司等专职机构按规定上门收取。当日无法存入银行的现金应按相关规定妥善保管，确保安全；

（三）贵重物品管理制度。营业期间陈列、出售商品的营业柜台不得离人。营业终了应将贵重物品存放至专用库房，无专用库房的应存放至保险箱（柜）；

（四）防范设施管理制度。明确专门人员负责技防、物防设施的日常管理、使用和维护，确保相关设施正常运行；

（五）《企业事业单位内部治安保卫条例》等法规、规章、行业规范要求建立健全的其他安全管理制度。

第十一条 收费营业场所应当具备消防安全条件，并按照《中华人民共和国消防法》、《江苏省消防条例》、《机关、团体、企业、事业单位消防安全管理规定》等法律、法规、规章，履行消防安全职责，加强日常消防管理。

第十二条 与电信、移动、联通等企业合作设立的收费营业场所安全防范工作应达到下列要求：

（一）主要出入口应设置视频监控探头；

（二）收款处应配备投币式保险箱（柜）并固定于地面或墙体；

（三）存放保险箱（柜）的部位应安装入侵报警装置；

（四）严格执行收费、现金和贵重物品管理制度，不得在营业场所内存放过夜现金和贵重物品。

第十三条 公安机关应当依法加强对收费营业场所安全防范工作监督、检查、指导，及时发现、督促整改治安隐患，落实营业场所及其周边地区治安防范措施。

第十四条 对在收费营业场所安全防范工作中成绩显著的单位或个人，公安机关、主管企业单位应当给予表彰奖励。因安全防范措施不落实、治安隐患整改不到位等原因，导致发生重大案件或事故的，对单位和相关责任人依法给予行政处罚；构成犯罪的，依法追究刑事责任。

第十五条 本规定由江苏省公安厅负责解释，自2013年3月1日起施行。

福建省公安厅、综治办关于《2013年全省中小学幼儿园“护校安园”行动工作方案》的通知

各设区市公安局、综治办、教育局，平潭综合实验区公安局、综治办、社会事业局：

为贯彻落实中央领导和省领导关于加强校园安全的指示精神，根据公安部、中央综治办、教育部的统一部署，决定即日起至2014年1月底在全省开展“护校安园”行动。现将《2013年全省中小学幼儿园“护校安园”行动工作方案》印发给你们，请迅速传达至各基层单位，并结合本地实际，认真贯彻落实。

福建省公安厅

福建省社会管理综合治理委员会办公室

福建省教育厅

2013年3月22日

2013 年全省中小学幼儿园“护校安园”行动工作方案

为深入贯彻落实党的十八大精神，进一步加强和创新我省校园安全管理，按照公安部、中央综治办、教育部有关部门的统一部署，省公安厅、省综治办、省教育厅决定，即日至2014 年 1 月底，组织开展 2013 年“护校安园”行动，特制定本工作方案。

一、明确工作目标

以偏远地区、城乡结合部和农村校园为重点，通过组织开展 2013 年“护校安园”行动，全面强化各项安全管理措施，进一步夯实校园安全工作基础，着力解决突出安全问题，实现“四个提升”，即“进一步提升校园自身安全防范能力，进一步提升校园周边治安防控能力，进一步提升农村校园安全工作水平，进一步提升各部门工作协作水平”，严防涉校涉生恶性案事件的发生，切实增强广大师生的安全感。

二、强化工作措施

各地公安、综治、教育部门要结合本地实际，紧紧围绕“进一步强化社会各方力量组织动员、进一步强化安全隐患排查整改、进一步强化校园‘三防’建设、进一步强化高危人员管控、进一步强化校园周边巡控”等“五个强化”重点措施，加强协作，密切配合，全力做好校园安全各项工作。

（一）进一步强化社会各方力量组织动员，全面形成校园安全管理合力。要在党委、政府领导下，坚持专群结合、依靠群众，全面部署乡镇、街道基层政权组织和村（居）委员会，广泛动员社会各方力量共同参与。要充分发挥综治（法制）副校长的职能作用，指导和督促学校加强安全管理工作。要在每所校园周边的邻近单位、住户、商业摊点、店铺物建护校安全员，并在校园周边有条件的商户、营业网点、居民户安装一键报警装置，遇有突发情况立即报警，齐心协力迅速做好应对处置。要推动建立专兼职护校队伍，城市地区要组织发动党员干部、退休职工、学生家长、治安志愿者建立护校工作机制，偏远地区和农村要以民兵、治保队员、治安积极分子为主体，建立健全村校联防制度，实现每所校园及周边都有人看、有人巡、有人防、有人管。要积极协调财政等部门加大校园特别是偏远地区和农村校园的投入力度，落实经费、装备等各项安全工作保障。要加强与工商、城管、卫生等部门的协作，加大清理整治力度，进一步净化校园周边治安环境。

（二）进一步强化安全隐患排查整改，及时堵塞校园安全漏洞。要以“查问题、找隐患、促整改”为重点，建立经常性的隐患排查机制。对中小学、幼儿园内部保卫力量、守卫防护装备、安全管理制度、安全防范设施、应急处置机制等不间断地进行检查，对校园周边的黑网吧、“黄赌毒”等治安乱点及时进行清查。对发现的问题隐患，要立即落实整改责任单位，下发整改通知书，跟踪落实整改情况；对周边存在的治安乱点，要限期进行整治解决；对存在的重大隐患、突出治安问题，要实行挂牌督办，并报告地方党委、政府。

（三）进一步强化“三防”建设，着力筑牢校园安全屏障。一要全面加强人防建设。要按照省公安厅、省综治办《关于进一步加强企业事业单位内部治安防控网建设的意见》的要求，指导中小学、幼儿园配备门卫和年富力强的治安保卫人员及保安员，配齐安全叉（钢叉）、橡胶棍等必要的安全防护装备。校园保安员要按照《保安管理服务条例》要求，经岗前培训后持证上岗。寄宿制校园要配备专门的值班人员，确保 24 小时有人值班。二要推动技防设施建设。要按照《福建省中小学校幼儿园安全技术防范工作指导意见》相关要求，督促指导校园配备重点部位视频监控和一键式报警设施，并落实专人值守。要积极推动校园视频监控接入公安机关和教育部门视频监控平台，不断提高联网率。市、县两级公安机关和教育部门要逐步建立完善的校园视频巡查工作机制，及时调度、动态掌握校园安全防范工作情况。三要全面加固物防设施。以偏远地区和农村校园为重点，进一步加强物防设施建设，确保校门、围墙及重点部位物防设施符合安全要求，确保校园各项封闭管理措施到位。对尚未实现封闭式管理的校园，要在积极协调基层政府尽快提出解决方案的同时采取临时防范措施，确保安全。

（四）进一步强化高危人员管控，切实降低校园安全风险。要在党委、政府领导下，结合正在开展的矛盾纠纷排查调处工作，全面加强各类涉校涉生矛盾纠纷的排查工作。涉及校园内师生的，要指定专人会同学校等有关部门做好疏导、化解工作；属于校园资产、劳资纠纷等方面的，要督促学校、幼儿园及上级主管部门及时协调解决。对因涉校涉生矛盾纠纷扬言报复的人员，要进行谈话教育，并落实必要的稳控措施，严防其铤而走险。要加强对校园周边地区因生活无着、债务缠身等可能实施个人极端行为人员，以及长期在社会上游荡的闲散人员的摸排工作，纳入工作视线，及时掌握其动态轨迹，有针对性地做好疏导、稳控等工作。要针对季节变化特点，不断强化校园周边地区肇事肇祸及潜在暴力倾向重性精神病人的管控工作，切实掌握其现实状况，会同卫生、民政等部门及村（居）委员会、社区、家庭等做好治疗、管控工作，严防其滋事肇祸。

（五）进一步强化周边巡控，不断织密校园安全网络。

要持续推进校园“护学岗”建设，结合综合警务改革，将校园及周边纳入网格化巡逻的必巡点，加大巡逻防控力度，在上放学等重点时段、重点路段组织警力或辅警维持交通秩序。对校园及周边形迹可疑、有违法犯罪嫌疑的人员，要进行严格盘查；对正在实施危害师生安全的各类违法犯罪嫌疑人，要及时采取有力措施，果断处置。要充分依托群防群治力量，开展校园周边治安防控工作，指导护校志愿人员开展校园门口值守及周边巡查，注意发现学生上放学期间出现的可疑情况、人员，并及时报告、报警，协助处置各类涉校涉生突发事件。偏远地区和农村校园要充分发挥村校联防机制作用，协调组织治保干部、民兵、治安积极分子等加强校园及周边巡逻，及时防范处置各类安全问题。督促各中小学、幼儿园成立教师护导队，上放学重点时段在校门口对学生进行引导帮助。

三、建立工作机制

各地公安、综治、教育部门要根据职能分工，建立健全“护校安园”行动协作配合机制、检查考核机制、责任追究机制，不断加大工作力度，推动专项行动纵深开展。

（一）协作配合机制。要建立健全协调联动、密切协作的工作机制，切实形成工作合力，共同做好“护校安园”工作。要定期沟通交流工作情况，根据实际情况，共同会商制定工作措施，适时联合召开推进会，进一步巩固成效，开创工作新局面。

（二）检查考核机制。要采取明查暗访等方式，不间断地组织开展市、县两级校园安全检查，确保各项措施落实到位。综治部门要根据省市党政领导综治责任书和深化“平安福建”创建工作要求，统筹协调做好校园及周边治安综合治理相关考核工作；公安机关要按照《全国公安机关治安系统“护校安园”专项行动检查考核标准》的要求，定期组织开展集中检查考核，并将结果纳入年终考核内容；教育部门要制定综治安全工作考核目标，并纳入教育督导评估体系和综治安全目标考核评价体系。

（三）责任追究机制。要明确工作责任，严肃问责追究，促进校园安全工作责任落实。对因地方党委、政府特别是基层乡镇党委、政府工作不重视、组织不得力、保障不到位，导致发生涉校涉生恶性案件事故的，综治部门要依法实行社会治安综合治理“一票否决”；对因校园周边地区治安秩序长期混乱、案件频发以及重点人漏管失控，导致发生涉校涉生重大恶性案件事故的，要严肃追究公安机关有关部门负责人和民警责任；对因校园内部安全管理制度、措施不落实或者安全隐患整改不到位，导致发生涉校涉生重大恶性案件事故的，要严肃追究当地教育部门领导及校长、园长责任。

四、落实工作要求

（一）加强组织部署。为全面统筹推进“护校安园”行动开展，省公安厅、省综治办、省教育厅联合成立由省公安厅副厅长张洪德任组长，省综治办副主任陈勇、省委教育工委副书记刘剑津任副组长的领导小组，下设办公室，挂靠省公安厅治安管理总队。各地要进一步提高思想认识，积极向地方党委、政府报告三部门联合部署开展“护校安园”行动的有关情况，积极争取党委、政府的重视、支持。按照省综治办、省公安厅、省教育厅联合成立领导机构的工作模式，成立相应工作机构，全力推动抓好“护校安园”行动组织、协调、督办、落实等工作。要以县（市、区）为单位，结合本地实际，逐一制定具体实施方案，一级抓一级，层层抓落实，确保工作取得实效。请各地于2013年4月1日前，将各设区市工作领导机构人员及联络员名单上报省“护校安园”行动办公室。

（二）明确职责任务。综治部门要协调组织群防群治力量，开展校园周边治安巡逻和村校联防等工作，组织实施校园及周边治安综合治理考核。对尚未批准登记注册的民办中小学、幼儿园以及各类课外班、托管班，要在党委、政府领导下，由综治部门会同教育、公安部门协调当地乡镇、街道和有关部门共同督促单位主办方、审批者担负起安全管理责任，落实安全防范措施。公安机关要在党委、政府领导下，及时排查涉校涉生矛盾纠纷，协调做好化解、稳控等工作；加大校园周边治安环境清理整治力度，加强对校园内部安全保卫工作的监督、指导；严密校园周边地区治安防控及高危人员管控，依法严厉打击各类涉校涉生违法犯罪活动。教育部门要报告党委、政府，积极协调地方财政等部门，加大对校园安全工作的投入力度；加强校园内部安全管理和隐患排查整改，督促建立健全各项安全管理制度，落实人防、物防、技防等安全措施。

（三）规范信息报送。各地“护校安园”专项行动办公室要确定专人负责行动期间的信息报送工作，及时沟通工作情况，确保数据翔实、准确，按时完成上报工作。同时，要充分借助报纸、电视、网络等新闻媒体，全方位宣传此次“护校安园”行动，争取社会各界的理解和支持，形成全员参与的良好氛围。行动期间，各地各部门要及时总结工作中的经验、做法，各设区市专项行动办公室要负责汇总收集情况，认真填报《2013年全省中小学幼儿园“护校安园”专项行动情况统计表》（附后），分别于每月1日、16日前上报省“护校安园”专项行动办公室（《统计表》中的“打击违法犯罪”、“督导问责”、“防范案事件”要附上每起案事件的具体情况），每月工作情况请于次月1日前上报，工作总结请于2014年1月25日前上报，涉校涉生案事件请及时报告。

山东省公安厅关于印发《山东省安全技术防范工程设计施工等级确认管理办法》的通知

各市公安局，各直属公安局，济南铁路公安局：

近年来，随着安防行业的发展，我省自愿申请办理安全技术防范工程设计施工等级确认的安防企业大量增加，2005 年制定的《山东省安全技术防范工程管理规范》已明显具有滞后性。为进一步推动我省安防行业健康发展，提高行业整体技术水平，增强企业竞争力，本着管理与服务并重的原则，省厅在广泛调研和征求意见的基础上，形成了新的《山东省安全技术防范工程设计施工等级确认管理办法》，现印发你们，请认真贯彻执行。

本《管理办法》自 2014 年 1 月 1 日起执行。以前有关规定与本办法不一致的，按照本办法执行。执行中遇到的问题，请及时报省厅科技处。

山东省公安厅
2013 年 11 月 14 日

山东省安全技术防范工程设计施工等级确认管理办法

第一章　总　则

第一条　为加强我省安全技术防范设计施工等级确认登记管理，规范从业行为，维护市场秩序，根据《山东省公共安全技术防范管理办法》、《山东省安全技术防范工程管理规范》和国家相关法律法规、行业标准，结合我省安防工程管理实际情况，制定本办法。

第二条　山东省安全技术防范工程设计施工等级确认登记，是指山东省公安厅安全技术防范管理部门依据国家法律、法规和相关政策，运用科学的评估方法，对本省自愿申请设计施工等级确认登记的公共安全技术防范工程设计施工企业，进行客观、公正的评定，并颁发相应等级证书的活动。

第二章　等级确认登记评定组织及范围

第三条　山东省公安厅技防办是设计施工等级确认登记评定工作管理的组织者，负责制定设计施工等级确认登记的评定管理规范。

第四条　在本省辖区范围内注册的安防工程企业，实行自愿申请等级确认登记的原则。

第五条　设计施工等级实行分级管理。一级设计施工企业由省公安厅技防办组织评定；二级、三级设计施工企业由企业工商注册所在地市公安局、直属公安局、济南铁路公安局技防办组织评定。济南、青岛辖区内一级、二级、三级等级评定及工程管理，由济南、青岛市公安局技防办，按照本办法自行组织。各地评定结果每季度末报省厅技防办备案并定期公示。

第六条　山东省安全技术防范工程设计施工等级确认登记评定工作及证书颁发不收任何工本费用。

第七条　《山东省安全技术防范工程设计施工等级确认登记证》有效期为一年。

第三章　等级评定条件

第八条　安防企业设计施工等级分为三级。从高到低分别为：一级、二级、三级。等级实行逐级晋升和降级原则。

第九条　一级设计施工单位应具备下列条件：

（一）获二级设计施工单位确认登记一年以上，近一年内具有完成二级以上工程 5 个（其中 100 万元以上的工程不少于 1 个）且工程投资额累计 400 万元以上的工程施工业绩，已建工程须符合管理规定并按 GB50348—2004、GA308－2001 标准验收合格；5 个（其中 80 万元以上工程不少于 1 个）且投资额累计 200 万元以上的工程施工业绩，已建工程须符合管理规定并按 GB50348－2004、GA308－2001 标准验收合格；

（二）配备计算机、电子、通信、自动化等专业技术人员 15 人以上，其中具有劳动部门承认、专业对口的中、高级技术职称的人员不少于 7 人，双方签订的劳动合同期限不少于 3 年；

（三）按照国家标准 GB/T19000－ISO9000 要求，制订质量保证体系文件并贯彻执行；

（四）注册资金 200 万元以上；

（五）固定办公场所不少于 200 平方米；

（六）具备经法定计量机构检定合格的兆欧表、示波器、万用表、直流稳压电源、照度计、接地电阻仪、清晰度测试卡、低频频率计、脉冲信号发生器等施工调试设备。

第十条 二级设计施工单位应具备下列条件：

（一）获三级设计施工单位确认登记一年以上，具有完成三级以上二级以下工程；

（二）配备计算机、电子、通信、自动化等专业技术人员10人以上，其中具有劳动部门承认、专业对口的中、高级技术职称的人员不少于6人，双方签订的劳动合同期限不少于2年；

（三）建立起各项质量管理制度，具有保证工程质量的措施；

（四）注册资金100万元以上；

（五）固定办公场所不少于100平方米；

（六）具备经法定计量机构检定合格的兆欧表、示波器、万用表、直流稳压电源、照度计、接地电阻仪、清晰度测试卡、低频频率计、脉冲信号发生器等施工调试设备。

第十一条 三级设计施工单位应具备下列条件：

（一）具有法人营业执照（注册资金50万元以上，固定办公场所不少于60平方米）；

（二）配备计算机、电子、通信、自动化等专业技术人员6人以上。其中，其中具有劳动部门承认、专业对口的中级技术职称的人员不少于5人，双方签订的劳动合同期限不少于2年；

（三）具有必要的检测、调试仪器设备（兆欧表、示波器、万用表、直流稳压电源、照度计、接地电阻仪等），且须经法定计量部门检定合格；

（四）具有完善的技防工程质量保证措施，包括职责明确的组织机构（技术、质检、人事、技术档案等部门）和完善的涉及工程质量的采购、设计、施工、维护维修及保密、人员培训等管理制度；

（五）法律、法规、规章规定的其他条件。

第四章 等级申请和评定

第十二条 申请等级确认登记的设计、施工单位应持通过年审的工商营业执照、工程业绩和其他从业条件证明材料，到企业工商注册所在地市公安局技防办提出申请。

第十三条 已获得等级确认登记证书的企业于原证书到期前一个月内到原确认机关申请重新确认登记，等级确认登记所需材料和程序与首次申办相同。逾期未申请重新确认登记的视为自动放弃，证书作废，且一年内，不得重新申请等级确认登记。

第十四条 持证单位因特殊情况不能按期换证的，须提前向发证机关说明理由，经批准后，可提前或延期换证。

第十五条 各地公安局技防办接到等级确认登记申请后，应当在五个工作日内完成评定，符合条件的，核发相应等级证书，其中将初审通过的一级等级确认登记申报材料及初审意见，报省公安厅技防办进行等级确认登记评定；不符合条件的，作出不核发等级证书的决定并说明理由。

第十六条 省公安厅技防办收到各地公安局技防办初审通过的一级等级确认登记申报材料及初审意见后，应在五个工作日内完成一级等级确认登记评定工作，对符合条件的，由省公安厅技防办确认登记；不符合条件的，退回并说明理由。

第十七条 《山东省安全技术防范工程设计施工等级确认登记证》遗失的，持证单位须向颁发证书机关书面说明原因，经批准后，可申请补办。

第十八条 申请等级确认登记或晋级的单位应提交以下材料：

（一）山东省安全技术防范工程设计施工等级确认登记申请表；

（二）企业法人营业执照；

（三）企业简介；

（四）企业章程、保密制度、质量管理制度；

（五）企业法定代表人和主要技术负责人简历等相关资料原件以及复印件；

（六）设计施工技术人员的用工合同、职称证书、毕业证书、培训证书及身份证件原件及复印件；

（七）营业场所房产证明或租赁协议；

（八）设计施工检测、调试仪器设备器材清单，且须经法定计量部门检定合格；

（九）企业原等级确认登记证书（初办三级者免）；

（十）山东省安全技术防范工程设计施工等级确认登记申请表中所列的工程项目的方案论证、监理、检测、验收等方面材料；

提交申请材料时，需提供原件，验证受理后退回。

第十九条 申请单位应如实填报申请表，按要求提供详细材料和有关证明。申请材料不完备的，退回补充。

第五章 监督管理

第二十条 各地公安局技防办要本着“严格把关、规范管理”的原则，切实加强等级确认登记的评定监督管理。严格按照《山东省安全技术防范工程管理规范》和相关标准加强对安防工程方案论证和工程竣工后的检测、验收工作。

根据我省技防工程实行分级管理的原则，一、二级工程原则上由省公安厅技防办负责管理；三级工程原则上由市公安局技防办负责管理。

第二十一条 省外技防工程设计、施工单位在我省行政区域内承接技防工程时，应将从业条件告知工程所在地市公安局技防办。并应按照属地管理的原则，遵守《山东省安全技术防范工程设计施工等级确认管理办法》，对技防工程进行方案论证、检测、验收等程序，自觉接受监督检查。

第二十二条 各地公安局要严格按规定履行职责，违反规定造成影响的，严肃追究责任领导和责任人员相关责任。

第六章　附　则

第二十三条　本办法由山东省公安厅安全技术防范管理办公室负责解释和修订。

第二十四条　本办法自发布之日起实施。

甘肃省教育厅关于做好 2013 年中小学幼儿园安全工作的通知

甘教基〔2013〕6 号

各市（州）教育局，有关办学单位，厅直中小学、幼儿园：

为贯彻落实党的十八大精神，切实保障广大中小学生、幼儿健康成长，着力维护教育系统和谐稳定，按照教育部《关于做好 2013 年中小学幼儿园安全工作的通知》要求和 2013 年度全省教育工作会议的安排部署，现就做好我省 2013 年中小学幼儿园安全工作通知如下：

一、切实加强校园安全防范工作

各级教育行政部门和中小学幼儿园要严格按照《中小学幼儿园安全管理办法》的相关规定，切实落实人防、物防、技防措施，做到不留空白、消除隐患，不断提高校园安全防范水平。

（一）进一步做好学校幼儿园的校内保卫工作。要高度重视学校安全保卫工作，切实加强组织领导，充实校园保卫力量，配备必要的防护装备，强化校园保卫、校内巡逻和安全检查，尤其要加强农村寄宿制学校夜间值班和巡逻。严格执行学校内部安全管理工作制度，严格外来人员出入登记制度，严格学生外出登记请假、销假制度，完善低年级学生上下学接送交接办法，坚决防止不法分子进入校园侵害学生。

（二）有针对性地搞好校园周围监控和保卫工作。要在校园和学生宿舍楼的出入口、围墙周界、学校门卫室等重点部位安装监控系统和报警设备，积极争取与公安部门联网运行。切实加强学生上下学、寄宿制学校夜间等重点时段的安全监控和保卫。对存在安全隐患的校门、围墙、教室和宿舍门窗进行加固。

（三）抓好学生上下学重点时段及校园周边重点地段的护导工作。要通过调动并发挥村委会、居民委员会、公安派出所等方面作用，加强农村、城乡结合部地区中小学学生上下学重点时段、校园周边重点地段的护导。

（四）协调公安等有关部门做好重点人员的排查防控工作。要提请当地政府协调有关部门，强化校园周边易肇事肇祸、有潜在暴力倾向的重性精神病人、重点上访人员等各类重点人员的排查、管控，严防肇祸滋事危害安全。

（五）对校园安全工作进行全面督导检查。市（州）、县（市、区）教育行政部门要在每学期开学会同公安、综治等部门，对学校的内部保卫力量、守卫防护装备、安全管理制度、安全防范设施、应急处置机制等逐一进行检查、逐一查找问题和隐患、逐一督促整改，确保不留死角，实现市（州）、县（市、区）、学校各层面交叉检查常态化，切实筑牢校园安全防范屏障。

二、深入贯彻落实《甘肃省校车安全管理办法》

（一）尽快出台贯彻落实《甘肃省校车安全管理办法》的实施细则。2013 年 1 月 17 日，省政府办公厅正式印发了《甘肃省校车安全管理办法》。各市（州）教育行政部门要在当地政府领导下，在充分调查研究的基础上结合本地区实际情况，会同公安、交通等部门抓紧制订贯彻落实《管理办法》的实施细则和过渡期学生交通服务方案及校车服务方案，按照“保障就近入学、寄宿制学校入学、公共交通满足入学、提供校车服务依次优先”的原则统筹解决学生上下学交通安全问题。

（二）建立健全校车安全管理制度。要建立完善并严格落实校车使用许可制度和校车驾驶员资格审批制度，确保配备校车的学校和校车服务提供者及其聘用的校车驾驶人取得校车使用许可、校车驾驶资格。督促使用校车的学校与校车服务提供者签订校车安全管理责任书，强化对在过渡期内仍可以作为幼儿、中小学生校车使用的非专用校车管理，特别要加强对未经审批的民办幼儿园接送幼儿车辆的管理，确保学生幼儿上下学交通安全。

（三）组织开展交通安全隐患排查行动。各地教育行政部门要会同公安、交通等部门在新学期开学前全面开展学生上下学交通安全大检查，定期不定期地开展交通安全隐患排查整治工作，对发现的问题要立即整改，并及时完善和严格落实各项安全管理制度和措施，提高管理水平，杜绝安全事故，确保师生生命安全。

三、做好各类安全事故预防工作

学校安全工作要始终坚持“预防为主”的方针，及时做好火灾、拥挤踩踏、煤气中毒、溺水等安全事故的预防工作。

（一）预防火灾事故。要健全消防安全管理制度，结合实际制订和完善消防应急预案并开展应急疏散演练。要全面排查校园内存在的消防安全隐患，重点加强对农村寄宿制学校的宿舍及人员密集场所、部位的检查和巡查。要加强学生外出春游、野炊时的用火安全管理。要加大对学生宿舍的检查力度，严禁学生在宿舍内使用电磁炉、电热器等大功率电器设备，避免火灾事故的发生。

（二）预防拥挤踩踏事故。学校要建立教师在学生集中上下楼梯时的值班制度。在学生集中上下楼梯时，要有值班老师组织疏导。要强化对晚自习的管理，必须有教师值班、干部带班。当停电或照明设施损坏时，要及时开启应急照明设备，同时带班干部和值班教师要立即到现场疏导。要及时清理楼道、楼梯间等通道的堆积物，确保楼道、楼梯通畅。要在楼梯台阶上画中间标识线及行进方向指示标志，在楼梯迎面墙壁上悬挂提醒学生上下楼梯注意安全的标志牌，楼道和楼梯的墙壁要有标明逃生方向的灯箱，保证安全通道的畅通。

（三）预防一氧化碳中毒事故。对使用煤炉采暖的学校，要指派专人负责煤炉、排烟设施的安装和管理工作，保证排烟管道畅通、不漏气，同时房间应装有通风换气设备，并经常进行检查和更换，必要时可采取深夜闭火等措施，严防一氧化碳中毒或其他不安全事故的发生。

（四）预防溺水事故。各地教育行政部门和学校要结合当地时令切实加强对学生游泳安全的教育，通过班会、主题活动等形式，明确要求学生不在无家长或老师的带领下私自下水游泳，不擅自与同学结伴游泳，不到无安全设施、无救护人员的水域玩耍、游泳，不到不熟悉的水域游泳，教育学生发现同学溺水时，要呼叫成年人开展救助，坚决减少和避免学生溺水伤亡事故的发生。各学校要保持同家长的密切联系，通过印发《告家长书》、家访、家长会、手机短信等多种形式，给每位学生及其家长发布预防溺水安全提示，切实增强家长的安全意识和监护人责任意识，共同做好学生的安全工作。

四、扎实深入地开展学生安全教育

各地教育部门和学校要在开学初组织学生进行集中安全教育，通过组织参观、主题班会、征文比赛、演讲比赛等多种形式，大力宣传安全防范知识，努力提高广大师生的安全防范意识。

（一）组织开展安全演练活动。各地教育行政部门要督促学校有组织、有计划地开展应急疏散演练活动，加强对学校应急疏散演练工作的指导。学校在组织开展防火、防震、交通遇险应急救援等不同主题的安全演练活动前，要广泛宣传动员，设定演练内容，制定具体演练方案，严密组织、严明纪律、规范程序、严防各种事故尤其是踩踏事故的发生，确保演练活动取得实效，切实提高学生的安全意识和自救自护能力。

（二）开展好安全教育日活动。3 月 25 日是第十八个全国中小学生安全教育日，主题为“普及安全知识，确保生命安全”。各地教育行政部门要根据当地实际和事故发生特点确定活动主题，充分利用班团队会、升旗仪式、专题讲座、墙报板报、校园网络等方式，采取多种途径和方法，有针对性地开展安全教育和演练活动。

（三）组织好中小学生安全知识网络竞赛活动。教育部将在全国中小学生安全教育日当天启动全国中小学生安全知识网络竞赛活动，具体事宜请各地教育行政部门同中国·习网联系落实（联系人：杨阳，联系电话 0755－82961967）。各地教育行政部门要高度重视，积极组织，确保竞赛活动取得实效，并将竞赛活动开展情况及时报送省教育厅基础教育处。

五、严格落实学校安全责任

学校校长和幼儿园园长是校内安全管理第一责任人，要牢固树立“安全第一，预防为主”的理念，把安全工作放在更加重要、特别突出的位置，进一步完善制度，健全机制，明确责任，做到机构健全、分工明确、任务到位。学校要明确每一个岗位的安全职责，将安全责任逐条细化分解落实到每一位教师、每一项工作、每一个环节，并加强监督。要加强对责任不落实、要求不贯彻、措施不到位人员的责任事前追究。坚决避免发生拥挤踩踏、校车闷死幼儿、女生宿舍被不法分子入侵、校舍围墙倒塌、火灾等由于学校管理原因造成的责任事故。

各地教育行政部门要进一步加强对本行政区域内学校安全工作的指导，加强监管，掌握情况，督促学校落实安全责任和各项安全措施。各市（州）教育行政部门要完善对下一级教育行政部门校园安全防范工作的考核目标，县级教育行政部门要完善对辖区内所有学校安全工作的考评制度，学校要将安全工作纳入日常管理考核。省教育厅将探索建立校园安全责任事故约谈制度，对校园内发生安全事故造成学生死亡人数排名靠前的市（州）、县（市、区）教育行政部门负责人进行约谈。

六、积极防范各种自然灾害

春季是大风、沙尘暴、春寒等自然灾害的高发期，各地教育部门要加强与气象、国土资源等部门的联系，随时关注天气预报信息，加强对各种自然灾害的监控，制定完善应急预案，提前采取预防措施。春季也是各种传染病、流行病易发季节，要协同疾病防控中心、医疗机构，做好流行病的预防、宣传与救治工作。

各地接到本通知后，要迅速将通知内容传达到本行政区域内每一所中小学、幼儿园及青少年学生校外活动中心，将通知内容结合当地实际，采取措施逐一检查落实，切实做好各项安全工作。

甘肃省教育厅
2013 年 2 月 21 日

福建省人民政府办公厅关于印发福建省加快物联网发展行动方案（2013－2015 年）的通知

闽政办〔2013〕46 号

各市、县（区）人民政府，平潭综合实验区管委会，省人民政府各部门、各直属机构，各大企业，各高等院校：

《福建省加快物联网发展行动方案（2013－2015 年）》已经省政府研究同意，现印发给你们，请认真组织实施。

福建省人民政府办公厅
2013 年 4 月 25 日

福建省加快物联网发展行动方案（2013－2015 年）

为贯彻落实《国务院关于推进物联网有序健康发展的指导意见》（国发〔2013〕7 号）精神，加快我省物联网发展，在总结《福建省加快物联网发展行动方案（2010－2012 年）》实施经验成效的基础上，结合我省优势和区域特色，制定本方案。

一、主要目标

全面推进物联网示范应用，带动应用标准制定、核心技术突破和商业模式创新，培育发展新兴业态，促进传统产业转型升级和公共服务智能化提升。到 2015 年，在工业、农业、能源、交通物流、生态保护、民生服务等重点领域建成一批规模化典型应用示范工程，在传感器、芯片、传输设备、集成系统等部分领域形成核心关键技术和行业应用标准，重点培育 15 家以上在细分领域全国领先的物联网应用服务商、高端传感和网络设备制造商，1 家以上以物联网为主营业务销售收入超百亿元的龙头企业，完善物联网产业体系，形成千亿产业规模，有力支撑智慧城市群建设。

二、重点任务

（一）开展区域应用示范

在信息化基础较好、产业具备优势特色、引导带动作用明显的地区，加强跨部门的信息资源整合，集中开展物联网智能化应用项目建设，拓展应用领域，打造引领全省的综合应用示范先行区。重点推进南平、平潭、鼓楼、马尾等物联网示范区建设，及时总结经验向全省推广，适时启动新示范区建设（省信息化局、发展改革委，福州、南平市人民政府，平潭综合实验区管委会负责）。

物联网南平示范区，扩大武夷山物联网示范应用成效，重点围绕生态保护、旅游服务、农业养殖等领域物联网技术应用，开展智慧城市建设，充分利用武夷随身游、一卡通等运营平台，加强旅游资源整合，发展智慧景区、智慧乡村、智慧酒店等物联网应用。

物联网平潭示范区，重点建设新一代信息技术基础设施，构建新型宽带高速传输网络，围绕两岸共同家园建设，在生产流通、文化教育、生活保障等方面，引入两岸先进物联网技术及运行维护经验，加快交通管理、防灾应急指挥中心、智慧观光导览等建设。

物联网鼓楼示范区，总结推广前期物联网应用示范经验，重点深化智慧交通、智慧社区应用，加强对交通信息和社区管理、商业服务等资源的整合，构建大型综合市民服务云平台，实现实时路况查询、高效引导停车、手机一站式购物等各类便民服务，以物联网技术提升城市管理和服务的精细化水平。

物联网马尾示范区，重点在电子信息、船舶制造两大优势产业领域，深化大型企业信息化建设，逐步融合物联网、云计算等技术，全面提升企业生产监控、管理和售后服务的智能化水平，示范带动整体产业集群的转型升级。

（二）推进行业应用示范

在工业、农业、能源、交通物流、生态保护、民生服务等经济和社会发展的重要领域，实施一批物联网典型应用示范工程，推动形成应用规模，加快传统产业转型升级和公共服务水平提升（省信息化局、发展改革委牵头，省经贸委、公安厅、民政厅、财政厅、人力资源和社会保障厅、国土资源厅、环保厅、住房和城乡建设厅、交通运输厅、农业厅、林业厅、水利厅、外经贸厅、卫生厅、国资委、质监局、安监局、旅游局、粮食局，福州海关、厦门海关等负责）。

物联网工业应用示范。重点推动我省电子信息、石化、服装、纺织等优势产业的龙头企业，应用物联网实现生产制造自动化、日常管理精细化以及产品智能化升级改造，形成龙头示范带动作用。重点建设工业自动化云、销售管理云、人才管理云以及家电家居产品智能化改造等一批示范企业。

物联网农业应用示范。重点在食用菌、蔬菜、茶果、畜禽等优势产业引入物联网技术，实时监控生产环境，提升农产品品质和产量，并通过物联网防伪技术提升农产品品牌。重点建设智能大棚蔬菜种植、食用菌智能工厂化生产、茶叶生产信息化、畜禽养殖物联网应用等示范基地、园区，构建物联网农业应用公共服务平台。

物联网交通物流应用示范。重点加强跨领域信息资源整合，建设基于卫星定位、视频监控、数据分析等技术的大型综合性公共交通、物流服务平台，发展冷链物流，加快新型交通智能化应用的探索。建设覆盖城区的公交、出租车、停车场实时信息系统，构建面向物流行业的公共服务平台，开展国家新一代超高速无线局域网车路协同、新一代 ETC（电子不停车收费）、基于实时路况的智能交通管控与诱导服务等试点示范项目建设。

物联网公共和生产安全应用示范。运用振动、压力、位移、温度、气体等各类传感采集和数据分析技术，实现对道路、桥梁、建筑等公共基础设施，以及矿山、电力、化工等领域生产现撤境、设备实时运行的监测和预警，人员、设备的识别和安全巡查管控等。重点建设关键道路桥梁安全、中杏流水文、电梯运行等实时监测平台，预拌商品混凝土质量远程监管平台，以及煤矿、非煤矿山、危险化学品生产及渔船作业等安全监控系统。

物联网生态保护应用示范。重点构建覆盖水质量、空气质量、重点污染源，以及森林、珍稀动植物等的生态监控体系。重点建设重要水系、内河、城市大气，以及核电厂周边、工业开发区等重点区域的环境综合监测平台，以及森林生态、森林防火、水土流失监测，濒危野生动物、古树名木识别管理等系统。

物联网能源应用示范。构建覆盖全省千家重点耗能企业的油、电、煤、气用量监测网；加快智能电网建设，通过供用双方智能互动的电力采集终端，实现用电的实时监控和智能调节。重点建设全省重点用能单位能耗、碳排放监测平台以及智能变电站，开展智能小区楼顶太阳能、风能分布式电力，家庭智能用电、“四 网合一” 服务等试点。

物联网民生服务应用示范。通过识别传感和移动互联网技术，提升商贸、医疗、旅游等服务水平，加强对食品、药品、医疗器械等的全程监控、追溯，加快手机支付的推广。重点拓展追溯食品种类，推广图书智能分拣系统，开展数字医院、智慧商店超市仓储试点，建设智能酒店客房、游客电子门票、景区游客流量监控系统等。

（三）促进产业聚集发展

在信息产业发展基础较好的地区，整合创新资源，建设物联网产业基地、园区，集聚形成特色产业集群和完整产业链，提升我省信息识别产业的主导地位，夯实通信传输产业支撑基础，培育发展新型物联网信息服务。重点建设福州物联网信息识别产业基地、厦门闽台云计算产业示范区、泉州物联网通信传输产业基地等（省信息化局、发展改革委、科技厅，福州、厦门、泉州市人民政府负责）。

福州物联网信息识别产业基地，以二维码、RFID、GPS/北斗等代表性信息识别基础技术为核心，带动端末设备产业、行业规模应用与商业模式创新，推进移动电子支付、冷链物流安全、溯源食品安全、交通车联网等物联网信息识别应用。

厦门闽台云计算产业示范区，以软件园三期作为闽台两岸云服务、云计算数据中心、云终端产品创新发展的聚集区，在医疗、交通、教育、电力等领域构建一批物联网和云计算研发应用平台，形成技术领先的产品、服务和行业标准，发展以云计算为支撑的物联网信息服务。

泉州物联网通信传输产业基地，以泉州国家级微波通信产业基地和海西电子信息产业育成基地（专用通信设备“新型工业化产业示范基地”）为依托，加快物联网传输层面的通信设备和短距离通信设备研究，建设无线通信关键技术测试等公共服务平台及技术研究中心。

（四）加快核心技术研发

立足优势，加快信息识别、传感、短距无线通信、系统集成、信息智能处理等5个领域关键技术的研发创新，突破物联网应用和产业发展瓶颈。重点加快 RFID、二维码芯片技术及相关生产工艺和设备研发，推进信息识别模块高度集成及大规模量产。支持地质灾害监控等领域应用的振动、位移等高精密传感器，以及人像、声音、虹膜等生物信息识别研发及产业化。发展 ZigBee、蓝牙等各类无线智能终端及其配套设备产品，加强低功耗、小尺寸、功能集成等技术研究。突破物联网中间件技术，支持多种物联网应用的中间件平台开发，构建集开发、测试、验证的集成式应用及服务环境，加快数据存储、挖掘技术，以及云计算、模糊识别等智能技术研究（省科技厅、发展改革委、信息化局负责）。依托福建物联网联盟、闽台物联网联盟、厦门物联网产业联盟，以及厦门大学、福州大学、福建师范大学、集美大学以及剩西物联网研究院等一批物联网专业研究机构和物联网企业技术中心，开展产学研技术合作攻关（省信息化局、科技厅、发展改革委负责）。

（五）着力构建支撑体系

鼓励商业模式创新。大力支持企业发展有利于扩大市场需求的物联网专业服务和增值服务，推进应用服务的市朝，培育新兴服务产业。鼓励和支持电信运营、信息服务、系统集成等企业参与物联网应用示范工程的运营和推广（省信息化局、发展改革委会同相关部门负责）。

加快标准体系建设。强化统筹，依托省标准化工作联席会议机制，协调推进物联网标准体系建设。按照急用先立、共性先立原则，加快制定一批福建省物联网地方标准（省质监局、科技厅、知识产权局、信息化局等部门负责）。

鼓励和支持省内重点企业和科研单位承担或参与国家乃至国际标准的制修订工作（省信息化局、外经贸厅、质监局负责）。

加强信息安全保障。提高物联网信息安全管理与数据保护水平，探索建立监督、检查和安全评估机制，有效保障物联网信息的安全可控；涉及国家公共安全和基础设施的重要物联网应用，其系统解决方案、核心设备以及运营服务必须立足于安全可控（省信息化局、发展改革委、公安厅会同有关部门负责）。

强化资源整合共享。充分利用现有公共通信和网络基础设施开展物联网应用，促进信息系统互联互通、资源共享和业务协同，加强对信息资源的智能分析和综合利用，以及对物联网建设项目的投资效益分析和风险评估，避免重复建设和不合理投资（省发展改革委、信息化局、财政厅、国资委、通信管理局负责）。

三、保障措施

（一）建立统筹协调机制

建立由省信息化局、发展改革委牵头，省直相关单位参与的物联网发展厅际联席会议制度，加强应用推广、技术研发、标准制定、产业链构建、基础设施建设、信息安全保障、无线频谱资源分配利用等的统筹（省信息化局、发展改革委会同相关部门负责）。各级各有关部门要强化沟通协调，统筹政策和资金等资源，推进物联网重大应用示范、技术研发和产业化项目建设，确保行动方案的顺利实施。

（二）营造良好发展环境

研究完善信息安全与隐私保护等方面的法规规章（省信息化局、公安厅、法制办会同相关部门负责）。加强知识产权保护，开展物联网相关技术的知识产权分析评议，加快推进物联网相关专利布局（省知识产权局、信息化局会同相关部门负责）。加快物联网应用推广以及相关标准、检测、认证等公共服务平台建设，重点建设闽台物联网示范应用服务中心、海西无线发射设备检测中心、海西物联网检测及技术公共服务平台、海西物联网基础标准服务平台等（省信息化局、发展改革委、质监局负责）。

（三）加大财政资金扶持

加大财政支持力度，充分发挥省科技重大专项作用，统筹利用好省战略性新兴产业发展专项资金、物联网发展及示范应用专项扶持资金等，努力争取国家物联网发展专项资金，集中力量支持物联网技术研发和产业化、标准研制、创新平台以及重大应用示范工程等项目建设（省财政厅、科技厅、发展改革委、信息化局负责）。研究出台物联网重点企业和示范项目扶持政策（省财政厅、信息化局负责）。支持符合软件和集成电路、高新技术企业条件的物联网企业享受现有税收优惠政策（省财政厅、国税局、地税局、发展改革委、科技厅、信息化局、外经贸厅负责）。

（四）鼓励多元资本投入

鼓励金融资本、风险投资及民间资本投向物联网应用和产业发展。加快建立包括财政出资和社会资金投入在内的多层次担保体系，加大对物联网企业的融资担保支持力度；对重大物联网项目优先给予信贷支持；支持符合条件的物联网企业在海内外资本市场直接融资，或利用债务性融资工具筹集发展资金（省财政厅、人行福州中心支行、福建银监局、福建证监局会同相关部门负责）。积极向国家争取新兴产业创投计划在福建设立物联网创业投资基金（省发展改革委、财政厅、信息化局负责）。

（五）扩大人才引进培养

建立多层次多类型的物联网人才培养和服务体系。支持省内更多高校设立物联网相关专业，推广校企合作培养模式，扩大人才培养规模（省教育厅、人力资源和社会保障厅会同相关部门负责）。依托重大专项、科技计划、示范工程和重点企业，培养物联网高层次人才和领军人才（省科技厅、发展改革委、信息化局、教育厅会同相关部门负责）。通过高层次创业创新人才引进、海西产业人才高地建设、海西创业英才培养等人才政策，引进物联网高端人才（省委组织部负责）。

广东省人民政府办公厅关于印发广东省物联网发展规划（2013－2020 年）的通知

粤府办〔2013〕51 号

各地级以上市人民政府，各县（市、区）人民政府，省政府各部门、各直属机构：

《广东省物联网发展规划（2013－2020 年）》已经省人民政府同意，现印发给你们，请认真组织实施。实施中遇到的问题，请径向省经济和信息化委反映。

广东省人民政府办公厅
2013 年 11 月 27 日

广东省物联网发展规划（2013－2020年）

为贯彻落实《国务院关于推进物联网有序健康发展的指导意见》（国发〔2013〕7号），加快我省物联网发展和“智慧广东”建设，制定本规划。

一、发展现状

我省物联网发展起步早、势头好，近年来物联网基础设施不断完善，新型业态加快发展，行业应用日益深化，自主创新能力稳步提升，产业规模持续壮大，物联网发展总体水平在全国领先。2012年，全省固定宽带网络和3G以上无线网络覆盖所有行政村；物联网相关专利申请量和技术标准发布量达1216项；物流与供应链领域重点企业射频识别（RFID）应用普及率达36%；物联网应用在生产制造、公共管理、社会民生等领域广泛渗透；物联网产业市场规模超过1300亿元，同比增长超过30%。但我省物联网发展也面临着关键共性技术研发能力不强、集成创新不足、市场对产业发展引导不够、大规模应用市场尚未形成等问题。当前，物联网在全球范围内迅猛发展，创新成果不断涌现，已成为引领人类生产方式、社会管理和社会活动模式变革的重要因素，对我省加快发展物联网带来了新的机遇和挑战。

二、总体要求

（一）指导思想。

坚持以邓小平理论、“三个代表”重要思想和科学发展观为指导，深入贯彻落实党的十八届三中全会精神，紧紧围绕主题主线和“三个定位、两个率先”的总目标，以经济社会发展需求为导向，以提升自主创新能力为核心，以加快物联网产业集聚为重点，加强统筹规划，创新服务模式，优化发展环境，全面深化物联网在我省经济社会各领域的应用，着力打造珠三角世界级智慧城市群，建设“智慧广东”。

（二）基本原则。

统筹协调。加强顶层设计规划，统筹推进物联网技术、产业、应用等的协调发展。加强政府引导，强化部门、行业、区域间的协作协调，注重资源整合，形成发展合力。

应用引领。面向经济社会发展实际需求，以市场应用为先导，带动物联网关键技术突破和产业规模化发展。在竞争性领域，坚持物联网应用推广的市场化，发挥市场在资源配置中的决定性作用。

创新发展。推动物联网与云计算、大数据等新一代信息技术集成创新。结合不同行业需求推进物联网应用、管理及体制机制创新，引导技术、产品、软硬件和服务融合发展。

安全可控。推进信息安全系统与物联网同步规划、同步建设、同步发展，加强物联网重大应用和系统的安全测评、风险评估和安全防护，保障物联网信息安全。

（三）发展目标。

力争在3～7年内，将我省建成国内领先的物联网产业集聚区、全国物联网集成创新高地、全国智慧应用先行示范区、国际物联网区域连接中心，打造世界级的珠三角智慧城市群，基本建成“智慧广东”。

到2015年，物联网产业规模保持全国领先，物联网基础设施更加完善，物联网与传统产业进一步融合，物联网技术在政府公共服务和社会管理领域逐步拓展，智慧城市试点取得初步成效，珠三角世界级智慧城市群框架初步形成。全省网络覆盖、网络速率接近先进国家水平，固定宽带普及率达到30%．珠三角地区公共区域实现无线局域网（WLAN）全覆盖。物联网领域专利受理量和技术标准发布量超过1500项。机器对机器（M2M）应用终端数量超过2000万台，物流与供应链领域重点企业RFID应用普及率达到40%。物联网产业市场规模达2800亿元，年均增长30%以上。

到2017年，物联网发展在全国的领先地位进一步巩固，物联网与云计算、大数据等新一代信息技术加快融合，在经济社会领域的应用逐步规模化，珠三角世界级智慧城市群框架基本形成，智慧广东建设取得重大进展。全省固定宽带普及率达到40%，县区公共区域实现WLAN全覆盖。物联网领域专利受理量和技术标准发布量超过2000项。M2M应用终端数量超过2500万台，物流与供应链领域重点企业RFID应用普及率达到50%．全省物联网产业市场规模超过4300亿元。

到2020年，全省物联网发展水平迈入世界先进行列，自主创新能力和产业核心竞争力明显增强。物联网在国民经济各领域广泛应用，在提升公共服务和社会管理水平方面发挥更大作用，建成具有国际先进水平的珠三角智慧城市群，基本建成“智慧广东”。全省固定宽带普及率达到45%以上，城镇公共区域实现WLAN全覆盖。物联网领域专利受理量和技术标准发布量超过2500项。M2M应用终端数量超过3000万台，物流与供应链领域重点企业RFID应用普及率达到70%。全省物联网产业市场规模达7400亿元。

三、加快物联网基础设施建设

（一）完善通信网络基础设施。

实施“宽带广东”工程，大力发展第三代移动通信（3G）和新一代移动通信（LTE、4G等）网络，加快推进无线局域网（WLAN，包括WiFi等）在重点区域和公共场所的部署，建设覆盖珠三角、连接粤港澳的无线宽带城市群。优化提升光纤宽带网络，建设下一代互联网基础设施，加快城市光纤到楼入户，农村宽带进乡入村。深入推进三网融合，推动有线电视网络向下一代广播电视网络演进升级。完善电子政务网络基础设施，建设政务外网万兆骨干网，形成支撑物联网应用的基础网络体系。

（二）加快物联网公共支撑平台建设。

统筹广州、深圳、珠海、佛山、东莞、汕头等地云计算数据中心建设，支持移动南方基地、电信“亚太信息引擎”、联通国家数据中心等互联网数据中心发展，推进广州中新知识城、佛山智慧新城、汕头数据园等云计算基地建设。构建全省政务数据中心，提供按需申请、弹性服务的信息基础服务资源。加快建设国家超算深圳中心、广州超算中心，提升海量数据分析、处理和服务能力。引进国家物联网标识管理公共服务平台，建设南方物联网检测认证公共服务平台。推进国家北斗卫星综合示范工程和高分辨率卫星遥感应用示范工程建设，构建卫星传感定位、地理空间信息等公共平台和地理空间基础信息库。

四、推进物联网技术集成创新和产业化

（一）加快物联网技术集成创新。

深化“产学研”合作，支持企业与高等院校、科研机构及其他应用服务单位协同创新，着力突破物联网芯片、RFID、光纤传感、传感器融合、嵌入式智能装备、物联网 IP 组网等关键技术，发展物联网交换接口、信息安全、云计算协同、大数据管理等共性技术，推动物联网与下一代互联网、云计算、大数据、信息通信、地理空间等新一代信息技术的集成创新，加快形成一批自主知识产权，大力推动关键共性技术产业化。开展大数据挖掘和智能分析研究应用。建立完善物联网标准体系，鼓励支持我省企事业单位主导或参与物联网国际、国家、行业和地方标准制修订。以融合应用为引导，组建产业创新联盟，打造一批工程技术研究中心、重点实验室、标准检测机构和公共技术支持中心。

（二）发展物联网核心产业和新型业态。

重点发展 RFID 芯片、智能传感器、传感网络设备等物联网设备制造业，以及嵌入式软件、数据库软件、中间件、数据分析挖掘、传感网智能管理等高端软件业，打造物联网核心产业集群。培育物联网新型业态，大力发展物联网数据采集挖掘、移动金融支付等物联网专业服务和增值服务。发展高分辨率卫星多维遥感空间信息服务产业，壮大系统集成服务业和云计算、大数据、卫星服务等平台运营业。支持发展一批具有国际竞争力和较强创新能力的物联网制造企业、软件企业和运营服务企业。

（三）优化物联网产业布局。

结合我省“两核三圈三带”信息产业布局，依托广州、深圳两个国家创新型城市，构建珠三角“广佛肇”、“珠中江”、“深莞惠”三大物联网产业核心圈，加快建设国家级信息产业基地和软件产业园区，着力发展物联网先进设备制造业和高端软件业，培育壮大物联网信息服务和平台运营业，打造物联网高端新兴产业集聚区。加快粤东、粤西、粤北三大信息产业带发展，发挥各级经济技术开发区、高新技术开发区和省产业转移工业园等园区的载体作用，壮大物联网配套产业、应用产业和支撑区域产业转型升级的物联网信息服务业。强化产业圈带合作，形成优势互补、相互促进的协调发展格局。

五、打造世界级智慧城市群

（一）建设珠三角世界级智慧城市群。

推进珠三角智慧城市群信息基础设施建设规划一体化。围绕“广佛肇”、“珠中江”、“深莞惠”三大经济圈，在城市运行关键领域统筹建设基础设施智能感应、环境感知、远程监控服务等系统，加快部署短距离无线通信、无线传感器网络和 M2M 终端及网络，建设珠三角地理空间信息、智慧城乡空间信息等公共平台。加快 RFID、传感器、地理空间、卫星应用等技术在城镇化建设中的应用，加强资源、能源和环境的实时监控管理。强化粤港澳合作，建设广州南沙、深圳前海、珠海横琴等智慧新区，推进服务贸易自由化和智能快速通关。发挥广州、深圳、珠海等地国家智慧城市试点的引领作用，全面构建具有国际竞争力的珠三角智慧城市群。

（二）推动粤东西北智慧城镇协调发展。

加快粤东西北地区智慧城镇建设，着力发展城市优势特色产业智慧应用。以汕潮揭同城化为契机，围绕区域海缆资源及电力、旅游、建材、陶瓷等优势产业，推动粤东重点发展大数据服务、智能电网、智慧旅游和智能制造应用。以湛茂阳临港经济带为区域核心，推动粤西重点发展智能环保、智慧空港物流和智慧海洋渔业，拓展钢铁、石化、五金等临港重化工业物联网应用。加快粤北生态型新区建设，重点发展智慧农业和智慧旅游，拓展稀土材料、有色金属、特色农业等生态资源型产业和现代农业物联网应用。

（三）深化智慧城市示范应用。

加快物联网技术在城市建设各领域的普及应用，提高城市现代化水平和民众智慧生活品质。发挥市场机制作用，以需求为导向，支持行业龙头企业、电信运营商、信息技术服务企业等参与智慧城市建设。注重示范引领，重点推进智能交通、智能环保、智能市政、智能电网、智能安全监管等示范工程建设，强化应用集成与业务协同。建立智慧城市运行和管理机制，逐步推广成熟的智慧城市运营模式，提升城市建设管理精细化、智慧化水平。加快推动公共服务向街道社区延伸，开展智慧社区试点，提升社区智慧应用水平。

六、推进物联网在生产和商贸服务领域应用

（一）深化工业生产领域物联网应用。

大力发展智能制造，促进生产装备智能化、生产过程

智能化、生产产品智能化、生产服务智能化，推动广东制造向“广东智造”转型升级。研发重大装备物联网关键技术，发展嵌入智能传感器的高档数控机床和工业机器人等智能装备，培育高端智能装备产业链。推进工业无线传感网在自动化生产线上的应用，优化制造流程，提高智能控制和协同制造能力。拓展增材制造（3D 打印）技术应用范围。研制融入多种传感器的移动智能终端、汽车电子、船舶电子、医疗电子、智能家电等智能工业产品，推动工业产品向价值链高端跨越。建设工业设计和“工业云”创新服务平台，发展物联网系统集成、技术咨询、规划设计、运行维护等信息服务。

（二）推进农渔业生产领域物联网应用。

依托智慧农业综合示范区，开展农业生产物联网示范应用，推进农机及农业装备物联网技术应用和改造，支持在农业种养领域应用动植物环境、生命信息、成熟度、营养组分等智能传感器，开展生长过程智能化监测，发展精准农业。推广船舶自动识别、鱼群探测、卫星导航等智慧海洋渔业应用系统。借助传感网络技术，构建农业农村信息采集、处理、管理、决策智能信息系统。建立基于物联网的农村物流与供应链服务平台。建设农产品物联网监管溯源体系，构建广东省农村特色产品信息化溯源公共服务平台，加强食品安全监管。

（三）加快商贸服务领域物联网应用。

推进 RFID、二维码识别、全球定位系统、地理信息系统等信息采集跟踪技术在商贸服务领域的应用。推动商贸龙头企业建立整合供应商、物流配送和客户信息的商业智能大数据系统，深度挖掘分析市场信息，创新商业模式。推进珠三角地区国际机场、客运站、港口、码头等重大交通枢纽的物联网可视化管理。推动钢铁、家具、农产品等大型批发市场物联网应用，构建物联商城。推动南方现代物流公共信息平台与苏皖赣等地区物流大通道对接。结合“广货网上行”和珠三角国际电子商务中心建设，开展商贸物联网应用，发展智慧商务。

七、推动物联网在社会服务领域应用

（一）加快政府公共服务智能化。

运用物联网、移动互联网、大数据管理等新技术整合改造重大电子政务外网和便民服务系统，重点提升全省网上办事大厅（含公民专属网页和法人网页）、公共联合征信系统、市场监管体系相关系统等综合政务信息平台服务能力。整合政务信息资源，应用大数据相关技术，建设政务支撑平台，挖掘社会服务需求，开展大数据应用，促进政府公共服务个性化和政府决策智能化。建立全省应急系统物联网应用体系，拓展省应急平台应用，强化灾害信息自动采集、预警信息自动发布及应急处置智能方案生成功能。在公安、路政、消防、工商、社保、环保、旅游、应急管理等领域推广物联网和移动互联网技术应用。实施城市“慧眼工程”和“智慧安监”示范工程，打造平安广东。

（二）推动物联网在社会民生服务领域应用。

发展智慧民生服务，建设“粤教云”公共服务平台，实施智慧校园示范工程，开展智慧教室、电子书包、在线学习、远程教育等应用。建设省级卫生综合管理信息平台，推进基于物联网的健康检测与实时监护、远程医疗、食品药品监管等示范应用。建设全省集中式人力资源社会保障一体化信息系统，推进“社会保障卡”和“居民健康卡”功能对接、信息共享、应用整合。发展智慧旅游，建立省旅游信息综合服务平台，完善省旅游刷卡无障碍支付环境。推进基于物联网的档案、图书管理系统建设。拓展移动支付及 IC 卡小额金融支付应用。推广智慧社区便民服务，深化智能楼宇、智能家居、智慧菜篮、互动电视等智慧应用，推动水电、燃气等家庭能源物联网监控节能。

八、保障措施

（一）加强组织领导。

充分发挥省信息化工作领导小组的统筹协调作用，加强全省物联网发展宏观指导，推进相关政策措施的组织实施，协调解决发展中的重大问题。各地要切实加强对物联网工作的组织领导，抓紧制定本地区物联网发展行动计划和配套措施，明确牵头单位和部门职责分工，形成合力推进物联网发展的工作格局。

（二）加强政策扶持。

贯彻落实国家和省在财税、土地、招商引资等方面支持物联网发展的优惠政策和措施。积极争取国家创新基金、信息化专项、集成电路专项以及国家重大产业化项目等专项资金扶持。统筹省技术改造、战略性新兴产业、信息产业发展、产业技术研究与开发等专项资金支持物联网发展。支持物联网重点企业申报软件企业、技术先进型服务企业和高新技术企业。鼓励各地因地制宜出台物联网产业激励政策和措施，有条件的地区可设立物联网发展专项资金。

（三）加强行业管理和服务。

增强产业发展宏观指导能力，建立健全物联网产业统计和评估体系，加强产业数据收集分析、专利信息分析。发挥省物联网专家委员会决策咨询和智力支撑作用，深化对物联网发展战略、政策、方针的研究。支持物联网相关行业协会和中介组织健康发展，建立健全信息咨询、技术交流、技能培训等行业服务体系，提升中介组织对行业的支撑能力。

（四）加强人才培养。

积极落实我省重大人才政策，对符合条件的物联网领军型人才和创新科研团队，优先纳入广东省“珠江人才引进计划”。支持高等院校设立物联网专业和课程，推动校企联合开展定制式人才培养。发挥科研机构和骨干企业力量，培养专业型人才，不断壮大我省物联网人才队伍。

（五）加强网络安全保障。

构建物联网安全防范体系，建立集安全事件应急响应中心、数据备份和灾难恢复设施、安全等级保护、个人信息保护、风险评估于一体的综合性安全平台。加强物联网重大应用和系统安全测评、风险评估和安全防护工作，加强数字证书和商用密码应用，强化安全应急管理措施，提高物联网安全技术保障能力。

（六）加强宣传推广。

加大物联网政策和应用成果宣传力度，大力普及智慧城市和物联网知识，提升社会认知度和使用率。加强各级政府和部门之间、中介组织和企业之间的经验交流，借鉴国内外先进经验，提升全省智慧应用水平。

附件：省物联网发展重点领域和项目（略）

因篇幅有限，《江西省医疗机构病房管理办法》、《辽宁省扬尘污染防治管理办法》、宁夏回族自治区公安厅关于印发《2013 年智能图控与智能交通系统建设任务书》的通知没有在书中列出，详情请查阅《年鉴》（2013 版）电子版（即光盘）或网络版（http：//news. 21csp. com. cn/C39/index. html）。

第三节　已颁布且现行有效的法律、行政法规、规章及规范性文件

本节仅刊登文件目录，按照发文机构以及效力、时间进行排序。详细内容请查阅《年鉴》2013 版电子版（即光盘）及网络版（http：//news. 21csp. com. cn/C39/index. html）。

一、已颁布且现行有效的法律、行政法规、部门规章及规范性文件

序号	法规名称	颁布机构	实施日期
1	中华人民共和国就业促进法	全国人民代表大会常务委员会	2008 年 1 月 1 日
2	中华人民共和国行政许可法	全国人民代表大会常务委员会	2004 年 7 月 1 日
3	中华人民共和国产品质量法	全国人民代表大会常务委员会	2000 年 9 月 1 日
4	中华人民共和国招标投标法	全国人民代表大会常务委员会	2000 年 1 月 1 日
5	中华人民共和国标准化法	全国人民代表大会常务委员会	1989 年 4 月 1 日
6	关于加强反恐怖工作有关问题的决定	全国人民代表大会常务委员会	2011 年 10 月 29 日
7	转发关于安全监管总局等部门关于依法做好金属非金属矿山整顿工作意见的通知	中华人民共和国国务院	2012 年 11 月 4 日
8	关于第六批取消和调整行政审批项目的决定	中华人民共和国国务院	2012 年 9 月 23 日
9	关于促进企业技术改造的指导意见	中华人民共和国国务院	2012 年 9 月 1 日
10	关于加强道路交通安全工作的意见	中华人民共和国国务院	2012 年 7 月 22 日
11	校车安全管理条例	中华人民共和国国务院	2012 年 4 月 5 日
12	关于印发“十二五”国家战略性新兴产业发展规划的通知	中华人民共和国国务院	2012 年 7 月 9 日
13	中华人民共和国招标投标法实施条例	中华人民共和国国务院	2012 年 2 月 1 日
14	危险化学品安全管理条例	中华人民共和国国务院	2011 年 12 月 1 日
15	保安服务管理条例	中华人民共和国国务院	2010 年 1 月 1 日
16	民用爆炸物品安全管理条例	中华人民共和国国务院	2006 年 9 月 1 日
17	娱乐场所管理条例	中华人民共和国国务院	2006 年 3 月 1 日
18	国家突发公共事件总体应急预案	中华人民共和国国务院	2006 年 1 月 8 日
19	企业事业单位内部治安保卫条例	中华人民共和国国务院	2004 年 12 月 1 日
20	中华人民共和国认证认可条例	中华人民共和国国务院	2003 年 11 月 1 日
21	国务院对确需保留的行政审批项目设定行政许可的决定	中华人民共和国国务院	2004 年 7 月 1 日
22	国务院关于坚持科学发展安全发展促进安全生产形势持续稳定好转的意见	中华人民共和国国务院	2011 年 11 月 26 日

续表

序号	法规名称	颁布机构	实施日期
23	关于印发道路旅客运输企业安全管理规范（试行）	中华人民共和国交通运输部 中华人民共和国公安部 国家安全生产监督管理总局	2012年1月19日
24	关于加强和改进文物安全工作的指导意见	中华人民共和国公安部 中华人民共和国国家文物局等部委	2012年11月15日
25	关于进一步加强博物馆安全工作的通知	中华人民共和国公安部 中华人民共和国国家文物局	2011年8月30日
26	关于进一步加强学校幼儿园安全防范工作建立健全长效工作机制的意见	中央社会治安综合治理委员会办公室 中华人民共和国教育部 中华人民共和国公安部	2010年8月23日
27	安全技术防范产品管理办法	中华人民共和国质量技术监督局 中华人民共和国公安部	2000年9月1日
28	邮电局（所）安全防范规定	中华人民共和国邮电部 中华人民共和国公安部	1997年9月24日
29	关于促进安全产业发展的指导意见	工业和信息化部 国家安全生产监督管理总局	2012年8月7日
30	金融机构营业场所和金库安全防范设施建设许可实施办法	中华人民共和国公安部	2006年2月1日
31	娱乐场所治安管理办法	中华人民共和国公安部	2008年10月1日
32	关于外商独资企业从事安防工程建设有关事项的通知	中华人民共和国公安部	2000年6月14日
33	关于公安机关实施《安全技术防范产品管理办法》有关问题的通知	中华人民共和国公安部	2000年9月26日
34	关于加强对列入强制性产品认证目录内的安全技术防范产品质量监督管理的通知	中华人民共和国公安部	2002年5月1日
35	关于严格执行《国务院关于取消第二批行政审批项目和改变一批行政审批项目管理方式的决定》的通知	中华人民共和国公安部	2003年3月20日
36	中华人民共和国公安部关于规范安全技术防范行业管理工作几个问题的通知	中华人民共和国公安部	2004年8月3日
37	关于印发《关于深入开展城市报警与监控系统应用工作的意见》的通知	中华人民共和国公安部	2010年4月6日
38	关于印发《公安部授权的安防检验机构管理规定》的通知	中华人民共和国公安部科技局	2001年4月11日
39	关于贯彻实施《安全技术防范产品管理办法》有关问题的补充通知	中华人民共和国公安部科技局	2001年6月20日
40	关于查处无证生产、销售技防产品加强市场监督管理的通知	中华人民共和国公安部科技局	2002年3月28日
41	关于印发部分安防产品统一检验细则的通知	中华人民共和国公安部科技局	2006年8月1日
42	关于开展国家智慧城市试点工作的通知	住房和城乡建设部	2012年11月22日
43	关于加强城市轨道交通安防设施建设工作的指导意见	中华人民共和国住房和城乡建设部	2010年6月28日
44	关于印发《城市轨道交通工程安全质量管理暂行办法》的通知	中华人民共和国住房和城乡建设部	2010年1月8日
45	工程造价咨询企业管理办法	中华人民共和国建设部	2006年7月1日
46	建设工程勘察质量管理办法	中华人民共和国建设部	2003年2月1日
47	建筑智能化系统工程设计管理暂行规定	中华人民共和国建设部	1998年3月10日
48	关于加强安全生产科技创新工作的决定	国家安全监管总局	2012年9月17日

续表

序号	法规名称	颁布机构	实施日期
49	关于进一步加强安全生产应急平台体系建设的意见	国家安全监管总局	2012 年 9 月 6 日
50	关于进一步加强公共交通领域电梯安全工作的指导意见	中华人民共和国国家质量监督检验检疫总局	2012 年 1 月 19 日
51	认证机构管理办法	中华人民共和国国家质量监督检验检疫总局	2011 年 9 月 1 日
52	强制性产品认证管理规定	中华人民共和国国家质量监督检验检疫总局	2009 年 9 月 1 日
53	关于切实加强博物馆公共安全工作的紧急通知	中华人民共和国国家文物局	2010 年 5 月 13 日
54	关于印发《涉及国家秘密的计算机信息系统集成资质管理办法（试行）》的通知	中华人民共和国国家保密局	2001 年 10 月 12 日
55	关于增设涉密信息系统集成“保密安防监控”单项资质的通知	中华人民共和国国家保密局	2006 年 10 月 11 日
56	第二批实施强制性产品认证的产品目录	中华人民共和国国家质量监督检验检疫总局 国家认证认可监督管理委员会	2004 年 6 月 1 日
57	第一批实施强制性产品认证的产品目录	中华人民共和国国家质量监督检验检疫总局 国家认证认可监督管理委员会	2001 年 12 月 3 日
58	强制性产品认证标志管理办法	国家认证认可监督管理委员会	2002 年 5 月 1 日
59	安全技术防范产品强制性认证实施规则	国家认证认可监督管理委员会	2009 年 3 月 1 日
60	国家认证认可监督管理委员会公告 2004 年第 23 号	国家认证认可监督管理委员会	2004 年 7 月 29 日
61	国家认证认可监督管理委员会公告 2005 年第 23 号	国家认证认可监督管理委员会	2005 年 9 月 12 日
62	认证技术规范管理办法	国家认证认可监督管理委员会	2006 年 3 月 1 日
63	关于协助做好强制性产品认证行政执法工作有关问题的通知	国家认证认可监督管理委员会	2006 年 5 月 23 日
64	关于进一步加强监督管理规范使用认证标志有关问题的通知	国家认证认可监督管理委员会	2007 年 3 月 5 日
65	中国人民解放军军用安全技术防范产品安全认证管理办法	中国人民解放军总政治部保卫部	2008 年 5 月 1 日

二、已颁布且现行有效的地方性法规、规章及规范性文件

序号	名称	颁布机构	实施日期
1	北京市金银珠宝经营场所治安保卫工作规范	北京市公安局 北京市商务委员会 北京市工商行政管理局	2012 年 12 月 1 日
2	北京市写字楼内部治安保卫工作规定	北京市公安局 北京市住房和城乡建设委员会北京市社会建设工作办公室 北京市工商行政管理局	2011 年 9 月 1 日
3	北京市公安局关于进一步加强地下停车场安全防范管理工作的意见	北京市公安局	2010 年
4	北京市地下停车场安全防范管理工作规范（试行）	北京市公安局	2009 年
5	北京市公共安全图像信息系统备案管理规定（试行）	北京市人民政府	2007 年 8 月 31 日
6	北京市公共安全图像信息系统管理办法	北京市人民政府	2007 年 4 月 1 日
7	北京市人民政府关于加强图像信息管理系统建设工作的意见	北京市人民政府	2006 年
8	北京市住宅区及住宅安全防范设施建设和使用管理办法	北京市公安局	2003 年 10 月 1 日

续表

序号	名称	颁布机构	实施日期
9	天津市公安局《关于加强我市技术防范网络体系建设实施意见》	天津市人民政府办公厅	2012年9月29日
10	天津市电梯安全监督管理办法	天津市人民政府	2012年4月1日
11	关于进一步加强我市视频监控图像信息系统建设资源共享工作的通知	天津市公安局安全技术防范管理办公室	2010年7月27日
12	天津市安全技术防范管理条例	天津市人民代表大会常务委员会	2006年9月7日
13	河北省公共安全技术防范管理规定修正案	河北省人民政府	2010年11月30日
14	河北省公共安全技术防范管理规定	河北省人民政府	2004年4月1日
15	山西省安全技术防范条例	山西省人民代表大会常务委员会	2012年10月1日
16	关于规范管理公共安全技术防范报警运营服务业的意见	内蒙古自治区公安厅	2010年11月12日
17	关于加强全区学校和幼儿园安全技术防范系统建设的意见	内蒙古自治区公安厅 内蒙古自治区教育厅	2010年6月2日
18	内蒙古自治区公安机关公共安全技术防范监督检查规定（试行）	内蒙古自治区公安厅	2009年8月5日
19	关于印发自治区视频监控报警联网系统建设方案的通知	内蒙古自治区人民政府	2009年12月11日
20	关于加强安全技术防范工程检测、验收工作的通知	内蒙古自治区公安厅	2007年8月3日
21	关于认真贯彻《内蒙古自治区公共安全技术防范管理条例实施细则》的通知	内蒙古自治区公安厅	2007年7月25日
22	内蒙古自治区公共安全技术防范系统设计、施工和维修单位备案等级评定办法	内蒙古自治区公安厅	2007年7月20日
23	内蒙古自治区公共安全技术防范管理条例	内蒙古人民代表大会常务委员会	2007年7月1日
24	内蒙古自治区公共安全技术防范管理条例实施细则	内蒙古人民代表大会常务委员会	2007年7月1日
25	关于进一步加强安全技术防范管理工作的通知	内蒙古自治区公安厅	2006年4月18日
26	辽宁省公共安全视频图像信息系统管理办法实施细则（试行）	辽宁省人民政府	2008年1月1日
27	辽宁省公共安全视频图像信息系统管理办法	辽宁省人民政府	2008年1月1日
28	辽宁省公共安全技术防范管理规定	辽宁省人民政府	1999年10月1日
29	吉林省公共安全视频图像信息系统管理办法	吉林省人民政府	2013年1月1日
30	黑龙江省公共安全技术防范条例	黑龙江省人民代表大会常务委员会	2012年11月1日
31	关于印发黑龙江省道路运输企业安全生产管理办法（试行）的通知	黑龙江省交通运输厅 黑龙江省安全生产监督管理局 黑龙江省公安厅	2012年9月1日
32	黑龙江省水利厅关于切实加强水利行业反恐工作的通知	黑龙江省水利厅	2011年7月8日
33	关于进一步推进安全技术防范建设的意见	黑龙江省人民政府	2010年6月18日
34	关于印发《本市专业型数字录像设备补充技术要求（试行）》的通知	上海市公安局技术防范办公室	2011年10月19日
35	关于印发《本市视频安防监控系统用彩色显示终端技术规范（试行）》的通知	上海市公安局技术防范办公室	2011年7月8日
36	关于加强监管本市安防工程所用技防产品的通知	上海市公安局技术防范办公室	2011年1月21日
37	关于印发《本市视频安防监控用彩色数字摄像机技术规范试行》的通知	上海市公安局安全技术防范办公室	2010年9月5日
38	关于进一步规范区域报警系统接处警服务工作的通知	上海市公安局安全技术防范办公室	2010年7月16日
39	关于进一步规范中小学、幼儿园紧急报警系统相关技术要求的通知	上海市公安局安全技术防范办公室	2010年5月25日
40	关于印发《本市区域报警视频联动服务系统基本技术要求试行》的通知	上海市公安局安全技术防范办公室	2010年4月8日

续表

序号	名称	颁布机构	实施日期
41	关于印发《本市视频安防监控用模拟彩色摄像机技术规范试行》的通知	上海市公安局安全技术防范办公室	2010 年 1 月 6 日
42	关于印发《上海综合型数字录像设备补充技术要求（试行）》的通知	上海市公安局安全技术防范办公室	2009 年 7 月 17 日
43	关于贯彻实施《重点单位重要部位安全技术防范系统要求第 9 部分：零售商业》的补充通知	上海市公安局安全技术防范办公室	2009 年 6 月 30 日
44	关于贯彻实施《重点单位重要部位安全技术防范系统要求第 9 部分：零售商业》的补充通知	上海市公安局安全技术防范办公室	2009 年 6 月 25 日
45	关于贯彻执行国家标准《脉冲电子围栏及其安装和安全运行》的通知	上海市公安局安全技术防范办公室	2009 年 6 月 08 日
46	关于印发《张力式电子围栏入侵探测装置技术要求》的通知	上海市公安局安全技术防范办公室	2009 年 3 月 30 日
47	关于印发《本市安防工程用高压电子脉冲式探测器基本技术要求》的通知	上海市公安局安全技术防范办公室	2008 年 12 月 1 日
48	关于印发《栅栏、玻璃类电控防盗门技术规范》的通知	上海市公安局安全技术防范办公室	2008 年 7 月 1 日
49	关于贯彻国家标准《视频安防监控数字录像设备》（GB20815－2006）的补充通知	上海市公安局安全技术防范办公室	2008 年 3 月 19 日
50	关于贯彻国家标准《视频安防监控数字录像设备》（GB20815－2006）的通知	上海市公安局安全技术防范办公室 上海市社会公共安全技术防范标准化技术委员会	2008 年 1 月 4 日
51	关于在居民住宅小区等技防工程项目中推广使用电子围栏周界报警系统的通知	上海市公安局安全技术防范办公室	2007 年 8 月 20 日
52	关于印发《本市技防设施使用年限的规定》的通知	上海市公安局安全技术防范办公室	2002 年
53	关于印发《上海市公共安全技术防范工程管理实施细则》的通知	上海市公安局安全技术防范办公室	2001 年 4 月 1 日
54	上海市社会公共安全技术防范管理办法	上海市人民政府	2001 年 4 月 1 日
55	浙江省烟花爆竹安全管理实施细则（试行）	浙江省安全生产监督管理局	2011 年 6 月 3 日
56	浙江省安全技术防范系统日常安全检查工作规范	浙江省公安厅	2007 年 12 月 12 日
57	关于扩大生产登记批准书发证范围的通知	浙江省公安厅	2006 年 9 月 15 日
58	浙江省公共安全技术防范管理办法	浙江省人民政府	2005 年 12 月 27 日
59	浙江省社会治安动态视频监控系统建设指导意见	浙江省公安厅	2004 年 8 月 20 日
60	浙江省安全技术防范管理操作规程	浙江省公安厅	2003 年
61	安徽省公共安全技术防范管理规定	安徽省人民政府	2002 年 2 月 1 日
62	安徽省公共安全技术防范管理细则	安徽省公安厅	2002 年 12 月 4 日
63	关于贯彻执行《〈福建省视频监控系统技术规范〉的实施意见》的通知	福建省公安厅	2011 年 10 月 18 日
64	福建省社会治安综合治理条例	福建省第十一届人民代表大会常务委员会	2011 年 5 月 21 日
65	福建省安全技术防范管理规定	福建省人民政府	2004 年 7 月 7 日
66	福建省安全技术防范产品管理办法	福建省公安厅	2001 年 4 月 10 日
67	山东省安全技术防范工程管理规范	山东公安厅	2005 年 3 月 21 日
68	山东省安全技术防范产品管理规范	山东省公安厅	2005 年
69	山东省公共安全技术防范管理办法	山东省人民政府	2004 年 12 月 1 日
70	江西省公共安全技术防范管理规定	江西省人民政府	1999 年 4 月 16 日

续表

序号	名称	颁布机构	实施日期
71	河南省安全技术防范管理规定	河南省人民政府	2003年5月1日
72	关于印发《湖北省中小学幼儿园安全防范标准》的通知	湖北省综合治理委员会 湖北省教育厅 湖北省公安厅	2011年9月19日
73	湖北省文物保护单位及博物馆纪念馆安全技术防范工程建设管理办法	湖北省文化厅 湖北省公安厅 湖北省监察厅 湖北省财政厅	2011年8月31日
74	湖北省公共安全技术防范管理规定实施细则	湖北省公安厅	2008年1月16日
75	湖北省公共安全技术防范管理规定	湖北省人民政府	2007年11月28日
76	关于确认省人民政府规章设定的六项行政许可事项继续实施的决定	湖北省人民代表大会常务委员会	2006年12月1日
77	湖南省商场（超市）、金银珠宝饰品店治安防范管理规范	湖南省社会治安综合治理委员会办公室 湖南省公安厅 湖南省商务厅	2011年8月29日
78	湖南省公共安全技术防范管理规定	湖南省人民政府	2002年12月1日
79	广东省人民政府关于进一步加强突发事件预警信息发布工作的意见	广东省人民政府	2011年10月28日
80	广东省公共安全视频图像信息系统管理办法	广东省人民政府	2009年4月1日
81	广东省安全技术防范管理条例	广东省人民代表大会常务委员会	2002年8月1日
82	广西公安机关社会管理视频监控系统联网技术指导性意见（试行）	广西壮族自治区公安厅	2011年6月1日
83	广西壮族自治区安全技术防范管理暂行规定	广西壮族自治区人民政府	2000年2月1日
84	关于规范全市公安GPS卫星定位报警指挥调度系统建设与管理的通知	重庆市公安局办公室	2009年1月24日
85	重庆市社会公共安全视频图像信息系统管理办法	重庆市人民政府	2009年12月11日
86	四川省公共安全技术防范管理条例	四川省第十一届人民代表大会常务委员会	2010年1月1日
87	四川省公共安全技术防范管理条例实施细则	四川省公安厅	2010年3月23日
88	四川省公共安全技术防范系统从业单位登记备案管理办法（试行）	四川省公安厅	2010年3月26日
89	四川省公共安全技术防范专家管理办法（试行）	四川省公安厅	2010年3月26日
90	贵州省公共安全视频信息系统管理办法	贵州省人民政府	2010年12月1日
91	贵州省安全技术防范管理条例	贵州省人民代表大会常务委员会	2004年3月1日
92	云南省公共安全技术防范管理办法	云南省社会治安综合治理办公室 云南省公安厅	2007年12月1日
93	云南省城市报警和监控系统建设实施意见	云南省社会治安综合治理工作办公室	2007年11月6日
94	云南省社会治安综合治理委员会关于加强城市报警和监控系统建设的意见	云南省公安厅	2007年11月1日
95	陕西省公共安全图像信息系统管理办法	陕西省人民政府	2011年8月1日
96	陕西省安全技术防范条例	陕西省人民代表大会常务委员会	2006年10月1日
97	陕西省安全技术防范条例实施细则	陕西省人民政府	2006年
98	甘肃省实施《中华人民共和国突发事件应对法》办法	甘肃省人民代表大会常务委员会	2011年9月29日
99	甘肃省公共安全视频信息系统管理办法	甘肃省人民政府	2011年5月1日
100	关于印发《关于进一步开展全区公安机关视频图像信息整合与共享、深化视频应用工作的意见》的通知	宁夏公安厅	2012年8月15日
101	新疆维吾尔自治区社会公共安全技术防范管理暂行规定（新修改）	新疆维吾尔自治区人民政府	2004年10月11日

第四章　公安技防管理

第一节　公安技防管理机构

机构名称	通讯地址	联系电话
公安部科技信息化局安全技术防范工作指导处	北京市东城区东长安街 14 号	010－66266548
北京市公安局科技信息化部安全技术防范管理处	北京市东城区前门东大街 9 号	010－85222708
天津市公安局安全技术防范管理办公室	天津市和平区鞍山道 41 号	022－27204660
河北省公安厅安全技术防范管理办公室	石家庄市槐安西路 276 号	0311－66991973
山西省公安厅安全技术防范管理办公室	太原市五一路 36 号	0351－3659731
内蒙古自治区公安厅公共安全技术防范管理办公室	内蒙古呼和浩特市海拉尔大街 15 号	0471－6550386
辽宁省公安厅科技通信处	沈阳市岐山中路 2 号	024－86992486
吉林省公安厅安全技术管理办公室	长春市新发路 806 号	0431－82098345
黑龙江省公安厅安全技术防范管理办公室	哈尔滨市南岗区中山路 145 号	0451－82696576
上海市公安局技术防范办公室	上海市黄浦区福州路 185 号	021－22023359
江苏省公安厅技术防范管理办公室	南京市扬州路 1 号	025－83526932
浙江省公安厅科技通信管理局	杭州市民生路 66 号	0571－87286567
安徽省公安厅安全防范技术管理办公室	合肥市安庆路 282 号	0551－62801347
福建省公安厅科技通信处	福州市华林路 12 号	0591－87093588
江西省公安厅安全技术防范管理办公室	南昌市阳明路 133 号	0791－87288326
山东省公安厅科技处	济南市经二路 185 号	0531－85123230
河南省公安厅安全技术防范管理办公室	郑州市金水路 9 号	0371－65882650
湖北省公安厅安全技术防范管理办公室	武汉市武昌区雄楚大街 181 号	027－67122218
湖南省公安厅技防管理工作办公室	长沙市八一路 110 号	0731－84590938
广东省公安厅安全技术防范管理办公室	广州市越秀区北较场横路 5 号	020－83110129
广西壮族自治区安全技术防范管理办公室	南宁市新民路 34 号	0771－2893881
海南省公安厅安全技术防范管理办公室	海南省海口市滨涯路 9 号	0898－68836208
重庆市公安局社会公共安全行业管理办公室	重庆市渝北区黄龙路 555 号	023－63962613
四川省公安厅安全技术防范管理办公室	成都市青羊区文翁路 159 号	028－86301658
贵州省公安厅安全技术防范管理办公室	贵阳市宝山北路 82 号	0851－5904834
云南省公安厅科技信息化处	云南省昆明市广福路 656 号	0871－63052792
西藏自治区安全技术防范管理办公室	拉萨市林廓东路 26 号	0891－6311272
陕西省公安厅安全技术防范管理办公室	西安市未央区未央路 120 号	029－86165300
甘肃省公安厅科技处安全技术监督科（技防办）	兰州市庆阳路 98 号	0931－8536692
宁夏回族自治区公安厅安全技术防范管理办公室	银川市北京中路 86 号	0951－6136290
青海省公安厅安全技术防范管理办公室	西宁市八一中路 50 号	0971－8293164
新疆维吾尔自治区公安厅治安管理总队基层基础处	乌鲁木齐市黄河路 58 号	0991－5586133

第二节　公安部技防管理工作

2013 年，公安部科技信息化局安全技术防范工作指导处按照《2013 年全国公安科技信息化工作要点》，稳步推进了公安机关视频系统联网及视频图像信息整合共享、城乡技防一体化建设试点、技防立法及行政审批制度改革等工作。同时，重点指导新疆公共安全视频图像信息系统建设，联合有关部门推动 SVAC 国家标准推广应用，研究利用社会科研资源推进视频技术在公安机关的深度应用，积极探索在智慧城市框架下，开展视频及技防系统的建设与应用工作。

一、高度重视，积极落实，认真组织完成三项重点任务

一是研究提出 SVAC 国家标准推广应用工作建议，联合推动 SVAC 标准推广应用工作。在深入公安机关和企事业单位调研并征求有关专家意见的基础上，联合国标委、工信部、国务院法制办等部门积极推进 SVAC 国家标准推广应用工作。召开“落实中央领导批示、加快技防立法工作”座谈会，就亟需通过立法解决的技防建设中普遍存在的问题、强化标准的支撑引领作用以及《安全技术防范管理条例》需要重点规范的内容达成共识，会后以公安部名义向国务院法制办、国标委发出座谈会情况及下一步工作建议的函；联合国标委、工信部等部门成立 SVAC 国家标准推进领导小组，进一步加强统筹协调，组织推广应用工作；认真办理了《广东省人民政府关于商请支持我省成为 SVAC 国家标准先行示范省的函》，经与 SVAC 国家标准推进领导小组沟通，支持在基础好、条件成熟的广东省开展 SVAC 国家标准先行示范工作。

二是积极借助社会科研资源推进视频技术深度应用。专门召开图像传感网建设与发展座谈会，邀请中国科学院报告《我国图像传感网技术和产业现状分析与发展建议》起草组的院士、专家参加交流，梳理分析了公安机关视频系统的建设情况、应用实效、存在问题及后续发展等内容，并形成加强沟通协调、积极利用社会科研力量破解公安实战应用技术难题，推进视频技术深度应用的工作建议。

三是积极研究智慧城市框架下的视频及技防系统建设与应用工作。按照杨焕宁常务副部长指示，由公安部牵头与国家发改委和工信部等有关部门联系，开展了对《促进我国智慧城市健康有序发展的指导意见》建议征求工作，召集部内相关单位和有关专家进行研讨，提出了细致、可行的反馈建议。

二、围绕中心，突出重点，全力推进公安机关视频系统联网建设及视频图像信息整合共享

一是规范日常工作流程。建立“视频监控系统联网标准符合性检测的视频图像管理平台目录的通报机制”，明确了科信局、相关检测机构及媒体的工作流程、工作时限，规范了各地公安机关工作，截至 2013 年底已有 165 个型号的平台产品通过联网标准符合性检测。借助《科技信息化工作简报》和全国城市报警与系统建设信息平台等载体，对北京、天津、吉林、黑龙江、山东、江苏泰州、广东珠海等地的视频系统建设与联网工作的方法措施、经验心得进行宣传交流。

二是建立专业人才队伍。为充分发挥专家队伍在视频系统建设中的作用，科信局遴选了 91 名公安视频专业人才并颁发了聘书。

三是强化专业技能培训。在杭州举办了“全国公安机关视频监控技术培训班”；派员在公安大学、山东、北京等地举办的培训班上，就视频系统建设与联网工作规划、建设、管理、应用方面的内容进行授课；组织广东省公安厅开展了部级软课题重点支持项目《公安机关视频图像信息综合应用管理体系研究》；组织、指挥有关单位共同参与案件侦破，并组织召开案例分析研讨会，分析、梳理视频技术实战应用的经验及存在的问题。

四是加强标准制修订。召开公安机关视频图像信息联网与应用标准体系建设研讨会，启动了新一阶段视频应用标准体系的研究工作，并组织编制了《公安视频图像信息联网与应用标准体系表》。加强了对《基层公安机关社会治安视频监控中心（室）工作规范》等重点标准规范编制工作的指导。启动了对《安全防范视频监控联网系统信息传输、交换、控制技术要求》的进一步修改完善工作。

五是完善技术支撑和保障。一方面，组织完成部级科研项目《跨区域视频监控联网规范性指导及评估验证关键技术研究》研究工作，并通过了验收；启动“十二五”国家科技支撑计划《基于视频及公共动态信息的智能研判技术研究及应用示范》项目，并组织专家对各课题实施方案进行了论证；组织申报部级科研项目《视频图像信息数据库关键技术研究》和《公共交通工具防爆违禁品检测技术研究》。另一方面，为青海、新疆、兵团及广州等省市的视频技术系统建设方案及规划提供了技术专家论证服务。

三、适应形势，转变理念，积极推进技防立法及行政审批制度改革工作

一是推动纳入国务院年度立法工作计划。经与部法制局、国务院法制办等协调，继续推动将《社会治安技术防范条例》纳入国务院2013年立法工作计划项目，确保技防立法工作的顺利开展。同时，考虑到立法工作组部分成员工作变动的实际情况，经报局主要领导同意，及时调整了立法工作组人员组成，以确保相关工作的开展。

二是配合召开条例修改研讨会。配合国务院法制办先后召开条例修改座谈会和专家研讨会，邀请部法制局、中国社科院、人民大学、公安大学、矿业大学等单位的专家学者，通报条例送审稿的审查修改情况，就送审稿修改中存在的问题进行研讨论证，并在此基础上修改形成《安全技术防范管理条例（征求意见稿)》。目前，科信局正在配合国务院法制办积极推动对外公开征求意见的相关工作，公开征求意见后还需要对条例进一步修改完善，并报经法制办主任办公会及国务院常务会议审议。

三是组织开展立法专项研究。按照国务院法制办的要求，委托公安部一所科技信息中心协助收集、整理和翻译了国外部分国家的相关材料，并形成专题报告报送国务院法制办。为做好《安全技术防范管理条例（征求意见稿)》相关条款的基础支撑以及配套实施办法的起草制定工作，在收集全国公安机关相关管理情况的基础上，组织有关单位开展了安全技术防范系统集成服务单位管理制度、安全技术防范产品管理制度专项研究并形成研究报告。针对立法重点疑难问题，特别是中央领导高度重视的信息安全问题，组织开展了安全技术防范系统信息安全管理等基础专项研究，为立法工作提供进一步的理论支撑。

四、立足实际，摸清底数，部署启动技防城乡一体化调研工作

一是了解基层技防建设现状。通过多种形式调研江苏、河南、山东、安徽等地的技防城乡一体化建设情况，为下一步启动技防城乡一体化试点建设奠定基础。

二是召开城乡技防一体化建设工作座谈会。按照十八大报告“完善立体化社会治安防控体系”和公安部“开展城乡一体化技防建设试点”的要求，召集北京、天津等7个省市公安机关技防管理部门负责同志，围绕城乡一体化技防体系建设工作，尤其是农村地区技防建设工作进行了全面深入的讨论和交流。

五、服务大局，推动发展，规范指导部属协会和中介机构工作

一是召开联席工作会议。召集全国安防标委会、一所检测中心、中国安防协会、认证中心、安防公安部重点实验室等单位，就促进行业组织和中介机构为公安业务工作服务、为安防行业规范发展服务的能力和水平建设，进一步发挥行业“五驾马车”作用进行了深入研究。

二是指导日常工作运行。组织完成2012年公安部授权安防工程检验机构的年检及通报工作；指导中国安防协会修订完善人事、财务等方面的管理规定，完成《中国安全防范行业年鉴（2012 版)》的材料收集整理及编辑出版工作，加强和人力资源与社会保障部沟通并完成安全防范系统安装维护员职业修订工作；指导全国安防标委会完成第六届委员会换届及委员增选工作；指导认证中心完成身份证读卡机认证工作相关准备工作。

此外，还积极参与了国家发改委“信息惠民工程专项”方案的编制与专家论证；协助装财局完成了国家发改委征求“新疆生产建设兵团社会治安视频监控网络规划”建议工作；根据部法制局转来的商务部文件要求，对科技信息化局、一所、三所及中国安防协会可能涉及的中美投资协定负面清单议题的不符措施进行了第一、第二阶段工作的梳理和报送。

（资料提供：公安部科技信息化局安全技术防范工作指导处）

第三节　各省、自治区、直辖市技防管理工作

北京市技防管理工作

2013年北京市安全技术防范管理工作，以党的十八大精神为指引，以“最安全城市”建设为目标，围绕“人文北京、科技北京、绿色北京”战略任务，着眼首都现代化社会治安防控体系建设的新任务，针对影响首都安全稳定的治安突出问题，在不断强化政治思想工作的基础上，大力创新科技创安工作机制，全面夯实首都安全技术防范系统基础工作，积极推进全市安全技术防范管理标准化、法制化、效能化，努力增强人民群众安全感和满意度，为维护首都社会治安大局持续稳定提供坚实的科技支撑和保障。

一、强化技防系统战时巡检，提升重大安保期间系统保障水平

充分发挥科技创安职能作用，部署各成员单位、各区县相关部门，以为全国“两会”、十八届三中全会安保提供最高标准视频监控运行保障为目标，严格落实视频监控系统管理责任。特别是在前期开展全市技防系统普查工作基础上，针对突出问题，结合工作中暴露出的薄弱隐患，健全完善运维保障工作机制，加大各级视频信息平台的巡检力度，切实做好战时值机、巡检、维保工作，有效提升视频监控系统完好率，实现对政治中心区、大会住地周边、重点区域及路线的重点监控，实现对各区县要害部位和敏感地区的实时、可视、动态管控。

二、努力夯实管理基础，开展全市技防系统大普查

历时2个月在全市各行业系统，16个区（县）、5个地区和首都机场，开展了自2007年以来范围最广、规模最大、项目最细的技防系统建设应用情况普查工作，对全市重点单位、场所区域技防系统建设情况、应用状态、管理水平、防范效能等进行了广泛深入摸底。共普查社会单位1.9万余家，对全市视频监控探头、入侵报警系统、出入口控制系统、停车场（库）管理系统、电子巡更系统进行初步统计普查，建立了全市技防系统的基础明细记录表。同时，积极研发集信息存储、交换、共享、查询、统计分析和电子服务等功能于一体的“北京市安全技术防范管理平台”，建立权威数据库，实现数据研判深度分析，做到“底数清，情况明”，为今后首都安全技术防范工作规划、建设和管理提供重要的数据信息支撑。

三、健全完善日常管理制度，强化科技创安统筹督导职能

6月召开的2013年科技创安专项组全体扩大会议，要求全面强化科技创安职能作用，加快推动科技创安各项重点工作。大力强化专项组办公室职能作用，充分发挥科技创安平台优势，建立“科技创安重大安保战时巡检机制”、“重点任务定期跟进督导机制”、“突出典型宣传报送机制”等常态化工作制度，科学制订科技创安精细化考核办法，确保专项组机构运转高效规范、协调顺畅，为全力推进各项重点工作提供有力保障。

四、制定市政府185号令实施细则，规范全市图像备案管理工作

为进一步规范北京市公共安全图像信息系统的建设和管理工作，制定下发《北京市公安局关于北京市公共安全图像信息系统管理办法实施意见（试行）的通知》（京公科信字〔2013〕1000号），对该行政规范性文件进行了市局、市政府法制备案和行政公开工作，在北京市公安局主页外网镜像栏完成了《北京市公共安全图像信息系统备案表》下载表格的替换。

五、组织开展业务培训，提升技防管理队伍专业水平

先后组织开展首都科技创安管理标准宣传贯彻培训、全局视频巡控业务骨干培训、全局科技系统技防岗位专业培训、技防系统普查工作专项培训等共计100余课时的专项培训，参训人员涵盖技防管理主管领导、技防岗位业务骨干共计2000余人，就业务知识进行了专业、系统的学习考试。同时，通过送训上门服务、下发培训视频等多种途径，狠抓二、三级业务培训工作考核，进一步提升北京市技防管理队伍的专业素养和整体水平。

六、清理法律、法规、规范，推进技防管理规范化建设

一是根据法制部门部署，完成公安《执法大纲》技防管理执法规范的修订工作；二是完成公安部开展的《公安机关执法细则》征求意见工作；三是开展警务规范全面清理工作，对技防管理工作警务规范进行了有效清理和汇编工作；四是完成2014年市政府立法工作计划项目建议征集工作，推进技防管理立法；五是配合市政府、公安法制办，对拟纳入市级行政审批保留目录事项进行了有效清理，并研究提出意见建议；六是开展行政执法主体、依据、职权情况的有效清理工作。

七、梳理技防管理标准依据，推动技防领域标准体系建设

组织开展北京市安全防范管理行业标准化建设的初步研究，组织北京市安防协会开展对全市安防领域标准化工作现状及存在问题的情况分析，完成对378项安全技术防范标准的梳理汇总，努力推进全市技防管理标准体系建设工作。北京市地方标准《安全技术防范报警运营服务通用要求》顺利颁布实施，启动地方标准《监控中心值机人员通用要求》的编制和内部审定，从整体上促进全市技防管理标准化水平。

八、强化跟进督导统筹推进力度，确保重点任务体现成效

结合智慧北京建设目标，将科技创安工作与社会治安防控体系建设紧密衔接，重点推进全市中小学幼儿园及三级以上医院技防系统建设及联网整合、全市公共交通应急处突综合信息实时应用、全市轨道交通技防系统建设等重点建设任务，并取得明显成效。逐步将水电气热重点单位视频监控探头、加油站的视频监控探头、网吧的视频监控探头与公安机关视频监控平台联网整合，实现了对重点单位前端技防系统的实时动态监控。对重点部位周边社区、老旧居民小区、城乡结合部、流动人口聚居区等高发案地区开展技防设施改造建设。

九、提升服务群众工作水平，严把全市技防产品审验关

规范全市技防产品生产登记审批工作，完成技防产品生产登记咨询、接待、解答，全年共计受理技防产品生产登记申办及年检申请材料153份；完成技防产品生产登记及年检审批、审定139份。

十、充分发挥安防协会职能，服务技防产业快速发展

加大对北京市安防协会的监督、指导、管理工作力度，健全完善协会财务审计、日常管理、资质审验等工作制度，进一步突出安防协会服务政府、服务企业、服务群众的职能。充分发挥安防协会专家委员专业技术优势，参加了一系列行业标准的评审及修订工作。大力支持北京市安防协会继续开展安防企业融资相关服务工作，帮助协调合作银行通过各种方式为会员企业提供近亿元贷款支持，举办安防监控室值机员培训班、安防系统安装维护员职业培训班，组织安防工程建设新标准宣贯班，同时继续做好安防企业的资质评定工作和会员入会、年审工作。

经过2013年不懈努力，北京市技防管理工作取得了显著成效，在十八大会议精神的正确引领下，在首都综治、市委市政府和市局党委的大力推动下，技防管理基础工作得到夯实，基本实现了“底数清，情况明”的管理目标，对全市重点单位场所区域技防系统建设情况、应用状态、管理水平、防范效能等实现了整体掌握。同时，以建章立制为支撑，以统筹协调为保障，以服务群众为宗旨，初步建立起“一二三四五”的工作模式，即“一个体系、两个基础、三个平台、四项措施、五个职能”，基本实现“紧密围绕首都公安中心工作，强力支撑一线实战，充分利用科技创安工作体制机制优势，突出重点，全面推进”的工作新局面。特别是首都科技创安的统筹督导职能进一步强化，全市技防系统的建设、改造和升级工作获得有力推动，全市中小幼、医院和居民社区技防系统改造建设取得有效进展，一批社会视频图像信息资源与公安视频监控平台实现联网整合，全市技防管理标准宣传贯彻培训工作全面铺开，有效促进首都技术防范管理标准化、法制化、效能化水平，社会群众安全感和满意度进一步提升，为人民群众安居乐业，社会经济快速发展提供了坚实的科技支撑和保障。

（资料提供：北京市公安局科技信息化部安全技术防范管理处）

天津市技防管理工作

2013年，天津市公安局技术防范监管总队在市公安局党委和公安部科技信息化局的正确领导下，以科学发展观为指导，贯彻落实十八大精神，紧贴公安实战，积极作为、主动作为，不断创新工作思路、完善工作机制、强化保障措施。全年围绕深化技防精细化管理，优化技术防范网络建设布局，扩大技术防范网络覆盖范围，扎实推进技防工作，有效提升了天津市社会治安防控能力和水平。

一、精细管理，服务实战，全市社会治安防控能力进一步提升

为进一步提升天津市技防精细化管理水平，充分发挥各类技防资源在公安实战中的重要作用，在全市范围内开展了在用技防系统监督检查和技术标定工作，要求各级公安机关将按照管辖职责，每月对管辖单位在用技防系统进行1次监督检查，每两年组织各单位委托法定检验机构进行1次技术标定，并要求各有关直属单位、各分局将此项工作纳入到日常基础工作形成长效机制。2013年以来，围绕深入推进技防精细化管理工作开展了大量工作，使得全市各类在用技防系统运行质量在一定程度上得到了提高，服务实战的能力得到进一步提升。

（一）完善机制，全警推动

为进一步落实天津市政府办公厅转发市公安局《关于加强我市技术防范网络体系建设实施意见》工作要求，于3月下发了《天津市公安局关于加快推进我市技术防范网络体系建设管理工作的通知》（津公科〔2013〕94号），进一步明确了各级公安机关在“技防网”建设、管理及应用中的工作责任，为完成各项工作任务提供了机制保障。截至2013年底，各单位录入社会企事业单位技防信息系统的视频监控点位共43万个，每月监督检查工作完成率平均达到95%以上，在“天津市技防资源信息平台”中标注各类在用技防系统21900余个。全市技防精细化、信息化管理水平进一步提高，服务实战能力进一步增强。

（二）组织标定，强力推进

为解决社会面各类在用技防资源存在的“看不清、用不了、调不出”等问题，有效提升各类在用技防系统应用效能，2013年以来，结合绩效考核工作要求，就深入推进在用技防系统周期技术标定工作进行了强力推进。截至2013年底，各级公安机关组织推动开展技术标定的在用技防系统6034个，涉及视频监控点位18万余个。自开展在用技防系统技术标定工作以来，社会各类在用技防资源完好使用率提升至96.1%，并在公安机关打击犯罪、侦查破案中发挥着重要作用。

（三）开展专项，解决亟需

为充分发挥天津市各类在用技防系统在预防和打击犯罪活动中的重要作用，结合全市社会管理亟需，先后组织开展了东亚运动会比赛场馆、住宿宾馆在用技防系统专项核查，地铁、轻轨站区在用技防系统专项核查及金店、加油站技防系统专项核查工作，并及时通报核查情况，同时督促技防系统存在问题的单位进行整改。通过专项核查工作，集中解决了天津市部分单位在用技防系统中存在的问题，大大提升了全市技术防范能力与水平，为大型活动安保、社会管理亟需提供了强有力的技术支持和保障。

（四）定期核查，保障落实

为确保在用技防系统监督检查和技术标定落实到位，录入"社会企事业单位技防信息系统"与"天津市技防资源信息平台"数据真实有效，没有遗漏，切实能够在公安实战工作中发挥作用，2013年以来，按市局统一部署和要求，与市局督察部、刑侦局组成联合核查组对各单位在用技防系统监督检查工作情况组织开展了现场核查工作。核查工作范围涉及有关市局直属单位、分局共40个，累计行程达1.5万公里，共核查单位1000余个，涉及视频监控点位33700余个。现场核查工作后，及时将录入有问题数据反馈至各单位，并定期督促整改，确保了精细化管理各项工作落实到位。

二、召开会议，分级部署，加强技防建设管理工作的组织推动力度

（一）全市大会，统一部署

为贯彻落实《关于加强我市技术防范网络体系建设实施意见》，进一步深化平安天津建设，提升天津整体社会治安防控能力和水平，经市政府批准，3月，会同市综治办召开全市推进技术防范网络体系建设工作会议，会议总结了全市技防网建设10年总体情况，并就贯彻落实《实施意见》进行部署，要求各区县、各部门、各单位按照服务经济社会发展及滨海新区开发开放的总体要求，统一思想，相互协作，统筹全局，多方努力，深化技防网建设，强力推进在用技防系统技术标定与监督检查工作。同时，会议明确了各有关单位的工作任务和职责分工。

（二）市局会议，条口推进

为强力推进在用技防系统监督检查和技术标定工作，进一步明确各有关直属单位工作职责，1月和10月，分别组织召开2013年第一次、第二次技防领导小组联席会议。会议期间，李庆生总队长总结了近年来技防建设及管理工作情况，同时结合各有关直属单位与市局签订的工作责任书，通报了各单位的工作进度。张亮副局长站在贯彻党的十八大"完善立体化社会治安防控体系"高度，要求各有关单位要进一步提高认识，抢抓机遇，组织本单位、本系统，想方设法、千方百计强力推进技术标定和监督检查工作，不折不扣地做到每月1次监督检查，动态掌握管辖单位技防系统建设使用情况，做到底数清、情况明，确保在年底前完成首轮技术标定工作。

（三）分局会议，加强交流

为进一步明确各分局技防管理部门技防精细化管理职能，切实做好在用技防系统监督检查和技术标定的组织、指导、监督和推动等社会化管理工作。6月，召集部分分局技防监管支队主要负责同志，就明确技防精细化管理职能进行座谈。会议结合近期发生的几起案件，提出当前技防精细化管理工作中存在的检查不全面、落实不到位、推动不积极、标定进展慢等问题，并针对存在的问题提出工作建议。各分局技防监管支队就工作中存在的困难和问题与总队进行了充分交流和探讨，解决了部分工作中遇到的问题和疑惑，为进一步深化天津市技防精细化管理工作水平奠定坚实基础。

三、深入推动，加强宣传，采用多种形式深化技防建设管理工作

（一）深入区县，常态推动

为落实全市技防大会要求，及时了解各单位工作动态，深入推进技防网建设及技防管理工作，建立常态化推动工作机制，结合各单位建设管理现状，有针对性地制订推动计划，及时深入各有关单位开展推动指导。一年来，先后赴出入境管理局、和平、津南、塘沽、宝坻等20余个市局直属单位及分局，与其主要负责同志或主管领导进行了交流和沟通。期间，结合2013年绩效考核工作，以及公安实战对技术防范的实际需求，分别就按照市局统一技术架构开展技防网建设，如何落实技防网建设资金，以及尽快组织管辖单位开展在用技防系统技术标定等工作与各分局领导同志进行了沟通。同时，针对各单位在技防网建设及管理工作中存在的问题和困难，逐一进行解决或提出工作建议。各有关单位均表示，将结合市局技防网建设"十二五"规划内容，尽快与区政府进行协调，落实技防网建设资金，按照统一标准开展技防网建设。同时，就在用技防系统技术标定和监督检查工作进行部署，明确分工，落实责任，确保年底前完成首轮技术标定工作。

（二）加强宣传，营造氛围

为积极争取社会各界对技防网建设管理工作的理解和支持，2013年以来，通过声、屏、报、网等媒体加大宣传，为顺利开展此项工作提供良好的社会环境。5月，通过交通广播，分别就技防网建设、技防精细化管理、技防网维护与技防网应用等工作进行宣传和报导。结合公安科技周活动，制作了技防网建设管理相关内容的展板和展牌，对天津市公安技防建设管理工作取得的成就进行宣传和展示。同时，还邀请天津电视台滨海台记者就技防网建设管理工作进行了专访，进一步宣传天津市技防网在社会管理及公安实战中的重要作用。

（三）定期通报，指导工作

为及时解决技防建设管理工作中存在的问题，督促指导各有关单位顺利推进此项工作。2013年以来，按照市公安局督考一体化工作要求，以科技工作简报和市局明传电

报等多种形式，定期下发工作通报。通报近一个月来各有关单位技防建设管理工作进展情况，工作中发现的问题，以及相关工作意见和建议。通过定期下发工作通报，强化了对此项工作的指导性和规范性，对及时督促各有关单位动员部署、落实责任，起到了积极的作用。

四、推进建设，密织网络，进一步扩大“技防网”覆盖范围

（一）深入推进，扩大范围

为深入推进天津市“技防网”建设，依照《天津市安全技术防范管理条例》和各区县、系统综治考核要求，明确建设单位责任、分解任务指标，综合运用宣传发动、载体拉动、示范带动等措施，引导社会各界加大对技防建设的投入力度，大力推动技防系统建设。截至 2013 年底，全市视频监控点位达到 43 万余个，互联互通、资源共享的 1.4 万余个，电子卡口系统前端点位 226 处，实现了对历史车辆通过时间、号牌、位置及前排驾乘人员图像的检索、调取，以及对当前通过车辆的号牌实施布控、报警等功能。天津市外环线及与外埠交界总队“技防网”电子卡口和视频监控系统已形成两道技术防护圈。技防网已成为天津市治安防控、打击犯罪、管理社会不可或缺的技术支撑。

（二）制订标准，规范建设

为规范和指导天津市各类技防系统工程建设，进一步完善天津市技防建设标准体系。2013 年，积极参与了地方标准《住宅小区安防工程技术规范》修订。新修订的技术标准，明确了出入口及重点防护区域应选用高质量视频设备，以清晰辨认人员面部特征及车辆号牌信息。同时还就实现与天津市技防网互联互通提出相关技术要求。新技术标准制订完成后，将进一步提升天津市技防系统工程水平，对加强社会治安防范整体能力具有重要意义。

（三）严格审核，指导建设

为充分发挥职能作用，指导全市各类技防系统工程按照《天津市安全技术防范管理条例》以及相关国家、行业、地方标准开展工程建设，继续强化行政许可审批工作，通过技防系统开工审核及竣工审验，规范各类技防系统工程建设工作，逐步统一技术规范和建设维护标准，确保技防系统设计方案合理、技术理念先进、达到国家相关技术标准，实现统一联网和资源共享，不断提升重点区域技术防护水平。

（资料提供：天津市公安局技术防范监管总队）

河北省技防管理工作

2013 年，河北公安技防工作在省公安厅党委的正确领导下，加强党的群众路线教育，紧紧围绕公安工作重点，积极主动，圆满完成了各项工作。大力推进全省视频监控系统建设与应用工作，将全省视频监控网建设质量全面提升到一个新阶段。按照公安部和省政府“十二五”规划中关于技防工作的要求，推动全省技防工作进展，本着认真负责、积极服务的精神，为省内外安防企业做好服务，简化工作流程，办理了大批安防产品登记和安防系统的设计、安装、维修备案。同时，积极推动新形势下的农村技防工作，多方共举，以示范县、重点县经验带动全省工作，取得显著效果。

一、开展视频监控系统建设与应用工作

年初，制订了 2013 年视频建设规划建设目标，确定了工作重点，明确了各建设内容的完成方式和时限，并作为重点列入省厅对各市公安机关工作综合考评项目，强力推进工程建设，取得了可喜的成绩。截至 2013 年底，全省视频监控系统联网 3 万余个，11 个市全部完成视频监控平台建设，大部分县完成了视频监控平台建设。

为规范各地的视频监控系统建设，保证互联互通，河北省技防办按照公安部统一标准，进行远程和现场标准合规性调测。

二、进一步整顿技防管理流程

按照省政府和厅党委的部署，进一步规范生产登记审批工作流程，重点明确了办理责任、审核标准，统一制作了明白卡实行一次性告知，压缩了办理时间，并设置了投诉电话。同时，抓紧实现网上审批工作，为企业提供优质快速高效的服务，全年共为 19 家安防产品生产企业办理了安防产品生产登记批准书。

三、积极开展走访活动，推进依法行政工作

2013 年紧密结合科信和技防工作实际，继续推进“大走访”活动。5 月，利用开展科技活动周的有利契机，组织各级科技及技防民警深入社区、街道、安防企业单位，把安防知识以及与群众切身利益息息相关的安防法规印制成宣传单，通过安防法律知识讲座、座谈会等形式开展法制宣传教育，向群众广泛宣传，切实增强群众法制意识和防范意识。8 月，召开安防企业“群众路线教育”座谈会，邀请了 10 多家安防企业就如何开展便民服务工作进行座谈，厅路线教育活动办公室也派人参加了座谈。在座谈中，与会企业提出了不少建设性意见。10 月，专程赴邢台市对省人大代表齐秀敏女士进行回访，征求对省技防管理工作的意见建议。

四、农村技防工作有序推进

近年来，河北省经济快速发展，人民群众安全感不断提高，各级党委政府制定专门文件，就加强社会治安防控体系和技防建设作出规定，对技防建设资金、规划、运行、检查验收等方面提出明确要求。全省各级技防管理部门积极推广村级视频监控系统、“平安互助网”、变压器防盗报警器、“电子狗”、“气死贼”等技防设施建设，实现了农村“平安互助网”、农村野外变压器防盗报警器全覆盖，农村技防建设水平逐年稳步提升。2013 年，河北省各级党委政府进一步推进农村“平安互助网”建设，以 21 个技防示范县和 34 个技防重点县为榜样，投入大量精力和资金，不断向城市社区、重点企业延伸，为维护农村治安秩序、推进平安河北建设、促进经济发展发挥了重要作用。

过去的一年，河北省公安厅技防办在厅党委的正确领导下，牢牢坚持以社会平安为中心、以技防设施建设为重点、以人民满意为标准，全力以赴地推进各类社会技防工程建设，提高技防管理部门服务质量，创新社会治安管理模式，为全省人民的安居乐业提供了一个有力的技术保障。今后，将进一步加强技防管理工作，理顺工作流程，提高服务质量，为实现创新型社会管理而不懈努力。

（资料提供：河北省公安厅安全技术防范管理办公室）

山西省技防管理工作

2013 年，山西省公安厅治安管理总队安全技术防范支队（山西省公安厅安全技术防范管理办公室）在省公安厅党委的统一安排部署下，在治安管理总队领导的直接领导下，按照年初制订的工作计划，经过安全技术防范支队全体人员的努力工作，圆满完成了各项工作任务，山西省安全技术防范管理工作取得了明显成效。

一、多种形式开展《条例》的宣贯培训

《山西省安全技术防范条例》自 2012 年 10 月 1 日起施行后，利用多种形式对《条例》进行宣传，召开新闻发布会，印制了《条例》的单行本及宣传手册，发放到相关单位。3 月，印发了《山西省安全技术防范条例实施细则》，对贯彻落实《条例》有关规定作了详细说明。5 月，召集各市公安局治安、科技通信、刑事技术等部门的分管负责人和具体从事安全技术防范管理工作的同志，召开了全省安全技术防范培训会议，会议对《条例》和《实施细则》进行的宣贯培训，并对下一步的贯彻落实工作进行了安排部署。会后，将《条例》和《实施细则》在山西公安便民服务在线网站上公布。

二、理顺全省安全技术防范监督管理职责

为了加强山西省安全技术防范管理工作，2012 年底，山西省公安厅党委会决定省厅的安全技术防范工作由科技处整体移交到治安总队。治安总队增设安全技术防范支队，负责指导全省的安全技术防范工作，对全省安全防范活动实施监督管理。将安全技术防范工作和治安管理各项工作相结合，既体现了厅党委对这项的工作的高度重视，又能更好地发挥技术防范在社会管理中的重要作用。省厅于 2012 年底移交完毕，并于 2 月下发《关于进一步规范安全技术防范管理工作的通知》，要求全省各地尽快理顺安全技术防范管理工作职能，尽快完成机构移交，履行管理职责。截至 2013 年 6 月 30 日，全省十一个市的技防管理机构已经正式移交到治安部门。

三、对安全技术防范行业强化管理服务

《山西省安全技术防范条例》规定了申请技术防范系统的设计、安装、运营、维护、监理应当具备的条件，对符合条件的企业核发《山西省安全技术防范从业单位资质证》；规定了企业生产技术防范产品应当符合国家规定的相关标准。列入国家技术防范产品生产登记目录的，应当取得生产登记批准证书。

针对以上两项行政许可项目，按照《行政许可法》中实施行政许可应当遵循便民的原则，提高办事效率，提供优质服务的要求，依托山西公安便民服务在线平台，网上办理全省技防业务。在网上公布了八项技防业务（含两项行政许可项目）的办事指南（包括核定依据、受理部门、所需材料、审批环节和时限等）、申请表格（包括网上下载、在线填报等）办理所需材料，每个环节都实现短信告知，并可在网上查询办理进度，公布了咨询服务电话。全程在网上进行审核、审批，极大地方便了企业，提高了办事效率。目前已有 700 余家从事安全技术防范的企业取得了相应的资质，进一步规范了管理，净化了市场，使安全技术防范行业逐步向法制化、规范化的道路健康发展。

四、重点开展全省视频监控系统建设工作

按照《平安山西五年规划（2013－2017）》和省综治办《关于大力推进社会治安防控体系“六网覆盖”的实施方案》的有关要求，坚持政府负责、公安牵头、单位主体、社会参与的原则，努力建立集巡逻防控、视频监控、现场指挥、应急处置等功能于一体的联防、联控、联动工作平台，构建点线面结合、人防物防技防结合、专群结合、网上网下结合的社会治安防控网络。于 5 月和 9 月两次下发通知对全省视频监控系统建设与应用工作的现状进行摸底，收集掌握了全省视频监控系统建设和应用的基本情况。10

月，省综治办、省公安厅在太原市联合召开了全省社会治安防控体系“六网覆盖”工程建设推进会。会议就太原市依据SVAC标准建设的“天网”一期工程进行了经验交流，同时印发了《关于进一步加强全省视频监控系统建设与应用工作的意见》和《山西省视频监控系统总体架构及技术要求》。

全省公安机关按照省综治办、省厅党委的统一部署，认真谋划，精心组织，结合实际都分别制订了本地的实施方案和任务要求，各地的主导建设部门也按照本地的总体规划积极协调财政、住建、规划等部门落实建设资金，加大建设力度，视频监控系统在预防、打击和控制犯罪等方面发挥的作用也日益明显。截至2013年底新增公共视频监控点摄像头7096个（其中高清4519个，标清2577个）。据不完全统计，近年来公安机关依靠视频监控系统直接破获刑事案件640起、治安案件698起，预防违法犯罪627起，服务群众2258件。如山西太原“11·06”爆炸案就是通过视频监控系统发现线索，锁定嫌疑车辆。“11·06”爆炸案的迅速侦破，视频监控信息发挥了重要的作用。

2014年，将继续按照省公安厅党委“五个一”的工作思路，即确立一种“民生警务”理念，坚持队伍建设这一根本，打造一支“亲民公安”队伍，夯实基层基础工作这一根基，坚持群众满意这一标，按照治安总队全年的工作安排，大力推进全省以视频监控系统建设与应用为重点的各项安全技术防范管理工作。

（资料提供：山西省公安厅安全技术防范管理办公室）

内蒙古自治区技防管理工作

2013年，内蒙古自治区技防管理部门在公安部和自治区公安厅党委的正确领导下，按照公安部科技信息化局年度工作部署和全区公安科技管理工作要点，有序开展了全区技防管理工作，进一步巩固了技防执法规范化工作，继续推进了视频图像信息的整合与共享，深化加强了技防社会管理创新，有效强化技防管理对公安中心工作的服务和支撑，推动内蒙古自治区技防管理工作再上新台阶。

一、创新推进技防管理规范化工作

（一）进一步加强技防日常管理工作

对全区从事公共安全技术防范产品生产登记的企业和从事公共安全技术防范系统设计、施工、维修备案的企业开展管理工作，规范产品登记或备案程序，完善企业档案管理，按时开展企业年检工作。对1家企业生产的摄像机进行了生产登记，对233家企业进行备案，对3家从事生产登记的企业及393家从事备案单位进行年检。开展了形式多样的学习培训活动，有针对性地抓好安防从业人员及安防企业的学习工作，努力提高安防从业人员及安防企业的水平及能力。

（二）进一步提升技防管理行政效率

按照《内蒙古自治区公共安全技术防范管理条例》、《内蒙古自治区公共安全技术防范管理条例实施细则》和《关于进一步规范全区公安科技管理部门审批、备案等工作的通知》等要求，对公共安全技术防范产品生产登记和公共安全技术防范系统设计、施工、维修备案的程序进行简化，时限进行压缩，进一步提升管理效率。对申请办理生产登记审批或安防备案的企业一律一次性告知需补齐的全部内容，尽量减少企业的办事成本，进一步便民利民。

（三）进一步加大技防普及力度

一是组织开展了丰富多彩的公安科普宣传周活动。活动按照部科信局和自治区宣传部、科技厅、科协的统一部署开展，有力地提高了社会各界人士及广大民警对安防技术的认识，开拓了参与人员的视野。二是举办了内蒙古自治区第八届安防展博会。采取社会化运作的方式，邀请国内外200余家安防企业参展，展出的安防科技产品和警用装备涉及视频监控、联网报警、楼宇对讲，及应用于平安城市、网络监控和应急指挥、智能交通、平安校园、金融机构等行业的安防产品和高新警用装备。展会期间，近万人到场参观，并达成了一些采购、合作意向。同期针对视频监控联网技术解决方案举办了安防论坛，加强了区内外安防行业的合作与交流，推动内蒙古自治区安防产业快速、健康发展。三是编制宣传资料。开办《内蒙古公安科技》视频建设专刊，编发《科技信息简报》和《视频案例选编》，扩大视频图像信息整合与共享工作经验交流，启发了思路，同时提高了社会民众对视频监控的认知度、参与度和普及度，使安防技术理念深入人心。

（四）进一步加强技防调研工作

一是开展区内专项调研。针对全区技防管理工作存在的困难和问题，着眼于全区公安科技工作的长远发展，4月，联合有关警种、部门深入基层开展“向科技要警力”调研工作。其中，对技防建设和管理工作编制了调研题目及调研表，深入各盟市开展调研，取得良好成效。二是到区外调研。多次组织盟市公安局科技部门技术人员赴深圳、武汉、杭州等国内技防工作开展较好的地区进行了实地调研考察，学习这些地区的成功经验和先进做法，为内蒙古自治区开展工作积累了经验。

二、强化技防执法监督检查工作

（一）持续推进警务公开工作

一是制定了技防工作政务公开方案。按照内蒙古公安厅的统一部署，建立、完善了政（警）务公开信息的整理、审核、录入制度，将涉及技防管理工作的办事依据、办事程序、办事期限、联系方式等群众普遍关心的事项对外公开，形成了公开透明的公安科技及技防管理体制。二是积极开展培训和督导工作。通过培训学习等方式，有效提升专职工作人员的业务素质，经常督导政务公开工作落实情况，发现解决一些影响政务公开工作的疑难问题，确保政务公开工作取得实效。

（二）完善技防管理法制建设工作

根据执法工作要求，对现行的技防管理规范性文件进行了修订规范，对《转发自治区公安厅科技强警示范建设实施意见的通知》和《关于印发自治区视频监控报警联网系统建设方案的通知》提出了修改建议，完成了对《内蒙古自治区公共安全技术防范管理条例实施细则》的重新修订、补充，完成了对《内蒙古自治区公共安全视频监控图像信息系统管理办法（草案）》征求意见工作。

（三）开展全区安防工程执法监督检查工作

一是指导内蒙古安防中心开展技防工程检测工作。根据公安部的要求，从检测机构自身建设、检测人员培训等方面入手，对检验的工程数量、检验工程的造价总额、参与城市报警与监控系统建设检测、验收工作等方面进行了年审。2013 年度检测工程数量 96 项，工程总额 1.8 亿元，开展了五期培训班，培训人员 800 余人次。二是指导全区各盟市公安技防管理部门开展技防执法工作。重点指导呼伦贝尔市、乌兰察布市公安局科技处，积极探索安全技术防范执法工作的新方法，开展了安全技术防范执法专项行动，规范了执法工作。

三、深化推进全区视频图像信息整合与共享工作

（一）科学规划，抓顶层设计

多次组织国内知名厂家、企业、院所的专家、技术人员，一起反复研究、探讨、论证视频监控建设与应用的技术问题，先后出台了《内蒙古公安机关视频图像信息整合与共享工作方案》、《内蒙古公安机关视频图像信息整合与共享技术方案》、《2013 年度内蒙古公安机关视频图像信息整合与共享工作任务书》、《内蒙古自治区公安机关视频监控系统建设及应用有关问题的指导意见》等规划性文件，完成了一个较高水平的顶层设计，为内蒙古自治区视频监控建设与应用奠定了坚实的基础。

（二）成立领导小组，抓领导推动

自治区公安厅成立了由自治区副主席马明为组长的视频图像信息整合与共享工作领导小组及办公室，全面负责指导、组织和管理全区视频图像信息整合与共享工作，以及视频监控建设与应用的规划设计、技术把关与发展研究，防止了盲目建设、重复建设、低水平建设和低层次应用的发生。各盟市也成立了由局长一把手为组长的领导小组，明确了职责任务，形成了局长总负责、分管局长亲自抓、有关部分协调配合具体抓的良好局面，有效推动了本地视频图像信息整合与共享工作。

（三）考察调研，抓经验积累

为避免视频图像信息联网建设及整合与共享工作中“走弯路”，多次组织各级公安机关科技部门技术人员赴国内视频图像信息整合与共享工作开展较好的地区进行实地调研考察，学习这些地区的成功经验和先进做法，认清了自身的差距和不足，明晰了建设思路和目标方向。同时，深入基层调研视频监控联网建设进展情况、存在困难，并及时解决。

（四）探索应用，抓机制建设

全区各级公安机关坚持边建边用的原则，积极探索将视频监控技术用于实战，邀请国内知名厂家，开展视频监控联网及应用实地测试工作，探索运用围绕视频监控技术开展的一些新兴技战法，有效推动了内蒙古自治区公安机关现代警务机制的建立。

（五）考核督办，抓项目推动

组织人员对各盟市视频图像信息整合与共享工作进展进行了考评及通报，抓好督办工作的落实，并下发《内蒙古自治区公安厅关于全区视频图像信息整合与共享工作情况的通报》，对完成任务好的地区要给予奖励、表彰，对措施不力、成效不明显的进行通报批评，有效督促全区平台建设顺利、规范的进行。截至 2013 年底，全区社会公共监控摄像机总数突破 63 万台，实现了盟市级平台建设任务 100%、旗县级平台建设任务 100%、平台间联网任务 100% 等 3 个百分之百的重大突破。

四、指导内蒙古公共安全技术防范行业协会开展工作

为适应安防行业的快速发展，不断加强内蒙古公共安全技术防范行业组织建设工作，指导内蒙古安防协会积极开展工作，发展会员单位、扩大常务理事单位及理事单位的范围，形成了一个包括各方面企业参与的决策层，有效地发挥了企业在协会中的主导作用。进一步加强协会制度建设，强化学习交流，组织区外学习，开展区内活动。

2013 年，内蒙古自治区技防管理工作虽取得了新进展、新突破，但仍存在一些不足和问题，还有一些工作需要进一步加强落实。2014 年是全面贯彻落实党的十八届三中全会精神的开局之年，在新的一年里，将以服务平安内蒙建设为中心，按照部署的工作要点及重点任务分解和完成工作时限要求，以更加奋发有为的精神和求真务实的干劲着力抓好各项工作的落实，使内蒙古自治区的技防管理工作再上新台阶。

（资料提供：内蒙古自治区公安厅公共安全技术防范管理办公室）

辽宁省技防管理工作

辽宁省公安厅技术防范办公室设在辽宁省公安厅科技通信处，具体负责全省安全技术防范管理工作。2013 年为了全面贯彻落实公安部的各项指示精神和各项工作任务，全省各级公安机关技防管理人员以科学发展观为指导，实现“中国梦”为目标，在辽宁省公安厅党委正确领导下，全面完成了各项技防管理工作任务。

一、继续开展全省高清视频监控系统建设

（一）完成全省新建 5000 个高清视频监控点位建设工作

为提高辽宁省高清视频监控系统对重点部位的覆盖率，切实发挥视频监控系统在“打、防、管、控”中的作用，辽宁省公安厅联合省综治委下发了《全省公安视频监控系统建设与应用工作的实施方案》，截至 2013 年底，全省已经全部完成 5000 个高清点位的建设任务。

（二）组织开展全省视频平台标准化改造

组织各市开展视频监控系统联网建设及视频图像信息整合与共享，按照国家标准 GB/T 28181 - 2011《安全防范视频监控联网系统信息传输、交换、控制技术要求》，对原有监控平台进行改造。目前，部分已完成视频平台标准化改造工作。

（三）组织开展全省视频监控系统完好率专项检查工作

针对重大活动安保特点，对各市重点部位的视频监控系统状况进行抽检，三次检查共抽检摄像头 7520 个，及时更换摄像头 450 个，维修 120 个，有力地保障了视频监控系统在各项安保活动中的完好率。

二、完成重要维稳工作的视频监控指挥保障任务

为确保春节、两会、锦州世园会期间视频监控系统的完好率及清晰度，解决各市视频监控系统在日常管理和维修维护责任制不落实，年检和巡检制度不健全、不落实的情况，针对春节、两会、锦州世园会、十二运安保的不同特点，为维护社会治安稳定，及时发现各类违法犯罪活动，预防、制止各类非法聚集事件发生，组织各市公安局对社会面敏感地区的视频监控系统进行检查，对监控尚未覆盖到的地区，要求各市必须及时进行补建，以确保对重点地区的视频全覆盖。另外，组织监控平台的管理人员对全省重点要害部位的视频图像进行了分类整理，组织专家技术人员在视频监控平台上重点专用板块，每个板块具有针对性的对涉及部位进行重点监控，做到了不留死角，全程覆盖。进一步强化了视频监控系统的运维保障力度，为全省公安机关各项安保工作提供清晰流畅的视频图像，充分发挥了视频监控系统的技术支撑作用，为领导指挥决策提供可视化依据，实现科学用警、动态布防、全面控制、精确打击的工作目标。

三、圆满完成全省十二运视频监控保障任务

在十二运安保工作中，根据厅党委和中心领导的部署，科学规划、精心组织、周密实施，圆满完成视频保障任务，实现了对十二运火炬转场路线、火炬传递路线、驻地至场馆路线、赛事驻地、赛事场馆等区域的高清视频监控全覆盖，有效地控制了各区域的社会治安，并确保了将各类图像上传公安部前指，为各级领导实时掌握现场情况、及时调整部署等工作提供了良好的基础保障。

在技防处的精心组织下，各市局大力配合，全省技防管理干部及技术人员研制开发了全省十二运联网平台，按照边开发、边接入、边测试、边部署的原则，完成了全省 14 个赛区比赛场馆、火炬传递、运动员裁判员驻地等视频监控资源联网工作，以及检查站视频监控资源的汇聚接入。该平台图像清晰稳定，上传路数多，资源丰富，可及时、准确地调控与十二运安保有关的全部视频监控资源，为指挥决策、预案制订、警力调配、查岗查勤等提供了先进的可视化指挥手段，在十二运安保中发挥了突出作用。据不完全统计，十二运期间全省利用视频监控系统共处理突发事件 30 余起，保证了十二运期间省社会大局稳定。

四、制定了视频监控系统应用管理制度

为保证视频监控系统的科学规范运行，充分发挥其应有的效能，使工作正规化、管理规范化，在广泛征求、采纳各市公安局意见的基础上，制定了《辽宁省公安视频监控中心运行管理规定》、《辽宁省公安视频监控中心人员管理规定》、《辽宁省公安视频监控系统维护保养规定》，并以正式文件形式下发各市，形成了全省统一管理的良好局面。

五、深入开展技防企业“大走访”活动

各级公安科通处紧紧围绕“为企业解忧、促企业发展”这一主题，深入开展走进技防企业“大走访”活动，认真了解企业运营发展中遇到的困难，主动为企业排忧解难，进一步密切警企关系，为技防企业生产经营保驾护航。同时，广泛组织召开技防企业代表座谈会，认真听取服务对象对公安工作的意见、建议，进一步改进工作方式，提升服务质量。各地市局在日常工作中抽调专人深入技防企业，全面了解和掌握第一手资料，并利用技防行业协会对企业年审换证和技防协会举办培训会时机，分批开展座谈等方式，广泛听取企业意见和建议，促进了技防行业的健康发展。

六、强力推进城乡结合部和农村技防设施建设

为认真贯彻落实省公安厅关于“全面加强我省城乡结合部视频监控和农村技防设施建设”的指示精神，进一步提高全省公安机关安全技术防范工作水平，更好地服务公安实战，经请示厅党委同意，成立了以科技通信处为班底的厅安防办，并已全面开展工作。

一是加强业务培训，提升专业素质。为认真贯彻落实厅领导提出的“要牢固树立学习意识，刻苦钻研业务知识，尽快成为行家里手”的指示精神，先后三次组织全体成员深入学习安防工作相关文件，传达学习习近平总书记近期的重要指示精神，孟建柱书记、郭声琨部长在江苏深化平安中国建设工作会议上的重要讲话精神，以及全国公安机关视频监控建设与应用工作会议精神，并紧密结合辽宁省实际，专门研究安防技术建设与应用工作思路。在“科技周”活动期间，安排专业技术人员为安防办全体成员讲课，开阔了视野，增长了专业知识，对全国、全省安防工程建设与应用工作形势有了更加深刻的认识。

二是深入开展调研，推进安防工作。为准确掌握全省安防工程建设情况，组成了三个调研组分别到大连、丹东、朝阳三市，对城乡结合部、农村技防建设与应用工作、安防专业队伍建设、报警系统建设与应用工作进行了深入调研。同时，根据辽宁安防工程建设需要，组织专人到外省市深入调研，确保辽宁省安防建设实现高起点开局、高速度推进、高质量建设的“三高”工作目标。

三是联合开展研讨，提升科技含量。为充分借鉴国内先进的科研成果，迅速提高辽宁安防工程建设的科技含量，确保建设水平始终保持领先，切实满足“实战、实用、实效”的工作要求，已初步与公安大学和辽宁警官高等专科学校联合开展安防建设与应用理论研究，为全省安防工程建设提供强大的理论支撑。

七、强化技防管理职能作用，广泛开展安全防范知识宣传活动

全省各级技防管理部门为强化职能，充分利用电台媒体、网络和展板等形式，开展安全技术防范知识的宣传活动，让技防知识走进机关单位、社区民宅、大街小巷，提高广大人民群众的安全防范意识，为维护社会治安稳定起到了巨大的促进作用。为更好地让公安科技成果服务于企业、服务于广大人民群众，各市均程度不同地开展了各种形式的科学技术防范宣传活动，利用图片、影音资料等多种形式向群众宣传、讲解技术防范的发展、应用和成果，在群众中形成科学技术防范的学习氛围，增强了群众的防范意识和安全感；同时还走访技防企业，宣传法律、法规，规范技防市场。

经过一年的努力，辽宁省技防管理工作在省公安厅党委的正确领导下，在各级政府的帮助下，取得了很大的成绩，但和先进兄弟省份相比还有很大的差距，预计2014年全省将新建点位3000个，继续扩大对重点、敏感部位的监控范围。积极协调省法制办、省人大，推动《辽宁省公共安全技术防范管理办法》立法工作。

（资料提供：辽宁省公安厅安全防范技术管理办公室）

吉林省技防管理工作

2013年，吉林省公安厅安全技术管理办公室以创建平安吉林、服务经济发展和民生大局为目标，紧紧抓住视频监控系统建设列入省政府“民生实事”的发展机遇，创造性地落实公安部的战略部署，突出省情区域特点，从政府层面强力推动，合力展开攻坚，各项重点工作取得明显成效。

一、以民生实事为平台，加速推进视频监控系统建设和应用，精心打造亮点工程

2013年，吉林省公安厅技防办紧紧抓住全省城市报警与监控系统建设连续第4年纳入省政府民生实事，也是吉林省公安厅唯一一项纳入全省民生工程工作的难得机遇，在厅党委的正确领导下，多策并举，攻坚克难，组织各地公安机关紧紧依靠各级党委、政府领导，将全省城市报警与监控系统建设融入全省经济发展大局中，与政府其他职能部门协调配合，合力推动系统的建设和应用。2013年，全省新增视频监控探头129677个，其中，公共高清视频监控探头新增6412个，社会监控探头新增123265个，全省共投入建设资金39750万元，其中各级政府累计投资34106万元，为维护社会和谐稳定、防范打击违法犯罪做出了积极贡献。2月26日，视频监控系统建设工作荣获2012年度吉林省省直机关“建功十二五”突出业绩奖。

一是科学谋划推进。坚持“统筹规划、规范建设、科学推进”建设思路，规划全省年度建设任务，设计年度重点建设项目，研究制订工作方案。为加强技术指导，保证标准统一，先后研究制定《全省城市报警与监控系统建设技术指南》、《关于规范选用视频监控前端编解码功能相关设备的通知》、《吉林省城市数字化治安交通监控系统技术方案》、《关于开展高清视频监控系统建设工作的通知》、《吉林省国省干线公路和高速公路视频监控系统建设实施方案》、《吉林省视频监控系统联网建设及视频图像信息整合与共享工作方案》等系统建设规范文件。同时，对各地、各警种建设方案、技术方案组织专家论证和技术把关，确保了系统建设规范推进。积极争取省委、省政府的坚强领导和鼎力支持，省政府专门下发文件成立全省视频监控系统建设领导小组，加大组织领导力度，先后五次召开会议部署推进，制订视频监控系统建设与应用责任书，全面落实各级政府责任，在组织领导、顶层设计、谋划推进方面，为推进视频监控系统建设奠定了坚实基础。

二是破解难题推进。建设经费一直是制约吉林省视频监控系统建设的瓶颈。为破解这一难题，系统建设初期在没有建设经费的情况下，在试点探索和调研的基础上，提出了利用市场机制搞建设的思路，即通信运营商投资建设各级公安监控中心，公安机关支付网络传输租费。经过反复的磋商、谈判，省公安厅与省联通公司达成了合作协议。这种与通信运营商合作的模式解决了建设经费的燃眉之急，在建设初期被全省统一采用。随着系统建设的不断深入，指导各地广开思路，内外挖潜，采取政府直接投资、BT 模式融资、运营商先期投资政府每年支付租金、自行敷设视频传输光缆专网等多种方式解决建设资金问题，同时积极争取有关部门的经费支持。吉林省政府投入 1.24 亿元用于系统建设。全省各市（州）、县（市）也参照省里的做法，拓宽多种投资渠道，确保系统建设稳步推进。

三是主动协调推进。为推进工作落实，主动协调省政府督查室、省综治办先后两次开展视频监控系统建设专项督查，制订工作方案，细化工作流程，实地抽查核实，统计汇总数据，下发督查通报，对系统建设任务完成率、建设和维护资金落实率、技术达标率、联网在线率、监控探头好使率、视频监控破案率全省排名通报，有力地促进了系统建设。主动请示省发改委将视频监控系统建设工作纳入 2013 年度省政府对各市、州政府绩效考评，确保系统建设有效推进。

四是完善机制推进。从源头管理出发，积极协调省政府法制办研究制定《吉林省公共安全视频图像信息系统管理办法》，2013 年 1 月 1 日正式实施，从法规层面对全省系统建设予以规范。研究制定《吉林省公安机关城市报警与监控系统运行管理规定》，为全省公安机关推进系统建设和完善运行管理工作提供有效依据。为确保已建系统好使管用，先后部署全省公安机开展视频监控系统设施安全大检查统一行动、全省视频监控系统大普查和更新维护“百日行动”，全面排查整改视频监控系统存在的问题隐患，着力提升系统图像信息在线率、完好率，同时健全日常检查维护机制，保证系统 24 小时安全运行；着力加强考核督导，专门制发《关于细化城市报警与监控系统建设工作考评评分标准》，将视频监控建设纳入对各市（州）公安局综合考评，建立月通报制度，通报全省工作进展和存在问题，提出工作要求。各地公安机关参照省厅做法，普遍建立考核制度、督导制度、通报制度，强力推进工作落实。

五是深化应用推进。为推进系统深度应用，在全面分析全省监控系统服务实战经验的基础上，总结了全省 96 起典型案例和 27 个视频监控技战法，编制了《吉林省城市报警与监控系统应用典型案例及技战法汇编》，精选 20 起典型案例并制作《吉林省城市报警与监控系统应用精选典型案例》宣传光盘下发至各级公安机关和一线基层所队，推动视频监控系统的深度应用和效能发挥。针对视频监控管理力量薄弱的实际情况，做实做强视频监控专业队，相继下发两份文件，明确要求各地要组建专门管理机构，充实管理技术力量，在管理体制上明确了全省公安机关视频监控管理专门机构职能和专业队伍职责任务。全省各级公安机关按照省公安厅要求，组建专门机构，充实专职力量，总结推广视频监控技战法，全力推进监控建设与深度应用，运用视频监控技术手段维护稳定，服务保障民生的能力水平日益提升。

二、全年工作进展情况

按照吉林省政府确定的全省新增 5 万个视频监控探头民生实事的任务目标要求，省公安厅组织全省各级公安机关全力推进视频监控系统建设与应用。截至 2013 年底，全省新建视频监控探头 129677 个，其中公共高清监控探头 6412 个，完成率分别为 259.35% 和 213.73%。

（一）工作部署情况

年初，在调研论证基础上，以省政府名义印发《2013 年全省视频监控系统建设工作方案》，明确 14 项重点建设任务，提出新建 5 万个视频监控探头，其中 3000 个公共点高清监控探头全部达到 130 万像素以上，重点点位监控探头达到 200 万像素以上技术标准。制发《2013 年全省视频监控系统重点建设任务分解推进表》，明确各地各部门职责任务，有序推进建设进度。3 月在四平市组织召开全省视频监控系统建设推进会，总结交流经验做法，部署 2013 年全省视频监控系统建设与应用重点工作任务。为进一步提升维护农村社会稳定、促进农村经济发展的能力和水平；9 月，组织召开全省农村视频监控系统建设现场会，全面部署推进全省农村视频监控系统建设任务，2014 年底前完成所辖乡镇村屯视频监控系统 50% 的任务，2015 年底前完成全省 717 个乡镇 9405 个行政村视频监控系统建设任务，全面构建农村视频监控体系。

（二）强化保障情况

一是强化经费保障。积极争取省政府重视、支持，主动协调省财政厅，将 1550 万元视频监控系统建设补助经费足额拨付各市（州）、县（市），并下发《关于做好城市报警与监控系统地区配套资金使用工作的通知》，对专项经费的使用提出明确要求，确保资金专款专用。二是强化专职力量保障。加大视频监控专业队建设力度，选派 7 名业务骨干赴北京市局开展为期一个月的视频监控专业队随岗实战培训。举办了全省公安视频监控技术培训班，邀请 5 位专家，重点讲授视频监控的基础知识、城市监控报警联网系列技术标准、视频警务与新技术应用、视频监控技术实战应用，有效提升了专业队素质能力。同时从省内各大科研院所、高等院校和安防企业遴选24人组建全省视频监控系统技术专家库，全面提高技术指导水平。三是强化管理维护保障。部署全省公安机关集中开展视频监控系统大普查和更新维护“百日行动”，印发工作方案、“百日行动”工作手册、“百日行动”系列报表、安装（拆除）视频监控系统（探头）通知书等，并制定印发《吉林省视频监控系统图像编号和命名规则》、《关于进一步规范选用视频监控前端编解码功能相关设备的通知》，进一步规范管理、指导各地有效推进，通过更新维护，全省共解决各类故障问题2691个，联网在线率由原来的40%提升至65%左右。

（三）督导推进情况

为推动工作取得实效，将此项工作纳入全省公安机关综合考评，制发《关于调整和规范报送视频监控系统建设信息内容的通知》，定期汇总梳理各地情况，下发7期通报和2期简报。7月17日至8月9日，省公安厅成立专项督导组，深入全省9个市（州）、12个县（市）、20个派出所，对全省“百日行动”贯彻落实情况进行督导检查，同步开展工作调研，根据督导组实地检查情况，下发《关于全省视频监控系统大普查和更新维护百日行动督导检查情况的通报》，对各地工作进行点评，指出问题，提出要求。

（四）宣传工作情况

1月，《吉林省公共安全视频图像信息系统管理办法》正式实施，及时召开新闻发布会，加强宣传并下发《关于宣传贯彻吉林省公共安全视频图像信息系统管理办法的意见》，统一制定《吉林省公共安全视频图像信息系统管理办法宣贯培训会工作方案》和主题宣传周活动系列材料，统一宣传口径，形成浓厚氛围。全省公安机关按照公安厅要求全面开展宣传活动，市、县两级公安机关主管领导发表电视讲话51次。吉林电视台、吉林日报等10余家新闻媒体集中宣传了系统建设取得的成效。各级公安机关纷纷组织民警上街头、下基层、走社区、进企业广泛宣传，发放《致广大居民的一封信》和宣传单30余万份，营造了浓厚氛围。

三、依法加强安全技术防范行业行政管理和质量监督工作

2013年，完成了3项安全技术产品生产登记批准书的审批工作、2项技防产品抽样检测送检工作和13项技防设施检测委托审批工作；举办了视频监控系统新技术交流会，就省视频监控系统建设与应用中存在的实际问题，与参会技术人员进行交流，研究解决方案。并就提升视频监控系统应用水平、完善平台功能，进一步发挥系统实战效能，以及当前各地在视频监控系统建设、管理工作中面临的困难与挑战等有关问题进行了座谈。

2013年，吉林省技防管理工作得到了公安部以及省级有关领导的肯定。公安部科技信息化局2期简报、5期工作动态宣传推广吉林省工作经验，人民公安报、吉林日报、北方法制报、城市晚报、新文化报、吉林电视台等多家新闻媒体对吉林视频监控系统建设取得的成效，先后多次给予宣传报道。

（资料提供：吉林省公安厅安全技术管理办公室）

黑龙江省技防管理工作

2013年，黑龙江省技术防范管理工作在省公安厅党委的领导下，按照年初的科学规划，精心组织、狠抓落实，较为圆满地完成了工作任务。

一、积极开展各项工作，提高行政管理水平

2013年，黑龙江省完善了《黑龙江省公共安全技术防范条例》配套办法，制定并下发了《黑龙江省技防产品管理办法》、《黑龙江省专家库管理办法》、《〈黑龙江省公共安全技术防范条例〉配套行政法律文书样式》，同时组建了技防专家库。通过组织、申报、审查和遴选几个环节，在地市上报的240余名专家中遴选出61名专家作为黑龙江省技防行业专家库首批专家。为更好地开展技防执法监督工作，先后同哈尔滨、齐齐哈尔等地开展技防工作交流，并组织全省公安科技信息化部门负责同志，召开了全省技防执法工作研讨会。接受电台、电视台和有关媒体的采访，宣传《技防条例》在维护技防市场秩序，打击假冒伪劣商品、服务和保障民众安全等方面的作用。从便民服务角度出发，龙警网页面开辟了“技防专栏”，作为黑龙江省安全技术防范建设服务窗口，对外宣传技防工作的主要内容，法律依据、办事流程、工作表格、市地工作动态、行业标准、企业信息等相关内容，既方便企业，又便于服务。

二、夯实群众基础，扎实推进民生项目

黑龙江省综治委和省公安厅为推进民生项目建设，联合制定并下发了《推进全省技防联网平台和农村技防建设工作方案》，采取按月统计地、市落实民生项目进展情况，用具体数据反映建设成果，用百分比反映建设进度，采取最直接、最形象的推进办法，落实民生项目工作，并定期形成报告，向省政府汇报落实情况。以省综治委的名义在齐齐哈尔市召开了技防建设推进会议，对全省2010年至2012年技防建设工作中涌现出的先进工作者和先进集体进行了表彰。表彰先进集体45个、先进工作者123人，并分别颁发了奖牌和证书。目前有行政村8734个，按照40%的建设目标进行了任务分配和指标分解，督促落实。较好地

完成了省政府确定的建设目标。

三、提高业务技能，加大技防培训力度

2013 年，黑龙江省技防培训工作稳步开展。全年共培训市地技防管理干部200余人，并发放业务岗位培训证书。为参加培训的技防管理干部统一配发了由省政府法制办核发的《技防行政执法资格证》。通过电视电话会议形式开展技防企业培训，共培训相关从业人员530余人，有效地降低培训成本，真正做到惠民、利民。同时，为支持省农垦系统快速提高技防管理水平，黑龙江技防管理部门出资、出人指导农垦系统开办技防条例培训班，培训农垦系统技防管理干部120余人，从整体上推动了技防管理队伍的综合素质。

四、整体布局规划，完善视频监控系统

黑龙江视频监控系统建设始终秉持多渠道保障、分阶段实施的原则，逐步实现对主要公共区域、场所、街道、治安保卫重点单位，以及周边区域、治安复杂区域等部位和公共交通工具的全覆盖。2013 年，重点单位、重点部位覆盖率基本达到100%，一般企事业单位覆盖率已达到80%以上。大力加强视频监控资源整合和互联互通工作，整合社会零散视频监控资源，最大限度地接入公安机关监控系统，纳入统一管理。做好视频监控系统日常维护和升级改造工作，加强视频巡逻专职队伍建设，提高技防建设实战效能。

按照“建设规划布局更精准、建设组织推进更有序、建设标准质量更高、运维管理工作更扎实、打击违法犯罪更有力、保障社会环境更和谐”的总体思路，对相关工作进一步做出了周密细致的部署。系统运维及联网整合工作提出了明确要求。为保证工程建设顺利开展，结合实际，科学、合理地制订了建设方案，明确了各成员单位的分工职责和建设任务，为工程建设的有序推进奠定了坚实基础。积极向党委政府汇报，落实建设资金。同时，指导个别资金落实困难的地市，采取建设公司垫付资金、政府分期付款的市场化运作模式，确保工程进度。

五、着眼基础工作，建立长效日常机制

日常基础工作是技防管理得以正常运行的保障，是各项延伸发展的基础。2013 年，先后完成了技防科权利清单登记表、运行流程图、廉政风险排查表、防控措施登记表等关于廉政风险防控系列表格的填报工作。对多家文博系统安全防范系统进行了方案论证和竣工验收，开展了政府政务审批中心在政务网开展行政审批工作，派员参加了相关业务培训，并在信息中心部署了服务器和存储介质，协助指挥中心完善公安厅其他部门确定专门审批机器并优化工作流程，接收政务网相关设备，协助审批中心完成设备安装、调试，同时，参与网上办公业务指导等工作。

注重网络宣传平台的建设，指定专人对“安全技术防范”专栏与公安部“全国城市报警与监控系统建设平台”进行信息更新和专栏维护。目前，“专栏”发布通知通报9篇；报导地市建设信息61篇；向省综治办报送信息19篇；向公安部“平台”报送信息26篇，被采用5篇。

（资料提供：黑龙江省公安厅安全技术防范管理办公室）

上海市技防管理工作

2013 年，上海市技防管理工作在上级主管部门以及上海市公安局治安总队的指导下，以强化社会治安防控能力，提升安全技术防范水平，推进技防工程视频安防监控系统建设向数字化转型为主线，进一步向管理信息化、工作规范化、技术标准化、业务程序化的目标方向发展和迈进。市局技防办严格遵循上级主管部门以及市局治安总队的各项工作要求，加强组织领导，统筹安排部署，积极做好和指导公安分（县）局技防管理部门共同做好本市的安全技术防范管理工作，较好地推进了社会治安防控工作。

一、加强监督履职，认真做好技防工程评审验收工作

2013 年，切实加强行业监督管理，严格把好本市各项新建、改建和扩建技防工程的评审、验收环节，共组织委派技防专家3922人（次）参与本市939个重大工程、重点单位、居民小区的安全技术防范系统方案的论证、指导、评审和工程验收工作，为推进安全技术防范系统建设起到积极作用。通过近年来的努力，上海市在10万余个重点单位、重要部位、重点目标、重要区域及居民小区安装了71万余台摄像机（包含当年新增6万余台），34万余扇楼寓对讲电控防盗门，260万余个入侵探测器，240余万个紧急报警装置，区域报警联网用户达6.9万余家。这些技防设施的安装，在预防、制止、震慑犯罪，增强公众安全感，提高社会面控制，降低警务成本，保障人民群众生命财产安全，打击各类违法犯罪等方面发挥出了重要作用。

二、强化信息化管理，继续完善技防监督管理系统建设工作

为了加强社会单位技防设施，特别是视频监控设施维护、使用情况的监督和管理，提高针对技防工程申报材料的审核论证工作效率，始终持续推进技防管理信息化建设工作，组织技防民警和专家广泛讨论研商信息化管理工作方案，不断完善技防从业单位监督管理电子网络平台，加

强项目申报在线流程化管理，力求从源头上确保每一项技防工程可查询可回溯。

三、严格履行和加强技防产品和技防工程从业资质监督管理工作

为提高上海市安全防范工程质量，始终坚持对技防产品生产销售单位和技防工程从业单位进行严格管理。2013年，共完成了对91家生产销售单位的166种技防产品进行年审和颁发生产登记批准书，对持有《上海市公共安全防范工程设计施工单位核准证书》573家技防从业单位进行年度审核。

四、全力协助做好上海公共安全产品博览会举办工作

2013年，第十三届上海安博会在上海世博展览馆举行，通过积极参与，多方协调，确保了此次展会的顺利召开。本次展会的展览面积共2.5万平方米，约有展位1100个，300余家企业参展，参观人数达5万人次，展会期间，还成功举办了第三届上海安防高峰论坛。

五、积极开拓进取，切实完善和推进本市技防标准化工作

积极会同政府有关部门开展行业标准制订、修订工作。先后完成《重点单位重要部位安全技术防范系统要求》“第18部分：渡船、游览船”和“19部分：寄递业”等2个新地方标准的制订工作，以及对《展览会场馆》、《金融营业场所》等5个地方标准的修订工作，并配合公安部三局做好《电信设施》和《电力设施》2项行业标准起草、编制工作，得到了公安部三局的好评。以上标准贯彻实施，为本市视频监控网科学规划、有序推进，强化管理、规范运行提供了科学依据，也为公安机关预防、制止和打击犯罪提供了新手段。

六、注重专家队伍建设，开展新一届技防专家选拔工作

为进一步提升上海市技防管理和工作指导能力，指导本市安防协会先后制订了《上海市技防专家管理办法》、《上海市技防专家考核办法》、《上海市技防专家工作纪律》等规范性文件。在此基础上，又组织开展了新一届技防专家选拔工作，聘131位优秀技术人员为上海市公安局技防专家。同时，还指导协会成立了技防专家管理委员会，13位具有扎实业务能力、丰富管理经验的技防专家选聘成为专家委员会成员，并按照“择优录用、分类管理、按需试用、因才使用”的总体原则，配合技防办和协会做好日常管理工作。

经过一年的努力，上海市技防管理工作取得了一定的成绩，上海市公安局技防办克服了人员少、任务重的困难，采取各项措施，有力地推动了全市安全防范工作，为全市安全防范工作的稳步推进做出了贡献。2014年，上海市公安局技防办将继续以十八大精神为指引，振奋精神、开拓创新、扎实工作，为上海经济发展、平安和谐做出新的努力，取得新的成绩。

（资料提供：上海市公安局安全技术防范办公室）

江苏省技防管理工作

2013年，江苏省公安机关按照江苏省委、省政府和公安部的部署要求，紧紧围绕建设更高水平平安江苏大局，以打造“技防江苏”品牌、建设技防省份为目标，以技防城和技防入户工程建设为载体，坚持一手抓平台建设，一手抓实战应用，一边抓机制配套，一边抓质效提升，着力推动技防监控系统在建设上由数量扩张向质量提升、联网共享转变，在应用上由专业应用向全警应用、深度应用转变，全省技防监控工作逐步进入良性运行质态，社会治安防控体系更加严密完善，为做强公安机关打防控主业、提高驾驭社会治安能力、提升“平安江苏”水平提供了有力的科技支撑。

一、抢抓机遇、融入大局，将技防城、技防入户工程建设作为政府工程、民生工程全力推进

抓住“平安江苏”建设、科技强警示范建设等重要机遇，先后联合省科技厅、综治办在全省开展了技防城和技防入户工程建设，强力推动技防建设应用工作。一是积极争取党委政府的重视支持。全省大部分地方专门成立了由党政分管领导任组长的技防建设领导小组，将技防工作纳入了经济社会发展整体规划，将技防建设作为政府工程，将技防项目纳入政府财政预算，单独列支、专款专用，在组织上、经费上予以保障。二是积极争取相关部门的协同配合。在推进建设过程中，各地充分发挥综治、建设、财政、科技等部门的积极性，由综治部门将技防建设纳入社会治安综合治理考核内容，通过责任分解、目标考核、过程监督等方式，充分调动各方参与，进一步强化“政府牵头、综治协调、公安主抓、多方参与、共同推进”的技防建设格局，从根本上解决了公安机关技防建设单打独斗的问题。三是积极争取社会各方的广泛参与。针对当前人民群众技防知识缺乏、自防能力相对滞后的实际情况，组织开展了形式多样的宣传活动，引导居民查找自身防范“缺陷”，改变群众的安全防范理念，充分调动人民群众参与技防建设的主动性和积极性。

二、科学规划、高端统筹，推动技防监控系统建设全省一体化整体发展

始终坚持“高端统筹、统一规划、规范建设、科学推进”的建设思路，先后单独或联合省有关部门出台了《全省社会治安监控系统建设规范》、《社会治安监控系统布建指导意见》、《关于全面推进技防入户工程建设的意见》、《技防城建设标准（试行）》、《关于进一步加强全省城镇居民住宅小区安全技术防范设施建设和管理工作的指导意见》等一系列规范性文件，对全省技防建设进行了整体规划，初步形成了以打造“技防江苏”为目标，以技防城和技防入户工程建设为重点的建设发展框架。在技防城建设方面，按照“资源整合、系统集成、信息共享、协同作战”的目标要求，提出开展“两道电子防线、六张技防网络、五大工作机制”建设，以110接警区为单位，综合运用视频监控、区域联网报警、车牌识别比对等多种技术手段，实现对人、车、物、路等社会治安关键要素的网络化动态防控，全面构建“防范技术融合应用、防控时空无缝衔接、防控目标全网追踪、防控区域城乡覆盖”的技防城市。在技防入户工程建设方面，针对江苏省经济发展和社会治安区域特征，坚持“因地制宜、因情施策、典型开路、整体推进”的工作思路，总结提炼了针对城市老旧小区的技防改造建设模式，针对城市独幢楼、散居户的技防建设模式，针对城镇沿街商铺采取市场化运作的技防建设模式，针对苏南经济发达地区农村居民家庭开展的“户村接警”联网报警建设模式以及针对苏中、苏北农村地区居民家庭开展的“十户联防、警铃入户”等11种建设模式。

三、围绕实战、突出应用，全力提升技防监控系统对公安机关打防控主业的贡献率

坚持以需求为导向、以应用为核心，积极推动技防监控系统和打防管控工作有效关联、无缝对接，在拓展应用领域、提高技防实战贡献率上下功夫。多次召开全省深入推进技防监控系统建设应用工作会议，就进一步深化视频监控系统实战应用工作进行部署。

一是强化了视频信息研判应用。各级公安机关坚持“技防跟着警情走”的理念，充分利用情报研判结果，科学布建点位，提高科学建设水平。一些县级公安机关还成立专门的图研队伍，每天对视频监控信息进行分类处理，形成研判成果通报全警，指导打防工作。

二是强化了指挥系统可视化应用。为进一步凸显视频监控在指挥调度、应急处突等方面的支撑作用，各级公安机关进一步强化与110报警系统、指挥调度系统的关联对接，根据案（事）件性质、规模等，对运用监控系统处置进行流程化定制，提高决策指挥和快速反应能力。目前，技防监控系统在全省各级公安机关形成的“关城门”工作机制中已经成为重要手段，在辅助决策、指挥调度以及加强疑人、疑车控制等方面发挥了重要作用。

三是强化了网上视频巡逻应用。全省大部分派出所建成了以视频监控系统为支撑的标准化治安监控室，将视频监控与“大巡防”机制有机结合，加强监控值守人员与路面巡逻警力的有机互动，使网上巡逻和路面巡防相互策应，合理整合和安排空中、地面巡逻资源，实现人技互补，切实减少治安防范的空隙。

四是强化了视频侦查应用。各级公安机关把视频侦查作为支撑侦查破案的“第四大手段”，在利用监控图像知晓犯罪嫌疑人或嫌疑车辆特征和活动轨迹的基础上，通过刑事技术手段提取案发现场痕迹物证、比对案发现场和犯罪嫌疑人活动轨迹上的空中信息、查对犯罪嫌疑人的互联网信息、关联其他社会信息，为侦查破案打开了新的通道。近年来，全省利用视频监控系统破案数占全部破案数比例逐年上升，多数地方已超过30%。

四、立足长效、建立机制，推动技防监控系统建设应用工作的长效发展

一是建立技防监控系统建设方案论证制度。对第一批、第二批技防城建设单位建设方案组织相关部门警种业务、技术专家进行论证，确保建设方案符合公安实战需求，符合省厅技防城建设标准规范，提升全省一体化建设应用水平。

二是建立技防监控系统实战应用工作机制。建立健全视频监控与情报研判对接、视频监控与指挥调度对接、视频监控与路面巡防对接、视频监控与侦查破案对接、视频监控与治安防范对接以及分级分类视频巡逻、人技结合治安防范等一系列视频监控系统实战应用工作机制，不断推动技防监控系统实战应用工作的常态化、规范化。

三是建立技防监控系统常态运行维护管理机制。指导各地把技防监控系统运行管理作为一项基础性工作，落实资金来源，明确维管主体，健全维管机制。对于社会单位自建自用的，依法加强日常检查。对于公安自建或由公安使用管理的技防监控系统，积极争取财政支持，将维护经费列入预算专项解决，并通过市场化办法实现常态化的专业维护。

四是建立技防源头信息采集维护机制。按照省厅关于警务大平台信息维护有关要求，建立日常技防监控信息采集维护工作机制，及时更新进入视频监控实战应用平台的资源信息，确保视频监控基础信息鲜活、准确。

江苏省技防监控系统建设应用工作正从粗放式向精细化方向发展，整体上处于量的扩张向质的提升转变的关键时期。今后，将按照构建全时空、多层次、宽领域、立体化的现代治安防控体系建设的总要求，立足江苏实际，紧紧围绕争创平安中国示范区、打造更高水平平安江苏的新定位，以技防城、技防入户工程建设为载体，按照“规模适度扩张、重在提升质态”的原则，充分运用新一代安防

技术，优化升级全省技防监控网络，完善创新实战应用和运行管理机制，进一步提升立体化、智能化、实战化水平，推动全省技防监控网络从数量型向质量型、从规模型向效益型转变，切实打造“防控区域城乡覆盖、防控时空无缝衔接、防范技术融合应用、防控目标全网追踪”的升级版技防江苏，为建设更高水平的平安江苏、更好地服务全省两个率先大局提供更加有力的科技支撑。

（资料提供：江苏省公安厅技术防范管理办公室）

浙江省技防管理工作

2013年，根据浙江省综治委的统一部署和省公安厅科通局年度工作要点，全省各级技防管理部门围绕公安中心工作，在深入开展安全技术防范体系建设、完善视频监控联网和实战应用及安防产品、工程等服务管理方面开展了一系列工作。

一、深入开展安全技术防范体系建设

根据浙江省《关于进一步健全社会治安防控体系的意见》、《进一步加强社会治安防控体系建设的实施意见》精神，对照省公安厅《社会治安防控体系建设领导小组成员和主要任务分解》有关工作要求，各地围绕深入开展安全技术防范体系建设这一主题，在视频监控增点扩面及联网整合、安防产品和技术推广应用等方面开展了一系列工作。

（一）深入调研，及时制定安全技术防范体系建设实施意见

在深入全省各市、县座谈交流、充分调研，掌握基层一手情况的基础上，经过反复论证，年初，以省综治委名义下发了《关于加强安全技术防范体系建设的实施意见》，对“十二五”期间进一步建立健全安全技术防范体系作了全面部署。《实施意见》要求以健全社会治安防控体系建设为目标，进一步提高社会治安防控体系科技含量，深化社会治安动态视频监控系统建设，完善铁路沿线、输油输气管线视频监控系统建设，普及社会单位、城市社区、沿街商铺安全技术防范设施建设与应用，全面推广安全技术防范设施进入农村地区，走进千家万户，积极培育安防报警运营服务业发展，完善运营机制，着力构建科学、可持续发展的安全技术防范体系。

（二）加强指导，积极开展安全技术防范体系建设

为贯彻落实浙综委〔2013〕1号文件精神，积极向省政法委领导汇报工作计划，以省综治办和省公安厅联合下文形式，下发了《关于开展安全技术防范体系建设试点工作的通知》，要求各市推荐一个县（市、区）作为试点单位，先期探索建设思路。深入11个市局和部分县（市、区）开展《实施意见》精神的宣传贯彻和组织发动工作，了解各地工作开展情况，指导各市制订切实可行的试点建设方案，合理分配建设指标。经过督导，各市所荐试点单位均已成立专门工作班子，并从本地实际出发，制订试点工作方案，试点工作正在各地有序推进。

（三）加大宣贯，保障安全技术防范体系建设深入开展

4月，召开全省安全技术防范体系建设工作部署会议，各市科通部门分管领导和全体技防管理干部参加，会议从宣传贯彻浙综委〔2013〕1号文件精神出发，对建设工作的目的、意义进行了宣贯，对具体做法进行了讨论。9月，召开了全省电视电话会议，主要就贯彻执行浙综委办〔2013〕16号文件精神，在全省范围积极开展安全技术防范体系建设试点工作进行了专题部署，进一步明确了技防体系建设的技术架构和试点工作具体要求。

会后，各市高度重视，认真研究，抓好落实，除推荐1个县（市、区）作为试点单位外，已落实1～2个派出所先行开展安全技术防范体系建设，并及时上报工作进展情况。

9月，利用安防协会平台，组织全省安防产品生产企业负责人召开专题会议，通报了技防体系建设的主要内容、目的意义、实现目标以及建设工作开展情况；组织发动各相关企业积极参与全省技防体系建设。

二、大力推进全省社会动态视频监控系统建设

紧紧围绕浙综委〔2013〕1号文件提出的社会治安动态视频监控系统建设的总目标，到2015年全省完成公共区域新增各类视频监控摄像头30万只，及进一步优化视频信息共享平台联网功能，完善运行管理保障体系的建设，深化视频信息在公安实战的应用，提升视频信息应用成效。

（一）调研分析，合理分配建设指标

为完成2013年新增视频监控摄像头12万只的建设任务，根据各市人口数量、经济总量、发案数量等基础数据及已建视频监控点的规模，同时还考虑了城镇人口占比、流动人口数量以及海岛、山区地域特点等综合因素，对建设任务作出了较为合理的分配。分管局领导还带领技防部门人员，逐一深入各市和部分县（市、区）开展宣传发动工作，面对面了解当地建设情况，分析治安防控需求空间，指导制订切实可行的建设方案。

（二）借力考核，加强视频监控运维管理

在指导各地技防管理部门做好视频信息共享平台的运行维护工作基础上，充分利用相关企业技术力量，不断研究完善联网管理功能。同时，以省综治委平安考核为抓手，从考核中建设指标的完成率、联网率、完好率、坐标采集率等方面提出更高标准、更严要求，全面提高保障力度，真正满足各实战单位对视频监控“联得上、看得清”的保

障要求。

（三）研究课题，提高视频信息应用效能

组织本省各地行业专家，承担了公安部重点研究计划项目——“视频图像信息数据库关键技术研究”工作。该课题通过多个子项目的研究，从公安视频监控深度应用需求出发研究视频图像信息数据及关联数据信息的应用加工过程、不同阶段视频图像信息数据的存储要求等，形成部、省、市、县公安视频图像信息数据库总体建设框架方案，并建立一套适合公安视频监控应用需要的视频图像信息数据描述元数据规范和不同阶段视频图像信息数据库内容的结构化描述技术规范。

三、全面加强技防管理服务工作

（一）调整行政审批服务内容

各市技防管理部门认真贯彻省公安厅技防办下发的《关于安全技术防范产品管理的补充通知》，严格执行《国务院关于第六批取消和调整行政审批项目的决定》，取消了安全技术防范产品销售审批和机械防盗锁生产登记批准书发放，并将用于安全技术防范系统建设的摄像机和 ATM 防护舱系列产品纳入了安全技术防范产品生产登记批准目录。

（二）简政放权，强化规范管理

严格按照浙江省政府《关于下放部分省级行政审批权限和管理事项的通知》（浙政发〔2012〕73 号）精神，执行公安厅党委决定，将《安全技术防范生产登记批准书》审批事权下放至各市公安机关技防管理部门。通过省厅电视会议的工作部署和业务辅导，在9 月初步完成了审批事权下放移交。继续按照厅纪检监察和法制部门的统一部署，协助厅新闻办完成网上办事流程的修订工作，严格落实工作制度，强化指导、加强监督，确保各市审批工作规范有序进行。

（三）组织培训，提高管理技能

在浙江省警院举办了全省公安机关技防管理干部培训班，市、县 112 人参加了培训。培训内容包括安防信息资源整合、安全技术防范体系构建、安全技术防范日常管理和视频信息共享平台联网建设，及面向高清视频监控的辅助光源运用、治安动态视频监控系统前端建设、视频监控图像信息深化应用及发展、云监控与公安业务发展等专题。

（四）日常工作，规范有序

全年共审批发放 1183 份技防产品生产登记批准书。上半年进行的往年证书年审工作中，对全省 49 家安防产品生产企业的470 份生产登记批准书进行了复核检查。开具了26 份“出省函”，为本省安防工程企业出省承接业务提供资质证明。受公安部科信局技防处委托，按时完成省内三家公安部授权安防工程检验机构年审工作。配合部局做好技防立法相关的调研和资料报送工作，协助其在省警院举办的全国公安机关视频监控技术培训班。按厅、局统一部署，整理公安志编纂有关技防管理工作的材料。全年还及时办理网上办事大厅警民互动业务咨询十余件，接受企业和群众电话咨询600 余次。

四、指导安防协会开展工作

指导浙江省安防协会召开第四次会员代表大会暨协会成立十周年大会，同期举办了首届“钱江安防论坛”。指导省安防协会做好网站域名注册登记工作，做好每年两次的安防行业资信等级评定工作，指导专家委员会开展技术研讨活动，引领安防行业科学健康发展。

（资料提供：浙江省公安厅科技通信管理局）

安徽省技防管理工作

2013 年，安徽省公安厅技防办深入学习贯彻党的十八大、十八届三中全会和习近平总书记重要讲话、重要批示精神，按照省公安厅党委的工作部署和公安部科技信息化局的要求，以开展“群众路线教育实践活动”为契机，努力抓好社会治安视频监控系统和全省农村技防建设工作，推动了安徽省安全技术防范工作的科学发展，出色地完成了各项工作任务，取得了可喜的成绩。

一、认真开展党的群众路线教育实践活动

根据安徽省公安厅统一安排，深入学习党的十八大精神，以“照镜子、正衣冠、洗洗澡、治治病”为总要求，以反对形式主义、官僚主义、享乐主义和奢靡之风为主要内容，认真开展全体党员民警马克思主义群众观点和党的群众路线教育活动，按照要求认真撰写了个人党性分析材料，填写了《普通党员民警整改任务书》，签订了《科技信息化处普通党员民警公开承诺》，在党小组民主生活会上开展了批评与自我批评。通过安徽省安防行业网向全省安防企业发放了《安徽省公安厅安全防范技术管理办公室开展党的群众路线教育实践活动征求意见表》，向安防企业、服务对象征求技防办在形式主义、官僚主义、享乐主义和奢靡之风方面存在的问题，收到有效返回意见表23 份，收集各项意见 30 条，对技防办工作满意率为 100%。根据《党的群众路线教育实践活动征求意见座谈会意见汇总》内容，依照工作职责和对比工作中存在的问题制定了《关于党的群众路线教育实践活动征求意见的整改措施》。通过积极开展党的群众路线教育实践活动，突出作风建设，使全体党员民警的思想作风有明显转变、素质能力有明显提升、服务效能有明显提高。

二、积极开展公安机关视频图像信息整合与共享工作

全面贯彻落实“广州会议”精神，按照《全国公安机关视频图像信息整合与共享工作任务书》要求，狠抓“四大平台”建设，即：以共享平台建设实现视频监控全面覆盖，以联网平台建设实现省、市、县图像信息的上下贯通，以安全接入平台建设实现公共网络与公安网络的左右融合，以应用平台建设实现视频监控技术全警应用，极大地推进了公安视频监控系统联网和图像信息整合与共享工作，充分发挥了系统实战效能。

（一）开展各地视频监控系统建设方案论证工作

制定《全省公安视频监控系统项目报批建设工作管理办法》等规章，要求凡建设项目必经报备、凡《建设方案》必经审批、凡建设中的变更改动必经复审、凡没有经过检测的产品不得入网使用、凡未经检测的工程不得验收，凡未验收或者验收不通过的工程不得投入使用。全年对含山县、滁州市等二十余个视频监控系统建设方案进行了论证，确保了全省公安视频监控系统能够高水平规划和建设。

（二）开展标准符合性测试准备工作

指导督促安徽省电子产品监督检验所做好全省视频监控系统符合国家标准 GB/T 28181－2011《安全防范视频监控联网系统信息传输、交换、控制技术要求》国标联网检测准备工作，并对公安部第一研究所下发的相关工具软件进行了模拟条件下的试运行，对发现的问题及时进行了总结汇报。

三、开展城乡技防一体化建设

2013 年，公安部科信局将开展城乡一体化技防建设试点列入全国公安科技信息化工作要点，作为今年的重点工作。安徽省公安厅技防办在围绕城乡一体化技防建设工作中做了诸多有益的探索。

（一）召开全省城乡技防一体化建设研讨会

为全面了解安徽省各地技防建设、管理工作情况，探讨安徽省城乡技防一体化建设模式，6 月，在合肥召开全省城乡技防一体化建设研讨会。会议针对公安视频监控系统建设与应用，各地安全技术防范系统建设、应用和管理工作现状，本地城乡技防一体化建设的设想及在工作中存在的主要问题，全省城乡技防一体化建设的建议几个方面展开研讨。

（二）开展全省城乡技防一体化建设工作调研

为全面了解省内外城乡技防一体化建设现状，探讨安徽省城乡技防一体化建设模式，明确建设方向，分别赴池州市、济南市等地开展了全省城乡技防一体化建设工作调研，为下一步全面开展建设奠定了基础。为落实省公安厅关于“形成机制，轮流蹲点，到警种，下基层”批示精神，9 月，赴全省信息化条件下城乡技防一体化建设试点单位歙县开展工作调研。

（三）开展信息化条件下全省城乡技防一体化建设模式研究

通过 2013 年安徽省科技攻关计划“科技强警专项”，申报了“信息化条件下全省城乡技防一体化建设模式研究”专项课题。该项目将利用省内安防企业的现有优势资源，进行产品研发，开展城市居民小区、农村村镇技防示范工程建设，进行安防技术成果的推广与应用示范工作，争取通过一段时间的努力，全面推进安徽省城乡一体化技防建设，使安徽技防工作走在全国前列。组织安徽省安防企业认真开展相关课题研究，撰写了《安徽省信息化条件下城乡技防一体化建设平台建设方案》，明确了技术路线和研发内容，得到了处领导的肯定，目前正在推进实施中。

四、组织申报公安部“信息惠民”工程试点

根据《国务院关于促进信息消费扩大内需的若干意见》（国发〔2013〕32 号）、《国务院关于印发“十二五”国家战略性新兴产业发展规划的通知》（国发〔2012〕28 号）要求，国家发展改革委会同财政部、工信部组织实施了信息惠民工程专项，由公安部负责组织公共安全信息惠民行动计划。安徽省被列为“信息惠民”工程专项 4 个试点省份之一。省技防办组织编写《关于申请参加“城市公共视频共享服务试点专项”的函》、《安徽省“城市公共视频共享服务试点专项”实施方案》和《安徽省“城市公共视频共享服务试点专项”建设内容》，向公安部科技信息化局申请在有条件的地市开展公共视频公安综合应用、校园周边视频服务、社区周边视频服务、交通路况视频服务和旅游景点视频服务 5 项试点建设。

五、组建安徽省安全技术防范工程技术研究中心

为顺应全省构建社会安全防范综合体系的需要，培育安徽省安防技术领域的核心科技成果，推动省内安防企业产品开发和技术进步，建立行业规范管理，全面提升安徽安防科技水平和产业发展质量，4 月，经安徽省科技厅批准，安徽省安全技术防范工程技术研究中心正式成立。此项工作获得了部局领导的肯定，并在科技信息化工作简报 2013 年第 13 期刊发。

六、规范安全技术防范工程与产品管理

（一）举办全省公安机关安全技术防范专业技术培训班

10 月，在合肥举办了全省公安机关安全技术防范专业培训班，各市公安局科信科长、技防办主任（单列）、技防业务骨干以及各县公安局技防管理工作负责人共 110 余人参加了培训。根据前期“开门办信息化”赴基层调研总体情况，结合安徽省技防管理工作实际需求，培训班有针对性地邀请了拥有丰富实际工作经验的安防企业技术专家和相关科室业务骨干作为培训班教员，并精心安排了《安全技术防范概述》、《全省公安机关视频监控联网整合》、《安全

技术防范产品管理》、《“平安城市”视频建设浅析》、《安全技术防范工程检测》、《安全技术防范工程与行业管理》六门课程，重点解决基层技防管理工作中遇到的技术、管理、维护等困难和问题。通过本次培训班的学习，使全体参训学员达到了了解技防基本知识，熟悉技防相关法律、法规、政策、标准，掌握技防工作监督管理组织实施的程序与方法，明确全省公安机关视频监控联网整合相关工作的目的。

（二）推动技防立法

在2009年草拟的《安徽省公共安全视频图像信息系统管理办法（草案）》的基础上，下发了《关于征求安徽省公共安全视频图像信息系统管理办法（草案）意见的通知》（皖公科信〔2013〕192号），向全省公安机关征求意见并整理汇总，对《管理办法（草案）》进行了完善。10月，将完善后的《安徽省公共安全视频图像信息系统管理办法》报送省公安厅法制处，申请将其列入省政府2014年立法项目。目前，该项工作已被省政府列为2014年规章制定计划。

（三）进一步规范安全技术防范工程管理

对徽州古民居等重点安全技术防范工程进行了方案论证和工程验收。加强对安防工程检测管理，至11月，共出具《安徽省安全技术防范设施检测委托书》25份，涉及工程额1亿余元；出具外省安防企业到安徽开展业务资质证明17份；出具省内安防企业赴外省开展业务资质证明15份。

（四）做好安全技术防范产品管理工作

受理并办理批准安全技术防范产品生产登记批准书是17份，受理并办结批准书年检17份。办理中，严格审批条件，严格按照规定的办理流程、均在承诺时限内办结。规范开展政务公开活动，行政审批项目的办理依据、程序、要求和办事指南均在“平安江淮网”上公开公布，提高审批的工作效率，方便群众。

（五）加强对检测机构的管理

1. 完成对检测机构2012年度年审工作

根据公安部科信局《关于开展公安部授权安防检测机构年检工作的通知》要求，对公安部授权的安徽省安防工程检测机构——安徽省电子产品监督检验所开展了初审。2012年度，该所共完成安全防范系统工程检验项目141个，较上年度增长76%，检验工程造价额7400余万元，较上年度增长196%。

2. 开展网上问卷调查，面向社会征集意见和建议

为全面了解检测机构工作的开展情况，查找其在检测工作中存在的缺点和不足，在安徽省安全技术防范行业网上下发了《关于征求对我省公安部授权安防工程检测机构工作意见的通知》（皖安协〔2013〕14号），以问卷调查的形式，面向社会征求各建设单位对检测工作的意见，为加强对检测机构的管理和其自身工作的改进提供了有力的依据。调查显示，对检测机构的检测时效满意率达70%、技术水平满意率达90%、服务态度满意率达86%、费用收取满意率达80%。

3. 申报安全技术防范工程检测机构

为适应工程检测业务不断增多的需求，积极推进安徽省产品质量监督检验研究院申请公安部安全技术防范工程检测授权。6月，到安徽省产品质量监督检验研究院进行调研，对该单位申请条件、申请材料进行现场了解，并提出了相关建议。8月，组织专家组对安徽省产品质量监督检验研究院申请安全技术防范工程检测机构进行了初验，对存在的问题提出了整改意见。11月，组织安徽省产品质量监督检验研究院技术人员赴山东省科学院公共安全技术防范系统检测中心进行了参观学习，进一步加深了对标准条款的理解、熟悉检测过程的主要环节和具体内容，丰富了现场检测工作经验，为迎接公安部科技信息化局最终评审打下了良好的基础。目前，申报工作的所有资料都准备完毕，下一步将申请公安部科信局对安徽省产品质量监督检验研究院进行最终评审。

七、加强安全技术防范行业地方标准制修订工作

（一）修订住宅小区安全防范系统设计规范

根据省住房和城乡建设厅《关于开展安徽省工程建设地方标准及标准设计图集复审工作的通知》（建标函〔2012〕707号）要求，从2012年5月起组织对《安徽省住宅小区安全防范系统设计规范》的修订。1月，按照相关程序报送修订稿至省住房和城乡建设厅，并完成了《规范》修订的立项申报工作。

（二）编制《安徽省安防视频监控系统维护规范》

牵头申报《安徽省安防视频监控系统维护规范》编制项目，并得到了相关部门的批复立项。5月，组织相关专家召开了《安徽省安防视频监控系统维护规范》编写启动会。会议明确了编写组成员单位和人员，标准编制目的、工作思路、主要内容，规划了下一步工作部署。10月，组织编写组成员在合肥召开《安徽省安防视频监控系统维护规范》编写组第二次工作会。会议对《安徽省安防视频监控系统维护规范》（讨论稿）进行了逐条逐句的审议，对《规范》（讨论稿）的标准引用、措辞用语、标准结构、维保内容要求等方面进行了修改，提出了编写组内部加强沟通交流，提高编写工作效率；赴有经验的安防企业开展工作调研，收集编写工作实际需求等建设性的意见和建议。目前，《安徽省安防视频监控系统维护规范》（送审稿）已编制完成，并报省质监局待批。

八、指导安防协会筹备第七届安徽省国际社会公共安全产品展览会

为进一步推动安徽省社会公共安全产品行业发展，促进社会公共安全新技术、新产品的推广应用，经安徽省公安厅领导批准同意于2014年4月举办第七届安徽国际社会公共安全产品展览会，并指导省安防协会开展展会前期准

备工作，有力保证展会的质量。

九、政务公开工作

（一）完成政协安徽省第十一届委员会第一次会议委员提案办理工作

根据“政协安徽省第十一届委员会第一次会议委员提案办理意见”的要求，具体办理了省政协周世虹委员的省政协第0305号“安徽省公共安全视频图像信息系统立法工作的提案”，于4月16日向周世虹委员进行了书面汇报。

（二）做好“平安江淮网”政务公开工作

根据公安厅政务公开办公室的要求，积极配合“平安江淮网”对安防技术防范产品生产登记批准等4项政务公开工作的网上流程进行了梳理和再造。

经过一年的努力，安徽省技防管理工作取得了一定的成绩，未来将按照省公安厅“奋起直追，后来居上，迈入全国前列”的要求，加大社会治安视频监控系统建设工作力度，积极推广安全技术防范设施，努力培育安徽安防企业，推动全省公安技防管理工作再上新台阶。

（资料提供：安徽省公安厅安全防范技术管理办公室）

福建省技防管理工作

2013年，按照公安部及福建省公安厅科技信息化工作部署要求，加强安全技术防范指导，推进安防技术监督，积极开展安防标准化工作，促进社会治安防控体系安防建设；积极指导省安防行业协会工作，督促行业自律，为会员企业服务，忠诚履职，较好地完成了工作任务。

一、落实部科技信息化局部署的工作

按时报送2012年福建省安全技术防范管理情况，提供《中国安全防范行业年鉴》所需资料，加强行业管理基础工作。

组织开展对公安部授权福建省安防工程检验机构——福建省产品质量检验研究院的2012年度年检初审工作，加强指导监督，进一步规范福建省技防工程质量检验。

协调组织开展对福建省公安机关视频监控系统的国家标准符合性测试工作，已完成对厦门、泉州、漳州三个设区市公安局视频监控系统测试工作。

配合中国安全技术防范认证中心完成省内外11项安防企业3C认证审查工作任务。

二、规范开展技防行政及非行政许可审批审核工作

对福建省安全防范产品生产登记批准书进行年检换证审核，29家技防产品生产企业的102本生产登记批准书通过年检，4家企业的4本产品生产登记批准书符合年检换证条件准予换发新证，6家企业的18本产品生产登记批准书不符合年检条件被取消。

审核14项新申报技防产品生产企业生产登记批准书报批，颁发批准证书。

组织中国船政博物馆等2项文博系统安防工程方案论证及验收审核工作，开展对10多项文博系统安防项目初步设计方案评审工作。

全面梳理技防行政及非行政许可审批事项，对保留的安全技术防范产品生产审批、军工产品存储库技术防范工程方案审核及工程验收、文物系统风险单位安全技术防范工程设计方案审批和工程验收等审批事项，按照处领导要求，落实简化审批事项改革要求，提出将审批事项全部下放各设区市公安局办理。

三、主办第六届“6·18”海峡安博会

6月，第六届“6·18”海峡社会公共安全产品博览会召开，展示面积1.1万平方米，参展企业212家，展位400多个。本届海峡安博会以“创新科技 展示未来”为主题，展示国内外行业知名品牌企业产品，参展产品突出高清、智能特点，突出国内自主知识产权、专利产品、物联网技术应用、智慧城市安全防范技术及警用装备产品等。

四、组织举办全省安全技术防范培训班

组织各设区市公安局科通处、平潭综合实验区公安局及有关县（市、区）公安局（分局）负责视频监控系统建设的负责人及技术人员共60名代表参加培训学习。培训班组织学员参观了第六届海峡安博会和泉州市公安局科通处介绍了高清视频监控系统建设经验，邀请行业技术专家介绍高清视频监控技术在平安城市建设及公安实战中的应用。培训班对全省贯彻执行《福建省视频监控系统技术规范》实施意见的情况作了通报，针对存在的不足，提出下一步加强全省安全技术防范工作的意见。

五、开展安防标准化及技术监督工作

协调国家电子信息产品质量监督检验中心申请将DB35/T 1247－2012转为强制性标准，并收集总结该标准发布以来的实施情况，拟申报地方标准贡献奖，同时积极筹备“福建省数字安防标准化技术委员会”。草拟《福建省公安系统安防工程检测流程》，规范对福建省公安安防工程的检测，并减少公安机关承担的检测费用。在国庆前夕，组织部署各地开展安防监督检查工作。

六、指导省安防协会工作

积极推进行业从业企业提高技术水平，指导省安防协会组织开展5期全省安防工程企业技术人员培训班，协调1期造价员培训班，培训人员近900名。支持省安防协会开展安防工程企业资质评审工作，办理189家安防工程企业资质证书年检，评定34家新申请企业资质。

（资料提供：福建省公安厅安全技术防范管理办公室）

江西省技防管理工作

2013年，江西省公安厅技防管理部门在公安部科技信息化局和省公安厅党委的正确领导下，严格履行职责，突出工作重点，主要开展了以下工作：

一、行业指导工作

一是指导协会召开会员大会及理事会。1月9日，协会召开第四届会员大会，会议审议通过了新修订的《江西省安全技术防范行业协会章程》，选举产生了第四届理事会，全省安防企业代表共计300余人参加了会议。协会分别在南昌和赣州召开三次理事会，对协会前期工作进行了小结，对后期工作进行了部署，全省四十六个理事单位及部分会员单位代表共70余人参加了会议。

二是开展行业培训。指导协会开展了四期安防从业人员技术培训，重点对国家标准、法律、法规及安防技术等内容进行了讲解，提高了从业人员专业素质和业务能力。

三是开展新网站建设。对江西安防网站进行全面升级改版，加强法律、法规和行业标准的宣传力度，增加安防新技术信息资讯容量，提高信息更新速度，促使企业更好地掌握行业规范和标准，更快把握行业发展新动向。

四是筹办2014年安防展会。开展2014年江西省公共安全产品暨警用装备展览会筹备的各项工作，做好展会申报、招展、观展及宣传策划等各项工作。

二、技防体系建设工作

根据公安部科信局的工作部署和《全国公安机关视频图像信息整合与共享工作任务书》的要求，2013年继续开展全省公安机关视频监控系统联网与整合推进工作。

一是部署建设任务。对全省各设区市、各县（市、区）转发《全国公安机关视频图像信息整合与共享工作任务书》，正式向全省公安机关部署视频监控联网共享平台建设任务。

二是制定技术规范。制定了《江西省公安机关图像信息联网平台建设方案》，明确了省、市、县级联网平台和共享平台建设模式。

三是制定联网符合性检测方案。制定了《江西省公安机关视频监控系统联网符合性测试方案》，2014年将按方案开展全省拟进行联网的视频监控系统的检测工作。

四是开展省级平台建设工作。省级图像信息联网共享平台建设方案已获批复并落实经费，预计2014年7月31日前完成平台建设。

五是开展农村技防建设。各设区市按公安部和省厅要求，启动了每县一个乡镇的农村技防试点建设。

三、行业管理和质量监督工作

根据《国务院关于第六批取消和调整行政审批项目的决定》（国发〔2012〕52号）要求，对照本部门设定的行政许可事项进行了认真清理，确认保留安全技术防范产品生产登记批准行政许可事项1项，并委托设区市公安局办理。各设区市依法规范开展省内安全技术防范产品生产企业申报的行政许可审批工作，全年完成新办审批《安全技术防范产品生产登记批准书》6项，年检1项。

启动江西省公共安全技术防范信息管理系统建设，将于2014年初实现省内安防企业备案网上申请、网上受理、网上公示。

加强对全省文博系统重点安防工程方案审核、工程检测、验收的质量监督工作，全年协助省文化厅完成六个设区市博物馆安防工程方案评审并出具评审意见。

加强对公安部授权的安防检测机构——江西省工业和信息化产品监督检验院指导和管理工作，全年共开展43项技防工程项目检测。同时，指导检验院开展视频监控系统联网符合性检测工作培训，为2014年开展联网符合性检测做好准备。

推动各设区市技防办开展技防产品市场执法检查工作，2013年赣州市办理行政执法案件1起，并严格按照执法规范化要求实现网上办理，实现了省内技防办案的零突破。继续开展全省工程企业信息网上备案，备案结果在网上公布，全年共完成319家企业备案。

（资料提供：江西省公安厅安全技术防范管理办公室）

山东省技防管理工作

2013年，山东省技防管理部门按照省公安厅党委对科技强警工作“四个坚持”的总要求，围绕公安部科技信息化局工作部署，在“科技是剑”理念的指导下，立足职能定位，突出实战实用，着力加强以视频监控系统建设为主体的各项技防建设，并将其提升为平安工程、民生工程来抓，科学规划，强化指导，注重机制建设，突出实战应用，在现实斗争中发挥了重要作用。

一、深入推进视频监控全覆盖工程，提高科技服务实战水平

根据山东省综治办、公安厅联合下发的《全省视频监控全覆盖工程指导意见》和全省视频监控全覆盖工程推进现场会精神，按照“党政领导、综治协调、公安主导、社会参与”的原则，积极发挥公安机关主导作用，推动各地掀起视频监控系统“大投入、大整合、大应用”高潮，进一步完善立体化治安防控体系建设。

（一）加强领导，全力保障

山东省委、省政府对视频监控系统建设非常重视，全省政法工作会议、全省综治工作会议都对此作出部署，提出明确要求。省长助理、公安厅长徐珠宝亲自修订视频监控全覆盖工程有关文件，多次作出重要批示；副厅长吴德生多次听取建设工作汇报，认真研究每一阶段推进情况，并深入基层调研，现场指导工作。5月，省委政法委、省公安厅在济南召开全省视频监控全覆盖工程推进现场会。省委常委、政法委书记才利民出席会议并作重要讲话，省长助理、公安厅长徐珠宝主持会议并作会议总结。

（二）多措并举，加快建设

各地坚持“统一领导、统一规划、统一标准、统一建设、统一管理”的要求，加强视频监控系统建设动态分析，根据社会治安重点部位、情况复杂地区的变化情况，全面查找监控盲区，不断增加监控点密度，形成严密完善的网络体系，真正做到对重点区域、重要部位的全覆盖。根据城乡建设发展实际，不断推动视频监控向城乡结合部、广大农村地区扩展，做到新建项目与视频监控工程同步建设、同步使用、同步管理，最大限度地消除和减少监控盲区。各级公安科技管理部门成立专门机构，每季度一调度、一分析，将有关数字、情况及时上报，提出深化工作的意见建议。同时，及时总结、推广典型经验，营造争先创优的浓厚氛围。

（三）强化应用，服务实战

坚持以建促用，边建边用，充分发挥视频监控系统在防范打击、应急处突、维稳安保、城市管理、服务民生等方面的作用。各级公安机关通过科技培训、技术讲座等方式加大视频监控技术的推广普及，同时注重研究和提炼视频监控技战法，打造、推广精品案例，并推动与“云计算”、“物联网”等新技术的融合和应用，有力维护了社会公共安全与社会和谐稳定。

二、深入推进“科技创安示范城”建设，发挥科学技术在平安建设中的重要作用

（一）提升理念，创新载体

经过深入调研和认真思考，提出了开展“科技创安示范城”建设的思路，并积极与省综治办、科技厅沟通协调，1月，以三部门的名义联合下发《关于在全省开展“科技创安示范城”建设活动的意见》，将这项工作提升到一个新的层面，形成了社会联动、警种互动的良好氛围。

（二）明确目标，科学组织

在广泛征求意见的基础上，制定了“科技创安示范城”4大方面16项建设标准。5月，会同省综治办、科技厅依据“科技创安示范城”建设标准等评审条件，对各地申报情况进行全面审核后，确定52个县（市、区）为开展“科技创安示范城”建设单位。这些单位以打造最安全地区为总目标，以推进视频监控全覆盖工程、深化科技信息化应用、提高社会管理创新能力为抓手，充分发挥科技在维护稳定、打击犯罪和服务民生中的作用，初步建立起了以科技为支撑的各具特色的现代警务工作模式。

（三）强化措施，务求实效

全省公安机关对“科技创安示范城”建设高度重视，强力推进，迅速掀起建设热潮。各地积极争取当地市委、市政府重视和有关部门的支持，努力将其上升为民生工程、平安工程来抓，切实列入重要议事日程。通过制定出台实施意见、召开工作推进会、完善考核机制等有力措施，推动各项建设健康有序开展，对提升群众安全感、满意度起到一定推动作用。山东省开展“科技创安示范城”建设的做法，得到了部科技信息化局的肯定，并在《科技信息化工作简报》上刊载了经验材料。

三、深入推进技防管理规范化建设，实现管理和服务两个效能的全面提升

牢固树立民生警务理念，坚持技防工作服务实战、服务一线、服务群众，不断满足社会对安全技术防范日益增长的需求。

（一）大力开展农村技防建设

结合社区和小城镇建设新形势，一方面针对“空巢村”和留守家庭多的情况，大力推广适合农村治安需求的技防

产品和新技术，探索农村技防建设新路子；另一方面，结合“社区六进”，在老旧小区技防改造的同时，重点规范新建社区有关技防设施建设。目前，初步构筑起以城带乡、城乡联动、具有山东特色的农村技术防范体系，成为群防群治、“三防”有机融合的品牌和亮点。

（二）加强技防制度化、规范化建设

为进一步加强对安防产品、安防工程的规范管理和服务，在广泛调研和征求意见的基础上，重新设计技防设计施工一、二、三级等级确认登记证，增加编号和防伪标识，从 2014 年起在全省统一启用，杜绝了混乱现象。制订下发《山东省安全技术防范工程设计施工等级确认管理办法》，进一步从组织领导、评定条件、申请程序、监督管理等方面作出明确规定。同时，从培育行业发展、提高企业竞争力角度，按照“公开、公正、便捷、高效”原则，推出一些便民利企措施。

（三）强化技防基础性工作

加强了对省内 2 家公安部授权安防检测机构的监督和指导，使其有效发挥检测机构的作用；积极推进省安防协会评选诚信企业、举办技术交流活动等，充分发挥协会的桥梁和纽带作用，强化了行业自律和企业自我约束，提高了山东省安防行业的整体水平。

经过一年的努力，山东省技防管理部门的服务水平得到进一步提升，对安防行业的管理更加规范，行业自律能力进一步增强，全省安防行业健康有序发展，安防企业对技防管理部门的认可度、满意度不断提高。

（资料提供：山东省公安厅安全技术防范管理办公室）

河南省技防管理工作

2013 年，河南省技防管理工作以党的十八大精神为指导，认真贯彻落实全国、全省政法工作会议要求，按照省公安厅党委的整体工作部署，坚持围绕中心、服务大局、不断创新，以视频侦查技术建设为主线，突出“打基础、强实战、优服务”三个重点，积极推进各项工作，取得显著成效。

一、强化实战应用导向，提升视频监控建设应用水平

（一）推进全省视频监控体系建设，全省视频监控重点覆盖面进一步扩大

采取年初工作会部署、中间督导推动、年底考核的方式，贯彻落实整体建设规划，全力推动全省视频监控系统建设。完成了河南地方标准《河南省高校技防建设规范》的制定报批工作，按照公安部要求，开展了系列标准修订调研工作。全省各级公安机关结合实际，深化“党政领导、综治牵头、公安主导、部门联动、社会参与”建设格局，依据国标、行标和地标，积极推动视频监控系统建设。洛阳市将技防纳入平安建设和社会治安综合治理考核，强力推进。焦作市将视频建设纳入“数字焦作”统筹规划，并制定了多部门会商机制。郑州市创新视频监控建设模式，形成政法、综治、公安等部门各司其职、合力推进的好局面，有力提升了重点区域覆盖面。

2013 年，全省累计投入建设资金超过 8 亿元，新增摄像机 2.6 万余个，全省摄像机总数达 33 万多台，重点区域视频监控覆盖率达到 85%。全省新增监控中心/平台 98 个，各省辖市、县公安局均建有监控中心，全省乡镇派出所视频管理平台建成率达 86%，同时各地积极整合各种视频资源，规范扩大社会面资源接入，视频监控系统覆盖率进一步提升，省、市、县、乡（派出所）四级监控体系不断完善。

（二）开展平台标准化改造，全省视频监控系统联网架构进一步优化

在初步实现全省联网的基础上，2013 年重点开展了市县标准化改造和应用系统建设。一是加强顶层设计。制定下发了“视频监控联网建设及应用工作指引”、“视频卡口系统级联技术要求”，强化联网标准的贯彻落实，召开联网建设工作座谈会，组织专项工作督导，推动标准化联网。9 月，省级视频监控联网平台通过公安部检测中心标准符合性检测，省公安厅装财处、金盾办联合组织，公安部金盾办、技防处参与，对省级视频监控联网平台进行了验收，省市两级联网平台对接进入一个新的阶段。二是积极推进共享平台标准化改造。各省辖市根据省厅统一部署，创新工作模式，积极推进平台标准化改造，郑州、开封等 13 个省辖市已初步实现共享平台标准化对接，鹤壁、南阳、济源等 3 个省辖市正在开展。目前，省市联网平台级联接入率达 100%，县级联网接入率 88%。通过全省标准化联网，初步实现了治安、交管、社会等重点部位视频资源整合。

（三）探索视频深度应用技术，全省视频监控应用水平进一步提升

努力将视频监控打造成集公安机关指挥调度、打防管控、维护社会稳定和服务民生的强大技术支撑，2013 年，针对河南视频监控应用工作需求，集中力量在省级视频监控管理中心初步开展了视频智能报警、模糊图像处理、摘要比对等应用研究，构建了专用图像数据库，探讨开展与郑州、洛阳等市的视频案件库对接和研判机制建设。制定出台了《省级视频监控应用管理中心工作规范》，起草了《市、县视频监控管理中心运行规范》，建立了月通报制度，进一步规范技防工作流程，推动视频监控系统建设、管理和应用。全省各级公安机关积极学习、借鉴洛阳老城、商丘永城的工作经验，利用视频监控系统主动防控、主动打

击，市、县监控中心工作职责、研判机制、奖惩制度等深度应用机制逐步建立。

全省应用管理队伍不断壮大，技术水平和应用能力不断提升，2013 年，洛阳等试点地市视频监控中心打击现行案件数已占现行案件总数 70% 以上。同时，各省辖市按照省公安厅要求，结合实际逐步开展专业应用系统建设，郑州、洛阳等 8 个省辖市已初步开展模糊图像增强系统、信息数据库建设。12 个省辖市已开展与 PGIS 平台的对接，洛阳市在全省率先建成基于大数据应用的全市卡口级联应用系统，有力服务了侦查破案和服务民生。2013 年 7 月 16 日，省政法委书记刘满仓批示，充分肯定洛阳视频监控主动应用的好做法。2013 年，全省视频监控系统直接支撑各案事件 10 万余起，服务民生 5 万余件，预防各类案件 1 万余起，在一批重大刑事案件侦破中，视频监控手段发挥了重要作用，有力支撑了平安河南建设。

二、优服务树形象，提升技防管理服务水平

（一）全力推动并实现技防立法

为规范全省技防工作，确立公安机关的主导地位，使技防体系建设健康有序发展，积极向省政府法制办、省人大内司委、法工委汇报沟通，推动技防立法工作。8 月 1 日，河南省十二届人大常委会第三次会议审议通过《河南省公共安全技术防范管理条例》，并于 2013 年 10 月 1 日顺利实施。条例的颁布实施，确立了公安机关主导地位，规范了技防建设与管理，开启了河南省技防管理法制化的新篇章。

（二）开展宣贯推动条例顺利实施

为确保《河南省公共安全技术防范管理条例》按时顺利实施，与省人大联合编印了《〈河南省公共安全技术防范管理条例〉释义》。按照“条例”要求，完善了相关法律文书，制定下发了《实施细则》、《贯彻实施意见》、《贯彻实施“条例”有关问题的通知》等文件，进一步明确职责，规范服务。开展了全省技防条例宣贯培训，对 18 个省辖市和 10 个省直管试点县（市）公安科技管理部门主要人员进行了培训。全省按照省公安厅要求，积极开展“条例”宣贯工作，发放传单 2 万余份，制作展板百余块，组织召开培训 30 余场，向社会各界广泛宣传技防条例，为条例全面实施奠定了基础。

（三）积极推动技防网上审批

以规范管理、优化服务为目标，坚持重规范、严管理、促创新，不断规范行政审批，优化服务流程，提高工作效率，最大程度方便群众。在先期试行的基础上，2013 年初步实现省、市（省直管县）两级技防管理行政审批的网络化运行，通过细化工作流程，明确责任，在优化审批流程的同时，实现了技防系统、产品审批，型式检验等工作的一站式办理，最大程度地方便了百姓、提高了效率，用制度、机制规范了各项工作。

2013 年，河南省技防管理工作力主创新，不断探索，取得了一定的成绩。新的一年，将以党的十八大和十八届三中全会精神为指导，按照省公安厅党委的总体部署，牢固树立大局观念，进一步增强危机意识和责任意识，恪尽职守，勇于奉献，全力以赴做好各项工作，努力实现河南公安科技管理工作新的发展。

（资料提供：河南省公安厅安全防范技术管理办公室）

湖北省技防管理工作

2013 年，湖北省公安厅技防管理部门在省公安厅党委的正确领导下，在全体民警的共同努力下，以十八大精神为指导，以“中部领先、全国一流”为目标，强力推进社会治安视频监控系统建设，圆满完成了各项任务。

一、视频监控建设成效明显

2013 年，全省共建成视频监控系统中心管理平台 105 个，其中省级平台 1 个、市州级平台 18 个、县市级平台 86 个；建成了联通省、市、县的视频监控系统的传输专网，基本实现了省、市、县三级平台的互联互通。

据不完全统计，2009 年以来，全省直接投入建设资金已达 50 亿元，各级政府每年投入的系统租赁经费达 3 亿多元。目前，湖北省社会治安视频监控系统建设应用工作水平居全国前列，全省系统建设与应用的认识是统一的，领导是重视的，建设势头是好的，应用是活跃的，效果也是明显的。视频监控技术不仅具有发现犯罪、预防犯罪、威慑犯罪等重要功能，而且具有锁定目标、提供线索、固定证据、辅助审讯等拓展功能，已经成为继刑侦、技侦、网侦技术之后公安机关战斗力的新的增长点。

二、统筹规划，认真做好顶层设计

在广泛调研和征求意见的基础上，制定了《湖北省社会治安视频监控系统建设三年规划（2013 年－2015 年）》，全面规划了湖北省未来三年视频监控系统建设、管理和应用。该《规划》作为贯彻落实两办意见的具体举措，进一步细化了时间表，提出了具体的保障措施和工作要求，解决了多年来湖北省视频监控系统建设有“规范”而没“规划”的问题。

三、积极推动联网平台和卡口系统联网整合等重点项目建设

根据公安部《全国公安机关视频图像信息整合与共享工作任务书》要求，从2012年7月起，湖北省启动了视频图像信息联网平台项目建设，编制了联网平台建设技术方案，进行了联网平台管理软件部分功能和性能测试，并与省政府采购中心沟通，起草了联网平台招标文件。截至2013年底，联网平台已完成了方案编制、软件选型、人员培训和硬件招标等工作，完成了省公安厅及襄阳两个平台的安装部署。卡口联网与整合工作已完成了方案编制、规范拟定、软件选型、人员培训和硬件招标等工作，已有宜昌、襄阳等8个市州完成本级软件部署，钟祥、枝江等15个县市完成软件部署，共接入卡口前端900余个。通过引入竞争机制，促使承建商承诺免费提供平台管理软件，节约了大量资金投入，加快了建设进程。

四、组织会议，强力推进

在宜昌组织召开专项培训会议，对各地联网平台和卡口系统联网整合建设项目负责人及技术人员，就技术方案和相关规范进行了专项培训，在襄阳组织召开了全省视频监控系统“建、管、用”现场推进会，总结近年来视频监控系统建管用工作情况，交流经验，分析问题，研究部署下步工作，为继续深化全省视频监控系统建管用工作打下了坚实的基础。

五、积极推动《湖北省公共安全视频图像信息系统管理办法》立法工作

湖北省部分市州已实现社会治安视频监控系统与城管、行政执法、应急、防汛等政府职能部门的资源共享。为在有效兼顾政府其他职能部门及社会各方面合理业务需求的前提下，确保视频传输专网安全、规范视频图像资源的使用规范，依据有关法律、法规，结合实际，组织起草了《湖北省公共安全视频图像信息系统管理办法》。7月1日，《湖北省公共安全视频图像信息系统管理办法》经湖北省人民政府常务会议审议通过，以省政府令的形式发布，自9月1日起在全省施行。《办法》规定了湖北省公共安全视频图像信息系统的规划与建设、管理与应用及法律责任。依法严格管理湖北省公共安全视频图像信息系统，将提高视频监控系统的公共服务能力，有效保障公共安全，保护公民、法人和其他组织的合法权益。

六、举办2013年中国（武汉）国际公共安全技术及设备展览会

为进一步推进全省社会治安视频监控系统建设与应用，加强系统的实用性、实战性和实效性，于3月成功组织举办了2013中国（武汉）公共安全产品暨警用装备博览会。本届展会共设4个馆，2大展区，汇集了320家企业630个展位参。展出面积21000平方米，观众总数达3万余名，是湖北省及至中部地区规模最大、品种较齐全的一次安防产品行业盛会，也是高新电子、信息化技术的盛会，集中展示了国内外最新技术成果，推出了一批国内外新技术产品。

七、组织了一期视频监控系统建设培训班

为落实厅党委提出开展“大培训”工作的要求，结合湖北省当前正在开展的公安机关视频图像信息联网平台建设和卡口系统联网与整合项目建设，3月在武汉举办了全省视频监控系统建设暨技防管理业务培训班。各市、州、直管市、神农架林区、江汉油田公安局视频办、技术防范管理部门负责人，共39人参加本次培训班。根据基层民警的需求，培训班邀请了省内知名专家教授对参训人员授课，针对视频监控系统建设前期存在的问题与解决对策、今后三年全省视频建设中硬件设备的科学配置、视频监控系统的深度应用和指挥决策、今年全省即将开展的图像信息联网平台建设和卡口系统联网与整合工作中市县公安机关应承担的建设任务等方面，进行了有针对性的讲授和解答，受到参训人员的好评。

经过一年的努力，湖北省技防工作取得了显著的成绩，下一步，将按照公安部、省委省政府、公安厅的统一部署和安排，努力实践科学发展观理论，立足本职、锐意进取，开拓创新，为建设平安湖北、和谐湖北而努力奋斗。

（资料提供：湖北省公安厅安全技术防范管理办公室）

湖南省技防管理工作

2013年，湖南省社会治安视频监控系统建设被列入2013年湖南省为民办实事项目。主要工作情况如下：

一是超额完成了全年新安装1万个摄像机的系统建设目标任务。2013年全省共完成摄像机安装1.2万余个，超额完成年度目标任务。几年来，全省共建摄像机5万余个，目前各市、州监控平台和摄像机运行基本正常。

二是基本实现了省、市两级视频平台联网。省厅至市州的视频专网已建成。在完成省市两级联网的基础上，正在实施省市县三级视频图像联网。

三是以省委、省政府两办名义下发《关于加强全省社会治安视频监控系统建设工作的意见》（湘办〔2013〕47号）。《意见》明确了今后三年湖南省社会治安视频监控系统建设的目标任务，明确了政府各相关部门的职责分工，真正将系统建设提升为政府工程，积极督促和发动社会各

方力量参与系统建设，全面推进湖南省系统建设。

四是积极申报2014年的全省实事项目。根据《意见》精神，为完成三年的社会治安视频监控系统建设的目标任务，积极向省政府有关机构汇报，系统建设项目继续被纳入2014年为民办实事项目之一。

五是完成系统建设“以奖代补”资金的拨付。2013年度省级财政为全省视频监控系统建设安排了2000万“以奖代补”专项经费，依据年初下发的年度目标任务量，“以奖代补”专项经费直接下拨到各个有建设任务的县市区。

六是做好系统建设督导和考评工作。2013年，全省社会治安视频监控系统建设被列入省“实事考评”、省“综治考评”和省公安厅的绩效评估，为此，建立了视频监控系统建设进度和联网建设情况的通报制度，实时掌握全省建设进度，同时，以明察暗访等方式对建设和应用情况进行督导。根据考评时间和内容，积极做好相关迎检和检查指导工作。

几年来，视频监控系统在创新社会管理和强化社会治安防范中发挥了重要作用。目前已建成了覆盖全省14个市州、123个县市区的城市治安电子防控系统，全省城区公共部位共安装摄像机5万多个，14个市州和123个县市区建立了系统管理运行维护机制。系统建设在维护社会治安稳定，预防、打击犯罪中发挥了重要作用。近年的民调显示，老百姓的安全感不断增加，对社会治安的满意度逐年提升。

（资料提供：湖南省公安厅安全防范技术管理办公室）

广东省技防管理工作

2013年，广东省公安厅安全技术防范管理办公室按照广东省公安厅的统一部署，严格按照《广东省安全技术防范管理条例》和《广东省公共安全视频图像信息系统管理办法》，紧紧围绕“为民务实清廉”主题，聚焦整改“四风”突出问题，按照“打基础、抓重点、促发展、求卓越”的工作思路，齐心协力，攻坚克难，较好地完成了各项技防管理工作，同时，努力推进广东省社会治安视频监控系统的建设，加强对视频图像分析与应用技术公安部重点实验室的日常管理，取得了良好成效。

一、多策并举，扎实推进“大视频”攻坚工作

2013年是贯彻落实《广东省社会治安视频监控系统三年规划（2012年－2014年）》的关键一年，为确保三年规划的顺利推进，组织广东省各地视频办、技防办协同作战，深入推进视频监控系统建设和应用工作，实现了建设和应用成效的双丰收。截至2013年底，广东省共建成一、二类治安视频监控镜头168.8万个，公安机关可直接调控的一类点监控镜头12.7万个。2013年，广东省公安机关应用社会治安视频监控系统破获各类案件4.3万余起。

（一）摸清底数，以评促建

根据广东省综治委统一部署，为摸清全省“大视频”工作建设底数，2013年初，组织开展了创建平安广东工作试考评及2011～2012年度综治考评（社会治安视频监控系统考评项）检查验收工作。精心制订了考评工作方案，从全省抽精干力量，组织了5个现场考评小组进行全省交叉检查，考评结果在全省通报，并纳入了综治考评工作，有力地促进了广东省各地“大视频”建设工作。

（二）平安引领，统筹规划

“大视频”工作是一项投入大、难度高、周期长的民生工程，也是平安建设工程的重要组成部分。广东省公安厅党委将全省“大视频”工作作为贯彻落实孟建柱同志在深化平安中国建设工作会议上的讲话精神的具体措施之一。同时，积极借助“大视频”工作纳入了创建平安广东十大工程53个重点项目的契机，推动广东省综治委在创建平安广东工作推进会上对“大视频”工作进一步部署，并将“大视频”工作列入广东省立体化社会治安防控体系建设内容之一。

（三）社会关注，答复提案

随着“大视频”工作的不断深入，得到社会各界的广泛关注。针对广东省第十二届人民代表大会第一次会议上人大代表提出了与“大视频”工作密切相关的三份提案，主办答复省人大代表提出“关于要求加大全省社会治安联防电子监控系统建设力度的建议”（第1396号）的提案，并与相关代表进行了密切沟通以取得他们的理解和支持。

（四）正面宣传，央视报道

为了深入宣传广东省“大视频”工作的经验和亮点，根据公安部要求，配合中央电视台科教频道，在广州、肇庆等地公安机关支持下，历时5个月，完成《公安警用装备系列片》中的《难逃天眼》上、下集拍摄工作，取得良好的宣传效果。

（五）筹措经费，落实项目

根据公安部的总体部署，组织起草了广东省公安装备建设“十二五”规划重点项目建设任务中有关视频监控系统建设的内容，借助广东省金盾工程二期全面启动之机，及时启动了广东省公安视频监控报警共享平台建设，顺利完成需求书和建设方案，并向全省各地和各警种征求了意见，待有关部门审批后即可进入政府采购程序。

（六）组建队伍，落实机制

根据公安部要求，具体负责组建广东公安视频监控技术首批应急工作队，落实了相关工作机制，服务春节、“两会”等重点时期安保工作。积极利用视频监控技术参与国内重特大案件侦破和突发事件处置工作，参与了公安部铁

路公安局督办的山东曲阜"7·17"铁路设施破坏案等案件侦破工作，取得良好成效，被公安部誉为视频监控技术的"国家队"。

（七）服务基层、服务实战

进一步加强视频监控技术服务基层、服务实战的工作力度，积极参与专项行动，利用视频监控技术开展隐蔽监控，获取专案线索，进行分析研判，工作成效明显。通过持续参与实战，力争带动全省各地科信部门往实战化方向转型。

在日常工作中，还注重加强对各地"大视频"工作的指导，及时挖掘总结各地的经验和亮点，并对各地的建设方案组织好论证，进行技术指导，确保科学有序推进"大视频"工作。

二、固本强基，全面加强技防管理服务和执法工作

2013 年，从服务安防企业、服务安防行业、服务平安城市建设角度出发，进一步加强技防管理服务力度，全省安防行业取得较大发展，全年共发出广东省安全技术防范系统设计、施工、维修资格证 1390 个，同比增长 22%；安全技术防范产品生产登记批准书 872 个，同比增长 59%；安防工程检测委托书 1585 份，同比增长 69%；省外备案证 54 个，同比增长 59%；出省工程推荐函 84 份，同比增长 58%；在线咨询答复 99 条，同比增长 39%；在线发出产品封样号 3113 个；完成各类安防系统工程申报材料审核 25 项；组织完成各类安防系统工程验收 31 项；组织完成各类安防系统工程项目评审 39 项。

（一）积极推进技防行政审批网上办证

为贯彻落实广东省政府推进行政审批网上办理的有关精神，按照《广东省网上办事大厅建设规范 V1.0》，对已实现的技防网办业务数据进行改造，并顺理完成与省网上办事大厅的数据对接工作。对接后，指定专人实时跟踪网上办证数据更新情况，确保按要求在企业申报后及时将数据上传至省网上办事大厅后台。同时，广东公安科技管理信息系统二期（安全技术防范项目）已完成技防"两证"审批业务全部网上办理的深化设计方案，待有关部门审批后即可启动建设。

（二）大力开展技防执法活动

2013 年，围绕中心工作，按照"以建设为基础、以实战为核心、以执法为保障"的原则，全面指导各地技防办深入开展技防执法工作。全年全省处置技防违法行为 800 多宗，查处了一批典型案例。在工作中发现违法线索 5 条，均转发各地并指导各地进行核实查处。广州、深圳等地全面启动技防执法，全省公安机关技防管理部门通过大力开展技防执法活动，进一步夯实了广东省技防建设和应用工作，促进全省技防行业发展，有力地服务了"大视频"工作。

（三）加强各类标准规范起草制定工作

2013 年，积极推动各类安防标准规范的制定工作。一是完成《VCS 视频图像采集摘要比对器》（征求意见稿）的起草工作，并已通过公安部基础标准化委员会组织的两次专家审核，目前已经形成了报批稿。二是完成公安部安防标委会《人行出入口电控通道闸技术要求》、《安全防范系统出入口信号采集线圈技术要求》、《医院卫生机构安全防范技术要求》等 9 个国家及公安部行业标准的评审。三是完成广东省技术监督局《加油站及场所安全防范系统技术要求》、《楼寓对讲与防盗门技术要求》等 4 个广东省地方标准及 15 个广东省企业标准的函审及审核。四是参与小区视频门禁应用相关 4 个标准规范的制定工作。

在日常技防管理中，还加强与广东省公安厅治安局、监管总队的协调，进一步规范金融机构营业场所、公安监管场所等地的技防系统建设。配合广东省公安厅机关处，完成公安厅机关大院技防系统改造工程技术方案的制订和专家评审工作。对各地技防管理服务和执法工作中的疑难问题，也及时进行指导和解答，确保全省技防工作规范文明开展。

三、建章立制，全面推进视频公安部重点实验室建设

视频图像智能分析与应用技术公安部重点实验室（以下简称实验室）自 2012 年 12 月成立后，积极探索，全面推进视频实验室的规范建设，使实验室在短短一年时间内工作即走向正轨。

（一）稳步推进实验室基础建设

2013 年，大力加强实验室管理和建设工作，切实保障实验室各项工作有序进行。

一是明确了组织架构。指导实验室聘请了副主任、主任助理和学术委员会委员，成立了办公室、4 个研究室。

二是合理规划发展。实验室先后编制了《实验室三年（2013－2015）发展规划》及其《实施方案》，精心谋划发展路线和工作计划。

三是推进科技研发。指导实验室完善科研项目建档、管理工作，并持续跟踪督办各项目的研发进度情况，敦促实验室相关研究室按计划保质保量完成科研项目工作。同时，作为部分项目的主要研发参与单位，广东省公安厅技防办积极投入各项资源保障在研项目顺利实施，指导实验室各内设机构着手准备 2014 年项目申报工作，并组织多次论证会，对项目进行筛选。

四是完善管理制度。组织制定了《视频图像智能分析与应用技术公安部重点实验室组织机构设置与工作职责》、《视频图像智能分析与应用技术公安部重点实验室管理制度》、《视频图像智能分析与应用技术公安部重点实验室例会制度》等 12 项规章制度，优化资源整合，制定协调联动机制，确保了实验室的协调高效运行。

五是落实例会制度。6 月以来，指导实验室根据《实验室例会制度》有关规定，每月举行例会并在会后及时形成会议纪要、大事记，报送实验室领导，及时总结、督办实

验室各项工作。

六是夯实基础建设。为了打造实验室对外展示和技术服务的窗口，2013 年 9 月，指导实验室专门成立技术交流暨成果展示厅，展示厅成立至今已接待 18 批各级领导及省外单位的指导和参观。

七是打造宣传平台。指导实验室在公安网和互联网上开辟了专题网站，为实验室展示形象、传递信息、服务基层打下良好的基础，受到了广泛的好评。

八是完成公安部任务。根据公安部科信局要求，参与完成了公安部重点实验室 2012 年工作画册编制，以及宣传片的拍摄工作，承接了公安部科信局委托的公共交通工具安全检测项目重点科研课题等。

（二）精心组织视频技术国际学术交流会议

为加强视频图像智能分析与应用技术学术交流活动，历经 4 个月的筹备，12 月，由广东省公安厅与公安部科信局主办、视频实验室具体承办的“2013 年度公共安全视频监控技术国际学术交流会暨新增公安部重点实验室启动工作会”在广州成功举行，在此次会议期间，还套开了视频实验室学术委员会会议。公安部科信局领导、广东省公安厅领导、国内外视频技术有关专家、公安部各重点实验室代表、全国各省（自治区、直辖市、兵团）视频技术有关骨干人员、国内知名高校视频技术学者及相关协作单位有关技术人员以及国内部分知名安防企业代表等 240 多人参加了会议。会议得到了与会代表的高度赞扬，取得了良好的成效。

（三）积极推进 SVAC 国家标准贯彻执行

根据广东省政府关于广东省要成为全国 SVAC 国家标准先行示范省的工作部署，9 月，指导实验室会同公安部第一研究所检测中心等单位，组成调研组对茂名市公安局基于 SVAC 国家标准视频监控系统进行可行性调研和实地测试，并指导实验室与安防企业在 SVAC 国家标准推广方面开展战略合作。同时，代拟了《关于申请成为 SVAC 国家标准先行示范省的请示》，由广东省政府向公安部申请广东成为 SVAC 国家标准先行示范省，并得到了公安部支持；草拟了《关于在全省社会治安视频监控系统建设中推广应用 SVAC 国家标准的通知》，拟由广东省公安厅、广东省综治办、广东省经济和信息化委联合发文。

（四）不断加强实验室科研成果推广力度

2013 年，指导实验室不断加强科研成果推广力度，以先进的视频技术专业设备辅助基层提升战斗力。一年以来，VCS 视频图像采集摘要比对器（以下简称 VCS）陆续在湖南、江苏、安徽、四川、新疆等全国 25 个省区装备 200 余套，并投入实战应用，其中广东省各地大力推进 VCS 装备应用工作，全年共计装备了 81 套 VCS，实现了全省覆盖的既定目标。配合公安部装财局在全国 5 个省进行 VCS 列装试用，并在广州召开了培训班。同时，为了切实发挥科研设备应用成效，组织实验室相关技术人员赴各省、市、自治区集中宣讲培训 8 次，为用户单位现场培训 96 次，得到广大公安民警的肯定。2013 年，全省公安机关利用 VCS 共参与侦查案件 1027 宗，破获案件 908 宗，协助处置群体性案件数 4 宗。

经过一年的努力，广东省技防管理工作取得了一定的成绩，服务一线实战的能力进一步增强，技防管理工作机制进一步完善，广东省整体社会治安防控能力和水平进一步提高。下一步，广东省公安厅技防办将全力以赴推进全省视频监控系统的建设和应用，努力完成“广东省公安视频监控报警共享平台”的省级平台建设，加强对实验室工作的指导力度并深入推进视频监控技术课题项目的科研攻关；同时，加大技防执法工作力度，加强技防队伍的建设、培训和对基层技防管理业务的检查监督，加强对广东省公共安全技术防范协会的指导。

（资料提供：广东省公安厅安全防范技术管理办公室）

广西壮族自治区技防管理工作

一、依法履行安防行业管理职责

一是做好《安全技术防范产品生产登记批准书》的审批工作。全年新办《安全技术防范产品生产登记批准书》1 份，年审《安全技术防范产品生产登记批准书》2 份。

二是召开广西安防工程企业代表座谈会，围绕如何规范广西安防行业的管理、安防企业资质的评定以及安防行业的有关法律、法规进行宣传贯彻。

三是组织全区公安机关参加在深圳市举办的 2013 年中国国际社会公共安全博览会。

二、规范全区视频监控系统技术方案的审批和验收工作

5 月，下发了《关于规范全区视频监控系统技术方案上报审批工作的通知》，进一步严格规范技术方案的审批和验收程序，制定标准化的技术方案模板、技术方案审核评分标准细则和规范技术方案内容。截至 2013 年，审核全区视频监控系统技术方案 29 份，已完成验收项目 6 个。

三、大力推动视频监控系统建设和应用工作

一是继续推进视频监控系统建设。截至 2013 年底，全区建成各类视频监控摄像头 31 万个，其中，已联网 7 万多个。

二是完成全区视频监控系统国标升级、联网调优工作。2011 年广西壮族自治区已建成了区、市、县三级视频监控系统联网，在探索新的应用模式中，不断发现视频监控系统联网对接存在许多问题，经过大量调研后，决定对全区监控联网系统按照国家标准 GB/T 28181 - 2011《安全防范视频监控联网系统信息传输、交换、控制技术要求》进行升级改造。2013 年 8 月，圆满完成了全区视频监控系统的国标升级、联网调优工作。

三是开展广西电子卡口系统联网建设。截至 2013 年底，全区建成电子卡口 670 个，与外省交界（环桂）公路已建成电子卡口 48 个；各市与相临市之间（环各市）交界所有公路已建成电子卡口 160 个。为了提高电子卡口系统的应用成效，2013 年，广西开展了电子卡口系统联网工作。

四是开展视频监控系统应用工作。借鉴外省经验，结合实际并经过深入研究，基本建成了图像处理分析系统及数据库，为下一步应用工作打下了基础。

四、指导成立广西安防协会

1 月，经广西壮族自治区民政厅批准，广西安全技术防范行业协会正式成立。协会各项工作按照《广西安全技术防范行业协会章程》有序进行，充分发挥政府部门的助手作用，搭建企业与政府的纽带和桥梁，协调行业内部企业之间的利益关系，规范企业行为，协助政府制订行业规范，引导市场有序发展，促进自治区安防行业经济技术管理水平和经济效益的不断提高。9 月 6 日，经自治区民政厅批准，广西安全技术防范行业协会专家委员会也正式成立。

（资料提供：广西壮族自治区公安厅安全技术防范办公室）

海南省技防管理工作

2013 年度，海南省公安技防管理工作在海南省公安厅的领导下，推进建设海岛型立体化防控体系工作，开展科技宣传活动，不断提升公安技防管理能力和水平。

一、进一步推进“海岛型立体化治安防控体系”建设

组织召开海南省公安机关“海南省海岛型立体化治安防控体系”项目建设推进会，90 名公安代表参加本次会议。

为贯彻落实海南省委办公厅、省政府办公厅《转发省公安厅关于海岛型立体化治安防控体系建设的指导意见的通知》和《关于海岛型立体化治安防控体系项目建议书的批复》文件精神，在深入调研并广泛征求意见基础上，制定了《海岛型立体化治安防控体系三大管控系统建设任务书》，并向各市县下达《海岛型立体化治安防控体系三大管控系统建设任务书的通知》，要求按任务书的通知要求进行规划。

针对各地报送的《可研报告》存在编写不规范、内容不完整等问题，又向各市县公安局下发《关于规范编制海岛型立体化治安防控系统可行性研究报告的通知》，要求各市县规范《可研报告》编制格式等四项要求，以及编制《可研报告》应注意四项事宜。

组织省公安厅、工业和信息化厅、安防协会等专家编写了地方标准《海南省公共安全视频监控系统技术规范》（DB46/T 258 - 2013），经海南省质量技术监督局批准，于 7 月 15 日发布，并 8 月 1 日正式执行。同时还组织专家对琼中、陵水、保亭等 9 个市县的“海岛型立体化防控体系设计方案”进行论证。

二、做好科技活动月和科技活动周活动

积极响应海南省科技活动月组织委员会主办的第九届科技活动月活动及公安部科信局科技活动周活动。在海南省政法学院开展了“安防实验室”重点示范活动，组织全省各单位主管技防工作的领导干部及广大民警进行了参观学习和交流。活动现场，参观人员实地体验智能楼宇安防实验室设备展示和工程设备安装操作流程；了解视频监控、可视对讲、消防报警、灯光控制等六大系统设备的功能；听取专家现场讲解和演示智能化自动报障监控系统、高清视频监控、监控管理平台和各产品性能及应用。通过此次活动，海南省 12 个市县共 77 名技防民警获得全国科技活动周组委办公室颁发的 2013 年全国科技活动周“万名科学使者进校园（社区）”活动荣誉证书。

（资料提供：海南省公安厅安全技术防范管理办公室）

重庆市技防管理工作

2013 年，重庆市公安局社会公共安全产品行业管理办公室在重庆市公安局的领导下，认真学习贯彻党的十八大精神，强化行业管理，倡导行业自律，扶持安防企业发展，推动业内交流合作，加强自身建设等各项工作，取得了一定的成效。一年来，主要抓了以下几项工作。

一、组织学习党的十八大精神

1月，组织专题报告会，邀请市工商联领导对党的十八大精神进行宣讲，围绕“贯彻十八大精神，推动民营企业发展”这一主题，结合全市安防企业发展情况，从理论和实践的结合上，对安防企业负责人进行了深入细致的宣讲，使大家深受鼓舞，更加坚定了改革发展信心。

二、开展贯标培训

为了贯彻落实公安部关于视频监控系统联网及视频整合共享工作部署，帮助安防企业尽快了解视频监控联网系统相关技术标准，指导安防协会举办全市视频监控系统联网标准培训班，全市安防企业200多人参加了现场培训，通过电视会议系统举办全市公安系统视频监控系统联网标准培训班，全市公安科技管理部门、信通部门、平联办、交通管理部门及各区县近1300人参加了培训。本次培训对国家标准GB/T 28181－2011《安全防范视频监控联网系统信息传输、交换、控制技术要求》作了细致的讲解，并介绍了“视频监控系统联网标准符合性检测工具”的开发应用情况，受到参培人员的热烈欢迎。

三、搭建展会平台

为加强安防行业交流、推动行业发展，提升公共安全技术应用水平和竞争力，积极推动的“2013重庆社会公共安全产品与技术设备展览会”于2013年3月19日至21日在重庆展览中心成功举办。同时举办了以“平安重庆·社会公共安全防范暨应急联动技术”为主题的高峰论坛，为重庆的应急联动指挥系统建设献计献策。本届展会展示了国内外安防行业主流产品及整体解决方案，交流国内外最新动态和信息，展出面积达8000多平方米。本次展会无论是展会规模、参观人数、展会档次均有大幅提升。

四、发挥桥梁作用

建立主管部门和安防行业之间的沟通渠道。为配合开展党的群众路线教育实践活动，10月，组织召开了重庆市安防行业党的群众路线教育实践活动征求意见座谈会。多家安防企业负责人参加了座谈会，实事求是地反映安防行业存在的问题，为主管部门出谋划策，共同营造良好有序的安防行业发展环境。座谈会开门纳谏，公开评议，征求意见，受到与会人员的一致好评。

五、开展立法调研

2013年第二季度，按照公安部安防立法调研工作要求，对全市安防系统建设、行业规模和安防产品等情况进行分析调研，汇总整理调研材料上报公安部。同时，积极配合中国安防协会工作，提供行业发展相关资料，并积极支持市安防协会申请成为中国安防协会副理事长单位。

六、完成行业统计

安防行业调查统计是一项重要的基础性工作，能全面反映安防行业的发展状况。通过对市安防协会会员单位基本情况、2010～2012年三年来经营情况、从业人员情况等方面情况进行统计，结果表明，我市安防行业发展态势良好，就业人员近3万人，年主营业务收入达60多亿。

七、强化资质管理

安防工程资质管理是行业自律管理的重要手段。2013年，继续抓好资质评定工作，坚持按标准和原则开展安防资质评审和年审，增加评审透明度，公示获证信息，完成证书核发。严格按照评审程序和条件，全年共组织了13场资质评审和年审会，有127家企业通过了评审，截至11月底共有一级资质90家，二级资质103家，三级资质214家。同时，指导督促刑总技防办继续严格按照《公安部关于规范安全技术防范行业管理工作几个问题的通知》和《国务院关于第六批取消和调整行政审批项目的决定》的规定范围办理安防产品生产登记批准书。2013年，给全市生产安防产品企业申请型式检验的安防产品抽样送检108批次，新办理生产登记批准书4份，生产登记批准书年检13份。

八、加强行业服务

督促指导重庆市安防协会切实履行服务宗旨，不断拓展服务领域，为会员单位提供政策法规、市场导向、市场分析、安防技术、科技产品等综合信息服务；及时公示资信信息；为建设方、招标方提供会员信息；继续为会员单位赠阅安防业内报刊。另外，支持会员单位赴外地发展，简化程序，并为会员单位出具资质证明。

2014年是实施全面深化改革的关键年，要以贯彻党的十八届三中全会为契机，团结带领全市安防企业，振奋精神，迎难而上，把重庆安防行业做得更大、更强、更好。

（资料提供：重庆市公安局社会公共安全行业管理办公室）

四川省技防管理工作

2013年，四川省公安厅安全防范技术管理办公室在配合上级部门进行行政审批项目统计清理的同时，全力推进全省安防管理工作的规划、指导和监督，以加强日常规范管理为着力点，不断提升服务质量和管理水平，积极开展行业服务，全省技防管理工作有序开展。

一、依法行政，规范办理流程，严格审批环节

根据《四川省公共安全防范管理条例》要求对四川省安防企业从业进行备案管理，严格审批，规范管理，改进和完善服务。

在安防产品生产批准登记管理方面，2013 年，共新办 23 家企业，核发“生产登记批准书”107 份，其中新办证 83 份，年审 24 份，抽样 42 次。发挥省政务中心的“窗口”作用，程序规范，服务热情，办理及时。

在工程方案审核和验收方面，积极筹划，努力推进安防工程验收工作规范化。多次邀请全省技防专家和四川部分市州技防办负责人召开座谈会，深刻剖析全省技防管理的现状和工作难点，着重讨论应加强改进的具体措施，细致安排筹备 2013 年全省技防管理人员及技防专家培训，全面推进此项工作。

二、强化监督管理，完成检测机构年审工作

按照公安部科信局的相关要求，对四川省内两家公安部授权的安防检测机构——四川省电子产品监督检验所和四川法斯特消防安全性能评估有限公司进行了年审，两家检测机构均年审合格。

三、情系灾区，制定惠民措施，开启“绿色通道”

“4·20”雅安芦山地震后，为落实厅党委便民利民有关精神，针对受灾地区安防从业企业，在第一时间制定了《关于针对灾区便民利民措施的承诺》。承诺将按照《四川省公共安全技术防范系统从业单位登记备案管理办法》第四条规定：省公安厅技防办在 7 日内根据申请单位的实力和业绩等条件，确认其从业资质能力，并将发放《四川省公共安全技术防范系统设计、安装、维护、运营资质证》缩短为一日内完成办理。此举措充分体现了“情为民所系、利为民所谋”的执政理念，展现了公安机关在突发灾害面前紧急响应，迅速处理的良好行动力，充分发挥了公安机关在关注民生、维护社会平稳方面的重要作用。

四、提高软实力，夯实专家库

为促进四川省公共安全技术防范行业的发展，充分发挥专家的作用，提高政府决策水平，根据《四川省公共安全技术防范专家管理办法（试行）》的有关规定，向全省下发了《关于推荐公共安全技术防范专家的通知》，要求各市州积极做好在全省公安机关、科研院所、各大高校、安防企业中推荐熟悉安防工程方案设计、工程建设、工程验收及相关技术人员的工作，为下一步专家管理以及充分发挥专家作用奠定了良好的基础。

五、积极探索新形势下的管理服务新模式

深入调研，全面掌握情况，积极探索管理服务新模式。加强学习相关改革文件精神，借鉴先进经验，打开思路，研究对策，立足《四川省公共安全防范管理条例》深入研究技防部门角色定位、行业协会运作模式、技防部门管理和服务相互补益的机制等问题。

六、强化日常管理，加强纪律作风建设

作为群众服务的窗口部门，深入贯彻落实党的群众路线教育实践活动，多次召开学习讨论会，组织认真学习群众路线教育读本，切实整顿“四风”，进行批评和自我评批，认真听取群众意见，筑牢防腐拒变的思想堡垒，努力打造一支业务精、纪律强、能战斗的技防管理队伍。

七、重指导，引方向，促进协会健康发展

监督指导四川安防协会举办培训、开展日常工作。一是技术引领，促进协会提高培训服务质量，进一步做好安防企业培训工作，要求紧跟新技术新手段，指导服务企业提高安防从业人员职业技能，促进企业向高新型发展。二是指导协会做好协会会员工作，以优质服务吸收和发展更多的从业企业，营造企业发展良好氛围，搭建行业沟通平台。

经过一年的努力，四川省技防管理工作取得了进一步发展，同时面临着改革带来的巨大挑战。为顺应国家深化社会改革、加快政府职能转变，优化社会资源配置的总体要求，四川省公安厅技防办将积极适应当前深化行政审批制度改革的趋势，结合技防管理工作实际，转变工作思路和方法，探索新的技防管理服务模式，规范行政、砥砺奋进，以确保四川安防行业健康有序发展。

（资料提供：四川省公安厅安全技术防范管理办公室）

贵州省技防管理工作

2013 年，贵州省技防管理工作在贵州省公安厅党委的领导和公安部科技信息化局的指导下，以邓小平理论和“三个代表”重要思想、科学发展观为指导，认真贯彻党的十八大精神，立足社会管理创新和平安创建活动，紧紧围绕服务公安中心工作、服务基层、服务大局，全面落实“三项建设”、“三项重点工作”的各项要求，全面推进贵州省安全技术防范管理工作。

一、推进安全技术防范管理工作规范化建设

全面贯彻落实《贵州省公安厅关于印发〈贵州省公安

机关二十一项便民利民措施〉的通知》中关于对安全技术防范行政管理的工作要求，进一步规范全省安全技术防范行政管理工作。

（一）出台相关管理文件，规范管理制度

下发《关于进一步规范安全技术防范有关行政管理工作的通知》，对安全技术防范产品生产行政审批流程、安全技术防范系统工程资格备案形式和措施、安全技术防范产品销售管理模式、安全技术防范系统工程委托检测流程作了进一步规范和要求，确保安全技术防范产品生产、销售，安全技术防范工程备案等相关行政管理工作的公开、公平、公正实施。

（二）规范“技防服务窗口”，进一步优化技防业务咨询、服务渠道

设置办证窗口，强化安全技术防范行政管理工作职能。在办证窗口，将办理相关流程及事项统一上墙公示，确保办证人员走进办证窗口，就能清晰地看见所办理证照的流程、技防部门的社会承诺以及工作人员守则等。窗口派驻专门人员值班，保证技防业务咨询与服务渠道的畅通。

（三）修订《贵州公安安全技术防范管理业务工作手册》，规范技防业务办理流程

通过修订《贵州公安安全技术防范管理业务工作手册》规范审批程序，细化审批运行流程，建立并完善了岗位责任制、服务承诺、限时办结、责任追究等制度，同时，统一印制130余套《贵州公安安全技术防范管理业务工作手册》并下发至各地技防办。

二、全面启动安全技术防范管理信息化建设工作

自开展群众路线教育实践活动以来，不断寻找提高安全技术防范管理效率的方法，在科信处的领导下，采取信息化手段，全面启动安全技术防范管理信息化建设。

依托“贵州公安服务网站群”，建立安全技术防范便民服务网站，实现省市县三级之间互联互通、信息共享和业务协同。同时，将管理中所有申办事项的条件，办理流程，相关法律、法规进行公开，并积极推行技防管理业务网上咨询、网上受理等服务，公布投诉电话、网站、邮箱等，做到及时整改，及时反馈，本年度受理网上咨询15次。

完成“贵州省安全技术防范管理信息系统”开发工作，实现了安全技术防范产品生产行政审批及安全技术防范系统工程资格备案网上受理及初审。为全面推进安全技术防范管理信息化，积极开展技防管理信息系统软件开发的调研、需求分析，与软件开发人员一起进行系统的开发，现各市、州、区、县技防办统一采用“贵州省安全技术防范管理信息系统”进行网上审批，实现省市县三级联网审批。

三、强力推进城市报警与监控系统建设

按照公安部《〈全国公安装备建设“十二五”规划〉重点项目建设任务书》，贵州省公安厅“天网办”强力推进“天网工程”建设工作，2013年全面完成了全省“天网工程”建设任务，实现了主要街道、路口及重点场所全覆盖。在视频联网工作上，一是根据贵州省实际，延伸并细化了视频监控系统联网标准符合性检测工作，在标准符合性检测基础上，增加了联网接入检测工作，并建立视频监控系统联网标准符合性接入检测办公室；二是全力开展全省视频骨干专网建设工作，完成了视频骨干专网建设的招标、合同签订及工程建设实施工作；三是积极开展省级视频监控系统联网共享平台的开发建设工作，截至2013年底，已完成联网共享平台开发，并已部署到省厅指挥中心，全面启动全省省、市、县三级视频监控联网平台的级联工作。

（资料提供：贵州省公安厅安全技术防范管理办公室）

云南省技防管理工作

2013年，云南省技术防范管理工作在公安部科技信息化局的指导和云南省公安厅党委的领导下，认真履行职责，将公安视频监控系统建设和联网整合作为工作重点，全力推动。同时，按照国务院、省政府的部署，对技防管理工作中的行政审批项目进行了多次的清理和规范。经过一年的努力，科技信息化处按时完成了上级机关的工作部署，在安全技术防范管理工作中有了新的进步。

一、狠抓公安视频监控系统建设

（一）加强机构建设

为加强对全省视频监控系统建设应用工作的组织领导，3月，省公安厅对2012年成立的“云南公安视频监控系统建设和应用工作领导小组”进行了职能的调整，明确了科技信息化处是云南省公安视频监控系统建设工作的牵头部门。

（二）明确工作目标

按照公安部工作部署，结合云南的实际情况，经过认真研究，初步确立了云南省今后几年的工作目标：云南公共安全视频监控系统建设以全省性的监控系统联网整合为主导，以扩大各地系统监控点位的布设密度为基础，以各级系统监控摄像机高清化改造为突破，以监控系统的深度应用为目标，以社会单位自建视频监控系统的普及为拓展的总体工作目标。草拟了《云南省公安厅关于加强视频监控系统建设和应用工作的意见》、《云南省公安机关视频监控系统联网技术方案》、《云南省公安机关视频图像信息整合与共享工作方案》3个文件。

（三）公安视频监控系统建设情况

在云南省各级党委、政府的领导和大力支持下，公安机关把视频监控系统建设作为深化平安云南建设的重要内容，作为推动社会管理创新的重要抓手，全力推进系统建设和应用工作，提升了公安机关动态环境下社会治安掌控能力。截至2013年底，全省129个县（市、区）公安机关建设了不同层次和规模的针对社会公共区域的公安视频监控系统，共布设监控摄像头数万个，基本实现了对全省县级城市公共区域的视频监控覆盖，在全省初步形成了一张视频监控网络。

（四）系统联网情况

按照公安厅制订的计划，在2013年底开展了“云南省公安视频监控系统联网平台”建设工作，预计2014年2月建成。全省16个州市中，昆明、曲靖等6个州、市也已建设了联网平台，曲靖、大理等9个州、市建设了共享平台。

二、不断规范行政许可管理工作

按照国家、省和公安厅关于规范行政许可管理工作的部署，对安全技术防范产品生产登记批准书的办理工作进行了多次的清理和梳理。一是发出通知，对国务院已经取消的有关安全技术防范产品的销售许可工作进行广泛的宣传，并在实际工作中认真遵照执行。二是认真梳理办理安全技术防范产品生产登记批准书的程序，精简了程序，缩短了办理时限，并准备把办理工作逐步归并到省里统一开设的对外窗口网站。

三、积极指导省安防协会开展工作

积极履行对安防协会的业务指导职责，帮助协会不断完善各项规章制度，树立服务会员单位的意识，组织会员单位的业务培训和资信等级晋升的工作，并派出业务骨干参与协会业务培训工作，为协会的健康有序发展做出了努力。

（资料提供：云南省公安厅安全技术防范办公室）

西藏自治区技防管理工作

2013年，西藏自治区技防管理工作按照公安部的有关部署要求，在公安厅领导的关怀和支持下，不断提高技防管理工作力度，加大安防企业的管理力度，深入推动全区公安机关视频监控系统建设和应用工作，为“平安西藏”打下良好基础。

一、服务实战，深入推进全区公安机关视频监控系统建设工作

（一）全区公安机关视频监控系统建设取得新突破

全区各级机关充分发挥主导作用，积极争取各级党委、政府的重视和支持，按照《西藏自治区公安机关视频监控系统建设指导意见》，统筹规划，健全机制，多策并举，建设规模、质量、数量迅速提高，将视频监控技防建设作为本年度民生工程，成立了领导小组，召开协调会、促进会，强力督导推进工作落实。全年共投入建设资金2.74亿元，新增监控前端3800余个。

（二）开展视频监控系统运维安全检查工作

为配合做好春节、藏历新年、“两会”期间以及区敏感阶段安全保卫工作，充分发挥视频监控系统在发现、打击和防范违法犯罪活动中的作用，针对自治区少数地区因电力供应、图像不清等问题，对全区公安机关视频监控系统进行了一次全面的运维安全检查，有效地促进了公安机关视频监控系统的在线率和社会面视频监控系统的完好率，确保视频监控系统发挥作用。

二、进一步加强技防管理和服务工作

从服务安防企业、服务安防行业、服务平安城市角度出发，进一步加强技防管理力度，积极开展各项技防管理、服务工作。以开展“群众路线教育实践活动”为契机，共走访党政机关和企事业单位共20余家，与安防企业负责人开展交心、谈心活动60余次，收集意见和建议212条，通过整改提升了服务质量，取得了较好成绩。

（资料提供：西藏自治区公安厅科技信息化总队科技科）

陕西省技防管理工作

2013年，陕西省公安技防管理部门在陕西省公安厅党委的正确领导下，紧紧围绕公安部“十二五”科技强警工作规划和省委、省政府、省厅有关“平安陕西”建设的部署要求，以服务公安实战为核心，按照“政府推动、多元投入、整体规划、突出重点、分步实施”的基本思路，转变职能，简政放权，大力加强陕西省技防工作，目前全省公安机关已基本建成省、市、县三级联网传输平台，基本形成城乡一体、全面覆盖、内外结合、科学配套、技术兼容、资源共享的技防网络，基本实现对社会治安的全方位、多层次、全覆盖的动态监控，为加速陕西省治安防控体系建设、全面提升公安机关打防管控能力、坚决维护社会安全稳定提供了有力的科技支撑。

一、坚持政治理论学习，“头脑清醒、信念坚定、联系群众”的大原则毫不动摇

始终把政治理论学习放在首位，认真参加党的群众路线教育实践活动，积极撰写学习体会和对照检查材料，边学边思边实践。学习了国家、公安部、陕西省委有关会议精神以及全省公安局长会议精神、全省目标责任考核推进会精神、关于国庆安保工作电视电话会议精神等，通过学政治、学理论、学业务，有效坚定了全体人员的理想信念，提升了思想水平，明确了工作方向，激发了工作热情，驾驭本职工作的能力素质有了明显提高。

二、坚持“平安陕西”战略，“党政领导、公安主导、部门协同、社会参与”的大格局日臻完善

认真实施“平安陕西”战略，成立了全省公安机关视频监控建设与应用工作领导小组及办公室，全力推进以“智慧城市”、“技防村”等为主要内容的技防建设。各市（区）坚持“党委领导、政府负责、公安包抓、社会参与”的思路，把治安防控体系建设纳入地方经济社会发展总体规划，健全和完善了由党委政府主要领导或分管领导为组长，公安、监察、财政、工商、教育、文广、卫生、人社、住建、公信、交通、民政、人民银行等部门和单位负责同志为成员的社会治安防控体系建设领导小组，不断加大对当地社会治安防控体系建设的组织领导、统筹规划、推动实施、评估考核等工作，专门协调解决技防工作中遇到的建设资金不足、管理费用欠缺等实际困难。各市（区）公安机关还成立了技防管理机构，配齐配强管理骨干，细化落实管理措施。目前，“党政领导、公安主导、部门协同、社会参与”的格局已基本形成，并推动技防工作向规范化、制度化、科学化发展。

三、坚持全面统筹规划，“街道有监控、室内有视频、城内有报警、出城有卡点”的大网络遍布三秦

根据《全国公安机关“十二五”科技强警工作规划》要求、“全国公安机关视频监控建设与应用工作会议”精神以及省厅党委的安排部署，制定下发了《关于进一步加强视频监控建设与应用工作的意见》。同时，坚持搞好顶层设计，全面统筹、科学谋划，严把方案评审关和工程监理、检测、验收关，圆满完成咸阳、渭南、安康等地的方案评审和工程验收，深入各地认真进行技防工作调研和建设指导，确保了全省视频监控建设始终做到布局合理、衔接有序、作用发挥。

截至2013年底，围绕实时视频监控网建设，共整合新建视频监控探头32万个，使全省目前视频监控探头总数达到44.6万个，基本实现了重点地区、要害部位全覆盖。特别是宝鸡市把城乡监控探头建设作为主攻方向，提前一年完成了视频监控翻番建设任务。宝鸡千阳县大力推进符合农村技防建设实际的“小探头”工程，目前已安装视频监控小探头900个，覆盖率达到95%。围绕区域边界查控网建设，全省共建成具备智能卡口功能的“环陕、环市、环县”三级公安检查站302个，特别是安康市针对全市道路交通快速发展的实际，将警务查报站建设作为突破口，在全省率先建成了31个警务查报站，并且创新开发了一点触动、多点响应的功能。围绕虚拟社会管控网建设，全省共设立网上“报警岗亭”1237个，落实“虚拟警察”5000余名。视频监控及联网传输平台在最大程度上整合了原本分散的各类监控资源，实现全省视频监控系统跨区域、跨部门、跨警种的深层应用，“点上覆盖、面上成网、外围成圈、覆盖城乡”的立体防控网络基本形成，遍布三秦大地，为陕西省公安机关的指挥调度、预防打击、维护稳定提供了有力的支撑。

四、坚持服务公安实战，“视频巡逻、网上布控、图像侦查”的大机制大显神威

牢牢把握实战、实用、实效的要求，以服从服务实战为着眼点，以技术创新和机制创新为关键点，以资源整合和高端应用为着力点，加快推进视频监控系统应用工作，不断推动全省打防控一体化运转，进一步提升了陕西省社会治安防控的整体效能和基层基础工作水平。各地充分利用视频监控能够实时监控、直观显示、锁定目标、固定证据、提供线索等功能特点，把技防与人防、物防有机结合起来，推动办案模式从传统的依靠调查走访向视频图像与调查走访相结合方向转变，巡逻模式从单一街面巡逻向人力巡逻与视频巡逻相结合方向转变，指挥模式从单纯语音调度向可视化、扁平化方向转变，使之成为侦查破案的新手段、社会治安防控体系的新支撑、警务运行机制变革的新推力。近年来，全省通过视频监控系统，共破获各类案件5万余起，在“清网追逃行动”、打击经济犯罪“破案会战”工作中，视频监控的信息化主导作用发挥了不可替代的威力。去年以来，全省通过视频监控系统共破获各类案件1万余起，全省“两抢一盗”等多发性侵财案件同比下降15.3%。目前，初步建成了“信息灵敏、反应迅速、防控严密、打击精准”的新型社会治安防控体系，基本实现了“发案少、秩序好、群众满意、社会稳定”的工作目标。

五、坚持便民利民惠民，西部安防业“规模最大、影响力最强、回报率最高”的大盛会惠及百姓

5 月，由陕西省公安厅主办的“2013 中国（西安）国际社会公共安全产品暨警察反恐技术装备博览会”召开。安博会以“建设美丽陕西 构建幸福生活”为主题，现场设立6 大展区，参展企业近400 家，展位面积达3.5 万平方米。安博会同期举办以“智慧安防”为主题的“2013 中国西安智慧城市建设与公共安全发展论坛”、以“智慧 智能”为主题的“2013 西部地区安防工程商与系统集成商交流会”、以“商业力量”为主题的“2013 中国安防商道论坛西安站”等多场技术交流活动，业内专家、学者与参会人员现场交流、探讨，促进行业发展。

六、坚持转变工作职能，“走基层、听呼声、顺民意”的大举措备受好评

为加强陕西省安全技术防范建设，规范各安防从业单位的管理，认真贯彻中央有关“转变职能、简政放权”的规定和要求，广泛联系群众，认真听取民意和呼声，努力改进工作方式方法。

一是召开座谈会。3 月，组织召开规范和加强技防管理工作座谈会，征求对进一步规范和加强安全技术防范登记备案证办理和专业培训工作的意见建议，让技防管理工作更加趋于科学合理、更加贴近群众生活、更加适应企业发展，政策更科学、规则更透明、操作更简便，真正达到既不失之于管理，又能为企业更好地服务、便民利民的目的。9 月，组织召开了“全省安全技术防范产品销售企业代表座谈会”，就如何规范安全技术防范产品销售市场、如何为安防产品销售企业提供更加优质高效的服务等问题和企业代表进行了面对面的座谈交流，听取了广大企业代表的交流发言，同时下发了《党的群众路线教育实践活动问卷调查表》，就如何进一步规范陕西安全技术防范产品销售市场、如何为安防产品销售企业提供更加优质高效的服务等问题，征求了意见建议。参加座谈的同志普遍反映，此次座谈会会风朴实、工作扎实、效果良好。

二是制定出台相关制度规定。根据行政审批制度改革的主要精神和企业发展的现实需求，积极顺应形势，经过反复论证、反复修改，先后负责制定了《关于办理技防登记备案证的便民利民措施》、《关于进一步规范和加强安全技术防范登记备案证办理及专业培训工作的通知》，通过以服务代管理、推行网上审批等做法，转变管理职能、简化办事程序、精简审批手续，积极为企业“松绑减负”，从而让安防企业的创业条件、发展环境得到了极大优化。针对自身担负的行政审批工作特点，把改进工作作风作为检验队伍建设成效的“试金石”，坚持从严制度、树形象、受监督入手，及时查找服务态度、执行纪律等方面存在的问题和不足，研究制定了廉洁从政“九个不准”，坚持用铁的纪律约束人，谁违反就把板子打在谁身上，从而杜绝了违纪违规问题发生，铁律铸就了铁队伍，为推动全省公安科技管理工作持续健康发展注入了无限生机。

三是研究起草三项标准。根据省公安厅党委安排部署，先后两次组织召开协调会，联系文保总队、治安局、交警总队和部分专家、企业代表研究制定《陕西省金融系统视频监控技术规范》、《陕西省住宅小区视频监控技术规范》和《陕西省道路交通卡口技术规范》。目前，工作正在紧张有序地进行中。

四是指导协会开展专业培训。分别于3 月和10 月中旬，指导省安防协会开展了以《陕西省安全技术防范条例》、《公共安全图像信息系统管理办法》为内容的安全技术防范从业技术人员培训班，组织专家授课和阅卷，600 多人参加了培训，并获得了《陕西省安全技术防范从业技术人员上岗培训合格证书》。

五是为陕西省“平安城市”建设推荐第三批优秀安防产品。为积极配合陕西省开展的“平安城市”和“853”工程建设，经省厅安全技术防范管理办公室同意，根据公安部、省公安厅、省质量技术监督局关于“平安城市”建设的相关标准，参照中国安防协会历年来“平安城市”建设推荐优秀安防产品的结果，并结合公安机关的使用情况，在2012 年推荐优秀安防产品后，组织开展了推荐第三批优秀安防产品活动。经组织专家认真评议，评选出了第三批“平安城市”建设优秀安防产品，为各地政府部门和建设单位提供了决策参考。

（资料提供：陕西省公安厅安全技术防范管理办公室）

甘肃省技防管理工作

2013 年，甘肃省公安厅安全技术防范管理办公室按照甘肃省公安厅的部署和科技处的工作计划，围绕全省公安机关年度重点工作任务，继续组织实施全省乡镇街道社会治安视频监控系统建设工作，加强对全省公共视频监控系统建设的指导工作，积极开展公安机关视频资源管理服务平台联网标准符合性检测的各项准备工作，积极开展公安标准化管理和公共安全产品质量监督工作，指导甘肃省安全技术防范协会工作。

一、全省乡镇（街道）社会治安视频监控系统建设工作

按照甘肃省委省政府的部署和《甘肃省社会治安技术防范建设规划（2011－2013 年）》要求，2013 年是全省乡镇（街道）社会治安视频监控系统建设工作的最后一年，通过对最后253个乡镇（街道）社会治安视频监控系统的建设，全省各乡镇（街道）社会治安视频监控系统建设任务将全部完成。该项工作自2011年启动以来，每年都被列入省委省政府为民办实事的工作内容，同时也被省公安厅确定为全省公安机关年度重点工作任务之一。根据“政府领导、综治牵头、公安主导、社会参与”的全省社会治安视频监控系统建设的总体思路，结合2012年组织实施乡镇（街道）社会治安视频监控系统建设的经验，针对建设任务和要求，继续采取示范性建设的模式，为每个乡镇（街道）的学校、卫生院、金融网点、集贸市场、主要街道出入口等重点部位和重点场所建设5个高清视频监控点，在所属地公安派出所搭建系统管理平台，负责视频监控图像的管理和存储，并通过公安专网上传至上级公安机关，实现视频图像的联网和信息共享。

为保证系统建设质量和联网应用的要求，依据国家相关标准和公安部的要求及《甘肃省公共安全视频信息系统管理办法》（省政府第78令），结合2012年实施建设和检验验收的实际，制订了具体的建设方案。在通过政府采购招标确定了施工单位后，组织5家中标施工单位召开专门会议，强调了建设的具体要求，同时下发通知对各地公安机关开展建设明确了职责，积极组织实施了建设工作。在建设期间根据实际对建设工作进行了全面的检查，及时了解建设情况，积极协调解决问题，保证了建设顺利进行。经过各方共同努力，全年完成253个乡镇（街道）社会治安视频监控系统的建设、检测和验收工作，顺利地完成了建设任务。

1~2月，组织公安部授权的安防工程检验机构甘肃省产品质量监督检验中心，对2012年全省建设的500个乡镇（街道）社会治安视频监控系统按照10%的比例进行了抽检，对抽检发现的问题及时提出了整改措施，并予以落实。在通过检验的基础上完成了对2012年全省500个乡镇（街道）社会治安视频监控系统的验收工作。

二、全省公共视频监控系统建设的指导工作

（一）指导甘南、武威公共安全视频监控系统建设

根据甘肃省社会治安防控体系建设的整体部署，按照省委省政府的指示精神，组织专业技术人员深入甘南藏族自治州以及武威市等地，进行了公共视频监控需求调研。通过对其城区主要街道、重点区域的视频监控系统建设和覆盖情况进行了历时50多天的现场勘察调研，在对相关资料综合研究分析的基础上，按照城区主要街道24小时全覆盖，特殊区域采用低照度重点监控的原则，结合实际编制了《甘南武威两市州部分县市城区社会治安视频监控系统技术方案》，以提升重点县市视频监控系统建设水平，加强社会治安防控能力。目前，该项目已完成初步设计并上报审批，且列入科技处2014年重点工作计划，待审批后即实施。

（二）指导各地公安机关视频监控系统建设

按照《甘肃省公共安全视频信息系统管理办法》和《关于深入开展报警与监控系统建设与应用工作的意见》的要求，积极对各地公安机关开展的视频监控系统建设工作进行指导，先后组织了对《定西市安定区2013年旧城区平安城市视频监控系统建设方案》的专家评审和陇西县平安城市视频监控系统的检测，对《临夏市平安城市技术建议书》、《漳县平安城市视频监控系统建设方案》、《正宁县第五期视频监控技术方案》进行了审核，并分别下发了审核意见。同时，通过与相关部门协商，起草了《全省高速公路一期电子监控系统建设方案》的审核意见。

三、联网平台标准符合性检测工作

为贯彻落实《全国公安机关视频图像信息整合与共享工作任务书》和《全国公安机关图像信息联网总体技术方案》的要求，进一步推动全省视频监控系统联网建设及视频图像信息整合与共享工作，根据公安部《关于组织开展全国公安机关视频监控系统联网标准符合性检测工作的通知》精神，开展了全省视频资源管理服务平台进行联网标准符合性检测前期准备工作。为了掌握符合性检测的相关要求，熟悉测试流程，先后多次组织甘肃省产品质量监督检验中心的相关人员进行学习和研究，探讨实施测试的方式和步骤，同时采取搭建实验室平台和深入视频资源管理服务平台供应商驻甘机构及基层公安机关进行测试的方式，对安防企业的视频资源管理服务平台进行了试验性测试，摸索和掌握了正确开展测试的具体操作方法，为开展全省14个市（州）、86个县（市、区）公安机关视频监控系统联网标准符合性检测工作奠定了扎实的基础。

四、积极开展公安标准化管理和公共安全产品质量监督工作

为进一步推进甘肃省公安标准化工作，在收集和整理了各类公安标准的基础上，建立了相应的数据库，建成了公安信息化标准汇编系统。同时，按照全省乡镇（街道）社会治安视频监控系统勘察资料及项目竣工资料，建成了甘肃乡镇（街道）视频监控系统及其管辖公安派出所分布维护查询系统，在甘肃省公安厅金盾办和科技处网页上设置了链接，甘肃公安机关各业务部门和各警种可通过数字证书进行查询。

根据公安部的要求和技防办的工作职责，积极开展公共安全产品的质量监督工作，定期对公安部发布的强制性认证（CCC认证）和自愿性认证（GA认证）信息，通过公文和在科技处网页发布的方式向全省公安机关及相关行业协会进行转发，逐步强化公共安全产品的质量监督工作。同时，进一步规范了技防办在受理安防工程检测申请和委托检测机构进行检测的工作流程，设计了“安防工程检测申请函”和“安防工程检测委托书”，形成了统一编号、文

档留存、随机抽查的工作模式，提升了安防工程检测工作管理的规范化。

根据省财政厅《关于对省级专项资金开展绩效评价工作的通知》，为提高全省乡镇（街道）社会治安视频监控系统项目建设资金的使用效益，在省综治办、省财政厅、省公安厅联合部署的2013年度乡镇（街道）视频监控项目绩效考评工作中，技防办承办具体工作，12月，共收到有建设任务的10个市州、40个县区公安机关报送的40份自评报告。经过认真梳理和分析，全省乡镇视频监控项目自评等级达到“优”的有22个，达到“良”的有18个，自评平均分为94.58分，圆满地完成了绩效考评工作。

五、指导甘肃省安全技术防范协会的工作

2013年，按照公安机关指导安防行业协会的工作职责，积极开展了对协会工作的指导。一是结合公安技防管理工作和协会工作的实际，通过省厅下发任免通知明确科技处派人兼任协会秘书长，加强对协会的指导；二是组织协会参加了全省科技宣传周活动，宣传安全技术防范在公众领域的应用；三是按照国家对安全技术防范管理的要求，积极组织协会对会员单位开展安防相关标准的培训，规范安全技术防范的管理；四是指导协会通过了省民间组织管理局开展的省属社会组织评估工作，并获得了AAAA级社团的荣誉；五是积极参加协会理事会、常务理事会和会员大会，对协会的工作进行具体的支持和指导。通过工作指导，引导协会以章程为依据，以制度为规范，以落实为措施，进一步加强协会的建设，达到规范行业管理，协助公安技防管理工作的目的。

（资料提供：甘肃省公安厅安全技术防范管理办公室）

青海省技防管理工作

2013年，青海省技防管理工作在青海省公安厅和公安部业务主管部门的领导下，开展了各项创造性的工作。

一、指导完成安防工程企业资质年审工作

为保证省内安防企业管理工作上台阶，确保本年度安防企业资质年审工作的正常进行，指导省安防协会开展安防工程企业资质年审工作。3月至5月，对省内183家安防工程设计、施工企业的资质进行了年审，其中合格企业174家，取消安防资质企业9家，安防工程设计、施工备案企业7家，产品备案企业5家。情况公告发表在西海都市报和青海安防信息网。圆满完成了2012年度年审工作，保证了省内各安防企业正常的经营活动。

二、举办“公安科技活动周”活动

5月，根据科技部、中宣部、中国科协《关于举办2013年科技活动周的通知》和公安部《关于举办2013年公安科技活动周的通知》及青海省公安厅《2013年公安科技活动周实施方案》的要求，结合“大走访”开门评警活动，在西宁市组织了“青海省2012年公安科技活动周活动”。通过展板宣传、发放宣传材料、技防产品展示等方式，为广大群众宣传公安科技和安全防范知识，宣传达2000余人次，取得了预期的效果。

三、进一步加强全省安全技术防范管理工作

1月，为进一步加强全省安全技术防范管理工作，强化全省安全技术防范工程、安防产品、设计、施工企业的动态化管理，建立健全维护社会稳定的长效工作机制，起草了《关于进一步加强全省安全技术防范管理工作的意见》（征求意见稿）并下发各州、市、地公安局和省安防协会广泛征求意见后，以省公安厅名义下发此文。

四、加强安防立法调研

5月，根据《关于提供技防立法专项调研材料的通知》（公科信传发〔2013〕104号）文件要求，组织人员与省安防协会共同完成调研材料，并上报公安部。

五、夯实视频监控联网基础，努力构架视频联网平台建设

根据青海省发改委《关于征求我省藏区维稳治安信息指挥系统建设意见的函》要求，认真组织人员研究讨论，结合青海省实际和根据《全国公安机关视频图像息整合与共享工作任务书》中的相关规定，并结合《公安指挥通信系统建设总体方案》和《关于深入开展城市报警与监控系统应用工作的意见》中的有关要求，提出意见和建议。

为深入贯彻落实《关于深入开展城市报警与监控系统应用工作的意见》，加强青海省公安机关视频图像信息资源的综合开发利用工作，根据公安部科技信息化局《全国公安机关视频图像信息整合与共享工作任务书（征求意见稿）》的要求，结合青海省实际，起草制定了《关于开展全省公安机关视频图像信息整合与共享工作建议》。并结合“公安装备十二五规划”相关文件精神，上报青海省公安机关视频图像信息整合与共享系统建设规划申请立项建设。

根据青海省公安厅《关于报送相关项目建设情况的通知》要求，总结并上报了负责实施的“青海省道路卡口智能管理系统（一期）项目”建设有关情况。

六、指导青海省安防协会开展各项工作

为认真贯彻党中央、国务院关于建立社会信用体系的总体要求，加强青海省安防行业诚信建设，树立安防企业诚信形象，提升安防产品诚信品牌价值，鼓励、引导企业走诚信经营之路，指导青海安防协会组织开展“安防诚信企业”评选活动和召开会员代表大会。

（资料提供：青海省公安厅安全技术防范管理办公室）

宁夏回族自治区技防管理工作

一、进一步推动视频联网系统建设

2013年，宁夏公安厅安全技术防范管理办公室在公安部科技信息化局的大力指导下，在自治区各级政府和财政部门的高度重视与支持下，以落实自治区政府民生计划为契机，按照公安部《全国公安机关视频图像信息整合与共享工作任务书》的具体要求，根据宁夏实际情况，进一步加快全区公安机关视频联网系统建设，强化公安机关视频图像信息资源的综合开发利用。

2013年，全区视频联网系统建设共投入资金7140万元，在交通要道、重点要害部位、公共治安复杂区域共安装建设51处治安卡口系统和2122路治安视频监控，并通过区、市、县三级视频监控联网报警平台实现了全区视频图像资源的互联互通和高度共享。

二、加快推进地方安防立法工作

根据宁夏回族自治区实际情况，2012年，经公安厅领导批准，成立了《宁夏回族自治区公共安全技术防范管理条例（草案）》编制工作领导小组，并组织相关人员拟定了《条例》（草案）。2013年5月，公安厅向自治区政府法制办递交了《关于报送2013－2017年度公安立法项目的报告》，其中第1个立法项目即为宁夏回族自治区公共安全技术防范管理条例。7月，为推进自治区公共安全技术防范及相关立法工作，自治区人大常委会组成考察组，赴吉林、黑龙江两省进行了考察。9月，公安厅就《条例》（草案）在全区公安机关征求了意见并进行了修改完善。

（资料提供：宁夏回族自治区公安厅安全技术防范管理办公室）

新疆维吾尔自治区技防管理工作

一、积极推进全区视频监控系统建设工作

2013年新疆维吾尔自治区高度重视以视频监控系统为主的全区技防体系建设，根据自治区安排部署，自治区公安厅多次召开专题会议，组织职能部门研究落实全区视频监控系统建设工作，并积极会同自治区综治办研究制定了《新疆公共安全视频图像信息系统建设三年规划》，对全区视频监控系统进行统一增布建设、标准化改造以及联网整合运用。目前，规划已进入国家发改委立项实施阶段，自治区已先行筹资1亿元开展整体建设工作。

1月，编写《关于加强全区视频监控系统建设的报告》，积极申请在南疆重点地州及其余地州所在市开展监控系统建设工作。4月，编制《新疆公共安全视频图像信息系统建设三年规划》和《新疆维吾尔自治区公共安全视频图像信息系统建设可行性研究报告》，并上报中央新疆工作领导小组办公室申报立项。5月，下发《关于开展十五地州所在市和32个重点县（区、市）视频监控系统建设情况统计工作的通知》，对全疆建设资源建设现状进行统计，为后期建设工作的开展打好基础。6月，在立法调研基础上，成立立法起草小组，草拟了《新疆维吾尔自治区公共安全视频图像信息系统管理办法（送审稿）》，并多次召开专题会议研究，反复修改完善，征求相关部门意见，提请自治区人民政府出台实施。7月，下发《7个重点地州所辖县（市、区）及8个地州所在市视频监控系统建设任务书》，要求各地成立建设领导小组，按照各自资金分配及点位数量要求，开展前期方案制定等相关工作。

通过近年来的努力，按照公安部科技信息化局的相关指导方针，借鉴近年来全国各地技防建设先进经验，结合当前全疆建设情况，以统一标准为基础，规范强化全疆监控资源整合工作，通过推动全疆厅地县三级监控联网平台建设，大力加强社会面资源利用率，通过厅地两级视频信息综合应用平台建设，强化监控资源应用工作，同时选择条件成熟的部分地州为应用试点，着手制定监控系统体制机制，全面推动监控系统的应用工作，积极开创监控系统应用新局面。

二、完成技防工程验收工作

8月，派员参加重点工程的验收。验收组认为报警与视频联动等方面还存在一定问题需进一步完善和整改，经过施工单位限期对系统进行完善和整改，符合了验收条件。

配合公安部治安局组织对自治区博物馆地下文物周转库房安全防范系统工程竣工验收。工程验收分为技术验收组、施工验收组、资料审检组。各小组按照国家和行业有关标准规范，对照设计任务书、合同、正式设计方案，严格把关，认真验收，作出了公正、客观的验收结论，并提出了整改落实意见和建议。

［资料提供：新疆维吾尔自治区公安厅治安管理总队基层基础工作支队（保安技防大队）］

第五章 行业协会

第一节 行业协会机构介绍

中国安全防范产品行业协会

中国安全防范产品行业协会（英文名称 CHINA SECURITY & PROTECTION INDUSTRY ASSOCIATION，缩写为 CSPIA）（以下简称“中国安防协会”）于 1992 年 12 月 8 日在北京成立，由从事安全防范产品等相关行业的企事业单位、社会团体及个人自愿组成的全国性、行业性、非营利性的社会组织。

中国安防协会吸纳在中国境内从事防爆安全检查设备、安全报警器材、社区安全防范系统、车辆防盗防劫联网报警系统、出入口控制系统、视频监控防范系统、防盗锁门柜及防弹运钞车、人体安全防护装备等安全防范产品的研发、经营，或承接安全技术防范系统工程设计施工、报警运营服务，以及从事安防教育培训、咨询服务、检测与评价、中介技术服务等活动的相关单位、团体或个人参加。

中国安防协会开展调查研究，制订行业发展规划；推进行业标准化工作和安防行业市场建设；推动安防企业品牌战略；开展安防企业资质认证和行业职业认证；培训安防企业和专业技术人员；开展国内外技术、贸易交流合作；加强行业信息化建设，做好行业资讯服务；组织订立行规行约，建立诚信体系，创造公平竞争的良好氛围，组织发展本行业的公益事业；承担政府主管部门委托的其他任务。

中国安防协会下设日常办事机构秘书处、展览部、资质管理中心、调研培训部、《中国安防》编辑部和中国安防行业网等业务部门。

中国安防协会下设分支机构专家委员会，是安全防范行业的专业技术服务组织。

中国安全技术防范认证中心，是实施社会公共安全产品认证工作的运作实体。

中国安防协会公开出版发行《中国安防》杂志（月刊），并向会员单位和相关部门免费赠阅；面向会员单位内部编辑发行《安防通讯》；每年还正式出版发行《中国安全防范行业年鉴》，为各界人士提供翔实的行业信息；中国安防协会相关信息同时公布在“中国安防行业网”（www.21csp.com.cn）上。

中国安防协会将努力加强自身建设，抓住机遇，开拓创新，为中国安防行业的长期健康发展，为建设小康、和谐、平安社会做出应有的贡献。

地　　址：北京市海淀区西三环北路 87 号国际财经中心 C 座 1401
邮　　编：100089
负 责 人：王彦吉
联 系 人：张雅慧
电　　话：010－68730786
传　　真：010－68730788
网　　址：www.21csp.com.cn
电子邮箱：cspia@sohu.com

中国安全防范产品行业协会专家委员会

中国安全防范产品行业协会专家委员会（以下简称“专家委员会”），是经中华人民共和国民政部登记的中国安全防范产品行业协会的分支机构，是安全防范行业的专业技术服务组织，其英文译名为 The Expert Committee on China Security and Protection Industry Association，缩写为 CSPIA－E.C.。其宗旨是：围绕协会中心工作，为公安业务工作、为安防行业发展、为行业企业和用户提供专业技术服务。

专家委员会工作任务是：协助中国安防协会提出行业发展战略规划，制订行业发展方针、政策和相关措施；受主管部门和协会的委托，组织专家开展课题研究，以及相关管理、技术文件的起草工作；经主管部门授权或技术机构邀请，组织专家参与、配合相关的标准化、检测、认证等专业技术服务工作；配合中国安防协会开展国内外专业技术合作与交流，拓展交流渠道，跟踪前沿技术动态，引进先进智力，提高行业创新能力；根据行业企业、用户及有关机构、社团的申请或委托，推荐专家参与研发、评价、推广、普及、咨询等方面的专业技术服务。

专家委员会成员由专家和从专家中产生的委员组成，

实行任期制，专家和委员每届任期五年，可以连聘连任。

专家应从事安全防范及相关专业领域5年以上，具有高级职称或相应业务能力，能承担专家委员会所委托的工作和参加相关会议，年龄一般不超过65岁，所在单位支持认可，经申请人提出并被批准后颁发聘书。专家参与专家委员会推荐的专家服务工作，应遵守《推荐专家服务管理流程》的规定。

专家委员会组织机构由委员会和专业组组成。专家委员会下设秘书处，负责处理日常工作。

专家委员会需要审议的重大事项及相关文件，应提交全体委员进行审查表决，必须经全体委员的2/3以上同意后，方可作出决定和发布。

专家委员会的活动经费，按照专款专用的原则筹集和开支，用于开展章程规定范围内的业务活动。

地　　址：北京市海淀区西三环北路87号国际财经中心C座1401
邮　　编：100089
负 责 人：王彦吉
联 系 人：张　峰
电　　话：010－68730250
传　　真：010－68730788
网　　站：www. 21csp. com. cn
电子邮箱：cspia2009@163. com

中国安全防范产品行业协会专家委员会名录

（截至2013年12月31日）

名誉主任：李润森　王　俭　柳晓川
顾　　问：傅　森　刘　辛　司同军
主任委员：王彦吉
副主任委员：靳秀凤　李建平　陈朝武　刘　舒
委　　员：（按姓氏笔画排列）
马晓东　刘希清　刘剑锋　牟晓生
何培重　张　莹　张金山　李明甫
杜　强　陈惠民　罗　云　郑　健
施巨岭　胡志昂　彭　华　鲍逸明
戴　林

中国安全防范产品行业协会专家委员会成员名录（按姓氏笔画排列）

丁　辉　万新宇　马晓东　云　翔　仇　毅　方　力
毛建东　王　龙　王　莉　王　梅　王　斌　王永升
王传谦　王兴全　王同臻　王远途　王佳楠　王放明
王俊岭　王彦吉　王衍德　王渊峰　王维彬　王跃斌
王斌坚　邓文杰　韦茂胜　代建国　卢　云　卢井林
卢玉华　卢鑫法　史彦林　叶　晨　叶双全　叶志锋
尼秀明　田　竞　田庆龙　田保中　石旭刚　任常青
刘　伟　刘　刚　刘　芳　刘　舒　刘立平　刘向阳
刘存信　刘希清　刘剑锋　刘晓新　刘朝晖　华建刚
向稳新　孙　非　安福东　巩宪国　庄年增　朱　峰
朱俊云　朱益军　江　燕　汤光耀　汤春兰　牟晓生
许君淮　许景忠　何培重　余和初　余凌云　吴云龙
吴友平　吴文杰　吴灵昌　吴洪进　吴轶轩　宋　林
宋春云　宋毅明　张　莹　张　煦　张　翼　张义文
张立军　张国栋　张明罡　张英勇　张金山　张奕平
张恩伟　张瑞斌　张瀚元　李　冰　李文涛　李长水
李玉龙　李龙杰　李仲男　李秀林　李进发　李学全
李建平　李明甫　李明辉　李洪宾　李晓龙　李潞飞
杜　伟　杜　强　杨　英　杨立伟　杨伟强　杨和声
杨国胜　杨学军　杨官贵　杨洪臣　沈　蒙　沈伟斌
肖　刚　谷学亮　辛丽萍　邱日祥　邱建平　陆东辉
陆建忠　陈　坤　陈文坤　陈宏乔　陈学亮　陈俭成
陈家友　陈惠民　陈朝武　周　群　周　嵩　周东培
周左鹰　周金良　周剑波　林　凯　林家明　欧阳睿章
罗　云　郅　晨　郑　文　郑　健　郑　征　郑　晖
郑小平　郑孙满　郑新炬　郑增章　金　山　施巨岭
查敏中　洪卫军　胡传平　胡志昂　胡瑞敏　费旭东
赵　源　赵永鹏　赵秉军　倪建中　徐　律　徐宏平
徐志伟　徐晓波　秦嘉黎　聂　蓉　郭　立　顾　杰
高开文　高长德　高艳红　崔小坤　崔云红　崔玉华
曹国辉　曹孟良　曹忠伟　章小麟　黄伟明　傅利泉
喻　东　强　毅　彭　华　彭宁嵩　彭喜东　景小峰
程建功　蒋秀德　蒋涵芬　谢福元　韩锦坤　鲁品琦
腾志强　解丽生　雷家荣　靳秀凤　鲍世隆　鲍逸明
熊春林　缪国栋　蔡业飞　蔡永生　蔡荣琴　谭　政
滕　旭　戴　林　鞠洪海　魏全生　魏福连　瞿　炜

中国安全防范产品行业协会专家委员会各专业组组长名录

视频监控组　组　长：陈朝武
报　警　组　组　长：秦嘉黎
出入口控制组　组　长：李建平
　　　　　　副组长：朱　峰
防爆安检组　组　长：郑　健
　　　　　　副组长：陈学亮　彭　华

王俊岭　王同臻

实体防护组　组　长：周东培

副组长：徐　律　杨官贵

顾　杰　王维彬

战　略　组　组　长：靳秀凤

副组长：刘存信　曹国辉

北京安全防范行业协会

北京安全防范行业协会是经北京市民政局社团办核准登记的非营利性社会团体组织。自 2005 年 8 月成立以来，坚持“为会员服务、为行业服务、为政府服务、为社会服务”的宗旨，发展迅猛，现有会员企业千余家。协会秘书处下设六个职能部门，即办公室、行业发展部、培训部、专家委员会、北京安防职业技能培训学校和编辑部。协会现有领导2人，从社会聘用工作人员15人，全部为大专以上学历。协会成立以来充分发挥政府和企业之间的桥梁、纽带作用，团结进取，扎实工作，积极开展行业自律建设和搭建安防服务平台，不断完善和规范内部工作机制，引领安防行业健康发展，为首都科技创安、平安北京建设做出了积极贡献。

地　　址：北京朝阳区小营路 15 号院 1 号楼 4 层（中乐大厦）
邮　　编：100101
负 责 人：韩锦坤
电　　话：010 - 62020816 - 253
联 系 人：曹　森
电　　话：010 - 62022180 - 206
网　　址：www. bspia. com
电子信箱：502446070@ qq. com

天津市公共安全技术防范行业协会

天津市公共安全技术防范行业协会是为了适应社会形势发展的需要，提高安防行业自我规范、自我管理的能力，由天津市安防行业业内人士发起，于 2004 年 12 月 31 日正式获得批准。协会英文名称为：Tianjin Profession Association for Public Security Technology and Protection（TPAPSTP）。

协会是由从事公共安全技术防范产品管理、科研、开发、生产、经营、推广应用、技术培训、信息服务，安全技术防范工程设计、施工、维修等技术服务和安防行业宣传教育、出版、印刷的企事业单位自愿组成的行业性、非营利性的社会团体。协会接受业务主管单位天津市公安局、社团登记管理机关天津市社会团体管理局的业务指导和监督管理。

协会宗旨是：遵守宪法、法律、法规和国家政策，遵守社会道德风尚。在天津市公安局的指导下，依靠行业集体的力量积极推进全市公共安全技术防范行业的发展，为会员的共同利益服务，维护会员及全行业的合法权益；发挥政府部门实施行业管理的助手作用，为政府部门和社会服务；发展与国内外相关企业、组织的经济技术往来，加强经济技术交流与合作，促进行业管理水平和经济效益的不断提高，为维护社会稳定和社会公共安全事业的发展做出贡献。

协会是天津安防行业实现自我约束、自我管理的社会组织，是密切政府与企业之间的桥梁和纽带，对深化行政审批制度改革、规范本市安防行业市场经营秩序，维护业内企业和广大消费者的合法权益，促进本市安防行业的发展具有重要意义。

地　　址：天津市和平区鞍山道 41 号
邮　　编：300020
负 责 人：李庆生
电　　话：022 - 27316621
联 系 人：王　洋
电　　话：022 - 27316621
网　　址：www. tjaf. com. cn
电子信箱：tjafxh@ 126. com

河北省安全技术防范学会

河北省安全技术防范学会的英文名称为：HEBEI SECURITY TECHNOLOGY&PROTECTION ASSOCIATION（HBSTPA）。

学会是由从事安全检查、防盗报警、出入口控制、建筑与道路交通安全防范、电视监控及其系统工程等产品的研制开发、生产、经营、维修、技术咨询及承接设计、安装、维修安全技术防范系统工程的企事业单位自愿参加的全省性行业组织，是社团法人。

学会宗旨是：遵守宪法、法律、法规和国家政策，遵守社会道德风尚。在政府有关部门的指导下，依靠行业的集体力量加速河北省安全防范产品的发展，为会员单位的共同利益服务，维护全行业与会员单位的合法权益；发挥政府部门实施行业管理的助手作用；发展与省内外相关组织的经济技术往来，以促进全行业经济技术管理水平和经济效益的不断提高；推进河北省安全防范产品的发展；为社会安定和全社会的公共安全事业做出贡献。

地　　址：河北省石家庄市桥西区西二环南路 128 号 419 室
邮　　编：050051
负 责 人：钱从军
电　　话：0311－83052206
联 系 人：闫兵杰
电　　话：0311－83052206
网　　址：www. hbafw. net
电子信箱：netfun2000@ foxmail. com

内蒙古自治区公共安全技术防范行业协会

内蒙古自治区公共安全技术防范行业协会成立于 2006 年 12 月 28 日。协会是在“自愿发起，自筹经费，自聘人员，自主会务”的原则基础上，经内蒙古自治区民政厅登记，由内蒙古自治区公安厅业务指导的社团组织。凡在内蒙古自治区内从事防入侵、防抢劫、防盗窃、防破坏、防爆炸、防伪等活动的产品开发、生产、销售，技术防范系统工程、施工、维修、使用等，以及相关的管理、教育培训、信息服务等企事业单位，遵守并履行本协会章程，均可以申请加入。

协会宗旨是：团结和组织会员单位，遵守宪法、法律、法规和国家政策，遵守社会道德风尚，在内蒙古自治区公安厅的指导下，依靠本行业和集体的力量，积极推进全区公共安全技术防范行业的发展，为会员单位的共同利益服务，维护全行业与会员单位的合法权益；积极开展与全区内外有关行业和单位经济技术往来，不断提高全行业的质量技术、管理水平、社会效益和经济效益；为维护社会稳定安定和全社会的公共安全事业做出贡献。

随着工作的全面开展，协会在安防行业影响力逐步扩大，会员队伍不断壮大并初具规模，范围覆盖全区，会员数量达到近440 余家。作为社会中介组织，协会严格遵守国家法规、法令，担负着承上启下、协调和监督的重任，为政府服务，为会员服务，为全行业服务，为广大用户服务，在政府与会员及广大用户之间搭建了畅通的桥梁，维系起紧密的纽带，推动了安全防范产品行业健康发展。

协会将始终本着团结、服务、求实的精神，竭诚为会员单位及全行业服务，为维护社会公共安全和社会稳定贡献力量。

地　　址：内蒙古呼和浩特市赛罕区乌兰察布西路三十五中东巷
邮　　编：010010
负 责 人：郝晓敏
电　　话：0471－6551371
联 系 人：李文林
电　　话：0471－4915331
网　　址：www. nmgafxh. com
电子信箱：nmafxh@ 163. com

辽宁省社会公共安全产品行业协会

辽宁省社会公共安全产品行业协会是辽宁省民政厅核准登记、辽宁省公安厅业务指导的非营利性社会团体组织。

自1999年5月成立以来，协会本着团结服务、开拓创新的办会思想，走过了起步、发展、壮大的历程。

协会宗旨是：遵守宪法、法律、法规和国家政策，遵守社会道德风尚，在政府有关部门的指导下，依靠本行业的集体力量，积极推进辽宁省公共安全防范行业的发展，为会员服务、为行业服务、为政府服务、为社会服务。维护行业和会员单位的合法权益，积极开展与省内外有关行业和单位的经济技术往来，不断促进安防行业整体素质的提高，为辽宁省社会稳定和社会公共安全事业的发展做贡献。

截至2013年底，协会共有会员1234家。近年来，协会在以下几方面做了大量工作：一是开展了辽宁省安全技术防范设施设计施工企业资质等级评定及《资质证》发放工作，规范了安防市场从业行为，强化了行业自律能力，增强了企业的竞争能力；二是开展了技术人员安防专业技术培训及宣贯工作，提高从业人员的设计施工技术水平，提升了安防工程的质量；三是成功举办了东北安防产品博览会及工程商研讨会，为推动辽宁乃至东北安防行业的发展起到积极作用。

协会将始终坚持团结、服务、求实、创新的精神，不断提高自律能力，提升管理、服务水平，为维护社会稳定和行业发展贡献力量。

地　　址：沈阳市皇姑区岐山中路1号东机大厦411室
邮　　编：110032
负 责 人：王泽方
电　　话：024－86854826
联 系 人：韩学凡
电　　话：024－86849171
网　　址：www. lnafxh. cn
电子信箱：lnafxh@ 163. com

吉林省社会公共安全产品行业协会

吉林省社会公共安全产品行业协会是由吉林省从事消防、道路交通管理、刑事技术、警用装具、防伪技术、安全防范及其系统工程等领域中有关产品研制、开发、生产、维修、经营、技术咨询以及承接系统工程设计、施工的企业单位，自愿参加的全省性行业组织。

协会宗旨是：在政府有关部门的指导下为本行业企业、科研单位、大专院校服务，促进企业发展，维护企业的权益，在政府和企业之间发挥桥梁和纽带作用，反映企业的愿望和要求，传达贯彻政府的方针、政策和法令，协助政府做好行业管理工作，推进科技进步，提高综合经济效益，积极开展与国内外同行业相关的各项交往活动，推动全行业的发展。

地　　址：长春市人民大街7457号金士百大厦四层
邮　　编：130022
负 责 人：刘　敏
电　　话：0431－85829538
联 系 人：孙　蕾
电　　话：0431－85829538
网　　址：www. jlafw. com
电子信箱：Jlafw8383@ 126. com

黑龙江省社会公共安全产品行业协会

黑龙江省社会公共安全产品行业协会是经黑龙江省公安厅批准，按照中华人民共和国国务院250号令规定的程序在省民政厅申请注册的社会法人；是以安全技术防范行业为主要内容的自律性组织；是具有独立承担民事责任的社会团体。

凡是在黑龙江省内从事防爆安全检查设备，安全报警器材，车辆防盗联网系统，社区安全防范系统，出入口控制系统，防盗门、锁、柜，人体防护装备，运钞车等生产经营、设计施工的企事业单位，只要遵守本协议章程均可申请加入。协会现有会员单位436家，其中副理事长单位6家、常务理事单位14家、理事单位75家、会员单位341家。

协会严格遵守国家法规、法令，认真履行承上启下、协调、监督的职责，努力为政府服务，为会员服务，为全行业服务，为广大用户服务，在政府与会员及广大用户之间搭建起畅通的桥梁，维系起紧密的纽带，不断推动安全防范产品行业的健康发展。

近年来，伴随着国民经济的持续增长，越来越多具有一定实力的国内安防企业开始寻求开拓国际市场，争取参与国际竞争的机会。协会借助与俄罗斯毗邻的得天独厚的地缘优势，成功地举办了行业博览会，推动了安防行业国际间的技术交流与合作，并取得了丰硕的成果。

为了更好地宣传国家有关方针、政策及本行业的重大活动情况，协会收集、传播国内外同行业的科技信息，及时推广同行业的新产品、新成果，改建了“黑龙江省安防协会网”，并筹建俄文版面以中俄文的形式扩大宣传范围，报道最新动态；充分开展各项网络服务；进一步推动国际行业之间、会员之间的联系。

安防行业的发展任重道远，协会愿在广大会员的共同努力和支持下，共创龙江安防行业的美好明天。

地　　址：黑龙江省哈尔滨市南岗区第四方园里21号龙安宾馆211室
邮　　编：150001
负 责 人：张庆栋
电　　话：0451-82696187
联 系 人：赵希明
电　　话：0451-82696637
网　　址：www.hljps.com
电子信箱：hljps88@163.com

上海安全防范报警协会

上海安全防范报警协会成立于1992年，经上海市民政局登记注册，其上级业务主管机关是上海市公安局。协会是由上海市行政区域内从事安全技术防范产品管理、科研、开发、生产、经营、推广应用、技术培训、信息服务，安全技术防范工程设计、施工、维修等技术服务和安全技术防范行业宣传教育、出版、印刷等企事业单位，以及相关的高、中等教育机构等单位自愿组成的非营利性的社会团体，是社团法人。目前，协会共有团体会员447家。

协会宗旨是：遵守宪法，贯彻执行国家的法律、法规和政策，协助政府从事安全技术防范行业管理、维护会员的合法权益，发挥协会行业服务、行业自律、行业代表、行业协调功能，团结和组织会员单位为上海地区安全技术防范行业的健康发展，促进社会稳定，保障人民生命财产安全做出贡献。

协会业务范围是：行业培训、咨询交流、合作、考察、会展招商，产品推介；行业政策决策论证、听证；参与行业标准制订；行业统计、调查、协调、资质审核；方案论证、工程评估等。

地　　址：上海市建国中路30号910室
邮　　编：200025
负 责 人：孙廷华
电　　话：021-22025719
联 系 人：施赛琴
电　　话：021-22025719
网　　址：www.sh-anfang.org
电子邮箱：sh-anfang@vip.sina.com

南京安全技术防范行业协会

南京安全技术防范行业协会是经南京市民政局核准登记的非营利性社会团体，具有独立法人资格，业务上接受南京市公安局的指导和监督管理。

协会由从事安全技术防范产品研制、开发、生产、销售，安全技术防范工程设计、安装、维修、监理，报警运营服务，安全技术防范领域的科学研究、政策研究、教育培训、技术服务、信息服务、咨询服务，安全技术防范系统的使用和管理等单位自愿联合发起并于2012年3月15日成立。

协会宗旨是：团结和组织本协会会员，遵守法律、法规和国家政策，遵守社会公共道德，遵守行业规范和相关技术标准；通过政策研究、行业自律、知识产权保护等工作，维护行业与会员的合法权益；在政府主管部门的指导下，依靠行业集体力量，通过开展安防知识普及、成果推广应用、国内外交流合作，提高南京市安全技术防范工作的整体水平；积极发挥会员单位与政府管理部门之间的桥梁与纽带作用；发挥协会的社会公正性、中介协调性、联系广泛性和专业权威性作用，为“平安南京”、“和谐南京”建设和维护社会治安稳定做出贡献。

目前，协会已拥有会员100余家，广泛地团结了行业各层次的专业人士。协会将以提升行业素质为己任，着力于行业、企业与政府间的沟通协调，努力为南京安防行业发展营造良好的氛围，向办成最具影响力的行业协会而不断努力。

地　　址：南京市秦淮区广艺街8号金盾公寓裙楼302室
邮　　编：210002
负 责 人：何世先
电　　话：025-84428206
联 系 人：项　康
电　　话：025-84425001
网　　址：www.njafxh.com
电子信箱：njafxh@163.com

苏州市安全技术防范行业协会

苏州市安全技术防范行业协会成立于2010年，会员单位主要从事安全防范产品研制、开发、生产、销售，安全防范工程设计、安装、维修、监理，报警运营服务，安全防范领域的科学研究、政策研究、教育培训、技术服务、信息服务、咨询服务，安全防范系统的使用和管理等。

目前，协会共有会员单位174家，其中理事长单位1家，副理事长单位11家，理事单位19家。

协会业务范围是：开展安防行业建设和发展状况的调查研究，及时掌握行业发展动态，为政府部门制定行业政策、法规、管理办法及发展规划提出意见和建议；及时掌握并向有关部门反映会员单位的意愿和要求，协调会员关系，维护会员合法权益；制订行业规范，实行行业自律，协调企业纠纷，为行业健康发展创造良好的内部与外部环境；建立企业信用体系，通过行业统计、行业调查，全面掌握业内企业的经营、服务、发展等基本情况；在政府的授权下，发布行业信息、出具公信证明；积极向国家、省市、地区的重点建设项目推荐本行业的信誉企业；积极参与苏州市及与本行业相关的产品、工程、服务等标准的制订与推广；依据相关规定，制订本协会质量规范和服务标准；在政府有关部门指导下，协助政府职能部门开展安防系统工程的论证、评估、审核、验收等活动，努力提高我市安全防范工程、产品质量及应用效能；开展国内、国际交流与合作，咨询服务、会展以及产品推介等活动，为企业积极构建公平、和谐、发展的平台；开展行业评比，促进产业升级与提高；组织行业培训，提高本行业员工素质和全行业质量水平；出版行业内部刊物，运行行业网站，促进行业信息化建设，提高本行业的社会知名度；监督会员单位依法经营；承担法律、法规授权，政府部门委托的其他工作。

地　　址：苏州市通关坊38号
邮　　编：215002
联 系 人：金晓霞
电　　话：0512－65211111
网　　址：www. szafxh. org
电子信箱：szafxh@ 163. com

昆山市安全防范行业协会

昆山市安全防范行业协会于2008年6月25日成立，在昆山市公安局与昆山市民政局的业务指导和监督管理下开展工作，目前有会员单位141家。

协会宗旨是：团结和组织本协会会员，遵守宪法、法律、法规和国家政策，遵守社会公共道德，遵守行业规范和相关技术标准；通过政策研究、行业自律、知识产权保护等工作，维护会员及行业的合法权益；在政府主管部门的指导下，依靠行业集体力量，通过开展安防知识普及，成果推广与应用，国内外交流与合作，提高我市安全防范工作的整体水平；积极发挥行业协会与政府管理部门之间的桥梁与纽带作用；发挥协会的社会公正性、中介协调性、联系广泛性和专业权威性作用，为平安昆山的创建和行业的稳定有序发展做出贡献。

协会精神是：自律、规范、敬业、发展。

地　　址：江苏省苏州昆山市城北路707号保安大楼5楼
邮　　编：215311
联 系 人：朱　静
电　　话：0512－55116002/6003
网　　址：www. kssec. com
电子信箱：kspia@ 126. com

浙江省安全技术防范行业协会

浙江省安全技术防范行业协会成立于2003年2月28日，英文名称为 ZHEJIANG ASSOCIATION OF SECURITY TECHNOLOGY & PROTECTION（ZJASTP）。

协会是从事安全技术防范产品生产、销售，承接安全技术防范系统工程设计施工维护，从事安防报警运营服务，以及相关的企事业单位自愿参加的地方性、行业性、非营利性社会团体组织。协会登记管理部门是浙江省民政厅，业务指导部门是省公安厅。协会现有会员单位1050家。

协会严格遵守宪法、法律、法规和国家政策，在政府有关部门的指导下，依靠行业的集体力量，促进安全技术防范事业的发展，为会员单位的共同利益服务；维护行业与会员单位的合法权益，加强行业自律，发挥政府部门的助手作用；发展与国内外相关组织的经济技术交流，以促进全行业技术、管理水平和经济效益的不断提高；推进安全防范工作的发展，为社会安定和社会公共安全事业做出应有的贡献。

协会努力发挥政府主管部门与安防行业企事业单位之间桥梁和纽带的作用，向政府部门反映行业愿望与要求，同时向行业传达政府部门政策意图；组织企业制订行规行约，建立健全协调与约束机制，实行自律自治；强调职业道德，爱国守法，公平竞争，互补互济，共同发展，促进浙江安防行业健康有序快速发展。

协会始终以团结、服务、求实、创新的宗旨，竭诚为会员单位，为社会服务，为维护社会公共安全和社会稳定贡献力量。

地　　址：杭州市清泰街571号金泰商务大厦906室
邮　　编：310009
负 责 人：王长依
电　　话：0571－85810701
联 系 人：陈越菡
电　　话：0571－87836231
网　　址：www. zjaf. net
电子信箱：zjafxh@126. com

杭州市安全技术防范行业协会

杭州市安全技术防范行业协会于1995年11月18日成立，是经杭州市民政局登记注册的地方性行业组织，是非营利性社会团体、社会法人，在业务上受杭州市公安局领导。

目前协会共有会员单位400家，其中，理事单位37家。凡是在杭州市境内从事安全技术防范产品的研制、开发、生产、经营、维修、技术培训、信息服务、安全防范系统工程设计、施工、监理、检测、运营、保险的单位和广大用户单位、个人，遵守协会章程的，均可申请加入协会。

协会宗旨是：遵守国家的法律、法规和政策，在政府有关部门的指导下，发挥政府部门实施管理的助手作用，加强行业自律；依靠技防行业的集体力量，促进安全技术防范事业的发展；发展与国内外相关组织的经济技术交流，促进技防企业技术、管理水平和经济效益的不断提高；坚持服务于政府、服务于行业、服务于广大用户，在政府、企业用户之间搭建起桥梁和纽带，以推动杭州市安全技术防范行业的健康发展，为社会安定和社会公共安全事业做出应用的贡献。

协会坚持“树立杭州安防行业品牌、塑造杭州安防产业形象、提升杭州安防企业实力”的工作目标，充分发挥协会作为企业与政府之间沟通桥梁和行业信息平台的作用，以服务会员企业为核心、适时开展形式多样、内容丰富的活动；组织社会公共安全产品展览和技术交流、开设业务培训班、开展咨询和信息服务；引进先进技术，建立安防技术高端智库，打造杭州安防品牌；大力推广杭州平安城市建设，树立杭州安防产业形象，扬“品质安防，杭州创造”之势。

协会将不断扩大同行间交流与合作，竭诚为会员单位及全行业服务，为促进社会公共安全事业的发展贡献力量。

地　　址：杭州市惠民路75－5号吴山综合商务楼309－1室
邮　　编：310002
联 系 人：朱红亚
电　　话：0571－87289229
网　　址：www. hzaf. net
电子信箱：hzafxh@163. com

宁波大榭开发区保险箱（柜）行业协会

宁波大榭开发区保险箱（柜）行业协会正式成立于2006年6月18日，英文名称为Ningbo Daxie Development Zone Safe Industry Association（NDSIA），由宁波大榭开发区及周边保险箱（柜）生产企业和行业相关企业、人士组成，依法成立的具有社团法人地位的非营利性社会团体。

协会坚持四项基本原则，坚持改革开放，贯彻党和政府关于发展经济的有关方针和政策，为会员提供服务，维护会员合法权益，维护行业公平竞争，加强会员与会员、会员与政府之间，协会与政府、协会与社会之间的联系，促进行业经济发展。

协会宣传党和国家有关法律、法规和政策；根据会员需求，在不违反法律、法规的情况下，开展市场专项分析，创办内部刊物，建立专业网站，提供咨询等服务；开展行业调研，向政府提出制订行业标准的建议，提出行业发展规划；制订本行业行规行约；代表本行业向有关的政府职能部门反映涉及行业利益的事项，提出制定经济政策和立法方面的意见和建议；按章程规定，对违反协会章程或行规行约、损害行业整体形象的会员采取相应的行业自律措施；协同政府有关部门开展行业技术引进、质量认证、企业评定等工作；组织会员参与社会公益事业等。

地　　址：宁波大榭开发区滨海南路 101 号工商分局 206 室
邮　　编：315812
联 系 人：陈军彪
电　　话：0574 - 86748028
网　　址：www. safes. org. cn
电子信箱：ndsra@ 163. com

安徽省安全技术防范行业协会

安徽省安全技术防范行业协会经安徽省民政厅批准于 2002 年 5 月 17 日成立。

在安徽省公安厅及主管部门的指导下，协会在服务、科研、培训、交流、协调等方面开展了卓有成效的工作，尤其在服务会员、行业发展、平安建设和强化行业自律等方面取得了显著成绩。一是加强协会建设，服务行业发展。协会遵循服务全体会员的原则，创新工作，影响力凝聚力不断扩大。截至 2013 年底，协会共有会员单位 1323 家，其中副理事长单位 22 家，常务理事单位 24 家，理事单位 57 家，会员单位已达 1220 家。协会规模进一步扩大，组织建设进一步加强。二是开展了行业技术人员专业培训工作，提高了从业人员的整体技能和水平。三是开展了行业资质等级评定工作，截至 2013 年底，全省共有安防行业资质单位 860 家，其中一级资质 122 家，二级资质 178 家，三级资质 560 家。四是强化了行业自律，规范了行业从业行为。五是研究行业发展规划，为行业发展提供了方向性指导。

地　　址：安徽省合肥市安庆路 282 号
邮　　编：230061
负 责 人：江　燕
电　　话：0551 - 62801307
联 系 人：张敬锋
电　　话：0551 - 62801347
网　　址：www. aspia. cn
电子信箱：aspia@ sina. com

芜湖市安全技术防范协会

芜湖市安全技术防范协会于 2012 年 5 月 4 日成立，是经芜湖市民政局批准并注册的社团组织，监管单位为芜湖市公安局，属于非盈利性社会团体，英文名称为 WuHu Security Technology & Protection Association。协会是由从事安全技术防范产品研制、开发、生产、销售、维修、技防工程设计施工、技术培训和质量检测、安防设施应用的企事业单位自愿参加的全市性社团组织。

协会宗旨是：遵守宪法、法律、法规和国家政策，遵守社会道德风尚，在政府有关部门的指导下，依靠本行业的集体力量，积极发展与市内各机关、组织及各地与安防行业有关的企事业单位经济技术往来，促进全行业技术、管理水平和经济效益的不断提高，加速我市安防事业的健康发展。

协会自筹备以来，在主管部门指导下，与相关单位开展了合作交流，为会员单位提供服务，并制订了行业发展的规划，为协会发展确立了方向。

协会在会员内部发行的会刊《芜湖安防》（季刊），将更好地宣传国家有关方针政策和标准，展示企业风采，传递国内外科技信息和发展动态。

协会愿积极地与本市及外地市的同行交往与合作，为安防行业的发展和维护社会治安稳定贡献我们的力量。

地　　址：安徽省芜湖市赭山中路 75 号
邮　　编：241000
联 系 人：王　荣
电　　话：0553 - 3119067
网　　址：www. whafxh. cn
电子信箱：whafxh@ 126. com

福建省安全技术防范行业协会

福建省安全技术防范行业协会属行业类社团组织，2007年12月在福州成立，2008年2月经福建省民政厅登记注册，业务上接受福建省公安厅指导。协会现有会员300多家，获得安防工程企业资质证书企业280家。

协会宗旨是：团结和组织本协会会员，遵守宪法、法律、法规和国家政策，遵守社会公共道德，遵守行业规范和相关技术标准；通过政策研究、行业自律、知识产权保护等工作，维护会员及行业的合法权益；在政府主管部门的指导下，依靠行业集体力量，通过开展安防知识普及，成果推广与应用，国内外交流与合作，提高福建省安全防范工作的整体水平；积极发挥行业协会与政府管理部门之间的桥梁和纽带作用；发挥协会的社会公正性、中介协调性、联系广泛性和专业权威性作用，为福建的“科技创安”，建设“平安福建”，构建和谐社会做出更大的贡献。

地　　址：福建省福州市鼓楼区华林路12号
邮　　编：350003
负 责 人：潘东升
电　　话：0591－87093502
联 系 人：林新章
电　　话：0591－87093588
网　　址：www. hxaf. org
电子信箱：hxaf. org@ 163. com

厦门市安全技术防范协会

厦门市安全技术防范协会成立于2006年9月，是经厦门市民政局批准，由厦门市公安局负责业务和监管的社会民间团体。

协会宗旨是：诚信经营、科技创新、共同发展、创建平安厦门。

协会职责是：为会员企业提供信息服务；搭建行业内技术交流和互相支援的平台促进行业自律，规范管理；建立安防行业与政府有关部门统一工作接口；为厦门市企事业单位提供安防工程项目的咨询、论证、验收等技术服务，塑造安防行业在社会的公信力，成为社会治安强有力的技术支持力量！

地　　址：厦门市湖里区园山南路800号赛格电子市场2F C2022
邮　　编：361000
负 责 人：陈　冰
电　　话：13606046614
联 系 人：林　红
电　　话：0592－2036382
电子信箱：981949981@ qq. com

泉州市安全技术防范行业协会

泉州市安全技术防范行业协会成立于2001年6月，是由泉州市民政局批准、泉州市公安局主管的行业性社团组织，现有会员单位94家。协会设有秘书处、财务部、专家委员会。会员单位经营的业务范围有弱电工程设计、施工和技术咨询服务，生产、销售防盗门、红外报警、视频监控、楼宇对讲、摄像机等安防电子产品。

协会在福建省公安厅的关心支持和泉州市公安局的直接领导下，以“保泉州人民生活安全，重安全技术防范工作”为中心，坚持民主自律、自我发展的原则，遵守国家法律、法规，执行党和国家的政策，依据协会的章程和制度，开展工作。

协会积极发挥辅助公安部门维护社会治安的作用，当好公安部门及政府机关在安防方面的助手，向政府反映发展泉州安防行业的战略，推动行业更快、更好的发展。同时，协会本着扶持安防事业发展、当好安防企业的参谋、服务社会和百姓的宗旨，做了大量的基础工作，起到桥梁和纽带的作用，取得明显的社会效益，得到上级领导的充分肯定，受到社会各界的赞誉。

地　　址：泉州市东街县后路2号保安大厦四楼
邮　　编：362000
联 系 人：徐　莉
电　　话：0595－22180918
网　　址：www. qzaf. org. cn
电子信箱：qzaf_org@ 126. com

江西省安全技术防范行业协会

江西省安全技术防范行业协会成立于 1994 年 12 月 12 日，主要由江西省境内从事安全技术防范工程设计、施工、维护的工程公司组成，拥有会员单位 310 余个。

协会在政府主管部门的指导下，颁发安防工程设计、施工证书；运行安防网站，统计、调查、分析和汇总行业资料；积极组织行业交流，定期举办安防人员业务培训班，为会员单位提供技术、信息咨询服务；促进江西省安防工作的发展。

协会将继续加强自身建设，服务会员、服务企业、服务政府、服务社会，充分发挥政府与企业间的桥梁、纽带作用，充分发挥安防技术在打击、预防违法犯罪和维护社会稳定中的作用，致力于江西省安防行业的长期健康发展，为建设和谐、秀美、富裕的江西做出应有的贡献。

地　　址：南昌市东湖区二经路 37 号四楼
邮　　编：330006
负 责 人：杨宏庆
电　　话：0791 – 86809351
联 系 人：梅小艳
电　　话：0791 – 86809351
网　　址：www. jxafw. org
电子信箱：jxafxh@ 163. com

山东省公共安全技术防范协会

山东省公共安全技术防范协会成立于 2011 年 1 月，是由从事公共安全技术防范产品研制、开发、生产、销售，公共安全技术防范工程设计、安装、维修、监理，报警运营服务，公共安全技术防范领域的科学研究、政策研究、技术服务、信息服务、咨询服务，公共安全技术防范系统的使用和管理等单位及有关专业人士自愿组成的非营利全省性社会团体法人。协会业务主管单位是山东省公安厅，社团登记管理机关是山东省民政厅，同时接受山东省公安厅、山东省民政厅的指导和监督管理。

协会宗旨是：遵守宪法、法律、法规和国家政策，遵守社会公德和行业道德，在公安机关的指导下，依靠行业的集体力量，加强安防行业自律管理，维护安防行业合法权益，协调会员之间的关系；充分发挥行业协会与政府管理部门之间的桥梁作用，积极开展国内外交流合作，不断提高我省全行业的技术水平、管理水平、社会效益和经济效益，促进山东省公共安全技术防范事业的发展。

地　　址：济南市经二路 185 号
邮　　编：250001
负 责 人：朱有林
联 系 人：谢　鲁
电　　话：0531 – 85123130
网　　址：www. sdaf. org. cn
电子信箱：luxie198@ sina. com

济南市社会公共安全防范协会

济南市社会公共安全防范行业协会成立于 2007 年 12 月 5 日，是由从事安全防范产品研制、开发、生产、销售，安全防范工程设计、安装、维修、监理，报警运营服务，安全防范领域的科学研究、政策研究、技术服务、信息服务、咨询服务，安全防范系统的使用和管理等单位及自然人，自愿联合发起成立，经济南市社会团体登记管理机关核准登记的非营利性社会团体组织。协会现有会员单位 140 家，其中正副理事长单位 6 名、理事单位 12 家、常务理事单位 10 家、会员单位 112 家。

协会宗旨是：团结和组织本协会会员，遵守宪法、法律、法规和国家政策，遵守社会公共道德，遵守行业规范和相关技术标准；通过政策研究、行业自律、知识产权保护等工作，维护会员及行业的合法权益；在政府主管部门的指导下，依靠行业集体力量，通过开展安防知识普及，成果推广与应用，国内外交流与合作，提高我市安全防范工作的整体水平；积极发挥协会与政府管理部门之间的桥梁、纽带作用；发挥协会的社会公正性、中介协调性、联系广泛性和专业权威性作用，为“平安济南”建设和社会治安稳定做出贡献。

协会的成立不仅得到了各级主管单位的大力支持，更得到了安防行业广大企业的认可，顺应了济南市广大安防企业希望成立一个全市行业协会的要求，搭建起了企业与企业、企业与政府之间的信息桥梁，促进济南市安防行业的健康、有序发展。

地　　址：济南市舜华路173号
邮　　编：250010
联 系 人：韩　歌
电　　话：0531－85081531
网　　址：www.jnafxh.com
电子信箱：jnjfb@126.com

青岛市社会公共安全防范协会

青岛市社会公共安全防范协会自2006年2月成立以来，充分发挥自身的桥梁和纽带作用，及时传达贯彻政府的方针、政策和法令，积极反映企业的愿望和要求，不断增进与从业企业间的交流，积极发展与国内外同行业的各项交往活动，推动了全行业的发展。

2009年以来，协会积极研究探索技防宣传的新模式、新方法，并通过组织“青岛社会公共安全防范及消防、智能产品展览会”，与企业共同开展“传递技防、惠及民生”招贴画发放活动，以及设计、印制《青岛市公共安全视频图像信息系统管理办法》宣传册，开展“办法宣传进企业”活动，切实在“平安青岛”建设，提高人民群众防范意识上下功夫，进一步提高了协会的组织管理和自身建设能力，为青岛安防行业的大发展、大跨越做出了积极贡献。

地　　址：青岛市市南区如东路17号
邮　　编：266071
联 系 人：罗　青
电　　话：0532－66570818
网　　址：www.qdcps.com
电子信箱：cps85846058@163.com

湖北省安全技术防范行业协会

湖北省安全技术防范行业协会是经湖北省公安厅批准，湖北省民政厅登记注册，于2003年12月6日在武汉成立，现有团体会员450个。协会具有独立法人资格，是由安防工程企业、安防产品生产、销售厂商及其他热爱安防事业的企事业单位自愿组成的非营利性社会团体。

协会以马克思列宁主义、毛泽东思想和邓小平理论、“三个代表”、“科学发展观”为指导，认真履行协会宗旨：服务、保护、协调、进步。

协会依照国家法律、法规，坚持依法办会、民主办会，充分发挥会员企业与政府之间的桥梁和纽带作用，竭诚为会员企业服务，脚踏实地地为会员企业做好事、做实事。注重加强行业自律和诚信建设，弘扬行业文化，推动行业发展。

协会主办了楚天安防网（www.ctafw.com）和安防商铺网（www.afspw.cn）两个网站，是协会的重要宣传媒体，也是为会员企业服务的最有效载体。

地　　址：湖北省武汉市武昌区傅家坡1路33号
邮　　编：430070
负 责 人：陈元开
电　　话：027－67122219
联 系 人：胡　操
电　　话：027－67122581
网　　址：www.ctafw.com

湖南省安全技术防范协会

湖南省安全技术防范协会于1996年9月26日经湖南省民政厅批准成立的非盈利社会团体，业务范围包括研究、交流、咨询等。协会行政主管单位是湖南省民政厅，业务主管单位是湖南省公安厅。

地　　址：长沙市八一路110号
邮　　编：410001
负 责 人：李石践
电　　话：0731－84590938

联 系 人：刘　靓
电　　话：0731－84597470
网　　址：www. secu. hn. cn
电子信箱：hnsafxh@ 163. com

广东省公共安全技术防范协会

广东省公共安全技术防范协会是在广东省公安厅相关部门的支持和指导下于2006年9月经广东省民政厅核准正式成立的民间组织。协会在省公安厅相关部门的业务指导下，在“自愿发起，自选会长，自筹经费，自聘人员，自主会务”的原则基础上组建的真正实现民间化和自治化的省一级非营利性社团法人组织。会长、常务副会长组成核心领导班子，并全部由企业领导人担任、秘书处负责协会日常工作开展，接受协会理事会和省公安厅主管部门的双重监督。协会是一家坚持以市场化为主导，适合承接政府有关行政服务职能的极具广东创新特色的行业组织。

协会紧紧围绕我国和广东经济社会发展的工作大局、中心任务，认真贯彻落实党和国家的方针政策，积极充当政府与企业之间的桥梁和纽带角色，严格遵守国家法规、法令，担负着承上启下、协调和监督的重任，遵循为会员服务，为政府服务，为全行业服务，为广大用户服务的办会宗旨，积极探索现代市场经济条件下促进行业经济发展的有效途径，不断提高服务能力和业务水平，现阶段已经发展成为协助政府部门进行“智能化、数字化、网络化平安城市”建设的重要参与单位，推动着安全防范行业的健康发展，为推动企业和行业进步，促进行业和企业又好又快发展，做了大量工作，发挥着不可替代的重要作用。

地　　址：广州市天河区天河软件园智慧城核心区软件路11号孵化二期D栋四楼
邮　　编：510663
负 责 人：吴文洲　邱小栓
电　　话：020－87326868
联 系 人：陈锐辉
电　　话：020－87322488－218
网　　址：www. gdafxh. org
电子信箱：gdaf@ psworld. cn

深圳市安全防范行业协会

深圳市安全防范行业协会是经深圳市民政局核准登记的行业性组织，是非营利性社会团体、社团法人。

协会是跨地区、跨部门、跨不同经济领域、拥有全国会员的地方性行业组织，成立于1995年9月。协会主要职责是：在政府有关部门的指导下，依靠行业集体的力量加速深圳乃至全国安全防范行业的发展，维护全行业与会员单位的合法权益；发挥政府部门实施行业管理的助手作用；发展与国内相关的经济技术往来，以促进全行业经济技术管理水平和经济效益的不断提高；推进深圳市安全防范行业的发展。

协会设有深圳市安防协会职业培训中心、深圳市乾坤公共安全研究院、中安服务机构等部门，主办《中国公共安全》和《安防人》杂志，建立CPS中安网，举办CPSE安博会，发布中国安防发展景气指数。协会会员均由从事安全防范行业的企事业单位和安防专家、学者等团体组成，现有会员单位1570家，行业专家会员300余人。

协会在实践中不断完善自我、提升自我，对深圳市安防产业的发展起到了积极作用，广泛团结了专业人士，充分发挥了行业中介组织作用，行业理念宗旨日臻完善，并逐步向着办成最具影响力的行业协会目标而努力。

作为政企之间的桥梁和企事业间的纽带，协会担负着强烈的责任感、使命感，在促进政企双向沟通中彰显活力，帮助企事业拓展更广阔的发展空间和市场领域，提高行业抗风险能力，引领行业跨越式发展，走向高科技化、规范化和国际化。

地　　址：深圳市深南大道6025号英龙大厦四层
邮　　编：518040
会　　长：杨金才
电　　话：0755－88309113
联 系 人：张　玲
电　　话：0755－88309117
网　　址：www. cpssecu. org
电子信箱：88309117@ 163. com

深圳市视频报警安防行业协会

深圳市视频报警安防行业协会是由从事视频报警安全防范产品生产、经营、销售、研发、设计的企业自愿组成的行业性、非营利性社会组织。

协会宗旨是：遵守宪法、法律、法规和国家政策，遵守社会道德风尚，维护安防行业利益及会员合法权益，发挥桥梁纽带作用，规范会员行为，协助政府做好行业管理、自律工作，共同促进安防产业发展。

地 址：福田区上沙创新科技园14栋2楼
邮 编：518000
负 责 人：张 毅
电 话：0755－33370666
联 系 人：吴金平
电 话：0755－33357553
网 址：www.vasia.org.cn
电子信箱：vasia@vasia.org.cn

东莞市公共安全技术防范协会

东莞市公共安全技术防范协会成立于2013年5月28日，是经东莞市民间组织管理局核准登记，由东莞市从事防入侵、防抢劫、防盗窃、防破坏、防爆炸、防伪等活动的产品开发、生产、销售；技防系统工程和防伪工程设计、施工、维修、使用等单位以及相关的管理、教育培训、咨询服务、信息服务等单位自愿结成的专业性、地方性、非盈利性的社会组织。

协会宗旨是：遵守宪法、法律、法规和国家政策，遵守社会道德风尚，加强安防行业自律管理，维护安防行业合法权益，协调会员之间的关系，规范会员行为，促进安防技术发展，为会员提供服务，维护公平竞争，沟通会员与政府相关部门之间的关系，促进同行业经济发展。协会是在“自愿发起，自选会长，自筹经费，自聘人员，自主会务”的原则基础上，实行无行政级别、无行政事业编制，在行政业务指导部门的监督管理下，真正实现民间化和自治性。

协会主要职责是：在政府有关部门的指导下，依靠行业集体的力量加速全市安全防范产品的发展，为会员单位的共同利益服务，维护全行业与会员单位的合法权益。发挥政府部门实施行业管理的助手作用；发展与国内相关的经济技术往来，以促进全行业经济技术管理水平和经济效益的不断提高；推进全市安全防范产品的发展；为平安社会和发展东莞的公共安全事业做出努力。

协会成立之后，在东莞市公安局科技科的指导下，在东莞民间组织管理局的监督管理下，开展一系列的活动，建立安防专家库，扩大国内、国际安防产品技术交流；开展调查研究，掌握情况，进行统计、收集、分析、发布信息，向政府提出规划和制定有关经济政策、经济法规的建议，提出中长期发展规划的建议；根据政府指导部门的授权，参与质量监督工作；反映会员意见和要求，协调会员关系，维护会员合法权益；积极参与制订和宣贯行业标准、规划；根据发展的需要，采取多种形式，组织上岗资格、专业技术、企业管理等相关业务培训，以促进企业素质的提高；组织广泛的学习、交流及研讨，拓宽视野，促进发展；编制协会期刊，建立协会网站，利用多种形式，做好行业信息交流及宣传工作；组织开展各项安防创优评优活动，表彰和奖励优质工程项目、优秀企业、优秀人才，促进我市安防行业管理水平；制订行规行约，引导会员自律、依法经营、规范行为、公平竞争。

作为政企之间的桥梁和企事业间的纽带，协会担负着强烈的责任感、使命感，在促进政企双向沟通中彰显活力，帮助企事业拓展更广阔的发展空间和市场领域，提高行业抗风险能力，引领行业跨越式发展，走向高科技化、规范化和国际化。

地 址：东莞市东城区莞龙路上桥路段东穗科技大厦四楼
邮 编：512300
负 责 人：黄惜梅
电 话：13450013777
联 系 人：高玺玲
电 话：13728400805
电子信箱：305063131@qq.com

广西安全技术防范行业协会

广西安全技术防范行业协会成立于2013年1月22日，英文名为GUANGXI PUBLICE SECURITY AND PROTECTION TECHNOLOGY ASSOCIATION（GXPSPTA）。

协会是由从事防入侵、防抢劫、防盗窃、防破坏、防爆炸、防伪等活动的产品研制、开发、生产、销售，技防系统工程和设计、防伪工程施工、维修、监理、使用等单位以及相关的政策法规、管理、教育培训、咨询服务、信息服务、报警运营服务，以及相关的企事业单位自愿参加的地方性、行业性、非营利性社会团体组织。协会登记管理部门是广西壮族自治区民政厅，业务指导部门是广西壮族自治区公安厅。

协会吸纳在广西壮族自治区内从事防爆安全检查设备、安全报警器材、社区安全防范系统、车辆防盗防劫联网报警系统、出入口控制系统、视频监控防范系统、防盗锁门柜及防弹运钞车、人体安全防护装备等安全防范产品的研发、经营，或承接安全技术防范系统工程设计施工、报警运营服务以及中介技术服务的从业单位、团体或个人参加。

协会严格遵守宪法、法律、法规和国家政策，在政府有关部门的指导下，依靠行业的集体力量，促进安全技术防范事业的发展，为会员单位的共同利益服务；维护行业与会员单位的合法权益，加强行业自律，发挥政府部门的助手作用；发展与国内外相关组织的经济技术交流，以促进全行业技术、管理水平和经济效益的不断提高；推进安全防范工作的发展，为社会安定和社会公共安全事业做出应有的贡献。

协会努力发挥政府主管部门与安防行业企事业单位之间桥梁和纽带的作用，向政府部门反映行业愿望与要求，同时向行业传达政府部门政策意图；组织企业制订行规行约，建立健全协调与约束机制，实行自律自治；强调职业道德、爱国守法、公平竞争、互补互济、共同发展，促进广西安防行业健康有序快速发展。

协会始终以团结、服务、求实、创新的宗旨，竭诚为会员单位和社会服务，为维护社会公共安全和社会稳定贡献力量。

地　　址：广西南宁市新民路34号
邮　　编：530012
负 责 人：杨　罗
电　　话：0771－2893881
联 系 人：叶超民
电　　话：0771－2892125
网　　址：www. gxafxh. com
电子信箱：gxafxh@ qq. com

海南省安全技术防范行业协会

海南省安全技术防范行业协会由海南省公共安全技术防范从业单位团体自愿组成，是非营利性、自律性的社会组织。会员单位包括从事防入侵、防抢劫、防盗窃、防破坏、防爆炸、防伪等活动的产品开发、生产、销售；技防系统工程和防伪工程设计、施工、维修、使用等单位以及相关的政策法规、管理、教育培训、咨询服务、信息服务等单位。

协会宗旨是：遵守宪法、法律、法规和国家政策，深入贯彻科学发展观；加强安防从业单位自律管理，规范会员行为；维护安防从业单位合法权益，维护公平竞争，促进安防行业发展；发挥政府与会员之间的桥梁纽带作用，沟通会员与政府相关部门之间的关系，协调会员之间的关系，为会员服务，为政府服务，为社会服务，促进同行业经济发展，不断提高我省安防行业企业在国内外市场的竞争力；加强协会自身建设，培养造就一支高素质、职业化和专业化的队伍，努力把本会打造成我省一流的行业组织，为建设海南国际旅游岛“科技创安”和社会治安稳定做出贡献。

协会业务主管部门是海南省公安厅，社团和登记管理机关是海南省民政厅。协会接受海南省公安厅、海南省民政厅的业务指导和监督管理。

地　　址：海南省海口市南沙路19号
邮　　编：570206
负 责 人：吴灵昌
联 系 人：李洪宾
电　　话：13907516666
网　　址：www. hnanfang. net
电子邮箱：516637209@ qq. com

重庆市公共安全技术防范协会

重庆市公共安全技术防范协会于2009年3月经重庆市民政局民间组织管理局批准正式成立，上级主管单位是重庆市公安局，具体工作指导部门是重庆市公安局社会公共安全行业管理办公室。

协会宗旨是：团结和组织协会会员，遵守宪法、法律、法规和国家政策，遵守社会公共道德，遵守行业规范和相关技术标准；通过政策研究、行业自律、知识产权保护等工作，维护会员及行业的合法权益；在政府主管部门的指导下，依靠该领域集体力量，通过开展安防知识普及、成果推广与应用、国内外交流与合作，提高全市安全防范工作的整体水平。

协会业务范围是：在政府主管部门的指导下，推行安防工程及产品的专家评审和鉴定制度，参与制订本行业相关产品、工程的质量规范和服务标准；办理安防工程设计、安装、维修资质等级证书，办理外地企业登记备案；出版相关刊物，运行安防网站，统计、调查、分析和汇总行业资料，组织安防培训，为会员单位提供技术、信息咨询服务。

地　　址：重庆市渝北区龙溪街道紫园路116号鼎泰公寓1栋4－5－2
邮　　编：401147
负 责 人：李光伟
电　　话：13908350068
联 系 人：郭　蔚
电　　话：13983361701
网　　址：www. cqafxh. org
电子信箱：cqafxh@ 163. com

四川省社会公共安全行业协会

四川省社会公共安全行业协会成立于2002年，是经四川省民政厅注册登记、四川省公安厅业务指导、安全技术防范行业从业单位自愿参加的地方性行业组织。协会依据《四川省公共安全技术防范管理办法》和《四川省公共安全技术防范管理办法实施细则》加强对四川省公共安全技术防范的管理工作，发挥公共安全技术防范措施在预防和查处违法犯罪活动中的作用，有力地保护了国家、集体财产和公民生命财产安全。

协会宗旨是：遵守宪法、法律、法规和国家政策，为政府职能部门管理社会公共安全行业提供积极服务，推动会员之间的协调自律，规范从业行为，维护市场秩序，促进社会公共安全行业进步，依法维护会员的合法权益，反映企业情况，为增进政府职能部门与企业之间的联系起好桥梁纽带作用。

协会主要任务是：开展对安全技术防范工作情况的调查研究，掌握行业基本情况，制订行业中长期发展规划；为政府有关部门制定政策、法规、管理办法提出建议；推广新产品、新技术、新材料；积极加强横向经济联合和技术合作，制订并监督执行行规行约；组织人才交流，加强专业技术人员培训；举办展示展销会、讲座、讲学；发布安防行业信息，加强安防行业宣传，编辑出版协会会刊；建立法律咨询机制，积极为协会会员单位提供法律咨询服务，努力保障会员单位合法权益。

协会聘请从事相关领域工作并具有高级职称或同等专业水平、本行业的知名专家、学者组成专家委员会，为社会公共安全行业的发展服务，为从业单位（会员单位）提供行业领域的学术研究、技术咨询和顾问服务工作。

协会将严格遵守宪法、法律、法规和国家政策，本着为政府服务、为行业服务、为广大人民群众服务的宗旨，竭诚为会员单位及全行业服务，为维护社会公共安全和社会稳定贡献力量。

地　　址：成都市文翁路159号306、307室
邮　　编：610041
负 责 人：徐学元
电　　话：028－86303169
联 系 人：王　洪
电　　话：028－86303169
网　　址：www. scafxh. org
电子信箱：scafxh@ 163. com

贵州省安全技术防范行业协会

贵州省安全技术防范行业协会是经贵州省公安厅党委研究，并分别报贵州省委组织部和民政厅批准，于 2007 年 3 月 15 日成立，在贵州省公安厅的业务指导和省民政厅的监督管理下，坚持以团结、服务、协调、进步为宗旨的非盈利性社会团体。

自成立以来，协会积极发挥行业企业与政府管理部门之间的桥梁、纽带作用；发挥协会的社会公正性、中介协调性、联系广泛性和专业权威性作用，为贵州省的平安建设和社会治安稳定做出贡献。

地　　址：贵阳市龙洞堡警官职业学院南区三楼
邮　　编：550001
负 责 人：杨广生
电　　话：0851 - 5401175
联 系 人：王茂海
电　　话：0851 - 5401439
网　　址：www. gzsaf. com
电子邮箱：353064453@ qq. com

云南省安全技术防范协会

云南省安全技术防范协会于 2005 年 7 月经云南省民政厅批准正式成立，上级行政主管机关为云南省民政厅，上级业务主管单位为云南省公安厅，具体由云南省公安厅科技处实施业务主管。截至 2013 年 12 月，协会共有会员单位 1585 家，其中，2013 年前入会 1299 家，当年新入会 286 家。在全省 1585 家安防行业企业中，一级安防《资信证》持有企业 116 家，占 7%；二级安防《资信证》持有企业 118 家，约占 8%；三级安防资信证持有企业 1351 家。

协会成立以来，在上级业务主管机关的领导和行政主管机关的监督、指导下，具体业务主管部门的帮助支持下，经过全体会员单位的积极参与和努力，协会各项工作都获得了较大的发展。同时，为促进社会对协会的认可，也为规范协会会员的经营行为，协会还出台了《云南省安全技术防范行业资信等级评定管理办法》，积极组织技术培训、技术交流、新产品推荐，举办安防产品博览会，通过各种活动增强协会的凝聚力，促使云南省安全技术防范行业得到健康发展。

地　　址：云南省昆明市五一路 131 号（原省公安厅）五号楼三单元三楼
邮　　编：650011
负 责 人：李文宏
电　　话：0871 - 63051383；
联 系 人：常林云
电　　话：0871 - 63052793
网　　址：www. ynaf. net. cn
电子邮箱：4909940@ qq. com

陕西省安全防范产品行业协会

陕西省安全防范产品行业协会是经陕西省民政厅登记注册的省一级社团法人。协会在业务上受陕西省公安厅指导，是跨部门、跨地区的全省性行业组织。协会严格遵守国家法律、法规，强化行业自律，秉承在政府、企业、用户之间搭建起桥梁和纽带的宗旨，以推动陕西省安全技术防范行业的健康发展。凡是在陕西省境内从事安全技术防范产品的研制、开发、经营、维修、技术培训、信息服务，安全防范报警系统工程设计、施工、监理、监测、运营、保险的单位和广大用户单位、个人均可申请加入本协会。协会现有副理事长单位 14 家，理事单位 17 家，会员单位近 500 家，并在不断扩大。

协会为会员、社会和政府适时开展了形式多样、内容丰富的活动，组织社会公共安全产品展览和技术交流、开设业务培训班、开展咨询和信息服务、引进先进技术，不断扩大行业间的交流与合作，与业界广大朋友共同为陕西社会公共安全事业的发展贡献力量。

协会还编辑了陕西安防企业录，申请注册了楼宇智能安防专业委员会，成功举办了中国（西安）国际社会公共安全产品暨警察反恐技术装备博览会，并主办陕西安防网。

协会近年来一直把行业自律、诚信服务放在首位，把签订诚信公约作为入会的必备条件。利用网上公示等手段开展对优秀企业进行宣传和表彰，并作为一个制度执行并组织开展诚信企业评价工作，极大地促进了行业内有序竞争局面的形成、制止了恶性竞争行为、净化了安防市场、推动了行业自律进一步发展。

协会坚持以科学发展观为统领，全面贯彻落实党的十八大会议精神，在陕西省公安厅的业务指导和民政厅的监督管理下勇于创新、积极进取，充分发挥协会在政府与企业之间的桥梁和纽带作用，为中国的安防事业健康快速发展而努力奋斗。

地　　址：陕西省西安市凤城二路海璟国际 B2 座 706 室
邮　　编：710018
负 责 人：宁文生
电　　话：029－68970869
联 系 人：朱少娟
电　　话：029－65693570
网　　址：www. sxafxh. cn
电子信箱：sxafxh@ 126. com

甘肃省安全技术防范协会

甘肃省安全技术防范协会是经甘肃省公安厅批准、甘肃省民政厅复核注册登记，于 2011 年 3 月成立的全省性社团组织，其职能是在政府行政主管部门——甘肃省公安厅的指导和监督下，协助公安机关开展安全技术防范监督管理工作。协会由甘肃省安全技术防范从业单位团体自愿组成，是非营业性、自律性的社会组织。

协会宗旨是：遵守宪法、法律、法规和国家政策，遵守社会道德风尚，在政府有关部门的指导下，依靠行业的集体力量，加强行业的自律管理，协调会员之间的关系，规范会员的行为，维护行业和会员的合法权益，维护用户的利益，为会员单位的共同利益服务。发挥政府部门的助手作用，沟通会员单位与政府相关部门之间的关系，发展与国内外相关组织的经济技术交流，积极推进甘肃省安全技术防范行业的发展，对社会安定起到桥梁和纽带作用。

协会业务范围是：开展调查研究，掌握行业情况，向政府行政主管部门提出行业发展规划和制订行业发展的相关建议，经行政业务指导部门同意和授权进行行业相关情况的统计及收集、发布行业信息，承办政府及企事业单位委托的有关行业发展的其他重大任务；推广新产品、新技术、新工艺、新材料和科技成果的应用，推动本行业的科技进步；组织国内外与本行业有关的先进产品和先进技术的展览（销）会，组织技术交流和技术转让；组织本行业技术和经济信息的收集与分析，进行市场预测，为会员单位和用户提供无偿或有偿咨询服务；积极参与制订和宣贯国家及行业标准、规划，配合政府行政主管部门对安全技术防范的监督管理工作；组织行业内制订行规行约，协调会员关系，维护会员单位的合法权益，组织发展本行业的公益事业，开展有益于行业发展的活动；积极推动横向联合，加强相互合作，规范行业内的竞争秩序，促进会员单位之间的合作与发展；根据行业发展的需要，采取多种形式，组织上岗资格、专业技术、企业管理等有关业务培训，以促进会员单位素质的提高；组织广泛的学习、交流及研讨，拓宽视野，促进发展；编制协会期刊，建立协会网站，利用多种形式，做好行业信息交流及宣传工作。

协会积极开展了甘肃省安全技术防范行业的自律性管理工作和协会的自身建设，通过“甘肃省安全技术防范协会网站”和“甘肃安防简讯”，为会员单位提供服务的同时向社会宣传安全技术防范的相关知识。根据公安机关安全技术防范管理工作的部署，举办培训班及技术讲座，对会员单位进行安全技术防范相关标准及管理规定的宣贯，依据有关规定为会员单位颁发“甘肃省安全技术防范工程设计施工资质证”，认真配合公安机关开展安全技术防范管理工作。切实履行贯彻落实国家安全技术防范管理规定和安全技术防范标准，提高甘肃省安全技术防范从业单位的整体水平和素质。

地　　址：甘肃省兰州市城关区庆阳路 98 号（省公安厅西五楼 516）
邮　　编：730030
负 责 人：孙金铃
联 系 人：米亚玲
电　　话：0931－8535491
网　　址：www. gssafxh. com
电子邮箱：gssafxh654321@ sina. com

青海省公共安全技术防范协会

青海省公共安全技术防范协会于2009年6月成立，是经青海省民政厅登记注册的省级社团法人，是青海省境内跨部门、跨地区的地方性行业组织，在业务上受青海省公安厅安全技术防范管理办公室指导。

协会宗旨是：依法遵规、诚信为本、服务社会、科学发展。

协会吸纳在青海省境内从事防入侵、防盗窃、防抢劫、防破坏、防爆炸等安防产品的研发、生产与销售、安防工程设计与施工、报警运营服务的企业、事业单位以及从事安防教育培训、咨询服务、检测与评价等活动的有关单位和个人参加。协会现有会员单位196家，其中常务理事单位7家、理事单位18家。

协会主要业务：安防工程设计施工资质的年审及办理；安防施工企业、产品登记备案；规范行业行为；技防培训；工程技术咨询、论证及评估服务；诚信企业建设；搭建行业协会信息交流平台；依法维护会员的合法权益；反映企业真实情况等，为增进政府职能部门与企业之间的联系起好桥梁和纽带作用。

协会内设机构有秘书处、专家委员会、会员服务管理中心、财务室等部门，具体负责协会日常文秘档案管理、专家服务、会员管理、行政财务等工作。

协会将努力加强自身建设，内强素质，外树形象，求真务实，开拓创新，以人民群众对安防的需求为导向，为建设富裕、文明、和谐的新青海贡献出自己的智慧和力量。

地　　址：青海省西宁市诚西区香格里拉路2号
邮　　编：810001
负 责 人：鞠洪海
电　　话：0971 - 8465076
联 系 人：石玉清
电　　话：0971 - 8465076
网　　址：http：//qhaf. qhga. gov. cn：8080/
邮　　箱：1526362612@ qq. com

新疆维吾尔自治区安全技术防范行业协会

新疆维吾尔自治区安全技术防范行业协会于2011年9月成立，是经新疆维吾尔自治区民政厅登记注册的社团法人，业务主管单位是新疆公安厅。协会是从事安全技术防范产品开发、生产、销售，承接安全技术防范系统工程设计、施工，报警服务及运行维护以及相关的企事业单位自愿参加的地方性行业组织，是非营利性社会组织。协会是政府与企业之间的社会中介组织，依照政府要求推进企业进步，反映企业情况为政府决策提供参考，发挥政府与企业的桥梁和纽带作用。

协会严格遵守宪法、法律、法规和国家政策，遵守社会道德风尚，在政府有关部门的指导下，依靠行业的集体力量，加速自治区安全技术防范事业的发展，为会员单位的共同利益服务，维护全行业与会员单位的合法权益，加强行业自律，维护用户的利益；发挥政府部门的助手作用，发展与国内外相关组织的经济技术交流，以促进全行业技术管理水平和经济效益的不断提高；推进自治区安全防范工作的发展。

协会秉承服务于政府、服务于会员、服务于行业、服务于广大用户的宗旨，为社会安定和社会公共安全事业做出应有的贡献。

地　　址：新疆乌鲁木齐市沙依巴克区黄河路93号
邮　　编：830000
负 责 人：程浩斐
电　　话：0991 - 5586113
联 系 人：邵永寿
电　　话：0991 - 5821076 - 8003
网　　址：www. xjafxh. org
电子信箱：xjafxh_ 3@ 163. com

第二节 中国安全防范产品行业协会工作

一、会议动态

（一）中国安防协会专家委员会报警组成立会议暨安防报警学术研讨会在成都召开

3月，中国安防协会专家委员会在成都召开报警组成立会议暨安防报警学术研讨会。协会副秘书长、专家委员会副主任李建平通报了专家委员会2013年的重点工作和报警组筹建情况，与会专家和专家代表分别就安防报警领域新动态、安防报警联网技术系统构成新方式、安防报警运营服务新模式等方面问题，发表了意见和建议。协会理事长、专家委员会主任王彦吉在总结发言中指出，我国安防报警业是安防行业的重要组成部分，在维护社会稳定、服务公安工作、支撑“平安城市”建设等方面发挥了不可替代的作用，中国安防协会及其专家委员会将继续组织相关专业技术活动，推动行业科技创新，加强行业自律管理，反映行业企业诉求，引导安防报警企业健康发展。

（二）中国安防协会第五届理事会第三次理事长工作会议在杭州召开

4月，中国安防协会在杭州召开五届三次理事长工作会议。协会副秘书长李建平报告了协会2013年各项工作进展情况，通报了会员发展情况，介绍了协会媒体工作动态，强调了协会开展的统计和调研工作，汇报了2014年北京安博会筹备工作、行业摄影比赛以及协会内部管理等方面的工作。他还介绍了专家委员会向公安部科信局推荐企业的视频监控技术专家、在成都召开了报警组成立会议暨安防报警学术研讨会、开展安防用线缆标准化预研和立项申报等工作情况。副理事长单位代表对于协会调研工作给予了充分肯定，并呼吁广大会员企业积极参与。同时，与会代表在肯定协会专家委员会工作的基础上也对专家委员会未来的工作发展寄予厚望。协会理事长王彦吉在总结发言中指出，与会代表提出了很好的意见和建议，协会下一步将对代表发言进行梳理，持续改进协会工作，兑现服务承诺，把年内的各项重点任务落到实处。

（三）中国安防协会专家委员会实体防护组第三次会议在滁州召开

4月，中国安防协会专家委员会在滁州召开实体防护组第三次会议。协会副秘书长、专家委员会副主任李建平介绍了专家委员会本年度重点工作和进展情况。他指出，本次会议是实体防护组成立以来的第三次会议，目的是研讨安防实体防护技术、产品、应用和标准、检测、认证及行业自律等方面的问题，并听取对协会专家委员会和行业中介技术机构的工作建议与诉求。与会专家和专家代表就实体防护领域内的相关问题进行探讨。协会理事长、专家委员会主任王彦吉在总结发言中指出，我国安防实体防护企业是安防行业的重要组成部分，在迟滞阻挡违法犯罪行为、维护社会治安稳定、保护国家和人民生命财产安全等方面发挥着不可替代的作用，在新的历史条件下，仍有很大发展空间。

（四）中国安防协会专家委员会防爆安检组会议在深圳召开

5月，中国安防协会专家委员会在深圳召开防爆安检组会议，对国家科技计划项目“科技基础性工作专项《防爆安检技术评价体系与实验平台的研究》”课题进行了项目评审。与会专家听取了项目组关于项目进展和所取得的阶段性成果介绍，并就该项目所涉及的评价主体、指标体系、评价方法等方面的专业技术问题提出了质询，项目组对专家提出的问题逐一进行了答辩和说明。经讨论合议，与会专家同意该课题研究通过阶段性评审。协会理事长、专家委员会主任王彦吉在总结发言中指出，此次会议是我国防爆安检领域的一次重要会议，行业老领导，行业标准化和检测机构、科研机构和龙头企业的主要负责人，以及公安应用领域的代表齐聚一堂，通过对科研项目的评审，梳理行业发展脉络，共谋行业发展大计。

（五）中国安防协会专家委员会视频监控组会议暨学术研讨会在深圳召开

7月，中国安防协会专家委员会在深圳召开视频监控组会议暨学术研讨会。协会理事长、专家委员会主任王彦吉在讲话中指出，中国安防协会专家委员会成立视频监控组并举办学术研讨会，是推动安防科技创新的务实举措，希望与会专家、学者和企业科研人员充分利用这个学术平台，广泛交流视频安防监控领域新技术和新产品信息，共同推动安防行业科技创新工作。协会副秘书长、专家委副主任李建平介绍了专家委员会及视频监控专业组的相关情况，与会专家就我国视频安防监控领域的热点、焦点、难点的专业技术问题，进行了深入探讨。公安部第一研究所副所长、专家委副主任兼视频监控专业组组长陈朝武所作的题为《图像分析技术、标准化标准体系及其应用》的报告引起了与会代表的高度关注。受公安部科信局委托，与会领导还向由中国安防协会推荐并受聘的公安部科信局视频专家以及专家委员会新聘视频专家颁发了证书。

（六）中国安防协会第五届理事会第二次常务理事会在沈阳召开

8月，中国安防协会在沈阳召开第五届理事会第二次常务理事会议。受协会理事长王彦吉委托，中国安全技术防范认证中心主任张忠孝通报了协会上半年工作情况和下半年的工作安排，并重点强调了配合公安部科信局开展技防立法调研的相关举措；协会副秘书长李建平介绍了专家委员会上半年工作情况和下半年工作安排，并就专家委换届后的基本情况向与会人员作了简要介绍；协会副秘书长曹开星就防伪技术在安防行业中的应用作了专题发言。部分地方行业协会和企业的代表在会上作了即席发言，充分肯定了协会及专家委上半年的工作，建议协会进一步深入开展行业调研活动，继续推动安防工程企业资质评定工作，并建议专家委在继续健全组织机构、划分专业组的基础上，配合好行业标准化工作。王彦吉在总结发言中指出，与会代表提出了很好的意见和建议，协会下一步将对代表发言进行梳理，持续改进协会工作，兑现服务承诺，把年内各项重点工作落到实处。

（七）中国安防协会专家委员会出入口控制专业组成立会议暨学术研讨会在哈尔滨召开

9 月，中国安防协会专家委员会在哈尔滨召开出入口控制专业组成立会议暨学术研讨会。协会副秘书长、专家委副主任李建平简要介绍了专家委员会其他 5 个专业组开展工作的情况，重点强调了新组建的出入口专业组的应充分发挥专家的智力优势和技术优势，通过开展本专业领域的技术活动，引领科技创新和产业结构调整，为政府主管部门服务，为行业发展服务，为行业企业服务。地方协会领导结合本地工作情况，就安防出入口控制技术和产品在地方上的应用作了简要介绍。与会专家和专业厂商代表围绕安防出入口控制技术、产品、系统集成、标准化、行业应用、行业自律等方面的情况和发展趋势，进行了深入交流和热烈讨论。协会理事长、专家委员会主任王彦吉在总结发言中指出，专家委员会按分类指导的原则和安防专业领域的划分，陆续组建了各专业组并相继开展了一系列活动，为推动安防科技进步提供了专业技术服务，希望能坚持下去，为安防出入口产品和系统集成企业做更多的实事。

（八）《中国安全防范产品行业年鉴》工作会议在西宁召开

9 月，中国安防协会在西宁召开了年鉴工作会议。协会副秘书长、《年鉴》主编李建平简要回顾了以往年鉴编写情况，分析了年鉴在行业发展中所处的地位和应发挥的作用，并列举了编辑工作中遇到的困难和存在的不足。他表示，在 2012 版年鉴编写过程中，编辑组坚决落实王彦吉理事长提出的“要在继承基础上不断向广度和深度发展”的编辑要求，探索创新，取得了一定成绩。《年鉴》副主编安福东和王树林分别介绍了 2012 版年鉴的编辑过程，说明了新版《年鉴》在内容方面的创新之处，并指出了编辑工作中存在的问题。与会的编委会委员、协会专家、地方协会领导和企业代表围绕《年鉴》编辑工作，结合自身工作实际提出了中肯的意见和建议。

（九）《中国安防》杂志第四届编委会在济南召开

10 月，《中国安防》杂志在济南召开第四届编委会工作会议。编委们就杂志的专业深度、传播模式、品牌设计等问题进行了讨论并提出了一些建设性意见和建议。中国安全技术防范认证中心主任、杂志主编张忠孝在总结讲话中指出，《中国安防》杂志要坚持正确舆论导向和出版方向，坚持把社会效益放在首位，坚持为行业发展和社会发展服务，打造符合行业发展的品牌杂志。

（十）中国安防协会第五届理事会第三次会议在北京召开

12 月，中国安防协会在北京召开第五届理事会第三次会议。协会理事长王彦吉作了题为“提升自身能力，服务行业发展”的工作报告。公安部科信局技防处副处长王巍在发言中充分肯定了协会一年来为行业以及政府部门所做的相关工作，并对协会明年工作提出了具体要求。与会的会员企业普遍对协会工作表示认可，认为协会工作扎实有效，为安防产业的发展起到了积极的推动作用，同时大家纷纷对协会明年的工作提出了意见或建议。大会最后表决通过了 15 家提交晋级申请的单位。

（十一）中国安防协会专家委员会专家会议在北京举行

12 月，中国安防协会专家委员会在北京召开专家会议。协会副秘书长、专家委员会副主任李建平首先通报了本次专家会议的筹备情况和日程安排。他指出，本次会议是专家委员会成立 8 年来的首次全体专家大会。专家委员会由起初的 20 多位专家发展到现在的 218 位专家队伍，覆盖了发展战略、视频监控、入侵报警、出入口控制、防爆安检、实体防护等主要专业领域，在推动科研、标准化、成果转化以及产业化的应用方面做了许多工作。专家委员会委员、全国安防标委会秘书长施巨岭宣讲了《安全技术防范行业标准体系》，介绍了安防标委会的工作情况，并对标准体系表的各方面进行了重点讲解。各专家组代表就各自领域内的热点问题进行了发言。协会理事长、专家委员会主任王彦吉在总结发言中对专家委员会成立以来所取得的成绩予以充分肯定，并要求各专业组专家发挥自身的专业优势，把握行业的发展动态、趋势和方向，为中国的安防行业做出应有的贡献。

二、会员发展与服务工作

截至 2013 年 12 月，协会会员总数达 1091 家，其中副理事长单位 94 家，常务理事单位 113 家，理事单位 127 家。除河北、上海两地外，各省级地方协会均成为协会副理事长单位。会员单位详细信息可在协会网站（http：//member. 21csp. com. cn/）或年鉴光盘中进行查看。

2013 年，协会继续加强对会员单位的规范化管理，认真做好办理会员入会申请、会员缴费、会员换证、会员年审等日常工作，还对会员数据库进行了系统梳理，并根据协会章程，对转行、中断联系、多年不缴会费的会员进行了退会处理。

2013年，协会一如既往地做好为会员单位的服务工作。一是坚持执行例会制度，定期召开理事长工作会议、常务理事会和理事大会等会议，对因故不能到会的会员单位，及时通过各种媒介传达会议精神。二是建立协会与会员单位的信息传递机制，长期免费为会员单位提供《中国安防》杂志和《安防通讯》，并通过网站及时发布协会公开性文件和各类活动资讯。三是结合企业年审资料及行业统计调研数据，为企业提供其向政府申请驰名商标、国家基金等项目时所需提交的相关证明材料。四是组织开展了以“平安中国、美丽中国”为主题的第二届“创安杯”摄影比赛活动，促进了行业内会员企业的文化交流活动。

三、开展安全技术防范系统集成单位资质管理制度专项研究

4月初，为配合国务院法制办做好《安全技术防范管理条例（征求意见稿）》公开征求意见后的相关工作，特别是做好配套实施办法的起草准备工作，公安部科信局委托协会组织开展安全技术防范系统集成单位的资质管理制度专项研究工作。

协会领导班子高度重视，成立了专项研究工作小组，积极组织落实，采取走访调研、专题座谈等方式，深入调查掌握情况，并认真做好分析研究：一是采集和梳理安防行业当前相关资质管理的信息，重点摸清协会自身、各地方公安机关和各地方安防协会开展的企业资质评定或资质管理的情况；二是收集其他相关行业开展资质管理的做法，研究借鉴其他行业开展相关资质管理的做法经验；三是多次召开专题研讨会，组织专家研究提出安防行业建立资质管理制度的可行性方案。7月份，在部科信局主持下，举办了九省市“技防立法专项研究讨论会”，进一步听取部分省市技防管理部门对安防工程企业资质管理的意见和建议。

研究工作小组对所采集的资料进行了认真梳理和分析，在广泛吸纳各方意见的基础上，形成了《关于安全技术防范系统集成服务单位资质管理制度的专项研究报告》，现已上报。研究报告分为行业发展概述、我国各地公安机关及安防协会开展资质管理的情况、国内相关部委资质管理模式及适用性分析，以及安全技术防范系统集成服务单位资质分级管理总体构想等四个方面，并具体提出了在资质管理运行模式、评定实施方案、评定收费等方面的意见和建议。

四、开展行业统计调研工作

2013年，协会高度重视行业统计调研工作，采取分步骤、分阶段的调查研究、走访座谈、专题会议等形式开展企业统计调研活动。

一是开展企业会员单位基本情况统计工作。3月份，协会率先在企业会员范围内启动了部分基础数据的统计和调研工作，内容是采集企业会员的2012年基本经营情况，以及年度内发生的重大事件和科技动态信息。协会对相关数据进行了整理、分析，并以此作为抽样结果，对全行业发展情况进行了初步研判，并在2012版《中国安全防范行业年鉴》发布了部分研判数据。同时，部分企业的重大科技动态信息也被编入了《年鉴》“大事记”。

二是开展安防报警业调研。9月份，协会组成调研组，以安防报警业为重点，组织开展了专项调研工作。在近两个月时间里，调研组走访了9个省市30余家从事报警产品生产和联网报警运营服务的会员企业，获取了大量数据和信息。调研组对所获得的资料进行了整理分析，并撰写了《我国安防报警业现状与发展趋势》。调研报告分为我国安防报警业发展概况、安防报警产品制造业现状及存在的问题、联网报警服务业现状及存在的问题、我国安防报警业发展趋势以及政策建议等5个部分，基本反映了我国安防报警业发展整体情况，分析了存在的问题，并提出了建议，供行业主管部门和从业企业参考。

五、博览会筹备工作

由中国安防协会主办的第12届中国国际社会公共安全产品博览会定于2014年10月在北京召开。本届博览会以“平安中国，智慧安防，创新应用，服务民生”为主题，以全面服务公安中心工作为出发点，突出展示近年来我国安全防范技术和产品在社会治安防范及相关领域的应用成果。

2013年是博览会筹备工作的关键一年，各项工作已全面展开。一是对展览、会议及相关活动等进行了全面策划，编写了方案，并细化为实施意见。二是通过邮件和电话的方式，对重点参展企业进行抽样调研，听取参展企业的建议和意见，同时派员参加相关行业展会，加强了招展力度。三是进一步完善了安博会网站和后台数据管理系统建设，在保持手机客户平台和微博平台基础上，新增了微信平台。展会管理平台基本实现了对外发布信息，对内实现管理的两大功能。

本届博览会预计展出面积将超过10万平方米，参展企业超过1000家，其中，国际馆占25%，国内馆占75%。在国内展馆中，将划分监控展区、智能楼宇展区、出入口控制展区、道路交通展区、警用装备展区。此外，还将开辟公安技防应用展区，组织公安部有关部属科研院所及公安部重点实验室、相关企业等单位，采取展板说明、静态展示、模拟演示或现场操作等多种方式，集中展示安全防范技术在公安工作中的应用成果以及相关自主研发的产品等。目前，国际馆招展工作已完成，国内馆招展工作已完成约80%。

六、资质评定工作

按照“规范管理、拓展服务、保证质量、促进发展”原则，协会加强对各地安防工程企业资质评价机构的监督管理，先后完成了对福建和广西资质评价机构的资格认定。

至此，7 个试点地区的第三方评价机构资格认定全部完成。同时，评价机构资格年审工作也按照体系文件规定抓紧进行，现已完成了对全国资质评价服务中心以及北京、贵州、天津和湖北等省市资质评价机构的年审工作，其他地区的资质评价机构年审工作在年底前全部完成。

安防工程企业资质评定工作继续取得进展。截至 11 月 15 日，新增获证企业 378 家，晋级的企业 51 家，通过年审的企业 1237 家。协会还受理了云南安防工程企业的评定申请，使得直接受理评定的地区增加到了 5 个，不断满足安防工程企业的需求。

七、资讯服务

《中国安防》杂志作为安防行业的资深平面媒体，关注行业发展动态，注重挖掘行业热点，努力提升杂志品质。一是不断追踪行业发展动向。围绕公安部关于推进视频监控建设与应用的中心工作，杂志从系统建设、信息处理以及标准应用等角度入手，结合行业政策法规、技术标准及推广案例等多方面讯息，对该项工作进行了全面综合地报道。同时，杂志针对协会专家委员会 2013 年相关活动情况，进行了细致周密地跟踪报道。二是加强报道行业热点问题。针对物联网、平安城市、智能家居等企业普遍关心的热点问题，杂志组织了近百个专项议题，从政策法规、产业研究、技术和市场等多角度进行研究报道。三是调整了刊物内容及形式。2013 年，《中国安防》杂志为更好地服务广大安防企业，重新进行市场定位，将原市场版变更为企业版，与综合版形成内容互补。出版周期从原来的双月刊增加为月刊，由一年 6 期扩大为 12 期。10 月，《中国安防》杂志召开第四届编委会，向编委汇报了杂志编辑出版情况，并征求了编委的意见和建议。

中国安防行业网不断提高网站运行质量，积极探索资讯服务新模式。一是建立了中国安防千人 QQ 群，注册了中国安防微信公众账号，开通了《中国安防手机报》，并开发了中国安防行业网手机版客户端。这些举措进一步提升了行业网的服务品质，为广大行业客户提供了一条更加便利地获取行业资讯的渠道。二是对网站技术系统进行了相应改进，设计了行业垂直搜索平台，扩展了信息覆盖范围。2013 年，网站总共更新基本资讯 16000 余条，制作专题 48 期，发表原创稿件 800 余篇，制作电子网刊 24 期，企业采访 140 余家，编辑安防词条 300 条，建立新闻渠道 330 个。三是积极整合行业数据资源。目前，现有数据库系统共收录各类行业数据 4 万余条。

2013 年初，协会将《简讯》更名为《安防通讯》，在内容上进行了相应的调整和扩充，并组建了一支由各会员单位推荐的 80 余人组成的通讯员队伍。《安防通讯》在继续报道协会自身工作的同时，还增加了政策法规、监管信息、社团动态及行业资讯等多方面内容。2013 年，《安防通讯》共编发 12 期，刊登文章 134 篇。其中，协会自身工作动态 34 篇，政策法规类信息 31 篇，行业主管部门、中介技术机构和各地协会动态 58 篇，行业企业动态 11 篇。在所有刊发的稿件中，有十余篇稿件是由通讯员提供的。

《中国安全防范行业年鉴》（2012 版）于 2013 年 9 月正式出版发行。本版《年鉴》分为 7 篇 15 章，近 120 万字，500 页。在编辑过程中，协会先后召开了 2 次内容框架研讨会、1 次编纂工作会、1 次编辑工作研讨会，组织了 3 次集中审稿会，并邀请了近百位专家对稿件进行函审。本版《年鉴》编辑工作始终遵循继承创新原则，不断向广度和深度拓展：一是发布了部分行业基本数据，对行业相关数据分析的篇幅有所增加；二是首次收录了协会部分会员单位的大事信息，特别是科技类信息；三是首次对行业教育培训的整体发展情况进行了梳理和归纳，作了概括性反映；四是进一步扩大了参与编写工作的专家范围，先后有百余位业内专家提出了修改意见和建议；五是首次举办了《年鉴》首发赠书仪式。9 月，协会召开《年鉴》工作研讨会，总结了本版年鉴工作经验，对下一版《年鉴》编辑工作提出了改进意见和工作要求。

八、开展对外友好交流

2013 年，协会与台湾中华保全协会建立了互访交流机制。4 月份，应中华保全协会邀请，协会组团赴台考察了台湾地区安防行业发展情况。11 月份，台湾中华保全协会参访团回访协会，就加强两岸安防企业间合作、共同推动安防技术交流等问题交换了意见。此外，两协会还分别在呼和浩特、西宁、西安、深圳等地开展了交流活动。这些活动搭建了两岸业界间交流的平台，促进了两岸安防企业间的技术合作。

协会还与德国技术中心、英国航空集团等国外行业组织进行了业务交流，就未来合作意向交换了意见。此外，协会还与部分国家驻华使馆商务机构保持联系，沟通信息，促进行业企业开展国际合作。

九、专家委员会工作

2013 年，协会继续加强专家委员会组织建设，发挥专家作用，开展专业技术服务活动。

一是调整专业组设置，开展专业技术研讨活动。2013 年，初步完成了专家委员会组织机构调整工作，继 2005 年战略组成立、2008 年防爆安检组成立、2011 年实体防护组成立之后，2013 年 3 月报警组成立、7 月视频监控组成立、9 月出入口控制组成立，共增补专家 77 人，至此，按安防专业技术划分的组织机构体系已基本建立。各专业组积极组织专业技术研讨活动，先后召开了安防报警、实体防护、防爆安检、视频监控和出入口控制学术研讨会，研讨了安防技术与产品、系统集成、标准化、社会应用、行业自律等问题，取得了很好的效果。

二是响应业内企业诉求，推动安防用线缆标准化工作。

在全国安防标委会的指导下，组织专家开展安防用线缆标准化预研工作，并完成了《制修订安全防范系统用线缆相关标准建议书》，以及《安全防范系统用线缆分级和技术要求》和《安全防范系统用线缆应用指南》两个标准草案。7月，经公安部科信局批准，两个标准被列入2013年公共安全行业标准制修订计划。在此基础上，协调相关会员企业积极参与两项标准的起草工作，并向起草组推荐了企业专家。

三是推荐专家提供技术服务，推动科研成果应用。3月份，公安部科信局公布了第一批公安视频监控专业人才库成员名单，其中由协会推荐的11名专家入选。协会还组织专家参与了国家级项目《防爆安检技术评价体系与实验平台的研究》阶段性评审、“枪袭定位系统”产品成果评审等工作，并向财政部专家库推荐了防爆安检专家，向国家统计局推荐专家参与项目评审工作。此外，协会还召开专题技术研讨会，对“新型报警震动传感器”项目进行技术研讨，并协调部分会员企业参与该项目的后期研发工作。

（资料来源：中国安全防范产品行业协会）

附：中国安全防范产品协会五届三次理事会工作报告

中国安全防范产品行业协会五届三次理事会工作报告

中国安全防范产品行业协会理事长　王彦吉

（2013年12月12日）

各位理事、各位代表，同志们：

中国共产党十八届三中全会作出了全面深化改革若干重大问题的决定，明确了全面深化改革的总目标和总任务，提出了改革措施。本次理事会的主要任务是：以党的十八届三中全会精神为指导，总结和回顾一年来协会的工作，提出协会明年的主要工作。

第一部分　2013年工作总结

2013年是我国改革开放以来极为重要的一年，也是协会工作的“基础年”和“调研年”。在公安部和民政部指导下，在会员单位的大力支持下，协会坚持科学发展观，在加强自身建设、提升服务能力、推动行业建设等方面扎实工作。

一、发展会员队伍，提高服务质量

会员发展是协会工作的基础，服务行业是协会工作的中心。2013年，协会采取积极措施，广泛吸纳行业内相关单位和企业加入协会，在会员发展上取得了可喜成果。截至11月底，协会会员总数达1216家，其中，新增会员125家，增幅达11.5%。会员单位晋级工作也取得突破，除河北和上海外，全国26家省级地方协会成为协会副理事长单位，实现了与地方安防协会在工作上的紧密联系和相互支持。同时，还采取通讯方式完成了5家企业会员晋级为理事单位、5家企业会员晋级为常务理事单位和5家企业会员晋级为副理事长单位的投票工作。

协会始终以服务会员单位、服务行业发展为工作出发点和落脚点，不断加强会员服务工作。一是坚持执行例会制度，定期召开理事长工作会议、常务理事会和理事大会等会议，引导会员企业参与协会工作，提高协会决策民主化和科学化水平；二是建立协会与会员单位间的信息传递机制，定期寄送协会出版物，并在网站发布各类资讯，为会员单位提供信息服务；三是热情地为会员企业提供帮助，向政府有关部门出具相关证明材料，为会员企业发展助力；四是组织了以“平安中国、美丽中国”为主题的第二届“创安杯”摄影比赛活动，促进会员企业开展丰富多彩的行业文化活动。

二、服务行业发展，开展专项研究

4月初，为配合国务院法制办做好《安全技术防范管理条例（征求意见稿）》公开征求意见后的相关工作，特别是做好配套实施办法的起草准备工作，公安部科信局委托协会组织开展安全技术防范系统集成单位的资质管理制度专项研究工作。协会成立了专项研究工作小组，重点摸清协会自身、各地方公安机关和各地方安防协会开展的企业资质评定或资质管理的情况，收集其他相关行业开展资质管理的做法，并多次召开专题研讨会，听取业内专家意见和建议。7月份，在科信局主持下，还举办了九省市“技防立法专项研究讨论会”，进一步听取部分省市技防管理部门对安防工程企业资质管理的意见和建议。研究工作小组对所采集的资料进行了认真梳理和分析，在广泛吸纳各方意见

基础上，形成了《关于安全技术防范系统集成服务单位资质管理制度的专项研究报告》，现已上报。研究报告分为行业发展概述、我国各地公安机关及安防协会开展资质管理的情况、国内相关部委资质管理模式及适用性分析以及安全技术防范系统集成服务单位资质分级管理总体构想等四个方面，并具体提出了在资质管理运行模式、评定实施方案、评定收费等方面的意见和建议。

三、开展企业统计调研，摸清行业情况

2013 年，协会重视行业调研工作，采取分步骤、分阶段的调查研究、走访座谈、专题会议等形式开展企业统计调研活动。

一是开展企业会员单位基本情况统计工作。3 月份，协会率先在企业会员范围内启动了部分基础数据的统计和调研工作，内容是采集企业会员的 2012 年基本经营情况，以及年度内发生的重大事件和科技动态信息。协会对相关数据进行了整理、分析，并以此作为抽样结果，对全行业发展情况进行了初步研判，并在 2012 版《中国安全防范行业年鉴》发布了部分研判数据。同时，部分企业的重大科技动态信息也被编入了《年鉴》“大事记”。

二是开展安防报警业调研。9 月份，协会组成调研组，以安防报警业为重点，组织开展了专项调研工作。在近两个月时间里，调研组走访了 9 个省市 30 余家从事报警产品生产和联网报警运营服务的会员企业，获取了大量数据和信息。调研组对所获得的资料进行了整理分析，并撰写了《我国安防报警业现状与发展趋势》，现正在向参与调研工作的企业和部分业内专家征求意见。调研报告分为我国安防报警业发展概况、安防报警产品制造业现状及存在的问题、联网报警服务业现状及存在的问题、我国安防报警业发展趋势以及政策建议等五个部分，基本反映了我国安防报警业发展整体情况，分析了存在的问题，并提出了建议，供行业主管部门和从业企业参考。

四、展会筹备有序进行，招展工作全面展开

由中国安防协会主办的第 12 届中国国际社会公共安全产品博览会定于 2014 年 10 月在北京召开。本届博览会以“平安中国，智慧安防，创新应用，服务民生”为主题，以全面服务公安中心工作为出发点，突出展示近年来我国安全防范技术和产品在社会治安防范及相关领域的应用成果。

2013 年是博览会筹备工作的关键一年，各项工作已全面展开。一是对展览、会议及相关活动等进行了全面策划，编写了方案，并细化为实施意见。二是通过邮件和电话的方式，对重点参展企业进行抽样调研，听取参展企业的建议和意见，同时派员参加相关行业展会，加强了招展力度。三是进一步完善了安博会网站和后台数据管理系统建设，在保持手机客户平台和微博平台基础上，新增了微信平台。展会管理平台基本实现了对外发布信息，对内实现管理的两大功能。目前，国际馆招展工作已完成，国内馆招展工作已完成约 80%。

五、加强资质评定管理，促进行业自律

按照“规范管理、拓展服务、保证质量、促进发展”原则，协会加强对各地安防工程企业资质评价机构的监督管理，先后完成了对福建和广西资质评价机构的资格认定。至此，7 个试点地区的第三方评价机构资格认定全部完成。

同时，评价机构资格年审工作也按照体系文件规定抓紧进行，现已完成了对全国资质评价服务中心以及北京、贵州、天津和湖北等省市资质评价机构的年审工作，其他地区的资质评价机构年审工作预计在年底前全部完成。

安防工程企业资质评定工作继续取得进展。截至 11 月 15 日，新增获证企业 378 家，晋级的企业 51 家，通过年审的企业 1237 家。协会还受理了云南安防工程企业的评定申请，使得直接受理评定的地区增加到了 5 个，不断满足安防工程企业的需求。

六、调整专家委机构设置，发挥专家作用

2013 年，协会继续加强专家委组织建设，发挥专家作用，开展专业技术服务活动。

一是调整专业组设置，开展专业技术研讨活动。2013 年，初步完成了专家委员会组织机构调整工作，新组建了安防报警组、视频监控组和出入口控制组等 3 个专业组，增补专家 77 人。各专业组积极组织专业技术研讨活动，先后召开了安防报警、实体防护、防爆安检、视频监控和出入口控制学术研讨会，研讨了安防技术与产品、系统集成、标准化、社会应用、行业自律等问题，取得了很好的效果。

二是协调组织开展专项技术活动，推动安防用线缆标准化工作。在全国安防标委会的指导下，组织专家开展安防用线缆标准化预研工作，并完成了《制修订安全防范系统用线缆相关标准建议书》以及《安全防范系统用线缆分级和技术要求》和《安全防范系统用线缆应用指南》两个标准草案。7 月，经公安部科信局批准，两个标准被列入 2013 年公共安全行业标准制修订计划。在此基础上，协调相关会员企业积极参与两项标准的起草工作，并向起草组推荐了企业专家。

三是推荐专家提供技术服务，推动科研成果应用。3 月份，公安部科信局公布了第一批公安视频监控专业人才库成员名单，其中由协会推荐的 11 名专家入选。协会还组织专家参与了国家级项目《防爆安检技术评价体系与实验平台的研究》阶段性评审、“枪袭定位系统”产品成果评审等工作，并向财政部专家库推荐了防爆安检专家，向国家统计局推荐专家参与项目评审工作。此外，协会还召开专题技术研讨会，对“新型报警震动传感器”项目进行技术研讨，并协调部分会员企业参与该项目的后期研发工作。

七、提升资讯水平，服务行业需求

《中国安防》杂志、“中国安防行业网”和《安防通讯》始终坚持正确舆论导向和出版方向，坚持把社会效益放在首位，坚持为行业发展服务，努力反映行业新变化、新特点、新热点和新进展，挖掘报道的深度和广度，全面提升报道的专业性和时效性。

一是《中国安防》杂志努力提升杂志品质。一方面围绕公安主管部门开展的重点工作和协会主要工作任务，以及行业热点和焦点问题进行深入分析报道；另一方面组织了近百个专题，涉及政策法规、产业研究、技术、市场等众多方面。10月份，召开了《中国安防》杂志第四届编委会，向编委汇报了杂志编辑出版情况，并征求了编委的意见和建议。此外，《中国安防》杂志从2014年起由双月刊调整为月刊，并对栏目进行了相应调整，增加了信息量。

二是行业网积极探索资讯服务新模式。2013年，中国安防行业网建立了中国安防千人QQ群，注册了中国安防微信公众账号，开通了《中国安防手机报》，并开发了中国安防行业网手机版客户端。这些举措进一步提升了行业网的服务品质，为广大行业客户提供了一条更加便利地获取行业资讯的渠道。一年来，中国安防行业网更新行业资讯16000余条，发表原创稿件800余篇，制作专题报道近50期。

三是编辑出版《安防通讯》。协会于2013年初对《简讯》内容进行了调整和充实，并更名为《安防通讯》，内容涵盖了政府主管部门出台的相关政策措施和发布的行业信息，各级行业社团和中介机构的工作动态，以及协会会员企业的重要活动。目前，《安防通讯》已编发了11期，刊登稿件百余篇，并组建了一支由各会员单位推荐的80余人组成的通讯员队伍。

四是完善《年鉴》编辑工作。2012版《中国安全防范行业年鉴》编辑工作始终遵循继承创新原则，不断向广度和深度拓展。第一，发布了部分行业基本数据，对行业相关数据分析的篇幅有所增加；第二，首次收录了协会部分会员单位的大事信息，特别是科技类信息；第三，首次对行业教育培训的整体发展情况进行了梳理和归纳，做了概括性反映；第四，进一步扩大了参与编写工作的专家范围，先后有百余位业内专家提出了修改意见和建议；第五，首次举办了《年鉴》首发赠书仪式。

八、开展友好交流，促进技术合作

2013年，协会与台湾中华保全协会建立了互访交流机制。4月份，应中华保全协会邀请，协会组团赴台考察了台湾地区安防行业发展情况。11月份，台湾中华保全协会参访团回访协会，就加强两岸安防企业间合作、共同推动安防技术交流等问题交换了意见。此外，两协会还分别在呼和浩特、西宁、西安、深圳等地开展了交流活动。这些活动搭建了两岸业界间交流的平台，促进了两岸安防企业间的技术合作。

协会还与德国技术中心、英国航空集团等国外行业组织进行了业务交流，就未来合作意向交换了意见。此外，协会还与部分国家驻华使馆商务机构保持联系，沟通信息，促进行业企业开展国际合作。

九、加强自身建设，提升工作效率

根据公安部和科信局开展群教活动的统一部署和工作要求，协会继续强化内部制度化建设，制修订了部分内部管理制度，特别是人事管理制度和财务管理制度，不断完善内部规章制度和运作机制。同时，协会严格执行工作审批程序，进一步规范了内部管理，提高了工作效率。为满足业务需求，本着精干高效的原则，协会进一步明确了各业务部门和分支机构的职能和任务分工，确认全员岗位职责，逐步达到优化内部管理提高团队执行力的目的。

一年来，协会不断发展和完善以会员为中心的服务职能，取得了一定成效。但也应当看到，协会的管理和服务工作与会员需求、社会期望和行业发展要求相比，还存在一定的差距，主要体现在：一是开展行业基础性建设工作刚刚起步，对国家政策环境、行业发展方向和战略等重大问题研究工作的资源投入还不够；二是引导行业科技创新的工作力度还有待加大，专业分类指导工作还没完全落实到位，推动行业标准化建设的力度还要加强；三是会员服务工作的水平还不高，与协会的地位和任务要求不相称，管理方法还亟待提高；四是资质评定管理工作还有待发展，行业统计和职业培训工作还有待突破；五是协会的组织结构、人员素质、工作方法、服务理念和管理模式等方面有待进一步提高。我们将在今后的工作中，有针对性地逐一改进，努力提高协会的服务水平。

第二部分 2014年主要工作

2014年，是我国贯彻落实党的十八届三中全会精神，全面深化改革的关键一年。协会将以科学发展观为指导，坚持管理、服务与发展并重，不断丰富服务内容、优化服务流程、规范服务方式、探索发展途径，深入研究行业发展和会员企业经营中的困境问题，进一步提升协会工作的科学化、精细化、规范化水平，使协会真正成为提供服务、反映诉求、规范行为的主体。2014年，协会在继续做好加强自身建设、壮大会员队伍、推动资质评定、提升资讯服务、开展行业自律、推进诚信建设等工作基础上，重点抓好以下几项工作：

一、办好2014年安博会

经公安部、科技部批准，“第12届中国国际社会公共安全产品博览会”将于2014年10月28日～31日在北京中国国际展览中心（新馆）举办，展出面积超过10万平方米，预计参展企业超过1000家。作为博览会主办承办单位，做好博览会各项筹备工作是协会明年工作的重中之重。

协会在总结历年办展经验基础上，积极借鉴国内外其他高端博览会的好做法，继续坚持理念创新，不断提升服务水平，重点突出科学化、专业化、国际化、品牌化的特点，充分体现“服务行业、服务民生、共谋发展”的办展宗旨。一是组织方式创新。开辟了公安技防应用展区，组织公安部有关部属科研院所及公安部重点实验室、相关企业等单位，采取展板说明、静态展示、模拟演示或现场操作等多种方式，集中展示安全防范技术在公安工作中的应用成果以及相关自主研发产品等。二是相关活动创新。除了办好中国安防国际高峰论坛、政府论坛、技术发展峰会等品牌活动外，将加紧与有关行业组织和安防企业协商，做好“海峡两岸四地安防学术研讨会”、安防新品发布会等活动的筹备工作。此外，协会专家委员会还将举办专题学术研讨会。三是服务内容创新。引入信息化技术手段，加强对参展企业的宣传服务，将参展企业的新产品、新技术制作成微电影或多媒体短片，在展会现场进行播放展示。同时，参展企业的搭建现场也将制作成短片放于协会网站，搭建展示的网上平台。

二、组织“双推一评”活动

协会积极发挥在政府、企业和用户间的桥梁和纽带作用，以推动行业企业做大做强、提高行业竞争力为出发点，开展评优推荐活动。2014年，协会在总结以往经验基础上，继续组织为平安建设推荐优秀安防产品和优秀安防工程企业，以及“2014年中国国际社会公共安全产品博览会创新产品评比”活动。“双推一评”活动将遵循“统一标准、客观公正”的原则，采取企业自愿申请与各省级安防协会或公安技防管理部门推荐相结合的方式，分三个阶段进行。协会将建立科学的评价指标体系，客观反映参评企业的能力和产品的水平。同时，邀请政府管理部门、中介技术机构、地方协会和安防企业的专家组成评审组，独立完成评选工作。推荐和评选结果将向社会发布，为政府和用户决策提供参考依据。

三、抓好杂志的改版和网站建设工作

为满足读者及行业对大量信息的需求，同时为杂志出版管理规范化建设，经公安部和北京市新闻出版局批准，《中国安防》杂志自2014年1月起由月刊变更为半月刊。为此，要做好三个方面工作：一是要继续办好有特色的栏目；二是建立重点选题制度；三是扩大行业景气调查范围，增加部分专业领域景气调查内容。杂志还将积极探索数字化出版发行工作，组建《中国安防》杂志网站（www. cspmag. cn），把2006年以来的杂志内容全部上传到网上，并以此为基础，探索杂志数字排版和邮件、手机发行等新路。

四、举办第五届“和谐杯”歌唱比赛

近年来，协会一直倡导“积极、健康、诚信、和谐”的安防行业文化。自2009年以来，协会已成功举办了四届“和谐杯”歌唱比赛活动，先后有数百家行业企业、近千名选手参加了比赛。为了进一步弘扬行业文化，丰富广大安防从业人员的文化生活，协会拟于2014年举办第五届“和谐杯”歌唱比赛。本次活动将继续秉承公开、公平、公正的原则，采取分赛区选拔、全国总决赛的方式进行。总决赛期间，将邀请专业评委进行评判，获奖者还将受邀参加协会组织的重大行业活动。

五、开展行业调研统计工作

协会于12月初下发通知，在会员企业范围内开展信息采集工作。此次信息采集工作的目的就是明确会员企业的专业属性，摸清会员企业2013年基本经营数据，收集本年度发生的经营类或科技类重大事件。这些信息将为协会了解掌握行业发展动态提供重要参考依据。希望广大会员企业积极参与，踊跃提供相关数据。

此外，协会将逐步建立企业会员信息统计制度，进一步明确并规范企业数据的采集、加工、发布等环节的工作要求，确保统计工作的常态化和持续性。同时，协会还将根据行业发展情况和企业需求，适时启动出入口控制领域或实体防护领域的专题调研工作。

六、拓展专家委技术服务工作

2014年，要完善专家委员会专业组的机构建设，积极组织开展专业技术活动。一是加强专家队伍管理，做好专家委委员、专业组组长和专家的聘任工作；二是编辑出版安防专业技术论文集，刊发各专业组的技术交流论文和展会论坛的专题报告；三是开展各专业组活动，以服务公安中心工作为出发点，加强专业技术交流，促进行业科技创新，推动科研成果转化。

各位理事、各位代表，同志们：2013年，我国安防行业依然保持稳步发展。在各级政府管理部门领导下，安防行业的产业结构调整步伐明显加快，安防技术与产品的应用领域不断扩展，在政府社会管理能力建设和管理方式创新中发挥了重要的作用。

2014年，是我国全面深化改革的开局之年。安防行业的机遇与挑战并存，让我们携起手来，齐力打拼，共同创造安防行业的美好明天！

第三节　部分省级安防协（学）会工作

北京安全防范行业协会工作

2013年，北京安全防范行业协会（以下简称“北京安防协会”）以党的十八大和十八届三中全会精神为指导，在北京市公安局和市民政局的监督管理下，在全体会员单位的大力支持配合下，在做好主管部门参谋助手、完善自律机制、加强横向沟通交流、提升服务能力等方面扎实工作，完成了全年工作任务。

一、建立沟通机制，做好主管部门参谋助手

（一）邀请主管机关领导对协会工作及行业发展进行指导

4月和7月，北京市公安局科信部领导一行两次来到协会检查指导工作。科信部领导指出，北京安防协会在行业发展管理方面做了大量工作，在城市安全管理、技防业务工作等方面发挥了积极推进作用，协会发展前景是光明的；北京安防协会与作为主管机关的市局科信部要不断加强联系沟通，齐心协力，发挥各自优势，利用科技信息化平台，围绕城市安全问题，加强与企业沟通交流，秉承“管理即服务”的理念，进一步做好政府助手，共同为行业多做有益工作。

（二）积极发挥主管机关参谋助手作用

8月，北京安防协会根据北京市公安局科信部部署，组织召开党的群众路线教育实践活动座谈会。参会企业结合北京安防行业发展实际提出了意见与建议。科信部领导表示，在今后的工作中，将进一步发挥服务职能，从企业难题入手，积极与外埠行业管理部门加强沟通联系，为企业营造一个和谐健康的发展环境，同时创新管理手段，不仅要“请进来”，更要“走出去”，走到企业当中，及时了解企业心声，从而更好地为未来工作确定方向，使行业主管部门和协会成为企业信赖的“会员之家”。

11月，北京安防协会领导陪同首都综治委和北京市公安局科信部领导赴企业调研座谈。综治委领导表示，行业组织和安防企业为科技创安工作做出了贡献，希望协会和企业一起，继续发挥好的作用，不断涌现新的好的经验和方法、产品与技术，能切实提高科技防范实战效能，共同努力，全面推进“平安北京”创建工作。

（三）配合主管部门开展“科技创安”科普宣传工作

为深入贯彻落实党的十八大报告中关于“深化平安建设，完善立体化社会治安防控体系”的指示精神，从多角度、多层面做好“科技创安”社会宣传工作，北京安防协会配合北京市公安局科信部开展科技创安科普宣传工作。该项工作向社会宣传了近年来安全技术防范建设的作用和效果，充分调动了各方面参与科技创安工作的积极性，进一步推进了科技创安工作群众化、社会化。

二、完善自律机制，促进行业健康发展

（一）行业资质评定和诚信体系评价工作不断发展

截至12月20日，北京安防协会受理了1359家企业的资质评定工作，发证885家。为严格资质评定工作，协会出台了一系列资质评定管理工作新规定，有效保证了资质评定工作的客观性、严肃性，防止了虚报、伪造工程业绩和企业基础信息等情况的发生。新规自发布执行以来，获得了会员企业的理解和支持。与此同时，协会通过强化和严格把关评审员评审环节，加强对评审员的业务培训，使评审质量与往年相比有了大幅提高。

诚信评价工作坚持政府引导、社团组织、会员企业自愿参加、第三方评价的原则，2013年共有252家企业获得3A诚信优秀企业，获证企业数量同比增长11.5%，北京安防协会自2006年开展的行业诚信体系建设取得了阶段性的成果。经过7年的发展，北京安防协会会员企业从行业诚信体系刚开始建设时的动员参加转变为现在主动向协会申报并积极参加，诚信评价工作也得到了政府和行业客户的高度认可，评价结果被列入部分项目招标的评分项目之一。诚信评价体系的建设有效促进行业自律，不断传递诚信正能量，为北京安防市场的健康有序发展打下了坚实的基础，提供了有力保障。

（二）继续开展安防优质工程评比活动

在2012年工作基础上，北京安防协会进一步完善了评审办法和评分标准。与历年相比，企业对工程资料的存档管理逐渐规范。通过现场评审，也促进了工程质量的提高。对荣获“2013年度优质安防工程”的企业，北京安防协会除了颁发奖杯及证书外，还在杂志、网站等媒体做重点宣传，同时，也将获得优质安防工程的企业推荐参加中国安防协会在全国范围内组织的“平安城市”优秀安防工程企业评选活动，并向北京重点安防建设项目进行推荐。

优质安防工程评选工作推动了安防企业加强质量管理，提升了获奖企业的知名度，有助于企业打造安防行业的企业品牌，树立市场信誉，扩大社会影响，也有效地促进了北京地区安防工程建设质量水平的提高，打造出了一批高

质量、高水平的具有代表性的安防工程。

（三）参与行业标准的制定

2013 年，北京安防协会充分发挥专家委员会技术优势，参与行业标准化建设工作。地方标准《安全技术防范报警运营服务通用要求》通过终审，已完成报批稿；行业标准《安全防范工程监理规范》编制小组已经召开了 3 次工作会，通过了征求意见稿的评审，已完成送审稿；对地方标准《视频监控中心值机服务要求》的初稿组织了专家审核。协会还应邀参加了全国安防标委会组织召开的行业标准《安防监控视频实时智能分析设备技术要求》、《安全防范视频监控摄像机通用技术要求》、《安防监控高清摄像机测量方法》的评审会，并参加了地方标准《城市轨道交通安全防范技术要求》修订初审会。2013 年，北京安防协会向北京市质监局申报了由协会负责起草、2012 年颁布的三个标准补助资金，并已获批准。

（四）筹备建立北京市安防行业标委会

2013 年，北京安防协会起草了成立北京市安全技术防范标准化委员会的所有文件，已经提交市公安局科信部技防处。目前，正等待主管机关审核。

三、坚持开拓创新，不断增强协会服务能力

（一）积极吸纳安防企业加入协会

截至 11 月 30 日，北京安防协会共办理新会员入会和会员年审 1011 家，其中年审会员企业 833 家，新入会企业 178 家。企业积极入会，表明安防行业近年来的快速发展以及协会为会员企业服务工作得到了从业企业的充分肯定，会员队伍的不断壮大也为首都安防行业的发展起到了积极的推动作用。

（二）继续开展企业融资相关服务工作

自 2011 年开始，协会为帮助企业解决资金困难，积极联系社会各界各类融资平台。在继续保持与民生银行良好合作的基础上，2013 年北京安防协会分别与招商银行和光大银行签订合作协议，银行第一次以会员企业获得的安防资质等级作为区分依据，分别无条件地按上述依据给予会员企业不同层次的金融支持服务。2013 年，与北京安防协会合作的银行通过各种方式为协会 8 家会员企业提供近亿元的贷款支持。协会搭建的融资平台解决了企业发展资金瓶颈的实际困难，助力企业做大做强。此项开拓性工作走在全国地方安防协会前列，得到了中国安防协会领导及会员企业的一致赞誉与肯定。

（三）完善建立行业统计和发布行业发展报告制度

2013 年，北京安防协会在原有信息平台的基础上，进一步优化和完善数据库的结构与功能，数据库主要包含 9 个业务数据，分别为：会员基础信息、专家个人信息、资质管理信息、诚信建设信息、企业技术人员培训、考试信息、会员企业通讯员信息、安防产品信息、工程建设信息。数据库具有实时性及“内容更新快、查询速度快、数据统计准”等特点，便于协会及相关管理部门及时、有效地掌握安防行业相关信息，为众多的业务系统提供数据支持，是安防行业信息管理上的新突破、新坐标，也是国内安防协会中首创的安防信息数据库。

2013 年，北京安防协会连续 6 年撰写了《北京安防行业现状及发展报告》白皮书，于 5 月份印刷向会员企业及社会发放，会员企业已把白皮书内容作为企业设计战略发展方向的依据和参考资料，同时白皮书也获得了社会各界的认可。

（四）加强与大型通信运营商的交流和合作

2013 年，北京安防协会与中国联通北京分公司建立战略合作关系。中国联通北京分公司在需要采购安防及信息化产品、工程和服务时，由北京安防协会推荐有信誉、资质和能力的会员企业。会员企业在需要采购通信和网路运营服务时，协会向会员企业优先推荐中国联通北京分公司的产品。合作实现了协会与中国联通北京分公司强强联合、资源共享，为协会会员建立了获取更优质和性价比更高的通信、网络运营支持的渠道。

（五）继续做好安防专业培训和职业培训工作

北京安防协会的培训工作主要包括两个方面：一是安防监控室值机员培训和安防工程建设新标准培训，二是安全防范系统安装维护员职业培训。

2013 年，北京安防协会共组织监控室值机员培训班 16 期，培训人数 1700 多人。根据首都科技创安工作要点提出的“深入开展专业培训工作”的要求，协会配合东城、西城、朝阳、海淀等公安分局技防管理部门，开展了对分局辖区内党政机关、企事业单位监控室值机员的岗位培训，参加培训人数 800 多人，占 2013 年值机员培训总人数的 47%，推进了值机员持证上岗制度的落实。协会采用送教上门的方式，与北京市文物局共同举办了两期文博系统安防监控室值机员培训班。培训班有针对性地调整了师资团队和课程设置，参训的学员一致反映，这次培训由于教学内容与平时的工作紧密相关，因而更容易理解，学到了许多能够应用于实际工作的岗位技能。

2013 年，北京安防协会组织安防工程建设新标准培训班 7 期，培训人数 998 人。下半年，北京安防协会根据首都综治委 2013 年科技创安工作要点提出的“进一步加大技防系统标准的宣传贯彻力度，确保各项标准的推广普及、落实到位”的要求，按照上级公安机关的统一部署，开展了国家标准 GB/T28181－2011《安全防范视频监控联网系统信息传输、交换、控制技术要求》的宣贯工作。标准的宣贯培训，带动了一大批安防企业按照标准要求组织工程设计、施工，得到了建设方的认可和好评。

安全防范系统安装维护员已纳入国家职业大典，公安部科信局及中国安防协会已在全国试点推动此项工作，北京作为第一批试点单位正积极推动此项工作开展。自北京安防协会安全防范职业技能培训学校成立以来，共举办职

业培训班12期，550人参加培训并取得国家职业证书。职业培训为企业输送急需的一线工程技术人员，也为安防专业院校毕业生开拓了就业渠道。

（六）专家评审工作进一步推进

2013年，北京安防协会专家委员会积极利用专家资源优势，为部分国家部委的安防工程建设提供技术咨询和指导，还组织专家参加民航机场安全协会举办的安防技术论坛。专家委员会全年参加的各种方案评审、标准评审、工程项目验收及优质工程评选等工作200多人次。2013年先后两次收到部队和公安分局送来的锦旗，协会专家委员会的工作得到了安防建设单位、应用单位及会员企业的充分认可和肯定，并为国家多项重点项目把关，提供专业服务。

四、加强沟通交流，提高协会整体工作水平

（一）开展与其他安防协会交流合作工作

为加强省市区安防协会间的交流与合作，北京安防协会参加了九省市区安防行业协作交流会，就协会与金融机构协调解决企业融资问题，继续贯彻宣传国家及各地安防标准、搭建各类信息平台为设备商、集成商、工程商服务等内容展开经验交流，探讨合作途径。

（二）开展赴外省市交流学习活动

2013年，北京安防协会组织北京市安防骨干企业先后赴天津市、山西省进行交流学习，考察参观了当地知名安防企业，参加了行业安防论坛活动。交流学习活动为北京市安防行业引进了安防设备商，为会员企业提供了“走出去”交流沟通的机会，进一步紧密了北京企业和外地安防企业的联系，也使协会工作开拓了视野，开阔了思路。

（三）做好会议组织策划工作

1月，北京安防协会2013年副理事长会议在京召开，总结和回顾协会2012年工作，并研讨2013年协会工作要点，对政府主管单位和协会工作提出意见建议。协会作为支持单位，还积极参与各相关单位组织的会议论坛等，先后支持了北京安防展、中国保安展等重大展会及论坛。

（四）继续加强安防资讯类服务

2013年，顺利完成了全年6期杂志的编辑出版发行工作，策划了一系列重点专题报道。例如，两会与安防的宣传，为安防业内人士提取了两会中与安防相关的提案以及两会给安防行业带来的商机；策划了“关注安防3·15”专题，展示了安防行业不诚信的不良现象以及如何杜绝该现象的对策；在国家标准GB/T28181－2011《安全防范视频监控联网系统信息传输、交换、控制技术要求》向全国推广实施之际，邀请该标准的主要起草人和重点企业领导，为大家解读标准的具体内容以及实施情况等。

积极宣传协会开展的各项活动以及行业发展动态，对协会开展的标准宣贯培训、值机员培训进行报道；协会开展的优秀工程评选、诚信活动、企业融资服务等予以主动跟进；积极为会员提供行业最新资讯。

2013年，协会网站经过重大改版，栏目设置更加清晰，内容更加丰富，网站流量有所上升，更好地为会员提供了查询、办理业务、资讯传达等服务。

（五）继续组织开展文化建设活动

2013年，北京安防协会开展了北京安防行业第二届“四海龙创”杯摄影大赛。比赛得到数十家媒体的宣传转载，收到摄影作品近500余幅，投稿对象来自安防企业、政府机构、行业专家、媒体高校等社会各界。活动丰富了行业的文化建设，为安防人提供了展示风采的舞台。

五、完善各项管理制度，提升协会秘书处业务水平

（一）改进网上办公系统

改进北京安防协会秘书处网上办公系统（OA系统），并对员工提出：上班后第一时间登陆OA系统，查阅通知、信息等文件，并保持OA系统处于在线状态，确保信息通畅；每位员工每周最后一个工作日要在OA系统填报、提交个人工作情况，月末提交下个月工作计划等具体要求。

（二）完善协会十项工作制度

改进完善协会包括秘书处工作制度、财务管理制度、安全管理制度等十项具体管理制度。各项制度的实施对全体员工的行为规范，办事标准有了更高、更贴合实际情况的依据，促进了工作效率的不断提高。

（三）加强对员工业务能力培训

协会加强对员工的业务能力培训，进行了包括计算机网络应用操作和安防基础知识、摄影应用技能培训，有效提高了各部门员工的办事效率和业务水平。

（四）将“厉行节约反对浪费”落实到实际工作中

响应国家“厉行勤俭节约、反对铺张浪费”的号召，细化到工作实际中。协会杂志发行地址进行精确比对，确保每一本杂志都能精准送到读者手中；打印纸进行双面打印；在不影响正常办公情况下，为节电，办公室房间电灯只开一半；等等。使节约成为协会员工的自觉意识，形成协会的良好风气。

协会工作在取得成绩的同时，还需要加强以下几个方面的工作：一是和主管部门的工作协调沟通应进一步加强，完善会商机制；二是安防培训工作开展的力度有待加强，在培训工作不断完善的基础上，安防值机员培训和职业培训工作要有所突破；三是加强协会自身管理建设，完善组织结构，提升服务理念，提高秘书处工作人员的整体素质和业务水平。

2013年是贯彻落实十八大以及十八届三中全会精神的第一年，是全面深化变革的一年，也是协会进取创新的一年。在这一年，协会利用一切有利资源，充分发挥桥梁纽带作用，深化服务功能，为推动首都安防行业健康持续快速发展做出了应有的贡献。

（资料提供：北京安全防范行业协会）

天津市安全防范行业协会工作

2013 年，天津市安全防范行业协会（以下简称“天津安防协会”）在天津市公安局和市民政局的指导下，在全体会员单位的大力支持下，紧密围绕服务安防行业发展、服务社会治安防控体系建设，不断加强自身建设，不断提升服务能力，整体工作取得了新的发展。

一、深化职业技能教育培训提升了设计施工队伍水平

为满足企业对资质评定的需求，天津安防协会先后举办了 3 期专业技术人员取证班，对历年来取得证书的人员进行了 5 期继续教育培训，共有 500 余人参加继续教育培训，合格率达 90% 以上并颁发再教育合格证书。结合资质评定，举办了造价员取证班 1 期。根据安防设计、施工企业备案要求，举办安防工程设计人员辅导取证班 1 期。

二、开展安防工程企业资质评定和横向交流活动

天津安防协会 2013 年新评定了 6 家企业资质，对 36 家企业资质进行了年审。目前，天津市共有 51 家企业获得资质，其中一级 23 家，二级 12 家，三级 16 家。同时，作为九省市安防协会合作发起单位，与各省市地方协会、行业媒体建立联系，为企业异地经营提供资质互通互认的便利条件和信息服务，协助企业拓展业务渠道，发挥了协会桥梁和纽带的职能作用。

三、承办“2013（天津）国际社会公共安全产品与技术博览会”

5 月，天津安防协会承办了由天津市公安局与市质监局、贸促会、综治办举办的“2013 中国（天津）国际社会公共安全防范技术与产品博览会”。博览会以“智慧城市·创新发展”为主题，聚集了国内外 200 余家安防企业、科研院所，集中展示了 20 余类涉及智慧城市建设领域的新技术、新产品和新方案。天津市公安、质监、综治、金融、安防、保安和房地产等系统（行业）负责人员及社会各界人士 3 万余人先后到场参观交流。

四、协办“第五届中国智慧城市（天津）高峰会”

5 月，天津安防协会协助天津市公安局、天津市东丽区政府及相关媒体举办了“第五届中国智慧城市（天津）高峰会”。高峰会分别以“从物联网到智慧城市”、“智慧安防与智慧城市”为题，从不同角度阐述了智慧城市的建设内容、建设模式和推进策略，并就安防产业发展和智慧城市建设的热点、难点问题进行了探讨与交流。各级领导、专家、学者共 200 余人参加了论坛活动。

五、积极参与天津市社会治安防控体系建设工作

天津安防协会组织相关单位直接参与地方技术标准的修订、编制工作，修订了 DB12/125－2013《住宅小区安全防范系统》技术规范，参与起草了《医院安全防范系统技术规范》。此外，还组织专家对《天津市技防网高清摄像机技术规范》进行论证并实施，为科学、规范、高效开展“技防网”建设提供了技术保障。

六、结合“党的群众路线教育实践活动”开展走访服务活动

在“党的群众路线教育实践活动”中，天津安防协会深入排查“形式主义、官僚主义、享乐主义和奢靡之风”等问题，积极改进作风。协会领导多次深入安防企业进行走访调研，了解生产经营状况、征求企业意见、指导经营方向，组织制订扶持服务措施。协会还以多种形式广泛征求会员企业意见建议，并规范了接待服务工作。

在过去的一年里，天津市安防行业健康蓬勃发展，天津安防协会在“平安天津”建设中发挥了应有的作用，在天津经济社会发展中做出了巨大贡献。随着经济社会和安防行业的快速发展，协会建设将面临更大的发展空间，也面临着新的挑战。协会上下团结一心，克勤克俭，兢兢业业、群策群力，将协会办得更好，为天津经济社会又好又快发展做出新的贡献。

（资料提供：天津市安全防范行业协会）

河北省安全技术防范学会工作

2013 年，河北省安全技术防范学会（以下简称“河北安防学会”）在河北省民政厅、公安厅的正确领导下，认真贯彻落实国务院《社会团体登记管理办法》和《河北省社会团体登记管理办法》的规定，积极开展了创先争优活动、行业达标活动、帮助共创活动、为人民群众和企业献爱心等系列活动。河北安防学会能够自觉遵守国家的法律、法

令和各项行业规章，并按章程及时召开会员大会、理事会议、常务理事会议，按时完成了年度培训、集中学习，建立健全各项规章制度等工作。年度无违法、违纪行为发生，按照章程履职尽责，规范各项业务工作，圆满完成了年度任务。

一、社团年检

河北安防学会按照河北省民政厅及《河北省安全技术防范学会章程》规定，报送有关文件完成社团年检。

二、编印教材

河北安防学会组织人员编写出版《河北省安全技术防范资料汇编》上下卷，为2014年河北省安全技术防范培训工作准备教材奠定基础。

三、安防技术人员培训

5月和10月，河北安防学会分两个批次举办安防培训班，提高了安防企业有关人员技术技能。本次培训采用河北省安全技术防范学会自编教材《河北省安防系统工程培训专卷六》。本次培训的成功举办受到了广大会员单位的高度赞誉。

四、举办博览会

3月，河北安防学会继续委托展览公司举办河北省安防博览会。学会会刊重点介绍本次参展企业和有关信息。

五、新产品推介

河北安防学会秉着“推广新产品、新技术、新工艺、新材料和科技成果的应用”的原则，召开新产品推介会并在会员单位中广泛应用。

（资料提供：河北省安全技术防范学会）

内蒙古自治区公共安全技术防范行业协会工作

2013年，内蒙古自治区公共安全技术防范行业协会（以下简称：内蒙古安防协会）深入学习贯彻党的十八大精神，大力践行科学发展观，在内蒙古自治区民政厅、公安厅等主管部门的监督指导下，秉承“强化行业自律、推动行业发展、促进合作交流、服务全体会员”的理念，全心全意为政府服务，为会员企业服务，大力推动“内蒙古安防”更快更好的大跨步发展，依靠各环节的协同努力，齐心协力，团结进取，努力完成协会各项工作。

一、注重协会组织建设，夯实工作基础

为适应安防行业的快速发展，内蒙古安防协会不断加强组织建设工作，积极发展会员单位，扩大常务理事单位及理事单位的范围。截至2013年底，协会现有会员单位440家，区内会员398家，区外会员42家，常务理事单位达到了20家，理事单位达到了29家，基本形成了一个包括各方企业参与的决策层，有效地发挥了企业在协会中的主导作用。

二、紧扣全面为会员服务的主线，为企业寻求融资平台

内蒙古安防协会结合企业诉求，同四大国有银行、邮政储蓄、多家商业银行的信贷部门进行融资交流对接活动，积极探索新的融资模式和渠道。协会多形式地为会员出谋划策，搭建融资平台，以应对或缓解行业内中小企业融资难问题，破解融资瓶颈。

三、按照协会章程，定期召开工作会议

（一）召开第二届第二次理事扩大会议

7月，内蒙古安防协会第二届第二次理事扩大会议召开，审议通过了《内蒙古自治区公共安全技术防范行业评优办法》、《内蒙古自治区公共安全技术防范行业协会常驻副秘书长轮值办法》，并推选了新任常驻副秘书长。

（二）举办第八届安防展会，搭建贸易交流平台

7月，内蒙古安防协会作为主办方在主管部门的有力支持下，成功地举办了“2013内蒙古第八届公共安全产品展博会暨警用装备展览会”，为区内会员创造了不走远门就可了解国内外新技术、新产品的展示渠道。两年一届的安防新产品、新技术展会，不仅拓宽了安防企业领导的工作视野和发展思路，也提升了安防企业的发展层次和水平，而且在很大程度上促进了安防行业整体的发展和市场的拓展。

（三）筹备内蒙古安防协会第三届会员代表大会

内蒙古安防协会于2006年成立，按照章程，本年度应进行第三届领导班子、第三届理事会成员的换届选举以及章程的修订、相关办法的修改或补充。12月，内蒙古安防协会秘书处着手准备，制订了严格的会议流程，基本做到了各项任务分工明确、责任到人，确保协会第三届会员代表大会的顺利进行。

四、树立行业典范，表彰先进个人

内蒙古安防协会依据在7月份第二届第二次理事扩大会议上出台的《内蒙古自治区公共安全技术防范行业评优

管理办法》，从 11 月开始正式启动评优工作，并在第三届会员代表大会上对优秀安防人进行了表彰。

五、加强对外交流活动，搭建广阔交流平台

8 月，内蒙古安防协会领导出席了中国安防协会在沈阳市召开的第五届第二次常务理事会议，听取了专家委员会的工作汇报和协助开展安防立法调研情况的介绍。

9 月，重庆安防协会承办的九省市区安防行业协作交流座谈会在重庆市召开。会议主题是安防协会如何帮扶提升中小安防企业的市场竞争力，内蒙古安防协会领导出席会议并讨论，着重就各地安防资质在九省市的互认落实提出了切实可行的办法。

10 月，内蒙古安防协会组织本地区安防会员单位参观在深圳召开的“2013 第十四届中国国际社会公共安全博览会”，并参加安全技术防范管理和安防学术交流活动。活动受到了会员的高度重视。

12 月，内蒙古安防协会领导参加中国安防协会在北京召开的第五届第三次常务理事会议，听取工作报告，并集体审议通过了增补理事、常务理事和副理事长的议案。

经过一年的努力，内蒙古安防协会在主管部门正确领导下，在所有会员单位的大力支持下，脚踏实地地开展了许多具有创新、拓展意义的工作，也取得了一些实质性的成效，比较圆满地完成了各项既定任务。今后，内蒙古安防协会将一如既往地积极配合政府主管部门，并主动抓住行业机遇，推动内蒙古安防行业发展，引领内蒙古安防行业走向更加灿烂辉煌的未来；同时，引导会员单位积极做平安城市的建设者，并热情为会员单位高效贴心地服务，使协会成为真正的“会员之家”！

（资料提供：内蒙古自治区公共安全技术防范行业协会）

辽宁省社会公共安全产品行业协会工作

2013 年，是中国安防行业“十二五”发展规划实施的第三年，也是辽宁安防事业蓬勃发展的一年。辽宁省社会公共安全产品行业协会（以下简称“辽宁安防协会”）在辽宁省公安厅的正确领导下，在辽宁省民政厅的监督指导下，在广大会员单位的大力支持下，紧紧围绕“为会员服务，为行业服务，为政府服务，为社会服务”的办会指导思想，牢牢抓住公安信息化建设、辽宁平安城市建设发展机遇，充分发挥协会在政府与企业间的桥梁作用，为推动辽宁安防行业的发展，促进辽宁的社会稳定做出了应有的贡献。

一、规范资质管理，提高自律能力

辽宁安防协会对会员单位中从事安防设施设计施工的企业进行审核并颁发《辽宁省安全技术防范设施设计施工资质证》。经过近 10 年的不懈努力，已做到管理规范、审核有序。

随着平安城市建设、公安信息化建设的迅猛推进，辽宁安防队伍也在不断发展壮大。截至 2013 年底，辽宁安防协会会员数量已从 2012 年的 1163 家发展到 1234 家，并都已通过审核评定，获得资质证，其中壹级资质企业 112 家，贰级资质企业 182 家，叁级资质企业 940 家。为了充分保证获证企业的资质质量，协会在 2012 年基础上，投入更多的力量和时间，在人员数量、工程业绩、管理方式、服务质量、诚实守信等方面加强了对壹、贰级资质企业的审核和评定。对条件不达标、不按时年检、多次通知未果的企业按自动退会、取消资质处理，以确保辽宁省安全技术防范设施设计施工资质的严肃性。同时，为鼓励企事业单位积极加入安防行业，对叁级资质单位采取审验从简、办理从速的办事程序，使之尽快拿到资质证书。这些规范资质管理措施的实施，对提升安防工程企业的整体素质、自律能力、市场竞争能力及安防行业的发展壮大都起到了积极的推进作用。

二、召开理事会议，提升服务能力

5 月，辽宁安防协会召开第三届理事会第二次会议，听取 2012 年协会工作报告。报告从多个方面认真总结了过去一年的工作：一是坚持服务辽宁经济振兴战略，积极推进两个建设发展；二是不断提升行业自律能力，大力维护安防工程资质有效性；三是大力宣传、推广安防新技术、新产品，采取多种措施提高安防工程质量；四是努力践行办会宗旨，不断提升服务质量；五是加强与兄弟协会合作，开拓行业服务新途径；六是讨论研究 2013 年协会工作。

2013 年，辽宁安防协会开展的主要工作有：一是适应形势发展，抓住创安机遇，更好地发挥协会作用，为辽宁经济发展、社会稳定做出贡献；二是办好第十五届东北安博会和同期举办的工程商大会；三是进一步做好资质证管理工作，提高为安防企业服务水平；四是做好辽宁安防协会信息网的改版升级改造；五是有计划、有步骤、分期分批举办安防工程技术人员培训班；六是加强协会管理，充实协会人员力量；七是加强与兄弟协会交流合作，不断拓宽协会工作领域。

三、办好安防展会，拓展交流平台

4 月，由辽宁安防协会主办的“第十五届东北国际公共安全产品博览会”成功举行。展会秉承“把握发展机遇，紧跟市场需求”的办会思想，广聚国内外优秀安防生产企业和东北地区安防工程商、系统集成商及工程甲方等。展会规模实现了历史性的突破，展览面积达2万多平方米，参展企业超过500家，展位数量近1000个，是历届展会中展位数量最多的一届，涵盖了安防行业众多领域，参观人数超过3万人次。

同时，还举办了“2013年第七届东北安防工程商大会及年度东北安防行业十佳评选活动颁奖典礼”，颁发了十佳国内知名品牌、十佳用户满意品牌、十佳供应商等各类奖项。展会期间组织的团购活动也受到安防客户的一致好评。

四、加强行业交流，共谋行业发展

本着积极向兄弟协会学习的指导思想，辽宁安防协会先后派人参加了九省市安防行业工作交流会、安防行业发展座谈会以及中国安防协会理事会和常务理事会等会议。

五、开展人员培训，夯实技术基础

经主管部门同意，根据《辽宁省安全技术防范设施设计、施工企业资质管理办法》的规定，本着统一培训内容、统一培训时间、统一培训教师、统一培训教材的基本原则，辽宁安防协会从4月起对全省安防工程技术人员开展全员培训。协会先后举办了七期培训班，有1000多家安防企业派人参加培训，有1562人经考试取得培训合格证。安防技术培训班的举办受到安防企业和广大工程技术人员的欢迎与支持。

六、办好协会网站，扩大服务范围

辽宁安防协会信息网是辽宁安防协会为会员单位、安防行业及社会各界提供安防资讯服务的平台，是协会对外宣传的窗口，随着信息量的不断扩充，旧版网站已远远不能满足实际工作的需要。为此，协会对旧网站进行了全新改版升级，新网站内容丰富、栏目清晰、服务范围广泛、可读性强。为充分利用政府、协会、企业的综合资源，积极传播政府对安防工作的方针政策及社会和会员对协会的要求等搭建了一个较好的资讯平台。

经过一年的努力，辽宁安防协会在内部管理、技术交流、资讯服务、人员培训、文化建设等方面都取得了较好成绩，为辽宁的社会稳定、经济发展起到了一定作用。

（资料提供：辽宁省社会公共安全产品行业协会）

吉林省社会公共安全产品行业协会

一、开展行业自律管理体系建设工作

（一）不断发展会员单位，壮大行业队伍

随着“平安城市”建设的深入，吉林省安防队伍也不断壮大。截至2013年底，吉林省社会公共安全产品行业协会（以下简称“吉林安防协会”）会员单位已达到680家。吉林安防协会为会员单位办理资信等级证书，其中许多获证单位在外省承揽了安防工程，为吉林省创造了经济效益。吉林安防协会开展资信等级评定工作，一方面为安防工程企业开拓市场提供了资信服务，另一方面也得到了政府有关部门和用户的认可与接受，获得了行业各方面的积极响应和好评。

（二）开展安防行业标准宣贯培训

吉林安防协会于10月在长春召开安全技术防范标准宣传贯彻培训会议，同时举办了安防标准宣贯培训班，聘请了多位行业专家授课。吉林省安防行业从业单位的技术管理人员以及省内各市、州公安机关主管城市报警监控系统建设和技防管理部门的同志，共计200余人参加了培训。

二、不断提高为会员单位服务的能力

（一）举办“2013吉林省第十一届国际社会公共安全产品博览会”

由吉林安防协会主办的“2013吉林第十一届国际社会公共安全产品博览会”在4月举行。博览会展出的产品包括安全技术防范、消防、警用装备等类产品和技术，吉林省各市、州公安局技防工作管理人员，金融、企事业单位保卫人员，行业单位从业人员及众多群众参观了展会。展会的举办，对推动吉林省“平安城市”建设起到了积极作用。

（二）为企业搭建网络平台

吉林安防网自开通以来，及时准确地发布安防信息，为吉林安协会会员单位提供最新的安防动向，为企业搭建了网络平台，发挥了舆论导向作用，受到了行业各方面的好评。

（三）组织编辑上报《中国安全防范行业年鉴》（2012版）材料

按照《中国安全防范行业年鉴》编委会的要求，吉林安防协会组织编辑了吉林省安防行业相关材料，包括吉林省城市报警监控建设、吉林省安防行业发展情况、吉林省从事安防工程施工以及安防产品生产企业的名录等方面的内容。

（四）协助支持会员单位举办安防新产品、新技术推广会

从4月起，吉林安防协会先后支持吉林省会员单位举办多场安防新产品、新技术交流推广会，协助举办单位发布信息，组织会员单位参加学习、研讨。

（五）为会员单位出谋划策，提供帮助，协调会员单位与各方面的关系

2013年，吉林安防协会无偿为需要帮助的单位出谋划

策，在合理合法范围内给会员单位提供帮助，做会员单位与政府及各行业的纽带和桥梁，给会员单位创建交流的平台，增加会员单位之间的互助机会，促进行业更好的发展。

（资料提供：吉林省社会公共安全产品行业协会）

黑龙江省社会公共安全产品行业协会工作

一年来，在黑龙江省公安厅的正确领导和民政厅的监督指导下，在广大会员单位共同努力下，黑龙江省社会公共安全产品行业协会（以下简称“黑龙江安防协会”）围绕公安中心工作，适应国家社会经济发展形势及行业企业要求，在加强协会组织建设的基础上，着力在服务、自律、维权等方面不断开拓、创新发展，取得了一定的成绩，比较圆满地完成了各项既定的任务。

一、行业协会建设得到加强

近年来，为适应安防行业的快速发展，黑龙江安防协会着力加强组织建设工作。主要围绕着改革意识与服务宗旨，抓会员发展，促进协会组织不断成长；充实协会理事会，保持协会领导层的活力；注重协会秘书处建设和人员培训，提高办事能力，使协会真正成为会员之家。

（一）强化会员管理

为了更好地服务于会员企业，黑龙江安防协会开展了会员重新登记工作，在广大会员单位的积极配合下，有462家会员单位进行了重新登记，换发了新的资质证书及会员证书。重新登记后，会员管理更加科学、规范、严格，会员的权利和义务得到全面体现。截至2013年5月，黑龙江安防协会已拥有558家会员单位。

（二）管理规范档案

为了更好地对档案进行管理，黑龙江安防协会制订了严格的档案管理制度，对500多家企业的档案进行整理、编目、统计和检索，并将其分类排放，同时将档案信息录入电脑，使其更加规范化，查找更快捷，同时提高了工作效率。

（三）吸纳骨干企业加入行业协会理事会

安全防范技术应用已经进入了网络化、智能化时代，许多IT企业以及一些大型或特大型电子、家电企业看好这一发展机遇，加入了黑龙江安防协会，同时也积极申请进入协会理事会。2013年，共有七家企业增补为协会理事单位，为协会领导层增添了活力。

（四）重视工作人员培训，加强协会秘书处建设

黑龙江安防协会重视自身的人员培训，提高办事能力。协会的领导及工作人员以不同形式参加了业务培训，工作人员的素质普遍得到了提高。协会不断调整、逐步建立并修订协会内部管理规章制度，强化内部管理，细化每个人的工作职责，明确分工，各负其责，提高工作效率。

二、发展桥梁和纽带作用，拓展协会职能

2012年11月1日《黑龙江省公共安全技术防范条例》正式实施。为使会员单位尽快了解和熟悉《技防条例》的相关内容，依法开展申证和经营活动，充分发挥协会作为企业和政府之间沟通与服务的桥梁和纽带作用，经请示主管部门批准，黑龙江安防协会于4月举办全省安防行业协会会员单位《技防条例》宣贯班，此次宣贯通知全省会员单位共计558家。

三、重视宣传工作，努力扩大行业协会的社会影响

黑龙江安防协会重视宣传工作，发挥协会的桥梁和纽带作用，加强沟通了解，为协会发展赢得更为广阔的空间。协会努力办好官方网站。从原来网站主要侧重产业政策宣传、行业信息报道、技术信息交流等一般网站功能，逐步增加扩展，逐步完善为会员服务窗口，使协会网站更好地发挥应有价值，真正为会员办实事。

四、协助办好“2013年黑龙江公共安全防范产品与应用技术展览会”

1月，由黑龙江省公安厅、科技厅及省工业和信息化委员会联合主办，黑龙江安防协会协办的“2013年黑龙江公共安全防范产品与应用技术展览会”成功举办。展会秉承“把握历史机遇，加快产业发展”的主题，以“请进来、走出去、扩交流、搭桥梁、促发展、增和谐”作为展会的出发点和落脚点。汇集了国内近百家在行业中最具影响力的企业，共展出12大类数百种涉及安全防范和应用技术方面的安防产品，展位达到208个，有465家省安防协会会员单位参加展览。

通过举办此次展会，不仅为提升黑龙江安防市场知名度，连接省内外、国内外产供销打造了一个有效平台，也为发展和振兴省内安防行业，使协会能够更多、更快地了解新产品、引进新技术，为黑龙江省技防建设与应用工作提供了基础性、技术性的支撑和保障，更进一步地在结合《黑龙江省安全技术防范条例》实施的基础上，秉承“扶企”、“促商”理念，为黑龙江安防企业的发展服务，为深入推动龙江技防建设起到了积极作用。

（资料提供：黑龙江省社会公共安全产品行业协会）

上海安全防范报警协会工作

2013年是我国改革开放以来经济和社会发展历程中不平凡的一年，也是上海安全防范报警协会（以下简称“上海安防协会”）具体落实上海市安防规划的重要一年。一年来，上海安防协会在上海市公安局治安总队的具体指导和全体理事、会员单位的大力支持下，坚持以科学发展观为指导，认真贯彻“服务企业、规范行业、发展产业”的要求，在深化各项会员服务、做好行业基础工作和协会自身建设等方面取得了较好成效，为上海地区安全防范行业的健康发展、促进社会稳定、保障人民生命财产安全做出了贡献。

一、行业整体发展概况

上海市安防行业已经初步形成了具有较高行业管理水平，较完善行业体系标准，较强从业自律的市场化竞争体系。

2013年，上海市安防从业单位约1200家，从业人员4.2万余人；行业总资产120亿多元，行业总产值69亿多元，其中安防产品产值约为22亿多元，安防工程产值（包括联网报警运营及维护保养服务等）为45多亿元。行业总体利润率23%左右，新产品研究开发费用近2亿元。与2012年相比，约47%的从业单位实现了5%以上的经济增长，23%的从业单位持平，30%的从业单位下降5%以上。

技防从业单位数量发展平稳，略有增长。2013年，通过上海市公安局技防办资质核准的企业数量为544家，同比增长1.68%。其中，一级从业单位126家，占23.16%；二级从业单位135家，占24.82%；三级从业单位283家，占52.02%。在技防工程方面，项目总数上升较大，行业渠道特征明显。2013年，上海市完成安防工程验收项目2656项，比2012年上升59%。其中，中小学及幼儿园项目1125项，占42.36%，金融系统1078项，占40.59%，教育及金融系统发力明显。2013年工程总额超过1000万元的从业单位占12%左右，与2012年相比，单位数量下降2%左右。

技防从业人员整体素质有所提高。从业人员中，具有大专及大专以上学历的占43%，比2012年增长11%；具有中级及中级以上职称人员占10%，比2012年增长12%。随着数字视频监控系统应用逐步铺开，越来越多原从事通信、信息、计算机等IT从业人员进入安防领域，同时，经协会多年大力开展职称评审及行业培训工作，整个安防行业从业人员整体素质提高较快。

二、坚持“服务企业、规范行业、发展产业”精神，推进“平安城市”建设

（一）继续深入开展行业统计工作

上海安防协会在原有工作基础上，多措并举，进一步加强了行业统计工作。一是构建专业团队。招聘了多位具有丰富统计经验的专业人才，聘请了高等院校统计专业教授作为顾问，在队伍建设、专业知识等方面为工作开展做好了专业人才储备。二是优化统计指标。协会多次邀请具有代表性的生产厂家、工程企业、一线评审验收的技防专家等就行业统计指标召开专题研讨会，讨论并制订了《本市安防企业发展情况调查表》、《技防工程从业单位产品安装情况调查表》等调研表格，就产品安装数量、主要品牌市场占有率、技防工程项目分类等业内关注的重点、热点指标方面进行了全方位统计，并撰写专题报告，提出指导性意见。三是完善统计工作网络申报平台。协会配合上海市公安局技防办完善了技防从业单位监督管理电子网络平台，加强了项目申报在线流程化管理，从源头上确保了每一项技防工程可查询、可回溯。

（二）进一步做好会员单位专业技术职称评审工作

2013年，上海安防协会共为61名初级专业技术人员（助理工程师）制发了《初级专业技术职务资格证书》，接受19人申报中级专业技术职称，10人申报高级专业技术职称。12月，协会召开中评委、高评委评审会议，审议申报材料。

截至2013年11月底，上海安防协会已为会员单位的1151名专业技术人员制发了《初级专业技术职务资格证书》，187位专业技术人员制发了《中级专业技术职务资格证书》，13位专业技术人员制发了《高级专业技术职务资格证书》。经协会多年努力，已形成了一支知识、年龄结构合理，专业领域齐全的专业技术人员队伍。

（三）协助开展行业标准制订工作

上海安防协会充分发挥专业委员会和技防专家作用，开展行业标准制修订工作，配合上海市公安局技防办组织专家先后完成了《重点单位重要部位安全技术防范系统要求》“第18部分：渡船、游览船”、“第19部分：寄递业”等一系列技术规范的编制。

（四）成功举办第十三届上海安博会

上海安防协会主办的第十三届上海安博会成功举行。此次展会展览面积2.5万平方米，约有展位1100个，300余家企业参展，参观人数达5万人次，展位数、展出面积、参观人数、现场活动举办数、展会影响力、媒体评价均创历年新高。展会同期还举办了第三届上海安防高峰论坛、首届保安理论研究论坛等2场专业技术论坛，并以上海视频监控新机遇、保安理论研究新发展为主题，开辟了5块活动专区，充分展示了当今技防和保安行业最新技术及理论研究成果。

三、完善行业协会功能，加强自身建设，发挥社会组织在社会治安中的桥梁纽带作用

（一）发挥协会服务、自律、代表、协调的功能

在上海市公安局领导和支持下，上海安防协会多次开展对本行业情况的了解、收集分析和调查研究，有效推动了行业协会的职能落实和规范发展。目前，多个方面的工作已取得突破，真正发挥了协会桥梁纽带作用。

（二）提高《上海技防》杂志的专业性

2013 年，杂志编辑部接受读者投稿 200 余篇，针对上海安防行业的特点与热点撰写行业专题报告 6 篇，组织各方专家学者进行深度探讨专题 30 余个。这些议题贴近上海市安防产业发展的特点和实际情况，为主管部门决策提供了借鉴。经过努力，《上海技防》发行量逐年上升，发行范围不断扩大，涵盖公安部、上海市公安局、区分县局、基层派出所、上海市重点企事业单位、技防工程从业单位等多领域读者等，已成为业内较有影响的专业学术交流平台。

（三）积极发挥上海安防网的作用

充分发挥上海安防网信息量大、发布及时和阅读方便的优势，对行业动态进行了全面报道。一年来，网站共更新基本资讯 10479 条，制作时事专题 9 个，制作“上海技防”电子版 6 期，发布企业专访 22 家，发表网站原创稿件 180 余篇。

2013 年，上海安防协会对“上海安防网”进行了二次改版，优化了数据库结构，增强了数据查询功能。按照会员单位的实际需求，网站增加了行业应用板块，在原有技防监督管理平台的基础上，陆续开发了技防产品查询、技防工程申报、数字系统沟通平台等新模块，努力将上海安防网打造成行业资讯发布、数据统计、行业咨询服务的综合性、多功能的多媒体平台。

（四）做好技术交流及行业培训工作

上海安防协会深入调研行业实际，采集技防新产品、新技术的最新应用情况，组织技防专家、行业终端用户等召开专项技术课题调研，努力提升产品企业自主创新及产品研发能力。2013 年，协会协助业内多家企业展开了多种形式的技术研讨会近 10 场。特别是针对上海实行数字安防监控新标准后的新形势、新情况，及时就各种数字系统的技术特点、实施问题、系统集成等方面进行专项课题探讨，并在上海安博会论坛上进行了交流。同时，协会协助行业媒体举办了多场活动，为上海市数字视频安防监控系统的应用、推广搭建了平台，有力地促进了安防实际应用，提高了安防理论研究水平。

在业务培训方面，上海安防协会组织多方力量先后对上海市技防专家和从业人员进行了数字系统技防业务的专项培训。协会经业内专家推荐、业务知识考核、实施方案论证等多轮选拔，甄选了多位在数字系统领域有较强理论水平及实际工作经验的技术精英组成了专家讲师团，就上海市相关标准的贯彻、实施、应用等内容，对 1300 多位从业人员进行了业务培训，并取得良好效果。

同时，上海安防协会组织了创新管理，写作、摄影技能，法律规范等方面的专题讲座，共吸引了会员单位近 300 人次参加，也受到会员单位的一致好评。

（五）开展新一届技防专家选拔工作

9 月，上海安防协会会同上海市公安局技防办开展了新一届技防专家选拔工作，经审核、笔试、面试、上网公示，130 位优秀技术人员被聘为上海市公安局技防专家。协会为强化专家队伍管理，开展了一系列工作：一是制度上规范队伍管理。协会先后制订了《上海市技防专家管理办法》、《上海市技防专家考核办法》、《上海市技防专家工作纪律》等规范性文件，从选聘条件和要求、工作职责、工作考核、工作纪律等多方面进一步明确要求，加强管理。二是成立技防专家管理委员会。管理委员会是专家队伍自我管理的自律性组织，13 位具有扎实业务能力、丰富管理经验的技防专家被选聘成为专家管理委员会成员，并按照“择优录用、分类管理、按需试用、因才使用”的总体原则，配合技防办和协会做好日常管理工作。

据不完全统计，2013 年，上海市技防专家先后完成了对上海市 719 个重点项目和配套设施的技防工程验收，参与 7 个标准制订及培训工作，参与安防新技术研讨会 10 多场，发表专业性文章 70 多篇，在上海市“平安城市”建设中发挥了至关重要的作用。

2013 年是宏观经济全面复苏的重要一年，也是上海加快推进“四个率先”、加快建设“四个中心”的关键一年。在上海市公安局治安总队、社会团体管理局的领导下，上海安防协会及会员单位抓住机遇，应对挑战，乘势而上，不犹豫、不徘徊、不退缩，努力开创安防事业新局面，为上海市社会的经济发展和治安稳定做出新的更大的贡献。

（资料提供：上海市安全防范报警协会）

浙江省安全技术防范行业协会工作

2013 年，浙江省安全技术防范行业协会（以下简称“浙江安防协会”）在浙江省公安厅和民政厅的指导下，在全体会员单位的共同努力下，本着团结、服务、求实、创新的精神，紧紧围绕本年度协会工作要点和浙江省综治委一号文件，在服务会员企业，推进行业自律，引领安防行业健康持续发展方面做了积极努力，取得了一定的成效。

一、积极开展调研、走访工作，深入了解行业发展现状

（一）开展企业创新能力调查统计工作

1月~3月，为掌握浙江省安防产品企业获取知识产权、发明专利的情况，宣传安防产品企业技术创新成果，营造科技创新氛围，推进防范技术进步，浙江安防协会对全体会员单位的创新基金研究项目、发明专利、产品获奖等相关数据进行统计。统计结果显示，2003年~2013年，浙江省安防产品企业共承担科技基金创新研究项目36项，其中国家级13项、省级6项、市级17项；共取得专利863项，其中国家发明专利466项、实用性专利397项；获得国家软件著作权登记592件；产品获省级以上奖项共59项。

（二）走访行业龙头企业，倾听企业心声

3月，浙江省公安厅领导率厅科通局、浙江安防协会相关负责人先后前往浙江几家安防行业的龙头企业进行调研，了解企业发展现状，倾听企业对技防管理及协会工作的意见和建议，探讨视频监控系统建设与应用新思路。

（三）深入农户、派出所开展技防建设调研工作

5月，浙江省公安厅科通局领导带领技防科、浙江安防协会相关负责人到海宁、东阳、义乌、岱山调研指导技防管理工作。调研期间听取了各地技防工作情况汇报，并围绕综治委一号文件就进一步推进安全技术防范体系建设提出了工作要求。期间还进行实地考察，深入了解邻里守望工作开展、技防设施建设情况等。

二、召开第四次会员代表大会，举办首届“钱江安防论坛”

（一）开展大会相关筹备工作

为全方位统筹、安排、实施、协调第四次会员代表大会，浙江安防协会整理、核对、汇总了会员单位负责人、联络员等信息，建立了新的会员企业信息数据库；收集整理了新一届理事、常务理事、副理事长单位的自荐表和职务担任者的个人简介；起草并下发大会会议材料和各类活动通知；组织协调各地市办事机构开展大会各阶段相关组织工作；整理大会嘉宾邀请名单并派送邀请函至各嘉宾处；准备大会所需的会议材料和其他物品，做好大会会务工作等。

浙江安防协会整理历年来的相关资料、照片，并进行汇总、归类，编辑出版协会十周年专刊，以图文并茂的形式，分为十周年回顾、科普宣传、企业软文、工程商简介、会员单位名录等五个板块，反映了十年中浙江安防协会及浙江省安防企业的风采风貌。协会还组织拍摄制作了宣传片，精炼概述了浙江省安防行业状况，介绍了浙江省安防协会十年的发展历程、主要工作、取得的成果，展望了浙江省安防行业的未来。

为丰富大会活动内容，搭建企业与政府、用户间的沟通平台，促进会员企业间的交流与合作，分享安防企业最新技术成果，浙江安防协会积极组织省内外具有代表性的安防产品企业参加产品展示活动。

（二）成功举办首届“钱江安防论坛”

3月，浙江安防协会举办了“钱江安防论坛”。公安部科技信息化局及相关业务处领导，参加“全国公安机关视频监控技术培训班”的全国公安代表，以及行业专家、会员代表共1100余人参加了论坛。国内多家大型安防企业代表在论坛上针对智慧平安城市建设、视频监控联网与高清技术应用等主题作了精彩演讲，论坛取得圆满成功。

（三）顺利召开第四次会员代表大会暨协会成立十周年大会

3月，浙江安防协会第四次会员代表大会暨协会成立十周年大会召开，审议通过了第三届理事会工作报告、财务报告，表决通过了协会章程，选举产生了第四届理事会理事长、副理事长、常务理事、理事、秘书长、副秘书长。大会同期还举行了授牌颁证仪式，向副理事长单位、常务理事单位、理事单位代表授牌，并向专家委员会委员代表颁发了专家证书。

三、召开秘书长会议和专家委员会议，阶段性总结工作，明确下一步工作重点

4月，浙江安防协会召开秘书长会议，讨论总结协会工作，并对协会专职工作人员的福利待遇进行了加薪调整。针对下一步的工作，会议明确了在全省开展“技防进万家”科普宣传活动和组建促进浙江安防产业发展专项工作小组两项工作重点。

随后，浙江安防协会召开了专家委员会议，总结了首届“钱江安防论坛”取得的成果和不足。各位专家针对论坛今后的定位、主题、“钱江安防论坛”品牌的打造、持续运营等方面展开了热烈的讨论。本次会议为“钱江安防论坛”今后的发展方向提供了新的思路。

四、开展安防行业培训工作，提高从业人员专业素质

为提高安防从业人员的专业素质，适应安防行业快速发展的需要，配合开展企业资信等级申证工作，满足企业开展业务的实际需求，根据《浙江省安全技术防范行业资信等级评定管理办法》，协会组织开展了安防技术人员培训工作。

五、进一步规范资信等级申领工作，加强安防资信等级证书管理

6月，针对在近年资信等级证书申领工作中出现的一些新情况，浙江安防协会发布了《关于进一步规范资信等级证书申领工作的通知》，对申请登记证书的企业所提交材料的时间界定、工程检测、数据填报、质量管理、工程验收、工程档案等方面作出了更加明确的说明，对申请资信等级

证书的流程提出了更加规范、严格的要求。

浙江安防协会分别于5月和10月开始开展资信等级评定管理工作。评定工作采用信息化手段，依托“公共安全技术防范综合信息系统”，开展网上申请、网上受理、网上审核，并实时发布评定情况，让相关企业及时了解评定工作进展情况。协会对《关于进一步规范资信等级证书申领工作的通知》进行了深刻的学习和研究，并结合该通知精神和评审会中出现的问题，就如何改进资信等级终审评分表展开了讨论，并对《浙江省安全技术防范行业协会资信等级申请晋级企业评审表》进行了修改。

2013年，共有194家企业提出晋级或新申证申请。经评审委员会终评，全省共有7家安防工程设计施工企业晋升为壹级，14家安防工程设计施工企业晋升为贰级，99家企业取得叁级资信等级证书。目前，协会共有安防资信等级壹级企业85家，贰级企业132家，叁级企业858家。

六、发挥桥梁纽带作用，传达落实行政审批改革政策

为配合《国务院关于第六批取消和调整行政审批项目的决定》的实施，9月，浙江省公安厅技防办、浙江安防协会在杭州召开了全省安防产品生产企业座谈会，通报了行政审批事权下放事宜、安全技术防范体系建设试点工作以及“技防进万家”科普宣传活动安排，并围绕群众路线教育实践活动进行了座谈交流。会议还对行政审批事权下放后省、市两级技防管理部门加强产品管理、规范审批流程等事项作了进一步要求。会议的召开，为安防企业掌握本行业发展动向、研判社会需求、熟悉政策要求起到了积极作用，也为下一步全省安全技术防范体系建设的深入开展打下了基础。

七、参加浙江省全省性社会组织评估，加强内部管理

浙江安防协会重视加强自身建设，结合申报浙江省全省性社会组织评估活动，推进协会工作规范化，努力提高服务工作水平。

7月起，浙江省民政厅组织开展了全省性社会组织评估工作。浙江安防协会领导高度重视，认真研究评估工作文件，按照5A级协会评估工作要求，积极准备评估文件。经过努力，圆满完成了评定申报工作，并于11月顺利通过了材料审查和评估小组现场考察评估。通过评估进一步完善了协会的各项规章制度，加强内部管理。

八、搭建平台，促进交流

为增进与兄弟协会的联系和交流，加强在人防、物防、技防方面的合作，8月，浙江安防协会与浙江保安协会开展了交流。期间，两会就协会的管理、日常工作的开展、组织会员活动、协会间的合作机制等方面进行了探讨。此次活动增进了两会的友谊，加强了双方交流，更为协会开拓了工作的新思路。

10月，应深圳市安防协会的邀请，浙江安防协会负责人参加了第十四届中国国际社会公共安全博览会和中国安防论坛。期间，参观了各参会展台，与其他参会代表、参展企业讨论了安防行业的现状和发展前景，还与外省安防协会负责人针对协会的成长发展交流了经验。

2013年，浙江省安防协会紧紧围绕安防行业“十二五”发展规划，以浙综委一号文件为中心，认真履行职责，不断加强对省内安防企业的了解、管理和对安防人才的素质教育，为推动行业发展和扩大协会的社会影响力起到了积极作用。

（资料提供：浙江省安全技术防范行业协会）

安徽省安全技术防范行业协会工作

一、加强组织建设，壮大协会队伍

安徽省安全技术防范行业协会（以下简称“安徽安防协会”）规模进一步扩大，组织建设进一步加强，协会在安徽省安防行业中的影响力、凝聚力不断扩大，代表性进一步提高。2013年，新增副理事长单位5家、常务理事单位6家、理事单位12家、会员单位165家。目前，协会共有会员单位1322家，其中副理事长单位24家，常务理事单位26家，理事单位57家，会员单位1225家。

二、强化行业管理，规范行业发展

（一）制定《安徽省安全技术防范行业资质等级管理办法》

为适应安全技术防范行业发展新形势，满足资质管理新需求，安徽安防协会组织制定了《安徽省安全技术防范行业资质等级管理办法》，并经第三届常务理事会第五次会议表决通过并颁布正式实施。新《管理办法》明确了资质管理“五统一”的指导思想，明确了“管办分离”的工作原则，引入了资质管理中介服务，明确了资质的申报条件、流程、审批、管理。新《管理办法》实施一年来，得到了

广大安防企业的认可和支持，对规范安徽省安防企业资质管理起到了积极促进作用。

（二）规范开展资质评定、年审和备案

为规范资质评定、年审工作，安徽安防协会建立了两级审核制度，组建了资质评定终审委员会，并指导各市成立了资质评定初审专家组。协会开发了安徽省安防行业信息管理平台，将资质评定、年审和备案等业务工作实行网上申报、管理和审批，既实现了规范化管理，又提高了工作效率，方便了企业。

一年来，评定安防资质183家，办理资质年审330件，办理安防企业备案（包括介绍安徽省安防企业到外省备案）25件。安徽安防协会严格执行《安徽省安全技术防范行业资质等级管理办法》，在办理资质评定、年审和备案工作中，否定一级资质申请3家、二级资质申请2家、外省安防企业备案2家，并将1家省内安防企业由一级资质降为三级资质。通过规范化管理，安徽省安全技术防范行业资质在社会各行业中的认可度得到了很大的提升，为安徽省安防企业开拓业务市场起到了积极作用。

（三）制修订地方标准

2013年，安徽安防协会联合会员单位分别向省住房和城乡建设厅、省质量监督局申报了《安徽省住宅小区安全防范系统设计规范》和《安徽省安防视频监控系统维护规范》，并获得批复立项。目前，已完成两个《规范》的编制工作，并按照相关程序报送安徽省住房和城乡建设厅、省质量技术监督局审批。

三、创新工作思路，推进协会工作科学健康发展

（一）组建安徽省安全技术防范工程技术研究中心

为顺应全省构建社会安全防范综合体系的需要，培育安防技术领域的核心科技成果，推动安徽省安防企业产品开发和技术进步，建立行业规范管理，全面提升安徽省安防科技水平和产业发展质量，在安徽省公安厅的领导下，安徽安防协会于2012年4月启动申报组建安徽省安全技术防范工程技术研究中心工作。4月，经安徽省科技厅批准，安徽省安全技术防范工程技术研究中心正式成立。在省级安防协会成立安全技术防范工程研究中心的做法，在全国范围内是首创。

（二）开展安防技术职业培训和规范行业专业技术培训

6月，安徽安防协会召开合肥安防技术职业培训学校审核验收会，组织专家对合肥安防技术职业学校进行了审核验收。8月，合肥安防技术职业学校正式开班，全年共接受报名1024人，举办培训班8期，培训人员691人。

为进一步规范安徽省安防行业专业技术人员培训，提升培训质量，培养有质量的专业技术人员队伍，安徽安防协会在分析前几年开展专业技术培训经验的基础上，结合当前安防职业培训发展的新趋势，对培训教材、培训教员、考核方式与内容进行了改革。在专家库中选调了几名具有丰富理论知识和实践经验的专家充实到教师队伍中编写了全新教案，充实了考试题库，同时协会组织开发了《安徽省安全技术防范行业考试系统》，对参加培训的学员进行机上标准化考核，大力规范培训考核工作，提升了培训质量，得到了协会领导，培训班老师、学员的一致肯定。2013年，安徽安防协会共组织从业人员专业技术培训班8期，培训从业人员1500人。

（三）推动安防行业咨询中介服务

安徽安防协会积极调整安防资质等级评定运作模式，确定了安徽省安防资质等级评定和年审工作的第三方中介服务机构，具体承担资质评价实施程序的编制与修订；资质评审员、技术专家和管理人员的聘用和管理；协助安徽安防协会进行资质评价体系文件的宣贯，提供咨询服务；受理安防企业资质评定委托、实施资质评价等工作。

中介服务工作机制的引进，极大提高了安徽安防协会各项业务的办理效率，为办事企业提供了方便，降低了时间成本，安防资质办理结果可以直接寄上门。这种专业化的咨询和便捷化的服务受到了广大安防企业的欢迎。

四、积极组织协调，服务公安中心工作

（一）引导安防企业参加视频监控系统建设

近几年，安徽省公安视频监控系统建设和应用工作进入了快速发展期。安徽安防协会充分发挥政府与企业间的桥梁作用，积极引导安徽省安防企业参与公安视频监控系统建设。一批安防企业充分发挥自身的技术、人才和资金优势，承担了多个平安城市视频监控系统建设项目，既开拓、占领了市场，又为服务公安中心工作做出了贡献。安徽安防协会还指导安徽省电子产品监督检验所规范开展公安视频监控系统检测，对大型安防工程进行了系统检测，同时做好国标GB/T28181－2011《安全防范视频监控联网系统信息传输、交换、控制技术要求》符合性检测技术准备工作，随时配合公安部门开展联网符合性检测。

（二）开展信息化条件下城乡技防一体化课题研究

安徽安防协会联合相关企业在安徽省科技强警专项中成功申报了“信息化条件下城乡技防一体化研究”课题，同时吸纳多家安防企业加入课题组，对如何在信息化条件下开展城乡技防一体化建设，探索具有安徽特色的技防体系建设进行了研究。目前，该课题技术研究任务已完成大半，正在开展示范点应用平台建设。

（三）筹备第七届安徽国际社会公共安全产品展览会

为进一步推动安徽省社会公共安全产品行业发展，促进社会公共安全新技术、新产品的推广应用，经协会申报，安徽省公安厅批准同意于2014年4月举办第七届安徽国际社会公共安全产品展览会。目前，已经完成对承展商的招标工作，确定本次展会的承办单位，正在对全国范围内进行招展，力争本次展会达到700个展位以上规模，在全国省级展会中保持领先水平。

五、发挥平台作用，助力安防企业品牌宣传

安徽安防协会始终把新技术、新产品的推广作为工作的重要组成部分，不断提高高新科技与市场的融合，并为企业提供学习、交流的机会。2013 年，先后举办了“高清显示产品在智慧公安中的应用”技术交流会和“3G 高清设备在应急执法中的应用”探讨会。

六、认真开展协会日常工作，提高协会秘书处工作水平

积极参与全省性行业协会商会、评估工作。6 月，安徽安防协会在省民政厅召开的“行业协会评估授牌暨自律诚信创建活动民办非企业单位塑造品牌服务社会活动动员大会”上获 4A 级协会荣誉称号。

组织召开安徽省安全技术防范行业协会三届五次常务理事会，第四次、五次副理事长单位联席会议，承办中国安全防范产品行业协会专家委员会实体防护组第三次会议。

开展文体活动，增强行业感召力、凝聚力。6 月，在合肥举办安徽省安全技术防范行业乒乓球比赛。

配合安徽省公安厅技防管理部门开展党的群众路线教育实践活动，向会员单位传发了征求意见表，征求意见 30 条，并向技防管理部门进行了及时反馈。

（资料提供：安徽省安全技术防范行业协会）

福建省安全技术防范行业协会工作

2013 年，福建省安全技术防范行业协会（以下简称“福建安防协会”）认真学习党的十八届三中全会精神，坚持全面深化改革开放的战略目标，坚持为科技创安、行业企业服务的宗旨，在主管部门的正确领导、广大会员单位共同努力和积极支持下，为推进福建省安防行业健康持续发展做出了新贡献，圆满完成了各项既定工作任务。

一、积极配合安全防范管理工作，开展标准培训工作

为充分发挥安全技术防范的重要作用，提高社会治安防控体系技术支撑能力，6 月，福建安防协会协助福建省公安厅技防办举办了一期安全技术防范培训班，60 多名来自全省公安系统负责安全技术防范管理工作的领导及相关技术人员参加培训。

二、承办第六届“6・18”海峡安博会，加快海西安防建设

6 月，2013 年第六届“6・18”海峡社会公共安全项目产品博览会成功举行。海峡安博会立足海西，辐射海峡两岸区域，展会的品牌知名度和买家认知度备受展商推崇，成为展示两岸安防产业发展成果和促进安防产业投资交易的重要平台。本届展会面积 1 万多平方米，200 多家安防企业参加。展会期间，福建省领导到博览会视察指导，听取了海峡安博会的招展、布展等工作汇报，充分肯定了本届海峡安博会的各项工作以及市场化的运作模式。

三、会员队伍不断壮大，资质评定工作稳妥进行

随着“平安城市”建设的不断深入，福建省安防队伍的不断壮大，原来很多从事智能化、系统集成、通信等领域的企业积极踊跃地申请加入协会，截至 2013 年底，福建安防协会已有会员超 300 家。良好的企业自律和协会职能的建立，为海西经济区安全技术防范工作的开展，提高福建省“平安城市”报警监控系统建设质量和效能，发挥了积极的作用。

福建安防协会积极开展安防工程企业资质评定工作。2013 年，新受理企业资质评定委托 35 家，通过年审企业 197 家。通过企业资质评定工作的扎实稳妥进行，提高了企业执业综合素质，加强了行业自律监督，更好地规范了行业企业的发展。

四、与时俱进，培训工作再上新台阶

根据福建省公安厅安全技术防范管理办公室的要求，福建安防协会积极组织安防企业技术人员开展新标准、新规范学习活动，培训行业从业技术人员掌握最新标准、促进新技术应用、提高全行业的从业水平。2013 年，在做好安防企业技术人员基础培训的同时，在福建省人力资源和社会保障厅的大力支持下，在全省范围内开办了两期安全防范设计评估师考核鉴定培训班。通过培训工作的有效开展，不断提升行业整体从业水平，推动福建省“平安城市”报警监控系统质量和效能建设，发挥标准化工作为科技强警和安防行业发展的基础性作用，做出了一定贡献。2013 年，福建安防协会先后举办各类培训班 8 期、培训学员近千名，收到良好效果。

在新的一年里，为适应社会经济发展形势及行业企业需求，福建安防协会将不断加强组织建设，拓展协会职能，着力在服务、自律、发挥桥梁和纽带作用方面，深入开展调查研究，认真听取企业意见和建议，保障协会工作顺利开展，力争协会各项工作有序进行，为更好地提升服务能力、推动行业建设而努力工作。

（资料提供：福建省安全技术防范行业协会）

江西省安全技术防范行业协会工作

2013年，江西省安全技术防范行业协会（以下简称“江西安防协会”）在江西省公安厅、民政厅的正确领导和督导下，在全体会员单位的支持配合下，认真贯彻落实党的十八大精神，坚持科学发展与创新的思路，同时遵照协会“服务会员、服务企业、服务政府、服务社会”四个服务的宗旨，积极服务于会员单位，举措务实，效果明显。一年来，经协会全体同志的共同努力，在实施行业管理，提升工程质量，扶持企业发展，推动业内交流合作，强化协会自身建设工作中做了不懈努力，取得了预期的成效。

一、深入调研，加强交流，强化服务谋发展

2013年，江西安防协会充分发挥政府与企业之间的桥梁和纽带作用，使协会和企业得到共同发展。江西安防协会建立江西省安防行业基本情况动态档案，搞好基层调研，及时掌握行业发展信息，使其带动和引领江西省安防事业的健康发展，不断开展学习交流、调研考察。

4月~5月，协会领导带领有关人员到安防企业较集中的南昌市和赣州市开展走访调研工作，同十多家企业领导，工程技术人员及一线员工进行了交流，并实地考察了企业经营状况。同时，协会还参加全国性的安防行业交流学习活动，应邀派员参加了中国安防协会召开的专家委员会实体防护第三次会议、五届二次常务理事会和专家委员会视频监控专业组会议。

10月底，为举办好“2014中国（江西）智慧城市国际社会公共安全产品博览会”，协会负责同志专程赴深圳观摩了“2013第十四届中国国际公共安全博览会”，一方面为江西安防展会宣传做准备，另一方面与产品商企业进行交流，邀请他们到江西来发展。

二、强化教育培训，提高从业人员素质

江西安防协会把教育培训工作列入重要议事日程，制订了培训计划，精心安排，圆满完成了四期安防技术人员业务培训任务。据统计，全年为省内206家企业提供了安防基础知识和专业技术知识培训。为使学员们能在培训期间认真学到知识，协会采取了培训结束时组织考试，由老师改卷后在江西安防网上公布的方式。协会向考试及格者颁发安全技术防范业务培训合格证书，不及格的人员需补考及格后再发培训合格证书。通过老师精心授课，学员认真学习，考试合格率占百分之九十以上。通过业务培训有效地提升了江西省安防行业从业人员的技术水平，为全省安防企业的发展打下了牢固根基。

三、评选优秀安防企业，提高行业整体形象

为了提高行业整体水平，在安防行业中倡导注重工程及产品质量的好风气，7月，江西安防协会开展“江西省2013年优秀安防企业评选”活动，并制订了《2013年优秀安防企业评选工作方案》和《2013年优秀工程企业评选工作评分标准和优秀产品商评选工作评分标准》。本着公开、公平、公正的原则，对报名参评企业依据评选工作方案进行资格初审核实，然后将符合条件的单位资料提交专家组按照评选方案的要求，对申报参评的企业依据评分标准逐项打分，同时按得分高低排名评选出23家优秀安防企业（其中工程商22家、产品商1家），并在江西省安防网上予以公示，接受广大会员单位和社会各界的监督。通过优秀安防企业的评选，提高了企业注重工程及产品质量的意识，提升了江西省安防工程企业的整体质量水平。

四、完善网站建设，发挥网络作用

2013年江西安防协会将网站改版事宜纳入了工作议事日程，5月协会通过调研、考察选定了网站合作伙伴，并制订了网站管理制度。新建网站版面内容充实，功能完善，给人耳目一新的感觉，起到了协会与广大会员单位联系沟通的作用，成为上传下达的有力工具。目前，网站已成为协会的窗口，为安防行业信息搭建了互通的服务平台。

五、加强自身建设，服务企业发展

2013年，江西安防协会把“服务会员、服务企业、服务政府、服务社会”的宗旨作为一切工作的出发点和落脚点。一年来，进一步完善和修订了日常工作制度、政治业务学习制度、财务管理制度、网站管理制度等一系列制度。协会坚持每周组织集中学习，了解、掌握国家的法律、法规和有关安防行业的政策、标准，不断提高自己的政治觉悟和业务水平，确保各项工作依规有序地展开。同时，围绕“四个服务”主要做了以下几项日常工作：一是配合江西省公安厅技防办及时高效地为各地市安防企业发放（换领）资质备案证318份。二是考虑到当前中小型企业融资难，协会利用举办培训班机会，安排有关金融机构现场宣传讲解新出台的中小企业无抵押小额贷款优惠政策。三是接待了来信来访及各种求助咨询，做到件件有落实，事事有答复。四是编发了四期江西安防简讯，下发给会员单位，寄送给上级主管部门及部分兄弟省市安防协会。协会通过简讯及时通报行业信息，加强了省内外、行业内相互学习与交流。五是加强作风建设，采取有力措施，减轻企业负担。六是积极筹备将在南昌举办的“2014年中国（江西）智慧城市社会公共安全产品暨警用装备展览会”，从思想、组织、物质等方面做了大量的准备工作。为做好展会的宣传工作，协会策划印制了20000余份展会宣传资料并发放到

全国各地，让全国安防企业了解江西市场，并对愿意来江西发展的企业提供了全新的服务平台。七是协会喜迁新址，增加了办公面积，改善了办公条件，营造了文明和谐的工作环境。八是根据财务工作的新规定、新要求，进一步修订了《财务管理制度》，严格执行“一支笔”审批制，在经费管理中力求做到勤俭办事，量力而为，严禁超支，从而确保协会各项工作的正常运转。

（资料提供：江西省安全技术防范行业协会）

山东省公共安全技术防范协会工作

2013 年，山东省公共安全技术防范协会（以下简称“山东安防协会”）以党的十八届三中全会精神为指导，在山东省公安厅和省民政厅的指导下，创新工作思路，在会员发展、交流合作、提升协会服务能力、加强行业诚信体系建设、推进安防新技术新设备应用等方面成效显著，协会各项工作不断规范、不断提高、不断进步。

一、召开理事、常务理事会议研究部署工作，提高协会决策民主化和科学化水平

3 月，山东安防协会召开第一届理事会第三次会议，总结了 2012 年的工作情况，研究部署了下步工作。会议要求，协会要认真贯彻党和国家各项方针政策，适应经济社会发展形势和行业的需求，紧紧围绕公安中心工作，促进安防行业全面发展与共同进步。同时，要求各理事单位要增强责任感和使命感，在行业内发挥骨干作用，不断提高核心竞争力，全力将市场、应用向行业深度拓展，推动安防行业社会化进程。会议还投票选举出了协会副会长单位和副秘书长单位。

10 月，山东安防协会召开第一届常务理事会第三次会议，就贯彻落实十八大精神作了部署，要求会员单位找准贯彻十八大精神的结合点，围绕公安机关“科技创安”、“天网工程”、“平安校园”、“平安社区”等系列平安创建活动，积极推进视频监控技术的深度建设和应用，推进安防新技术、新设备的应用，为保障社会公共安全发挥积极的作用。会上，为“山东省安防行业 2011 ~ 2012 年度诚信企业”颁发了奖牌，并同期举办了安防技术讲座，并组织考察了安防企业。

二、优化健全协会组织架构，引导骨干企业积极参与协会工作

为进一步发挥骨干企业在山东省安防行业中的龙头作用，充分调动他们参与协会工作的积极性，山东安防协会采取积极措施，增选了一批副会长、副秘书长单位，在加强协会领导班子建设和会员发展上取得了可喜成果。第一届理事会选举了十家企业为副会长单位，下半年又增补了两家企业为副会长单位。

4 月以来，山东安防协会定期召开副会长单位联席会议，举办技术交流活动，建立协会与会员单位间的信息传递机制，为会员单位提供信息服务。同时，协会注重发挥专家作用，开展专业技术服务活动，组织有关专家参加诚信企业评选，配合公安机关参与安防工程项目论证、验收，安防产品标准审核等。年内还为公安部和中国安防协会推荐了一批视频监控专业人才，其中 1 名专家入选公安部第一批公安视频监控专业人才库。

三、拓展协会服务功能，全面提升协会工作水平

山东安防协会不断发展和完善以会员为中心的服务职能，及时与会员交流沟通，深化服务水平，细化服务内容，热情地为会员企业提供帮助。3 月，山东安防协会协助举办了“2013 第十二届中国（济南）国际社会公共安全防范产品暨科技强警装备博览会”；5 月，协会领导深入企业调研，听取了关于企业发展情况、业绩的介绍，详细了解了企业当前状况及研发生产的新产品，对公司近年来取得的良好经济和社会效益给予了充分肯定，并就安防行业的发展方向、协会如何为企业服务等作了重要指示；6 月，协助企业举办巡展活动并现场指导；7 月，协助深圳安防协会圆满完成百城会公益培训活动；10 月，组织会员单位参观“2013 第十四届中国国际社会公共安全博览会”。

在为企业做好服务的同时，山东安防协会将加强协会网站建设，为会员单位提供信息服务；协助举办深化平安中国建设暨公共技术防范工作务实研修班；委托举办区域安防网络工程师、区域安防运维工程师、技术认证培训班等。此外，应会员单位要求，出具相关材料，为会员企业发展助力。

四、开展诚信企业评价活动，构建山东省信用安防市场环境

为加强山东省安全技术防范行业诚信体系建设，引导安防行业树立“诚实守信”的行业风尚，增强职业道德，规范从业行为，山东安防协会首次在业内开展了“山东省安防行业 2011 ~ 2012 年度诚信企业”评价活动。为确保此次活动有序开展，山东省公安厅科技处、山东安防协会联合下发通知，要求各地技防管理部门组织当地安防工程企业、安防产品研发生产企业、安防产品营销企业积极申报参加，并研究制订了企业业绩、质量监督、售后服务满意度、纳税状况、企业管理水平等五个方面的评价指标和细则。7 月，组织专家对由各地科技处、技防办初审、推荐的企业申报材料，本着“公开、公平、公正、客观”的原则，

进行了认真评定，确定22家企业为诚信企业，并进行了为期10天的公示，共有22家企业被评为“山东省安防行业2011～2012年度诚信企业”。

五、加强协会间的协作交流，积极参与各项活动

4月，山东安防协会派员参加了中国安防协会专家委员会实体防护组会议；10月，协助《中国安防》杂志在济南举办了第四届编委会；12月，参加中国安防协会五届三次理事会议。协会还及时为中国安防协会编辑的《中国安全防范行业年鉴》、《安防通讯》提供信息和数据。配合行业媒体开展评选活动，推荐会员单位参与优秀工程商评选。

3月，山东安防协会派员参加了“湖北省2013公共安全产品暨警用装备展览会”，就如何办好展会及办展模式等进行学习观摩；9月，派员赴重庆参加九省市区安防行业座谈会，围绕安防协会如何帮扶提升中小安防企业的市场竞争力进行了交流；10月，协会领导应邀出席了2013年第十四届中国国际公共安全博览会相关活动，期间还考察了部分协会副会长单位，参加了安防论坛等活动。

协会还派员参加了由山东省人力资源和社会保障厅、省轻工纺织工会、省安防协会、省轻工集体企业联社主办、省五金衡器工业协会承办的第二届山东省五金制品行业技能大赛初赛、决赛，配合省五金衡器工业协会进一步加强五金制品行业技能人才队伍建设和制锁、修锁企业的管理。

六、开展党的群众路线教育实践活动，加强协会作风建设

（一）开展党的群众路线教育实践活动

一年来，山东安防协会认真学习贯彻党的十八届三中全会精神和习近平总书记系列重要讲话精神，深入开展党的群众路线教育实践活动，联系思想实际查摆问题，制订整改措施，着重解决“四风”突出问题，切实贯彻落实中央八项规定。

（二）强化行业自律

根据工作实际，进一步加强作风建设和制度机制创新，强化制度规范的执行力，充分发挥协会提供服务、反映诉求、服务群众的作用，积极为会员和群众办实事、做好事、解难事，在加强社会管理、强化行业自律、服务人民群众等方面取得了一定成效。

（三）完成年度审计

根据山东省民政厅要求，山东安防协会对各项工作情况进行了总结和自查，协助完成年度财务审计，首次进行网上年审材料填报，顺利通过了民政厅年度审计。协会还及时报送民政部门交办的《社会组织党建表》、《社会团体负责人情况统计表》等材料。11月份，配合统计部门完成经济普查台账统计工作。

（四）认真做好协会清理整顿工作

12月，根据山东省委办公厅、省政府办公厅《关于对相关人员在行业协会商会类社会组织兼职（任职）进行清理整顿的通知》要求，认真做好清理整顿各项工作。

一年来，山东安防协会为行业发展和建设做了不少工作，取得了一定成效。但是，与协会的任务要求、社会期望和行业发展要求相比，还存在一定的差距，主要是在为会员和企业服务上还有改进的空间，协会网站的建设还比较滞后，在会员发展和发挥理事会作用上还有许多工作要做。2014年，协会将以科学发展观为指导，坚持管理、服务与发展并重，重视行业调研工作，开展行业统计和职业培训，促进企业开展丰富多彩的行业文化活动，不断壮大会员队伍，丰富服务内容，优化服务流程，探索发展途径，进一步提升协会工作的科学化、精细化、规范化水平。

（资料提供：山东省公共安全技术防范协会）

湖北省安全技术防范行业协会工作

湖北省安全技术防范行业协会（以下简称“湖北安防协会”）秉承“服务、保护、协调、进步”的宗旨，始终坚持为会员企业服务，并围绕服务，脚踏实地地为会员企业办实事、做好事，积极开展有益于会员企业的工作，较好地发挥了企业与政府之间的桥梁和纽带作用。

湖北安防协会不断加强行业自身组织建设，加强内部管理，提高员工政治、业务素质，认真贯彻各项治理、规范、审计工作；并且坚持以“服务会员为宗旨”，发挥行业协会职能作用，利用“楚天安防网”和“安防商铺网”两个网站为会员企业提供优质信息咨询、扩大宣传。协会成功召开了第三届第三次会员代表大会；积极推动行业文化建设，编写《十年磨砺 铸就辉煌——湖北省安全技术防范行业协会十周年专刊》；精心组织，推荐宣传湖北省安防行业“十强工程商”、“最具成长性工程商”、“最具影响力的安防产品制造商”和“安防专业人才培育基地”。

一、成功召开省安防协会第三届第三次会员代表大会和协会成立十周年庆典会

12月，湖北安防协会在武汉召开第三届第三次会员代表大会，同期召开湖北安防协会成立十周年庆典会。会议总结回顾了协会成立十年来的工作，宣传推荐湖北省安防行业“十强工程商”、“最具成长性工程商”、“最具影响力的安防产品制造商”和“安防专业人才培育基地”并对获奖企业进行授牌。会议以无记名投票方式，增补1家副会

长、3 家常务理事单位，选举产生了新的监事会主任。

二、推动行业自律管理体系建设，正确引导行业发展

（一）顺利开展资质评定及年审工作

本着公平、公正的原则，湖北安防协会委托的第三方评价机构认真开展各项工作，截至 2013 年 11 月，共评定安防工程企业资质证 75 家，其中一级 5 家、二级 26 家、三级 32 家；年审企业资质 174 家，其中一级 59 家、二级 66 家、三级 49 家。

（二）顺利开展专业技术人员培训和工程造价员培训工作

截至 2013 年 11 月，湖北安防协会组织安防工程企业专业技术人员培训 11 期，663 人参加培训获得证书。

8 月，湖北安防协会协助完成了湖北省第十一期全国建设工程造价员（电子）类资格证培训，共有 86 家企业 129 人参加培训考试，98 人考试合格。

三、增强服务意识，大力宣传会员企业，提升在行业的影响力

（一）精心组织，推荐宣传湖北省安防行业“十强工程商”、“最具成长性工程商”、“最具影响力的安防产品制造商”和“安防专业人才培育基地”

为调动企业积极性，宣传湖北省优秀安防企业，湖北安防协会 7 月开展了推荐、宣传湖北省安防行业“十强工程商”、“最具成长性工程商”、“最具影响力的安防产品制造商”和“安防专业人才培育基地”的活动。由会员企业自我推荐、自愿提交材料，协会成立专家小组对企业材料逐一进行审核，20 家企业获得推荐。

（二）通过“楚天安防网”和“安防商铺网”宣传企业

“楚天安防网”、“安防商铺网”作为湖北安防协会的网络媒体，利用其网络优势，一直把为会员企业服务作为宗旨，为会员企业提供各项优质信息咨询服务。

（三）增强服务意识，发挥行业协会职能

湖北安防协会通过例会，进行工作部署、总结，提出行业发展的规划及建议。同时，以多种形式服务企业，发挥协会的桥梁、纽带作用。积极支持协助企业，建设中国（武汉）安防产品展销大市场。支持参与“2013 中国安防商道论坛”等活动，为湖北省安防企业了解安防新产品、新技术提供更多的交流和沟通平台，并通过它为企业的发展献计献策。

四、进一步加强协会组织建设，规范内部管理

（一）严格执行国家法律、法规和协会内部各项规章制度

湖北安防协会围绕为会员企业服务的宗旨，按照规范的办事流程为企业做实事、做好事。能快办的绝不拖延，不能办的耐心说明情况，以最好的服务使会员感到协会的温馨，从而加强了对协会会员的管理和对会员权益的保障与服务，增强了协会凝聚力。

（二）加强协会财务、文档、内务等管理

湖北安防协会严格遵守行业组织财务管理规定，安排有专门的会计、出纳。每年由省民政厅指定的专门审计机构，对协会进行财务审计。历年的审计报告表明，协会账目清楚，收入合法，支出合规，没有经济上的违法违纪行为。

湖北安防协会成立至今，建立了完整的文档制度，如档案管理制度、印章管理制度、资产管理制度、秘书处工作制度、财务管理制度等；为了体现协会对职工的人性化管理，还制订了人事管理制度、奖励制度。

（三）注重培养和提高职工素质

坚持在职工中开展五讲活动，即讲学习、讲政治、讲纪律、讲团结、讲奉献。定期组织职工学习政治、业务知识，提高职工素质。协会还从生活上关心职工，开办了职工小食堂，为职工购买了国家规定的全部社会保险和住房公积金，调动了职工工作的积极性。

（四）接受相关部门的指导、监督检查，严格管理、严格要求

湖北安防协会自成立以来，一直得到业务主管部门——湖北省公安厅的高度重视和大力支持。在协会建设和发展方向上，给予及时指导。省公安厅科信处领导多次参加协会会议并讲话。湖北省民政厅在协会的组织建设、制度建设、规范管理等方面，给予严格把关、严格要求。有关领导亲自参加协会的重要会议和重大活动，对协会的一些重要工作，给予明确指示。

经过一年的努力，湖北安防协会取得了可喜的成绩，得到各方面的一致肯定。目前，协会已发展团体会员 450 家，其中常务副会长单位 2 家，副会长单位 10 家，常务理事单位 19 家，理事单位 95 家，会员单位 324 家。协会第三届第三次会员代表大会暨十周年庆典的召开，既是对过去十年成果的回顾，也是对湖北省安防行业发展前景的规划和展望，为湖北省安防行业的全面建设做出了贡献，凝聚了行业发展力量。

湖北安防协会将本着为会员企业服务的宗旨，继续为会员办实事、做好事；积极履行协会职能，配合相关部门制订湖北省安防产业发展战略方针，推动湖北省安防事业发展；同时，加强行业自律管理，夯实协会工作基础，用心办会、依法办会，充分发挥协会在企业与政府之间的“纽带、桥梁”的作用，切实把协会办成会员企业的家。

（资料提供：湖北省安全技术防范行业协会）

湖南省安全技术防范协会工作

2013年，湖南省安全技术防范行业协会（以下简称“湖南安防协会”）在湖南省公安厅和民政厅的监督指导下，在广大会员单位积极支持和共同努力下，按照“坚持走科学发展道路，促进安防行业全面、协调、可持续发展”的思路，进一步加强协会自身建设，规范行业管理，努力服务企业，服务政府，服务社会，较好地完成了既定的任务和目标。一年来协会的工作主要有：

一、召开了第十三届湖南省公共安全产品与技术博览会，博览会的规模和影响均超过往年；

二、组织开展了2012年度安防行业诚信企业评选活动，在湖南省安防行业内大力弘扬诚信经营的风尚；

三、继续开展安防从业人员职业培训工作，促进湖南省安防行业的规范化和专业化；

四、按照湖南省公安厅技防办的部署，在全省开展了安防行业“大走访”活动，充分了解行业发展状况和企业在市场经营中遇到的困难；

五、学习和借鉴兄弟安防行业先进的管理经验，组织部分会员单位组成的交流考察团，赴粤开展湘粤安防行业交流与考察。协会还组织会员单位参加了深圳国际安防展会、广东等省的安防展。

在新的一年里，为适应社会经济发展形势及行业企业需求，湖南安防协会将不断加强组织建设，拓展协会职能，努力发挥桥梁和纽带作用，认真听取企业意见和建议，全面提升协会服务能力，推动行业健康发展。

（资料提供：湖南省安全技术防范协会）

广东省公共安全技术防范协会工作

2013年，广东省公共安全技术防范协会（以下简称“广东安防协会”）在广东省民间组织管理局监督管理下，在广东省公安厅科技信息化处及各地市公安技防联络员的指导下，在广大会员和安防行业朋友的支持下，紧紧围绕“深化服务年”的主题，以提升协会形象、持续推动本行业科技水平、深化协会增值服务范围为工作重点开展工作，取得了一定的成果，推动了广东安防行业的发展。

一、坚持企业办会理念，搭建服务平台

（一）建立符合行业和企业需求的科技服务平台

广东安防协会以推动行业科技发展为核心任务，开展科技发展引导和技术交流始终是协会工作的主要内容。经过努力，广东安防协会与广东省科学技术协会、广东省科技工作者服务中心建立了战略合作伙伴关系，同时作为广东省院士专家工作站的初审单位，积极配合符合资格的会员单位申建院士专家企业工作站，并已经基本促成了多个会员单位的院士专家企业工作站的落地工作。

（二）打造覆盖全省的技术培训和交流平台

5月~10月间，广东安防协会分别在佛山等17个地市开展2013广东省智慧城市视频监控系统深化建设巡回技术培训交流会，并取得了良好的反响和效果。协会还积极组织会员企业参加由广东省公安厅视频分析重点实验室组织的国际学术交流会等多个活动，组织企业与多个行业开展交流对接活动，组织工程企业与生产企业、不同产品线的企业之间的交流对接活动，充分发挥协会的桥梁作用，为企业发展提供力所能及的服务。

（三）联合金融机构向会员提供一站式的金融财税服务

为了在广东安防行业全面快速地开展金融服务工作，解决广大安防小微企业的融资难题，广东安防协会与广州市金融服务促进会、华夏银行展开深度合作，双方开展资源互换，平台互补，相互融合，高效利用金融工具提升安防产业的可持续性发展潜力。通过第三方金融服务机构的专业服务，将有助于筹建面向会员企业的投融资服务平台，针对不同需要的客户建立不同的服务体系，满足企业在金融服务方面全方位的需求。此外，华夏银行为会员提供总额度达10亿元的人民币意向性综合授信额度，将在协会支持下为会员制订专项授信支持和提供更快速的审批流程，并专门为广东安防协会会员定制“安防宝1号”金融综合产品，使安防企业的实际需求得以解决。

为了提升企业在金融财税管理等方面的业务能力，广东安防协会还联合多家财税管理机构共同举办多期与金融财税有关的免费培训，为企业管理能力的提升提供了实际帮助，得到了广大企业的肯定。

（四）建立安防人才交流库

为充分发挥省级行业协会平台的优势，实现大学生与高科技新兴就业市场的无缝衔接，结合协会及各会员单位对于各类专业人才的需求和储备，广东安防协会与广东工业大学、华南理工大学、华南农业大学等多家高等院校达成合作意向，共同将有意向加入安防行业的应届毕业生纳入安防人才库，为广大安防企业招聘优秀应届毕业生提供渠道。10月，协会联合11家会员单位举办了首场安防行业宣讲现场招聘会，帮助企业开辟新的招聘渠道，招聘会得

到了参会企业和广大应届毕业生的广泛认可。广东安防协会不断总结人才建设经验，紧密结合企业人才需求，继续深化开展人才库建设工作，为业内人才的交流与合作提供重要的平台。

（五）做好知识产权保护工作

2013 年，广东安防协会成为第一批广州市行业协会知识产权保护试点单位，全面开展针对行业的知识产权保护工作，不断加强知识产权工作机构和规章制度建设，积极探索行业协会知识产权的新模式和新经验，建立健全知识产权自律机制加强对会员单位的指导和监督，强化知识产权保护力度，从而提升整个行业的知识产权创造、运用、保护、管理的能力和水平，营造公平有序的交易环境。

在协会持续宣传和服务下，广东省安防企业的知识产权保护意识得到了一定改善，在此基础上，协会组织开展会员单位海外维权、申请承接省知识产权局知识产权研修班等工作，不断将安防行业的知识产权保护工作推上新的台阶。

（六）加快协会媒体平台建设

2013 年，广东安防协会进一步加强在媒体宣传方面的工作力度。不仅每个活动均在协会网站开设专题版面，还定期邮寄《广东安防简讯》到各地市视频办、公安技防办相关人员、各行业相关建设部门以及各会员单位的手中，使各方均能第一时间了解协会和行业动态，提供第一手最快速的资讯服务。

广东安防协会还根据新媒体发展趋势，建立资讯“微”服务，积极建设协会新媒体平台。目前，已经建立起协会公共微信服务平台、微博资讯平台和手机报平台，并将不断完善传播覆盖面，通过各种资讯渠道与各会员、建设单位保持密集的资讯传播态势，以强有力的资讯传播频率宣传协会服务内容，不断提升广东安防协会的影响力。

二、开展行业党建工作，促进行业文化建设

协会党支部自 2012 年 5 月成立以来，积极与行业各企业开展党建交流。2013 年，协会党支部发展协会入党积极分子若干名，为协会在党的旗帜下健康发展发挥了重要的作用。协会党支部全面开展了与行业各企业、各单位的联系，了解企业需求，不断坚持协会的先进性建设理念，坚持安防产业始终紧贴中国社会治安发展需求和提升人民智慧安全生活质量的发展重心，紧密团结行业内的先进集体和精英，全面推进安防行业在建设幸福广东和智慧广东的大会战中发挥出最重要的作用。

三、扩展服务，提升形象，完成协会办公场所搬迁工作

9 月，广东安防协会搬迁新址办公。办公环境改善以后，更适应广东作为安防大省的地位和形象，为协会下一步开展培训工作和专家活动提供场地，有利于提振会员信心，提升协会服务水平，引入更多知名安防企业加盟协会。

经过一年的努力，广东安防协会开展的各项工作圆满完成，在基础建设和增值服务合作上加大了力度，为 2014 年的全面发展奠定了坚实的基础。协会将全力为推动广东省安防企业的发展发挥整合和服务作用，为企业发展提供一站式服务。协会将始终秉持服务政府、服务会员、服务行业的办会宗旨，继续为会员单位的发展不遗余力、铺设通途。

（资料提供：广东省公共安全技术防范协会）

广西安全技术防范行业协会工作

2013 年 1 月 22 日，经广西壮族自治区民政厅批准，广西安全技术防范行业协会（以下简称“广西安防协会”）正式成立。目前，协会各项工作按照《广西安全技术防范行业协会章程》有序进行，充分发挥政府部门的助手作用，搭建企业与政府的纽带和桥梁，协调行业内部企业之间的利益关系，规范企业行为，协助政府制订行业规范，引导市场有序发展，促进我区安防行业经济技术管理水平和经济效益的不断提高。9 月 6 日，经自治区民政厅批准，协会正式成立专家委员会。

一、规范广西安防企业资质管理

广西安防协会积极开展广西安防工程企业资质管理工作。协会坚持为企业服务的宗旨，把区内各安防企业聚集起来，加强企业间的沟通交流，为企业提供公平竞争的市场环境，推动各安防企业发展壮大，促进广西安防行业健康有序发展。2013 年，广西全区共计 223 家企业获得安防工程企业资质证书，其中一级 28 家、二级 42 家、三级 156 家。

二、组织开展安防企业技术人员培训工作

9 月，广西安防协会举办了 2013 年度全国建设工程造价员（电子）考核认证广西培训班，全区各市、县安防企业技术人员共 200 余人参加了培训。

三、积极发展协会会员，提升协会活力和影响力

自成立以来，广西安防协会本着自愿入会的原则，面向全区安防企业积极发展会员单位，为会员单位提供各项咨询服务、信息资料及刊物，并积极维护会员单位的合法权益，也为全区安防企业提供了大量的支持和帮助，从而极大提升了协会活力和影响力，为广西安防行业的健康发展奠定了良好的基础。

（资料提供：广西安全技术防范行业协会）

海南省安全防范行业协会工作

2013年，在海南省公安厅的正确领导和省民政厅的指导下，在广大会员单位共同努力和积极支持下，海南省安全防范行业协会（以下简称“海南安防协会”）认真贯彻“行业服务、行业自律、行业协调、行业代表”的宗旨，在协会组织建设、会员基础统计、发挥协会服务职能、做好专家队伍建设等方面取得了较好成效，完成了预定任务。

一、适应行业发展，协会组织建设得到全面加强

（一）注重协会组织建设，夯实基础工作

一是海南安防协会着力加强组织建设，不断壮大会员队伍，从成立初期的138家增加到目前227家，其中包括副理事长单位28家、常务理事单位40家、理事单位39家、会员单位120家，充分体现了协会在行业内的凝聚力。二是分别召开了理事长办公会议、常务理事会议和理事会议，重大决策事项都通过会议讨论，广泛听取意见，取得大家的认可和支持，形成会议决议，逐项加以落实。三是成立专家工作委员会。专家委聘用专家38名，分别召开3次工作会议，加强专家队伍建设。四是完成海南省安防工程检测中心的筹备工作。根据海南省公安厅长办公会议精神，协会积极筹备安防检测中心，由第三方独立法人完成检测工作。目前，该中心已注册公司，检测设备和办公场所都已落实，公安部授权手续正在办理中。

（二）完善组织构架，加强规范化管理

一是建立健全了包括会议制度、财务制度在内的各项规章制度。这些制度的贯彻执行，保障了协会决策和工作的科学性、规范性，提高了工作效率和质量。二是落实财务管理规定。海南安防协会严格按照《社会团体部分收费及有关问题的通知》要求，只收取会员单位的会费作为协会正常运行的经费，没有擅自扩大范围进行盈利性收入。三是不断提高协会人员综合素质。一方面改善人员结构，招聘了具有硕士、本科、大专以上学历的高素质工作人员；另一方面加强了工作人员的业务培训，有4人获得安防三级评估师职称，已成为业务骨干。

二、会员企业不断发展壮大，为海南安防建设做出积极贡献

（一）会员企业不断发展壮大

海南安防协会共有会员单位227家，其中安防工程企业195家，产品销售企业15家，报警服务企业12家，其他投资咨询机构5家；总从业人员8617人，安防技术人员3991人。会员队伍不断壮大，从业人员素质不断提高，基本满足了海南安防工程建设的需要。

（二）为海南安防建设做出积极贡献

从近三年的业绩看，海南安防协会会员企业业绩呈逐年上升趋势。2011年，141家会员单位承建安防工程3891个，总金额达8.8亿元；2012年，210家会员单位承建安防工程1857个，总金额达到约10.7亿元，比去年同期上升21%；2013年，据对95家持证年审企业和12家报警服务企业初步统计，承建工程23061个，总额约7.2亿元，到年底加上其他企业的统计数据，基本超过去年。三年承建工程服务总额已达约26亿元。虽然，安防企业受到国内经济增速放缓影响，但在政府大力推动海岛型立体化治安防控体系建设背景下，海南省安防行业将保持稳定发展的态势。

三、努力适应市场需求，积极发挥协会服务职能

（一）加强行业自律管理，构建行业自律管理体系

开展行业自律管理，是完善市场监管体制的重要内容，也是协会的重要职责。近年来，协会按照国家对行业组织开展自律管理的总体要求，积极探索开展安防行业自律管理的方式，通过开展行业“诚信企业”评选活动、规范会员行为，通过开展资质评定、技术员和造价员职业培训等工作，建立完善行业自律性管理约束机制，经过不懈努力，目前已经初步形成了安防行业自律管理体系的基本框架，并在规范行业秩序、更好地服务企业等方面发挥了积极的作用。

（二）积极开展安防工程资质评定工作，推动建立企业资质科学评价机制

按照“统一标准”、“管办分离”的原则，中国安防协会授权第三方中介机构作为海南省资质评定的实施实体，具体承担资质评价及评审员管理事务。开展资质评定工作以来，会员单位获得安防资质证书的企业共计148家，其中一级资质18家、二级资质44家、三级资质86家。同时，资质评审员在为企业评审过程中，未出现任何违规行为和被投诉情况。

（三）加强培训工作，提高技防从业人员整体素质

海南安防协会成立以来，培训力度在不断加大，共举办安防工程技术员培训班11期，参训人数达到2594人，其中理事以上单位1646人，占总人数的63%；举办电子工程造价员培训班5期，参训人数335人，均获得全国电子工程造价员证书，其中理事以上单位183人，占获得全国电子工程造价员证书人数的55%。资质评审员队伍得到加强，现有23名资质评审员通过年审，18人取得安防三级评估师资格。协会还举办两期业务培训班，210人获得高清监控技术培训认证证书，95人获得安防标准培训证书。

（四）增强服务意识，提高服务能力

海南安防协会为企业提供全方位服务，充分发挥协会的桥梁纽带作用。一是先后应会员单位的申请出具备案及相关证明385份。二是协助会员企业申报科研项目，积极与省科技、工信等部门联系，为多家会员单位申报研发项目资金约260万元。三是以协会名义推荐会员企业法人参选海南政协委员，推荐会员单位参评全国中小企业首选服务商等工作。四是与海南政法职业学院签订安防专业学员培训基地，为会员企业输送专业人才。五是与海南省软件行业协会建立互动合作机制，为双方在各自会员单位申办系统集成资质和安防工程资质等方面互相支持。六是促成会员单位与安防生产厂家联盟，为企业开拓视野，开阔市场触角，提供全方位服务。

（五）发挥网络优势，办好海南安防网

海南安防协会把创建自己的网络，作为协会的基础性、战略性、全局性工作，海南安防网充分发挥了信息量大、发布及时和阅读方便的优势，对行业动态进行了全面报道。网站共发表文章700多篇，配发图片1800多张，设立“专家工作委员会专栏”、“解决方案专栏”等多个栏目，受到广泛欢迎。海南安防网已逐渐发展成为行业资讯发布、数据统计、咨询服务的综合性、多功能展示平台。网站访问人数突破128万人次。

（六）开拓企业视野，广泛开展交流与合作

协会全面开展行业交流活动，发挥自身优势，积极组织会员单位开展对外考察工作，针对国内重要安防展会进行商务论坛及考察，一方面了解国内安防市场最新动向，另一方面扩大海南安防影响力。

四、全面开展专家委员会工作，为行业企业提供综合服务

协会专家委员会紧密围绕协会中心工作和行业需求开展工作。一是参与行业标准制订工作。协会组织专家参与了海南省公安厅牵头的“平安海南公共安全视频监控系统”地方标准的制订，该标准于2013年7月15日经海南省质量技术监督局批准发布。二是组织专家研讨“海岛型立体化治安防控体系项目建设”的申报工作，并形成第一手《海南立体化治安防控体系建设项目申报材料》，供海南省公安厅参考。三是协会专家被省内大专院校聘任授课讲师，讲授安防专业知识。四是发挥专家技术职能，对安防工程项目进行论证与验收。专家委先后组织专家对琼海市等17个市县公安局“平安城市”项目进行验收。还应政府有关部门及多家会员单位的要求，参与40余个监控系统工程验收和12个市县治安防控体系建设方案论证。

经过一年的努力，海南安防协会较好地完成了各项工作任务，但与新形势、新任务、新要求相比，与行业企业的期盼，还有很大的差距，协会将总结经验，锐意改革，勇于创新，不断前进，推动海南安防行业又好又快的发展，为推进平安海南建设做出更大的贡献。

（资料提供：海南省安全防范行业协会）

重庆市公共安全技术防范协会工作

2013年，重庆市公共安全技术防范协会（以下简称“重庆安防协会”）在重庆市公安局的领导和市民政局的督导下，在广大会员单位的积极支持下，在实施行业管理、倡导行业自律、扶持安防企业发展、推动业内交流合作、强化协会自身建设工作中做了不懈努力，取得了一定的成效。

一、发挥桥梁和纽带作用，拓展社会职能

（一）做好党的十八大精神宣传工作

1月，重庆安防协会组织专题宣贯会，邀请重庆市工商联相关领导围绕“贯彻十八大精神，推动民营企业发展”这一主题，结合全市民营企业发展政策，进行了深入细致的演讲。

（二）做好政府参谋

积极配合政府主管部门的各项工作，建立政府和行业沟通渠道。为贯彻落实重庆市党的群众路线教育实践活动，10月，受重庆市公安局行管办委托，重庆安防协会牵头组织召开了重庆市安防行业党的群众路线实践教育活动征求意见座谈会，开门纳谏，公开评议，征求会员单位意见。多家企业负责人参加了座谈会，实事求是地反映了技防行业存在的问题，为公安技防管理部门出谋划策，共同努力打造健康有序的安防行业发展环境。

（三）开展立法调研工作

重庆安防协会配合公安部技防立法调研工作，深入开展调查研究，对重庆安防系统产品、系统安装、行业规模等进行分析调研，精心整理汇总行业资料，上报公安部及重庆市局行管办。积极落实中国安防协会行业管理各项工作部署，做好《中国安全防范行业年鉴》（2012版）资料的整理上报工作。为更好地融入安防大家庭，重庆安防协会已成为中国安防协会副理事长单位。

二、开展交流活动，提升行业水平

（一）加强安防行业交流，推动行业发展

3月，重庆安防协会主办的2013年重庆社会公共安全产品与技术设备展览会成功举办。本届展会得到市公安局领导高度重视，市公安局领导及科信处领导、公安民警200多人参加了开幕式并参观了展会和论坛。2013重庆安防展在秉承历届展会行业性、专业性基础上，在同期活动的主题策划上力求推陈出新，展会同期还举办了以“平安重庆·社会公共安全防范暨应急联动技术”为主题的高峰论坛，为重庆的应急联动指挥系统建设献计出力，谋求发展。

（二）成功主办九省市安防行业协作交流会

9月，由重庆安防协会承办的第三届九省市安防行业协作交流会在重庆召开，来自北京、上海、天津、内蒙古、辽宁、山东、山西、河北等省、市、区的相关单位负责人共聚重庆，围绕“如何帮扶提升中小安防企业的市场竞争力”进行了深入探讨。会议回顾了各省市区《关于加强“7+2”省市区安防行业协作交流的意见》的情况，就去年以来九省市区协作交流情况进行回顾沟通，对存在的问题进行梳理研究。各省市区代表认为九省市安防行业协作交流机制是打破地方保护主义、减少企业负担、加强区域合作的有益机制，三年来取得了很好的效益，今后要加大协作力度，力争为会员企业创造更好的发展条件。

三、开展行业标准培训，提高安防工程质量

为了贯彻落实公安部关于视频监控系统联网及视频整合共享工作部署，帮助安防企业尽快掌握视频监控联网系统相关技术标准，重庆安防协会举办了重庆市视频监控系统联网标准培训班，邀请专家讲授国家标准GB/T28181－2011《安全防范视频监控联网系统信息传输、交换、控制技术要求》，来自协会会员企业的200多人参加了培训，重庆安防协会还免费为参培单位发放了标准书籍。

四、开展行业统计，掌握行业状况

安防行业统计是发展中一项重要的基础性工作，能全面反映安防行业的发展，为建设与管理提供强有力的数据支撑。考虑到安防协会已运行四年，重庆市范围的绝大多数安防企业都是协会会员，采集数据有了面和量的支持，开展安防行业统计具备了基本条件，重庆市安防协会一届七次常务理事会决定开展重庆市安防行业调查统计工作，主要从企业基本情况、2010～2012年三年来经营情况、从业人员情况等方面进行调查统计。统计结果表明，重庆市安防行业发展态势良好，就业人员近3万人，年主营业务收入达60多亿。

五、强化资质管理，促进行业自律

2013年，重庆安防协会继续抓好资质评定工作，开展安防资质评审和年审。重庆安防协会着力增加评审信息的透明度，随时公示获证信息，认真完成证书核发工作。专家成员组认真负责，严格按照程序和条件评审，全年共组织了13场资质评审和年审会，有127家企业通过了评审。

六、增强服务意识，提高服务能力

重庆安防协会切实履行服务企业的宗旨，不断拓展服务领域，为会员单位提供各项服务。积极为会员单位搭建技术交流平台；及时为会员单位提供经济形势、政策法规、市场导向、市场分析、安防技术、科技产品等综合信息；及时公示资信信息；为建设方、招标方提供会员信息；支持会员单位赴外地发展，简化程序，代会员单位联系市公安局行管办出具资质证明。

重庆安防协会始终把发展新会员作为一项重点工作来落实，把广大从事安防建设，承认协会章程的安防企业都逐步吸收到协会中来，不断壮大协会队伍，2013年，新入会会员93家，目前，协会共有会员417家。

经过一年的努力，重庆安防协会在团结会员单位、加强行业自律、推动行业健康发展等方面取得了显著成绩。但也存在一些问题，一是培训工作没有常态化；二是为会员服务不够，工作创新动力不足；三是在安防市场规范方面办法还不多。今后要在各项工作方面下大力气，进一步开创工作局面，同广大会员单位一起，把重庆安防行业做得更大、更强、更好。

（资料提供：重庆市公共安全技术防范协会）

四川省安全防范行业协会工作

2013年，四川省安全防范行业协会（以下简称“四川安防协会”）为提升四川公共安全技术防范水平，提高会员企业的竞争力，为共同打造“和谐四川、平安四川”而努力，在维护四川社会公共安全和社会稳定方面做出了积极的贡献。

一、做好协会管理工作，提升服务能力

四川安防协会加强对工作人员的教育，从提高思想认识入手，端正服务态度、提升服务能力，制订了《工作人员行为规范》，有力地保证了协会的窗口形象和服务能力。积极参加有关部门举办的各种培训活动，提高自身的工作能力。这些举措，提高了协会在多方面、多层次为“服务政府、服务会员、服务企业”的能力，提升了协会的形象，在建设平安四川等方面都发挥着积极作用。在做好会员发展工作上，全年新增2家会员单位，其中理事单位2家。协会严格遵守行业组织相关的财务管理规定，安排专门的财务人员做好业务。由指定的专门审计机构，对协会进行财务审计，做到合法合规。

二、重视专家作用，积极做好培训工作

四川安防协会组织专家为从业单位（会员单位）提供

行业领域的学术研究、技术咨询和顾问服务工作。2013 年，为贯彻落实四川省人大批准发布的《四川省公共安全技术防范系统从业单位登记备案管理办法（试行）》要求，发挥协会联络政府和企业的桥梁纽带作用，受四川省公安厅技术管理办公室的委托，组织行业内的专家和企业，办好安防从业人员的培训班。全年共举办安全技术防范培训班二十期，其中在成都当地培训十九期，地市州培训一期，共培训安防从业人员 4130 人。

三、加强市场调研和交流，反映企业要求

四川安防协会主动开展行业内民意调查、市场调研，加强协会与会员之间的沟通和联系，为企业搭建平台，加强安防协会间的联系和交流，学习其他协会经验和做法，为企业出川做好协调和服务工作。协会重点扶持四川省优秀安防工程企业，促进企业树立品牌形象，继续配合平安城市建设，继续推荐优秀工程企业，以帮助企业树立品牌形象，促进优秀企业尽快成长。

四、创建新网站，及时发布行业动态信息

四川安防网在 2013 年 1 月全新改版，大量增加一键搜索等用户需求栏目，从单一的信息发布媒体逐渐发展为全行业资讯发布、数据统计、咨询服务、实用性、可读性大为提升的网站。

四川安防协会在这一年中努力工作，认真履行协会章程赋予的职责，团结各会员，在加强行业自律、推进行业诚信建设、扩大社会宣传、开展业内外交流等各方面做了大量工作，取得了显著成绩。

（资料提供：四川省安全防范行业协会）

贵州省安全技术防范行业协会工作

2013 年，贵州省安全技术防范行业协会（以下简称“贵州安防协会”）贯彻 2012 年理事会精神，围绕着协会章程和 2013 年的工作要点开展工作。

一、全面服务公安工作

贵州安防协会加强与贵州省公安厅科信处以及各地州市技防管理部门的工作联系，接受其指导监督，使协会自律平台与技防办行政管理平台尽可能有机融合，基本形成了协调、高效地行业管理工作机制，以促进贵州省安防行业在“平安贵州”建设中健康、有序的发展。

1 月，贵州省公安厅科信处下达了《关于组织申报 2013 年度公共安全行业标准制修订计划项目的通知》。协会按照文件要求，将相关材料整理上报，按时完成工作任务。

3 月，贵州省公安厅政治部下达了《关于清理厅机关社会组织评比达标表彰活动的通知》。协会按照省厅科信处要求，及时准确地把贵州省安防协会评比达标表彰活动情况统计成表，并将信息上报，圆满完成工作任务。

6 月，贵州省公安厅下达了《政府部门承担水平评价和其他可以向社会组织转移的职责情况调研表》。协会按照相关要求，完成调研表的填报，并及时将表上报，圆满完成工作任务。

二、加强协会间业务联系，促进行业发展

贵州安防协会领导先后应邀参加了中国安防协会召开的五届三次理事会、专家委员会视频监控专业组会议和《中国安全防范行业年鉴》工作座谈会；应深圳市安防协会邀请，协会领导率团参加了“2013 第十四届中国国际社会公共安全博览会”，并组织会员单位参观学习，使得各会员单位受益匪浅。应海南安防协会邀请，协会领导还参加了海南省公共安全视频监控技术规范宣贯总结会议。此外，协会还配合《中国安全防范行业年鉴》（2012 版）编辑工作，积极提供相关信息和资料。

三、第三方评审工作有序进行

2013 年，贵州安防协会组织开展技术人员培训 4 期，为贵州省安防工程企业培训专业技术人员 400 多人。截至 12 月 11 日，共评定一级资质企业 4 家、二级资质企业 7 家、三级资质企业 22 家，积极推进了贵州安防工程企业资质评定工作。10 月，贵州省第三方评价机构顺利通过中国安防协会组织的资质评价机构年审。

四、积极开展会员活动，加强行业内部建设，积极引导企业发展，提高贵州安防行业的知名度和影响力

《贵州安防》2013 年第 1 期于 9 月份正式出刊。杂志编辑部克服新闻收集难等问题，加强专刊的可读性、广泛性，内容上延续以往各版块，全面介绍行业新动向、新技术、新产品，积极宣传贵州优秀安防工程企业和贵州省“平安建设”的各类信息，力求把《贵州安防》办成集先进技术交流、优质安防工程推广、优秀安防企业推荐的行业性专刊。

9 月，贵州安防协会分别召开第一届第五次常务理事会议和第一届理事会第五次会议。会议对协会工作表示肯定，并就如何规范贵州安防行业环境展开了热烈的讨论。

协会在贵州省公安厅技防部门的领导与支持下，通过多年自身的努力，得到了广大会员单位的认同。截至 12 月，新发展副会长单位 2 家、常务理事单位 5 家、理事单位 16 家、会员单位 27 家，协会总会员已达 253 家。

五、发挥协会专家队伍的作用

贵州安防协会组织协调专家参与调研、培训授课、项目勘察设计、评审研讨、项目验收以及标准制订等项工作，推动专家队伍对协会会员以及建设单位提供直接的技术服务。

六、采取有效措施加强协会自身建设，接受省厅的监督检查

2013年，贵州安防协会财务工作在贵州省公安厅财务部门的监督指导下，更加规范。

5月，省公安厅经审办下达了《关于提供厅属企（事）业单位社团协会负责人等信息的通知》，协会接通知后，积极配合主管部门，将协会负责人相关信息按时上报，圆满完成工作任务。

6月，根据社团党建工作要求，协会拟成立贵州省安防协会党支部，并在网站上进行公布，向协会各会员单位、理事单位、常务理事单位、副会长单位采集各单位党员信息。

贵州安防协会通过努力基本完成了2013年的工作计划，为会员单位搭建起了一个和谐、友好、互助的工作环境，提升了协会的声誉。在新的一年里，将按照十八届三中全会的精神，做好换届筹备工作，逐步完善协会与政府之间的桥梁作用，更加增强协会凝聚力，帮助会员单位提升自己的管理水平。同时，继续加强自身的建设，不断提高自身服务质量，充分发挥行业协会的桥梁纽带作用，引领贵州安防行业向正规化、系统化、规范化前进，为新一轮“平安贵州”的建设做出更大的贡献。

（资料提供：贵州省安全技术防范行业协会）

云南省安全技术防范协会工作

云南省安全技术防协会（以下简称“云南安防协会”）在云南省公安厅的正确领导下，在省厅科信处大力支持、帮助下，遵循党的“十八大及十八届三中全会”精神，按照“实干兴邦，空谈误国”的精神，求真务实，从不断规范日常工作入手，紧紧抓住《资信证》年检、升级和网络建设两个工作抓手，加强内部组织建设、加强技术培训、加强产品宣传，做了一些工作，也收到一些成效。

一、结合年检工作，加强会员管理

针对以往年检工作不规范、会员企业逾期不办理年审现象等问题，云南安防协会采取积极措施：一是及时发出通知，要求会员单位在规定的时间内办理资信证年审和缴纳会费的手续；二是对逾期不办理年审手续的会员单位，不予纳入当年资信等级升级的范围；三是对有关特殊情况作了相应规定，如会员信息变更、不按时缴费年检、外地企业来滇施工等。这些举措规范了年检工作流程，加强了会员管理。1月，协会对2011年以来两年未办理年检手续、缴纳会费的186家单位和2012年未按时办理年检手续、缴纳会费的181家单位作了通报，并对2011以来连续2年均未办理《资信证》年检手续、缴纳会费的186家单位按照协会章程的规定，取消其会员资格，吊销其安防《资信证》和《会员证》。截至2013年末，共发展会员单位1585家，其中，2012年底前入会1299家，2013年新入会286家。

二、继续做好协会网站的维护和运行

云南安防协会指派了专人对协会新建的网站开展了经常性的维护，使网站的运行得到了正常保障。与此同时，协会扩大了新产品的宣传，配合会员单位宣传新产品推介，还利用网站公布会员单位的培训情况，公示会员单位《资信证》等级升级情况。从近两年维护运行的情况来看，网站逐步起到了调度和运转工作的作用，也逐步成为协会工作正常运转的枢纽。

三、召开常务理事会

云南安防协会在工作中注重发挥、依靠常务理事会的领导作用和力量，每年都要召开常务理事会，议定重大事项，讨论年度工作，充分发挥集体智慧的力量，确保协会沿着健康轨道发展。协会召开常务理事会作“年度协会工作报告”，听取各位代表就如何加强和改进协会工作的意见，对协会如何更好地为会员服务进行讨论，根据常务理事提出的一些好的意见、建议认真分析，研究整改的措施，严格落实，进一步推动协会的民主管理和工作开展。

四、重新调整和完善协会专家组的建设工作

云南安防协会专家组的建设是协会工作向纵深发展的重要杠杆，专家组的建设搞好了不仅能推动协会工作深入开展，而且有利于提高协会在会员中的凝聚力。2012年以来，根据常务理事会的精神，针对协会专家组成立已超过6年，一些专家已经发生了工作变动的实际，为推动云南安防事业不断健康发展，协会专门发出了《关于推荐和重新调整协会专家组的通知》，重新调整和完善专家组的建设。《通知》对推荐人员条件、推荐时间、推荐范围、推荐要求、需报材料内容等作了一一明确。在2011年各单位自荐和推荐26名专家网上公示，公开征求意见的基础上，现专家组的建设已基本完成。

五、做好资信等级升级的工作

资信等级升级既关系到云南安防企业发展的切身利益，也与云南安防事业发展密切相关，又是协会做好服务、团结安防企业的一项重要工作。云南安防协会本着严格标准、严格质量的原则，开展了对已取得资信等级的二级、三级安防企业进行资信等级晋升工作，并专门发出通知，对相关事项作了明确规定。经公开审议、民主表决，对申报单位进行了严格评审。

在办理资信等级晋升工作中，云南安防协会随机在会员单位中抽取6个会员单位，其中，常务理事单位2名、理事单位2名、会员单位2名加上秘书处人员共7人组成评审组，对申报的申请晋升二级、一级资信等级的单位开展评审工作。评审组本着公开审议、公平对待、民主表决的方式，对申报单位做到了高度负责的评审，能够通过评审的单位就通过评审，需补报材料的单位暂缓通过，暂不具备条件的单位不予通过。实践证明，采取民主化方法审核高等级资信等级资格，有利于加强协会在会员中的威信。目前，云南安防协会有一级安防资信证持有企业116家，占会员总数的7%；二级安防资信证持有企业118家，占会员总数的约8%。

六、完成了协会的年检工作

云南安防协会的年检是协会自觉服从行业行政管理的体现，也是协会得以合法存在、发展的重要途径。2013年，协会按照省民政厅民间组织管理局的相关要求，对协会的年度的财务情况进行了审计，并按时报送省民政厅，顺利完成了协会年检和组织机构代码证年检工作。

七、继续做好会员单位的培训工作

自2012年以来，云南安防协会先后两次在昆明市组织了每次为期三天的以“安全技术防范工作情况介绍”、“安全技术防范施工知识”、“安全技术防范设计知识”、“安全技术防范检测验收知识”为主要内容的“安防工程企业技术人员专业培训班”，培训班共有全省安防行业的安防工程企业技术人员762人参训。云南省公安厅对培训高度重视，科技信息化处领导均出席了培训班的开班典礼并进行动员。协会领导还到培训班作专题讲座，所聘的高级工程师分别讲授了安全技术防范不同专题。参训学员普遍感到原有知识有所提升，收到了较好的效果。

八、做好安防企业备案服务工作

随着安防工程技术的不断发展，外省安防企业也不断进入云南安防市场，做好外省安防企业来滇的备案，有利于协会及时掌握省内安防市场的信息，有益于做好本省安防市场的导向。为了做好这一工作，协会专门发出文件，明确了备案的条件和应提交的材料。2013年，协会先后为23家外省安防企业在云南作了备案。与此同时，协会本着服务第一的精神，为会员单位做好服务。一些会员单位到外省施工或经营需要协会帮助开具证明，都一一帮助解决。

总之，云南安防协会自成立以来，在广大会员的支持、关心、帮助下，协会从无到有、从小到大，不断得到完善，不断得到发展。今后，云南安防协会将把协会建成“会员之家”，为广大会员提供更多、更好的服务。

（资料提供：云南省安全技术防范协会）

陕西省安全防范行业协会工作

陕西省安全防范产品行业协会（以下简称“陕西安防协会”）在协会领导的正确指导下，在各会员单位的大力支持下，坚持全心全意为政府决策服务、为会员企业服务的宗旨，充分发挥协会在政府与企业之间的桥梁和纽带作用。

一、加强行业管理，提升协会服务能力

为增强协会管理服务能力，促进协会业务工作科学有序开展，陕西安防协会以转变思想理念为突破点，努力学习，加强协会的自身建设，从而提高管理服务的效率和质量。

一是为全面提高陕西省安防系统建设质量，促进安全技术防范行业在陕西省健康有序发展，进一步优化陕西省安防企业的创业和发展环境，按照“转变职能、简政放权”的有关规定和要求，本着便民、利民的原则，出台了《关于进一步规范和加强安全技术防范登记备案证办理及专业培训工作的通知》，对陕西省安防从业单位办理登记备案证及年检工作作出了全面调整，简化了办事程序，体现了为民服务的原则。同时，还对安防专业培训工作提出了明确的要求，做到自觉接受民政、税务等相关部门和广大会员单位的监督。

二是积极组织开展政策学习及业务技能培训工作。协会共举办了三期培训班，主要以GB50348－2004《安全防范工程技术规范》和《陕西省安全技术防范条例》为基础，以《陕西省公共安全图像信息系统管理办法》为内容的陕西省安全技术防范从业技术人员上岗培训班，有从事安全技术防范工程设计、施工、监理、检测以及技防产品销售的负责人和技术人员1000余人参加了培训。培训对于确保陕西省安全技术防范工程的建设质量，提高陕西省安防从业人员的专业技能和法律知识水平起到了积极的推动作用。考试合格者取得的《陕西省安全技术防范从业技术人员上岗培训合格证书》作为从业单位人员必备证件，也是从业

单位备案时的重要材料之一。

三是根据陕西省公安厅有关规定及要求，为使广大安防从业单位能更有效快捷地办理安防登记备案证，出台了关于办理技防登记备案证的便民利民措施，从办理时间、申报材料、书面通知、网络申报、信息公布等方面作出了要求，方便了办证单位，同时为加强协会自身廉政建设，杜绝违法违纪行为，树立良好形象，还出台了廉洁自律九不准，从而使协会工作更加透明，使其在阳光下运行。

二、成功举办2013年中国（西安）国际社会公共安全产品暨警察反恐装备技术博览会

2013年中国（西安）国际社会公共安全产品暨警察反恐技术装备博览会于5月成功举行。本次展出面积达3.5万平方米，参展企业400余家，参观人数达10万人次以上。博览会以“携手合作、共同发展、共建和谐、共享平安”为宗旨，以“建设美丽陕西，构建幸福生活”为主题，以“争当西部一流，争创全国先进”为目标，紧贴“平安陕西”建设工作实际，突出提高企业创新能力、加强政企交流、增强综合竞争力、安防知识普及宣传。配合主题鲜明的高规格论坛和卓有成效的交易活动，为企业客商搭建交流与合作平台，实现互利共赢，促进共同发展。同期还举办了“2013中国西安智慧城市建设与公共安全发展论坛”、“2013西部地区安防工程商与系统集成商交流会”等多场技术交流活动。

三、创新工作方法、提高工作效率

在加强自身建设的同时，创新工作方法，推动协会整体工作上台阶，主要做了以下工作：

一是加强了陕西安防网建设，提高了陕西公安科技的宣传力度，提升为会员企业服务的效率。陕西安防协会在网站页面设计、增加版块功能、内容更新时效等方面增强网站的服务效能，将其建成具有事务管理、信息发布、培训教育、咨询交流、安防宣传等功能的新平台。同时，方便企业通过陕西安防网了解协会的工作流程、规定和动态，达到一站式服务，少跑冤枉路。

二是积极配合安防行业内相关媒体完成对陕西安防博览会实时跟踪、采访工作，充分向全国安防行业展示了陕西安防博览会的特点。

三是积极召开协会管理工作座谈会，听取对协会管理意见。3月，召开协会管理工作座谈会，听取企业代表对协会办证、培训收费以及协会财务管理等方面的意见和建议。协会还与企业代表进行了一对一的沟通和交流，进一步听取他们对协会管理工作的诉求和心声。

四是加强协会日常工作。协会严格把关，积极服务企业，认真办理工程、产品登记备案、生产登记批准书。除此以外，严格按照民政厅、质量技术监督局的年审要求，及时更换防伪印章，积极准备材料，顺利完成了2012年度营业执照、机构代码证的年检工作和更换银行印鉴卡的工作。

五是完善制度，加强内部管理。陕西安防协会按照陕西省民政厅、公安厅的有关要求，对《陕西省安全防范产品行业协会财务管理制度》进行了重新修改和补充完善，严格了各项财务审批手续，博览会、培训、会费等各项收入将统一纳入协会财务管理，并定期向社会公布收支情况，做到协会财务公开、透明，确保协会收入取之于民，用之于民。

在业务主管部门的指导下，陕西安防协会紧紧围绕“平安陕西”建设工作，准确把握市场机遇，深入推进陕西安防市场的稳定与繁荣，更加注重机制创新，不断适应经济社会发展的新要求，不断提高服务政府决策、引导行业管理的能力，全面提升工作水平，抓住机遇，乘势而上，迎接富有挑战的新征程，为推动陕西安防事业再创佳绩做出新的更大的贡献。

（资料提供：陕西省安全防范行业协会）

甘肃省安全技术防范协会工作

2013年，甘肃省安全技术防范协会（以下简称“甘肃安防协会”）在甘肃省公安厅、民政厅的指导下，在会员单位的积极支持配合下，按照协会2013年工作计划，积极开展了工作，在完善自身建设、提高服务会员能力、加强行业自律等方面取得了一定成效。

一、完善自身建设，提升协会管理水平

制度建设是协会开展各项具体工作的基础，随着甘肃安防协会的发展，不断完善和落实各项制度是加强协会规范建设的重点工作。

一是按照甘肃省民政厅《关于开展2013年度省属社会组织评估工作的通知》的要求，结合实际工作，甘肃安防协会以完善各项制度为重点，积极准备，并于5月接受了省民政厅民间组织管理局评估专家组的审查评估。通过核查协会的各项制度、查阅相关资料和进行座谈，评估组从基础条件、内部管理、工作绩效和社会评价四个方面对协会的工作进行了审查评估，并对协会积极接受评估和认真准备评估材料给予了表扬。经评估，协会荣获4A等级。同时，协会根据评估意见报告提出的意见和建议，认真整改，进一步规范和完善协会建设，提升协会管理水平。目前，已对原制订的各项制度结合实际进行了修订和完善，并积极进行落实。

二是严格执行和落实财务管理规定，按时接受相关部门的监管和审计，通过了甘肃省民政厅2012年度审核，省财政厅对2012年票据行政事业收费年度审核，专业审计机构对2012年所得税汇算清缴年度审计，为确保协会开展工作提供了有力保证。

二、深入调研了解需求，提高协会服务能力

2013年，甘肃安防协会深入走访调研，了解掌握会员单位的需求，认真研究会员单位提出的工作意见和建议，不断改进服务内容和服务方式，积极开展为会员单位的服务工作。协会先后深入兰州等地90多家会员单位，召开座谈会了解掌握会员单位的需求，为改进服务工作进行调研，并就加强协会与会员之间的交流、贯彻执行安防行业标准、协会自律性管理的要求等方面进行了交流和咨询服务，同时在全省各市州建立协会联络员单位，协助协会加强和本地区会员单位之间的联系。另外，协会还利用网站为会员单位提供行业信息，及时做好会员单位登记、安防资质审核工作；协助支持会员单位举办安防新产品，新技术推广会；组织部分会员单位参观行业内大型安防展会。

三、落实安防标准规范，加强行业自律管理

2013年，在甘肃省公安厅科技处的指导下，甘肃安防协会通过以安防标准规范培训和安防资质审核管理的形式，继续开展了安防标准和规范的培训工作，提高会员单位和从业人员的安防标准意识，强化执行标准和规范的理念。为了提高培训效果，甘肃安防协会针对会员单位的不同情况，采取统一集中培训和区域培训及会员单位单独培训的形式，开展了以安防标准规范为主要内容的培训工作。2013年协会举办了5期安防标准培训班，培训260余人，其中在兰州集中培训1次、白银和天水区域培训各1次、会员单位单独培训2次。通过安防标准规范培训和核发安防资质，达到了协会在政府行政主管部门的指导和支持下，协助宣传贯彻安防标准规范，加强行业管理的目的。

四、积极组织参与各项活动，扩大协会影响力

一是配合甘肃省公安厅科技处开展科普宣传活动。甘肃安防协会按照要求组织会员单位参加了在金昌市举办的2013年全省科普宣传周启动仪式，多家安防企业进行了现场展示，向社会宣传了安全技术防范的作用和应用效果。

二是协助中国安防协会组织召开《中国安全防范行业年鉴》编纂工作会议。在甘肃省公安厅科技处和平凉市公安局的大力支持下，协会积极协助和配合中国安防协会，圆满完成会务组织工作，受到了中国安防协会领导和与会人员的好评。

三是参加了中国安防协会召开的专家委员会报警组会议、五届三次理事长工作会议和常务理事会议。还应邀参加了全国报警联盟成立暨报警运营服务研讨会，以及西北地方协会与台湾保全协会交流座谈会。

四是协会组织部分会员单位参加了2013年中国国际社会公共安全产品博览会，参观考察了深圳当地的安防企业。

五是在7月22日岷县、漳县地震发生后，甘肃安防协会通过甘肃省民政厅积极向灾区捐款5000元。

通过组织和参与各项相关活动，加强了协会与会员单位之间及与外部的交流和联系，不仅扩大了协会的影响力，也增强了协会的凝聚力，为今后协会更好地开展各项工作打下了良好的基础。

甘肃安防协会圆满完成了2013年工作计划，但是也还存在一些问题，有待于协会进行认真的思考和研究，在今后的工作中予以改进。下一步协会将继续按照行政主管部门的要求，充分发挥协会的桥梁和纽带作用，采取各种形式，积极为会员提供服务，促进甘肃安防行业的规范发展。

（资料提供：甘肃省安全技术防范协会）

青海省公共安全技术防范协会工作

2013年，青海省公共安全技术防范协会（以下简称“青海安防协会”）在行政、业务主管部门的指导下，以邓小平理论、“三个代表”重要思想为指导，认真学习贯彻党的十八大二中、三中全会精神及党和国家关于经济体制改革的一系列方针政策，结合青海本省安防行业的实际，紧紧围绕“提供服务，反映诉求，规范行为”这一要求，全心全意为协会各会员单位服务，较好地完成了资质年审、科技周活动、安防诚信企业评选、会员年会、党建等项重点工作，使协会的各项工作一步一个脚印地向前推进。

一、圆满完成2012年度安防工程企业资质和会员单位的年审工作

根据青海省公安厅技术防范管理办公室和青海安防协会关于开展2012年度安防工程企业资质年审工作的要求，协会于3月至5月对省内183家安防工程设计、施工企业的资质和协会会员单位资格进行了年审。其中，合格企业174家，取消安防资质企业9家；安防工程设计、施工备案企业7家；产品备案企业5家。在年审期间，共有27家企业向协会提出了资质升级的申请，其中核准二级资质升一级资质企业5家，三级资质升二级资质企业15家。因注册资金、2012年度安防工程业绩和工程师数量不达标等原因，未核

准升级企业7家。年审工作的圆满完成，保证了省内各安防企业正常的经营活动。

二、配合开展“公安科技活动周”活动

青海安防协会积极配合省公安厅技防办于5月开展了以“公安科技与技防普及创新 推动平安青海美好家园建设”为主题的“公安科技活动周”活动。有26家安防工程企业在活动期间展示了本企业的安防产品和设备，并向群众进行了安防技术知识的宣传及答疑解惑。青海省公安厅科信处、技防办的领导和协会的同志参加了活动。西海都市报、西宁电视台等媒体的记者作了跟踪报道和采访。

三、开展“奉献爱心、心手相连”活动

4月20日，四川雅安地区发生7.0级强烈地震。一方有难、八方支援，青海省安防协会会员单位和协会党支部委员、入党积极分子积极响应协会和协会党支部的倡议，积极向地震灾区捐款，奉献爱心，充分体现了青海安防人与灾区人民风雨同舟、心手相连、共渡难关的坚强决心和大爱精神。协会会员单位和个人共向灾区捐款近万元。

同时，协会入党积极分子高清云同志在向四川雅安地震灾区捐款的基础上，又为青海门源县教育局的两名癌症患者老师和16名贫困学生捐款10万元，体现了一个民营企业家的社会担当和责任。

四、举办协会间的合作交流活动

9月，在西宁举办了首届西北四省区安防协会与台湾中华保全协会座谈会，来自青海、甘肃、陕西、宁夏等西北四省区安防协会和企业代表与台湾中华保全协会进行交流。座谈会采取实地考察、座谈推介、重点咨询等方法，就共同关心、关注的报警服务、安全防范、信息网络、技术创新、运营机制、服务营销、人才培训、市场前景等问题，开展了座谈讨论和交流，增进了相互了解，开拓了视野，展望了合作发展前景，与会人员深受启发和鼓舞。

在青海省公安厅科信处支持下，协助和配合中国安防协会在西宁组织召开了《中国安全防范行业年鉴》工作研讨会议，圆满完成了会务工作，受到了中国安防协会领导和与会人员的好评。

五、开展了青海首次“安防诚信企业”评选活动

为认真贯彻党中央、国务院关于建立社会信用体系的总体要求，加强青海省安防行业诚信建设，树立安防企业诚信形象，提升安防产品诚信品牌价值，鼓励、引导企业走诚信经营之路，保障安防市场持续、稳定、健康发展。依据《青海省公共安全技术防范协安防诚信企业考核评价管理办法》的规定，4月~10月，青海安防协会组织开展了2011~2012年度“安防诚信企业”评选活动。这是青海省安防行业首次组织此类活动，最终评选出8家企业为青海省公共安全技术防范协会2011~2012年度“安防诚信企业”。

六、召开协会二届三次会员代表大会

12月，青海安防协会二届三次全体会员代表大会召开，总结了2013年度省安防协会工作，部署了2014年安防协会重点工作；学习了党的十八大三中全会精神，汇报了协会2013年度财务运行情况，通报了协会“2011~2012年度安防诚信企业评选”的结果，并向8家获得首届“安防诚信企业”颁发了证书和牌匾。

七、加强协会党支部建设

青海安防协会党支部建设工作有了新的突破。一是协会党支部利用协会召开理事会、会员代表大会的机会，组织学习贯彻党的十八大二中、三中全会精神，进一步激发大家抓机遇、促改革、强素质、上水平的企业“转型升级”之路。会员单位先后有260人参加了学习。二是协会党支部积极开展组织发展工作，接收了两名同志为预备党员。这是协会党支部自成立以来，首次发展党员，预示着协会党的建设工作全面展开。

八、努力提高服务能力

一是简化年审程序，办证效率得到了提高。在年审中，青海安防协会取消了原来集中统一审核的模式，采取了“分类审核、即时办结”的办法，大大节省了各企业年审的时间，提高了工作效能，方便了企业。

二是改善了协会的信息“通道”。协会对原有的青海安防信息网进行了优化和改版，开通了协会QQ号和QQ群，方便了协会与各会员之间和会员与会员之间的交流沟通。

三是加强制度建设。为推动青海省安防行业诚信建设，协会结合青海省安防行业发展情况，于2月印发了《青海省公共安全技术防范协会企业诚信评价管理办法》。该办法对安防企业参加诚信评价的申请，评价等级条件、评价项目程序、评价组织管理等作了规范。

四是根据协会会员单位的需要，聘请了协会常年法律顾问，协助协会处理日常法律事务，为会员单位依法提供法律方面的服务。

五是加强了《青海安防简讯》的编发工作，加大了安防信息的公开和对安防行业的宣传力度。2013年度，协会共编发了12期《青海安防简讯》，对协会的动态、工作、活动进行了全面的跟踪报道，起到了推动工作、公开信息、相互促进的作用。

六是为规范行业行为，方便会员单位学法、懂法、执法，协会收录编辑了第一部由国家法律、部门规章、协会章程制度为主要内容的《协会法规标准（一）》，免费发给各会员单位使用。

经过一年的共同努力工作，协会在以下方面有了新的认识：一是协会是一个民间组织，党和政府对民间组织的发展建设很重视，但要建设好发挥好民间组织的“桥梁”、“纽带”和“娘家”作用，还需要在组织形式、运作模式、职能作用、财务保障等方面积极地实践与探索。二是规范行业行为的任务十分艰巨复杂，既有法律、法规和市场监管层面的问题，也有企业自律和从业人员的素质问题，要克服行业发展中的一些顽疾和瓶颈，唯有走改革之路，让市场决定行业发展的方向、规模和优劣。三是行业协会与会员之间、行业协会之间、协会与政府有关部门之间的信息沟通、共享，仍然是一个急待解决的大问题。

（资料提供：青海省公共安全技术防范协会）

新疆维吾尔自治区安全技术防范行业协会工作

2013 年，新疆维吾尔自治区安全技术防范行业协会（以下简称“新疆安防协会”）在自治区公安厅和自治区民政厅的指导、监督管理下，在全体会员单位的大力支持配合下，秉承“为会员服务、为行业服务、为政府服务、为社会服务”的宗旨，推进协会各项工作开展。

新疆安防协会以科学发展观为指导，紧紧围绕协会的年度工作计划和上级领导的工作部署，立足协会自身建设，强化管理，优化服务，着力提高协会的协调、服务职能，锐意进取，开拓创新。一年来，协会在发展会员、资质评定、举办展会、专家评审、组织培训、筹建专家库、评选优秀安防工程企业和服务会员等方面做了大量的工作，较好地完成了协会的全年工作。

一、适应行业发展需要，加强协会基础工作建设

为适应新疆维吾尔自治区安防行业快速发展，2013 年新疆安防协会着力加强组织建设工作。

一是增补了 1 家协会副理事长单位。目前协会副理事长单位已有 29 家，形成了企业参与的决策层，有效地发挥了企业在协会中的主导作用。

二是发展理事及会员单位。一年来，协会发展 2 家理事单位，60 家会员单位，目前协会会员总数 331 家。其中副理事长单位 29 家，常务理事单位 10 家，理事单位 26 家，普通会员 266 家。

三是召开了一届二次理事会，理事以上参会代表 60 人；召开了一届二次常务理事会议，常务理事以上单位代表 36 人、专家代表 30 人，共 66 名代表参加会议；召开了一次理事长办公会议。会议的召开加强了协会各方面工作的落实和体现了协会在行业内的凝聚力。

四是新疆安防协会于 3 月正式成为中国安防协会副理事长单位，6 月被自治区民政厅评为全区性社会团体和基金会先进工作单位。

五是修订了《安防工程企业资质等级评定管理办法》。作为评定企业资质等级的主要依据，《办法》试行一年多来，在实际工作中发挥了积极作用。为更加完善、充实《办法》的内容，新疆安防协会一届二次常务理事会参会代表对《办法》提出了修改的建议和意见，并于 8 月和 10 月两次下发通知向各会员单位和各安防工程企业公开征求修订意见。12 月，协会召集部分安防专家以及安防企业代表召开了座谈会，征求对《办法》的意见，进一步完善了《办法》的内容。

六是制订了《安防工程从业企业不良行为积分制度》（试行）。新疆安防协会为配合《安防工程企业资质等级评定管理办法》的实施，制订了《安防工程从业企业不良行为积分制度》（试行），为更加完善、充实该制度的内容，向各会员单位和各安防工程企业发出通知，公开、广泛征求意见，并于 12 月召集部分安防专家及安防企业代表召开座谈会，完善了其内容。

二、加强协会规范化管理，促进行业健康发展

一是加强管理及风险控制。逐步建立并修订协会的规章制度，这些制度的贯彻执行，保障了新疆安防协会决策和工作的科学性、规范性，提升了服务质量和工作效率。

二是落实财务管理规定。协会严格按照社会团体收费标准及有关要求，只收取会员单位的会费作为协会正常运行的经费。

三是新疆维吾尔自治区安防产业高速增长，势头喜人。据不完全统计，2013 年新疆安防协会 231 家会员安防工程完工总工程量达到 2095 个，工程总额近 20 亿元。其中副理事长单位承建 253 个工程，工程额 35922 万元，占总额的 18%；常务理事单位承建 78 个工程，工程额 9429 万元，占总额的 5%；理事单位承建 293 个工程，工程额 31170 万元，占总额的 16%；会员单位承建 1471 个工程，工程额 119417 万元，占总额的 61%。在政策的大力推动下，新疆安防行业将继续保持稳定发展的态势。

三、加强行业自律，构建行业自律管理体系

开展行业自律管理，是完善市场监管体制的重要内容，也是行业协会的重要职责。

（一）加强安防工程企业资质评定，促进行业自律

按照新疆安防协会资质评定管理办法，2013 年的资质年审工作在广大安防企业的支持和各地安防评审员的共同努力下，已经完成了 312 家安防工程企业年审和 150 家资质评定工作。同时，在全行业开展《新疆安防企业诚信公约》签署活动。目前，已取得由新疆安防协会颁发的资质证书

的工程企业518家，其中一级资质单位60家，二级资质单位120家，三级资质单位350家。

（二）开展安防工程企业培训，完善行业自律管理机制

新疆安防协会十分重视行业从业人员的规范管理和职业化建设工作。2013年，协会举办了七期安防工程技术人员培训班，参训人数达到1339人；邀请相关机构在乌鲁木齐市举办了一期电子工程造价员培训班（含前一期补考人员培训）共134人参加培训考试；协会为30名安防专家发放安防标准书籍，举办专家学术报告会，充实了协会安防专家们的业务知识面；根据公安厅主管部门的安排协会组织举办了三期GB/T28181－2011《安全防范视频监控联网系统信息传输、交换、控制技术要求》标准宣贯培训班，全区共有817人参加了培训，为全疆安全防范视频监控系统的联网建设夯实了理论基础；根据自治区人民政府《关于全面推行职业资格证书和就业准入制度的通知》的规定，新疆安防协会积极引导安防从业人员参加安全防范职业资格的培训，目前由新疆安防技术职业技能培训学校培训的人员有218人，已获得“安全防范设计评估师”职业资格证书的有85人。

（三）开展“新疆优秀安防工程企业”评选，规范会员行为

3月，新疆安防协会组织开展“新疆优秀安防工程企业”评选工作，成立了专家评审组。经过为期五个月的网上动员通知、材料受理、完善材料和第二阶段专家集中审核、终评打分和网上公示等程序，评选出7家新疆优秀安防工程企业，并将结果上报新疆公安厅备案，并向各地公安、政府采购、招标办（公司）等相关部门发出推荐信，建议在政府采购招标时优先考虑。新疆公安厅科技信息化处于11月拟文转发了评选结果。

目前，新疆安防协会已经初步形成了安防行业自律管理体系的基本框架，并在规范行业秩序、服务企业等方面发挥了积极作用。

四、增强服务意识，提升服务能力

一年来，新疆安防协会在展会组织、专家咨询、完善网站建设、开展行业交流等方面做了大量工作，服务意识、服务水平也有了明显的提升。

（一）成功举办第九届新疆警用技术装备与社会公共安全产品博览会，搭建贸易交流平台

6月，第九届新疆警用技术装备与社会公共安全产品博览会在新疆国际会展中心举办。本届展会汇集全国二十多个省市的184家安防企业参加，展览面积达8000平方米，近300个展位。

（二）发挥安防专家作用，为行业企业提供综合服务

一年来，新疆安防协会紧密围绕协会中心工作和行业需求，积极组织专家发挥专业知识技能，为新疆维吾尔自治区安防建设发挥了重要技术支持作用。

协会组织专家参与安防工程的评审和验收，参与教育培训。协会先后派出专家24人次参与乌鲁木齐等地市的安防工程方案评审和验收工作；先后派出安防专家21人次在协会组织举办的培训班上担任授课老师。

协会为政府技防立法建言献策。协会派专人参加由新疆公安厅法治总队牵头，政府法制办、自治区综治办、公安厅治安总队、科信处等单位参加对《新疆维吾尔自治区公共安全视频图像信息系统管理办法》征求意见稿的讨论和修订，对条款的内容提出了合理的建议和意见。同时，协会还组织专家参与有关制度和行业规范的制订工作。

（三）加强协会网站建设，努力做好宣传及资讯服务

2013年，新疆安防协会行业网在实用性、专业性功能上得到了进一步完善。协会组建了两个QQ群，共有800联络人为群友，便于及时沟通。协会网站的点击率已超过11万。全年编辑出版了四期《新疆安防通讯》，刊登稿件60余篇，并组建了一支由各会员单位推荐的15人的通讯员队伍。

（四）积极筹备安防博览会，展会招展有序进行

新疆安防协会联合深圳安防协会、新疆国际会展中心主办的“2014首届中国—亚欧安防博览会”将于2014年8月在会展中心召开。本届展会以“放眼全球市场，聚焦亚欧安博”为主题，以全面服务公安中心工作为出发点，突出展示近年来我国安全防范技术和产品在社会治安防范及相关领域的应用成果。目前，招展工作顺利展开。

此外，协会还与新疆会展中心共同组织国内安防企业，报名参加“2014第十二届哈萨克斯坦—中国商品展览会”。

（五）开展2013年度会员企业相关信息采集工作

为了进一步服务行业发展需要，新疆安防协会启动2013年度会员企业相关信息采集工作。采集范围是协会全体会员企业，内容主要包括会员企业2013年经营情况和重要事件。协会将以所获取的信息作为参考依据之一，对行业整体发展情况进行分析和研判，并适时发布。同时，部分信息和数据将酌情编入《新疆安防通讯》。

（六）建立安防专家库，发挥行业专家作用

根据新疆安防协会《安防专家库专家管理办法》的规定，协会下发《关于征集新疆安全技术防范专家库专家的通知》，通过网上征集、资料收集，经协会组织专人对单位推荐和个人申报的安防专家材料遴选并报请协会领导审核、网上公示等环节，评选出了30名新疆维吾尔自治区首批安防技术专家，并颁发了聘书。为配合公安部在全国征集公安视频监控专业人才的工作，协会还积极向自治区公安厅推荐本行业内视频监控专业人才。

（七）积极参加会员单位安防新产品新技术交流会

新疆安防协会派员积极参加会员单位组织的安防新产品新技术交流会，为企业开拓市场，为建设“平安新疆”积极推进新技术新产品在新疆市场上的应用。

（八）注重协会间交流，不断改进协会工作

新疆安防协会积极参加中国安防协会召开的各类会议和活动，学习先进经验开拓视野，努力做好协会的各项工作。

回顾过去的一年，新疆安防协会工作在取得一定成绩的同时，也还存在许多问题和不足：一是会员发展工作还不能跟上行业发展的要求，会员单位缴纳会费的宣传工作有待加强；二是协会自身在人员结构、工作方式、服务理念和制度建设方面存在不足；三是资质评定工作还有待进一步加强；四是进一步加强协会间的交流学习。

在新的一年，新疆安防协会将以上级政府的指示和各级领导的工作安排为指针，进一步加强协会自身建设，提高工作能力和服务水平，办好各种技术培训，做好安防工程企业资质评定和年审工作，增进国内、国外的技术和产品交流，促进区内安防企业之间技术和信息交流，继续发展会员单位，提升新疆安防企业的技术水平。在上级政府的指导和监督下，新疆安防协会将紧紧围绕协会的中心工作，逐步落实“协会三年工作规划”，使协会工作走上一个新的台阶。

（资料提供：新疆维吾尔自治区安全技术防范行业协会）

第六章　标准化

第一节　标准化组织

全国安全防范报警系统标准化技术委员会

全国安全防范报警系统标准化技术委员会（简称全国安防标委会，代号为 SAC/TC100），是经国家标准化管理委员会批准成立的全国性专业标准化技术工作组织，成立于 1987 年，负责我国安全防范报警系统技术领域的标准化工作。

SAC/TC100 的主要工作任务是：向国家标准化管理委员会和公安部科技信息化局提出安全防范报警系统技术领域标准化工作的方针、政策和技术措施的建议；按照国家标准化工作的方针、政策，制定安全防范报警系统技术领域的标准体系和标准制修订规划、计划草案；按照国家和行业下达的标准制、修订年度计划，组织制定和审查国家标准草案和行业标准草案；对经批准、发布的国家标准、行业标准，组织宣贯、培训和定期复审；为企业标准化工作提供咨询和服务；对口国际电工委员会/报警与电子安防系统技术委员会（IEC/TC79）的工作，参加 IEC/TC79 国际标准草案的制定、审查和投票表决。

2013 年 11 月，经国家标准化管理委员会批准，SAC/TC100 第六届委员会正式成立。目前，SAC/TC100 共有委员 98 名、顾问 2 名。SAC/TC100 第六届委员会还聘任了 18 名特聘专家及近百名通讯委员。截至 2013 年底，SAC/TC100 已完成的现行国家标准和行业标准共 141 项。这些标准涉及入侵和反劫报警、视频监控、出入口控制、防爆安检、安防工程、实体防护和人体生物特征识别应用等多个专业技术领域。

SAC/TC100 积极参加 IEC/TC79 国际标准化工作，牵头制定 5 项国际标准，派出 20 余名技术专家参与 14 项国际标准起草工作。

SAC/TC100 的常设工作机构为秘书处，下设六个职能部门：办公室、计划信息部、技术发展部、成果应用推广部、国际合作部、培训部。秘书处办公地点设在公安部第一研究所。

根据工作需要，经国家标准化管理委员会批准，SAC/TC100 于 2000 年成立了实体防护设备分技术委员会（SAC/TC100/SC1），秘书处设在公安部第三研究所；2007 年成立了人体生物特征识别应用分技术委员会（SAC/TC100/SC2），秘书处设在公安部第一研究所。

SAC/TC100 第六届委员会领导成员：

主 任 委 员：谭晓准（公安部科技信息化局　副局长）

副主任委员：杨　奇（公安部治安管理局　副局长）

陈朝武（公安部第一研究所　副所长、研究员）

周左鹰（公安部第三研究所　副所长）

张忠孝（中国安全技术防范认证中心主任）

王　巍（公安部科技信息化局　副处长）

委员兼秘书长：施巨岭

（公安部第一研究所　副研究员）

委员兼副秘书长：张　跃

（公安部第一研究所　副研究员）

周　群（北京中盾安全技术开发公司　副研究员）

地　　址：北京市海淀区首体南路 1 号 公安部第一研究所老科研楼 6 层 616 - 619 室

邮　　编：100048

通信地址：北京 2808 信箱 51 分箱

电　　话：010 - 88513420、88513913、88512998

传　　真：010 - 88513960

网　　址：www. tc100. org. cn

全国安全防范报警系统标准化技术委员会实体防护设备分技术委员会

全国安全防范报警系统标准化技术委员会实体防护设备分技术委员会（简称实体防护分会，代号为 SAC/TC100/

SC1）是经国家标准化管理委员会批准成立的全国性专业标准化技术工作组织，是我国安全防范技术领域中实体防护设备技术专业内从事全国性标准化工作的技术工作组织，负责本专业技术领域的标准化技术归口工作和本专业国家标准、行业标准的制修订工作，秘书处设在公安部第三研究所。

SAC/TC100/SC1 的主要工作任务是：遵循国家有关方针政策，向 SAC/TC100 提出实体防护专业标准化工作的方针、政策和技术措施的建议；按照国家制修订标准的原则，以及采用国际标准和国外先进标准的方针，提出本专业制修订国家标准和行业标准的规划及年度计划；根据国家标准化管理委员会和公安部科技信息化局批准的计划，在 SAC/TC100 领导下组织本专业国家标准和行业标准的制修订工作和相关的科研工作；组织本专业国家标准和行业标准送审稿的审查工作，对标准中的技术内容负责，提出审定结论意见，提出强制性标准和推荐性标准的建议。定期复审已发布的本专业国家标准和行业标准，提出修订、补充、废止或继续执行的意见；受国家标准化管理委员会、公安部科技信息化局的委托，在 SAC/TC100 的领导下负责组织本专业国家标准和行业标准的宣讲、解释工作，对本专业已颁布标准的实施情况进行调查和分析，作出书面报告。向国家标准化管理委员会、公安部科技信息化局和 SAC/TC100 提出本专业标准化成果奖励项目和标准化先进个人、先进集体进行奖励的建议；在 SAC/TC100 的领导下组织参加有关国际标准化活动，做好与相关标准化国际组织的技术交流工作；受国家标准化管理委员会和公安部科技信息化局委托，根据 SAC/TC100 的安排，在产品质量监督检验、认证等工作中承担本专业标准化范围内产品质量标准水平评价工作及本专业引进项目的标准化审查工作，并向项目主管部门提出标准化水平分析报告。

2003 年 6 月，经国家标准化管理委员会和公安部科技信息化局批准，SAC/TC100/SC1 第二届委员会正式成立。目前，SAC/TC100/SC1 共有委员 21 名、顾问 2 名。

SAC/TC100/SC1 第二届委员会领导成员：

主 任 委 员：李明甫（公安部科技信息化局　处长）

副主任委员：周左鹰（公安部第三研究所　副所长）

委员兼秘书长：鲍逸明（公安部第三研究所）

委员兼副秘书长：陆曙蓉（公安部第三研究所）

地　　址：上海徐汇区岳阳路 76 号　公安部第三研究所 717 室

邮　　编：200031

电　　话：021－64336810－1735

传　　真：021－64713206

电子邮箱：tc100sc1@163. com

全国安全防范报警系统标准化技术委员会人体生物特征识别应用分技术委员会

全国安全防范报警系统标准化技术委员会人体生物特征识别应用分技术委员会（代号：SAC/TC100/SC2），是经国家标准化管理委员会批准成立的全国性专业化技术工作组织，成立于 2007 年 9 月 11 日。

SAC/TC100/SC2 以维护社会公共安全为目的，研究、制修订社会公共安全体系中以人体生物特征识别应用为主要内容的应用基础标准、产品标准、试验标准以及管理标准等；通过引进、吸收、应用、推广国内外生物特征识别技术领域的最新科技成果，建立公共安全领域生物特征识别应用的标准体系。

SAC/TC100/SC2 的主要工作任务是：结合证卡、视频安防监控、出入口控制、入侵报警等需求，陆续开展基于指纹、虹膜、人脸、声纹识别等人体生物特征识别产品标准、试验标准和管理标准等，以形成全面、科学、先进、实用且与工程密切相关的、公共安全领域人体生物特征识别应用的标准体系。

2012 年 12 月 19 日，国家标准化管理委员会批复 SAC/TC100/SC2 人体生物特征识别应用分技术委员会第二届换届及组成方案。

2013 年 3 月 26 日～27 日 SAC/TC100/SC2 的第二届委员会在京正式成立。第二届会员会有 41 名委员和 4 名顾问委员，本届委员会还特聘有 28 名特聘专家及通讯委员，随着标准化业务的拓展，专家队伍还在不断扩大。

生物特征识别是新兴的技术，对预防犯罪起到至关重要的支撑作用，这一技术已成为身份鉴别领域的研究热点，SAC/TC100/SC2 致力于用标准推广生物特征识别技术的应用和效益，引领和规范行业市场的有序发展。截至 2013 年，SAC/TC100/SC2 在成立短短的六年时间里，先后组织开展 32 项国家标准及公共安全行业标准项目的研发，涉及指纹、指静脉、人脸、声纹、虹膜、掌纹等常用人体生理特征识别技术以及生物特征融合技术等，其中已完成现行国家标准及公共安全标准 12 项，在研项目 20 项。

SAC/TC100/SC2 的常设工作机构 TC100/SC2 秘书处办公地点在公安部第一研究所。

SAC/TC100/SC2 第二届委员会领导成员名单：

主 任 委 员：于　锐（北京中盾安全技术开发公司　总工/研究员）

副主任委员：李明甫（公安部科技信息化局　处长）

李子青（中国科学院自动化所　室主任/研究员）

郑　方（清华大学信息技术研究院　副院长/研究员）

秘　书　长：侯鸿川（公安部第一研究所 研究员）
副 秘 书 长：田　青（北京中盾安全技术开发公司　研究员）
地　　址：北京市首都体育馆南路一号主楼614－615室公安部第一研究所
邮　　编：100048
通信地址：北京2808信箱76分箱
电　　话：010－88513872 88513842
传　　真：010－88513872
电子邮箱：tc100－sc2@163.com

公安部特种警用装备标准化技术委员会

公安部特种警用装备标准化技术委员会（简称公安部警标委），是经公安部批准成立的公安部特种警用装备专业标准化技术工作组织，负责警用武器、特种警用车辆、警用械具、警员防护装备、警服专业技术领域的标准化归口工作和本专业国家标准、行业标准的制修订工作。

按公安部标准化归口管理要求，公安部警标委受公安部科技局领导，在具体业务工作上接受公安部装备财务局、公安部治安局、公安部监所管理局等的指导。

公安部警标委的常设工作机构警标委秘书处设在公安部第一研究所。

公安部警标委的主要工作任务是：遵循国家有关标准化工作的方针政策，开展特种警用装备技术领域的标准化工作，制定本专业标准体系和标准制修订计划，按照本专业标准制修订年度计划，组织制定国家及行业标准；组织对所制定的标准进行宣贯实施和定期复审、修订，为公安部特种警用装备主管部门进行规范化管理提供有力的技术依据。

公安部警标委第三届委员会现有委员119名，特聘专家19名，通讯委员107名，组成结构涵盖了国内公安装备管理部门、公安装备使用部门、特种警用装备生产销售单位、检测单位、研发单位的领导、权威专家和骨干技术力量。成立十七年来，在各方面及秘书处挂靠单位公安部第一研究所的大力支持下，已制修订完成行业标准240余项，在制定标准60余项，完成部级科研项目4项。完成的这些技术标准和项目，在公安部特种警用装备规范化管理工作中正发挥着积极的基础支撑作用。

公安部警标委第三届委员会领导成员是：
主 任 委 员：蒋苏林（公安部装备财务局　副局长）
副主任委员：陈建南（公安部第一研究所　副所长）
谭保东（公安部装备财务局警用装备研发论证中心　副主任）
钱熊飞（公安部治安局二处　处长）
孙莉莉（公安部装备财务局装备一处处长）
副主任委员兼秘书长：孙非（公安部第一研究所　副研究员）
通信地址：北京市2808信箱65分箱
邮　　编：100048
电　　话：010－88513422、88513423
网　　址：www.gajbw.gov.cn

公安部社会公共安全应用基础标准化技术委员会

经公安部领导批准，公安部社会公共安全应用基础标准化技术委员会（以下简称基础标委会）于2008年1月23日在京正式成立。基础标委会由公安部机关业务局、部属研究所、院校、标准化技术委员会、质量检验机构、质量认证机构、行业协会，以及生产、使用、经销等方面的企业代表组成。公安部装备财务局局长王俭任主任委员，公安部科技信息化局局长厉剑任副主任委员兼秘书长，副主任委员由公安部各相关业务局、部属研究所领导担任。基础标委会接受公安部科技信息化局领导，秘书处挂靠单位为公安部第一研究所。

按照公安部标准化工作归口管理要求和国家标准化管理委员会的有关规定，基础标委会受公安部科技信息化局的委托，负责制修订社会公共安全行业内新技术、新标准领域及跨技术领域、跨部门、跨警种的公用性国家标准和公安行业标准及其宣传培训和监督检查工作。

具体任务有：遵循国家有关方针政策，向公安部科技信息化局提出社会公共安全应用基础标准化工作的方针、政策、管理和技术措施的建议；按照国家制修订标准的原则以及采用国际标准和国外先进标准的方针，负责制定社会公共安全应用基础标准体系，提出社会公共安全应用基础国家标准和公安行业标准的规划、年度计划的建议；根据公安部科技信息化局批准的计划或下达的任务，组织开展社会公共安全应用基础国家标准和公安行业标准的制修订工作及相关的科研工作；组织社会公共安全应用基础国家标准和公安行业标准送审稿的审查工作，对标准中的技术内容负责，提出审定结论意见和强制性标准或推荐性标准的建议。定期复审已发布的社会公共安全应用基础国家标准和公安行业标准，提出修订、补充、废止或继续执行的意见；负责组织社会公共安全应用基础国家标准和公安行业标准的宣讲、解释工作。对已颁布标准的实施情况进行调查和研究，作出书面报告。向公安部科技信息化局提出社会公共安全应用基础标准化成果奖励项目和对标准化工作先进个人、先进集体进行奖励的建议；负责与相关国际标准化组织的联系，组织参加有关国际标准化活动，做好与相关标准化国际组织的技术交流工作；在产品质量监督检验、认证等工作中，承担社会公共安全应用基础标准化范围内产品质量标准水平评价工作，并向项目主管部门提出标准化水平分析报告；在完成上述任务前提下，基础标委会面向社会开展社会公共安全应用基础标准化工作，指导社会公共安全应用基础地方标准、企业标准的制定、审查和宣讲、咨询等技术服务工作。

基础标委会成立几年来，组织制定了几十项有重要影响且是当前急需的国家标准和公安行业标准，社会效益显著。基础标委会现有委员 58 名，通讯委员 20 名。其中 30 名委员是来自公安行政管理部门副处级以上管理人员或科技人员，委员全部具有中级以上技术职称或副处级以上行政级别。基础标委会秘书处办公地点设在公安部第一研究所。

地　　址：北京市海淀区首都体育馆南路 1 号 47 分箱
邮　　编：100048
联 系 人：王　菁（常务秘书/委员）
电　　话：010－88513730
传　　真：010－68422221
电子邮箱：gabwj@ sina. com　　jcbwhwj@ 163. com

第二节　标准化组织工作

全国安全防范报警系统标准化技术委员会工作

2013 年，全国安全防范报警系统标准化技术委员会（SAC/TC100）在国家标准化管理委员会和公安部科技信息化局的领导下，在秘书处承担单位公安部第一研究所的大力支持下，在全体委员、通讯委员和专家的共同努力下，委员会工作的各个方面都取得了较大成绩，为满足公安业务应用和促进安防产业发展做出了应有的贡献。

一、标准制修订工作成果显著，为满足公安业务需求和促进安防产业发展提供强有力的技术支撑

（一）完成并经国家标准委和公安部批准发布的国家标准 3 项，行业标准 13 项

1. 批准发布的国家标准（共 3 项）

序号	标准编号	主要内容
1	GB/T 30147－2013	安防监控视频实时智能分析设备技术要求
2	GB/T 30148－2013	安全防范报警设备 电磁兼容抗扰度要求和试验方法
3	GB/T 15211－2013	安全防范报警设备 环境适应性要求和试验方法

2. 批准发布行业标准（共 13 项）

序号	标准编号	主要内容
1	GA/T1032－2013	张力式电子围栏通用技术要求
2	GA 1051－2013	枪支弹药专用保险柜
3	GA/T 1060. 1－2013	便携式放射性物质探测与核素识别设备通用技术要求 第 1 部分：γ 探测设备
4	GA/T 1060. 2－2013	便携式放射性物质探测与核素识别设备通用技术要求 第 2 部分：识别设备
5	GA/T 1067－2013	基于拉曼光谱技术的液态物品安全检查设备通用技术要求
6	GA/T 1072－2013	基层公安机关社会治安视频监控中心（室）工作规范
7	GA1081－2013	《安全防范系统维护保养规范》
8	GA 1089－2013	电力设施治安风险等级和安全防护要求
9	GA/T 72－2013	楼宇对讲电控防盗门通用技术条件

续表

序号	标准编号	主要内容
10	GA/T1093－2013	《出入口控制人脸识别系统技术要求》
11	GA/T 1126－2013	《近红外人脸识别设备技术要求》
12	GA/T1127－2013	《安全防范视频监控摄像机通用技术要求》
13	GA/T1128－2013	《安全防范视频监控高清晰度摄像机测量方法》

（二）完成标准报批稿共18项，其中，国家标准报批稿4项，行业标准报批稿14项

1. GB《入侵报警系统 无线（射频）设备互联技术要求》

2. GB/T《高等院校安全技术防范系统要求》

3. GB/T《医院安全技术防范系统要求》

4. GB/T《安全防范系统 视频监控人脸识别系统技术要求》

5. GA/T《激光入侵探测器技术要求》

6. GA/T《视频安防监控视音频光端机技术要求》

7. GA/T《出入口控制电动栏杆机通用技术要求》

8. GA/T《出入口控制人行通道闸技术要求》

9. GA/T《手持式视频检查仪通用技术要求》

10. GA《安全防范系统维护保养规范》

11. GA/T《安全防范工程设计文件编制深度要求》

12. GA/T《安全防范工程费用预算编制办法》

13. GA/T《安全防范工程监理规范》

14. GA《机械防盗锁》

15. GA/T《安防人脸识别采集设备 第1部分 近红外人脸图像采集模块/设备技术要求》

16. GA/T《安全防范系统人脸识别应用技术规范 第6部分：人脸识别应用系统算法评测方法》

17. GA/T《安防指静脉识别应用 程序接口规范》

18. GA/T《安防声纹识别应用 算法技术要求和测试方法》

二、积极开展标准化研究项目，为科技强警和社会治安防控体系建设提供标准化技术支撑

（一）《公安机关视频图像信息联网与应用标准体系》研究

为保障全国公安机关视频图像信息整合与共享应用工作的顺利开展，2013年，SAC/TC100根据公安部科技信息化局的相关要求，开展了《公安机关视频图像信息联网与应用标准体系》研究工作。经过广泛征求意见和多次修改，已完成《公安视频图像信息联网与应用标准体系框图》和《公安视频图像信息联网与应用标准体系明细表》两项送审稿草案，提交SAC/TC100第六届一次会议进行专家审查。

（二）公益性行业科研专项——《社会治安重要场所安全技术防范标准研究》

2013年，SAC/TC100承担的“2012年度质检公益性行业科研专项经费项目——社会治安重要场所安全技术防范标准研究”进展顺利，完成了9项国家标准中7项标准制定任务。

2013年10月，项目研究工作通过了国家标准委组织的中期检查，鉴于其中一项标准涉及管理部门多，协调难度大，该项目计划于2014年12月前全部完成项目验收。

（三）《文物安全技术防范标准体系》课题研究

为加强文物安全技术防范工作，推进文物安全技术防范标准化进程，特别是提高博物馆和文物保护单位安全技术防范系统建设的规范性、针对性、有效性，2013年，在国家文物局的大力支持下，SAC/TC100开展了《文物安全技术防范标准体系研究》。

一年来，SAC/TC100秘书处组织有关委员单位，在大量调查研究和广泛征求意见的基础上，全面完成了课题任务，编制了《文物安全技术防范标准体系表》，同时还完成了《文物安全技术防范标准体系需求分析报告》、《文物安全法律法规和国内标准化现状调研报告》和《文物安全国际国外标准化现状调研报告》等三项研究报告。

2013年8月，该项目已通过了国家文物局组织的项目评审验收。

三、国际标准化工作继续取得突破，不断增强国际标准制定的话语权

（一）国际标准制定工作取得新成果

1. 我国牵头制定的1项视频监控国际标准已正式批准发布

由我国牵头制定的IEC 62676－3《报警系统－安防应用中的视频监控系统－第3部分：模拟数字视频接口》于2010年8月获得IEC正式立项。经过三年的标准制定，该项目于2013年7月22日作为正式国际标准发布。这是我国在安全防范领域提出、牵头制定并最终发布的第一项国际标准。

2. 我国牵头制定4项楼寓对讲国际标准进展顺利

由我国牵头制定的IEC62820《楼寓对讲系统通用技术要求》于2012年8月获得IEC正式立项。目前，经项目组会议讨论通过并报IEC/TC79秘书处确认，原标准划分为4项标准，分别为：

IEC62820－1－1：楼寓对讲系统 第1－1部分：模拟系统；

IEC62820－1－2：楼寓对讲系统 第1－2部分：数字系统；

IEC62820－2：楼寓对讲系统 第2部分：先进型系统；

IEC62820－3：楼寓对讲系统 第3部分：应用指南。

目前，IEC62820－1－1已完成委员会草案（CD），即将在IEC/TC79各成员国中投票并征求意见，其余标准草案正在按计划起草中。

2013年10月，IEC/TC100年会决定将楼寓对讲系统项目组升格为IEC/TC79/WG13楼寓对讲系统工作组，我国专家任工作组组长。

3. 选派专家参与14项国际标准制定工作

SAC/TC100还选派专家参加了IEC/TC79/WG11出入口控制系统工作组、IEC/TC79/WG12视频监控系统工作组和IEC 62692数字门锁项目组的14项国际标准的制定工作。

（二）组团参加IEC/TC79年会和主席顾问组（CAG）会议

2013年10月，SAC/TC100选派专家参加了在意大利召开的2013年IEC/TC79年会、各工作组会议及IEC/TC79主席顾问组（CAG）会议。年会上，IEC/TC79主席和IEC中央技术官对我国专家为国际标准化工作做出的突出贡献表示感谢并给予大会表扬。

（三）认真组织开展国际标准化相关工作

1. 投票工作

2013年，IEC/TC79共下发6类共15项国际标准化工作文件，其中包括调查问卷1项，委员会草案1项，委员会评论用文件3项，委员会供投票用文件2项，最终国际标准草案7项，技术规范草案1项。针对下发的各项文件内容，SAC/TC100秘书处及时组织中国国内专家进行研究讨论，形成正式的中英文意见，通过国家标准委反馈至IEC/TC79秘书处。SAC/TC100已完成全部15项IEC/TC79流通文件的投票工作，投票率为100%。

2. 资料翻译

2013年，SAC/TC100秘书处组织翻译国际标准草案6项，共计19.8万字；翻译国际标准化相关文件2项，共计2.5万字。这些国际标准和资料的翻译，为今后我国标准采用国际标准奠定了必要的基础。

3. 召集国内专家会议

2013年，SAC/TC100秘书处共组织国内技术专家召开国际标准制定会议及相关讨论会20余次，从提出提案、立项、制定草案、提出评论意见各方面开展国际标准化工作，具体研究领域涉及入侵报警系统、报警传输系统、视频监控系统、出入口控制系统、数字门锁系统、楼寓对讲系统等。

SAC/TC100通过积极参与国际标准化工作，显著增强了我国在安防国际标准制定中的话语权，同时大大提高了我国安防企业的国际竞争力。

四、紧密配合公安工作，加强标准的宣贯，加大标准的实施力度

2013年，SAC/TC100配合各地公安机关和安防行业协会开展城市监控报警联网标准和国家工程建设标准培训工作，举办多期培训班。这些标准的宣贯培训对深入推进全国城市报警与监控系统建设，进而在全国开展公安机关视频图像信息整合与共享工作提供了重要的标准化技术保障。

五、进一步加强委员会和秘书处建设

（一）完成了SAC/TC100第六届委员会的筹备和换届工作

SAC/TC100第五届委员会于2008年10月成立，2013年应进行换届。SAC/TC100秘书处认真组织，精心筹备。11月26日，国家标准委批准了SAC/TC100第六届委员会组成方案，12月26日，第六届委员会第一次会议在北京召开，圆满完成了换届工作。

（二）加强秘书处人员专项业务的学习和培训

为进一步提升SAC/TC100秘书处的标准化管理和业务水平，2013年，秘书处派员分别参加了国家标准委举办的标委会秘书长培训班和国际标准化业务培训班。

（三）做好《TC100通讯》编辑出版工作，实施秘书处工作月报制度，做好TC100网站的信息发布工作

《TC100通讯》是委员会进行政策法规宣传和标准化信息发布的窗口，是紧密联系全体委员、顾问、特聘专家和通讯委员，开展技术交流和信息沟通的桥梁，2013年，SAC/TC100秘书处出版3期《TC100通讯》。

在定期出版《TC100通讯》的同时，SAC/TC100秘书处认真做好TC100网站信息发布工作，发挥网站信息发布及时性、广泛性的特点，扩大了安防标准化工作的影响力，对委员会工作也起到了很好的宣传效果。

（资料提供：全国安全防范报警系统标准化技术委员会）

公安部特种警用装备标准化技术委员会工作

一、申报全国标委会工作

公安部特种警用装备标准化技术委员会（以下简称“警标委”）根据当前警用装备标准化工作在管理工作中发挥的重要作用和国内警用装备行业的发展形势，在公安部科技信息化局、公安部装备财务局、公安部第一研究所的领导和大力支持下，于2012年启动了申报全国标委会工作。

经过一年多的申报准备，在公安部科技信息化局相关领导的协调下，多次深入地与国家标准委上报、请示与沟通，申报相关资料已通过国标委主管部门的审核与同意。

2013年底，国标委已对警标委申报全国标委会事宜在全国范围内公示，待公示结束国标委回函批复同意后，警标委将展开全国标委会的筹建工作。

二、技术标准的制修订、宣贯工作

（一）标准制修订情况

2013年，警标委共制修订完成技术标准14项；已完成起草达到送审阶段的技术标准42项；完成征求意见稿的技术标准47项。

1. 警用械具类

共制修订完成技术标准5项，即：《长警棍》、《T形警棍》、《警用约束叉》、《警用电子封控设备》、《金属手铐》；已完成起草达到送审阶段的技术标准6项；完成征求意见稿的技术标准17项。

2. 警员防护装备类

已完成起草达到送审阶段的技术标准4项；完成征求意见稿的技术标准6项。

3. 警服类

已完成起草达到送审阶段的技术标准28项；完成征求意见稿的技术标准7项。

4. 特种警用车辆类

共制修订完成技术标准5项，即：《警用巡逻车》、《警力输送车》、《警用宿营车》、《警用移动式治安检查车》、《警用自行式电源车》；已完成起草达到送审阶段的技术标准2项；完成征求意见稿的技术标准6项。

5. 警用武器类

完成征求意见稿的技术标准7项。

（二）标准宣贯工作

2013年，警标委重点加强了标准的宣贯工作。3月，在北京市对所有“99”式警鞋系列7项产品目录生产企业召开技术标准宣贯会；8月，在北京对警用帐篷系列产品生产企业召开了《警用12m^{2}单帐篷》等七项警用帐篷技术标准宣贯会；10月，在北京对警用巡逻车目录生产企业召开了《警用巡逻车》技术标准宣贯会。这些标准宣贯会，均取得了很好效果，为主管部门进行规范化管理提供了有力的技术支撑。

三、2013年获批发布实施的标准

2013年，警标委报批经部科技信息化批准、发布、实施的标准项目有：

GA 294－2012《警用防暴头盔》

GA 293－2012《警用防弹头盔及面罩》

GA 1042－2013《警用电源车》

GA 1052.1－2013《警用帐篷 第1部分：12m^2 单帐篷》

GA 1052.2－2013《警用帐篷 第1部分：12m^2 棉帐篷》

GA 1052.3－2013《警用帐篷 第1部分：24m^2 单帐篷》

GA 1052.4－2013《警用帐篷 第1部分：24m^2 棉帐篷》

GA 1052.5－2013《警用帐篷 第1部分：60m^2 单帐篷》

GA 1052.6－2013《警用帐篷 第1部分：60m^2 棉帐篷》

GA 1052.7－2013《警用帐篷 第7部分：厕所帐篷》

GA 1068－2013《警用船艇外观制式涂装规范》

GA 1124－2013《长警棍》

GA 1125－2013《T型警棍》

四、重点及系列标准制修订工作

（一）基础标准的制定

警标委把公安装备工作急需的涉及全国特种警用装备领域管理基础的《警用装备标准体系表》、《公安装备体系及分类》等基础标准的制定作为标准化工作的重中之重，目前《警用装备标准体系表》已完成送审稿。

（二）公安特警战训系列产品技术标准的制定及相关工作

经国务院批准，公安特警战训系列产品配备工作正式启动，此项工作涉及全国公安机关和国内众多公安特警战训系列产品的生产企业，影响广泛，而且具有很强的政治意义，为了保证公安特警战训系列产品配备工作的顺利开展，必须制定相应的技术标准以保证质量，在公安部装备财务局被装处的统一领导和进度安排下，截至2013年底警标委共完成了公安特警战训系列产品24项技术标准送审稿（包括公安特警战训服服装类10项、装具及服饰类9项、帽类3项、鞋靴类1项、特警战训服面料1项）及所有实物样品、材料标样的制作。

（三）警用帐篷系列七项产品标准的制定工作

根据公安装备工作需要，部装备财务局开展了在全国公安机关统一警用帐篷工作，警标委参与了产品的项目论证及相关评审等工作，并向公安部科技信息化局申请了《警用12m^{2}单帐篷》等七项产品技术标准立项申请，获得立项后，警标委立即组织相关单位抓紧标准的起草，先后在北京、南京等地召开会议，广泛征求意见，标准顺利通过审查，2013年已经公安部科技信息化局批准发布、实施，并在应急救灾工作中发挥了重要作用，得到了部领导的表扬。

（资料提供：公安部特种警用装备标准化技术委员会）

公安部社会公共安全应用基础标准化技术委员会工作

一、基础工作

（一）完善社会公共安全应用基础标准体系表建设

标准体系是公安部社会公共安全应用基础标准化技术委员会开展标准化工作的基础性文件之一，为标委会提供所需标准的总体框架和发展蓝图，指明未来工作重点和发展方向，提供相关决策依据和编制年度标准制修订计划依据。秘书处围绕建立科学合理的基础标委会标准体系，主要开展了以下几个方面的研究工作：

1. 根据标准体系建设理论和 GB/T13016－1991《标准体系表编制原则和要求》相关规定，对基础标委会体系建设进行了理论分析。

2. 对其他标委会工作情况进行了调研和分析，提炼出支撑公安业务工作的服务类和管理类标准。

3. 对行标和国标现状进行了调研，建立了标准分析模型，并对标准进行了分类整理，总结了目前公安行业标准存在的主要问题。

4. 对国家及公安标准体系建设进行了调研，并对公安标准体系建设的重点领域提出了建议。

5. 对基础标委会体系建设的内涵、基本原则、构建方法、主要内容、维护管理等进行了研究，完善和补充基础标委会体系基本框架和明细表。

（二）承担国家质检公益性行业科研专项项目《重点公共场所防爆炸安全检查技术标准研究》

公安部社会公共安全应用基础标准化技术委员会组织相关单位共同完成国家质量监督检验检疫总局下达的质检公益科研专项项目《重点公共场所防爆炸安全检查技术标准研究》。本项目总体目标是完成 5 项国家标准的编制并获国家标准立项，以及完成综合性研究报告的编制。按照本项目任务书要求，根据年度进度安排，2013 年，组织相关单位开展了项目调研、标准编制工作，并组织了多次全国范围内的征求意见讨论会议。课题组根据各方意见对标准草案框架进行了多次认真修改。

（三）承担 5 项国家标准的编制任务

按照国家标准化管理委员会下达的年度国家标准编制计划，公安部社会公共安全应用基础标准化技术委员会组织相关单位进行了调研工作。在公安部三局的大力支持下，收集了国内大型活动预案等相关材料，并组织了多次全国范围内的征求意见讨论会议，开展以下 5 个国家标准的编制：

《大型社会性活动 第 1 部分：人员监控技术规范》；

《大型社会性活动 第 2 部分：场地布局安全评估导则》；

《大型社会性活动 第 3 部分：安全导向系统配置要求》；

《大型社会性活动 第 4 部分：临建设施安全指南》；

《大型社会性活动 第 5 部分：安保资源配置技术规范》。

二、标委会及其秘书处机构建设情况

公安部社会公共安全应用基础标准化技术委员会按照《基础标委会章程》和《秘书处工作细则》，结合自身工作特点，坚持科学发展观，不断加强体系建设、制度建设和基础研究工作，经过全体委员、通讯委员、专家及相关单位的共同努力，圆满完成了年度标准制修订工作计划和上级下达的各项工作任务，并有所突破。2013 年根据实际工作需要，在征求相关业务局意见后，增补公安部办公厅和装备财务局三人为委员。

由于基础标委会归口管理的公安行业标准涉及多个警种、跨技术领域，且协调难度大，秘书处人员加强学习新知识，不断提高业务能力。在标准制修订及归口管理工作中，积极协调相关业务局，各省、市公安机关，国家质检总局，国家标准化管理委员会，各领域专家、项目起草单位和起草人、用户等，组织完成了多项公安行业标准（或课题）的制定和归口管理工作。

三、2013 年标准制修订情况

完成以下公安行业标准的编制：

1. 《公安监管场所装备建设和保障规范》GA/ 1033－2013
2. 《感应加热设备计量校准规范》GA/T 1063－2013
3. 《微剂量 X 射线安全检查设备测试体校准规范》GA/T 1065－2013
4. 《居民身份证阅读器校准规范》GA/T 1066－2013
5. 《IC 卡光标测试系统校准规范》GA/T 1062－2013
6. 《X 射线老化测试仪校准规范》GA/T 1064－2013
7. 《公安机关执法规范化标准制修订工作研究》(项目验收)
8. 《社会治安预警等级评估规范》GA/Z 4－2013
9. 《公安机关图像信息数据库结构化要素描述要求》GA/Z1129－2013
10. 《大型活动用液晶彩色监视器通用规范》GA/T 1084－2013

四、2013 年荣获各类奖项情况及应用效益分析

《单警执法视音频记录仪》GA/T947－2011 荣获公安部科技进步二等奖、公安部第一研究所科技进步三等奖。

重点标准《单警执法视音频记录仪》GA/T 947－2011 的实施，推动了公安机关执法规范化、正规化建设，提高了民警证据意识、规范了执勤执法行为，使各单位在设备采购、招投标过程中有了评价的基本依据。

（资料来源：公安部社会公共安全应用基础标准化技术委员会）

第三节　标准体系表

一、安全技术防范行业标准体系表

（一）指导思想

1. 编制标准体系表是我国安全技术防范标准化工作的一项重要基础性工作。

2. 我国安全技术防范标准体系表是我国安全技术防范现有、应有和预计制定标准的蓝图，是编制安全技术防范标准制、修订规划和计划的基本依据，是促进我国安全技术防范标准组成达到科学合理化的重要基础，是开展安全技术防范领域科学技术研究的重要参考资料。

3. 我国安全技术防范标准体系表将随着科学技术的发展而不断更新和充实。

（二）编制原则

1. 目标明确

编制我国安全技术防范标准体系表的目的是为我国安全技术防范标准化工作提供基本依据，保障我国安全技术防范标准化工作科学、高效的开展，从而促进我国安全技术防范产业健康、有序和快速发展。

2. 全面成套

本体系表编制遵从了全面成套的原则，内容涵盖了我国安全技术防范行业的通用标准、行业所涉及的各专业（子系统）通用标准、构成各专业（子系统）的产品标准等。

3. 层次适当

本体系表的层次结构是根据 GB/T13016—2009 中 5.1.3 条“层次结构”的相关要求划分的，第一层为安全技术防范行业通用标准，第二层为各专业（各子系统）通用标准等，第三层为产品标准等。

4. 划分清楚

本体系表中的标准元素和标准集合按照基础、技术、工程、管理、服务等标准化活动性质的同一性进行划分，基本做到了体系表内的子体系或类别划分清楚。

5. 国际接轨

在本标准体系表的编制过程中，参考了相关的国际、区域和国外标准体系。重点研究了与我国安全技术防范标准化工作对口的国际电工委员会（IEC）和欧洲电工委员会（CLC）的相关标准，并基本将其标准纳入了体系表中。

6. 适合国情

在参考相关的国际、区域和国外标准体系的同时，本体系表的编制更注重适合我国国情，并没有照搬国际、区域和国外的标准体系结构和标准名称，而是根据我国安全技术防范标准化工作的实际需要，将这些标准元素合理纳入不同层次和子体系中，同时对标准名称也进行了适当调整。

（三）相关术语和定义

1. 安全技术防范　security

利用各种电子信息设备组成系统和/或网络，用于防入侵、防盗窃、防抢劫、防破坏、防爆安全检查等，以实现维护社会公共安全的目的。

2. 标准体系　standard system

一定范围内的标准按其内在联系形成的科学的有机整体。

[GB/T13016—2009，3.3]

3. 标准体系表　diagram of standard system

一定范围的标准体系内的标准按其内在联系排列起来的图表。

[GB/T13016—2009，3.4]

4. 基础标准　basic standard

具有广泛的适用范围或包含一个特定领域的通用条款的标准。

[GB/T20000.1—2002，2.5.1]

5. 产品标准　product standard

规定产品应满足的要求以确保其适用性的标准。

[GB/T20000.1—2002，2.5.4]

6. 服务标准　service standard

规定服务应满足的要求以确保其适用性的标准。

[GB/T20000.1—2002，2.5.6]

7. 技术标准　technical standard

规定技术应满足的要求以确保其适用性的标准。

8. 工程标准　engineering standard

规定工程应满足的要求以确保其适用性的标准。

9. 公共管理标准　public administration standard

规定公共管理应满足的要求以确保其适用性的标准。

10. 行业通用标准　industry general standard

规定行业领域内应满足的通用要求以确保其适用性的标准。

11. 专业通用标准　specialty general standard

规定行业中某一专业领域内应满足的通用要求以确保其适用性的标准。

（四）体系结构

1. 体系结构框图

我国安全技术防范标准体系结构框图，见图 1。

我国安全技术防范标准体系结构框图

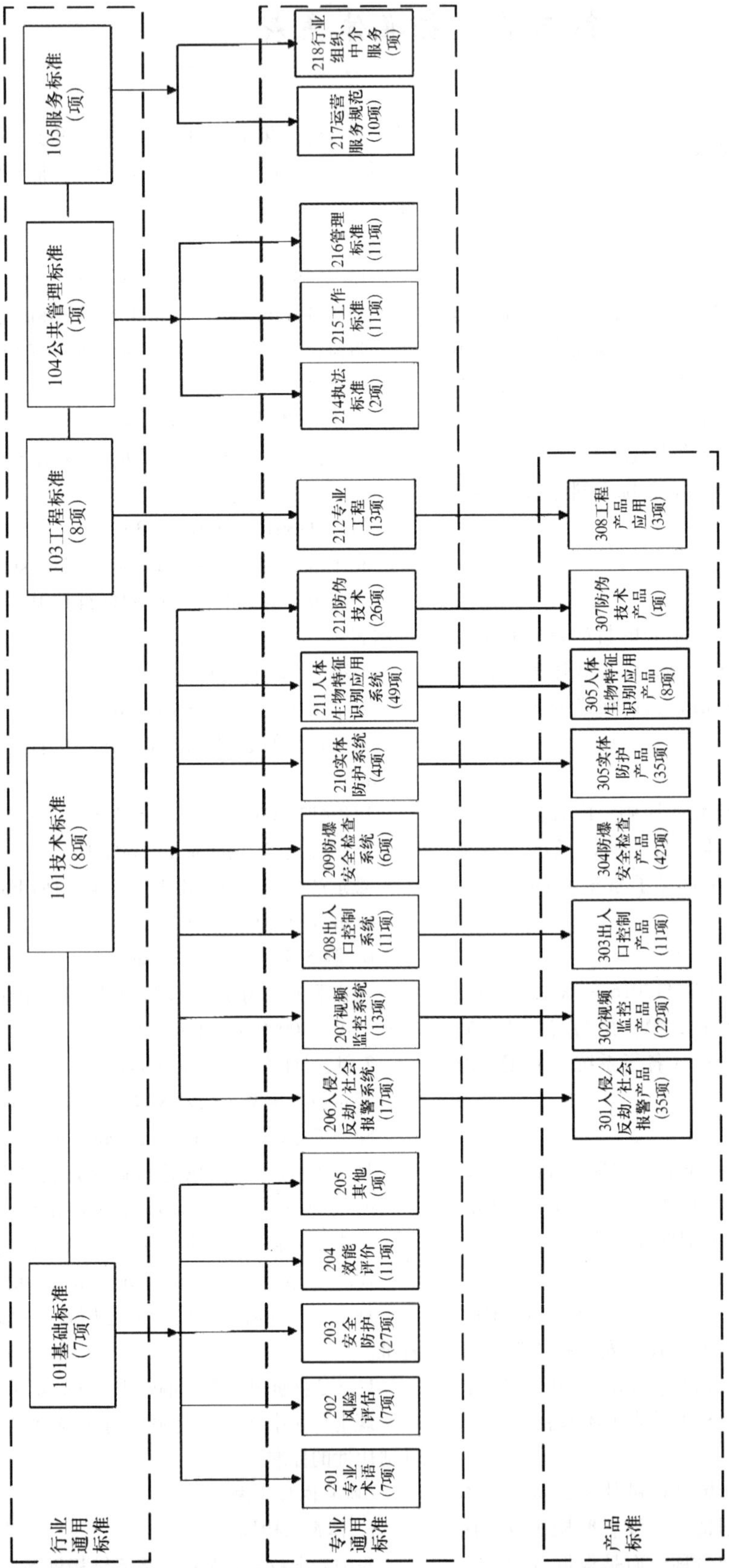

2. 体系结构说明

（1）横向层次

本标准体系横向主要分为三层结构：第一层为安全技术防范通用标准，包括基础标准、技术标准、工程标准、公共管理标准和服务标准等。第二层为专业通用标准，包括安全技术防范各专业（各子系统）的术语、技术和工程标准等；将作为安全技术防范工作基础的风险评估、安全防护和效能评估等列入该层；同时将公共管理标准和服务标准的细分类别列入该层。第三层为产品标准和产品应用标准。在第二层和第三层的有些部分，根据实际需要，按分类或门类增加了扩展层。

（2）纵向层次

本标准体系纵向划分了基础标准、技术标准、工程标准、公共管理标准和服务标准五个子体系。鉴于支撑安全技术防范工作的重要性，将术语、风险评估、安全防护和效能评估标准纳入基础标准子体系中；将安全防范系统和入侵/反劫/社会报警系统、视频监控系统、出入口控制系统、防爆安全检查系统、实体防护系统、人体生物特征识别应用系统、防伪技术等子系统以及各类产品标准纳入技术标准子体系中；将安全防范工程设计、施工、检测、验收和产品应用等纳入工程标准子体系；将执法标准、工作标准和管理标准纳入公共管理标准子体系；将安防系统运营服务、行业组织和中介服务纳入服务标准子体系。

（五）标准明细表

1. 本标准体系表给出了《我国安全技术防范标准明细表》，由31个表格组成，目前共列入了378个标准元素。随着科学技术的进步和新产品的生产以及新的安全需求带来的新的应用，标准体系表和标准明细表都有一个不断完善的过程。

2.《我国安全技术防范标准明细表》各表格的编号原则是：标准体系第一层的表格编号为101～105；第二层的表格编号为201～218；第三层的表格编号为301～308。

3.《我国安全技术防范标准明细表》和城市监控报警联网系统标准体系的具体内容，详见《年鉴》光盘版或网络版。

第四节 标准目录

一、全国安全防范报警系统标准化技术委员会现行标准目录（截至2013年12月31日）

注：根据公安部2013年5月6日发布的行业标准废止公告，本目录中删除了废止的行业标准，目前现行有效的标准共141项，其中国标44项、行标97项。

基础通用标准（共4项，其中：国标1项，行标3项）		
序号	标准编号	名称
1	GB/T 15408－2011	安全防范系统供电技术要求 （2011－12－01实施并代替GB/T 15408－1994）
2	GA/T 405－2002	安全技术防范产品分类与代码
3	GA/T 550－2005	安全技术防范管理信息代码
4	GA/T 551－2005	安全技术防范管理信息基本数据结构

入侵/抢劫报警系统（共32项，其中：国标22项，行标10项）		
序号	标准编号	名称
1	GB 15407－2010	遮挡式微波入侵探测器技术要求（2011－09－01实施并代替GB 15407－1994）
2	GB/T 15211－1994	报警系统环境试验
	GB/T 15211－2013	安全防范报警设备 环境适应性要求和试验方法（2015－3－1实施并代替GB/T 15211－1994）
3	GB/T 16677－1996	报警图像信号有线传输装置
4	GB 10408.1－2000	入侵探测器 第1部分：通用要求

续表

入侵/抢劫报警系统（共 32 项，其中：国标 22 项，行标 10 项）		
序 号	标 准 编 号	名 称
5	GB 10408. 2 – 2000	入侵探测器 第 2 部分：室内用超声波多普勒探测器
6	GB 10408. 3 – 2000	入侵探测器 第 3 部分：室内用微波多普勒探测器
7	GB 10408. 4 – 2000	入侵探测器 第 4 部分：主动红外入侵探测器
8	GB 10408. 5 – 2000	入侵探测器 第 5 部分：室内用被动红外探测器
9	GB 10408. 9 – 2001	入侵探测器 第 9 部分：室内用被动式玻璃破碎探测器
10	GB 12663 – 2001	防盗报警控制器通用技术条件
11	GB 15209 – 2006	磁开关入侵探测器
12	GB 20816 – 2006	车辆防盗报警系统 乘用车
13	GB/T10408. 8 – 2008	振动入侵探测器
14	GB 10408. 6 – 2009	微波和被动红外复合入侵探测器
15	GB/T 21564. 1 – 2008	报警传输系统串行数据接口的信息格式和协议 第 1 部分：总则
16	GB/T 21564. 2 – 2008	报警传输系统串行数据接口的信息格式和协议 第 2 部分：公用应用层协议
17	GB/T 21564. 3 – 2008	报警传输系统串行数据接口的信息格式和协议 第 3 部分：公用数据链路层协议
18	GB/T 21564. 4 – 2008	报警传输系统串行数据接口的信息格式和协议 第 4 部分：公用传输层协议
19	GB/T 21564. 5 – 2008	报警传输系统串行数据接口的信息格式和协议 第 5 部分：数据接口
20	GB 16796 – 2009	安全防范报警设备 安全要求和试验方法
21	GB 25287 – 2010	周界防范高压电网装置
22	GB/T 30148 – 2013	安全防范报警设备 电磁兼容抗扰度要求和试验方法
23	GA 366 – 2001	车辆防盗报警器材安装规范
24	GA/T 368 – 2001	入侵报警系统技术要求
25	GA/T 553 – 2005	车辆反劫防盗联网报警系统通用技术要求
26	GA/T600. 1 – 2006	报警传输系统的要求 第 1 部分：系统的一般要求
27	GA/T600. 2 – 2006	报警传输系统的要求 第 2 部分：设备的一般要求
28	GA/T600. 3 – 2006	报警传输系统的要求 第 3 部分：利用专用报警传输通路的报警传输系统
29	GA/T600. 4 – 2006	报警传输系统的要求 第 4 部分：利用公共电话交换网络的数字通信机系统的要求
30	GA/T600. 5 – 2006	报警传输系统的要求 第 5 部分：利用公共电话交换网络的话音通信机系统的要求
31	GA/T1031 – 2012	泄漏电缆入侵探测装置通用技术要求
32	GA/T1032 – 2013	张力式电子围栏通用技术要求

视频安防监控系统（共 26 项，其中：国标 5 项，行标 21 项）		
序 号	标 准 编 号	名 称
1	GB 15207 – 1994	视频入侵报警器
2	GB 20815 – 2006	视频安防监控数字录像设备
3	GB/T 25724 – 2010	安全防范监控数字视音频编解码技术要求
4	GB/T 28181 – 2011	安全防范视频监控联网系统信息传输、交换、控制技术要求
5	GB/T 30147 – 2013	安防监控视频实时智能分析设备技术要求
6	GA/T 367 – 2001	视频安防监控系统技术要求
7	GA/T645 – 2006	视频安防监控系统 变速球型摄像机

续表

视频安防监控系统（共26项，其中：国标5项，行标21项）		
序 号	标准编号	名 称
8	GA/T646 -2006	视频安防监控系统 矩阵切换设备通用技术要求
9	GA/T647 -2006	视频安防监控系统 前端设备控制协议 V1.0
10	GA/T 669.1 -2008	城市监控报警联网系统技术标准 第1部分：通用技术要求（代替GA/T 669 -2006）
11	GA/T 669.2 -2008	城市监控报警联网系统 技术标准 第2部分：安全技术要求
12	GA/T 669.3 -2008	城市监控报警联网系统 技术标准 第3部分：前端信息采集技术要求
13	GA/T 669.4 -2008	城市监控报警联网系统 技术标准 第4部分：视音频编、解码技术要求
14	GA/T 669.5 -2008	城市监控报警联网系统 技术标准 第5部分：信息传输、交换、控制技术要求
15	GA/T 669.6 -2008	城市监控报警联网系统 技术标准 第6部分：视音频显示、存储、播放技术要求
16	GA/T 669.7 -2008	城市监控报警联网系统 技术标准 第7部分：管理平台技术要求
17	GA/T 669.9 -2008	城市监控报警联网系统 技术标准 第9部分：卡口信息识别、比对、监测系统技术要求
18	GA/T 792.1 -2008	城市监控报警联网系统 管理标准 第1部分：图像信息采集、接入、使用管理要求
19	GA 793.1 -2008	城市监控报警联网系统 合格评定 第1部分：系统功能性能检验规范
20	GA 793.2 -2008	城市监控报警联网系统 合格评定 第2部分：管理平台软件测试规范
21	GA 793.3 -2008	城市监控报警联网系统 合格评定 第3部分：系统验收规范
22	GA/T 669.8 -2009	城市监控报警联网系统 技术标准 第8部分：传输网络技术要求
23	GA/T 669.10 -2009	城市监控报警联网系统 技术标准 第10部分：无线视音频监控系统技术要求
24	GA/T 1072 -2013	基层公安机关社会治安视频监控中心（室）工作规范
25	GA/T 1127 -2013	安全防范视频监控摄像机通用技术要求
26	GA/T 1128 -2013	安全防范视频监控高清晰度摄像机测量方法

出入口控制系统（共9项，其中：国标0项，行标9项）		
序 号	标准编号	名 称
1	GA 374 -2001	电子防盗锁
2	GA/T 394 -2002	出入口控制系统技术要求
3	GA/T 72 -2005	楼宇对讲系统及电控防盗门通用技术条件
4	GA/T 72 -2013	楼寓对讲电控安全门通用技术条件（部分代替GA/T 72 -2005）
5	GA/T644 -2006	电子巡查系统技术要求
6	GA 701 -2007	指纹防盗锁通用技术条件
7	GA/T678 -2007	联网型可视对讲系统技术要求
8	GA/T 761 -2008	停车场（库）安全管理系统技术要求
9	GA/T 992 -2012	停车库（场）出入口控制设备技术要求

防爆与安全检查系统（共15项，其中：国标6项，行标9项）		
序 号	标准编号	名 称
1	GB 12664 -2003	便携式X射线安全检查设备通用规范
2	GB 12899 -2003	手持式金属探测器通用技术规范
3	GB 15210 -2003	通过式金属探测门通用技术规范
4	GB 15208.1 -2005	微剂量X射线安全检查设备 第1部分：通用技术要求

续表

防爆与安全检查系统（共 15 项，其中：国标 6 项，行标 9 项）		
序 号	标准编号	名 称
5	GB 15208.2－2006	微剂量 X 射线安全检查设备 第 2 部分：测试体
6	GB 12662－2008	爆炸物解体器
7	GA/T 71－1994	机械钟控定时引爆装置探测器
8	GA/T 142－1996	排爆机器人通用技术条件
9	GA/T 841－2009	基于离子迁移谱技术的痕量毒品/炸药探测仪通用技术要求
10	GA 857－2009	货物运输微剂量 X 射线安全检查设备通用技术要求
11	GA 921－2011	民用爆炸物品警示标识、登记标识通则
12	GA 926－2011	微剂量透射式 X 射线人体安全检查设备通用技术要求
13	GA/T 1060.1－2013	便携式放射性物质探测与核素识别设备通用技术要求 第 1 部分：γ 探测设备
14	GA/T 1060.2－2013	便携式放射性物质探测与核素识别设备通用技术要求 第 2 部分：识别设备
15	GA/T 1067－2013	基于拉曼光谱技术的液态物品安全检查设备通用技术要求

安防工程与系统应用（共 31 项，其中：国标 8 项，行标 23 项）		
序 号	标准编号	名 称
1	GB/T 16571－2012	博物馆和文物保护单位安全防范系统要求
2	GB/T 16676－2010	银行安全防范报警监控联网系统技术要求
3	GB 50348－2004	安全防范工程技术规范
4	GB 50394－2007	入侵报警系统工程设计规范
5	GB 50395－2007	视频安防监控系统工程设计规范
6	GB 50396－2007	出入口控制系统工程设计规范
7	GB/T 21741－2008	住宅小区安全防范系统通用技术要求
8	GB/T 29315－2012	中小学、幼儿园安全技术防范系统要求
9	GA 26－1992	军工产品储存库风险等级和安全防护级别的规定
10	GA 28－1992	货币印制企业风险等级和安全防护级别的规定
11	GA/T 75－1994	安全防范工程程序与要求
12	GA/T 74－2000	安全防范系统通用图形符号
13	GA 308－2001	安全防范系统验收规则
14	GA 27－2002	文物系统博物馆风险等级和安全防护级别的规定
15	GA 38－2004	银行营业场所风险等级和安全防护级别的规定
16	GA/T 70－2004	安全防范工程费用预算编制办法
17	GA 586－2005	广播电影电视系统重点单位重要部位的风险等级和安全防护级别
18	GA/T670－2006	安全防范系统雷电浪涌防护技术要求
19	GA 745－2008	银行自助设备 自助银行安全防范的规定
20	GA 837－2009	民用爆炸物品储存库治安防范要求
21	GA 838－2009	小型民用爆炸物品储存库安全规范
22	GA/T 848－2009	爆破作业单位民用爆炸物品储存库安全评价导则
23	GA 858－2010	银行业务库安全防范的要求
24	GA 873－2010	冶金钢铁企业治安保卫重要部位风险等级和安全防护要求

续表

安防工程与系统应用（共31项，其中：国标8项，行标23项）		
序 号	标 准 编 号	名 称
25	GA 1002－2012	剧毒化学品、放射源存放场所治安防范要求
26	GA 1003－2012	银行自助服务亭技术要求
27	GA 1015－2012	枪支去功能处理与展览枪支安全防范要求
28	GA 1016－2012	枪支（弹药）库室风险等级划分与安全防范要求
29	GA 1051－2013	枪支弹药专用保险柜
30	GA/T 1081－2013	安全防范系统维护保养规范
31	GA 1089－2013	电力设施治安风险等级和安全防护要求

实体防护系统（共13项，其中：国标2项，行标11项）		
序 号	标 准 编 号	名 称
1	GB 10409－2001	防盗保险柜
2	GB 17565－2007	防盗安全门通用技术条件
3	GA/T 73－1994	机械防盗锁
4	GA/T 143－1996	金库门通用技术条件
5	GA 164－2005（公安部三局）	专用运钞车防护技术要求
6	GA 165－1997	防弹复合玻璃
7	GA 166－2006	防盗保险箱
8	GA501－2004	银行用保管箱通用技术条件
9	GA518－2004	银行营业场所透明防护屏障安装规范
10	GA 576－2005	防尾随联动互锁安全门通用技术条件
11	GA 667－2006	防爆炸复合玻璃
12	GA 746－2008	提款箱
13	GA 844－2009	防砸复合玻璃通用技术要求

安防生物特征识别系统（共11项，其中：国标0项，行标11项）		
序 号	标 准 编 号	名 称
1	GA/T 893－2010	安防生物特征识别应用术语
2	GA/T 894.2－2010	安防指纹识别应用系统 第2部分：指纹图像记录格式
3	GA/T 894.3－2010	安防指纹识别应用系统 第3部分：指纹图像质量
4	GA/T 894.6－2010	安防指纹识别应用系统 第6部分：指纹识别算法评测方法
5	GA/T 922.2－2011	安防人脸识别应用系统 第2部分：人脸图像数据
6	GA/T 894.7－2012	安防指纹识别应用系统 第7部分：指纹采集设备
7	GA/T 938－2011	安防指静脉识别应用系统设备通用技术要求
8	GA/T 939－2011	安防指静脉识别应用系统算法评测方法

续表

安防生物特征识别系统（共 11 项，其中：国标 0 项，行标 11 项）		
序 号	标 准 编 号	名 称
9	GA/T 940 - 2011	安防指静脉识别应用系统图像技术要求
10	GA/T 1093 - 2013	出入口控制人脸识别系统技术要求
11	GA/T 1126 - 2013	近红外人脸识别设备技术要求

二、公安部特种警用装备标准化技术委员会行业技术标准目录（截止日期：2013 年 12 月，涉及警服、鞋类标准略）

序号	标准编号	标准名称	发布日期	实施日期	备注
01	GA 68 - 2008	警用防刺服	2008 - 02 - 01	2008 - 04 - 01	
02	GA 69 - 2007	防爆毯	2007 - 04 - 03	2007 - 06 - 01	
03	GA 141 - 2010	警用防弹衣	2010 - 10 - 17	2010 - 12 - 01	
04	GA/T 172 - 2005	金属手铐	2005 - 11 - 14	2006 - 01 - 01	
05	GA/T 217 - 1999	橡胶警棍	1999 - 01 - 11	1999 - 05 - 01	
06	GA 236 - 2000	公务用枪报废技术规范	2000 - 01 - 10	2000 - 07 - 01	
07	GA/T 237 - 2005	金属脚镣	2005 - 11 - 14	2006 - 01 - 01	
08	GA 244 - 2000	人民警察警徽技术标准	2000 - 04 - 10	2000 - 04 - 10	
43	GA 293 - 2012	警用防弹头盔及面罩	2012 - 12 - 26	2013 - 03 - 01	
44	GA 294 - 2012	警用防暴头盔	2012 - 11 - 28	2012 - 11 - 28	
45	GA 295 - 2001	警用摩托车头盔	2001 - 02 - 15	2001 - 08 - 01	
46	GA 296 - 2001	警用勤务头盔	2001 - 02 - 15	2001 - 08 - 01	
62	GA/T 333 - 2001	警用械具、警用武器、警服、警员防护装具产品分类与代码	2001 - 12 - 10	2002 - 03 - 01	
88	GA 375 - 2001	警戒带	2001 - 12 - 24	2002 - 06 - 01	
90	GA 420 - 2008	警用防暴服	2008 - 02 - 01	2008 - 04 - 01	
91	GA/T 421 - 2003	穿刺放气式路障	2003 - 05 - 28	2003 - 10 - 01	
92	GA 422 - 2008	防暴盾牌	2008 - 07 - 07	2008 - 10 - 01	
93	GA 423 - 2003	防弹盾牌	2003 - 03 - 21	2003 - 09 - 01	
94	GA/T 429 - 2003	伸缩警棍	2003 - 05 - 28	2003 - 10 - 01	
95	GA 443 - 2003	电子脚扣	2003 - 11 - 24	2004 - 06 - 01	
99	GA 510 - 2004	警用抓捕网	2004 - 08 - 06	2004 - 12 - 01	
100	GA 522 - 2004	警车车徽	2004 - 12 - 27	2005 - 01 - 01	
101	GA 523 - 2004	警车外观制式涂装用定色漆	2004 - 12 - 27	2005 - 01 - 01	
102	GA 524 - 2004	2004 式警车汽车类外观制式涂装规范	2004 - 12 - 27	2005 - 01 - 01	含第 1 号修改通知单
103	GA 525 - 2004	2004 式警车摩托车类外观制式涂装规范	2004 - 12 - 27	2005 - 01 - 01	含第 1 号修改通知单
104	GA 526 - 2010	监室门	2010 - 12 - 01	2010 - 12 - 01	
105	GA 544 - 2005	多道心理测试系统通用技术规范	2005 - 06 - 10	2005 - 08 - 01	
115	GA 575 - 2005	警用催泪喷射器	2005 - 12 - 08	2006 - 02 - 01	
116	GA 595 - 2006	公安奖章	2006 - 01 - 11	2006 - 02 - 01	
117	GA 596 - 2006	公安奖励证书	2006 - 01 - 11	2006 - 02 - 01	
118	GA 613. 1 - 2006	公安机关人民警察证 第 1 部分：专用皮夹	2006 - 04 - 27	2006 - 06 - 01	密级

续表

序号	标准编号	标准名称	发布日期	实施日期	备注
119	GA 614 - 2006	警用防割手套	2006 - 04 - 27	2006 - 08 - 01	
120	GA 664 - 2006	公安奖匾	2006 - 11 - 10	2007 - 01 - 01	
121	GA 665 - 2006	公安奖状	2006 - 11 - 10	2007 - 01 - 01	
122	GA 668 - 2006	警用防暴车通用技术条件	2006 - 12 - 14	2007 - 01 - 01	
128	GA 679 - 2007	警用防暴水炮车	2007 - 01 - 26	2007 - 04 - 01	
129	GA 702 - 2007	囚车	2007 - 05 - 17	2007 - 07 - 01	
130	GA/T 717 - 2007	摩托车安全气囊服	2007 - 10 - 22	2007 - 12 - 01	
131	GA 719 - 2007	警用航空器直升机类外观制式涂装规范	2007 - 11 - 06	2007 - 12 - 01	
142	GA 758 - 2008	9mm 警用转轮手枪	2008 - 03 - 24	2008 - 03 - 24	内部发行
146	GA 771 - 2008	警用武器与弹药命名及代号编制规则	2008 - 06 - 16	2008 - 07 - 01	内部发行
147	GA 806 - 2008	9mm 警用转轮手枪装弹具	2008 - 11 - 10	2008 - 12 - 01	内部发行
148	GA 807 - 2008	9mm 警用转轮手枪擦枪工具	2008 - 11 - 10	2008 - 12 - 01	内部发行
149	GA 808 - 2008	9mm 警用转轮手枪防抢枪套	2008 - 11 - 10	2008 - 12 - 01	内部发行
150	GA 809 - 2008	9mm 警用转轮手枪普通枪套	2008 - 11 - 10	2008 - 12 - 01	内部发行
151	GA 810 - 2008	自由伸缩式枪纲	2008 - 11 - 10	2008 - 12 - 01	内部发行
152	GA 814 - 2009	警用约束带	2009 - 01 - 21	2009 - 03 - 01	
153	GA 816 - 2009	警用阻截网	2009 - 02 - 10	2009 - 03 - 01	
154	GA/T 840 - 2009	警用交通事故勘察车	2009 - 07 - 13	2009 - 10 - 01	
155	GA 871 - 2010	防爆罐	2009 - 07 - 13	2009 - 10 - 01	
156	GA 872 - 2010	防爆球	2010 - 06 - 02	2010 - 07 - 01	
157	GA 874 - 2010	警用越野突击车	2010 - 06 - 02	2010 - 07 - 01	
158	GA 876 - 2010	警用车辆产品分类及型号编制规则	2010 - 06 - 17	2010 - 07 - 01	
159	GA 877 - 2010	警用车载中央控制系统	2010 - 08 - 10	2010 - 09 - 01	
160	GA 878 - 2010	警用炊事汽车	2010 - 08 - 10	2010 - 09 - 01	
161	GA 879 - 2010	警用淋浴汽车	2010 - 08 - 10	2010 - 09 - 01	
162	GA 880 - 2010	警用警犬输送车	2010 - 08 - 10	2010 - 09 - 01	
163	GA 881 - 2010	警用轻型移动式路障车	2010 - 08 - 10	2010 - 09 - 01	
164	GA 883 - 2010	公安单警装备 警用强光手电	2010 - 08 - 10	2010 - 09 - 01	
165	GA 884 - 2010	公安单警装备 警用催泪喷射器	2010 - 08 - 10	2010 - 09 - 01	
166	GA 885 - 2010	公安单警装备 警用制式刀具	2010 - 08 - 10	2010 - 09 - 01	
167	GA 886 - 2010	公安单警装备 警用伸缩警棍	2010 - 08 - 10	2010 - 09 - 01	
168	GA 887 - 2010	公安单警装备 警用水壶	2010 - 08 - 10	2010 - 09 - 01	
169	GA 888 - 2010	公安单警装备 警用装备包	2010 - 08 - 10	2010 - 09 - 01	
170	GA 889 - 2010	公安单警装备 警用多功能皮革腰带	2010 - 08 - 10	2010 - 09 - 01	
171	GA 890 - 2010	公安单警装备 警用多功能尼龙腰带	2010 - 08 - 10	2010 - 09 - 01	
172	GA 891 - 2010	公安单警装备 警用急救包	2010 - 08 - 10	2010 - 09 - 01	
173	GA 915 - 2010	讯问椅	2010 - 12 - 01	2010 - 12 - 01	
174	GA 923 - 2011	公安特警专用车辆外观制式涂装规范	2011 - 01 - 31	2011 - 03 - 01	
175	GA 948 - 2011	警用攀登突击车	2011 - 08 - 18	2011 - 10 - 01	

续表

序号	标准编号	标准名称	发布日期	实施日期	备注
176	GA 949 - 2011	警用液压自动路障车	2011 - 08 - 18	2011 - 10 - 01	
177	GA 950 - 2011	防弹材料及产品 V50 试验方法	2011 - 08 - 29	2011 - 10 - 01	
178	GA 975 - 2012	特种警用装备名词术语	2012 - 01 - 31	2012 - 01 - 31	
179	GA 996 - 2012	警力输送车	2012 - 05 - 07	2012 - 06 - 01	
180	GA 997 - 2012	警用宿营车	2012 - 05 - 07	2012 - 06 - 01	
181	GA 1006 - 2012	警用巡逻车	2012 - 11 - 28	2012 - 11 - 28	
182	GA 1007 - 2012	警用移动式治安检查车	2012 - 11 - 28	2012 - 11 - 28	
183	GA 1010 - 2012	看守所床具	2012 - 11 - 28	2012 - 11 - 28	
184	GA 1042 - 2013	警用电源车	2013 - 02 - 20	2013 - 04 - 01	
185	GA 1052. 1 - 2013	警用帐篷 第 1 部分：12m^2 单帐篷	2013 - 03 - 07	2013 - 04 - 01	
186	GA 1052. 2 - 2013	警用帐篷 第 2 部分：12m^2 棉帐篷	2013 - 03 - 07	2013 - 04 - 01	
187	GA 1052. 3 - 2013	警用帐篷 第 3 部分：24m^2 单帐篷	2013 - 03 - 07	2013 - 04 - 01	
188	GA 1052. 4 - 2013	警用帐篷 第 4 部分：24m^2 棉帐篷	2013 - 03 - 07	2013 - 04 - 01	
189	GA 1052. 5 - 2013	警用帐篷 第 5 部分：60m^2 单帐篷	2013 - 03 - 07	2013 - 04 - 01	
190	GA 1052. 6 - 2013	警用帐篷 第 6 部分：60m^2 单帐篷	2013 - 03 - 07	2013 - 04 - 01	
191	GA 1052. 7 - 2013	警用帐篷 第 7 部分：厕所帐篷	2013 - 03 - 07	2013 - 04 - 01	
192	GA 1068 - 2013	警用船艇外观制式涂装规范	2013 - 07 - 26	2013 - 07 - 26	
193	GA 1124 - 2013	长警棍	2013 - 11 - 29	2014 - 01 - 01	
194	GA 1125 - 2013	T 型警棍	2013 - 11 - 29	2014 - 01 - 01	

第七章 产品和工程检测

第一节 公安部授权的安防产品和工程检测机构

国家安全防范报警系统产品质量监督检验中心（北京）

公安部安全与警用电子产品质量检测中心成立于1986年，公安部特种警用装备质量监督检验中心（原公安部警械警服质量监督检测中心）成立于1999年，在此基础上国家安全防范报警系统产品质量监督检验中心（北京）于2005年正式授权挂牌（以下简称北京检测中心）。北京检测中心是经公安部政治部批准，通过中国国家认证认可监督管理委员会授权、计量认证合格、中国合格评定国家认可委员会认可的多学科、多专业具有第三方公证地位的技术服务机构，是集计量检定校准、监督检验、检查于一身的综合型国家级实验室。

北京检测中心是中国质量认证中心和中国安全技术防范认证中心签约实验室，承担安全防范产品强制性认证（CCC）和自愿性认证的检验工作，其中强制性认证检测范围包括了四大类十一种产品。北京检测中心同时还是专业数字集群（PDT）产业技术创新战略联盟、北京安防视音频编解码技术产业联盟和中国防伪技术协会委托检测实验室，多位资深技术人员分别担任全国安全防范报警系统标准化技术委员会、公安部特种警用装备标准化技术委员会、公安部社会公共安全应用基础标准化技术委员会、全国信息安全标准化技术委员会、全国振动冲击转速计量技术委员会、公安部计算机与信息处理标准化技术委员会的委员，中国安全防范产品行业协会专家委员会专家职务，中国安全技术防范认证中心特聘CCC工厂检查员。

自建立以来，北京检测中心始终严格按照导则ISO/IEC17025的要求，建立并运行质量管理体系，坚持“科学、公正、准确”的质量方针，注重实验室能力建设，现有实验室面积1万多平方米，各种仪器设备1400多台套，固定资产1.2亿元。建有国家测速仪型式评价、电性能、安全性能、防护性能、电磁兼容（EMC）5米法电波暗室、防弹性能、锁具测试、环境试验、警用装备、警用车辆、警用服装服饰、信息安全、软件测评、视频图像联网GB/T 28181标准符合性检测、消音室、声学、光学、长度力学、无线电、视频图像（暗室）、通讯屏蔽、步行、防伪、技侦、UL目击测试、校准检定等30余个专业实验室，并在北京近郊设有靶场，开展各类防弹、防暴（爆）、防化产品的测试和检验方法的研究。现有包括行政管理、技术人员等共计160人，其中硕士以上学历62人，专业技术人员占职工总数的90%，具有高级技术职称占技术人员的25%。目前，北京检测中心经中国合格评定国家认可委员会实验室认可的计量校准能力为39项涉及校准参数136项，检验能力达369项涉及标准参数6000余项，检查能力3项涉及检查内容110余项。具备按照相应的国家标准、行业标准、地方标准、企业标准及IEC、UL、CE等国际标准开展相关测试服务工作的能力。检验类别涵盖国家、行业质量监督抽查检验、仲裁检验、质量鉴定、司法鉴定、生产许可证检验、委托检验、型式检验、计量校准检定、信息安全检查、科技成果鉴定检验。业务范围包括社会公共安全防范、信息安全、警用装备、警用服饰等领域内系统及产品的质量检验、检查，各类安全防范工程的检测，计量器具的检定校准。多年来，中心不断追求卓越，技术创新，形成了涉及500多种类产品，7000多个项目的实验室能力和技术优势。

北京检测中心始终本着服务公安业务、服务公安一线、服务社会公共安全的理念，面向全国公共安全行业，承接公安部，各地省公安厅、市局的委托检测、招标检测、行业产品工程质量监督等各项工作，并为一线公安执法部门提供强有力的鉴定支持与技术保障。在积极开展检测工作的同时，以科技创新引领检验、积极开展检测业务研发，致力于大量相关标准的制修订和检测方法、检验装置的研究、开发工作，主持和参与了多项国家“十一·五”、“十二·五”科技支撑项目、“863”目标导向类项目等国家级、省部级科研课题的研究，取得多项部科学技术、创新奖励，其中《等级化信息系统安全建设实验环境与检验平台》、《城市监控报警联网系统标准体系及核心技术标准研究》和《GA/T 947单警执法视音频记录仪标准研究》项目获公安部科学技术二等奖，《防弹性能专家评估系统的研究》项目获公安部科学技术三等奖，《视频安防数字录像设备图像质量评价测试系统》和《标准速度车》获北京市科技创新成果奖，每年发表多篇学术性论文、编著多部专业指导书籍，并建立起科技创新管理体系，逐步探索出了科技兴检之路。

中心本部：
地　　址：北京市海淀区首都体育馆南路一号
邮　　编：100048
业务受理：
①警服服饰、软件测评、信息安全、物联网：010－68773759、68773760
②电子产品、工程：010－68773761、68773762
③实体、警械、计量校准：010－68773763、68773764
④综合业务：010－68773780、68773781
投诉电话：010－68773373
传　　真：010－68773380
网　　址：www. tcspbj. com
电子邮箱：Testcenter@ fri. com. cn

国家安全防范报警系统产品质量监督检验中心（上海）

公安部安全防范报警系统产品质量监督检验测试中心是公安部根据国家经委和前国家标准局“七五”规划设立的部级检测中心，于1988年4月20日成立。2005年3月经国家认证认可监督管理委员会授权，在“公安部安全防范报警系统产品质量监督检验测试中心”的基础上组建了“国家安全防范报警系统产品质量监督检验中心（上海）”（以下简称上海检测中心）。上海检测中心是经公安部政治部批准、经过国家认证认可监督管理委员会计量认证合格的、通过国家实验室认可委员会认可的、具有第三方公证地位的检验机构，是一个面向社会的公益性非营利技术服务部门。

上海检测中心业务上受国家质量监督检验检疫总局和公安部科技信息化局、公安部网络安全保卫局及相关业务局的领导和指导，行政上隶属于公安部第三研究所。现有工作人员112名，89%为专业技术人员，其中52%的技术人员具有中、高级职称，有博士、硕士59名。上海检测中心有实验及办公场地7000平方米，固定资产1亿元，检测用主要仪器设备1100台（套）。建有电磁兼容（EMC）、视频图像处理、音频信号处理、电性能、安全性、实体防护、锁具检测、环境试验、信息安全产品试验室、信息系统安全评估等实验室。

上海检测中心成立以来，在公安部科技局和相关业务局、各省公安厅领导和帮助下，在国家认证认可监督管理委员会、国家质量监督检验检疫总局指导和关心下，中心的业务得到了飞速的发展，近几年新建了非传统防爆安检、消音室、锁具试验室、实体防护试验室、视频图像试验室、跌落试验室、阻燃试验室、网安专用产品试验室、信息系统安全评估等实验室。主要从事安全防范产品及系统、信息安全产品及系统的检验工作，检验能力涵盖了视频监控、防盗报警、高压电网、电磁兼容、防爆安检、实体防护、信息网络安全、信息安全等级保护系统评估等各类安全产品及系统。

目前，经国家实验室认可委员会认可的检验能力有177项。检验项目主要有：入侵探测器，防盗报警控制器（系统），汽车防盗报警器（系统），楼寓对讲系统，出入口控制系统，车辆定位监控系统（GPS），停车场管理系统，炸药检测箱、毒品、炸药探测仪、X射线安全检查设备、金属探测设备；无线图像传输设备和系统，监所周界高压电网装置，硬盘录像机、摄像机、监视器等视频设备，汽车行驶记录仪、车用电子警报器、机动车测速仪等道路交通安全设备，防盗安全门、防盗保险箱、防盗保险柜、机械防盗锁、电子防盗锁、金库门、专用运钞车、防弹玻璃等实体防护类产品，警用防护类产品，各类民用锁具，安全技术防范工程系统，防火墙产品，入侵检测系统（IDS），安全扫描产品（SCANNER），物理隔离及逻辑隔离，网闸类产品，访问控制产品、身份鉴别类，完整性鉴别类，不可否认性鉴别类及密钥管理类产品，反垃圾邮件产品，信息过滤产品，入侵防御产品，内网主机监测产品，网络安全审计产品，安全管理平台产品，旅馆业治安管理系统，看守所信息管理系统，网吧管理系统，信息系统安全等级保护评估等。

上海检测中心承担了国家和公安部委托的各类质量监督抽查检验任务，承接各类质量验证、鉴定检验、型式检验、仲裁检验和委托检验，同时还是中国质量认证中心和中国安全技术防范认证中心的签约实验室，承担其委托的安全防范产品3C认证的型式检验工作。目前，中心已有24位3C认证工厂检查员，承担其委托的安全防范产品强制性认证和自愿性认证的检验工作和工厂检查任务。全国安全防范报警系统标准化技术委员会实体防护设备分技术委员会秘书处、公安部信息安全标准化工作委员会第一工作组均设在检测中心，主持或参与完成了80多项安全防范和信息安全产品的国家标准、行业标准的制修订工作。

近年来，检测中心密切关注新技术发展，始终站在行业技术发展的前沿，致力于标准的制定、修订和检测方法的研究，培养和吸收了大批高素质的检验人员。今后，我们将始终坚持“行为公正、数据准确、方法科学、服务规范”的质量方针，确保检测的工作质量，为公共安全和信息安全行业提供优质的技术支撑，协助行业主管部门把好质量关，努力为企业提供优质、快速的服务，为“科技强警”、“平安城市”建设做好技术后盾，为我国的安全防范和信息安全行业的质量技术监督做出更大贡献。

负 责 人：鲍逸明

联 系 人：陆曙蓉
通信地址：上海市岳阳路76号
邮　　编：200031
电　　话：021－64334877
电　　话：021－64745197、64747076
传　　真：021－64335838
网　　址：www.mctc.gov.cn
电子邮箱：lushurong@mctc.gov.cn

公安部授权的安防工程检验机构一览表

名　　称	地　　址	邮　　编	电　　话
公安部安全与警用电子产品质量检测中心	北京市首体南路1号	100048	010－68773761
北京市电子产品质量检测中心	北京市崇文区广渠门内大街9号	100062	010－67115519
公安部安全防范报警系统产品质量监督检验测试中心	上海市岳阳路76号	200031	021－64334877
天津市质量监督检验站第39站	天津市和平区保定路21号	300400	022－23314827
重庆市计量质量检测研究院	重庆市渝北区杨柳北路1号	401121	023－67950571
河北省产品质量监督检验院	石家庄市中华南大街537号	050051	0311－67568398
河北省石家庄天翼安防技术咨询服务中心	石家庄市槐安东路90号国富大厦13层	050020	0311－67692988
山西省信息网络工程质量监督检测站	太原市长治路222号	030012	0351－7241952
内蒙古自治区安防中心	呼和浩特赛罕区乌兰察布西路三十五中东巷	010010	0471－8932028
辽宁省公共安全技术防范设施质量检测站	沈阳市皇姑区文大路218－20号甲	110034	024－31535875
吉林省消防与公共安全产品质量监督检测站	长春市西郊路74号	130062	0431－87673434
黑龙江省社会公共安全产品（工程）质量监督检验站	哈尔滨市南岗区中宣街5号	150001	0451－86402577
浙江省安全技术质量检验中心	杭州市天目山路222号	310013	0571－85026216
浙江中浩工程检测有限公司	杭州市甘王路20号	310016	0571－86067966
浙江省宁波市产品质量监督检验所	宁波市江东区王隘路28号	315041	0574－87878626
信息产业部微波光电产品质量检测中心	南京市中山东路524号	210016	025－86858132
安徽省电子产品监督检验所	合肥市大西门赵岗12号	230061	0551－2823168
福建省中心检验所	福州市杨桥西路山头角121号	350002	0591－83970527
江西省电子信息产品监督检测院	南昌市福州路235号	330077	0791－86379590
山东省电子产品监督检验所	济南市山大路185号	250014	0531－86992371
山东省科学院公共安全技术防范系统检测中心	济南市科院路19号	250014	0531－82605472
河南省电子产品质量监督检验所	郑州市花园路2号	450003	0371－65952567
河南省安协安防技术咨询有限公司	郑州市高新技术开发区翠竹街6号863国家中部软件园1号楼C座6层	450001	0371－65909527
湖北省电子信息产品质量监督检验院	武汉市武昌区前进路四清村51号	430061	027－88210762
湖南省产商品质量监督检验所	长沙市雨花亭新建西路41号	410007	0731－85535680
湖南省电子产品检测分析所	长沙市解放东路51号	410001	0731－84119083
广东产品质量监督检验研究院	广州市海珠区新港东路海诚东街6号	510330	020－89883167
广东省广州市盛通建设工程质量检测有限公司	广州市天河路34－36号	510075	020－38361163
广西产品质量监督检验院	南宁国家高新技术产业开发区高新五路5号	530022	0771－5869795
四川省电子产品监督检测所	成都市龙泉驿区龙泉镇文明东街45号	610100	028－84852586

续表

名　　称	地　　址	邮　编	电　话
四川法斯特消防安全性能评估有限公司	成都市金牛区金科南路 69 号公安部四川消防研究所	610036	028－87519181
贵州省电子产品监督检验所	贵阳市花溪大道北段 128 号灵达新村 B 栋 5 楼	550002	0851－5970575
云南省电子产品检验所	昆明市人民西路 145 号	650031	0871－5327406
陕西省安全技术防范工程检测中心	西安市咸宁西路 30 号	710048	029－82214542
陕西省信息系统工程评测中心有限公司	西安市西五路 62 号	710004	029－87294371
甘肃省产品质量监督检验中心	兰州市城关区金南昌路 208 号	730030	0931－8827745
宁夏电子产品监督检验所	银川市银湖巷 15 号	750001	0951－5041369
青海省产品质量监督检验所	西宁市冷湖路 6 号	810008	0971－6315015
新疆维吾尔自治区产品质量监督检验研究院	乌鲁木齐市河北东路 188 号	830011	0991－3191300

第二节　国家级安防检测机构工作

国家安全防范报警系统产品质量监督检验中心（北京）工作

2013 年，国家安全防范报警系统产品质量监督检验中心（北京）（以下简称“北京检测中心”）以提高服务质量、技术水平和检测效率为宗旨，以公正、科学、准确为基本原则，立足服务实战，狠抓检测业务。实现内抓管理促效益，外抓服务树形象，各项工作逐渐进入科学化、规范化、制度化的发展轨道，呈现出又好又快发展的良好格局。

一、积极开展各项检测业务，并为政府部门提供技术支持与服务

以“物联网一体化安全检测专业化服务”项目为支撑，开展物联网的产品检测、系统安全检测、系统安全检查业务；进一步开展视频接入平台、视频网关等产品的标准符合性测试及工程类联网标准符合性测试工作，并制订了相应的检验办法；继续对山东、山西、江苏、河南、甘肃、吉林等省公安厅或地市级公安机关建设的 PGIS 系统进行了测试；作为公安部“金盾办”指定的公安部“金盾工程”二期项目第三方测试单位，积极为“金盾工程”二期把好质量关。

协助公安部装备财务局完成了两批全国警服产品质量统检工作，包括服装外观质量现场检验和内在质量检验，并完成了《警服产品交收检验规范（试用稿）》的起草工作，得到了公安部科信局领导的肯定；受公安部监所管理局委托，承担拘留所管理信息系统的测试工作，并参与监所装备标准的起草工作、监所装备生产企业的定点生产资质审查工作、监管装备一线使用情况调研工作，为科信局制定相关管理政策提供了必要的技术支持。受公安部国际合作局委托，完成部领导外事礼品检测任务 44 项。

为相关的政府招标办、采购办所提供的检验报告进行真伪查询；为一线公安机关扣押物品出具警用品鉴定证明；服务公安一线，为湖南、山西等交通道路卡口和呼出气体酒精探测仪等执法设备开展计量校准工作；完成北京道路交通安全车辆违法行为检测任务及成都电子警察二期工程检测；与民生银行总行、农业银行总行、邮政储蓄银行建立了长期合作协议，为其安保系统建设提供技术支持。

作为中国安防认证中心的签约实验室，继续开展 3C 产品认证检测，完成强制性认证检测 507 项、自愿性认证检测 35 项。

继续与 UL 实验室合作，开展 UL294、UL639、UL1037 的目击测试，为国内安防企业搭建起更为完善的国际认证本地化服务平台。

二、开展检测方法、技术研究，为产品检测和标准制修订奠定技术基础

2013 年，在完善防暴、防弹产品的评价手段，建立防爆安检产品评估体系、SVAC 及高清视频产品的评价方法和评测平台、激光测速、光学产品评价方法、北斗卫星导航系统公安建设与应用标准体系研究、物联网安全检测等前

沿项目研究的基础上，继续鼓励专业技术人员结合业务工作开展申报国家科技计划支撑项目、“十二五”项目、发改委信息化领域创新能力建设专项、发改委信息安全专项、部级等科研项目，鼓励专业技术人员积极参与标准制修订工作，将科研成果转化为标准方法和试验手段，为拓展相关领域的产品检测奠定扎实的技术基础。

三、进一步加强交流与培训

北京检测中心坚持把加强学习交流与专业培训作为提高技术水平、解决技术难题、提高人员素质、增强业务能力的重要手段。

参加深圳安博会，重点展示在国内安防电子、软件评测、实体警械、信息安全、警用服饰、计量校准、系统工程、国外认证等专业检测领域的能力，同时，也为广大参展商和需求方提供了相关领域的现场咨询服务，真正实践了“贴近企业，服务全局，助推行业”的理念。

携手相关单位共同举办主题为“如何建立更为快捷销售渠道，为企业提供一站式服务”的专题研讨会，及时将最新服务资讯和技术能力传递给业内企业，有利的渠道联合与捆绑，帮助和引导国内安防产业与国际化的接轨。

为进一步扩大检测业务，加快与国际接轨的步伐，积极开展CE认证检测调研工作，为下一步扩展实验室能力做准备。

正式成立了交流中心，充分发挥其展示与交流作用，提升行业影响力，自开放以来，定期邀请和接待公安行业内部（部机关、各地厅局、交警大队、基层派出所、防暴大队等）、武警部队、各企事业单位参观指导共计300余人次。

协助公安部装备财务局，分别在武汉和济南为各省厅、市局的被装干部普及纺织材料基础知识、解答日常工作常见问题和培训技术标准工作。

受公安部科信局的委托，成功举办了由全国各省、自治区、直辖市公安厅干部参加的《看守所床具》、《看守所建设标准》标准宣贯培训，为规范看守所床具装备及基础设施建设，提高监所装备的研制、使用和管理水平提供帮助。

2013年，北京检测中心多位专家到中国安防协会及深圳、新疆、北京等地方安防协会举办的各种培训班及学术交流会讲课，提高了中心在业内的知名度和检测权威地位。

四、进一步加强实验室能力建设

2013年，北京检测中心通过国家认证认可监督管理委员会、中国合格评定国家认可委员会的实验室认可、计量认证、检查机构的复评审及扩项评审的“三合一”评审，资质能力涉及了安防电子、软件、道路交通、实体防护、警用装备、警用服饰、信息安全、工程等多个领域产品的检测。

2013年，通过了UL实验室的UL294、UL639目击测试数据程序（WTDP）的复评审，中心同时具备了UL294出入口控制系统、UL639入侵探测器、UL1037家用保管箱三个标准的检验能力，可开展三大类安防产品的UL认证委托检验服务业务。

2013年，分别参加了中国合格评定国家认可委员会、北京中实国金国际实验室能力验证研究有限公司、中国家用电器研究院组织的“CNAS T0648”、“CNAS T0663”、“CNAS M0047”、“CNAS T0680”、“NIL PT－0458”、“MA016－2013－420”的能力验证和测量审核，结果均为满意。另外，还与国家鞋类质量监督检测中心、国家纺织制品质量监督检验中心、通标标准技术服务有限公司进行了“纤维板屈挠指数、压缩弹性率、蓬松度、热防护性能、起毛起球”等项目的实验室比对，比对结果均为满意。

2月，成立了安防工程检测部，主要承担文博场馆、银行保卫、政府机关、平安城市、智能住宅、办公大厦、校园及医院、道路监控、电力安全、监所管理、专业储备库等所有公共安全行业的工程检测。

申请的《国家机动车测速仪型式评价实验室（公安）》获得了国家质检总局的批复，目前，该实验室还在积极的筹建中，为下一步在全国范围内开展测速仪型式评价工作奠定了基础。

与公安部装备财务局论证中心共同申报的《警用装备技术公安部重点实验室》得到了公安部科信局的批复，公安部安全与警用电子产品质量检测中心主要负责警用装备产品的质量监督检验与合格评定。

结合公安行业物联网安全检测需求，向公安部科信局申请成立《物联网安全保障质量监督检验中心》。

为推进技侦产品的信息化建设，坚持科技引领、科技创新、科技强警的理念，满足技侦产品的检测要求，向公安部科信局申请成立《公安部技侦产品检测中心》。

随着反恐形势的需要，警用特种车辆的需求越来越迫切，尤其是一些新型警用特种车辆急待定型验证，为了满足警用特种车辆的检测需求，中心正在筹建警用特种车辆检测实验室。

五、参与标准制修订情况和科研情况

（一）标准制修订情况

北京检测中心作为牵头起草单位，申请批准立项的国家及行业标准22项，其中国家标准5项，分别为《社会治安重要场所视频图像采集技术要求》、《公安物联网示范工程软件平台与应用系统检测规范》、《公安物联网感知层传输安全性评测要求》、《防盗报警控制器通用技术要求》、《信息安全技术 指纹识别系统技术要求》；行业标准17项，主要有《电子防盗锁》、《防尾随联动互锁安全门通用技术条件》、《安防监控摄像机防护罩通用技术要求》、《安全防范监控数字视音频编解码标准符合性测试》、《安全防范视

频监控图像信息安全接入公安信息网测试规范》、《视频安防监控系统矩阵切换设备通用技术要求》、《安防视频监控系统变速球型摄像机》等。

2013 年批准发布的标准 3 项，分别为《GA/T1127 - 2013 安全防范视频监控摄像机通用技术要求》、《GB/T 15211 - 2013 安全防范报警设备 环境适应性要求和试验方法》、《GB/T 30148 - 2013 安全防范报警设备 电磁兼容抗扰度要求和试验方法》。

另外，根据 2014 年标准制修订计划，通过各标委会向公安部科信局申报了 30 项标准的制修订。

（二）科研情况

北京检测中心承担科研项目 10 项，其中国家级项目 3 项，分别为《防爆安检技术评价体系与试验平台的研究》、《下一代互联网“信息系统等级保护安全设计技术要求”》、《物联网一体化安全检测专业化服务项目》；部级项目 1 项，《SVAC 技术及高清视频产品评测系统的研究》；基科费项目 6 项，分别为《9mm 制式弹头 V50 试验系统的研究》、《防弹头盔之防弹性能测试系统的研制》、《PGIS 平台测试及评估系统技术研究》、《闪光能测试系统关键技术研究》、《基于激光技术的道路交通测速仪型式评价技术研究》、《居民身份证阅读机具综合检测系统研究》。

另外，参与科研项目 10 项，分别为《公安北斗卫星导航系统建设与应用发展战略研究》、《公安信息资源现状分析及公安信息资源目录体系预研究》、《监控视频可信应用技术研究》、《一体化人体信息采集设备技术规范编制项目》、《监控视频可新技术研究》、《宽带多媒体集群总体技术标准化研究及测试评估》、《新一代警用地址数据管理与服务系统 专题一：全国警用地址数据管理与服务系统技术体系研究及软件开发》、《SVAC 系列设备研制与应用示范及评价体系建设》、《公安物联网建设与应用发展战略研究》。

（三）获奖情况

2013 年，《十一五全国警用地理信息基础平台技术、标准体系及测试技术研究》获得公安部第一研究所科技成果二等奖，《GA/T 947 单警执法视音频记录仪》标准研究项目获得所级科技进步三等奖、部级科技进步二等奖。

六、承担的国家、公安部业务局、地方的产品质量监督抽查检测汇总情况

受公安部科信局的委托，按照《2013 年度单警执法视音频记录仪产品质量行业监督抽查方案》对 56 家企业生产的单警执法视音频记录仪进行了行业监督抽查工作。

配合公安部装财局被装处，对全国警服、警鞋、警帽及警用服饰等 34 个品种进行了两次共 58 个型号的质量统检工作，检验合格率为 95.9%。

[资料提供：国家安全防范报警系统产品质量监督检验中心（北京）]

国家安全防范报警系统产品质量监督检验中心（上海）工作

2013 年，国家安全防范报警系统产品质量监督检验中心（上海）（以下简称“上海检测中心”）在公安部科信局、网络安全保卫局等相关业务局的支持帮助下，按照公安部第三研究所党委提出的“公安第一、国内领先、世界一流”目标要求，全体员工遵循苦干加巧干的工作思路，在完成日常检测业务的同时，不断开拓创新，拓展新的检验业务，探索新的检验方向，为公安一线提供技术支撑与服务，夯实实验室基础建设，不断提升技术水平和检测能力，各项工作全面跨上新台阶。

一、牢记使命，多方位拓展检验业务范围

充分发挥行业优势、地域优势和技术优势，除常规检测业务以外，不断寻求新的业务增长点和突破口。

（一）承担国家信息安全专项测评

3 月，根据国家发改委、公安部关于组织实施 2012 年国家信息安全专项测评工作的部署，上海检测中心作为测评实施牵头单位协助公安部组织专项测评。专项测试涉及云计算、工控、移动互联网等多个全新领域。计算机中心在公安部网络安全保卫局和所领导的指导下，在其他部门的配合下，除协助公安部牵头开展了具体组织工作外，还承担了超过一半的测评任务，使 2012 年发改委信息安全专项产品测试及测试组织工作得以顺利完成。

10 月，再次协助公安部承担 2013 年国家信息安全专项的测试组织工作，并在任务分配中承担了数量最多、难度最大的测试任务。据初步统计，需要中心承担的测试任务约计 30 项，涉及云计算、大数据等全新技术领域。

（二）开展浦东教育招标测试

2 月，上海检测中心完成了上海市浦东新区教育信息中心委托的防火墙产品招标选型测试工作。本次检测工作共需完成测试总计八家单位的 24 款产品；用一周时间，组织安排了十位检测员以流水线的方式安排测试，功能测试和性能测试交叉同步开展，保质保量地完成了检测任务。

（三）开展非传统安防检测业务

上海检测中心积极主动地配合做好上海轨道交通 X 射线安检设备系统辐射安全的技术服务工作。5 月，对上海市城市轨道交通 X 射线安检设备系统泄漏射线剂量率进行了现场抽样检验并作了调研，10 月底开展了每年一次的上海轨道交通 X 射线安检设备系统的检测工作。以客观、公正、独立、严谨的工作作风，打造上海检测中心的品牌美誉度，通过报告公信力和客户信任度的提升巩固并带动市场份额的扩张。微剂量 X 射线安全检查设备检验项目、炸药探测仪、毒品探测仪器、液体安全检查仪等的检测业务量与去年相比，均获得大幅提升。

同时，还新拓展了基于背散射技术的人体X射线安检设备、透视兼背散射技术的行李X射线安检设备、车载式X射线安检设备等X射线相关技术产品；考虑到物联网技术的大力发展，积极尝试拓展物联网相关产品的检测，承检了多链路综合智能传感无线传输设备等物联网系统产品。

（四）积极开展联网系统工程或卡口项目检测

上海检测中心重点开展了松江、闵行、杨浦等多个区的平安城市建设联网系统工程或卡口项目检测。主动与各区县主管部门沟通，宣传检测验收的必要性，使双方达成统一认识。加班加点，用过硬的检测技术和良好的服务意识，顺利完成检测任务。

（五）开展等级保护安全检查工具箱研发

成立技术服务部，积极开展等级保护安全检查工具箱研发，历时半年的时间，完成公安部网络安全保卫局主持研制的等级保护安全检查工具箱的需求分析及概要设计，提炼50个检查项目和检查方法，编写内置工具库的功能和性能指标，提供接口规范和箱体规格等，现已完成设计、编程、测试，并开始进行产品的交付工作。

（六）开展“金盾工程”二期第三方检测

根据公安部金盾办的工作要求，5月起上海检测中心承担部金盾二期27个项目的第三方检测验收工作，根据项目实施完成情况和金盾办安排，完成了公安信访信息管理系统、吸毒人员动态管控系统、数据处理多层架构体系扩容、应用支撑平台完善［请求服务系统（二期）］、禁毒情报信息研判系统、多发性侵财案件管理系统、公安信息网搜索引擎及信息检索系统扩容和媒体资产管理系统等8个系统的现场检测；全国公安机关DNA数据库升级改造等4个项目正在进行前期的资料准备，跟踪项目完成情况，待条件成熟即进入现场检测。上海检测中心将以“金盾工程”二期项目验收为契机，推进公安等安保工作的开展与落实，拓展安全服务部和积极防御实验室的业务范围。

（七）不断拓展行抽、市抽及强制性产品抽查业务

上海检测中心积极参与政府部门组织实施的产品质量监督抽查工作，进一步树立行业权威形象。上海市质量技术监督局又委托中心进行第一季度防盗安全门产品、第二季度防盗保险柜（箱）及汽车防盗报警系统产品的上海市产品质量监督抽查工作，在获得社会效益的同时，也获得了一定的经济效益。另外，根据国家认监委《关于开展2013年强制性产品认证获证产品监督抽查工作的通知》（国认证〔2013〕28号）的精神，9月，上海检测中心首次承担并顺利完成了上海生产、流通领域的入侵探测器产品的监督抽查工作。

二、立足实战为一线服务，树立行业权威形象

立足实战，为公安部各业务局和地方市局的有关工作提供技术支持是上海检测中心的立身之本。中心领导班子始终把为公安部网络安全保卫局、公安部科技与信息化局等部业务局提供技术服务作为重要工作来抓。

（一）配合公安部网络安全保卫局开展WZPT测试

受公安部网络安全保卫局委托（公信安〔2012〕2205号、公信安〔2013〕423号），上海检测中心于上半年完成了4家公司WZPT的实验室检测任务。严格按照公安部网络安全保卫局提出的数据全面整合、资源统一调度、服务标准化提供、应用实战化支持的工作要求，分别从前端接入、预处理、数据中心、服务层和业务应用5个方面对4家厂商研制开发的WZPT进行了公平、公正、公开的严格测试。经过近50天的测试，为WZPT在全国的顺利推广部署提供了技术支撑。

为确保对全国100多个省级和地市WZPT现场测试的顺利开展，中心还分别到宁波、东莞、南通进行了实地调研。通过调查研究，明确了现场测试的思路和方法，为以后的现场测试打下了坚实基础。

（二）配合公安部网络安全保卫局开展销售许可证日常监督工作

为了减少“一证多销”、“无证销售”、“过期销售”3类违规现象，上海检测中心采取了多项措施配合开展日常监督工作：通过多种途径主动发现信息安全厂商的“过期销售”和“无证销售”行为，并主动以电话或短信方式提醒企业及时补办手续；针对“一证多销”违规行为，在日常检测过程中检查产品合同、技术资料、说明文档、硬件铭牌上的“型号/版本”是否一致，同时在检验报告中保留“样品硬件照片”，增加“硬件铭牌照片”、“软件界面截图”和“软件版本号截图”，督促企业做好“型号/版本”一致性工作。

2013年，中心分5次共计查询了399家企业的产品销售信息，发现其中正常销售的有111家，“一证多销”、“无证销售”、“过期销售”的企业共203家，不能确定是否违规的、无法找到销售产品信息的企业共计85家。其中，“一证多销”、“无证销售”、“过期销售”3类企业占所查企业总数的50.88%，所占比例基本与去年的调查结果持平。

中心还组织技术力量对2012年度的信息安全产品进行了技术分析，编制完成了《2012年度信息安全产品分析报告》，对2012年度中心检测的840个产品和400多家厂商进行了各项统计、技术分析，为行业主管部门提供了技术支撑。2013年度中心立足安全性测试，针对部分重要产品作重点分析，指出主要当前信息安全产品的特征与存在的主要问题。

（三）配合上海市公安局执行重要网站漏洞扫描任务

为保障全市重要网站的安全，发现其中隐含的漏洞，上海检测中心派遣技术骨干配合上海市公安局对全市的网站执行了扫描和渗透性测试，为期三个月。通过这些工作，有力地保障了上海市重要信息系统的安全。

（四）配合国家密码管理局、上海市公安局开展等保商用密码管理工作

上海检测中心积极配合上海市公安局和上海市密码管理局等主管部门开展等级保护的宣传和培训工作，帮助重要系统运营单位了解等级保护的制度、介绍等级保护的相关标准以及测评需要的注意事项，树立中心在上海市等保测评机构中的权威地位，4 月，获准为国家密码管理局指定信息安全等级保护商用密码系统测评试点机构。今后还将加大力度积极配合上海市有关部门开展等级保护商用密码系统测评试点工作，进一步完善信息安全等级保护商用密码管理体系，指导全国密码管理部门开展信息安全等级保护商用密码管理工作，为国家重要信息系统安全“保驾护航”。

（五）配合认证中心制定认证规则

上海检测中心配合中国安全技术防范认证中心，做好被动红外与微波双鉴入侵探测器新旧标准的转化工作，完成了检测细则的修订、检测报告及检测记录的编制等。承担了防盗报警产品的认证实施规则 2014 版的修订工作，该规则对认证产品风险等级划分、认证模式调整作出了新的规定。

（六）协助认证中心完成安防产品的分类与检测调研工作

为落实《关于组织开展立法专项研究工作的通知》（公科信技防〔2013〕10 号）要求，由中国安全技术防范认证中心负责安全技术防范产品的管理制度的调研，上海检测中心根据认证中心《关于开展安全技术防范产品检测情况调研的函》（中安认函〔2013〕18 号）的要求，编制了《安全技术防范产品检测情况调查表》和《安全技术防范产品分类调查表》，对已有的 10 大类产品进行细分，统计各类产品近三年出具的报告数，并按产品认证、生产登记、型式检验、企业委托不同的检测形式进行划分，汇总了 2010、2011、2012 年的检测情况统计柱状图。

（七）配合公安部网络安全保卫局开展等保应用研究

根据公安部网络安全保卫局要求，中心配合收集有关国家部委相关信息安全管理的文件和标准规范，将相关的信息安全管理国际标准和国家相关标准与等级保护基本管理要求相对照，研究安全保障的管理要求，形成《信息安全等级保护安全管理标准融合与应用研究报告》。

根据网络安全保卫局领导要求，研究并完成报告《风险评估与等级测评的深度融合方法研究》。目前正在开展的研究工作有两项，在等级测评报告模板修改工作的基础上，研究信息安全等级保护安全评估报告模版已完成第三版修改稿；根据公安部文件开展信息安全等级保护标准体系研究、工业控制系统安全保护研究、国际关键信息技术设施保护政策研究。

（八）配合公安部网络安全保卫局成功举办两次大型全国等保会议

上海检测中心分别于 6 月和 8 月成功主办了“第二届全国信息安全等级保护技术大会”和“第三届全国信息安全等级保护测评体系建设大会”。“第二届全国信息安全等级保护技术大会”得到了公安部网络安全保卫局的大力支持，共征集论文稿件 470 余篇，内容涵盖了信息安全技术的各个领域，对促进信息安全等级保护技术的发展和应用具有十分重大的意义。

（九）配合各地公安局开展网安等保工作

上海检测中心不断加强对各地网安等级保护工作发展的支持力度，通过对各地测评机构现场业务指导，加快了各地测评机构的健康发展，特别是在人才积累和技术储备相对薄弱的地区，投入了较大的人力和物力。2013 年在新疆信息中心、西藏移动、淮南电厂等项目中，检测中心与地方测评机构紧密配合，通过实际案例对当地测评机构进行业务指导。

同时，上海检测中心与各地测评机构形成了紧密配合的工作关系，建立起了协同开展等级测评工作的业务模式。在新疆信息中心项目中，中心配合完成了自治区电子政务外网 IP 通信网络业务系统、政务外网门户网站、发改委门户网站等重要信息系统的测评工作的同时，还开展了安全培训、整改指导等工作。该项目为新疆维吾尔自治区信息安全等级保护制度落实和安全保障工作发挥了重要作用。

三、科研与检测业务相互促进，技术竞争力不断提高

着力科研项目的开展和检测标准的研发，以战略眼光发展检测技术和开展业务，扎实推进检验队伍的科研能力和技术能力，中心的软硬件建设呈现较快的提高。

（一）科研项目情况

成功申报国家级项目 3 项，省部级项目 7 项，所级 6 项；完成和在研项目 10 项。

（二）参与标准化工作情况

起草并已发布的国家标准 4 项，行业标准 6 项；起草并报批的国家标准 2 项，行业标准 19 项；新获立项国际标准 4 项、国家标准 2 项、行业标准 16 项。

（三）论文、专利情况

2013 年中心共发表论文 36 篇。中心 2013 年有 3 项发明专利和 6 项实用新型专利获得授权，新受理了 6 项发明专利，正在申请 2 项实用新型专利。

四、深化实验室管理，改善服务质量和水平

（一）深化绩效考核管理

为进一步规范考核管理，形成有效激励与奖惩机制，根据各岗位性质制定“季度考核记录表”与“季度考核汇总表”，编写了“2013 年检测中心绩效考核细则及专项指标实施计划”以及落实到责任人、具体措施的“2013 年工作计划”。

（二）提升服务和体系改进

根据客户投诉意见，为规范客户意见的反馈渠道，9

月，在接待大厅公布了监督电话，设立了意见箱，制作了意见表专用信封和发放征求意见表。

从下半年开始，结合体系运行的适宜性和可操作性，在实验室改进方面采取了多项改进措施，如管理部与第一检验部一起对视频产品检验报告进行规范，开发了“检测报告模板生成器软件”并已实施，有效减轻了同志们的重复劳动并保持实验室持续改进。目前已完成12个安防视频监控类产品的报告自动生成工作，计划用2～3年的时间陆续完成这项任务。

（三）加强客户互动

为了配合全国信息系统等级保护的建设和整改工作，加强等级保护工作相关政策的宣传，密切信息安全等级保政策与信息安全产品管理工作之间的联系，9月，上海检测中心主办的“第六期信息安全专用产品标准培训会”召开，全国共有36家信息安全企业的60余名代表到会参加。该培训会为厂家理解信息系统信息安全等级保护政策提供了很好的学习交流平台；为厂家开发、生产和送检相关高等级产品提供了帮助，同时也有助于检测中心与厂家之间的沟通和互相信任。

五、夯实实验室建设，提升综合实力

（一）业务资质能力拓展

1. 顺利通过2013年实验室“三合一”复评审工作

为进一步拓展上海检测中心业务资质能力，提升在检验市场中的综合竞争力，通过与国家认监委、中国合格评定委员会（CNAS）及上海市质监局等相关主管部门的积极沟通与协商，中心于10月23日、25～27日分别在北京、上海开展了为期四天的实验室、检查机构和资质认定的“三合一”复评审现场审核工作。

基于评审前期做了大量充分的准备工作，四位主任/技术评审员及两位技术专家组成的评审组通过现场试验、现场演示、现场提问、查阅记录/报告、核查仪器设备配置等方式对我实验室各领域技术能力进行评价，并最终予以全部确认。其中，新扩项的两个IC卡安全国标《GB/T 20276－2006 信息安全技术 智能卡嵌入式软件安全技术要求（EAL4增强级）》和《GB/T 22186－2008 信息安全技术 具有中央处理器的集成电路（IC）卡芯片安全技术要求（评估保证级4增强级）》，为中心未来开展IC卡安全测评服务打下了良好基础。此次“三合一”复评审上海检测中心新扩涉及38个标准的28项技术能力，变更涉及8个标准的8项能力，现场出具了实验室、检查机构、1个国家中心、4个部级中心、1个上海站的8个复评审报告，圆满完成中心2013年度最重要的任务之一，也标志着中心的检验能力又迈上了一个新台阶，评审的良好结果也将进一步增强实验室的吸引力、凝聚力和竞争力。

2. 通过各主管机关各项监督检查

6月，上海检测中心通过上海质监局的上海市产品质量检验机构工作质量分类监管检查；7月，通过国家中心认监委专项监督检查和国家认监委CCC指定实验室专项监督检查。此外，接受了国家认监委主管部门及上海质量技术监督局对上海检测中心的工作指导。

3. 参加各类能力验证活动

上海检测中心自2012年7月首次参加了由中国合格评定国家认可中心（CNAS）组织的能力验证“CNAS T0677 电子电器产品待机功耗的检测”，2013年10月又首次参加了电磁兼容测试领域“射频场感应的传导骚扰抗扰度”的测量审核，同样获得了“满意”的结果，更多参与CNAS组织的合格评定活动，进一步提升了检测中心的安防类产品的检验能力。

中心作为能力验证的实施者，继2011年底顺利完成CNAS能力验证计划T0557防火墙测试之后，2012年2月，第二次组织的防火墙能力验证计划成功获批，计划编号为：CNAS T0666。目前，已完成样品制备和样品传递，进行了结果汇总和结果报告编制，已提交CNAS能力验证处待审核发布。同时，计算机中心作为参与者，继2006年、2008年和2011年三次顺利完成CNAS组织的软件测试能力验证计划并获得满意结果之后，2013年2月，中国合格评定国家认可委员会秘书处（以下简称CNAS）公布了2013年度第一批能力验证计划［认可委（秘）〔2013〕22号］，积极参加了CNAS T0722软件功能性与易用性的测试能力验证和CNAS T0747信息系统安全等级保护测评能力验证，目前正按计划有序进行中。

（二）基础环境建设

上海检测中心除了加快步伐建立芯片/IC卡专有实验室外，还在主楼二楼建立了数据中心机房以及独立的检测隔断环境，支持远程测评、无人化机房的测试场景。为面向下一代互联网高性能、安全攻击、工控安全系统、IPv6以及智能终端等新兴测评业务提供了独立测评环境，并能够有针对性地配合科研项目和新兴测评业务的开展。

六、强化体系及技术培训，提升整体战斗力

为适应日益增加的检验业务，也为了上海检测中心持续发展和培养新生力量，根据中心制订的招录人员计划和新进人员入职培训实施方案，中心安排对26位具有本科以上学历的人员进行入职培训，并安排入职培训基础知识笔试。

9月，邀请CNAS实验室和检查机构主任评审员为全体人员讲授新版《检查机构能力认可准则》（CNAS－CI01）。通过结合自身的评审经历，深入浅出地讲解分析新旧准则的不同点和新增点，详细讲解了在新准则的要求下检查机构人员该如何进一步贯彻和落实，让全体人员比较清晰地理解了新准则的要求。

为了提高检验报告中产品照片的拍摄质量，准确完整体现产品商标、铭牌、样品标签、接口等内容，中心于6月

邀请外部专业摄影师开展了检验样品照片拍摄技巧的培训。

各检验部不定期开展相关技术标准、仪器仪表的使用培训，同时还积极开展对外交流，聘请德国 TUVit 和西班牙 Applus + LGAI 等国际知名实验室的技术专家来中心培训通用评估准则、智能芯片测试技术等领域的国际先进经验，进一步提升了中心技术人员的技术视野，提高了技术能力。

2014 年上海检测中心将继续努力、开拓进取、团结一致、狠抓落实，密切关注技术动态，持续探索业务拓展方向，不断加强内部管理，努力打造一支“技术精湛、服务规范、公正廉洁”的高素质检验队伍，通过苦干加巧干，使中心在技术、管理、能力、服务等方面始终处于同行业的领先水平，始终站在国内一流检验机构的前列，为公共安全防范及信息安全行业的发展做出应有的贡献。

［资料提供：国家安全防范报警系统产品质量监督检验中心（上海）］

第三节　国家级安防检测机构产品检测结果信息

说明：本节内容收录了国家安全防范报警系统产品质量监督检验中心（北京、上海）的检测结果信息，共计 7684 条。其中包括：国家安全防范报警系统产品质量监督检验中心（北京）电子产品检测结果信息 3423 条，实体产品检测结果信息 1479 条；国家安全防范报警系统产品质量监督检验中心（上海）通过型式检验和委托检验的电子产品检测结果信息 2433 条，实体产品检测结果信息 349 条，因《年鉴》印刷版篇幅有限，详情请查阅《中国安全防范行业年鉴》（2013 版）电子版（即光盘）及网络版（http：//news. 21csp. com. cn/C39/index. html）。

第八章　产品认证

第一节　产品认证机构

中国安全技术防范认证中心

中国安全技术防范认证中心（以下简称CSP）是依据中华人民共和国产品质量法和认证认可条例等相关法律、法规，由国家认证认可监督管理委员会（CNCA）和公安部批准成立，实施合格评定的认证运作实体。

CSP依据CNCA批准的认证业务范围，开展安全技术防范产品、道路交通安全产品、刑事技术产品、警用通信等社会公共安全产品的认证工作。

CSP依据CNAS-CC21（ISO/IEC导则65）建立了完整的质量体系，制订了质量手册并严格执行，持续改进。承担的强制性产品认证及部分自愿性产品认证业务均已通过国家认可委（CNAS）认可。

自2001年成立以来，CSP已在安防、道路交通安全和刑事技术等领域探索形成了一套科学规范的公共安全产品合格评价体系，认证产品包括多种入侵探测器、防盗报警控制器、防盗保险柜（箱）、汽车防盗报警系统、防盗安全门、汽车行驶记录仪、车身反光标识、道路交通信号灯、机动车测速仪、呼出气体酒精含量检测仪、警用多波段光源产品、“502”指印熏显柜、警用活体指纹/掌纹采集设备、DNA检测试剂、公安350兆模拟通信设备等20余种。

CSP的宗旨是：遵守国家法律、法规，遵循国际惯例，坚持客观、独立、公正的原则，维护相关方合法权益；不以营利为目的，独立核算，自负盈亏；竭诚为国内外客户提供认证服务。

地　　址：北京市海淀区首体南路1号
邮　　编：100048
负 责 人：张忠孝
电　　话：010-88513151
联 系 人：张金明
电　　话：010-88513156
网　　址：www.csp.gov.cn
电子邮箱：cspa@vip.163.com

中国人民解放军军用安全技术防范产品安全认证中心

中国人民解放军军用安全技术防范产品安全认证中心是经总参谋部、总政治部批准成立，依据国家、军队的有关法规和技术标准，对拟投入军队使用的安全技术防范产品进行特定安全性检测、评估、认证的专业机构。根据《关于军用安全技术防范产品实行安全认证制度的通知》，自2009年1月1日起，所有用于重要军事目标安全技术防范的设备和系统必须通过中国人民解放军军用安全技术防范产品安全认证中心的安全性认证，并取得《军用安全技术防范产品安全认证证书》。

中国人民解放军军用安全技术防范产品安全认证中心下设军用安全技术防范产品安全认证专家委员会、办公室、业务接待室、技术标准室、特定安全性检测实验室、软件安全检测实验室、网络安全检测实验室、资料档案室等部门；拥有安全检测、电磁辐射检测、网络安全检测等专业技术人员40余人，其中博士、硕士研究生学历达60%；建立了严格的质量管理制度和科学的检测标准规范，具有完备的测试环境、先进的检测技术和检测装备，在1~2年内将建成具有国内领先水平、符合国际标准的10米法大型电磁信息安全检测暗室，同时配置多种新型专业检测设备，将为开展安全技术防范产品安全认证提供更为理想的检测条件。中心遵循保证安全、科学客观、严密细致、公开公正的原则，面向国内外安全技术防范产品生产和服务商提供安全性检测认证技术服务。

中国人民解放军军用安全技术防范产品安全认证中心认证的安全技术防范产品范围：入侵探测与报警设备；视频信号探测与监控设备；出入口探测与控制设备；报警传输设备；车辆报警设备；防抢劫应急报警设备；实体防护设备；防爆安全检查设备；安全技术防范软件产品；安全

防范系统集成等。

中国人民解放军军用安全技术防范产品安全认证中心成立以来，严格执行《中国人民解放军军用安全技术防范产品安全认证管理办法》，稳妥开展安全技术防范产品的检测认证工作。截至2012年底，共检测100多个单位申请的各类安全技术防范产品225个，为军队选用符合要求的安全技术防范产品提供了技术支持，为加强和规范军队安全技术防范工作，保证军队安全保密提供了重要保障。

地　　址：北京市蒲黄榆路1号

通信地址：北京市95号信箱50分箱

邮政编码：100075

电　　话：010－67600529

传　　真：010－67600379

中国民用航空局航空安全技术中心（中国民航科学技术研究院）

中国民用航空局航空安全技术中心（中国民航科学技术研究院），是国家科技部批准的民航业内唯一一家公益类非营利科研机构，民航局直属事业单位。研究院主要职责是对民用航空安全和发展进行科学技术研究，负责民航行业技术的研发与推广，为民航局的决策和监督管理工作提供技术支持，向航空公司、民用机场、空中交通管理等企事业单位以及航空产品制造厂（商）提供技术咨询和服务。研究院秉承“立足科技创新，面向民航发展”的宗旨，弘扬求真务实的精神，树立科学发展观，继承和发扬民航“保证安全，优质服务，正常飞行”的优良传统，以科研和技术支持为己任，以“尊重人才、矢志创新、开放合作、优质服务”为价值观，与时俱进，开拓进取，努力建设具有国际影响力的民航科研机构，为实现民航强国目标做出更大的贡献。

地　　址：北京市朝阳区西坝河北里甲24号 中国民航科学技术研究院

邮政编码：100028

电　　话：办公室：010－64473633

科技处：010－64473670

传　　真：010－64473600

邮　　箱：president@ mail. castc. org. cn

第二节　产品认证目录

一、安全技术防范、道路交通安全产品强制性认证目录

序号	产品名称	认证实施规则	标　志
1	主动红外入侵探测器	CNCA－10C－047：2009《安全技术防范产品强制性认证实施规则　入侵探测器产品》	
2	室内用被动红外入侵探测器		
3	室内用微波多普勒探测器		
4	微波和被动红外复合入侵探测器		
5	振动入侵探测器		
6	室内用被动式玻璃破碎探测器		
7	磁开关入侵探测器		
8	防盗报警控制器	CNCA－10C－052：2009《安全技术防范产品强制性认证实施规则　防盗报警控制器产品》	
9	汽车防盗报警系统	CNCA－10C－053：2009《安全技术防范产品强制性认证实施规则　汽车防盗报警系统产品》	
10	防盗保险柜	CNCA－10C－054：2009《安全技术防范产品强制性认证实施规则　防盗保险柜（箱）产品》	
11	防盗保险箱		
12	汽车行驶记录仪	CNCA－02C－066：2005《汽车行驶记录仪产品》	
13	车身反光标识	CNCA－02C－067：2005《车身反光标识产品》	

二、公共安全产品自愿性认证目录

序号	产品名称	认证实施规则	标　志
1	防盗安全门	CSP－V01－001：2009《安全技术防范产品自愿性认证实施规则　防盗安全门产品》	
2	机动车测速仪	CSP－V02－001：2004《道路交通安全产品自愿性认证实施规则　机动车测速仪产品》	
3	呼出气体酒精含量探测器	CSP－V02－002：2004《道路交通安全产品自愿性认证实施规则　呼出气体酒精含量探测器产品》	
4	道路交通信号灯	CSP－V02－004：2004《道路交通安全产品自愿性认证实施规则　道路交通信号灯产品》	
5	警用多波段光源产品	CSP－V03－001：2004《刑事技术产品自愿性认证实施规则　警用多波段光源产品》	
6	“502”指印熏显柜	CSP－V03－002：2004《刑事技术产品自愿性认证实施规则　“502”指印熏显柜产品》	GA
7	活体指纹/掌纹采集设备	CSP－V03－003：2010《刑事技术产品自愿性认证实施规则　活体指纹/掌纹采集设备产品》	
8	DNA 检测试剂	CSP－V03－005：2009《法庭科学产品自愿性认证实施规则　DNA 检测试剂产品》	
9	防盗锁	CSP－V01－003：2009《安全技术防范产品自愿性认证实施规则　防盗锁产品》	
10	公安 350 兆模拟无线通信设备	CSP－V04－001：2009《公安无线通信设备自愿性认证实施规则　公安 350 兆模拟无线通信设备》	
11	指纹自动识别系统	CSP－V03－004：2010《刑事技术产品自愿性认证实施规则　指纹自动识别系统》	

第三节　产品认证结果

《中国人民解放军军用安全技术防范产品认证目录》

证书号	产品名称	型号规格	有效期至	申请单位
0226	智能枪械管理柜	ZPR－60	2015 年 12 月	北京智普信科技股份有限公司
0227	执勤用枪离位报警追踪定位系统（北斗板）	KMSM－1201 型	2016 年 4 月	昆明申茂科技有限公司
0228	微带相控阵入侵检测雷达	IRSS－X100	2016 年 5 月	北京实创谷河物联网络科技有限公司
0229	智能型脉冲电子围栏	GW－AP－2	2016 年 5 月	上海国沃电子科技有限公司
0230	雷电脉冲隔离保护器（免接地）	ZS－ACI30	2016 年 5 月	山东纵深科技发展有限公司
0231	高清网络摄像机系统	FNC－C5－bw FNC－C5－irbow	2016 年 6 月	北京中电兴发科技有限公司
0232	高清网络半球摄像机系统	FNC－C3－dw FNC－C5－dw FNC－C5－irdow	2016 年 6 月	北京中电兴发科技有限公司
0233	高清网络快球系统	FNC－C5－sd18w	2016 年 6 月	北京中电兴发科技有限公司
0234	网络摄像机	BL－E800H	2016 年 6 月	广州美电贝尔电业科技有限公司

续表

证书号	产品名称	型号规格	有效期至	申请单位
0235	网络球型摄像机	BL - E800PMC	2016 年 6 月	广州美电贝尔电业科技有限公司
0236	网络管理服务器	BL - NVR716	2016 年 6 月	广州美电贝尔电业科技有限公司
0237	智能型脉冲电子围栏系统	Trophy	2016 年 8 月	上海卓希智能科技有限公司
0238	脉冲电子围栏系统	Medal 7	2016 年 8 月	上海卓希智能科技有限公司
0239	出入口控制器	EVEREST C - 20	2016 年 10 月	北京艾克塞斯科技发展有限责任公司
0240	红外彩色摄像机	DS - 2CC11A2P - IRX	2016 年 10 月	杭州海康威视数字技术有限公司
0241	多业务光端机	BVT	2016 年 10 月	北京蛙视通信技术有限责任公司
0242	户内小间距 LED 全彩屏	HLVW1.5 - 1.8 - 2.0 - 2.5 - 3.0	2017 年 1 月	深圳蓝普科技有限公司
0243	嵌入式硬盘录像机	BCQ - A - L - AF - DVR - II - A/16 - 16 - D	2017 年 1 月	上海博超科技有限公司
0244	人脸锁	E50	2017 年 1 月	汉王科技股份有限公司
0245	光纤收发器	VETH	2017 年 1 月	北京蛙视通信技术有限责任公司
0246	数字非压缩光端机	VNX	2017 年 1 月	北京蛙视通信技术有限责任公司
0247	嵌入式 LED 防护照明灯	CTC	2017 年 1 月	北京澄通光电股份有限公司
0248	光纤振动入侵报警系统	IFP3800 - IC08（软件版本：V1.2）	2017 年 3 月	武汉光谷奥源科技股份有限公司
0249	数字高清监控网络枪式摄像机	RK - JH - GS520	2017 年 3 月	罗普特（厦门）科技集团有限公司
0250	数字高清监控网络半球摄像机	RK - JH - SS520	2017 年 3 月	罗普特（厦门）科技集团有限公司
0251	数字高清红外监控网络枪式摄像机	RK - JH - GS220	2017 年 3 月	罗普特（厦门）科技集团有限公司
0252	数字高清红外监控网络半球摄像机	RK - JH - SS220	2017 年 3 月	罗普特（厦门）科技集团有限公司
0253	数字高清监控高速球型摄像机	RK - JH - DD	2017 年 3 月	罗普特（厦门）科技集团有限公司
0254	网络视频监控存储器	RK - NVR	2017 年 3 月	罗普特（厦门）科技集团有限公司
0255	数字高清监控高速球型摄像机	RK - JH - DD620	2017 年 3 月	罗普特（厦门）科技集团有限公司
0256	2MP 高清摄像机	SIC001A - 02M	2017 年 3 月	北京华彩宏源科技有限公司
0257	防盗抢烟雾发生器	WD2013 - 02H - 04 - 45	2017 年 3 月	北京嘉纳爽晟科技有限公司
0258	网络硬盘录像机	BSR - NR8108H	2017 年 3 月	北京蓝色星际安全防范技术发展有限公司
0259	网络硬盘录像机	BSR - NR8116H	2017 年 3 月	北京蓝色星际安全防范技术发展有限公司
0260	网络摄像机	BSR - IM2210 - B0501	2017 年 3 月	北京蓝色星际安全防范技术发展有限公司
0261	网络硬盘录像机	BSR - NR8104H	2017 年 3 月	北京蓝色星际安全防范技术发展有限公司
0262	网络摄像机	BSR - IM2230 - B0501	2017 年 3 月	北京蓝色星际安全防范技术发展有限公司
0263	网络摄像机	BSR - IM1110 - B0507	2017 年 3 月	北京蓝色星际安全防范技术发展有限公司
0264	网络摄像机	BSR - IM2130 - B0501	2017 年 3 月	北京蓝色星际安全防范技术发展有限公司
0265	网络摄像机	BSR - IM1110 - B0501	2017 年 3 月	北京蓝色星际安全防范技术发展有限公司
0266	网络视频管理平台服务器	BSTAR CENTER 2000	2017 年 3 月	北京蓝色星际安全防范技术发展有限公司

第九章 安防公安部重点实验室

第一节 安防公安部重点实验室机构

安全防范技术与风险评估公安部重点实验室成立于2008年，是经公安部正式批准，专门从事安全防范技术与风险评估研究的公安部首批重点实验室，主要围绕“安全防范系统工程、智能视频分析与侦查技术、社会治安风险评估与预测预警技术”三个方向进行科研攻关。实验室特色鲜明，是我国安全防范领域最为系统、完整的专业实验室。实验室的依托单位中国人民公安大学拥有国内唯一的安全防范工程本科专业，拥有安全技术及工程硕士授予点，经过十几年的发展，拥有完善的教学、科研体系和人才、物质储备，为实验室的发展奠定了坚实的基础。

实验室具备国际领先、国内一流的科研基础环境，内部设有11个专项研究室，具备提供警务业务数据、视频监控图像等基础研究数据和数据共享能力。配合硬件设备开发的专业实验室拥有一批主流的DSP、FPGA开发平台，高端数字示波器，逻辑分析仪等，这些仪器设备能够配合基础理论与算法研究，开发相应的硬件设备。此外，改造后的警用战训指挥中心和模拟街区是国内规模最大、设计建造水平最高的实战模拟环境，能用于对安全防范技术、风险评估防范的实地模拟验证。同时，实验室采用自主研发、横向联合研发等多种方式不断积累研究成果，紧密围绕研究方向配备相关设备仪器，已形成了较为完整的安全防范技术研发系统。

实验室根据国家科技发展总体规划和公安工作的整体部署，以公安业务的重大科技需求为导向，以提高科技创新能力与成果转化能力为重点，坚持“开放、流动、联合、竞争”运行机制，结合实验室学科定位和公安科技创新目标，加强原创性科学技术研究，促进安防技术与风险评估理论发展和成果转化，满足公安工作实际需要，探索新的研究领域，促进学科交叉融合，构建国际安防学术研究中心。

实验室目前已成为多项国家重点基础研究项目、科技攻关项目、科研开发和工程服务项目的研究基地，以及高层次人才培养中心。同时，随着科学研究及其产业化的发展，将进一步扩大对外的交流与合作，我们热烈欢迎来自全国各地和海外的科研院所、企业等相关部门，以及各类人才，携手共进，加速实验室的建设进程，为我国安防行业发展贡献力量。

地　　址：中国人民公安大学警务信息工程学院
邮　　编：102623
负 责 人：李健和
电　　话：010－83906061
联 系 人：洪卫军
电　　话：010－83906320
网　　址：http://210.31.48.104
电子邮箱：securitylab@163.com

重点实验室学术委员会名单

主　任：李健和　中国人民公安大学副校长
副主任：李明甫　公安部科技信息化局重大科研项目管理处处长
委　员：洪卫军　中国人民公安大学警务信息工程学院院长
秦立强　中国人民公安大学发展规划办公室主任
陈朝武　公安部第一研究所副所长
袁宏永　清华大学公共安全研究中心副主任、工程物理系安全科学技术研究所副所长
王生进　清华大学电子工程系图像图形研究所所长、信息技术研究院汽车电子实验室副主任
丁　辉　北京市科学技术研究院院长
瞿　炜　北京智慧视通科技有限公司总裁

第二节　科学研究与学术交流

一、科研工作

实验室围绕研究方向，积极申请科研项目，开展相关研究。2013 年共承担国家级项目 4 项，省部级项目 3 项，省部级项目结项 4 项，横向项目 2 项。其中国家级项目包括“十二五”科技支撑项目“社会安全基础工作对象信息采集与提取技术研究”和国家 863 项目“警用视频监控系统防控效能评估系统研究”以及国家自然科学基金项目“突发自组织群体异常行为的心理分析与识别方法研究”和“犯罪轨迹时空变化建模与预警分析方法研究”。在国内外学术刊物、学术会议共发表学术论文 30 余篇，其中在国家核心刊物发表 6 篇，被 EI、SCI 或 ISTP 收录 4 篇，出版学术专著 1 部，参与教材编写 1 部，有效提升了实验室承担国家重大科研任务的竞争力。

承担课题数（项）								
国家任务					省部级计划	地厅级计划	横向协作	其他
863 计划	973 计划	科技支撑	国家自然科学基金	其他				
1			2	1	3		2	22

实验室课题一览表

序号	课题名称	负责人	立项时间	参与情况	进展情况
1	警用视频 * * * * 方法及系统	洪卫军	2013 年 7 月	合作完成	在研
2	社会安全基础工作对象信息采集与提取技术研究	洪卫军	2013 年 6 月	独立完成	在研
3	突发自组织群体异常行为的心理分析与识别方法研究	陈　鹏	2012 年 11 月	独立完成	在研
4	犯罪轨迹时空变化建模与预警分析方法研究	林　艳	2013 年 7 月	独立完成	在研
5	微光夜视数字成像设备技术条件	陈志华	2012 年 11 月	独立完成	在研
6	突发公共事件安全风险评估与防范处置机制研究	李丽华	2012 年 11 月	独立完成	在研
7	警用视频监控系统效能评估研究	洪卫军	2012 年 11 月	独立完成	在研
8	多摄像机协同视频智能监控学术交流	黄鸿志	2012 年 11 月	独立完成	在研
9	社会治安视频监控点位布局效能评估方法研究	罗万杰	2012 年 11 月	独立完成	结项
10	摄像机监控效能最优化方法研究	张鸿洲	2013 年 6 月	独立完成	在研
11	视频监控技术应用培训体系研究及平台构建	广　宽	2013 年 6 月	独立完成	在研
12	安防系统动态效能评估及智能布控算法研究	杜治国	2011 年 12 月	独立完成	结项
13	不同光照条件下视频图像颜色和纹理特征信息库及图像检索技术研究	王　蓉	2011 年 12 月	独立完成	结项
14	网络群体事件探测预警技术研究	胡诗妍	2011 年 12 月	独立完成	结项
15	案件现场的三维快速重建系统的若关键技术与系统集成研究及应用示范	广　宽	2013 年 3 月	独立完成	在研
16	安全防范工程专业课程案例库建设与教学方法改革研究	高　洁	2013 年 3 月	独立完成	在研
17	安全防范技术与工程学科建设研究	罗万杰	2013 年 3 月	独立完成	在研
18	智能视频监控教学实训研究	罗万杰	2012 年 11 月	独立完成	结项
19	公安通信保障技术教材建设的研究与实践	秦　静	2012 年 11 月	独立完成	结项
20	基于犯罪时空分布的治安案件风险预测系统研究	陈　鹏	2013 年 3 月	独立完成	在研
21	警务信息技术新专业建设研究	李　欣	2013 年 7 月	独立完成	结项

续表

序号	课题名称	负责人	立项时间	参与情况	进展情况
22	公安视听技术新专业建设及创新人才培养	张雅丽	2013 年 7 月	独立完成	结项
23	面向侦查的视频图像处理技术实验实训课程设计	王　蓉	2013 年 7 月	独立完成	在研
24	大型活动安全检查实训方案设计	吴昌明	2013 年 7 月	独立完成	在研
25	安全防范工程专业毕业论文（设计）质量保障体系研究	罗宪华	2013 年 7 月	独立完成	在研
26	视频侦查中的 GIS 时空分析实践教学研究	林　艳	2013 年 7 月	独立完成	在研
27	公安指挥通信技术在视频侦查应用的实验实训	郑　涛	2013 年 7 月	独立完成	在研
28	公安技防管理业务岗位专业训练大纲编制	金　华	2013 年 7 月	独立完成	在研
29	安全防范与风险评估重点实验室面向本科生开放模式的探索与实践	陈文静	2013 年 7 月	独立完成	在研
30	语义启发式图像分析标注工具研究	张鸿洲	2013 年 11 月	独立完成	在研
31	面向人口信息资源共享应用的数据加密系统	李　欣	2013 年 11 月	独立完成	在研

学术著作及论文（数量）

著作		论文			
学术著作	其他著作	国家一级刊物	国际学术刊物	国际会议	三大检索收录
1	0	22	2	8	8

论文及著作列表

序号	论文及著作名称	作者（排序）	刊物名/出版单位	三大检索收录情况
1	地理信息系统与犯罪制图	陈鹏　洪卫军 隋晋光　瞿珂	中国人民公安大学出版社	
2	公安院校科学技术史教学体系改革探讨与实践	卢树华（1）	中国人民公安大学学报（自然科学版）	
3	遥感监测在公安系统的应用研究	陈文静（1）	中国人民公安大学学报（自然科学版）	
4	基于 HMAC 的 SQL 注入攻击防范策略	彭阳（1）	信息网络安全	
5	基于云存储的数据库安全备份系统	李欣（1）	信息网络安全	
6	A HWMSE of Clue Detection: the System Design and Main Technologies	张鸿洲（1）	SPIE Eighth International Symposium on Multispectral Image Processing and Pattern Recognition	EI 检索
7	一种雾天彩色图像复原快速方法研究	王蓉（1）	科学技术与工程	
8	基于 OpenFlow 的网络安全技术研究	彭阳（1）	物联网技术	
9	城市突发事件多部门应急联动响应规律研究	陈鹏（1）	中国公共安全（学术版）	
10	基于数学形态学的单像素连续边缘检测方法	王蓉（1）	中国人民公安大学学报（自然科学版）	
11	网络群体性事件探测预警技术研究	胡诗妍（1）	现代商贸工业	
12	重大突发事件处置的应急通信响应机制研究	张雅丽（1）	中国人民公安大学学报（自然科学版）	
13	A Method of Stripe Feature Extraction for Scrap Paper Image Mosaics	王蓉（1）	2013 9th International Conference on Natural Computation	EI 检索
14	Computing Model of Individual Emotion in the Mass Incidents with Venting Anger	卜凡亮（1）	Intelligent Computing Theories, 9th International Conference, ICIC 2013 Nanning, China, July 2013 Proceedings	EI 检索
15	Study on Rumor Spreading Simulation Model in Collective Violent Events	卜凡亮（1）	Intelligent Computing Theories, 9th International Conference, ICIC 2013 Nanning, China, July 2013 Proceedings	EI 检索

续表

序号	论文及著作名称	作者（排序）	刊物名	三大检索收录情况
16	安全防范工程专业本科生实践和创新能力培养研究	王蓉（1）	实验技术与管理	
17	基于 OPNET 的 IP 视频监控联网仿真实验设计与开发	赵兴涛（1）	实验技术与管理	
18	美国安全管理专业解析	杜治国（1）	中国人民公安大学学报（自然科学版）	
19	脉冲电子围栏应用综述	罗万杰（1）	中国安防	
20	一种单线与多面要素间的拓扑关系描述方法	林艳（1）	测绘科学	
21	基于个体属性的微博用户特征行为统计分析	陈鹏（1）	知识管理论坛	
22	The simulation of rumor's spreading and controlling in Micro - bolg user's network	陈鹏（1）	Journal of software engineering and applications	
23	安全检测技术中的物理学原理	卢树华（1）	大学物理	
24	一种目标粘连的图像分割方法研究	王蓉（1）	中国人民公安大学学报（自然科学版）	
25	通用 CAD 图形数据向警用地理信息数据转换的技术分析	刘军（1）	中国人民公安大学学报（自然科学版）	
26	出入口控制系统的“三权分立”	彭阳（1）	中国公共安全（政府版）	
27	层次聚类法在空间犯罪热点分析中的应用	陈鹏（1）	中国人民公安大学学报（自然科学版）	
28	基于全时空立体智能监控平台的实训教学设计	罗万杰（1）	中国人民公安大学学报（自然科学版）	
29	Space - time analysis of burglary in Beijing	陈鹏	Security Journal	
30	Researing of the Evolution of Discontent in Mass Violence Event	卜凡亮（1）	Intelligent Computing Theories and Applications 8th International Conference, ICIC 2012 Huangshan, China, July 2012 Proceeding	EI 检索
31	The Psychological Behaviour Research of Individuals in Mass Violence Events	卜凡亮（1）	Intelligent Computing Theories and Applications 8th International Conference, ICIC 2012 Huangshan, China, July 2012 Proceeding	EI 检索
32	Affective Computing of Actors in The Mass Incidents With Venting Anger	卜凡亮（1）	Proceedings 2012 3rd IEEE	EI 检索
33	Modeling and Simulations of Collective Violent Events Based on Criminal Risk Assessment Model	卜凡亮（1）	Proceedings 2012 3rd IEEE International Conference On Emergency Management and Management Sciences	EI 检索

二、实验室代表性科研成果

（一）智能评估技术在视频安防监控工程中的应用

1. 主要内容

通过本课题的研究，已经完成了通用视觉数据库、通用设备数据库的建设，及视频安防监控系统安全效能评价指标体系、智能评估专家系统的建设，并根据上述研究成果开发了视频监控工程安全效能评估的计算机软件。本课题在国内外相关技术研究对比的基础上，对我国视频安防监控工程设计和方案评估方法进行研究，应用三维仿真、虚拟现实和人工智能技术，研究视频安防监控工程规范设计和安全效能评估方法，建立一个基于三维仿真的视频安防监控工程智能评估平台，提高视频安防监控系统的设计和安全效能评估水平，服务于公安和安全防范行业。

2. 主要科技创新点

本课题主要研究了视觉数据库系统、视频安防监控设备数据库系统、环境仿真三维可视化实时显示系统、固定摄像机仿真建模、可控摄像机仿真建模、评价指标体系和评估方法等，并根据研究成果，开发了视频安防监控工程安全效能的智能评估平台。

通过该效能评估系统，可以为安防工程的设计人员提供辅助设计工具，为视频安防监控工程的安全效能评估人员提供客观的评估手段和工具，有效地改变目前视频安防监控工程的效果完全依赖人工主观评价的现状，能够有效避免工程中的监视盲区等防范漏洞，大大提高视频安防监控工程的安全效能。

3. 对国内外相关技术领域的影响

本课题的研究成果为一套针对高风险目标安防监控系统的安全效能评估软硬件环境及评估指标体系，是一个综合三维仿真、虚拟现实和人工智能技术的新研究领域，在国内还未见相应的知识产权和专利产品。

4. 成果转化应用情况

本课题将在国内外相关技术研究对比的基础上，对我国视频安防监控工程设计和方案评估方法进行研究，应用三维仿真、虚拟现实和人工智能技术，研究视频安防监控工程规范设计和安全效能评估方法，建立一个基于三维仿真的视频安防监控工程智能评估平台，提高视频安防监控系统的设计和安全效能评估水平，服务于公安和安全防范行业。

（二）西部油气管廊维稳防恐长效机制研究

1. 主要内容

随着油气管道的迅速延伸，安全问题必定会日益突出。在管道安全管理上，主要是如何应对第三方破坏，包括恐怖袭击破坏、打孔盗油窃气等。通过识别和分析恐怖袭击、打孔盗油等事件发生的概率和可能的后果，以及油气管道运行过程中存在的各种不稳定因素和脆弱环节进行全面剖析，旨在建立科学、规范、完整、系统、动态的风险评估机制，制订有效的安全防范措施，不断完善油气管道安全应急预案体系，切实做到预防与处置并重、评估与控制相结合，进一步提升油气管道安全应急管理工作水平，确保油气管线设施的安全与平稳运行，将风险和损失控制在最小范围内，实现风险管理工作“职责清、情况明、数字准、效率高”。

2. 主要科技创新点

报告对现有的油气管道安防体系的配置情况进行了归纳分析，对油气管廊防控维稳要求及防控目标特点进行了梳理。通过实地调研，结合相关国家标准、安防体系配置原则及相关技术原理，制订了防范等级及对应防范措施。通过分析目前安防体系的完整性、合理性、全面性等方面，对目前防范措施进行了分析与评估，提出了具有较强可操作性的改进措施与建议。通过研究明确政府、政府工作部门以及企业在油气管廊维稳防恐工作中的义务和责任，各方相互分工，互相配合，有效保护石油天然气管道安全。

3. 对国内外相关技术领域的影响

解决了油气管道安全管理责任划分问题、油气管道安全预警程序和规范问题、油气管道安全防范等级标准评估问题、油气管道突发应急事件应急联动问题。

（三）视频监控图像侦查规范化研究

课题组通过对部分省市视频监控基础系统建设情况的调查和对比，结合地域特点进行分析，对当前我国视频监控图像侦查的工作现状进行了总结。同时，基于调研和公安一线工作需求，对视频监控图像侦查的规范化进行了深入总结和研究。总结了当前我国视频监控图像侦查中存在的问题，主要视频监控图像侦查工作涉及的体制与机制问题，侦查方法在应用过程中存在的问题，视频监控图像侦查与公民正当权利的法律边界问题等；并针对视频监控图像侦查工作中存在的问题，从工作体制与机制规范化、工作方法体系规范化、法制规范三个方面出发，提出了针对性与创新性的解决方案。

本课题的创新点：主要完成了视频监控图像侦查方法的梳理、概括、分类和规范化，同时完成了视频监控图像侦查方法工作制度、机制的完善和系统化。此项规范化研究成果对于公安工作视频图像侦查相关工作制度、经验的全国推广提供了操作的可行性。视频监控图像侦查方法工作制度和机制的构建和完善对于通盘考虑各项视频图像侦查工作，以实现制度上的时效性、协调性和配套性。

三、学术交流

2013 年 10 月，美国德克萨斯州州立大学犯罪学系马库斯·菲尔松（Marcus Felson）教授进行了为期十天的学术交流。菲尔松教授在校交流期间，先后在实验室、犯罪学学院进行了学术报告和学术交流活动。菲尔松为实验室进行了题为“犯罪分析”的学术报告。菲尔松教授还与我校犯罪学专家李玫瑾教授进行了深入的沟通，双方在目前的国际犯罪学前沿发展、犯罪心理研究和如何申请犯罪学科研课题以及双方开展合作交流的可能性进行了探讨。菲尔松教授为研究生进行了授课，就美国的犯罪学发展现状、犯罪预防、青少年犯罪分析和预防、美国的酒吧文化对犯罪活动的影响等进行了介绍。

2013 年 10 月英国视频侦查技术领域专家乔纳森·索普·劳斯（Jonathan Thorpe LAWS）先生来实验室进行了为期十天的学术交流。交流期间，劳斯先生开展了“视频监控系统设计需求分析（The Operational Requirement for System Design）”、“视频分析及热成像（Video Analytics and Thermal Imaging）”、“视频监控技术（CCTV）的研究进展（CCTV where is it now? Where is it going? And How is it getting there?）”、“CCTV 在犯罪防治中的作用（The role of CCTV in crime reduction）”、“安防系统集成（Integration of electronic systems）”等讲座。同时，邀请劳斯先生与全院师生座谈，探讨科研合作的方向和途径。

2013 年 11 月国际网络安全及治安学会（POLCYB）副总裁、甲骨文公司司法与公共安全（JPS）行业高级总监（全球负责人）高宏荣先生到实验室开展学术交流。高宏荣先生的讲座阐述了信息化社会发展的最新趋势，论证了司法与公共安全行业面临的新挑战，提出了综合警务解决思路，并结合芝加哥警察部队情报与犯罪预防信息中心、墨西哥国家指挥控制中心、美国海关和边境保护署自动目标辨认系统、澳大利亚 iOmniscient 智能视频分析系统、西班牙武警的语言与说话人识别系统等的应用过程，指出了实践中应注意的事项。

第三节　队伍建设与人才培养

一、队伍建设情况

为理顺管理机制2013年实验室由教务处管理归口科研处管理，按照公安部科技信息化局的要求，实验室改选了实验室主任和学术委员会，成立了由李健和副校长担任主任的新的学术委员会。目前，实验室现有固定人员30人，其中教授11人、副教授7人、讲师12人；年龄大于60岁的有1人，50~60岁7人，35~50岁15人，35岁以下7人。流动人员10人，博士10人，硕士20人。

研究队伍基本素质高，年龄、资历、学科结构合理，具有从事科技创新、应用研究的潜力和优势。在科研队伍建设、聚集和培养优秀科技人才方面，新增博士生导师1人、硕士生导师2人、教授职称的教师1人、副教授职称的教师2人，引进具有博士学位教师2人，吸引了一大批学术思想活跃、基础知识扎实、踏实勤奋、拼搏在研究第一线的年轻科研骨干，有效优化了实验室人才层次结构。实验室已形成了以中青年研究人员为主体，研究生、博士后、精干技术和管理人员组成的科研队伍，其中，享受公安部特殊津贴1名，全国公安科技先进个人1名，学术带头人3名，45岁以下重大项目负责人3名。

二、人才培养情况

人才培养是实验室的独特优势，围绕实验室发展目标，依托重点项目和课题，通过人才培养和队伍建设，已经建设成一支基本素质高，年龄结构、学缘结构合理的研究梯队，具有从事科技创新基础性应用研究的潜力和优势。以实验室主任领衔的研究团队通过科研核心成员的引领，带动实验室青年科技人员共同发展。

一是大胆鼓励中青年研究人员赴国外学习进修与合作研究，使实验室中青年及时了解安全防范技术与工程学科发展前沿和动向，提升实验室成果的国际化程度。

二是加强群体合作意识，鼓励课题组之间的联合与不同学科间的渗透，促进不同学科间的交流与渗透，对加强研究人员间的联合及提高研究人员的素质起到了积极的作用。

三是鼓励中青年科技人员深入研究现场，获取第一手资料，从公安基层应用部门中获取第一手资料，在实践中得到锻炼与提高。

四是利用实验室专项经费，重点支持扶植中青年学者，鼓励他们围绕实验室研究方向和学科发展前沿，开展探索性研究。

五是坚持注重研究生培养质量。2013年，利用实验室提供的研究平台共培养研究生151名，其中硕士研究生139名，博士研究生12名，充分体现了实验室作为安全防范领域人才培养平台的优势地位。实验室已成为了培养安全防范技术领域高层次公安人才的基地之一。

三、学术带头人及优秀中青年骨干研究方向

称谓	姓名	职称	国内外学术机构任职情况	研究领域、承担任务、取得成果、获得荣誉情况简介
学术带头人	李健和	教授	中国警察协会学术委员会委员、中国行政管理学会常务理事、中国行政管理学会公安管理分会副会长，中国刑事警察学院、中国武警指挥学院、中南财经政法大学公安学院以及北京、江苏、浙江、江西、湖南等警察（官）学院客座教授	主持、完成国家级、公安部和北京市级科研课题10余项，出版专著、编著、教材20多部，发表学术论文80余篇。《治安案件查处教程》获全国公安系统优秀教材一等奖，《公安工作改革开放30年》获公安部“金盾图书”一等奖和中宣部、新闻出版总署“纪念改革开放30周年100种重点图书”；国家级特色专业“治安学”建设主持人，主持《治安管理学》为北京市、公安部和国家级精品课程，《公安应用型人才培养模式改革与创新》获北京市和公安部优秀教学成果一等奖、国家级优秀教学成果二等奖，《治安学原理》为北京市精品教材重点支持项目。曾获北京市高校“优秀青年骨干教师”和“青年学科带头人”、公安部“有突出贡献专家”称号。
	洪卫军	教授	中国安全防范标准化委员会委员，中国安防协会专家委员会委员，北京市安防协会专家委员会副主任	安全防范系统工程研究方向学术带头人，长期从事教学、科研、管理工作。主持或参加国家十一五、十二五科技支撑计划项目，公安部重大专项、公安部科技创新项目等多项科研任务，包括国家级项目2项，省部级项目6项，主编或参编学术论著3部，发表学术论文6篇。其中，“突发公共事件预测预警与智能决策技术研究”获国家科技进步奖一等奖。

续表

称谓	姓名	职称	国内外学术机构任职情况	研究领域、承担任务、取得成果、获得荣誉情况简介
学术带头人	卜凡亮	教授		智能视频分析与侦查技术研究方向学术带头人，长期从事教学、科研工作。2000 年毕业于西安交通大学电子与信息工程学院获工学博士学位，2001 年在中国科学院声学研究所做博士后研究，2003 年在北京大学从事教学、科研工作，2006 年至今在中国人民公安大学从事教学、科研工作。主持和参与国家自然科学基金、省部基金和军工课题 10 余项的全过程的研究，发表论文 20 余篇，获国家发明专利 2 项。
	秦立强	教授	全国高等教育自学考试命题组成员，中国行政管理学会公安管理研究分会常务理事，北京市公安局昌平分局特聘顾问	社会治安风险评估与预测预警技术研究方向学术带头人，长期从事教学、科研、管理工作。主持并完成了多项科研任务，包括国家级项目 4 项，省部级项目多项，主编或参编学术论著 2 部，发表学术论文十余篇。2006 被评为全国公安科技先进个人，北京市教学名师。
优秀青年骨干	台运启	副教授		中国人民公安大学治安系副主任，硕士生导师，长期从事治安案件、群体性事件方面研究，2010 年至英国国家警务促进署布莱姆希尔国际学院进修，参与“突发公共事件预测预警与智能决策技术研究”等多项国家级、省部级项目，发表学术论文十余篇。
	张鸿洲	讲师		目前在华中科技大学图像识别与人工智能研究所从事智能系统方面博士后研究，研究课题为警务综合集成研讨厅。先后从事过计算核物理、人脸识别系统、X 射线成像系统和视频监控系统方面的研究，是视频结构化描述技术方案的主要提出者，对监控视频语义建模和数据处理问题有深入分析研究，承担过多个国家级和省部级科研项目。
	陈鹏	讲师		2011 年毕业于清华大学公共安全研究中心，博士课题为社会安全预测预警与风险分析，先后参与过“十一五”国家科技支撑项目“突发公共事件预测预警与智能决策技术研究”等多项国家级、省部级课题。主持国家自然科学基金“突发自组织群体异常行为的心理分析与识别方法研究”，先后以第一作者发表论文十余篇，在预测预警风险评估领域有较深入研究。

第十章 中国安防市场发展状况

第一节 安防市场发展概况

多年来，在平安建设的推动下，我国安防市场经历了一个快速增长的发展阶段，形成了以实体防护市场为基础，以视频监控市场为主体，与防盗报警、出入口控制、防爆安检、生物识别等专业市场共生共长的专业新兴市场。2013年，我国安防实现了1650余亿元的产品市场、2000余亿元的工程和服务市场，超过3650余亿元的总规模。

我国安防市场作为一个新兴市场，其发展过程真切地反映了随着我国经济社会发展产生的公共安全的需求增长，而培育和推动这个市场的动力来自各级政府的推动和所有安防人的坚持不懈。我国安防市场在快速发展中逐步走向成熟，是平安建设的重要成果，而安防市场的稳步发展，也为社会公共安全建设进一步向深度发展创造了条件。

一、我国安防市场的发展状况和特点

2013年是我国安防市场发展的重要一年。安防市场在经历了一个高速发展阶段后，进入了一个相对中高速的成长阶段，市场主体发展平稳，市场供应相对平衡，市场发育逐步成熟。主要表现为在国民经济注重调整结构、增速放缓的大环境下，有关安防的政策推动力度继续加大，安防市场获得强大的动力支撑；安防主体市场稳定延续，行业应用市场快速扩展；工业化信息化融合方向明确，深化平安建设、“智慧城市”建设成为市场热点；在国家鼓励电信消费政策的引导下，带动安防社会市场升温；市场走向多元成熟，拓展方式与时俱进。在这样的大环境下，我国的安防市场保持了良好的发展状况。

（一）政策推动力度加大，安防市场获得强大动力支撑

多年来，我国安防行业已经形成了较为完善的促进行业发展的政策。2013年，国家又出台了一系列政策法规，这是安防市场继续保持强大支撑的动力源泉。为贯彻落实《国务院关于加快培育和发展战略性新兴产业的决定》，更好地指导各部门、各地区开展培育发展战略性新兴产业工作，国家发改委编制并下发了《战略性新兴产业重点产品和服务指导目录》，涉及新一代信息技术产业等战略新兴产业的多个行业及重点发展方向的产品和服务。为贯彻落实《国民经济和社会发展第十二个五年规划纲要》、《2006－2020年国家信息化发展战略》精神，工业和信息化部会同国务院有关部门编制了《信息化发展规划》，国务院关于促进信息消费扩大内需的若干意见，国务院关于推进物联网有序健康发展的指导意见，国家发改委关于组织开展2014～2016年国家物联网重大应用示范工程区域试点工作的通知等。

为全面贯彻落实十八大精神，主管部门制定了有关公共安全方面的大量政策法规，涉及交通运输、医疗卫生、健康服务、安全生产、智慧城市、突发事件应急管理、重点项目安全保卫等。许多地方也制定了一批安全防范的政策法规，对公共安全防范的目的、措施、技术、保障等作出了明确的规定。这些政策法规，对我国安防市场的发展起到了强大的推动作用。

（二）公安市场稳定延伸，行业市场快速扩展

社会公共安全防范领域是安防市场的基础。2013年，为维护社会公共安全，各地公安机关及有关部门又制定完善了一批相关政策法规，为安防市场的发展提供了巨大空间。河南省发布公共安全技术防范管理条例，黑龙江、山西等省发布了公共安全技术防范条例实施细则，上海、江西、安徽、河北等省制定了突发事件应对条例，天津市制定了技防网电子卡口技术规范，上海市下发了试行视频安防监控系统用摄像机镜头技术规范的通知，湖北省下发了公共安全视频图像信息系统管理办法，北京市规定了在建设工程施工现场推广使用远程视频监控系统，天津市实施了食品健康摄像机技术规范，江苏省制定了收费营业场所安全防范工作规定。

在行业安防应用市场方面，2013年，公安部及有关部门下发了关于深入开展城市轨道交通运营安全隐患排查治理专项活动的通知，交通运输部、公安部、国家安全监管总局联合开展城市轨道交通运营安全隐患排查治理专项活动，根据安全检查全覆盖、安全隐患零容忍的总体要求，全面查找存在的突出问题和薄弱环节，预防城市轨道交通事故发生，保障人民群众安全便捷出行；工业和信息化部办公厅下发了关于进一步加强民用爆炸物品生产线视频监控工作的通知；国家卫生计生委、公安部下发了关于加强医院安全防范系统建设的指导意见，印发了维护医疗秩序打击涉医违法犯罪专项行动方案的通知；福建省公安厅下发了关于《2013年全省中小学幼儿园“护校安园”行动工作方案》的通知；甘肃省教育厅下发了关于做好2013年中小学幼儿园安全工作的通知。这些政策规定，紧密围绕建

设平安中国要求，以创建平安医院、平安交通、平安校园、健康中国等活动为载体，切实维护社会和谐稳定。在政策推动下，有关部门、地方、行业的安防市场进一步拓展。

2013年，公安应用市场仍然集中在平安城市、金融、文博、交通、机场、监狱等领域，在公安部门推动图像信息共享过程中，北京、上海、广州、重庆等重点城市注重报警与监控系统的联网服务及系统的改造和更新，其他城市及二三级城市注重完善视频监控系统，充分发挥安防系统的作用。

（三）"两化"方向明确，智慧城市建设渐成市场热点

推动信息化和工业化深度融合是我国加快转变发展方式，促进新型工业化、信息化、城镇化、农业现代化同步发展的重大举措，是走中国特色新型工业化道路的必然选择。信息化和工业化深度融合专项行动计划（2013～2018年）提出的八大行动计划中，如重点领域智能化水平提升行动，信息产业支撑服务能力提升行动等，都为运用安防技术产品和服务提供了重要机遇，显示了十分巨大的市场潜力。

2013年，国家智慧城市试点工作开始。智慧城市的特点是在充分整合现有信息资源和应用系统的基础上，建立城市公共信息平台，实现跨行业、跨部门的综合应用和数据共享，构建智能、协同、高效、安全的城市运行管理体系和惠民利民的公共服务应用体系，推动城市集约、智能、绿色、低碳发展。2013年1月，住建部公布的智慧城市试点名单已达到190多个。据测算，我国十二五期间智慧城市市场总规模将达2万亿元。海康威视、大华股份、声迅电子、CSST等一批安防企业在智慧城市建设中，已经在视频监控、大数据、云技术等领域的产品、系统综合解决方案等方面体现出专业优势，成为安防市场的一个重要组成部分。

与智慧城市紧密联系的是智能交通领域。在我国城市智能交通发展中，市场规模继续保持较高速增长态势，包含道路安全设施、交通信号控制、卡口、交通视频监控、电子警察、城市客运枢纽信息化、GPS与警用系统、交通信息采集与发布和交通指挥类平台等市场规模超过150亿元。一些企业在高速公路智能卡、地理信息系统和快速公交智能系统领域发挥了重要作用。

（四）电信消费持续增长，带动安防社会市场升温

随着电信技术的发展，2013年成为我国移动网络推广普及的重要一年。相对于政府、机构而言的社会家庭个人安防消费市场加速升温，产品和技术涉及视频监控、汽车安全防盗、智能家居、健康监护等领域，正在潜移默化地改变着人们的生活方式。成为安防产品和技术的又一增长领域。

2013年，市场上针对家庭个人消费的视频产品和系统有微视频产品C1、各种高清网络摄像机、迷你型网络摄像机及安防整体解决方案、远程控制空调热水器等产品；汽车安全防盗产品和系统有行车记录仪、胎压仪、夜视雷达、汽车防盗联网服务系统等；防盗报警产品及系统有物联网报警产品；实体防护产品有智能家居、手机远程控制门锁系统等。

满足人民以安全为基础的关爱、沟通、分享的需求，随着电子信息技术的进一步发展，以家庭个人消费的安防市场将有良好的前景。

（五）市场走向多元成熟，拓展方式与时俱进

经过近30年的发展，我国安防市场逐步成熟且呈现出多元化格局，其标志，一是产品基本满足市场需求；二是国产安防产品技术逐步提高，进口产品和进口量保持相对平稳，进口产品和来源地多元化；三是市场价格稳中有降。

在安防市场处于一个相对均衡的状态下，实力型企业必然要打破原有的市场格局，扩大自身的市场份额。2013年安防市场发生了重要企业相继降价的行为，引起安防行业的高度关注，可以说是我国市场发展的晴雨表。继2012年海康、大华DVR降价后，2013年三星、松下、海康相继推出低价位的摄像机，降价产品主要是720P高清摄像机，降幅在20%～30%。安居宝7月起实行楼宇对讲分机产品的全面降价，降价幅度在10%～20%。安防市场的这种现象给人们两点启示，一是安防专业领域统一市场相对成型，二是实力企业在一定范围有了主导市场的能力。这对调整产品结构、市场结构和企业结构有积极意义。

2013年，安防企业在拓展市场方面，注重市场营销手段的创新。除继续采用招商加盟、店铺直销等方式外，对社会家庭等安防产品采用体验式营销、网络营销与线下互动结合，利用互联网平台进行营销活动，同时做好在网络营销条件下的用户服务工作。7月，海康威视自主开发的电商平台"海康电商"正式上线；8月，中国安防网旗下的安防器材和设备采购平台中安商城上线，深圳宇通网络有限公司综合型安防网络服务平台安防人商城上线。营销作为企业生产经营环节的重要一环，企业直接面对终端用户，会对传统的通过分销商、经销商以及代理商来进行产品的销售模式带来冲击。更多企业重视利用网络平台开展营销活动，是安防行业发展到一定阶段的产物，同时也预示着新的发展方式时代的开启。

（六）市场化配置资源，持续保持发展活力

党中央十八大后出台的全面深化改革的文件和提出的重要思想，在处理好政府和市场的关系，使市场在资源配置中起决定性作用。资源配置依据市场规则、市场价格、市场竞争进行，利于实现效益最大化和效率最优化。

2013年，我国安防上市企业及与安防相关上市企业已经超过50家，与安防业务联系的企业更多。这些企业利用资本市场筹资，为实现企业发展目标配置了资金等资源。

各地安防协会，通过当地金融市场为安防企业牵线搭桥，解决融资难问题。

广东地区区域性股权交易市场开业，在商业银行和沪

深交易所之外，开辟了另一个新型融资渠道。十余家安防企业也在交易中心成功挂牌。股权交易中心还将利用互联网平台资源，为广大处于初创和发展阶段、尚未走入沪深交易所的中小微企业，提供私募、个性、定制化的金融解决方案，在商业银行和沪深交易所之外，开辟另一个新型融资渠道。股权交易中心为企业提供了融资渠道，同时对健全企业机制、规范企业发展，增强企业软实力方面有更为深远的影响。

（七）规范行业管理，维护市场秩序

多年来，安防行业组织和技术机构在主管部门的大力支持和指导下，围绕行业发展，积极开展工作，为规范行业和市场的发展起到了重要作用。

中国安防协会及各地安防协会团结会员单位，做好为安防生产企业、工程服务企业的服务工作，积极倡导会员的自律管理和诚信建设，通过对优秀产品、优质工程评选等活动，宣传弘扬积极向上的行业文化，为规范会员的行为起到了积极作用。全国安防标委会负责制定国家和行业标准，统一技术标准，从上世纪九十年代至今，已经颁布的安防国家标准有133项，部级行业标准196项，还积极参与了国际标准的制修订工作；国家安全防范报警系统产品质量监督检验中心（北京、上海）成立以来，进行了大量的安防产品检测，检测范围不断扩大，检测能力不断提高；中国安防认证中心自2001年成立至今，建立了完整的质量体系，承担国家主管部门批准的业务防范内的强制性产品认证及部分自愿性产品认证业务。行业社团组织和技术机构充分发挥各自功能，形成了行业管理的重要内容，为规范安防行业的技术标准、产品质量及市场秩序等做出了重要贡献。

二、我国安防专业领域市场发展概况

2013年，我国安防行业的市场规模在3650余亿元左右。按产业市场划分，制造业大致占五分之二，工程及服务业大致占五分之三。

（一）实体防护市场

实体防护市场是安防中传统的规模市场，年市场规模约在700~800亿元，主要包括防盗安全门、金库门、防盗保险柜（箱）、防盗锁具、安防玻璃以及用于周界、出入口等领域的实体防护等。

实体防护市场呈现以下特点：一是市场上实体防护的产品技术不断发展进步，在品种上由单一品种向多品种发展；在技术上，由单一技术向多技术融合，由传统机械技术向机电一体化、多功能化和智能化发展，由电子信息向生物特征识别、远程控制等技术融合。二是实体防护产品在整个安防市场的产值相对有所减少，在各专业领域的比例在逐步下降。在上世纪80年代，安全防盗门、防盗锁、保险箱（柜）的产值占安防总产值的90%以上，至2000年左右下降到50%左右，随着电子安防的发展，目前视频监控替代了实体防护市场老大的地位。三是实体防护与视频监控、出入口控制、报警运营等综合发挥效能，形成事前、事中、事后的全面防范。

防盗门窗类的实体防护产品的品种更加丰富，功能更加完善，更加趋于人性化、便捷化、智能化。如许多骨干企业开发的银行取款机门，安装了监控、防尾随等多种功能，实行远程控制、联网管理。目前，我国有一定规模的防盗门供应商有上百家，在发展过程中逐步形成了以浙江、辽宁、重庆、湖北、黑龙江为主的五大生产基地。经过多年的市场竞争，我国安全防盗门企业结构、产品结构已经相对成型，市场已经相对成熟。

防盗保险箱（柜）市场稳步扩大。市场由主要面向银行、保险公司、企事业单位财务、金银珠宝店等商业机构，向上述领域与家庭应用相结合的方向发展。目前我国保险箱（柜）供应商有近千家，主要分布在浙江、河北、广东、江苏、上海等地，年生产总值约40亿元。我国保险箱柜有很大的市场潜力，主要是家庭用户。在发达国家，家庭拥有保险箱（柜）的比例达到90%，而我国这一比例还不到5%，若达到15%左右，那么市场容量将十分可观。

防盗安全锁具市场也是实体防护领域快速发展的市场之一。有资料显示，近年我国锁具业年产量超过20亿套，年销售额达到400亿元左右，其中属于安防专业领域的防盗安全锁具占有重要的一席之地。带动我国防盗安全锁市场发展的主要有四大推动力。一是公共领域需求，有政府机关、企事业单位办公楼、酒店、学校等；二是建筑业发展催生的住宅防盗安全门的应用需求，这是份额大、增长快的领域；三是新兴的如汽车、摩托车等防盗需求；四是国际市场需求。近年来我国无论是机械防盗锁具还是电子、复合防盗锁具，市场需求都有较快的增长。防盗安全锁市场发展的一个特点，是将防盗锁具与电子技术、生物特征识别技术、传输技术加以整合，赋予智能的概念，创造出一个性能优越、使用方便、灵活控制的系统，实现防盗、报警等多种功能。我国传统锁具供应商主要集中在浙江、广东、山东等地，在品类布局上，浙江温州以交通工具锁为主，广东中山以门锁与交通工具锁为主，山东烟台以挂锁为主。

周界防范产品是实体防护市场的一个重要组成部分。实体周界如铁栅栏、钢丝篱笆网等，新的周界技术及设施还包括防砸玻璃、防弹复合玻璃、ATM机防护罩等。近年来这些产品的市场都有稳定需求。其市场主要方向，一是国家重点项目、传统的监狱、重要目标防护设施的升级改造；二是发展轨道交通、电力、航空、港口、化工等大型、高度安全需求的行业；三是社会居民区等民用市场。周界的市场也促进了电子安防技术的应用，并且通过系统平台，加强了与实体防护、视频监控、出入口控制等技术的联动。不断上升的市场需求，给周界防护供应商提供了机会。长三角地区已汇集了为数众多的周界防护企业，成为我国周界防护骨干企业的聚集地区，并产生了一些龙头企业。

（二）视频监控市场

视频监控市场是安防行业市场最大、投入最大、发展最快的专业市场。视频监控市场主要由公安应用市场、行业应用市场、社会家庭个人应用市场和国际市场组成，年规模在1800～2000亿元。公安应用市场经过多年的发展，覆盖网络已经相对完整，重点保卫目标、重要安全卡口、金融、文博等单位的监控建设基本到位，市场的发展潜力主要是应用的深化、升级和完善。行业应用市场主要指公安专业以外的部门和行业的应用市场，随着信息化建设的推进，市场得到迅速发展。目前，以安防技术为特征的行业应用市场十分广泛，有交通、水利、电力、航运、国土资源、安全生产、教育、医疗等行业及领域。面向社会家庭个人安防市场是新兴的市场，随着电信的发展及信息消费的普及，特别是移动通讯3G、4G的发展，市场正在逐步升温。

视频监控市场主要在前端和集成。前端的探测器、摄像机等，有几十类几百个品种，高清、低照度、宽动态等品种应用逐步广泛，以高清为代表的前端市场保持了较高的增长。安防的管理平台集成适应市场需求，不断向大容量、模块化、互通方向发展，市场规模增长迅速。平安城市建设对视频监控的需求已经不仅仅满足于局域的联网，而是要实行省级乃至全国范围内跨区域的大联网，实行图像等信息的共享。通过构建多级联网平台，实现数据共享，完善监管的及时性、准确性和可靠性。智慧城市建设从本质上讲，是城市部门之间、行业之间等信息管理的整合，通过管理大平台将城市管理、公安消防、城市交通、教育医疗、减灾防灾、应急指挥等系统进行智能化升级，在全新的技术层次提升城市运行效率和公共服务水平。再次是专业领域之间的融合需求，视频监控与实体防护、出入口控制、防盗报警、防爆安检等，实现对接整合，形成智能联动，提高管控的响应速度和准确率。因此，视频监控市场今后仍会保持较快的增长。

（三）入侵报警市场

入侵报警市场是安防的传统市场。目前的市场分为报警产品制造和报警运营服务两大部分。2013年，我国安防报警业市场的整体约有300～350亿元左右的规模，其中与安防报警相关产品与报警运营服务的市场规模各占一半左右，相对来说，报警运行服务市场的年增速稍快。

当前安防报警产品市场发展出现了新的特点，如安防报警产品可视化、网络化产品比例在扩大，楼宇对讲企业、视频产品企业、家电企业进入报警产品生产市场，智能家居产品与独立的报警器的集成发展。市场应用主要集中在三个方向，一是重点安全防范单位的应用，入侵报警市场，企业向市场提供各类入侵探测器、报警控制器；二是行业应用市场，如教育、医疗、电力、交通、石油、化工、煤炭、铁道、林业、市政等市场；三是家庭个人市场，如各种家庭看护、健康看护、求助服务等产品。

安防报警运营市场的发展，则保持了较快增长。其原因既有政策环境改善、服务主体多元化等因素，更主要的是网络技术的应用和发展，使得安防报警服务的领域不断延伸，通过集成化、可视化、网络化、智能化发展，安防报警与广大社会用户的使用，如商铺、仓库、家庭的远程监控、医疗服务、健康看护、求助服务等应用结合。正是这种市场趋向，报警企业加大投入，行业内外的并购发展成为市场发展的新亮点。

（四）出入口控制市场

我国的出入口控制市场是一个保持较高增速的市场，年市场规模大致在220～250亿元。

出入口控制作为一个系统，大都与闭路监控、防盗报警、消防报警、楼宇自控系统等联动发挥作用。因此，出入口控制的主要市场在政府单位、大型集团公司、企事业单位、商业写字楼、物业、酒店、停车场等场所，以及金融、交通、教育等行业用户。这些系统还具有考勤、认证识别、数据记录、巡更、消费、会议签到、访客管理、电梯控制管理等功能，派生出卡、证等产品市场。整体市场中，本土企业快速成长，在政府、企事业单位、公共场所，以及行业应用市场的出入口门禁、停车场系统等大部分市场占据了绝对优势，少数对技术标准要求严格的高端应用领域，外资品牌占有一定的市场份额。近几年，我国出入口控制产品的市场供应商主要有深圳达实、捷顺，杭州立方、同方锐安等企业。除了硬件外，更多企业重视出入口控制的系统集成，开发具有身份识读认证、联网、联动集成功能的联网控制型和数据载体传输控制型产品市场。

楼宇对讲市场是我国起步早，发展成熟的安防应用市场。高端产品功能已经实现了楼宇对讲、防盗报警、家居智能控制的集成，成为家庭中继电视、电脑、手机后的“第四屏”。我国楼宇对讲产品的供应商主要集中在广东深圳、东莞，福建厦门、泉州等地。楼宇对讲产品在我国安防产品出口中占有重要地位。

（五）防爆安检市场

防爆安检市场一直是安防的重要市场，也是多年来稳步发展的市场，年市场规模大致在50～70亿元。市场产品分类主要包括安检、防爆处置和防恐设备三大类，市场应用领域一般为机场、海关、车站、公检法机构等安全卡口。

随着国民经济的发展及进出口货物的增加，大中型安检设备在海关、航空、港口、铁路等口岸的集装箱/车辆检测等要求提高，各地在平安建设中，机场、海关、交通、公检法部门、大型活动的出入口等场所的应用增加，这部分市场需求是防爆安检市场的主要增长动力。

近年来，支撑我国防爆安检市场稳步增长的动力来自三大方向。一是交通市场。高铁、城市轨道交通、地铁、长途客运等安检设备的应用加速增加。据有关资料，城铁、地铁每个车站的安检设备投资为120～160万元。二是新建和改扩建机场的市场。按照中国民用航空发展规划，“十二五”期间国内改扩建机场将有101个，新建机场70个，迁建的机场10个。2013年北京第二机场开始建设，其他开工建设的改扩建机场有南宁、桂林、柳州、上海浦东机场航站楼改造等近20家，2013年将建成的机场有北戴河机场、汉中新机场等10多个。三是现有安检设备的更新升级。防爆安检专业领域的智能化、集成化提高，带动应用技术的更大投入和产品市场价值的提升。如安检产品需要拥有更精确的辨别能力，拥有更快的通过速度，拥有更强的稳定性，拥有与监控系统、报警系统、应急系统的联网等功能，所以无论设备成本还是人员培训都需要增加投入。

我国国内企业的防爆安检产品功能技术有很大提升，如大型X射线检查产品除提供国内市场外，已经出口到国际市场，被国际市场广泛认可。部分防爆安检的高端设备还需要进口，但进口的比例在逐年减少。

三、我国安防市场发展趋势

安防市场的发展取决于市场的需求，而市场需求的实现取决于经济的发展。从我国安防的发展历史及现实需求看，在2014年及今后的一段时期内，决定我国安防发展的主要因素都会发生作用，安防市场还将继续保持较好的增长速度，有很好的市场前景。

一是安防行业市场成长动力仍在。2013年底中央经济工作会议期间，在肯定我国经济形势稳中有进、稳中向好的同时，提到要清醒认识到的问题之一，是“社会治安状况不佳等突出问题仍没有缓解”。5月，中央领导对深化平安中国建设工作会议作出重要指示，强调平安是人民幸福安康的基本要求，是改革发展的基本前提。要深入贯彻落实党的十八大精神，把平安中国建设置于中国特色社会主义事业发展全局中来谋划，把人民群众对平安中国建设的要求作为努力方向，坚持源头治理、系统治理、综合治理、依法治理，努力解决深层次问题，着力建设平安中国，确保人民安居乐业、社会安定有序、国家长治久安。国家把平安建设提到“把平安中国建设置于中国特色社会主义事业发展全局中来谋划”，既是对安防行业提出的要求，同时也是安防行业发展的机遇。此外，公共安全事件不断出现，对安防发展目标、技术、管理提出了严肃的拷问，需要安防行业提出新的有效应对措施，必然推动平安建设的新的进程，推动行业的进步和发展。

二是经济发展保持合理增速为行业市场提供良好空间。中央经济工作会议提出2014年要努力抓住机遇，从容应对各类风险和挑战。坚持稳中求进的工作总基调，保持宏观经济政策连续性和稳定性，着力激发市场活力，加快转方式、调结构，加强基本公共服务体系建设，着力改善民生，切实提高经济发展质量和效益，促进经济持续健康发展、社会和谐稳定，抓住机遇保持国内生产总值合理增长、推进经济结构调整，努力实现经济发展质量和效益得到提高又不会带来后遗症的速度。安防的行业市场是加速发展的市场，各行业的安防技术应用，工业化信息化的加速融合，智慧城市、城镇化建设，都会为安防市场提供新的增长空间。

三是国民经济结构的调整，利于安防市场结构的优化。在今后一个时期内，在公共安全市场保持稳步增长的同时，行业需求市场、社会家庭居民消费市场份额将会逐步提高。

在安防专业市场结构方面，以高清应用引领的视频监控、平台集成市场仍会有较快增长，防爆安检市场将稳步发展，防盗报警、出入口控制等市场仍有较大的发展空间，集成联动是进一步的发展方向。在社会家庭个人应用市场，随着国家鼓励信息消费带动内需发展，随着电信技术特别是移动互联网的发展，会出现一个加速发展的机遇期。

在安防制造、安防工程服务市场方面，安防制造业在技术上会加快升级换代，最新的电子信息技术会在安防领域得到及时应用，安防制造业会保持一定的增速。首先是安防服务市场越来越成为安防行业的重要部分。安防服务市场的主体包括安防工程服务、安防生产服务、运维服务等，随着市场的发育，近几年出现了综合运营商的重要性越来越突出的趋势，其优势在于综合运营商能够提供从解决方案到后期运行管理的综合服务，更加符合系统持续发挥效能的要求。其次是智力服务如咨询、培训等服务增加。2013年各地开展的技术培训、资质培训显著增加，对提高行业的总体素质有深远意义。今后政府精简机构、职能转变，会更多地通过市场购买服务，也会为相关机构提供机会。

在安防供应商结构方面，无论是产品还是工程服务供应商的集中化程度将继续提高。凭借技术、资金、管理等优势的优秀供应商，会有更多的市场机会。在市场化配置资源的大环境下，地方保护会削弱，市场有更多机会突破层次较低的同质化的竞争格局，优势供应商能够充分延伸和扩大产业链，在更大范围内配置优势资源，在市场上发挥积极作用。市场将不断推动企业在新的产业链上寻找生存空间，新的整合将进一步促进安防产业结构的升级和优化。

第二节　安防行业景气指数分析

当前，我国经济发展的外部环境发生了重大变化。世界经济已由金融危机前的“快速发展期”进入“深度转型期”，而国内经济则由“高速增长期”进入到“增速换挡期”。2013年，中央政府采取了一系列“稳增长、调结构、促改革”的措施，加之市场信心恢复以及境外部分经济体的外部需求改善等多重因素，经济运行的许多指标出现企稳向好的势头。

2013年，国内生产总值增长7.7%，高于政府工作报告0.2个百分点；居民消费价格增长2.6%，略低于政府预期的3.5%；全社会固定资产投资增长为19.6%；社会消费品零售总额增长13.1%。与2012年相比，工业生产者价格下降1.9%、农产品生产价格上涨3.2%、房地产开发投资上涨19.8%、城镇居民收入上涨7.0%、农村居民收入上涨9.3%、民间固定资产投资增长23.1%，全社会固定资产投资增长19.6%。制造业采购经理指数连续15个月高于临界点（55%），四季度企业景气指数为119.5。纵观全年经济发展状况，第三产业增速大于第二产业，新兴产业增速远快于传统产业。

2013年，我国经济发展主要预期目标基本完成，产业结构调整初见成效，国民经济稳中有进，物价上涨幅度温和可控。

在此背景下，我国安防行业的发展也呈现出了逐步回暖的趋势。2013年，安防行业景气度及企业家信心指数走势虽起伏较大，但其发展面向好，至四季度，双项指数都已上升至“非常景气区间”。安防产品（工程）销售景气指数在经历了前三季度的平稳发展后，于四季度快速提升至“较强景气区间”。安防企业外贸出口景气指数在二季度达到了自2008年以来的最高值，进入“较景气区间”。固定资产投资投入景气指数走势平缓，基本维持在“较景气区间”内。科技创新投入指数虽有小幅波动，但依旧维持在“较强景气区间”内。

一、2013年一季度安防行业景气度回升

进入2013年一季度，我国经济继续呈现企稳复苏的势头。3月，代表经济活跃程度的先行指标制造业采购经理人指数PMI为50.9，已连续6个月保持在50的临界点以上，说明经济发展出现了持续向好的迹象。一季度，物价得到进一步控制。根据权威部门发布的统计资料表明，3月份CPI（全国居民消费价格指数）同比上涨仅2.1%，环比由2月份的上涨转为下降，下降幅度为0.9%；与此同时，3月份全国工业生产者出厂价格同比下降1.9%，环比持平（涨跌幅度为0）。企业经济效益继续恢复性增长。1~2月份全国规模以上工业企业实现利润7092亿元，比去年同期增长17.2%。外贸形势出现好转。一季度我国外贸进出口值同比增长13.4%，远高于2012年全年外贸6.2%的增长水平。

在此背景下，我国安防行业一季度也实现了平稳增长的开局，出现了景气度攀升、生产规模扩大、销售及效益提高等进一步回暖的迹象，但出口贸易却仍然处于低迷的状态，应引起足够的重视。

（一）行业景气度大幅回升

1. 行业景气度止跌回升，位于“较强景气区间”

2013年一季度，安防行业景气指数为166，比上季度上升了15点，结束了上年二季度以来连续3个季度下跌的趋势，与同期历史年份相比也属于较高的水平，位于“较强景气区间”。调查企业中，有68%的企业认为经营状况处于“良好”状态，31%的企业认为“一般”，仅有1%的企业认为“不佳”。

2. 生产规模继续扩大，位于历史高位

根据近几年的情况分析，安防行业一季度生产规模都会出现不同程度的季节性下降。2009年因受金融危机的影响，生产总量景气指数仅为98，与上季度相比下降34点；2010年为104，较上季度下降66点；2011年为147，较上季度下降26点；2012年为121，较上季度下降37点。从2013年一季度调查企业情况看，生产（施工）总量景气指数为148，达到了2008年以来的历史新高值，比上季度上升9点，比上年同期上升了27点，并已接近“较强景气区间”。在调查对象中，52%的企业反映生产（施工）规模比去年四季度扩大，4%的企业反映生产量减少，42%的企业反映持平。另外，劳动力需求景气指数达到152点，有36%的企业反映劳动力需求增加。

3. 内销市场有所升温，处于“较景气区间”

本季度安防产品（工程）销售景气指数为138，处于“较为景气区间”，虽与上季度相比下降了5点，但差异不大，说明国内市场依然表现出强劲的需求。其中，有50%的调查企业在上季度的基础上又有新的增长，12%的企业反映销售下降。

4. 外贸出口景气度继续低迷

年初，我国外贸整体形势较好，尤其是出口增长发力。但反映在安防行业，受到行业性国际贸易形势的影响，出口业务增长仍持续低迷，景气指数为95，与上季度持平，已经连续3个季度处于了“微弱不景气区间”。其中，反映外贸出口有所增长的企业为20%，有55%的企业反映持平，有25%的企业反映外贸出口减少。

5. 价格与成本齐升，企业盈利略有好转

生产（工程）成本继续呈攀升趋势，程度有所加大。一季度，反映成本上升的企业为47%，比上季度上升了11个百分点；反映成本持平的企业为45%，比上季度下降10个百分点；反映成本下降的为8%，比上季度下降1个百分点。这种情况说明，生产经营活动成本增加的企业仍占较大比例，随着持平或下降的企业的减少，成本攀升趋势有所增大。

销售价格呈上升趋势。一季度，反映价格“上升”的企业为21%，比上季度上升7个百分点；反映产品销售价格“与上季度保持持平”的企业为70%；反映产品销售价格“下降”的企业为9%，较上季度下降7个百分点。这种情况说明，销售价格在总体稳定的情况下开始呈现上升趋势，这与近两年来销售价格稳中趋降的态势相比形成了一定的逆转。

赢利水平呈上升态势，处于“较景气区间”。一季度安防企业赢利状况与上季度相比呈现了上升的态势，企业盈利景气指数上升至133，比上季度上升10点，处于“较景气区间”。在调查对象中，有40%的企业反映“增盈（或减亏）”，比上季度的39%上升1个百分点，另有7%的企业反映“盈利减少（或增亏）”，比上季度下降9个百分点。

6. 企业投入积极性较高

固定资产投入略有上升。一季度，安防企业固定资产投入略有上升，景气指数为136，与上季度相比上升18点，与去年同期持平，处于“较景气区间”。其中，有37%的企业继续扩大了投入，比上季度提高11个百分点；有62%的企业固定资产投入与上季度持平。

科技创新投入保持高位。自2008年开展行业调查以来，我国安防企业科技创新投入景气指数每季度都保持在了“较强景气区间”。这反映了随着我国安防产业快速发展和行业竞争不断加剧，企业仍然把加大技术创新的投入作为提高核心竞争力的一种重要手段。调查数据显示，一季度，安防企业科研投入景气指数为151，与上季度持平。其中，有52%的企业继续增加了科技研发资金的投入，比上季度增加1个百分点；另外，46%的企业科研投入与上季度持平，只有1%的企业下降。

企业资金面仍显紧张。一季度，反映流动资金充足的企业占36%，较上季度下降5个百分点；反映能够维持正常周转的企业占50%；有14%的企业反映资金紧张。在经营过程中，反映资金拖欠增加的企业为23%，反映“应收未收到期货款”减少的企业占17%；在企业融资行为中，有17%的企业反映融资困难。

（二）企业家对未来发展信心提升较多

在国家经济形势逐步复苏的形势下，加上对新一届政府新政的期待，一季度安防企业家信心指数为172，比上季度增长26点，比去年一季度上升6点，位于“较强景气区间”。其中，72%的企业对行业经营状况持“乐观”态度，仅有28%的企业认为“一般”。

二、2013年二季度我国安防行业发展平稳，出口景气度提升

进入二季度，我国经济发展呈现了增速平稳、物价小幅上涨、外贸跌宕起伏等新的发展特点。最新统计资料表明：6月份CPI（全国居民消费价格指数）同比上涨2.7%，上半年同比上涨2.4%，说明物价进入了总体稳定且可控的上涨区间。与此同时，工业产品价格呈现下降趋势，上半年工业生产者出厂价格同比下降2.2%，工业生产者购进价格同比下降2.4%。从目前已知的投资、外贸、内需市场等因素分析，二季度GDP增长率将很难达到一季度7.7%的水平，尤其是6月份经济出现了一些下滑的趋势，值得注意：中国制造业（PMI）为50.1%，比上月回落0.7个百分点，抵近荣枯线；非制造业PMI也降至53.9，环比下降0.4个百分点，创9个月来最低位；6月份我国外贸进出口额同比下降2%，其中出口下降3.1%。这些情况表明经济增速将可能继续回落。

在此背景下，我国安防行业二季度继续呈现了稳定增长的态势，行业景气度仍处于高位，外贸出口情况出现了可喜的好转迹象。但也存在企业盈利水平下降、增长动力不足、出口业务起伏难以稳定等问题，需要引起大家的高度重视。

（一）行业景气度继续稳定在高位

1. 行业景气度继续稳定在“较强景气区间”

二季度，安防行业景气指数为165，比上季度下降了1点，基本维持了一季度的发展态势，位于“较强景气区间”。调查企业中，有69%的企业认为经营状况处于“良好”状态，27%的企业认为“一般”，有4%的企业认为“不佳”。据对调查企业资料计算，二季度企业主营业务收入比上季度增长了27%。

2. 生产规模继续扩大，景气度略有回落

从调查企业情况看，2013年二季度生产（施工）总量景气指数为139，位于“较景气区间”，比上季度相比略有回落，下降了9点。在调查对象中，48%的企业反映生产（施工）规模比上季度扩大，43%的企业反映持平，9%的企业反映生产量减少。另外，劳动力需求景气指数达到146点，比上季度下降6点，有56%的企业反映劳动力需求增加。从企业开工情况看，设备利用率比较正常，平均达到了84%的水平。

3. 内销市场有所升温，处于“较景气区间”

二季度安防产品（工程）销售景气指数为139，处于“较景气区间”，与上季度相比上升了1点。其中，有51%的调查企业在上季度的基础上又有新的增长，有37%的企业反映销售持平，有12%的企业反映下降。

4. 外贸出口景气度有较大提高

年初，我国外贸整体形势较好，尤其是出口增长发力，

但到了二季度却又出现了逐月下滑的态势。在安防行业，二季度企业出口业务呈现了较大幅度的增长，景气指数为127，与上季度相比增长了32点，从而摆脱了连续3个季度的“不景气”状态，从“微弱不景气区间”上升到“较景气区间”。其中，有41%的企业反映外贸出口有所增长，比上季度提高23个百分点，有45%的企业反映持平，有14%的企业反映外贸出口减少。

5. 企业盈利情况下降

生产（工程）成本继续攀升，但趋势有所减弱。二季度，调查企业中反映成本上升的企业为42%，比上季度下降了5个百分点；反映成本持平的企业为56%，比上季度上升11个百分点；反映成本下降的为2%，比上季度下降6个百分点。这种情况说明，生产经营活动成本增加的企业仍占较大比例，但随着“持平及下降”企业的增加，成本攀升趋势有所减弱。

从企业原材料及能源购进价格情况来看，也基本反映出同样的趋势。二季度，反映主要原材料及能源购进价格上涨的企业占31%，反映基本不变的企业占67%，仅有2%的企业反映下降。

销售价格呈下降趋势 。二季度，调查企业中反映产品销售价格“上升”的占6%，反映“持平”的企业占70%，反映“下降”的企业为24%。这种情况说明，销售价格在总体稳定的情况下呈现了下降的趋势，这与一季度情况形成了反差，一季度反映销售价格“上升”、“持平”及下降的企业占比分别为21%、70%和9%。

赢利水平下降，已至“相对景气”区间 。二季度，企业受成本的攀升和销售价格下降的双重影响，盈利水平下降，景气指数为119，比一季度下降了14点，并从“较景气区间”降至“相对景气”区间。在调查对象中，有38%的企业反映“增盈（或减亏）”，比上季度的40%下降2个百分点，另有19%的企业反映“盈利减少（或增亏）”，比上季度的7%上升12个百分点。

6. 企业投入积极性较高，固定资产投入略有上升

二季度，安防企业固定资产投入略有上升，景气指数为141，与上季度相比上升5点，处于“较景气区间”。其中，有43%的企业继续扩大了投入，比上季度提高5个百分点；有55%的企业固定资产投入与上季度持平；另有2%的企业投资下降。

科技创新投入继续保持在“较强景气区间”。近年来，我国安防企业科技创新投入热情不减，尤其是生产企业平均R&D（技术研发费用占总收入的比重）达到了5%以上，总体达到了国家高新技术企业（R&D）4%～6%的要求，有的甚至高达10%以上。二季度，我国安防企业科技创新投入景气指数为156，比一季度提高5点，位于“较强景气区间”。其中，有56%的企业继续增加了科技研发资金的投入，有44%的企业科研投入与上季度持平。

企业资金面相对稳定。二季度，反映流动资金充足的企业占43%，较上季度上升7个百分点；反映能够维持正常周转的企业占40%；另有17%的企业反映资金紧张。在经营过程中，反映资金拖欠增加的企业为22%，反映“应收未收到期货款”减少的企业占24%。比较来看，这些数据与上季度并无明显差异，说明安防企业资金面相对稳定，也基本没有受到银行“钱荒”事件的影响。

（二）企业家对未来发展仍有较强信心

二季度安防企业家信心指数为167，虽比上季度下降5点，但仍位于“较强景气区间”，说明企业家对行业未来发展仍保有较强的信心。在调查企业中，68%的企业家对行业发展状况持“乐观”态度，有30%的企业认为“一般”，仅有2%的人表示“不乐观”。

三、2013年三季度我国安防行业景气度下降，行业告别高速增长

进入2013年，我国经济运行步入了从高速到中速增长的“换挡”期，同时也进入了结构调整与经济增长方式转变的关键时期，呈现出“稳中有进”但复杂艰难的格局。据国家统计局公布的资料，上半年国内生产总值（GDP）为24.8万亿元，按可比价格计算，同比增长7.6%。其中，一季度增长7.7%，二季度增长7.5%。三季度，我国制造业采购经理指数PMI出现了逐月回升的态势，分别为50.3%、51.0%、51.1%，据此预计三季度GDP增长应高于第二季度，全年达到7.5%的既定目标已基本没有悬念。

但经济运营面对的局面却十分复杂困难，主要问题有：一是内需不旺。近几年，社会消费品零售总额增长出现逐步下降态势，2010～2012年增长率分别为18.1%、17.3%、14.3%，2013年还会进一步下降，预计降至13%左右。二是世界经济增长态势微弱，外需稳定复苏尚需时日。欧盟还在衰退边缘徘徊，新兴经济体经济增长普遍放缓，动力不足、低位运行已成常态化趋势。今年以来，我国进出口形势较去年并未有明显的改观，出口仍处于一种较为低迷的状态。上半年进出口增速逐月放缓，一季度进出口值同比增速为13.5%，二季度同比增速仅为4.3%，三季度预计增长在8%左右，外部环境依然不容乐观。三是经济增长面临诸多深层次问题需要解决，包括结构调整、增长方式转型、经济体制改革、激发市场活力、化解产能过剩、扶持中小型企业发展等。

在上述背景下，安防企业也出现了一些新的变化和问题：行业景气度及企业家信心指数明显下降；企业投资率有所下降，但整体水平仍保持在较高行业之列；内需市场增幅减缓，出口贸易增长向好；企业成本与销售价格齐增，企业获利能力相对增强；一些企业融资困难、债务增加。这些新的情况和问题，既有外部大环境变化带来的结果，也有行业企业自身特点的体现。存在的突出问题应引起高度重视，并着力解决。

（一）行业景气度出现较大幅度下降

1. 行业景气度下降，但仍在“较强景气区间”

今年三季度，安防行业景气指数为150，比上季度下降了15点，已降至“较强景气区间”的最低限。调查企业中，有50%的企业认为经营状况处于“良好”状态，比上季度下降19个百分点；有50%的企业认为“一般或持平”，比上季度上升23个百分点。据部分调查企业填报的资料，三季度企业主营业务收入比上季度增长了25%左右。

2. 生产规模继续扩大，同比景气度有所回落

从调查企业情况看，2013年三季度生产（施工）总量景气指数为143，位于“较景气区间”，比上季度提升4点，但比去年同期下降10点，落至近5年来的最低点。在调查对象中，53%的企业反映生产（施工）规模比上季度扩大，37%的企业反映持平，10%的企业反映生产量减少。另外，劳动力需求景气指数为141点，比上季度下降5点；反映劳动力需求“增加”及“持平”的企业分别各占47%；有6%的企业反映减少。从企业开工情况看，设备利用率比较正常，平均达到了83%的水平。

3. 内销市场较为平稳，处于“较景气区间”

三季度安防产品（工程）销售景气指数为138，处于“较景气区间”，与上季度相比下降了1点。其中，有48%的调查企业在上季度的基础上又有新的增长，有42%的企业反映销售持平，有10%的企业反映下降。

4. 外贸出口景气态势向好发展

从二季度开始，我国安防企业出口业务出现回暖，景气指数达到127，摆脱了连续3个季度的“不景气”状态，一下跨越了“微景气”和“相对景气”两个区间，上升到了“较景气区间”。三季度继续保持了这一态势，景气指数为124，虽然比二季度略有下降，但基本保持了稳定增长的状态，仍位于“较景气区间”。其中，有28%的企业反映外贸出口有所增长，有68%的企业反映持平，仅有4%的企业反映外贸出口减少。

5. 企业获盈利情况有所好转，生产（工程）成本小幅攀升

三季度，在调查企业中反映成本上升的企业为49%，比上季度上升了7个百分点；反映成本持平的企业为46%，比上季度下降10个百分点；反映成本下降的为5%，比上季度上升3个百分点。成本上升的主要原因，一是有关原材料及能源购进价格提升，二是人员工资、管理费用增加。三季度反映主要原材料及能源购进价格上涨的企业占31%，反映基本不变的企业占64%，仅有5%的企业反映下降。

销售价格逆转上升。三季度，调查企业中反映产品销售价格“上升”的占25%，比上季度的6%提升了19个百分点；反映“持平”的企业占64%，比上季度的下降了6个百分点；反映“下降”的企业为11%，比上季度的24%下降了13个百分点。这种情况说明，销售价格一改多年持续下降的状态，呈现了逆转上升的趋势。

企业获利情况改善，已至“较景气”区间。三季度，受销售价格上升的影响，企业获利情况有所改善，盈利景气指数为131，比一季度上升了12点，并从“相对景气区间”上升至“较景气”区间。在调查对象中，有46%的企业反映“增盈（或减亏）”，比上季度的38%上升8个百分点；另有15%的企业反映“盈利减少（或增亏）”，比上季度的19%减少了4个百分点。

6. 企业投入保持稳定提高，固定资产投入景气度基本持平

三季度，安防企业固定资产投入略有上升，景气指数为139，与上季度相比下降2点，处于“较景气区间”。其中，有40%的企业继续扩大了投入，有59%的企业固定资产投入与上季度持平，仅有1%的企业投资下降，科技创新投入降至“较景气区间”。

近年来，我国安防企业科技创新投入一直保持较高的水平，一些企业甚至将大部分利润都投入到了研发之中，有的技术研发费用占总收入的比重（R&D）高达10%以上。三季度，大多数企业仍然增加了科技创新的投入，但整体来看景气指数已有所回落。三季度，安防企业科技创新投入景气指数为149，比上季度下降7点，从“较强景气区间”降为从“较景气区间”。其中，有56%的企业继续增加了科技研发资金的投入，有37%的企业科研投入与上季度持平，有7%的企业减少了投入。

企业资金拖欠情况有所增加 。三季度，反映流动资金充足的企业占35%，较上季度下降8个百分点；反映能够维持正常周转的企业占40%，与上季度持平；另有25%的企业反映资金紧张，较上季度提高8个百分点。在经营过程中，反映“资金拖欠”增加的企业为30%，比上季度上升8个百分点；反映“资金拖欠”减少的企业占14%，比上季度下降10个百分点。这种情况说明，三季度安防企业资金面紧张程度有所加强，企业“三角债”拖欠情况有所增加。

（二）企业家对未来发展仍有较强信心

三季度安防企业家信心指数为155，在上季度下降5点的基础上，又下降了12点，但仍位于“较强景气区间”。这种情况说明企业家对行业未来发展仍保有较强的信心，但其程度已降到了2008年金融危机以来的最低水平。在调查企业中，55%的企业家对行业发展状况持“乐观”态度，有45%的企业认为“一般”。

四、2013年四季度我国安防行业增长大幅反弹景气度回升

2013年是全面贯彻落实党的十八大精神的开局之年，面对错综复杂的国内外经济形势，国家采取了一系列调控措施，有效引导市场预期，经济运行企稳向好，尤其是党的十八届三中全会以后，由于对改革新政的信心增加，市场活力有所激发，经济发展开始向着新常态积极平稳过渡。

据国家统计局发布的资料，2013年全面GDP增长7.7%，其中，一季度增长7.7%，二季度增长7.5%，三季度增长7.8%，四季度增长7.7%。从2013年12月的统计资料来看：中国制造业采购经理指数（PMI）为51%，已连续15个月位于临界点以上；全国居民消费价格总水平同比上涨2.5%，处于安全可控的范围；全国工业生产者出厂价格指数、工业生产者购进价格指数也出现了持平略降的局面。这些情况说明，经济发展在高增长“落地”以后，出现了“企稳回升、积极向好”的发展态势。

在上述背景下，安防企业也出现了一些新的变化特征：行业景气度及企业家信心指数大幅反弹提高；内需市场升温，销售规模扩大；企业科技创新、资产投入稳定增加，力度增强；出口贸易稳定增长，景气度稍有反弹；企业成本与销售价格略增，企业效益情况有所好转。

（一）行业景气度大幅提升

1. 行业景气升至“非常景气区间”

2013年四季度，安防行业景气指数飙升为181，比上季度提高了31点，达到了“非常景气区间”。调查企业中，有83%的企业认为经营状况处于“良好”状态，比上季度上升33个百分点；有15%的企业认为“一般或持平”，比上季度下降35个百分点；仅有2%的企业反映“不佳”。

2. 生产规模迅速扩大，开工充足

从调查企业情况看，2013年四季度生产（施工）总量景气指数为170，比上季度提升27点，从“较景气区间”上升为“较强景气区间”。在调查对象中，74%的企业反映生产（施工）规模比上季度扩大，提升了21个百分点；22%的企业反映持平，下降了15个百分点；仅有4%的企业反映生产量减少。从劳动力需求情况看，景气指数为173，比上季度上升了33点，反映劳动力需求“增加”的占80%，反映“持平”的企业占13%，有7%的企业反映减少。从企业开工情况看，设备利用率平均达到了罕见的88%的水平，比上季度上升了5个百分点。

3. 内销市场升温，处于“较强景气区间”

四季度安防产品（工程）销售景气指数为177，比上季度上升39点，从“较景气区间”上升为“较强景气区间”。其中，有80%的调查企业在上季度的基础上又有新的增长，提升了32个百分点；有18%的企业反映销售持平，下降了24个百分点；仅有2%的企业反映下降。

4. 外贸出口继续增长，景气度有所下降

2013年，我国安防企业出口业务整体情况好于往年。一季度开局并不理想，处于“不景气”状态；二季度开始出现逆转，景气指数达到了127，达到了2008年以来的最好水平，上升到了“较景气区间”；三季度继续保持了这一态势，景气指数为124；四季度基本保持了稳定增长的状态，企业出口景气指数为114，位于“相对景气区间”。在出口企业中，反映业务“增加”和“减少”比重均有所提高。有35%的企业反映外贸出口有所增长，比上季度提高7个百分点；有44%的企业反映与上季度持平；有21%的企业反映外贸出口减少，比上季度提高7个百分点。

5. 企业获盈利提高幅度较大，生产（工程）成本继续攀升

四季度，安防生产（工程）企业成本变化与上季度基本相同，呈现小幅攀升的势头。在调查企业中反映成本上升的为45%，反映持平的为51%，反映下降的为4%。据企业反映，成本上升的主要原因是人员工资、费用增加较快，从原材料及能源购进价格来看变化并不明显。四季度反映主要原材料及能源购进价格上涨的企业占24%，反映下降的8%，反映基本不变的占68%。

销售价格继续保持小幅上扬的态势。四季度，调查企业中反映产品销售价格“上升”的占23%，反映“持平”的企业占64%，反映“下降”的占13%。而上季度反映“上升”、“持平”和“下降”的企业比重分别为25%、54%和11%，数据相比没有发生明显的变化，说明销售价格继续保持了相对稳定、小幅上扬的态势。

企业获利情况大幅度提高，已至“较强景气”区间。四季度，企业获利情况有了较大幅度提高，盈利景气指数为171，比一季度上升了40点，从“较景气”区间上升至“较强景气”区间。在调查对象中，有74%的企业反映“增盈（或减亏）”，比上季度的46%上升了28个百分点；只有4%企业反映“盈利减少（或增亏）”，比上季度的15%减少了11个百分点。据不少企业反映，四季度企业在生产成本和销售价格没有较大变化的情况下，企业获利主要是由于销售量的提高，有44%的企业库存下降，45%的企业库存持平，仅有11%的企业反映库存增加。

6. 企业投入保持稳定提高，固定资产投入景气度基本持平

四季度，安防企业固定资产投入景气指数为138，比上季度的140下降了2点，处于“较景气区间”。其中，有42%的企业继续扩大了投入，有54%的企业固定资产投入与上季度持平，有4%的企业投资下降。

科技创新投入重回“较强景气区间”。科技创新始终是安防行业获得快速发展的巨大推动力，我国安防企业科技创新投入一直保持较高的水平，2008年以来，绝大多数时间行业科技创新投入都位于“较强景气区间”。2013年四季度，安防企业科技创新投入景气指数为157，比上季度上升8点，从三季度的“较景气区间”重新回到了“较强景气区间”。其中，有59%的企业继续增加了科技研发资金的投入，有39%的企业科研投入与上季度持平，仅有2%的企业减少了投入。

资金面较为充足。四季度，反映流动资金充足的企业占52%，较上季度上升了17个百分点；反映能够维持正常周转的企业占39%，与上季度基本持平；另有9%的企业反映资金紧张，较上季度下降了16个百分点。企业融资情况也比较理想，有31%的企业反映融资“容易”，55%的企业

反映“一般”，14% 的企业反映“困难”。在经营过程中，反映“资金拖欠”增加的企业为 34%，比上季度上升了 4 个百分点；反映“资金拖欠”减少的企业占 35%，比上季度增加 21 个百分点。整体来看四季度企业债务拖欠情况有所好转。

（二）企业家对未来发展信心提升

四季度安防企业家信心指数为 179，比上季度提升 24 点，位于“较强景气区间”，达到了近两年来的最高点。这种情况说明企业家对行业未来发展的信心有所恢复，信心增强。在调查企业中，有 82% 的企业家对行业发展状况持“乐观”态度，有 15% 的企业认为“一般”，认为“不乐观”的企业仅占 3%。

第三节　我国安防报警业现状与发展趋势

安防报警业是安防行业的重要组成部分，在行业发展中具有重要地位。为了掌握当前安防报警业整体状况，摸清行业底数，研究存在的问题，服务行业发展需要，中国安防协会对我国安防报警业现状和发展趋势展开了调研工作，包括安防报警技术、产品、系统和服务，主要范围为产品通过 CCC 认证的国内安防报警产品制造企业（入侵探测器、报警控制器和汽车防盗报警系统）和部分安防报警运营服务企业，主要对象为协会会员单位和协会专家所服务的企业。

一、我国安防报警业发展概况

（一）安防报警业的现况及特点

根据调研数据进行测算，2013 年，我国安防报警业整体规模约为 300～350 亿元，约占全行业的 12%～15%。从事报警产品制造和联网报警运营服务的企业超过 4000 家，全国已经建成联网报警系统上万个，联网报警用户超过 3000 家的规模以上报警运营服务企业有三百余家。

我国安防报警产品制造业的发展具有以下特点：一是安防报警产品经历了由模拟向数字化发展，可视化、网络化产品比例在扩大；二是产业格局出现新的变化，楼宇对讲企业、视频产品企业、家电企业进入报警产品生产制造领域；三是珠三角、海西和长三角是安防报警产品的主要生产基地；四是国际品牌在高中端市场仍然占有重要份额；五是通过 CCC 认证的国内生产企业的销售市场受到非认证产品影响。

我国安防报警运营服务业的发展具有以下特点：一是政策环境改善，市场化发展趋向明显；二是服务主体多元化、规模稳步扩大；三是市场展业保持较高增速；四是安防报警服务的领域不断延伸，安防报警与健康看护、求助服务等应用结合；五是报警运营服务企业并购成为行业发展的新亮点；六是传输技术进步推动报警运营服务业向集成化、可视化、网络化、智能化发展。

（二）安防报警业在安防行业的地位和作用

安防报警业是我国安防系统起步最早的专业领域之一。从上世纪 80 年代开始，在管理部门的主导和推动下，经过近 30 多年的发展，从无到有，从小到大，安防报警产品及系统建设得到不断发展，对于维护社会公共安全，提高人民生活质量，起到了重要作用。

安防报警业的发展，一是提高了预防犯罪的时效性、针对性、主动性，实现精确打击；二是提高了警务效率，降低了警务成本，实现了最佳防范效能、资源整合，成为满足不同层次的社会安全需求的有效手段；三是随着移动通信技术、网络技术、智能分析等技术的发展，推动了整个安防专业领域的全面发展和升级，成为安防发展新的增长点，促进了安防产业的发展和进步。

（三）政府及相关部门对安防报警业的管理

安防报警业的发展与国家平安建设紧密联系，与国家深化市场经济改革的导向相向而行，无论是安防报警产品制造，还是安防报警运营服务，发展的外部环境正在得到优化和改善。

1. 对安防报警产品的管理

在技术规范方面，国家标准委和公安部先后发布了一批安防报警产品和工程建设的国家标准和行业标准。截至 2012 年底，在现行标准中有 23 项国家标准（GB）和 11 项行业标准（GA）为安防报警产品标准，1 项国家标准为安防报警工程设计标准。这些标准构建了较为完整的技术标准体系，对于加强对安防报警产品管理发挥了重要作用。

在生产管理方面，作为行业主管部门，公安技防管理部门先后实施了生产许可证制度、生产登记管理制度和认证认可制度。目前，生产许可证制度已经取消，生产等级管理制度仅在少数地区施行，认证认可制度成为安防报警产品的主要管理手段。现有 3 大类 9 种安防报警产品被列入安全技术防范产品强制性认证目录。

2. 对安防报警服务的管理

我国的安防报警服务起步相对较晚，特别是联网报警运营服务，起始主要是在金融和国家重点保卫单位实施，运营服务大都由单位内保部门或国有保安公司承担。在平安城市建设试点后，一批有技术专长的安防企业崭露头角，开始进入安防报警服务领域。尽管起步晚，但发展较为迅速。安防报警业形成了服务企业的多元化，应用领域的多元化发展格局。

上世纪90年代以来，国家和有关部门发布了一系列管理办法和措施。这些管理措施，从行业、部门、地方层面到国家层面，从局部到全局，从管理条例、规章制度上升到地方和国家立法，是一个逐步推进、完善的过程。其中，代表性的有1997年颁布实施的《邮电局（所）安全防范规定》、2004年颁布实施的《企业事业单位内部保安条例》2006年颁布实施的《金融系统营业场所技术防范要求》等。

目前，全国已经有26个省市出台了公共安全技术防范管理制度。黑龙江、山西等七省市相继出台了技防法规，北京、上海、浙江、广东、重庆等省市出台了关于图像信息系统建设等安全防范的规章制度。2010年1月，我国《保安服务业管理条例》正式实施，为规范安防报警运营服务业提供了法律规范。这些政策法规及规范性文件，都将对我国安防报警业的发展产生积极的推动作用。

二、我国安防报警产品制造业发展状况

（一）安防报警产品制造业现状

安防报警产品主要分为入侵探测器、防盗报警控制器和汽车防盗报警系统三大类。这三类产品均被列入安全技术防范产品强制性认证（CCC）目录。

1. 安防报警产品制造业的发展规模

根据本次调研结果，并结合业内企业家和专家意见进行测算，目前，我国安防报警产品年产值约为150~200亿元。其中，规模企业（年销售额在1000万元以上）约为50家，年产值在40~50亿元；进口产品经销商、代理商约为300家，年营业额在30~35亿元左右。此外，规模以上工程企业800~1000家左右，年营业额在50~55亿元左右。2009~2012年的年增长率在15%~20%，2013年增长率在15%左右。

福建泉州是我国著名的“报警之乡”，在高峰时期，泉州本地有400~500家报警产品制造企业，经过时代的洗礼和淘汰，现在只剩下20多家。企业数量虽然减少了，但产量、产值基本保持了原来的总量，目前仍然活跃在市场的都是具有一定规模和实力的企业。

目前，报警产品大致可以归为三大类：一是联网报警系统产品，包括入侵探测器、报警控制器、接警平台软件；二是行业应用的报警产品，如电力、交通、石油、化工、煤炭、铁道、林业、市政等部门的安全防盗报警产品；三是智能家居类产品，如各种家庭看护、健康看护、求助服务等产品。

从技术发展来看，早期的电话报警产品，目前仍然占有一定的比例。随着联网技术的发展，产品线更加丰富，很多企业根据市场需求，发展了GPRS联网综合报警系统，GSM（CDMA）无线/PSTN有线双网报警系统，3G报警&视频等，在主机及软件方面，有报警与视频监控综合接警平台、网络报警解决方案等。

2. 应用及市场现状

随着国家平安城市建设的发展，安防报警产品和系统的应用逐步普及化，应用的深度也在逐步延伸。部分业内专家把报警服务应用形象化地归纳为“看仓库、看商铺、看工厂、看家庭、看老人、看小孩”，既反映了安防报警应用的发展过程，也反映了报警、视频、求助服务等结合的发展过程。

从我国安防报警系统的市场情况看，安防报警产品市场已经形成了国际品牌、本土知名品牌、地方品牌相互交错的格局，都在通过发挥各自的优势，获得市场份额。国产品牌已经成为用户的主要选择。国产报警控制器和报警主机，以其良好的性价比，获得了大部分一般用户的认可和选择，一些重要的国内厂商，开始为国外著名报警器品牌提供元器件。但在高端市场，报警系统大部分还是选择国外品牌。

目前，国内传统报警产品主要品牌有豪恩、美安、亚光、理想、时刻、科立信、宏泰、优周等；新近推出视频报警产品主要品牌有海康威视、华迈、辉锐天眼等；进口品牌较多，有霍尼韦尔（原安定宝）、BOSCH（原美国迪信）、帕朗尼斯（PYRONIX）、VISONIC、枫叶等。

国内生产厂家主要以区域市场为主，以性价比取胜；国外产品技术含量高、价格高，主要以专业品质取胜。目前，市场竞争激烈产品集中在中端产品，形成了国外的高中端产品与国内企业的中高端产品的交集，这个交集区竞争最为激烈，而国内企业的快速发展，逐步成为市场的主导力量，显示了良好的趋势。

3. 国内安防报警产品生产企业区域分布

我国报警产品硬件制造企业主要分布在福建泉州、广东深圳以及江浙沪等三个地区，且三个区域各具特色。

福建泉州的报警设备制造商是从生产传统的无线对讲产品转型到联网报警产品制造，该地区集中度高，以时刻、宏泰、科立信等企业为典型代表，在业界有较长的生产历史，品牌有较高知名度。泉州是国内无线报警产品的重要生产基地，也是国内无线报警产品的主要供应地，在发展高峰时，泉州产品占我国报警产品总产量的30%。20多年来，随着技术进步和产品升级，泉州报警产品制造企业数量也由最多时的400~500家逐渐下降，但部分企业已经发展至年销售额3000~4000万元的规模，一家企业的销售超过以往二三十家企业的销售额。

广东深圳集中了一批国内报警产品的制造企业，多家企业的年销售额已经超过亿元。由于产品生产企业的聚集，有研发、配套、运输、出口的便利及优惠政策，在这个地区形成了安防报警产业的聚集区，也吸引了全球报警产品制造企业在此设厂。由于聚集效应，带动了一批中小型报警产品制造企业的发展，成就了一批年销售额在几百万至

上千万元左右的制造加工企业。深圳制造企业在产品种类方面较为广泛，除了安防报警产品外，也生产消防、家居等产品，如烟感报警器，水、气泄露，压力、震动感应器，楼宇对讲等产品。这个地区也是产品出口的重要地区。

江浙沪地区的产品制造企业，特别是如海康威视、浙江大华等行业龙头企业，凭借研发实力和资金实力，近年研发了一批带视频复核功能的联网报警产品，发展势头迅猛。这些企业进入报警产品的生产领域，对于企业自身产品线的扩展和完善，对于国产报警产品技术和质量的提升，有极为重要的意义。上海企业在周界防范报警、居民区安全防范报警方面形成了相对的产业聚集，形成了一定的优势，代表企业有上海优周、上海联腾、张家港固耐特等。

在报警软件方面，海康威视、深圳丛文等企业具有较强的实力，开发的平台软件具有国内领先水平和较大的市场份额，为联网报警中心系统和监控保安系统的管理和控制提供了核心的功能保障。

（二）安防报警产品制造业存在的问题

1. 管理方面

一是政府对安防报警系统产品管理范围不够全面。随着新的技术应用发展产生的新的应用产品，未能及时调整产品目录。如压力传感探测器、紧急报警按钮、激光探测器、泄漏电缆、振动传感器、玻璃破碎、声控入侵探测、气流扰动入侵探测、报警信号的光纤和微波传输的设备等也应逐步列入。另外有的省市制定了地方法规，有的则没有制定，容易产生地方不同管理方式和管理力度不同的情况。各地技防管理职能设在不同的业务部门中，有的在科技处、有的在治安处、有的在信通处，由于机构的职责不同，所以管理力度有所不同。

二是缺乏严格的市场准入制度和管理措施。实行 CCC 认证后，对提高报警产品的整体技术水平和准入门槛有好处，但目前的市场管理不规范，有些企业反映没有经过认证的产品照样在市场销售，而认证产品反而增加了企业的成本。有些楼宇对讲产品集成了报警功能，但产品认证不属于安防的范围。在知识产权方面，一些知名品牌被侵权，低价仿冒产品经常出现，损害了正规厂家的合法利益。

2. 技术方面

核心技术创新能力不足。一是企业侧重单个新产品的开发，产品内在性能稳定性、兼容性和系统扩展性不足，容易出现误报漏报问题。二是产品同质化现象严重，一个新产品上市后，会有一批产品出现，核心功能无多大差别，只是外形设计有些差异。三是注重整个报警系统集成应用开发和管理软件开发不够。

在新技术的推动下，安防报警是一个大的系统，是探测、传输、控制系统的结合：其前端与视频监控、烟感、压力、震动、破碎等多种传感器结合；应用系统需要与出入口控制、智能家居、周界防护、停车场系统等实现智能化系统集成，形成一个有机整体，便于管理操作整合；在传输方式上，要兼容多种协议接口和通信方式，要实现有线、无线的结合。但业内大部分企业在整合系统方面的能力还比较薄弱。

3. 企业方面

目前，我国的报警产品制造企业大都规模较小，产品单一，产品研发能力薄弱。由于资金技术的制约，最近几年许多企业的年销售大都在一个较低的水平徘徊，企业经营成本上升，通过 3C 认证的产品比例还比较低，项目验收中对认证产品还缺乏必要的门槛，对市场仿冒产品缺乏有效的限制措施。

三、我国安防报警运营服务业发展状况

（一）安防报警运营服务业现状

我国的安防报警运营服务业，是适应现代安全服务业发展起来的一个重要领域，以其事前防范的特点而迅速发展。多年来，报警运营服务企业在防范目标发现、迟滞、抓获犯罪嫌疑人的案例每年超过万起。《保安服务管理条例》的实施，为我国安防报警运营服务业带来了新的推动力。2010 年以来，报警运营服务业已经成为我国安防行业专业领域发展中的一个热点，以技防为主的报警运营服务企业与以人防为主的保安企业，形成了各有侧重、共同发展的新局面。

1. 安防报警运营服务业的发展规模

结合业内企业家和专家意见进行测算，全国规模以上报警运营企业有 300 ~ 350 家左右，约占全部企业营业收入的 70%。以此推算，安防报警服务行业的年营业收入（含工程）在 150 ~ 200 亿元左右，2009 ~ 2012 年的平均增长率在 15% ~ 20% 之间。在企业数量和从业人员方面，保安企业大约占到 90% ~ 95% 的比例，技防企业的数量和从业人数大约占到 5%。在区域联网报警用户中，保安企业占到 70% ~ 75% 左右，技防企业占 25% ~ 30% 左右。但在企业人均创造的营业收入、人均拥有客户数量及企业人均固定资产等方面，技防企业拥有较大优势。

2. 当前安防报警运营企业发展的特点

一是政策环境改善，市场化发展取向明显。我国报警运营服务企业在产生和发展过程中，一直是在政府的严格监督和管理下开展经营活动的，从业企业主要是技防公司和保安公司。《保安管理条例》的实施，是我国 20 多年前引入保安服务企业机制以来的重要变化。从政府转变职能，企业以市场为导向配置资源的角度看，完全符合市场经济发展方向，既为保安企业的市场化运作创造了条件，也为技防企业的展业提供了平等竞争的机会，能够通过改善经营，为社会和民众提供更好的安全服务。在报警运营服务相关政策方面，2004 年公安部发布了《关于规范技术防范行业管理工作的几个问题的通知》，公安部科信局起草的《技防条例》，正在履行立法程序，大部分省市实行了技术防范的管理办法，有八个省市实施了公共安全技术管理方面的立法。在应用行业，

有重点单位及部门、文博、金融机构、医疗、校园、娱乐场所等相关的公共安全管理办法正在实行，对我国报警运营服务业的发展产生积极的推动作用。在报警服务相关技术标准方面，公安部针对平安城市建设制定了统一的行业标准。2012年，全国安防标委会申报并经国家标准委和公安部批准的国家标准和行业标准制修订项目22个，完成国家标准和行业标准报批16项。开展的标准化项目有《公安机关视频图像信息联网与应用标准体系》、《文物安全防范标准体系》等。2013年又完成了泄露电缆标准，报批了张力式电子围栏系统标准，并正在制定入侵和反劫报警、激光入侵探测器、光纤入侵探测器、光纤振动探测器等技术标准。这些标准化工作的推进和完善，都将对我国报警运营服务业的发展产生积极的推动作用。

二是规模稳步扩大，技防企业保持较高增速。安防报警运营服务业是近年来发展迅速的安防领域，2010～2013年安防报警用户总体增长在20%左右，企业用户、固定资产、营业收入平均增长15%以上。总体增长的原因，第一，新的企业进入报警服务业，如上海市至2012年底有23家企业有报警服务资质，其中在2012年中发展了8家。第二，安防行业的骨干企业开始进军报警运营服务业，海康威视、浙江大华、中安消等行业龙头企业都在发展报警运营业务。第三，一些行业内外的企业涉足报警运营业，一些原来从事生产、经销代理企业也开始进入这个领域。如泉州的部分报警生产企业合资成立了报警运营企业；一些地方保安企业也在积极申请技防资质，萌动开展异地业务。政策的宽松，市场的驱动，预示今后几年将是安防报警服务企业快速发展的时期。

三是市场应用延伸，服务领域多元化。随着技术和市场的发展，公安重点安保领域的报警运营服务不断得到深化和提升，同时新的延伸应用成为安防报警服务的新领域。其特点是：第一，向行业应用延伸。如开展了电力、交通、石油、化工、煤炭、铁道、林业、市政、环保等部门的安全报警服务。第二，向社会家庭延伸。随着社会发展和人口结构的变化，许多报警服务机构将市场开发的目光转向了更加广泛的社会服务上，利用安防报警技术的原理，开发新的服务领域。已经有一批企业在该业务取得重要进展，受到政府、用户的好评和响应。其服务内容涉及百姓生活的方方面面，如紧急呼叫、求援、生活照料、医疗保健、法律维权、文化健身、心理咨询等。

四是企业并购活跃，技防、人防企业向融合方向发展。安防报警运营服务企业间并购现象比较普遍，说明安防报警运营服务企业已经认识到发展优质客户、扩大市场份额的重要性，也预示新一轮安防报警热潮的到来。近几年，不少企业通过并购方式进入报警运营服务领域。2010年，海康威视并购了河南华安保全，CSST并购了上海永安、北京万家安全，大华股份参股了浙江省的九家保安服务企业。通过企业并购，一定程度会带来旧格局的重新洗牌，使得业内竞争更加激烈，同时在这些具有实力的企业进入后，带来资金技术管理的提升，带来更大范围的报警业资源的优化配置。保安企业和技防企业逐步打破经营的界限，一些有条件的保安企业申请了技防资质，而技防企业也在申请保安资质。如大华股份为方便开展业务，在成立安防联网运营服务有限公司的同时，成立了保安服务有限公司。保安企业和技防企业之间的直接交流更加频繁，对彼此的发展动态更为关注。

五是网络技术进步，推动报警运营业新的应用。利用个人终端如手机、PC机，通过有线及无线网络的远程监控，得到用户的积极尝试及认可。调研中发现许多企业都在关注网络技术的发展和应用，开发安装快捷、使用简便的安防报警产品，目前市场上的产品技术和功能也在不断完善。随着电子信息技术的发展，这类业务具有极大的发展潜力，今后会成为安全服务的消费热点之一。

3. 报警运营服务主要企业类型与分布

目前，我国报警运营服务从业企业主要有四类：第一类是上世纪90年代初发展起来的以技术防范为主的传统报警运营企业，以北京国通创安、北京声讯等为代表，主要企业有陕西大华、河北安防、内蒙古鼎升、宁夏奥德、上海永安等；第二类是已在其他领域取得成功且刚刚进入报警运营服务领域的安防综合企业，如海康威视、大华股份、中安消、广州金鹏等；第三类是以人力防范为主的保安企业，如以浙江东阳保安公司等为代表的各地市保安公司；第四类为外资报警运营服务企业，如安达泰、西科姆等。

这些企业中，第一类传统技防企业，经历并参与了平安建设各阶段的进程，发展了一定数量的客户，积累了丰富的经营管理经验，深谙政府管理、市场、技术、客户之道，在技术上有了相当的积蓄和储备。目前大多数企业申请了保安业务资质，或者与保安企业开展合作，有巨大的发展后劲。第二类安防综合企业，凭借其强大的技术研发能力和资金实力，在进入报警运营过程中进行了充分的调研和试水，今后在报警运营市场中将是一支强劲的推动力。第三类保安企业，在地域上具有天然优势，由于其脱胎于公安，在展业、工程、运维方面有地域优势，在当地平安建设中形成了服务品牌，树立了良好的形象。在脱钩后，经营良好的企业会继续保持发展态势，且外部力量进入这些地盘有较大的难度。第四类外资企业，进入中国市场后，在技术、服务、经营理念、商业模式方面，对促进我国的报警运营服务业起到了积极的推动作用，但发展不温不火，主要原因是在观望政策走向。目前，外资企业的业务集中在在华的外资银行、外商企业及民用服务等领域，这些企业今后与本土企业合作，仍有发展的空间。

与地区经济发展情况相吻合，报警运营服务企业在地域分布上主要集中在东部、中部地区。沿海及经济发达地区用户相对普遍，收费水平也相对较高；西部及不发达地区用户比例相对低，收费也较低。

4. 农村报警运营业还比较薄弱

我国是一个地区发展不平衡的国家，沿海及发达地区在城镇化建设过程中，报警服务已经较为普遍。但在中西部农村地区及老少边穷的地区，由于通信、交通、收入水平等因素制约，发展还有很长的路要走。在报警方式上，一定时间内仍以电话线报警为主较为适合实际。

（二）安防报警运营服务业发展中的主要问题

1. 重视频监控、轻报警运营的现象较为突出

在安防行业发展过程中，存在重视频监控、轻报警运营的倾向，主要体现在建设和运营两个方面：在建设方面，各地在治安防控体系建设中，都把视频监控系统建设列为重要内容，有规划、有投入、有检查；而联网报警系统的基础设施一般是由运营服务企业自己投入，终端产品一般是报警用户投入，运营公司通过提供服务收取服务费，政府组织统一运作的较少。在系统的运行方面，社会面的监控系统主要是由公安、城管、交通等政府部门在运行管理，所需人、财、物主要是政府筹措；而联网报警主要是报警服务企业运作，所需要的人、财、物是按照企业化运作。各地管理职责不统一，部分省市有自己的地方法规或管理条例，由于管理规则、管理部门、产品种类不一，管理力度和效能有差别。

2. 报警业区域性管理影响规模的扩大

受到行政区划、地域化管理的限制，安防报警运营服务企业开展跨区域业务受到一定的限制，进入一个地区展业要当地管理部门、当地保安企业的认可。进入一个地区或行业基本靠人脉关系，而不是市场需求，既不利于跨区域企业的发展，也不利于当地企业的经营改善。目前，国内还难以成长出大型报警运营企业，与地域化管理有一定的关系。

3. 市场管理还须进一步规范

报警运营服务市场一方面存在竞争不充分，另一方面存在过分竞争的现象，这是目前报警运营业的一个困惑。其原因，除了地域化管理因素外，行业还缺乏真正有品牌有技术优势的龙头企业。进入报警运营的门槛还比较低，造成企业同质化现象较为严重，低价争夺客户。这种现象在市场成熟过程中难以避免，但也需要有一定的经营门槛及管理。

4. 报警服务的行业标准有待加快制定

在我国《安全技术防范标准明细表》中已经列出了标准名称，但已制定并实施的标准还较少，亟须制定报警运营的行业标准，尽快出台报警运营中运维服务体系架构、运维设备分类及编码要求、系统运营维护要求、巡防服务要求、报警服务中心运维服务规范、服务质量和收费标准等标准，为报警企业的规范发展提供依据。

四、我国安防报警业的发展趋势

（一）安防报警产品制造业的发展趋势

报警运营服务的发展依赖报警技术和产品的发展，报警技术和产品的发展趋势，决定报警运营服务业的发展趋势。集成化、网络化、智能化是报警技术与产品的发展方向和趋势。

1. 报警产品技术发展趋势

报警产品的功能集成化趋势明显。各类入侵探测器、报警控制器仍然会按照电子产品的规律发展，但是许多产品的功能将会集成或被集成，报警功能将会成为电子产品的一个模块或一种功能，包括视频监控与多种探测器、家电与监控报警、安全生产与报警、安检与报警、个人终端与监控报警等功能融合。有企业提出了“第四屏”的概念，认为楼宇对讲系统有可能成为继电视、电脑、手机后的“第四屏”，报警功能完全可以与家电、楼宇对讲、智能家居等产品集成。目前，市场上有很多楼宇对讲系统已经具备了报警功能，今后的出入口控制系统、防盗安全门、电视、空调等都可能集成安全报警的功能。

感知技术越来越多样化。报警首先要感知，发展传感器是提高感知能力的首要任务。在门类上，除普遍使用的红外、被动红外、微波等探测技术外，会出现更多的社会公共安全、工业物联网、环保和食品安全、文物保护等领域的传感器，服务于安全及其他不同行业。在品种上，温度、气体、震动、磁力等产品和技术会更多地被应用。国家已经出台《加快推进传感器及智能化仪器仪表产业发展行动计划》，清晰反映了国家的政策导向。

报警产品的可靠性、灵敏度和性价比不断提高。使用产品更稳定可靠，增加更多的功能，朝更智能化方向发展，更多的联网方式，更强大的集成与扩展性，更多的双鉴、多鉴等复合、嵌入式智能识别和分析的产品。实现各系统之间的协调统一，使得报警安防更自动化、智能化。

可视、互动、易操作。今后的产品和技术，将会朝更小型方便，操作更简单，便于安装与调试的方向发展。探测器与主机之间使用无线连接，简化安装施工工作量，适应各种场合的用户需求。

2. 安防报警平台技术发展趋势

作为报警系统的核心组成部分，安防报警平台的发展，集成技术的发展将体现两点：一是平台采用模块化设置，厂商除了配好核心部件外，还预留一些接口，大多数附加功能可通过添加不同的模块来实现，如网络模块、GPRS 模块、语音模块、家电控制模块等。二是形成平台系统，实现与多种平台的互联互通。具有复合功能，包含短信报警功能、视频监控报警联网功能、GIS 报警定位管理功能、出入口管理平台功能等，同时扩展其他的应用服务，如面向家庭的综合报警多功能信息终端系统、家居设备自动化远程网络控制及联动等。除此之外，还有信息储存、发布接收等功能，为用户提供全方位、安全便利的服务。

目前，电话报警系统仍是主流，本地网络报警系统承担了补充的角色。随着传统电话线报警暴露出越来越多的问题，网络报警系统逐步得到报警中心的认可。然而，网

络报警、视频复核、智能识别等技术的发展还处于初级阶段，技术方案还有待进一步完善；传统值守中心，特别是小中心的网络机房维护能力也参差不齐，这些因素都可能对网络报警值守服务的推广造成影响。在这一背景下，已经出现了一些基于云计算的互联网报警值守系统，会对报警服务未来的发展产生新的影响。

（二）安防报警运营服务业的发展趋势

当今世界正处在信息技术改变人类传统生产生活模式的新时代。抓住时代变革的机遇，是信息化时代国家和企业的共识。2013 年 8 月国务院下发了《关于促进信息消费扩大内需的若干意见》，党的十八届三中全会提出深化科技体制的改革，创新商业模式问题，为信息产业的发展带来了新的活力。在信息化时代，“网络为本，终端先行，业务为王”，同样适用于安防报警运营服务业。

1. 创新我国安防报警服务的商业模式

目前，我国安防报警运营企业中，安达泰和西科姆两种服务模式得到了借鉴，同时我国报警运营企业又根据实际情况进行了改造和创新，总结和吸收了国内外安防报警运营模式，提出的适应我国国情的报警服务基本模式，有很好的参考意义。这个模式的要素和架构为：建立具有联网报警服务功能的报警服务企业→联合具有保安资质的属地化的保安企业发展当地用户→形成跨领域、跨地区大型联网报警服务系统；当出现报警信号时→报警服务企业、当地保安服务中心向当地接警中心上报警情→ 同时当地保安服务中心派出人员进行现场核警→报警服务企业通过视频等技术手段核警→警方根据核警情况出警；报警服务企业与属地保安服务中心按业务比例进行利益分配；报警服务企业与电信运营商进行利益分成。

2. 保安报警服务与技防报警服务的融合

目前，报警服务的经营有多种渠道，有技术型的联网报警企业，有以人力为主的保安企业，也有物业公司等介入。借鉴国内外报警运营发展模式，建立起具有强大的技术支撑、具有众多终端用户、跨部门跨行业跨地区联网报警机制，是我国报警业服务业做大做强的发展方向。目前，要解决技防与保安体制统一管理、打破地域界限，开展多种形式的合作，共同推进报警服务。调研中企业反映，随着网络报警中心的发展和应用形态的增加，随着保安公司增加技术投入，会出现大量民营小中心提供区域内专业化服务的态势，那时，基于云计算的互联网值守平台可能会有后发优势。保安技防互相合作、各自发挥长处的局面就会形成。

3. 安防报警服务与社会服务的融合

安防报警服务业随着技术的进步，已经有条件开展多种增值服务。从电子信息业的发展历程看，出现这种趋势有其客观必然性。一是不必重复建立服务网络，二是有利于提高信号传输的效能，三是符合企业对扩大用户、降低经营成本及利益的追求目标。

今后的发展趋势，在业务运营上通过联网报警的服务体系和报警平台，结合政府视频监控的资源，打通政府管理和社区服务的通道，其形式有保安与物管公司的合作，智能家居与房地产开发企业的合作，技防企业与保安、物业企业的合作，技防、保安企业与养老、医疗等机构的合作等，通过安全服务网络，拓展医疗、健康、咨询、养老甚至广告等增值服务。

4. 安防报警业与保险发展融合

从发达国家的经验看，发展安防报警运营服务，必须与保险业务结合。报警服务与保险服务在本质上都是为减少风险，安防报警服务体现在事前和预防，保险业务体现在事后与理赔。两者的结合对报警服务与保险服务的经营者都会有好处。在实践中，报警服务业的用户，可以享受一定折扣的保险费优惠；参加保险的用户，也可以销售一定的报警服务优惠，实现双赢局面。这种机制的形成需要引导和培育，报警服务业既要得到保险业的支持，也要提高自身报警系统的稳定性、可靠性。

（三）联网报警运营服务受电信业发展的制约

当前，安防报警业无论是产品、技术，还是运营解决方案，都已经具备了大规模推广的条件，但发展的瓶颈在于网络传输的成本，特别是 3G/4G 网络在加快普及，通过移动网络实现联网报警，取决于网络传输的速度和价格。因此，探讨未来报警运营的理想模式，网络传输的定价权、网络传输的成本是不可逾越的关键环节。今后发展报警运营，需要前端报警设备制造企业、传输企业（电信）、报警运营企业合作，共同完成。

发展方向，一是安防报警运营企业联合电信运营企业，共同组成运营企业，与专业报警运营企业合作开展报警运营业务。但电信运营企业核心业务不是安防报警运营，这种发展战略不会是电信企业的首选。二是报警运营企业承租电信企业的网络，以电信增值业务方式，一揽子承租网络，降低运营成本。三是可以探讨利用已经具有规模的公安专网，由专业公司经营管理，与视频监控等业务统一规划、统一运营，实行高速路上多跑车，最大限度发挥专业网络的作用，降低成本。国家在推行“三网融合”，利用部门建设的网络为社会服务，符合市场化优化配置资源的趋势。

第四节　民用安防产品市场现状与发展趋势

随着生活水平的提高，人们对安全的需求越来越强烈，个人安全意识也不断加强，因此，过去只有在特殊领域才出现的安全防范产品，开始渐渐地进入到寻常百姓家，安防产品也开始从以往的专业化向民用化过渡，安防产品在老百姓的日常生活当中扮演着越来越重要的角色。

一、民用安防产品市场需求分析

从广泛意义上说，民用安防产品可以认为是应用于老百姓日常生活与工作，以居民社区、家庭、个人等为主的自助式、互助式安防产品，也可以理解为“安防产品的民用化”，即安防产品从专业用途走向千家万户的普通老百姓中，如同电脑、照相机、手机等一样。自从国际上出现安防产品进入超市的现象，民用安防产品也有被称为“消费类安防产品”。目前来看，民用安防产品的应用领域主要是小型企事业单位、家庭以及个人。

从安防发展的历史和现状来看，民用安防产品的市场需求正在形成。主要原因有三点，一是随着我国经济的发展和人们生活水平的提高，家庭和个人的安全需求不断增长，这是民用安防产品受到人们青睐的基础；二是安防技术发展，使得产品功能简单、小型化，适合家庭和个人消费；三是随着互联网、物联网、移动通信电子的发展，安防产品技术的不断成熟，使用户能够便于管理和控制，特别是对电子产品的远程控制。

与此同时，发展民用安防产品的外部环境也在改善。2013 年 8 月，国务院出台了《关于促进信息消费扩大内需的若干意见》，引导信息消费规模快速增长。从国家政策层面和信息基础设施层面的具体部署，对智慧城市、物联网、云计算、智能安防、智能交通、智慧家居企业的发展是非常大的利好。另外，工信部持续推进信息消费的发展，2013 年 10 月底在全国范围内遴选 50 个市（县、区）开展为期两年的首批信息消费试点。试点将以地方政府、行业、企业、社区为主体，重点围绕建设宽带和 td－lte 等信息基础设施、开发智能信息产品、培育新型信息消费示范项目、整合政府公共服务云平台、拓展中小企业电子商务服务平台、引导信息消费体验等开展试点示范。将培育新型信息消费示范项目，结合新型城镇化战略，以智慧家庭、健康医疗、智能安防、居家养老、社区服务等新兴信息服务为重点，创建特色新型信息消费示范项目，加大相关宣传和引导，培育信息消费新业态。智能安防已经成为新型信息消费示范项目中的重要部分。

需求的增长，外部环境的改善，预示了我国民用安防产品市场发展的巨大潜力。我国民用安防与世界各国存在巨大差距，占安防市场总产值的比例依然很小，据推测，如果按照我国现有的城镇居民家庭 1 亿户来计算，结合国民经济 GDP 增长率以及城市化发展速度，未来 5 年我国城镇居民家庭对安防产品系统的预期购买总量将达到 5000 万套，按照每套 1000 元计算，市场规模将达到 500 亿元人民币，平均每年也有 100 亿元的市场需求。而小型企业、超市等机构的轻型、小型安防设备，更将扩大这一市场的需求。

随着网络技术、通信技术的进步，进一步加速了民用安防产品的发展，安防产品价格的正不断降低、小型安防系统建设和操作便捷性正不断增强，将激发民用领域对安防产品和服务的需求，民用市场在未来或将成为安防产品和服务的重要增长点之一。

二、民用安防产品市场发展现状

（一）保险箱柜、防盗门锁等实体防护产品已得到广泛应用

安防行业发展早期，在以政府为主导的政策法规推动下，以保险箱柜、防盗门锁为主的安防实体防护市场起步较早，产品市场经过多年的孕育，在金融等专业领域得到普及性应用。目前，保险箱柜、防盗门锁等产品在民用安防市场已处于成熟发展阶段。

防盗安全门、防盗锁产品也占据较大比重。上世纪 90 年代以来国内房地产市场的快速发展，为防盗安全门、防盗锁等产品孕育了良好的市场发展环境，目前，防盗门锁产品的客户群体逐步从房地产商等专业客户端向广大的消费人群覆盖。虽然房地产商作为采购商进行防盗安全门的首次采购和安装，但是住户在几十年的使用过程却存在着强大的二次或多次采购需求，此外在一些相对欠发达地区，很多的住宅小区都没有安装安全防盗门，因此对一些具有一定经济条件的人群而言，也存在着极大的购买需求。在安全防盗门锁市场，以家庭为主的民用安防市场发展势头迅猛，并已经进入成熟阶段，在很多人心中防盗安全门已经成为刚性需求。

保险箱柜产品在市场占据着非常重要的地位。国内保险箱柜的市场规模已超过 40 亿元，数家企业的产值过亿元，形成了以专业市场、民用市场和出口贸易为主的三大市场。保险箱柜、防盗门锁多年的推广应用，使得民众对相关产品有着较大的认知度和品牌辨识度，目前国内已经形成相应的具有地，域色彩的生产基地，如宁波大榭保险箱柜、浙江永康防盗门等，这也是这些产品在民用市场发展成熟的显著特点。

此外，保险箱柜、防盗门锁等产品在民用安防市场的

商业服务体系也较为健全，首先，在产品质量保障方面，基本上有实力的生产企业都已经与保险公司进行了合作，对产品的质量进行投保，进一步消除了部分消费者对产品质量和售后服务的顾虑；其次，相关产品的销售渠道较为健全，为消费者提供了较为便捷、多样化的购买渠道，除在企业建立的销售店面、专业卖场能买到外，各大卖场、超市等销售场所均能便捷地购买到相关产品，另外，保险箱柜、安全防盗门也是较早进入电子商务营销的市场之一，基本上在各大电子商务网站均有产品销售；最后，企业的售前、售后服务体系建设也较为完善，随着销售渠道的完善和健全，消费者在产品体现、退换货、后续维修等方面都更为方便，同时，由于在民用市场的多年发展，目前很多企业在市场上的产品布局也较为完善，很多企业针对不同人群推出了不同的产品组合，满足了高中低端客户的需求。

（二）电子安防产品处于起步阶段

最近几年，随着民用安防市场的发展进步，电子安防产品也开始形成一定程度的应用，虽然目前大部分产品还处于探索或起步阶段，但是其未来潜力巨大。电子安防产品主要包括家用入侵报警、视频监控、智能家居、门禁等。

相对于其他电子安防产品，防盗报警产品应用相对较早。自入侵报警产品进入国内市场以来，便有部分产品开始在高端领域（高端店铺、家庭）中得到应用；但由于入侵报警产品误报率较高等技术原因，其在民用安防市场的发展速度较为缓慢，不过随着产品技术的日益成熟，特别是报警运营服务行业的快速发展，除了政府机关、金融、文博等行业市场外，报警产品在商铺、家庭、机动车辆等领域得到了一定程度的应用。首先，以商铺、店面和家庭为主的应用市场已经成为了目前报警运营服务市场发展的重要推动力，从目前来看，虽然总量不是很大，但却保持着较快的增长速度，而作为报警运营服务行业必不可少的硬件产品，报警产品在民用领域存在着巨大的发展空间，同时依托于报警运营服务企业，不仅使得入侵报警产品制造企业形成了进入民用领域的一个便捷的渠道，同时也使得广大的民用消费者对相关产品的认知有了显著提高。其次，报警产品在机动车的应用也相当普遍，车辆防盗报警产品已经越来越多地被用户所熟知与认可，随着用户对汽车防盗报警产品需求的释放，未来的潜力巨大。最后，随着网络技术及防盗报警技术的发展，无线报警系统已经成为了民用市场的主力军，多样化的产品、多种传输方式的应用，开始得到很多高端家庭、用户的青睐。

近年来，视频监控行业获得了快速发展，不但在整个电子安防产品市场中占据一半以上的份额，在民用安防市场中也占据着十分重要的地位。据了解，当前我国视频监控民用市场的主要应用领域包括家庭、小型连锁店、中小商铺等，其中房地产业的蓬勃发展更是推动了视频监控市场的发展。2008 年，我国首部专门针对住宅小区安防的推荐性标准《住宅小区安全防范系统通用技术要求》正式实施，对住宅小区的楼栋门口、监控中心、围墙栅栏、视频监控系统等都作出了新的规定，《技术要求》的出台为小区安防建设多了一项参考性的行业标准。

目前，我国共有 2300 多个设市城市和县城，大部分新建小区都配备了视频监控及报警设备，部分家庭安装了图像及报警装置，蕴藏着巨大的市场潜力。此外，中小企业对视频监控的需求也在快速增加，如企业主安装视频监控设备检查企业的生产情况、库存状况、安全隐患等。虽然相比于平安城市、银行、交通等专业安防市场，个人、家庭、商铺等民用视频监控市场的产值仍然较小，但这个市场近几年从无到有逐渐形成，未来的发展潜力巨大。首先，需求的不断开启，随着视频监控在政府及各行业领域应用的深入拓展与延伸，视频监控技术和产品的功能和作用已经被社会所认可、称赞，在视频监控为全社会服务的同时，以家庭、个人、商铺等为主的市场需求逐渐呈现，视频监控产品由专业端向民用端延伸将是大势所趋。其次，视频监控产品价格的下降和民用群体日益增强的消费能力加快了民用视频监控市场的发展。再次，众多安防及相关企业开始将目光聚集到民用安防市场，包括中国电信、中国移动、中国联通等在内的运营商也开始针对家庭、商铺、中小企业等用户推出相关服务，众多安防企业特别是中小型安防企业为了寻求新的发展，也开始将目光瞄准在民用安防领域，推出众多适用于消费领域且性价比较高的视频监控产品，安防及相关企业成为了视频监控产品进入民用市场的重要推动力量。最后，网络技术、移动通信技术和视频监控技术的发展为视频监控产品进入民用安防市场提供了强有力的技术保障。目前适用于民用安防市场的视频监控产品日益丰富，种类较为齐全；操作趋于简单，基于网络化、高清化、智能化等视频监控产品在很大程度上解决了不同层次用户的多样化、个性化需求。

经过近几年来的市场培育，智能家居开始从概念阶段逐步走向初步应用。相对于其他电子安防产品，智能家居的概念从一开始提出便成为了安防行业普遍关注的热点之一。2012 年在北京举办的中国国际社会公共安全产品博览会上，大部分具有较强实力的楼宇对讲企业都把智能家居作为主推产品并向智能家居方向转型，众多安防企业在智能家居行业也有着多年的耕耘，此外国内大型家电类、IT 类企业都开始将业务延伸至智能家居领域。

虽然面临着诸多问题，但随着众多大型企业的强力推动，智能家居行业正逐步从概念阶段开始走向初步应用。目前，在一些高端家庭、营业性场所、高端办公场所等开始有了一定应用。随着人们对家居品质要求的越来越高，对居住环境的需求向舒适、安全、人性、智能方向发展，因此智能家居系统包括可视对讲系统等都将会得到快速发展，市场发展前景非常广阔。

（三）民用安防产品销售渠道建设

提到民用安防的发展，其渠道的作用大为关键，目前大部分安防企业重点建设的营销渠道大都针对行业用户，对于面向广大消费群体的市场渠道尚未真正发力。当前，民用安防产品的销售渠道除企业自建的营销部门和分销体系外，还包括一些安防生产企业或产品代理商投资建设的安防专卖店、电子商务网站、安防产品专业销售市场等。

从消费安防渠道结构上看，现有的渠道模式主要包括电子商务、代理商、电子城超市以及借助运营商拓展市场。

1. 电子商务模式

从淘宝网、天猫商城以及京东商城上来看，目前有不少安防企业开始试水电子商务，不仅是在要求较低的 C2C 平台，而且在很多有影响、需要投入时间和资金的 B2C 平台也有了安防产品。目前，部分产品已尝试电子商务模式，如 CCTV、DVR、IPC 等，但不是所有安防产品都适合网络销售，因为安防产品电子商务的最大缺点是无法解决客户实际体验和售后服务问题，有些安防产品由于其产品特性，要求必须有售前产品规划，因此，需要厂商提供很好的用户体验吸引客户。

在民用安防市场尚未形成体系的情况下，业内人士认为做好安防电子商务，以下几点是不可或缺的：专业的产品销售顾问，了解产品，具备良好的沟通技巧；完善的产品售后机制；快速的物流配套支撑体系；完备有效的配套营销体系，精于微博、促销、用户互动等；体系化的用户反馈搜集流程及反向流程，从用户、市场、研发进一步推动安防产品民用市场化。

未来安防电子商务将诞生 2～3 个安防电商知名品牌，主要面对消费市场，甚至会出现专门针对安防电商设计的产品。因此，安防电商化或许能对我国消费安防市场发展起到助推剂作用。

2. 代理商模式

在目前的市场环境下，单纯依托技术领先和创新保持企业在市场中的竞争力已变得越来越难，而营销渠道系统创造的资源对制造商的发展有弥补作用，因此企业越来越重视营销渠道在整个营销工作中的地位与作用，并将营销渠道的建设与管理从策略层面上升到营销战略高度来认识，把渠道运作能力视为最重要的营销能力。

民用安防产品相较于传统的安防产品来说，在目前民用安防刚刚起步的时期，代理商依然是其重要的销售渠道，通过代理商借助本地中小工程商最终到达终端用户。

3. 卖场超市模式

对终端渗透程度不足，目前安防厂商主要沿袭“工程”、“代理经销”等渠道模式，也有不少安防企业或经销商进驻到专业安防市场开设专卖店、形象店，但去专业安防市场的往往都是工程商和集成商，很少有终端消费者。一方面是因为终端消费者没有逛安防市场的意识和消费习惯；另一方面是因为这些所谓的安防市场不够红火，去的人太少，太冷清。总体来说，终端网络覆盖面不广，人气不够，传播面有限。

在市场经济比较发达的一线城市中，安防超市的营销概念正逐渐被用户所接受，使得安防产品走进超市大卖场成为现实。但由于安防市场一直是卖方市场的属性，因此，平价销售模式一直处于试水状态。

4. 运营商模式

近年来，网络技术和安防监控技术都在不断成熟，由于两大技术的延伸和融合，将电信运营服务和安防行业的视频监控推到了一起。而全国各地纷纷掀起的科技强警和平安城市建设热潮，成为电信运营商进入安防市场的契机。

目前，国内平安城市、全球眼、轨道交通等大型项目，一般都由电信运营商承包，考虑到用户认知培育尚且不完善，民用安防产品生产企业可以借助电信运营商，推广自己产品。

三、民用安防市场存在的问题

虽然消费类安防市场不断兴起且未来的空间巨大，吸引了行业内外的普遍关注，但就目前而言依然面临着一些问题。

首先，在用户层面，对消费者的引导不够，消费者对安防产品的认知和需求尚未完全开启，产品类型、普及程度、应用深度均有待进一步扩展。从当前发展来看，虽然包括视频监控等安防产品已开始在消费类市场得到应用和推广，但用户群体仍以一些发达地区、高端人群为主，对于广大的普通人群，其民用安防产品的需求还有待进一步培育和挖掘。

其次，在民用安防产品的研发和生产层面，大部分安防企业对民用安防产品还处于布局和探索阶段，尚未真正发力。虽然众多的安防企业都看好民用安防市场这块大蛋糕，但是真正将大量资源投入到民用安防市场的企业却不多，特别是一些大型安防企业，大多将精力放在利润相对较高、需求量较大的行业市场，对于民用市场目前基本上都处于观望、探索或布局阶段，由于缺乏领先企业的进入和强力推动，使得当前民用安防产品市场处于较为纷乱的状态。由于市场进入门槛较低，很多中小安防企业进入民用安防市场后，受制于本身实力的不足，产品创新能力相对薄弱，因此使得产品的同质化日益明显，产品质量参差不齐，技术标准缺失，企业售后服务能力欠缺等问题，这往往会对消费者的购买积极性造成较大的伤害，严重阻碍国内民用安防产品市场的发展。

最后，在民用安防产品的营销服务层面，多元化销售渠道和市场服务体系尚未建立，成为阻碍民用安防发展的关键因素。当前，国内主要生产企业的销售渠道仍旧以分销为主，依靠庞大的分销体系消化产品，或配套网络运营商和报警运营服务商，庞大的分销体系使得产品的价格居高不下，销售模式的单一同时也给生产企业带来一定风险。

民用市场不等同于专业市场，其分布广且零散，而且需求特点和接触渠道也很不同，但是，在目前大部分企业的民用产品市场渠道和专业端安防是重合的，随着民用安防的发展、产品和用户群的不断细分，现有单一的销售渠道将很难满足用户的需求。反观国外发达产品市场，基本上大部分的安防产品都能在各大超市或电子商务网站购买到，而国内数码产品等消费电子市场也是如此，大部分的生产企业其营销渠道都较为多元化。目前，国内民用安防产品市场，虽然已经开始出现电子商务、实体店、专业市场等，但总体而言，围绕消费类安防产品构建的渠道及商业服务体系还远未构建完善。

四、民用安防市场的发展趋势

随着现代社会人们生活水平不断提高，社会信息化、网络化水平不断提升，再加上政府的不断推动和提倡，安防企业的不断参与，民用安防市场注定将不断壮大。安防产品进入消费市场，取得实质性进展并非易事，需要解决企业管理、营销、技术、产品、运营以及用户等各个层面的问题，是一个循序渐进的过程。

（一）企业

随着民用安防所占市场份额逐步上升，产品技术日益成熟，众多一线安防企业、家电、IT 通信企业纷纷看好消费安防市场，陆续推出适合家庭、中小商铺应用的产品。除了国内传统安防企业进入，一些互联网 IT 企业、家电企业也正大举进军民用安防市场，试图占据民用安防的制高点。随着消费安防市场的不断开发，将会有越来越多相关行业的企业涌入。

（二）产品

针对民用安防市场尤其是家庭用户主要基于其自身的主观需求，“自买自装自用”的安防模式，决定了产品必须具备易用性。现在厂家针对民用市场推出的产品多采用“多合一”的形式，在产品中融合视频监控、报警等功能，并简化安装过程，以及遥控器一键设置的方式，尽可能为用户做到“傻瓜式”。

未来企业在产品的整个开发过程中，整体系统的设计、搭建与产品最后面对的用户群有很大的直接关系，安防产品要打入民用市场，依然必须在各方面做到亲民，即“易用、易买、低价”。

另外，随着民用安防市场细分，安防企业将会更加注重针对不同的客户开发适合各个阶层家庭使用的产品，专注于高端家庭客户，了解普通家庭对于产品的需求，研究客户的期望。从机身外观时尚简洁设计到应用系统方便简洁，甚至对用户隐私也进行技术上的攻克，逐步走定制化发展之路。

（三）技术

随着安防高清化、网络化、智能化的发展，这些技术也会逐步走向民用安防市场，未来的智能化安防监控体系，将结合 4G、安防、智能等应用，还可灵活组合电信运营商已有的增值业务系统，将电视娱乐、视频监控、视频会议、手机视频、可视通信等多种业务整合在一个平台上提供给用户，发挥整合优势，来满足用户的个性化需求。

同时，高端家庭监控系统还会更加智能化，如视频监测方面能提供高级视频智能分析功能，包括智能分析区域和边界、人像识别、人物追踪、人数统计等；还将结合医疗、家政、呼叫等功能，增加联动报警及安全服务方面的应用。

家庭监控的网络化、智能化已经是安防行业自我追求的另一高度。高清视频往往是用户选用网络监控的重要原因之一，这对于网络监控的发展是一个非常重要的因素。随着时代的不断进步，4G 网络已经开始使用，虽然理论上 4G 是 3G 传输速度的 10 倍，在监控录像传输上有很大的改善，但是对于传输高清视频还是有一定的难度。

第十一章 中国安防企业发展状况

第一节 安防企业发展概况

安防企业是安防行业的基础，安防企业的发展状况，在一定程度上体现了安防行业的发展规模和水平。2013 年，面对复杂严峻的国际经济环境和国内经济运行出现的新变化，安防企业积极进取，全面贯彻落实国家稳中求进的工作总基调，克服各种不利因素，调整发展战略和发展目标，加强科技创新，改善经营管理，继续朝着服务公共安全、服务社会的方向和目标前进，取得了社会、经济效益的良好业绩。

一、安防企业经营情况分析

2013 年，我国安防行业的企业总体经营平稳向好，营业收入继续保持较快增长，增速符合预期，但盈利水平差距扩大。适应市场需求变化，各专业领域业务发展存在差异。

（一）经营环境

1. 国家出台多项政策措施，惠及广大安防中小企业

2013 年，国家在改善企业经营环境方面，出台了促进新兴产业及中小企业发展的多项政策措施。

一是出台了一系列产业促进政策，包括宏观产业政策、金融税收政策等。如为贯彻落实国务院《进一步支持小型微型企业的发展意见》文件，有关部门先后制定了 60 多个配套政策，31 个省、区、直辖市地方政府出台了实施意见，完善金融服务，推进结构调整；国家继续增加了支持中小企业发展的专项资金规模达到 150 亿元，财税部门出台了惠及小微企业的税费减免政策；金融部门进一步采取缓解企业融资难的措施，确保小微企业获得必要的贷款；政府有关部门还通过营业税减免，准备金税前提取，担保费用补贴等扶持政策，支持中小企业信用担保机构和再担保机构，为中小企业特别是小微企业提供信用担保服务；工信部组织实施了技术创新推进计划等一批重点工程，认定了一批产业示范基地，促进中小企业创新发展；国家实施中小企业公共服务平台网络建设支撑，支持了 20 个省搭建互联互通中小企业公共服务平台网络，全国范围内组织了小微企业的专项行动，提高中小企业和产业集群的发展水平。

二是进一步简政放权，减轻企业负担。10 月 25 日，国务院召开常务会议，部署推进公司注册资本登记制度改革，降低创业成本，激发社会投资活力。国家取消和下放行政审批事项，取消了一批收费项目。财政部、国家发改委公布了取消 314 项行政事业性收费的通知，取消了 314 项各省（区、市）设立的行政事业性收费。

2. 各地公安技防管理部门和行业协会积极扶持安防企业

2013 年，各地公安技防管理部门深入开展群众路线教育实践活动，召开专题座谈会，听取安防企业对行业管理的意见和建议，了解企业运营发展中遇到的困难，主动为企业排忧解难。各地还坚决管理落实国家有关决策，认真梳理涉及安防行业的行政审批事项，该取消的取消，该下放的下放，同时进一步规范审批工作流程，重点明确了办理责任、审批标准，压缩了办理时间，为安防企业提供更加优质快速高效的服务。

2013 年，各地安防行业社团也采取措施，在融资、技术研发等方面扶持安防企业。一是加强与社会各界各类融资平台联系，北京、广东等地方安防协会继续开展企业融资相关服务工作，搭建融资平台，与金融机构合作为会员企业提供不同层次的金融支持服务，解决了广大安防小微企业的融资难题。据统计，2013 年，通过协会搭建的融资平台，有关金融机构为北京安防协会 8 家会员企业提供近亿元的贷款支持；为广东安防协会会员提供总额度达 10 亿元的意向性综合授信额度，并专门定制了金融综合产品。二是积极推动安防企业科技创新，安徽安防协会组建了安全技术防范工程技术研究中心，对于培育安防技术领域的核心科技成果、推动安防企业产品开发和技术进步将发挥积极作用。同时，安徽安防协会还联合相关会员企业成功申报了“信息化条件下城乡技防一体化研究”课题，吸纳了多家安防企业加入课题组，带动了安防企业科技创新。

（二）经营状况及主要特点

1. 增速符合预期，总体经营平稳

2013 年，我国实体经济下行带来的行业萎缩对行业保持高增长有一定的影响，但行业发展中也有许多新的积极因素，扩大覆盖面、更新设备和提升技术仍是安防发展的重要方式，以平安建设、智慧城市建设为代表的安全需求以及以信息消费为代表的社会家庭个人安全需求，是 2013 年安防需求的重要领域，也是安防企业展业新的增长点。

中国安防协会会员企业是行业的主要骨干力量。这些

企业大部分保持了较好的增长速度，继续领跑行业，使得行业的基本面保持了平稳发展的局面。根据会员企业提供的数据分析，在理事单位以上企业中，2013 年营业收入比上年平均增长 17% 左右，比行业平均增长水平高出 3 个百分比。

安防及安防相关上市企业是行业中最活跃的企业群体，这些公司经营状况表现如何，也成了安防整体经营情况的晴雨表。初步统计，以安防为主业的上市公司主要包括海康威视、大华股份、安居宝、大立科技、达实智能、英飞拓、捷顺科技、中威电子、东方网力、高德红外等 10 家企业；与安防相关的上市公司主要包括金融、交通、电力等综合安全的方案提供及平台集成、运维服务等 33 家企业。根据上海、深圳股票交易平台提供的 43 家上市公司年报信息显示，2013 年的营业收入共 456.87 亿元，2012 年为 377.56 亿元，2013 年比 2012 年平均增长 21%。安防行业龙头企业海康威视年营业收入首次突破 100 亿元，达到了 107 亿元的历史最高值，成为 2013 年安防行业的标志性事件。

表 1　安防及安防相关的上市企业 2012 ~2013 年主要经营指标

	2012 年（亿元）	2013 年（亿元）	增长（%）
营业收入	377.56	456.87	21

2. 效益有所改观，盈利水平差距扩大

受国民经济整体增长减缓的影响，一定程度促进了安防市场走向成熟，相对过去较高的盈利水平趋于平缓，在资本、市场的作用下，有与其他行业经济实体盈利逐步均衡的趋势。据统计，2013 年，大部分中国安防协会会员企业效益保持了一定的增长，但企业间盈利状况及盈利水平差距扩大，盈利增长、持平、下降或略有下降的企业大致在 4∶4∶2 的比例。

部分地方协会提供的资料显示，2013 年，上海市安防行业从业单位、从业人员、总资产、总产值增加值等指标较为平稳，略有增加。与 2012 年相比，约 47% 的从业单位实现了 5% 以上的经济增长，23% 的从业单位持平，30% 的从业单位下降 5% 以上。浙江、广东、北京、天津的部分企业盈利情况较为突出，并保持了较好的盈利水平。

2013 年，安防及安防相关上市公司的净利润共计 73.96 亿元，2012 年为 58.52 亿元，同比平均增长 26.37%。2013 年主营业务利润（部分企业为业绩快报中的营业利润）97.18 亿元，2012 年为 100.62 亿元，下降 3.44%。上市公司平均每百元营业收入的净利润为 16.18 元，平均每百元主营业务利润为 21.27 元。

表 2　安防及安防相关上市企业 2012 ~2013 年主要财务指标

	2012 年（亿元）	2013 年（亿元）	增长（%）
营业收入	377.56	456.87	21
净利润	58.52	73.96	26.38
主营业务利润	97.18	100.62	-3.44

与 2012 年各项数据相比，在上述企业中，营业收入增长的企业有 32 家，增幅超过 30% 的有 12 家；营业收入下降的企业有 11 家，降幅超过 30% 的有两家。净利润增长的企业有 26 家，增长超过 30% 的企业有 13 家；净利润下降的企业有 17 家，降幅超过 30% 的有 6 家。主营业务利润整体下降 3.41%，其中增长的企业有 29 家，增长超过 30% 的企业有 11 家；主营业务利润下降的企业有 14 家，降幅超过 30% 的有 5 家。

表 3　安防及安防相关的上市公司 2013 年主要财务指标分析

与 2012 年相比	营业收入	净利润	主营业务利润
增长企业数量	32	26	29
增幅超 30% 的企业数量	12	13	11
下降企业数量	17	17	14
降幅超 30% 的企业数量	2	6	5

3. 适应市场需求变化，业务领域消长趋势明显

在电子信息业快速改变社会生产方式和人们的生活方式的浪潮中，安防企业在不断适应市场，市场也在深度改变安防行业。2013 年，安防业务的变化趋势变得愈加清晰。

首先，从安防制造业、工程业、服务业变化趋势看，安防制造业仍然是安防行业的主体，但企业经营的范围在扩大，制造企业不仅仅是某种产品的生产商，而是向产品制造、工程、服务一体化发展，经营的广度和深度进一步扩展。从产品制造到综合经营，促进了安防行业骨干企业的快速发展。

其次，从安防专业领域看，2013 年视频监控总体上继续保持较快增长，其他专业领域各有所长。视频监控领域继续领先，主要得益于高清应用的发展。上海市首先实施技术规范，一些行业应用、一批一线城市也普遍推广高清应用。安防产品技术的发展，支撑了高清的应用，而高清应用又促进了前端摄像头、IVR，传输设备，平台联网设备，智能化分析设备等领域技术进步。其他安防专业领域的企业同样继续了良好的势头，实体防护、防盗报警、出入口控制、防爆安检、生物识别等领域，强者更强的局面还将延续。随着集成的发展，各板块在安防行业的份额则有所变化。视频监控、出入口控制、防爆安检、报警运营等领域的增长将保持领先。

最后，从公安应用市场、行业应用市场、社会应用市场看，公共安全应用市场是安防行业的基础和主体，随着平安建设的发展，市场继续有增长的潜力，但金融、文博、校园、医疗等行业市场发展迅速。随着智慧社区建设、智慧城市建设的开展，以及移动通信带来的家庭个人安防应用等领域迅速升温，成为新的增长点。

4. 开拓海外市场，国际贸易有所增长

2013 年以来，我国电子信息产品对外贸易克服错综复杂的国内外经济形势，总体保持较快增长。电子信息产品全年进出口总额达 1.33 万亿美元，同比增长 12.1%，其中，出口 7807 亿美元，同比增长 11.9%，进口 5495 亿美元，同比增长 12.4%。据国家海关总署的统计分析，2013 年呈现出如下几个特点，一是各行业进出口增速分化明显，二是进出口贸易方式趋于多元化，三是民营企业进出口增速保持领先，四是对主要贸易伙伴进出口增速差异较大。

安防行业多年来在进出口领域保持一定的份额，高端设备、电子元器件进口仍然保持增长。同时，国内企业经过多年的市场开拓，在海外市场开始进入收获期，产品及系统对新兴市场的出口、欧美发达国家市场对中国制造的认可度逐步提高。在安防产品的出口中，电子安防产品包括视频监控、出入口控制、防爆安检等是主要部分，产品和系统有摄像机、显示屏、安检系统、智能家居、汽车安全防盗、锁具等。一般出口有所增加、加工贸易基本持平，略有增加；出口市场方面，对美国出口保持平均的贸易增长水平，对部分新兴市场出口有所增长，对西亚非洲的出口也有一定的增长，对欧洲出口整体呈下降态势。在地区上，广东、浙江、福建、北京、上海在进出口中位居前列。

（三）存在的主要问题

受国际金融危机后续效应及国内经济增速下降的影响，2013 年安防企业的经营也受到一定影响。其主要原因有，一是在宏观环境方面，基本建设投资增速下降，一些行业发展减速，房地产业也相对疲软；二是安防中小企业经营中面临的困难较多，主要是融资难、融资贵、成本高、劳动力成本也在上升；三是企业提高自主创新、自主知识产权的能力有很长的路要走；四是市场同质化、低价竞争现象仍然存在，经营环境还有待进一步改善。

二、安防企业管理及改革概况

2013 年，我国安防行业适应外部环境，在调整企业发展战略，强化企业管理等方面有了新的进步。安防企业集中度进一步提高，在优化市场化资源配置、深化市场开拓、发展多种营销模式方面，开展了新的探索。在加强科技创新、提升企业研发能力，人力资源开发、提升企业品牌、重视企业文化建设等方面取得了新的成绩。

（一）企业管理及改革的主要特点

1. 适应外部环境，做好企业发展战略管理

安防行业在经过多年的快速发展后，也出现了调整的需求，特别是互联网的发展，对行业的发展方式、发展目标都提出了新的要求。许多企业都在思考“干什么”、“怎么干”的问题，并围绕市场和社会需求，适时对发展战略进行重新审视和调整。对发展战略的调整主要体现为既坚持发展核心业务，同时体现“多元、融合、跨界”。安防企业由主要围绕服务公安，转向服务公安与服务行业、社会相结合；注重产品研发制造向产品制造与生产服务相结合，与互联网应用相结合。有些骨干企业重点拓展服务领域，有些企业则依托安防技术，拓展服务环保、智慧城市等领域。在跨界合作方面，如视频监控与智能交通、轨道交通、智慧城市建设的合作，楼宇对讲与智能家居、新型城镇化、智慧社区建设的合作，卫星导航与车联网的合作等。体现在行业业态上，技防企业、保安企业加强了联系和合作。

2. 强化企业内部管理，提高企业综合素质

安防企业相对来说民营企业居多，部分企业还是家族式企业。随着规模的扩大，传统管理方式的局限性逐步突出。近年来安防企业普遍重视了企业制度建设，完善企业治理结构，完善经营管理体系，优化生产流程，规范现场管理，强化财务管理，重视引进经营、技术、管理人才，加强对职工的培训，提高经营管理水平，为安防企业增添了活力和市场竞争力。

3. 优化市场化资源配置，做强做大企业

从近几年的发展看，安防企业的集中度在逐步提高。行业调研情况反映，安防企业的年度总量增长已经转入相对平稳的阶段，单个企业平均经营额有所提高，进入安防

行业的门槛有所提高。2013 年，安防企业集中度又有提高，主要表现有：一是安防各个专业领域的龙头企业继续保持良好的增长势头。无论是视频监控、实体防护、防盗报警、防爆安检，还是在系统集成、运维服务，都呈现出强者更强的局面，一批企业的年经营收入增长超过 30% 以上。二是安防龙头企业海康威视年经营额首次突破 100 亿元，达到了 107 亿元的历史最高值。既反映了安防行业的发展潜力，也反映了优秀安防企业的经营管理能力。三是骨干企业的市场份额、品牌知名度、综合盈利能力提高。安防龙头企业加上一批各专业领域的骨干企业，在技术研发能力、市场占有率、品牌等方面，形成了安防专业领域的旗舰。这些企业的发展壮大，对于满足行业需求、优化资源配置、规范市场行为、引领行业发展，起到了十分重要的作用。

在企业集中度提高过程中，资本和市场是推动的两个轮子。通过投资、兼并、收购等资本运营，更新技术和扩大规模，及市场的扩展，使得经营能力得以实现。2013 年全国中小企业股份转让系统正式运营，包括安防制造企业、安防系统集成商、智能交通、云计算在内的 30 余家企业登录新三板，部分安防企业从中受益。安居宝、海康威视在市场上的两次降价动作，既体现了龙头企业对产品质量、成本控制新的定位，同时对扩大市场份额的迫切需求，有利于消费者及规范市场竞争，是企业发展过程中的重要事件。

在骨干企业发展的同时，众多的安防中小企业在各个领域寻找生存和发展的空间，适应市场需要，改进和推出具有特色的产品，一些企业更加注重服务。

4. 精细化市场管理，发展多种营销

安防企业涉及多种专业领域，面对庞大的多方位、多层次的市场，许多企业都在探索拓展市场的方式。参与政府、行业招投标，多种形式的专业市场，加盟代理、直销、体验式营销、网络销售等，都是安防市场开拓的重要手段。

随着安防产品社会（家庭、个人）应用的迅速发展，快捷便于安装使用的产品逐步增加，适应电子商务营销的方式有了较好的市场潜力，一些适合于家庭的智能终端、楼宇对讲和保险（箱）柜、门锁、汽车防盗用品等网络销售有了一定的发展。在探索新的商业模式过程中，国内外龙头安防企业日渐关注更多的新方式，纷纷涉足电商，安防市场营销手段更为丰富多样。

随着智能化、移动互联网的快速发展，适合于家庭个人的安防用品的销售，会更多地通过网络来实现。这种销售方式，有利于消费者直观选择，有利于品牌、功能、价格的比较，有利于优质企业、优质产品的推广，会对今后的市场格局和市场秩序产生积极影响。

5. 重视运维服务，开拓大型项目运营新方式

在过去多年的安防建设中，一些企业率先探索了安防项目运维一体化服务的模式，目前这种经营方式愈益为安防行业的企业所接受。

随着物联网、云计算、大数据等先进技术的发展与完善，平安建设、智慧城市建设的管理理念和方式也在不断进步，正在逐步改变重建设、轻运维的方式。大型安防项目通过 BT（Build - Transfer 建设—移交）、BLT（Build - Lease - Transfer 即建设 - 租赁 - 移交）等方式建设，安防企业则从产品制造、解决方案、系统集成、工程实施、运维等方面，提供全方位服务。通过中标企业当地设立子公司负责运维，或者联合中标网络运营商负责运维。与此适应的金融租赁模式得到更多运用，通过型融资平台的搭建为平安城市总包项目寻求相匹配的资金来源。保证了大型安防项目资金、工程设计建设、运维的全面落实，提高了安防项目的建设和使用效率。开辟新的运营模式对于拉动安防产业和促进平安城市建设有着至关重要的作用，在今后更多的智慧城市建设中，将会得到更多推广。这种运营方式需要企业的综合实力作为支撑，对企业的综合能力提出了更高的要求，一定程度上也是促进安防企业加快集中的途径。

6. 提高企业研发水平，重视科技创新

2013 年安防企业坚持不断创新，深层次地推动信息技术和安防行业的融合，在提高行业整体技术水平方面取得了新的进步。在各专业领域，高清应用不再仅限于金融、公安等高端领域，从特定场合向更多细分领域扩展，从传统专业安防向社会家庭个人安防延伸。视频监控的网络化监控、智能跟踪系统、高清存储、高清解码与显示、高清视频采集等产品，分别应用于新一代平安城市建设的感知层、网络层、数据层以及应用层，并结合云存储、云计算、大数据智能分析等技术，将平安城市建设方案推向新的高度。在其他专业领域，防盗报警与视频复核、移动终端的防盗报警应用；出入口控制系统中以门禁系统为基础的系统集成、身份识读认证技术、联网运行、基于云技术的门禁控制等；防爆安检领域，安检设备向智能化方向发展，安检系统与监控系统、报警系统和应急系统联动。2013 年，从核心技术看，国产视频音频芯片、光学芯片 MCCD 等应用领域及市场份额都有所扩大，某些领域传感器的研发取得新的成果。

（二）存在的主要问题

我国安防企业发展已经形成了专业门类齐全的体系，但发展中也存在一些问题和不足，主要有：

一是各专业领域参差不齐，视频监控类企业相对齐整，骨干企业较多，但有些专业领域还比较薄弱，缺乏龙头企业。安防专业领域的结构一定程度上决定了安防市场资源配置，长此以往，可能造成有些应用锦上添花，有些应用则难以做到雪中送炭。

二是安防企业自身发展中，一些企业治理结构和现代管理体系还比较薄弱。企业建立现代管理制度，既是适应市场经济的需要，也是企业自身确保长期稳定持久经营的根本要求。特别是在市场资本力量活跃的情况下，随时可

能出现扩张的机会，而企业治理结构清晰，管理体系健全的企业，更容易受到资本的青睐。

三是企业管理还有待加强。目前活跃在市场的安防企业，大部分经历了安防行业的高速发展阶段，面对行业发展的新情况、新变化，如何提升企业的竞争力，继续在行业占有一席之地，是一个挑战。明确自身的定位，全面提升企业的产品研发、资金运筹、市场开拓、品牌建设、人才培训等综合能力，是亟须解决的问题。

四是产品标准需要尽快与国际标准接轨。如有些实体防护产品，国际企业的产品在中国市场销售畅通无阻，而中国制造的产品在国际市场销售却有许多障碍。今后还应尝试产品认证制度市场化机制，鼓励权威的第三方机构按照标准对产品进行认证。

三、结语

我国安防行业是一个蓬勃发展中的行业，在经过一个快速的发展阶段后，市场的需求提出了重质量和调结构的要求。安防企业的进一步发展，在适应外部环境改善的同时，有必要深化改革，促进自身经营管理能力的提高。相信安防企业能够在市场发展中，不断调整和完善，成为促进我国公共安全事业的中坚力量，在新时期做出更大的贡献，取得更好的经济社会效益。

第二节　安防上市企业经营状况分析

近几年，随着上市越来越成为企业融资比较理想的途径，越来越多的安防企业走上了上市融资之路。据不完全统计，仅在深沪两地上市的与安防相关公司接近百家，并可分为以下三种类型：

第一类是以安防产品制造为主营业务的安防上市公司。这类上市公司以海康威视、浙江大华、英飞拓、安居宝、中威电子、捷顺科技、大立科技等传统安防企业为典型代表，是我国安防产品生产制造的主要厂商。

第二类是以安防系统集成与服务为主营业务型的上市安防企业。这类上市公司以三泰电子、达实智能、华平股份等安防工程建设企业为典型代表，其安防业务主要以智能交通（包括公路、轨道交通、铁路）、平安城市、建筑智能化等为主，在披露了安防业务市场数据的上市企业中，大部分企业的安防系统集成业务都集中在视频监控领域。

第三类是其他进入安防领域的综合业务型上市企业。其他进入安防领域的综合业务型上市企业中，由于安防业务大多只是其企业旗下的业务板块之一，一些企业都将安防作为子业务而非核心业务培育，或将安防作为自身核心业务的自然延伸。

一、安防上市企业经营状况

根据涉及安防业务的上市企业的分类，对50多家在国内上市的安防企业公开披露的2013年年报及快报数据进行统计分析，了解2013年不同类型安防上市企业的整体经营状况。

（一）以安防产品制造为主营业务型的上市企业经营状况

在以安防产品制造为主营业务的上市企业中，视频监控类生产企业数量最多。虽然很多安防上市企业都有相关产品生产，但大都规模较小且非公司主营业务，在年报中很少披露其相关数据，因此本部分内容主要对部分重点安防制造企业进行分析。从企业最近几年的发展来看，以行业解决方案作为安防产品供应商的主要竞争手段，已经成为目前安防行业的发展必然，这在以安防制造特别是视频监控产品为主营业务的上市安防企业中表现得较为突出。随着行业解决方案的深入应用，全线通用安防产品的研发生产与行业安防产品的深度订制开发并举，已经成为有实力的上市安防生产企业的发展策略。

根据企业披露的2013年年报及快报显示，视频监控类上市企业的市场表现尤为抢眼。2013年，海康威视的营业收入达到107.4亿元，同比增长48.89%，大华股份的营业收入达到54.1亿元，同比增长速度超过50%，可以说海康威视和大华股份已经成为国内视频监控行业内的领导企业。2013年3月，海康威视的市值达到790亿元，成为深市中小板总市值最大的公司，大华股份市值达353亿元，在深市中小板企业市值排名中位居第六，成为资本市场关注的焦点。英飞拓营业收入达到9.6亿元，同比增长26.81%，营业利润实现扭亏，增长幅度达600%多。中威电子由于受新产品研发和市场推广影响，营业收入约1.17亿元，同比降低17%。大立科技加快了红外领域的纵深化进程，减少了对DVR业务的投入，因此DVR业务收入大幅下降，导致了公司营业收入较上年同期有所减少，营业收入2.61亿元，同比降低3.95%。在其他领域的上市企业中，楼宇对讲企业安居宝的营业收入达到5.24亿元，同比增长超过40%，出入口控制企业捷顺科技营业收入达到4.61亿元，同比增长11.96%。

部分上市企业	营业收入（亿元）	同比增长	营业利润（亿元）	同比增长
海康威视	107.41	48.89%	29.49	48.23%
大华股份	54.1	53.21%	11.3	61.52%
捷顺科技	4.62	11.96%	0.76	23.48%
英飞拓	9.6	26.81%	0.41	65.34%
大立科技	2.61	-3.95%	0.33	1.01%
安居宝	5.23	44.19%	0.87	24.88%
中威电子	1.16	-17.29%	0.08	-78.11%
金刚玻璃	3.57	2.64%	0.31	-33.02%
高德红外	2.96	-3.33%	0.51	-55.60%
威创股份	11.86	31.81%	2.96	—
宁波 GQY	1.97	12.14%	0.44	3.24%
同方股份（同方威视）	23.8	34.53%	—	—
高新兴	5.37	76.86%	0.45	133.35%

（二）以系统集成与服务为主营业务型的上市企业经营状况

在以安防系统集成与服务为主营业务的上市企业中，企业的安防业务主要以智能交通（包括公路、轨道交通、铁路）、平安城市、建筑智能化等为主。根据企业年报显示，在披露了安防业务市场数据的上市企业中，大部分企业的安防系统集成业务都集中在监控领域。从最近几年发展来看，部分系统集成企业在软件平台研发的基础上开始进行安防解决方案核心硬件产品特别是监控前端设备的研发与生产。从企业的业务分布来看，以系统集成和工程为主的上市企业大多市场领域单一，由于在行业内有多年的沉淀，对行业的需求理解相对其他新进入的安防企业也更为透彻，积累了广泛的用户资源和良好的口碑，建立起了极为巩固的竞争优势。但是，从另一方面来说，由于市场领域单一，因此抗风险能力也有所欠缺，企业业绩往往极易受到市场的各种因素影响。

部分上市企业	营业收入（亿元）	增速	营业利润（亿元）	2013 年与安防系统集成和服务相关业务状况
汉鼎股份	4.85	20.29%	0.61	汉鼎信息科技股份有限公司是以建筑、公共安全管理为核心领域的智能化综合解决方案提供商，业务链涵盖智能化工程的前期咨询、方案设计、软件开发、工程施工、集成调试及升级维护等各个环节。公司的安防业务主要为智慧公共安全，包括平安城市、自然灾害预警及应急指挥方面等。
达实智能	10.12	22.79%	-	公司的主要安防业务包括轨道交通综合监控系统在内的建筑智能化业务和一卡通产品生产、销售。
三泰电子	8.98	36.65%	-	1. 成都三泰电子的安防业务主要包括银行数字化网络安防监控系统和 ATM 监控。 2. 2013 年公司金融安防业务收入约 2.27 亿元，同比降低 1.46%。毛利率为 36.56%，同比下降 3.06%。
辉煌科技	3.87	31.83%	0.70	1. 公司的业务集中在铁路行业，其中安防业务主要包括铁路综合视频监控系统、铁路防灾安全监控系统； 2. 2013 年铁路综合视频监控系统收入 885.8 万元，比上年同期降低 2.93%。 3. 2013 年公司铁路防灾安全监控系统收入 3833 万元，同比上升 11.04%，毛利率 47.34%，同比下降 3.18%。
世纪瑞尔	2.36	2.33%	-	1. 公司业务主要集中在铁路领域，主营业务是铁路行车安全监控产品及铁路综合监控系统。 2. 2013 年铁路综合监控系统（含通信监控）实现营业收入 1570 万元，较去年同期下降 18.34%；铁路防灾安全监控系统实现营业收入 8606 万元，较去年同期上升 161.88%；铁路视频监控系统 2973 万元，同比下降 77.17%，其他监控系统收入 5224 万元，较去年同期增加 50.48%。
汉威电子	3.02	14.36%	-	1. 公司的安防业务主要为监控系统，并且也是公司的三大业务板块之一。 2. 2012 年公司的监控系统收入 3827 万元，主要应用于生产安全领域。

续表

部分上市企业	营业收入（亿元）	增速	营业利润（亿元）	2013 年与安防系统集成和服务相关业务状况
华平股份	2.55	27.97%	0.78	1. 公司的主要产品包括平安城市等在内的视频监控指挥系统和行业解决方案。 2. 2013 年视频监控系统收入 1045 万元，同比下降 141.81%，毛利率 85.73%。 3. 2013 年公司行业解决方案收入为 1.72 亿元，同比增长 73.47%，毛利率为 80.86%，根据年报透露，公司行业解决方案增长快速的原因是中标某部队的图像综合集成系统项目。

（三）其他进入安防领域的综合业务型上市企业经营状况

其他进入安防领域的综合业务型上市企业中，由于安防业务大多只是其企业旗下的业务板块之一，一些企业都将安防作为种子业务而非核心业务培育，或将安防作为自身核心业务的自然延伸，因此很多企业的安防业务特别是系统集成业务没有持续性，且业绩变化波动较大，有一些企业，如四创电子、佳都新太、航天长峰、高新兴等，在近几年将安防作为其业务重心进行大力发展。

部分上市企业	2013 年安防及安防相关业务状况
国电南自	1. 公司 2013 年总营业收入达 51.93 亿元，同比增长 25.22%。公司的主要业务包括六大产业群：智能电网、智能电厂、水电及新能源、轨道交通、节能减排、电力智能设备等。 2. 公司的安防业务包括系统集成和安防产品制造，主要有：智能电网安防与视频监控系统，高速铁路，城市地铁、轻轨以及有轨电车综合监控等。 3. 公司子公司南自信息主要从事安防业务。
佳都科技	1. 公司的业务涉及软件开发、系统集成和 IT 综合服务，其中，业务布局为：智能安防产品业务、通信增值互联业务为重点，云计算及 IT 综合服务业务、智能化交通业务为辅。 2. 2013 年公司营业总收入为 21.15 亿元，同比增长 31.46%，其中，智能安防收入 4.41 亿元。
航天长峰	1. 公司 2013 年实现营业收入 9.81 亿元，同比增长 11.61%。其中安防业务收入 4.67 亿元，占到公司营业收入的一半以上，安防业务的毛利率为 20.07%。 2. 公司的安防业务主体为北京航天长峰科技工业集团有限公司，并实现由大型活动安保科技系统建设向平安城市建设的转型。

二、安防上市企业经营特点

（一）安防上市企业仍保持较强的盈利能力

2013 年，虽然国内外经济形势出现趋稳下行趋势，但安防行业依然处在比较景气的区间，以安防为主营业务的上市企业绝大部分取得较好业绩，重点上市企业利润总额都有不错的增长。在视频监控行业，2013 年海康威视的营业收入达到 107.4 亿元，同比增长 48.89%；大华股份 2013 年营业收入达到 54.1 亿元，同比增长速度超过 50%。尤其是在 2013 年 3 月，海康威视的市值达到 790 亿元，成为深市中小板总市值最大的公司；大华股份市值达 353 亿元，在深市中小板企业市值排名中位居第六，成为资本市场关注的焦点。英飞拓营业收入达到 9.6 亿元，同比增长 26.81%，营业利润实现扭亏，增长幅度达 600% 多。另外，安防其他相关行业中的领军企业也取得了不错业绩，楼宇对讲企业安居宝的营业收入达到 5.24 亿元，同比增长超过 40%；出入口控制企业捷顺科技营业收入达到 4.61 亿元，同比增长 11.96%。

（二）视频监控前端产品收入比例稳步增加

从整个安防市场总体看来，随着视频监控高清化、智能化的发展和需求的增加，监控行业增长稳定。受益于行业市场高清化的到来和企业竞争策略，海康威视与大华股份前端产品收入比例稳步增加，均已超过后端产品份额。

海康威视后端产品实现收入 34.73 亿元，比 2012 年增长 28.82%，毛利率为 55.01%，同比去年下降 2.46 个百分点；前端产品实现营业收入 52.34 亿元，同比增长 62.08%，毛利率为 49.68%，比去年减低 0.9 个百分点；前端产品营业收入超过后端接近一半。

大华后端产品实现收入 20.49 亿元，比 2012 年增长 33.31%，毛利率为 44.37%，同比下降 0.93 个百分点；前端产品实现营业收入 21.64 亿元，比上年增长 78.15%，营业利润为 9.88 亿元，毛利率 45.65%，比上年增长 1.44 个百分点；前端产品营业收入第一年超过后端。远程图像监控实现营业收入 5.6570 亿元，比 2012 年增长 28.57%，营业利润为 26180 万元，毛利率为 46.15%，比去年增长 7.93 个百分点。

（三）民用安防市场逐渐成为新的关注点

一直以来，民用安防市场呈现比较零散杂乱的格局，海康威视提出要以网络高清为引导探索民用安防市场的新模式。作为国际、国内安防业界的标杆企业，中国资本市场上的安防领头羊，海康威视从战略上探索了一些新业务模式，所以出现了“视频7”与“萤石产品”，一旦数年后这一市场成熟，海康威视将可实现新的跨越式成长。

大华股份2013年试推出了民用平台“华视微讯”，立足于高端军工产品的高德红外积极推广车载热红外产品的市场，正在与多家具有独立知识产权的汽车电子厂商开展合作，公司的车载夜视产品是在夜间及雨、雪、雾、霾等恶劣天气下驾驶的安全辅助手段。

（四）海外市场销售份额逐渐扩大

近年来，中国安防企业普遍看好海外市场，中国本土安防企业所生产的产品，除了满足规模不断扩大的国内安防市场的需求外，还远销到欧美、中东、东南亚、非洲等世界各地。为进一步拓展安防市场，纷纷调整市场策略，很多安防企业将眼光转向国外市场。大华和海康威视两家企业的海外市场在稳步扩大。

海康威视2013年继续坚持在海外市场的持续投入，新设澳洲、法国、西班牙等子公司，截至2013年底，海外子公司数量已发展到14家，并以子公司为依托加大本地化能力的建设和品牌运营。随着海外市场的持续投入，公司在海外市场的品牌和认知度得到进一步提升，公司业务综合竞争优势在海外市场得到体现，2013年，公司海外营业收入达到24.19亿元，较2012年同比增长一倍以上，取得了突破性的发展。

大华公司出口实现营业收入为13.22亿元，比2012年增长82.44%，毛利率43.13%，比2012年增加6.14个百分点，其增长速度超过了国内51.31%的增长幅度。主要是因为大华股份加大海外市场的投入，加紧海外市场品牌和渠道的建设。2013年全年，大华采取ODM模式，在海外市场拓展明显加速。

同样，瞄准海外安防市场的安居宝在2013年8月份成立香港分公司，主要作为公司与国际市场的联络窗口，负责公司产品的出口及关键原材料、设备的进口；统筹海外销售机构、商务处的建立与各项管理工作，及时收集国际市场上的新技术和市场信息。

（五）互联网发展思维成为新热点

随着安防行业不断壮大，越来越多的IT企业跨入安防行业，瓜分行业发展的蛋糕。而随着移动互联网及安防细分领域的发展，传统安防企业也不拘泥于只做产品制造商和方案提供商，越来越强调软硬件整合的能力，整合程度越高越能接近终端行业的需求。

海康威视有感于互联网的思维与制作IT产品不同，因此互联网战略提前亮相。同时，还发布了数款民用互联网产品，甚至是延伸到穿戴式设备，并且强调了用户体验与用户数第一的观点。2013年初，海康威视面向小微企业、家庭和个人的民用业务定位为互联网业务，与传统行业市场业务相对独立。根据互联网行业的特点，进一步加大在该领域的投入，组建专业化团队，明确经营思路和策略。互联网业务推出了全新的品牌“萤石（ezviz）”，定位于为小微企业、家庭和个人提供可视化安全为基础的关爱、沟通、分享服务，涵盖终端APP、互联网软件平台、电商和社区门户，以及智能视频终端、无线传感器、穿戴式设备等系列产品及服务。公司推出了萤石云（视频7）服务平台，并以该平台为支撑，发展网络生态环境；建立了电子商务平台“萤石商城”；发布了一系列全新设计的互联网摄像机、跨界视频盒子及报警盒子等消费类产品。

大华在报告中提出结合民用安防市场拓展情况适时引进互联网专业人才，构建独立商业运作模式，加强与互联网商的合作，积极打造以事前防控为主的平安小区和以可视看护、视频分享、视频推送为中心的网络社区。

（六）部分上市企业主营业务整体转向安防行业

2013年，飞乐股份与中安消的资产重组工作正在紧锣密鼓进行中。目前，相关各方正在积极推进本次重大资产重组工作。

高新兴从2012~2013年实现自身主营业务的大转型，从通信监控转向大安防，在2013年基本完成大安防行业战略布局，在公司总营业收入中城市安防产品营业收入达263190.25万元，利润达9182.42万元，金融安防产品营业收入达10330.64万元，利润达4536万元，安防产品无论是营业收入还是利润都占到公司总额的四分之三。

（七）多起企业重组案涉及安防行业

安防行业的快速发展吸引了其他行业众多企业的关注，甚至将业务开始延伸到安防相关领域内。安防上市公司也积极整合产业资源，加强并购资本运作，吸纳优秀人才，迅速提升核心技术水平、生产制造能力和系统集成能力，增强竞争实力。根据安防及相关概念股披露的年报，很多企业将并购作为在安防领域内未来的重要发展战略之一，希望通过收购的方式进入新的目标市场、完善业务布局。而对非安防行业上市企业而言，并购进入安防行业也成了最便捷的进入方式。2013年安防行业有以下几大重组并购案：

11月，联信永益发布重大资产重组预案，国内交通信息化领域龙头企业千方集团将借壳上市。千方集团主营业务城际智能交通、城市智能交通、智慧出行等产品的提供，下属4家子公司紫光捷通、北大千方、北京掌城、掌城传媒分别负责智能交通业务不同板块的经营。预案披露千方集团2011年、2012年和2013年1~7月分别实现收入6.94亿、9.17亿和5.41亿，净利润0.68亿、1.23亿和0.86亿元。

3月，佳都新太发布购买佳都集团实际控制人控制的新科佳都及佳众联公司的全部股权的公告，加大在智能化轨道交通业务及IT综合服务业务的实力；12月为进一步加强公司智能化归到交通业务，公司对新科佳都增资2.5亿；11

月以 5278.5 万元收天盈隆 51% 股权，提升公司在金融安防领域监控领域的实力。完成的轨道交通智能化资产注入，为涵盖智能安防、轨道交通智能化、通信增值服务以及 IT 综合服务的综合性 ICT 厂商。

第三节　获得生产等级批准书的安防产品生产企业及获得资质等级证书的安防工程和服务企业情况

根据 2013 年各省、自治区、直辖市公安厅（局）技防管理部门和中国安防协会提供的相关数据，19 个省、自治区、直辖市有 429 家安防产品生产企业 1719 款产品获得公安机关生产登记批准证书，有 2140 家安防工程企业取得中国安防协会颁发的资质等级证书，有 17082 家安防工程和服务企业在各省、自治区、直辖市公安厅（局）技防管理部门或地方协会登记备案。因《年鉴》印刷版篇幅有限，所有企业名录可在《年鉴》2013 版电子版（即光盘）及网络版上查询。

一、获得公安机关生产登记批准书的安防产品生产企业的构成与分布

（一）整体情况（共 429 家）

地区	数量	地区	数量	地区	数量
北京	9	天津	4	山西	2
内蒙古	2	吉林	2	黑龙江	4
上海	86	浙江	33	安徽	10
福建	39	湖北	18	湖南	2
广东	178	广西	1	重庆	3
四川	24	陕西	9	甘肃	2
宁夏	1				

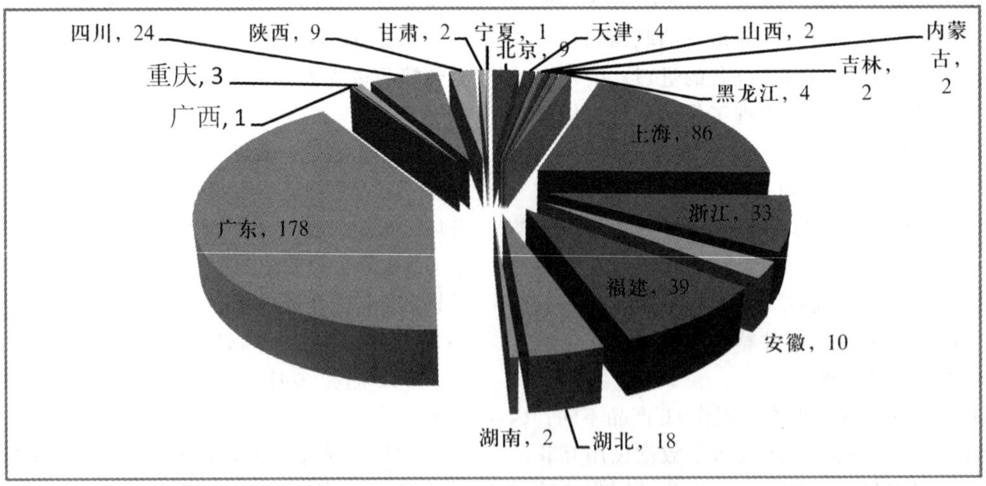

全国 19 个省、自治区直辖市获得公安机关生产登记批准书的企业分布图

（二）获证产品数量汇总（共1719个）

类别	数量	类别	数量
安防视频监控系统	1398	出入口控制系统	66
楼宇对讲系统	79	入侵报警系统	59
防盗门锁柜及防弹运钞车	11	其他	106

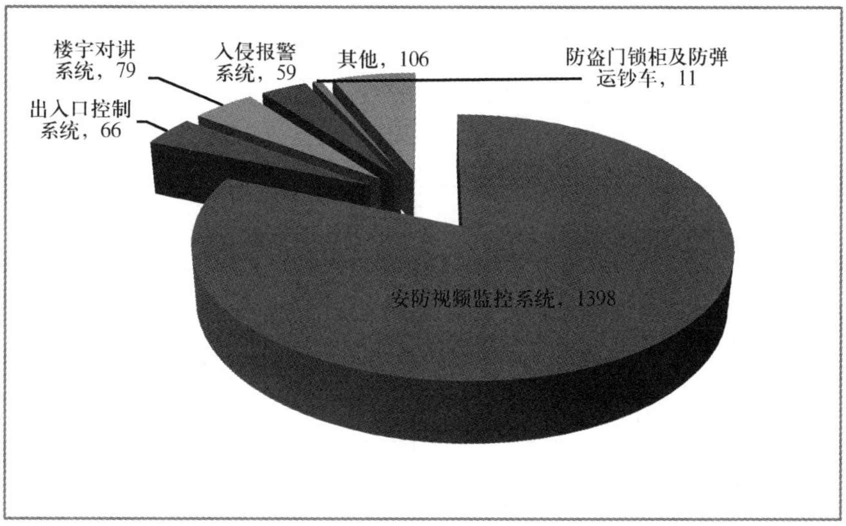

百分比示意图

（三）获证企业的地域分布情况（429家企业，1719个产品）

类别／省份	安防视频监控系统	出入口控制系统	楼宇对讲系统	入侵报警系统	防暴安全检查器材	防盗门锁柜及防弹运钞车	其他
北京	28	1		4			9
天津	8						
山西							2
内蒙古	1						3
吉林	3						
黑龙江			1				4
上海	76	2		49		1	18
浙江	650						16
安徽	12					3	5
福建	53	5	44	2			3
湖北	6	5		2		1	13
湖南	1						1
广东	491	53	32				10
广西							1
重庆	2						2
四川	67		1	2		1	12
陕西			1			4	4

续表

类别/省份	安防视频监控系统	出入口控制系统	楼宇对讲系统	入侵报警系统	防暴安全检查器材	防盗门锁柜及防弹运钞车	其他
甘肃							2
宁夏							1
合 计	1398	66	79	59		11	106

（四）截至2013年5月各地生产登记证书有效数据统计

地区	数量	地区	数量	地区	数量
北京	128	天津	85	河北	18
山西	5	内蒙古	5	辽宁	17
吉林	5	黑龙江	6	上海	121
江苏	188	浙江	359	安徽	52
福建	114	江西	1	山东	35
河南	25	湖北	68	湖南	15
广东	1929	广西	10	海南	0
重庆	24	四川	148	贵州	19
云南	6	西藏	2	陕西	6
甘肃	2	青海	0	宁夏	1
新疆	3	兵团	0		

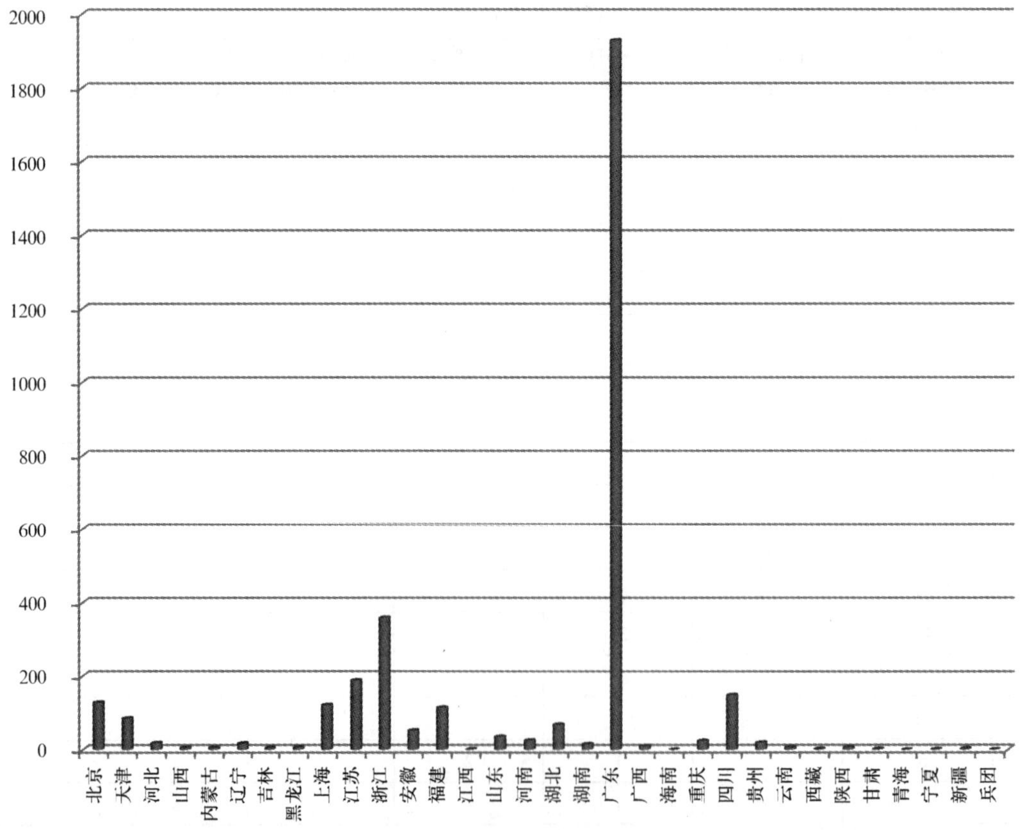

二、获得资质等级证书的安防工程和服务企业的构成与分布（截止2013年12月31日）

（一）全国各省、自治区、直辖市安防工程和服务企业概况

获得中国安全防范产品行业协会资质等级证书的安防工程企业（12个省市，2140家）

地区	数量	地区	数量	地区	数量
北京	797	天津	52	河北	1
上海	13	江苏	248	福建	263
湖北	288	广西	211	海南	148
四川	4	贵州	114	云南	1

地方安防工程企业（26个省，16878家）

地区	数量	地区	数量	地区	数量
河北	553	山西	757	内蒙古	424
辽宁	1195	吉林	692	黑龙江	418
上海	553	浙江	1080	安徽	860
江西	318	山东	108	河南	928
湖北	1242	湖南	294	广东	2437
海南	335	重庆	403	四川	593
贵州	215	云南	1585	西藏	75
陕西	438	甘肃	561	宁夏	287
青海	196	新疆	331		

地方报警运营服务企业（13个省，204家）

地区	数量	地区	数量	地区	数量
北京	12	天津	6	内蒙古	13
吉林	5	上海	5	浙江	84
湖北	19	湖南	4	海南	10
重庆	3	贵州	17	甘肃	23
宁夏	3				

（二）获得中国安全防范产品行业协会资质等级的安防工程企业构成与分布（共2140家）

地区	一级	二级	三级	各省总计
北京	344	181	272	797
天津	25	13	14	52
河北	1			1
上海	12	1		13
江苏	137	55	56	248
福建	65	67	131	263
湖北	75	105	108	288
海南	18	45	85	148
广西	28	42	141	211
四川	4			4
贵州	9	17	88	114
云南	1			1

续表

地区	一级	二级	三级	各省总计
共计	719	526	895	2140
2140				

级别	数量	百分比
一级	719	34%
二级	526	24%
三级	895	42%

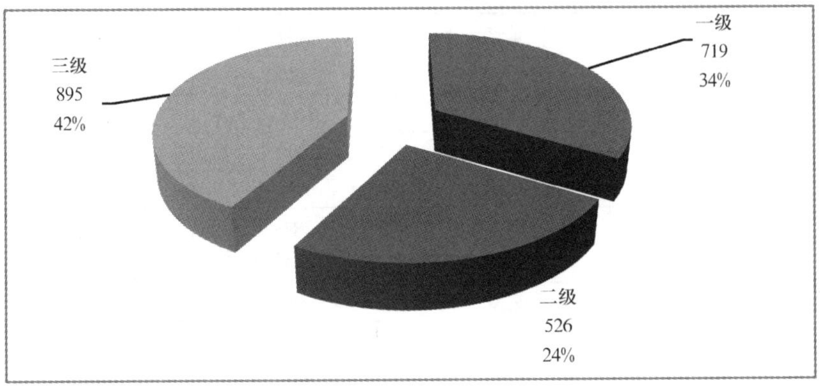

一、二、三级企业数量及百分比示意图

地区	数量	百分比	地区	数量	百分比	地区	数量	百分比	地区	数量	百分比
北京	797	37. 24%	上海	13	0. 61%	天津	52	2. 43%	河北	1	0. 05%
江苏	248	11. 59%	福建	263	12. 29%	湖北	288	13. 46%	海南	148	6. 92%
广西	211	9. 86%	四川	4	0. 19%	贵州	114	5. 33%	云南	1	0. 05%

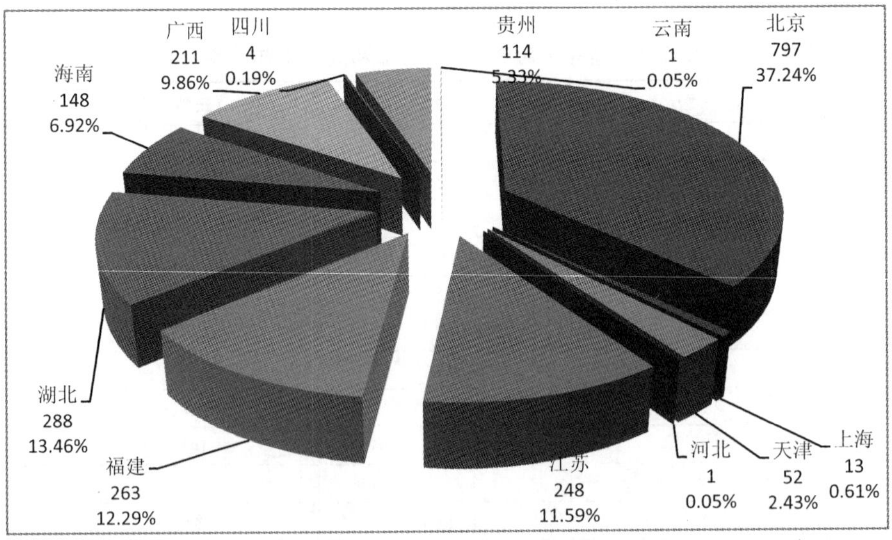

全国各地企业百分比示意图

（三）地方安防工程企业的构成与分布（共16878家）

等级 省份	一级	二级	三级	其他	合计
河北					553
山西	66	132	437	122	757
内蒙古	19	106	258	41	424
辽宁	112	170	893	20	1195
吉林	97	152	344	99	692
黑龙江					418
上海	142	125	286		553
浙江	82	118	822	58	1080
安徽	122	178	560		860
江西	69	73	73	103	318
山东					108
河南					928
湖北					1242
湖南	106	74	114		294
广东	321	160	386	1570	2437
海南	19	31	68	217	335
重庆	84	91	227	1	403
四川					593
贵州	4	5	66	140	215
云南					1585
西藏		48	26	1	75
陕西					438
甘肃	66	142	353		561
宁夏				287	287
青海					196
新疆					331

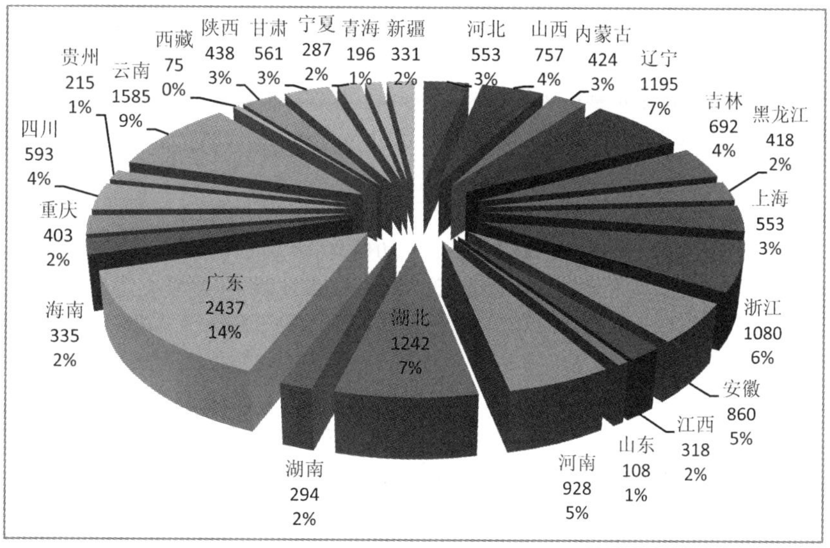

地方安防工程企业百分比示意图

第四节 部分安防企业发展状况

2013 年，安防企业主动适应市场变化，产业结构调整步伐明显加快，安防技术与产品的应用领域不断扩展，在政府社会管理能力建设和管理方式创新中发挥了重要技术支撑作用。为了全方位、多角度展现我国安防企业风采，本节将集中介绍中国安防协会部分会员企业在生产经营、内部管理、科研创新和文化建设等方面取得的主要成绩或具有借鉴意义的突出做法，以及 2013 年取得的经营业绩。

爱谱华顿科技集团

爱谱华顿科技集团始创于 1992 年，是集研发、生产、销售、服务于一体的，从事工程用线缆、视频监控设备与综合布线产品专业制造的高科技企业集团。集团下辖上海爱谱华顿电子科技（集团）有限公司、上海爱谱华顿电子工业有限公司、上海爱谱电子线缆系统有限公司、江苏众城线缆有限公司、上海集光安防科技股份有限公司、北京爱谱华顿安防科技有限公司等 8 家全资子公司及国内各省市的 60 余家销售分支机构。

一、概述

作为弱电线缆专家与领导品牌的爱谱华顿，是国内最具规模的、专业化的弱电系统传输产品与解决方案提供商；是国内研发制造、具有规模的综合布线产品供应商，是集视频图像采集、处理、显示与传输设备的制造商；也是信息传输产品、视频监控产品与解决方案综合的提供商。

爱谱华顿坚持以科技创新为发展基石，资深技术研发团队，配套集成化实验平台，在弱电线缆、监控器材、综合布线三大领域，均拥有自主的知识产权。产品被广泛应用于城市建设、房地产业、工矿企业、金融、交通、公安、广播电视、电力电信、文教商贸等行业，以优良的品质和完善的服务为广大用户所肯定，并成为北京奥运场馆、上海世博会工程、中国平安城市建设项目、上海中心大厦、上海环球金融中心、大亚湾核电站、武警全国三级网等国家重点工程的独家或指定选用产品。爱谱华顿先后荣获“中国安防行业十大民族品牌”、“中国安防产业前十强”、“中国智能建筑产品知名品牌”、“平安城市建设推荐优秀安防产品”、“上海市明星企业”、“上海市重合同守信用企业”等多项殊荣。

二、回顾 2013

2013 年，爱谱华顿走过了不平凡的一年，始终以“做国际化的民族企业，为全球的信息化传输与可视化管理奉献力量”为集团发展目标，坚持积极、创新、和谐、高效的经营理念、无微不至的客户服务，赢得了广大客户的满意和信赖。

近年来，随着爱谱华顿在视频图像的信息采集、存储、显示与传输等多方面的技术突破，凭借产品涵盖齐全、图像真实还原、高清晰度、全线兼容的品质与服务，在视频图像的信息采集、存储、显示与传输领域，取得不俗成绩与快速进步。产品已成功应用于全国武警监控网 18000 个监控点、世博会 6 个场馆、山东日照平安城市 2 区 2 县、上海政协大院等上千个项目中。广受业内好评，并获得中国安防百强企业、中国安防知名品牌、中国安防产品质量用户信得过企业等多项殊荣。

爱谱华顿一直对中国乃至全球的智能建筑表示高度关注，并且始终提倡以节能、环保、创新的思想去开拓智能化的新局面，坚持科技创新，充分发挥研发及应用实践的优势，加强智能建筑行业间的合作与交流，互相学习，取长补短、不遗余力地推动中国智能化的发展与进步。

爱谱华顿获得的资质有：3C 强制认证，欧洲 CE 认证证书，军用安全技术防范产品安全认证证书，国家广播电影电视总局广播电视设备器材入网认定证书，ISO9001 体系认证证书，实用新型专利证书，外观设计专利证书，计量合格确认证，高新企业认定证书，中国计算机行业协会会员，软件企业认定证书。

三、创新经营体制

爱谱华顿总部位于上海，注册资金人民币 5000 万元，历经 20 余年的发展，先后于上海浦东、浙江宁波与江苏大丰设立占地近 10 万平方米的三大生产工业园，汇聚了近 2000 多名高素质员工，200 余名专业领域技术研发人员。以行业领先的软件技术为核心，为集团量身打造的产销综合管理系统平台全面实现了从产品研发、原料采集到质量检测、应用实施等各个产销链条重点环节的集成化统筹管理，确保产业流程顺畅与操控运作品质。爱谱华顿的直销体系是现有国内（本行业）规模最大的产品直销体系之一，市场服务网络遍布全国 21 个省、4 个自治区、4 个直辖市的各主要大（中）城市。

四、内部高效管理

爱谱华顿正处于由中小型企业向大中型企业转型的过程，在这个转型过程中，管理机制的转型是核心内容。管理机制的转型主要就是各职能部门及业务板块的负责人为核心的目标管理制。各级管理干部要适时转变观念，不等不靠，多想多担当，树自身为核心与第一责任人。所谓核心，就是在开展本职能工作中公司上下左右的同事都是该责任人的配合与协作者。集团各级管理干部真正将自己作为核心，以主人翁的态度自觉主动地确定更高目标，寻找工作中的差距，寻求解决方案，带领团队积极高效地完成各项任务，在今后的发展中承担起更高的责任和使命。

爱谱华顿内部高效管理，在集团化运作的一年里起到积极关键的作用，同时也形成了爱谱华顿特有的内部管理机制，对集团快速发展影响深远。

五、经营理念及企业文化

爱谱华顿奉行“诚信、积极、高效、创新”的经营理念，坚持通过技术、服务、管理、文化的持续创新，致力于打造行业的领导品牌，积极参与国际竞争与合作，立志成为信息工程领域内专业化、现代化和国际化的民族品牌，为和谐社会进步与发展奉献智慧。

多年来爱谱华顿聚集了一批优秀的年轻人，有着共同的人生观与价值观，对成功充满憧憬并为之付出点点滴滴的努力，在企业的发展成长历程中逐步沉淀建立了具有爱谱华顿特色的企业文化“阳光、坚韧、卓越”，团结、合作、和睦的工作氛围，互助、爱心、奉献已成为爱谱华顿全体员工的价值理念。

爱谱华顿每年组织的团队旅游、开展文化娱乐活动、送温暖献爱心、热心公益关爱社会等丰富多彩的企业文化活动已成为公司的优良传统，得到不断地传承和发扬光大。爱谱华顿也先后被上海市地方政府评为“上海市先进文明单位”、“劳动和谐企业”、“上海市明星企业”等称号，体现了公司良好的企业文化底蕴。

2014 年将是爱谱华顿集团化运作的关键一年，加快品牌价值建设、加强集团内部高效管理、完善营销网络、积极拓展海外市场等是我们的主要目标。我们会提供更优质的产品和服务，以最朴实的行动感恩所有支持我们的客户。

北京门吉利磁电工程研究所

过去的一年，智能安防及一卡通系统的应用领域宽度得到了极大的拓展，各类安防一卡通系统产品在民用领域得到了更广泛的应用，这为安防企业注入了新的动力，提供了新的机会。北京门吉利磁电工程研究所审时度势，稳中求变，一方面继续保持在传统应用领域的优势；另一方面解放思想，在经营管理、质量管理、技术研发、市场营销等方面大胆创新，深挖企业内部潜力、降低经营成本、丰富产品线、建立更加完善的渠道营销网络，开启了企业第二次创业的坚实一步。

一、顺应市场发展，满足各领域、各层面用户需求

自成立以来，门吉利一直以中高端市场为导向，立足于自身雄厚技术储备及丰富的行业应用经验，与国内同行相比，一直以来在政府机关、机场、高铁、地铁等中高端应用领域处于领先地位。

但中高端市场的利润和宽度毕竟有限，为了满足智能安防及一卡通系统在更宽领域的应用，满足各领域、各层面用户需求，公司在保持传统应用领域优势的基础上，通过深入细致的市场调研、汇总及分析，本着“倾听用户需求，超越客户满意”的理念，自助研发推出了基于中低端民用市场的 VonHope 系列及 Peace 系列综合安防及智能一卡通系统产品。上述系列产品本着经济、节能、便捷的设计理念，操作简单、维护方便，产品涵盖门禁、考勤、消费、巡更、入侵报警、停车库管理、泊位管理、电梯管理、物业管理、人员/物品跟踪管理等，系统基于网络、当今最先进的 B/S 架构、WEB 管理、基于动态分布式数据管理，完全满足了“大数据”管理及跨地域、跨网络管理的技术发展趋势，具有极高的市场性价比。

与此同时，公司改变传统的通过分公司、办事处的垂直营销网络管理的市场推广模式，在全国范围内设立经销商、代理商，建立了平行的渠道经销模式，充分利用渠道商已有的市场资源、客户资源、人脉关系及技术服务经验，扩展市场宽度、挖掘市场深度。完善的渠道商网络营销体系与公司固有的直销网络体系相辅相成，架构了公司全新的涵盖各个应用领域和客户群体的产品市场营销网络及售后服务网络，既巩固了传统应用领域的优势，也顾及了众多新兴应用领域客户的需求；既为公司产品迈向更加广阔的民用市场领域奠定了坚实的基础，也破解了企业长期以来因“多规格少批量”生产成本高的困局。

二、把握技术发展脉搏，追求持续创新

智能安防及一卡通系统与其他高新技术一样，产品技术升级更新极快，随着 RFID 识别、生物识别、系统集成、互联网、物联网、无线通信、云计算、云存储等技术的快速发展和普及应用，用户差异化、个性化的需求在不断提升。

公司始终坚持“追求技术创新”的精神，凭借 20 年来在行业内积累的雄厚技术储备及丰富的项目实施经验，着

眼未来，时刻把握技术发展趋势，以创新求发展，以发展促创新。

公司主营业务主要为安防系统、智能一卡通系统两大领域。在此基础上公司推出了基于 B/S 架构、WEB 管理、动态分布式数据管理的 MACAS3000 综合安防管理系统平台和 M - Platfrom 智能一卡通系统平台，两个系统相互融合、互为依承，从而构架了集人流、物流、信息流三位一体的智能本综合管理系统，既解决了传统安防系统不能实现“一卡、一库、一网”的难题，也解决了普通一卡通系统无法无缝整合安防管理的短板。

在不断完善系统功能、技术性能的同时，公司在以下方面实现了大胆创新和技术突破：

身份识别验证技术方面，公司推出了智能卡多重认证、智能卡 + 密码认证、生物识别 + 卡片认证、卡片认证 + 视频认证等复合认证模式，可根据客户不同的安全等级和环境要求随需所变。

系统软件设计方面，采用模块化设计，运用标准的通信协议，可与人事管理，财务管理，MIS、ERP、HIS 系统实现无缝整合。

基于云技术、无线技术及最新的通信技术，公司推出了既能支持有线 LAN、internet 通信模式，也能支持 WiFi、GPRS、3G 等无线通信模式，蓝牙等通信手段的系统产品，从而真正实现了管理没禁区、死角、盲点。

基于手机作为一种全新的应用终端这一应用趋势，公司致力于“软件手机化”方面的研究开发，通过手机 Web 浏览、APP、短信、微信、电子邮件等方式从而实现手机移动管理。

顺应“物联网时代”的应用需求，公司在“基于数字签名的物品防伪保真信息及签名验证装置”、“可读写多种类型信息卡的读卡器及其读写方法”等发明专利技术的基础上，推出了可以广泛应用于人员身份识别及验证管理（如出入口安全管理，景区、矿山、体育场馆等公共设施内人员移动验证管理）、物品移动跟踪管理（商品的制造、流通、销售等环节防伪及验证管理，如枪支等特殊物品的移动跟踪管理）、信息安全验证管理（如计算机登录身份验证）等领域及客户群体的产品。

遵循“低成本”、“瘦客户”、“零维护”等设计理念，门吉利智能安防及一卡通系统采用了最先进的 1 + N 机制、B/S 模式、多级动态分布式数据管理、Web 管理等前沿技术，保证各子系统既可实现在一个局域网里（包括不同网段）统一管理，也可支持广域网管理和跨区域、跨城市、跨国度系统管理。系统所有构件、程序相对独立，升级时只需增加相应点位设备即可实现，甚至国外网点增加一个门禁点可随时连入总部中央管理系统。无论用户项目规模有多大，有多少分支机构都不会增加任何维护升级的工作量，所有的操作只需要针对服务器进行，避免了维护工程师在各个电脑之间奔波忙碌。

三、调整思路，开启企业第二次创业

目前，国内从事综合保安、智能一卡通的企业甚多，谁赢得了服务，谁就赢得了客户，服务将成为市场竞争的关键砝码。门吉利提出了“品牌服务”的全新服务理念，其核心是服务的最终目的不再停留于“顾客至上”、“客户满意”，而是“超越客户的满意并最终帮助客户获得成功”。服务内容不仅指卖完产品后的技术维修服务，而是把服务纵向延伸到售前、售中、售后全过程。具体地讲，在客户购买行为之前，就必须充分了解其潜在需求，站在用户的角度，为客户设计最佳的全面的解决方案、提供性能价格较优的产品配置，帮助用户产品选型、运输、安装、调试、人员培训，设立专门的免费技术咨询热线，建立详细的用户档案，定期上门为用户进行设备检测、清洁及其他养护性服务。

公司很早就拥有了安防施工资质和建筑智能化资质，但长期以来仅仅关注产品营销，可以说是一个纯粹的产品商。如果公司仍然顾守于传统的产品商—经销商—工程商—总包商—最终用户这种多环节运销模式，无形中抬高了产品最终来到客户手里的价位，同时也不能直接倾听最终用户的真实需求，为用户提供最切实有效的系统解决方案。基于此，公司加大了直接参与工程项目的投入力度，从用户前期方案设计时开始介入，为最终用户提供从方案设计，工程设计，产品研发、制造、销售，项目施工，技术培训，售后服务等一整套完善的解决方案。这一方面获得了用户需求的最直接信息，为产品技术研发提供了依据，为客户节约了建设成本，同时也为企业赢取了更多的利润点。

公司将继续坚持开拓国外市场之路，通过与系统集成商“强强联手、合作共赢”的方式，在目前已有的非洲地区、独联体地区的市场基础上，加大东盟、拉丁美洲等地区市场的开拓，从而提升企业的核心竞争力，提升系统产品的国际知名度。

北京瑞拓电子技术发展有限公司

北京瑞拓电子技术发展有限公司成立于 1993 年，为中国交通建设股份有限公司旗下全资子公司，是国内最早从事建筑智能系统集成的公司之一。成立二十余年来，瑞拓与行业一起发展壮大，业务范围从最初的软件开发、维护，发展为在建筑安防工程、智能建筑、建筑机电、交通及港口机电等多个领域，向国内外客户提供咨询、设计、设备

施工和调试、维护、运营的一整套系统集成服务。

2013 年，瑞拓注册资本增至过亿元，全年完成营业额过三亿，获评“全国智能建筑行业前七名”。在传统国内智能建筑业务中，瑞拓在全国范围内保持和一些大型企业的长期稳定的合作关系，并积极开拓二级市场，市场情况保持稳健。公司的将台商务中心项目、镇江市综合交通客运枢纽（沪宁城际铁路镇江站市政配套工程）项目分获全国工程勘察设计行业优秀工程勘察设计二等奖、三等奖。同时，这两个项目还与瑞拓电子承建的中交丽景项目、北京市轨道交通指挥中心项目一起获评智能建筑精品工程。

一、瑞拓人的发展哲学

“和谐、共进、严谨、创新”是瑞拓企业文化的精髓，囊括了瑞拓人的发展哲学。它代表了瑞拓人多年来力争股东满意、员工喜欢、客户首选的团队发展精神，代表了瑞拓以诚信待客户、与客户共发展的高度责任心，代表了瑞拓人脚踏实地、严谨认真、厚积薄发、积极进取的工作态度，也代表了瑞拓人不断创新、持续发展的长期愿景。

二、瑞拓发展的世界观：和谐企业 共进发展

在这二十余年的发展中，瑞拓始终注重员工团队建设，各级领导和人力资源团队实事求是地从员工角度出发，急员工之所急，想员工之所想，切实保障员工收入水平与公司发展共同提升，全面提升员工的工作幸福感；通过稳定的员工福利，可预见的合理的职业规划空间，增加瑞拓人对瑞拓大家庭的认同感；同时，重视企业管理制度的建设，倡行民主，重视每一个员工给瑞拓带来的独特价值，以成熟的制度体系保障员工价值在企业内的完整体现，成功在企业内部建立了一个和而有序的生产经营氛围。

近年来，随着行业的不断发展和成熟，客户对产品和工程的质量要求不断细化提升，对专业化程度要求不断提高。瑞拓始终坚持以诚信待客户，保障与每一位客户的细致沟通，尊重每一个不同的细节要求，全面提升客户对工程、产品、服务的使用体验和感受。尊重每一位客户的“不同”，从客户的角度出发，是瑞拓人与客户和谐共进的基本体现。

和而有序，瑞拓始终坚持以人才战略为发展基础，让每一个员工都和瑞拓共同成长；和而不同，瑞拓始终坚持以客户需求为发展中心，让每一位客户都和瑞拓互利共赢。以和谐为共同进步的基础，以共进发展为和谐的保障，瑞拓以此来看待公司的生产经营与市场开拓，这就是瑞拓“和谐、共进”的发展世界观。

三、瑞拓发展的方法论：严谨管理 创新发展

制度对经济发展和组织效率提升的意义不言而喻。制度不仅规范企业中人的行为，为人的行为划出一个合理的受约束的圈，同时，也保障和鼓励人在这个圈子里自由地活动。要保障制度在企业中发挥效率，就必须重视制度建设中制订、修改及执行过程中的严谨性。

管理者出台管理制度时不严谨，没有经过认真的论证就仓促出台，经常性地朝令夕改，让员工无所适从，最后导致了真有好的制度、规定出台时也会得不到有效的执行。瑞拓在制订、修改制度的过程中，大胆创新思路，小心调研求证，由领导到具体经办人员群策群力，经过民主过程最后形成制度。这就有效避免了“恶”的制度的诞生和由此对企业带来的不利影响。

制度的严谨执行将有效提升企业的运行效率。在波诡云谲的市场竞争中，工程质量是企业竞争力的重要体现，施工管理过程中瑞拓电子建立了完整的材料采购、技术方案准备、施工现场管理等多个制度，并由事业部牵头统计、项目经理现场监督制度的执行情况，确保了瑞拓的工程质量，保护了客户的核心利益。

瑞拓企业文化中的“创新”是瑞拓发展哲学中的重要一环，“创新”不仅仅指新科学、新技术的创造和应用，在瑞拓的发展过程中，更主要的是指以企业为主体，以市场为导向，为保障企业稳步发展，承担企业社会责任，对企业的存在方式、经营理念、经营观念、制度安排、经济行为及生产要素进行新的调整和新的组合的过程或行为。

2012 年底，党的十八大提出，创新的核心和最终目的是驱动发展。瑞拓正是这种思想的践行者。创新的意义正在于给企业的前进注入不竭的动力，指导企业在不断变化的市场环境中找到正确的发展道路。

瑞拓鼓励每一个瑞拓人都积极参与到企业的创新中去，只有员工创新意识的提高，才能有企业核心竞争力的增强。首先是鼓励技术人员的技术创新，鼓励员工积极学习研究，推动企业产生自主知识产权；其次也鼓励市场开发人员以创新的思维面对市场开拓中的困难，拓宽思路、打开市场，积极通过新的方法接触诸如像海外市场这样新的有发展潜力的市场；最后也是最重要的是瑞拓领导集体一直坚持注重创新、参与创新、积极保障创新理念和创新成果向生产实践的流动。

严谨与创新是瑞拓发展哲学方法论的两个重要的组成部分，创新找到企业发展的未来方向，为瑞拓电子提供不竭的动力；严谨保证企业发展的质量，为瑞拓电子的稳健保驾护航。

在瑞拓的下一个二十年中，瑞拓人将继续坚持“和谐、共进、严谨、创新”的发展哲学。精雕细琢，我们脚踏实地；胸怀天下，我们志存高远。面对未来，我们只有一个目标：通过自身的实力和对社会的贡献，用诚信塑造瑞拓电子的卓越品牌，用品质赢得社会各界的高度认可！

日臻成熟的瑞拓电子将会以更加稳健的步伐，以时不我待的紧迫感、舍我其谁的自信心跨步前进。秉持诚信、开放的理念，瑞拓人愿与安防行业携手前行，共创更加灿烂辉煌的明天。

博康智能网络科技股份有限公司

博康智能网络科技股份有限公司是中国领先的智慧安全和智慧交通产品及解决方案提供商，为公共安全、城市交通、公交运营等专业领域客户提供以物联网智能感知技术及大数据挖掘应用技术为核心的专业解决方案。

坚持自主创新是博康智能发展的原动力。公司总部及研发中心位于上海，并在北京、深圳、贵阳设有全资子公司，全国各地设有多个办事处和分支机构。自创立以来，博康智能一直专注于智慧安全和智慧交通产品的自主研发，相继推出智能监测系统解决方案、视频监控系统解决方案、公交智能调度解决方案、指挥调度/交通管控解决方案、城市交通数据平台解决方案、公安大数据解决方案等系统级解决方案，始终把握着产品和技术的正确战略方向，不断探索创新，使得博康智能的市场定位和营销策略更加精准，企业的成长目标更加明晰。

经过多年的市场磨砺，博康智能坚持贴近客户需求、服务客户需求的市场路径，秉承为客户创造价值、与客户实现共赢的愿景，凭借自身不断积累的深厚资源和对产业发展方向的准确把握，获得了迅猛的发展，在一些专业领域已经逐步树立了自身的行业龙头地位。

一、智慧的图像解析和内容检索应用

图像解析技术是将先进的图像采集处理技术、计算机视觉技术和智能模式识别技术有机地结合在一起，以行业用户需求为导向，从图像中实现对“人、车、物”的目标识别、特征提取、行为及事件分析。图像内容检索以图像解析技术为前提，运用关联比对、分析融合和大数据技术，在海量的图像信息集合中实现高效快速精准的目标搜索和定位。

核心技术包括：全视频 3D 模型动态检测跟踪、基于视频内容的跨摄像机目标跟踪识别、多目标全特征结构化描述、人脸检测与识别、基于目标特征的以图搜图内容检索、视频摘要及浓缩、行为分析与事件检测、视频分析大规模并行化等应用技术。

二、先进的大数据挖掘、分析、管理技术

大数据时代的到来以及相关大数据基础架构技术的革新，为海量数据的灵活存储、快速挖掘和整合应用打开了一个全新的视角。在这一新的时代背景下，中国智慧城市的未来发展也受到了广泛而深远的影响。

数据管理及挖掘应用是指人们对数据进行收集、组织、存储、加工、挖掘和应用的一系列活动的总和。博康结合多年行业经验和技术积累，以公安、交通业务需求为导向，采用各类先进的数据管理及挖掘应用手段，实现了智慧安全和智慧交通海量数据的融合处理、分析研判和价值发现。核心技术包括：先进的 ETL 数据采集技术、元数据综合管理技术、数据共享交换技术、大数据存储计算技术、数据可视化呈现技术，以及博康智能自主创新的数据挖掘算法和公安、交通大数据应用服务集。

三、完备的智慧交通、智慧安全解决方案

（一）智慧交通

城市交通综合监测解决方案是利用车辆智能识别技术、分布式存储计算技术实现对车辆及交通事件的智能感知、嫌疑车辆的监控报警、交通流量监控报警、交通事件监控报警以及交通违法行为监控报警，为智慧交通提供全面、智能的监测、分析、报警平台。

城市交通综合管控解决方案是基于交通流量检测研判技术、警情定位技术、GNSS 定位技术、视频监控技术、交通信号控制技术、诱导信息发布技术和地理信息技术的综合应用，解决交通日常管理工作中的警情实时监测和分析研判；警力调度实时监督调度；扁平化应急指挥；重大活动保卫等问题。实现交通警情可视化综合检测，实现警力的可视化、科学化快速调度，是交通管理工作的核心支撑系统和辅助决策系统。

城市交通数据运行管理解决方案基于大数据技术，汇集城市道路、公路、地面公交、轨道交通、出租汽车、省际客运、公安交通管理、民航、铁路、气象等海量行业动静态数据，形成交通行业权威、全面、实时的数据中心、交通运行状况的监测预警中心、多种交通方式的运行协调中心、统一对外的交通信息发布中心；实现全市综合交通运输的统筹、协调和联动，提升交通系统的运行效率和服务水平，增强交通安全保障、应急处置和防灾减灾能力，为缓解交通拥堵、服务百姓出行提供保障。

城市公交运营解决方案是基于车辆位置服务（LBS）、无线通信技术、地理信息技术的综合运用，实现公交车辆运营调度的智能化、公交车辆运行的可视化、公交运营企业的全面信息化，实现面向公众乘客的完善信息服务。

（二）智慧安全

平安城市解决方案面向公安治安防控需求，具备感知、传输、存储、检索、分析功能的综合解决方案。支持汇总接入多种过车数据、视频监控数据、定位数据、重点人员数据等，形成统一的大数据平台；通过高清卡口系统，实现对经过的人员车辆目标的感知、记录、信息提取；并依托于大数据的运算优势，对海量过车数据的查询运算以及对基于治安、刑侦业务方面的智能分析算法模型做到了秒级响应；可实现对主要道路、重点区域全天候高清监控，

实时清晰地观测到车辆、行人动向；积分预警功能可以对重点车辆提前预判报警；对重点人员实时人脸识别，形成重点人员行为轨迹，以加强管控；通过分析确定潜在的案发重点区域，对巡逻警员、警车定位跟踪，保证巡逻质量，提高见警率。

公安应急指挥解决方案基于接处警定位技术、监控视频处理技术、警力GNSS定位技术和地理信息技术的综合应用，解决公安日常管理工作中的警情实时监测和分析研判；警力调度实时监督；扁平化应急指挥；重大活动警保卫等问题。实现警力可视化调度指挥，是公安管理工作的核心支撑系统和辅助决策系统。

案事件情报研判解决方案基于PGIS，结合图像识别、海量分布式存储、远程同步传输技术，实现案事件管理、研判、情报分析等功能，以案事件/警情为基础，集成各种公安资源、社会资源，进行案件串并、数据碰撞分析，关联挖掘，可视化直观展现，满足公安民警实战要求，为案事件、重大警情侦破提供线索，是公安侦查工作的重要手段，为领导决策提供重要支撑。

图像侦查解决方案定位于公安行业的视频侦查实战和业务应用领域，解决视频侦查作战中图像的调阅、巡查、标注，图像智能分析，图像特征检索比对，实时监控报警，团队协作等问题；结合案件、事件等公安系统资源信息，为公安图像侦查相关工作提供全面、协同、高效的图像侦查作战和业务应用平台。

四、创新的研发团队，广阔的市场前景

作为智慧安全及智慧交通专业解决方案提供商，博康智能拥有国内一流的智慧安全和智慧交通服务队伍。经过十几年的高速发展，通过营造良好的企业文化，建立有效的激励机制，提供广阔的发展空间，博康智能已经成为人才荟萃、朝气蓬勃的创新型高科技企业。公司现有员工超过500名，91%拥有大学以上学历，其中博士5人，硕士53人，研发人员超过260人。博康智能现已建设成为集产品设计、技术研发、工程实施、市场营销、经营管理和运行服务于一体的专业队伍。

伴随着技术上的不断创新，公司一直以来保持持续、快速、稳定的发展，并分别在2011年与2013年引入深创投、浙江红土、英特尔资本、复星创富、天堂硅谷等国内知名的战略投资者，打造出公司豪华的股东阵容，为公司未来的业务发展提供了丰富的资源。

多年来，公司先后参与了香港回归、50周年国庆、APEC会议、北京奥运、60周年国庆阅兵、上海世博、深圳大运会等多项国家及各大城市的重点项目建设，以骄人的业绩赢得用户、专家、业界乃至政府机构的首肯。“智慧引领视界，数据创造价值。”智慧、信任、担当的博康人一定能够在大数据、物联网、云计算时代，在智慧城市中的智慧安全、智慧交通领域谱写新的篇章，用“中国智慧打造智慧中国”。

创斯达（南通）机电有限公司

创斯达（南通）机电有限公司创建于2005年，主营ATM自动柜员机、商务保险柜等，是“江苏省高新技术企业”，拥有江苏省工程技术中心1个。创斯达于2007年在新加坡主板上市，与美国、日本、西班牙、德国、巴西等25个国家客户建立了稳定的业务联系，产品国际市场占有率超过25%，是亚洲最大的保险柜制造企业。2008年，被《福布斯》杂志评选为“亚太中小企业200强”、《创业家》杂志评选为“中国商业未来30年最具潜力的创星50强”。

2011年，创斯达成功全资收购德国最大的保险柜制造企业Format公司。Format拥有包括VdS、ECBS、CNPP等近250张证书，系欧洲安全标准的起草单位和欧盟安全协会理事单位，在保险柜及周边产品销售领域中积累了多年实战经验，拥有广泛而稳定发展的用户群，在世界范围内都享有盛誉。收购Format之后，创斯达充分吸取欧洲先进的技术与经验，结合自身的科研能力，先后研发了多种世界水平的高科技产品，并成功获得多项专利。建立了亚洲、欧洲运营中心，具备研发、设计、制造的全程服务能力，使公司成为世界第二大保险柜制造商。

创斯达建立了覆盖供应、生产、销售全过程管理体系，先后通过IS09001、IS014001、TS16949、OHSAS18001认证。公司主产品均通过德国VDS、法国CNPP、美国UL、中国3C认证。至今为止，创斯达共有国内注册商标11个，正在注册的国内商标5个，国外注册商标3个，其中“Du Tech”商标获“2012～2013年度南通市重点培育和发展的国际知名品牌”、“南通市知名品牌”等。公司通过了多项科技成果鉴定和高新技术产品认定，先后申请了75项专利，其中已经获得45项专利授权。

2013年，创斯达集团实现销售突破收入10亿元，较上年同期增长60%以上，公司被认定为江苏省企业技术中心，并获得3个江苏省高新技术产品认定。为更好地保证企业的发展，促进产品创新，立足国际竞争，创斯达制订了标准化良好行为的计划，且按照4A级的标准实施，并顺利通过标准化良好行为4A级的验收。

创斯达在欧洲建立了生产、研发和销售基地，在美国东、西海岸建立分销、仓储中心，在南美巴西建立销售中心和合作组装生产基地。24小时为全世界各地客户服务，听取他们的要求，迅速研发下一代产品，不断给客户提供增值服务。

创斯达近几年快速扩张，形成了多个板块齐头并进的发展格局，一些主要产品在世界上处于领先地位。创斯达将进一步发挥科技优势、资本优势、经营优势，立足南通，胸怀世界，把集团打造成在世界上有一定影响力的大型企业集团。

创新科存储技术有限公司

创新科存储技术有限公司是立足中国的网络存储厂商和云存储市场践行者。面向互联网时代海量信息的存储和管理，创新科将国际化产品技术研发与本地化市场支持相结合，提供从应用存储、统一存储到云存储的系统产品、解决方案和技术服务。创新科掌握磁盘阵列控制器及分布式集群云存储文件系统的核心技术并拥有众多国内外专利，在中国和海外分别设立研发中心，具备强大的自主研发实力。

2013 年，创新科主要围绕云存储、统一存储、应用存储三条产品线开展业务，其中最年轻也是发展最快的业务当属云存储，在智慧城市、视频监控、媒体等领域发展势头迅猛。2013 年，UIT 的整体收入增长 30% ~40%，利润也大幅攀升。

创新科提供面向企业的云存储整体解决方案，包括 IaaS 层的分布式集群存储、PaaS 层的云计算运营管理平台和 SaaS 层的企业网盘等。UIT 基于分布式集群技术构建的云存储解决方案性能更优，成本更佳，摒弃开源，完全是自主研发，具有可控性。一方面提供企业级云存储整体解决方案，另一方面支持合作伙伴提供云计算和云存储服务。除了存储系统的固件（Firmware）和文件系统等软件的自主可控外，存储系统硬件的自主可控也非常重要。UIT 将结合国内自研的新一代 CPU 与 UIT 自主软件，构建新一代的完全自主可控的存储系统。

另外，针对大数据创新科是基于分布式集群存储架构构建大数据分析一体机，且已经在一些领域开展这方面的合作，如智能交通监控分析、舆情监控分析等。这类应用的数据主要是语音、视频、图片、文本等非结构化的海量数据。通过大数据分析，可以识别车辆和人的特征，也可以跟踪车辆和人的行为。传统的存储架构和结构化的数据库技术已经无法满足这类的大数据应用，因为当你在这些海量数据中查找一个人的行为时，可能需要一整天甚至更长时间去计算分析。创新科云存储系统采用的是分布式集群架构，可以完全无缝集成大数据分析所需要的分布式计算。

除了云存储和统一存储之外，创新科还在应用存储的开发上酝酿新的变革。创新科的应用存储是基于 X86 架构的存储服务器，这种架构在低端存储市场上很流行。但考虑到用户对存储性能、可靠性等指标的需求，创新科准备将应用存储慢慢转换成企业级存储才使用的存储控制器架构。随着数据价值的提升，存储服务器在数据保护能力和可靠性、安全性等方面都不能满足企业客户对数据共享、分析和挖掘的需要。创新科将发挥在存储专业积累上的优势，基于存储控制器技术满足用户对简化、标准化的要求，并实现更优的性价比。

成都理想科技开发有限公司

过去的 2013 年，在移动互联网、物联网、智慧城市、智能小区、智能家居大潮背景下，成都理想科技开发有限公司顺势而为，成功开启智能家居“平民化”时代。依托在电子行业 20 多年的研发技术积淀和经验，成都理想不断探索和创新，致力为社会提供功能全面、独特新颖和安全可靠的产品。在保持为传统商铺的安全防范不断提供解决方案的基础上，更为建设“智慧城市”在老百姓居家安全、智能、方便、省心、实惠等方面领先提出了解决方案并开创了新的模式。

一、从安防领域向到智能家居的发展

立足现实，面向未来，是成都理想经营发展的策略。在当今社会科技和信息飞速发展的时代背景下，基于云计算、云存储、移动互联网、智能化等前沿技术，国家高度重视发展物联网产业。随着各地智慧城市、智能化生活和智能化管理需求愈发旺盛，成都理想于 2013 年正式拓展智能化产业业务。针对智能家居市场，成都理想耗时两年，成功推出了“神眼看家”牌多功能智能网络控制系统（智能家居控制系统），该产品已申报四川省公安厅备案，报送公安部第三研究所检测合格、由四川省公安厅正式颁发《生产登记批准书》。

“神眼看家”智能家居系统突破了目前市面上同类产品“昂贵”、“麻烦”、“花哨”等三大瓶颈，以“方便”、“实惠”、“实用”为市场理念，秉持“科技成果是人类财富，享受科技乃天赋人权”的从业理念，旨在让广大的普通百姓也能享受到“神眼看家”智能家居系统及其服务。

产品创新方面，“神眼看家”系统不仅是一个“看家狗”，还是一个能够协助主人打理家务的“好保姆”，更是

一个外出后与家人亲情互动以及智能办公的“好帮手”。该系统结合成都理想构建的大型网络服务平台，即可实现远程可视对讲、远程门铃提示、高智能可视联动报警，还可以通过手机或电脑端进行远程操控。

技术创新方面，“神眼看家”系统的所有技术均为成都理想自主研发。通过对图像分析、数据传输、无线发射、身份识别等方面的技术运用，“神眼看家”系统具备无线设备电源寿命长、流量低、存储空间大、用户隐私保护以及身份识别等特点，较好地解决了用户在使用时的后顾之忧。

在市场运作方面，成都理想成立了专业从事物联网络服务的高科技服务公司——四川尚爱信息技术有限公司(成都理想的关联公司)，其以“崇尚爱、传播爱”的爱心服务理念，在四川省和全国范围内普及推广，目前已经建立了初期的样板工程。

二、勤练内功、保持持续的市场竞争力

多年来，成都理想一直坚持“十年磨一剑”的精神苦练内功，坚持所有产品完全自主研发、制造和销售，经过十四年的磨砺，“内功”已经非常扎实。仅2013年，所申请的专利、软件著作权以及商标等知识产权保护就达到50项之多。由于制造方面拓展了SMT外协加工业务，所以研发及制造的技术水平得到一个空前提高。

除此之外，随着公司规模与业务范围的不断壮大，在高层团队的策划下，公司的管理水平也不断得到提升，在管理上引进新理念（如专家式管理和服务)，并形成详细的环环相扣实施方案，在对过程以及产品进行受控状态下管理以外，每个具体岗位也形成了包括业务能力、素养、团队三大方面在内的自动自发工作流程，这些都为2014年乃至以后公司更长足的发展做好充分的准备。

三、对未来的展望

在维护传统联网报警服务板块，在“帮助客户拓展业务，客户发展我们发展”的经营策略思想下，成都理想的推出“创意快销”的模式，目前这个模式正在积极地试点过程中。在“神眼看家”智能家居系统版块市场招商推广工作中，成都理想十分重视基础建设，重视样板市场打造，在摸索出市场推广的成功经验之后，将面向全国市场规模招商。成都理想拥有面向全国数百个城市快速招商的现存条件，依托在安防领域内十多年的联网报警服务网络建设经营，能够快速形成覆盖全国的连锁经营销售网络。

凭借“不管艰难与困苦，敢打敢拼才会赢”的企业文化，理想人多年来不断努力，使得成都理想的“神眼”品牌在安防行业拥有了属于自己的一片天地，成为行业内一个响当当的品牌。相信未来，“神眼看家”品牌为会进入千家万户，让千千万万的普通老百姓享受到成都理想的智能服务，“神眼看家”这个品牌也会成为智能家居领域一颗闪耀的明星。

东方网力科技股份有限公司

作为中国安防视频监控管理平台的领军品牌，东方网力科技股份有限公司一直致力于平安城市建设，专注于公安行业。在互联网时代的浪潮中，安防产业已经发生了重要而深刻的变化，东方网力作为平安城市视频监控平台的引领者，也顺应市场需求，在业务、技术、市场等方面努力追赶时代的步伐。

一、专注平台建设，创新技术成就核心竞争力

东方网力通过对视频监控管理平台核心技术的研究，持续挖掘平安城市视频监控行业不断出现的新需求，不断开发新产品，在应用软件开发、软硬一体产品的研发设计、产品持续创新等方面具备了较大竞争优势。建立了比较完善的符合ISO9001质量管理体系的产品研发流程，用以加快产品开发速度和提高产品开发质量。产品主要针对平安城市和公安行业开发，其分布式软件架构能够保证大规模视频联网的稳定性及兼容性，其基于统一软件架构开发的实战系列产品，在视频智能算法和视频云服务方面有了自己的核心技术，能够很好地满足公安用户的应用需求。

在历经多年的产品研发和项目实施后，东方网力提出了构筑“联网、高清、移动、智能”的城市级视频互联网战略发展目标，开展开放合作伙伴计划（OPP)，并相继推出了PVG 6.0和行业领先的基于Intel X86平台的混合式NetPosa NVR2000系列产品，支持从模拟到数字、从标清到高清的多种品牌的摄像机、DVR及视频编解码器等产品的全面接入。同时，基于统一的POSA软件体系架构，成功推出了PVG-Mobile移动视频监控系统、PVG-IVS智能视频监控系统和PVG-SSIP安防集成平台等一系列应用系统。在北京、重庆、深圳、西安都建立了多支研发团队，各研发团队将会依照各自的技术优势，开发符合公司的产品分布式架构的各种应用和软件。

东方网力深入体察行业用户需求，基于统一的POSA软件架构进行持续产品创新，结合对行业客户视频管理平台应用需求的理解和预判，制订了未来三年关键技术的创新方向，并作为上市后募集资金投资项目中的研发重点，主要包括智能图像分析技术、新一代安防集成平台技术、符合云存储特性的视频专用文件系统技术、嵌入式设计技术、移动视频监控技术，以保持公司在视频监控领域的技术优势。在智慧城市管理以及移动互联网领域未来会有很大的

发挥空间，公司也将积极寻求合作，和合作伙伴一起开拓新的市场。

二、总体布局营销渠道建设

针对目前营销网点覆盖率低、营销体系建设滞后和业务迅速发展之间的矛盾，东方网力在2013 年建立了覆盖更大范围的营销服务网络体系，整合现有销售网络资源，在全国重点省、市建设和完善营销服务体系，全面提升公司市场竞争能力及服务水平。在加强营销体系建设、扩大营销覆盖面的基础上，同时推出创新产品，积极探索在智慧城市和移动互联网的视频应用，以持续提升公司业绩。

根据公司总体发展战略，在未来三年内将按照行业特点的不同，整合公司现有市场资源，分步骤、按体系建立起覆盖全国的公司市场营销及售后服务网络，并逐步向海外市场发展。公司拟在北京、重庆、深圳、南京建设4 个一级销售中心，在市场潜力大并具备发展基础的重要省会城市建设9 个二级销售中心，在新开拓的市场建立 8 个办事处。未来将会继续专注于平安城市领域，持续加大研发投入并打造覆盖全国的营销体系，增强自身竞争力。与此同时，还将抓住市场机会，以技术渗透为先导，不断拓展其他行业和其他区域市场。

三、拓展企业内部管理新思维

为适应业务规模的增长，东方网力不断提高办公与经营的自动化水平，通过 ERP 和 CRM 管理信息系统以及存储管理软件来提升管理与工作效率。未来三年，公司人力资源发展计划将以适应公司中长期发展战略为核心，通过外部引进和内部培养相结合的方式，开展定期培训，提高员工素质，改善人才结构，建设一支专业化、职业化并与公司发展战略相适应的人才队伍，尤其注重培养和引进会经营、懂技术、善于管理的高级复合人才。且将进一步合理确定薪酬结构，建立长期激励计划，将员工的职业生涯规划和公司的发展规划进行有机结合，努力营造吸引人才、留住人才和鼓励人才脱颖而出的机制和环境，吸引和鼓励优秀人才为企业长期服务。

公司也将完成信息系统建设，包括办公自动化系统、财务管理系统、人力资源管理系统、客户关系管理系统、远程视频会议系统等，使公司的各项业务流程更好地适应管理的需要，提高各部门的运营效率，及时准确地传递信息，使公司业务的开展能够做到随“需”应变，从而大大提高市场反应速度，有效地提升公司的整体竞争能力。

四、注重品牌建设，促进员工发展

东方网力致力于建立专业化的市场形象，注重公司项目的口碑，赋予公司品牌创新和年轻的活力，加强和一流公司的合作，不断拓展公司品牌在智慧城市和移动互联网领域的影响力。公司每年为核心研发人员（至少 3 人）提供一周空闲的时间用以思考，鼓励核心研发人员通过学习新知识或对过往研发工作进行总结得到新的创意和灵感，实现技术贮备。同时，设立技术创意奖，鼓励培养技术人员的主观能动性。

五、业绩斐然

东方网力将把握安防行业高速发展的机遇，以平安城市发展为契机，可视化城市管理为核心，秉承“以人为本、先人后事，创业创新、拥抱变革，客户梦想、我们梦想”的企业宗旨，巩固和提升公司在国内平安城市视频监控管理平台的市场份额，确保公司在平安城市监控领域的领先地位和优质品牌形象，努力实现本公司成为“国内领先的拥有持续产品创新能力的视频监控产品和解决方案提供商”的总体发展目标。2013 年，东方网力实现营业收入 4. 37 亿元，同比增长 43. 07%，完成年初制订的 4. 27 的亿目标；全年研发投入金额 0. 51 亿元，同比增长 34. 05%。

富盛科技股份有限公司

富盛科技股份有限公司创立于 1993 年，总部位于北京市中关村丰台园，在全国主要城市设立分支机构，并在北京、成都设立专业研发中心。富盛科技主营业务为城市安全、智能交通、能源安防等领域提供解决方案、运营服务、运维服务及其他增值服务，是国内领先的图像系统服务商。富盛科技曾为北京奥运会、国庆60 周年庆典、上海世博会、广州亚运会、博鳌亚洲论坛等重大活动提供解决方案和运维服务，并因优质服务获得北京市奥组委、公安部、北京市公安局、宁夏公安厅等多家单位的50 余项嘉奖。

2013 年是富盛科技转型服务商的关键年，并在生产经营、科技研发、内部管理和企业文化建设方面取得了丰硕成果。

一、服务领域进一步拓展，市场优势进一步巩固

富盛科技在 2012 年成功完成首个 BT 项目后，2013 年继续拓展创新服务。

一是创新租赁业务服务。为了响应中央号召，富盛科技积极参与北京市启动的“蓝天计划”环保行动，获得北京市住建委的全市工地智能化监控系统服务项目。该项目是针对北京市在建的3000 余个工地进行实时监控，以防止工地施工所造成的环境和空气污染。公司主要为建筑工地提供设备租赁、安装调试、传输及软件平台服务，工地业

主定期支付租金，根据工地情况，可以按需要对安装的监控设备开展移机服务。此项业务要求富盛科技在设备选型、安装调试等方面走规范化、标准化的路子，设计安装简单、维护简单以及防盗、防拆装等功能，通过模式化的培训，保障服务质量和效率。

二是拓展运维服务领域。2013 年，富盛科技继续加大运维服务市场的开拓，在原有公安服务领域的基础上，拓展了地铁、民航、环保等服务领域，取得了一定的先发优势。运维服务对公司的经营贡献进一步提高，为公司成功转型到图像系统服务商奠定了坚实基础。

二、持续研发投入，巩固技术领先地位

多年来，富盛科技持续不断地大力投入研发，以获得不断领先的技术竞争力。目前，公司在北京、成都设立研发中心，专门从事图像系统软件平台研发，并能够深入公安、交通和能源等行业用户流程中做专业应用开发，以及针对用户特殊订制图像传输、交换等硬件产品，目前已获得百余项自有知识产权，先后获得工信部、科技部、国家发改委、北京市经信委、中关村管委会及丰台园管委会等多家单位的数千万科研基金支持。

在升级图像系统软件平台方面，2013 年，富盛科技将城市级超大规模软件平台由 1.7 版本升级到 2.0 版本，并成功应用于项目。同时，公司积极部署研发 3.0 版本，在基础架构和功能上满足城市级物联网系统部署需要。

在研发图像智能分析软件方面，富盛科技围绕图像系统智能化、移动化应用的方向发展和市场需求，积极储备相关技术并通过联合研发，成功开发出智能卡口系统、电子警察系统、车辆行人违反交通规则处罚系统，并已成功在北京市交管局实现商用，用户反应良好。

在订制研发方面，作为北京市公安局、北京市交管局、北京市消防局和多个区县公安分局的长期稳定的运维服务企业，富盛科技针对北京地区风沙大的特点，开发了应用于前端摄像机镜头清洗的专用设备，极大地提高了运维服务效率。同时，为了实现图像系统快速部署，公司开发了相应的软硬件产品，为公司成功转型为服务型企业奠定技术基础。

三、加强并细化全面预算，提升内部管理水平

2013 年是公司管理年，以加强全面预算管理，细化相关指标和考核为指引，全面提高公司内部管理。

首先，全力推进全面预算管理，细化工作计划指标。2013 年，富盛科技引进全面预算管理，将公司整体年度工作及计划全部指标化，从营销、项目管理、售后服务到研发、采购、生产等全过程业务，实行全面预算管理。同时，根据业务工作计划及其全面预算，制订公司管理及支持部门的工作指标，使全面预算涵盖公司所有部门，经过一年的推进工作，系统意识、成本意识得到全面加强，公司经营效果显著增强。

其次，导入 ITSS 服务标准，服务管理体系化水平明显提升。富盛科技于 2012 年开始尝试推进服务管理体系化水平的提升，通过多方讨论和研究，决定全面导入 ITSS 标准作为公司服务体系标准，从组织架构、人员配备、资源配置、技术手段支持到八大服务过程控制，严格按照 ITSS 标准执行，公司服务能力和客户满意度得到明显提升。

最后，运用信息化管理工具，提高办公效率。2013 年，富盛科技引入全新的自动化办公 OA 系统和 ERP 系统，公司物流、资金流、信息流全部通过网络实现。同时，推行移动办公，进一步细化业务权限管理，过程控制可通过移动终端进行管理，全面提高公司办公效率。

四、以争优创先为引导，有效保障企业高速发展

企业文化是公司长远发展的基石，一个好的企业文化能够弥补企业高速成长过程中管理和机制的不足，富盛科技一直坚持以人为本，倡导钻石服务理念，鼓励争优创先，有效保障了公司近几年来高速发展的需要。

一是创立节能小组，引导员工建立节能环保意识。2013 年，富盛科技成立了环保节能委员会，在各部门指定节能大使，负责本部门的环保节能工作。该项工作开展后，各部门环保节能意识普遍增强，比如要求开会提前 5 分钟到，照明以可用就行，注意空调节能，纸张二次利用等等，很多体现环保节能的行为在公司逐渐成为习惯，既促使员工建立环保节能意识，也帮公司节约了部分运营成本。

二是鼓励争优，引导员工树立积极向上意识。富盛科技每年评选优秀员工、先进干部、先进管理者和优秀团队，优秀员工奖励现金，先进干部和先进管理者奖励培训基金，优秀团队奖励拓展训练，不以金钱激励为第一目的，帮助管理干部和员工加强学习，树立积极向上意识。

三是加强品牌建设，凝聚企业文化内涵。2013 年富盛科技创立 20 周年，发布了全新的企业品牌形象，赋予品牌钻石服务、双百服务内涵，通过北京安博会、北京保博会、《中国安防》、《北京安防》等平台不断诠释企业文化的使命、愿景、核心价值观、企业精神和服务宗旨等，以品牌凝聚企业文化，让品牌成为传播企业文化的载体，为实现企业愿景目标提供最大化的无形价值和品牌影响力。

2014 年，富盛科技将其定义为钻石服务元年，公司将积极加强品牌建设，大力推进全面预算管理，建立适应公司业务发展需要的激励机制，深化技术创新建设，创建服务型企业，为实现领先的图像系统运营商目标而竭力奋斗。

广东安居宝数码科技股份有限公司

广东安居宝数码科技股份有限公司位于广州市高新技术核心基地广州科学城。作为一家集研发、生产、销售、服务于一体的高科技企业，经过多年的稳定发展，安居宝已成长为具有较强自主研发和技术创新能力且经营业绩稳定增长的上市公司。公司产品包括楼宇对讲、监控、线缆、停车场系统、智能家居等，目前在全国各地建立了 110 多家直属销售服务网点，是国内社区安防领域及智能家居领域最重要的集成生产商之一，市场占有率和销售量名列前茅。

2013 年，安居宝在产品技术创新、营销策略以及资源整合上做出了突破性创新，不仅收获了预期中的市场份额，同时也巩固了安居宝楼宇对讲的领头羊地位，

一、产品及技术创新

2013 年，安居宝在产品研发和技术革新方面呈现三大亮点。一是，数字对讲产品采用 POE 供电，借助一根常规网线在传输数据的同时给设备供应电力。由于每个设备只需要一根网线连接，因此布线更为简单和便宜，能与标准以太网和快速以太网标准架构无缝集成。二是，在可视对讲产品开发上，公司除了开发出传统的标准清晰度的产品外还针对高端住宅小区的应用研发了高清晰的楼宇对讲产品。全面地满足了各个社会层次和业主的需求。三是，在智能家居方面，已经实现 WIFI 等无线方式智能家居产品的量产。

安居宝新产品和新技术的开发都是针对客户的应用需求而定制。从产品应用到安装需求，都会根据客户需求而发展，包括安居宝带来的高清可视对讲产品和网线供电的可视对讲产品，都是根据市场的特定应用需求而定制。随着未来楼宇对讲、社区安防以及智能家居技术的发展，以及物联网、云计算的应用和移动互联网的广泛使用，公司未来会生产和研发更多的多样化的产品。

二、“降价潮”营销战略，进一步提升市场占有率

2013 年，安居宝率先在行业内采取降价手段，对低端产品进行降价，降幅达 10% ~15%。这一举措引发楼宇对讲行业的“降价潮”，成功实现了既定战略目标，迅速抢占了大量的市场份额。产品降价后，带动了公司高端产品的销售。工程商接到各种工程，有的可能要求使用高端产品，有的要求使用低端产品，公司产品降价，能吸引更多新的客户。同时，公司对智能家居产品进行了高中低的系列划分，使得产品的销售更有灵活性，在行业内占有较大的先机。

公司考虑到营销服务网络的优势，对一些中低端产品进行了主动降价处理，从而带动了配套产品、高端产品的销售。降价产品占公司总产品的量大概是 1/3，这些降价产品是竞争对手的主流产品。由于公司产品针对的是专业细分市场领域，不像其他消费品降价会对品牌产生负面影响。从价格战实施的情况看，其给公司带来了积极的正面影响，具有十分积极和明显的综合效应。

三、整合资源，提升竞争力

2013 年，安居宝经营业绩的高速增长除了过硬的产品技术和质量之外，还和企业整体品牌推广战略息息相关。安居宝通过提高品牌影响力和扩大营销服务网络，促进安居宝产品市场份额得到快速提升，实现整体经营业绩同比高速增长。

从单一产品到综合解决方案，安居宝公司以楼宇对讲市场的绝对优势，带动其他业务品牌的建立和推广。同时，通过发挥公司品牌、资金、营销服务网络的优势，整合配套资源所带来的成本优势，创新的营销策略等综合优势，进一步扩大规模效应。在市场发展战略规划中，安居宝公司产品已由楼宇对讲延伸至线缆、监控、停车场系统等产品，将楼宇对讲管理融合到一卡通整体平台管理体系中，实现门禁电梯、停车场等门禁一卡通应用平台融合楼宇对讲发展的新趋势。这也是安居宝的发展方向——社区安防整体解决方案。社区整体解决方案，不但可以为用户提供一站式的服务，大大简化了整体工程程序、节省时间，同时也有利于系统售后服务的工作开展，面对整合发展的市场规律，社区整体解决方案在行业中有着先天的竞争优势。社区整体解决方案已成为安居宝强有力的整体竞争力之一。

积极拓展智能交通业务，自公司控股子公司安居宝智能成立以来，不断加大研发的投入力度，产品线得到了进一步完善和丰富，除原来停车场系统产品外，还增加了摆闸、翼闸产品。这些产品除可以用在小区内，也可以用在小区外。通过发挥公司的品牌、营销服务网络的优势，未来这些产品的空间会更大。公司在现有的停车场系统产品基础上，研发了城市停车引导系统和城市咪表停车收费系统。只要是安装公司的停车场系统产品的，通过互联网，就可以远程实时查询公共区域停车位信息。如果没有安装公司的停车场系统产品，公司也可以通过在原停车场系统加装公司研发的感应器进行低成本改造，达到通过互联网远程实时查询公共停车位信息的要求。此外，公司将利用资金优势，运用多种、灵活的经营方式，与项目公司进行合作，建设运营城市咪表停车收费系统。目前，公司的这些产品已经做好，正在进行软硬件测试。从市场反馈情况看，比较积极，将成为公司未来一个新的利润增长点。

借助品牌优势，深挖市场占有率。除了发挥既有的渠道和品牌优势，安居宝还采取了一系列面向内部和市场的策略提高市场占有率。在内部，安居宝推行多年来形成的

一套较为完善的业务提成机制，通过激励政策充分调动销售人员开拓市场的主观能动性。

杭州海康威视科技股份有限公司

刚刚过去的2013年，安防产业发生了重要变化，也迎来了百亿中国安防企业，杭州海康威视科技股份有限公司站在了新的起点，与产业共同开启安防百亿时代。

2013年，海康威视顺应时代需求，在新技术、新应用方面再次有创新性的突破，在巩固行业市场领先地位的基础上，率先在民用安防市场领域迈出了实质性的一步。

一、产品和技术的持续创新

2013年，海康威视在业内首创“微智能·大智慧”的Smart IPC，将Smart这种全新的监控理念引入视频监控行业。创新的Smart Codec（智能编码）技术、强大的Smart Detect（智能侦测）技术和先进的Smart Control（智能控制）技术，三者有机结合，根据用户实际监控需求提供最为简洁实用、简单易行的智能监控服务。此外，对高清进行全面升级，完善模拟高清、网络高清、数字高清等全面高清产品线，并推出了经济型高清的系列产品方案，给高清普及提供了坚实的基础。

海康威视在云计算、云存储、物联网等前瞻技术方面实现了很好的积累，有力推动了H.264向H.265的升级，在4G移动监控、智能视频分析技术研发和实战应用以及行业应用平台软件等方面均实现了重要突破，继续引领产业发展。

在平台软件技术方面，海康威视完全是自主研发。一方面，针对各行业应用的特点，推出了行业平台软件，同时每个行业针对行业不同的业务需求形成细分子平台产品；另一方面，采用平台组件化、模块化、标准化的方式，提高平台软件模块的标准化和可维护性，从根本上提高各行业平台的稳定性和可靠性，提高平台的开发效率。

在视频云存储技术方面，海康威视能够满足海量视频图像存储管理的需要，相较于常规存储技术具有更好的灵活性、稳定性、扩展性、可靠性等方面的优势。

在大数据技术方面，立足于全球计算领域中成熟的云技术，海康威视自主研发出大数据处理平台，大幅度提升了海量视频、图片和数据的检索能力，能更加高效地支撑行业业务的应用。例如，在平安富阳项目中，如采用常规数据库技术，在上亿条数据中查询往往需要大量时间，但通过海康威视的大数据处理平台，可实现秒级查询。

在智能视频分析技术方面，海康威视掌握了智能视频分析技术方面的核心技术和自主知识产权，包括人脸识别、行为分析、视频浓缩播放、视频质量诊断、识别身高年龄、车牌识别、车型特征识别等。这些技术有助于将视频图像这类非结构化数据转化为结构化数据，为视频图像的快速检索和应用提供了条件；也有助于视频监控系统的智能化运维和管理，提升系统的利用效率。

二、行业深入细分，完善行业垂直化服务体系

海康威视垂直化服务体系以用户的应用需求为导向、以数据整合为契机、以新技术为龙头，不断丰富应用，丰富用户实践，使得用户的应用从需求发现到需求设计、需求实现、需求维护形成一个全新的垂直化服务体系，更快捷地响应客户的各种需求，为客户不断创造新的增值价值，这是垂直化服务体系的灵魂。

2013年，海康威视在行业解决方案方面取得了快速发展，同时也一直在探索更好的机制和模式，行业垂直服务体系是海康威视向解决方案提供商战略转型过程中的重要举措。

在各细分行业，海康威视（基本）完成的重要项目有：长沙“天网工程”，2.6万只高清摄像头全天候监控，是全国第一个采用全高清规模建设的安防系统；济南大明湖景区视频监控项目，200多个高清监控点，实现对景区重点部位实时轮巡和全天候录像；海关总署同步录音录像系统集，为全国共计18个直属海关缉私局、110个隶属分局/缉私科提供整套解决方案；中石化广东石油分公司加油站/油库视频监控联网项目，完成近3000个加油站、40个油库部署视频监控设备（DVR与摄像机），顺利实现对全省加油站及油库的统一集中管理；湖南大学建成全国首个高校业务实战、智能深度应用的安防系统，列“全国首届平安校园建设优秀成果评选”第四、湖南第一。

三、从行业到民用

海康威视实现持续快速增长，主要源于两方面：一是安防视频监控正从传统的安全防范领域向业务管理等新领域纵深发展，亦可称为安防进入IVM（智能可视化管理）时代，即满足安全和业务管理的双重需求，这将带来进一步的成长空间；二是安防从行业应用市场向民用市场快速普及，从而带动安防行业实现二次质的飞跃，即依托于移动互联网的小微企业和家庭用户微视频应用（B to C），将出现爆炸式增长，并成为监控应用的主流。

较早以前，海康威视关注到，在中国有3000多万的小微企业、4.2亿家庭、10多亿个人，这是一个巨大的市场空间。海康威视认为，在互联网尤其是移动互联网时代中，小微企业、家庭、个人的安全和视频应用，是品质生活的内在需求，是一种数字生活方式变革。也正是基于这样的战略分析，海康威视于2013年启动了以“微视频应用”为

核心的萤石（ezviz）互联网业务，涵盖远程关爱微视频服务平台、互联网系列产品（摄像机、硬盘录像机、视频盒子、报警盒子）、视频云存储服务等，支持合作伙伴用好微视频，满足用户日益丰富的安全微生活需求。萤石希望成为大家生活的真正好帮手，正所谓“安全生活，用萤石”。“萤石（ezviz）”品牌的建立，是海康威视转身互联网服务商角色的探索，更是视频监控行业在民用领域开拓蓝海的一次积极尝试，越来越多的厂商和客户开始关注这个领域。

四、加速国际化布局

走出去、活下来并发展壮大，是大多优秀中国安防企业的梦想，作为其中的杰出代表，海康威视在 2004 年就提出国际化的战略，同时，更加注重品牌形象建设。

早期，大部分的国内公司包括海康威视都是做 OEM、贴牌生产，营销做得比较少，海康威视在 2007 年开始调整海外市场策略，走自主品牌道路，并逐步建立自己的海外营销体系。目前，海康威视已经在海外成立了十余家分支机构，以后还会继续在国外投资建设自己的机构做海外的销售和服务，将市场拓展到全球。

在全球经济一体化的过程中，原来的国际贸易、营销体系正在被打破，新的格局正在处于快速变化中。这几年来，海康威视在海外展会都是特装，一般都是把自己放在国际大公司的展会里面，这也是向全球客户传递海康威视的国际形象。

通过几年的努力，海康威视的国际地位正在不断提升。根据 IMS2013 年的调查，海康威视居全球视频监控第一位，DVR 产品蝉联全球第一，监控摄像机第 3 位（其中模拟摄像机和百万像素网络摄像机跃居全球第二），VMS 第 5 位（中国第 1 位）。与此同时，品牌美誉度也得到快速提升，如 Security World 公司 CEO Karanja Njama 在“第三届东非安防研讨会”开幕式致辞时，高度赞扬了海康威视作为一流的安防企业对东非市场的支持，未来，Security World 将继续把“海康威视”作为唯一品牌，加大在金融、教育、交通等领域的合作。

杭州中威电子股份有限公司

杭州中威电子股份有限公司成立于 2000 年，是浙江省高新技术企业、软件企业。公司是国内专业数字视频传输、控制领域第一家创业板上市公司，也是中国安防知名品牌、浙江省著名商标。中威电子专注于数字视频通信领域产品的研发和生产，秉承“创新成就梦”的理念，从 2000 年到 2005 年，公司在国内率先推出全列数字视频光端机产品，并带动了国内视频光端机行业的快速发展。2006 年以后，公司最具创新的“VAR 光平台”产品全面推向市场。2013 年，以第四代“VAR3S 高清数字视频综合平台”为核心，为高速公路、平安城市、智能交通、金融监控等领域提供专业化行业数字视频联网监控整体解决方案。

2013 年，中威电子紧紧围绕“以人为本、安全第一”的主题，以“重大责任事故为零”为目标，制订了年度安全生产工作方案，将安全指标分解到部门经理和小组组长，将责任落实到人头。通过组织员工对生产流程进行安全性评价及危险点预控和缺陷自查，收集合理化建议和安全隐患，公司安全委员会对查出的安全隐患进行了层层落实，对暂时无条件消除的缺陷制订了可行的防范措施，全面确保安全生产工作。

2013 年公司通过制订方针和承诺、规划实施、自我评审和改进，建立健全环境体系认证标准，确保公司在全力发展的同时，遵循环境保护，承担社会责任。同时，公司深入开展质量活动，继续加强品质异常巡查处理，工作制度、流程均按照质量体系流程实施。在公司内部建立健全的品质异常处理与纠正预防措施，要求所有岗位的员工注重细节，无论是产品的生产还是服务都更加规范化、程序化、制度化，确保公司从产品到服务保质保量。公司不仅通过了环境管理体系认证审核，质量管理体系运行也得到了评审单位的充分肯定。

2013 年，中威电子被《福布斯》中文版评为“2013 福布斯最佳潜力企业”，3 月被评为“2012 年智能交通科技创新型企业”，5 月被评为“2012～2013 年度中国智能交通推荐品牌”……此外，公司研发中心工程师秉承创新思想，仅今年就成功取得 8 项软件著作权，获得 2013 年光平台管理软件金奖，计算机信息系统集成资质三级证书，是浙江省软件协会常务理事单位，并且成功取得了浙江省安全技术防范行业资讯等级二级证书。

2013 年，中威电子为提高内部员工的专业技术知识，安排市场部与产品部工程师每周开展专项培训，讲解产品性能，剖析应对方案，确保客户在任何环节都能得到专业的服务。每月月初月末，人力资源部门举办新员工培训工作，帮助新入职员工更快更好地了解、融入公司。公司对直接为客户提供设计方案、配置清单的售前技术支持工程师提出了更高要求，年中进行了职称评审及技术售前岗位技能鉴定，敦促职工不断学习，以更强的技术能力为客户提供更优质的服务。

2013 年，中威电子应市总工会完成“新杭州人文化家园”建设号召，进一步推进公司企业文化建设，创建“中威电子新杭州人文化家园”，相继成立了“中威电子职工学校”、“中威电子职工俱乐部”以及“中威电子职工书屋”。从“中威电子新杭州人文化家园”成立到“中威电子职工学校”，根据职工的学习需求相继举办数十次针对不同方向和目标的学习培训内容，为职工知识和技能的提升起到了强大的推进作用；此外本年度“中威电子职工俱乐部”相继建立羽毛球、篮球、骑行俱乐部，平均每周都有相应文体的活动，工作之余的活动，不仅增强职工体质，而且也增强了同事间的沟通了解与友谊，获得广大职工的喜爱和欢迎；“中威电子职工书屋”经历了职工喜爱图书调查、捐赠以及信息化借阅管理等筹备工作，书籍的种类与数量都在逐步增多，满足职工的不同阅读需求。

中威电子为进一步推进公司管理与文化建设，全面提升企业核心竞争力，以管理科学、质量过硬、服务优质、客户满意为核心目标，建立企业宣传栏。栏目涵盖市场、工程、质量、客户等方面，有剖析在竞争激烈的行业中如何稳固市场、开拓项目如何针对实况设计方案，技巧性维护客户关系的“市场万花筒”，万花筒照出营销中心酸甜苦辣；也有汇集售后服务的辛酸体验、实际问题解决方法的“工程现场直击”；还有涉及质量相关的各个方面内容的“盘根错节”，配合质量活动，形成一上传下达的质量文化通道；另外，传达客户对公司产品的使用反馈、需求、服务的感受等心声的“千里传音”，将公司内部的工作所获得客户的满意度做一个全面直白的展示，更是敦促职工注重工作质量的窗口。企业宣传栏以结合实际工作、由点及面，以小案例、小视野反映大思想、大目标为宗旨，反映公司员工拼搏奋斗积极向上的精神面貌，揭示和传导公司管理理念和核心价值观，推动企业管理的良性发展。2013 年 3 月，公司内刊《中威人》季刊创刊。内刊是企业文化的缩影，是企业文化的外化表现形式，也是企业信息上通下达的沟通渠道和舆论宣传阵地。作为一个文化平台，满足员工展示自己才华及学习交流的需求。公司为此成立了内刊编辑小组，每期出刊后的“满意度调查”是了解当期内刊内容、排版质量最直接的手段，评选当期最受欢迎的文章，收集读者建议意见，调动员工参与的积极性，也是对投稿者的一种鼓励。

2013 年，公司成立了“中威梦 · 基金”，梦基金的第一笔启动资金由董事长石旭刚先生的捐助及中威 2012 年年会筹集的款项组成。梦基金给员工的不仅仅是一笔在危难时可以寻求帮助的资金，更是一颗企业关爱员工的心。董事长石旭刚先生承诺每年会根据企业利润为梦基金注入一笔资金，这一笔爱心的财富，不仅可以在内部员工困难之时给予帮助，也是继续“彩虹计划”传递爱心的资金，企业秉承“取之社会，回馈社会”的责任心，为贫困儿童圆读书梦。

河北安防报警网络有限公司

“安全防范，止于未然”，这是河北安防报警网络有限公司多年来一直坚持不懈的理念。为实现“防范于未然”的理想，河北安防以技术为手段，以服务为根本，以环境为依托，秉承着“创造安全、成就和谐”的企业守则，立足自身、博取百家，逐步由提供基础安防产品服务的企业转化为网络化、数字化、智能化综合型安防服务的现代化企业。河北安防作为中国安防百强企业，在 2013 年度被评为中国报警运营服务优秀企业、中国安防报警服务业三十强企业、“平安城市”建设优秀安防工程商、2013 年度中国报警运营服务优秀企业、安防工程设计施工维修优秀工程商单位。

河北安防成立十几年来，致力于河北省安防事业的发展，积极满足社会各界的安防需求，努力配合社会安全防范、打击犯罪工作的开展。迄今为止共接到报警八十万余次，成功制止各类案件两万余起，为社会挽回经济损失合计约 3 亿元，对维护社会治安防范做出了应有的贡献。为更好地开展安全防范工作，河北安防（总部位于石家庄）先后在邯郸市、廊坊市、沧州市、承德市、保定市、张家口市、秦皇岛市成立了分公司，最大限度地、全身心地投入中国安防行业的发展与进步，竭尽所能地服务于社会大众。

河北安防作为服务型企业，服务质量是企业生命，科技是能量。没有先进的科学技术，企业就缺少前进发展的动力。没有良好的服务质量，企业只有走向末路。河北安防始终注重提升企业服务质量，贯彻用户至上、热情周到的服务宗旨。同时，致力于安防信息系统的研发工作。

一、立足自身，博取百家——以科技开拓市场，以用户需求为己任

随着市场客户需求的多元化，河北安防不断转变经营思路，拓宽行业用户面。通过技术手段与方案将安防产品应用于管理工作，为用户节约管理成本，让用户切身体会安防服务为其带来的效益。不断增大安防系统运用于医疗、农业、环保、食品、药监等民生行业的广度与深度。想用户之所想，做用户之所需。

在公司 18 年的发展经验积累的基础上，通过不断摸索与尝试，2013 年自主研发了综合支撑业务平台，包括安防设备故障诊断子系统、用户现场环境综合资料子系统、用户维保资料与投诉历史记录子系统、用户风险评估子系统、安防财务管理系统等信息管理平台；并建立了综合共享数据库，在有效解决公司发展实际需要的同时，提升了公司管理水平和信息系统应用的水平，其中安防设备故障诊断子系统、安防财务管理系统已申请计算机软件注册权。

河北安防作为国内安防行业领先的综合性安防服务运营商，华北区域领先的安防应急维抢修中心、弱电系统集

成商，利用在固定目标与GPS联网报警监控领域的丰富运营经验和成熟的专业技术，在各地开展的平安社区与农村、打击入室盗窃与盗抢机动车，金融机构安防设备改造等方面取得了可圈可点的成绩。公司大力推广网络报警主机、网络数字高清监控视频复核解决方案，为百胜餐饮集团（下辖肯德基与必胜客等）、家乐福、乐购、安利、卡特彼勒等世界500强商贸与制造企业，为万达集团、新奥集团、邯钢集团等国内名企，为各类普通门店提供了固定目标联网报警监控、机动车GPS联网报警的警情监测与转发、系统应急维抢修服务。这加快了警情响应速度、避免了通信技术原因漏报，大大地提升了用户使用满意度，降低了企业的经营风险。

二、以人为本，诚信做事——科学化的企业管理理念，一站式的专业服务模式

高素质的企业团队，科学的管理制度，专业的服务模式，是企业稳步快速发展所必需的。河北安防始终注重对员工的培养，以人为本，为员工搭建自我提升的平台，定期开展“公司管理层公开竞聘”、充分调动全体员工的积极性和创造性，能者居之。管理团队的建设采用“管理层互评沟通机制”的有效沟通机制，同时举办“员工座谈”等活动，保障公司内部水平上下沟通反馈机制顺畅，公开、公平、公正地进行科学化管理。使员工树立“安防是我家”的主人翁意识，加强企业凝聚力。河北安防的发展，要靠公司每一个人诚信、认真、苦干、创新。河北安防的壮大，需要凝聚每一个人的智慧。

同时，公司吸取多家优秀企业先进管理理念及办法，学习成功名企的管理案例，结合公司自身特点与优势，创建适合自己的管理模式。形成具有河北安防特色的科学的采购与库存管理流程、方案设计与施工工艺规范、市场销售服务规范、消费者服务满意度评价体系及一站式服务模式，并在实践中受到用户一致好评。客户满意是河北安防一切工作的动力。

服务是安防系统集成的最高级阶段，不断提升用户消费满意度，保持用户连续使用率，是安防报警运营服务企业生存与发展的立身之本。公司十分重视服务质量的提升与优化，不断完善投诉处置与损害赔偿机制、加强客服人员素质培养与专业培训、加大报警服务质量监管力度、拓宽顾客满意度调查广度。开展“安全质量服务月”等活动，激发内部服务意识，提升公司对外服务质量。

服务是企业发展的根，只有根深，才能叶茂。河北安防将本着热情、礼貌、周到、耐心的服务工作态度，一如既往地投身于安防行业，不遗余力地服务于创建和谐社会事业。

金鹏电子信息机器有限公司

金鹏电子信息机器有限公司成立于1995年，是广州金鹏集团有限公司的全资子公司，专业从事城市信息化系统建设、管理和运营方面的方案设计、产品研发、集成销售和运营服务，为政府、行业、企业等用户提供全新的智慧城市解决方案和完整的数字化城市业务支撑体系。公司总部设在广州，并在武汉、南京、成都等地设置了分支机构，建立了覆盖全国的营销及服务网络。

金鹏电子是拥有多项资质认证的中国安防五百强企业，自主研发的核心产品已获得业界认可并多次获奖，具有较强的市场竞争力。同时，金鹏还拥有丰富的大型安防项目运作和建设经验，拥有较强的大型工程项目承接能力。

2013年，金鹏电子在技术、市场、管理、企业文化等方面持续创新，使企业始终保持活力，在激烈的市场竞争中保持领先地位。

一、技术创新

金鹏电子注重数字城市的基础技术研究，积极参与相关技术及行业应用标准的制定和实施，同时还在物联网、智慧城市等新兴领域开展前瞻性技术研究，提升企业的技术研发能力和核心竞争力。2010年金鹏电子就成立了广东省中小企业创新产业化示范基地、组建广州市数字城市支撑系统工程技术研究开发中心、广州市企业技术中心，2011年获得创新型试点企业称号，2012年组建了广东省数字城市应用支撑平台工程技术研究开发中心并获得广州市重点软件企业称号。目前，金鹏电子已成为数字化城市和通信领域的知名企业。

金鹏电子每年从销售收入中按照一定比例提取经费投入到科研开发中，引进国内外先进技术和设备，改善科研和试验条件，加强产品研发能力。研发投入逐年增加，达到年度销售额的4% ~5%。

目前，金鹏电子已有专利及软件著作权上百项，并先后承担国家、部委及省市项目几十项，有多项成果获得国家和省市的科学技术奖励。金鹏电子十分重视技术创新，通过技术创新不断提升产品的科技含量，并使多项技术应用在创新方面处于国内领先地位。金鹏电子有数十项自主研发的产品被认定为广东省高新技术产品。

二、市场能力的持续提升

金鹏电子紧跟国家智慧城市的战略发展规划，积极参与了武汉江岸、成都温江等优质“智慧城市”项目的总体规划，在广东、江苏、陕西、湖北、海南等省中标了众多平安城市、智能交通、智慧城管等项目，协助当地政府完成职能转变和管理创新，实现城市运行、城市公共安全、社会管理、电子政务、公共服务以及经济运行方面的资源整合、信息共享、高效服务，进一步彰显了金鹏电子在协助政府向智慧型、服务政府转型方面的能力。

三、提升企业管理水平

金鹏电子在企业内部不断倡导创新精神，激发员工的创新意识，引导创新方向、鼓励创新行为、努力提升创新能力。在实际工作中优化组织结构，精简重复职能，集中整合现有的资源，注重依靠核心竞争力，不断提高市场竞争优势，并努力夯实基础管理，讲求管理的精细化、科学化、程序化、规范化和制度化。企业已通过ISO9001质量管理认证、ISO14001环境管理体系认证、OHSAS18001安全体系认证，旨在对供应商、研发和生产各个环节进行严格有效的科学管理，为产品提供有效的质量保证。

四、企业文化建设

金鹏电子坚持以人为本的企业文化，始终把人才工程放在企业发展的首位，为员工创造展示才能、提高技术水平的工作环境，充分发挥每个人的潜能。金鹏电子为员工自由创新提供了一个开放的平台，每年拨出公司总研发费用的5%作为自由创新项目基金，并实行专款专用。公司还制订了奖励机制以鼓励员工勇于提出新项目的建议，参与公司的决策活动。经技术委员会评审同意立项的项目，按照公司制订的自由创新项目管理制度进行管理。

为了提高技术人员的工作热情，促进产品的开发、生产和销售业绩，技术中心将产品效益与员工收入挂钩，并根据岗位职责预提目标奖金的10%～30%作为项目风险金，当项目成功结束时再予以归还，超目标完成任务还能获得更多的奖励。根据产品开发人员的工作性质和特点，公司还设立了月度奖励和项目奖励，公开奖励结果。

金三立视频科技（深圳）有限公司

随着高清化、智能化、行业化成为安防市场的热点，金三立视频科技（深圳）有限公司对行业需求进行了长时间的、深入的了解、调研、分析、总结，确立了打造高清监控综合解决方案先锋的发展方向。持续的研发投入，准确的产品定位，专业的解决方案，使金三立2013年在高清化、智能化、行业化的变革发展中处于行业的领先地位。

一、夯实内功，研发实力再上台阶

2013年，金三立加大了研发投入力度，与国际咨询管理机构合作，秉承IT化流程管理，全面规范研发流程化管理体系，目前已通过国际CMMI3体系认证，标志着研发管理水平达到新的高度。在规范的研发体系下，金三立深入行业发展，确立了“基于‘云存储’的综合视频监控系统”、“基于高清的智能监控系统”、“基于行业解决方案的综合管理平台”的三大研发方向。有效的研发管理，使得金三立在视频图像处理技术、超大码流网络传输技术、海量存储检索技术在业内处于领先地位，并且在多项技术领域获得国家发明专利、实用新型专利、外观设计专利等证书。2013年，金三立扩充研发力量，组建优秀团队，打造了一支攻坚克难的生力军。优秀团队包括模拟视频技术专业团队、数字视频技术专业团队、嵌入式系统软硬件专业团队、行业应用软件专业团队、软件工程测试专业团队等。

二、持续改善，产品品质全面升级

金三立运用核心技术，以产品为中心，行业为导向，遵循ISO9001质量管理体系，持续改善产品品质，做到产品指标上乘、外观精良、质量过硬。金三立注重品质与效果，2013年对专业的光学实验室、可靠性测试实验室、设备老化测试实验室全面升级，先进的硬件设施，为产品研发提供了有利支撑。公司引进产品生命周期管理（PLM），施行5S现场管理法，并配合企业资源规划（ERP）软件，使得产品品质管理更科学、更高效。2013年，金三立对产品进行全新设计，多款产品取得自主专利证书，品质更显高端大气；对产品性能进行优化，保证产品在图像质量、色彩还原、网络延时等方面做到优异表现。2013年，金三立完善产品线，推出符合市场需求的高中低档产品，给用户更多的满意选择；针对行业特性，推出了高速公路专用监控产品、轨道交通专用监控产品等行业化产品，使得行业化的专业性更进一步。

三、深入行业，解决方案贴近需求

2013年，金三立重点部署了平安城市、地产行业、智能交通、监所行业解决方案，贴近用户实际需求，真正能够带给行业用户应用价值。在平安城市方面，金三立的解决方案特点具有百万高清、高效智能、全面兼容、云存储和扩容简单等特点。金三立通过全面高清应用、智能分析应用、多厂商设备集成与融合和大系统平台联网，真正为平安城市建立一套全方位、立体化的城市安全防范体系。在地产行业，金三立解决方案具有系统灵活、经济实用、架构简单、综合管理等特点，适用于各类大、中、小型不同规格项目，扩展性强、系统搭建简单、操作简单，可以将多系统业务融合。在智能交通方面，金三立的解决方案具有信息化、智能化、全局化等特点：智能交通各子系统之间信息密切配合，提高交通运输效率；通过智能交通事件分析服务器，提前判断各种交通违法行为。在监所行业，金三立的解决方案具有便捷、高效、智能等特点：通过统一的平台客户端，统一管理和集中查看所有安防子系统业务，提升管理便捷性；灵活的预案管理实现各系统间轻松互动，确保紧急情况得到高效的处理；实现不同等级事件预警及报警联动，提高监狱系统的易用性、安防应急水平和监狱管理水平。

四、技术创新，云存储迈入应用

随着高清监控时代的来临，产生了越来越多的海量视频数据，发展云存储技术成为解决安防大数据存储问题的关键。2013 年，金三立云存储技术更加成熟，为迈入应用阶段打下基础。我们以平安城市为例，金三立云存储的解决方案是在市局和省局之间建立云存储数据中心，所有的前端数据都存储在数据中心，无论是派出所还是市局、省局都能轻松查看，实现全省监控大联网的同时，大大节省了存储空间。此外，可对每一级的人员设置不同的权限，保证数据的安全。

金三立平安城市云存储系统采用了最新的数据分离技术，将元数据和录像数据分离，元数据通常包括文件名和文件类型等，用户根据文件名可以快速查找到所需信息。对于像平安城市这种大规模的监控系统来讲，这点可以有效地提高效率。

金三立还为平安城市实现节能环保。轮询节能技术将存储设备分组，并按顺序轮流存储，轮到的那组设备才工作，其他的进入休眠状态。这样可以极大地延长存储设备的使用寿命，节能 29%，成本降低 32%。

金三立云存储系统突破传统存储方式的瓶颈，让海量存储成为可能，成功解决高清存储难题。而且更容易扩容，更易于管理，成本更加低廉，更为重要的是金三立还可以针对不同行业不同需求的用户做到量身定制，为用户提供最优质的服务。

永不停止的科技创新是金三立网络视频监控始终领先市场的不竭动力！金三立将以设计和制造世界一流产品为目标，不断为用户推出更多优质产品。金三立将打造成为高清监控综合解决方案先锋，以实现金三立创业者和所有金三立人孜孜以求的美好愿望！

泉州宏泰科技电子有限公司

泉州宏泰科技电子有限公司成立于上个世纪 90 年代初。20 多年来，宏泰科技始终坚持走技术创新、品牌发展的道路，不断推动企业升级，已发展成为一家集国家标准起草单位、安防十大创新品牌、安防十大民族品牌、市场占有率十佳品牌、平安城市建设推荐品牌、中国防盗报警行业十大品牌、海西安防行业技术领先企业等荣誉于一体的中国安防百强高新技术企业。

宏泰科技安防产业园位于海西中心城市——福建泉州，占地面积 30 亩，建筑面积 40000 多平方米，有科研楼、精装车间、精密数控车间、注塑车间、五金冲压车间、SMT 车间、组装自动流水线车间等花园式厂房及生活设施配套齐全的员工宿舍、食堂、休闲、健身场所。生产资源涵盖安防产业链上下游主要环节，制造精细化、高品质的安防产品，也可为客户的需求量身定制（OEM、ODM），未来将成为中国安防产品的重要生产基地。

一、建立协同研发中心：技术创新的源泉，产业升级的保证

为抢占发展先机，宏泰科技建立了华侨大学 & 宏泰科技智慧安防研发中心，为科技发展注入“源头活水”。宏泰科技以这一研发中心为平台，建立云计算、物联网、智慧安防等研发部门；组建以博士、教授级高级工程师等安防专家为核心的研发团队，开展安防科学研究，探索产业前沿技术，取得了多项自主知识产权的核心技术，使宏泰科技的产品在行业中保持领先地位。2013 年更是推出了第三代报警视频联动系统、云服务平台等安防系统平台。

二、特色防盗报警产品：报警视频联动系统

防盗报警视频联动解决方案，除实现了“探头站岗、鼠标巡逻、报警看得见”外，还有如下特色优势：一是突破传统，报警看得见。传统防盗报警器只能传送报警信息，无法观看到警情现场，传统视频监控系统产生的海量视频信息，查找、取证困难。宏泰科技可视化报警系统，报警时联网中心同时弹出报警信息、现场视频、对讲喊话、电子地图等信息，以供值班人员快速作出判断，迅速启动处警预案。二是实时在线，IP 自动锁定专利技术。传统防盗报警器常常因电话/GSM 故障，造成接警中心无法提示。传统视频监控因为动态 IP，远程视频经常无法观看。宏泰科技可视化报警系统，PSTN/GSM/GPRS/CDMA/ Internet 多网互联互动，数据相互备份。无需域名等第三方服务，IP 自动锁定（专利技术），网络实时在线，网络故障中心立即告警。三是五级防控、无级联网。多途径转发（IP/MODEM/SMS）可以管理中心，派出所，县、市公安局，省公安厅平台，实现五级防控、无级联网。采用多级电子地图，包括城市地图、小区地图、单元楼图、房间结构图，可以明确报警位置，提高处警速度。多种报警预案，运营商可自行设置。案前可预警、案发可制止、案后可取证。四是零成本升级，高容量设计。客户已有的视频设备不用更换，升级中心软件及加装网络模块即可实现报警与视频联动。超强的数据处理能力，超大的数据容量，最高可达999999户。

三、创新的云服务综合平台

依托华侨大学 & 宏泰科技智慧安防研究中心，宏泰科技推出了报警云这一新概念，云服务平台突破了传统意义上的报警器，这主要体现在：一是保全运营商保全联网优势。第一，减少组建接警中心费用。共享宏泰科技云服务器资源，运营商无需再投入服务器、警讯中央接收机等设备，少则上万，多则几十万，甚至上百万。第二，减少运行费用。服务器的运行、维护费用均由宏泰科技完成，降低了对运营的技术要求，免去了每个月的运营费。第三，小区物业、门店、企事业单位联网优势。原小规模物业联防要实现自营联网报警功能，都需要建设接警中心；现在通过宏泰科技云平台，省去了组建接警中心的大部分费用成本。第四，接警随时随地，手机也可兼做接警工具。一有警情，信息/视频即刻推送到手机上，实现看得见的报警。

二是个人用户联网优势。原来个人联网对用户技术要求较高，无法享受网络带来的快速方便、费用低廉的安防体验。现在通过云服务器，独家独户也能轻松联网使用。全方位立体式与家中连接，随时随地控制家里的电灯、窗帘、空调等电器，人行千里，家在掌中，提前带您进入物联网时代。

三是无限级接警中心，实现数据集中管理，无限级分享。原来的接警中心数据为独立处理，多级联网通过转发实现，下一级接警中心要等上一级中心处理后才能转发，接警中心级数越多，接到警情时间越长。宏泰科技云服务平台，数据集中管理，无限级分享，需要几级接警中心由使用者/运营商按权限设置，多级接警中心同时接警。

四是平台共享，升级容易。传统报警器功能升级需要厂家定制，需要来回寄产品或软件升级；宏泰科技云平台，只需在云服务端增加相应的功能模块，用户无需任何操作，就可以实现相应的功能。

五是服务平台有无限扩展的商机。增值服务随时可以添加，健康小咨询、天气预报、赛事、股市、软件、新闻、备忘录、餐饮、电影票等，告诉云即刻送到你的手中。

六是零风险、零投资、高收益的商业模式。运营商、代理商无需投入任何费用，只需发展用户，其他的都只要交由宏泰云来完成。

四、特色的商业模式是市场占有率的有力保证

在市场运营方面，宏泰科技正在完善中国五大区域布局，策划全球拓展战略。围绕这一目标，宏泰科技在业内率先推出“发展式区域特许加盟”的特色营销模式，至2013年底已在国内建立了几十个自主专卖店和上百个特许加盟专卖店，营销网络覆盖22个省、市、自治区的一、二、三线城市。为工程商及终端客户提供安防系列产品一站式采购和服务，使得宏泰科技品牌深入人心，赢得用户口碑。

为进一步强化这种营销模式，宏泰科技投入近千万元设立了中小加盟商扶持专项基金，推出了更加实惠的加盟方案，为广大中小加盟商搭建“低门槛、零风险、高回报、可持续”的创业发展平台。

此外，丰富的产品线成为宏泰科技拓展市场的一大优势。宏泰科技旗下有（宏泰科技）防盗报警、（HTRF）手持对讲机等500多种产品，并在行业中率先通过ISO9001质量体系认证，国家强制性产品认证（CCC），欧盟CE、美国UL等多项认证。

优质的产品，加上“发展式区域特许加盟”的营销模式等落地，宏泰科技的产品随着巨大的营销网络快速在市场上铺开。至2013年底宏泰科技凭借企业在防盗报警领域的不断创新能力、市场占有率、优秀的服务能力，连续8年蝉联“市场占有率十佳品牌”。

宏泰科技不仅是一家安防产品的研发、制造企业，也是多元、时尚文化的传播者和推动者。宏泰科技正以累积而来的自信与实力，打造中国安防的升级版，追逐宏泰科技的中国梦。

泉州科立信安防电子有限公司

泉州科立信安防电子有限公司于2000年成立，秉承着“科技兴业、立信至诚”的经营理念，历经十多年的发展，成为一家集研制、开发、生产、销售于一体的高新技术企业。至2013年底，科立信在全国建成3000余家经销网点，产品出口至欧洲、亚洲、中东等四十几个国家和地区，真正实现从智能小区到电力油田、司法监狱、交通及教育卫生等领域的全面覆盖。

科立信是中国安全防范产品行业协会常务理事单位、福建省安全技术防范行业协会副理事长单位、福建省泉州市安全技术防范行业协会副会长单位，先后荣获福建省著名商标、中国安防十大品牌、100家诚信供应商、市场占有率十佳品牌、平安城市建设推荐品牌、海西安防行业技术领先企业等多项荣誉，并参与国家标准的起草。公司将所有产品系列纳入ISO9001国际质量管理体系，密切监控每一个生产环节，以确保产品品质，并且全部产品通过国家强制性3C认证，部分产品同步通过了欧盟CE认证。

一、优秀品质源自科技创新

科立信十分重视研发的投入，在泉州和厦门都设有研发中心，并积极与高校开展合作，不断夯实技术积累，提升企业的研发能力。公司拥有多项实用新型专利，并积极承担国家及省市的科技计划项目，提升企业的核心竞争力。

科立信陆续研制开发了系列智能电话报警系统、系列远距离无线报警系统、区域110联网报警系统、小区总线制报警系统以及适合油田、电力等领域的超远距离无线传输系统等产品系列，与此同时，科立信旗下又一品牌“科安保”于2010年正式投入运营，该品牌定位于联网报警安保市场，致力于为保全联网提供整体解决方案。

二、给报警系统一双慧眼

报警系统的前端探测器相当于报警系统的眼睛，所以探测器是影响系统稳定性的主要因素。近些年，科立信加大探测器技术的研发技术投入，先后开发了 KS-307DCT、KS-218T 和 KS-318DCT 系列被动红外探测器。

KS-307DCT 无线被动红外探测器采用科立信与台湾芯片产品合作开发的 KLX-007 专用处理芯片及智能温度补偿技术，极大改善了被动红外探测器的“近体温效应”。该产品荣获2011年福建省6.18海峡两岸职工创新成果展金奖。

KS-218T 和 KS-318DCT 被动红外探测器采用两个双元红外传感器，使用先进双红外信号对称原理 + 微处理器信号分析，可防≤35Kg 宠物误报，极大提高系统稳定性，降低误报率，抗白光强度≥10000LUX，采用自动温度补偿技术，环境温度变化对红外距离影响小，同时标配万向支架，支持壁挂和吸顶安装。

三、为联网保全运营保驾护航

随着2009年9月28日国务院发布《保安服务管理条例》，催生了保全联网的蓬勃发展，科立信也应时开发了系列保全联网产品，以满足市场的需求。

联网报警产品历经了 PSTN、GSM（SMS）、双网多网报警、GPRS 及 TCP/IP 等发展阶段。为降低成本和工作强度，科立信推出了全新视频报警联网解决方案，具有有线无线兼容、报警预置位功能、远程视频复核、IE 浏览器在线编程、网络视频联网报警等特点，适用于高档住宅小区、别墅、店面等客户群体的保全联网服务。发生警情时将自动将报警信息和现场图像传输给接警中心，由接警中心进行处警。同时，还可用于对已有监控系统的客户系统升级。

此外，科立信还可为客户提供万户以上的大型组网解决方案，可以为不同保全联网客户提供全面的解决方案。

科立信将继续遵循“合作 成长 共赢”的合作宗旨，做安防行业知名企业，承担更大的社会责任，争创中国防盗报警第一品牌。

山东鲁光信息工程有限公司

山东鲁光信息工程有限公司审时度势，锐意进取，已发展成为一家集研发生产、工程设计安装、销售代理、技术咨询等综合服务于一体的军转民高新技术企业，具有建筑智能化工程设计与施工一体化壹级资质，是国内首批壹级安全技术防范工程设计施工单位，中国安全防范产品行业协会副理事长单位，通过 ISO9001 国际质量管理体系认证、CMMI3 软件质量体系认证，是国家认定的高新技术企业及软件企业。鲁光荣获了“山东省建筑设计技术创新先进企业”称号、“全国十大工程服务商”、“平安城市建设优秀安防工程企业”、公安部“‘3111’试点推荐优秀工程企业”等诸多殊荣。尤其是在建筑智能化领域，鲁光已成为中国建筑智能化行业中的佼佼者，形成了建筑智能化、软件开发与系统集成、智能数字安防等多领域发展的格局。

一、科技创新推动企业发展

鲁光秉承着“开拓创新、技术领先、竭诚服务、铸就品牌”的企业宗旨，加大科技投入，强化创新驱动，着力提升企业的核心竞争力。根据行业用户的差异性需求，率先创建山东省公共安全防范综合技术服务平台，先后承接了分布式智能视觉监控系统等多项省级科技攻关项目，自主研发了智能化综合信息管理平台、视频监控系统中人脸识别系统软件、煤矿 GIS 指挥调度系统软件、数字主机、音视频编解码器、节能照明等十多项拥有独立自主知识产权的智能化软硬件产品。

鲁光实力雄厚，“鲁光信息产业园”于2006年建成投入使用，办公面积13000多平方，全面提高了鲁光研发、生产、工程及服务的综合实力。2014年，山东鲁光将在济南国家信息通信国际创新园（ICT 产业园）建设5.3万平方米的智能化安防产品产业园，进一步加大智能建筑产品及安防产品的研发力度和生产规模，强化产品和服务优势。

近年来，鲁光成功实施了济南奥体中心，山东省博物馆，中国第十届艺术节大剧院场馆，山东省、广东省高速公路、铁道部中铁快运多级联网，吉林省农信社银行远程信贷评估系统，山东省公安厅、山东省环保厅建筑智能化系统，山东省高等法院智能法庭联网，济南市公安局反恐指挥中心，山东省交通银行、山东电力安全防范系统、山东大学平安校园建设等数百项大型重点建筑智能化项目。项目均达到建设方要求，施工服务质量优良。济南奥体中心智能化工程项目荣获“第十一届全运会重点工程建设特别贡献奖”，多个工程项目曾荣获山东省建设厅“优秀智能建筑工程金奖”、“山东省优秀安防工程”。鲁光始终坚持“以质量求生存、以信誉求发展”，在激烈的市场竞争中创出了声望。

二、创新发展带来丰硕成果

作为山东省智能建筑和安防行业的龙头企业，鲁光管理层立足实际，把准市场脉搏，准确“对接”客户，确立了“做强安防、做大智能化、做深产品研发、做细项目管理”的“四做”发展方向，使企业释放出强大的能量。2013 年实现营业额 1. 8 个亿，同比增长 15. 65%

一是做强安防。企业的发展离不开社会的发展，近 20 年中国经济的发展促进和带动了整个安防行业的发展，社会的和谐、国家的强盛为企业的发展提供了条件和机会。鲁光选择了安防，安防成就了鲁光。2013 年，鲁光进一步巩固各大银行金融机构的老阵地，拓展各类院校的新增市场机会，进一步深化与公安部门在“平安城市”的合作，加强售后服务，稳中求胜。

二是做大智能化。2013 年省会文化艺术中心（大剧院）及省会文化艺术中心（三馆）两个项目顺利实施，提升了企业综合实力，丰富了大型、重点建筑智能化工程施工的经验，锻炼了智能化项目的管理能力和全过程全方位项目管理能力，全面提升了企业在智能化市场的核心竞争力。两个场馆作为“中国第十届艺术节”的主场馆，将承担艺术节开幕式和演出活动的重要任务，艺术节后也将作为举办高水平演出和群众性文化活动的重要场所。该项目成为鲁光建筑智能化的又一代表性力作。

三是做深产品研发。2013 年，鲁光通过了 CMMI3 级认证，在软件质量与软件管理的方面得到了国外专业机构的认可，能够应用更科学的管理方法管理出质量更高的软件产品。鲁光结合自身的系统集成商的优势，从应用出发，走集成的路线，在底层的控制层、数据的流转层、上端的应用层做深度的集成，为大数据提供数据源，做小数据应用。做行业的推广应用及通过结合用户的实施需求做二次的开发集成，积累经验再反应到产品中。

四是做细项目管理。2013 年，鲁光全面推行全过程项目管理流程及办法，合并整合相关管理和技术部门。从市场信息、需求调研与商务技术对接、方案设计、承包合同、项目基本信息及进展信息、物资供应与退库、劳务及工程分包、回款与支付、竣工验收、结算、维保等 12 个方面对项目进行全过程管理，并对全过程建立内部信息系统。做好两个对接：一方面是准确掌握业主需求，另一方面是掌握主流厂家、产品的特点与优势。实现设计方案模块化、信息化建设。规范合同签订、签证单管理，规范公司内部的预决算制度。降低库存，消化积压；科学采购，节约成本。

“事业没有终点，我们永远在路上。”鲁光凝聚团队力量，以高度的责任感和使命感，信如抱柱、戮力而为，为企业的可持续发展永续能量。

上海格瑞特实业科技有限公司

上海格瑞特实业科技有限公司成立于 1994 年，目前主要立足于智能建筑行业及智能安防领域，并在这些领域建立了完整的产品研发、生产、营销、工程、设计咨询及维修服务体系。2013 年公司在新的市场环境中有了新的突破与进步。

一、经营业绩稳中有升，产品结构深刻变革

2013 年是格瑞特事业发展的关键一年，在这一年深刻体会到了市场价格竞争带来的威力。也正是这一年，格瑞特进行了产品结构的重要调整。在 2013 年，格瑞特楼控合同量同比增长 60%，进口巡更下降 30%。由于格瑞特自有品牌巡更在国内各公用事业及石化等行业有了普遍应用，同时今年的拳头产品巡更王 DC3600 的上市热销，使得巡更业绩与 2012 年持平。2013 年的设计咨询、工程及维保业务同比增长，再加上报警与电子围栏产品的销售，2013 年的销售业绩达到 6000 万左右。

格瑞特成立近 20 年来，深知产品研发方向、产品研发创新、生产质量管理对企业的重要性，并于 2013 年获得 10 余项实用新型专利和 4 项发明专利。公司在研发方向上，每年投入大量费用进行调研，交流，参展、观展以挖掘社会需求、发展方向、不断创新，以确定企业自身的核心竞争力。近几年，公司产品的研发方向主要在智慧城市（含物联网）下辖的一些子系统，如绿色建筑设备及能耗解决方案、智慧园林、智慧社区、智慧商业及公司传统产品巡更巡检安防综合解决方案和巡更巡检工业管理综合解决方案。

格瑞特在研发创新方面，经过 10 余年的历练已经日趋完善，从立项起引入全生命周期管理。在产品规划和研发中充分考虑用户体验，包括使用、维护、维修、运输、装配、备件、兼容等多个方面，在市场周期维护中还要考虑产品升级及产品衰退期的维修保障等。

在生产质量管理方面，公司严格按照 ISO90001 的要求，实行全面质量管理，并建立独立于生产的质量管理体系，通过制度建设和人员素质培养，全过程控制产品质量，打造优质产品。

二、管理创新热点

2013 年是上海格瑞特重要的业务布局整合之年，面对外部市场环境上不断出现的新兴事物与挑战，要给出全面

应对举措，找出企业快速发展并与外部环境相适应的战略解决办法。格瑞特的产品主要有：巡更巡检、防盗报警、楼宇自控及能耗监测管理系统。格瑞特的服务有：弱电工程实施、设计咨询、维修服务及大客户定制。所有这些服务与产品基本上都是基于安防与智能化市场的，但 2013 年的经济形势十分严峻，对安防行业影响巨大。如何平衡产品不断的降价、材料与人工成本剧增、市场营销资源整合困难加剧、未来发展重点等问题给企业带来的冲击就成为格瑞特必须要迎接的挑战。重点举措如下：

一是丰富产品线，开发亮点产品。格瑞特楼控在 2013 年的签约量取得了 60% 以上的增长，除产品更新改造与日益稳定可靠外，新开发的能耗监测管理平台的推出，也进一步推动了大型公建项目的应用。新开发的巡更亮点产品巡更王 G1 系列 DC3600，一经上市就全面热销。此款产品三防级别 IP68 达到巡更巡检市场的最高等级；超精巧外观设计，只有手掌大小的一半，重量仅有 48g。即将上市的巡更王 G2 也在品质上超出同类产品；为大客户定制的安全综合信息管理平台也完成了试点工作，即将进入全面推广期。所有这一切在产品与系统上的动作都提升了格瑞特的市场竞争力，而且在新品的研发推进工作中锻炼了队伍，可以源源不断地为市场提供更好的产品。

二是加强管理，重视数据挖掘。格瑞特在十多年的发展中，最重视的就是经营数据的积累与分析，每月、季、年、历年都会将信息、报价、合同、收款等众多数据分区域与销售团队进行统计分析，并进行内部学习与分析，从而发现管理中的问题、三年发展趋势及业务结构调整可能，作出相适应的解决方案，使企业预知前后经营状况以作出必要调整。在销售管理上更加进了一步，引入运营督导机制，每天对销售客户工作进行跟踪回访，确保提供最及时到位的服务，及早发现并解决问题。

三是培训机制常态化。公司产品线越来越多，就需要对内外进行常态化培训与学习。目前格瑞特培训分两种，一种是针对外部客户的培训，将新品与系统不断通过小型互动培训会，加深对产品与系统的认识。另一种是员工的内部培训，设置了不同培训等级与教材，开展不同层级的培训。以入职时间及服务能力开展不同内容的培训，最后考核通过者才能开展本等级内容的工作项，并与个人绩效挂钩。目前该机制已产生良性运转效果。

四是传统营销与网络营销结合（O2O）。由于数据及信息整合的方式独特，使得格瑞特在多年前就已熟悉网络的力量，历年来在网络推广上的投入都在逐年递增，已形成一套成熟的网络运营体系。首先，因格瑞特经营品类较多，于是高效定位、整合公司所有主要产品与服务信息，形成一个真正意义上的营销型网站，并培养自己的技术队伍以适应网络运营机制；其次，重视搜索引擎与行业网站的力量，形成稳定的推送渠道；最后，将维护简单的产品如巡更，在一些 B2C 网站上线宣传销售，也形成了良好的开局。2014 年将根据格瑞特发展情况，公司官网还要进行改造，以进一步适应目前电商推广模式。项目型产品，网络发挥信息驱动作用，结合传统销售模式与渠道实现市场的营销；非项目型产品，努力通过电商功能最大化来实现销售。

五是整合业务链，提供全面支撑。目前格瑞特的治理结构已形成：设计咨询→研发生产→销售→工程施工→维修保养一体化的服务链；产品体系上已全面涉足安保、节能、家居智能及大客户定制服务。通过以上结构与业务上的布局安排，使得格瑞特能为对智能化与安防有需求的客户提供更加全面与周到的服务，能够提供从城市→社区→家庭的智能化安防服务。通过业务资源的整合，使得资源集约化，效益更加显著。

三、务实的企业文化，顽强的生命力

“选择格瑞特，选择放心”，既是格瑞特的企业精神、服务宗旨，更是企业的核心价值。从企业建立之初，就将服务与产品最大程度让客户放心作为目标去实现；同时也要让员工对企业放心，为所有员工营造一个安全、进取的环境，只有这样企业才能真正做到基业长青。2013 年，格瑞特获复地集团年度“优秀战略合作伙伴奖（设计类）”及格瑞特楼控获二个十强品牌奖项，这都是能让客户达到安心的体现。客户的安心也是格瑞特团队凝聚力与战斗力的体现。在企业倡导的长城文化中，就是格瑞特人朴实、团结、进取的表现，因此，企业一直将“诚信、成就、团队、创新、健康、尊重”作为座右铭并渗透到管理的方方面面，而且不吝小事做起，如公司各个层级会议上都要在会前进行朗读，以历练人心。

格瑞特提倡学习氛围。从总经理开始向大家推荐好的管理书籍，并进行集中采购发放员工，员工阅读后也积极上传观后感；各个部门努力学习专业书籍，并将所学分享给部门其他人员，形成了良好的读好书、学以用的气氛。员工们积极参加内外部培训，提升了专业知识与能力，奠定了企业的人才基础。

公司积极开展员工及客户满意度调查，将提取得可行性建议在部门经理级会议上进行开会讨论，落实执行方案。执行后的结果与相关建议人进行反馈听取意见，最终实现闭环。每年两次的员工满意度调查，能让公司深入了解员工需求以及对公司的期望，以便作出更好的决策，因此格瑞特的员工流失率控制在 6% 以下，客户的综合满意度均在 90% 以上。

上海天诚通信技术有限公司

上海天诚通信技术有限公司于2002年成立，是天诚智能集团旗下致力于楼宇智能化布线产品、IP网络音视频广播产品、线束产品、光器件产品的研发、设计和制造生产的专业厂商。

天诚通信坐落于上海松江新城工业园，目前园区内不仅拥有行业领先的研发、生产、检测设备，而且已建成含有进口高端仪器的研发实验室。同时公司拥有一批多年从事网络布线宽带产品研发、生产和管理的专业人才及建筑智能综合布线端到端的产品线和融合解决方案，通过全系列的铜缆布线解决方案、光纤布线解决方案、智能家居布线解决方案、数据中心布线解决方案等满足不同客户的差异化需求。天诚线束产品广泛应用于楼宇监控、家电、汽车、轨道、船舶、医疗、航空工业等领域，主要提供有HDMI等多媒体线束，Wire Harness线束的定制及销售。各类光无源器件及光电转换产品，可以为FTTH、监控等提供专业的技术方案。天诚品牌的公共广播及周边设备，定位高档，德国技术、专业制造，致力于为商场、银行、学校、车站码头、医院、工厂、智能建筑、矿山、交通、公共场所智能小区、农村村村通等行业/项目提供优质的产品和系统解决方案。

天诚通信产品生产管理完全按ISO9001：2008质量标准体系贯彻执行，产品通过国家信息产业部、泰尔认证中心、国家质量监督管理中心等国家权威机构的检测和认证。同时，作为国家综合布线工作组的会员单位，公司参与了多项国家标准、行业标准的编撰。并于2010年、2011年、2012年连续三年获得了综合布线十大品牌等殊荣。

十年风雨兼程，天诚通信在公司领导层的领导下，通过全体天诚人的不懈努力与追求，取得了众多的荣誉，已经成为业界的领航者。在各个领域创造了无数的经典样板工程，占据了高档工程项目较高的份额，如北京2008年奥运会主会场国家体育馆（鸟巢）、奥运村、人民大会堂、毛主席纪念堂、上海世博村、88层金茂大厦、东方明珠、APEC会议中心、世界第一高上海环球金融中心（在建）、南京绿地广场（南京第一高）、广州中信大厦、海南博鳌论坛等。“天诚”已成为当前国内能够全面完整提供弱电线缆及接插件的主流品牌。

至今为止，天诚通信已获得实用新型专利授权15项，外观设计专利1项，商标注册1项。承担的国家地方科研项目有：2010年获得“高新技术企业”称号；2011年获得“上海市科技型中小企业创新资金立项项目”；2011年获得“上海市高新技术成果转化项目”；2011年完成“闸北区企业技术中心”验收；2011年获得“闸北区科技小巨人”称号；2011年获得“上海市企业研发费用加计扣除”项目；2012年获得“上海市中小企业共享使用研发平台资源补贴资金”；2013年获得“上海市科技小巨人培育企业”称号。

随着国内资本市场的快速发展，给产业的发展也插上了腾飞的翅膀，产业加上资本，可谓如虎添翼，势必将演绎出许许多多的产业传奇。天诚通信将进一步优化公司的治理结构，让公司能按现代企业制度更加规范、更加高效地运转，同时，让公司能够更好地引进战略投资者，吸收到更多、更好的社会资源，有助于企业更快发展，还可以通过期权激发员工的激情，确定员工的创造价值，另外，还会极大降低融资成本，给企业带来便捷的融资渠道，基于上述诸多的因素考量，公司董事会研究决定准备上市，公司将聘请专业的事务所和机构，着手公司的股份制改造等前期工作，并明确在哪个资本市场上市。

天诚通信自成立以来一直本着“天道酬勤，诚信为本”的企业理念，恪守“质量上乘，价格中等，服务一流”的经营宗旨，以“天诚布线，强我中华”为追求，以振兴民族产业为己任，确立了备受瞩目的民族主流一线品牌形象，受到业界及客户的广泛关注和高度认可！

天诚愿与行业精英并肩携手，合作共赢。为实现产业报国、中华崛起的夙愿而努力奋斗！

深圳华际电子系统有限公司

深圳华际电子系统公司创立于1993年，从1996年进入中国安防报警行业市场，至今已有17年历史，是德国BOSCH公司安防系统金牌代理商、以色列EL“顶峰”和CROW“科隆”安防产品的中国总代理，公司2008～2012年连续荣获BOSCH公司颁发的“2008卓越行业销售奖”、“2008年防盗报警产品销售卓越进步奖”、“2009年卓越防盗报警销售奖”、“2010～2012年亚太地区卓越防盗报警销售奖”大奖和以色列EL公司颁发的“2008～2010年全球最佳销售代理奖”。

一、专注报警运营服务

华际是华际系统商务管理中心和南方地区的市场服务中心，同时也是华际系统全国分支机构的物流中心。公司总部位于深圳，在北京、上海、南京、武汉、成都、广州都成立了分公司和办事处。经过在安防报警市场上十几年时间的摸索和积累，华际系统不仅有能力承诺为客户提供专业、精湛、诚信、实惠、优质的服务，而且已经形成独具特色的服务模式，能够为客户提供从报警产品、报警中心新建和改造、软件升级等整体解决方案。

17 年来，通过为北京、上海、深圳、广州等全国超过 200 家公安、民营区域联网报警中心提供安防产品和服务，华际公司销售的德国 BOSCH、以色列 EL“顶峰”、CROW“科隆”的安防产品已广泛应用于金融机构、政府机关及大型商业企业、能源、智能化小区等行业系统，市场已覆盖到全国 31 个省、市、自治区。华际长期致力于为广大银行、公安 110 报警中心、民用、商用和工业用市场提供报警安防解决方案、为 110 区域性联网报警服务中心的发展与建设提供全方位的服务，为广大客户提供每周 7 天 24 小时支持服务，是目前国内报警行业最具技术实力和专业经验的报警安防产品销售公司之一。面对机遇与挑战，华际将继续完善华际品牌的丰富内涵，更加提升服务品质。

二、全面服务报警运营企业

华际是一家多年从事报警产品销售和服务的全国性专业公司。凭借着雄厚的技术实力及扎实的技术维护能力，目前已在全国范围内搭建了较为完善的产品销售网络和服务管理平台。

在从事报警产品销售、服务的 16 年间，华际已经逐步建立起较为完备的产品备货资源保障体系，并形成了快速的物流供应链条。目前的联网报警中心客户群已经颇具规模。凭借着过硬的产品及服务质量、优惠的产品价格、完善的售后服务，华际系统在业内享有较高美誉。

华际专业从事为广大银行、公安 110 报警中心、民用、商用和工业用市场提供报警安防解决方案的服务逾十年，对国内外报警产品及客户需求有着丰富的经验和较深刻的理解，在报警产品应用及网络报警系统的发展方面一直处于全国领先地位。华际在全国拥有完善的服务体系，在深圳、北京、上海建立了华北、华南、华东的技术、库存和销售服务中心，拥有全系列专业技术队伍。

华际技术人员的维修经验丰富，能够圆满完成客户故障维修，至今未有任何失误。技术人员均为相关专业本科以上学历，专业性强，并且具备长期进行报警中心及前端报警设备维护的工作经验。华际技术人员均具有良好的素质和职业操守，所提供的服务从不涉及用户的应用数据内容，尊重客户的任何操作模式与行为。他们曾经给国家重要机关及部门进行报警安防设备服务，在技术水平和职业操守素质上，均得到客户的肯定和信赖。

华际在深圳、北京、上海、广州、武汉都设立技术支持中心，提供 7×24 小时服务。在服务期间，华际一直坚持急用户所急，想用户所想，在保障正常维护服务同时，还根据需要主动提供重点时段的技术支持和现场值班服务，派出工程师与用户共同值班，以保证设备安全运行。

华际在保证提供优质、可靠服务的前提下，尽可能地提高效率，降低管理成本，为用户提供优惠的产品价格，实现双赢。

三、2013 年取得的业绩

经过华际全体员工的努力，2013 年的销售成绩节节攀升，特别是 11 月，更是突破历史，达到了可喜成绩。仅深圳公司月销售额就突破了 500 万大关，为 2014 年冲击更高目标提供了有力保证。

四、公司主营业务与品牌构建

17 年来，华际公司孜孜以求，一直以创建自身良好服务品牌为己任，为安防运营中心提供优质企业的优质产品，实现服务承诺，在安防运营中心有口皆碑，多年来的主营业务主要体现在以下方面：

安防运营服务平台及解决方案的新建与改造、升级；

报警中心、智能安防系统的全面技术支持和服务的销售；

德国 BOSCH 公司大中型报警主机的销售和服务；

德国 BOSCH 公司全系列探测器的销售和服务；

德国 BOSCH 公司接警及网络中心系统的新建与改造、升级；

以色列 EL 公司 INFINITI 系列 GSM/PSTN 双网系统的销售和服务；

以色列 EL 公司 SUMMIT 顶峰系列联网报警控制箱的销售和服务；

以色列 EL 公司 SUMMIT 顶峰系列探测器的销售和服务；

以色列 CROW 科隆公司“安易”系列混合版及网络报警系统的销售和服务；

以色列 CROW 科隆公司全系列室内探测器的销售和服务；

以色列 CROW 科隆公司全系列室外探测器的销售和服务。

华际品牌是信誉与责任的象征，品牌建立成为每一个华际人的必修课，可喜的是，多年来，华际团队已塑造并维护了这个品牌，越来越多的运营中心看中了以华际品牌为核心，包含产品、服务、信用以及更为广泛的一系列综合实力。

2014 年的到来，意味着我们会迎接更大的挑战，构筑强势品牌，服务安防运营中心，是华际永远追求的目标！

深圳慧锐通智能电器股份有限公司

深圳慧锐通智能电器股份有限公司创建于2001年，是一家集研发、生产、销售、服务于一体的国家级高新技术企业。总部位于深圳市龙华新区观澜大富工业区慧锐通科技园，现有800多位员工和超3万平方米的产学研基地。历经多年跨越式发展，已在全国建立起48家销售服务网点，服务于全球20多个国家。

慧锐通秉承“专业保障、恒久关爱”的理念，致力于不断创新，作为中国安全防范产品行业协会副理事长单位，始终引领国内安防行业的发展。慧锐通曾连续两年获得中国安防产业50强称号，连续六届荣获中国安防产业100强称号，连续五年获得“中国安防十大品牌”、“中国安防十大民族品牌”、“十大新锐产品”称号，多次荣获广东省优秀安防企业、深圳市知名企业、智能建筑优质产品、平安城市建设优秀安防产品等殊荣，更成为业内首家院士企业工作站建设单位，中国名牌产品企业。

慧锐通依托销售服务，整合产品资源，优化内部结构，提升人力资源，严格执行ISO9001质量管理体系要求，同时配合国际化的企业管理模式，已逐步从生产商、供货商转变为综合方案提供商。

慧锐通凭借自身拥有的自主知识产权的局域与广域无缝对接的智慧社区大数据服务平台，高效地提供社区安全保证、社区医疗、社区教育、社区购物、物业管理等服务，着力成为国内配套最齐全的专业智慧社区综合解决方案提供商。

慧锐通以创新不断、持续领先、持续改进为经营理念，以创造获得社会尊敬、客户尊重、员工喜欢的企业为目标，以创造智慧生活、共享人生艺术为价值取向，以获得客户的肯定为基础、创造超越客户期望值为目标，不断提高服务水平，加强与客户沟通，提供最适合客户的整体解决方案。

深圳捷顺科技实业股份有限公司

深圳捷顺科技实业股份有限公司创立于1992年，主营业务为各种出入口控制与管理系列产品的研发、生产、销售及服务，是业界少数具有综合系统解决方案能力的企业之一，是中国出入口控制及智能管理领导品牌。公司一直致力建立更安全、更舒适、更智能的和谐生活环境，经过多年的经验沉淀和积累，在智能停车场管理系统、智能门禁管理系统、智能通道闸管理系统及智能一体化安防解决方案等领域确立了自己的优势，2011年在深圳证券交易所成功上市。公司先后获得国家高新技术企业、深圳市级研发中心、广东省著名商标、广东省企业标准化良好行为AAAA企业、深圳市民营领军骨干企业、福田区纳税百强企业、福田区自主创新龙头企业、深圳质量信誉保证企业、中国安防十大品牌、全国安全防范报警系统标准化技术委员会常务委员单位称号。

捷顺目前主要产品包括智能安防平台、一卡通系统及停车场、门禁、通道、消费等15个系列以及智能安防解决方案，广泛应用于住宅小区、企事业单位、展馆、风景区、大型厂矿、办公写字楼、商业购物区及平安城市建设等。2013年捷顺对公司战略作出重大调整，公司将从过去的“No. 1”战略向专业化“Only 1”战略转型。通过细分市场，捷顺为自己的核心客户精心设计了住宅物业智能管理方案、商业楼宇智能管理方案、工厂企业智能管理方案，以满足住宅小区、商业楼宇、工厂企业行业专业化需求。专业化、定制化方案的推出，受到了市场高度的赞扬和好评。

遵循“以客户为中心，持续为客户提供贴心、专业的服务”的指导思想，捷顺在国内设立了数十家分支机构以及100多家经销商，营销及服务网络遍及全国，在东南亚、中东、非洲、欧洲和美洲拥有广泛的销售渠道。公司建立起集技术支持、工程安装、售后服务为一体的服务体系，24小时服务热线，CRM系统，遍布全国的服务网络，数百位训练有素的专业客服人员，为客户提供高效、快捷的支持和服务。

捷顺建立有完善的品质管理系统，1999年12月在业内率先通过ISO9001国际质量体系认证，并在2006年4月通过欧盟CE认证。捷顺累计申请专利达140多项，主导、参与多项国家标准、行业标准的制定。凭借优越稳定的系统性能及优质的服务，捷顺产品备受各企事业单位、基础设施场馆、政府机构、交通运输、住宅小区、商业物业等客户的青睐，成功案例包括2008年北京奥运会、2010年上海世博会、2010年广州亚运会、2011年深圳大运会等。2013年，捷顺为深圳海雅缤纷城、南京德基广场、南京德盈广场、福州泰禾广场、广州太阳新天地等一大批城市商业CBD提供了便捷顺畅的管理方案，万科、中海物业等一批大型集团物业大联网项目在启动。

捷顺倡导“员工是企业的根本”，特别注重人才的保值增值。公司着力营造一个宽松的氛围，以企业的文化和理念、发展与成就构筑平台，不拘一格，吸纳一流人才。培养人才，尊重人才，关心人才。建立完善的人力资源开发体制。在对目前公司人力资源详细的调查与了解的基础上，公司建立有捷顺特色的人力资源管理服务体系，以提升公司的组织能力，为实现未来公司战略目标奠定人才基础。在员工能力提升方面，我们建立了员工能力测评系统，核心人才后备机制，基于应届生培养的摇篮工程，导师制与单元式人才培养模式等。在员工治理方面，我们建立了基础 HR 服务中心、系统 HR 业务伙伴与 HR 领域专家三者一体的捷顺 HR 管理体系与 EHR 管理系统，分公司 HR 管理模式与 HR 稽核机制等。在员工思维模式引导方面，我们建立了职业资格评审体系，高层/HR 定期沟通机制，共赢式人文关怀与文化建设模式，高于同行的薪酬体系等。公司现有职工人数 1736 人，其中大专以上学历人员 1202 人，占公司总人数的 69.3%、本科以上的学历人员 557 人，占公司总人数比例 32.1%、硕士以上的学历人员 25 人，占公司总人数比例 1.4%。

在实现产品经营的同时，捷顺以信息化建设为基础和载体，不断完善公司的治理方式，先后斥巨资引入 ERP 系统、EKP 系统、CRM 系统、PLM 系统、SCM 系统，努力构建以公平、公正、客观的事实为基础，将正直诚信、开拓创新、敬业担当、务实高效的企业价值观融入每一个管理体系的流程、每一个日常的工作、每一个员工的行为、每一个数据中，实现企业与员工共同发展。

在谋求企业自身发展的同时，捷顺全力履行自己的企业公民义务。2012 年，捷顺公司董事长唐健与其夫人刘翠英个人出资 200 万元成立捷顺乐善扶贫基金会，面向自然灾区、贫困地区儿童、低收入人群、教育发展等方面的慈善资助。为解决清洁水源问题，为人们生活及健康谋福祉，2012 年捷顺向深圳慈善会捐款，指定用于湛江市遂溪县乐民镇海山村清洁水源建设项目。为给大学生提供实习机会，促成大学生有效就业，2013 年公司成为“福田区大学生实习基地”。

过去，捷顺一直在为建立一个更安全、更智能的生活环境而努力。未来，捷顺将在建设平安中国、智慧城市的过程中承担更多的责任！

深圳万佳安实业有限公司

深圳万佳安实业有限公司创立于 1998 年，是中国领先的安防产品研发制造商。公司总部位于改革开放前沿的深圳市，是国家级高新技术企业。“乐荣 Relong”及“万佳安 Wanjiaan”为公司自主品牌，历经多年跨越式发展，现已成为一家以技术研发和品牌运营为核心竞争力，拥有自主知识产权，研发销售型的专业安防行业解决方案提供商。

公司研发、生产基地占地面积 10000 余平方米，产品涉及 130 万/200 万/300 万高清网络摄像机，高清智能高速球机，高清存储 NVR、NVS，大型存储 IPSAN 及智能管理软件平台等安防产品满足了客户全方位、多元化的需求。公司先后通过了 ISO9001：2008 国际质量体系认证、欧盟 CE 认证、美国 FCC 认证、ROHS 认证并相继荣获“中国平安城市建设优秀推荐品牌”，连续七年被评为“中国安防十大民族品牌”、“中国安防 50 强”等荣誉称号，产品畅销欧盟、美国、俄罗斯等全球 80 多个国家和地区。

自创立以来，万佳安就以“科技创新，产业报国”为己任，以高品质的产品和优质服务为核心，不断推动世界安防产业的高速发展。“技术研发”和“品牌运营”是公司两大核心竞争力，现拥有几十项自主创新专利。“颠覆传统、锐意创新”是企业经营理念，也是推动两大品牌飞速发展的源泉。万佳安将通过不断提升企业的经营能力，建立自有知识产权的技术优势，继续保持在行业内的领先地位。

已经过去的 2013 年，是公司非常关键的转型年，在国内外经济形势发生重大变化的情况下，万佳安在各方面也取得了令人鼓舞的成绩，保持了良好的发展速度。2013 年业绩取得 30% 的增长，公司第七次蝉联中国安防十大民族品牌，外销市场也保持了高速发展，产品已由模拟数字时代向高清网络时代成功转型。万佳安已经成功转型为一个专业的安防行业解决方案提供商，已从生产制造向研发销售型企业转型成功，公司引进了一批优秀管理者及研发团队，同时也进行了多项改革和战略调整，已经成为安防行业发展势头较好的研发销售型公司。万佳安与乐荣双品牌不仅已成为中国安防十大民族品牌，同时也是世界安防知名品牌。

2013 年底，万佳安 & 乐荣 · 万商安防城及中发安防高清体验店同时正式开业。高清体验店把百万高清监控产品带到现场，让更多的客户亲身体验万佳安百万高清监控产品所带来的高清视觉盛宴，充分展示公司“整体高清监控引领者”的品牌形象与定位。万佳安 & 乐荣用户均可通过移动终端和现场体验设备互动体验万佳安高清系列产品及智能管理软件平台，真切感受因科技带来万佳安安防产品的创新和价值。万佳安 & 乐荣高清体验店的开业象征着万佳安即将跨入一个新的里程碑。

在“颠覆传统、锐意创新”经营理念的指引下，万佳安投入大量的资金、组建全新的软件平台研发队伍，通过在海内外市场获取的产品需求，成功研发出一项智能管理软件平台 WIVS－9600。在 2013 年深圳安博会上隆重发布，引起强烈反响，通过发布会和展会现场的活动，客户充分体验了此软件对传统管理平台的颠覆和超越。这款软件采用了全新的顶尖 IT 技术和特殊实现方法来管理前端的 IP 监控设备。新一代的管理平台提供了高度优化的系统架构，因此具有无限的系统可扩展性、设备自动扫描、设备自动添加以及设备配置管理的能力。主要功能有事件报警、先进的移动侦测搜索、强大的智能检索、动态缩略图和录像时间轴、电子地图等，此平台在国内外已有诸多成功应用案例，WIVS－9600 为用户提供低成本的系统搭建，组成一套灵活的、可管理无限数量摄像机的 IP 监控系统解决方案。

2013 年，公司组织了丰富的文化活动，充实了员工的业余生活，拓展训练、员工生日会、义工活动、各项体育比赛等，通过这些活动提高万佳安团队向心力和凝聚力。

万佳安人将用创新思维、全新观念和高度的视野，拥抱美好时代的来临，新一代安防将是全民性的安防，人人需要安防，安防随身而带，安防不再是安全防范的功能，更多是跨业发展与分享的融合，这样的安防时代，将会使传统的安防产品形态及销售模式等发生根本改变，万佳安人已做好了充分准备，拥抱新一代互联网安防，万佳安将重新定义安防行业和未来，让我们大家一起努力，创造美好的明天！

深圳中兴力维技术有限公司

深圳中兴力维技术有限公司是领先的全球化综合监控厂商。公司前身为中兴通讯监控产品线，1995 年开始为通信网络健康运营提供保障服务，2005 年正式独立运营。力维专注于监控领域，拥有业界领先的全系列摄像机、传感器、视频编解码器、动力环境监控单元、管理软件等产品，并率先在监控产品研发中引入 ICT 技术，有效提升产品服务能力和拓展空间。自主研发并广泛应用的 E_ Guard 动力环境集中监控系统和 ViewEye 视频集中监控系统，运用云计算、云存储技术，具有强大的媒体处理和数据分析管理能力，成为构筑智慧城市系统的基石。

一、整体解决方案为核心

力维在安防领域的产品布局包括硬件设备、软件管理平台和行业解决方案三大板块。其中，硬件设备包括全系列视频监控终端等。E_ Guard 动力环境集中监控系统和 ViewEye 视频集中监控系统两大核心软件管理平台，分别为通信监控业务和安防监控业务提供基础架构。

2013 年，力维成功开发出新一代核心支撑产品 ViewEye2.0，基于力维自研的 iCAP（Intelligent Security Cloud Application Platform）智能安防云平台架构台开发，在 iCAP 架构中，引入了六大智能引擎和三大云技术。其中，六大智能引擎技术是指 iEvent（智能事件流引擎）、iMaintaince（智能自维护引擎）、iKnow（智能调度引擎）、iMedia（智能多媒体引擎）、iDataMining（智能数据挖掘引擎）和 iUI（智能交互引擎），三大云技术是指云接入、云存储、云分析。通过六大智能引擎和三大云技术，大幅提高系统的功能性能和可用性，并通过能力开放接口的进一步开发，结合行业实际业务输出 EyeSafe（公安）、EyePow（电力）、EyeTra（交通）、EyePlat（电信）等行业化应用平台。

具有 ICT 背景的厂商在技术方面具有独特的优势，但要在众多安防品牌中脱颖而出，离不开对市场的聚焦，打造具有特色的整体解决方案。

力维行业解决方案的一大特色，是贴近客户开发。2013 年推出的新一代 EyeSafe 公安实战平台，在模型研发成功后就邀请公安技术专家在河南、江苏、广东等地试用。专家和用户试用后，给了力维很好的建议，使力维能够真正了解用户需求，并不断开发出最适合用户使用的产品。

二、打造终端差异化优势

力维目前已经完成摄像机产品系列化布局，拥有全系列的高清网络、标清网络及模拟摄像机，提供枪机、半球、球机等各种不同样式，兼顾室内、室外应用，涵盖彩色、彩转黑、红外等各种不同类别的产品。同时拥有全系列的 DVS、DVR、NVR、混合 DVR 及高清解码设备，为模拟视音频和网络视音频提供编码、存储、解码等服务。产品系列化、功能丰富多样，满足视频监控细分市场需要。力维具备行业深度定制研发能力，多年服务电信市场使力维的终端产品具备高可靠性、高稳定性，能够应用于一些环境相对恶劣的行业市场。

2013 年，在终端产品方面，力维相继推出了多系列行业领先的新产品。如全球第一款支持 LTE/WiFi/有线三网互相备份红外高清 IPC——200 万像素高清红外 LTE&WIFI 网络枪机，除了支持 4G、WiFi 和有线三种网络传输方式外，还具备 LTE、WiFi 和有线网络间互备切换功能，展现了力维在通信与安防技术融合方面的优势。同时，力维开发的业界首款 200 万 60 帧超低照度高清网络枪机也在 2013 年出炉，这款枪机采用了高清大靶面 1/1.9" 逐行扫描 CMOS 传感器，在超低照度环境下表现出优异的低照度性能，能在星光级的环境下提供干净、清晰的监控画面。

此外，还有 150 米红外球系列产品，该系列球机采用了力维最新的智能红外 2.0 技术，实现了远距离和高亮度夜视监控；60 帧全系列高清摄像机及高速球，相较于传统 25/30 帧实时视频，50/60fps 高帧率视频为用户带来更流畅的监控体验；宽动态全系列高清网络摄像机，该系列宽动态摄像机具有 ROI 智能编码功能及走廊模式，能够在光线对比强、带宽低的条件下实现高清监控。2013 年，力维 60 帧高清全系列已在多个平安城市、交通行业项目中应用，为用户带来更流畅、细节更丰富的监控视频，在江西某项目中为用户在视频中进行手动违章抓拍提供了清晰的图像。用于 ROI 智能编码功能的宽动态系列摄像机也在多个金融项目（如平安信保，已在 350 多个营业厅投用）中受到用户认可，在带宽非常有限的条件下为用户实现了跨省的远距离高清监控。

高清、智能、移动化将是视频监控终端今后几年的发展趋势。2013 年，力维在 FOD 及智能红外 2.0 方面成功实现技术突破。智能红外 2.0 技术是继 2012 年力维推出智能红外技术后再次创下的同步变焦新高度，实现远距离夜视监控，红外距离增加到 150 米，高亮度夜视画面，补光亮度增加 30%。未来几年力维将继续在图像编解码、图像处理、低照度、红外补光、智能、机芯等核心技术上深入研究，开发 H.265、远距红外等一系列新产品，跻身行业一流水平。

三、深耕四大行业市场

力维以“聚焦客户需求，提供行业领先的监控产品和系统解决方案”为使命，深耕电信、政府、能源、交通四大行业市场，专注自己特色的平台、产品和应用，在行业拓展上有步骤地进行。对于其他行业，力维重点扶植合作伙伴，以提供产品服务为主，由更了解这些行业的合作伙伴去做定制化服务，做到资源互补、合作共赢。

通过技术提升与行业应用，2013 年，力维在国内安防市场不断取得可喜突破，如单一合同金额超两亿的青岛市北天网工程，孝感平安城市建设，海南电网全省近 90 座变电站视频监控系统建设，吉图珲客专综合视频监控系统项目成功突破了高寒地区时速达 250km 以上的高铁、客专综合视频监控市场，中国陆上三大能源战略通道之一——中缅油气管道视频监控系统等。作为解决方案提供商，力维已经建设包括北到黑龙江漠河、南到海南三亚、东到青岛、西到克拉玛依、中部武汉等在内数百个平安城市。

海外市场也收获颇丰。从跟随中兴通讯进军海外市场起始，力维产品业务已在全球 70 多个国家及地区落地应用，客户服务覆盖欧美、中东西北非、东南非、亚太四大片区。在继续巩固现有市场的同时，实施“欧美市场树品牌，非洲市场见效益，亚洲市场保增长”的国际长效运营策略。

2013 年，力维的视频监控业务成功进驻印度教育市场、委内瑞拉电力行业市场，参与阿根廷平安城市建设、法国里昂平安城市等，逐步在欧美高端市场提升品牌影响力。

行业应用、终端产品和国际化三大战略引领力维前进的方向。未来几年，力维将继续夯实国内重点行业市场，进一步加大全球市场拓展，坚持以整体解决方案为核心，在视频监控终端领域加大研发创新力度，为客户及合作伙伴提供更优质的产品服务。

苏州科达科技股份有限公司

NVR 市场占有率第一，平台市场占有率第二，高清网络摄像机市场占有率第三……用了 8 年时间，苏州科达科技股份有限公司从一个安防门外汉成长为网络安防的引领者，核心设备综合市场排名进入前三。这背后，是科达坚持网络化之路、坚持自主创新、坚持精品战略的核心体现。

一、平台：高起点奠定领导者地位

相比传统的模拟摄像机和 DVR 厂商，2004 年才进入安防市场的科达无疑是个后来者，但其切入的时机却恰到好处：以“平安城市”为代表的大型安防项目兴起，数字监控市场开始萌芽，电信运营商将视频监控纳入新的增值业务……中国安防市场正是以 2004 年作为“分水岭”，由模拟监控系统向网络监控系统迈进。大环境的变化，急剧增长的市场需求，给通信业背景出身的科达迅速切入安防领域提供了良好的契机，也让他们看到网络视频监控市场的巨大前景。

这一年，科达推出了第一套全网络化的视频监控系统。这套系统在业界提出了完整的视频监控管理平台的概念。正是由于在平台产品及技术上的领先性，科达在 2005 年相继成为中国电信、中国网通“全球眼”和“宽视界”运营级网络视频监控业务的平台合作伙伴，并成为“全球眼”和“宽视界”两大标准的主要贡献者。两大运营商的介入，让业界对平台有了深入的了解，同时也奠定了科达在平台领域的领先地位。

随后，科达在平台领域不断推陈出新，推出了一系列基于平台的行业解决方案，相继进入了多个省市的平安城市等大型行业监控项目，逐渐树立起了在安防监控市场的品牌形象。

2013 年，科达又推出了 Phoenix 新一代视频监控管理平台，在 2013 深圳安博会上甫一亮相就吸引了众多业界专家的关注。作为新一代平台，Phoenix 不仅继承了原有平台各项优势，更通过引入开放的云计算架构，全面提升了平台的稳定性、灵活可扩展性、网络适应性以及易用性。

Phoenix 平台的问世，进一步巩固了科达在平台领域的领先地位，为科达继续占领网络视频监控的制高点打下了坚实的基础。

二、NVR：在创新中持续领先

2006 年以后，网络视频监控开始得到了越来越多的关注，其发展前景也日益明朗。正是因应这样的产业背景，科达推出了中国安防市场上首台嵌入式 NVR 产品，并提出了“NVR，DVR 终结者”的概念，引起了人们对于 NVR 产品的极大关注。随着近年高清网络摄像机的迅速发展，使得NVR的发展前景被越来越多的人认可，传统的DVR厂商也开始陆续加入NVR的行列。作为NVR的倡导者，科达受到了越来越多业内人士及用户的关注，成为了NVR的代表企业。

近年来，科达在NVR领域持续创新，不断引领产业发展。2009年，高清监控刚起步，科达又发布了国内第一款高清NVR，并提出了“高清监控将加速NVR取代DVR”的观点。2011年，在NVR厂商越来越多、NVR的产品形态也越来越丰富的背景下，科达推出了新一代NVR系列产品，在高清处理性能、易用性及工业设计方面，再一次走在了业界前列。2012年，科达在新一代NVR的基础上全面推进开放性计划，基于Onvif标准实现了全球30多个主流品牌共500余款网络摄像机的深度介入。

2013年，更集中地体现了科达NVR在创新中取得的全面领先优势：第一，推出了SAFE系列NVR产品，通过一机多屏等多项技术创新实现了产品性能与部署成本的最佳平衡，拉开了与单纯通过降低产品性能实现低价竞争的友商之间的距离；第二，在业界率先推出了智能NVR产品，通过集成智能检索、视频摘要等多项高端智能分析技术，奠定了智能NVR的发展方向。

三、高清网络摄像机：顺势突围

早在2006年，科达就推出了自有品牌的标清网络摄像机产品，但受限于整体环境，发展并不是很快。而到了2009年，高清监控迅速发展，科达凭借着在视讯领域积累的高清视频处理技术，顺势推出了720p、1080p系列高清网络摄像机，随后开始取得快速的市场突破。

目前，科达的高清网络摄像机产品线日益丰富，已形成枪机/半球/快球等多种形态、低照度/红外/宽动态/3D降噪等多种功能、室内/室外/卡口/电警/审讯等多种应用的完善的产品系列，并获得了广泛的部署应用，市场占有率已进入前三。

在2013年深圳安博会上，科达仅高清网络摄像机这一项就展出了6大系列几十款高清新品，包括夜视距离可达400米的激光型高清高速球、采用新一代点阵式红外灯的高清红外防水枪机和高清海螺机、具备超低照度特性的高清枪机、具备一键聚焦特性的高清防暴半球等。

这些新品不仅采用了全新的造型设计，而且还引入了多项业界领先的视频压缩和图像处理技术。例如，科达此次展出的红外摄像机新品除了全部采用点阵式红外灯之外，更全面引入了SMART IR智能图像处理技术，通过检测图像亮度来智能调节亮度曲线，从而防止红外模式下图像过曝，有效解决了高清红外摄像机近处过曝问题，使图像亮度均匀，画面还原真实、细腻；所有高清摄像机都采用了H.264 High Profile高效视频压缩算法，结合先进的ROI技术，能够实现1080P@2Mbps、720P@1Mbps实时低码流高清视频，与传统高清视频相比，不仅码率降低了50%，图像品质也毫不逊色；多款产品支持“竖屏”模式，通过DSP处理技术提供9:16格式图像，在狭长、纵向场景下图像显示同实际场景更加吻合，可极大扩展监控区域范围，同时让用户看清更多细节。

四、解决方案：深度应用引领行业市场

完善的产品、领先的技术，为科达在解决方案领域的发展奠定了深厚的基础，而深挖行业需求、精耕行业应用的务实态度，又造就了科达在解决方案领域不可动摇的领先优势。这一点，在公、检、法、司、交通、教育、医疗等行业，体现尤为明显。

随着平安城市建设逐渐展开，高清成为平安建设的重要诉求点，其中对IP高清摄像机、高清存储、高清解码上墙、高清系统平台等环节的整体方案解决能力要求特别高，而这些要求正好对应了科达的产品体系。目前，科达已经在安徽、广西、江苏、辽宁、山东、甘肃、河南等全国多个省市完成了超百个平安城市的项目建设案例，已成为新一轮平安城市建设的代表企业。

近两年，随着IP高清监控应用的普及以及行业化趋势的发展，用户对整体解决方案建成后的实战应用功能需求上升。科达在解决方案上的深度挖掘实现了与行业业务功能的紧密结合，同时通过采用智能分析、云计算等新技术，使得用户需要的应用功能更强大也更贴身。

在安防市场正处于剧烈变化的今天，展望未来，科达将继续坚持自主创新和精品战略，继续强化技术、产品和解决方案的三位一体，为用户创造网络安防的新价值。

天津天地伟业数码科技有限公司

2013年是天津天地伟业数码科技有限公司调结构、抓管理的一年，是产业化实现重大突破的一年。天地伟业在产品规划、市场推广、文化建设等各方面取得突出成效，同时取得一系列国家级荣誉资质，办公面积拓展到8万平方米，生产基地启动建设施工。

一、实力提升

2013年，天地伟业获得一系列国家级重要荣誉资质：国家规划布局内重点软件企业、中国软件百强企业、国家级守合同重信用企业、国家火炬计划重点高新技术企业、团中央授予的“青年就业创业见习基地”。董事长戴林荣获

“全国电子信息行业杰出企业家”称号、入选全国公安视频监控专业人才库。2013 年，天地伟业研发的新技术、新产品取得重大突破，新产品占比超过 60%，成功推出 ITS 500 万电警一体机，取得技术平台的突破，指标性能达到全国领先水平；全功能新一代政法主机发布，在湖北、河北、云南等多省评测中独占鳌头。

二、业绩突破

2013 年，天地伟业的业绩近 10 亿元，千万级以上项目同比增长 15%。高清智能摄像机销售大增，产品品质大幅提升、成功实现产业化规模。中国农业银行总行产品入围排名第三，政法行业继续扩大全国市场影响力，项目覆盖天津市、山西省、甘肃省、云南省、黑龙江省、青海省、河南省等地。2013 年，天地伟业荣获华为颁发的“2013 年全球核心供应商”荣誉。

三、文化建设

天地伟业一直重视文化建设，在新员工培训方面取得一些成效。2013 年，公司吸纳新员工近百名，7 月份召开了一场别开生面的新员工军训汇演大阅兵。这次军训借助军事化训练和管理方式，旨在培养新员工的坚强毅力和高效执行力，提高团队协作、加强纪律性，全面提升新员工的综合素质。天地伟业从 1998 年开始招收应届大学毕业生，一批又一批的优秀大学生迅速成长，现在一些毕业生已经成为公司高管、经理和骨干，参与公司重要议题决策、担任重大项目负责人。在就业形势严峻的情况下，天地伟业 2013 年继续加大人才引进和培养储备，招收近百名应届大学毕业生，他们将通过军事训练、理论学习、轮岗实践等多种形式的培训，完成从大学校园理论知识到就业岗位应用实践的过渡。在军事训练期间，高强度的训练没有把这些 90 后的新生力压倒，相反他们从中磨砺了意志、锻炼了体魄。军姿练就了他们挺拔的气质和精神；队列教会他们服从命令、听从指挥；各种竞赛让他们提升了团队凝聚力和荣誉感……大阅兵当天，新员工们表演了列队汇报、军体拳、紧急救援等一系列军事化操练项目，赢得了在场领导及观众的阵阵掌声。部队首长和公司领导对天地伟业员工饱满的气势给予高度评价。

四、内部管理

天地伟业一直秉承流程化、职业化、制度化、现代化的管理模式，同时为员工提供人性化的工作环境。2013 年公司进一步完善修订制度百余个，使每项工作环节都做到有制度可参考，把岗位职责落实到每一个部门和岗位上。同时真正把绩效管理与薪酬体系结合起来，使全体员工都能以目标为导向，通过明晰的岗位要求和绩效管控，在提高员工薪酬的同时促进企业管理建设。

天津亚安科技股份有限公司

天津亚安科技股份有限公司创立于 1993 年，是集研发、制造、营销于一体，专业从事视频图像分析处理、目标跟踪定位以及整体解决方案的国家高新技术企业。

一直以来，亚安以领先市场的需求为导向，致力于为社会提供高品质的安防产品、技术和服务。目前，亚安已拥有前端摄像机、云台护罩，数字网络传输、存储、主控设备，视频综合管理平台等 16 大系列的数千种产品，并提供针对警备、电力、边防、石化、公路、机场等四十多个行业的专业解决方案。

2013 年，亚安持续对产品结构进行调整，投入了更多的生产、研发等力量在前端云台产品的开发中。加大力量发展了六位一体化云台摄像机、网络高清、智能化高清的产品线，并同步推出了多种经济型的产品，以多样化的产品及行业解决方案满足了不同客户的需求。

在技术上，亚安高度重视研发投入和技术创新，引进了一批批安防技术型人才，每年投入销售额 10% 以上的资金用于研发新技术、推出新产品，使研发成为公司可持续发展的原动力。凭借自身多年在安防领域的专业水平和领先的自主核心技术，亚安迅速在安防领域崛起，现已拥有专利 527 项、软件著作权 15 项，并参与起草了 12 项国家标准和行业标准的制定。2013 年，亚安自主研发了高清智能化产品——电子哨兵，该产品集自动跟踪、预警、示警于一体，引领了智能安防的新变革。目前该产品已获得 29 项专利，并在边防、监狱、住宅、厂区等场所得到了很好的应用。

在渠道销售方面，亚安采用“顾问式销售”方式，从售前的规划设计、技术引导到售后产品的维护与技术支持，亚安为客户提供了“一站式”的优质服务。目前，亚安已在全国 35 个城市建立了分公司和办事处，并拥有 50 余家海外代理商，销售网络纵横交错渗透至各行各业。客户管理方面，为了及时了解客户需求，亚安通过不定期的培训、交流等活动获取客户的意见、建议，并实行服务本地化的策略，全国所有的分公司、办事处，必须成立技服部门，从而保证有效地服务客户，满足客户需求。

在管理上，亚安推行精细化管理模式，在组织架构上大胆变革，由集权式的直线式向强调协作的矩阵式转变。同时，强化经营管理职能，最大程度地发挥资源的优势作用，在经营过程中逐步形成自己独特的经营管理、技术、产品、销售、服务等模式。此外，亚安不断完善企业内部控制管理，不断加强企业内部创新精神、强化担当与执行力，加强岗位绩效考核，将员工的愿景与公司的长远目标有机结合在一起，保持公司高速增长。

此外，亚安也深知品牌是品牌影响力的基础。因此，一直把品牌建设作为所有工作的重中之重。在20多年的发展中，亚安以质量树立品牌、以服务提升品牌、以创新推进品牌、以销售拉动品牌，使亚安的品牌建设得到了不断的完善和发展、获得了广大客户的认可和信任。亚安连续十年荣获“中国安防十大品牌”，连续多年荣登安防行业百强企业榜，荣获“国家守合同重信用企业”、“中国安防知名品牌”、“中国平安城市建设推荐品牌”、“中国安防最具影响力品牌”等奖项。

多年的发展，亚安高清产品、技术和行业解决方案的日趋成熟，目前已广泛应用于交通、金融、教育、能源等各个行业，并前后参与了甘肃、新疆、江西、陕西等地区的平安城市建设。

在未来的发展中，亚安将继续正视品牌的价值与经营，积极思考如何把企业与品牌做大做强，来承担更多的产业责任和社会责任。亚安也将持续在以云台技术为核心的发展动线上精耕细作，深入行业应用，研发出更多具有行业定制化特色的产品、技术和行业解决方案，为打造“云台世界第一，解决方案国内领先”的安防品牌而努力奋斗。

厦门凯迪空间电子有限公司

厦门凯迪空间电子有限公司创立于1992年，是集智能化系统、IT解决方案、软件定制、服务外包等多种业务为一体的科技创新企业。公司面对金融、司法、地产、制造等行业，以创新的服务理念，提供多元化的定制解决方案。

凯迪空间本着“细节成就伟大，专业创造价值”的企业价值观，通过“客户满意为己任，完美品质为生命”的经营方针，完成“为顾客利益而努力创新”的企业使命。公司愿景是：“未来的凯迪空间，应该是专注的、创新的、服务的凯迪空间”。

目前，凯迪空间是中国安全防范产品行业协会理事，福建省建筑业协会建筑智能化分会副会长单位，厦门市安全技术防范协会会长单位。

一、公司荣誉

凯迪空间自主研发而获得的软件著作权登记证书有18个，包括凯迪空间电力集控系统、智能IP网络监控平台、监狱智能化管理软件、银行智能监管平台软件、安全生产远程监控系统管理软件、智能交通监控管理系统软件等。自主开发的软件均已成功地应用在不同领域工程中。

凯迪空间于2005年所承建的中闽大厦建筑智能化系统被评为“全国百项建筑智能化经典项目”；2007年获得“中国安防优秀工程企业（为3111工程推荐）”；2008年获得“高新技术企业”认证和“厦门火炬高新区优秀软件企业”的称号；2009年获得厦门市“2007～2008年度守合同重信用企业”，承接的厦门市商业银行新办公大楼弱电及安防系统工程获得厦门市优良工程和福建省“闽江杯”优质工程奖、被评为“平安城市”建设推荐安防工程企业；2010年，公司研发的软件平台“TELMON”商标正式注册，公司还被评为“中国监所安防行业推荐品牌企业”、“福建省建筑企业信用等级AA级”，荣获“厦门市建筑业企业综合业绩排名专业承包第九名”和建筑业企业专业承包企业信用评价BBB级。此外，公司申报的“监狱智能安防整合联动系统平台”获得地方创新基金30万元（目前已经到账），国家创新基金60万元的扶持，合计90万元；2011年，公司获得厦门市“2009～2010年度守合同重信用企业”称号，被评为“平安城市”建设推荐安防工程企业，获得建筑业企业专业承包企业信用评价BB+级和“厦门市建筑业企业综合业绩排名专业承包第八名”。

二、公司发展规划

凯迪空间目前成熟的软件平台主要是监狱和银行。但随着科技的发展，市场需求的提高，公司将更针对甲方的要求，做好需求调研，深度挖掘行业市场。

在监狱领域，凯迪空间参与负责完成了福建省监狱管理局信息化联网平台的构建，使全省监狱形成一个信息共享、精细化日常管理、对突发事件的快速响应的集成联动体系，并已完成了福建省内厦门监狱、福清监狱、龙岩监狱、清流监狱、莆田监狱等监狱的“数字化监狱”的一期建设。下一步，公司将一方面加大对全省其他为进行数字化改造监狱的市场跟踪以及其他省份监狱的市场推广，另一方面将紧密贴合监狱、看守所、劳教所的业务需求，继续投入监所人员定位、智能分析、矢量地图等技术手段的研发，以强化凯迪监狱智能化整体解决方案的专家形象。

在金融领域，凯迪空间已完成了厦门建设银行、厦门银行等多家银行的远程视频监控平台的建设，特别是跟随国内第一家有台资股份的厦门银行扩张上市的步伐，已开始承接其他城市的金融安防业务。今后，公司将继续加大“银行智能监管平台”升级的研发投入，并紧跟高清视频通讯技术的快速发展，开发新的适合银行使用的相关产品及服务模式。在重庆等热点城市逐步建立分支机构，努力开拓金融市场。

为加快转变经济发展方式，推动产业结构调整和优化升级，完善和发展现代产业体系，凯迪空间将以金融、司法、公安、地产四个行业为主承接安防及弱电工程项目；

研发金融、司法、公安以及平安城市软件平台；代理四个行业相关联的市场需求量大的产品；以多网融合技术为基础，将硬件设备、软件平台、系统方案、专业服务、综合管理等各个系统有效地组织起来的数字网络运营服务平台。

厦门立林科技有限公司

厦门立林科技有限公司是中国本土最大的楼宇对讲和数字家居系统设备供应商，曾获“中国名牌”和“中国驰名商标”，是行业内唯一一家荣获这两项殊荣的企业，综合实力位居中国楼宇对讲行业前三位。在中国拥有2000万的用户群体和超过20%的市场份额，产品远销美国、英国、德国、法国、意大利等80多个国家和地区。

历经二十多年的发展，公司已拥有立林电控、立林高压、中林机械、奥韦易立林、易普斯立林等十多家在各自领域表现卓越的下属企业；分布全国的37家分公司、办事处和近200个销售服务网点；在厦门拥有占地11万平方米的工业园，拥有世界一流的生产、检测设备，实现了产品全套工序的自主生产。

一、2013 经营业绩

2013年，立林扩大公司规模，延伸产品线。数字家居方面，立林推出一套基于LeeBUS控制总线技术的智能家居控制系统——LeeBUS家居控制系统，它是一种开放式、模块化的系统产品，易于组建、搭配或与其他系统进行融合；软件方面，立林推出云社区为用户提供更多便利，借助系统的云服务可以让住家与周边社区有机连接，为用户构建一个更为智慧、人性的居家环境；LeeBUS搭载的Pampulha系列控制面板采用模块化设计理念，用户可以随心改变控制模块的使用功能，甚至可以自行DIY装配。

立林与意大利百年企业AVE S. P. A于2012年携手，合作扩展智能家居、酒店智能、开关面板等领域。目前，合作的LuxDomo家居智能和酒店智能产品已经上市推广，随着时间的推移，LuxDomo在中国必定具有更为广阔的市场空间。

在多年的战略合作经验积累下，2013年立林与万科、金地、禹州等知名地产企业缔结战略合作关系，目前已与包括恒大、招商在内的几十家知名企业建立了深入合作关系，在市场竞争尤为激烈的2013年，实现了产品销售量同比增长20%，营收近5亿元，市场占有率提升3%左右的骄人成绩。

二、质量为本，缔造行业精品

立林在质量管理上下足功夫，首先，设立了完善的多级别、跨层次的质量控制程序，实现从元器件到成品至少6关的严格的检测以及100%的成品下线检测放行，成品一次交验合格批次>99.2%；其次，企业始终牢固地树立质量第一的观念，在生产过程中严格控制、精心管理，通过ISO9001和ISO14001的内审和外审等不同形式，做到有计划、有实施、有检查、有处理、再完善，做好现场生产中的每一个环节；最后，公司开展员工培训和以“质量第一”为主题的员工技能比赛，通过讲授以及寓教于乐的竞技比赛，提高员工的质量意识。除了以高于行业标准的内控指标实施质量控制以外，2013年，立林进一步推行精细化管理。通过IE、卓越绩效模式的稳步推进，对流程进行不间断的改造和优化，提升工作效率，使工作系统内各部门的协作和衔接更为有效，在生产系统全面推进6S与目视管理、准时化生产（JIT）、看板管理等，取得了良好的成效，被福建省经贸委评定为精益生产标杆型企业。

三、自主研发，敢为天下先

立林在厦门和北京设有研发中心，拥有工程技术研究中心和企业研究生工作站，是科学技术协会成员。在自主研发的基础上，还实行“优势互补，强强联合”的产学研合作战略，至今已与北京大学工学院、厦门大学、厦门理工学院、华侨大学等多所高等学府进行技术与人才对接合作，实现人才的培养输送和技术的共享，积极将技术成果转化为不竭的生产力。同时，公司重视科技创新，掌握自主知识产权，积极开展专利申请保护工作，目前立林已获得专利33项，其中发明专利4项、实用新型专利6项、外观专利23项。

目前，立林正着手博士后工作站的申请工作，预计2014年完成申报。博士后工作站的建立，能够将博士后的智力与立林的实际相结合，提高立林的自主创新能力。同时，立林也在着手申请将现有的检测中心升格为国家级产品检测中心。

四、加强标准建设

作为行业龙头企业，立林是业内标准的忠实维护者，是对讲行业首个全国安全防范报警系统标准化技术委员会（SAC/TC100）委员单位，积极致力于改善行业知识产权环境，促进行业标准化建设，是国家标准GB50348－2004《安全防范工程技术规范》、GB/T 21741－2008《住宅小区安全防范系统通用技术要求》，行业标准GA/T 678－2007《联网型可视对讲系统技术要求》、GA/T 72－2005《楼寓对讲系统及电控防盗门通用技术条件》，建标〔2006〕78号《居住区数字技术应用DCN设备控制通信协议》标准文件主要起草单位。2012年立林当选为IEC 62820《楼寓对讲系统通用技术要求》国际标准起草组组长单位，与来自英国、德国、俄罗斯、韩国等国家的专家共同制定国际标准。立林也成为中国安防行业唯一一家担任组长单位编写国际标准的企业，该标准预计于2015年发布。

编制国际标准肯定了立林“代表国家竞争力、具备国际竞争力”的行业地位，标志着立林的品牌影响力正逐步从国内走向国际。

五、外树品牌，内建人心

立林使命：给家安心，让社会和谐。安防产品作为和谐社会建设中重要的硬件支持，起到安全护家的作用，立林关注利用先进科技完善家居条件，改善家庭生活，倾力打造安防精品，为用户提供先进可靠的安防产品，营造“五星级”的家，为共创和谐社会贡献力量。

立林愿景：打造国际品牌，实现长青基业。安防行业竞争激烈，在瞬息万变的市场竞争中，立林将以开放进取的姿态，海纳百川，不断从学习中汲取养分，成长壮大，在夯实国内市场的基础上，立林人立志开拓，在国际市场上占据一席之地，将立林打造成为享誉海内外的百年老店。

立林价值观：学习引领人生，忠孝管理团队；诚信构筑品牌，共赢实现目标。立林强调学习，“工作的过程是教与学的过程”，把工作学习化，把学习工作化，把员工的成长作为衡量业绩的首要标准，通过不断的学习提高人生价值的尺度。不忠不孝，不足以立人；有才无德，不足以服心。在现代化管理化方式的基础上，立林用传统的忠孝思想辅助管理，教育和培训员工的忠诚度和责任感，形成传统和谐的文化氛围，形成立林独特的忠孝文化。立林以“做品牌，树人心”作为企业的经营之道，永远把质量放在第一位，质量试验不合格、不成熟的产品坚决不推广上市。绝不拖欠员工薪资和供应商货款，开设全程315服务模式，形成浓厚的诚信文化。立林以“和谐共赢”的心态与员工、客户、供应商、业内同行同在一个舞台上共舞，秉承着让员工后代都能受益的朴实长久目标，建立一个属于所有立林人的企业，实现共赢。

浙江红苹果电子有限公司

浙江红苹果电子有限公司专注于安防行业17年，是国内领先的监控产品供应商，致力于为客户提供一流的监控产品、解决方案和服务，提供专业品质视频监控产品和专家服务。红苹果电子一直致力于打造民族监控品牌，是中国监控器材的领导厂商之一。

红苹果是中国安全防范产品行业协会副理事长单位、浙江省安全技术防范行业协会副理事长单位，还荣获了“中国安防十大民族品牌”、“中国安防十大领先品牌”、“中国安防十大最具影响力品牌”、“中国安防十大用户满意品牌”、“中国安防知名品牌”、“中国安防行业杰出民族品牌”等数十个奖项。红苹果以实现人们平安、幸福、美满的生活为愿景，运用监控领域专业经验，与广大客户一同创造最佳的社会环境。

一、专注成就行业专家，聚焦纯硬件视频管理中心设备

红苹果一直以来专注于自己的专业领域，保证自己掌握优势领域的核心技术，保证在该领域的技术领先地位，尤其在安防领域的视频管理中心中的视频上墙部分矩阵产品的优势地位。不管是在模拟视频监控时代的行业单机规模最大、扩容容量最大、单系统实际应用规模最大和安防化功能行业最强的PE60S网络矩阵产品，还是紧跟高清智能化视频监控时代步伐推出的接入高清视频类型最多、集成化最好的PE90高清数字矩阵、PE80SDI高清数字矩阵以及高清网络时代的PE70高清网络数字矩阵，红苹果一直努力开拓创新，专注产品研发。这也为红苹果赢来了声誉、品牌和市场。

二、以高清为核心，积极开拓产品线

红苹果在2013年围绕高清监控完善了SDI高清视频监控产品线。在原来PE90/80H－SDI高清数字矩阵的基础上，进一步研发成功单系统144路输入×144路输出SDI高清数字矩阵及单系统288路输入×288路输出SDI高清数字矩阵，此外相继推出SDI视频分配器、SDI转换器、SDI编码器、SDI球机、SDI红外智能球等设备。与此同时，红苹果也推出了一系列IP网络视频监控设备，在前端设备方面，红苹果推出了一系列高清网络球机及摄像机，如PE3036OS1－IP百万像素红外高清网络球、PE9720系列百万网络高清枪机等。红苹果高清数字矩阵则经过3年的市场推广及根据IP视频监控的市场需要，又进一步深化研发，最新推出了一款多模解码板，每块单板带四路IP输入接口，同时带DVI高清输出。每路IP口可同时解码4路1080P分辨率的高清IP视频流（或8路720P或16路D1），同时单路输出4画面分割显示。这些IP网络监控设备的推出，在完善产品体系的同时，也给了客户更多选择的机会，根据项目需求，极大地满足了客户的实际应用，为各类监控中心图控策略提供极具性价比的产品。

三、秉承优势，在转型中发展壮大

一方面，红苹果持续保持多年建立起来的优势，如在矩阵产品行列始终保持产品线最全，努力做到技术最好，给客户提供整体应用解决方案和专家品质服务。另一方面，基于行业变化，红苹果随着市场形势也开始转型，逐步往

深度化、多元化发展，侧重向产品整体解决方案方向发展，逐步拓展了前端摄像机球机产品，延伸存储、平台等系列产品。目前，产品和解决方案已在公安、金融、电信、交通、司法、教育、电力、水利、军队等不同领域的上万个大型项目中得以应用，在北京、上海、深圳、沈阳、武汉、乌鲁木齐等全国多个地区设立了驻外办事机构，产品远销海外四十多个不同国家和地区，得到了国内外广大用户的好评。

四、更广、更深、更专业

2013 年乃至 2014 年，红苹果将行业和产品研究的重点放在了解决多样化高清视频监控和集成的产品和系统解决方案上。目前，红苹果在高清矩阵的大系统领域已有完善的产品线，今后的发展方向是产品化向系统化发展，大型系统向小型系统发展。同时，丰富产品功能模块，矩阵产品从 2 路→4 路→8 路输出等此类独立功能设备，到同时具备控制、报警、音频、传输功能，并且可以组合搭建成中型系统，实现系统层面的模块化。红苹果数字高清矩阵在大型视频监控系统中已经得到了很大应用，但是中小型系统的应用市场容量也不容忽视，如楼盘、工厂、商店、银行等。这也为红苹果今后顺利开拓民用市场起了铺垫作用。红苹果将产品线细分，逐步将适合民用市场的产品从原来的产品线中剥离出来，以独立的团队运营民用产品，并以子品牌专营民用产品。在营销渠道方面，红苹果也在积极探索更适合民用产品的销售网络，垂直电商销售平台将是一个不容忽视的战略基地。

五、诚征盟友，共谋商道

2013 年红苹果进一步加强了客户资源整合和管理，加大对大客户资源的管理和维护，与此同时全国范围内寻求志同道合的经销商、渠道商等合作伙伴，这也是未来几年红苹果在销售管理和建设中的一项重点。红苹果一如既往地保障产品的专业品质和核心产品技术优势，在营销领域积极探索新的营销渠道，寻求有一定实力的商业伙伴，合作互赢，借力发力，共谋商局。经过前期的培育及调整，无论是海外市场还是国内市场都呈现出崭新的局面。

2014 年，红苹果仍将聚焦及推动纯硬件视频管理中心设备的变革和更新，在内部的技术实力上进一步的提升来巩固自己，在应用功能上、质量上进一步的完善自己的产品，给客户提供多样化整体应用解决方案和专家品质服务。

浙江宇视科技有限公司

2011 年 12 月，浙江宇视科技有限公司独立运营，从百亿元体量的母体 IT 公司分离，转身为十亿元体量的中型专业安防企业，更为专注视频监控。作为华三通信原四大产品线之一的存储及多媒体事业部，宇视在 2005 年就开始进行核心技术研发，以平安城市整体解决方案迅速进入市场；独立运营后，技术优势一脉相承，以及从自我中心到客户导向、直面竞争，从网络通信厂家血脉到安防工业党的精工制造，清醒坚定的转型成就了宇视的快速成长。IMS Research 报告显示，2012 年，创业周年的宇视即跃居为视频监控市场的第三名。2013 年，仅仅两年时间，宇视的员工人数增加至初创时的 3 倍，销售额增至初创时的 4 倍。

两年以来，宇视以贴身安防用户需求、合作创新得以生存壮大，结合 IT 技术，更是在开始牢牢树立自己的技术门槛和行业尊严，宇视精工之路，在享受着这个创造价值和赢取尊敬的过程。

一、主要业绩

2013 年，宇视销售额 15. 8 亿元，同比增长 43. 6%；人员达 1500 人，同比增长 50%，其中研发占比近 50%，市场与服务占比 42%；专利申请总数 400 件，发明专利占比 89%，每三个工作日新增一件专利。

行业成绩方面，宇视迄今建设 400 余个平安城市，150 余个智能交通项目，160 余个司法监狱，500 余所平安高校，300 余家大型企业，150 余家三甲医院，覆盖 17 个城市的 30 余条地铁线路，180 余条高速公路，30 个机场，中高端智能建筑监控解决方案最佳选择，并为金融、教育等行业提供定制化解决方案。

市场地位方面，宇视居国内视频监控市场前三（IMS），20 个季度国内 IP SAN 排名第一（IDC），非运营商市场视频监控平台排名第一（IMS）。

渠道合作方面，全国发展合作伙伴 1600 余家，IMOS inside 合作伙伴 160 余家。

产品方面，以 IMOS 平台为基础，2013 年新增 200 余款 IPC、30 余款 NVR、20 余款智能交通产品、新增大屏产品线，形成从前端产品到后端产品完整支撑的解决方案。

二、精工制造为核心

宇视以架构的顶层设计见长，开发的“面向大规模城域监控的流媒体关键技术及装备”荣获 2010 年度国家科技进步二等奖。这种架构能够应对平安城市大量动态业务下系统的稳定性，可靠、可信、高效。

而工业变革不会一蹴而就，不仅需要宏大格局，更需在细节之处用工匠之心、几代研发人不懈努力改进产品制造。2013 年，宇视庄严承诺坚持“品质安防”、“精工制造”，质量追求以比肩德国工业制造为目标。创新为核、品质为本，力求使精工制造成为宇视（Uniview）的品牌属性。

2013 年，以创新的网络摄像机（IPC）整体结构设计，业内首家获得德国工业设计 iF 大奖。

宇视从研发、市场、供应链、服务全流程贯彻端到端的精工制造。

在研发方面，拥有一支具备创新能力的研发团队。宇视每年销售额 15% 投入研发，400 件专利，2000 项硬件测试、5000 项方案测试，速度与质量并重，客户需求与可靠性取得最佳平衡。

在市场方面，努力比肩德国制造，塑造中国精工形象。定位相对高于其他品牌，宇视不是奢侈品，而是兼具过硬品质和高性价比；让世界感知比肩德国制造的努力，提升全球市场对于中国制造的印象。

在供应链方面，坚守可靠性，拒绝廉价，追求好工好料。源自网络通信行业电信级可靠性基因，宇视从客户实际需求出发，自选材到交付提供高品质的产品。制造业最终都遵循一个真理，即生产出更高性价比的产品。不是采用更廉价的部件和更简化的设计，而是不做无谓过剩的功能。

在服务方面，开展 U 粉计划。39 个区域备件中心，500 余名宇视认证工程师，业界最成熟的工程服务体系，以每一处排障、每一个回复让用户感知宇视的用心；客户因喜爱宇视的产品、服务而成为 U 粉，基于宇视认证、微信的服务活动驱动真实的参与感。

三、客户导向：和技术创新相辅相成

宇视认为，牢固树立以客户为导向的企业文化价值观非常正确，一个公司能否创新和发展更多的是看其能否解决客户需求。所有创业公司或快速发展的公司都是赖以解决客户需求而存在的，所以应该坚定不移地走“客户导向”的道路。

客户需求导向与创新技术导向不相违背，两者皆是为了服务于客户。不同的是前者是前提，后者是根基。一个科技企业长远发展的灵魂是产品的技术，产品的创新。没有技术没有创新没有质量如何去服务？创新是为了更好地满足客户需求，二者并不矛盾。

四、成为全球视频监控领域的领导者

宇视董事长郑树生认为：“从行业特征来看，安防行业诸如智能安防、智能交通等都与人们的视觉体验息息相关，这就决定了安防行业是一个发展潜力巨大且将长期存在的行业。宇视的愿景是成为全球视频监控领域的领导者，要实现这个伟大的目标离不开团队长期的创新合作和顽强拼搏。安防领域空间之大同时也决定了公司乃至员工的发展潜力之大，因此公司的愿景和战略定位非常准确。这就需要全体宇视组织、团队、核心骨干坚持拼搏精神，专注于安防领域，实现战略目标。”

第十二章 安防产品和技术的应用情况

第一节 安防产品和技术在智慧社区建设中的应用

随着社会发展和信息时代的到来，社区智能化已经成为新世纪全新生活方式的根本保证。在社会信息化飞速迈进的今天，人们对住宅的关注已经不再局限于居室面积、周边环境、交通等方面，而是把更多的兴趣和注意力放在与外界沟通、通信服务、安全防范、物业管理等方面，这就要求传统的社区采用先进的科技手段延伸服务功能。在国家“智慧城市”建设推动下，智慧社区应用日益受到重视。

2013 年 11 月，民政部、国家发展改革委、工业和信息化部、公安部、财政部联合发布《关于推进社区公共服务综合信息平台建设的指导意见》，强调各地要加强社区公共服务信息化建设，积极构建“智慧社区”。《意见》指出，社区公共服务综合信息平台是依托信息化手段和标准化建设，整合公共服务信息资源，采取窗口服务、电话服务和网络服务等形式，面向社区居民提供基本公共服务的平台，建立“数据一次采集、资源多方共享”的信息采集制度。

一、发展现状

为了规范住宅智能化建设，建设部住宅产业化办公室早在 1999 年 12 月就出台了《全国住宅小区智能化系统示范工程建设要点与技术导则》，智能化小区是智慧社区的前身，主要强调三方面内容，即安全防范子系统、信息管理子系统、信息网络子系统。为了促进平安城市建设，公安部于 2005 年提出了 3111 工程（安防工程），3111 工程的推进对于小区安防水平的提高起到了显著的促进作用。早期的智能化小区模式实现了设备的自动监控，但并未实现自动控制网络与互联网的互联。随着物联网技术的发展，自动抄表、智能家居等物联网应用走进社区，进入家庭，智慧应用逐渐增多，智能家居成为最有潜力的物联网应用领域之一。

近年来，充分融合了物联网技术与传统信息技术的智慧社区解决方案逐渐出现，并在一些发达地区实施。智慧社区典型应用包括智慧家居、智慧物业、智慧公共服务、智慧政务。智慧家居是融合家庭控制网络和多媒体信息网络于一体的一个家庭信息化网络平台。家庭控制网络通过有线或无线的方式接入因特网（Internet）、公众电话网、广电网、社区局域网等网络，通过家庭网关实现电子信息设备、通信设备、娱乐设备、家用电器、自动化设备、照明设备、保安（监控）装置及水电气热表（或概称的三表三防设备）的控制与设备间协同。智慧物业是利用小区视频监控网络、各种传感器网络及小区宽带网络构成物联网系统，实现智慧的保安消防、垃圾回收清运、停车场管理、日常设备检修与维护、环境监测、电梯管理等智慧服务。智慧公共服务利用信息共享与集成技术，实现社区医疗服务、“一站式”缴费服务、电子商务服务、养老服务。特别是通过智能感知、识别技术使得居家养老和社区养老实现智能化，打破老人独自居家活动的状态，老人的各种诉求被感知：身体健康状况被社区医院和医护人员感知；居家安全和出行安全被社区服务人员和家属感知。智慧政务是对部门、科室、社区业务进行科学分类、梳理、规范，创新服务管理模式，提高服务管理的规范化、精细化水平。实现社区一站式服务、社区经费管理、综治维稳、社会救助等社会管理与公共服务职能。大量结合了物联网技术的社区应用还处于方案或试运行阶段，物联网应用需求的发掘还不充分，智慧社区的发展还处于初级阶段。

二、安防产品和技术的应用

智慧社区安防系统具有舒适、开放的人性化环境，高度的安全性，便捷的数字化通信方式，便利的综合社区信息服务，家居智能化，物业管理智能化特征，包含智能家居系统、社区安全防范系统和综合智能管理系统三个层次。其中，智能家居系统包括远程控制、环境监测、社区服务、网络通信、家电控制等系统；安全防范系统包括家庭防盗报警系统（住户联网报警系统）、楼宇对讲系统、周界防盗报警系统、视频监控系统、电子巡更系统、门禁系统等；物业管理系统包括远程抄表计费系统、停车场管理系统、消防系统、紧急广播与背景音乐系统、电子公告系统等。

（一）智能家居系统

智能家居是利用先进的计算机技术、网络通信技术、综合布线技术，依照人体工程学原理，融合个性需求，将与家居生活有关的各个子系统，如安防、灯光控制、窗帘控制、煤气阀控制、信息家电、场景联动、地板采暖等，有机地结合在一起，通过网络化综合智能控制和管理，实现“以人为本”的全新家居生活体验。一方面，用户可以方便地管理家庭设备，如通过触摸屏、无线遥控器、电话、互联网或者语音识别控制家用设备，更可以执行场景操作，使多个设备形成联动；另一方面，智能家居内的各种设备相互间可以通信，不需要用户指挥也能根据不同的状态互动运行，从而给用户带来最大程度的高效、便利、舒适与安全。主要体现在以下方面：

1. 家庭安全防范系统（住户联网报警系统）

家庭安全防范系统具备传统的电子报警系统的全部功能，能进行智能化的判断和处理，在报警的同时可以采取相应的措施。系统提供视频联动的功能，对入侵、火灾、煤气泄漏等情况作出视频聚焦和图像抓拍，进而为处理事故提供最准确的影像；并且可以通过拨通电话或者发送手机短信，远程关闭有危险的电器、切断电源等，实现远程家电控制。

2. 智能照明控制系统

智能照明控制系统即通过遥控器“一键”遥控所有的电灯，在一个地方控制家中任何一个甚至所有的电灯打开或关闭。

3. 环境控制系统

环境控制系统即实现网络空调控制、电动窗帘控制、排气扇智能控制，通过智能化的控制策略，提供稳定、舒适的空气环境和感光环境。

智能家居的联网即可实现智慧社区。

（二）社区安全防范系统

社区安防系统是智能化住宅小区的重要组成部分，主要包括家庭防盗报警系统（住户联网报警系统）、楼宇对讲系统、周界防盗报警系统、视频监控系统、电子巡更系统、门禁系统等。其中，监控系统对小区重点区域采取实时监控、层层设防，让业主生活在无形防盗网之中，既安全，又具人性化，使智能住宅小区具备了全方位的安全保障。

1. 楼宇对讲系统

楼宇对讲系统是由各单元门口安装的单元门口机、防盗门，小区总控中心的物业管理总机、楼宇出入口的对讲主机、电控锁、闭门器及用户家中的可视对讲分机通过专用网络组成，以实现访客与住户对讲。若住户在家发生突发事件，可通过该系统通知物业保安人员以得到及时的支援和处理。

随着房地产的高速发展，智能家居的需求增长，楼宇对讲系统的市场可谓是直线上升。从语音对讲到可视对讲，从黑白可视对讲到彩色可视对讲、从彩色可视对讲到智能家居终端，许多产品具备了监控、安防报警及布撤防、户户通、信息接收、远程电话报警、留影留言提取、家电控制等功能。

2. 视频监控系统

视频监控系统是家居安防系统中非常重要的组成部分。与普通安防系统相比，在家居系统这个特殊的环境中，视频监控系统有着特殊的限制，主要包括视频采集端数字化、数据传输无线化、整体设备低成本。

视频监控系统一般会安装在小区周边、大门口、住宅单元门口、物业管理中心、机房、地下停车场、电梯内等重点部位。监控系统将视频图像监控、实时监视、多种画面分割、多画面分割显示、云台镜头控制、打印等功能有机地结合成新一代监控系统，同时监控主机自动将报警画面纪录，做到及时处理，提高了保卫人员的工作效率并能及时处理警情，能有效地保护小区财产和人员的安全，最大程度地防范各种入侵，提高处理各种突发事件的反应速度，给保卫人员提供一个良好的工作环境，确保整个小区的安全。视频监控系统可以加强小区周边围墙防范，实时现场监控；便于管理，以备事后取证；减轻保安人员工作强度；提升小区形象档次；对潜在犯罪分子发挥威慑作用。

3. 智能停车管理系统

智能停车场管理系统综合射频卡技术、自动控制技术、视频技术、音频技术、传感技术等，以计算机网络为管理平台，利用车辆传感器、出入口控制器、显示屏、自动收/发卡机、电动道闸、摄像机等软硬件设备，对车辆出入停车场进行管理。

4. 周界防范系统

周界防范系统是智能小区必不可少的一部分，是小区安全防范的第一道防线。为了保障住户的财产及人身安全，迅速而有效地阻挡、发现和处理非法入侵事件，在小区周边应设置围墙（栏）及大门等实体防护设施，并在周界围墙（栏）及出入口设置探测报警设备。一旦发生非法入侵事件，实体防护设施能有效地阻挡和迟滞非法入侵行为，同时探测报警设备立即产生报警信号传到小区管理中心，并可通过与小区视频监控系统的联动，自动将现场的摄像机对准报警信号现场，且在监控中心的显示屏上弹出现场画面，对现场所发生的事件进行录像存储。同时，接警人员应做好快速反应，到达现场处理入侵事件。

5. 电子巡更系统

住宅小区的安全防范是物业管理中一项至关重要的工作，小区的安全保卫工作主要依靠保安员日夜巡逻去维护。

6. 门禁管理系统

门禁管理系统即用智能卡代替传统的人工查验证件放行、用钥匙开门的落后方式，自动识别智能卡上的身份信息和门禁权限信息，实现出入口控制与管理。

（三）综合智能管理系统

1. LED 信息发布系统

在小区出入口、电梯口及物业部门设置 LED 信息发布系统，用于小区物业的水、电、燃气、暖气等相关信息发布，紧急通知、即时信息发布，社区配套服务信息发布，社区宣传、社区文化平台，广告增值平台等信息发布。与小区物业管理中心连接，可以发布天气预报、新闻、交通信息，还可以考虑和可视对讲系统联动同时发布各种信息。

2. 远程抄表系统

远程抄表系统是指对家庭所用水表、电表、气表数据的自动采集和远程传输，实现三表远程自动抄表功能，节省时间、节省人力物力、提高工作效率和降低物业管理成本。

3. 背景音乐与紧急广播系统

背景音乐及紧急广播系统是小区建设不可缺少的一个组成部分，其主要功能是提供小区背景音乐和广播、消防和保安报警以及紧急通知等。

三、智慧社区建设存在的问题

智慧城市建设如火如荼，智慧社区是智慧城市的重要组成内容，代表了一种较现代的生活方式，但由于智慧社区建设受成本和消费水平影响较大并且属于建设初期，因此，建设发展很不平衡，深圳、上海、广州、北京等沿海城市、直辖市和各省级中心城市发展较快，并且，在这些发展较快的地区，也不是全面平衡发展，大部分主要集中在这些城市的主要社区，还有待进一步扩展。所以说，当前智慧社区建设尚处于起步阶段，在发展中还有一些瓶颈，需要摸索和改进。

（一）产品造价相对较高

对讲产品是智慧社区的主要应用产品之一，就产品设备成本而言，高端的数字对讲系统比模拟对讲系统的产品贵，主要是在数字终端的成本中占据最大比例的液晶屏和芯片的成本较高。

（二）配套服务有待完善

要实现完整的智能家居功能，如安防报警联动、远程控制以及各种增值服务和便利功能等多元化服务，需要智能家居相关配套厂商以及运营商的合作和支持。目前，智能家居相关配套的产品和技术还待进一步成熟和完善。

（三）产品兼容性问题

各智能家居厂商按照不同的接口标准和协议生产设备，不同设备之间的互联互通变得非常困难。业主在选择这些智能家居的配套产品时就不可能如同组装电脑那样有多样化的选择。

（四）产品“智能化”程度有待提高

在部分安防产品中存在这样的情况：只能在家中无人时，开启防盗报警系统，住户回家后必须关闭防盗报警系统，否则就会发出误报信号。所以，一方面要提高产品的智能程度，锁定监控区域；另一方面还要能够根据环境的需要灵活设置安防系统。另外，探测设备（红外探头等）的可靠性能不理想，无线探测器由于靠电池供电，所以能否及时、准确传送电池欠压状态，是保证系统可靠性的必要条件。

（五）通信方式需要改善

技术方案选择时存在考虑不全面的情况。有的小区区域报警系统采用电话网+无线前端设备模式，虽然此种方案因为不破坏住户的室内装潢，技术上比较可行。但由于需要依赖电话通信网络，即住户通过电话线经电信局交换中继与物管中心连接，住户的每一次报警都要占用电话线路，因而会给住户增加额外的通信费用，物管部门当初没有意识到这一点，没有与电信部门协商，匆匆上马，等到系统调试时才发现问题，从而导致住户的不满。

（六）售后服务需要提升

智能家居产品相关的售后和服务非常重要，由于规模所限，很多智能家居配套厂商还没能形成系统的维护体系，一旦产品出现问题，售后和维护能否及时就是个很大的问题。

（七）用户隐私保护需重视

随着智能家居产品的不断升级和应用扩展，利用智能手机、电脑等随时随地可实现对家庭的监控，但同时也可能会造成用户隐私的泄露，因此值得重视。

四、发展趋势

（一）技术方面

1. 网络泛在化

随着物联网技术和我国新一代互联网技术的发展，未来社区内网络将无处不在，并将有更高的带宽，必将加强社区网络功能的发展。通过完备的社区局域网络和物联网络，可以实现社区机电设备和家庭住宅的自动化、智能化，及网络数字化远程智能化监控。

2. 系统集成化

社区内信息孤岛将通过平台建设走向集成，这是智慧社区建设的目标和要求。智慧社区将大大提高社区系统的集成程度，信息和资源得到更充分的共享，提高了系统的服务能力。

3. 设备智能化

通过各种信息化特别是自动化技术、物联网技术、云计算技术的应用，不但使居民的信息得到集中的数字化管理，基础设施与家用电器自身的各种基础及状态信息将可通过互联网获取，并可通过互联网对这些设备进行控制，设备间也可通过一定的规则协同工作。通过对各种人、物、事信息的综合处理，更多的智能化、主动化和个性化服务将出现在社区居民身边。

4. 设计生态化

近几年，随着新兴的环保生态学、生物工程学、生物电子学、仿生学、生物气候学、新材料学等新技术的飞速发展，生态化理念与技术正在深入渗透到建筑智能化领域中，以实现人类居住环境的舒适和可持续发展目标。

（二）应用方面

1. 智慧应用渗透到居民生活的各个方面

社区的主要构成对象就是住宅与家庭，因此社区信息化应用始终主要围绕着居民日常生活展开，在智慧社区，智慧应用将渗透到居民生活的各个方面。智慧家居将智慧应用延伸到家庭内部，各种电子信息设备、通信设备、娱乐设备、家用电器、自动化设备、照明设备、保安（监控）装置及水电气热表（或概称的三表三防设备）等连成网络，通过多功能智能控制器、互联网和物联网络可以实现远程控制，各种设备可以与传感器结合，根据环境变化自动变换状态。居民出行也因智慧停车场的出现变得更加快捷，智慧停车场系统统一管理社区辖区内的车辆停放，保持社区辖区内的道路、过道、电梯及扶梯等平面及垂直交通的畅通。居民生活环境也可得到智慧管理，在社区内部安装的环境监测设备，不仅可实时显示社区环境状况，便于业主在社区内安排活动时间，同时可向市环保部门环境监测系统提供数据。可以和市交管信息互通，对一些违章、被盗车辆进行及时处理。通过智能垃圾回收系统，清洁人员定时定点或接到智能垃圾箱报警后及时收集和清运垃圾，保持社区及周围环境的干净、整洁。电子商务、远程医疗与救助服务、一站式政务服务等智慧化服务将不断丰富与完善，使社区居民生活方式更加智慧、更加便捷。

2. 对特殊人群的生活保障服务有着强烈需求

因为身体及年龄原因，行动不方便的人群，特别是空巢老人，在当前工作、生活节奏紧张，家人没时间照顾的情况下，非常需要先进技术手段帮他们解决日常生活中遇到的实际问题。在条件允许的情况下，家人也希望能随时随地地了解到他们的生活特别是健康和安全状况，使他们的生活更方便，希望在他们出现健康与安全问题的时候，能及时获得专业医疗或其他服务机构的服务。因此，特殊人群非常需要各种简单、自动化的信息化产品，特别像养老服务与信息终端、一站式服务、医疗与紧急求助、遥控、监控等传感类产品，实实在在地带给他们很大的方便。

“智慧社区”也是智慧城市的一部分，智慧城市的推进是先从智慧小区、智慧交通、智慧商圈开始，一点点冒出来，接下来互联互通，然后形成一个整体。随着物联网、云计算及移动互联网等新一代信息技术在社区的应用不断发展，社区将变得更加智慧，当前的智慧社区正处于发展初期阶段，未来发展潜力巨大，智慧化应用将渗透到居民生活的各个方面。在智慧城市建设的大背景下，智慧社区的不断完善在很大程度上反映了智慧城市的发展，可以说智慧社区是智慧城市的缩影。

（供稿：刘萍）

第二节　安防产品和技术在大型体育赛事安保工作中的应用

近几年，随着全民健身运动的提倡和国家对体育项目的大力支持，特别是“奥运会”、“世博会”等一些国际大型体育赛事的举办，使得安防产品与技术在体育赛事中的应用取得快速发展。这些大型体育赛事活动的观众动辄就数万人甚至十余万人，因此，对安全、舒适、娱乐和信息获取出现了综合需求，而体育场馆安保人员和各国政府对安全和反恐也提出了更高的要求。

随着应用需求的多样化，体育场馆的安防工程不再限于体育馆场馆本身，而是覆盖体育场馆内外。当今的体育场馆安防工程已经远远超越了传统的摄像机、布线、矩阵、转码服务器、显示屏的组成模式。体育场馆安防系统的建设应以预防和处置突发事件为核心，实现安防系统的应急联动和辅助分析决策，及时预警和掌控赛场内各种可疑现象、突发事件的发生。

一、大型体育赛事安防系统的特点

体育场馆建设是建筑、安全、防火、安保和业务系统的综合集成。体育场馆的不同控制系统实现集成是指把整个体育场馆的建筑、安保、生命安全与数据、语音及视频通信系统集成至一个通用的网络，建成更为安全、有保障、舒适的体育场馆，实现供暖、通风、空调、照明、升降机以及电梯、电话、防火报警、播音/语音通知（PA/VA）、CCTV、门禁和十字门控制、人员和资产管理等系统集成，实现大屏幕视频、电视、广播系统、无线网络、新闻互联网访问与体育馆的各种业务的集成。安防系统是其中的一部分，系统集成灵活性高就成为其特点之一。

系统集成需要采用一个平台或者体系来支撑各类系统的运作。因体育场馆规模大，涉及用途广，人员密集，安全等级要求高，所以，要考虑的因素比较广。体育场馆弱电系统涉及的子系统很多，安防只是其中一个组成部分，因此，还要考虑兼顾其他不同的模块和应用的需求，在设计和产品的选型上要考虑众多的因素。对于大型体育场馆的安防系统必须由下列子系统实现综合集成：CCTV和门禁控制系统；防火系统；赛事调度系统；照明控制系统；泊车管理系统；检票系统；人数计数系统；针对汇聚、空调和通风系统的机械工厂系统；电气系统；降机和电梯系统。

根据以上需求，体育场馆安防系统一般具备以下特征：

（一）图像质量要求高，控制实时

体育场馆视频监控需要覆盖整个场馆及场馆周边区域，监控点覆盖范围大，图像清晰度要求高。同时，体育场馆人员密集，当有事件发生时，需要清楚、快速地看清人员活动及变化情况，对突发现场要求快速响应和定位，需要视频监控具有很高的实时性。

（二）高度的稳定性和可靠性

对于体育场馆安防系统来说，稳定性和可靠性永远是放在第一位的，在系统方案设计上，应采用成熟的技术和

产品，关键部位采用冗余设计，避免因任何一个单点故障而造成整个系统瘫痪或某个监控点的失效；同时，要结合各种设备检测措施，一旦某个环节出现问题，系统能在第一时间发现异常事件，并及时有效地解决，确保系统能稳定、可靠、持续地运行。

（三）场馆整体安全防护要求

体育场馆一般是多个功能区建筑组合而成的一个建筑群，不仅要考虑主体育场内本身的安全防护需要，还要从体育建筑群的整体出发，建设全面、安全、有效的技术防范体系，包括视频、报警、门禁、消防等多个子系统，并将这些子系统有机地结合在一起，实现平台级的互联互通和报警联动。

（四）应急联动和预案处置

体育场馆安防系统应能对敏感地区及目标实施智能监控预警，对于突发事件进行及时、准确地处理。当发生突发性事件时，系统能从大量的摄像头中迅速找到最佳的监控点位（摄像头），同时在电子地图上弹出实时图像，对事件现场进行观察，对目标进行跟踪和锁定，从而为应急处置提供最为直观的视频信息，并根据设定好的预案对突发事件进行最佳的处置。

（五）平台互联与视频资源共享

当体育场馆在举办赛事时，关注场馆安全状况的不仅仅是场馆内部的保安人员，公安、武警、消防及其他政府部门都需要实时了解和掌握场馆内部及周边情况，必要时还需要调用视频录像资料。因此，体育场馆的安防集成管理平台应是一个标准、开放的平台，允许多系统对接以提供视频图像资源共享，满足大量用户并发访问的要求，并能提供稳定的实时视频预览、历史图像下载和授权访问控制等服务。

二、大型体育赛事安防系统的构成

体育场馆一般是由多个功能单位组合而成的建筑群，在设计安全防范系统整体方案时，需要从体育场馆整体防范要求出发，运用多种安全防范技术手段，实现对体育场馆安防系统的集中管理和控制。

安防系统分布在场馆外围和场馆内部，包括入侵报警系统、视频监控系统、防爆安检系统、出入口控制系统，并在这些子系统的基础上建立综合信息管理平台，实现智能分析预警和突发事件应急管理。

（一）入侵报警系统

体育赛事的入侵报警系统一般包括两部分，一是周界报警系统，二是防盗报警系统。

周界报警系统主要是对体育赛事活动场馆外围和周边的安全防范。体育场馆的安防设施是为了保障比赛的开幕、进行、闭幕和人员撤离的安全而设，保证各项赛事圆满举行。其中的周界防范系统可谓安全防护的第一道屏障，是利用周界围墙（栏）等实体防护设施，结合探测器将一定区域的周界控制起来，并连接到管理中心的计算机。当周界有非法入侵时，一方面围墙（栏）等实体防护设施对入侵对象进行警示和威慑，对入侵行为起到有效的阻挡、迟滞作用；另一方面探测器便发出警情信息，通过中心的控制器和联动设备，让中心了解现场的情况，同时系统自动开启灯光和声音及摄像设备，进一步警告入侵对象，接警人员应快速反应，到达现场处理入侵事件。可以说，周界防范系统好似“金钟罩”一般，将外来的不安全因素排除在运动场馆之外。周界报警系统一般由两大部分组成，即围墙（栏）等实体防护设施和探测报警系统，其中探测报警设备由信号探测器、信号传输及控制设备和中心接收处理设备组成。周界防范系统宜同视频监控系统联动。

防盗报警系统一般运用在重要物品库、楼内财务出纳室、重要工作室、信息中心、监控中心等部位，通过部署入侵检测系统或紧急求助按钮，防止体育场馆内重要设备器械、财物等受到盗窃或破坏。

（二）视频监控系统

视频监控系统是体育场馆安防系统建设的重点，并且可以实现与报警、出入口控制等多个子系统的联动。

由于视频监控系统的图像质量、系统稳定性和可靠性，直接影响体育场馆安防系统的技术水平和应用效果，因此，体育场馆一般采用高清视频监控技术，实现高质量的视频图像采集、存储和显示。

根据各自监控的风险等级的不同，可将体育场馆里各种各样的区域划分为不同防护级别的区域，根据各自防护级别的不同，选择不同的设备（设备高中低档、动点或固定点）。

在体育场馆通道，裁判席区、媒体记者区、新闻发布厅、贵宾室外通道、看台贵宾席、颁奖台区等区域设置固定彩色高清摄像机。

在交通要道，专用车辆停车区、要人专用停车区、供电房、供气房、供水房等区域设置彩色高清晰日夜型摄像机。

在普通停车区，体育馆外围交通主干道设置高速球摄像机，进行全方位监控，使监控系统盲区减到最小。

在重要的需要监控面积大的区域采用智能高速球摄像机，不仅效果清晰度高，而且云台转速快，能够在短时间快速定位到所要监控的对象，适合于对大面积区域重点监控的需求，如体育馆比赛区域、室外停车场、体育场、观众席等。

在出入口部位使用超宽动态固定摄像机，此类摄像机的最大特点是强光抑制性能比较强，在出入口等逆光环境下使用，可以获得清晰的图像。

在体育场馆的安全防范系统的控制与显示上，要由视频服务器上监控平台软件来管理控制前端摄像机，切换显示电视墙上的图像，并转发流媒体服务。该部分是整个数字化监控系统的中心，既是整个系统信号的传输、切换、分配中心，也是整个系统的控制中心，所以该系统质量的优劣、功能的配置是否完备和先进直接影响整个系统的功能和运行质量。

（三）防爆安检系统

防爆安检工作是确保体育赛事安全的一个关键环节，通过安检可以排除很多不安全因素，如爆炸物、危险物探测及非法人员进入比赛场地等。体育场馆的安检系统一般分为人员安检入口和车辆安检入口，主要由门票管理系统、爆炸物探测系统、门禁控制系统组成。

在体育赛事中，人流量容易在小时段内产生高峰期，而且人员密集，做好安检预防性工作十分必要。其中，对于人员的安检流程与车站有着相似之处，需要对行李物品和人体分别进行安检，而对于车辆的安检，则要做好登车前的检查和入场检查。车辆安检采取人、器材相结合进行初检、复检。安检的常用设备一般采用便携式安检门、X光机行李安检仪和手持金属探测器等。

（四）出入口控制系统

体育场馆的安全性要求高，一般都有比较完善的出入口控制系统。因此，将体育馆出入口、重要部位各工作室（房）、贵宾室（区域）的出入口、重要物品库和楼内财务等主要出入控制口，分成专业类和公众类。其中，专业入口应与活动的证件管理系统结合，通过读取证件载有的信息，实现身份和权限的认证，进行专业人员（运动员、官员、记者、工作人员）的出入控制和管理；公众出入口与票务系统结合起来，进行观众的入场控制和管理，一般包括智能门禁管理系统、智能停车管理系统等。智能门禁管理系统能够利用IC卡等相关技术，对发售、核对门票进行智能化管理，实现快速认证、防止造假和人数统计，实现在体育场馆内的一卡通消费。智能停车管理系统能够利用好每一个车位，以最快的速度引导车辆找到系统，对体育场馆的停车场需配备车位引导功能，引导车辆以最短时间寻找到车位，增加车流量，提高使用效率。

体育场馆安全防范系统是场馆智能化系统中的一个有机组成部分，是场馆功能正常运行的重要保障。作为一种特定的智能建筑或智能建筑群，体育场馆具有大空间/大主体、人员集中聚集等特殊性，因此，对场馆安防提出了更高的要求，对人和物的防范要求更高，安防系统的建设越来越需要从被动防御转向主动防范。

体育场馆的安防系统，应以及时发现不安全因素、处置突发事件为主要目的。通过视频分析技术，用户可以根据视频内容分析功能，通过在不同摄像机的场景中预设不同的报警规则，一旦目标在场景中出现了违反预定义规则的行为，系统会自动发出报警；监控工作站则自动弹出报警信息并发出警示音，用户可以通过点击报警信息，实现报警的场景重组并采取相关措施。

多种安防子系统的联网平台，具备权限管理、设备管理、流媒体转发和存储管理等功能，可管理从几十到几千个监控点位规模的监控系统。系统需支持模拟、数字和数模等同时接入的构架模式，并支持防盗报警、智能分析报警、门禁报警和消防报警等各种报警信号源的接入，实现多个子系统和其他安防系统的集成管理，以满足体育场馆安防系统分步或一次性统一部署的要求，实现系统整体投资最优化。为公安和其他政府部门或单位授权开放接口，实现视频资源的共享。

三、我国大型体育赛事安防存在的问题

目前，我国大型体育场馆的安防系统基本都是选用国外的安防品牌。国外品牌又分为两类，一是完全在国外组装的产品，二是在国内组装的产品。前者比较贵，比后者的价格高几倍。尽管品牌厂家众多，但是，它们只能提供监控系统所需配套设备当中的某一部分，并不是一个厂家能够做全系列的产品。没有一家公司能够提供从前端至后端的全系列产品。

通常情况下，一个体育场馆的安防工程至少要涉及5～6个品牌的产品。因此，不同品牌产品之间的匹配问题就成为了安防工程中必须解决的问题。这就要取决于厂家的能力以及集成商的能力。如何实现匹配是考察集成商水平的一个依据，只有达到一定的技术水平，才能把这些事情做得很好。集成商的主要工作就是设备选型和设备匹配。设备选型主要是选用原装、国内组装或定制产品。设备匹配包括硬件和软件两个方面，硬件主要是接口的问题，软件主要是通信协议和标准接口的问题。

体育场馆目前存在的问题主要是盲区比较多，安防工程项目完成之后，管理人员还是会觉得有些地方看不到。体育场馆的安防工程集成实际上就是硬件和软件的集成。许多情况下，集成商都是根据客户的需求来做项目，像体育场馆这样的大项目通常都是由设计院或第三方设计公司来做设计和规划。他们采用的产品和方案与当前行业的发展相比，存在滞后的现象，许多新的应用他们并没有考虑到。

另外，从应用集成上来看，面临的最大问题是，许多厂家的设备根本无法实现集成。此外，软件集成在中国目前的市场状况下很难取得高利润。硬件的集成则要遵循一些硬性的标准或接口的要求。

四、大型体育赛事安防系统的发展趋势

体育场馆安防系统智能化、IP化和网络化是未来的发展趋势，其高度的开放性、集成性和灵活性，智能视频监控成为网络化视频监控领域最前沿的应用模式之一。智能视频监控系统能够识别不同的物体，发现监控画面中的异常情况，并能够以最快和最佳的方式发出警报和提供有用信息，从而能够更加有效地协助安全人员处理危机，并最大限度地降低误报和漏报现象。

对于场馆智能化集中控制系统建设来说，场馆中央监

控管理系统采用基于网络的分层集成结构，分为管理层和监控层，对场馆建筑中的各种运行支撑系统，如楼宇自控、安全防范、火警消防等进行一体化集成管理，从而规范管理流程、降低管理的复杂度、提高管理效率，节约人力、物力，降低运行成本，使场馆运行环境更加稳定可靠、高效安全。

体育场馆的监控系统正在从模拟系统走 IP 化、网络化、智能化的发展道路，在整个视频监控的核心业务模块中，必将集成越来越多的最新前沿科技，包括行为识别技术、主动防御技术等。

（一）IP 化

网络监控从观看角度讲，具有随时随地的优良特性，系统基于 TCP/IP 协议，全面解决了语音、视频、数据在网络上的传输问题，可以达到更多传统安防系统所达不到的需求。当前，IP 化系统建设中已实现千兆到桌面，万兆主干的网络架构建设，一些主流网络设备厂商还陆续推出了十万兆的核心设备，无线网络的发展也非常迅速，对于布线不方便的地点，无线成为很好的补充，通过网络实现语音、视频、数据的实时交互已成为可能。网络视频系统具有色彩还原逼真、背光补偿好、有足够的清晰度、语音质量好的特点，并通过 POE 传输，可省却中间线路，任意布点，方便就近接入。从技术发展来看，数字化监控产品的百万像素摄像机将会成为最适用的选择，既能提供模拟视频所不能比拟的高清画质，又便于和数字化系统的集成，可谓一举两得。网络视频及语音处理系统在解决了大范围、大规模监控联网、多层次复杂管理的需求后，网络视频系统的应用，已不能叫作安防和监控应用了，而是集合视频、音频、数据多媒体流的数字通信系统应用。

目前，体育场馆安防工程的现状和特点是场馆面积大、监控点位分散，面临的技术挑战在于如何将远程的视频传输至监控中心统一管理，如何在海量的视频中获取有用的信息以提前作出预警。针对这些挑战，IP 监控方案是目前最理想的选择，它具备百万像素清晰画质、视频可即时分析等功能，唯一不足是目前整体造价比模拟系统要高。

为了提高分析的效率，针对出入口、人口密集区域设定智能视频分析功能，并让分析功能尽量在前端摄像机完成，由后台软件做事后的分析和管理，这样可以充分地发挥智能分析的作用。

体育场馆的安防工程既要保证大流量人员的安全，又要确保体育场馆、设施本身的安全。为了把体育场馆的监控、广播、报警、消防、后端管理平台等子系统集成起来，只有采用 IP 的传输方式才能将各子系统融入到一个管理平台中，因此，需要集成商从技术角度积极引导客户，各厂商只需提供 SDK 即可交由软件开发商进行二次开发和整合。

体育场馆安防工程原先采用的都是 CCTV（闭路电视）系统，这要事先为传输这些信号铺设众多的布线，既繁琐也不易维护。目前，IP 摄像机大部分都具备 PoE 供电功能，并且设备自身都带有双向音频和报警输入接口，只需一根网线即可节省线缆，而在无法布线的场所，无线将是一个不错的可选方案。

在基于 IP 摄像机的体育场馆安防工程中，画质达到百万像素，清晰是最基本优势，并且所见即所得，录像和实时画面一样清晰，所以，重要视频可进行事前分析，安防各子系统可由软件集成，从而以更少的成本实现更有效的管理系统。而通过机器和算法可减少人员引起的遗漏重要画面的问题，真正做到防患于未然。通过采用综合管理平台可减轻客户对各子系统进行管理的复杂度，简化操作。

（二）网络化

大型体育赛事中应用的摄像机必须能够从多个不同的视角以高清晰度捕获运动员的细节运动，与此同时，让远端的管理人员能够方便地裁剪监控图像并调节镜头的位置，摄像机应具备智能功能，能够自动地重新聚焦在运动员发生运动的地方，从而实现真正意义的无盲区监控。不仅仅能完成传统的安防监控的功能，而且已经涉足体育赛事过程对运动员的监控和录像，其根本目的在于提高观众的体验。因此，百万像素以上高清 IP 摄像机的应用是发展的主旋律，只有在百万像素高清 IP 摄像机被安装之后，才有可能开展一系列的增值服务。

体育场馆安防系统全程数字化、网络化是视频监控系统的发展趋势，其高度的开放性、集成性和灵活性，智能视频监控就是网络化视频监控领域最前沿的应用模式之一。智能视频监控系统能够识别不同的物体，发现监控画面中的异常情况，并能够以最快和最佳的方式发出警报和提供有用信息，从而能够更加有效地协助安全人员处理危机，并最大限度地降低误报和漏报现象。在场馆安防系统应用中，压缩存储、人脸识别、智能检索以及网络传输技术也应用在了视频监控产品中。

对于场馆智能化集中控制系统建设来说，场馆中央监控管理系统采用基于网络的分层集成结构，分为管理层和监控层，对场馆建筑中的各种运行支撑系统，如楼宇自控、安全防范、火警消防等，进行一体化集成管理，从而规范管理流程、降低管理的复杂度、提高管理效率，节约人力、物力，降低运行成本，使场馆运行环境更加稳定可靠、高效安全。

（三）智能化

智能化是一个复杂的集成系统工程，它将实现对多种信息的集成与综合处理，使建筑物具有全局事务处理的能力，高度的信息综合管理的能力，集成通信与网络的功能，集中监视、控制与管理的功能。

智能化系统工程是一项难度较大的工作，不但要考虑系统（软硬件）的界面问题，同时还要考虑集成系统与建筑内的机电设备的界面（如电梯系统、空调系统、变配电设备等），办公自动化的各种通信界面、智能化工程综合管理，土建工程的施工界面、智能化工程与装饰工程的施工界面等等。

智能化工程的系统设计，不但应保证各个子系统所能实现的功能，而且要注意所选用产品对外能提供什么样的通信接口和通信协议，通信协议的开放性及标准化程度决定了智能化工程集成的基础及水平，因此分析各子系统之间的通信接口及它们之间的联动要求是做好智能化工程系统集成的关键，这也是智能化系统集成综合考虑的主要方面。

体育场馆安防系统发展到现在的阶段，关键在于如何把不同的安防系统有效地整合起来，不仅仅指技术层面上的系统集成，而且包含应用层面的集成。尤其是通过应用集成来满足客户的需求，这是一个非常重要的挑战，也是未来发展的主要趋势之一。

所谓应用集成是指能够在管理平台上面做一些预案编程。也就是说，需要实现在应急情况下的系统间自动地联动响应，协助体育场馆相关管理部门进行高效的处理报警及其他突发事件，这些联动需要根据用户的实际需求和管理运营流程来制订，同时系统设置要简便易行。一些大的系统方案供应商和系统集成商目前都在推进这方面的工作，当然这就要在起初设计阶段把应用需求和系统设计最佳地结合在一起考虑。技术集成则是指有不同的软件接口和硬件接口，当然，在一些特殊的情况下，还是考虑要一些硬线的连接。例如，消防就是以硬线连接为主的系统，要求具有实时性和高可靠性。

如何充分考虑点面结合的综合设计，也是个挑战。所谓面就是指系统的技术集成和应用集成等总体设计；而点是指在各个子系统的选型，各个系统前端设备的布点等深化设计。总体而言，体育场馆的安防工程还是在不断地发展和完善的过程之中。在深化设计时，我们也需要关注关键点的监控，尤其是根据体育场馆的特殊性，对子系统需要考虑系统组网技术及技术演进的因素；对于特殊的监控点需要考虑包括宽动态范围的摄像机、低照度环境摄像机、易爆环境使用的摄像机等，以及红外摄像机等前端设备；此外，还要关注一些重要场所使用的多技术探测器等。

从全球范围来看，体育场馆安防工程的建设将随着重大赛事的不断推出而持续发展，对于中国安防工程商和集成商来说，关键在于尽快提升综合系统集成的 IT 能力，这样才有可能在大型体育场馆的安防工程建设中分得一杯羹，不能再仅仅满足于获取中小体育场馆的安防工程建设项目。

（供稿：刘萍）

第三节 安防产品和技术在机场安保工作中的应用

机场是供航空器起飞、降落和地面活动而划定的一块地域或水域，包括域内的各种建筑物和设备装置，主要由飞行区、旅客航站区、货运区、机务维修设施、供油设施、空中交通管制设施、安全保卫设施、救援和消防设施、行政办公区、生活区、生活辅助设施、后勤保障设施、地面交通设施及机场空域等组成。

为确保能够提供持续高效的航空服务，现代化机场需要建立完善的安全及通信管理系统，主动预防非法及特殊事件的发生。当有突发情况时，安全系统能够具有智能判断、应急指挥功能，降低事件对航空造成的不良影响和损失。

机场对安全和通信管理提出更高的要求，即一站式安防通信解决方案，包含安防系统（视频监控、防盗报警、门禁控制等）和通信扩声系统（公共广播、会议系统、专业音响、内部通话系统等）诸多产品在内，同时不断采用一系列技术领先的安防通信产品及应用方案，以达到在保护机场用户当前和未来的投资利益时，最大化发挥技术投资的效用。

安全、容量、效率为机场管理核心领域的三个方面，如何尽可能结合人、技、物三方面的优势，最大限度地加强安全防范，提高管理和运行的效率成为机场对安防系统的新期待。具体手段为：系统数字化、监控智能化和业务集成化。一套强大的综合管理系统能将各种安防系统集中控制与管理，将会发挥他们的最大优势，取长补短，才能做到安全防范系统的效益最大化，效益大大超过他们单一功能的总和。

一、我国机场建设总体情况

“十二五”期间，我国将新建 82 个机场，迁建 26 个机场，改扩建 109 个机场，开展 36 个机场建设前期研究。据统计，截至 2013 年底，全国现有民用运输机场近 200 个，截至十二五结束，机场建设数量将达到 230 个。由于各地区经济条件不同，目前正在运营的机场的安防建设也是参差不齐，差异很大。年吞吐量千万以上的机场自身经营状况良好，盈利空间充足，可依靠自身盈利完成安防改造。而中小型机场由于资金欠缺等原因，安防建设还有待进一步提升。

二、安防产品和技术在机场的应用

现阶段，机场安防建设时，一般意义上的安全防范系统主要是指旅客安检信息系统、视频监控系统，出入口控制系统及周界防范系统。

（一）旅客安检信息系统

随着 IT 技术的发展，使原本独立的安检设备组建成综合信息管理系统成为可能，机场安检系统能基本涵盖所有可能的安检信息，包括旅客离港信息、现场电视监控信息、行李图像信息、货物图像信息、公安布控信息和安检现场管理信息等。

机场安检系统的大框架包括交运行李安检系统、手提行李安检系统、货运安检系统、安检培训系统等。机场安检是防止旅客将枪支、军用或警用械具及其仿制品、爆炸物品、管制刀具、易燃易爆物品、腐蚀性物品、毒害品、放射性物品及其他危害飞行安全的物品通过人身、随身手提行李、托运行李、托运货物带上飞机。

机场安检信息综合系统设计目的包括以下几个方面：飞机的安全、处理突发事件的能力、提供快速高效的服务、提高综合管理水平与效率。建立安检综合信息管理系统的目的是能够提升机场针对离港航班安全信息的管理水平。

机场安检系统由旅客离港信息子系统、交运行李检查子系统、人身及手提行李检查子系统、团体及超大件（含中转）行李检查子系统、货物检查子系统等组成。

机场安检系统是基于计算机局域网的、采用数字视频监控技术的、数字 X 射线图像处理技术的、数据处理技术的及量化管理模式的系统，可实现对机场安全检查流程中各岗位的计算机辅助管理、提高对危险旅客登机前的查控能力、提高事发后对犯罪嫌疑人的排查效率、对与离港航班相关的人流和物流的电视监控。

机场安检系统能将旅客离港信息、旅客的肖像图片、旅客及其包裹通过安检现场的动态视频图像、旅客包裹的 X 射线透视图像、登机货物的 X 射线透视图像及其货单信息等一一对应并存储于相关数据库；以此多媒体信息（文本、图形、图像及语音信息）数据库为基础，既能够提供数值信息功能（报表与统计数据等），又能够提供全面的检索功能（用户通过几个简捷、直观的界面，就能完成信息检索），从而为航班安全及安检流程中各岗位的量化管理提供了一个全新的、完整的、高效的工作平台。

（二）视频监控系统

视频监控作为机场安防的重要一环，具有前端点数多、分布广等特点。机场内部几乎处处都在视频监控覆盖之下，主要关注如出发厅、到达厅、值机岛、安检通道、登机桥、行李厅等，管理人员可以通过视频监控系统对现场的情况进行直观监视，根据现场情况及时调配人员和设备。

比如在行李系统中，视频监控主要对行李的分拣、传送过程进行控制，视频图像作为重要的技术手段，提供值班员进行辅助监控。视频系统接受行李系统的切换、控制命令，将图像切换到行李系统需要的解码器上，并可对图像进行云台控制。

视频监控系统的最大特点是直观高效。机场面积往往数十万甚至上百万平方米，范围广、楼宇众多。视频系统作为机场的眼睛，监视机场范围内的一切情况，“要保证旅客从进入机场到登机，必须始终处于被监控的状态”。而要做到这一点，前端监视点必须非常密集，保证没有死角。

大部分大型国际机场的视频监控系统一般由候机楼子系统、货运站子系统、飞行区子系统、配餐中心子系统、行李分检子系统、停车库子系统、油库子系统、道路交通子系统等八个部分组成。这八个子系统独立工作，分别监控不同区域，承担不同任务。但由于机场的特殊性，内部的机场运营、消防控制、旅客服务、航空控制、安检、检验检疫、海关、公安、国安等多个机构需要设监控中心，而为了达到信息的互联互通，视频监控系统必须关联成一个整体。

在机场安防监控系统中，不同的场所可以合理采用不同类型的摄像机。如在飞机跑道等环境恶劣的区域选用带红外照明摄像机及防抖动的一体化球机，实现对跑道从白天到夜晚、从地面到空中的立体监视；在航站楼进出口，最好配备宽动态摄像机，不但能在光线强弱对比明显的场景下获得清晰稳定的图像，而且能保证色彩还原度；在广阔区域，如机场围界，则使用智能球机，不但实现大面积监控，还能跟踪移动目标。

在机场安防监控系统中，系统基于计算机网络，各视频子系统相对独立，但又互相联系，建立双向的视频/数据通信，视频、报警功能兼备。如在候机楼发生安全事件会涉及多个职能部门（如运营、旅客服务、公安等），各职能部门监控中心根据现场的状况采取符合自己职能的措施，如公安人员直接到现场控制事态的发展，运营部门调整运营计划，旅客服务人员对不相干的旅客进行疏导等措施。不同职能部门的人员也可以通过通信系统进行沟通，相互配合，有效地将事件的不利影响降低到最低。

考虑到机场的特殊性，监控系统还可以设计最高操作级别的应急指挥监视控制中心和按不同机构日常运营需要的监控中心，监控中心负责对机场日常运营的管控。按照职能的不同，机场运营、旅客服务、航空控制、安检、检验检疫、海关、公安、国安等监控中心负责对自己所属区域人、物品、建筑物实时监视和管控，并保存较长时间（1个月以上）的连续录像，以便事后取证。应急指挥中心负责发生航空器紧急事件（如飞机故障、劫持、爆炸物威胁等）和非航空器紧急事件（如爆炸物威胁、火灾、自然灾害等）的指挥调度。应急指挥中心的视频监控系统具有最高操作级别，结合多个安防通信系统，使得指挥人员能够清楚地了解现场的状况，进行统一指挥，快速调动不同系统、不同机构的人员，响应突发事件。

（三）出入口控制系统

机场出入口控制系统目前普遍采用射频卡技术，非接触式刷卡，安全稳定，使用方便。但是随着机场安全级别的提升，出入口控制系统只能限制卡，不能限制人的弱点暴露出来，各机场随之尝试多种方式来弥补传统出入口控制技术的不足。对于部分重要、敏感的出入通道进行防尾随分析，通过与门禁系统的集成，实现防尾随报警功能，从而更加有效地避免一张门禁卡带领二人或更多的人进入机场禁区。

生物识别技术开始得到广泛应用，很多机场使用了指纹仪，首都机场在国内机场率先启用面相识别系统，都是生物识别技术发展的有益尝试。但是生物识别方式对使用环境要求高，难以适合机场使用人数多、存储量大、人员变动频繁等特点，未来指纹仪、掌形仪、虹膜仪、静脉仪、面部识别仪等生物识别产品仍然将是作为门禁刷卡的辅助手段，进一步融入到门禁系统中。

出入口控制系统作为机场安防系统的一个重要子系统，有其独立的控制和管理流程。为防患于未然，对于门禁系统的报警事件、异常事件、日常情况都需要进行视频监控复核。另外，通过对重要通道和出入口进行人数统计，可以实时分析人流出入数量，并通过机场的信息发布系统进行发布。当人流密度超过一定限制或通道出现拥堵时，系统会自动报警，并联动摄像机显示在相应监控工作站上，辅助管理人员采取必要的干预或疏散预案。

机场安防出入口管理的最大特点是安全等级高。由于机场面积很大，需要控制的出入口通道很多，如飞行区周界通道门、登机廊桥口和登机口两层门禁保护、办公区、内部员工通道、设备间、设备监控机房等。不同区域有不同的控制要求，包括机场管理、VIP、航空公司人员、海关人员、边检人员、卫生防疫人员、临时工作人员等各种不同类型的工作人员在不同时间进出不同区域的通道门。因此，机场安防系统应充分满足各类人员的不同使用要求及重要场所的高安全要求，设计大量安全访问的高等级进出权限管理功能。

（四）周界防范系统

机场周界往往连绵十几甚至几十公里，环境复杂（内部可能紧贴巡警区或货物运输道路，外部可能是草地、公路、农田、沟渠、海水等）对于周界安全防范提出新的要求。

对于机场这个大区域的安全防护，周界安全防范是区域安防中纵深防护的第一道防线，周界的防护水平将直接关系到布防单位的管理方式和安全等级。坚持“人防、物防、技防相结合，探测、延迟、反应相协调”的原则构建高安全的机场周界安全防范系统，着力构建安全防范的第一道屏障显得非常重要。

建立机场周界安全防范系统的目的就是为了对高风险防护对象的通过设置安全区域，确保该区内人员、财产等处于保护和控制之中，对于出入此区域的行为进行限制，一旦有目标经由被禁止通过的区段出入安全区域时，应具备良好的警示、威慑、阻挡和迟滞作用，同时能够及时探测发现，并准确提示时间发生的具体位置，对于上述时间过程予以记录，必要时对于目标实施有限度的打击。

机场周界安全防范仅靠单一的防范手段很难满足要求，必须结合围墙（栏）等实体防护设施，并使用多种技术的探测设备，形成实体防护和技术翻番相结合，立体的防护及探测网。其中，围墙（栏）应采用具备警示、威慑、阻挡和迟滞作用的防入侵安全围栏，周界报警可采用四光束长距离红外线对射探测器，结合震动电缆及视频分析系统，组成立体防护网的周界防范系统，从而很好地担当了第一道防线的防护作用。

二级区域防护，即预警区、阻挡报警区。在周界外部设置一定范围作为预警区域，提醒无意靠近围墙（栏）的行为；周界应采用通透式围墙（栏）封闭隔离，并设置为阻挡报警区，对防范对象的入侵行为（包括攀爬、拆解、破坏等）进行有效阻挡并报警，围墙（栏）迟滞时间应大于出警时间。

三维立体防护，即低空、地面、地下三维立体报警。利用智能视频分析进行低空探测，对抛物、翻越和低空飞行器等入侵行为进行报警；利用红外对射、震动电缆等探测器对攀爬、拆解、破坏地面围墙（栏）等入侵行为进行探测报警；利用震动光纤等探测设备，对围界地下进行探测，对掘地入侵行为进行报警。

现场警示与处警相结合，即在周界设置声光报警设备，当有报警产生时，现场声光设备启动，警示入侵人员。同时，报警传至指挥中心，管理人员接到报警后立即启动处警预案。机场周界安全防范系统应同视频监视系统联动。

三、安防产品与技术在机场安防中的发展趋势

机场地域大、飞行区大、候机楼大、客货流动量大、飞机起降量大，尤其对于一个大型国际航空枢纽机场来说，如果仅仅只靠人来管理，其空防安全和地面安全运行会因各种各样的人为因素而顾此失彼大受影响，也包括非法入侵者和犯罪分子的作案技能随着科学技术的发展而提高的因素，这样会因重复管理而造成人力、物力的重复浪费，还防不胜防。因此，今天的机场安全防范只能走人机结合的唯一道路，充分发挥技术防范的优势，努力把不安全因素尽可能早地消灭在萌芽状态，以弥补人的不足。

（一）智能化手段提升预警能力

“高起点、无终点”是机场对安防系统的要求。“高起点”是指机场安防系统要求技术非常先进、稳定；“无终点”则体现了机场对“安全性”的要求永无止境，机场是一个对安全“零容忍”的领域。其对安防的要求已经远远脱离了许多领域基于“事后取证”的目的，而是变被动为主动，主动防范变得非常重要，其智能视频分析系统为机场安全的主动防范提升了预警能力。

智能化监控是指通过提高系统情景判断能力来实现智能化的自动监控，将对现场图像的分析判断交予系统执行。随着技术的发展，机场结合自身需求，逐步开始采用一些既实用、性能又相对稳定的智能化功能，如人脸识别。人

脸识别技术已经臻于成熟，在安防领域得到广泛应用，可用于甄别犯罪分子，通过枪球联动的方式跟踪重点人物的行踪等。采用人脸识别技术，可以筛选出经常在机场重点区域徘徊逗留的人员，公安人员凭借经验可以根据当时的视频录像来判断是否可疑。

（二）技术融合提高运营效率

机场安防系统中的视频监控、门禁、周界等子系统已经相当完备，作为单一的系统，已基本可满足机场安防的一般要求。但是，随着机场安防要求的提高，航站楼内外分布了各类管理部门与控制中心，如 AOC、TOC、安全管理中心、飞行区围界控制中心等，各类各级管理部门都对安防系统有更高的要求。一个性能完善的机场安防系统，不仅要保证系统功能先进，而且必须切合用户的实际需求以及适应机场方的管理流程，为此就需要将多个系统关联集成起来，最大程度优化及配置系统资源。这对安防系统是一个极大的挑战，也是机场大安防的一个极大的机遇。

集成化是机场安防发展的必然趋势，从国际机场安防的发展来看也是如此。德国安全防范技术十分先进，主要表现在高智能化和高集成性。例如，德国慕尼黑国际机场的安全防范就是通过中央管理系统将周界防范系统、安检防爆系统、出入口控制系统和闭路电视监控系统等 15 个安防系统集成起来，并进行智能化管理，提高了机场保卫部门和警察部门防范突发事件的应对能力和处理紧急事件的快速反应能力。

过去，由于中国机场单位比较多，多采取分控的形式，兼容复杂，因此在集成方面的考虑有些欠缺。近两年，随着数字系统的建设和升级，各子系统的集成被正式摆上了台面。在机场领域，前端、网络和平台的搭建都不错，关键在于软件的集成度。除各传统安防子系统的集成外，安防与机场业务系统的整合同样对机场具有极大的现实意义。我们相信，随着机场大安防系统体系的建立，机场安防将会更好地为机场的发展保驾护航。

机场安防集成未来还可以进一步扩展，将机场安防系统和机场业务系统更紧密结合，将一些机场安防管理实践中形成的业务流程形成预案，在达到触发条件时，启用预案，调动各相关系统各司其职，如和航班信息系统、内通系统的集成。也可以为节能服务，如通过视频监控系统的智能分析检测到在某个区域不再有人员后，自动通过照明系统关闭相应区域的灯光。

未来哪些技术能够在机场安防中获得青睐，亦要看其是否能够找到和机场业务结合的契机。机场安防系统可说是加载在运营流程的管控系统之中，物联网技术（包括门禁、防盗报警、人脸识别等）对于机场的运行效率来说大有裨益。

机场是一个高敏感、出不起事故的领域，其对于一切高科技安防的追求都是为了解决当下管理难、操作麻烦等一系列问题，如果新的技术在解决困难的同时伴随着一堆问题，这在机场领域无疑是最被忌讳的。因此，未来机场大规模安防系统建设过程中，数字化高清系统改造、智能视频分析应用、系统集成以及低碳智能化设计等被重点探讨的发展需求，都在提醒着安防企业在面临更多机遇的同时也须应对不少挑战。

（供稿：霍兴旺）

第四节　安全检查系统的应用现状及趋势

基于安全技术防范的理论体系，预防是社会公共安全防范工作的基础和着眼点。运用技术手段和相关设备，以安全防范为目的，对人身、物品、交通工具、场所、水域等目标范围是否藏匿枪支、弹药、管制刀具、易燃易爆、腐蚀、有毒、放射性等违禁品进行安全检查（以下简称安检），是公安机关和其他法定安保组织为维护社会治安、预防犯罪所采取的一种安全技术防范措施，而且是其他安防技术无法替代的一种防范手段。

根据检查目标不同，分为人身安检、物品安检、交通工具安检、场地安检、水域安检等。安检设备按照体积和应用领域，可分为大、中、小型设备。其中，大型安检设备主要用于货物的检查，如海关、机场、铁路所需要的集装箱/车辆检查等；中型设备目前主要用于大型活动、重要安保目标的出入口，对人身和随身物品的检查；小型设备主要用于一些临时设置的安检通道，其特点是便于移动和携带。

从安检产品类别看，常用安检设备包括行李 X 光安检机、通过式金属探测门、放射性物质探测门、手持金属探测仪、鞋底金属探测仪、液体检测仪、爆炸物（危化品）探测仪、汽车底盘视频检查系统等。

一、安检设备作用不可替代

安检设备作为高风险等级尤其是人员密集场所（如机场、海关、车站、公检法机构等），对人身、物品、场地等进行安全检查的器材，对预防和制止爆炸、枪击、行凶等案件尤其是恐怖活动的发生，具有其独到的特殊作用。美国“9·11”事件之后，为加强机场安防建设，包括安检门、金属探测器等在内的安检产品的应用显著增加。自

2004年开始，安检制度在我国法院推行。此外，各火车站候车厅也都陆续采取了安检措施。

随着城市轨道交通运输安全等级的提高，安检设备在城轨站点中的应用逐步增加，并成为当前应用市场中增长显著的领域。在2008年北京奥运会安检等级提高的直接推动下，北京地铁开始实行行李普查，通道式X光安检仪得到应用，成为世界上第一个在城市轨道交通领域里进行安检的案例。随后在上海等地的地铁中亦开始推广。体育场馆、会议中心、旅游景点等的应用稳步增长。2012年，具备一定规模的采购项目包括奥林匹克公园的安检设备更新、人民大会堂安检设备采购等。

二、传统应用市场依然快速增长

近年来，安检设备最主要的应用领域是民航机场、城市轨道交通、铁路公路客运、公检法部门等场所。

一是从民航机场安检市场看。我国安检设备市场的快速增长，正是由民航机场安检的需求带动的。美国“9·11”事件之后，为加强民航机场安防建设，各类中高端安检设备的应用显著增加。新机场的建设以及对现有机场的扩建和安检系统的升级，是推动民航安检设备应用增长的重要动力。近两年，启动安检设备产品招标的机场包括秦皇岛北戴河机场、贵阳龙洞堡机场、呼和浩特白塔机场、福州长乐机场、延吉机场、湖北神农架机场、柳州机场、义乌机场、南充高坪机场等，总体来看民航支干线机场的安检带来的安检设备市场规模达到数亿元。

二是从城市轨道交通安检市场看。随着城市轨道交通运输的安全等级提高，安检设备在城市轨道交通站点中的应用逐步增加。2008年，为维护北京地铁的公共秩序，保障奥运会的顺利举行，北京地铁开始实行行李安检，通道式X光安检仪等通道式安检设备得到大量应用，在奥运会和残奥会结束以后，地铁全线安检也成为一项长期公共交通安保措施，使用至今。随后在上海等地的地铁中亦开始推广。

自2009年开始，全国地铁线路累计开通里程数呈现快速增长。2010年新增396公里，增速达到39.6%，在2012年地铁新开通里程数达到了历史的高点为470公里，地铁安检成为安检设备应用的潜力市场，尤其是在北京、上海等一线城市，安防等级更高，在地铁线路中相关防爆安检设备的配套最为齐全。通常，普通站点（无换乘）至少2套安检设备（包括通道式X光行李安检机、手持金属探测器、爆炸物（危化品）探测仪、台式液体危险品检查仪等）。根据北京6号线工程安检设备的招投标数据测算，平均每个车站的安检设备投资约为200万元。北京地铁10号线二期工程的安检设备平均为每个站点也达100多万元。

广州地铁运输安全检查全面升级。广州地铁几个主要站点均启动了数台通道式X光行李安检仪进行安检，同时地铁安检人员也使用液探、炸探等手持设备进行随机抽检。而随着“南京青奥会”的临近，南京市通过发布了《南京市轨道交通管理条例（草案）》，就地铁安检事宜征求意见。目前，南京地铁有的站点已实行安检入站，据了解，青奥会期间南京地铁将全线实行安检进站。

三是从火车站安检市场看。随着铁路客运安检的工作量不断增加，特别是动车和高铁的开通，车站的安检通道和设备数量也逐步增加，其安检设备品种和等级也在不断提高。据业内人士推测，2013～2015年，全国铁路客运防爆安检设备市场规模将有更大幅度的上升空间。

与地铁安检防爆设备比较而言，火车站的安检设备体积更大，适合大件行李的安全检查。且随着铁路实名制的逐步推进，安检的工作量不断增加，对安检通道的数量要求有所增加。客运专线数量增加后，新建的动车组客运车站也产生了对安检设备的需求。目前，应用的产品类型以X光安检机和手提式金属探测器居多。

按照客运流量或货运量的大小，火车站分为特等、一等、二等到五等共6个等级。目前，特等车站与低等级火车站对安检设备的更新与增购需求较大。特等车站往往是一线城市新建的高速铁路客运专线枢纽站或者枢纽城市的大型车站，主要布局于北京、郑州等地，由于客流较大，现有安检设备难以达到大客流、高精度、高性能的要求，因此需要较大程度的增购和换代。三等、四等、五等车站安检设备通常较为落后，部分车站不配备安检设备，对路网运行和乘客安全造成很大的安全隐患，因此低级别的车站未来对安检设备的需求也很大。预计2013～2015年，火车站中应用的防爆安检设备市场规模总计将达到4.4亿元，其中2013年约为1.4亿元。

三、安检应用新领域正在拓展

近两年，随着平安建设的逐步深入和全面开展，安全检查技术和设备应用越来越受到重视，特别是近期随着恐怖事件时有发生，安检已经从社会治安防范措施逐步提升为反恐的重要应对措施。

（一）安检系统进入银行安防市场

随着银行金融行业不断开放，其面临的反恐和治安形势也日益严峻。2010年山东宁阳农行爆炸案、2011年武汉建行爆炸案等一系列在金融机构发生的爆炸事件，使得银行主管部门开始重视金融安保中的防爆安检工作。

目前，金融机构的安全隐患中有以下三个较突出的问题：第一，银行保险箱业务没有对客户的物品进行安检检查的规定，保险箱有可能被违法犯罪分子利用存放违禁物品；第二，银行营业场所和计算机中心机房的安防等级都较低，犯罪分子有可能直接在这些区域实施爆炸等恐怖袭击。第三，银行对随身携带枪支弹药及管制刀具人员的进入没有安全检查措施，犯罪分子有可能携带上述物品以合法身份进入银行营业场所作案。针对这些安全风险，银行加强安检防爆工作已是势在必行，有必要通过配置必要的安检、防爆器材，并制订严格的安全检查流程和制度，从而加强银行的综合安防能力。

我们有理由相信，随着国家对银行业安保监管力度的不断加强，以及金融行机构对安全防范意识的进一步提升，将会有更多的安检防爆技术和相应产品应用在金融行业安全防范系统中。

（二）伤医事件多发医院安检必不可少

医院作为人民群众看病就医，医生救死扶伤的公共场所，本该安全、安静。近年来，由于社会矛盾所导致，本应是“共同体”的医生与患者，相互不信任，医患关系日趋紧张，各种伤医事件不断发生。2013 年全国影响较大的伤医暴力案件多达十余起。针对这些事件，国家卫计委和公安部联合发布了《关于加强医院安全防范系统建设的指导意见》，其中要求医院重点部位必须配备安检设备和即时报警装置。

目前，全国医院总数达到两万多家，加强医院安全防护，在医院主要进出口和重点部位配置必要的安全检查设备和门禁系统确有必要，这将进一步拓展安全检查设备的市场应用范围。

（三）“毒快递”事件加速快递行业安检设备应用

2013 年底，一起“毒快递”致死事件引发各方关注。某快递企业工作人员在卸载快件时，发生有毒有害化学品泄漏，导致 5 名工作人员中毒，随后快递公司将受污染的快件先后投出，造成一名客户死亡和数人中毒的恶果。2011 年，杭州某快递营业部发生快递包裹燃爆事件，造成两人受伤。这些事件的不断发生，促使快递行业安检工作逐步受到重视。

近年来，网购和快递业呈现出“井喷式”增长趋势。2012 年，北京市发布《关于进一步加强全市物流寄递渠道安全管理工作的通告》，要求相关企业配置防爆安检设备，配备专职安检人员，对货物进行安全检查。2013 年 11 月，北京市发布《北京市快递安全管理办法》，该办法规定了收寄验视制度，明确了货物进京的要求。

目前，国内大型快递公司如邮政 EMS、宅急送等，均开始配备安检设备。其中，许多企业都在其分拣中心使用了安检设备。相比之下，国内的外资快递企业更加重视物品的安全检查，在中转站、分拨中心等处都配备了一定数量的 X 光安检机，联邦快递的转运中心及操作口岸还配备有多种专业安检设备，配合海关工作人员对货件进行安全检查。

然而，在国内一些中小型快递企业，包括大型快递物流企业在地方的加盟公司，安检设备的安装、使用情况却不容乐观。许多加盟模式经营的快递公司，都存在安检设备不足的情况。随着政府主管部门加强对快递行业的安全监管，未来快递企业普及配备安检设备已是必然。

除了以上几个新的应用领域外，随着社会平安建设的力度不断加大，在大型购物场所、快速公交站点、部分中小学和幼儿园等一些敏感区域也将逐步开始安全检查设备应用。

四、发展趋势

安检设备将需要满足更多应用领域的不同具体需求，在辨别更精确的基础上拥有更快的通过速度，同时稳定性强。安检设备向智能化方向发展趋势明显，随着检测手段增加，复杂程度提高，对安检人员的专业素质要求随之提高，安检成本不断提升，开发更加智能化的检验手段，提高安检人员的工作效率也是安检设备要发展的重要方向。安检设备系统应当与其他安防系统集成，包括监控系统、报警系统和应急联动系统，从多个角度、多种途径保证安检系统的功效发挥。安检系统主要起到事前预防的作用，一旦发生突发事件，必须依靠其他手段降低事件带来的不利后果。这就需要安检系统实现与其他安防系统的有效集成，从而建立“事前”和“事后”有效配合的安防机制。

（供稿：李建平）

第五节　安防视频监控技术的应用现状及趋势

经过近 30 年的发展，安防行业增长方式的重点既是应用的普及和应用规模的扩展，更是系统目标的提升和应用的深化。在新的形势下，以新的视角分析和理解安防的新需求，应当成为当前安防人认识安防技术、安防市场、调整和提升安防产业结构的重要思维。

在主要技术领域，现代视频监控系统的基本特征是“三化 + 高清”（即数字化、网络化、智能化加高清）。视频监控技术正处在一个新的发展时期，我们面对多种选择，需要正确的把握方向，理解技术后面深层次的东西，以实事求是的态度，因地制宜，积极地采用新技术。知识社会的核心特征是“创新”。持续的技术创新带给我们全新的时空观、信息观，促进社会结构、经济活动、信息传播、人际交流等发生前所未有的变化，面对这样的时代，观念创新显得尤为重要。

一、以新的视角分析和理解安防的新需求

需求是行业发展的原动力，这是市场经济的基本规律。但供方并不是被动地响应需方的要求，而是要主动地引导

理性的需求，特别是激发潜在的需求，使市场需求能够保持正常、持续的增长，使行业保持正常、持续的发展。这就是“引导消费”和“满足消费”的差别。

政府推动一直是安防行业发展的主要因素，但安防行业毕竟是市场经济的一部分，必须不断地拓展新的市场空间，激发潜在及深层的需求，使行业能够获得更多丰富的增长点，实现可持续发展。目前，我国经济各行各业都在进行“调转”，政府部门对安防技术的需求也从系统建设转向深化应用，刚性、增量式的需求明显减少了。这就要求安防行业必须加快“调转”的步子，并把扩展新的、潜在的、深层次的需求作为重要内容，适时地调整产业结构，顺利地转变增长方式。

市场需求的分析、发掘，必须顺应安防走向公共安全领域，安防融入社会管理系统，安防技术与信息和其他自动化技术融合的大趋势；一定要以新一代信息技术为支撑。具体来讲，就是要以新的视角分析和理解安防的新需求。行业增长方式的变化将导致安防需求的变化，增长的重点既是应用的普及、应用领域的扩展（量的增加），更是系统目标的提升、应用的深化（质的提高）；行业的增长重点从实现规模经济转向实现技术升级（调转的方向），从以制造为中心转向以服务为重点。安防行业调转的目标就是满足新的需求，满足新需求关键是加强技术创新和应用创新（后者更为重要）。新一代信息技术对安防的影响是深远、深刻的，是产生新需求的主要动因，也是满足新需求的技术支撑和环境。安防新需求主要有以下几个方面：

（一）新产品、新技术

安防是应用技术，但它具有十分鲜明的特点，在其发展的各个阶段，总会有独具特色的新技术和新产品出现，成为行业增长和技术升级的重点因素。如DVR（数字硬盘录像机）起初是专门针对金融系统安防监控开发的，很快就推广到整个安防领域，同时促进了安防行业规模经济的发展，造就了安防行业的一批骨干企业。再如宽动态摄像机、图像内容分析等都是专门针对安防应用的，现已成为行业的特色和专用产品。

安防行业对新技术和新产品始终保持稳定、持续的需求，成为安防技术进步的重要推动力。可以预期，在安防技术变革的过程中，还将有一些新技术和新产品出现，如专用摄像机（帧率、图像格式、编码），用于ATM、柜员及其他特殊环境，新的图像存贮设备（CVR）用视频监控系统等。顺应信息技术的发展趋势，安防新技术的研发重点将从前端向后台、从产品向系统、从硬向软转变，如系统平台、大数据处理、云服务、智能应用等。这些新技术更突出安防应用的特点，满足安防的新需求，并促进安防走向更广阔领域。

（二）IP化、智能化

安防系统的IP化和智能化是系统建设的方向，也是与信息、自动化系统融合的要求，将会表现出巨大的市场需求。它不完全同于“三化”，三化的核心是数字化，它导致安防系统基本结构、核心技术和应用方式的改变（换代）。IP化、智能化则强调应用的深化，如（图像）信息的深化应用、数据挖掘、视频语义解释等。

系统IP化有助于实现安防技术的融合，实现安防与其他信息技术的融合；方便构建传感网，实现物联网应用；建立DEPA结构，实现智能应用和集中存贮等。我们知道，IPC是双码流输出，具有一些图像内容分析功能，同时，它可以在线工作。此外，还可以为系统图像存贮提供更多的方式，如全时的存贮和由事件触发的存贮（记录高格式图像）；可以成为前端传感网的核心（既是传感、处理，又是控制）；可以与其他IPC互动。所以，IPC、特别是具有智能分析功能IPC，将会得到更广泛的应用；网络监控系统的优势会充分地表现于局域环境。

市场对智能化产品一直有着强烈的需求，但限于技术的成熟性、功能及使用场所的局限性，处于取舍两难的局面。通过环境的改造和人的智慧参与可有效地提高智能产品的适用性，同时，智能化产品在新思维的带动下，将会取得一定的突破，也会促进需求的增长和应用的扩展。

（三）系统联网

联网是重要的需求，但它不是简单的组大网的概念，而是通过联网促进技术融合，促进安防融入社会管理系统，促进安防服务体系的建立和完善。

许多行业通过联网，实现全辖管理，将分散、独立、单一的监控平台提升为系统、开放、多元的综合平台；实现对安全状态、行为的实时监控，对不安全状态、行为的及时纠正、改善和应急处置；实现变被动防范为主动监控，并把安全寓于管理的新理念。这个联网不仅是安防或视频监控的联网，还包括安防与其他社会管理系统的联网，视频与其他媒体的联网；也不是传统的集成的概念（实现功能的联动），而融合技术，实现信息（数据）的融合，进而实现大数据处理、数据的综合分析和深化挖掘。可以认为，这是真正的系统集成。

通过联网，开展大数据应用，建立云系统等，处理共性的信息，进行数据挖掘，实现安全系统的预测（警）功能。大数据处理在安防系统还没有实质性的应用，主要是只注重于处理数据的量，没有认识到大数据的意义在于要处理所有的数据，通过共性信息的分析，挖掘出数据中包括的全部有价值的信息。目前，我们还只注意个性信息的处理。通过联网，可以逐步探索安防服务体系的架构和运行模式，因为一个社会服务系统必须依托一个开放和具有增值功能的平台。

目前，系统联网基本是实现网络的互联、系统的互操作和数据的互通，还很少提出上述要求。但它是技术发展的趋势，是很有前景的潜在需求。

（四）物联网应用

通过传感、网络技术实现物与物、人与物的感知、互联、互动，进而实现人类社会与物理系统的整合，把人类社会用物质系统表达出来。于是，将人类社会的活动映射（不是拷贝）到虚拟世界，把现实世界与虚拟世界联系、结合在一起。这就是物联网的基本特征。

物联网将技术与社会连接在一起的结构将产生一种新的技术经济结构（社会），对社会、经济活动产生巨大的影响，因此，将形成新的经济形态（产业），产出巨大的市场前景。物联网具备安防的全部要素，是最完善的安全体系。同时，为安全防范引入新理念，实现人与物、人与人、物与物的互联互动，进而达到“实时感知、准确辨识、快速响应、有效控制”，变被动防范为主动防范。可以说，安防行业是物联网应用的重要领域。

物联网对安防的影响是深远的，“物联网思维”就是具体的表现。所谓“物联网思维”就是用物联网的概念去构建安防系统。我们知道，构成物联网的基本要素是感知（探测）、互联互动、融合技术、智能应用，组成物联网的基本单元是传感网，按这样的概念规划安防系统，就要求，首先建立安全域，并把构成安全域的全部元素（人、物、系统、环境及它们的状态）都抽象为“物”；其次，实现物与物的真实感知和互动，建立传输网络，实现物联网应用。物联网思维还包括通过互联网来整合和配置资源，实现物联网的按需服务，即资源可以在虚拟环境下，通过互联网际来配置和整合（互联网思维）。

用物联网概念构建安防系统，在以下几个方面表现出强烈的需求：一是ATM监控系统，对人、卡、机的行为、状态进行感知、监控并实现互动；传感网以IPC或图像存贮单元为核心，结合其他传感手段组成。二是局域安防系统，对人、物、系统的位置、状态、行为的识别、监控及管理等。三是移动目标管理，对人、装备、车、环境的状态、位置、内容的识别、监控和管理。通过信息的综合分析，判断系统正常或异常并及时发出报警，如提款箱（运钞）系统，包括人、车、箱的身份认证、定位、监控及环境监控、无线通信等。

（五）虚拟世界安防

安防从现实世界走向虚拟世界是社会发展和技术进步的必然。信息安全本质上也是安防的重要组成，一直表现出巨大的市场需求，但它的防护目标主要是数据、信息、系统安全及网络的物理安全。随着各种电子交易、网上支付及金融系统网上业务（服务）的不断创新和推出，直接与财富（钱）相关的安防概念才突显出来。虚拟世界的安防成为亟待解决的问题。

同时，金融信息化、安防信息化也将不断地产生虚拟世界的安全需求，并将现实世界的安防与虚拟世界安防融（结）合在一起。比如，物联网把现实世界的安防映射到虚拟世界，促使安防从现实世界走向虚拟世界，或将两者融合在一起。

传统的信息安全在物理、链路安全上，与传统安防有共性的内容，而在数据、信息等方面与安防的防护目标不同。防入侵、防伪（变造）、身份认证、加密、系统安全审计等是采用的主要技术，安防系统也是如此。所以，它们将是安防与信息安全融合的出发点。随着虚拟世界经济活动的增长及社会服务系统（包括安防系统）信息化水平的提高，将会不断有新的课题提出来，成为安防领域最具增长潜力的空间。满足这个巨大的需求，是安防行业调转的重要方向和目标。目前，IT、电信行业十分重视，一部分有能力的安防企业也应有所布局。

（六）服务

经济增长点从制造转向服务是社会发展的重要特点，特别是信息产业将成为以服务为主要业态的行业。IBM、CISCO等大企业宣布退出制造业，就是发出的明确信号。安防定位于服务业已是业界的共识，但安防服务的产业形态、运行方式、价值与评价体系尚不清晰，认识也不一致，这是首先要解决的问题。

传统安防服务业包括工程承包、系统运维、技术咨询、培训、业务外包等，主要是以劳务服务为主，技术附加值较低。现代安全服务业将主要以提供“知识”为主要服务方式，如何包装安防知识，并通过什么载体和渠道来承载、传递这些知识，安防服务型企业要如何加强能力和资源建设等。需要认真地研究和规划，可以借鉴信息服务的经验，但一定要有安防的特色。

服务将成为安防行业新的增长点，如何把蛋糕做大，并与产业链结合是企业、管理部门应深入思考的问题。

二、关于“高清”在视频监控系统中的应用问题

现代视频监控系统的基本特征是“三化+高清”，已清晰地展现于各个应用领域，是业界的共识。但对高清监控系统真正的含义、作用和亟待解决的问题，尚有不同的理解和认识。“高清”在很多情况下，还是个模糊的概念。要更好地推进高清监控系统的应用，切实地解决一些关键技术，首先要求我们看清“高清”。

高清是视频系统顺应电视技术发展趋势的必然，大家可能认为广播电视的高清化引起了监控系统的高清进程，其实不然，高分辨率一直是应用电视追求的目标，而且很早就有产品和应用。广播高清电视的发展只是加速了监控高清的推广和普及。

（一）高清摄像机

前面提到了广播电视和应用电视，它们是电视技术发展的两个轮子，一直采用基本相同的制式（标准），保持设备的通用性和互换性。广播电视强调图像的还原性和人的视觉效果——高清（晰度）的概念；而应用电视追求采集更丰富的信息（更多的图像细节）——高分辨率的概念。所以，应用电视一直把研究的重点放在图像采集设备（摄像机），在保持与广播电视相同制式的前提下，不断提高图像的（水平）分辨率，如早期摄像机分辨率只有300TVL左

右，后来提高到450TVL左右，目前则可达600～700TVL左右。

1. 模拟高清

模拟高清是指分辨率达700TVL的模拟摄像机，这是安防行业的称呼。典型的产品是“960H”摄像机，其摄像器件的水平像素达960点以上，因此，图像（水平）分辨率可达720TVL，但它采用标清电视制式，本质上仍属标准摄像机，所以它与传统的视频监控系统可以无缝连接。其视频带宽高出通常摄像机2MHz左右，目前的各种视频设备（视频矩阵，分配器、传输设备等）均有冗余，所以，在现行监控系统中，采用或增加960H摄像机不存在任何问题，就像将20多万像素摄像机更换为40多万像素摄像机一样。只是在存贮图像时，要采用960×576格式。

2. 数字高清

高清晰度电视（高清是借用广播电视的概念）是相对于“标清”而言。标清是指在高清电视没有形成标准之前的现行电视标准（625扫描）所规定的清晰度。

高清电视的定义要求：一是图像分辨率比之标清电视在水平、垂直两方向上均加倍，而模拟高清仅在水平方向上提高了分辨率；二是图像宽幅型比为16∶9，并采用大尺寸屏幕显示，说明高清电视注重图像的观看效果；三是图像基带信号要亮、色分离，标清电视通过频谱交错技术，将亮、色信号复合在一起，因此，两者之间存在一定的串扰，高清电视要求两者分离就是要消除这个干扰，提高图像质量；四是伴音要采用PCM编码。

显然，实现这些要求，必须建立一个全新的电视制式（主要是扫描方式），与标清电视不再兼容，基本设备不可互换。目前，高清电视主要有两种扫描方式：720线和1080线；还有逐行、隔行扫描之分。通常业界将720（或720P）称为“准高清”，将1080（或1080P）方式称为“全高清”。由于高清图像的高数据率，在传输过程中要采用数字压缩技术，因此，高清电视系统是数字图像系统，高清摄像机的输出是数字编码信号，其实早期高清电视是模拟方式的。应用电视还有一些特殊的扫描方式，如线扫、扇扫、圆扫等，主要为了更方便的成像，显示时都要变换为标准的扫描方式。

3. 大像素摄像机

专用大像素摄像机在视频监控系统的应用很多。它们的摄像器件像素数通常是200万、500万甚至更高，因此，可以得到很高的图像分辨率（水平、垂直）。这些摄像机可以输出专门的（不同于上述两种制式）图像信号，如VGA，图像格式由像素量决定。如同网上数据视频一样，也可以输出标清视频信号，同通用摄像机一样，但在电子变焦（拍摄局部图像）时，仍具有很高的分辨率。目前是主流机型，它们仍是标准电视制式设备，与之保持完全的互换性。有些大像素摄像机的图像帧率较低（达不到25帧/秒），不便于观察实时的运动图像，属数码相机的范畴。

（二）高清监控系统

以上论述主要是针对图像格式及摄像机，它们是构成电视制式（标准）的核心内容，是对高清的基本定义和理解。高清图像的应用则涉及摄像、传输、存贮、变换、显示及系统控制等各个环节，即高清电视系统。

高清监控系统，是指采用高清图像格式或以高清摄像机为图像采集设备的监控系统。系统的目标当然是把摄像机产生的图像能高保真地显示或存贮。这就要求系统的传、存、显及变换都要与摄像部分（高清）相配套，忽略了任何一个环节，都可能使摄像机产生的高清图像不能真实地表现出来，系统也就算不上高清监控系统。

1. 高清的价值

推广高清监控系统，首先要明确高清图像在哪些方面能表现出它的优势。显然，在观察局部图像和希望获得图像细节信息时，高清图像的价值才能体现出来。如将局部图像全屏显示时，图像仍具有很高分辨率，并不出现马赛克现象。又如电子警察或道路卡口系统在进行号牌识别时，号牌占有足够的像素才能得到较高识别率。再如，进行图像个体识别时、高分辨率（像素）图像也是提高识别率的重要因素。

在通常的实时监控环境下（观看距离、动态图像），高清图像与标清图像的主观效果差别不大，这是由人的视觉特性决定的。在进行图像内容分析时，首先将目标从背景中分离出来，再进行行为分析，对图像帧率稳定性（时间分辨能力）要求较高，而对图像（空间）分辨率要求并不高。因此，高清摄像机选用或高清系统的建立要具体问题具体分析，因地而宜，不要简单地从概念出发，一刀切。

综上所述，获得高分辨率的图像是监控系统的追求，各种高清摄像机就是为满足这种需求而产生，可以提高图像细节的分辨和目标的识别能力，但高清摄像机并不能从根本上解决监控系统看不清的问题。

2. 存在的问题

目前，高清监控系统的应用还受到环境、资源和通用性等方面的限制。高清视频监控系统还没有形成统一的标准（制式），系统中摄像、传输、录像、显示等设备还没有形成完整的配套，各厂家的设备缺少互换性和通用性。

在标准方面，强调制订统一的标准，就引出一个问题，即高清监控系统是否还与广播电视保持基本相同的制式。我们知道，应用电视一直采用与广播电视基本相同的制式，保持基本设备的通用和互换性，在传输、记录、显示、编辑方面基本采用广播电视的设备，而把专用摄像机作为自己研发的重点。视频监控技术在数字化过程中，产生了许多独具特色的设备，如数字存贮设备和上面提到的摄像机，好像要与广播电视分道扬镳，于是产生了高清监控系统是否继续坚持原有选择的疑问。其实，毋庸置疑，在高清时代应用电视仍将与广播电视保持基本相同的制式。作为电视技术的两大应用，它们具有共同的技术基础，广播电视巨大的市场需求使其在许多基本设备方面（显示、变换）可以保持较低的价格，成为应用电视最经济的选择。所以，保持这种关系既符合技术规律，也符合市场规律。

在集成方面，高清与标清系统的集成也是要解决的重要问题。不能简单地成为两个独立的系统，以保证高清系统的高质量图像和高分辨率。视频监控系统必须对系统中各种信号源（不同图像格式）的图像进行组合显示、记录和编辑等处理。图像显示是高清监控系统中最有特色的部分，与传统监控系统有很大差别。模拟监控系统中图像信号为统一的视频（VIDEO）方式，图像的显示采用矩阵切换输出的方式，既“矩阵上墙”方式。数字（网络）监控系统中图像信号是不同编码格式的数字流信号，必须经过解码，还原成图像基带信号才能显示在电视墙上，因此，通过网络交换来实现信号切换，再由解码器将数字图像信号还原为图像基带信号，再由矩阵切换送至显示设备，这就是“解码上墙”。解码上墙要比矩阵上墙复杂得多。高清监控系统中，图像可能是不同制式（高清、标清）、不同格式。必须进行制式、格式的变换（高清图像下变换、标准图像上变换），将它们变换为相同的图像格式，才能通过矩阵或图像组合设备进行显示。采用大屏幕显示的系统是必须进行的处理，这就是“组合上墙”。组合上墙是各种显示方式中技术最复杂的方式。目前，很少见到将标清信号上变换的系统，大多系统在图像显示时，都是将高清图像信号解码成标清格式（下变换），将高清摄像机的图像质量打了折扣。

（三）技术路线

图像信号传输是实现高清监控系统应用的关键，取决于高清图像大数据率对宽带资源的需求。有两个途径来解决这个问题，一是提高传输介质的能力（传输数据率或带宽），二是通过数字压缩技术来降低图像信号的数据率。

数字化（高清）视频监控的实现主要有两种途径：

1. HDCCTV

HDCCTV 由广播电视系统 SDI 方式发展而来，从系统结构上看，它是传统监控模式的延伸，核心的特征是闭路的结构和传输介质的专用性。它对摄像机输出的视频流不分包、不压缩，所以，传送图像不失真、不抖动、实时性好，为系统的图像智能分析提供最佳的图像。这样的结构利于系统从标清到高清，从模拟到数字平滑的转换，或构成标/高清、模/数混合系统。平滑转换并不意味着完全兼容，所谓“插上就用”是不对的，认为它与模拟视频是完全相同的观点也是错误的。系统中采用的同轴电缆或 BNC 连接器与模拟 CCTV 系统中的产品在性能上完全不同。

SDI 系统的数据流不是通常的视频压缩编码信号，而是将并行的视频分量信号转换为串行顺序制信号的数字流，因其不作压缩处理，故数据率很高。通常 SDI 是 270M 系统，而 HD-SDI 是 1.5G 或 3G 系统。因此，传输距离受到很大的限制，但随着光通信技术的进步和应用，这一点会得到明显的改善，HDCCTV 方式的应用范围也将不断扩展。

2. 网络视频

网络视频，利用网络平台的数字视频系统，其特点是开放、系统可自主生成、便于系统的扩展和升级。目前，基于网络传输的视频监控系统已有了大量的应用，但与模拟视频监控系统相比，在图像质量上还没有表现出优势。通常认为图像质量的主要指标是图像格式（分辨率）和延时，其实抖动是一个更严重的问题。网络视频系统产生图像延时有多种原因，如编/解码、数据分包等，也包括摄像机本身的图像处理（宽动态、图像积累等），但这些因素不会引起图像的抖动。所谓抖动是指图像帧率的波动，主要由网络环境决定，如网络带宽的变化和各种干扰。网络视频监控系统一般没有前向纠错功能，图像传输受网络环境的影响，会产生较大的图像抖动，如出现错码和丢包时，需要进行数据重发。这种图像帧率的不稳定对图像内容分析的影响很大，是今后网络视频系统要注意解决的问题。

从媒体的宣传看，网络视频的呼声似乎很高，但网络视频目前主要应用于视频监控系统的组网，重点还放在解决网络间的互联，系统间的互操作和数据间的互通（解码）等方面，对实现高清图像的传输并没提出更好的方案。

最近有关 HDCCTV 的声音才逐渐多起来，主要是由于其在技术成熟性和图像质量方面的优势，但是受传输带宽的限制，应用范围上有一定限度。

目前有所谓三大标准（HDCCTV、ONVIF、PSIA）之争，实际上就是上面的两种选择，有人认为网络视频是最终的解决方案，HDCCTV 是其完善前的过渡。其实，两者各有长处，具有互补性，在相使当长的时间内，会共同存在，并各有自己的市场。

高清技术的出现导致监控系统功能、性能的提高，也使人们监控系统期望的提高。我们要积极采用新技术，但也要看到，新技术的完善需要一个过程，能力也有限度，可能会受环境的限制，因此在进行选择时首先要对它有全面正确的认识，看清“高清”的本质。

三、关于安防视频监控技术的发展与系统设计问题

信息技术经过了计算机、互联网时代，进入物联网、大数据、云计算应用及体感交互技术突破的阶段，生动地展现了技术融合、产品软化、开放与服务的特点和发展趋势。产生了人的智慧参与、可持续创新；面向服务的顶层设计等新理念；清晰地呈现了新一代信息技术的基本特征，成为知识社会的基本象征。

悄然兴起的新工业革命以新一代信息技术为引擎，基本标志是现代制造业和现代服务业，而信息服务是现代服务业的基础平台和技术核心。

新技术对社会、经济发展的影响分两个层面：一是物质层面的，产品、技术的应用改变生产、工作方式，提高效率；二是精神层面的，改变人们生活、思维方式和基本

观念。没有哪种技术能像信息技术对社会的影响这样深刻。它不仅改变工作、生活方式，提高效率；而且产生了新的时空观、信息观和价值观，促进了社会、经济结构的变革。因此，它也必然影响和冲击各种社会管理系统，成为当前各行各业（如安防行业）在进行行业发展规划、调整行业结构和转变发展方式时，所依托的大背景和技术支撑。

（一）信息（技术）系统的发展趋势

信息技术特别是应用系统的发展趋势主要表现在以下几个方面：

1. 技术融合是科技发展的大趋势

在信息技术这个箭头的带动下，许多不同专业都在向着一个目标发展，许多学科和技术走上异途同归的路。多种技术可能在一个共同的关键点上实现突破，如现代信息技术就是计算机技术、通信技术和电视技术融合的产物，三网合一是典型的应用实例；图像压缩是 HDTV、多媒体、大容量通信共同研究、解决的关键技术和突破点。所以，视频监控技术与相关技术的融合是必然的趋势。但融合是共同发展，不是消融，各专业技术通过融合，提升到一个新的层次，开拓新的应用领域，同时，仍将保持各自的特点和方向，不断地创新和进步。

安防技术将与信息技术融合，与公共安全、社会管理等开放式服务系统、信息安全、智能建筑等融为一体，成为这些技术体系中本源的部分，并使安防从现实世界逐步走向虚拟世界；同时，安防技术本身也在实现融合，融合的核心就是数字视频技术。

技术融合为应用系统融合技术创造了条件。在应用领域，系统开放性、信息综合分析、资源共享、多功能集成等都要通过融合技术来实现。

2. 产品软化

产品软化是应用技术发展的趋势，表现为应用系统将从以硬件为核心向以软件为核心转变（产品软化），从“专业化的产品”逐步转变为“通用化产品来实现专业化服务”。这一过程中“中间件”扮演了重要的角色。智能建筑、特征识别技术是典型实例，各种信息系统的增值服务也是基于此。

中间件（middleware）的基本概念可直观地理解为：位于平台（硬件和操作系统）和应用之间的通用服务；是承上启下的应用支撑平台，解决系统间的互操作、数据交换以及相关的分布性、可靠性、安全性等问题；实现各类信息资源之间的关联、整合、协同、互动和按需服务。

RFID、物联网产业化是国家正在大力推动的重大项目，中间件技术起着关键的作用。

安全防范、视频监控系统也在向这个方向发展。目前，市场上的监控管理软件、监控系统平台、软接警平台及应用服务器都属于中间件产品。

3. 开放与服务是社会管理、信息服务业的发展趋势

移动通信、云及物联网应用等表明信息产业的增长点已从制造向服务转移（也是新一代信息技术的发展趋势）。所谓“开放”，是指应用系统要能实现硬件兼容和软件开源，可以最大限度地配置和整合资源并通过融合技术成为面向服务的技术支撑平台。而“服务”，是指应用系统可通过资源的调配、人的智慧参与具有自我成长和增值服务功能。

我们知道，公共服务领域（包括政府的部分职能）进行服务外包是重要改革方向，将部分服务委托给专业部门，或由社会公共资源来承担。因此，要求社会服务系统具有开放性和服务性。实现上述趋势，软件起到重要的作用，然而，软件是我国安防行业最薄弱，又是技术附加值最高的部分。顺应趋势，促进行业结构调整，改变“重硬轻软”和“硬强软弱”的状况。完善行业产业链，是行业深化改革的当务之急。同时，电信、IT 企业会顺势而为，进入公共安全（安防）服务领域。

（二）顶层设计

服务成为信息产业的增长点，意味着信息系统建设进入了服务商（集成商、运营商）主导的时代。服务商提供的“服务”是以软件为主的软性产品，核心是“设计”，又称“解决方案”。由此，产生了以服务为目标的现代设计（理念）——顶层设计。

1. 传统设计及特点

传统设计是以功能为目标，从下而上的设备集成，典型是模拟视频监控系统的设计，从选择前端设备（摄像机及外围）到确定传输方式（铜、光介质），最后选择中心设备（矩阵、存贮、显示等）。系统集成通过设备间的连接来实现，前端设备的控制为系统功能的重点。设计目标是实现用户的功能要求，如监控点的覆盖、系统的控制功能、联动功能和存贮能力等。

数字视频监控系统也可以采用这样的设计方法。这样设计的系统显然不具有开放性，也不具扩展性，因而也不具备增值功能。

2. 现代设计及特点

现代设计是以服务为目标，进行系统架构（平台）的设计。通过融合技术、软件集成，实现资源的配置（整合）；提供工具、手段，开展信息的深化应用，实现按需服务。

现代设计显然是从上而下的，因此称为“顶层设计”；系统一定是开放的，通过硬件的兼容和软件的开源，保证充分的资源配置和整合，包括新建的、原有的和其他系统的资源；系统必然是可增值的，通过融合技术、提供工具、实现人的智慧参与，实现信息的深入挖掘和深化应用，实现系统的自我成长和可持续创新，成为服务和支撑业务活动的平台。

现代设计提出了“可持续创新”的概念，表明创新已由精英创新、技术创新逐渐进入大众创新、应用创新的时代。新一代信息系统则是实现上述创新的平台。

顶层设计的主要内容是“系统解决方案”或“系统平台架构”。视频监控系统平台具体、生动地展示了传统与现代设计的特点。

3. 传统视频监控平台

传统视频监控平台依托的基础技术环境是集总式、模拟视频系统。信息全部集中于平台的核心设备（矩阵），由于各种视频设备采用统一的视频（VIDEO）接口，保证了系统设备的互换性和一定的开放性。平台的核心是硬件，典型设备是视频矩阵，中小系统也可以是 DVR 或时序开关等。

传统视频监控平台可以实现的功能是：

（1）设备管理。在整体架构内，通过设备登录、删除的操作来自主成应用子系统；通过设备管理配置各分控中心的资源、权限等。

（2）图像（信息）管理。主要是通过图像信息的分配、切换来实现图像显示（上电视墙）、存贮和外送等管理。传统视频系统的图像显示方式基本是矩阵切换上墙，辅以多画面的方式，因此，矩阵的固定、成组、时序的切换方式就是系统显示的基本方式；存贮则以 DVR 等视频存贮设备为主；附加信息（时间、地点、状态、报警等）的叠加是图像管理的内容之一，附加信息主要由矩阵生成。

（3）系统控制与遥控。包括上述管理功能的操作、前端设备的（PTZ）控制、预置功能的编程和调用等。这些功能主要由视频矩阵或 DVR 等设备完成。

（4）系统集成。通过硬件设备间的连接，实现视频监控与出入口管理、入侵探测等其他系统的集成，集成（连接）以视频（矩阵）为核心，基本功能是图像与其他系统的联动（图像的自动切换），这是典型的硬件集成方式。GUI（图形化用户界面）是系统集成的重要软件，它主要的功能是构成一个统一的操作界面、采用 PC 机（与矩阵连接）实现图形化的人机交互界面，把各子系统的操作（管理、控制）集为一体。

（5）安全性。因系统是专用、封闭的，安全性主要是口令、权限设置及视频丢失探测等。

综上所述，传统视频监控平台是以专用设备为核心，集成是硬件的连接，因此，系统开放性差，是传统设计理念的典型示例，目标是充分表现设备的功能。

4. 现代（数字）视频监控平台

现代视频监控系统的基础技术环境是通用设备（服务器、交换机等）构成的分布式网络系统。它通过软件实现网络的互联、互操作及各子系统的集成，通过中间件实现硬件的兼容和软件的接口，因此，系统是充分开放的。由于软件（中间件）的核心作用，产生了软平台的概念。

系统可实现的基本功能是：

（1）设备管理。包括全部（有 IP 的）设备的搜索；登录（注册）、删除，批量导入/导出。实现系统的自主生成，为各种应用配置和整合资源。

（2）网络管理。包括网络互联、图像信息管理（交换）及网络状态监控。通过 TCP/IP 和开放 SDK 实现系统间的互联；利用网络环境的交换功能，实现图像信息的切换、推/拉等；进行流量控制、网络带宽控制及状态监控等，保证系统正常的运行。

（3）图像信息的深化应用。通过数据流（元数据）结构、图像结构、媒体结构的分析、识别，实现图像信息的互通（解）；建立分布式增强处理架构（DEPA）、配置各种图像探测、内容分析及数据处理工具，实现系统的智能应用和数据的深入挖掘、处理。

（4）系统控制与遥控。包括上述功能、前端设备（PTZ）控制、预置功能编程和调用的操作及实现互联系统间的互操作。

（5）信息存贮。IPSAN 将成为图像信息存贮的主流方式，辅以 NVR、DVR 等。

（6）图像显示。与传统系统有很大差别，通常，视频矩阵切换输出的是同一制式（格式）的图像信号（视频 VIDEO），而网络视频系统解码器输出的图像信号可能是不同的制式（高、标清）、格式。因而，不能简单的解码上墙（像矩阵上墙一样）。特别是图像的组合，必须进行制式、格式变换才能实现。

（7）系统集成。实现图像与其他系统的功能联动；通过融合技术，实现不同系统、不同媒体间信息的综合分析和应用。显然，集成是由软件来完成。

（8）安全性。网络安全是重要内容，在网络环境中统一规划，还包括身份认证、加密、VPN 建立等。最近提出了“可信图像源”概念，通过对图像源、系统设备、用户的身份认证来保证图像信息不被非法修改、删除和使用。

可以看到，现代监控平台是以软件为核心，具有充分的开放性，可通过配置、整合资源为业务（管理）工作提供按需服务。设计的目标是面向服务的，追求更高的技术附加值。

现代视频监控系统充分表现了新一代信息系统的特征，是顶层设计的典范。

（三）视频监控系统设计

视频监控技术受到两方面的压力，一是，视频监控的作用和功能被认可，成为社会公共事务管理领域的刚性需求；二是，系统的许多问题与不足，没有得到很好的解决，实际效果与人们期望差距较大。

同时，在技术变革的时代，经典向现代转变的进程中，新技术、新产品不断涌现，为我们提供了更多的选择，也提高了人们的期望（解决现行问题）。但新技术的成熟性、配套性并未得到充分的验证，实际效果与期望还有差距。因此，人们感到纠结，在选择时，会举棋不定、犹豫不决。解开纠结，就要加强顶层设计，实现系统结构创新；对纷繁的新技术进行合理、正确的选择。

1. 加强顶层设计

全面规划监控系统的结构、功能、技术指标和技术构成，调整系统目标、功能（比之传统系统）。这是需求多样性的要求，视频监控系统的应用环境变了，系统规模、防护目标、系统功能都与传统系统不同。简单地把传统系统放大已不能满足不断增长的、多样化的需求。

多级平台的联网系统与中控、分控模式的传统系统在结构上完全不同，各级平台的设计目标、图像质量要求、事件反应方式及资源配置差别很大，需要通过总体规划（顶层设计）来明确和区分。

要加强平台设计，顺应信息技术的发展趋势，构建开放性的服务平台，使系统具有自我成长和增值功能，成为服务和支持城市管理的工具和手段，成为城市发展的创新引擎。

2. 正确地选择技术

准确理解新技术、新产品的实质，了解它们可实现的功能、可达到的限值及经济性、成熟性，掌握它们实现的途径和适用的环境。充分认识到需求的多样性，技术的多样性、不成熟性、配套性差等都增加了选择的难度。不像模拟系统，一个视频接口基本解决了一切。因此，依据顶层设计的总体规划，要因地、因事、因环境制宜，不从概念出发，正确、合理地选择适用可行的技术。可以说，好设计就是正确、合理选择的结果。

选择主要包括：选择系统架构（技术实现途径）；选择标准（协议、接口）；选择产品、技术和应用环境，如系统架构、网络结构、网络视频/CCTV/SDI 及介质（光/同轴）都是系统设计首先要做出的选择；然后确定信源的图像格式、压缩编码方式、传输控制协议（ONVIF/GB28181），并开发系统软件；在前端设备选择时，要确定模拟/数字、标清/高清等基本制式、图像格式和主要技术指标；智能应用产品在确定功能的同时，要选择合适的应用环境，或根据环境条件，选择适用的产品。

3. 具体设计要注意的问题

建立监控区的概念，要通过多个摄像机的合理布局、不同机型的组合形成有效覆盖的监控区。“有效覆盖”不是摄像机视场的无缝拼接，而是通过摄像机的组合，保证在监控区内，目标和事件的捕捉率达到规定的概率，或可以获得监控目标一定数量的图像。

采用智能 IPC，结合其他探测手段，构成传感网，并采用 DEPA 结构，实现智能应用。

要加强实时监控，是视频监控的基本功能，是发现稍纵即逝的事件和实现快速响应的最佳方式。智能化程度再高也不会被完全取代。目前，许多系统弱化了这一功能，所以要改善监控位设计，建立较好的观看环境，保证系统具有监控适当数量图像的能力。防止系统越大越不看，也看不了的现象。

建立报警提示的功能，利用合适的探测手段，特别是图像探测技术，发现不正常行为，形成报警触发机制，智能化要有助于提高实时监控的效率，提高系统捕捉事件、事态的能力。

以事件为线索进行图像存贮，改变分散、独立地存贮图像的方式。改进系统的结构，使之具有自主生成局域的或以事件为中心的子系统，进行独立的管理和操作；实现按事件记录图像（看与录一致）和以事件为特征进行图像检索。

视频监控技术正处在大变革的时期，我们面对多种选择，需要正确地把握方向，理解技术后面深层次的东西。既要跟上技术的潮流，又要做到不跟风，不盲从。以实事求是的态度，因地制宜，积极地采用新技术，但也不产生过高的期望；媒体及各种技术活动要传播全面、完整、准确的信息，不能形成舆论强制，我们也要善于倾听各种声音。知识社会的核心特征是“创新”，持续的技术创新带给我们新的时空观、信息观，促进社会结构、经济活动、信息传播、人际交流等发生前所未有的变化，面对这样的时代，观念创新显得尤为重要。

（供稿：李仲男）

第六节　大型视频综合管理平台的应用现状及趋势

近年来，在国内良好的经济发展环境下，视频监控市场获得了迅速的增长，视频监控产业从 2006 年到 2010 年进入一个快速发展期，五年的复合增长率达到 28%。2010 年产值规模达六百多亿元。在这样的发展态势下，众多企业纷纷加入到这一生机勃勃的市场中，市场竞争也日趋激烈。

目前视频监控正在朝数字化、网络化方向发展，联网成为视频监控系统的一个基本特性，大家对视频监控行业的关注也由前几年的 DVR 与 NVR 问题之争等转向系统管理平台，因为在用户看来，现在单纯谈产品、谈性能指标意义不大，用户的关注点正在由简单的产品组合转向系统的应用、管理和增值等。在这个过程中，硬件的价值正在不断降低，虽然它可能仍然表现为项目预算的主要构成部分，但是在影响用户选择方面，软件、服务、标准等柔性因素却扮演着越来越重要的角色。

一、视频监控联网需求越来越大

随着平安城市建设的深入推进，安防视频监控系统规模的不断扩大，应用的不断深入，系统的整合需求日益强烈，以单个城市为主体的平安城市，视频资源容易形成信息孤岛，无法实现图像共享。上级公安机关在警卫工作、重大事件的处置指挥过程中，需要所属各公安机关提供远程的现场视频监控支持。因此，对远程图像资源共享的需求不断提升，诸警种并发图像资源共享冲突日益突出，横向跨区域图像共享需求日益增多。社会治安动态视频监控系统共享平台建设显得尤为迫切。

目前，国内许多省份已建视频监控系统存在的主要问题是系统资源共享程度低，图像信息系统的技术标准不统一，各系统相对独立运行，视频监控图像资源难以在市、省区域内联网共享。而有关统计显示，公安机关利用监控视频系统侦破的案件占到总侦破数的1/3，所以对所有视频监控进行互联、互通、互控显得非常重要。

因此，随着视频监控系统应用的不断深入，系统规模的不断扩大，系统的整合需求也日益强烈，纵向需要形成省—市—县多级的监控系统级联，横向要实现跨区域、跨行业的图像共享。

另外，从其他政府管理部门及行业发展来看，随着网络视频监控的应用范围逐步扩大，联网越来越普及，许多行业及一些跨地域大型企业对视频监控的需求已经不仅仅满足于本地的联网，而是在原有本地联网基础上，要求进行省级乃至全国范围内跨区域的大联网监控。如交通行业，各地高速公路的视频监控系统建成之后，交通管理部门也要求能够将各条高速公路的图像进行共享上传，以便于出现事故时进行应急指挥；再如目前教育部在全国推行的标准化考点建设，不仅仅需要各地考点建设视频监控，还需要各级标准化考点能够纵向联网，实现统一管理。

从企业来看，全国性的特大企业，如石油公司、烟草集团，在全国各地都有大量的分公司，这些分公司基本都有自己的监控系统，那么如何将各地的监控图像统一起来，在总公司或省级分公司层面进行共享调用，也是需要考虑的。

二、视频监控平台软件的发展历程

视频监控管理软件的发展始于上世纪 90 年代末，1999 年硬件视频压缩卡推出，同时基于硬件视频压缩卡的通用 DVR 数字硬盘录像机软件开发成功，那时安装了硬盘录像机软件的 PC 式 DVR 开始在银行领域中进行应用，推动了视频监控从模拟监控过渡到数字监控时代。在这一阶段，监控管理平台软件并没有引起厂商和用户的重视，软件在用户的项目预算中往往成为赠送的条目，传统的监控厂商几乎无一例外的以硬件为主。

但随着行业的快速深入发展，市场环境和技术的变革带来了产业链上各环节的价值变化，监控管理平台软件和业务应用软件的地位日益重要，这个转变时期是从 2004 年开始。2004 年至 2005 年，中国电信正式推出了“全球眼”视频监控业务，同时全国各地政府纷纷开始推动以视频监控为主要内容的“平安城市”建设项目。2006 以前的平安工程多以模拟与数字结合为主，软件平台更多用于实现后端 DVR 的联网，对系统来说还是辅助管理手段。2007 年以后，随着 IP 监控系统的成熟和广泛应用，以及运营商的强力介入，管理平台成为平安工程监控系统的核心，核心管理平台的好坏直接决定了整个系统的性能表现和后续演进发展能力，它对整个平安工程监控的建设起着决定性的作用。从 2008 年下半年开始，随着大量平安城市建设初步到位，很多主管单位开始关注承载在治安监控系统上的实战应用，这些应用包括 GIS、警视联动、智能视频应用等，这些应用绝大多数都是以软件形态体现。此时，软件的价值进一步凸显。

在这样的发展形势下，这一市场引来许多企业的关注，很多厂商和集成商都加大在软件方面的投入，希望通过软件获得新的机会或是更大的价值。随着市场的不断扩大，传统的大型电信设备厂商在加强平台的开发力度，传统的监控设备厂商也加入了平台软件的竞争行列。在竞争发展中，这三类企业的平台解决方案各有特点，一般专业的平台软件厂商强调开放性，即强调与第三方监控设备的集成；传统电信设备厂商和监控设备厂商偏重于提供完整的、基于自有硬件产品的解决方案。

三、视频监控平台的构成

安防视频监控平台是将视频监控、报警、门禁、巡更等安全防范技术系统和设备，通过平台软件进行集中管理和操控，拓展各子系统的应用范围，增强安防防控能力，提高安全管理水平，是建设高度现代化、文明化和数字化安防系统的要求。它是系统集成的基本功能之一，通过建立一个统一的平台，实现对各子系统集中的控制和管理，平台应是友好、便于操作，并有利于整合系统资源，它与系统管理软件、系统的通信协议和接口有密切的关系；平台最主要的是其开放性、服务性和所具有的增值功能。平台的关键技术是软件（中间件），其发展必然带动安防系统集成商走向平台运营商。

根据当前安防行业的发展情况和应用实际，平台主要以视频、报警功能为主，是基于网络的全数字化的信息传输和管理系统，属于第三代开放式技术的综合网络监控产品。它结合了现代音视频压缩技术、网络通信技术、计算机控制技术、流媒体传输技术，采用模块化的软件设计理念，将不同客户的需求以组件模块的方式实现；以网络集中管理和网络传输为核心，完成信息采集、传输、控制、管理和储存的全过程，能够架构在各种专网/局域网/城域网/广域网之上，市场主流硬件厂商配合，兼容多种品牌硬件产品。真正实现了监控联网、集中管理，授权用户可在网络的任何计算机上对监控现场实时监控，提供了强大的、灵活的网络集中监控综合解决方案。

（一）传统视频监控平台

传统视频监控平台依托的基础技术环境是集总式、模拟视频系统。信息全部集中于平台的核心设备（矩阵），各种视频设备采用统一的视频接口，保证了系统设备的互换性和一定的开放性。传统视频监控平台的核心是硬件，典型设备如视频矩阵，在一些中小系统也可能是 DVR 或时序开关等。

传统视频监控平台可以实现的功能是设备管理，在整体架构内，通过设备登录、删除的操作来自主地生成应用子系统；通过设备管理配置各分控中心的资源、权限等。图像（信息）管理，主要通过图像信息的分配、切换来实现图像显示（上电视墙）、存贮和外送等管理。

传统视频系统的图像显示方式基本是矩阵切换上墙，辅以多画面的方式，因此，矩阵的固定、成组、时序的切换方式就是系统显示的基本方式；存贮则以 DVR 等视频存贮设备为主；附加信息（时间、地点、状态、报警等）的叠加是图像管理的内容之一，主要由矩阵生成。

上述管理功能的操作、前端设备的（PTZ）控制、预置功能的编程和调用等主要由视频矩阵或 DVR 等设备完成。

传统视频监控平台的系统集成，通过硬件设备间的连接，实现视频监控与出入口管理、入侵探测等其他系统的集成。集成（连接）以视频（矩阵）为核心，基本功能是图像与其他系统的联动（图像的自动切换）。

GUI（图形化用户界面）是系统集成的重要软件，它主要的功能是构成一个统一的操作界面、采用 PC 机（与矩阵连接）实现图形化的人机交互界面，把各子系统的操作（管理、控制）集为一体。

因系统是专用、封闭的，安全性主要是口令、权限设置及视频丢失探测等。

综上所述，传统视频监控平台是以专用设备为核心，集成是硬件的连接，因此，系统开放性差。传统视频监控平台的设计目标就是充分实现设备的功能。

（二）数字视频监控平台

数字视频监控平台的基础技术环境是通用设备（服务器、交换机等）构成的分布式网络系统。通过软件实现网络的互联、互操作及各子系统的集成，通过中间件实现硬件的兼容和软件的接口。因为其系统是充分开放的，软件（中间件）的核心作用，产生了软平台的概念。

系统可实现的基本功能是：设备管理，包括全部（有 IP）设备的搜索；登录（注册）、删除，批量导入/导出。实现系统的自主生成，为各种应用配置和整合资源（原/增、内/外、社会、其他）。网络管理，包括：网络互联、图像信息管理（交换）及网络 状态监控。通过 TCP/IP 和开放 SDK 实现系统间的互联；利用网络环境的交换功能，实现图像信息的切换、推/拉等；流量控制、网络带宽控制及状态监控等，保证正常运行。

图像信息的深化应用，通过数据流（元数据）结构、图像结构、媒体结构的分析、识别，实现图像信息的互通（解）；建立分布式增强处理架构、配置各种图像探测、内容分析及数据处理工具，实现智能应用和数据的深入挖掘、处理。

系统控制与遥控，包括上述功能、前端设备（PTZ）控制、预置功能编程和调用的操作及实现互联系统间的互操作。

信息存贮，IPSAN 将成为主流方式，辅以 NVR、DVR 等。图像显示，与传统系统有很大差别，通常视频矩阵切换输出的是同一制式（格式）的图像信号（视频 VIDEO），而网络视频系统解码器输出的图像信号可能是不同的制式（高、标清）、格式。因此不能简单的解码上墙（或矩阵上墙），特别是需要图像组合时，必须进行制式、格式变换才能实现组合上墙。

系统集成，图像与其他系统的功能联动；通过融合技术，实现不同系统、不同媒体间信息的综合分析和应用。显然，集成是由软件来完成。

安全性，网络安全是的重要内容，在网络环境中统一规划；还包括身份认证、加密、VPN 建立等；最近提出“可信图像源”概念，通过对图像源、系统设备、用户的身份认证来保证图像信息不被非法修改、删除和使用。

可以看到，网络视频的协议集应包括前端和近端设备搜索、管理，图像结构，媒体结构，音视频实时流，事件处理，图像分析，PTZ 控制和安全机制等。

现代监控平台以软件为核心，具有充分的开放性，可通过配置、整合资源为业务（管理）工作提供按需服务设计的目标是面向服务的，追求更高的技术附加值。现代视频监控系统充分表现了新一代信息系统的特征，是顶层设计的典范。

四、视频监控平台的主要功能

一般而言，安防系统集成平台都是针对大规模系统组网、多级别管理远程联网、安防系统无缝集成环境下的集散型管理平台，监控和管理不同类型的视频监控系统、防盗报警系统、门禁管理系统等子系统，融合于一体化的综合性安防系统集成平台管理软件。概括来讲一般包括以下功能特点：

（一）统一的信息共享平台，联动多子系统

综合安防系统主要包括视频监控系统、报警主机系统、门禁系统、语音对讲系统等，每个子系统都是相对独立的系统，如果不基于集成管理平台，各子系统之间无法相连相通。当发生报警时，监控中心管理人员必须一个个进入各个业务系统来操作。各个业务系统只是向第三方系统开放自己接口，只是作为一个子系统来存在，不是作为一个综合安防管理平台高度上一起联动的子系统。而安防集成平台不单只是视频监控、报警、门禁软件，而是可以作为一个综合指挥调度中心管理平台来对其他安防子系统的软硬件和信息进行整合，打破各子系统界限，完成信息规范、实现数据融合，提供一个操作简单、功能强大，具有智能联动效能的操作平台，其有效地整合客户整个安防系统资源，建立起一定规模的智能联动体系，更广泛地为客户各个业务部门提供安全管理服务。

安防集成平台采用逐级汇接的拓扑结构组成树形网络拓扑。这种网络拓扑结构可以由用户需求灵活配置，既保证了它能够组建大型应用，实现平台间互通，如平安城市监控、网吧监控、环保局环境监控、机场监控、煤矿监控等，又适宜企业建设各种安防/生产/管理监控网络，如小区楼宇监控、校园监控、无人值守变电站监控、机房监控、劳教所/监狱安防监控等。

（二）有效的报警联动机制，全局预案配置

安防集成平台软件可以对每一个视频通道和报警通道、全天或时间段内进行报警设置，实现报警条件和报警事件的灵活组合。当有报警信息传入时，能实现报警和动作（存储、预置位、报警上墙、执行预案、分析）的联动，并伴有声响、短信发送等功能。

同时平台支持第三方报警。如果各子系统分散管理、运行模式下，系统间的联动则主要依赖于低级别的硬件方式，该方式具有很大局限性。而安防平台的软件联动功能，能够为硬件联动难于实施的环节提供可靠的联动触发机制，提高反应速度及降低事故损失。

在报警防范领域，由于 IPS 安防集成平台软件集成了门禁系统和报警系统，因此它可以支持形形色色的可接入设备，如防火类（烟感、明火探测器、气体探测器等）、防盗类（被动红外、红外对射、振动入侵探测器、玻璃破碎入侵探测器、紧急报警装置、门禁等）。这些探测器，在平台内与图像、音频依据用户定义的方式进行关联，包括启动声光、开启灯光、向指定的手机号发送短消息、向指定的邮箱发送邮件、推出告警画面等。

（三）分布式图像存储/集中式图像存储

在实际的安防监控应用中，由于通信或者网络的问题，导致安防监控瘫痪的情况比比皆是。安防集成平台软件的分布式图像存储功能在很大程度上解决了这个问题。它通过在前端直接支持硬盘录像和告警事件存储，确保了即使通信或者网络中断，对现场的监控仍在继续。这种分布式存储、集中式管理设计思想，对于那些监控要求比较高的场合将非常有益。

（四）方便快捷的集中式管理

对于一个大型的安防监控系统，涉及的站点、设备、配置、设备状态、用户等信息将会非常庞大，对它们进行方便快捷的集中式管理就不可或缺。这些管理包括增加、修改、删除、监测、配置等信息管理和安全、权限、轮巡方案、录像计划、告警联动/布防撤防等策略管理。IPS 安防集成平台软件将所有这些信息融合在同一平台上，便于统一领导、统一规划、统一标准、统一组织。

（五）多级电子地图导航

为了更加直观地进行监控，平台一般都具备电子地图的监控模式，以图形化的形式，动态地表现出各个设备的运行情况以及各个报警监测点的当前状态，并且支持地图逐级访问。当报警发生时，以迅速准确的、醒目的红色图标，以及不同的报警声音提醒监控人员报警事件的发生，同时弹出报警画面，监控者可以通过电子地图的提示快速找到报警位置，并根据报警画面判断是否为误报。电子地图作为安防监控的直观方式，让操作人员操作简捷。

五、监控平台软件发展的突破点

纵观目前监控市场的软件，主要有两大类。一类是较为通用的监控管理平台软件，完成监控系统的设备管理和基础业务调度管理；另一类是和用户实际业务结合更紧密的应用软件。目前，在整个监控市场，几乎所有的软件开发都属于这两大类，各个厂家在多年的投入研发中推出的平台软件也趋于成熟，但与此同时，产品同质现象也开始出现并日趋严重，市场竞争亦非常激烈。面对这种情况，企业如何开创自己的“蓝海”，获得竞争优势？笔者认为可以从以下两个方面努力：

（一）个性化

当前，视频监控不再是一个通用的、简单的应用，而是具有行业个性化的、复杂的应用。所以，企业要在市场竞争中脱颖而出，需向个性化平台发展，打造行业领域的个性化解决方案，比如银行金库管理解决方案、高速公路监控解决方案、停车场监控解决方案等。行业解决方案需要支持特有的业务逻辑，比如电力变电站的监控方案需要支持倒闸操作流程的遥视和遥控，还有可能需要支持与其他企业应用的集成，如门禁系统、消防系统、报警系统等。

向行业解决方案这个方向发展有两个先决条件：一是要有行业经验的积累；二是平台需具有很好的开放性。对于第一个条件，目前大家都比较认同，众所周知行业化解决系统的开发、完善、市场拓展一定是循序渐进积累的过程，不可能一蹴而就，需要大量的时间和经验来积累。同时，对人员、资金的投入必须有充分的准备，因为深入行业后，面对行业的多样化需求和以用户为导向的快速响应需求这两大行业突出特点将会非常消耗资源。至于第二个条件，对于一个完整的系统来说，开放性要求平台具有良好的扩展性，以便扩展功能；同时也要求平台具有良好的集成性，便于集成新的技术和第三方企业应用系统，但这些常常会被忽视。目前，市场上不少企业还无法完全具备这两个发展条件，所以成熟的行业解决方案并不是特别多，企业的行业化发展还有很长一段路要走。

（二）智能化

当前，大范围联网的应用已经普及，大规模应用使得人力无法有效监控成千上万的摄像头，需要采用视频分析技术，用机器代替或部分代替人力工作。趋于这样的需求，当前几乎所有的主流厂商都把智能化作为重点，推出了一系列智能化特性，如目标检测和跟踪、车牌识别、行为识别、人脸识别等，但从实际情况来看，有效利用这些特性的智能化应用还不是很多。

平台智能化成功的要点在于应用，因此如何利用现有的智能技术设计出真正解决客户问题的智能化应用平台是目前行业面临的共同问题。

六、视频监控平台的标准化建设

视频监控平台的标准化包括功能标准化、互联互通协议标准化、设备接入协议标准化和对外服务接口标准化，其中最重要的是互联互通协议标准化、设备接入协议标准化和对外服务接口标准化。2008 年浙江省技术监督局联合浙江省公安厅、浙江省公安科研所联合制定了并发布了《跨区域视频监控监控联网共享技术规范》（DB33/T629）地方标准，是国内第一部异构视频监控联网平台之间互联互通的技术规范，并作为全省公安视频联网平台的强制要求，2009 年依据此标准实现了全省公安视频监控系统的三级联网，目前全省公安视频联网规模已经达到 12 万路。

2012 年国家质检总局和全国安防标委会颁布了《安全防范视频监控联网系统信息传输交换控制技术要求》（GB/T28181 - 2011），国内各个省市公安机关和其他行业监管部门也已经依据这一标准开展了视频监控系统的联网工作。GB/T 28181 标准对于视频监控平台互联、视频监控平台与设备互联提供了统一的信令接口、视音频编解码接口，所有系统之间通过标准互访，简化了不同厂商之间的互联对接工作，可同时兼容模拟、数字与 HD - SDI 格式的视频监控资源，有效推进了视频监控图像资源的共享，缩短了系统互联的项目周期，节省了信息共享应用的社会整体资源成本，有利于增强接口、系统的稳定度和成熟度，提高用户的满意度。

另外，ONVIF 联盟标准也已经得到了国内外多数视频设备厂商的支持，成为视频设备接入的主要标准协议。

七、结语

视频监控平台建设需要政府、行业、企业的参与。随着“大联网”时代的到来，将带来更多的视频相关业务，从而给安防企业带来更多的机遇，安防将逐渐从垂直整合过渡到横向整合，每个企业都可做好某一个细分领域的技术，按照互联网的公共开放的基本原则，都有机会融入到视频监控大平台中去。

（供稿：霍兴旺）

第十三章 海外安防行业概况

第一节 海外安防组织

英文名称	中文名称	网址
Open Network Video Interface Organization	开放型网络视频接口论坛	www. onvif. org
HD cctv Alliance	全球高清联盟	www. hdcctvalliance. com
Physical Security Interoperability Alliance (PSIA)	实体安防互操作性联盟	www. psialliance. org
International Security Industry Organization (ISIO)	国际安全行业组织	www. intsi. org
International Professional Security Association (IPSA)	国际安防专家协会	www. ipsa. org. uk
Information Systems Security Association (ISSA)	信息系统安全协会	www. issa. org
Global Security Industry Alliance (GSIA)	全球安防联盟	www. gsialliance. com
Security Industry Association (SIA)	美国安全工业协会	www. siaonline. org
National Association of Security Companies (NASCO)	美国国家安防企业联合会	www. nasco. org
American Society for Industrial Security (ASIS)	美国工业安全协会	www. asisonline. org
Electronic Security Association (ESA)	电子安防行业协会	www. alarm. org
North America International Security (NAFS)	北美（国际）安防协会	www. naforensic. org
Canadian Security Association (CANASA)	加拿大安全协会	www. canasa. org
European Corporate Security Association (ECSA)	欧洲安防行业联合会	www. ecsa – eu. org
European Security Transport Association (ESTA)	欧洲安全运输协会	www. esta. biz
Security Industry Authority (SIA)	英国安防行业管理局	www. the – sia. org. uk
British Security Industry Association (BSIA)	英国安防行业协会	www. bsia. co. uk
Fire and Security Association (FSA)	英国防火与安防行业协会	www. fireandsecurityassociation. co. uk
Perimeter Security Suppliers Association (PSSA)	英国周界安防供应商联合会	www. pssasecurity. org
Defence Industry Security Association (DISA)	国防安全工业协会	www. thedisa. org
Association of Police and Public Security Suppliers (APPSS)	警察与公共安全供应商协会	www. appss. org. uk
Ireland Security Industry Association (ISIA)	爱尔兰安全工业协会	www. isia. ie
Association Francaise de Normalisation (AFNOR)	法国标准化协会	www. afnor. org
Centre National Prevention & Protection (CNPP)	国家预防和保护中心协会	www. cnpp. com
Zentralverband Elektrotechnik – und Elektronikindustriee. V. (ZVEI)	德国电气与电子工业协会	www. zvei. org
Bundesverband der Hersteller und Errichterfirmen von Sicherheitssystemen (BHE)	德国联邦安全系统制造商与工程商协会	www. bhe. de
Russia Security Industry Association (RASI)	俄罗斯安全工业协会	www. rasi. ru
Ligue Internationale des Sociétés de Surveillance (The Ligue)	瑞士国际安全协会	www. security – ligue. org
Israel International Security Industry Organization (ISIO)	以色列国际安防行业组织	www. intsi. org
International Security Academy (ISA)	以色列国际安全学院	www. securityacademy. org. il
Asian Professional Security Association (APSA)	亚洲保安专业联合会	apsathailand. com

续表

英文名称	中文名称	网址
Asian Anti – Counterfeit Association (AAA)	亚洲防伪协会	www. asianaa. com
Japan Safety Appliances Association (JSAA)	日本安全设备协会	www. jsaa. or. jp
Korea Security Association (KSA)	韩国警备协会	www. ksan. or. kr
Korea Information Security Industry Association (KISIA)	韩国信息安全产业协会	www. kisia. or. kr
Fire and Security Association of India (FSAI)	印度防火和安全协会	www. fsai. in
Security Association Of India (SAI)	印度安全协会	www. securityassociationofindia. com
Pakistan Information Security Association (PISA)	巴基斯坦信息安全协会	www. pisa. org. pk
Asian Professional Security Association – Thailand Chapter (AP-SA – Thailand Chapter)	亚洲安防协会——泰国分会	
Security Association (Singapore)	新加坡安防协会	www. sas. org. sg
Singapore Security Alliance (SSA)	新加坡安防协会联盟	www. singaporesecurityalliance. org
Hong Kong Security Association (HKSA)	香港保安业协会	www. thehksa. com
Taiwan Safety and Security Industry Association (TSSIA)	台湾安全设备与服务产业协会	www. tssia. org. tw
Chinese Security Association (CSA)	台湾中华保全协会	www. csatw. org. tw
Australia Security Industry Association Limited (ASIAL)	澳大利亚安全工业协会	www. asial. com. au
Security Providers Association of Australia Limited (SPAAL)	澳大利亚安防供应商协会	www. spaal. asn. au
Australian Information Security Association (AISA)	澳大利亚信息安全协会	www. aisa. org. au
New Zealand Security Association (NZSA)	新西兰安防协会	www. security. org. nz
Associaão Brasileira das Empresas de Sistemas Eletrô nicos de Segurança (ABESE)	巴西电子安全产品协会	www. abese. org. br
Argentine Chamber of Safety (CAS)	阿根廷安全商会	www. cas – seguridad. org. ar
Chamber for Argentine Electronic Security (CASEL)	阿根廷电子安全商会	www. casel. org. ar
Electronic Security Industry Alliance (ESIA)	南非电子安全产业联盟	www. esia. co. za
Security Association of South Africa (SASA)	南非安防行业协会	www. sasecurity. co. za
Private Security Industry Regulatory Authority (PSIRA)	南非安防行业立法管理局	www. psira. co. za
South African National Security Employers' Association (SANSEA)	南非安保行业从业人员联盟	www. sansea. co. za
South African Intruder Detection Services Association (SAID-SA)	南非入侵探测服务协会	www. saidsa. co. za
Society of Security Practioners of Nigeria (SSPN)	尼日利亚安防协会	www. sspnonline. org
Association of Industrial Security and Safety Operators of Nigeria (AISSON)	尼日利亚工业安全操作员联合会	www. aisson. org
Nigerian Institute for Industrial Security (NIIS)	尼日利亚工业安全研究院	www. niisng. com
Kenya Security Industry Association (KSIA)	肯尼亚安全产业协会	www. ksia. co. ke

因每年所列海外安防组织、机构内容变动较少，因此在本版《中国安全防范行业年鉴》只列出了相关组织机构的英文名称、中文名称、网址这三项信息。如需了解更多信息，可查阅《年鉴》电子版（即光盘）及网络版（网址：http：//news. 21csp. com. cn/C39/index. html）。

第二节　海外安防媒体

英文名称	中文名称	网址
Homeland Security Research	美国国土安全研究网	www. homelandsecurityresearch. com
Security Solutions Web site	美国安全解决方案网	www. securitysolutions. com
SC Magazine	SC 信息技术安全杂志	www. scmagazineus. com
Access Control and Security Systems magazine	美国出入口控制和安全系统杂志	www. accesscontrolmag – digital. com
Security Dealer & Integrator (SD&I) magazine	安防分销商与集成商杂志	www. secdealer. com
Security Management	安防管理杂志	www. securitymanagement. com
Security System News	安防系统新闻	www. securitysystemsnews. com
Security Distributing & Marketing Magazine (SDM)	安防销售市场杂志	www. sdmmag. com
Security Magazine	安全杂志	www. securitymagazine. com
Security Technology & Design	安防技术与设计	www. securityinfowatch. com
Campus Safety Magazine	校园安全杂志	www. campussafetymagazine. com
Public Venue Security	公共区域安防杂志	www. publicvenuesecurity. com
HS Today Magazine	国土安全杂志	www. hstoday. us
Equipment Protection Magazine	美国设备防护杂志	www. equipmentprotectionmagazine. com
HS Daily Wire	国土安全报告	www. hsdailywire. com
Chief Security Officer Magazine	首席安防员杂志	www. csoonline. com
Security Technology Executive Magazine	安全技术执行杂志	www. securityinfowatch. com
Canadian Security Magazine	加拿大安防杂志	www. canadiansecuritymag. com
Security Sales and Integration	安防销售与集成杂志	www. securitysales. com
SecurityNewsDesk. com	英国安全新闻网	www. securitynewsdesk. com
Sourcesecurity. com	英国安全资源网	www. sourcesecurity. com
Professional Security Magazine	英国专业安防杂志	www. professionalsecurity. co. uk
Guard Force Management, Updated Edition	防卫管理升级版	www. bh. com
1st Security News	第一安全新闻网	www. 1stsecuritynews. com
www. 1stsecuritynews. com	英国安防产品采购网	www. sourcesecurity. com
Middle East Security	中东安防杂志	www. securitymiddleeastmagazine. com
MAGAZINE APS – Alarmes Protection Sécurité	报警/防护/安全杂志	www. publications – aps. com
Sécurité Privée	私人安全杂志	www. securite – privee. org
GIT Security	德国 GIT 安防杂志	www. git – security. com
Euro Security Magazine	欧洲安防杂志	www. euro – security. de
DETEKTOR International	瑞典 DETEKROR 安防杂志	www. armedia. se
The Journal of Data Protection & Security	数据防护与安全日报	www. merlien. org
Security View	安防观察	www. saimanews. com
Security World INT' L	安防世界杂志（国际版）	www. securityworldmag. com
India SAFE	印度安全杂志	www. indiasafe. com
Iran Security and Safety Industry Information Center	伊朗安全产业信息中心	www. iranalarm. com
Security & Building Magazine, Iran	伊朗安全与建筑杂志	www. iranalarm. com

续表

英文名称	中文名称	网址
Security Solution Today（SST）	《当代安全方案》杂志	www. tradelinkmedia. com. sg
Australian Security Magazine	澳大利亚安防杂志	www. australiansecuritymagazine. com. au
New Zealand Security Magazine	新西兰安防杂志	www. newzealandsecurity. co. nz
Security Electronic Latin America	拉丁美洲安防渠道杂志	www. ventasdeseguridad. com

因每年所列海外安防媒体内容变动较少，因此在本版《中国安全防范行业年鉴》只列出了相关媒体的英文名称、中文名称、网址这三项信息。如需了解更多信息，可查阅《年鉴》电子版（即光盘）及网络版（网址：http：//news. 21csp. com. cn/C39/index. html）。

第三节　海外安防展会

展会名称	时间	地点
第十五届中东（迪拜）国际安防设备与技术展览会	2013 年 1 月 15 ~ 17 日	阿联酋迪拜
第三届乌克兰基辅国际安防工业安全及消防科技展览会	2013 年 2 月 20 ~ 22 日	乌克兰基辅
2013 中东阿布扎比国际防务展览会	2013 年 2 月 17 ~ 21 日	阿联酋阿布扎比
第九届巴基斯坦国际安全防火展览会	2013 年 2 月 26 ~ 28 日	巴基斯坦伊斯兰堡
2013 年印度（孟买）国际安防展览会	2013 年 2 月 28 日 ~ 3 月 2 日	印度孟买
2013 年阿联酋阿布扎比安防展览会	2013 年 3 月 5 ~ 7 日	阿联酋阿布扎比
2013 年第二届韩国安防展览会	2013 年 3 月 6 ~ 8 日	韩国首尔
2013 年保加利亚消防展览会	2013 年 3 月 6 ~ 9 日	保加利亚索菲亚
第三届哈萨克斯坦消防救援展览会	2013 年 3 月 13 ~ 15 日	哈萨克斯坦阿拉木图
2013 年澳大利亚墨尔本劳保展览会	2013 年 3 月 19 ~ 21 日	澳大利亚墨尔本
2013 比利时布鲁塞尔安防展览会	2013 年 3 月 23 ~ 25 日	比利时布鲁塞尔
2013 年第三届亚洲国际智能卡展览会	2013 年 3 月 28 ~ 29 日	中国香港
2013 新加坡亚洲国土安全展览会	2013 年 4 月 2 ~ 4 日	新加坡
2013 第 46 届美国西部国际安防展览会	2013 年 4 月 10 ~ 12 日	美国拉斯维加斯
第 20 届莫斯科国际安防工业安全及消防科技展览会	2013 年 4 月 15 ~ 18 日	俄罗斯莫斯科
2013 年第八届巴西国际安防展及消防展览会	2013 年 4 月 16 ~ 18 日	巴西圣保罗
第十一届墨西哥国际安防消防产品展览会	2013 年 4 月 23 ~ 25 日	墨西哥墨西哥城
2013 年第十届莫斯科国际智能卡 & 信息安全博览会	2013 年 4 月 24 ~ 27 日	俄罗斯莫斯科
2013 年第十六届台北国际安防展览会	2013 年 4 月 24 ~ 26 日	中国台北
2013 年第十届韩国国际消防安全博览会	2013 年 5 月 8 ~ 10 日	韩国大邱
2013 年新加坡国际安防展览会	2013 年 5 月 7 ~ 9 日	新加坡
2013 年英国伯明翰国际消防与安全系统展览会	2013 年 5 月 10 ~ 11 日	英国伯明翰
2013 年第四十届英国伯明翰国际安全技术展览会	2013 年 5 月 13 ~ 16 日	英国伯明翰
2013 年英国国际安全技术及设备展览会	2013 年 5 月 13 ~ 16 日	英国伯明翰
2013 年巴西圣保罗国际安防用品展览会	2013 年 5 月 14 ~ 16 日	巴西圣保罗
2013 年第六届俄罗斯（莫斯科）国际安防展览会	2013 年 5 月 21 ~ 24 日	俄罗斯莫斯科
2013 年澳大利亚悉尼安全劳保展览会	2013 年 5 月 25 ~ 28 日	澳大利亚悉尼

续表

展会名称	时间	地点
2013 年第七届印度尼西亚国际消防科技专业展览会暨研讨会	2013 年 5 月 29 ~ 31 日	印度尼西亚雅加达
2013 年俄罗斯矿业暨安全劳保展览会	2013 年 6 月 14 ~ 17 日	俄罗斯新库兹涅茨克
2013 年南非约翰内斯堡安防展览会	2013 年 6 月 18 ~ 20 日	南非约翰内斯堡
2013 年俄罗斯国际海事防务展览会	2013 年 6 月 24 ~ 28 日	俄罗斯圣彼得堡
2013 年泰国国际安防设备与技术展览会	2013 年 7 月 3 ~ 5 日	泰国曼谷
2013 年德国慕尼黑安防贸易博览会	2013 年 7 月 8 ~ 9 日	德国慕尼黑
2013 年越南国际安全及消防设备展览会	2013 年 8 月 8 ~ 10 日	越南胡志明市
2013 年第九届马来西亚（吉隆坡）国际安防消防科技展览会	2013 年 9 月 11 ~ 13 日	马来西亚吉隆坡
2013 年第 17 届土耳其（伊斯坦布尔）国际安防展览会	2013 年 9 月 19 ~ 22 日	土耳其伊斯坦布尔
2013 美国芝加哥国际安防展览会	2013 年 9 月 24 ~ 27 日	美国芝加哥
2013 年西伯利亚国际安防、消防、救援展览会	2013 年 9 月 25 ~ 27 日	俄罗斯西伯利亚
2013 年第十届乌克兰（基辅）国际安防展览会	2013 年 9 月 25 ~ 28 日	乌克兰基辅
2013 年巴黎国际保安警备消防展览会	2013 年 9 月 26 ~ 29 日	法国巴黎
2013 年美国安全及劳保用品展览会	2013 年 9 月 30 日 ~ 10 月 2 日	美国芝加哥
第 13 届哥伦比亚国际安防、防护、消防展览会	2013 年 10 月 9 ~ 11 日	哥伦比亚波哥大
2013 年印度新德里安防展览会	2013 年 10 月 18 ~ 19 日	印度新德里
2013 年澳大利亚悉尼公共安全展览会	2013 年 10 月 27 ~ 29 日	澳大利亚悉尼
2013 年德国国际工业安全及健康展览会	2013 年 11 月 5 ~ 8 日	德国杜塞尔多夫
2013 年南美洲综合安全防护展览会暨阿根廷安防展览会	2013 年 11 月 5 ~ 9 日	阿根廷布宜诺斯艾利斯
第 22 届俄罗斯圣彼得堡国际安防及消防展览会	2013 年 11 月 12 ~ 15 日	俄罗斯圣彼得堡
2013 卡塔尔国际军警展览会	2013 年 11 月 18 ~ 20 日	卡塔尔多哈
2013 年波兰安防展览会	2013 年 11 月 19 ~ 21 日	波兰华沙
2013 年法国巴黎国际军警设备展览会	2013 年 11 月 19 ~ 22 日	法国巴黎
2013 美国东部纽约国际安保展览会	2013 年 11 月 20 ~ 21 日	美国纽约
2013 印度国际信息技术与安防技术设备博览会	2013 年 11 月 20 ~ 22 日	印度孟买
2013 年沙特利雅得国际安防展览会	2013 年 11 月 24 ~ 26 日	沙特利雅得
2013 年卡塔尔多哈安防展览会	2013 年 11 月 26 ~ 28 日	卡塔尔多哈
第 23 届埃及开罗国际安全专业展览会	2013 年 12 月 1 ~ 4 日	埃及开罗
2013 印度国际安全科技及保安产品展览会	2013 年 12 月 5 ~ 7 日	印度新德里
2013 第二届印尼（雅加达）国际军警设备展览会	2013 年 12 月 11 ~ 13 日	印尼雅加达
2013 年第三届越南国际安防消防技术产品展览会	2013 年 12 月 16 ~ 18 日	越南河内

第四节　海外安防新产品

《年鉴》自 2007 年推出“国外安防新产品”栏目以来，受到了新老读者的一致好评和认可。该栏目为安防产品制造商、工程商、集成商及终端用户提供了国外安防新产品信息，对于企业及时了解国外产品动态发挥了积极作用。《年鉴》编辑组从相关资料中筛选出 41 款具有一定代表性的国外新品予以刊载，供业内人士借鉴参考。

1. Chase 8 摄像机底座

美国加利福尼亚州圣克拉拉市的 JETprotect Corporation 公司，新发布了 Chase 8 系列户外用精密云台摄像机底座。可以支撑 2 个 12 公斤重的摄像机和强光灯，转速达到每秒 60 度。由于该底座的设计支持多个设备堆砌之用，因此其顶部和侧面可以安装多个监控装置，包括摄像机、感光灯和录音器等。轮轴上预置了 12 牛顿米的扭矩和 4 千瓦的以太网供电，以便用于远程传感器和促动器。同时，底座内置的 4 端口以太网双层交换机，有效地管理着载荷器传感器网络。

2. 隐形酒店门锁

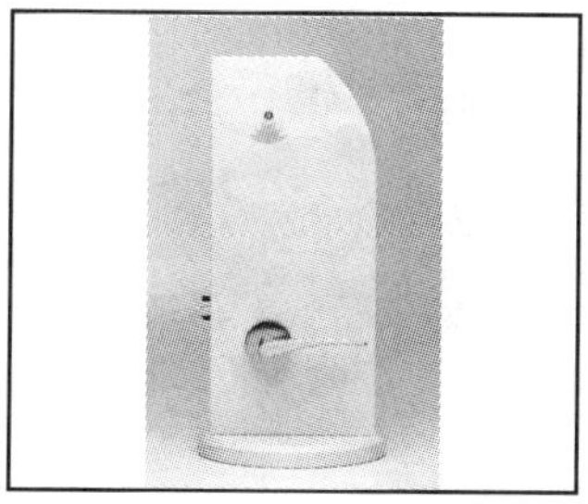

美国德克萨斯州李察逊市的 VingCard Elsafe 公司，新推出了一款"看不见的"酒店门锁，型号为 ES－sense。该锁的所有电子元器件，包括读卡器，都隐藏在门板中间，无论从门板内侧还是外侧，都看不到那些笨重的锁件，视觉效果非常好，而且更安全。ES－sense 门锁运用了国际上先进的"非接触式"锁技术，即 RFID 和近场通信"NFC"技术相结合，实现了卓越的性能。ES－sense 门锁适用于任何酒店的设计，符合相关安全标准，同时可应用于户外。

3. XCAT 手持探测器

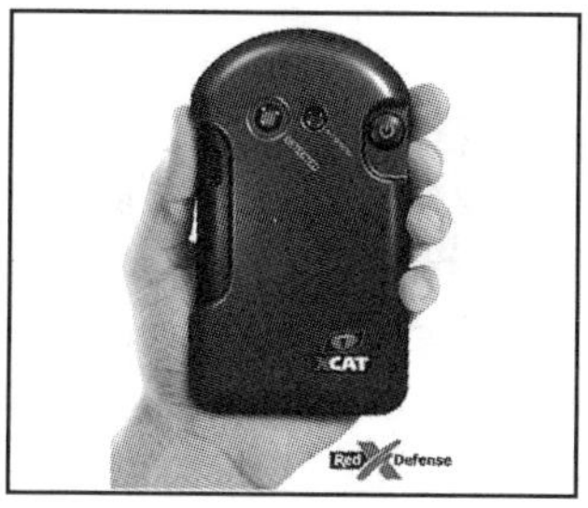

来自美国马里兰州罗克维尔市 RedXDefense 公司的 XCAT 手持式探测器，针对毒品、炸药和枪支火药等危险物品的检测提供一站式、单平台解决方案。XCAT 探测器使用配有特制检测液和软件的检测卡，以识别单个或多个化学物品的独有特性，并以红色或绿色的指示信号反馈给安检人员，进而确定截留或放行。同时，XCAT 手持探测器与公司目前已经在伊拉克和阿富汗地区安装的并运行良好的 XPAK 追踪爆炸物探测系统形成了互补。

4. Y－cam Bullet HD 1080 高清摄像机

伦敦 Y－cam Solutions 公司，新发布了一款功能丰富的高清摄像机，型号为 Y－cam Bullet HD 1080，分辨率高达 1080 像素，拥有独特的电缆连接装置和直观的用户界面。该款摄像机可生成每秒 30 帧的全分辨率高清视频，与 ONVIF 协议下的第三方监控系统互相兼容。设备配置了 Wireless N 天线，以扩大无线网络的覆盖范围和提高网速，支持 H. 264 视频压缩，有效降低带宽的占用，方便用户存储。其他功能还包括移动探测记录和报警、双轨音频、microSD 记忆卡卡槽、NVR 兼容、FTP 功能及配备 IP66 标准的 4 英寸墨色防护套。

5. IqinVision 迷你半球摄像机

美国 IqinVision 公司新推出了一款迷你型半球摄像机，配置了变焦镜头，且应用了 H. 264 压缩和宽视野技术。宽镜头提高最大边缘分辨率，同时也扩大了视野。无需切换镜头就可以调整监视方位、视野和感兴趣的区域。这款小巧的摄像机安装在室内，绝不会引起人注意。产品保修期长达 5 年，解决了客户的后顾之忧。符合 ONVIF 和 PSIA 标准，在防爆模式下也可以生成高品质的图像。同时，设备本身配有三轴万向支架，支持以太网供电，在安装和后期维护上节约客户的时间和金钱。

6. IqinVision 高清半球摄像机

美国 IqinVision 公司推出了新一代高清半球摄像机，室内室外均可使用。这种 H. 264 标准的高清防爆半球摄像机分辨率达到 500 万像素，支持多路 H. 264 和 M－JPEG 视频流；可进行遥控电动变焦和聚焦，由铰接枢轴罩和 3 轴的平衡架连接，安装非常方便。由太网供电，同时也可通过 AC 和 DC 电源供电。设备本身自带了红外滤光器，随时对摄像机感光进行调节，实现全天候工作。另外，设备提供双轨音频和 SDHC 储存卡拓展端口。

7. HazMatID Elite 化学物探测器

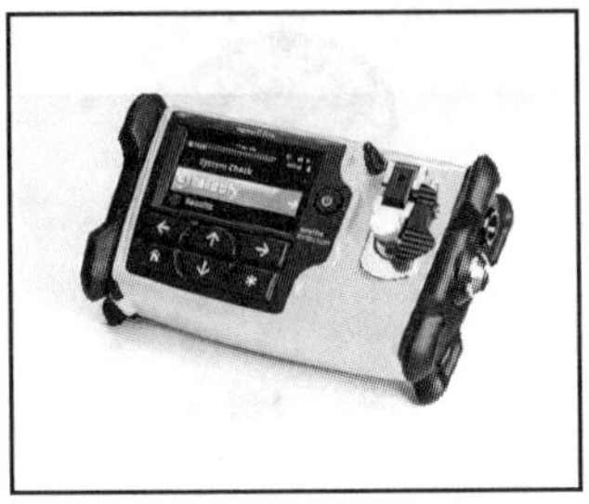

美国 Smiths Detection 公司发布了升级版的 HazMatID Elite 化学物探测装置，可识别爆炸物、毒性化学品、有毒工业品以及麻醉剂等物品，并已通过苛刻的军用标准认证，在极端环境下也可正常使用。作为 HazMatID 系列的升级版，HazMatID Elite 采用了先进的抽样技术对可疑物体进行可靠的鉴定，直接对表面污染物进行分析。与 HazMatID 相比，HazMatID Elite 具备更小、更轻、更简单的优势，而且为用户提供了更为直观的操作界面、软件以及加密的无线通信功能，操作员可在短时间内学会如何使用。

8. Watson－Mini 指纹扫描仪

位于美国南卡罗来纳州斯帕坦堡市的 Integrated Biometrics 公司，推出了一款小型的、快速的 Watson－Mini 双指纹扫描仪。这种扫描仪已通过了 FBI 的 Appendix F 认证，在极端恶劣的环境，甚至是阳光直射的条件也能提供高质量的指纹图像，无需使用专用指膜就能将传感器表面的潜在指纹进行识别和扫描，可应用于单个、多个或滚动的指纹登记或查证。该扫描仪可通过 USB 端口与硬件连接，其传感器发光技术使用了高度工程化的充电高分子薄膜与人类皮肤特性间的相互作用来呈现冷光指纹图像。

9. 佳能 IP 网络摄像机

由佳能美国公司新推出的四款 IP 网络摄像机，将先进技术与高清镜头进行了有效的结合，进一步提高了原有产品的低光照性能，保证了画面品质和音调的准确性。通过对佳能第二代 DIGIC NET II 网络视频处理器的应用，这四款新型的摄像机均具备了有效的压缩、加密、传输功能以及先进的视频分析功能，符合 ONVIF 的 Profile S 协议。除此之外，对用户的隐私具有良好的保护功能，内置双向音频连接器和 SD 储存卡卡槽，室内和室外均可安装，可以进行自动云台变焦，功耗低。

10. 网络出入口控制器

美国 ISONAS 公司生产的基于 IP 支持的出入口控制器，将原有的控制面板和读卡器集成到了一个微型的、易于安装的读卡控制器上，形成了一个全新的控制器。预装了具有 Windows 操作界面的 ISONAS 矩阵软件，用户更容易操作。支持以太网供电确保控制器的正常工作和数据传输。该控制器解决了额外安装控制面板的问题，而且省去了控制面板的后期维护成本，推动了系统的升级。用户还可以根据各自的不同需求，利用该控制器的“多种集成”特性，增加视频监控和对讲等功能。

11. 东芝户外摄像机

IK－WB80A 型视频监控摄像机是一款由东芝美国公司推出的新机型，在高温、低温、雨雪、冻雨等恶劣环境下均能正常工作。防爆等级达到 IP－66 标准，内置了 200 万像素的 CMOS 图像传感器，以及三倍焦距的光学变焦和四倍焦距的电子变焦镜头。生产的图像分辨率可达到 1600×1200 。该摄像机还配置了日/夜红外滤光片，在全黑环境下其远红外照明距离能达到 75 英尺。除此之外，IK－WB80A 摄像机还采用了 MPEG－4/M－JPEG 双视频流和双向音频技术，内置了储存卡卡槽和受损检测、移动侦测等系统，以防机体受到人为破坏。

12. 松下全景半球摄像机

松下美国公司推出了两款全景半球摄像机。机体外形设计低调，可 360°旋转，而且更为奇特的是，在没有任何电动机驱动的条件下便能进行虚拟变焦和自动云台操作。这两款机型均应用了松下公司的百万像素宽动态（Mega Super Dynamic）处理技术、失真校对和多向传输模块，可生成每秒 30 帧的 1080 像素的高分辨图像。它们还可以对人脸进行检测，隐私空间保护以及通过智能手机控制。i－PRO 智能高清 360opano－ramic 3.0 型百万像素半球摄像机，运用了 H.264 压缩技术，符合 IP－66 防护等级。

13. 非接触式开关

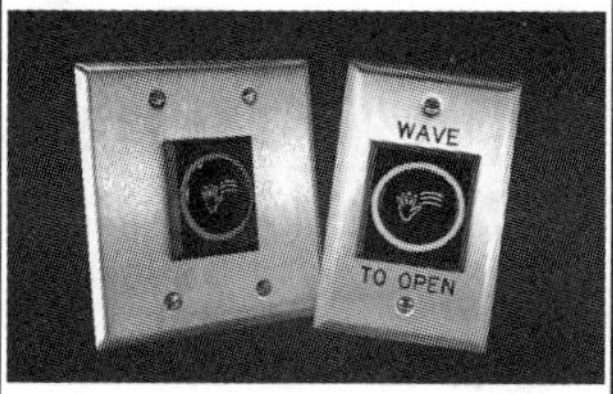

由美国 Dortronics Systems 公司生产的5278系列非接触式开关，主要用于安装在对环境清洁度要求较高的公共场所，帮助用户营造清洁卫生的公共环境。这种非接触式开关采用了光学红外技术，不需用手去接触，手部产生的波动就可以激活。安装简单，几乎能与任何其他类门禁系统相兼容。开关本身带有一个环形 LED 发光灯，使其在低光照的环境下也清晰可见。分为单、双触控开关两个型号，用户可根据各自需求自由选择，尤其适用于浴室、实验室、医院、阻隔室、无尘间以及电动窗等对对环境清洁度有较高要求的场所。

14. 显示装置管理器

美国 Christie 公司新推出了一款 Christie TVC－700 型显示屏、显示墙管理器，可以有效管理各类复杂的信息源。由计算机支持，安装在控制室内，具有成像和图像处理功能，支持多路输入和输出。主要用于对三维数据的处理，包括 CAD/CAM 建模和数据可视化。该管理器可以同时管理数百个数据源，并且将这些数据清晰地显示在任何尺寸和数量的显示屏、视频墙上。而且，通过 Christie 公司的 MASTERSuite 软件、WallManager 软件和媒体管理程序的支持，TVC－700 型管理器还可以使显示屏或显示墙作为一个独立的、高分辨率的桌面运行。

15. 360 度摄像机

美国 Oncam Grandeye 公司新发布了一款提供360度视野的全景摄像机，分辨率达到500万像素，可以生成高清图像。同时，支持宽动态范围、高帧率传输和 H. 264 视频压缩功能，提高了传输速度和存储容量。机体的插槽内可以直接插入 SD 卡，实现了图像的即时存储，而且本身机体内置了音频卡，可以直接播放音频。该摄像机附带了安装托、支架等配件，机体内置了升级版的平台软件，新增了人脸识别和行为分析等功能，还特别增加了手机远程监控功能。

16. 低照度摄像机

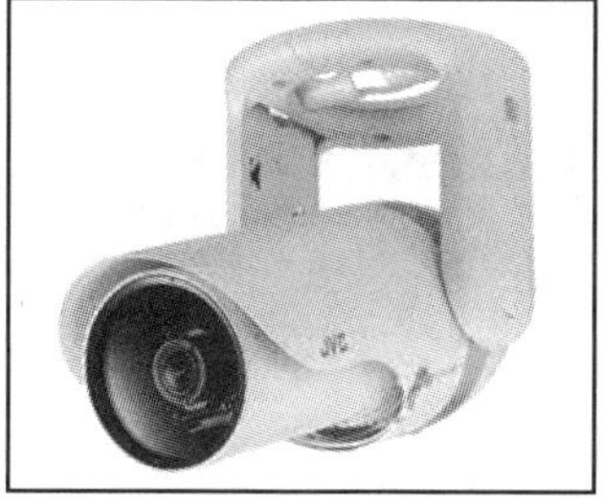

JVC 美国公司将其国际领先的超高清技术（Super LoLux HD）应用于两款新型的摄像机，即使在低光照的环境下，这两款摄像机都能准确无误地呈现其原本鲜艳的色彩。支持多编码解码，包括 M－JPEG、MPEG－4 和 H. 264。符合 ONVIF 和 PSIA 标准，具有动态监测功能，随机配置伪装保护壳。另外，VN－H57系列摄像机还具有卓越的宽动态监测、视频智能图像处理、背光补偿、边缘增强及良好的抗雾性能，通过配置3英寸的 CMOS 成像器，可以生产更高品质的图像。

17. 自供电电子锁

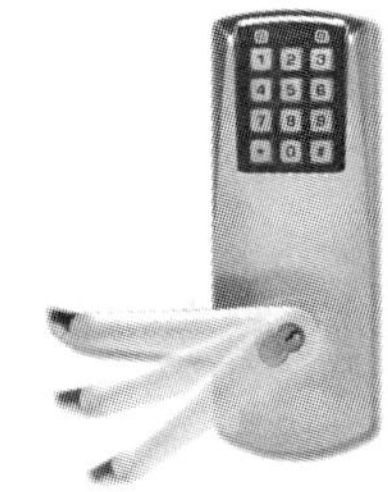

KABA（美国）出入口控制公司推出了一款新型的 PowerPlex 2000 系列环保电子锁，采用了国际上领先的无泵技术，且提供自供电支持，无需外接电源。当按下密码的第一个数字时，锁体装置就开始运行。安装时，不需要连接任何线缆或电源供电，与传统的机械锁一样，安装完即可启动使用，本身具有自供电功能。后期使用和维护简单，减少了不必要的维护成本。

18. 抗高温摄像机

由美国 Moxa 公司生产的 VPort 36－1MP－T 型摄像机，可以在零下40度至零上75度的极端天气环境下良好运行，可任意安装于标准户外摄像机保护壳内，不需要任何加热器或散热风扇。可同时提供三种高清的 H. 264 和 M－JPEG 视频流，分辨率高达1280×800像素。其卓越的视频编码技术，使机体本身可以支持每秒高达30帧的数据流。内置了可拆卸过滤器和自动红外模式切换器，实现了昼夜不间断运行。支持多种镜头、保护壳和 PT 扫描器等配件，可安装于室内或室外。

19. 网络视频录像系统

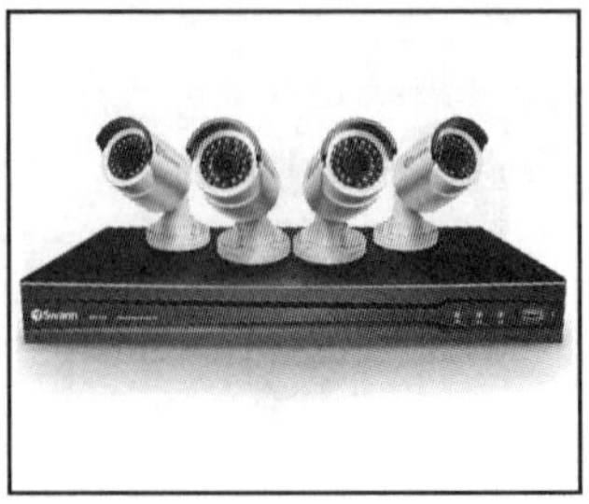

美国Swann公司推出了一款实时录像取景和视频回放的网络录像机，支持1080p高分辨率。该录像机分为两个型号，即NVR4－7200型和NVR8－7200型，其中，NVR4－7200型为4路，NVR8－7200为8路。这两个录像机都可以同时连接四个可在室内或室外使用的高清夜视NHD－820摄像机，通过高清电视和液晶显示器浏览视频，而且也可以通过内置的HDMI电缆与等离子屏相连。简洁直观的使用界面允许用户监视和记录分割屏上的多个摄像头或选择任何一个画面进行全屏观看。同时，支持用户使用移动设备进行远程监控。

20. 多媒体转换器

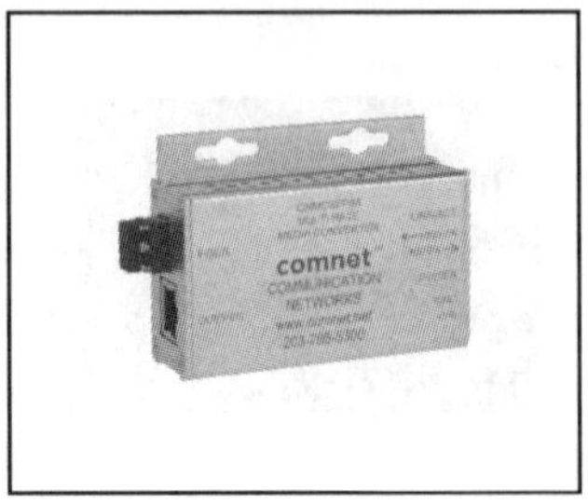

美国ComNet公司，新发布了CNMCSFP型可变速率的光电转换器，允许用户在10/100和1000兆比特每秒的传输速率间进行传输媒介选择，确保足够的带宽以满足未来升级到千兆带宽的需求或多个设备对不同带宽的要求。单通道通用转换器允许用户使仅用一个开关就可以改变传输速率。为用户提供了灵活的光纤类型、连接器类型和距离可供选择。该设备产自美国，提供终身保修服务。

21. 钥匙控制器

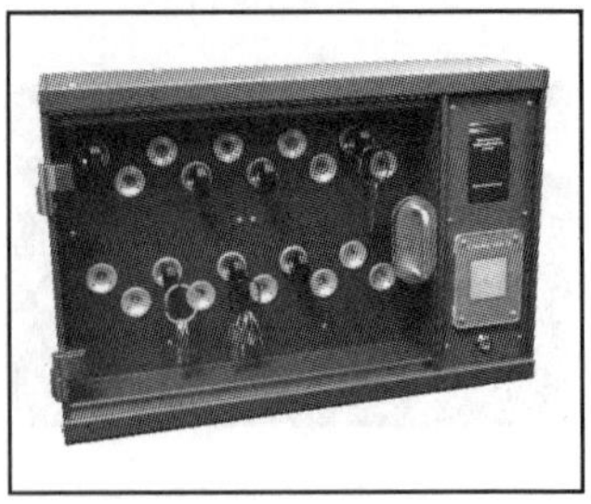

美国Videx公司对其原有的CyberKey Vault 20型电子钥匙柜进行了升级，新加入了全天候输入模块和嵌入式Flex系统集线器。升级后的型号为CyberKey Vault 20 FX，升级的目的旨在更合理地计划和分配CyberKey智能钥匙。通常，电子钥匙被储存在编程模式下，并被锁在电子钥匙柜中，直到使用者使用一张RFID卡或是PIN密码才能将其打开并使用。钥匙柜程序是一个带有个人权限的CyberKey，详细介绍了哪些锁可以打开及何时打开。当将钥匙返回电子钥匙柜中时，钥匙被激活的记录被自动下载，同时钥匙的使用权限将被删除。

22. 监控装置故障排除器

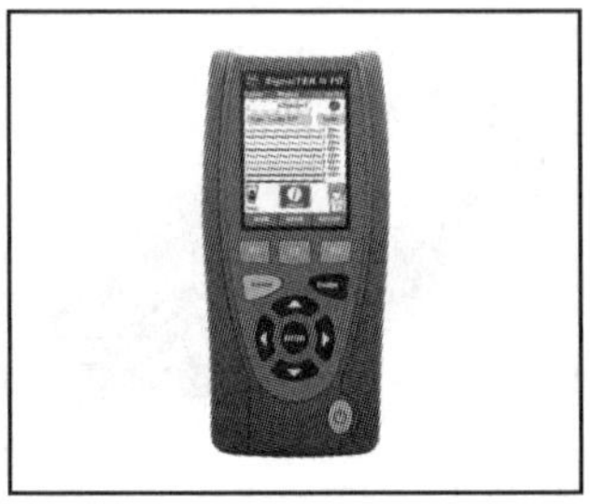

由美国IDEAL Networks公司生产的SignalTEK II型监控装置故障排除器，可以帮助集成商或安装商测试和检修IP安全系统。该装置不仅可以检查系统内线路连接是否正确，而且能够支持基于IP的大带宽视频监控应用。下一步，该设备将逐步实现对IP连接的测试、验证寻址、互联网测试及云连接等，确保线路与视频录像机、视频客户端、解码器以及无线节点的连通性。同时，也将负载测试摄像机和录像机、存储装置和客户端位置等之间的网络容量。测试生成的文档很容易被下载和浏览，并通过网络浏览器进行打印。

23. 迷你半球摄像机

美国Toshiba Surveillance & Video Products Group公司新推出的720万像素的IK－WD04A迷你半球高清摄像机，尤其适用于室内监控，具有宽动态范围，即使在光线非常差的环境下也能对图像进行校正。机体本身带有SD卡插槽，本地图像将被记录在SD卡中。机体配置了高性能的变焦镜头，便于技术人员可以快速调整光圈，该镜头提供4倍光学和4倍数码变焦。支持背光补偿、自动增益、H. 264视频压缩和4码流实时视频。同时，它还支持最多10个授权用户远程访问实时视频，或同时对视频进行录制。

24. 微型视频录像机

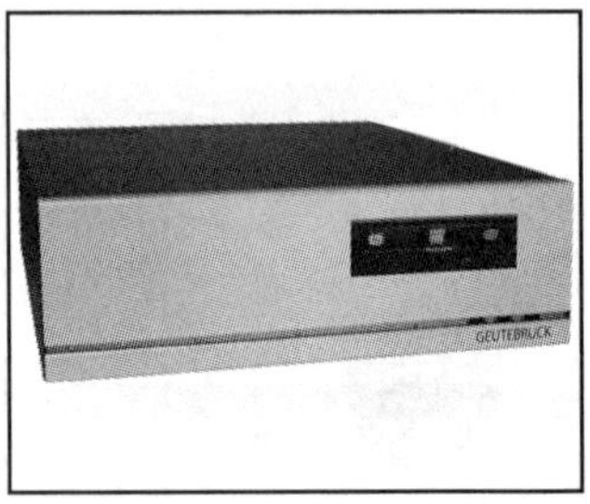

德国Geutebruck公司生产的G－Scope系列微型网络视频录像机，具有良好的抗热性能，即使安装在302－X250－毫米的紧凑型盒子中，同样可以保证其温度的稳定性。其中，G－Scope/1000摄像机内置了TB级的数据库，尤其适用于ATM机或其他密闭装置中。而另外两个型号为G－Scope/1044和G－Scope/1066，其中G－Scope/1044型视频录像机可以一次同时处理4个模拟和2个网络视频源，而G－Scope/1006型则可以支持一次同时处理6个网络视频源。

25. 高清视频监控系统

美国 Samsung Techwin 公司发布了两款新型的高清视频监控系统，专门用于那些对监控细节要求比较高的环境或场所，如车牌号读取和零售交易场所等。这种一体化录像设备将为户外夜视枪机提供高清晰的视频录像。该系列监控装置拥有宽动态范围和降噪音等功能，且在任何光照条件下均表现得相当卓越。8 路 SDH – P4040 型和 16 路 SDH – P5080 型录像系统更易于安装。同时，通过免费的应用程序，借助安卓系统和 IOS 系统实现远程访问。友好的用户体验 SmartView 视频管理软件将为用户提供方便的导航功能。

26. 高清硬盘录像机

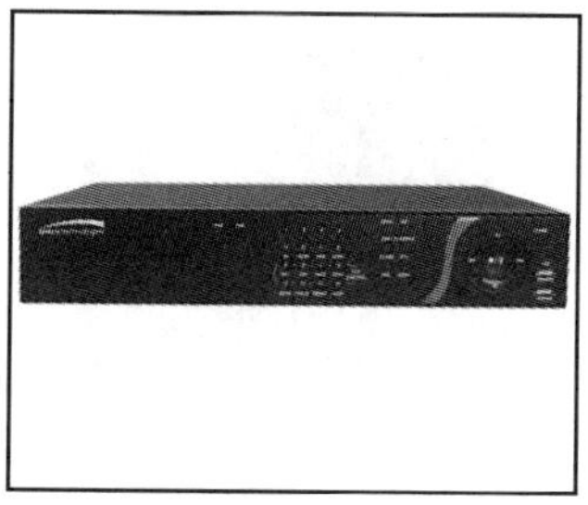

美国 Speco Technologies 公司新开发了一款 16 路高清硬盘录像机，型号为 D16DS。通过对 960H 技术的应用，D16DS 录像机支持每秒每路高达 30 帧的实时视频录像，而且进一步简化了安装和联网程序。用户可直接在该录像机上实现搜索视频，复制视频到 USB 驱动器，并规划录制视频的时间和规格。支持 USB 无线接入，用于对视频的查看和配置。储存空间高达 9TB，可以跟苹果电脑和普通电脑兼容，并支持在移动设备上远程查看视频。

27. 视频解码器

美国纽约的 Vicon Industries 公司，新发布了 VN – DECODER – 2 型解码器，为本公司的虚拟矩阵显示系统提供了更强的灵活度。支持远程或附加观察站的实时视频显示，且每个解码器可同时连接两个监视器，每个监视器都可以显示高达 64 个视频流。当需要监视边缘位置时，图像可以通过一个可编辑逻辑控制器和一个不带鼠标或显示器的网络键盘控制和驱动。该解码器支持 1080P 的高清视频、16:9 的宽视角和 H. 264 视频压缩格式。外部电源的配置确保了设备的冷却和降噪。

28. Basler 网络摄像机

位于德国阿伦斯堡市的 Basler AG 公司，新推出了带有存储回补功能的网络枪机，内置了微型 SDHC 卡插槽，可提供本地数据存储，并将实时视频流或单一图像储存在 SD 卡上。如果网络出现故障，作为备用方案，摄像机则会将视频录制到 SD 卡中；当网络连接被恢复时，视频管理系统会恢复数据并将与网络出现故障前的视频数据合并。因此，该摄像机也非常适用于那些无法连接网络的边远监控区域。

29. 摄像机控制器

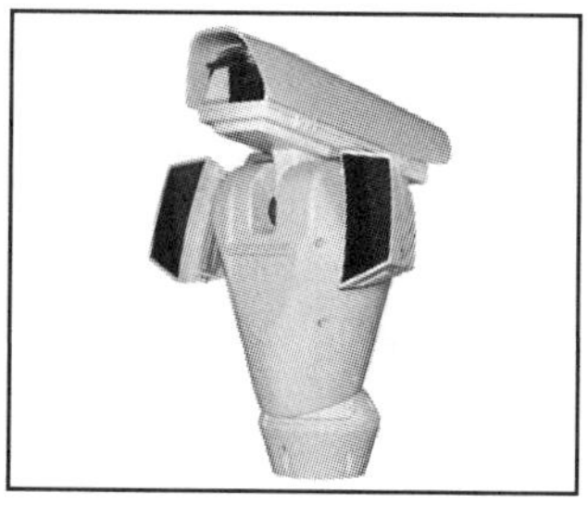

美国 SightLogix Inc. 公司，发布了 SightTracker 云台变焦摄像机控制器，并与 Video – tec 公司的 ULISSE 定位装置实现了集成。该控制器自动引导摄像机追踪被探测的目标，将其直观地显示在用户的视频管理系统上，同时目标也会被标注在监视器的地图或 PSIM 系统上。只用一个带红外照明的摄像机，用户便可以在黑暗的情况下追踪目标。

30. 读卡器

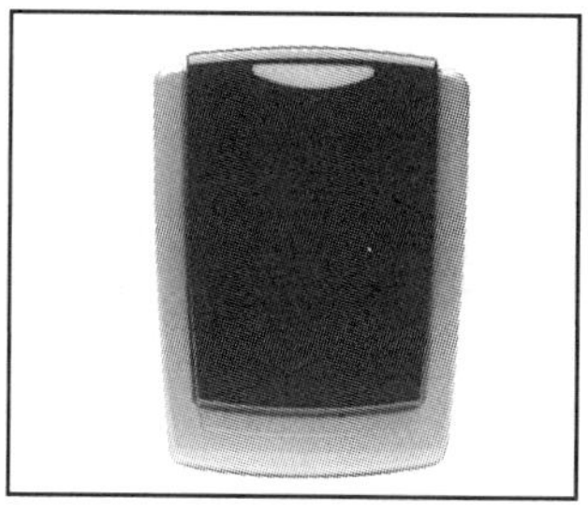

英国 G4S Technology 公司，通过推出新的读卡器，进一步充实了其原有的 Javelin 系列。新的智能读卡器分为键盘型和无键盘型两种，且外观设计做了进一步升级，完全像一个光亮的智能手机。Javelin S874 型智能读卡器支持安全性高的非接触式智能卡，包括 DESFire EV1 和 MIFARE Plus 卡，以及美国政府最新运用的 PIV 和 TWIC 卡。用户可以对门解锁时间进行调整和设置。当卡对准读卡器时，彩色的 LED 光棒和多频音效可立即发出反馈。另一型号 Javelin S870 感应式读卡器可以与所有的 HID 125KHz 感应卡相兼容。

31. 可视应急电话

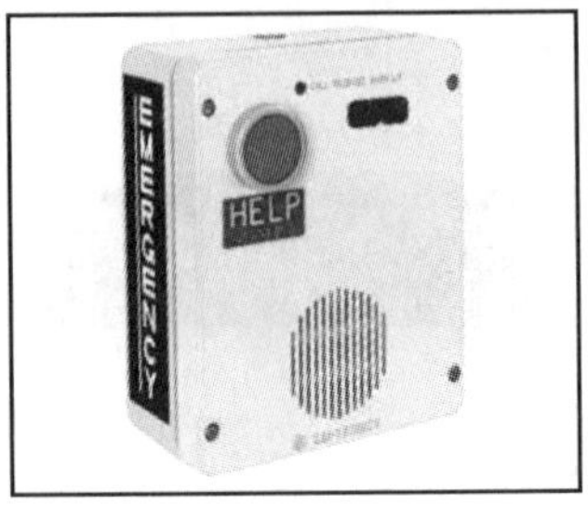

美国 GAI－Tronics 公司旗下的可视报警应急电话推出了升级版，新产品不仅在任何环境中可以提供清晰、可靠的电话通信，而且所有的机型都做了 Type－3R 防风雨设计，与 ADA 接口达到了完美兼容。同时，通过 GAI－Tronics 公司的电话管理应用软件（TMA）的支持，话机还可以具备自我监测功能。整个操作过程完全通过线路供电，不需要外接电源。内置了模拟 CCD 摄像机，需要一个 75 欧姆标准的视频连接线和一个 12VDC 电源。该应急电话是独立操作的，更多被用于本地监控或电话用户识别。

32. 全景照明灯

英国 Raytec 公司发布了一款新型的全景照明产品，可以提供更高质量的光线传播和更长的照明距离。它的照明覆盖面积广，非常适合云台变焦和半球摄像机以及配有广角镜头的高清摄像机。运用全息透镜技术去传播和控制光线，使得光线更加柔和，分部更加均匀，发出红外线和白光。同时，借助先进的热点还原技术，引导光线照向最需要被照到的地方，对无过渡曝光区实现全景覆盖。

33. 雷达装置

英国 Navtech Radar 公司出产的 AdvanceGuard － AGS1600 EXTREME 型雷达装置，主要用于对石油、天然气勘探和生产等特殊环境条件的监控。该解决方案可以在任何恶劣气候条件下运行，包括风、雪、雨、雾和沙等天气。拥有出色的追踪和跟踪能力，报警日志和操作确认功能可以提供完整的核查记录。同时，在一些设置了物理屏障而无法使用通用雷达扫描的地方，AGS1600 EXTREME 的价值更是不可忽略。

34. 货物安全系统

美国 TrakLok Corporation 公司新推出了一款货物安全检测系统，被广泛应用于拖车和联运集装箱的安检工作中。这款新一代的 GeoLok 安检仪，除了延续原有产品的安全探测、报警和跟踪功能，同时又配置了新加入的重量更轻、更容易安装的操作平台。TrakLog 公司的门户网站允许用户根据各自的业务需求对安全文件进行配置。一系列新技术的应用，包括电子围栏和计时围栏技术等，进一步保证了货物在超出其规定区域和时间范围时，货物上的锁将被禁止打开。

35. 生物识别考勤机

美国 SwipeClock 公司通过引入英格索兰公司提供的 Schlage 手持式生物打卡机，进一步充实和优化了其原有的考勤方案。新推出的生物识别考勤机，通过手的大小和形状去记录和验证每位员工的打卡考勤。手印的轮廓确保员工在打卡时手放置位置的准确性和精确性。主控制面板、键盘和功能键都被注入了一种抗微生物剂，以减少细菌的堆积和滋生。同时，ATM 机的设计风格更受员工的喜欢，操作界面简单易懂、显示器显示清楚明了和数据采集灵活高效等一系列特点都是改进后方案的优势所在。

36. 室外网络球机

VPort P26A－1MP－T 型球机，是美国布雷亚市 Moxa 公司推出的最新产品，是一款专为室外恶劣环境而设计的固定式高清摄像机。工作温度范围为 －40 ~ 167 华氏度，提供电涌保护，随机附带防爆半球罩和金属外壳，且符合 IP－66 级雨水和灰尘防护。可提供每秒 30 帧的 1280 × 800 像素的视频，支持 H.264 和 M－JPEG 三重视频流，支持日夜交替成像。同时，该球机符合 ONVIF Profile S 标准，与第三方软件和视频录像机形成有效兼容。

37. 视频编码器

美国 Vicon Industries 公司，新发布了一款高性能的 16 路 H. 264 视频解码器，可同时用于一个视频管理系统中的模拟摄像机和网络摄像机。该解码器集成了 ViconNet 视频管理软件，支持云台控制、全景扫描、动态负载平衡、生成报告等功能。它能够传输每秒高达 480 帧、像素为 720 × 480 的视频流，并且还支持双码流。供电方式主要以太网供电为主，同时也支持 24 伏交流电供电。

38. 出入口控制面板

美国 Secura Key 公司，新推出了一款 NOVA. 16（SK－MRCP 型）万能出入口控制面板，适用于传统的 SK－NET 系统。与本地局域网连接后最多可容纳 16 个独立的智能门读卡器。该面板与单个读卡器结合可以避免因为人工、电缆运行及多面板安装所带来的成本花费。设备扩展容易，费用低廉，可以增加单个门禁控制，用户可以连接额外的读卡器，使得所有的门都连接到一个读卡器上。同时，如遇到超过 16 个门的情况，可以通过增加控制面板的数量来解决。NOVA. 16 还可以与传统的双门控制面板相兼容。

39. LED 警示灯

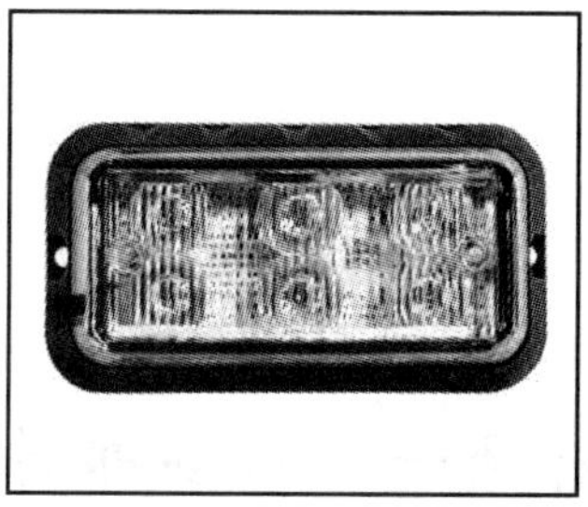

美国 Patlite 公司，发布了新款 LP6US 型 LED 表面贴装警示灯，颜色有蓝色、红色、黄色和透明色四种可选，每个灯都拥有 6 个 LED 灯管和 33 种不同的闪光模式。其耐用的结构可以保护它经受住极端的冷热温度。灯的尺寸为 4. 79 × 2. 66 × 1. 31 英寸，最多支持 4 灯同步以形成一个较大的预警系统。该灯的额定电压为 10 ~ 30 伏，可以被应用于室内或室外的车辆、仓库、出入口控制系统以及其他的安全设施。

40. 指纹扫描仪

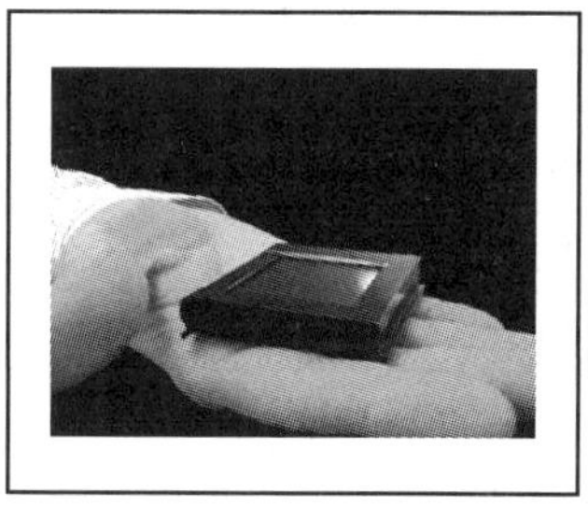

美国 Integrated Biometrics 公司，通过将其已申请专利的发光传感器（LES）技术和传统的薄膜晶体管（TFT）相结合，新推出了一款 Sherlock 微型指纹扫描仪。这种高效的扫描仪已获得了 FBI 的 Appendix F Mobile ID 认证，随机附带了全功能软件开发工具包，以便有效地将需要 FBI 认证的图像整合到应用程序中，主要应用于人员登记和证卡验证等领域。其厚度小于 1/2 英寸，尺寸、重量和功率都达到微型的极致，是理想的便携式移动设备。

41. 百万像素摄像机

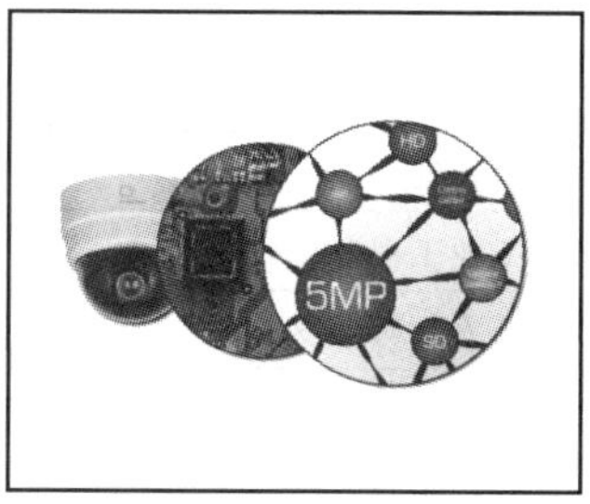

来自英国 IndigoVision 公司的新型 500 万像素摄像机，可生成高品质的图像且节约储存成本。支持每秒 12 帧、500 万像素分辨率的视频图像传输和 H. 264 视频压缩技术，在光线不足的环境下发挥良好的性能，最高可提供 4 个同步视频流且每个视频流都有着独立的分辨率设置。该摄像机符合 ONVIF 协议，采用了 IndigoVision 公司独特的分布式网络架构（DNA）进行开发，不再需要安装额外的管理服务器，使得安装更加容易。设计过程中预留了可扩展性，减少了图像采集时间，使得总成本得以降低。该机型有多款型号可选。

附　录

附录一　公安部科技信息化局第一批公安视频监控专业人才库名单

第一批公安视频监控专业人才库名单（共 91 人）				
省份	姓名	性别	工作单位	职务/职称
北京	周　毅	男	北京市公安局科技信息化部	副局级
	王生进	男	清华大学电子工程系	所长/教授（博导）
	熊　璋	男	北京航空航天大学计算机学院	院长/教授（博导）
	杨　磊	男	中国传媒大学信息工程学院	系主任/教授
	蔡荣琴	女	中国电子科技集团公司第三研究所	高级工程师
	王汝琳	男	中国矿业大学信息与电子工程系	教授（博导）
	聂　蓉	女	北京声讯电子股份有限公司	副总裁/高级工程师
	李　冰	男	东方网力科技股份有限公司	技术总监
	翟　炜	男	中国安防技术有限公司	技术规划总监
天津	戴　林	男	天津天地伟业数码科技有限公司	董事长/高级工程师
	滕　明	男	天津信息港智能社区科技有限公司	副总经理/高级工程师
河北	连　珂	男	河北省公安厅科技信息化处	副处长/正高级工程师
	于国庆	男	河北科技大学	副教授
山西	任　莉	女	山西省公安厅科技处	副处长/高级工程师
	张　锦	男	太原理工大学矿业工程学院	教授（博导）
内蒙古	孙秀峰	女	内蒙古自治区公安厅科学技术处	处长
	张日升	男	内蒙古 GPS 网管中心	主任/高级工程师
辽宁	马　光	男	沈阳市公安局指挥中心	副处长
	马国敬	男	辽宁大学信息科学与技术学院	研究员
	曹庆昌	男	深圳市迪威视讯股份有限公司沈阳办事处	副总裁/副研究员
吉林	刘　敏	女	吉林省公安厅科技处	处长/高级工程师
	王世刚	男	吉林大学通信工程学院	教授（博导）
	顾国矛	女	吉林省一夫智能科技有限公司	董事长
黑龙江	王立春	男	黑龙江省公安厅技防办	副主任
	佟为明	男	哈尔滨工业大学	所长/教授（博导）
上海	陈　平	男	上海市公安局科技处	科长
	郑世宝	男	上海交通大学	教授（博导）
	华建刚	男	上海爱谱华顿电子工业有限公司	总裁/高级工程师

续表

第一批公安视频监控专业人才库名单（共91人）				
省份	姓名	性别	工作单位	职务/职称
江苏	刘　萱	男	江苏省公安厅科技处	副处长
	徐行速	男	江苏省南京市公安局	调研员/首席科技专家
	李晓飞	男	南京邮电大学	教授
浙江	蒋乐中	男	浙江省公安厅科技通信管理局	副所长
	赵问道	男	浙江立元通信技术有限公司	董事长/副教授
	蒋海青	男	杭州海康威视数字技术股份有限公司	副总裁/高级工程师
	张　伟	男	浙江大华技术股份有限公司	副总裁
	李福胜	男	浙江宇视科技有限公司	系统规划部部长
	查敏中	男	杭州恒生数字设备科技有限公司	总经理
安徽	张敬锋	男	安徽省公安厅科信处	科长
	胡访宇	男	中国科学技术大学	教授
福建	董　煜	男	福建省公安厅科技通信处	副处长/高级工程师
	陈延安	男	罗普特（厦门）科技集团有限公司	总经理/高级工程师
江西	方志军	男	江西财经大学信息管理学院	院长/教授
山东	梁炳健	男	山东省青岛市公安局科技处	高级工程师
	杜晓通	男	山东大学	副教授
河南	余新康	男	河南省公安厅科技处	总工程师
	杜庆灵	男	河南警察学院信息安全系	主任/教授
湖北	余连清	男	湖北省公安厅科信处	主任/高级工程师
	胡瑞敏	男	武汉大学计算机学院	副院长/教授（博导）
	陈国瑞	男	长江大学计算机科学学院	教授
	江小平	男	中南民族大学电子与信息工程中心	主任/教授
	王　峰	男	武汉烽火众智数字技术有限责任公司	总经理/高级工程师
湖南	李石践	男	湖南省公安厅技防办	副主任
	高　峰	男	湖南长信畅中科技股份有限公司	副总经理/高级工程师
广东	韩汨鸿	男	广东省公安厅办公室科技信息化处	科长
	韩国强	男	华南理工大学计算机科学与工程学院	院长/教授（博导）
	赖剑煌	男	中山大学信息科学与技术学院	副院长/教授（博导）
	杨学军	男	广州金鹏集团有限公司	副总裁/教授
	吴洪进	男	深圳市洪迪实业有限公司	董事长/高级工程师
	喻　东	男	华为技术有限公司	政府及公共事业总经理
	杜　伟	男	TCL 新技术（惠州）有限公司	常务副总经理
广西	刘向荣	男	广西区公安厅科信处	处长/高级工程师
	陈卫东	男	苏州科达科技股份有限公司南宁分公司	总经理/高级工程师
海南	李洪宾	男	海南省公安厅警令保障部科技通信处	科长
	韦茂胜	男	海南安福电子工程有限公司	总经理
重庆	彭滨鸿	男	重庆市公安局科技信息化处	副处长/正高级工程师
	龚卫国	男	重庆大学光电工程学院	所长/教授（博导）

续表

第一批公安视频监控专业人才库名单（共 91 人）				
省份	姓名	性别	工作单位	职务/职称
四川	彭　京	男	四川省成都市公安局科技处	副处长/研究员
	尹治本	男	西南交通大学信息科学与技术学院	教授
	倪建中	男	成都亚光电子股份有限公司	副厂长/高级工程师
贵州	马晓晔	女	贵州省公安厅科技信息通信处	处长/高级工程师
	章俊华	女	贵州省机械电子产品质量监督检验院	总工程师/研究员
云南	月　峰	男	云南省公安厅科技信息化处	副科长
陕西	张海坤	男	陕西省西安市公安局	高级工程师
	康前望	男	中航工业计算所	副主任/研究员
	李天銮	男	中国兵器 212 所西安北方信息产业有限公司	总工/正高级工程师
甘肃	肖建新	男	甘肃省公安厅科技处	副处长
宁夏	金　炜	男	宁夏回族自治区银川市公安局	副处长/高级工程师
	王贺峰	男	宁夏回族自治区电信吴忠分公司	总经理/高级工程师
新疆	唐　明	男	新疆维吾尔自治区公安厅科技信息化处	副处长
	郭长凌	男	新疆西北星信息技术有限责任公司	部门经理
兵团	蔡化如	男	新疆兵团公安局信通处	副调研员
部属单位	陈朝武	女	公安部第一研究所	副所长/研究员
	房子河	男	公安部第一研究所信息技术事业部	副主任/研究员
	李秀林	女	公安部第一研究所检测中心	副主任/副研究员
	许小京	男	公安部物证鉴定中心	处长/研究员
	胡传平	男	公安部第三研究所	所长/研究员
	梅　林	男	公安部第三研究所	主任/副研究员
	洪卫军	男	中国人民公安大学	主任/教授（博导）
	杨洪臣	男	中国刑事警察学院声像系	主任/教授
公安部	胡　泊	男	公安部科技信息化局通信保障总站	副处长
	侯　毅	男	公安部科技信息化局通信保障总站	副处长

附录二　通过新国标符合性检测的视频图像管理平台产品目录

（截至 2013 年 12 月 31 日）

表一

	编号	平台名称及版本号	受测单位	检测单位	报告日期	检测内容
1	1220055	Eyeshot 网络视频监控平台 V3	武汉烽火众智数字技术有限责任公司	国家安全防范报警系统产品质量监督检验中心（北京）	2012. 8. 16	全项
2	1220057	基于 POSA 开放架构的分布式宽视通网络视频管理平台软件 V6. 3	东方网力科技股份有限公司	国家安全防范报警系统产品质量监督检验中心（北京）	2012. 8. 29	全项
3	1220062	科达软件视频监控业务平台 2901	苏州科达科技有限公司	国家安全防范报警系统产品质量监督检验中心（北京）	2012. 9. 3	全项
4	1220063	金鹏视频图像信息共享管理平台 V2. 0	金鹏电子信息机器有限公司	国家安全防范报警系统产品质量监督检验中心（北京）	2012. 9. 6	全项
5	1220066	科达嵌入式视频监控业务平台 2801H	苏州科达科技有限公司	国家安全防范报警系统产品质量监督检验中心（北京）	2012. 9. 11	全项
6	1220068	科达嵌入式视频监控业务平台 2802	苏州科达科技有限公司	国家安全防范报警系统产品质量监督检验中心（北京）	2012. 9. 11	全项
7	1220072	EV8000 视频监控管理平台 V2. 02	南京艾迪恩斯数字技术有限公司	国家安全防范报警系统产品质量监督检验中心（北京）	2012. 9. 14	全项
8	1220073	网络视频监控平台 V1. 1	天津市亚安科技股份有限公司	国家安全防范报警系统产品质量监督检验中心（北京）	2012. 9. 19	全项
9	1220078	视频管理服务软件（IMOS 110） V3. 0	浙江宇视科技有限公司	国家安全防范报警系统产品质量监督检验中心（北京）	2012. 9. 29	全项
10	1220080	网络视频集中管理软件 V1. 10	广州市威安电子科技有限公司	国家安全防范报警系统产品质量监督检验中心（北京）	2012. 10. 12	全项
11	1220081	平安城市管理平台 iVMS－8200 V2. 0	杭州海康威视数字技术股份有限公司	国家安全防范报警系统产品质量监督检验中心（北京）	2012. 10. 19	全项
12	1220084	网络视频管理平台 V221X V2. 27. 00	深圳英飞拓科技股份有限公司	国家安全防范报警系统产品质量监督检验中心（北京）	2012. 10. 19	全项
13	1220085	互信互通图像管理系统 V3. 7	北京互信互通信息技术股份有限公司	国家安全防范报警系统产品质量监督检验中心（北京）	2012. 10. 23	全项
14	1220087	普天和平智能图像管理系统 V3. 0	普天和平科技有限公司	国家安全防范报警系统产品质量监督检验中心（北京）	2012. 10. 26	全项
15	1220088	智慧城市综合视频管理平台 V2. 0	富盛科技股份有限公司	国家安全防范报警系统产品质量监督检验中心（北京）	2012. 10. 26	全项
16	1220089	物联网系列综合安防管理平台 V2. 0	广州美电贝尔电业科技有限公司	国家安全防范报警系统产品质量监督检验中心（北京）	2012. 10. 29	全项
17	1220092	天视视频与安防智能管理平台软件 V3. 1	杭州天视智能系统有限公司	国家安全防范报警系统产品质量监督检验中心（北京）	2012. 11. 5	全项
18	1220093	新太融合安防平台 V5. 0	佳都新太科技股份有限公司	国家安全防范报警系统产品质量监督检验中心（北京）	2012. 11. 5	全项
19	1220097	BlueStar Center 网络视频监控平台 V2. 6	北京蓝色星际软件技术发展有限公司	国家安全防范报警系统产品质量监督检验中心（北京）	2012. 11. 26	全项
20	1220098	网络视频集中管理软件 V1. 10	广东石头电子科技有限公司	国家安全防范报警系统产品质量监督检验中心（北京）	2012. 11. 28	全项
21	1220100	大华智能综合监控管理及应用平台 DH－DSS－C 2.2	浙江大华技术股份有限公司	国家安全防范报警系统产品质量监督检验中心（北京）	2012. 11. 29	全项

续表

	编号	平台名称及版本号	受测单位	检测单位	报告日期	检测内容
22	1220101	艾立克视频管理系统（SVMS）V3.1	深圳市艾立克电子有限公司	国家安全防范报警系统产品质量监督检验中心（北京）	2012.11.29	全项
23	1220102	AVCON 图像综合管理平台 V6.0	华平信息技术股份有限公司	国家安全防范报警系统产品质量监督检验中心（北京）	2012.12.3	全项
24	1220103	网视星视频监控系统软件 ST－NTMSV5.3	金三立视频科技（深圳）有限公司	国家安全防范报警系统产品质量监督检验中心（北京）	2012.12.5	全项
25	1220104	GB/T28181 联网子系统	杭州海康威视系统技术有限公司	国家安全防范报警系统产品质量监督检验中心（北京）	2012.12.5	全项
26	1220106	智能安防管理平台系统（i3SOC）V2.0	成都索贝数码科技股份有限公司	国家安全防范报警系统产品质量监督检验中心（北京）	2012.12.10	全项
27	1220109	前卫视讯网络视频监控系统 V3.0	前卫视讯（北京）科技发展有限公司	国家安全防范报警系统产品质量监督检验中心（北京）	2012.12.12	全项
28	1220112	ExpressV 网络视频监控系统 ECU－100－GB28181	浙江贝尔技术有限公司	国家安全防范报警系统产品质量监督检验中心（北京）	2012.12.20	全项
29	1220118	立元视频监控多业务统一平台 V2.0	浙江立元通信技术有限公司	国家安全防范报警系统产品质量监督检验中心（北京）	2012.12.24	全项
30	1220123	X－Sight 视频联网综合应用管理系统 V2.3	深圳市信义科技有限公司	国家安全防范报警系统产品质量监督检验中心（北京）	2013.1.4	全项
31	1220124	视可迅网络视频集中监控管理平台软件 V1.3	成都视可讯数码科技有限公司	国家安全防范报警系统产品质量监督检验中心（北京）	2013.1.5	全项
32	1320002	迅联互通管理软件系统 V1.0.0.1	广东迅通科技股份有限公司	国家安全防范报警系统产品质量监督检验中心（北京）	2013.1.10	全项
33	1220132	天地伟业综合管理平台系统 V7.0	天津天地伟业数码科技有限公司	国家安全防范报警系统产品质量监督检验中心（北京）	2013.1.14	全项
34	1220133	汉尚基于 SIP 的数字视频大型异构网络互连 WEB 平台软件 V1.0	恒生电子股份有限公司	国家安全防范报警系统产品质量监督检验中心（北京）	2013.1.14	全项
35	1320001	城市监控与报警联网系统 V1.0	北京声迅电子股份有限公司	国家安全防范报警系统产品质量监督检验中心（北京）	2013.1.28	全项
36	1320004	智能综合管理平台 e－Magic10V1.0	中兴智能交通（无锡）有限公司	国家安全防范报警系统产品质量监督检验中心（北京）	2013.1.28	全项
37	1220140	CSVision 网络远程视频监控管理平台软件 V5.0.X	北京中盛益华科技有限公司	国家安全防范报警系统产品质量监督检验中心（北京）	2013.1.28	全项
38	1220141	北京世纪高清网络视频监控管理平台	北京世纪高清安防科技有限公司	国家安全防范报警系统产品质量监督检验中心（北京）	2013.1.28	全项
39	1220142	视频监控管理软件 C3M－Video	高新兴科技集团股份有限公司	国家安全防范报警系统产品质量监督检验中心（北京）	2013.1.30	全项
40	1320012	视频监控平台 V1.0	杭州藏愚科技有限公司	国家安全防范报警系统产品质量监督检验中心（北京）	2013.2.1	全项
41	1320008	华晨综合视频监控管理系统 V3.0	北京国铁华晨通信信息技术有限公司	国家安全防范报警系统产品质量监督检验中心（北京）	2013.2.4	全项
42	1320009	ViSS 融合视频监控软件 ViSS R3	中星电子股份有限公司	国家安全防范报警系统产品质量监督检验中心（北京）	2013.2.4	全项
43	1320007	公众信息网络视频监控系统（PubEyes）V3.0	浙江省公众信息产业有限公司	国家安全防范报警系统产品质量监督检验中心（北京）	2013.2.22	全项
44	1220144	竞天视频监控与互联管理平台 V1.2	上海竞天科技股份有限公司	国家安全防范报警系统产品质量监督检验中心（北京）	2013.3.1	全项
45	1320019	国势通智能化视频资源管理平台 GST－VMP3.0	北京国势通科技有限公司	国家安全防范报警系统产品质量监督检验中心（北京）	2013.3.4	全项
46	1320021	城市监控报警联网系统管理平台 V1.1.1	公安部第一研究所	国家安全防范报警系统产品质量监督检验中心（北京）	2013.3.5	全项
47	1320016	综合视频管理平台 V4.0	北京数智源信息技术有限公司	国家安全防范报警系统产品质量监督检验中心（北京）	2013.3.12	全项
48	1220145	铭眼 MingView 网络视频管理系统 V1.0	北京铭软时代科技有限公司	国家安全防范报警系统产品质量监督检验中心（北京）	2013.3.14	全项

续表

	编号	平台名称及版本号	受测单位	检测单位	报告日期	检测内容
49	1320014	FIAMM IPVMS－3.0 高清网络视频监控系统软件 V3.0	信诺非凡（北京）科技有限公司	国家安全防范报警系统产品质量监督检验中心（北京）	2013.3.15	全项
50	1320015	SINONET CSSE－CMS 城市安全监控与报警中央管控平台软件 V3.0	北京中电兴发科技有限公司	国家安全防范报警系统产品质量监督检验中心（北京）	2013.3.15	全项
51	1320017	TF－icloudvision VMS11000（V1.0）	同方（深圳）云计算技术股份有限公司	国家安全防范报警系统产品质量监督检验中心（北京）	2013.3.15	全项
52	1320034	国腾 GH 智能城市安防管理平台 V1.0	成都国腾电子技术股份有限公司	国家安全防范报警系统产品质量监督检验中心（北京）	2013.3.15	全项
53	1220146	晟磐分布式网络视频综合管理平台 V3.0	南京晟磐科技开发有限公司	国家安全防范报警系统产品质量监督检验中心（北京）	2013.3.21	全项
54	1320046	智能交通综合管理平台（VT－IMP－W）	北京文安科技发展有限公司	国家安全防范报警系统产品质量监督检验中心（北京）	2013.3.26	全项
55	1220148	迪威数模图像联网平台软件 V2.0	南京迪威视讯技术有限公司	国家安全防范报警系统产品质量监督检验中心（北京）	2013.3.28	全项
56	1320047	综合监控管理平台 CVMP6000V2.0	北京凯立信国际信息技术有限公司	国家安全防范报警系统产品质量监督检验中心（北京）	2013.3.29	全项
57	1320056	DT－IVIS 智能视频综合应用平台 V2.0	大唐移动通信设备有限公司	国家安全防范报警系统产品质量监督检验中心（北京）	2013.4.15	全项
58	1320061	VS－iEye 智能管理平台 V3.0	北京蛙视软件技术有限公司	国家安全防范报警系统产品质量监督检验中心（北京）	2013.4.19	全项
59	1320057	LinkView V2.0	大唐联诚信息系统技术有限公司	国家安全防范报警系统产品质量监督检验中心（北京）	2013.4.24	全项
60	1320027	天讯 e 安讯城市联网视频监控平台 V1.1	天讯瑞达通信技术有限公司	国家安全防范报警系统产品质量监督检验中心（北京）	2013.4.26	全项
61	1320067	网络视频综合管理平台软件 iVG V6.8	深圳市博康系统工程有限公司	国家安全防范报警系统产品质量监督检验中心（北京）	2013.4.26	全项
62	1320070	高级视频监控平台 AVSSV2.0	北京航天长峰科技工业集团有限公司	国家安全防范报警系统产品质量监督检验中心（北京）	2013.4.26	全项
63	1320052	韦加科技视频联网平台 V1.0	北京韦加信通科技有限公司	国家安全防范报警系统产品质量监督检验中心（北京）	2013.4.27	全项
64	1320058	慧讯网络视频管理平台软件 V2.0	广东慧讯计算机网络工程有限公司	国家安全防范报警系统产品质量监督检验中心（北京）	2013.5.7	全项
65	1320072	泽视达网络视频管理平台软件 V3.0	深圳市泽视达科技发展有限公司	国家安全防范报警系统产品质量监督检验中心（北京）	2013.5.7	全项
66	1320048	iDVR 网络视频集成软件 V5.0	北京先进视讯科技有限公司	国家安全防范报警系统产品质量监督检验中心（北京）	2013.5.7	全项
67	1320075	德顺网络视频管理平台软件 V2.0	湖南德顺电子科技有限公司	国家安全防范报警系统产品质量监督检验中心（北京）	2013.5.8	全项
68	1320029	奥震智能监控应用平台软件 V1.0	成都奥震电子科技有限公司	国家安全防范报警系统产品质量监督检验中心（北京）	2013.5.10	全项
69	1320062	南威视频综合应用平台 V1.0	南威软件股份有限公司	国家安全防范报警系统产品质量监督检验中心（北京）	2013.5.22	全项
70	1320078	视频监控管理平台（VAV3000）V1.0	杭州中威电子股份有限公司	国家安全防范报警系统产品质量监督检验中心（北京）	2013.5.23	全项
71	1320086	图像综合应用管理平台 V1.0	四川天翼网络服务有限公司	国家安全防范报警系统产品质量监督检验中心（北京）	2013.5.27	全项
72	1320068	三泰 STIVS 智能管控系统 V3.0	成都三泰电子实业股份有限公司	国家安全防范报警系统产品质量监督检验中心（北京）	2013.5.27	全项
73	138174	视频监控业务平台 KDM2802A	苏州科达科技股份有限公司	国家安全防范报警系统产品质量监督检验中心（上海）	2013.6.20～2015.6.19	全项
74	138175	视频监控业务平台 KDM2801A	苏州科达科技股份有限公司	国家安全防范报警系统产品质量监督检验中心（上海）	2013.6.20～2015.6.19	全项

续表

	编号	平台名称及版本号	受测单位	检测单位	报告日期	检测内容
75	138418	智能交通综合管控平台 iVMS－8600	杭州海康威视系统技术有限公司	国家安全防范报警系统产品质量监督检验中心（上海）	2013. 6. 21 ~ 2015. 6. 20	全项
76	1320081	MCC－VMPS 网络远程视频监控管理平台软件 V4. 0. X	深圳市奥尼克斯实业有限公司	国家安全防范报警系统产品质量监督检验中心（北京）	2013. 5. 29	全项
77	1320066	毅豪数字城镇治安综合管理软件（专业版）V1. 8 YH－SST－V1. 8	东莞市毅豪电子科技有限公司	国家安全防范报警系统产品质量监督检验中心（北京）	2013. 5. 29	全项
78	1320011	东华网络视频监控平台软件 V4. 0	北京东华合创科技有限公司	国家安全防范报警系统产品质量监督检验中心（北京）	2013. 6. 4	全项
79	1320094	MCC－VMPSXXXX/XX 网络远程视频监控管理平台软件 V4. 0. X	深圳市奥尼克斯实业有限公司	国家安全防范报警系统产品质量监督检验中心（北京）	2013. 6. 8	全项
80	1320079	城市报警与监控综合管理平台 AHEAD 2008－13 V2. 0	先锋软件股份有限公司	国家安全防范报警系统产品质量监督检验中心（北京）	2013. 6. 9	全项
81	1320071	金汇海视频图像管理平台 V1. 0	北京金汇海信息科技有限公司	国家安全防范报警系统产品质量监督检验中心（北京）	2013. 6. 18	全项
82	1320060	天盈隆－云安防综合信息管理平台 V3. 5	深圳市天盈隆科技有限公司	国家安全防范报警系统产品质量监督检验中心（北京）	2013. 6. 18	全项
83	1320108	中思智能视频综合管理平台 V1. 0	北京中思安科技有限公司	国家安全防范报警系统产品质量监督检验中心（北京）	2013. 6. 25	全项
84	1320074	明景视频与安防智能管理平台 V1. 0	常州市明景电子有限公司	国家安全防范报警系统产品质量监督检验中心（北京）	2013. 6. 26	全项
85	1320113	全媒体模块化视频监控综合平台 V1. 7	北京尚易德科技有限公司	国家安全防范报警系统产品质量监督检验中心（北京）	2013. 6. 27	全项
86	1320059	HUS 霍尼韦尔安防管理集成平台 4. 2. 0	霍尼韦尔安防（中国）有限公司	国家安全防范报警系统产品质量监督检验中心（北京）	2013. 6. 28	全项
87	1320013	三零凯天基于 IP 网络的视频监控中心管理软件 V1. 4	成都三零凯天通信实业有限公司	国家安全防范报警系统产品质量监督检验中心（北京）	2013. 7. 1	全项
88	1320093	海博图像综合应用平台 V2. 0	青岛海博科技信息系统有限公司	国家安全防范报警系统产品质量监督检验中心（北京）	2013. 7. 1	全项
89	1320117	CNCQS 视频监控管理平台 V1. 0	安徽超清信息工程有限责任公司	国家安全防范报警系统产品质量监督检验中心（北京）	2013. 7. 2	全项
90	1320115	讯美视频信息智能管理系统（简称：VIP5000）V1. 0	重庆讯美电子有限公司	国家安全防范报警系统产品质量监督检验中心（北京）	2013. 7. 8	全项
91	1320098	综合管控平台 V1. 0	山东鼎讯信息产业有限公司	国家安全防范报警系统产品质量监督检验中心（北京）	2013. 7. 15	全项
92	1320118	视频监控管理平台 S. 02. 14. 00. R	天地阳光通信科技（北京）有限公司	国家安全防范报警系统产品质量监督检验中心（北京）	2013. 7. 17	全项
93	1320091	ZNV EyeSafe 力维社会公共安全系统 V3. 0	深圳中兴力维技术有限公司	国家安全防范报警系统产品质量监督检验中心（北京）	2013. 7. 25	全项
94	1320127	ZNV EyeTra 力维智能交通系统 V1. 0	深圳中兴力维技术有限公司	国家安全防范报警系统产品质量监督检验中心（北京）	2013. 7. 25	全项
95	1320114	智能视频监控管理平台 ZTX－ViSS 3. 0	山西中天信科技股份有限公司	国家安全防范报警系统产品质量监督检验中心（北京）	2013. 8. 9	全项
96	1320148	GIS 智能交通综合管理软件 V1. 0 YH－ITS－V1. 0	东莞市毅豪电子科技有限公司	国家安全防范报警系统产品质量监督检验中心（北京）	2013. 8. 14	全项
97	1320149	视频监控管理软件 V1. 0 YH－VMS－V1. 0	东莞市毅豪电子科技有限公司	国家安全防范报警系统产品质量监督检验中心（北京）	2013. 8. 14	全项
98	132719	旗云高科文博安防综合管理系统 QYDSS2. 2－F	武汉旗云高科工程技术有限公司	国家安全防范报警系统产品质量监督检验中心（上海）	2013. 8. 02 ~ 2015. 8. 02	全项

续表

	编号	平台名称及版本号	受测单位	检测单位	报告日期	检测内容
99	1320055	中英锐达公安监控系统信息整合智能管理系统（T2211）V1.0.0.1	成都中英锐达科技有限公司	国家安全防范报警系统产品质量监督检验中心（北京）	2013.8.20	全项
100	1320163	VM 视频监控综合管理平台 VM3000_ 3.1.1	杭州阿启视科技有限公司	国家安全防范报警系统产品质量监督检验中心（北京）	2013.8.23	全项
101	1320051	城市治安监控报警资源联网融合平台 V1.0	湖南同恒信息技术有限公司	国家安全防范报警系统产品质量监督检验中心（北京）	2013.8.26	全项
102	1320106	联诚智能视频网络监控平台 V1.0	昆明联诚科技有限公司	国家安全防范报警系统产品质量监督检验中心（北京）	2013.9.2	全项
103	1320173	讯美视频信息智能管理系统（简称：VIP5000）V1.1	重庆讯美电子有限公司	国家安全防范报警系统产品质量监督检验中心（北京）	2013.9.3	全项
104	1320174	农行视频监控联网软件（简称：VMNS 系统）V3 3.0.1	重庆讯美电子有限公司	国家安全防范报警系统产品质量监督检验中心（北京）	2013.9.3	全项
105	1320169	GB/T28181 联网子系统 V2.0	杭州海康威视数字技术股份有限公司	国家安全防范报警系统产品质量监督检验中心（北京）	2013.9.6	全项
106	1320030	超视集中监控管理平台软件 V1.0	深圳市超视科技有限公司	国家安全防范报警系统产品质量监督检验中心（北京）	2013.9.9	全项
107	1320103	长信可视港系统 V3.0	湖南长信畅中科技股份有限公司	国家安全防范报警系统产品质量监督检验中心（北京）	2013.9.9	全项
108	1320124	视频监控管理平台 VSMC	深圳同尊数字技术有限公司	国家安全防范报警系统产品质量监督检验中心（北京）	2013.9.16	全项
109	1320133	华云通信智能视频监控系统 HYPACE VMS	合肥华云通信技术有限公司	国家安全防范报警系统产品质量监督检验中心（北京）	2013.9.16	全项
110	1320178	泰信视频综合管理信息系统平台（VMIS）V1.1	湖北泰信科技信息发展有限责任公司	国家安全防范报警系统产品质量监督检验中心（北京）	2013.9.22	全项
111	1312170	汉邦视频监控管理平台 HB－CMS－2000	北京汉邦高科数字技术股份有限公司	国家安全防范报警系统产品质量监督检验中心（北京）	2013.9.22	全项
112	1320180	公安视频综合应用平台 V1.1	公安部第一研究所	国家安全防范报警系统产品质量监督检验中心（北京）	2013.9.30	全项
113	1320188	JNDV－IVS 视频综合管理平台 V1.0	临沂金诺视讯数码科技有限公司	国家安全防范报警系统产品质量监督检验中心（北京）	2013.10.11	全项
114	1320185	守望星网络视频监控管理软件 SW 4.0 企业版	北京航天联志科技有限公司	国家安全防范报警系统产品质量监督检验中心（北京）	2013.10.14	全项
115	1320150	城市轨道交通闭路电视监控系统集成管理平台 JW－UCCTV－Pv1.0	北京经纬信息技术有限公司	国家安全防范报警系统产品质量监督检验中心（北京）	2013.10.19	全项
116	1320186	汉王智通综合视频管理平台（TinkPlatform NVMS）V1.0	北京汉王智通科技有限公司	国家安全防范报警系统产品质量监督检验中心（北京）	2013.11.4	全项
117	138706	展翔视频综合管控系统 V3.0	杭州展翔智能科技有限公司	国家安全防范报警系统产品质量监督检验中心（上海）	2013.11.13～2015.11.13	全项
118	138699	中瀛鑫视频综合管理平台 V3.0	深圳市中瀛鑫科技股份有限公司	国家安全防范报警系统产品质量监督检验中心（上海）	2013.11.13～2015.11.13	全项
119	138697	明定 MVP 视频综合管理平台 V3.0	上海明定信息科技有限公司	国家安全防范报警系统产品质量监督检验中心（上海）	2013.11.13～2015.11.13	全项
120	1320202	大华综合监控管理平台 DH－DSSV3.0	浙江大华技术股份有限公司	国家安全防范报警系统产品质量监督检验中心（北京）	2013.11.6	全项
121	1320205	博世 BVMS 视频监控管理平台 V4.5	博世（上海）安保系统有限公司	国家安全防范报警系统产品质量监督检验中心（北京）	2013.11.8	全项
122	1320201	综合视频监控平台 NVS3000 V2.0	西安大唐电信有限公司	国家安全防范报警系统产品质量监督检验中心（北京）	2013.11.20	全项

续表

	编号	平台名称及版本号	受测单位	检测单位	报告日期	检测内容
123	1320209	VSIP 网络视频监控平台 V4.0	北京普讯科技有限公司	国家安全防范报警系统产品质量监督检验中心（北京）	2013.11.28	全项
124	1320211	VSIP 视频联网监控平台 V1.0	北京鼎盈视通安全科技有限公司	国家安全防范报警系统产品质量监督检验中心（北京）	2013.11.28	全项
125	1320224	智能视频管理平台 V3.0	北京蓝图科技有限公司	国家安全防范报警系统产品质量监督检验中心（北京）	2013.12.5	全项
126	1320227	大华视频监控接入网关系列 DH－AGS V3.0	浙江大华技术股份有限公司	国家安全防范报警系统产品质量监督检验中心（北京）	2013.12.5	全项
127	1320230	网络视频管理服务器 V2219	深圳英飞拓科技股份有限公司	国家安全防范报警系统产品质量监督检验中心（北京）	2013.12.6	全项
128	1320229	罗普特智能监控综合管理系统 RK－HD-MSV2.0	罗普特（厦门）科技集团有限公司	国家安全防范报警系统产品质量监督检验中心（北京）	2013.12.9	全项

表二

	编号	平台名称及版本号	受测单位	检测单位	报告日期	检测内容
1	1220004	华为 eSpace 智能视频监控平台 IVS V100 R001	华为技术有限公司	国家安全防范报警系统产品质量监督检验中心（北京）	2012.3.29	平台互联
2	1220006	城市监控与报警联网系统管理平台 V1.1	公安部第一研究所安信研发部	国家安全防范报警系统产品质量监督检验中心（北京）	2012.4.6	平台互联
3	1220011	视频管理服务软件（IMOS 110）V3.0	杭州华三通信技术有限公司	国家安全防范报警系统产品质量监督检验中心（北京）	2012.4.25	平台互联
4	1220010	大华综合监控管理平台 DDS V2.2	浙江大华技术股份有限公司	国家安全防范报警系统产品质量监督检验中心（北京）	2012.4.25	平台互联
5	1220012	网络视频监控平台 V1.0	天津市亚安科技股份有限公司	国家安全防范报警系统产品质量监督检验中心（北京）	2012.4.27	平台互联
6	1220020	中兴社会公共安全系统 ZXSPS2.1	深圳中兴力维技术有限公司	国家安全防范报警系统产品质量监督检验中心（北京）	2012.5.11	平台互联
7	1220024	大华智能综合监控管理及应用平台 DH－DSS V2.1	浙江大华技术股份有限公司	国家安全防范报警系统产品质量监督检验中心（北京）	2012.5.17	平台互联
8	1220027	宽视通网络视频管理平台软件 V5.18	东方网力科技股份有限公司	国家安全防范报警系统产品质量监督检验中心（北京）	2012.5.28	平台互联
9	1220029	视频监控管理平台 05－S.02.14.00.R	天地阳光通信科技（北京）有限公司	国家安全防范报警系统产品质量监督检验中心（北京）	2012.6.1	平台互联
10	1220037	熙菱 Totalview 视频卡口深度应用平台软件 1.0	上海熙菱信息技术有限公司	国家安全防范报警系统产品质量监督检验中心（北京）	2012.6.29	平台互联
11	1220039	智能视频监控报警联网系统软件 V6.0	安徽博微广成信息科技有限公司	国家安全防范报警系统产品质量监督检验中心（北京）	2012.7.9	平台互联
12	1220040	福伟华 VMS－630 视频综合应用管理平台 V2.0	厦门福伟华科技有限公司	国家安全防范报警系统产品质量监督检验中心（北京）	2012.7.9	平台互联

续表

	编号	平台名称及版本号	受测单位	检测单位	报告日期	检测内容
13	1220041	VIS 视频监控管理平台 V5.0	博康智能网络科技股份有限公司	国家安全防范报警系统产品质量监督检验中心（北京）	2012.7.14	平台互联
14	1220045	怡和交通视频监控管理控制软件 V1.0	江苏怡和科技股份有限公司	国家安全防范报警系统产品质量监督检验中心（北京）	2012.7.20	平台互联
15	1220047	ViSS 融合视频监控软件 ViSS R3	中星电子股份有限公司	国家安全防范报警系统产品质量监督检验中心（北京）	2012.7.27	平台互联
16	1220048	ZXSPS 中兴社会公共安全系统 V2.0	深圳中兴力维技术有限公司	国家安全防范报警系统产品质量监督检验中心（北京）	2012.7.31	平台互联
17	1220052	监控平台 C－VMS－V1.0	杭州藏愚科技有限公司	国家安全防范报警系统产品质量监督检验中心（北京）	2012.8.7	平台互联
18	1220053	ViSS 融合视频监控软件 ViSS R3	中星电子股份有限公司	国家安全防范报警系统产品质量监督检验中心（北京）	2012.8.7	平台互联
19	1220054	网络视频监控综合管理运营平台 CreMedia7.0	安徽创世科技有限公司	国家安全防范报警系统产品质量监督检验中心（北京）	2012.8.16	平台互联
20	1220079	城市报警与监控系统省级共享平台 ESK3000 V2.1.5	北京航天光达科技有限公司	国家安全防范报警系统产品质量监督检验中心（北京）	2012.9.28	平台互联
21	1220082	新疆公众综合视频监控管理平台 Smart sight V2.0	新疆公众信息产业股份有限公司	国家安全防范报警系统产品质量监督检验中心（北京）	2012.10.18	平台互联
22	123475	智能网络监控平台（版本号 eSpaceIVS）	华为技术有限公司	国家安全防范报警系统产品质量监督检验中心（上海）	2012.11.08～2014.11.08	平台互联
23	123605	三盾城市监控报警实战应用软件（版本号 1.0）	上海三盾信息技术有限公司	国家安全防范报警系统产品质量监督检验中心（上海）	2012.12.30～2014.12.30	平台互联
24	130154	LD908D 数字化公安审讯指挥系统平台（版本号 GZSA－LD908D－SVI）	广州市穗安科技发展有限公司	国家安全防范报警系统产品质量监督检验中心（上海）	2013.02.25～2015.02.24	平台互联
25	130154	LD908D 数字化公安审讯指挥系统平台（版本号 GZSA－LD908D－SVI）	广州市穗安科技发展有限公司	国家安全防范报警系统产品质量监督检验中心（上海）	2013.02.25～2015.02.24	平台互联
26	130152	LD908D 公安监管远程监控综合信息系统平台（版本号 GZSA－LD908D－ASI）	广州市穗安科技发展有限公司	国家安全防范报警系统产品质量监督检验中心（上海）	2013.02.25～2015.02.24	平台互联
27	130153	LD908D 公安囚车无线视频监控及 GPS 卫星定位系统平台（版本号 GZSA－LD908D－MAS）	广州市穗安科技发展有限公司	国家安全防范报警系统产品质量监督检验中心（上海）	2013.02.25～2015.02.24	平台互联
28	138212	视频监控管理平台（版本号 VSMC）	深圳同尊数字技术有限公司	国家安全防范报警系统产品质量监督检验中心（上海）	2013.4.08～2015.4.07	平台互联
29	138215	联网网关 iVMS－8201E－NCG	杭州海康威视系统技术有限公司	国家安全防范报警系统产品质量监督检验中心（上海）	2013.4.28～2015.4.27	平台互联
30	138250	城市公安图像综合应用平台 ViewAll	上海宝康电子控制工程有限公司	国家安全防范报警系统产品质量监督检验中心（上海）	2013.5.23 2015.5.22	平台互联
31	138340	讯辉视频信息综合应用平台 V1.0	上海讯辉数码科技有限公司	国家安全防范报警系统产品质量监督检验中心（上海）	2013.5.27～2015.5.26	平台互联

续表

	编号	平台名称及版本号	受测单位	检测单位	报告日期	检测内容
32	132822	SIP、转发、管理三合一服务器 JF－SVW	成都佳发安泰科技股份有限公司	国家安全防范报警系统产品质量监督检验中心（上海）	2013. 9. 02 ~ 2015. 9. 02	平台互联
33	138642	大型综合管理平台 CMS－10000	深圳市卡姆士监控系统设备有限公司	国家安全防范报警系统产品质量监督检验中心（上海）	2013. 9. 09 ~ 2015. 9. 08	平台互联
34	138668	Aimetis Symphony 安视网络视频监控管理平台 V6	上海鉴禾信息技术有限公司	国家安全防范报警系统产品质量监督检验中心（上海）	2013. 9. 10 ~ 2015. 9. 09	平台互联
35	133061	视频云节点 eSpace VCN3000	华为技术有限公司	国家安全防范报警系统产品质量监督检验中心（上海）	2013. 11. 6 ~ 2015. 11. 6	平台互联
36	138914	平台管理服务器 iVMS－8300E	杭州海康威视数字技术股份有限公司	国家安全防范报警系统产品质量监督检验中心（上海）	2013. 11. 14 ~ 2015. 11. 14	平台互联
37	137072	辰锐视频安全接入系统 VSAS	上海辰锐信息科技公司	国家安全防范报警系统产品质量监督检验中心（上海）	2013. 12. 23 ~ 2015. 12. 23	平台互联

注：1. 全项检测：指该平台可与其他符合《安全防范视频监控联网系统信息传输、交换、控制技术要求》（GB/T 28181）标准要求的平台和前端设备进行互联。
2. 平台互联检测：指该平台可与其他符合《安全防范视频监控联网系统信息传输、交换、控制技术要求》（GB/T 28181）标准要求的平台进行互联。

附录三　相关机构公开性文件列表

机构名称	公开性文件
中国安全防范产品行业协会	中国安全防范产品行业协会章程
	中国安全防范产品行业行为规则
	中国安全防范产品行业协会会费缴纳标准与收费办法
	中国安全防范产品行业协会专家委员会章程
	中国安全防范产品行业协会专家委员会专家管理办法
	中国安全防范产品行业协会专家委员会推荐专家服务管理流程（试行）
	安防工程企业资质评价体系文件
国家级安防检测机构	国家安全防范报警系统产品质量监督检验中心（北京）公开性文件
	国家安全防范报警系统产品质量监督检验中心（上海）公开性文件
中国安全技术防范认证中心	中国安全技术防范认证中心组织机构图
	中国安全技术防范认证中心社会公共安全产品认证申请说明
	中国安全技术防范认证中心公开性文件清单

因中国安全防范产品行业协会、国家安全防范报警系统产品质量监督检验中心（北京）、国家安全防范报警系统产品质量监督检验中心（上海）、中国安全技术防范认证中心的2013年公开性文件没有变化，因此只列出了相关文件名称。如需了解详细信息，可查阅《年鉴》电子版（即光盘）及网络版（网址：http：//news.21csp.com.cn/C39/index.html）。

附录四　安防行业出版物及网站名录

本节内容收录了部分安防行业出版物及网站，如下：

- 出版物

1.《中国安全防范行业年鉴》
2.《中国安防》
3.《中国安全防范认证》
4.《中国公共安全》
5.《安全 & 自动化》
6.《安防工程商》
7.《慧聪商情广告·安防技术市场》
8.《安防市场报》
9.《电气 & 智能建筑》
10.《智能建筑科技》
11.《智能建筑与城市信息》
12.《中国公共安全产业指南》
13.《安防行业资讯大全》
14.《中国警用装备采购指南》
15.《警察技术》
16.《现代世界警察》
17.《轨道交通》
18.《防雷工程》
19.《数字社区 & 智能家居》
20.《中国贸易报·安防科技周刊》

- 网　站

1. 公安部社会公共安全产品行业综合信息服务网	www. ga. net. cn
2. 中国安防行业网	www. 21csp. com. cn
3. 中国公共安全认证网	www. csp. gov. cn
4. 全国安全防范报警系统标准化技术委员会	www. tc100. org
5. 北京安全防范行业协会	www. bspia. com
6. 上海安全防范报警协会（上海安防网）	www. sh - anfang. org
7. 天津市公共安全技术防范行业协会	www. tjaf. com. cn
8. 重庆市公共安全技术防范协会	www. cqafxh. org
9. 河北省安全技术防范学会（河北安防网）	www. hbafw. net
10. 内蒙古自治区公共安全技术防范行业协会	www. nmgafxh. com
11. 辽宁省社会公共安全产品行业协会（辽宁安防协会信息网）	www. lnafxh. cn
12. 吉林省社会公共安全产品行业协会（吉林安防产业信息网）	www. jlafw. com
13. 黑龙江省安全防范产品行业协会	www. hljps. com
14. 浙江省安全技术防范行业协会（浙江安防网）	www. zjaf. net
15. 杭州市安全技术防范行业协会	www. hzaf. net
16. 宁波大榭开发区保险箱（柜）行业协会（中国保险箱行业网）	www. safes. org. cn
17. 苏州市安全技术防范行业协会	www. szafxh. org
18. 昆山市安全防范行业协会（昆山安防网）	www. kssec. com
19. 安徽省安全技术防范行业协会网	www. aspia. cn

20. 芜湖市安全技术防范协会	www. whafxh. cn
21. 福建省安全技术防范行业协会（海西安防网）	www. hxaf. org
22. 泉州市安全技术防范行业协会（泉州安防网）	www. qzaf. org. cn
23. 江西省安全技术防范行业协会（江西安防网）	www. jxafw. org
24. 山东省公共安全技术防范协会（山东安防网）	www. sdaf. org. cn
25. 济南市社会公共安全防范协会	www. jnafxh. com
26. 青岛市社会公共安全防范协会（青岛安防网）	www. qdcps. com
27. 湖北省安全技术防范行业协会（楚天安防网）	www. ctafw. com
28. 湖南省安全技术防范协会网	www. secu. hn. cn
29. 广东省公共安全技术防范协会（安防世界网）	www. gdafxh. org
30. 深圳市安全防范行业协会	www. cpssecu. org
31. 四川省社会公共安全行业协会（四川安防网）	ww. scafw. org
32. 海南省安全技术防范行业协会（海南安防网）	www. hnanfang. net
33. 贵州省安全技术防范行业协会（贵州安防网）	www. gzsaf. com
34. 云南省安全技术防范协会网	www. ynaf. net. cn
35. 陕西省安全防范产品行业协会（陕西安防网）	www. sxafxh. cn
36. 甘肃省安全技术防范协会	www. gssafxh. com
37. 青海省公共安全技术防范协会	www. qhafxh. com
38. 新疆维吾尔自治区安全技术防范行业协会	www. xjafxh. org
39. 中国长安网	www. chinapeace. org. cn
40. 中国特种装备网	www. jingchazhuangbei. com
41. 中安网	www. cps. com. cn
42. 安防知识网	www. asmag. com. cn
43. 慧聪安防网	www. secu. hc360. com
44. 天安网（安防市场报）	www. yooan. net
45. 中关村在线	www. zol. com. cn
46. 千家网	www. qianjia. com
47. 中国设计师网—安防频道	af. shejis. com
48. 中国数字视听网	www. itavcn. com
49. 中国智能卡网	www. smartcard. org. cn
50. 中国安防展览网	www. afzhan. com
51. 投影时代	www. pjtime. com
52. 智能交通网	www. 21its. com
53. 中国停车网	www. chinaparking. org
54. 中国国际警用装备网	www. cpspew. com
55. 中国安防网	www. c – ps. net
56. 长城安防网	www. af360. com
57. 太平洋安防网	www. tpy888. cn
58. 东北安防监控网	www. dbcctv. com
59. 神州安防网	www. anfang. net. cn
60. 西安安防网	www. xaaf. cn
61. 甘肃安防网	www. gsanfang. com

附录五　安防职业培训教材名录及介绍

《安全防范设计评估师》（试行）

根据《中华人民共和国劳动法》的有关规定，为了进一步完善国家职业标准体系，为职业教育、职业培训和职业技能鉴定提供科学、规范的依据，劳动和社会保障部组织有关专家，制定了《国家职业标准·安全防范设计评估师（试行）》（以下简称本《标准》）。

一、本《标准》以客观反映现阶段本职业的水平和对从业人员的要求为目标，在充分考虑经济发展、科技进步和产业结果变化对本职业影响的基础上，对本职业的活动范围、工作内容、能力要求和知识水平都作了明确规定。

二、本《标准》的制定遵循了有关技术规程的要求。既保证了《标准》体例的规范化，又体现了以职业活动为导向、以职业能力为核心的特点，同时也使其具有根据科技发展进行调整的灵活性和实用性，符合培训、鉴定和就业工作的需要。

三、本《标准》依据有关规定将本职业分为三个等级，包括职业概况、基本要求、工作要求和比重表四个方面的内容。

四、本《标准》是在各有关专家和实际工作者的共同努力下完成的。参加编写和审定的主要人员有（按姓氏笔画排列）：田竞、安福东、汪捷、张莹、陈志华、彭喜东、靳秀凤。本《标准》在制定过程中，得到了中国安全防范产品行业协会等有关单位的大力支持，在此一并致谢。

五、本《标准》业经劳动和社会保障部批准，自 2007 年 1 月 1 日起施行。

《安全防范设计评估师》（基础知识）

编审委员会

主　任　刘　康
副主任　陈李翔　原淑炜　柳晓川
委　员　陈　蕾　张　伟　刘　硕
谭晓准　靳秀凤　李明甫
刘希清　陈　龙　李仲男
田　竞　安福东

编审人员名单

主　编　李仲男
副主编　彭喜东　安福东

编 者 田 竞 陈志华 彭喜东
李仲男 朱 峰 郝文起
崔玉华 黄校垣 王汝琳
主 审 靳秀凤
审 稿 刘希清 陈 龙

前 言

为推动安全防范设计评估师职业培训和职业技能鉴定工作的开展，在安全防范设计评估师从业人员中推行国家职业资格证书制度，中国就业培训技术指导中心在完成《国家职业标准·安全防范设计评估师（试行）》（以下简称《标准》）制定工作的基础上，组织参加《标准》编写和审定的专家及其他有关专家，编写了《国家职业资格培训教程——安全防范设计评估师》（以下简称《教程》）。

《教程》紧贴《标准》，内容上力求体现“以职业活动为导向，以职业能力为核心”的指导思想，突出职业培训特色；结构上针对安全防范设计评估师职业活动的领域，按照模块化的方式分级别进行编写。《教程》的基础知识部分涵盖了《标准》的基本要求；技能部分的章对应《标准》的“职业功能”，节对应《标准》的“工作内容”，节中阐述的内容对应《标准》的“技能要求”和“相关知识”。

《国家职业资格培训教程——安全防范设计评估师（基础知识）》适用于对各级别安全防范设计评估师基础知识的培训，是职业技能鉴定的推荐辅导用书。

本书在编写过程中得到了中国安全防范产品行业协会及其专家委员会、中国人民公安大学、公安部第一研究所以及部分安防企业等单位的大力支持与协助，在此一并表示衷心的感谢。

由于时间仓促，不足之处在所难免，欢迎读者提出宝贵意见和建议。

目 录

第一章 职业道德
第一节 职业道德基本知识
第二节 职业守则
第二章 安全防范概述
第一节 安全与安全防范
第二节 安全防范系统
第三章 入侵报警设备/系统
第一节 入侵报警设备/系统概述
第二节 入侵报警系统
第三节 入侵报警设备
第四章 视频安全防范监控系统
第一节 视频安全防范监控系统概述
第二节 电视原理
第三节 摄像机与配套设备
第四节 视频信号的传输
第五节 图像显示与记录设备
第六节 系统与控制
第七节 数字视频技术
第五章 出入口控制系统
第一节 出入口控制系统概述
第二节 出入口控制系统各部分的主要功能及技术特点
第三节 出入口控制系统的主要技术要求和指标
第四节 系统信息与系统能力
第五节 系统应用的注意问题
第六节 出入口控制系统的现状及发展趋势
第七节 楼宇（访客）对讲系统
第六章 实体防护
第一节 实体防护概述
第二节 实体设计
第三节 实体防护产品
第七章 防爆安全检查设备
第一节 防爆安全检查设备概述
第二节 X射线、γ射线辐射理论基础
第三节 X射线安全检查设备
第四节 集装箱探测设备
第五节 通道式金属探测器
第六节 手持金属探测器
第七节 四极子谐振探测设备
第八节 气体离子迁移探测设备
第九节 瓶装易燃、易爆液体探测设备
第十节 中子探测设备
第十一节 防爆安全检查设备的应用
第八章 其他系统
第一节 电子巡查系统
第二节 停车库（场）安全管理系统
第九章 安全防范系统的集成与网络化
第一节 安全防范系统的联动
第二节 安全防范系统的集成
第三节 安全防范系统的数字化与网络化
第四节 城市监控报警与应急指挥系统
第十章 安全防范评估
第一节 安全防范评估概述
第二节 被保护对象风险评估
第三节 安全防范系统效能评估
第十一章 安全防范相关法规和标准
第一节 安全防范相关法规
第二节 安全防范标准

《一级安全防范设计评估师》

编审委员会

主　任　刘　康
副主任　陈李翔　原淑炜　柳晓川
委　员　陈　蕾　张　伟　刘　硕
谭晓准　靳秀凤　李明甫
刘希清　陈　龙　李仲男
田　竞　安福东

编审人员名单

主　编　李仲男
副主编　安福东
编　者　马　冀　聂　蓉　李加洪
张　莹　汪　捷
主　审　靳秀凤
审　稿　刘希清　陈　龙

前　言

为推动安全防范设计评估师职业培训和职业技能鉴定工作的开展，在安全防范设计评估师从业人员中推行国家职业资格证书制度，中国就业培训技术指导中心在完成《国家职业标准·安全防范设计评估师》（试行）（以下简称《标准》）制定工作的基础上，组织参加《标准》编写和审定的专家及其他有关专家，编写了安全防范设计评估师国家职业资格培训系列教材。

安全防范设计评估师国家职业资格培训系列教材紧贴《标准》要求，内容上体现"以职业活动为导向、以职业能力为核心"的指导思想，突出职业资格培训特色；结构上针对安全防范设计评估师职业活动领域，按照职业功能模块分级别编写。

安全防范设计评估师国家职业资格培训系列教材共包括《安全防范设计评估师（基础知识）》、《三级安全防范设计评估师（国家职业资格三级）》、《二级安全防范设计评估师（国家职业资格二级）》、《一级安全防范设计评估师（国家职业资格一级）》4 本。《安全防范设计评估师（基础知识）》内容涵盖《标准》的"基本要求"，是各级别安全防范设计评估师均需掌握的基础知识；其他各级别教程的章对应《标准》的"职业功能"，节对应《标准》的"工作内容"，节中阐述的内容对应《标准》的"技能要求"和"相关知识"。

本书是安全防范设计评估师国家职业资格培训系列教材中的一本，适用于对一级安全防范设计评估师的职业资格培训，是国家职业技能鉴定推荐辅导用书，也是一级安全防范设计评估师职业技能鉴定国家题库命题的直接依据。

本书在编写过程中得到中国安全防范产品行业协会及其专家委员会、中国人民公安大学、公安部第一研究所、部分安防企业等单位的大力支持与协助，在此一并表示衷心的感谢。

目　录

第一章　风险评估
第一节　风险分析
第二节　安全需求确定
第三节　编制风险评估报告
第二章　系统设计
第一节　系统设计目标
第二节　系统模式选择
第三节　系统集成设计
第四节　设计验证
第三章　项目管理
第一节　项目管理设计
第二节　项目质量控制
第四章　安全防范系统效能评估
第一节　制定评估方案
第二节　分析与评估
第三节　系统效能评估报告编制

第五章　安全防范风险管理
第一节　威胁对策
第二节　应急响应

《二级安全防范设计评估师》

编审委员会

主　任　刘　康
副主任　陈李翔　原淑炜　柳晓川
委　员　陈　蕾　张　伟　刘　硕
谭晓准　靳秀凤　李明甫
刘希清　陈　龙　李仲男
田　竞　安福东

编审人员名单

主　编　李仲男
副主编　安福东
编　者　彭喜东　聂　蓉　巩宪国
童新轮　贾　鹏
主　审　靳秀凤
审　稿　刘希清　陈　龙

前　言

为推动安全防范设计评估师职业培训和职业技能鉴定工作的开展，在安全防范设计评估师从业人员中推行国家职业资格证书制度，中国就业培训技术指导中心在完成《国家职业标准·安全防范设计评估师》（试行）（以下简称《标准》）制定工作的基础上，组织参加《标准》编写和审定的专家及其他有关专家，编写了安全防范设计评估师国家职业资格培训系列教材。

安全防范设计评估师国家职业资格培训系列教材紧贴《标准》要求，内容上体现“以职业活动为导向、以职业能力为核心”的指导思想，突出职业资格培训特色；结构上针对安全防范设计评估师职业活动领域，按照职业功能模块分级别编写。

安全防范设计评估师国家职业资格培训系列教材共包括《安全防范设计评估师（基础知识）》、《三级安全防范设计评估师（国家职业资格三级师）》、《二级安全防范设计评估师（国家职业资格二级）》、《一级安全防范设计评估师（国家职业资格一级）》4本。《安全防范设计评估师（基础知识）》内容涵盖《标准》的“基本要求”，是各级别安全防范设计评估师均需掌握的基础知识；其他各级别教程的章对应《标准》的“职业功能”，节对应《标准》的“工作内容”，节中阐述的内容对应《标准》的“技能要求”和“相关知识”。

本书是安全防范设计评估师国家职业资格培训系列教材中的一本，适用于对二级安全防范设计评估师的职业资格培训，是国家职业技能鉴定推荐辅导用书，也是二级安全防范设计评估师职业技能鉴定国家题库命题的直接依据。

本书在编写过程中得到中国安全防范产品行业协会及其专家委员会、中国人民公安大学、公安部第一研究所、部分安防企业等单位的大力支持与协助，在此一并表示衷心的感谢。

目　录

第一章　现场勘察
第一节　组织勘察
第二节　需求分析
第二章　系统设计
第一节　安全防范系统功能初步设计
第二节　选配设备器材
第三节　图样绘制
第三章　项目管理
第一节　项目进度控制目标和制订项目进度计划
第二节　项目成本管理
第四章　工程实施

第一节　施工组织
第二节　施工过程控制
第三节　系统调试
第四节　系统功能初验
第五章　维修维护
第一节　维修维护工作管理
第二节　维修维护文件编制
第三节故障排除
第六章　培训指导
第一节　制订培训计划
第二节　人员的培训
第三节　系统相关指导文件的编制

《三级安全防范设计评估师》

编审委员会

主　任　刘　康
副主任　陈李翔　原淑炜　柳晓川
委　员　陈　蕾　张　伟　刘　硕
谭晓准　靳秀凤　李明甫
刘希清　陈　龙　李仲男
田　竞　安福东

编审人员名单

主　编　李仲男
副主编　安福东
编　者　彭喜东　巩宪国　童新轮
贾　鹏
主　审　靳秀凤
审　稿　刘希清　陈　龙

前　言

为推动安全防范设计评估师职业培训和职业技能鉴定工作的开展，在安全防范设计评估师从业人员中推行国家职业资格证书制度，中国就业培训技术指导中心在完成《国家职业标准·安全防范设计评估师（试行)》（以下简称《标准》）制定工作的基础上，组织参加《标准》编写和审定的专家及其他有关专家，编写了《国家职业资格培训教程·安全防范设计评估师》（以下简称《教程》）。

《教程》紧贴《标准》，内容上，力求体现“以职业活动为导向，以职业能力为核心”的指导思想，突出职业培训特色；结构上，针对安全防范设计评估师职业活动的领域，按照模块化的方式，分级别进行编写。《教程》的基础知识部分内容涵盖《标准》的“基本要求”；技能部分的章对应《标准》的“职业功能”，节对应《标准》的“工作内容”，节中阐述的内容对应《标准》的“技能要求”和“相关知识”。

《国家职业资格培训教程·三级安全防范设计评估师》适用于对三级安全防范设计评估师的培训，是职业技能鉴定的推荐辅导用书。

本书在编写过程中得到了中国安全防范产品行业协会及其专家委员会、中国人民公安大学、公安部第一研究所、部分安防企业等单位的大力支持与协助，在此一并表示衷心的感谢。

由于时间仓促，不足之处在所难免，欢迎读者提出宝贵意见和建议。

目　录

第一章　现场勘察
第一节　用户调查
学习单元 1　编制用户安全防范需求调查表
学习单元 2　安全防范需求调查
第二节　识读工程设计图样和现场勘测
学习单元 1　识读工程设计图样

学习单元 2　现场勘察

第二章　工程实施

第一节　施工准备

学习单元 1　准备设计文件资料

学习单元 2　按照图样标定设备器材的现场安装位置

第二节　施工现场管理

学习单元 1　制订现场施工管理流程

学习单元 2　调度施工现场的人力、机械、材料设备

学习单元 3　施工检查

学习单元 4　验收隐蔽工程

第三章　维修维护

第一节　常见故障排除

学习单元 1　系统维修基本知识

学习单元 2　系统常见故障及排除

学习单元 3　供电设备的组成与常见故障及排除

学习单元 4　显示设备的组成和常见故障及排除

学习单元 5　防雷基本知识与系统遭雷击的故障及排除

学习单元 6　传输部分的故障及排除

第二节　日常维护

学习单元 1　安全防范主要子系统的日常维护

学习单元 2　显示设备的日常维护

学习单元 3　硬盘录像机的日常维护

学习单元 4　UPS 电源和蓄电池的日常维护

学习单元 5　传输部分的日常维护

第四章　示范指导

第一节　工程施工人员的现场培训

学习单元 1　设备安装基本要求

学习单元 2　管线敷设基本要求

第二节　实际操作演示

学习单元 1　安全防范系统的操作和要求

学习单元 2　安全防范系统管理功能的设置

《安全防范系统安装维护员》（试行）

根据《中华人民共和国劳动法》的有关规定，为了进一步完善国家职业标准体系，为职业教育、职业培训和职业技能鉴定提供科学、规范的依据，劳动和社会保障部组织有关专家，制定了《国家职业标准·安全防范系统安装维护员（试行）》（以下简称《标准》）。

一、本《标准》以客观反映现阶段本职业的水平和对从业人员的要求为目标，在充分考虑经济发展、科技进步和产业结构变化对本职业影响的基础上，对职业的活动范围、工作内容、技能要求和知识水平都作了明确规定。

二、本《标准》的制定遵循了有关技术规程的要求，既保证了《标准》体例的规范化，又体现了以职业活动为导向、以职业能力为核心的特点，同时也使其具有根据科技发展进行调整的灵活性和实用性，符合培训、鉴定和就业工作的需要。

三、本《标准》依据有关规定将本职业分为三个等级，包括职业概况、基本要求、工作要求和比重表四个方面的内容。

四、本《标准》是在各有关专家和实际工作者的共同努力下完成的。参加编写的主要人员有：田竞、李仲男、安福东、童新轮、巩宪国、王子川；参加审定的主要人员有：靳秀凤、李加洪、朱峰、汪捷。本《标准》在制定过程中，得到中国安全防范产品行业协会等有关单位的大力支持，在此一并致谢。

五、本《标准》已经劳动和社会保障部批准，自 2008 年 1 月 3 日起施行。

《安全防范系统安装维护员》（基础知识）

编审委员会

主　任　刘　康
副主任　张亚男　柳晓川
委　员　谭晓准　靳秀凤　李明甫
　　　　李仲男　田　竞　安福东
　　　　陈　蕾　张　伟

编审人员

主　编　李仲男
编　者　李仲男　田　竞　安福东
审　稿　靳秀凤

前　言

为推动安全防范系统安装维护员职业培训和职业技能鉴定工作的开展，在安全防范系统安装维护员从业人员中推行国家职业资格证书制度，中国就业培训技术指导中心在完成《国家职业标准·安全防范系统安装维护员》（试行）（以下简称《标准》）制定工作的基础上，组织参加《标准》编写和审定的专家及其他有关专家，编写了安全防范系统安装维护员国家职业资格培训系列教程。

安全防范系统安装维护员国家职业资格培训系列教程紧贴《标准》要求，内容上体现"以职业活动为导向、以职业能力为核心"的指导思想，突出职业资格培训特色；结构上针对安全防范系统安装维护员职业活动领域，按照职业功能模块分级别编写。

安全防范系统安装维护员国家职业资格培训系列教程共包括《安全防范系统安装维护员（基础知识）》、《安全防范系统安装维护员（初级）》、《安全防范系统安装维护员（中级）》、《安全防范系统安装维护员（高级）》4本。《安全防范系统安装维护员（基础知识）》内容涵盖《标准》的"基本要求"，是各级别安全防范系统安装维护员均需掌握的基础知识；其他各级别教程的章对应《标准》的"职业功能"，节对应《标准》的"工作内容"，节中阐述的内容对应《标准》的"技能要求"和"相关知识"。

本书是安全防范系统安装维护员国家职业资格培训系列教程中的一本，适用于对各级别安全防范系统安装维护员的职业资格培训，是国家职业技能鉴定推荐辅导用书，也是各级别安全防范系统安装维护员职业技能鉴定国家题库命题的直接依据。

本书在编写过程中得到中国安全防范产品行业协会及其专家委员会、公安部第一研究所、部分安防企业等单位的大力支持与协助，在此一并表示衷心的感谢。

目　录

第一章　职业道德
　第一节　职业道德基本知识
　第二节　职业守则
第二章　电工基础知识
　第一节　电工与电路基础
　第二节　常用电路基本元器件的图形符号
　第三节　安全防范系统通用图形符号
　第四节　配电知识
　第五节　防雷知识
　第六节　安全生产
第三章　安全防范系统（工程）概述
　第一节　公共安全体系
　第二节　安全防范系统的基本功能
　第三节　安全防范系统的主要子系统
　第四节　安全防范系统（工程）的特点
第四章　入侵报警系统
　第一节　入侵报警系统概述
　第二节　常用入侵报警器
　第三节　报警控制器与系统
第五章　视频安全防范监控系统
　第一节　视频安全防范监控系统概述
　第二节　电视基础知识

第三节　摄像机与配套设备
第四节　视频信号的传输
第五节　图像显示与记录设备
第六节　系统与控制
第七节　数字视频技术
第六章　出入口控制系统
第一节　出入口控制系统概述
第二节　出入口控制系统的主要设备
第三节　出入口系统的评价
第七章　其他系统
第一节　电子巡查系统
第二节　停车场管理系统
第三节　一卡通系统
第四节　防爆安全检查设备
第八章　基础施工
第一节　基础施工的基本规范
第二节　实体防护设备
第九章　安全防范相关法规和标准简介
第一节　安全防范相关法规
第二节　安全防范标准简介
附录1　安全防范行业标准体系和体系表
附录2　安全防范标准目录

《安全防范系统安装维护员》（初级）

编审委员会

主　任　刘　康
副主任　张亚男　柳晓川
委　员　谭晓准　靳秀凤　李明甫
　　　　李仲男　田　竞　安福东
　　　　陈　蕾　张　伟

编审人员

主　编　李仲男
编　者　贾　鹏　余　斌　王永升
　　　　安福东
审　稿　靳秀凤

前　言

为推动安全防范系统安装维护员职业培训和职业技能鉴定工作的开展，在安全防范系统安装维护员从业人员中推行国家职业资格证书制度，中国就业培训技术指导中心在完成《国家职业标准·安全防范系统安装维护员》（试行）（以下简称《标准》）制定工作的基础上，组织参加《标准》编写和审定的专家及其他有关专家，编写了安全防范系统安装维护员国家职业资格培训系列教程。

安全防范系统安装维护员国家职业资格培训系列教程紧贴《标准》要求，内容上体现"以职业活动为导向、以职业能力为核心"的指导思想，突出职业资格培训特色；结构上针对安全防范系统安装维护员职业活动领域，按照职业功能模块分级别编写。

安全防范系统安装维护员国家职业资格培训系列教程共包括《安全防范系统安装维护员（基础知识）》、《安全防范系统安装维护员（初级）》、《安全防范系统安装维护员（中级）》、《安全防范系统安装维护员（高级）》4本。《安全防范系统安装维护员（基础知识）》内容涵盖《标准》的"基本要求"，是各级别安全防范系统安装维护员均需掌握的基础知识；其他各级别教程的章对应《标准》的"职业功能"，节对《标准》的"工作内容"，节中阐述的内容对应于《标准》的"技能要求"和"相关知识"。

本书是安全防范系统安装维护员国家职业资格培训系列教程中的一本，适用于对初级安全防范系统安装维护员的职业资格培训，是国家职业技能鉴定推荐辅导用书，也是初级安全防范系统安装维护员职业技能鉴定国家题库命题的直接依据。

本书在编写过程中得到中国安全防范产品行业协会及其专家委员会、公安部第一研究所、部分安防企业等单位的大力支持与协助，在此一并表示衷心的感谢。

目　　录

第一章　基础施工
第一节　管路与立杆施工
学习单元1　确定管路与立杆安装部位
学习单元2　安装桥架/线槽
学习单元3　安装线管
学习单元4　安装立杆
学习单元5　架设钢索
第二节　安装设备支架
学习单元1　判定设备支架的安装位置
学习单元2　安装壁挂式支架
学习单元3　安装吸顶式支架
学习单元4　安装嵌入式支架
学习单元5　安装悬挂式支架
思考题
第二章　线缆施工
第一节　检查线缆路由
学习单元1　识读线缆路由
学习单元2　现场判别线缆路由
第二节　敷设线缆
学习单元1　检测线缆
学习单元2　桥架/线槽内敷设线缆
学习单元3　线管内敷设线缆
学习单元4　钢索配线
学习单元5　敷设光缆
学习单元6　熔接光缆
学习单元7　焊接线缆
思考题
第三章　系统前端设备安装
第一节　安装入侵报警系统设备
学习单元1　入侵报警系统的相关概念及工作准备
学习单元2　安装室外前端探测器及辅助设备
学习单元3　安装室内前端探测器
学习单元4　安装报警前端控制器
学习单元5　安装电源、信号电涌保护器（SPD）
学习单元6　连接前端探测器的线缆
第二节　安装视频安全防范监控系统设备
学习单元1　视频安全防范监控系统的相关概念及工作准备
学习单元2　安装室外前端视频设备
学习单元3　安装室内前端视频设备
学习单元4　安装电梯视频设备
学习单元5　安装视频设备电涌保护器
学习单元6　连接前端视频设备的线缆
第三节　安装出入口控制系统设备
学习单元1　出入口控制系统的相关概念及工作准备
学习单元2　安装出入口控制系统识读设备
学习单元3　安装出入口控制系统控制设备
学习单元4　安装出入口控制系统执行机构
学习单元5　连接出入口控制系统设备的线缆
第四节　安装其他设备
学习单元1　安装电子巡查系统设备
学习单元2　安装停车库（场）设备
学习单元3　连接设备线缆
思考题
第四章　监控中心设备安装
第一节　安装机架
学习单元1　安装控制台
学习单元2　安装电视墙
第二节　安装监控中心设备
学习单元1　安装控制设备
学习单元2　安装显示设备
学习单元3　安装记录设备
学习单元4　安装配电设备
学习单元5　敷设监控中心管线和线槽
思考题

安全防范系统安装维护员（中级）

编审委员会

主　任　刘　康
副主任　张亚男　柳晓川
委　员　谭晓准　靳秀凤　李明甫
　　　　李仲男　田　竞　安福东
　　　　陈　蕾　张　伟

编审人员

主　编　李仲男
编　者　贾　鹏　童新轮　王永升
　　　　任　涛　安福东
审　稿　靳秀凤

前　言

为推动安全防范系统安装维护员职业培训和职业技能鉴定工作的开展，在安全防范系统安装维护员从业人员中推行国家职业资格证书制度，中国就业培训技术指导中心在完成《国家职业标准·安全防范系统安装维护员》（试行）（以下简称《标准》）制定工作的基础上，组织参加《标准》编写和审定的专家及其他有关专家，编写了安全防范系统安装维护员国家职业资格培训系列教程。

安全防范系统安装维护员国家职业资格培训系列教程紧贴《标准》要求，内容上体现“以职业活动为导向、以职业能力为核心”的指导思想，突出职业资格培训特色；结构上针对安全防范系统安装维护员职业活动领域，按照职业功能模块分级别编写。

安全防范系统安装维护员国家职业资格培训系列教程共包括《安全防范系统安装维护员（基础知识）》、《安全防范系统安装维护员（初级）》、《安全防范系统安装维护员（中级）》、《安全防范系统安装维护员（高级）》4本。《安全防范系统安装维护员（基础知识）》内容涵盖《标准》的“基本要求”，是各级别安全防范系统安装维护员均需掌握的基础知识；其他各级别教程的章对应《标准》的“职业功能”，节对应《标准》的“工作内容”，节中阐述的内容对应《标准》的“技能要求”和“相关知识”。

本书是安全防范系统安装维护员国家职业资格培训系列教程中的一本，适用于对中级安全防范系统安装维护员的职业资格培训，是国家职业技能鉴定推荐辅导用书，也是中级安全防范系统安装维护员职业技能鉴定国家题库命题的直接依据。

本书在编写过程中得到中国安全防范产品行业协会及其专家委员会、公安部第一研究所、部分安防企业等单位的大力支持与协助，在此一并表示衷心的感谢。

目　录

第一章　基础施工
第一节　建筑基础施工
第二节　安装实体防护设施
第二章　系统前端设备调试
第一节　调试入侵报警系统设备
第二节　调试视频安全防范监控系统设备
第三节　调试出入口控制系统设备
第四节　调试其他设备
第三章　监控中心设备安装调试
第一节　检查监控中心设备安装质量
第二节　设备连接
第三节　调试监控中心设备
第四章　系统运行维护
第一节　维护工作准备
第二节　安全防范系统日常维护

安全防范系统安装维护员（高级）

编审委员会

主　任　刘　康
副主任　张亚男　柳晓川
委　员　谭晓准　靳秀凤　李明甫
　　　　李仲男　田　竞　安福东
　　　　陈　蕾　张　伟

编审人员

主　编　李仲男
编　者　贾　鹏　童新轮　王永升
　　　　任　涛　安福东
审　稿　靳秀凤

前　　言

为推动安全防范系统安装维护员职业培训和职业技能鉴定工作的开展，在安全防范系统安装维护员从业人员中推行国家职业资格证书制度，中国就业培训技术指导中心在完成《国家职业标准·安全防范系统安装维护员》（试行）（以下简称《标准》）制定工作的基础上，组织参加《标准》编写和审定的专家及其他有关专家，编写了安全防范系统安装维护员国家职业资格培训系列教程。

安全防范系统安装维护员国家职业资格培训系列教程紧贴《标准》要求，内容上体现"以职业活动为导向、以职业能力为核心"的指导思想，突出职业资格培训特色；结构上针对安全防范系统安装维护员职业活动领域，按照职业功能模块分级别编写。

安全防范系统安装维护员国家职业资格培训系列教程共包括《安全防范系统安装维护员（基础知识）》、《安全防范系统安装维护员（初级）》、《安全防范系统安装维护员（中级）》、《安全防范系统安装维护员（高级）》4 本。《安全防范系统安装维护员（基础知识）》内容涵盖《标准》的"基本要求"，是各级别安全防范系统安装维护员均需掌握的基础知识；其他各级别教程的章对应《标准》的"职业功能"，节对应《标准》的"工作内容"，节中阐述的内容对应《标准》的"技能要求"和"相关知识"。

本书是安全防范系统安装维护员国家职业资格培训系列教程中的一本，适用于对中级安全防范系统安装维护员的职业资格培训，是国家职业技能鉴定推荐辅导用书，也是中级安全防范系统安装维护员职业技能鉴定国家题库命题的直接依据。

本书在编写过程中得到中国安全防范产品行业协会及其专家委员会、公安部第一研究所、部分安防企业等单位的大力支持与协助，在此一并表示衷心的感谢。

目　　录

第一章　基础施工
第一节　进场准备
第二节　建筑基础施工
第三节　检验建筑基础施工质量
第四节　检验管路与立杆施工质量
第二章　线缆施工
第一节　确定路由和线缆
第二节　确定线缆敷设结构和方法
第三节　检测系统线缆
第三章　检查系统设备安装质量
第一节　检验入侵报警系统设备安装质量
第二节　检验视频安全防范监控系统设备安装质量
第三节　检验出入口控制系统设备安装质量
第四节　检验其他系统设备安装质量
第四章　监控中心设备安然与系统调试
第一节　功能设置与集成
第二节　系统调试

第五章 故障排除
第一节 排除安全防范主要子系统故障
第二节 排除传输线路故障
第三节 排除电源系统故障
参考文献

《安全防范技术原理与工程实践》

前 言

我国正处于社会转型、经济转轨期间，在经济持续高速发展，基本建设规模扩大的同时，社会治安形势严峻，恐怖活动的威胁日益增加。安全需求强劲的增长，安全防范市场呈现十分繁荣的景象。然而，这个发展势头来得太快，安全防范行业理论落后于实践，安全防范学科体系建设滞后，安全防范技术科研基础薄弱的问题就显得更加突出。

安全防范技术和产品的研究，最初是作为应用电视专业的一个分支。20 世纪 80 年代后期才有了安全防范的概念，也有人提出建立安全防范学的建议，但一直未能实现。现将本人多年从事安全防范专业教学的一些素材整理成本书，就是想从技术原理论述安全防范系统（工程），建立安全防范技术体系的架构。

本书第一章安全防范系统导论从公共安全的角度出发，定义和定位安全防范技术，阐述它在公共安全体系中的地位和作用，说明它在公共安全学科体系中的位置；第七章实体防护系统是本人国家“九五”科技攻关项目“忏 PS 评价技术”研究工作成果的部分内容，作为一个特殊领域的安全防范体系的介绍和工程实践。其他章节基本上是按安全防范设计评估师国家职业资格培对门教程所规定的内容编写。

在本书的编写过程中，中国安全防范行业网安福东总经理给予了大力的支持，他对本书的读者方向，技术内容给予了重要建议，在此，表示衷心的感谢。

由于时间仓促，加之本人认识的局限，书中错误和不妥之处在所难免，欢迎广大读者指正，愿意与业界人士开展深入的讨论。

目 录

第一章 安全防范系统导论
第二章 入侵探测技术与报警系统
第三章 视频监控系统
第四章 出人口控制系统
第五章 电子巡查、停车场管理与一卡通系统
第六章 安全防范系统（工程）设计程序
第七章 安全防范系统的评价
第八章 实体防护系统（PPS）
第九章 系统集成与工程实例
附 录 安全防范系统（工程）的相关标准
一、安全防范系统标准的分类
二、主要标准内容简介

附录六 2013 年中国安防行业展会信息

展会名称	展会时间	展会地点
2013 年黑龙江公共安全防范产品展览会	2013 年 1 月 7～9 日	哈尔滨国际会展体育中心
2013（第十四届）中国（武汉）公共安全产品、反恐技术设备和警用装备展览会	2013 年 3 月 12～14 日	武汉国际会展中心
2013（第四届）重庆社会公共安全产品与技术设备展览会	2013 年 3 月 19～21 日	重庆国际展览中心
2013（第十二届）河北社会公共安全产品博览会	2013 年 3 月 20～22 日	石家庄国际博览中心
2013（第十二届）南京社会公共安全防范产品及技术展览会	2013 年 3 月 21～23 日	南京国际博览中心
2013 东北（第十一届）长春国际劳动保护用品交易会	2013 年 3 月 21～24 日	长春国际会展中心
2013（第十二届）国际公共安全防范产品（济南）展览会	2013 年 3 月 26～28 日	济南国际会展中心
2013 东北（长春）第十一届国际社会公共安全产品博览会	2013 年 4 月 1～3 日	长春国际会展中心
2013（第十三届）成都国际社会公共安全产品与技术展览会	2013 年 4 月 10～12 日	成都世纪城新国际会展中心
2013（第十一届）中国（郑州）国际安全防护产品博览会	2013 年 4 月 11～13 日	郑州国际会展中心
2013 中国（厦门）国际公共安全技术及消防产品展览会	2013 年 4 月 12～15 日	厦门国际会展中心
第十五届东北国际公共安全防范产品博览会	2013 年 4 月 16～19 日	辽宁工业展览馆
2013（第十三届）湖南公共安全产品与技术博览会	2013 年 4 月 18～20 日	长沙红星国际会展中心
2013（第十届）中国（西安）国际社会公共安全产品暨警察反恐技术装备博览会	2013 年 5 月 9～11 日	西安曲江国际展览中心
2013 华东国际公共安全产品暨警用电子（苏州）展览会	2013 年 5 月 14～16 日	苏州国际博览中心
中国（中部）智慧公共安全技术与应用产品展览会	2013 年 5 月 16～18 日	武汉科技会展中心
2013 年中国（南昌）智慧城市、数字安防、智能家居展览会	2013 年 5 月 17～19 日	南昌国际展览中心
2013 广西国际社会公共安全产品及交通设施装备展览会	2013 年 5 月 17～19 日	南宁市国际会展中心
2013（第十三届）上海社会公共安全产品国际博览会	2013 年 5 月 22～24 日	上海世博展览中心
2013 深圳国际智能交通展览会暨卫星导航与车辆安全管理展览会	2013 年 5 月 28～30 日	深圳会展中心
2013 中国（天津）国际社会公共安全防范技术与产品博览会	2013 年 5 月 29～31 日	天津梅江会展中心
2013 山西安防科技产业博览会	2013 年 6 月 5～7 日	山西国际展览中心（新馆）
2013 年（第九届）新疆国际社会公共安全产品暨警用技术装备博览会	2013 年 6 月 6～8 日	新疆国际会展中心
2013（第六届）海峡社会公共安全产品博览会	2013 年 6 月 18～22 日	福州海峡国际会展中心
2013（第七届）杭州国际社会公共安全产品博览会	2013 年 7 月 4～6 日	浙江世贸国际展览中心
2013 年第八届内蒙古公共安全产品展博会暨警用装备博览会	2013 年 7 月 5～7 日	内蒙古国际会展中心
2013（第十三届）青岛国际社会安防展	2013 年 7 月 11～14 日	青岛国际会展中心
2013 第十届北京国际社会公共安全产品展览会	2013 年 7 月 18～20 日	中国国际展览中心（旧馆）
2013 第八十七届中国劳动保护用品交易会	2013 年 10 月 21～23 日	南昌国际展览中心
2013 年第十四届中国深圳国际社会公共安全产品博览会	2013 年 10 月 29 日～11 月 1 日	深圳会展中心
2013 中国（上海）国际物联网技术与智慧城市应用博览会	2013 年 11 月 7～9 日	上海世博展览馆
2013 中国国际保安装备技术产品博览会	2012 年 11 月 20～22 日	中国国际展览中心（旧馆）
2013 首届中国·重庆国际安全（应急）产业博览会 暨中国（重庆）国际安全防护及劳保用品展	2013 年 12 月 7～10 日	重庆展览中心

后　记

《中国安全防范行业年鉴》是国内唯一一本由公安部科技信息化局支持、中国安全防范产品行业协会编制的安防行业权威出版物。

《年鉴》（2013版）编纂工作于2013年12月正式启动，在继续保持原有好做法的前提下，认真落实编委会提出的“快起来”、“薄起来”和“多起来”工作要求，坚持内容创新，不断改进工作。

在组织筹备阶段，由中国安防协会分管领导负责，组成编辑组，并多次组织召开会议，广泛征求各方面的意见，在认真总结以往《年鉴》编辑工作经验的基础上，调整并确定了《年鉴》（2013版）基本框架结构，使之总体编排更加合理、资讯内容更加丰富、信息检索更加便捷，力图使其成为中国安防行业从业单位和人员之间相互交流的平台，中国社会各界以及世界各国安防行业了解中国安防行业的窗口。

在信息采集阶段，编辑组主要通过了以下六个渠道采集行业信息：一是公安部科信局向各地公安厅技防办、标准化、检测和认证机构发文，采集政府管理部门和行业技术机构的信息；二是中国安防协会向各地方安防协会发函，采集行业社团工作信息；三是中国安防协会专家委员会向专家发文进行专题约稿，介绍行业科技项目情况和技术应用动态等方面内容；四是中国安防协会结合调研工作向会员单位发文，统计行业大事和科技信息；五是《年鉴》编辑组成员自主编写或采集其他相关信息；六是公安部科技信息化局、各省公安厅技防管理部门、各地安防协会、全国安全防范报警系统标准化技术委员会、公安部特种警用装备标准化技术委员会、中国安全技术防范认证中心、国家安全防范报警系统产品质量监督检验中心（北京、上海）以及广大安防企业，大力支持本版《年鉴》编辑工作并积极提供稿件和相关资料。

在整理编辑阶段，编辑组首先对所获得的全部资料进行了认真梳理和加工，并按照编辑方案进行编写，形成了《年鉴》初稿。在此基础上，编辑工作组邀请了《年鉴》编委会成员和中国安防协会专家委员会部分专家对《年鉴》初稿进行函审，广泛征求修改意见和建议，并得到积极反馈。编辑工作组认真听取编委和专家提出的意见和建议，对《年鉴》（2013版）相关内容进行修改，并形成正式稿。

为本书提供稿件的单位有：

公安部科技信息化局安全技术防范工作指导处
北京市公安局科技信息化部安全技术防范管理处
天津市公安局安全技术防范管理办公室
河北省公安厅安全技术防范管理办公室
山西省公安厅安全技术防范管理办公室
内蒙古自治区公安厅公共安全技术防范管理办公室
辽宁省公安厅科技通信处
吉林省公安厅安全技术管理办公室
黑龙江省公安厅安全技术防范管理办公室
上海市公安局安全技术防范办公室
江苏省公安厅技术防范管理办公室
浙江省公安厅科技通信管理局
安徽省公安厅安全防范技术管理办公室
福建省公安厅科技通信处
江西省公安厅安全技术防范管理办公室
湖北省公安厅安全技术防范管理办公室
湖南省公安厅技防管理工作办公室
山东省公安厅科技处
河南省公安厅安全防范技术管理办公室
广东省公安厅安全技术防范管理办公室
海南省公安厅安全技术防范管理办公室
广西壮族自治区公安厅安全技术防范办公室
重庆市公安局社会公共安全行业管理办公室
四川省公安厅安全技术防范管理办公室
贵州省公安厅安全技术防范管理办公室
云南省公安厅科技信息化处
西藏自治区公安厅安全技术防范管理办公室
陕西省公安厅安全技术防范管理办公室
甘肃省公安厅科技处安全技术监督科（技防办）
青海省公安厅安全技术防范管理办公室
宁夏回族自治区公安厅安全技术防范管理办公室
新疆维吾尔自治区公安厅治安管理总队基层基础处（技防办）

全国安全防范报警系统标准化技术委员会
公安部特种警用装备标准化技术委员会
中国安全技术防范认证中心
国家安全防范报警系统产品质量监督检验中心（北京）
国家安全防范报警系统产品质量监督检验中心（上海）
北京安全防范行业协会
天津市公共安全技术防范行业协会
河北省安全技术防范学会
内蒙古自治区公共安全技术防范行业协会
辽宁省社会公共安全产品行业协会
吉林省社会公共安全产品行业协会
黑龙江省安全防范产品行业协会
上海安全防范报警协会
浙江省安全技术防范行业协会
安徽省安全技术防范行业协会
福建省安全技术防范行业协会
江西省安全技术防范行业协会
山东省公共安全技术防范协会
湖北省安全技术防范行业协会
湖南省安全技术防范协会
广东省公共安全技术防范协会
广西壮族自治区安全技术防范行业协会
海南省安全技术防范行业协会
重庆市公共安全技术防范协会
四川省社会公共安全行业协会
贵州省安全技术防范行业协会
云南省安全技术防范协会
陕西省安全防范产品行业协会
甘肃省安全技术防范协会
青海省公共安全技术防范协会
新疆维吾尔自治区安全技术防范行业协会

参与审改稿件的协会专家委员会专家有：（按姓氏笔画排序）

万新宇 王俊岭 王渊峰 史彦林 田 竞 任常青 刘立平 巩宪国 牟晓生 余凌云 吴洪进
李秀林 杨 英 杨 波 邱日祥 陈文坤 陈家友 周 群 林家明 郑小平 郑新炬 费旭东
徐 律 高开文 崔云红 崔玉华 黄伟明 蒋秀德 谢福元

以上人员及单位通力协作，在《年鉴》编写过程中发挥了重要作用，为《年鉴》的顺利出版做出了积极贡献。在《年鉴》付梓之际，谨向所有关心、支持《年鉴》编写工作的领导、专家、机构、协会、企业及编撰人员表示衷心的感谢并致崇高的敬意！

《中国安全防范行业年鉴》编辑组
二〇一四年七月十日

BECK博克
让门控创造安心
要安全稳定 用博克门禁
多门互联考勤，操作简便，轻松管理
BECK
ACCESSCONTROL SYSTEM
BKQ-1201-C
Power
RxTx
门禁考勤
控制器系列

中国安全防范行业年鉴

彩页目录 Content

封套A　青岛海信电器营销股份有限公司
封套B　中国安防行业网公共微信
封　二　深圳市克耐克科技有限公司
封　三　佳都新太科技股份有限公司
扉　首　深圳市华德安科技有限公司
扉　二　松下电器(中国)有限公司
扉　三　北京汉邦高科数字技术股份有限公司
扉　四　腾龙光学(上海)有限公司
扉　五　腾龙光学(上海)有限公司
扉　六　TCL新技术(惠州)有限公司
扉　七　北京亚邦亚科技有限公司
扉　八　浙江红苹果电子有限公司
拉折页A　杭州中威电子股份有限公司
拉折页B　东方网力科技股份有限公司
扉　九　常州市维多视频科技有限公司
扉　十　天津天地伟业数码科技有限公司
扉十一　天津天地伟业数码科技有限公司
协办专题(扉十二至十五)　厦门狄耐克电子科技有限公司
扉十六　广东安居宝数码科技股份有限公司
拉折页A　厦门立林科技有限公司
拉折页B　中星电子股份有限公司
扉十七　广州美电贝尔电业科技有限公司
扉十八　常州明景智能科技有限公司
扉十九　深圳中兴力维技术有限公司
扉页末页　杭州海康威视数字技术股份有限公司
目录前小页　北京中盾安全技术开发公司
目录前小页　《中国安防》杂志
前　特　温州市博克电子有限公司
书签A　济南中维世纪科技有限公司
书签B　2014版《中国安全防范行业年鉴》广告征订
书　脊　北京富尼泰克安防科技有限公司

1、温州市博克电子有限公司
2、彩页目录
3、武汉微创光电股份有限公司
4、北京市门吉利磁电工程研究所
5、深圳市亚视威电子科技有限公司
6、浙江大立科技股份有限公司
7、天津市嘉杰电子有限公司
8、北京彩讯科技股份有限公司
9、深圳英飞拓科技股份有限公司
10、济南晨安商贸有限公司
11、金三立视频科技(深圳)有限公司
12、东莞市迈视电子科技有限公司
13、东莞市庄益实业有限公司
14、喜恩碧电子(深圳)有限公司
15、深圳市保千里安防有限公司
16、上海全景数字技术有限公司
17、北京智鑫安盾数字技术有限公司
18、敏通企业股份有限公司
19、敏通企业股份有限公司
20、深圳市秋田科技有限公司
21、上海天跃科技股份有限公司
22、大唐联诚信息系统技术有限公司
23、北京尚易德科技有限公司
24、库伯裕华(常州)电子设备制造有限公司
25、常州市佐安电器有限公司
26、成都亚光电子股份有限公司
27、成都理想科技开发有限公司
28、深圳市豪恩安全科技有限公司
29、深圳市豪恩安全科技有限公司
30、上海国沃电子科技有限公司
31、霍尼韦尔安防(中国)有限公司
32、康联安防科技股份有限公司
33、深圳科松电子技术有限公司
34、深圳市饶兴智能科技有限公司
35、山东众海公共安全器材有限公司
36、深圳市视得安罗格朗电子股份有限公司
37、泉州佳乐电器有限公司
38、北京中天锋安全防护技术有限公司
39、江苏联通电缆有限公司
40、天诚智能集团
41、浙江宏泰电子设备有限公司
42、温州欧德门控科技发展有限公司
43、四川兴事发门窗有限责任公司
44、万嘉集团有限公司
45、南宁奥特数码科技有限公司
46、富盛科技股份有限公司

2014年为"平安建设"推荐优秀安防产品及工程企业展示专栏

48、神州数码索贝科技有限公司
49、神州数码索贝科技有限公司
50、恒业智能安防(深圳)有限公司
51、北京中天锋安全防护技术有限公司
52、深圳市兰星科技有限公司
53、深圳市创维群欣科技有限公司
54、福建省冠林科技有限公司
55、深圳富视安智能科技有限公司
56、富盛科技股份有限公司
57、深圳市豪恩安全科技有限公司
58、ABB(中国)有限公司
59、杭州晟汗电子技术有限公司
60、诶比控股集团有限公司
61、东莞市中控电子技术有限公司
62、广州飒特红外股份有限公司
63、浙江金大门业有限公司
64、佳都新太科技股份有限公司
65、北京达明平安科技有限公司
66、天津市中环系统工程有限责任公司
67、武汉网信机电工程股份有限公司
68、海南科澜科技有限公司
69、新疆浦汇信息技术有限公司
70、北京国信桥通信工程有限公司
71、成都亚光电子股份有限公司
72、浙江宏海智能科技有限公司
73、青海省通信服务有限公司
74、兰州雨思电子科技有限公司
75、华平信息技术股份有限公司
76、广西广播电视信息网络股份有限公司
77、浙江华创智能工程有限公司
78、中国电子科技集团公司第二十二研究所天博信息系统工程公
79、江西北邮信息通信技术有限公司
80、哈尔滨威克技术开发公司
81、北京北控电信通科技发展有限公司
82、上海国际技贸联合有限公司
83、厦门万安智能股份有限公司
84、甘肃紫光智能交通与控制技术有限公司
85、博隆建亚科技(北京)有限公司
86、中铁武汉电气化局集团有限公司
87、科海电子有限公司
88、深圳市精华隆安防设备有限公司

视频监控
解决方案提供商
24小时服务热线：400-852-5236
WELLTRANS
微创光电
WELLTRANS
武汉微创光电股份有限公司
®
WELLTRANS O&E CO.,LTD.
www.wtoe.cn

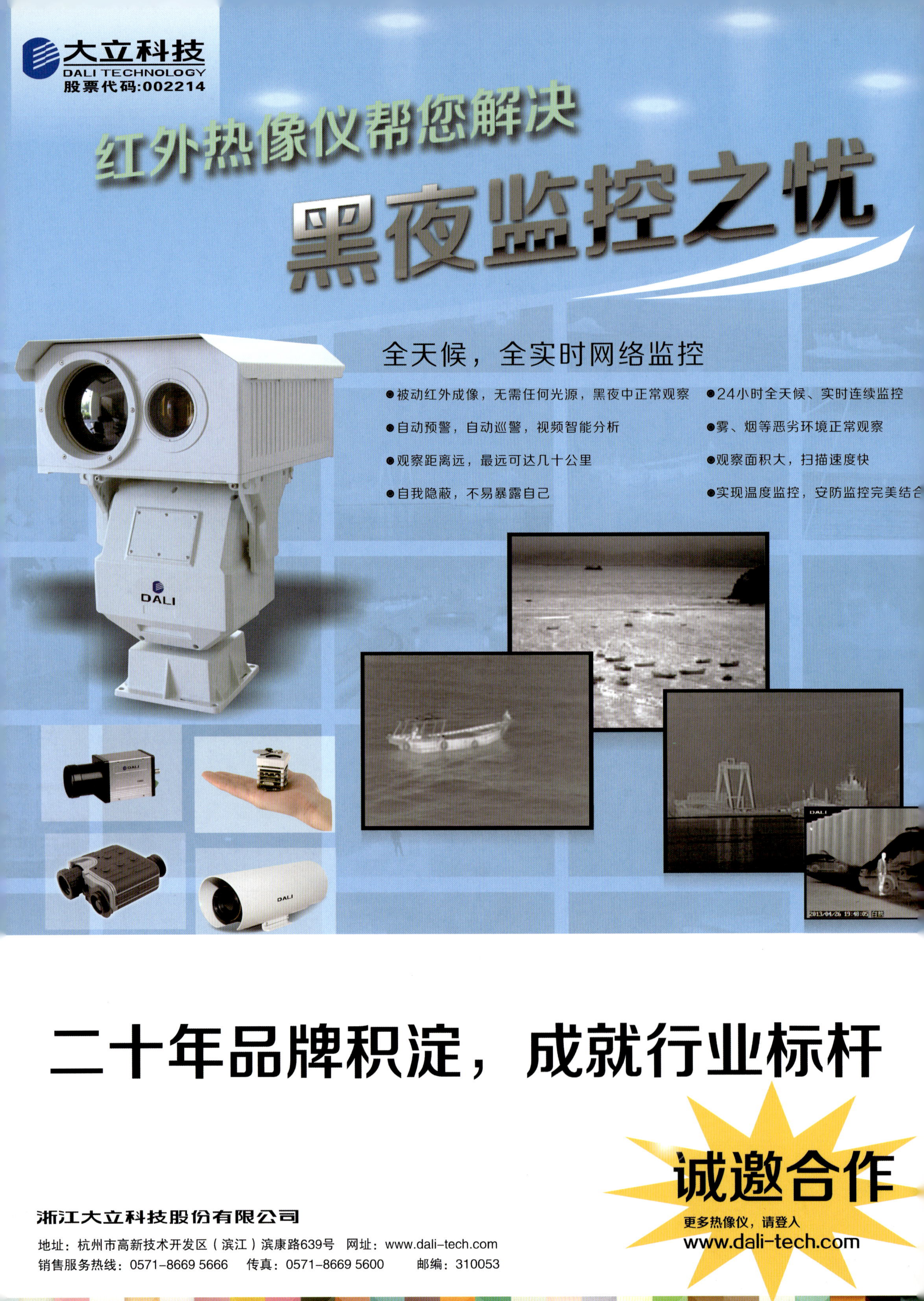
大立科技
DALI TECHNOLOGY
股票代码:002214
红外热像仪帮您解决
黑夜监控之忧
全天候，全实时网络监控
●被动红外成像，无需任何光源，黑夜中正常观察
●24小时全天候、实时连续监控
●自动预警，自动巡警，视频智能分析
●雾、烟等恶劣环境正常观察
●观察距离远，最远可达几十公里
●观察面积大，扫描速度快
●自我隐蔽，不易暴露自己
●实现温度监控，安防监控完美结合
DALI
二十年品牌积淀，成就行业标杆
诚邀合作
更多热像仪，请登入
www.dali-tech.com
浙江大立科技股份有限公司
地址：杭州市高新技术开发区（滨江）滨康路639号 网址：www.dali-tech.com
销售服务热线：0571-8669 5666 传真：0571-8669 5600 邮编：310053

JEC 嘉杰电子
JIAJIE ELECTRONICS
中国智能监控专家

企业理念

“以科技求发展，以质量创品牌”，嘉杰公司愿与您真诚合作，携手共创事业的辉煌。

森林防火

边防海防

智慧城市

高空瞭望

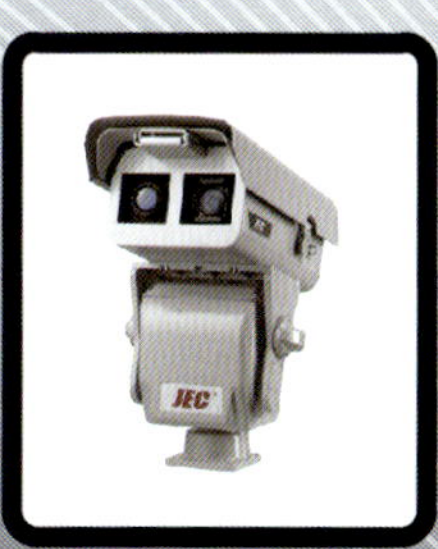

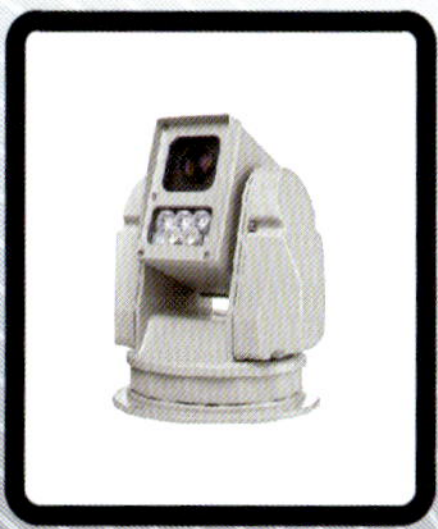
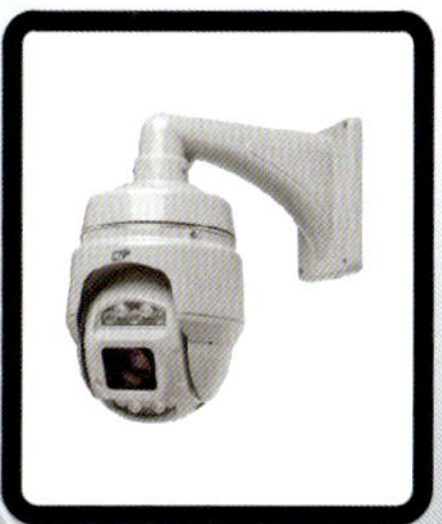

JEC 天津市嘉杰电子有限公司
TIANJIN JIAJIE ELECTRONICS CO.,LTD.
公司地址：天津市南开区西湖道95号南开工业园B座CD单元三楼
ADD:B-CD-3Nankai Industrial Park,No.95 Xihu Road,Nankai District,Tianjin,China,300190
电话(TEL)：+86-22-27681466 传真(FAX)：+86-22-27687096 邮编：300190
Http://www.jec-cctv.com 客服热线：4006 518 588

TRIOLION 彩讯
大屏幕系统产品和方案提供商
■ 股票代码：430033
亮视界
质飞跃
TRIOLION 彩讯
彩讯科技激光光源大屏幕显示系统
先进光源 性能更强
■ 瞬间点亮，无需黑屏等待
■ 32点多光源备份，画面更具安全保障
■ 效能高达9.5流明/瓦，功耗更低
■ 接近Rec.709色彩范围，画面色彩更加真实
■ 内建智能传感器，自动调整大屏色彩
超高亮度 用途更广
■ 亮度1800流明，最高可达4000流明
■ 更适用于大尺寸屏幕拼接
（如：80、84英寸）
■ 搭配低增益屏，视角宽广，无暗边
完美拼接 选择更多
■ 4:3 、16:9两种显示比例，让您体现不同的视觉效果。同时更有16:9可实现1080P高清信号源1:1精确取样，图像不压缩、不失真可完美再现！
■ 多种屏幕根据用户的应用环境及需求，为用户提供最适合自己的屏幕类型
彩讯官方微信
北京彩讯科技股份有限公司
服务热线：4000-430033
网址：www.triolion.com
地址：北京市海淀区东北旺西路8号中关村软件园8号楼301室
北京平台 沈阳平台 西安平台 上海平台 南京平台 广州平台
成都平台 重庆平台 武汉平台 海外平台

先进安防 守护全球

高清摄像机系列
集成软件平台
智能视频分析
DVR/NVR存储系列
矩阵系列
光端机系列
智能交通系统

平安城市
交通运输
司法系统
商业和工业设施
智能建筑
公共设施
教育系统

济南晨光安防用品市场

济南晨光安防用品市场是由济南晨光纸业有限公司主办，由济南晨安商贸有限公司经营管理，投资1000万元兴建的专业安防用品市场。由济南市公安局、济南市质量技术监督局、天桥区工商局监管的目前全国规模最大的安防市场。是济南市安防协会副理事长单位，中国安防协会理事单位。2007年被中国质量万里行山东市场调查部确定为调查、调研基地。

济南安防用品市场于2000年创建以来，经过多年的艰苦创业和不懈的努力，目前已有盼盼、飞云、铸城、飞乐 、美心、王力、新多、群升、开喜、盛富来、金大、星月神、飞鹰、立林、赛克新威等100多家知名品牌的产品入住市场。市场凭借其规范的管理，使入住市场的生产商和经销商在此获得了良好的经济效益和社会效益，赢得了广大消费者的认可。是山东省安防产品的主要集散地，在华东地区和全国都有一定的影响。

济南晨光安防用品市场自开业以来在省公安厅、市公安局技防办、市质量技术监督局、市工商和国家安防协会的指导下，市场得到了健康快速的发展。在全国安防行业有较大的影响。中国安防协会的两任理事长曾多次到济南晨光安防用品市场视察指导工作，对市场所取得的成绩给予了充分的肯定。2003年以来晨光安防用品市场先后五次被评为济南市规范化文明市场，2007年被山东省精神文明办公室、山东省工商管理局评为山东省规范化文明市场。2008年济南晨安商贸有限公司被山东省消费者协会等十四家单位评为山东省消费者满意单位。2011年10月被全国产业发展调研工作组、中国商贸流通协会、中国商业零售协会、2011全国商贸流通经济山东峰会授予全国“安防用品三十强市场、全国规范化五星示范市场等荣誉称号。

晨光安防市场经过不断的改造扩大经营规模，使经营类别划分更加明确，方便了顾客选购。市场现有经营面积10000多平方米，仓储面积7000多平凡米，市场总占地面积达30000多平方米。市场南侧是晨光物流市场周边是成熟的商业群。北邻济南长途汽车总站，南距火车站不足一公里，地理位置十分优越。

欢迎全国各地的防盗门、电子监控、楼宇对讲、锁具、保险柜、消防器材等安防产品的生产商、经销商入住本市场，共图事业的发展。

董事长张增福携全体员工欢迎您的光临。

地址：山东省济南市济洛路 158 号
邮编：250031
电话：0531-88321781

金三立®
SANTACHI
网络高清
首选金三立
模拟摄像机
高清网络摄像机
高清NVR
网络视频录像机
拼接系列
北京安博会展位号：E2H01
高清显示
高清摄像机
高清平台
高清存储
金三立视频科技（深圳）有限公司
高清监控综合解决方案先锋
地址：深圳市龙华雪岗北路306号金三立大厦
电话：0755-83151222 0755-83150898
客服电话：400 700 8100

MS 迈视
高清网络摄像机专业制造商
Network Video Recorder
NVR
NVR/H.264
以科技领先
以品质取胜
电话：0769-89168899 89168898 89168896
网址：www.maishicctv.com 传真：0769-89168
邮箱：maishi@maishcctv.com
地址：广东省东莞市长安镇厦边永业一路迈视工业
东莞市迈视电子科技有限公司
全球统一服务热线：4006-212122

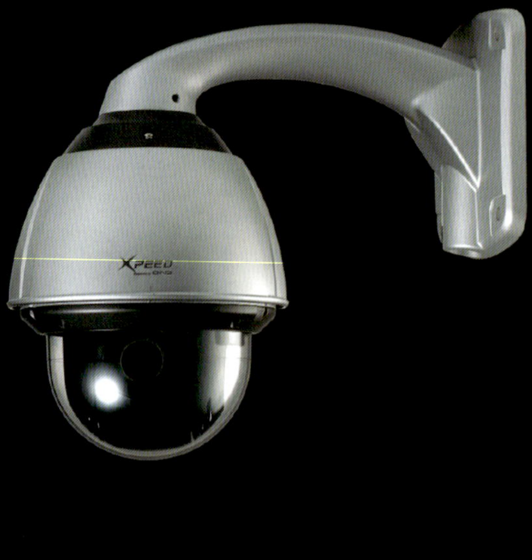

TOYANI®
图 雅 丽
摄像前端 · 液晶拼接
高端视像系统解决方案供应商
掌握与图像有关的光、机、电核心技术
拼缝3.9mm超窄边
液晶拼接大屏幕
TOYANI
◎ 双重拼接、4层漫游叠加：每单元支持4画面显示、4漫游窗口，支持4套独立物理接口
◎ 内置数字混合矩阵，支持VGA、HDMI、AV、S端子等各种信号，输入路数4倍于拼接屏数量
◎ 原装进口LED背光液晶面板，独家领先动态超解像技术，图像画质更清晰
高清破雾新品
200万像素高清高倍数变焦自动对焦镜头
200万像素高清高倍数变焦自动对焦一体化摄像机机芯
TOYANI
400米红外激光补光高速球
◎ 小型化非球面高倍数电动变焦光学镜头
◎ 数字自动对焦算法
◎ 智能球驱动
◎ 高端同步变焦红外LED及红外激光夜视光源
1/3"
1/3 " CCD
White Balance
超宽白平衡
WDR
Wide Dynamic Range
宽动态范围
Masking
隐私遮蔽
DNR
Digital Noise Reduction
数字降噪
强光抑制功能
日夜转换
650TVL
超高分辨率
IR
IR-CUT功能
保千里安防
PROTRULY
掌握核心技术
深圳市保千里安防有限公司
地 址：深圳市南山区南山大道1004号深意工业大厦4楼
邮 编：518084
总 机：0755-29672028 29672038
传 真：0755-29672008
专 线：0755-29672049 18038181258
网 址：www.toyani.com.cn
toyani
@图雅丽

High Definition Camera

高清数位影像实时传输

- 符合SMPTE广播技术规格
- 零延时的影像实时输出
- 百万画素无损画像编码技术
- 视频/声音/控制单轴线缆传送
- 界面:光纤/同轴线/HDMI/DVI

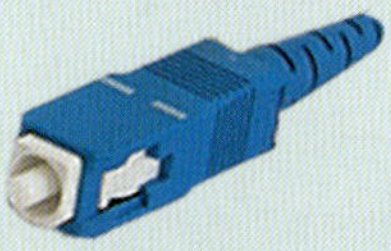

影像强化增强功能

三维降噪技术

即数位降噪技术，消除或减少图像中的杂讯，保持图像的解像度，在低照度的环境下拍摄，可取得良好的S/N比。

高亮抑制

可自动抑制光圈及增益过度曝光部分，减少场景过度饱和区域，增加亮区的清晰度。用于地下停车场、逆光等环境。

高动态

也称作ATR（适应性色调复制）或HDR（高动态范围），可抑制过度曝光区域的影像，并同时提高图像中过暗de部分，使图像可完整清晰。

透雾

在低对比的环境条件下，籍由伽玛校正，提高及强化图像内细节，在雾、雪及烟雾中拍摄也能清楚呈现。

日食

可自动遮蔽过度饱和的区域，以增加高亮区周围的可辨识度。适用于路口及车道等。

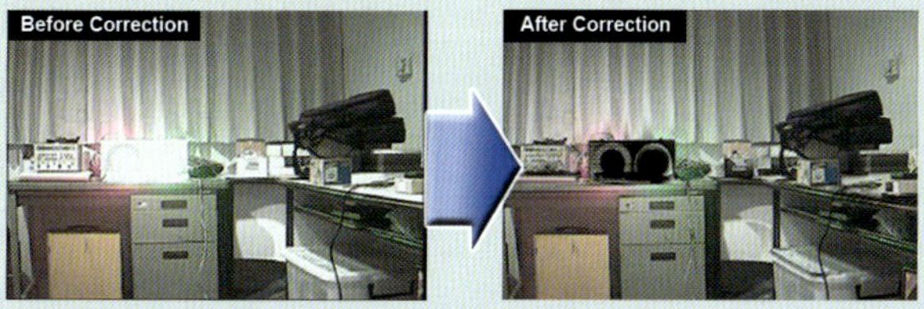

和歌山
和歌山光电科技(深圳)有限公司
地址：深圳市宝安区西乡黄田岗贝工业区11栋3F
电话：(0755)83875511
传真：(0755)83875517 邮政编码：518102
移动电话：13902959020
E-mail：service@wakayama.com.cn
URL：http://www.wakayama.net.cn

ISO-9001 ISO-14001 RoHS QC080000 CE FCC

清监控
轻监控
从盯屏中解放出来
天跃安防
综合管理平台
面向行业安防业务流程设计
按预案标准化处置报警事件
事前预警、科学决策
高扩展性、随需而变
天跃科技
专家级的安防服务商
高清摄像机系列
DVR/NVR系列
解码主机系列
IP对讲系列
大型存储系列
门禁系列
智能仪系列
上海天跃科技股份有限公司
网址：www.typrotech.com
全国服务热线：400-820-8980
电话：021-6598 1999
传真：021-6598 5832
地址：上海市赤峰路63号设计大楼9楼
北京分公司 010-8758 9969
太原分公司 0351-211 0528
沈阳分公司 024-2259 5017
上海分公司 021-3509 3981
南京分公司 025-5225 0360
合肥分公司 0551-512 7516
广州分公司 020-3847 9580
武汉分公司 027-8839 2863
成都分公司 028-8670 7712
西安分公司 029-8827 8248
银川分公司 0951-503 7112
贵阳分公司 0851-584 9263

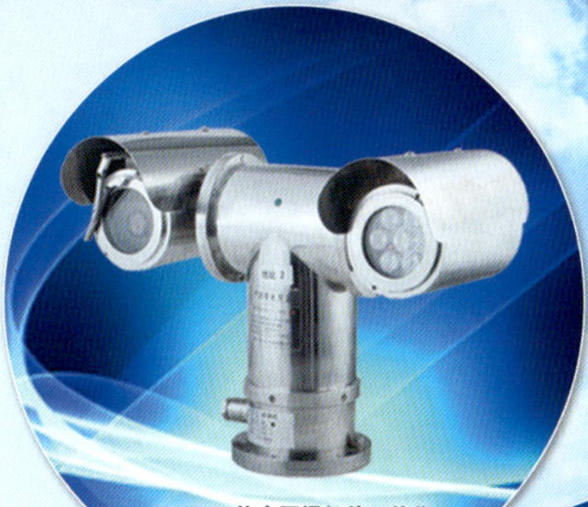
ZAT610佐安隔爆红外一体化万向夜视仪

ZAT630佐安隔爆不锈钢高速球

ZAJ320佐安隔爆控制画面分割器

ZAJS400隔爆不锈钢监视器

ZAF1032远红外隔爆型一体机

ZAF100A全天候隔爆型摄像仪

成都亚光电子系统有限公司

CHENGDU YAGUANG DIANZI XITONG CO.LTD

公司简介

成都亚光电子系统有限公司是原电子工业部署大型军工企业国营亚光电工总厂股份制改制后的成都亚光电子股份有限公司的全资子公司，现为中航工业下属控股企业。

成都亚光电子系统有限公司为我国的“两弹一星”、电子对抗、遥感遥测、神舟飞船等高科技领域做出过重要贡献。上世纪80年代，亚光电子响应“军转民”的号召，进入当时国内处于空白的安全防范行业，继承和发扬军工企业的技术优势，自主研发生产微波探测器、防盗报警主机、视频监控、门禁控制器等系列产品，广泛应用于安全防范系统中。

成都亚光电子系统有限公司是公安部最早定点的技防产品生产厂家，智能交通、专网通信准入单位，中国安全防范产品行业协会副理事长单位，安防产品各大银行入围供应商、全国安全防范报警系统标准化委员会委员单位，“平安城市”建设推荐产品优秀安防产品供应商，“平安城市”建设优秀安防工程企业。

成都亚光电子系统有限公司立足三十年的安防产品研发、应用经验，通过自主研发、技术引进、代理国际知名品牌等形式，以自身特色产品和各种技术防范系统的周边设备，构建入侵报警产品、系统，为各行各业提供专业的安防产品和应用方案。

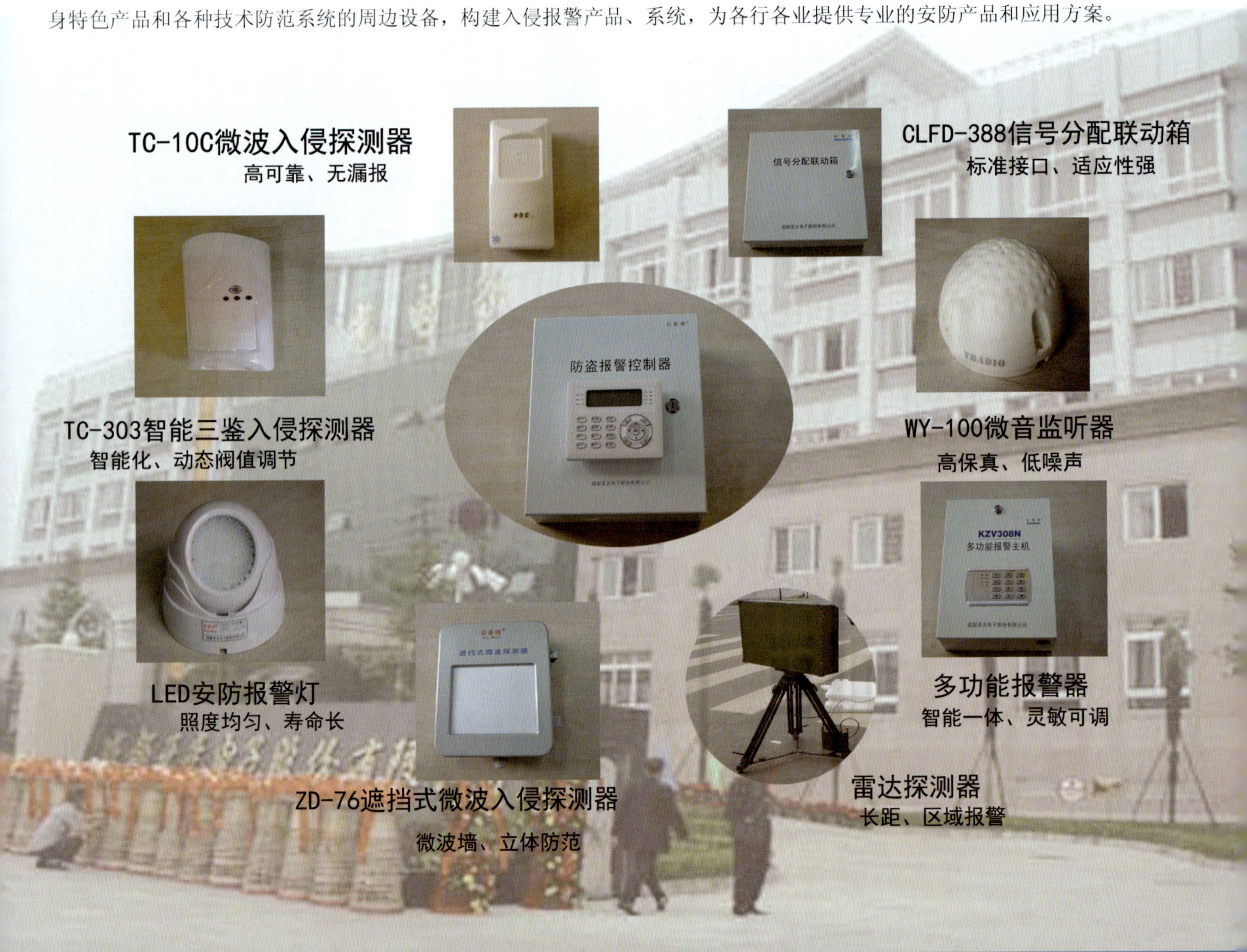

成都亚光电子系统有限公司

CHENGDU YAGUANG DIANZI XITONG CO.LTD

地址：成都市成华区东虹路66号

邮编：610051　Http://www.chinayaguang.com

电话：028-84749826　84749828　传真：028-84749825

创新 引领未来

长城安保 | 周界报警的领导者

脉冲电子围栏 张力电子围栏

脉冲电子围栏主机

GW-AP-2X

6线高压双防区电子围栏主机（全功能版）

核心特点

- 专利的抗高压线路耦合干扰脉冲检测技术
- 根据前端防区距离自动/手动调节电压 全6线高压
- 单双防区选择，开机自动检测项目施工质量
- 内建触控键盘，方便调试参数
- 电压、报警延时、灵敏度、地址编码可调
- 精确故障诊断 通讯接口多种选择，便于集成和扩展
- 军队准入认证号：军安认字第0229号
- 集成Greatwall Bus总线模块，远程布撤防，修改参数诊断故障

张力电子围栏主机

GW-TC-2

张力围栏控制主机

核心特点

- 基于"环境风险主动预分析算法"，安全等级高
- 张力主机同时分析每根张力线变化，误报率低，可靠性高
- 张力主机最多可以同时处理12路张力信号，适合各类项目
- 张力主机集成了震动传感接口，多传感器提升了防范等级
- 张力主机根据安全策略自动跟踪相对零点，适应各种恶劣环境
- 张力阀值灵敏度可调，报警延时可调，环境参考数据自动保存
- 设置操作简单，主机自带推荐设置，三步骤以内调试完成
- 安装完毕，张力围栏主机自动适应并跟踪现场环境
集成Greatwall BUS总线模块，远程布撤防，修改参数，诊断故障

总线报警主机

GW-NT2000

长城安保总线报警中心主机

核心特点

- 项目应用面广泛，总线距离单路可达3000米
- 自动搜索防区功能，自动识别重码防区
- 全中文菜单式人机界面，简单易用
- 可兼容长城安保所有子系统
- 前端设备参数可查询，可调试
- 无需转换设备直接连接PC
- 强大的网络功能，可远程监测控制及维护
- 支持防区分区功能，多种扩展接口

上海国沃电子科技有限公

上海国沃电子科技有限公司是业内领先的室外安全系统研发
咨询和售后服务企业，上海安全防范报警协会会员单位。
保提供的安全系统因其高可靠性、高探测能力以及低误报和伪
誉业内；在周界安保领域，长城安保正快速成为中国具有创新
安防产品供应商。长城品牌周界安保系统为政府、军事要地；
工业、公共场所；电站、水厂、油库、燃气公司；VIP地产、政
界要员住宅等不同客户提供专业的解决方案。我们因创新和独特
功，并将以此继续开拓未来。

长城安保 GREATWALL SECURITY
上海国沃电子科技有限公司
Shanghai Wo Electronic Technology Co., Ltd.
全国服务热线:4006-857-847
全国服务QQ:159119117

KONLAN 康联
创造完美生活空间
康联云视频联网报警系统
颠覆传统电话拨号联网报警系统
——康联·中国云视频报警服务和设备的领导者——
军工品质
质保5年
高清网络球机
商铺监控
企事业单位管理
高清网络卡片机
学校监控
红外探测器
幼儿园监控
家庭看护
联网报警主机
随时随地
尽在“掌”控

智能停车子系统
车位引导子系统
消费管理子系统
门禁控制子系统
会议签到子系统
SZ REC
2312 31455552
智能一卡通系统平台
考勤管理子系统
DVR监控系统
访客登记子系统
通道票务子系统
巡更管理子系统
电梯控制子系统

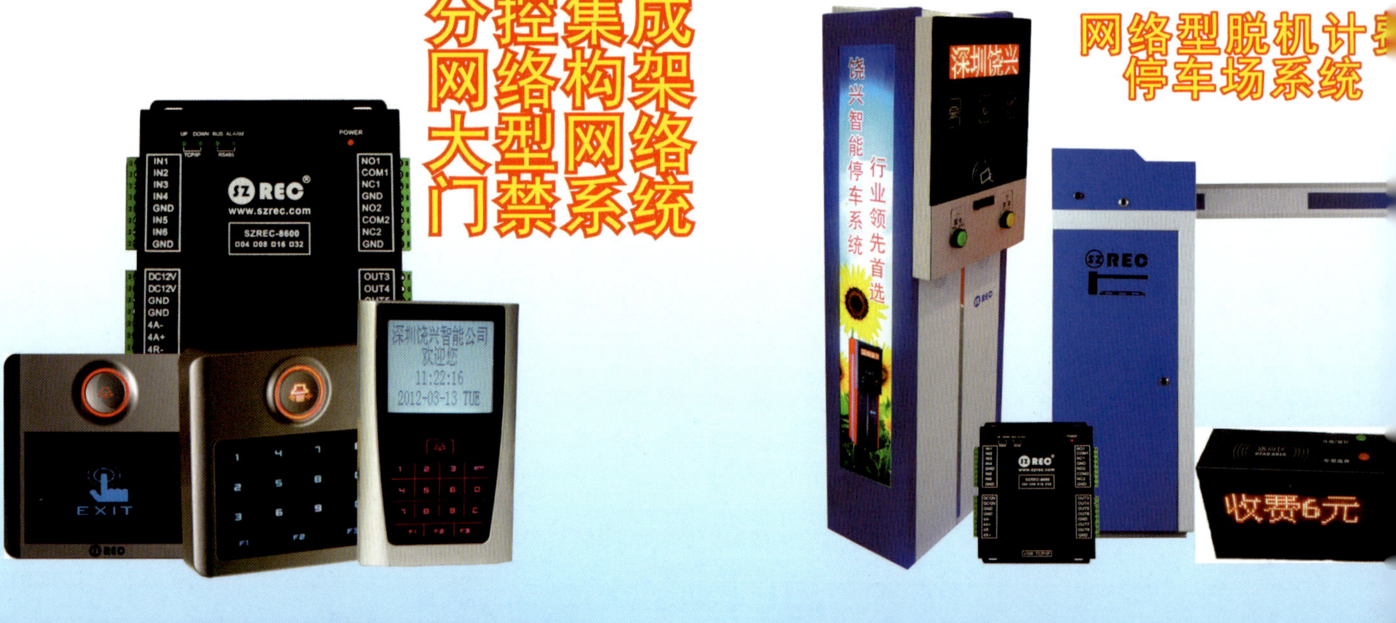
分控集成
网络构架
大型网络
门禁系统
SZ REC
www.szrec.com
SZREC-8600
深圳饶兴智能公司
欢迎您
11:22:16
2012-03-13 TUE
EXIT
网络型脱机计
停车场系统
深圳饶兴
饶兴智能停车系统
行业领先首选
收费6元

D9000 数字楼宇对讲系统产品系列

沟通随心　成熟稳定　实时安全 功能丰富 无限拓展

Shidean

D190系列彩色免提室内终端

畅行未来 智能之享

作为新一代智能数字楼宇对讲系统，D9000系统基于成熟稳定的互联网技术、音视频编解码技术，并集安防可视对讲与智能家居控制技术为一体，不仅可在小区内部实现无障碍户户对讲，还可进行远程布防、智能家居控制，并可扩展到手机、平板电脑等移动终端，其功能可带给用户更完美的操作体验，为用户打造一个便捷、舒适、安全、智能的现代化家居生活环境。

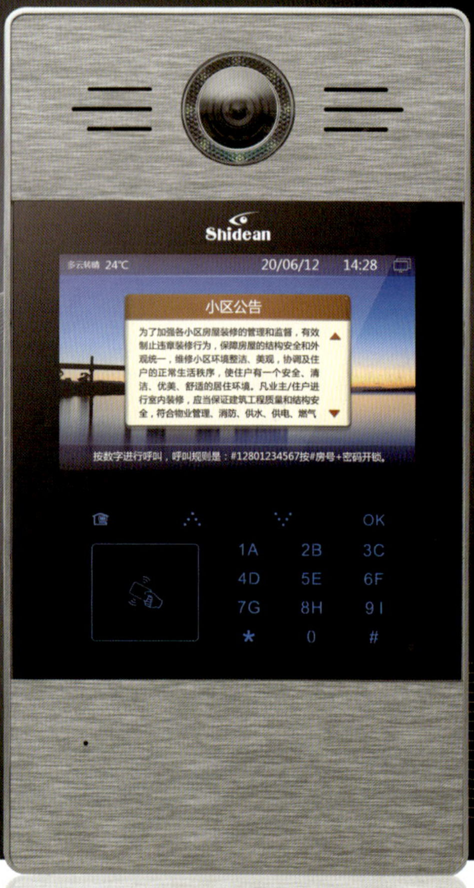

DE225系列数字彩色主机

稳定创新　可持续发展

专业态度

视得安罗格朗从设计、物料、研发、生产、测试、品检、安装、服务等各方面扎扎实实地做好的产品。忠诚地为客户创造和分享更多价值，以专业的态度打造高质量的产品服务于社会。

技术创新

每年拿出销售额的10%用于研发，共享罗格朗集团WDS事业部700人强大的研发团队及世界前沿科技成果。
市场全覆盖，三大产品品牌推陈出新（Shidean legrand bticino）。

社会责任

面对激烈的市场竞争，视得安罗格朗始终坚持健康的发展方式，着眼于客户的长期利益，不搞短期行为。视得安罗格朗公司有罗格朗集团一百五十多年的企业发展理念做指导（数据来源：罗格朗集团官网），从来都是稳步中求发展，积极领导行业健康向上发展。

WEN SUPPORT　LEGRAND ENERGY EFFICIENCY 罗格朗，绿色能效　CNAS

深圳市视得安罗格朗电子股份有限公司
Shenzhen Shidean Legrand Electronic Products Co.,Ltd

地址：深圳市南山区白石洲沙河工业区39栋　邮编：518053　总机：0755-26917888　传真：0755-86096906
网址：www.legrand.com.cn　全国统一服务热线：400-700-1868

A Group brand　legrand®

TC
天诚智能集团
TC SMART SYSTEMS GROUP
天诚 TIAN CHENG
BAiWEI 百微
※ 主导产品
◆ 智能家居、智能楼宇控制、公共安防系统解决方案
◆ IP广播解决方案
◆ 综合布线解决方案
◆ 监视监控线缆系列
◆ 有线电视线缆系列
◆ 通信线缆系列
◆ 音响线缆系列
◆ 高清多媒体线缆系列
◆ 高维人脸识别系列
高档弱电线缆制造专家
高档智能化产品
和解决方案专家
天道酬勤 诚信为本
天诚智能集团总部
上海威富天诚智能科技有限公司
地址：上海市松江区光星路618号
邮编：201613
电话：021-67883333
传真：021-37688782
邮箱：tc@tcgroup.com.cn
网址：www.tcgroup.com.cn
上海天诚线缆销售有限公司
地址：上海市松江区光星路618号
邮编：201613
电话：021-37688809
传真：021-37688779
邮箱：tcxs@tcgroup.com.cn
网址：www.tcgroup.com.cn
江苏天诚智能集团有限公司
地址：扬州市广陵区沙头镇施沙路2号
邮编：225105
电话：0514-87536888
传真：0514-87531163
邮箱：tcy@tcgroup.com.cn
网址：www.tcgroup.com.cn
上海企云信息技术有限公司
地址：上海市宝山区共和新路4727号新陆
邮编：200435
电话：021-60718865
网址：www.qycomputing.com
上海天诚线缆有限公司
地址：上海市松江区光星路618号
邮编：201613
电话：021-57680530
传真：021-37728578
邮箱：tcw@tcgroup.com.cn
网址：www.tcgroup.com.cn
上海天诚通信技术有限公司
地址：上海市松江区光星路618号
邮编：201613
电话：021-57783666
传真：021-37012722
邮箱：tcc@tcgroup.com.cn
网址：www.tcgroup.com.cn
成都中衡网络有限公司
地址：成都市高新西区百草路898号
邮编：611731
电话：028-87999789
传真：028-87999090
邮箱：tczh@tcgroup.com.cn
网址：www.tcgroup.com.cn
成都百微电子开发有限公司
地址：成都市高新西区百草路898号
邮编：611731
电话：400-028-6663
传真：028-87999090
网址：www.tcgroup.com.cn

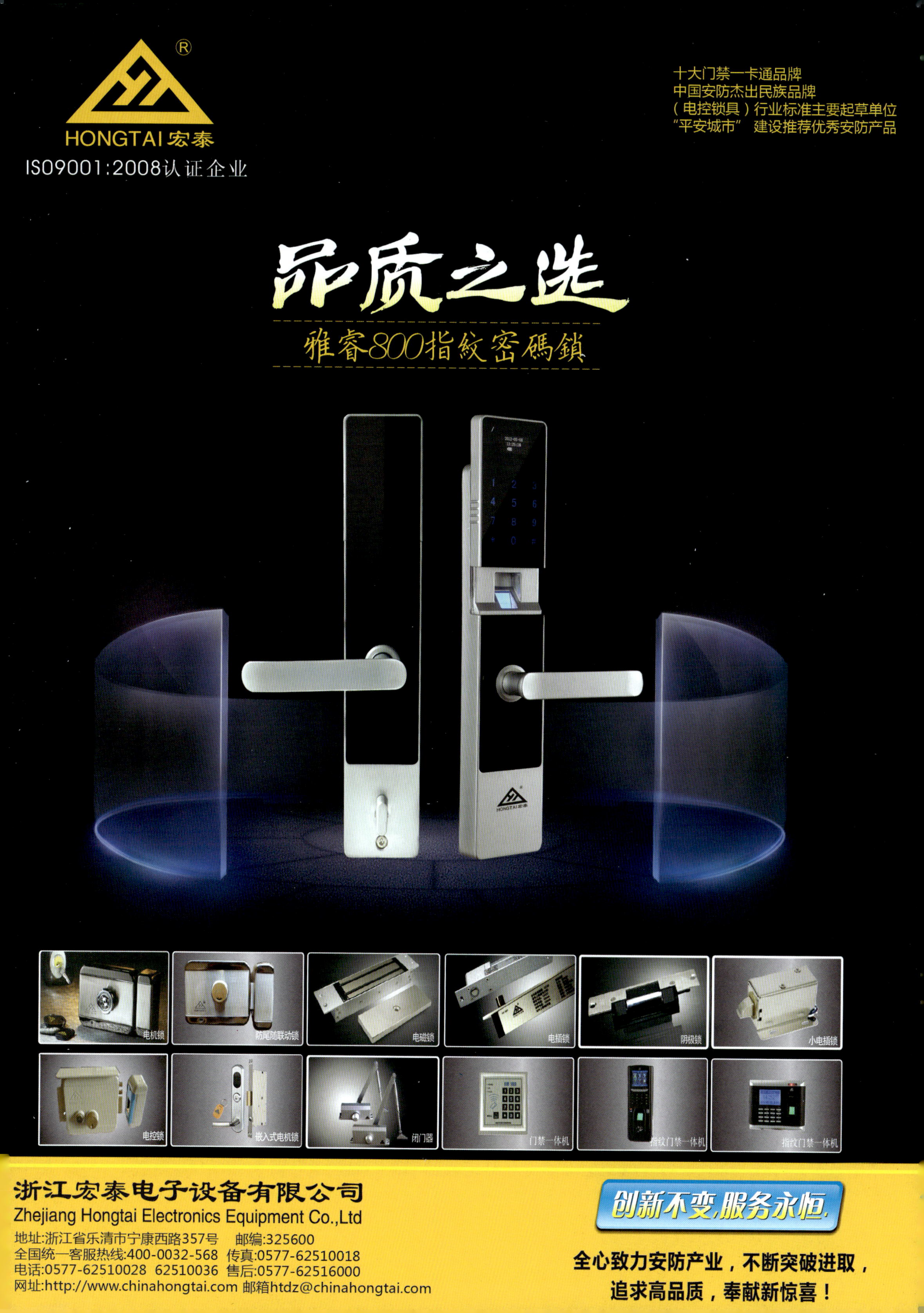
HONGTAI 宏泰
ISO9001:2008认证企业
十大门禁一卡通品牌
中国安防杰出民族品牌
（电控锁具）行业标准主要起草单位
"平安城市" 建设推荐优秀安防产品
品质之选
雅睿800指紋密碼鎖
电机锁
防尾随联动锁
电磁锁
电插锁
阴极锁
小电插锁
电控锁
嵌入式电机锁
闭门器
门禁一体机
指纹门禁一体机
指纹门禁一体机
浙江宏泰电子设备有限公司
Zhejiang Hongtai Electronics Equipment Co.,Ltd
地址:浙江省乐清市宁康西路357号 邮编:325600
全国统一客服热线:400-0032-568 传真:0577-62510018
电话:0577-62510028 62510036 售后:0577-62516000
网址:http://www.chinahongtai.com 邮箱htdz@chinahongtai.com
创新不变,服务永恒
全心致力安防产业，不断突破进取，
追求高品质，奉献新惊喜！

中国驰名商标

兴事发

SICHUAN XINGSHIFA DOOR & WINDOW CO.,LTD

四川兴事发门业集团

SICHUAN XINGSHIFA DOORS INDUSTRY GROUP

全国统一服务热线

4008-815-111

集 团：http://www.xsfjt.com

http://www.xsfmc.cn

地 址：四川省绵阳市游仙东路89号

销售电话：0816-6282888

服务电话：0816-6282666

传 真：0816-6282860

E-mail：xsfmc@xsfjt.com

company introduces
企业简介

四川兴事发门窗有限责任公司，隶属四川兴事发门业集团，位于中国科技城绵阳，是中国西部大型生产制造、销售企业，公司占地800余亩，拥有现代化生产车间25万平方米，企业在职员工2000余人，资产总额达10亿元，公司内部计算机网络管理、ERP管理系统成熟，管理模式先进、快捷、准确。

公司开发生产各类防盗安全门、防火门、钢质门、保温门、室内门、医院门、自动车库门、防火卷帘门、楼寓对讲系统、防护窗、卷闸门窗等十几大系列100余个产品。年生产能力达到300万樘以上。

公司秉承“凡兴事发用户的问题，就是兴事发人的责任”的服务理念，开通4008-815-111全国免费热线，24小时竭诚为用户服务。

公司坚定不移地实施名牌战略，聘请著名表演艺术家唐国强为“兴事发”品牌代言人。每年投入3000多万元在中央电视台1套、7套、13套、新闻频道、和中央人民广播电台一经济之声宣传“兴事发”品牌和产品。

神贝平安城市整体解决方案
决胜城市安全防控之道
神贝平安城市整体解决方案帮助管理者迅速构建完善的现代城镇治安立体防控体系。以智能、高效的可视化信息管理技术、专业的侦查系统及公安实战应用平台，全面应用于刑侦、治安、信通、技侦、视侦、交通等不同警种。加速平安城市步伐，共建美丽中国。
全警应用
步步为赢
神贝平安城市整体解决方案，适应各类城镇安全防控需求，全警应用，环环相扣，能迅速构建制胜全警的立体防控体系！
前端监控设备
视频侦查系统
视频监控整合平台
公安实战应用系统
视频运维平台
方案垂询专线：028-8517 5301
敬请关注：www.dccs.com.cn
平安城市解决方案
DCCS
Defender of City & Citizen's Security
神州数码索贝科技有限公司
地址：北京市海淀区上地九街9号数码科技广场 邮编：100085
电话：010-8270 4044/4630 传真：010-8270 4159
地址：成都市高新区新加坡工业园新园大道南二路2号 邮编：610041
电话：028-8517 4491 传真：028-8517 4523
网址：www.dccs.com.cn
2014 神州数码索贝科技有限公司版权所有，保留所有权利。

FSAN
CCTV SYSTEM
全球安防50强企业ODM供应商
富视安高清红外网络高速球
High Definition IP IR PTZ Domes
1080P
20X
WDR
HDIP
PTZ DOMES
200万像素网络高清红外智能高速球
全高清1080P/20X 光学变焦 F=4.7~94mm
水平360°连续旋转/垂直90°自动翻转
256个预置位/4条花样扫描/8组预置点巡航
防雷/IP66/DC12V/标配壁装支架
全金属外罩设计
IP66防护等级
10颗阵列灯
红外距离达150米，使用寿命超30000小时
快装结构设计
安装、拆卸便捷
FS-WD212-6205 SONY
1/2.9寸索尼243万Exmor传感器
20倍国产镜头
FS-WD212-6206 SONY Canon
1/2.9寸索尼243万Exmor传感器
20倍佳能镜头
高清网络产品
5M/3M/1080P/960P HD IPC
64路/36路/16路/8路/4路 HD NVR
高清数字产品
1080P/720P HDCVI摄像机
1080P/720P HDCVI 数字硬盘录像机
720P TVI摄像机
模拟产品
720P AHD摄像机
720P AHD 硬盘录像机
960H摄像机/硬盘录像机
平台产品
高清解码服务器
智能图像综合管理服务器
智能管理平台
深圳富视安智能科技有限公司
工厂地址:深圳市龙岗区南湾街道厦村社区冰塘山工业区1-3栋 网址://www.fsan.cn
ISO 9001:2008
中国区营销中心（南方大区）
深圳市龙岗区南湾街道厦村社区冰塘山工业区2栋五楼
TEL：86-0755-22219835
FAX：86-0755-22207924
中国区营销中心（北方大区）
北京市朝阳区广渠门外大街8号优士阁B座504
TEL：86-010-58612027/58612037
FAX：86-010-58612091
ONVIF GB/T 28181

创新合作 共赢未来

信念 筑就
价值源于创新
金大门业
区域内纳税超两亿的企业集团
中国门业首家上市公司
浙江名牌产品
浙江省著名商标
浙江省绿色企业
浙江省‘十一五’污染减排工作先进单位
浙江省工业循环经济示范企业
浙江省工商企业信用AAA级”守合同重信用”单位
浙江金大门业有限公司
Zhejiang Kingdom Doors Industrial Co., Ltd.
地址：浙江省永康经济开发区 电话：0086-579-87229999
www.kingdomdoors.com
800 8579 169
金大门业
防盗安全门
钢木装甲门
防火门
别墅门
室内门
KINGDOM
Perfect Taste Excellent Quality.

北京达明平安科技有限公司

达明工程

企業简介

北京达明平安科技有限公司成立于2000年,十几年来，公司始终站在行业的最前沿，不懈努力，不断创新，致力于成为客户最满意的方案提供者和优质工程建设者，业务涉及城市、军队、政府、金融、酒店、地产、文博、机场、院校、医院、电信、公安、司法等多个领域，并赢得了诸多认可和好评，已打造成为一个值得信赖的专业工程品牌——达明工程。

公司凭借过硬的实力，拥有建筑智能化工程设计与施工壹级资质和安防工程壹级资质，率先通过了ISO9001质量管理体系认证，ISO14001环境管理体系认证及GB/T28001职业健康安全管理体系认证，是北京市高新技术企业，中国安全防范产品行业协会常务理事长单位和北京安全防范行业协会副理事长单位，同时公司荣获了北京市安全防范行业协会AAA诚信优秀企业，全国AAA级重合同守信用企业，AAA级诚信企业，中国安防行业3111平安城市推荐企业，中关村瞪羚企业，平安城市建设优秀安防工程企业等荣誉称号。

公司承建了“国家大剧院”、“新北京电视台”、“中国农业银行总行”、“首都国际机场”、“中国建设银行总行长安兴融中心”、“中国工商银行北京市分行”、“中科院政策所”、“国家电网公司都城大厦”、“中国地质博物馆”、“金九维景国际大酒店”等重大弱电智能化及安防工程项目。

公司始终坚持技术领先，质量第一，365天24小时全天候售后服务的理念，在业内具有良好的声誉，公司承建的武汉银建大厦荣获国家优质工程鲁班奖，工总行数据中心荣获国家优质工程鲁班奖和长城杯，北京电视台中心系统工程被评为2009年度北京优质工程，中国地质博物馆工程被评为2010年度北京优质工程。

北京达明平安科技有限公司是一个奋发向上的集体，拥有一支专业的技术队伍和经验丰富的项目工程师队伍，公司将继续秉承“达至四海，明以诚信”的经营理念，通过不断的创新的努力，把公司打造成为国内外建筑智能化和安防系统工程领域的领军品牌。

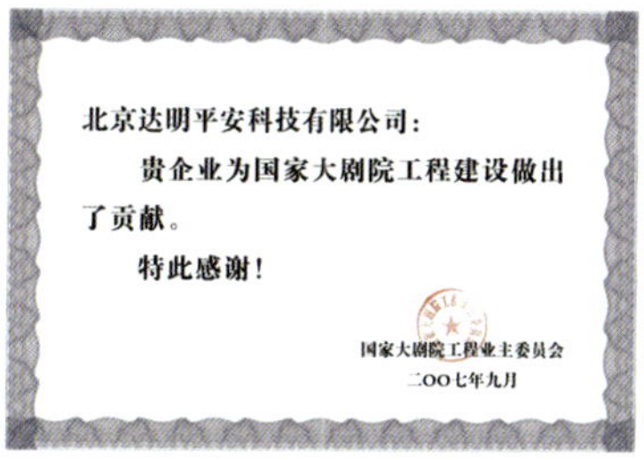

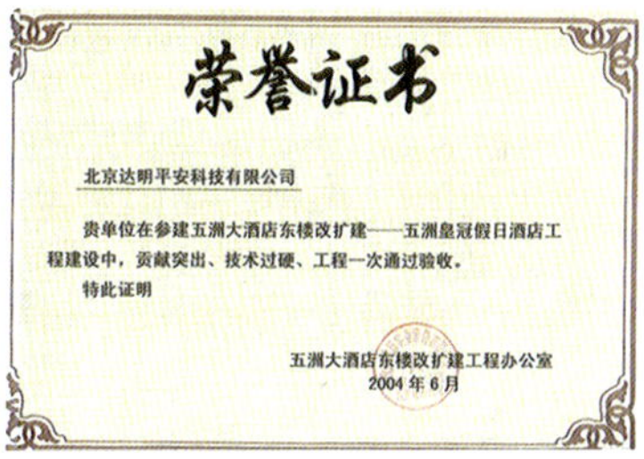

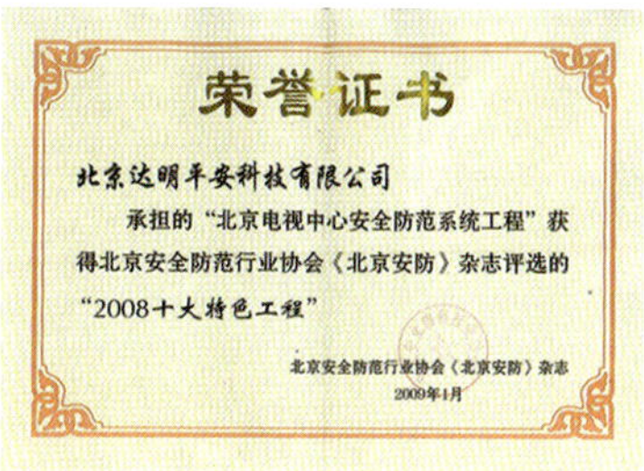

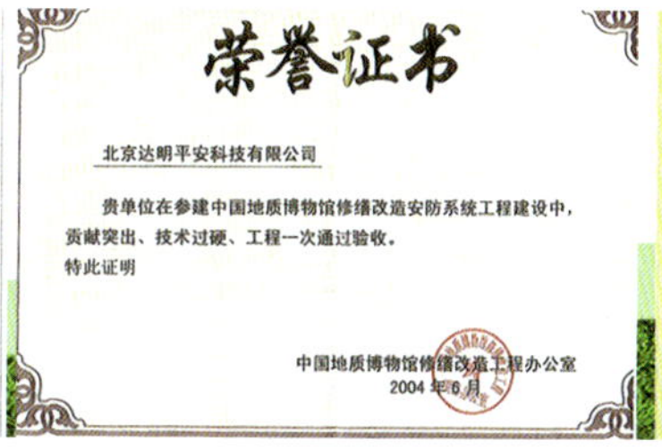

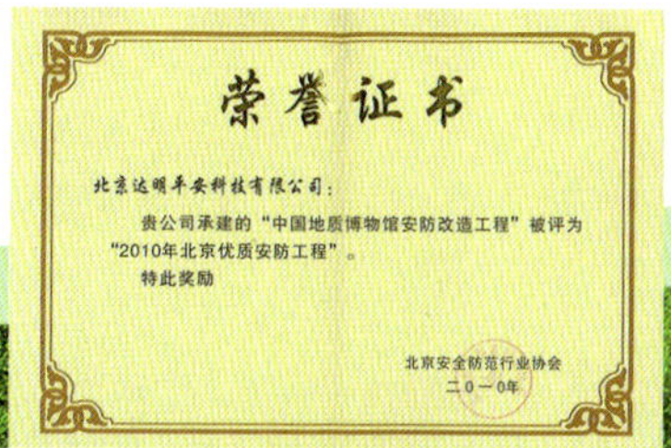

北京达明平安科技有限公司

地址:北京市海淀区科学院南路2号融科资讯中心C座北楼17层　邮编:100190
总机:010-82861199　传真:010-82861067
网址:www.damingpingan.com.cn

海南科澜科技有限公司
Hainan Kelan & Technology Co., Ltd
真诚服务
永续创新

2013/10/18

2013 08 28 11:11

浙江华创智能工程有限公司

HUACHUANG
Equipments Gearing

浙江华创智能工程有限公司创立于1994年（前身为：宁波华创设备安装工程有限公司），座落在港通中外、书藏古今的智慧城市-宁波。公司技术力量雄厚，安装设备精良，是宁波地区乃至浙江省最具发展潜力和较大影响力的大型安装施工企业之一。

公司注册资金5008万元，拥有办公及仓储面积达1万多平方米。历经十多年的开拓与发展，公司形成了一支专业配套、结构合理、能打得赢的技术管理队伍，拥有初级及以上工程职称、经济管理人员百余名，国家一、二级注册建造师38名，注册电气工程师1名、注册造价工程师2名，施工人员600余名。

公司持有国家住房和城乡建设部颁发的建筑智能化工程设计与施工壹级资质、消防设施工程设计与施工壹级资质、机电设备安装工程专业承包贰级资质（含电信工程专业承包叁级、城市及道路照明工程专业承包叁级、环保工程专业承包叁级、电子工程专业承包叁级）、建筑装饰装修工程设计与施工叁级资质，国家广播电视协会颁发的有线广播电视工程总承包壹级施工资质、国家电力监管委员华东监管局颁发的承装类及承修类五级资质、国家工业与信息化产业部颁发的计算机信息系统集成叁级资质，浙江省安全技术防范行业协会颁发的壹级资信等级证书。

公司常年在建工程200多项，总金额达6亿之多，年均完成产值近1.7亿，公司业绩始终保持逐年递增的良好态势，工程范围涉及政府机关、医疗、学校、银行、交通、商业地产、工厂等社会领域，并相继在四川、安徽、江苏、湖北以及浙江本省各地成立了十余家分公司，施工区域辐射省内外。

安全、质量、成本控制是企业屹立于行业前端的基石是华创的命脉。公司于2001年引进并获得ISO9001质量管理体系、ISO14001环境管理体系、ISO28001职业健康安全管理体系认证。公司采用先进的ERP自动化办公，推行精细化管理，实施计划、实发、实测、决算、结算等五项成本与信息、合同、采购三种价格的创新控制流程。公司承接的项目实施对内人工招标决不外包，材料和设备进行内部独立招标，施工作业实行有机控制管理。公司先后承建了一大批市属重点工程，建出一个又一个精品工程，其中我司承建的宁波市标志性民生工程-东郊街道惊驾村拆迁安置房智能化工程和宁波天一职业技术学院综合楼智能化工程分别获得甬江建设杯优质工程奖和浙江省优秀安装质量奖。

公司连续五年蝉联区建筑业骨干明星企业称号，并先后获得浙江省工商管理局重合同、守信用AA级企业，2014年度中小企业银行资信等级AAA级、市安防行业十佳企业、省市安防协会副理事长及省级优秀会员单位等荣誉，同时在2007年8月开展的全国安防行业“3111”优秀工程商评选中，被当选为“全国优秀工程商”优秀企业。而公司创始人陈维华先生也光荣入选宁波市海曙区人大代表、甬商理事会副会长，并获得2013年度宁波市企业家管理创新奖、2014年度宁波市企业家管理创业奖等殊荣。

长青事业立于诚信，树高千丈源于根本。华创始终“以质量求生存，以市场求效益”作为发展方向，坚持“以人为本、科学管理”的经营理念秉承创新、务实、和谐、共赢的宗旨，保持不断进取的开拓精神，以科学管理、精心施工的责任感，努力打造成一流的安装“航母”企业，竭诚为全国各地广大客户提供最佳服务。

地址：浙江省宁波市江南路586号
九五大厦B座16F
电话：0574-87743096/87918822

VEIC®威克®

哈尔滨威克技术开发公司始建于1995年，是由哈尔滨铁路局投资、哈尔滨铁路局科学技术研究所经营管理的国有公司。公司注重产学研的经营模式，设有事业部、研发中心及售后中心，形成研发——生产——售后的产业链条。公司于2009年通过ISO9001：2008质量体系认证，产品覆盖铁路电务、机务、工务、客运、货运、车辆、运输等领域，获得哈尔滨铁路局、成都铁路局、越南铁路局等业内用户认可。

哈尔滨威克技术开发公司不断追求技术创新，在创新的进程中注重产学研的结合及实践应用。长久以来公司承担了多项重大科研创新项目，自主研发的产品通过国家部委、省市、路局的鉴定和评审，填补国内多项空白，并获得科技成果奖，公司借此成为机车、车辆、计轴、视频监控等技术标准的参与和制定者之一，并且公司坚持科工贸一体化道路，加快了各科技成果转化为生产力，广泛推广科技产品在铁路运输领域中的应用，为促进中国铁路科技发展和保障铁路运输安全做出了贡献。公司始终坚持“质量第一，顾客至上，积极进取，创新求实”为服务宗旨，致力于为广大用户提供更好的产品及优质的技术服务。

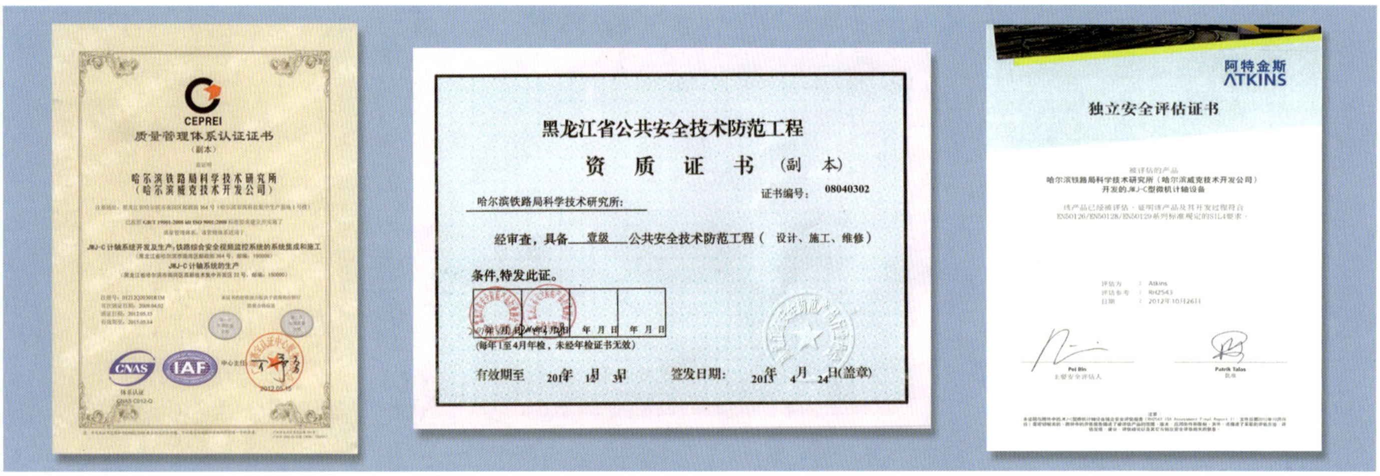

VEIC 业务简介

哈尔滨威克技术开发公司自成立以来，一直紧跟铁路行业发展步伐，重点研发铁路安全需求产品，并取得一定成果。现根据产品的应用范围不同将其划分为五大类：

一、电务类产品：包括HTK铁路综合视频监控平台、 JWJ-C计轴系统、 站间安全信息传输设备、数据通信网、铁路电务安全视频监控系统等。

二、机务类产品：包括HTK铁路移动装备综合视频监控系统、内燃机车牵引电机故障诊断监控装置、HTK-JC和谐大功率内燃机车喷油器试验台、内燃机冬用柴油低烧技术、冬季柴油循环式电加热系统、内燃机车低烧油水换热系统、机车电线路检测仪、BFYL-Ⅱ型气缸压力检测仪、ZB-Ⅲ柴油机供油系统专家检测装置、内燃机车当量公里检测仪、便携式机车蓄电池检测仪、YH-Ⅲ型内燃机车功率油耗仪、内燃机车增压器故障诊断装置。

三、工务类产品：包括工务作业安全监控系统、工务线路施工无线防护设备、工务现场作业管理系统、工务道口视频监控信息系统。

四、运输类产品：包括铁路车务安全视频监控系统、铁路客运安全视频监控系统、旅客列车监控系统、旅服客运系统、视频会议系统、门禁系统、货运职场电子显示屏、货运门禁系统、照明型风力除雪机、调车作业数字监控电台。

五、车辆类产品：包括车辆调度指挥系统、低温检测等。

VEIC 哈尔滨威克技术开发公司

公司简介

北京北控电信通科技发展有限公司（www.bjbet.cn）位于北京市海淀区中关村科技园区，是一家快速发展的高新技术企业。

作为北京市教委信息网络中心的战略合作伙伴，公司与北京市各个区县的教育信息中心建立了长期、密切的业务合作关系。经过几年努力，公司相继取得了双软认证，计算机信息系统集成贰级资质，安防工程企业壹级资质、防雷工程专业设计，施工丙级资质，建筑施工企业安全生产许可证，建筑智能化工程设计与施工贰级资质，并通过了ISO9001质量管理体系认证、ISO20000服务管理体系认证、ISO27001信息安全管理体系认证。公司拥有十余项自主研发并具备软件著作权登记证书的软件系统，并取得北京市科委、北京市财政局、北京市国税、北京市地税4家单位联合签发的《高新技术企业证书》。

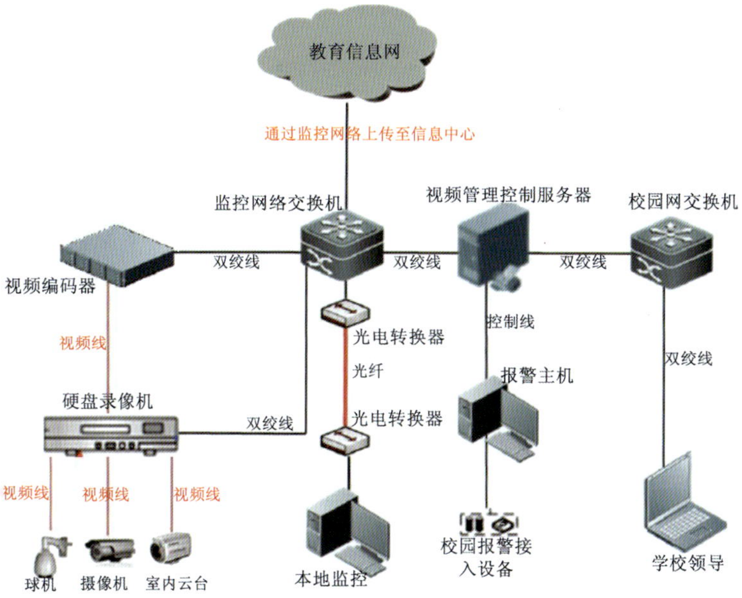

网络结构拓扑示意图

安防方案简介

校园安防监控系统是以全新模式构建的安防系统，可使现有安保系统摆脱时间、空间的限制，通过实时获取文、图等信息，迅速处理校园中发生的各种突发事件。彻底改变传统安防模式的弊端，提高预防、打击犯罪和抓捕现行的能力。同时，校园安防监控系统能够有效地震慑犯罪份子，避免犯罪活动的发生，变被动式防范为主动式防范。

方案内容

☆ 监控中心能对选择的监视点在电视墙或显示器上进行实时视频显示、不间断的视频存储，用户能够根据时间对存储的历史图像进行检索和回放。

☆ 正常情况下，对重点部位进行摄像，有效记录校区的人员出入情况，与报警系统联网，发生警报时，监视器自动切换到报警区域，可使安保人员迅速观看到报警现场情况，同时触发录像机进行录像，为正确处理警情提供技术支持。

☆ 主控室与各多媒体教室之间支持双向IP对讲，系统采用双向对讲系统，可实现主控室与各多媒体教室之间的实时联系，及时处理突发情况。

☆ 增加电子考场功能，通过安防监控系统强大的视频音频处理能力，电子考场可无缝接入到安防系统中，成为安防系统的有机组成部分。

成功案例

☆ 朝阳教育安防监控系统三期建设项目
☆ 朝阳区小学、幼儿园安防系统完善项目
☆ 朝阳区中学安防监控系统完善建设
☆ 朝阳区技防薄弱学校安防全覆盖项目
☆ 通州区教育委员会下属66所学校学校安防工程项目（第三包）

甘肃紫光智能交通与控制技术有限公司

GS-UNIS INTELLIGENT TRANSPORTATION SYSTEM & CONTROL TECHNOLOGY CO.,LTD.

w w w . g s u n i s . n e t

甘肃紫光公司于 2000 年 7 月成立，是甘肃省政府与清华大学省校合作项目。注册资金 6300 万元。资产总额 5.25 亿元。是国家科技部重点高新技术企业，国家发改委、国家工信部等五部委认定的国家规划布局内的重点软件企业。

公司成立以来一直坚持走自主创新之路，先后研发出了 60 多项拥有自主知识产权的企业级软件（46 项软件著作权，26 项软件产品登记证），30 项硬件产品（11 项专利，其中 4 项发明专利）。

公司业务覆盖全国 21 个省份，形成了以甘肃为中心、辐射西北、西南较为优势的市场区域。公司主营业务主要有三大领域：高速公路系统集成、轨道机场系统集成、涉密安全系统集成。

基于自主知识产权的"交通综合业务平台"和"交通监控决策支持系统"构建的 30 多套应用系统为智能交通领域提供了完整的解决方案。其中：《交通综合业务平台》是国家工信部 2008 年电子发展基金项目。《交通综合监控决策支持系统》是国家发改委和工信部 2009 年扩大内需中央投资地方切块资金电子信息产业项目。

在涉密安全系统集成领域，我们针对不同用户群定向开发了信息安全解决方案。其中：信息安全智能管理与虚拟防护平台是 2013 年工信部电子发展基金项目。

公司拥有多项国家级资质，《计算机信息系统集成壹级资质》、《涉及国家秘密的计算机信息系统集成乙级资质》、《涉及国家秘密的计算机信息系统软件开发资质》、《安全技术防范设计施工壹级资质》。

公司多个项目被列为国家重点项目其中：承担国家火炬计划项目 2 项、国十一五攻关课题 1 项、国家重点新产品 2 项工信部电子发展基金项目 4 项、国家发改和工信部扩大内需电子信息产业项目 1 项省市科技项目 10 项。

2012 年，甘肃紫光同德国菲尼克斯（中国投资有限公司签署了战略合作协议，将业务域拓展至轨道交通、民航机场和水处理等战行业，旨在获得更加稳定和持续的增长机会。

未来公司将在高速公路、轨道交通、空机场、涉密安全领域大力拓展业务，力保持 25% 以上的年增长率，确保在西部区系统集成行业领先地位，成为国内智控制领域最具影响力企业。

地址：中国·甘肃省·兰州市张苏滩村 802 号

电话：0931-8531114

传真：0931-8531000

邮编：730010

邮件：gszg@gsunis.net

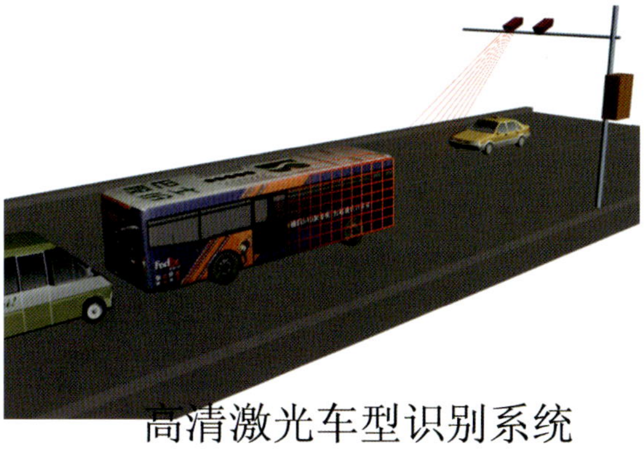

高清激光车型识别系统

本系统采用全高清违法抓拍设备，此设备为工业级标准CCD高清晰摄像机为基础的新型设备，结合激光车型识别、车辆检测数据传输、计算机图像处理等高新技术，及时、准确地捕获大货车占用小型车道的交通违法行为、记录机动车通过及一系列相关信息内容；也可用于监测普通车辆占用公交车道等违法行为，或用于高速公路收费站确定收费类别的行为等。系统集成红外闪光灯、镜头、高清摄像机、检测主机、软件及相关配套设备等，形成稳定的系统，具有检测准确性高、速度快的优点，且不受光照强度、行人、自行车、树木阴影等各种环境因素影响。

本系统是安装在高速公路及其主要道路，用来检测机动车超速行为的高新技术独立设备产品，具有独立供电和通信传输的优点。其功能是违法检测、取证处罚和宣传教育、威慑作用。有效降低事故发生，提高交通安全，规范道路交通秩序。

本系统采用当前国际上先进技术， 所选设备技术性能优良，功能完善，工作稳定可靠， 使整个系统在相当长的一段时间内，保持国内外先进水平，本着实用、经济可靠的原则，在节约及降低成本的前提下，使系统发挥最大的作用。系统的操作应具有灵活简便，易于掌握的特点。操作人员能够方便的进行使用及维护使整个系统发挥最大的功能。

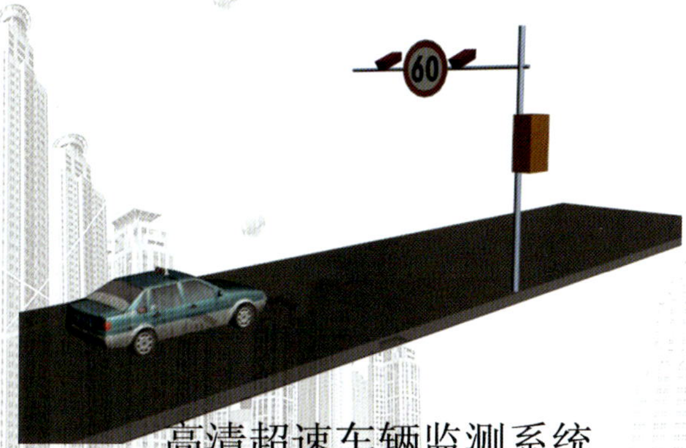

高清超速车辆监测系统

高清激光卡口监测系统

卡口技术是一项针对城市机动车管理的技术，它通过对行驶于城市各个主要出入口以及路口的车辆信息采取的严密监控（车牌号码、驾驶人员面部特征等信息），从而达到对城市内车辆通行情况的完全掌控。有助于辅助刑事案件的侦破以及黑名单车辆的现场捕获等。

而本卡口系统是一种采用先进的激光技术、高清摄像技术、红外补光技术、镜头控制技术、光电技术、图像处理技术、模式识别技术对过往监测点的每一辆汽车进行车辆以及车辆驾驶人脸的图像采集，自动识别车辆的牌照，并对采集到的车辆数据进行自动分析、自动保存、自动比对、自动报警的综合系统。

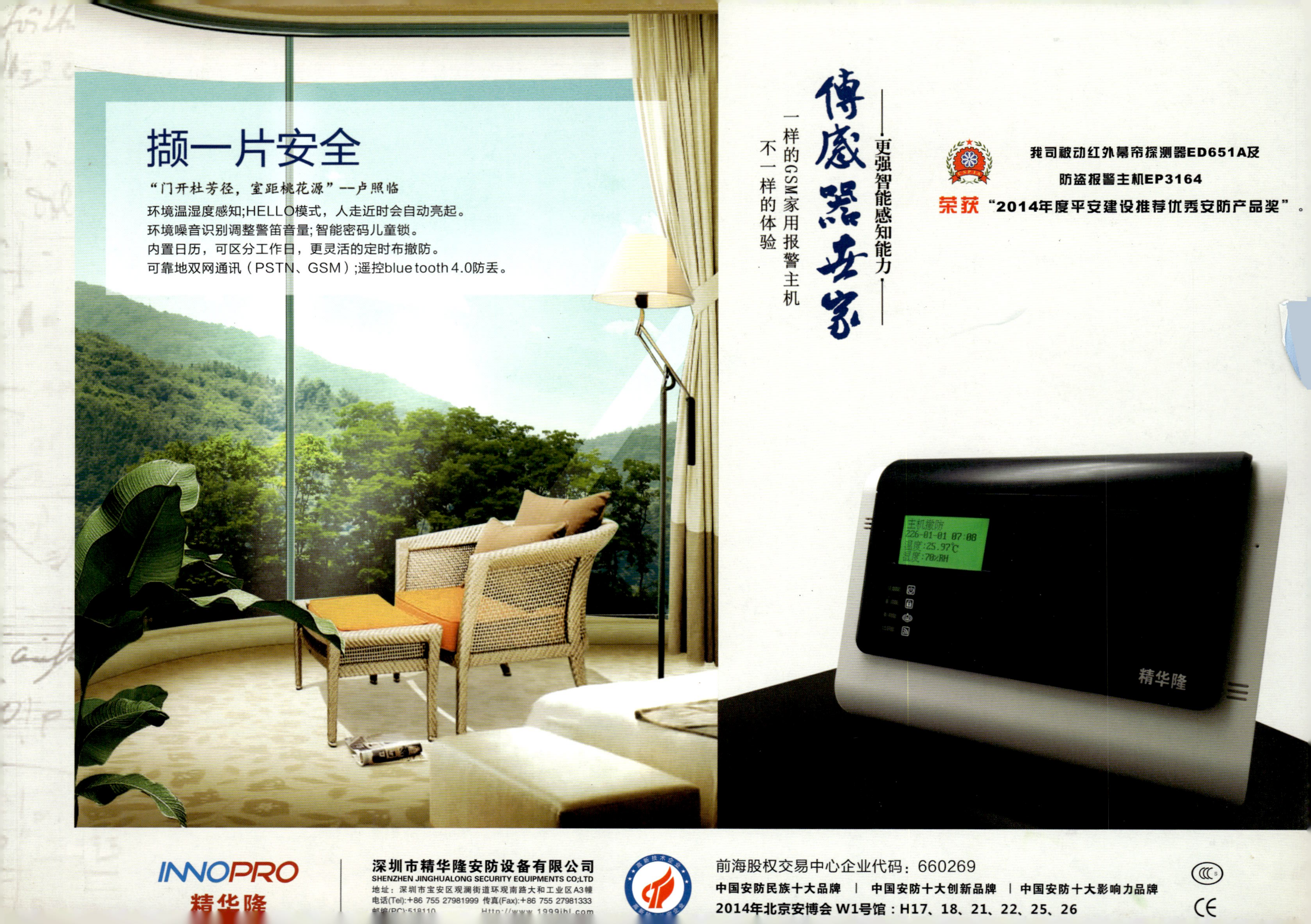
撷一片安全
“门开杜芳径，室距桃花源”—卢照临
环境温湿度感知;HELLO模式，人走近时会自动亮起。
环境噪音识别调整警笛音量;智能密码儿童锁。
内置日历，可区分工作日，更灵活的定时布撤防。
可靠地双网通讯（PSTN、GSM）;遥控blue tooth 4.0防丢。
一样的GSM家用报警主机
不一样的体验
传感器专家
更强智能感知能力
我司被动红外幕帘探测器ED651A及
防盗报警主机EP3164
荣获“2014年度平安建设推荐优秀安防产品奖”。
精华隆
INNOPRO
精华隆
深圳市精华隆安防设备有限公司
SHENZHEN JINGHUALONG SECURITY EQUIPMENTS CO;LTD
地址：深圳市宝安区观澜街道环观南路大和工业区A3幢
电话(Tel):+86 755 27981999 传真(Fax):+86 755 27981333
前海股权交易中心企业代码：660269
中国安防民族十大品牌 丨 中国安防十大创新品牌 丨 中国安防十大影响力品牌
2014年北京安博会 W1号馆：H17、18、21、22、25、26